中華古籍保護計劃

ZHONG HUA GU JI BAO HU JI HUA CHENG GUO

·成 果·

第六批國家珍貴古籍名録圖録

第一册

中國國家圖書館
中國國家古籍保護中心 編

國家圖書館出版社

圖書在版編目（CIP）數據

第六批國家珍貴古籍名録圖録：全四册 / 中國國家圖書館，中國國家古籍保護中心編 . — 北京：國家圖書館出版社，2023.8

ISBN 978-7-5013-7452-6

I. ①第… Ⅱ . ①中… ②中… Ⅲ . ①古籍–圖書目録–中國 Ⅳ . ① Z838

中國版本圖書館 CIP 數據核字（2023）第 005089 號

書　　名　第六批國家珍貴古籍名録圖録（全四册）
著　　者　中國國家圖書館　中國國家古籍保護中心　編
責任編輯　黄　鑫　程魯潔
責任校對　劉　倩

出版發行　國家圖書館出版社（北京市西城區文津街 7 號 100034）
（原書目文獻出版社　北京圖書館出版社）
010-66114536　63802249　nlcpress@nlc.cn（郵購）
網　　址　http://www.nlcpress.com
印　　裝　北京金康利印刷有限公司
版次印次　2023 年 8 月第 1 版　2023 年 8 月第 1 次印刷

開　　本　889×1194　1/16
印　　張　72
書　　號　ISBN 978-7-5013-7452-6
定　　價　1800.00 圓

文化和旅游部关于公布第六批国家珍贵古籍名录和第六批全国古籍重点保护单位名单的通知

发布时间：2020年10月30日

各省、自治区、直辖市文化和旅游厅（局），新疆生产建设兵团文化体育广电和旅游局，国家图书馆（国家古籍保护中心）、中国国家博物馆：

《第六批国家珍贵古籍名录（752部）》和《第六批全国古籍重点保护单位名单（23个）》已经国务院批准同意，现予公布。

各级文化和旅游部门、各相关单位要坚持以习近平新时代中国特色社会主义思想为指导，深入贯彻中央关于传承和弘扬中华优秀传统文化的有关精神，继续落实“保护为主、抢救第一、合理利用、加强管理”的工作方针，认真总结经验，加大工作力度，进一步做好古籍保护、管理和合理利用工作。

特此通知。

附件：第六批国家珍贵古籍名录和第六批全国古籍重点保护单位名单

文化和旅游部

2020年10月30日

《第六批國家珍貴古籍名録圖録》編輯委員會

前言

在數千年歷史發展過程中，中華民族創造了光輝燦爛的文化，留下了燦若群星、獨具特色的古代文獻典籍。這些珍貴古籍是我們民族悠久歷史的見證，是民族智慧的結晶、民族精神的象徵，是民族生命力和創造力的重要載體，也是人類文明的瑰寶。保護好、傳承好、利用好這些古籍，對於繼承和發揚中華民族優秀傳統文化，弘揚以愛國主義爲核心的民族精神和以改革創新爲核心的時代精神，維護國家統一和民族團結，推動社會主義文化大發展大繁榮，促進國際文化交流和人類共同發展，具有十分重要的意義。

黨和國家歷來高度重視古籍保護工作。黨的二十大報告突出强調要“推進文化自信自强，鑄就社會主義文化新輝煌”，特别是强調要深入推進馬克思主義同中國實際相結合，同中華優秀傳統文化相結合，把優秀傳統文化繼承和發展的重大意義提高到前所未有的高度，賦予其特殊的時代使命。古籍是中華優秀傳統文化的重要載體，把古籍保護好、傳承好、發展好，對賡續中華文脉、弘揚民族精神、增强國家文化軟實力、建設社會主義文化强國具有重要意義。2022年，黨和國家關於古籍的政策措施密集出臺，中辦、國辦印發《關於推進新時代古籍工作的意見》，全國古籍整理出版規劃領導小組會同有關部門編製了《2021—2035年國家古籍工作規劃》，並召開全國古籍工作會議，明確了古籍工作的管理體制，加强了頂層設計和規劃部署，也對在新的起點上推進古籍工作高質量發展作出了部署安排。文化和旅遊部以《意見》爲總綱領，製定《關於推進新時代古籍保護工作任務分工方案》，對近期工作舉措和中長期工作計劃進行了部署和細分。對古籍進行妥善保護、開發和利用，是每一代中國人的歷史使命，也是每個歷史時期文化工作的重要内容和現實要求。

2007年1月，國務院辦公廳頒發《關於進一步加强古籍保護工作的意見》（國辦發〔2007〕6號），明確“保護爲主、搶救第一、合理利用、加强管理”的古籍保護方針，標志着“中華古籍保護計劃”啓動，全國古籍保護工作全面開展。“中華古籍保護計劃”是新中國歷史上首次由國家主持開展的全國性古籍保護工程。十六年來，在中央和各級政府的支持下，依托逐步完善的古籍保護工作體系，全國各級各類古籍存藏機構携手奮進，堅持保護爲主、搶救第一、合理利用、加强管理，以普查登記爲基礎，以分級保護和揭示利用爲重點，在古籍修復保護、整理研究、闡釋利用、傳播推廣等領域取得一系列重要成果。主要表現在：古籍保護工作體系日臻完善；全國古籍資源分佈和保存狀况基本摸清；全國古籍保護狀况顯著改善；古籍修復工作取得重大進展；科技創新成爲古籍保護新助力；古籍保護人才隊伍規模和專業素質整體提升；全國聯動發佈大量古籍數字資源；一批古籍出版成果影響重大；古籍傳承文明、服務社會的能力不斷凸顯。總之，古籍保護工作在保護中傳承、在開拓中前進，有效發揮了傳承文明、服務社會的作用，爲提高全民族思想道德素質和科學文化素質、擴大中外文化交流、增强中華文化國際影響力做出了重要貢獻。

按照中央的部署，文化和旅遊部協同全國古籍保護工作部際聯席會議成員單位共同推進《國家珍貴古籍名録》和“全國古籍重點保護單位”的申報、評審和公佈。2008年、2009年、2010年、2013年和2016年，國務院先後公佈首批、第二批、第三批、第四批、第五批《國家珍貴古籍名録》及“全國古籍重點保護單位”名單，2020年10月30日，經國務院批准文化和旅遊部公佈第六批《國家珍貴古籍名録》及“全國古籍重點保護單位”，使入選《國家珍貴古籍名録》的古籍總數達到13026部，“全國古籍重點保護單位”達到203家。

第六批《國家珍貴古籍名録》名單裏，同前五批一樣，有許多令人震撼的寶貴典籍。第六批《國家珍貴古籍名録》共收録119家藏書單位的752部古籍文献，囊括漢文珍貴古籍646部、少數民族文字珍貴古籍94部、其他文字珍貴古籍12部。本次收録珍貴古籍，充分展現了近年古籍普查和徵集工作中的新發現成果，亮點頻現：一是發現了一批珍貴典籍，如國内已知有紀年的最早雕版印刷品——五代後唐天成二年（927）刻本《佛説觀彌勒菩薩上生兜率天經》，是早期印刷品實物的重要例證；湖北省圖書館的《大方廣佛華嚴經》，北宋兩浙路海鹽縣金粟山廣惠禪院寫金粟山大藏經本，字體敦厚質樸，墨色漆黑發亮，紙張厚實堅韌，並經染潢，彌足珍貴；南京圖書館藏北宋本《禮部韻略》，爲該書海内外現存最早刻本；孔子博物館的《乾隆御定石經》,爲内府御製墨初拓本，自嘉慶元年（1796）賞賜孔府後，保存至今。二是涌現一批名家稿抄校本，如上海圖書館的范欽輯《建安七子集》，卷首題辭、小傳、目録及書眉所注詩文出處均爲天一閣主人范欽手迹，具有重要的文獻和文物價值。三是入選一批彩繪本輿圖，如國家圖書館的《北京内外城全圖》，是一幅繪製精細、内容豐富的京城彩繪大地圖。四是少數民族珍貴古籍品種豐富，如藏文《般若波羅蜜多八千頌》爲少數民族文字古籍中首次入選的清銅版印本，蒙古文《水滸傳》《西遊記》《紅樓夢》是民族間文化交流互鑒的例證。

經過前五批《國家珍貴古籍名録》和“全國古籍重點保護單位”的申報評審，這項國家層面開展的名録評審工作的影響力持續擴大。在各單位的大力支持下，先後編輯出版了《第一批國家珍貴古籍名録圖録》《第二批國家珍貴古籍名録圖録》《第三批國家珍貴古籍名録圖録》《第四批國家珍貴古籍名録圖録》《第五批國家珍貴古籍名録圖録》。這五部圖録爲古籍編目、鑒定特别是後續的國家珍貴古籍申報提供了珍貴的參考資料，也使“中華古籍保護計劃”受到國内外古籍同行更多的關注。

今天，《第六批國家珍貴古籍名録圖録》即將面世。我們編輯出版六批名録圖録的目的是，希望它們能爲今後各批次《國家珍貴古籍名録》申報提供參照，也希望它們能爲廣大古籍愛好者提供研究資料，更希望通過珍貴古籍的逐批公佈，揭示中華文化豐厚的底藴，彰顯中華民族對世界文化發展的卓越貢獻。

做好古籍保護工作，推動中華優秀傳統文化創造性轉化、創新性發展，是弘揚中國精神、傳播中國價值的時代命題，也是我們肩負的歷史使命。我們將繼續奮進，在古籍保護領域深耕厚植，堅持固本培元、守正創新，結合新的時代條件傳承和弘揚中華優秀傳統文化，把凝結着中華民族傳統文化的典籍保護好、管理好、研究好、利用好，以時代精神啓動中華優秀傳統文化的生命力，爲堅定文化自信、凝聚民族精神、實現中華民族偉大復興中國夢做出新的更大貢獻。

《第六批國家珍貴古籍名録圖録》編委會

2023年8月

凡例

經全國古籍評審工作委員會反復審議、遴選、論證，並徵求全國古籍保護工作部際聯席會議成員單位及有關方面的意見，由國務院批准、文化和旅遊部公佈《第六批國家珍貴古籍名録》，現出版《第六批國家珍貴古籍名録圖録》。

爲使圖録能够準確、簡明地反映珍貴古籍特點，特制定此凡例。

一、收録原則：本書所收古籍，是經國務院批准、文化和旅遊部頒佈的《第六批國家珍貴古籍名録》中的古籍。

二、編排原則：本書總體上採取以文字分類、以時代先後爲序的原則。首先按文字類型將入選古籍劃分爲漢文珍貴古籍、少數民族文字珍貴古籍和其他文字珍貴古籍三大類。漢文古籍的編排以時代先後爲序，分先秦兩漢、魏晋南北朝隋唐五代、宋遼夏金元、明清四個時期。先秦兩漢時期古籍主要爲甲骨、簡帛，甲骨按照出土地編排，簡帛在收藏單位内部，按照數量排序。其他各時期内的古籍一般按傳統方式編排。魏晋南北朝隋唐五代時期古籍主體爲敦煌文書，按照佛教文獻、其他宗教文獻、四部文獻的順序編排，佛教文獻按照《開元釋教録》的順序編排，其他宗教文獻按照宗教類别編排，四部文獻按照經史子集的順序編排；宋遼夏金元時期和明清時期古籍按照經史子集順序編排。碑帖拓片、輿圖附於四部文獻之後。少數民族文字珍貴古籍按語種編排；其他文字珍貴古籍按語種編排。

三、選圖原則：本書圖片由《國家珍貴古籍名録》入選單位和個人提供，每種古籍選擇多幀能反映該書版本特徵的圖片，具體原則爲：

（一）題名葉。多卷本，原則上選取正文首卷卷端原刻原印葉，如首卷卷端缺失、補刻、補抄等，則另選其他卷端的原刻原印葉；單卷本，即不分卷或一卷，原則上選取卷端或正文首葉原刻原印葉，如卷端或首葉缺失、補刻、補抄等，則選取其他的原刻原印葉；合刻本，原則上選取合刻書的題名葉，如没有或缺失，則選擇能反映該書爲合刻本的原刻原印葉。

（二）責任者葉。選取正文首卷卷端或序跋等反映責任者的書葉。

（三）出版者、出版時間葉。選取牌記、刻書題記，或與出版者、出版時間相關的序、跋等葉。

（四）彩色套印葉。選取色彩最多最清晰的書葉，不選取無套印葉。

（五）版印方式葉。選取具有本書版本或材料特徵的書葉，或具有相關文字記載的序、跋等書葉。如銅活字印刷，選取反映銅活字印刷的書葉或序跋等。

（六）特色葉。本書特有的著名藏書家印章、批、校、題、跋等葉。

（七）裝幀特色。具有裝幀特色的古籍，選取反映特色裝幀的圖片。如梵夾裝、旋風裝等。

四、著録原則：主要進行客觀著録，著録本書《國家珍貴古籍名録》編號、題名卷數、著者、版本、裝幀形式（漢文古籍綫裝形式者不著録）、鈐印、批校題跋、存卷、現藏單位等。

五、本書按第六批《國家珍貴古籍名録》條目選配書影，加以著録。如有書目完全相同而收藏地不同者，則并爲一條著録，所有收藏地信息在釋文最後依先後順序注明，圖片選用最有特色、效果最佳者多幀。

六、根據第六批《國家珍貴古籍名録》的特點，在以上著録原則的基礎上，特作如下幾點説明：

（一）某一版本多家收藏，而各家所存卷數等狀況不同，在藏書單位之後題某某存全，某某存殘。如國家圖書館、上海圖書館存全，南京圖書館、四川省圖書館存殘；一書卷帙較大，而某館僅存卷數極少者，不著具體存卷數，題存殘（各藏書單位的具體存卷情況見本《圖録》總目録）。

（二）版本雖同，但遞修深度不同，將遞修深度相同各館集中注記，題某某館所藏爲××遞修本；某某館爲××遞修本。

（三）各館藏書來源不同，其上所鈐藏印也不同，衹著録時代早或藏家影響深遠之印記，一般藏印不予著録。

總目録

一、漢文珍貴古籍

（一）先秦兩漢時期

12275 厚父 戰國中晚期 竹簡 清華大學出土文獻研究與保護中心

12276 封許之命 戰國中晚期 竹簡 清華大學出土文獻研究與保護中心

12277 命訓 戰國中晚期 竹簡 清華大學出土文獻研究與保護中心

12278 湯處於湯丘 戰國中晚期 竹簡 清華大學出土文獻研究與保護中心

12279 湯在啻門 戰國中晚期 竹簡 清華大學出土文獻研究與保護中心

12280 殷高宗問於三壽 戰國中晚期 竹簡 清華大學出土文獻研究與保護中心

12281 鄭武夫人規孺子 戰國中晚期 竹簡 清華大學出土文獻研究與保護中心

12282 管仲 戰國中晚期 竹簡 清華大學出土文獻研究與保護中心

12283 鄭文公問太伯（甲乙本） 戰國中晚期 竹簡 清華大學出土文獻研究與保護中心

12284 子儀 戰國中晚期 竹簡 清華大學出土文獻研究與保護中心

12285 子産 戰國中晚期 竹簡 清華大學出土文獻研究與保護中心

12286 子犯子餘 戰國中晚期 竹簡 清華大學出土文獻研究與保護中心

12287 晉文公入於晉 戰國中晚期 竹簡 清華大學出土文獻研究與保護中心

12288 趙簡子 戰國中晚期 竹簡 清華大學出土文獻研究與保護中心

12289 越公其事 戰國中晚期 竹簡 清華大學出土文獻研究與保護中心

12290 攝命 戰國中晚期 竹簡 清華大學出土文獻研究與保護中心

12291 邦家之政 戰國中晚期 竹簡 清華大學出土文獻研究與保護中心

12292 邦家處位 戰國中晚期 竹簡 清華大學出土文獻研究與保護中心

12293 治邦之道 戰國中晚期 竹簡 清華大學出土文獻研究與保護中心

12294 心是謂中 戰國中晚期 竹簡 清華大學出土文獻研究與保護中心

12295 天下之道 戰國中晚期 竹簡 清華大學出土文獻研究與保護中心

12296 八氣五味五祀五行之屬 戰國中晚期 竹簡 清華大學出土文獻研究與保護中心

12297 虞夏殷周之治 戰國中晚期 竹簡 清華大學出土文獻研究與保護中心

（二）魏晉南北朝隋唐五代時期

12298 大般若波羅蜜多經卷第一百五十七 （唐）釋玄奘譯 吐蕃統治敦煌時期寫本 國家圖書館

12299 大般若波羅蜜多經卷第二百十二 （唐）釋玄奘譯 吐蕃統治敦煌時期寫本 清華大學圖書館

12300 小品般若波羅蜜經卷第五 （後秦）釋鳩摩羅什譯 東晉寫本 國家圖書館

12301 大寶積經卷第一百一至第一百四 （唐）釋菩提流志等譯 吐蕃統治敦煌時期寫本 國家圖書館

12302 大方廣佛華嚴經卷第四十九 （東晉）釋佛陀跋陀羅譯 南北朝寫本 國家圖書館

12303 大般涅槃經卷第四 （北涼）釋曇無讖譯 南北朝寫本 國家圖書館

12304 大般涅槃經卷第十七 （北涼）釋曇無讖譯

吐蕃統治敦煌時期寫本 國家圖書館

12305 妙法蓮華經卷第三 （後秦）釋鳩摩羅什譯 唐寫本 敦煌研究院

12306 妙法蓮華經卷第三 （後秦）釋鳩摩羅什譯 唐寫本 南京圖書館

12307 妙法蓮華經卷第四 （後秦）釋鳩摩羅什譯 唐寫本 四川博物院

12308 妙法蓮華經卷第六 （後秦）釋鳩摩羅什譯 唐寫本 國家圖書館

12309 金光明最勝王經卷第一至第五 （唐）釋義淨譯 唐寫本 國家圖書館

12310 金光明最勝王經卷第五 （唐）釋義淨譯 唐寫本 清華大學圖書館

12311 太子瑞應本起經卷上 （三國吴）釋支謙譯 東晉寫本 國家圖書館

12312 佛名經卷第四 歸義軍時期寫本 國家圖書館

12313 佛名經卷第十 歸義軍時期寫本 國家圖書館

12314 佛名經卷第十五 唐寫本 國家圖書館

12315 [比丘戒本] 東晉寫本 國家圖書館

12316 曇無德部四分律刪補隨機羯磨序 四分律刪補羯磨卷上 （唐）釋道宣集 吐蕃統治敦煌時期寫本 國家圖書館

12317 大智度論卷第七十一 （後秦）釋鳩摩羅什譯 南北朝寫本 國家圖書館

12318 瑜伽師地論卷第十一 （唐）釋玄奘譯 歸義軍時期寫本 國家圖書館

12319 四分戒本疏卷第二 唐寫本 國家圖書館

12320 [大方等大集經賢護分疏] 唐寫本 國家圖書館

12321 [妙法蓮華經疏] 南北朝寫本 國家圖書館

12322 [十地經論釋] 南北朝寫本 國家圖書館

12323 十王經卷第二 歸義軍時期寫本 國家圖書館

12324 金剛般若波羅蜜經 （後秦）釋鳩摩羅什譯 晚唐五代刻本 國家圖書館

12325 佛說觀彌勒菩薩上生兜率天經 （南朝宋）沮渠京聲譯 後唐天成二年（927）刻本 國家圖書館

12326 彌勒下生成佛經 （後秦）釋鳩摩羅什譯 五代北宋初刻本 國家圖書館

（三）宋遼夏金元時期

12327 魁本大字詳音句讀周易二卷 元至正十二年（1352）梅隱書堂刻本 國家圖書館

12328 易本義附録纂疏十五卷 （元）胡一桂撰 元刻本 香港中文大學圖書館

存十卷（一至二、六至十三）

12329 周易繫辭述二卷 （元）保八撰 元刻本 國家圖書館

12330 周易經傳集程朱解附録纂註十四卷朱子易圖附録纂註一卷朱子啟蒙五贊附録纂註一卷朱子筮儀附録纂註一卷 （元）董真卿撰 元刻明修本 國家圖書館

12331 周易經傳集程朱解附録纂註十四卷朱子易圖附録纂註一卷朱子啟蒙五贊附録纂註一卷朱子筮儀附録纂註一卷 （元）董真卿撰 元刻明修本 上海圖書館

12332 周易經義三卷 （元）涂溍生撰 元刻本 吴翌鳳跋 國家圖書館

12333 書集傳輯録纂註六卷書序一卷朱子說書綱領輯録一卷 （元）董鼎撰 元至正十四年（1354）翠岩精舍刻本 上海圖書館

存五卷（一至四、朱子說書綱領輯録全）

12334 詳音句讀明本大字毛詩四卷 元至正二十七年（1367）盱南孫氏刻本 國家圖書館

12335 魁本大字詳音句讀毛詩六卷 元刻本 國家

圖書館

存三卷（四至六）

12336 **附釋音毛詩註疏二十卷**（漢）毛萇傳（漢）鄭玄箋（唐）孔穎達疏（唐）陸德明音義 元刻明修本 國家圖書館

12337 **明經題斷詩義矜式十卷**（元）林泉生撰 元刻本 國家圖書館

12338 **禮記二十卷**（漢）鄭玄注 宋婺州義烏酥溪蔣宅崇知齋刻本 國家圖書館

存五卷（一至五）

12339 **禮記二十卷**（漢）鄭玄注（唐）陸德明音義 宋余仁仲萬卷堂家塾刻本（卷一至三配宋刻纂圖互注禮記） 上海圖書館

12340 **附釋音禮記注疏六十三卷**（漢）鄭玄注（唐）孔穎達疏（唐）陸德明釋文 元刻明修本 中共江蘇省委黨校圖書館

存三十五卷（十三至十九、二十七至三十五、四十五至六十三）

12341 **附釋音禮記注疏六十三卷**（漢）鄭玄注（唐）孔穎達疏（唐）陸德明釋文 元刻明修本 南京圖書館

存十六卷（二十至二十六、三十六至四十四）

12342 **禮書一百五十卷**（宋）陳祥道撰 元至正七年（1347）福州路儒學刻本 中國書店

存十卷（一百三十四至一百四十三）

12343 **禮書一百五十卷**（宋）陳祥道撰 元至正七年（1347）福州路儒學刻明修本 南開大學圖書館

12344 **文公家禮集注十卷**（宋）楊復 劉垓孫撰 元刻本 查慎行跋 國家圖書館

12345 **春秋經傳集解三十卷**（晉）杜預撰（唐）陸德明釋文 宋刻本 上海圖書館

存二十二卷（一至十五、二十四至三十）

12346 **精選東萊先生左氏博議句解十六卷**（宋）呂祖謙撰 元刻本 國家圖書館

存八卷（一至八）

12347 **監本附音春秋公羊註疏二十八卷**（漢）何休注（唐）徐彥疏（唐）陸德明音義 元刻本（有宋刻葉補配） 重慶圖書館

12348 **春秋胡氏傳纂疏三十卷**（元）汪克寬撰 元至正八年（1348）建安劉叔簡日新堂刻本 國家博物館

存十五卷（十至十一、十六至二十一、二十四至三十）

12349 **孝經註疏九卷**（唐）玄宗李隆基注（宋）邢昺疏 元泰定三年（1326）刻本 國家圖書館

12350 **魁本大字詳音句讀孟子二卷** 元廣陽羅氏刻本 小殘卷齋主人跋 國家圖書館

12351 **四書通證六卷**（元）張存中撰 元刻本 國家圖書館

12352 **九經直音十五卷**（宋）孫奕撰 元刻本 莫友芝 葉昌熾跋 國家圖書館

12353 **六書統二十卷**（元）楊桓撰 元至大元年（1308）江浙行省儒學刻元明遞修本 湖北省圖書館

存十九卷（一至十三、十五至二十）

12354 **六書統溯原十三卷**（元）楊桓撰 元至大元年（1308）江浙行省儒學刻元明遞修本 湖北省圖書館

存十一卷（一至七、十至十三）

12355 **禮部韻略五卷**（宋）丁度等撰 北宋刻本（卷一、五有缺葉） 南京圖書館

12356 **書學正韻三十六卷**（元）楊桓撰 元刻明修本 國家圖書館

12357 **史記一百三十卷**（漢）司馬遷撰（南朝宋）裴駰集解（唐）司馬貞索隱（唐）張守節正

義　元至元二十五年（1288）彭寅翁崇道精舍刻本（卷一百十七至一百二十二配蒙古中統二年段子成刻本）　國家圖書館

12358 **通志二百卷**　（宋）鄭樵撰　元大德三山郡庠刻元明遞修本　丁丙跋　南京圖書館

12359 **北史一百卷**　（唐）李延壽撰　元大德信州路儒學刻明嘉靖遞修本　國家圖書館

12360 **五代史記七十四卷**　（宋）歐陽修撰　（宋）徐無黨注　元宗文書院刻明修本（卷一至三、六至七、九、二十六至二十九、四十八至五十一、五十六至五十七、五十九至六十一配清抄本）　遼寧省圖書館
存七十一卷（一至七十一）

12361 **後漢書九十卷**　（南朝宋）范曄撰　（唐）李賢注　**志三十卷**　（晉）司馬彪撰　（梁）劉昭注　北宋刻宋元遞修本（卷十六、十八至十九、二十五至二十六、三十二、三十五至三十九、六十一至六十三、六十六至六十九、七十三、七十九，志卷二十二、二十四至三十配宋黄善夫刻本；目録、卷一至二、十下、十七、二十至二十四、二十七至三十、三十三至三十四、四十至四十八、五十至五十七、六十、七十四下至七十八、八十一至八十四、八十九至九十，志卷一至二、十至二十、二十三配宋嘉定元年蔡琪一經堂刻本）　國家圖書館
存一百六卷（一至十、十二至四十八、五十至五十七、六十至六十三、六十六至八十四、八十六、八十九至九十，志一至三、九至三十）

12362 **後漢書九十卷**　（南朝宋）范曄撰　（唐）李賢注　**志三十卷**　（晉）司馬彪撰　（梁）劉昭注　宋黄善夫刻本　天津圖書館
存一卷（五十）

12363 **三國志六十五卷**　（晉）陳壽撰　（南朝宋）裴松之注　宋衢州州學刻元明遞修本　南京圖書館

12364 **隋書八十五卷**　（唐）魏徵等撰　元大德饒州路儒學刻明正德十年（1515）重修本　丁丙跋　南京圖書館

12365 **唐書二百二十五卷**　（宋）歐陽修　宋祁等撰　元天曆二年（1329）刻本　上海圖書館
存一百五十二卷（一至一百五十二）

12366 **資治通鑑綱目五十九卷**　（宋）朱熹撰　宋嘉定十四年（1221）鄭寅廬陵郡庠刻本　國家博物館
存一卷（二十一）

12367 **資治通鑑綱目五十九卷**　（宋）朱熹撰　宋嘉定十四年（1221）鄭寅廬陵郡庠刻本　浙江大學圖書館
存一卷（四十五）

12368 **資治通鑑綱目五十九卷**　（宋）朱熹撰　宋刻本　國家博物館
存三卷（二十八至二十九、五十七）

12369 **新刊名臣碑傳琬琰之集上集二十七卷中集五十五卷下集二十五卷**　（宋）杜大珪輯　宋刻元明遞修本（上集卷四至七、十一配抄本）　國家圖書館

12370 **石壁精舍音註唐書詳節二百卷**　（宋）陳鑒輯　宋刻本（卷五十八抄配）　上海圖書館
存七卷（五十四至五十八、一百二十二至一百二十三）

12371 **通典二百卷**　（唐）杜佑撰　宋刻宋遞修印本　鄧邦述跋　上海圖書館
存十二卷（四十二、八十二至八十五、一百三十六至一百四十、一百七十六至

一百七十七）

12372 **西山先生真文忠公讀書記甲集三十七卷丁集二卷** （宋）真德秀撰　宋福州學官刻元修本（甲集卷一至二配清抄本）　**乙集下二十二卷** （宋）真德秀撰　宋開慶元年（1259）福州官刻元修本 南京圖書館

存五十九卷（甲集全、乙集下全）

12373 **程氏家塾讀書分年日程三卷** （元）程端禮撰 元元統三年（1335）甬東家塾刻本 程恩澤題款 國家圖書館

12374 **張氏集註百將傳一百卷** （宋）張預撰 宋刻本 王昶 鄧邦述跋 國家圖書館

存十卷（五十四至五十八、六十四至六十八）

12375 **新刊黄帝内經素問二十四卷** （唐）王冰注（宋）林億等校正 （宋）孫兆改誤 **亡篇一卷** 元讀書堂刻本 國家圖書館

12376 **新刊素問入式運氣論奥三卷** （宋）劉温舒撰 元後至元五年（1339）胡氏古林書堂刻本 國家圖書館

12377 **重修政和經史證類備用本草三十卷** （宋）唐慎微撰 （宋）寇宗奭衍義 蒙古定宗四年（1249）平陽張存惠晦明軒刻本 上海中醫藥大學圖書館

存二卷（六、三十）

12378 **太學新增合璧聯珠万卷菁華前集六十卷** （宋）李昭玘輯 **後集八十卷** （宋）李似之輯 宋刻本 浙江圖書館

存一卷（後集八十）

12379 **玉海二百卷辭學指南四卷** （宋）王應麟撰 元後至元六年（1340）慶元路儒學刻至正重修本（配補元後至元六年慶元路儒學刻元明遞修本） 安徽省圖書館

存一百九十九卷（一至一百三十、一百三十三至一百八十九、一百九十一至二百，辭學指南一至二）

12380 **新編通用啓劄截江網六卷** 元刻本 國家圖書館

12381 **大方廣佛華嚴經八十卷** （唐）釋實叉難陀譯 北宋寫金粟山廣惠禪院大藏經本 楊守敬題款 湖北省圖書館

存一卷（二十二）

12382 **大般若波羅蜜多經六百卷** （唐）釋玄奘譯 宋元豐三年至政和二年 （1080—1112）刻福州東禪等覺禪院崇寧萬壽大藏經本 長春市圖書館

存四卷（一百七、一百二十四、四百五十三、五百二十二）

12383 **大威德陀羅尼經二十卷** （隋）釋闍那崛多譯 宋元祐五年（1090）刻福州東禪等覺禪院崇寧萬壽大藏經本 福建省圖書館

存一卷（四）

12384 **佛説大隨求大明王陀羅尼經二卷** （唐）釋不空譯 元官刻大藏經本 雲南省圖書館

存一卷（下）

12385 **大方廣佛華嚴經隨疏演義鈔九十卷** （唐）釋澄觀述 元官刻大藏經本 雲南省圖書館

存一卷（三）

12386 **四念處四卷** （隋）釋智顗説 元官刻大藏經本 雲南省圖書館

存一卷（三）

12387 **大方廣佛華嚴經八十卷** （唐）釋實叉難陀譯 宋寶祐三年（1255）江陵府先鋒隘李安檜刻本 國家圖書館

存六十六卷（一至十、十三至二十七、二十九至三十、三十二至四十、四十二至五十、五十二至六十、六十二至六十七、六十九至

七十四）

12388 **大方廣佛華嚴經八十卷** （唐）釋實叉難陀譯 宋寶祐三年（1255）江陵府先鋒隘李安檜刻本 上海圖書館

存六卷（十一、七十五至七十九）

12389 **大慧普覺禪師普說一卷** （宋）釋宗杲撰 宋刻本 國家圖書館

12390 **大慧普覺禪師年譜一卷** （宋）釋祖咏撰 宋寶祐元年（1253）徑山明月堂刻本 國家圖書館

12391 **釋氏稽古略四卷** （元）釋覺岸撰 元刻本 國家圖書館

12392 **杜工部草堂詩箋五十卷** （唐）杜甫撰 （宋）蔡夢弼箋注 宋刻本 上海圖書館

存二卷（二十至二十一）

12393 **唐陸宣公集二十二卷** （唐）陸贄撰 元刻本（卷二十二配抄本） 袁克文跋 國家圖書館

12394 **節孝先生文集三十卷** （宋）徐積撰 **節孝先生語一卷事實一卷本朝名臣言行録一卷皇朝東都事略卓行傳序一卷諸君子帖一卷** 元刻明嘉靖四十四年（1565）劉祐重修本 何寶善題識 南開大學圖書館

12395 **臨川先生文集一百卷目録二卷** （宋）王安石撰 宋紹興二十一年（1151）兩浙西路轉運司王玨刻元明遞修本（卷四十四至五十二配清抄本） 丁丙跋 南京圖書館

12396 **山谷詩注二十卷** （宋）黄庭堅撰 （宋）任淵注 宋紹定五年（1232）黄埒刻本 國家圖書館

存三卷（十五至十七）

12397 **后山詩注十二卷** （宋）陳師道撰 （宋）任淵注 元刻本（卷一配日本抄本） 國家圖書館

12398 **晦庵先生朱文公別集十卷** （宋）朱熹撰 宋咸淳元年（1265）建安書院刻元明遞修本 國家博物館

12399 **勉齋先生黄文肅公文集四十卷** （宋）黄榦撰 **語録一卷** （宋）林圓 蔡念成等輯 **年譜一卷** （宋）鄭元肅撰 **附集一卷** 元刻延祐二年（1315）重修本 國家圖書館

12400 **後村居士集五十卷** （宋）劉克莊撰 宋刻元修本 上海圖書館

存十八卷（三至九、二十五至二十七、三十一至三十二、三十七至四十二）

12401 **靜修先生文集二十二卷** （元）劉因撰 元至順元年（1330）宗文堂刻本 中國書店

12402 **漢泉曹文貞公詩集十卷** （元）曹伯啟撰 **後録一卷** 元後至元四年（1338）曹復亨刻本 國家圖書館

12403 **淵潁吴先生集十二卷** （元）吴萊撰 **附録一卷** 元末刻本 國家圖書館

12404 **梧溪集七卷** （元）王逢撰 元至正明洪武間刻景泰七年（1456）陳敏政重修本（卷一至四及他卷缺葉配清初毛氏汲古閣影元抄本） 陸貽典校並跋 國家圖書館

12405 **國朝文類七十卷目録三卷** （元）蘇天爵輯 元至元至正間西湖書院刻明修本 朱彝題款 國家圖書館

12406 **三藏聖教序** （唐）太宗李世民撰序 （唐）高宗李治撰記 （唐）釋懷仁集王羲之行書 唐咸亨三年（672）刻石 南宋拓本 姜宸英 陳邦彦 汪灝 金祖静 孔廣陶 李宗瀚等跋 周浚霖抄方士庶録蘇軾跋 文彭 沈尹默等觀款 顏培鼐 徐叔勤題簽 香港中文大學中國文化研究所文物館

12407 **大字麻姑仙壇記** （唐）顏真卿書 唐大曆六

年（771）刻石 宋拓本 何紹基題簽並跋 崇恩跋 香港中文大學中國文化研究所文物館

12408 **汝帖十二卷** （宋）王寀輯刻 北宋大觀三年（1109）刻石 宋拓本 吴尚璁釋文並跋 鍾毅弘眉批並釋文校正 香港中文大學中國文化研究所文物館

12409 **英光堂帖□□卷** （宋）米芾書 （宋）岳珂輯刻 南宋嘉定刻石 南宋拓本 侯維岳題簽 何紹基校記 徐渭仁 吴雲 楊守敬跋 香港中文大學中國文化研究所文物館

存一卷（三）

12410 **十七帖** （晉）王羲之書 宋拓本 邢侗 湯煥 徐守和 潘寧 陳撰 梁同書 王文治 吴照 潘奕雋 顔培瑚 孔廣陶等跋或題簽 香港中文大學中國文化研究所文物館

12411 **蘭亭序** （晉）王羲之撰文並書 南宋拓中山王氏家藏本（游似藏甲之四） 游似等題字 香港中文大學中國文化研究所文物館

12412 **蘭亭序** （晉）王羲之撰文並書 南宋拓御府本（游似藏甲之五） 游似題字 香港中文大學中國文化研究所文物館

12413 **蘭亭序** （晉）王羲之撰文並書 南宋拓括蒼劉涇本（游似藏甲之八） 游似等題字 香港中文大學中國文化研究所文物館

12414 **蘭亭序** （晉）王羲之撰文並書 南宋拓雙鉤部分字本（游似藏乙之一） 胡世安題字 香港中文大學中國文化研究所文物館

12415 **蘭亭序** （晉）王羲之撰文並書 南宋拓會稽本（游似藏丙之八） 游似題字 香港中文大學中國文化研究所文物館

12416 **蘭亭序** （晉）王羲之撰文並書 南宋拓湯舍人本（游似藏□之四） 游似題字 香港中文大學中國文化研究所文物館

12417 **蘭亭序** （晉）王羲之撰文並書 南宋拓臨川本（游似藏） 游似等題字 香港中文大學中國文化研究所文物館

（四）明清時期

12418 **六經三十二卷** 明嘉靖六年（1527）陳鳳梧刻本 中國書店

12419 **五經大全一百三十五卷** （明）胡廣等輯 明内府刻本 南京圖書館

12420 **周易三卷** 明刻藍印本 國家圖書館

12421 **程氏易傳十二卷** （宋）程頤撰 明嘉靖八年（1529）姜梁刻本 四川省圖書館

12422 **漢上易傳十一卷** （宋）朱震撰 **漢上先生履歷一卷** 清初毛氏汲古閣影宋抄本 國家圖書館

12423 **周易傳義十卷** （宋）程頤 朱熹撰 **上下篇義一卷** （宋）程頤撰 **易圖集録一卷易五贊一卷筮儀一卷** （宋）朱熹撰 **易説綱領一卷** （宋）程頤 朱熹撰 明正統十二年（1447）司禮監刻本 重慶市北碚圖書館

12424 **周易程朱傳義二十四卷** （宋）程頤 朱熹撰 **上下篇義一卷** （宋）程頤撰 **朱子圖説一卷周易五贊一卷筮儀一卷** （宋）朱熹撰 明嘉靖刻本 湖北省圖書館

12425 **周易程朱傳義二十四卷** （宋）程頤 朱熹撰 **上下篇義一卷** （宋）程頤撰 **朱子圖説一卷周易五贊一卷筮儀一卷** （宋）朱熹撰 明嘉靖吉澄刻本 鎮江市圖書館

12426 **周易程朱傳義二十四卷** （宋）程頤 朱熹撰 **上下篇義一卷** （宋）程頤撰 **朱子圖説一卷周易五贊一卷筮儀一卷** （宋）朱熹撰 明嘉靖吉澄刻本 丁丙跋 南京圖書館

12427 **周易要義十卷** （宋）魏了翁撰 清徐氏傳是樓抄本 季錫疇校 瞿熙邦校並跋 國家圖書館

12428 **周易詳解十六卷** （宋）李杞撰 清乾隆翰林院抄本[四庫底本] 丁丙跋 南京圖書館
存十四卷（一至六、九至十六）

12429 **周易啟蒙翼傳四卷** （元）胡一桂撰 清乾隆內府寫南三閣四庫全書本 泰州市圖書館
存一卷（外篇）

12430 **周易本義通釋十二卷輯録雲峰文集易義一卷** （元）胡炳文撰 （明）胡珙輯 明嘉靖元年（1522）潘旦、鄧杞刻本 丁丙跋 南京圖書館

12431 **周易傳義大全二十四卷上下篇義一卷朱子圖說一卷周易五贊一卷筮儀一卷易說綱領一卷** （明）胡廣等輯 明嘉靖十五年（1536）作德堂刻本（卷二十三至二十四配另一明刻本） 南京圖書館

12432 **周易洗心七卷首二卷** （清）任啟運撰 清抄本[四庫底本] 丁丙跋 南京圖書館

12433 **尚書二卷** 明成化十二年（1476）崇府刻本 中國書店

12434 **書傳會選六卷** （明）劉三吾等撰 明趙府味經堂刻本 江西省圖書館

12435 **書傳大全十卷圖一卷綱領一卷** （明）胡廣等輯 明內府刻本 鎮江市圖書館

12436 **詩經四卷** 明刻藍印本 國家圖書館

12437 **詩經集傳八卷** （宋）朱熹撰 明嘉靖吉澄刻本 首都圖書館

12438 **呂氏家塾讀詩記三十二卷** （宋）呂祖謙撰 明嘉靖十年（1531）傅鳳翱刻本 山西師範大學圖書館

12439 **詩緝三十六卷** （宋）嚴粲撰 明趙府味經堂刻本 香港中文大學圖書館

12440 **詩外傳十卷** （漢）韓嬰撰 明嘉靖沈辨之野竹齋刻本 南京圖書館

12441 **三家詩異文釋三卷補遺三卷** （宋）王應麟集考 （清）馮登府疏證 手稿本 李富孫校 浙江圖書館

12442 **周禮補亡六卷** （元）丘葵撰 明抄本 杭州市余杭區圖書館
存三卷（一、三、六）

12443 **儀禮十七卷** （漢）鄭玄注 明嘉靖徐氏刻三禮本 秦更年題識 南開大學圖書館

12444 **儀禮十七卷** （漢）鄭玄注 **校録一卷** （清）黃丕烈撰 清嘉慶二十年（1815）吴門黃氏讀未見書齋刻士禮居叢書本 鍾文烝批校並跋 吉林省社會科學院圖書館

12445 **鄉射禮集要圖說不分卷** （明）傅鼎撰 明弘治刻本 丁丙跋 南京圖書館

12446 **新刊京本禮記纂言三十六卷** （元）吴澄撰 明嘉靖九年（1530）安正書堂刻本 南京圖書館

12447 **禮記集說十六卷** （元）陳澔撰 明正統十二年（1447）司禮監刻本 湖北省圖書館

12448 **禮記集說三十卷** （元）陳澔撰 明嘉靖十一年（1532）建寧府刻本 山西師範大學圖書館

12449 **禮記集說三十卷** （元）陳澔撰 明嘉靖十一年（1532）建寧府刻本 丁丙跋 南京圖書館

12450 **禮記集說十卷** （元）陳澔撰 明嘉靖楊銓刻本 南京圖書館

12451 **新刊禮記正蒙講意三十八卷** （明）陳褎撰 明嘉靖十六年（1537）左序刻本 南京圖書館

12452 **律呂新書解二卷雅樂燕樂一卷** （明）張敔撰 明正德十一年（1516）徐充刻本 清華大學圖書館

12453 **苑洛志樂二十卷** （明）韓邦奇撰 明嘉靖二十八年（1549）王宏等刻本 丁丙跋 南京圖

書館

12454 **樂典三十六卷** （明）黄佐撰 明嘉靖二十六年（1547）孫學古刻本 南京圖書館

12455 **春秋左傳不分卷** 明刻本 武漢圖書館

12456 **左傳文苑八卷** （明）張鼒輯評 （明）陳繼儒注 明慶雲館刻三色套印本 國家圖書館

12457 **新刊春秋左氏選粹四卷** 明晚香堂刻本 吉林省圖書館

12458 **春秋啖趙二先生集傳纂例十卷** （唐）陸淳撰 明嘉靖刻本 莫棠跋 江西省博物館

12459 **春秋集註三十卷** （宋）胡安國撰 （宋）林堯叟音注 明嘉靖三十年（1551）逢原溪館刻本 江西師範大學圖書館

12460 **春秋長編不分卷** （清）孫星衍編 稿本 湖北省圖書館

12461 **重廣陳用之真本入經論語全解義十卷**（宋）陳祥道撰 清抄本[四庫底本] 丁丙跋 南京圖書館

12462 **張狀元孟子傳二十九卷** （宋）張九成撰 清抄本[四庫底本] 丁丙跋 南京圖書館

12463 **大學章句一卷或問一卷中庸章句一卷或問一卷** （宋）朱熹撰 明嘉靖四十三年（1564）益藩阜平府敬所樂善堂刻本 中共中央黨校圖書館

12464 **四書章句集注二十八卷** （宋）朱熹撰 明吉府刻本 中國書店

12465 **四書經疑貫通八卷** （元）王充耘撰 明抄本[四庫底本] 丁丙跋 南京圖書館

12466 **四書管窺不分卷** （元）史伯璿撰 清初抄本 浙江省瑞安市博物館

12467 **四書五經明音十卷** （明）王覺撰 明嘉靖三十二年（1553）黄洪毗刻本 南京圖書館

12468 **泉齋簡端錄十二卷** （明）邵寶撰 明秦榛刻本 河南省圖書館

12469 **說經劄記八卷** （明）蔡汝楠撰 明嘉靖衡湘書院刻本 山東省平陰縣圖書館

12470 **爾雅三卷**（晉）郭璞注 明嘉靖十七年（1538）吴元恭刻本 山東師範大學圖書館

12471 **爾雅正名十九卷** （清）汪鎣撰 清抄本 黄侃批並跋 章炳麟跋 湖北省圖書館

12472 **埤雅二十卷**（宋）陸佃撰 明建文二年（1400）林瑜、陳大本刻本 國家圖書館藏
存十二卷（一至六、十五至二十）

12473 **說文解字十五卷** （漢）許慎撰 清初毛氏汲古閣刻本 毛扆校跋 顧葆龢跋 南京圖書館

12474 **說文解字篆韻譜五卷** （南唐）徐鍇撰 明李顯刻公文紙印本 湖北省圖書館

12475 **說文解字句讀十五卷附録一卷** （清）王筠撰 稿本 南京圖書館

12476 **說文形聲疏證十四卷** （清）朱士端撰 稿本 南京圖書館

12477 **說文新附考三卷** （清）鄭珍撰 稿本 程恩澤批校 貴州省博物館

12478 **大廣益會玉篇三十卷**（梁）顧野王撰 （唐）孫強增字 （宋）陳彭年等重修 **玉篇廣韻指南一卷** 明弘治十七年（1504）黄氏集義書堂刻本 海南省民族博物館
存十一卷（四至十四）

12479 **六書正譌五卷** （元）周伯琦編注 明嘉靖元年（1522）于鏊刻本 孫星衍 丁丙跋 南京圖書館

12480 **漢隸分韻七卷** 明嘉靖九年（1530）李宗樞刻本 南京圖書館

12481 **古文奇字一卷** （明）龔黄撰 明執虛堂抄本 吴騫題識 丁丙跋 南京圖書館

12482 **廣韻五卷** （宋）陳彭年等撰 明宣德六年

（1431）清江書堂刻本 國家圖書館

12483 **重編廣韻五卷** （宋）陳彭年等撰 （明）朱祐檳重編 明嘉靖二十八年（1549）益藩刻本 首都圖書館

12484 **韻補五卷** （宋）吴棫撰 明嘉靖許宗魯刻本 沈潮題識 丁丙跋 南京圖書館

12485 **韻苑考遺五卷** （明）陳士元編 明嘉靖二十五年（1546）楊椿等刻本 南京圖書館

12486 **三通三種七百四十八卷** 清錫活字印本 天津圖書館

12487 **史記一百三十卷** （漢）司馬遷撰 （南朝宋）裴駰集解 明崇禎十四年（1641）毛氏汲古閣刻本 黄丕烈 王芑孫跋 沈恕校 湖北省圖書館

12488 **史記一百三十卷** （漢）司馬遷撰 （南朝宋）裴駰集解 （唐）司馬貞索隱 （唐）張守節正義 明嘉靖四至六年（1525—1527）王延喆刻本 丁晏跋 湖南圖書館

12489 **漢書一百卷** （漢）班固撰 （唐）顔師古注 明崇禎十五年（1642）毛氏汲古閣刻本 沈欽韓校並跋 西南大學圖書館

12490 **漢書一百卷** （漢）班固撰 （唐）顔師古注 明崇禎十五年（1642）毛氏汲古閣刻本 袁廷檮校跋並録顧廣圻校跋 王芑孫校並跋 湖北省圖書館

12491 **漢書評林一百卷** （明）凌稚隆輯 明萬曆九年（1581）吴興凌稚隆刻本 錢陸燦批校 湖北省圖書館

12492 **漢書疏證四十卷** （清）沈欽韓撰 清抄本 江文煒校 湖南圖書館

12493 **後漢書九十卷** （南朝宋）范曄撰 （唐）李賢注 **志三十卷**（晋）司馬彪撰 （梁）劉昭注 明崇禎十六年（1643）毛氏汲古閣刻本 黄丕烈跋 陸損之校 湖北省圖書館

12494 **三國志注補六十五卷** （清）趙一清撰 稿本 湖北省圖書館

存四十五卷（二至三、六至十三、二十一至四十七、五十七至六十四，其中三十七至四十、四十二至四十五殘缺嚴重）

12495 **明史列傳擬稿不分卷** （清）方象瑛撰 稿本 毛際可題辭 倪燦 李澄中 施閏章批 湖北省圖書館

12496 **少微通鑑節要五十卷外紀四卷** （宋）江贄撰 明正德九年（1514）司禮監刻本 湖北省圖書館

12497 **資治通鑑綱目集覽鐫誤三卷綱目考異辨疑一卷** （明）瞿佑撰 明刻本 趙琦美跋 上海圖書館

12498 **資治通鑑節要續編三十卷** （明）張光啓撰 明正德九年（1514）司禮監刻本 丁丙跋 南京圖書館

12499 **綱鑑正史約三十六卷**（明）顧錫疇撰（清）陳弘謀增訂 **甲子紀元一卷** （清）陳弘謀撰 清乾隆二年（1737）刻本 王芑孫校並跋 王嘉禄題識 福建省圖書館

12500 **天王閏紀不分卷** （明）史質撰 明抄本 何煌校並跋 南京圖書館

12501 **三朝北盟會編二百五十卷** （宋）徐夢莘撰 明抄本 江西省圖書館

12502 **大明太祖高皇帝實録二百五十七卷** （明）胡廣等纂修 明萬曆抄本 佚名批校 梧州市圖書館

存一百九十八卷（一至二十、三十至四十一、五十至七十七、八十三至一百十、一百十七至一百六十九、一百七十七至二百六、二百二十四至二百五十）

12503 **大明太宗文皇帝實録一百三十卷** （明）張輔 楊士奇等纂修 清初瑞香樓抄本 湖南省社會科學院圖書館

存二十八卷（十六至四十三）

12504 **大明世宗肅皇帝實録五百六十六卷** （明）張溶 徐階等纂修 清初瑞香樓抄本 湖南省社會科學院圖書館

存三十一卷（一百四十六至一百五十七、二百八至二百十九、二百九十四至三百）

12505 **欽定平定兩金川方畧一百五十二卷** （清）阿桂等撰 清乾隆内府寫南三閣四庫全書本 天津圖書館

存三卷（八十三至八十五）

12506 **吴越春秋十卷** （漢）趙曄撰 （元）徐天祜音注 **補注一卷**（元）徐天祜撰 明弘治十四年（1501）鄺廷瑞、馮弋刻本 廣東省博物館

12507 **東觀奏記三卷** （唐）裴庭裕撰 明抄本 繆荃孫校 傅增湘題識 山西博物院

12508 **九國志十二卷** （宋）路振撰 清曾氏面城樓抄本 曾釗批校 廣東省立中山圖書館

12509 **江南野史十卷** （宋）龍衮撰 明末毛氏汲古閣抄本 河南省圖書館

12510 **皇朝太平治迹統類不分卷** （宋）彭百川輯 清初抄本 彭元瑞校並跋 上海圖書館

12511 **元朝秘史十卷續集二卷** 清抄本 顧廣圻校並跋 周鑾詒 傅增湘跋 國家圖書館

12512 **文廟靖難記二卷文廟聖政記九卷仁廟聖政記二卷** （明）張輔等纂修 明抄本 南京大學圖書館

12513 **嘉靖倭亂備抄不分卷** 清初抄本[四庫進呈本] 鎮江博物館

12514 **唐大詔令集一百三十卷** （宋）宋敏求輯 明抄本 廣東省立中山圖書館

存一百七卷（一至十三、二十五至八十六、九十九至一百三十）

12515 **司農奏草□□卷** （明）王國光撰 明經濟軒刻本 無錫市圖書館

存九卷（山西清吏司三卷、陝西清吏司一卷、雲南清吏司二卷、四川清吏司一卷、湖廣清吏司一卷、福建清吏司一卷）

12516 **祁忠敏公揭帖稿不分卷** （明）祁彪佳撰 稿本 浙江圖書館

12517 **歷代臣鑒三十七卷** （明）宣宗朱瞻基撰 明宣德元年（1426）内府刻本 遼寧大學圖書館

12518 **歷代君鑒五十卷** （明）代宗朱祁鈺撰 明景泰四年（1453）内府刻本（目録、卷一至五、十九至三十二配清抄本） 南京圖書館

12519 **伊洛淵源録十四卷** （宋）朱熹撰 明黄瑜刻本 江西省圖書館

12520 **皇明名臣琬琰録二十四卷** （明）徐紘輯 明抄本 湖南圖書館

12521 **革朝遺忠錄二卷附錄一卷** （明）郁衮撰 明嘉靖杜思刻本 南京圖書館

12522 **晏子春秋八卷** 明刻本 王懿榮跋 南京圖書館

12523 **袁氏簪纓錄一卷** （明）袁廷聲撰 明嘉靖刻本 黄裳題記 南京圖書館

12524 **史記摘麗不分卷** （明）范大澈輯 稿本 黄裳題記 浙江圖書館

12525 **元史略四卷** （明）梁寅輯 明初刻本 佚名批點並題識 上海圖書館

12526 **大明清類天文分野之書二十四卷** 題（明）劉基等撰 明初刻本 南京圖書館

12527 **大清一統志□□□卷** （清）蔣廷錫 王安國等纂修 清乾隆内府抄本 清華大學圖書館

存一百二十四卷（一、三至九、十八至十九、二十六至二十八、三十至四十、

四十四、五十三、五十七至五十九、六十二至七十九、八十二至八十三、八十六至一百、一百十一、一百十三至一百十九、一百二十八至一百三十七、一百四十一至一百四十五、一百四十七至一百四十八、一百五十一至一百五十九、一百七十六至一百八十、一百八十二至一百九十五、一百九十七至二百、二百八十五、廣東德慶州電白縣、福建泉州府）

12528 **[嘉靖]清苑縣志六卷** （明）李廷寶纂修 明嘉靖刻本 寧波市天一閣博物院

12529 **[嘉靖]蠡縣志五卷** （明）李復初纂修 明嘉靖十三年（1534）刻本 寧波市天一閣博物院

12530 **[嘉靖]雄乘二卷** （明）王齊纂修 明嘉靖刻本 寧波市天一閣博物院

12531 **[嘉靖]獲鹿縣志十二卷** （明）趙惟勤纂修 明嘉靖三十五年（1556）刻本 寧波市天一閣博物院

存十一卷（二至十二）

12532 **[嘉靖]威縣志八卷** （明）胡容 王組纂修 明嘉靖王組刻本 寧波市天一閣博物院

12533 **[嘉靖]磁州志四卷** （明）周文龍 孫紹等纂修 明嘉靖刻本 寧波市天一閣博物院

12534 **[嘉靖]大名府志二十九卷** （明）潘仲驂纂修 （明）趙慎修續修 明嘉靖三十七年（1558）刻萬曆十一年（1583）增修本 湖北省圖書館藏

存十三卷（一至三、十至十七、二十三至二十四）

12535 **[正德]長垣縣志九卷** （明）劉芳等纂修 明嘉靖刻本 寧波市天一閣博物院

12536 **[嘉靖]隆慶志十卷附録一卷** （明）謝庭桂纂修 （明）蘇乾續修 明嘉靖二十七年（1548）刻本 寧波市天一閣博物院

12537 **[弘治]易州志二十卷** （明）戴銑纂修 明弘治十五年（1502）刻本 寧波市天一閣博物院

12538 **[萬曆]江浦縣志十二卷** （明）沈孟化 張夢柏等纂修 明萬曆刻本 寧波市天一閣博物院

存九卷（一至五、九至十二）

12539 **[隆慶]寶應縣志十卷** （明）湯一賢纂修 明隆慶三年（1569）刻本 寧波市天一閣博物院

12540 **[嘉靖]寧國縣志四卷** （明）范鎬纂修 明嘉靖刻本 寧波市天一閣博物院

12541 **[嘉靖]懷遠縣志二卷** （明）楊釣纂修 明嘉靖十八年（1539）刻本 寧波市天一閣博物院

12542 **[弘治]直隸鳳陽府宿州志二卷** （明）曾顯纂修 明弘治十二年（1499）刻本 寧波市天一閣博物院

12543 **[成化]潁州志六卷** （明）劉節纂修 明正德刻本 寧波市天一閣博物院

12544 **[嘉靖]皇明天長志七卷** （明）邵時敏 王心纂修 明嘉靖二十九年（1550）刻本 寧波市天一閣博物院

12545 **[萬曆]澤州志十八卷** （明）傅淑訓 閻期壽纂修 明萬曆刻本 河南省武陟縣圖書館

12546 **[弘治]渾源州誌五卷** （明）楊大雍 董錫纂修 明弘治刻本 寧波市天一閣博物院

存一卷（五）

12547 **[嘉靖]山東通志四十卷** （明）陸釴等纂修 明嘉靖刻本 湖北省圖書館

12548 **[萬曆]兗州府志五十一卷** （明）朱泰 游季勳 包大爟纂修 明萬曆刻本 寧波市天一閣博物院

存五十卷（一至二、四至五十一）

12549 **[永樂]東昌誌三卷** （明）鍾彦彰 曾鈍等纂修 **摘録輔順廟誌一卷** 清初抄本 江西省博物館

12550 [嘉靖]尉氏縣志五卷 （明）曾嘉誥 汪心纂修 明嘉靖刻本 寧波市天一閣博物院

12551 [嘉靖]鈞州志八卷 （明）謝濉等纂修 明抄本 寧波市天一閣博物院
存二卷（一至二）

12552 [正德]臨漳縣誌十卷 （明）景芳纂修 明正德刻本 寧波市天一閣博物院

12553 [嘉靖]内黄志九卷 （明）張鵬 董弦等纂修 明嘉靖刻本 寧波市天一閣博物院

12554 [嘉靖]陽武縣誌三卷 （明）吕柟纂修 明嘉靖刻本 寧波市天一閣博物院

12555 [嘉靖]鞏縣志八卷 （明）周泗 康紹第纂修 明嘉靖刻本 寧波市天一閣博物院

12556 [萬曆]汝南志二十四卷 （明）黄似華 李本固纂修 明萬曆三十六年（1608）刻本 福建省圖書館

12557 [嘉靖]真陽縣志十卷補遺一卷 （明）徐霓 何麟纂修 明嘉靖三十四年（1555）刻本 寧波市天一閣博物院

12558 [嘉靖]固始縣志十卷 （明）張梯 葛臣纂修 明嘉靖二十一年（1542）張梯南垌草堂刻三十一年（1552）師槐黄山書院補刻本 寧波市天一閣博物院

12559 [嘉靖]新刻商城縣志八卷 （明）萬炯 張應辰纂修 明嘉靖三十年（1551）刻本 寧波市天一閣博物院

12560 [正德]汝州志八卷 （明）王雄 承天貴纂修 明正德元年（1506）刻本 寧波市天一閣博物院

12561 [嘉靖]耀州志二卷 （明）張璉纂修 明嘉靖刻本 寧波市天一閣博物院

12562 [弘治]寧夏新志八卷 （明）王珣 胡汝礪纂修 明弘治十四年（1501）刻本 寧波市天一閣博物院
存七卷（一至六、八）

12563 [嘉定]赤城志四十卷 （宋）齊碩 陳耆卿等纂修 明弘治十年（1497）刻萬曆重修本（卷八至十二配清抄本） 丁丙跋 南京圖書館

12564 [弘治]衢州府志十五卷 （明）吾冔 吴夔等纂修 明弘治刻本 寧波市天一閣博物院

12565 [萬曆]永嘉縣志十七卷 （明）王光蘊纂修 明萬曆刻本 龍經居士題記 浙江省里安市博物館
存四卷（八至十一）

12566 [嘉靖]鉛山縣志十二卷 （明）費寀纂修 明嘉靖刻本 寧波市天一閣博物院

12567 [隆慶]瑞昌縣志八卷 （明）劉儲 謝顧纂修 明隆慶刻本 寧波市天一閣博物院

12568 [正德]新城縣志十三卷 （明）黄文鸑纂修 明正德十一年（1516）刻本 寧波市天一閣博物院

12569 [正德]瑞州府志十四卷 （明）鄺璠 熊相纂修 明正德刻本 寧波市天一閣博物院

12570 [萬曆]湖廣總志九十八卷 （明）徐學謨纂修 明萬曆刻本 福建省圖書館
存九十七卷（一至四十六、四十八至九十八）

12571 [嘉靖]應山縣志三卷 （明）顏木纂修 明嘉靖刻本 寧波市天一閣博物院

12572 [萬曆]襄陽縣志□□卷 （明）李思啟 王業浩纂修 （明）馮舜臣補輯 明萬曆四十五年（1617）刻本 湖北省圖書館
存二卷（一、三）

12573 [正德]光化縣志六卷 （明）黄世重 曹璘纂修 明正德刻本 寧波市天一閣博物院

12574 [弘治]夷陵州志十卷拾遺一卷 （明）劉允 沈寬纂修 明弘治九年（1496）刻本 寧波市天一閣博物院

12575 [弘治]湖廣岳州府志十卷 （明）李文明 劉璣 劉襲纂修 明弘治刻本 寧波市天一閣博物院

12576 [弘治]永州府志十卷 （明）姚昺 沈鍾 林華纂修 明弘治刻本 寧波市天一閣博物院

12577 [萬曆]慈利縣志十八卷 （明）陳光前纂修 明萬曆元年（1573）刻本 寧波市天一閣博物院

12578 [正德]蓬州志十卷 （明）吴德器 徐泰纂修 明正德十三年（1518）刻本 寧波市天一閣博物院

12579 [嘉靖]馬湖府志七卷 （明）余承勛纂修 明嘉靖三十四年（1555）刻本 寧波市天一閣博物院

12580 [正德]夔州府誌十二卷 （明）吴潛 傅汝舟纂修 明正德八年（1513）刻本 寧波市天一閣博物院

12581 [嘉靖]洪雅縣志五卷 （明）束載 張可述纂修 明嘉靖四十一年（1562）刻本 寧波市天一閣博物院

12582 [正德]順昌邑志十卷 （明）馬性魯纂修 明正德刻藍印本 寧波市天一閣博物院
存八卷（一至八）

12583 [弘治]將樂縣志十四卷 （明）李敏纂修 明弘治刻本 寧波市天一閣博物院

12584 [嘉靖]建陽縣志十六卷首一卷 （明）馮繼科 朱凌纂修 明嘉靖刻本 寧波市天一閣博物院

12585 [嘉靖]汀州府誌十九卷 （明）邵有道 何雲等纂修 明嘉靖六年（1527）刻本 寧波市天一閣博物院

12586 [正德]瓊臺志四十四卷 （明）唐胄纂修 明正德十六年（1521）刻本 寧波市天一閣博物院
存四十卷（一至二十一、二十四至四十二）

12587 [正德]雲南志四十四卷 （明）周季鳳纂修 明正德刻本 寧波市天一閣博物院

12588 [嘉靖]思南府志八卷 （明）鍾添 田秋纂修 明嘉靖十五年（1536）刻本 寧波市天一閣博物院

12589 天府廣紀四十四卷 （清）孫承澤撰 清初抄本 遼寧省圖書館

12590 武林舊事十卷 （宋）周密撰 清初抄本 錢曾校 南開大學圖書館

12591 紀古滇說原集一卷 題（宋）張道宗撰 明嘉靖二十八年（1549）刻本 香港中文大學圖書館

12592 益部方物畧記一卷 （宋）宋祁撰 清乾隆内府寫南三閣四庫全書本 南京圖書館

12593 京口三山志十卷 （明）張萊撰 明正德七年（1512）刻本 南京圖書館

12594 雲嶺志六卷 （清）釋普職 釋蒼霞等撰 清康熙五十七年（1718）刻本 王立中 許承堯跋 安徽博物院

12595 漕河圖志八卷 （明）王瓊撰 明弘治九年（1496）刻本 湖南圖書館
存六卷（一至三、六至八）

12596 三遷志六卷 （明）史鶚撰 明嘉靖刻本 湖南圖書館

12597 海珠小志五卷 （明）李韡輯 明萬曆二十三年（1595）刻清遞修本 無錫市圖書館

12598 三事忠告四卷 （元）張養浩撰 （明）黄士弘編 明前期刻重修本 丁丙跋 南京圖書館

12599 禦倭軍事條款一卷 明嘉靖刻藍印本 羅振常跋 國家圖書館

12600 欽定四庫全書總目二百卷首七卷目録一卷 （清）紀昀等撰 稿本 天津圖書館
存七十一卷（三、六至八、十至十四、十六、二十三至二十四、二十六至二十八、

三十七、四十四、四十八至五十一、五十三至五十五、七十四至七十五、七十七、一百十八至一百二十四、一百三十至一百三十九、一百四十八至一百四十九、一百五十一至一百五十二、一百六十至一百六十四、一百六十八、一百七十一、一百七十八、一百八十至一百八十五、一百八十八至一百九十六）

12601 **昭德先生郡齋讀書志二十卷** （宋）晁公武撰 清抄本 王聞遠校並題識 繆荃孫校 潘承弼跋 上海圖書館

12602 **澹生堂藏書目不分卷藏書訓一卷藏書約一卷** （明）祁承㸁藏並輯 明抄本 顧廣圻跋 上海圖書館

存經、史、子，藏書訓全，藏書約全

12603 **汲古閣刊書細目一卷** （清）毛晉撰 **汲古閣珍藏秘本書目一卷** （清）毛扆撰 清陳氏向山閣抄本 陳鱣校並跋 四川省圖書館

12604 **文瑞樓藏書目録不分卷** （清）金檀撰 稿本 四川師範大學圖書館

12605 **東洲草堂藏書目不分卷** （清）何紹基撰 稿本 葉啟勳題記 湖南圖書館

12606 **古今經傳序略不分卷** （明）張雋輯 明末抄本 哈爾濱師範大學圖書館

12607 **金石録三十卷** （宋）趙明誠撰 清順治七年（1650）謝世箕刻本 何紹基批校 湖南圖書館

12608 **金石古文十四卷** （明）楊慎輯 明嘉靖三十四年（1555）孫昭、李懿刻本 陸芝田 張介人批校 葉啟勳題識 湖南圖書館

12609 **漢碑跋不分卷** （清）魏源撰 清何氏小蓬萊仙館抄本 湖南圖書館

12610 **湖北金石詩不分卷** （清）嚴觀撰 清抄本 許瀚校並跋 湖北省圖書館

12611 **東萊先生音註唐鑑二十四卷** （宋）范祖禹撰 （宋）吕祖謙注 明弘治十年（1497）吕鏜刻本 首都圖書館

12612 **東萊先生音註唐鑑二十四卷** （宋）范祖禹撰 （宋）吕祖謙注 明弘治十年（1497）吕鏜刻本 周錫瓚批校 湖南圖書館

12613 **六子書六十卷** （明）顧春編 明嘉靖十二年（1533）顧春世德堂刻本 西北民族大學圖書館

12614 **孔子家語八卷** （明）何孟春注 明嘉靖三十七年（1558）孔弘鐸刻本 浙江圖書館

12615 **荀子二十卷** （唐）楊倞注 明刻本 鈕樹玉 顧廣圻校 上海圖書館

存十六卷（一至六、十一至二十）

12616 **新書十卷** （漢）賈誼撰 明正德十（1515）吉府刻本 南京圖書館

12617 **賈誼新書三卷** （漢）賈誼撰 明前期刻本 蘇州圖書館

12618 **鹽鐵論十卷** （漢）桓寬撰 明弘治十四年（1501）涂禎刻本 國家圖書館

12619 **劉向新序十卷劉向說苑二十卷** （漢）劉向撰 明刻本 劉宗周批校 王紹蘭 蔡名衡批校並跋 紹興博物館

12620 **新纂門目五臣音註揚子法言十卷** （漢）揚雄撰 （晉）李軌 （唐）柳宗元 （宋）宋咸 吴祕 司馬光注 明刻本 顧廣圻校並跋 上海圖書館

12621 **申鑑五卷** （漢）荀悦撰 （明）黄省曾注 明正德十四年（1519）黄氏文始堂刻本 莫棠跋 國家圖書館

12622 **二程全書六十二卷** （宋）程顥 程頤撰 明成化十二年（1476）段堅刻本 丁丙跋 南京圖書館

12623 二程子抄釋十卷 （明）吕柟撰 明嘉靖五年（1526）解梁書院刻本 南京圖書館

12624 近思録補注十四卷 （清）陳沆撰 稿本 魏源批 湖北省圖書館

12625 文公先生小學書解四卷 （宋）朱熹撰 明前期刻本 河南省圖書館

12626 文公先生經世大訓十六卷 （明）余祐輯 明嘉靖元年（1522）河南按察司刻本 南京圖書館

12627 晦菴先生語録類要十八卷 （宋）葉士龍輯 明成化六年（1470）韓儼刻本 南京圖書館

12628 大學衍義四十三卷 （宋）真德秀撰 明嘉靖六年（1527）司禮監刻本 南京圖書館

12629 聖學心法四卷 （明）成祖朱棣撰 明永樂七年（1409）内府刻本 國家圖書館

12630 聖學心法四卷 （明）成祖朱棣撰 明永樂七年（1409）内府刻本 首都圖書館

12631 聖學心法四卷 （明）成祖朱棣撰 明永樂七年（1409）内府刻本 吉林省圖書館

12632 性理大全書七十卷 （明）胡廣等撰 明永樂十三年（1415）内府刻本 丁丙跋 南京圖書館

12633 性理大全書七十卷 （明）胡廣等撰 明弘治八年（1495）書林魏氏仁實堂刻本（卷三十八、五十二至五十八抄配） 柳州市圖書館

12634 性理大全書七十卷 （明）胡廣等撰 明嘉靖十四年（1535）廣德書堂刻本 紹興圖書館

12635 新刊性理大全七十卷 （明）胡廣等撰 明嘉靖三十二年（1553）熊氏一峰堂刻本 鎮江市圖書館

12636 新刊性理大全七十卷 （明）胡廣等撰 明嘉靖三十五年（1556）張氏新賢堂刻本 江西師範大學圖書館

12637 新刊憲臺釐正性理大全七十卷 （明）胡廣等撰 明嘉靖三十一年（1552）余氏自新齋刻本 中共北京市委圖書館

12638 新刊性理集要八卷 （明）詹淮輯 明嘉靖四十年（1561）歸仁齋刻本 南京圖書館

12639 新鐫武經七書七卷 （明）王守仁批 （明）胡宗憲參評 明天啓元年（1621）茅震東刻套印本 貴州省圖書館

12640 名公書判清明集十四卷 （明）張四維輯 明隆慶三年（1569）盛時選刻藍印本 國家圖書館 存十卷（一至十）

12641 補註釋文黄帝内經素問十二卷 （唐）王冰注 （宋）林億等校正 （宋）孫兆改誤 遺篇一卷 明趙府居敬堂刻本 中共北京市委圖書館

12642 重廣補註黄帝内經素問二十四卷 （唐）王冰注 （宋）林億等校正 （宋）孫兆改誤 明嘉靖二十九年（1550）顧從德影宋刻本 吉林省圖書館

12643 千金翼方三十卷 （唐）孫思邈撰 明萬曆三十三年（1605）王肯堂刻本 孫星衍跋 四川省圖書館

12644 新刊京本袖珍方大全四卷 （明）李恒撰 明刻本 重慶圖書館

12645 醫學綱目四十卷 （明）樓英撰 運氣占候補遺一卷 明嘉靖四十四年（1565）曹灼刻本 南京圖書館

12646 幼科類萃二十八卷 明嘉靖十三年（1534）白玶刻本 天津醫學高等專科學校圖書館

12647 聞人氏痘疹論三卷 （宋）聞人規撰 明嘉靖刻本 甘肅中醫藥大學圖書館

12648 痘科纂要一卷 （明）畢鉉撰 明嘉靖三十七年（1558）盧璘刻藍印本 國家圖書館

12649 重刊革象新書二卷 （元）趙友欽撰 （明）

王褘删定 明正德十五年（1520）刻本 天津圖書館

12650 **御製數理精蘊上編五卷下編四十卷表八卷** （清）允祉 允禄 梅瑴成等撰 清康熙武英殿銅活字印本 湖北省圖書館

12651 **大統萬年曆十二卷** 明朱墨抄本 李奎跋 清華大學圖書館

12652 **天文鬼料竅十二卷** 明抄本 清華大學圖書館

12653 **新刊地理纂要七卷** （明）吴天洪輯 明吴國俊刻本 大連圖書館

12654 **董太史画禅室随筆二卷** （明）董其昌撰 清初抄本 孫從添 仲藝跋 儀克中題款 佚名批校 浙江圖書館

12655 **研山齋珍賞集覽十卷** （清）孫承澤撰 稿本 湖北省圖書館
缺一卷（歷代圖繪姓氏備考上）

12656 **視學不分卷** （清）年希堯撰 清雍正十三年（1735）刻本 中國科學院自然科學史研究所

12657 **印範一卷** （明）程正辰摹 （明）程應祥集 明崇禎七年（1634）程應祥刻鈐印本 蘇州圖書館

12658 **能爾齋印譜六卷** （清）錢楨輯 清康熙刻鈐印本 香港中文大學圖書館

12659 **虛白齋印瘕□卷** （明）王應騏集篆 明萬曆刻鈐印本 蘇州圖書館

12660 **印雋四卷** （明）梁袠篆刻並輯 明萬曆三十八年（1610）刻鈐印本 南京圖書館

12661 **珍善齋印印四卷** （明）吴迥篆刻並輯 明萬曆刻鈐印本 南京圖書館
存二卷（三至四）

12662 **曉采居印印四卷** （明）吴迥篆刻並輯 明萬曆刻鈐印本 香港中文大學圖書館

12663 **曉采居印印二卷** （明）吴迥篆刻並輯 明萬曆刻鈐印本 中國美術學院圖書館

12664 **蘇氏印畧三卷** （明）蘇宣篆刻並輯 明萬曆四十五年（1617）刻鈐印本 蘇州圖書館

12665 **胡氏篆草一卷** （清）胡正言篆刻 清初蒂古堂刻鈐印本 蘇州圖書館

12666 **静觀樓印言二卷** （清）王睿章篆刻 清乾隆周魯家塾刻鈐印本 中國美術學院圖書館

12667 **投壺譜一卷** （清）李瑶撰 清道光九年（1829）活字三色套印本 湖北省圖書館

12668 **墨子十五卷** 清黄氏士禮居抄本 黄丕烈跋並録張丑跋 丁丙跋 孫詒讓題記 南京圖書館
存十卷（六至十五）

12669 **淮南鴻烈解二十一卷** （漢）劉安撰 （明）茅坤等評 明刻朱墨套印本 廣西民族大學圖書館

12670 **淮南鴻烈解二十一卷** （漢）劉安撰 （明）茅坤等評 明刻朱墨套印本 香港中文大學圖書館

12671 **淮南鴻烈解二十一卷** （漢）劉安撰 （漢）高誘注 明萬曆二十二年（1594）張維城刻本 錢大昕校 上海圖書館

12672 **寓簡十卷** （宋）沈作喆撰 明抄本 丁申 丁丙跋 南京圖書館

12673 **西溪叢語二卷** （宋）姚寬撰 明嘉靖二十七年（1548）俞憲鵀鳴館刻本（卷下配清抄本）吴焯 丁丙跋 南京圖書館

12674 **郁離子十卷** （明）劉基撰 明刻本 江西省博物館

12675 **蠡海集一卷** （明）王逵撰 清乾隆内府寫南三閣四庫全書本 南京圖書館

12676 **楊子卮言六卷** （明）楊慎撰 明嘉靖四十三年（1564）劉大昌刻本 丁丙跋 南京圖書館

12677 **書影十卷** （清）周亮工撰 清乾隆内府寫南

三閣四庫全書本 香港中文大學圖書館

12678 **橋西雜記不分卷** （清）葉名灃撰 稿本 趙之謙批 歐陽螬園校 湖北省圖書館

12679 **明皇十七事一卷** （唐）李德裕撰 **開天傳信記一卷** （唐）鄭棨撰 **金石要例一卷** （清）黄宗羲撰 清張德榮青芝山堂抄本 黄丕烈校並跋 王芑孫跋 上海圖書館

12680 **南北史續世説十卷** （唐）李垕撰 明姚氏茶夢齋抄本 姚咨校 上海圖書館

12681 **涑水記聞二卷** （宋）司馬光撰 清抄本 鮑廷博批校 山西省祁縣圖書館

12682 **澠水燕談録十卷** （宋）王辟之撰 清初抄本 秦更年 傅增湘題識 南開大學圖書館

12683 **唐語林三卷** （宋）王讜輯 明嘉靖二年（1523）齊之鸞刻本 錢謙益點校 何焯批校並跋 國家圖書館

12684 **默記三卷** （宋）王銍撰 清抄本 莫棠 周壽昌 秦更年題識 南開大學圖書館

12685 **桯史十五卷** （宋）岳珂撰 **附録一卷** 明嘉靖四年（1525）錢如京刻本 丁丙跋 南京圖書館

12686 **四朝聞見録五卷** （宋）葉紹翁撰 清初抄本 吴焯 丁丙跋 南京圖書館

12687 **東南記聞三卷** 清初抄本 邵晉涵跋 南京圖書館

12688 **河南邵氏聞見後錄三十卷** （宋）邵博撰 明崇禎毛氏汲古閣刻津逮秘書本 黄丕烈校並跋 丁丙跋 南京圖書館

12689 **歸潛志十四卷** （元）劉祁撰 **附録一卷** 清乾隆三十一年（1766）鮑廷博抄本 鮑廷博校並跋 丁丙跋 丁秉衡題記 南京圖書館

12690 **何氏語林三十卷** （明）何良俊撰 明嘉靖二十九年（1550）何氏清森閣刻本 四川省圖書館

12691 **乙亥見聞不分卷** （清）王士禛撰 清康熙三十四年（1695）稿本 陳融題記 香港中文大學圖書館

12692 **格古要論三卷** （明）曹昭撰 明活字本 杭州圖書館

12693 **意林語要五卷** （唐）馬總輯 清紀氏閱微草堂抄本 國家圖書館

12694 **倘湖樵書不分卷** （清）來集之撰 稿本 浙江圖書館

12695 **世説碎金不分卷** （清）祁寯藻撰 稿本 南京圖書館

12696 **山海經十八卷** （晉）郭璞注 明嘉靖十三年（1534）黄省曾山海經水經合刻本 葉啟發 葉啟勳跋 湖南圖書館

12697 **西京雜記二卷** 題（晉）葛洪撰 明抄本 盧文弨校 上海圖書館

12698 **五色線集三卷** 明弘治二年（1489）冀綺刻本 南京圖書館

12699 **新編分類夷堅志甲集五卷乙集五卷丙集五卷丁集五卷戊集五卷己集六卷庚集五卷辛集五卷壬集五卷癸集五卷** （宋）洪邁撰 （宋）葉祖榮輯 明嘉靖二十五年（1546）洪楩清平山堂刻本 湖北省圖書館

12700 **雪牕譚異八卷圖一卷** （明）楊循吉輯 明刻本 山西省祁縣圖書館

12701 **藝文類聚一百卷** （唐）歐陽詢輯 明嘉靖六至七年（1527—1528）胡纘宗、陸采刻本 徐恕録馮舒校及錢孫保 陳徵芝 周星詒跋 湖北省圖書館

12702 **初學記三十卷** （唐）徐堅撰 明楊鑨九洲書屋刻本 雲南師範大學圖書館

12703 **太平御覽一千卷目録十五卷** （宋）李昉等纂 明萬曆二年（1574）周堂等銅活字印本（目

録卷一、卷二百四十、二百八十一至二百八十五、三百六十六、五百八十六、五百九十六至五百九十七配清抄本，卷二百七十二至二百七十五、七百四十一至七百五十、九百一至九百二十、九百三十三至九百五十、九百八十四至九百九十配明刻本）周廣業跋 吴騫批 佚名批校 浙江圖書館

12704 **事物紀原集類十卷** （宋）高承輯 明成化八年（1472）李果刻本 沈巘校並跋 黄丕烈 丁丙跋 南京圖書館

12705 **事物紀原集類十卷** （宋）高承輯 明成化八年（1472）李果刻本 李承祥抄補並題識 重慶圖書館

12706 **書敘指南十二卷** （宋）任廣輯 明嘉靖三十七年（1558）柴縻白石書屋刻本 丁丙跋 南京圖書館

12707 **錦繡萬花谷前集四十卷後集四十卷續集四十卷** 明嘉靖十五年（1536）秦汴繡石書堂刻本 江西師範大學圖書館

12708 **聖宋名賢四六叢珠一百卷** （宋）葉蕡輯 明嘉靖十一年（1532）王寵家抄本 王寵 傅增湘 王季烈跋 上海圖書館

12709 **古今合璧事類備要前集六十九卷後集八十一卷續集五十六卷** （宋）謝維新輯 **别集九十四卷外集六十六卷** （宋）虞載輯 明嘉靖三十一至三十五年（1552—1556）夏相刻本 華南農業大學中國農業歷史遺產研究所

12710 **新增說文韻府羣玉二十卷** （元）陰時夫輯 （元）陰中夫注 明天順六年（1462）葉氏南山堂刻本 安徽師範大學圖書館

12711 **新編事文類聚翰墨大全甲集十二卷乙集十八卷丙集十四卷丁集十一卷戊集十三卷己集十二卷庚集十五卷辛集十六卷壬集十七卷癸集十七卷後甲集十五卷後乙集十三卷後丙集十二卷後丁集十四卷後戊集九卷** （元）劉應李輯 明刻本 南京圖書館

12712 **事物考八卷** （明）王三聘輯 明嘉靖四十二年（1563）何起鳴刻本 南京圖書館

12713 **尚古類氏集十二卷** （明）王文翰輯 明隆慶羅田刻本 保定市圖書館

12714 **圖書編一百二十七卷** （明）章潢撰 清乾隆内府寫南三閣四庫全書本 泰州市圖書館
存二卷（六十九至七十）

12715 **永樂南藏六千三百三十一卷** 明永樂十至十五年（1412—1417）刻嘉靖補刻本 山東省圖書館
存五千三百五十册

12716 **永樂北藏六千三百六十一卷續藏四百十卷** 明永樂十九年至正統五年（1421—1440）刻萬曆十二年（1584）續刻本 瀋陽市慈恩寺
存六千七百十六册

12717 **乾隆版大藏經七千一百六十七卷** 清雍正十一年至乾隆三年（1733—1738）刻本 瀋陽市慈恩寺
存七千六十六册

12718 **乾隆版大藏經七千一百六十七卷** 清雍正十一年至乾隆三年（1733—1738）刻本 首都圖書館
存六千八百七十五册

12719 **金剛般若波羅蜜經** （後秦）釋鳩摩羅什譯 明正德六年（1511）泥金寫本 湖北省穀城縣圖書館

12720 **老子指玄二卷** （明）田藝蘅撰 明嘉靖刻本 南京圖書館

12721 **沖虛至德真經八卷** （晉）張湛注 （唐）殷敬順釋文 明刻本 顧廣圻校 上海圖書館

12722 **薩真人戒行實録一卷** （明）李振卿輯 明嘉靖二年（1523）韋興刻本 南京圖書館

12723 **真誥十卷** （南朝梁）陶弘景撰 明嘉靖元年（1522）韋興刻本 南京圖書館
存八卷（一至八）

12724 **雲笈七籤一百二十二卷** （宋）張君房撰 清乾隆内府寫南三閣四庫全書本 泰州市圖書館
存一卷（十二）

12725 **金精直指一卷** 明嘉靖三十八年（1559）朱觀熰刻本 南京圖書館

12726 **百川學海一百種一百七十九卷** （宋）左圭輯 明弘治十四年（1501）華珵刻本 丁丙跋 南京圖書館

12727 **文津閣四庫全書樣本不分卷** 清抄本 國家圖書館

12728 **楚辭十七卷** （漢）王逸章句 （宋）洪興祖補注 清初毛氏汲古閣刻寶翰樓印本 謝章鋌校並跋 福建省圖書館

12729 **唐丞相曲江張先生文集二十卷** （唐）張九齡撰 明嘉靖十五年（1536）湛若水刻本 廣東省博物館

12730 **宗玄先生文集三卷** （唐）吴筠撰 明抄本 鄧邦述跋 香港中文大學圖書館

12731 **李翰林集十卷** （唐）李白撰 明正德十四年（1519）陸元大刻本 丁丙跋 南京圖書館

12732 **韋蘇州集十卷拾遺一卷** （唐）韋應物撰 明弘治九年（1496）李瀚、劉玘刻本 南京圖書館

12733 **杜工部詩二十卷文集二卷** （唐）杜甫撰 （宋）黄鶴補注 **附録一卷** 明嘉靖二十四年（1545）戴鯨刻本 南京圖書館

12734 **集千家註批點補遺杜工部詩集二十卷** （唐）杜甫撰 （宋）黄鶴補注 （宋）劉辰翁評點 **年譜一卷附録一卷** 明嘉靖九年（1530）王九之刻本 丁丙跋 南京圖書館

12735 **讀杜詩愚得十八卷** （明）單復撰 明天順元年（1457）朱熊梅月軒刻本 國家圖書館

12736 **杜詩通四十卷** （明）胡震亨撰 清順治七年（1650）朱茂時刻李杜詩通本 傅山批點 翁同龢跋 上海圖書館

12737 **朱文公校昌黎先生文集四十卷外集十卷遺文一卷遺詩一卷** （唐）韓愈撰 （宋）朱熹考異 （宋）王伯大音釋 **傳一卷** 明刻本 湖北省圖書館

12738 **柳文四十三卷別集二卷外集二卷** （唐）柳宗元撰 **附録一卷** 清楊季鸞春星閣刻本 何紹基批校並跋 湖北省圖書館

12739 **白氏文集七十一卷** （唐）白居易撰 明嘉靖十七年（1538）伍忠光龍池草堂刻本 南京圖書館

12740 **李文饒文集二十卷別集十卷外集四卷** （唐）李德裕撰 明刻本（文集卷十一至十七、別集卷七至十、外集配明天啓刻本，別集卷六配清抄本） 黄丕烈校並跋 張紹仁校 丁丙跋 南京圖書館

12741 **禪月集二十五卷** （唐）釋貫休撰 明柳僉抄本 上海圖書館

12742 **李丞相詩集二卷** （南唐）李建勳撰 清影宋抄本 天津圖書館

12743 **河東先生集十五卷** （宋）柳開撰 **附録一卷** 清乾隆六十年（1795）蘭溪文印堂刻本 徐時棟批並跋 寧夏大學圖書館

12744 **蘇學士文集十六卷** （宋）蘇舜欽撰 清康熙三十七年（1698）徐惇孝、徐惇復白華書屋刻本 黄丕烈跋並録顧廣圻臨何焯校 上海圖書館

12745 **洛陽九老祖龍學文集十六卷** （宋）祖無擇撰 清乾隆三十四年（1769）李文藻抄本 李文藻批並跋 首都師範大學圖書館

12746 **宛陵先生文集六十卷拾遺一卷** （宋）梅堯臣撰 **附録一卷** 明正統四年（1439）袁旭刻本 南京圖書館

12747 **伊川擊壤集二十卷集外詩一卷** （宋）邵雍撰 明成化畢亨刻十六年（1480）劉尚文重修本 吴雲跋 南京圖書館

12748 **南陽集三十卷** （宋）韓維撰 **附録一卷** 明祁氏澹生堂抄本 上海圖書館

12749 **歐陽文忠公集一百五十三卷** （宋）歐陽修撰 **年譜一卷** （宋）胡柯撰 **附録五卷** 明天順六年（1462）程宗刻弘治五年（1492）重修本 國家博物館

12750 **歐陽文粹二十卷** （宋）歐陽修撰 （宋）陳亮輯 清乾隆内府寫南三閣四庫全書本 上海博物館

12751 **范忠宣公文集二十卷** （宋）范純仁撰 明嘉靖范惟元等刻本 柯逢時跋 湖北省博物館

12752 **重刊嘉祐集十五卷** （宋）蘇洵撰 明弘治四年（1491）陸里刻本 繆荃孫校 南京圖書館

12753 **東坡全集一百十五卷** （宋）蘇軾撰 清乾隆内府寫南三閣四庫全書本 南京圖書館
存二卷（六十八至六十九）

12754 **欒城集五十卷後集二十四卷三集十卷** （宋）蘇轍撰 明嘉靖二十年（1541）蜀藩朱讓栩刻本 中共北京市委圖書館

12755 **豫章黄先生文集三十卷外集十四卷別集二十卷簡尺二卷詞一卷** （宋）黄庭堅撰 **山谷先生年譜三十卷** （宋）黄㽦撰 **山谷黄先生別傳一卷** （明）周季鳳撰 **青社黄先生伐檀集二卷** （宋）黄庶撰 明弘治葉天爵刻嘉靖六年（1527）喬遷、余載仕重修本 莫友芝校並題識 黄裳跋 南京圖書館

12756 **山谷外集詩注十七卷** （宋）黄庭堅撰 （宋）史容注 明弘治九年（1496）陳沛刻本 翁方綱批校並跋又録史季温跋 翁同龢跋 上海圖書館

12757 **后山詩注十二卷** （宋）陳師道撰 （宋）任淵注 清乾隆武英殿活字印聚珍版書本 彭元瑞批校 山西省圖書館

12758 **謝幼槃集斠記稿一卷** 楊守敬撰 稿本 黄侃跋 湖北省圖書館

12759 **傅忠肅公文集三卷** （宋）傅察撰 清彭元瑞知聖道齋抄本 遼寧省圖書館

12760 **鴻慶居士文集四十二卷** （宋）孫覿撰 明山泉書舍抄本 傅增湘跋 上海圖書館

12761 **豫章羅先生文集十七卷** （宋）羅從彦撰 **年譜一卷** （元）曹道振撰 明正德十二年（1517）姜文魁刻隆慶五年（1571）羅文明重修本 帥之憲跋 江西省圖書館

12762 **高東溪先生文集二卷** （宋）高登撰 **附録一卷** 清抄本 查慎行跋 廣東省立中山圖書館

12763 **岳集五卷** （宋）岳飛撰 （明）徐階輯 明嘉靖十五年（1536）焦煜刻本 南京圖書館

12764 **羅鄂州小集五卷** （宋）羅願撰 **羅郢州遺文一卷** （宋）羅頌撰 **附録一卷** 明洪武二年（1369）羅宣明刻本 徐康跋 趙宗建題記 香港中文大學圖書館

12765 **晦庵集一百卷續集五卷別集七卷** （宋）朱熹撰 清乾隆内府寫南三閣四庫全書本 上海博物館
存一卷（七十三）

12766 **批點分類誠齋先生文膾前集十二卷後集十二卷** （宋）楊萬里撰 （宋）李誠父輯 明隆慶六年（1572）翁文溪刻本 江西省圖書館

12767 **劍南詩續稿八卷** （宋）陸游撰 明末毛氏汲古閣抄本 毛晉校 唐鴻學題記 上海圖書館

12768 **水心先生文集二十九卷** （宋）葉適撰 明正統十三年至景泰二年（1448—1451）黎諒刻本（卷一至六、十五至二十二、二十九配清丁氏竹書堂抄本） 劉體仁批 羅棨校 丁立誠跋 南京圖書館

12769 **北溪先生大全文集五十卷** （宋）陳淳撰 **外集一卷** （宋）陳棨輯 明弘治三年（1490）周梁石刻本[四庫底本] 中共北京市委圖書館

12770 **雪磯叢稿五卷** （宋）樂雷發撰 清抄本[四庫底本] 南京圖書館

12771 **柳塘外集二卷** （宋）釋道璨撰 清初抄本 鮑廷博批校 廣東省立中山圖書館

12772 **霽山先生白石樵唱六卷** （宋）林景熙撰 （元）章祖程注 **文集四卷** （宋）林景熙撰 清乾隆抄本 鮑廷博校並跋又題簽 浙江省瑞安市博物館

12773 **遺山先生詩集二十卷** （金）元好問撰 明弘治十一年（1498）李瀚刻本 何焯跋 重慶圖書館

12774 **遺山先生詩集二十卷** （金）元好問撰 明弘治十一年（1498）李瀚刻本 王士禛批點並題款 香港中文大學圖書館

存十二卷（四至九、十五至二十）

12775 **養蒙先生文集十卷** （元）張伯淳撰 明祁氏澹生堂抄本 上海圖書館

12776 **魯齋遺書十四卷** （元）許衡撰 清初抄本 查慎行跋 廣東省立中山圖書館

12777 **許白雲先生文集四卷** （元）許謙撰 **附録一卷** 明成化二年（1466）陳相刻本 中共北京市委圖書館

12778 **楚國文憲公雪樓程先生文集三十卷** （元）程鉅夫撰 **年譜一卷** （元）程世京撰 **附録一卷** 明洪武二十八年（1395）與耕書堂刻本 陳繼昌篆首並題識 孫雲鴻 馬礪金跋 上海圖書館

12779 **秋巖詩集二卷** （元）陳宜甫撰 清翰林院抄本[四庫底本] 丁丙跋 浙江圖書館

12780 **揭文安公文粹一卷** （元）揭傒斯撰 明天順五年（1461）沈琮廣州府學刻本 上海圖書館

12781 **揭文安公文粹一卷** （元）揭傒斯撰 明天順五年（1461）沈琮廣州府學刻本 丁丙跋 南京圖書館

12782 **存復齋文集十卷** （元）朱德潤撰 **附録一卷** 明成化十一年（1475）項璁刻本（卷一至五配清抄本） 丁丙跋 南京圖書館

12783 **鐵崖先生古樂府十六卷** （元）楊維楨撰 明成化五年（1469）劉傚刻本（有抄配葉） 上海圖書館

12784 **潛溪集八卷** （明）宋濂撰 **附録一卷** 明嘉靖十五年（1536）徐嵩、温秀刻本 莫友芝跋 浙江圖書館

12785 **朱一齋先生文集後五卷廣游文集一卷** （明）朱善撰 明成化二十二年（1486）朱維鑒刻本 江西省圖書館

12786 **清江貝先生文集三十卷詩集十卷詩餘一卷** （明）貝瓊撰 明洪武刻本 上海圖書館

12787 **白石山房逸稿二卷** （明）張丁撰 **附録一卷** 清抄本 勞權校補並跋 丁丙跋 南京圖書館

12788 **臨安集六卷** （明）錢宰撰 清乾隆内府寫南三閣四庫全書本 南京圖書館

存三卷（一至三）

12789 **重刻徐幼文北郭集六卷** （明）徐賁撰 明萬曆三十七年（1609）汪汝淳刻本[四庫底本] 浙江大學圖書館

12790 甘白先生張子宜詩集六卷 （明）張適撰 明前期刻本 上海圖書館

12791 蚓竅集十卷 （明）管時敏撰 （明）丁鶴年評 全庵記一卷 （明）周子冶撰 明永樂元年（1403）楚藩刻本[四庫底本] 上海圖書館

12792 中丞集二卷（明）練子寧撰 清乾隆内府寫南三閣四庫全書本 香港中文大學圖書館

12793 黄忠宣公文集十三卷 （明）黄福撰 別集六卷 明嘉靖馮時雍刻本 南京圖書館

12794 楊文敏公集二十五卷 （明）楊榮撰 附録一卷 明正德十年（1515）刻本 丁丙跋 南京圖書館

12795 新編頤光先生詩集六卷拾遺一卷文集一卷 （明）陸顒撰 外集二卷 明景泰元年（1450）陸瑄刻本 上海圖書館

12796 抑菴文集十三卷 （明）王直撰 明成化王稹刻本 上海圖書館

12797 完菴集不分卷 （明）劉珏撰 明正德刻本 上海圖書館

12798 白沙子八卷 （明）陳獻章撰 明嘉靖十二年（1533）卞崍刻本 黄裳跋 廣東省博物館

12799 楊文懿公文集三十卷 （明）楊守陳撰 明弘治十二年（1499）楊茂仁刻本 丁丙跋 南京圖書館

12800 草窓集二卷 （明）劉溥撰 明成化十六（1480）刻本 李滂跋 上海圖書館

12801 懷麓堂詩藁二十卷文藁三十卷詩後藁十卷南行藁一卷北上録一卷 （明）李東陽撰 明正德十一年（1516）熊桂刻本 四川師範大學圖書館

12802 青谿漫藁二十四卷 （明）倪岳撰 明正德九年（1514）熊桂刻本 丁丙跋 南京圖書館

12803 一峰先生文集十四卷 （明）羅倫撰 明嘉靖二十八年（1549）張言刻本 廣東省博物館

12804 張東海先生詩集四卷文集五卷 （明）張弼撰 明正德十三年（1518）張弘至刻本 湖北省圖書館

12805 匏翁家藏集七十七卷補遺一卷 （明）吴寬撰 明正德三年（1508）吴奭刻本 徐時棟跋 南京圖書館

12806 容春堂集六十六卷 （明）邵寶撰 明嘉靖十三年（1534）慎獨齋刻本 丁丙跋 南京圖書館

12807 竹廬詩集一卷 （明）吴璉撰 明嘉靖刻本 屈向邦跋 香港中文大學圖書館

12808 石田稿三卷 （明）沈周撰 明弘治十六年（1503）黄淮集義堂刻本 浙江省嵊州市圖書館

12809 南塢集詩八卷文十卷 （明）賈詠撰 明嘉靖二十一年（1542）刻本 許昌市圖書館

12810 陽明先生正録五卷外録九卷別録十四卷 （明）王守仁撰 明嘉靖三十五年（1556）董聰刻本 首都圖書館

12811 陽明先生文錄五卷外集九卷別録十四卷 （明）王守仁撰 明嘉靖十二年（1533）刻本 江西省圖書館

12812 陽明先生文錄十七卷 （明）王守仁撰 語錄三卷 （明）徐愛輯 明嘉靖二十六年（1547）范慶刻本 首都圖書館

12813 大復集三十七卷 （明）何景明撰 明嘉靖三十四年（1555）袁璨刻本 中共北京市委圖書館

12814 大復集三十七卷 （明）何景明撰 明嘉靖三十四年（1555）袁璨刻本 遼寧省圖書館

12815 夢蕉存稿四卷 （明）游潛撰 明嘉靖二十七年（1548）豐城游氏刻本 江西省圖書館

12816 韓五泉詩四卷 （明）韓邦靖撰 附録二卷 明嘉靖十九年（1540）樊得仁刻本 徐㓲題記

高孝忠 林正青題識 福建省圖書館

12817 **佩蘭子文集三卷** （明）袁達撰 明嘉靖同文書院刻本 鄭傑題記 福建省圖書館

12818 **賜閒堂稿十卷** （明）夏言撰 **附録一卷** 明嘉靖二十五年（1546）曹忭、楊九澤刻本 上海圖書館

12819 **桂洲詩集二十四卷** （明）夏言撰 明嘉靖二十五年（1546）曹忭、楊九澤刻本 黄裳題識 上海圖書館

12820 **西楂集三卷** （明）楊撫撰 明嘉靖八年（1529）刻本 清華大學圖書館

12821 **南禺外史詩一卷** （明）豐坊撰 稿本 浙江圖書館

12822 **鳳洲筆記二十四卷** （明）王世貞撰 明隆慶三年（1569）黄美中活字印本 上海圖書館

12823 **歸先生文集三十二卷** （明）歸有光撰 **附録一卷** 明萬曆四年（1576）翁良瑜雨金堂刻本 方苞批並跋 武漢圖書館

12824 **四溟山人全集二十四卷** （明）謝榛撰 明萬曆二十四年（1596）趙府冰玉堂刻本（序、目録、卷二十三至二十四配藕香簃抄本） 繆荃孫跋 清華大學圖書館

12825 **含玄齋遺編四卷别編十卷** （明）趙樞生撰 **附録一卷** 明萬曆二十二年（1594）趙頤光活字印本 上海圖書館

12826 **龍塢集五十五卷** （明）王時濟撰 明刻藍印本 清華大學圖書館

12827 **初陽臺燕集聽琵琶贈歌者詩一卷** （明）徐象梅撰 手稿本 浙江圖書館

12828 **羅穎樓初稿二卷嶺上續稿不分卷** （明）黄煥撰 明萬曆刻本 許承堯題記 安徽博物院

12829 **緑蘿堂詩草不分卷** （明）岳凌霄撰 稿本 浙江圖書館

12830 **滄浪櫂歌一卷** （明）陶宗儀撰 （明）唐錦選評 明正德十二年（1517）唐錦刻本 上海圖書館

12831 **青湖先生文集十四卷** （明）汪應軫撰 **附録一卷** 明嘉靖三十八年（1559）汪延艮刻本 香港中文大學圖書館

12832 **張太常奏疏二卷文集二卷** （明）張翀撰 明隆慶六年（1572）張正道刻本 屈强跋 南京圖書館

12833 **詩文雜稿不分卷** （清）王士禛撰 清康熙四十三至四十四年（1704—1705）手稿本 香港中文大學圖書館

12834 **賴古堂未刻詩不分卷** （清）周亮工撰 稿本 天津圖書館

12835 **御製避暑山莊詩二卷** （清）聖祖玄燁撰（清）揆叙等注 清康熙五十一年（1712）刻詩五十二年（1713）銅版製圖朱墨套印本 巴彦淖爾市圖書館

12836 **致軒詩鈔二十四卷** （清）楊守知撰 （清）查祥編 清抄本 楊復批校並跋 安徽省圖書館

12837 **台山初稿瑞竹堂詩不分卷** （清）齊召南撰 稿本 安徽省圖書館

12838 **頻螺暫存稿不分卷** （清）梁同書撰 稿本 楊復批校並跋 安徽省圖書館

12839 **姚姬傳詩一卷** （清）姚鼐撰 手稿本 貴徵跋並觀款 吴鼒題詩並觀款 薛時雨跋並題詩 吴椿 清恒 汪端光 熊方受 阮亨 悟成 余鑒 陳寶善 趙龍元跋 浙江圖書館

12840 **題雜帖詩一卷附感舊題畫雜詩一卷** （清）王芑孫撰 清乾隆五十七年（1792）手稿本 浙江圖書館

12841 **小倦遊閣集十四卷** （清）包世臣撰 清包氏小倦遊閣抄本 吴熙載批校 安徽省圖書館

12842 邗州雜詩一卷 （清）顧廣圻撰 稿本 天津圖書館

12843 六朝詩集二十四種五十五卷 明嘉靖刻本 吉林省圖書館

12844 文選六十卷 （梁）蕭統輯 （唐）李善注 明成化二十三年（1487）唐藩朱芝址刻本 南京圖書館

12845 六家文選六十卷 （南朝梁）蕭統輯 （唐）李善 吕延濟 劉良 張銑 吕向 李周翰注 明嘉靖十三至二十八年（1534—1549）袁褧嘉趣堂刻本 首都圖書館

12846 文苑英華一千卷 （宋）李昉等輯 清乾隆内府寫南三閣四庫全書本 廣西壯族自治區圖書館
存三卷（七百三至七百五）

12847 廣文選八十二卷目録二卷 （明）劉節輯 明嘉靖十二年（1533）侯秩刻本 江西省圖書館

12848 詩紀一百三十卷前集十卷外集四卷别集十二卷 （明）馮惟訥輯 明嘉靖三十九年（1560）甄敬刻本 西南大學圖書館

12849 古賦辯體十卷 （元）祝堯輯 明嘉靖十一年（1532）熊爵刻本 李一氓跋 國家圖書館

12850 古賦辨體十卷 （元）祝堯輯 明嘉靖十六年（1537）顧可久等刻本 西南大學圖書館

12851 迂齋先生標註崇古文訣三十五卷 （宋）樓昉輯 明嘉靖十二年（1533）王鴻漸刻本 江西省圖書館

12852 文章辨體五十卷外集五卷總論一卷 （明）吴訥輯 明嘉靖刻本 河南省圖書館

12853 羅念菴精選十二家文粹四卷 （明）羅洪先輯 明隆慶五年（1571）刻本 江西省圖書館

12854 文編六十四卷 （明）唐順之輯 明嘉靖胡帛刻本 福建省圖書館

12855 新刻古文選正八卷 （明）楊美益 孫銓輯 明嘉靖三十五年（1556）李懿刻本 江西省博物館

12856 古文淵鑒六十四卷 （清）徐乾學等輯並注 清康熙内府刻五色套印本 湖南省社會科學院圖書館

12857 [翁方綱手批課窗文稿]不分卷 清抄本 翁方綱批 清華大學圖書館

12858 建安七子集不分卷 （明）范欽輯 稿本 上海圖書館

12859 箋註唐賢絶句三體詩法二十卷 （宋）周弼輯 （元）釋圓至注 明前期刻本 無錫市圖書館

12860 唐詩匯抄不分卷 （明）顧應祥輯 明卓文通抄本 朱彝尊 何焯 先著 趙執信跋 上海圖書館

12861 御定全唐詩録一百卷 （清）徐倬輯 清乾隆内府寫南三閣四庫全書本 泰州市圖書館
存一卷（七十六）

12862 坡門酬唱二十三卷 （宋）邵浩輯 清影宋抄本 國家圖書館

12863 新雕宋朝文鑑一百五十卷目録三卷 （宋）吕祖謙輯 明天順八年（1464）嚴州府刻弘治十七年（1504）胡韶重修本 南通市圖書館

12864 五百家播芳大全文粹一百十卷 （宋）魏齊賢 葉棻輯 清乾隆内府寫南三閣四庫全書本 天津圖書館
存二卷（二十至二十一）

12865 聯句私抄四卷 （明）毛紀輯 明嘉靖刻本 首都圖書館

12866 麗則集十二卷 （明）顧有孝輯 清初寧遠堂刻本 王士禛批 鎮江市圖書館

12867 明文海四百八十二卷 （清）黄宗羲輯 清乾

隆内府寫南三閣四庫全書本　廣東省立中山圖書館

存二卷（三百八十七至三百八十八）

12868 **藏海詩話一卷**　（宋）吴可撰　**環溪詩話一卷**　（宋）吴沆撰　清乾隆四庫全書館抄本[四庫底本]　丁丙跋　南京圖書館

12869 **林下偶談四卷**　（宋）吴子良撰　清乾隆内府寫南三閣四庫全書本　南京圖書館

存二卷（三至四）

12870 **南溪筆録羣賢詩話前集一卷後集一卷續集一卷**　明正德五年（1510）程啟充刻本　河南省圖書館

12871 **詩法十卷**　（明）謝天瑞輯　明嘉靖至萬曆間復古齋刻本　樂嗣炳跋　海南省民族博物館

12872 **來集之先生詩話稿不分卷**　（清）來集之撰　手稿本　浙江圖書館

12873 **醉翁琴趣外篇六卷**　（宋）歐陽修撰　清初影宋抄本　國家圖書館

12874 **稼軒詞四卷**　（宋）辛棄疾撰　清初毛氏汲古閣影宋抄本　國家圖書館

12875 **稼軒長短句十二卷**　（宋）辛棄疾撰　（明）李濂評　明嘉靖十五年（1536）王詔刻本　南京圖書館

12876 **辛稼軒詞十二卷**　（宋）辛棄疾撰　（明）李濂評　明嘉靖二十四年（1545）何孟倫刻本　河北大學圖書館

12877 **增修箋註妙選羣英草堂詩餘前集二卷後集二卷**　（宋）何士信輯　明洪武二十五年（1392）遵正書堂刻本　上海圖書館

12878 **董解元西廂四卷**　（明）湯顯祖評　明刻朱墨套印本　南京圖書館

12879 **元曲選十集一百卷**　（明）臧懋循編　**論曲一卷**　（明）陶宗儀等撰　**元曲論一卷**　明萬曆雕蟲館刻本　重慶市北碚圖書館

12880 **雍熙樂府二十卷**　（明）郭勳輯　明嘉靖四十五年（1566）荆聚刻本　首都圖書館

12881 **石鼓文**　戰國秦刻石　明中期拓本　釋達受　楊峴　潘鍾瑞　王國維跋　程鎔　張熙　朱孝臧觀款　附吴東發致皆木先生手劄二通　上海圖書館

12882 **石鼓文**　戰國秦刻石　清初拓本　曾熙題簽並跋　張廷濟題簽　上海圖書館

12883 **群臣上壽刻石**　西漢文帝後元六年（前158）刻石　清道光二十五年（1845）惠兆壬手拓本　惠兆壬　陸璣　吴峻跋　上海圖書館

12884 **孟琁殘碑**　漢刻石　清光緒出土初拓本　黄膺　王仁俊跋　王文燾　鄭暹題簽　附吴昌碩爲王聘三題孟琁碑跋一紙　楊守敬致王文燾手劄五紙　上海圖書館

12885 **三老諱字忌日刻石**　東漢刻石　清咸豐最初拓本　釋達受　汪士驤　褚德彝跋　吴廷康題識　沈曾植觀款　上海圖書館

12886 **沙南侯獲碑**　東漢永和五年（140）刻石　清同治拓本　張之洞　王懿榮等題記考釋　陳介祺　潘承謀　鄧邦述等跋　褚德彝　王季烈　吴湖帆等題記　吴大澂等題簽　翁同龢題端　上海圖書館

12887 **石門頌**　（東漢）王升書　東漢建和二年（148）十一月刻石　清乾隆嘉慶拓本　張蔭椿跋　陸恢題簽　上海圖書館

12888 **乙瑛碑**　東漢永興元年（153）刻石　明末清初拓本　周大烈題簽　上海圖書館

12889 **李孟初碑**　東漢永興二年（154）刻石　清道光最初拓本　何紹基釋文　上海圖書館

12890 **龜茲左將軍劉平國摩崖**　東漢永壽四年（158）刻石　清光緒九年（1883）施補華監拓本　盛昱抄録釋文　徐繼孺補録施補華跋　樊增祥　端方　王璀　徐郙　周大烈跋　李文田題詩　潘祖蔭

題端 廖平 鄭杲 于霖逵 黄紹箕 黄國瑾觀款 上海圖書館

12891 **鄭固碑** 東漢延熹元年（158）刻石 清雍正乾隆拓本 褚德彝跋並録翁方綱跋 褚德彝題簽 上海圖書館

12892 **孔宙碑** 東漢延熹七年（164）刻石 明末拓本 莊繒度跋 上海圖書館

12893 **封龍山頌** 東漢延熹七年（164）刻石 清咸豐拓本 楊沂孫題端 劉恭冕題記並謄録《封龍山頌考釋》 上海圖書館

12894 **開通褒斜道摩崖** 東漢刻石 清乾隆拓本 周大烈題簽 上海圖書館

12895 **房仁裕碑** （唐）崔融撰 （唐）房琳書 唐初刻石 **房仁裕母李夫人碑** 唐永徽顯慶刻石 清初拓本 周肇祥 邵章跋 北京市文物局圖書資料中心

12896 **道安禪師碑** （唐）宋儋撰並書 唐開元十五年（727）刻石 明拓本 周肇祥 邵章跋 北京市文物局圖書資料中心

12897 **唐帝廟碑** （元）郝經撰 元大德元年（1297）刻石 清初拓本 周肇祥 邵章跋 北京市文物局圖書資料中心

12898 **乾隆御定石經** （清）蔣衡書 清乾隆五十六至五十九年（1791—1794）刻石 清乾隆間初拓本 孔子博物館

存一百八十九册

12899 **淳化閣帖十卷** （明）潘允諒刻 明萬曆刻石 明拓本 青島市博物館

12900 **汝帖十二卷** （宋）王寀輯刻 北宋大觀三年（1109）刻石 明初拓本 重慶圖書館

12901 **黄庭内景經** 明刻石 明拓本 梁于渭題簽並跋 清華大學圖書館

12902 **蘭亭圖** 傳（宋）李公麟繪 （明）朱有燉摹 明萬曆刻石 明拓本 北京市文物局圖書資料中心

12903 **[分省輿地志]□□卷** 明嘉靖年間刻本 國家圖書館

存十卷（全國總圖及北京、南直隸、山西、山東、河南、陝西、浙江、江西、湖廣、四川等圖）

12904 **康熙皇輿全覽圖** 清康熙末年繪本 國家圖書館

12905 **大清中外天下一統全圖** 清彩繪本 國家圖書館

12906 **北京内外城全圖** 清道光年間彩繪本 國家圖書館

12907 **甘鎮總圖** （明）佚名編繪 明萬曆彩繪本 國家博物館

12908 **議設龍陵城圖式** 清乾隆年間彩繪本 國家圖書館

12909 **黄河圖說** 明嘉靖十四年（1535）拓本 國家圖書館

12910 **黄河全圖** 清康熙年間彩繪本 國家圖書館

12911 **黄河圖** 清中期彩繪本 國家圖書館

12912 **黄運湖河全圖說** 清乾隆年間彩繪本 國家圖書館

12913 **黄水穿運及大清河一帶現在情形圖說** 清咸豐末年彩繪本 國家圖書館

12914 **九省運河泉源水利情形圖** 清乾隆年間繪本 國家圖書館

12915 **山東十七州縣運河泉源總圖** 清乾隆年間彩繪本 國家圖書館

12916 **福建廣東臺灣沿海全圖** 清嘉慶年間彩繪本 國家圖書館

12917 **圓明園長春園圖** 清乾隆五十一年（1786）内府銅版印本 國家圖書館

12918 **南巡臨幸勝跡圖（江南名勝圖）** 清乾隆年間刻本 國家圖書館

12919 **山西河東鹽池圖** 清道光年間彩繪本 國家圖書館

12920 **平定兩金川得勝圖** 清乾隆年間銅版印本 國家圖書館

二、少數民族文字珍貴古籍

（一）于闐文

12921 **金光明最勝王經·諸天藥叉護持品** 八至九世紀寫本 國家圖書館
存一葉

（二）藏文

12922 **大智慧經** 十一世紀寫本 西藏自治區扎囊縣阿扎鄉日追

12923 **般若波羅蜜多經** 十一至十二世紀寫本 西藏自治區扎囊縣阿扎鄉日追

12924 **般若波羅蜜多十萬頌** 十一至十二世紀寫本 西藏自治區措美縣日麥拉康

12925 **般若波羅蜜多二萬頌** 元寫本 西藏自治區措美縣日麥拉康

12926 **一切續部之王吉祥密集本續次第** 仁欽桑波等譯 元寫本 中國民族圖書館

12927 **瑪尼全集** 明萬曆九年（1581）貢塘瓊宗嘎波刻本 中國民族圖書館

12928 **藥師壇科儀** 明萬曆二十七年（1599）內府刻本 清華大學圖書館

12929 **佛子行等箴言彙集** （元）無著賢撰 明薩迦·貝丹桑波刻本 中國民族圖書館

12930 **密集不動金剛壇城儀軌加持** （明）宗喀巴撰 明甘丹刻本 西藏自治區類烏齊縣甲桑卡寺

12931 **菩提道次第廣論** （明）宗喀巴撰 明刻本 鄂爾多斯市圖書館

12932 **帝洛巴和那若巴傳** 岡波巴·達布拉傑撰 明刻本 西北民族大學圖書館

12933 **西藏王統世系明鑒** （明）索南堅贊撰 明刻本 西北民族大學圖書館

12934 **仲敦巴本生傳·弟子問道語録** 鄂·勒巴協若輯 明刻本 西北民族大學圖書館

12935 **吉祥時輪攝略莊嚴釋·無垢光** 貝·木窘多傑撰 明朱墨抄本 西北民族大學圖書館

12936 **中陰聞教得度經** 明格日追銀汁抄本 甘孜藏族自治州圖書館

12937 **醫學甘露八支要義** 仁欽桑波撰 明抄本 西藏圖書館

12938 **真僞正論經** 赤松德贊撰 明抄本 西藏圖書館

12939 **正觀論秘訣** 噶瓦白則撰 明抄本 西藏圖書館

12940 **藏文文法彙集** 衛巴洛色 洛智丹巴等撰 明抄本 中國民族圖書館

12941 **貢噶堅贊口述傳記** （元）八思巴·洛追堅贊編撰 明抄本 中國民族圖書館

12942 **勸誡親友書注釋** （印度）龍樹撰 （明）仁達巴雄努洛智注 明抄本 中國民族圖書館

12943 **至尊瑪爾巴傳·智慧寶藏** 張布拉巴撰 明抄本 西北民族大學圖書館

12944 **至尊米拉日巴傳記** 明抄本 西藏自治區洛隆縣義章寺

12945 **至尊米拉日巴傳記** 明抄本 西藏自治區洛隆縣碩督寺

12946 **至尊那若巴傳** 木雅·希繞桑布撰 明抄本 西北民族大學圖書館

12947 **薩迦格言釋** 明抄本 西藏自治區朗縣巴爾曲

德寺

12948 **梵文拼讀方法** 强茹江曲蚌撰 明抄本 西藏圖書館

12949 **諸品咒集** （明）多羅那他輯 清康熙三十年（1691）刻本 鄂爾多斯市圖書館

12950 **白黑魯本經** 辛繞彌沃撰 清康熙五十六年（1717）刻本 鄂爾多斯市圖書館

12951 **瑪尼全集** 清雍正八年（1730）旃檀寺刻本 鄂爾多斯市圖書館

12952 **司徒曲吉迥乃編年傳** （清）噶瑪才旺更却阿頓丹培輯 清乾隆八邦寺刻本 中國民族圖書館

12953 **般若波羅蜜多八千頌** 釋迦賽納 達磨達希拉等譯 清銅版印本 鄂爾多斯市圖書館

12954 **漢地佛教源流** 貢布加撰 清刻本 西北民族大學圖書館

12955 **瑪姬拉准傳及覺派法類授記等** 清刻本 鄂爾多斯市圖書館

12956 **醫道訓誡** （清）達磨曼然巴·洛桑曲札撰 清刻本 鄂爾多斯市圖書館

12957 **德格土司族譜** （清）格如培撰 清乾隆五十七年（1792）金銀汁手稿本 甘孜藏族自治州圖書館

12958 **傾多寺收支帳目** 清抄本 西藏自治區波密縣傾多寺

12959 **仁普地域志** 清抄本 西藏自治區朗縣金東鄉人民政府

（三）蒙古文

12960 **金光明最勝王經十卷** （元）希儒僧格譯 清順治十六年（1659）北京刻本 鄂爾多斯市圖書館

12961 **賢劫千佛名經** （明）額爾德尼墨爾根岱青台吉譯 清康熙五年（1666）北京刻本 鄂爾多斯市圖書館

12962 **妙法蓮華經** （明）額爾德尼墨爾根岱青台吉譯 清康熙五十年（1711）北京刻本 鄂爾多斯市圖書館

12963 **譬喻之海** （明）錫力固什·綽爾濟譯 清康熙五十三年（1714）刻本 鄂爾多斯市圖書館

12964 **五守護神大乘經五卷** 清康熙刻本 鄂爾多斯市圖書館

12965 **聖般若波羅蜜多八千頌** （明）薩木丹僧格譯 清雍正五年（1727）刻本 鄂爾多斯市圖書館

12966 **四部醫典四卷** 宇妥·雲丹貢布撰 （清）敏珠爾多譯 清乾隆北京刻本 鄂爾多斯市圖書館

存三卷（一至三）

12967 **元音與輔音** （清）貢布扎布撰 清北京刻本 内蒙古大學圖書館

12968 **能斷金剛般若波羅蜜多經** 清初泥金抄本 内蒙古大學圖書館

12969 **能斷金剛般若波羅蜜多經** 清中期七珍抄本 鄂爾多斯市圖書館

12970 **上師供養儀軌** （清）第四世班禪洛桑確吉堅贊撰 清朱墨抄本 内蒙古大學圖書館

12971 **水滸傳** （明）施耐庵撰 清抄本 内蒙古大學圖書館

12972 **西遊記□□卷** （明）吴承恩撰 （清）羅卜桑尊瑞譯 清抄本 内蒙古大學圖書館

存二卷（三至四）

12973 **紅樓夢** （清）曹霑撰 （清）哈斯寶譯 清抄本 内蒙古大學圖書館

（四）彝文

12974 吾查 清乾隆二十一年（1756）抄本 楚雄彝族文化研究院

12975 德勒氏族史 清抄本 楚雄彝族文化研究院

12976 且保史 清抄本 楚雄彝族文化研究院

12977 彝漢教典 清抄本 楚雄彝族文化研究院

12978 阿哩書 清抄本 楚雄彝族文化研究院

12979 唐王遊地府 清抄本 楚雄彝族文化研究院

12980 賽玻媄 清抄本 楚雄彝族文化研究院

12981 賣花女 清抄本 楚雄彝族文化研究院

12982 慕阿克支譜牒 清抄本 楚雄彝族文化研究院

12983 賣查 清抄本 楚雄彝族文化研究院

12984 七十賢子史 清抄本 楚雄彝族文化研究院

12985 阿佐分家 清抄本 楚雄彝族文化研究院

12986 醫藥書 清抄本 雲南省新平縣民族圖書館

12987 布默軍事 清抄本 貴州民族文化宫圖書館

（五）滿文

12988 十二字頭 清順治刻本 巴彦淖爾市圖書館

12989 刑部新定現行例二卷 （清）黄機等撰 清康熙十九年（1680）内府刻本 國家圖書館

12990 御製避暑山莊詩二卷 （清）聖祖玄燁撰 （清）揆叙等注釋 （清）沈嵛繪圖 清康熙五十一年（1712）内府刻本 首都師範大學圖書館

12991 孝經集注不分卷 （清）世宗胤禛撰 清雍正五年（1727）刻本（嘉慶十七年補抄蒙古文譯文） 國家圖書館

12992 音漢清文鑑二十卷 （清）明鐸撰 清乾隆二十二年（1757）刻本 廣西師範大學圖書館

12993 壁勤襄公列傳不分卷 清咸豐七年（1857）抄本 國家圖書館

12994 虎口餘生 清抄本 廣西師範大學圖書館

（六）東巴文

12995 解是非道場·桑女辟地 党族與尤族戰 崇忍利恩解結 清抄本 國家圖書館

12996 退是非道場·都沙敖杜與繆增許羅的故事 清抄本 雲南省玉龍納西族自治縣圖書館

12997 祭村寨神道場·祭村寨神獻牲 清抄本 雲南省玉龍納西族自治縣圖書館

（七）傣文

12998 蒂哈尼該 清光緒刻寫 西雙版納傣族自治州圖書館

12999 秀善 清刻寫 雲南省少數民族古籍整理出版規劃辦公室

13000 窝拉翁 清刻寫 雲南省少數民族古籍整理出版規劃辦公室

13001 版納景洪田野溝渠志 清光緒抄本 西雙版納傣族自治州圖書館

13002 莫娜宛沙 清抄本 雲南省少數民族古籍整理出版規劃辦公室

（八）水文

13003 八貪 清嘉慶十一年（1806）抄本 貴州省荔波縣檔案館

13004 開時書 清道光二年（1822）抄本 貴州民族大學圖書館

13005 耿給 清光緒二十三年（1897）抄本 貴州省荔波縣檔案館

13006 星宿演算 清抄本 貴州民族大學圖書館

13007 七元貪 清抄本 貴州民族大學圖書館

（九）古壯字

13008 **本司黎魂仙玄科** 清乾隆三十六年（1771）汪儀宣抄本 廣西壯族自治區少數民族古籍工作辦公室

13009 **別溺水府龍王麽秘法本** 清咸豐四年（1854）農玄昌抄本 廣西壯族自治區少數民族古籍工作辦公室

13010 **狼塘乙本** 清咸豐四年（1854）農玄昌抄本 廣西壯族自治區少數民族古籍工作辦公室

13011 **魔送慢令有財用** 清咸豐五年（1855）抄本 廣西壯族自治區少數民族古籍工作辦公室

13012 **吩婭歪** 清黄萬清抄本 廣西壯族自治區少數民族古籍工作辦公室

（十）多文種

13013 **諸佛菩薩世尊妙相名號不分卷** 梵藏蒙漢 明宣德六年（1431）刻本 國家圖書館

13014 **御製滿漢蒙古西番合璧大藏全咒** （清）章嘉·若必多吉譯校 滿漢蒙藏 清乾隆三十八年（1773）刻本 瀋陽市慈恩寺

三、其他文字珍貴古籍

（一）梵文

13015 **妙法蓮華經** 四至六世紀寫本 國家圖書館 存一葉

13016 **賢劫經** 四至六世紀寫本 國家圖書館 存一葉

13017 **佛名經** 四至六世紀寫本 國家圖書館 存一葉

13018 **寶星陀羅尼經** 四至六世紀寫本 國家圖書館 存一葉

（二）拉丁文

13019 **紐倫堡編年史** （德國）哈特曼·舍德爾撰 公元1493年紐倫堡印本 國家圖書館

13020 **托勒密天文學大成** （希臘）托勒密撰 公元1515年威尼斯印本 國家圖書館

13021 **論礦冶** （德國）阿格里柯拉撰 公元1556年巴塞爾印本 國家圖書館

13022 **天正遣歐使節記** （葡萄牙）孟三德撰 公元1590年澳門印本 國家圖書館

13023 **魯道夫星表** （德國）開普勒撰 公元1627年印本 國家圖書館

13024 **澳門至果阿遊記** （葡萄牙）若昂·塔瓦雷斯·德·維萊斯·格雷羅撰 公元1718年澳門刻本 國家圖書館

（三）德文

13025 **資本論（第一卷）** （德國）卡爾·馬克思撰 公元1867年漢堡版印本 國家圖書館

（四）多文種

13026 **拉葡日詞典** 拉葡日 公元1595年天草印本 國家圖書館

第一册目録

第六批國家珍貴古籍名録圖録

漢文珍貴古籍

12275 厚父 戰國中晚期 竹簡

現存13枚，簡長44厘米。清華大學出土文獻研究與保護中心藏。

12276 封許之命 戰國中晚期 竹簡

現存7枚，簡長44厘米。清華大學出土文獻研究與保護中心藏。

12277 命訓 戰國中晚期 竹簡

現存15枚，簡長49厘米。清華大學出土文獻研究與保護中心藏。

12278 湯處於湯丘 戰國中晚期 竹簡

現存19枚，簡長44.4厘米。清華大學出土文獻研究與保護中心藏。

12279 湯在啻門 戰國中晚期 竹簡

現存21枚，簡長44.5厘米。清華大學出土文獻研究與保護中心藏。

12280 殷高宗問於三壽 戰國中晚期 竹簡

現存27枚，簡長45厘米。清華大學出土文獻研究與保護中心藏。

12281 鄭武夫人規孺子 戰國中晚期 竹簡

現存18枚，簡長45厘米。清華大學出土文獻研究與保護中心藏。

12282 管仲 戰國中晚期 竹簡

現存30枚，簡長44.5厘米。清華大學出土文獻研究與保護中心藏。

12283 鄭文公問太伯（甲乙本） 戰國中晚期 竹簡

現存25枚，簡長45厘米。清華大學出土文獻研究與保護中心藏。

12284 子儀 戰國中晚期 竹簡

現存20枚，簡長41厘米。清華大學出土文獻研究與保護中心藏。

12285 子産 戰國中晚期 竹簡

現存29枚，簡長45厘米。清華大學出土文獻研究與保護中心藏。

12286 子犯子餘 戰國中晚期 竹簡

現存15枚，簡長45厘米。清華大學出土文獻研究與保護中心藏。

12287 晉文公入於晉 戰國中晚期 竹簡

現存8枚，簡長45厘米。清華大學出土文獻研究與保護中心藏。

12288 趙簡子 戰國中晚期 竹簡

現存11枚，簡長41.6厘米。清華大學出土文獻研究與保護中心藏。

12289 越公其事 戰國中晚期 竹簡

現存75枚，簡長41.6厘米。清華大學出土文獻研究與保護中心藏。

12290 攝命 戰國中晚期 竹簡

現存32枚，簡長45厘米。清華大學出土文獻研究與保護中心藏。

12291 邦家之政 戰國中晚期 竹簡

現存11枚，簡長45厘米。清華大學出土文獻研究與保護中心藏。

12292 邦家處位 戰國中晚期 竹簡

現存11枚，簡長41.5厘米。清華大學出土文獻研究與保護中心藏。

12293 治邦之道 戰國中晚期 竹簡

現存27枚，簡長44.6厘米。清華大學出土文獻研究與保護中心藏。

12294 心是謂中 戰國中晚期 竹簡

現存7枚，簡長44.6厘米。清華大學出土文獻研究與保護中心藏。

12295 天下之道 戰國中晚期 竹簡

現存7枚，簡長41.6厘米。清華大學出土文獻研究與保護中心藏。

12296 八氣五味五祀五行之屬 戰國中晚期 竹簡

現存7枚，簡長41.6厘米。清華大學出土文獻研究與保護中心藏。

12297 虞夏殷周之治 戰國中晚期 竹簡

現存3枚，簡長41.6厘米。清華大學出土文獻研究與保護中心藏。

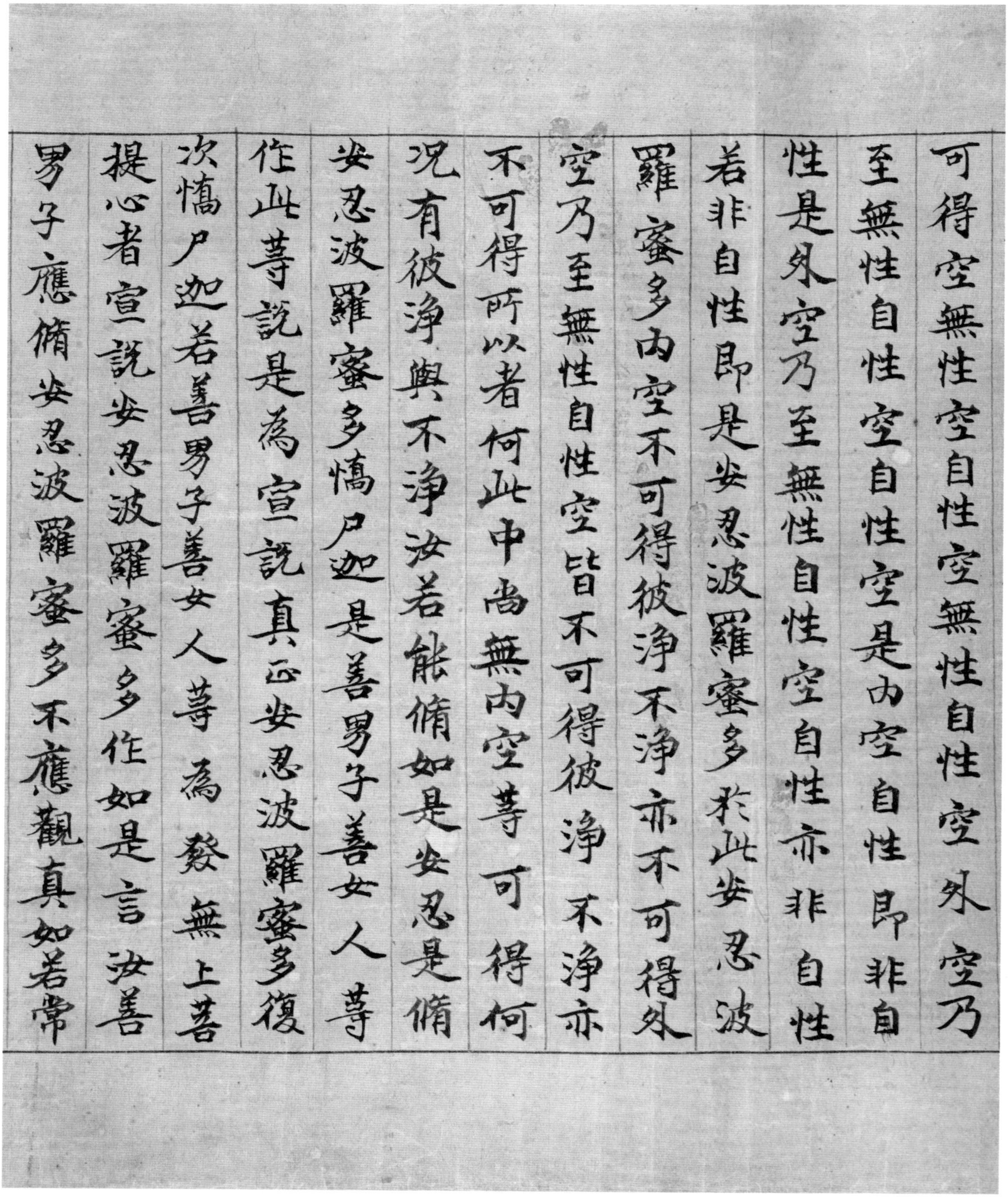

可得空無性空自性空無性自性空外空乃
至無性自性空自性空是內空自性即非自
性是外空乃至無性自性空自性亦非自性
若非自性即是安忍波羅蜜多於此安忍波
羅蜜多內空不可得彼淨不淨亦不可得外
空乃至無性自性空皆不可得彼淨不淨亦
不可得所以者何此中尚無內空等可得何
況有彼淨與不淨汝若能脩如是安忍是脩
安忍波羅蜜多憍尸迦是善男子善女人等
作此等說是爲宣說真正安忍波羅蜜多復
次憍尸迦若善男子善女人等爲發無上菩
提心者宣說安忍波羅蜜多作如是言汝善
男子應脩安忍波羅蜜多不應觀真如若常

12298 大般若波羅蜜多經卷第一百五十七 （唐）釋玄奘譯　吐蕃統治敦煌時期寫本

卷軸裝。高26.1厘米，長770.8厘米。存十六紙，共四百三十五行。烏絲欄。

國家圖書館藏。

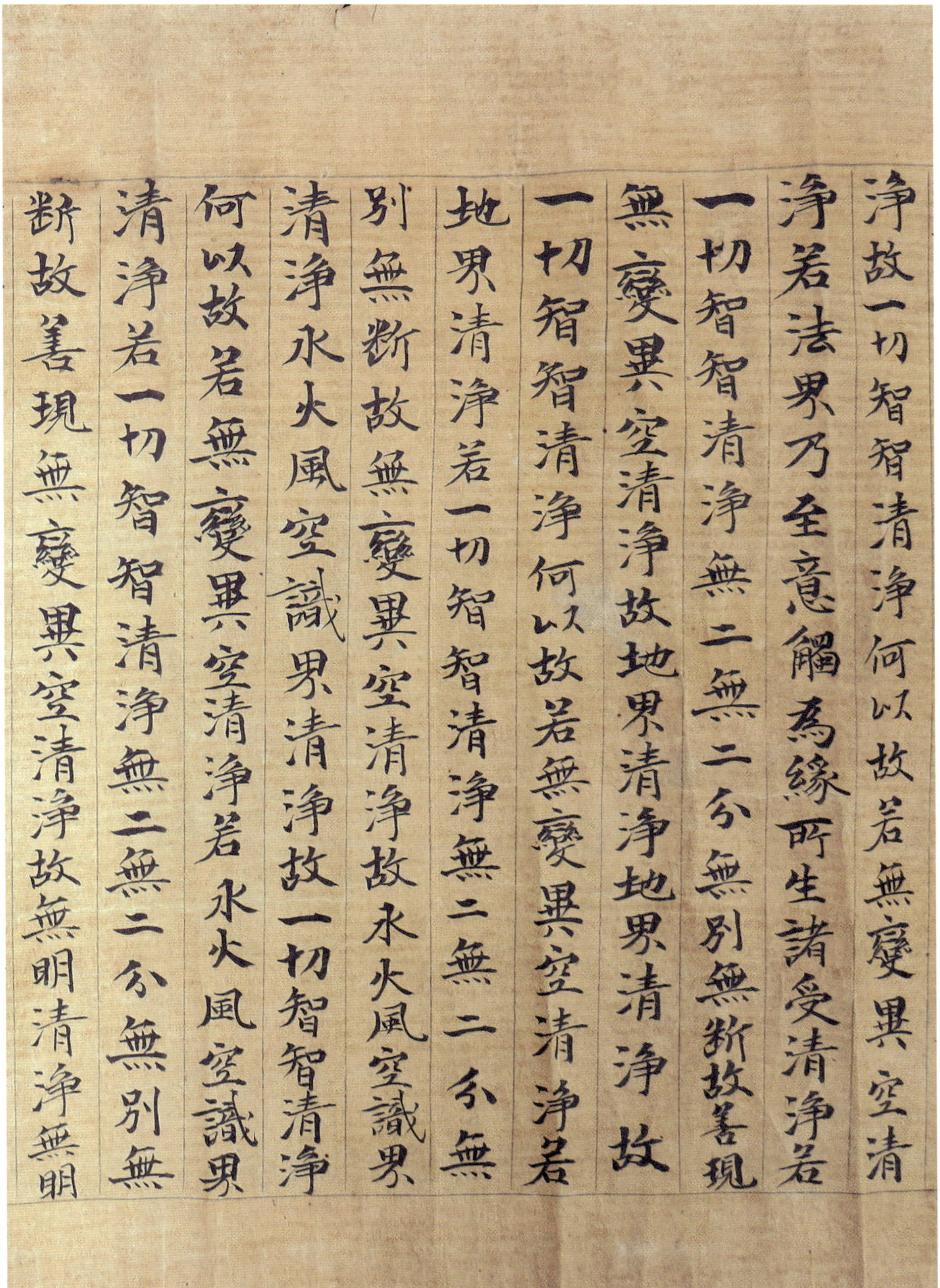

淨故一切智智清淨何以故若無變異空清
淨若法界乃至意觸爲緣所生諸受清淨若
一切智智清淨無二無二分無別無斷故善現
無變異空清淨故地界清淨地界清淨故
一切智智清淨何以故若無變異空清淨若
地界清淨若一切智智清淨無二無二分無
別無斷故無變異空清淨故水火風空識界
清淨水火風空識界清淨故一切智智清淨
何以故若無變異空清淨若水火風空識界
清淨若一切智智清淨無二無二分無別無
斷故善現無變異空清淨故無明清淨無明

12299 大般若波羅蜜多經卷第二百十二 （唐）釋玄奘譯 吐蕃統治敦煌時期寫本

卷軸裝。高26厘米，長811厘米。存十七紙。烏絲欄。卷尾附原木軸，兩端塗朱漆。清華大學圖書館藏。

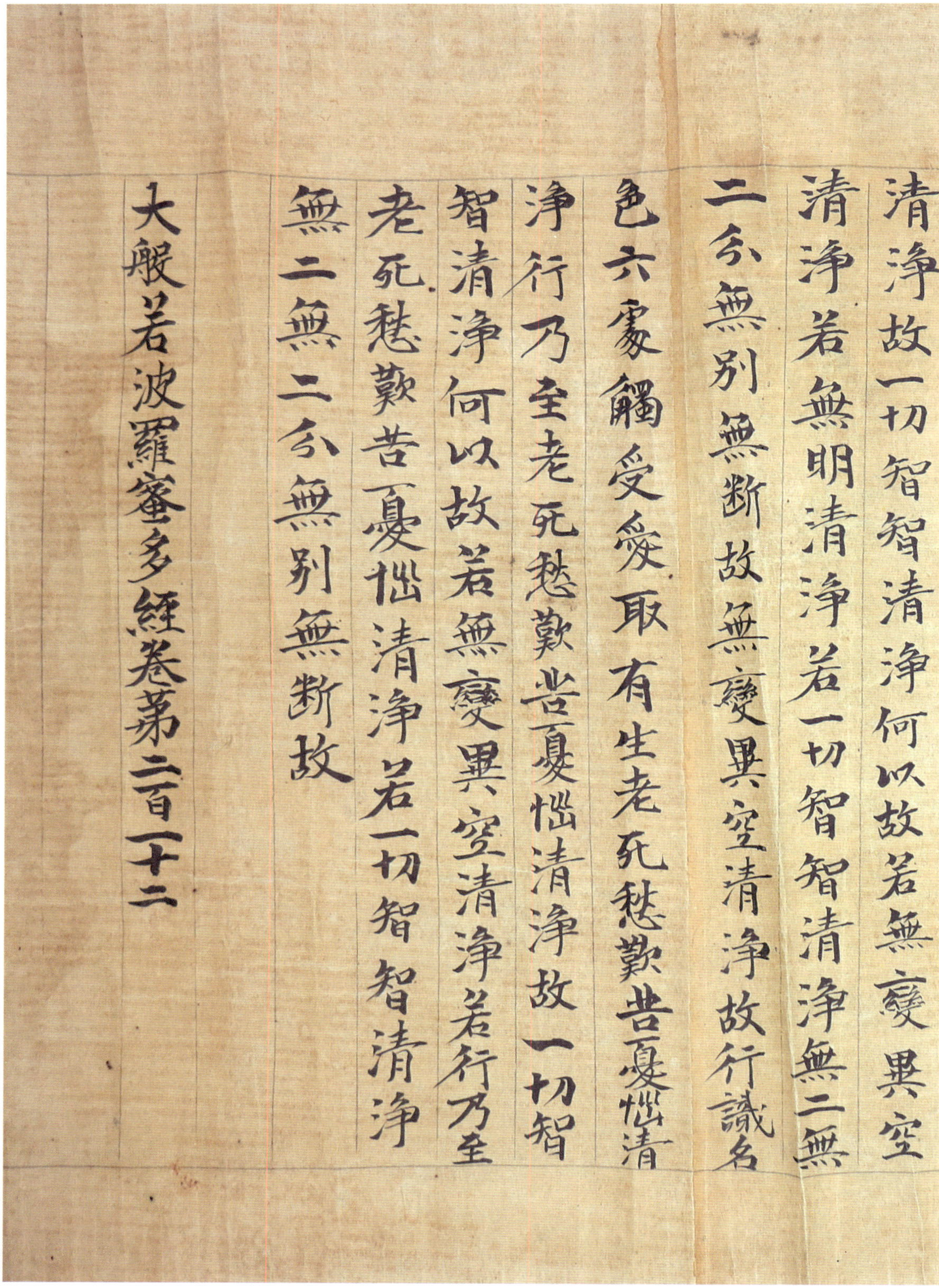

清淨故一切智智清淨何以故若無變異空
清淨若無明清淨若一切智智清淨無二無
二分無別無斷故無變異空清淨故行識名
色六處觸受愛取有生老死愁歎苦憂惱清
淨行乃至老死愁歎苦憂惱清淨故一切智
智清淨何以故若無變異空清淨若行乃至
老死愁歎苦憂惱清淨若一切智智清淨
無二無二分無別無斷故

大般若波羅蜜多經卷第二百一十二

12299 大般若波羅蜜多經卷第二百十二

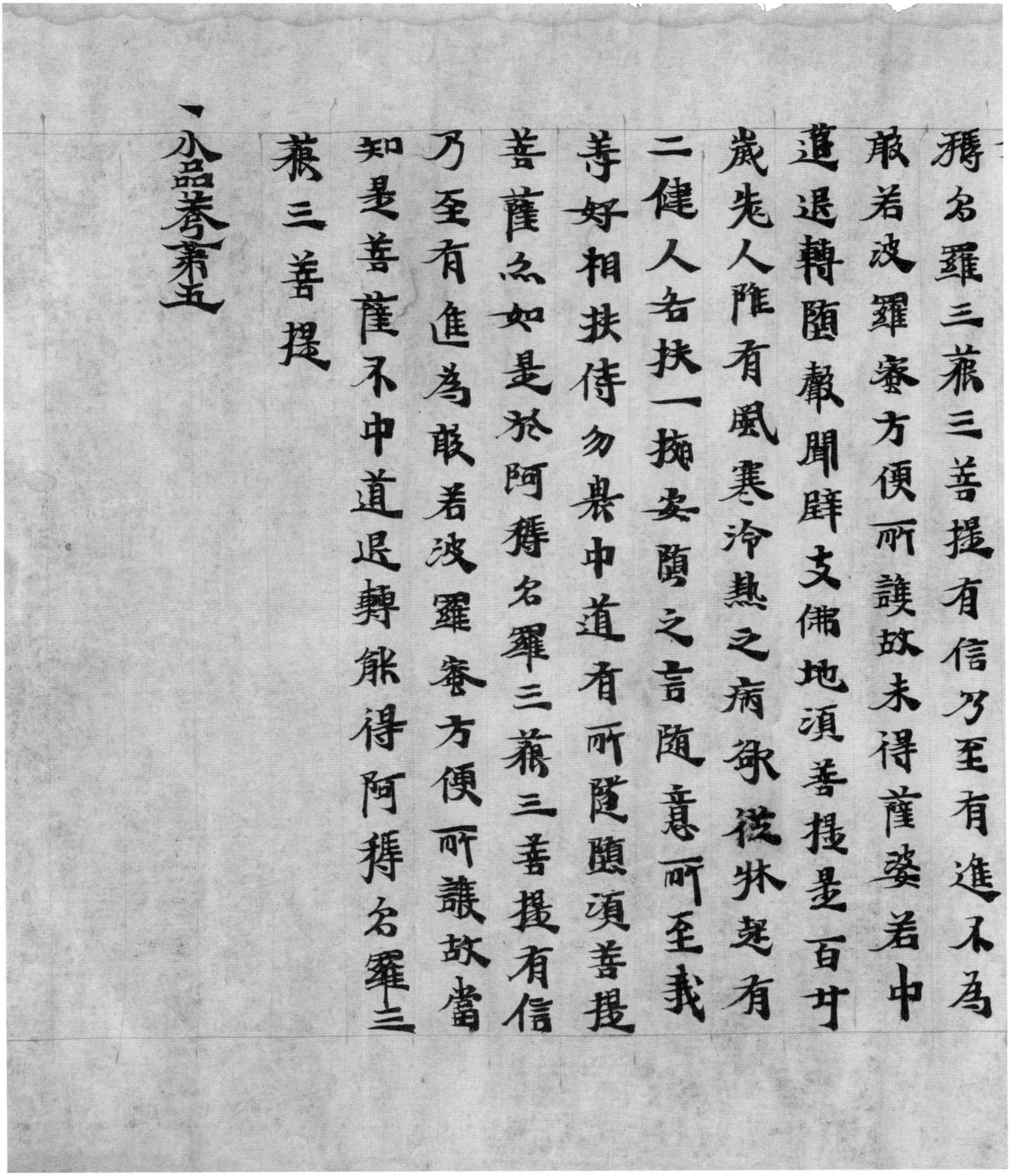
耨多羅三藐三菩提有信乃至有進不爲
般若波羅蜜方便所護故未得薩婆若中
道退轉隨聲聞辟支佛地須菩提是百廿
歲先人雖有風寒冷熱之病欲從牀起有
二健人各扶一掖安隱之言隨意所至我
等好相扶侍勿畏中道有所墮隨須菩提
菩薩亦如是於阿耨多羅三藐三菩提有信
乃至有進爲般若波羅蜜方便所護故當
知是菩薩不中道退轉能得阿耨多羅三
藐三菩提
小品卷第五

12300 小品般若波羅蜜經卷第五　（後秦）釋鳩摩羅什譯　東晉寫本

卷軸裝。高27.9厘米，長775.4厘米。存十八紙，共四百二十二行。烏絲欄。有尾軸。國家圖書館藏。

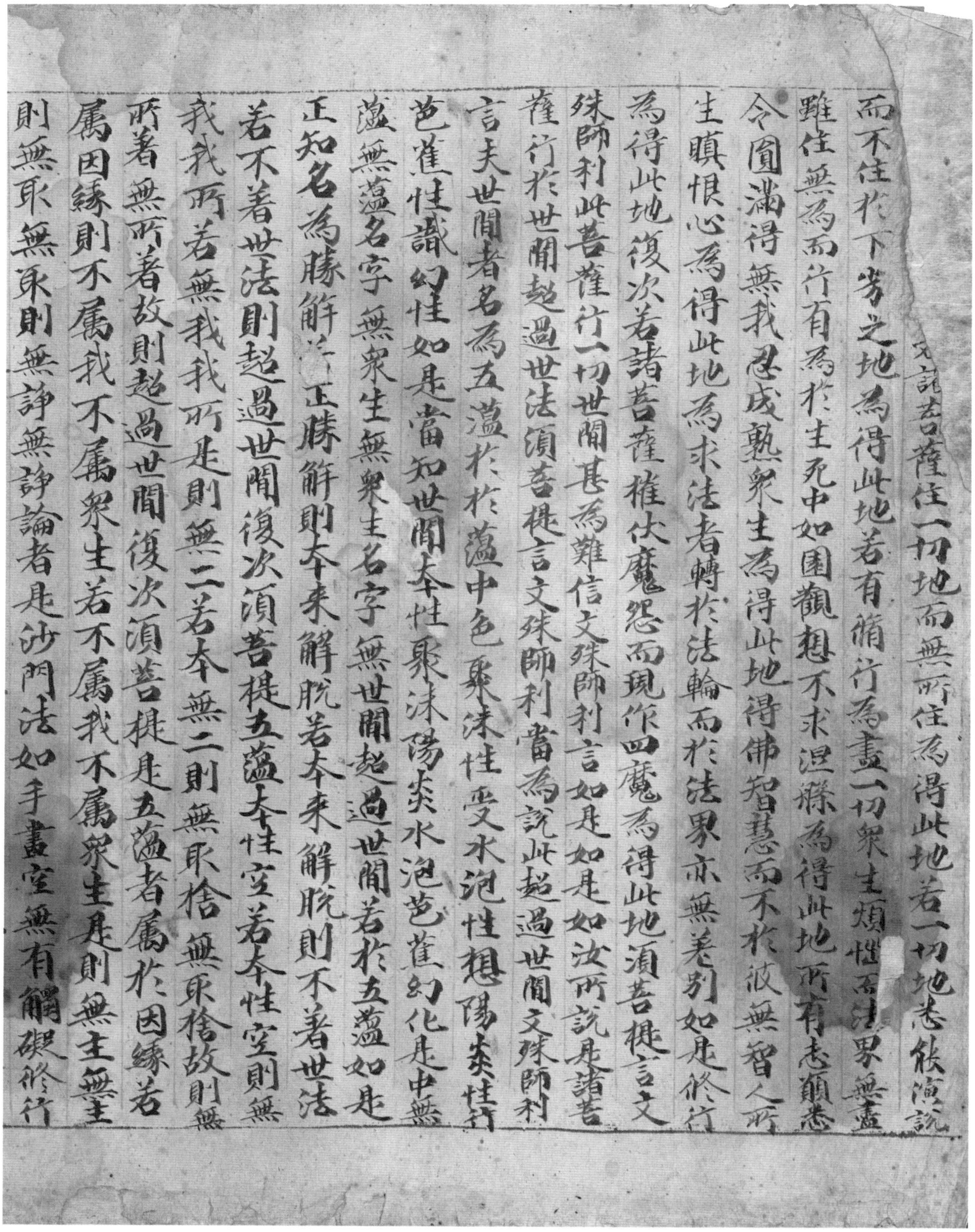
菩薩住一切地而無所住爲得此地若一切地悉能演說
而不住於下劣之地爲得此地若有循行爲盡一切衆生煩惱而法界無盡
雖住無爲而行有爲於生死中如園觀想不求涅槃爲得此地所有志願悉
令圓滿得無我忍成熟衆生爲得此地得佛智慧而不於彼無智人所
生瞋恨心爲得此地爲求法者轉於法輪而於法界亦無差別如是修行
爲得此地復次若諸菩薩摧伏魔怨而現作四魔爲得此地須菩提言文
殊師利此菩薩行一切世間甚爲難信文殊師利言如是如是如汝所說是諸菩
薩行於世間超過世法須菩提言文殊師利當爲說此超過世間文殊師利
言夫世間者名爲五蘊於五蘊中色聚沫性受水泡性想陽炎性行
芭蕉性識幻性如是當知世間本性聚沫陽炎水泡芭蕉幻化是中無
蘊無蘊名字無衆生無衆生名字無世間超過世間若於五蘊如是
正知名爲勝解若勝解則本來解脫若本來解脫則不著世法
若不著世法則超過世間復次須菩提五蘊本性空若本性空則無
我我所若無我我所是則無二若本無二則無取捨無取捨故則無
所著無所著故則超過世間復次須菩提是五蘊者屬於因緣若
屬因緣則不屬我不屬衆生若不屬我不屬衆生是則無主無主
則無取無取則無諍無諍論者是沙門法如手畫空無有觸礙修行

12301 大寶積經卷第一百一至第一百四 （唐）釋菩提流志等譯　吐蕃統治敦煌時期寫本

卷軸裝。高27.5厘米，長1072.6厘米。存二十二紙，共八百一十五行。烏絲欄。國家圖書館藏。

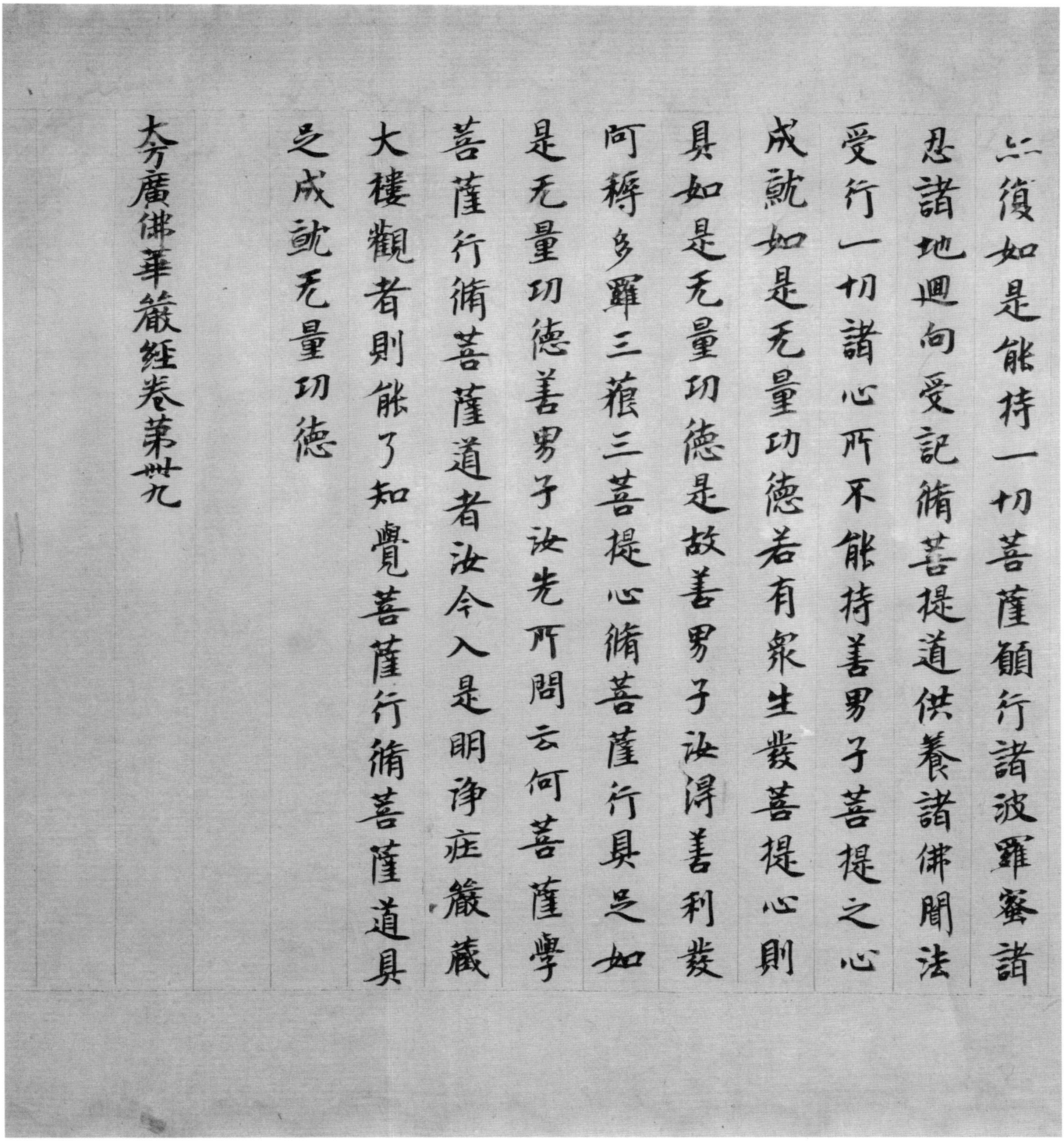

12302 大方廣佛華嚴經卷第四十九　（東晉）釋佛陀跋陀羅譯　南北朝寫本

卷軸裝。高26厘米，長878.2厘米。存二十紙，共四百六十五行。烏絲欄。有尾軸。國家圖書館藏。

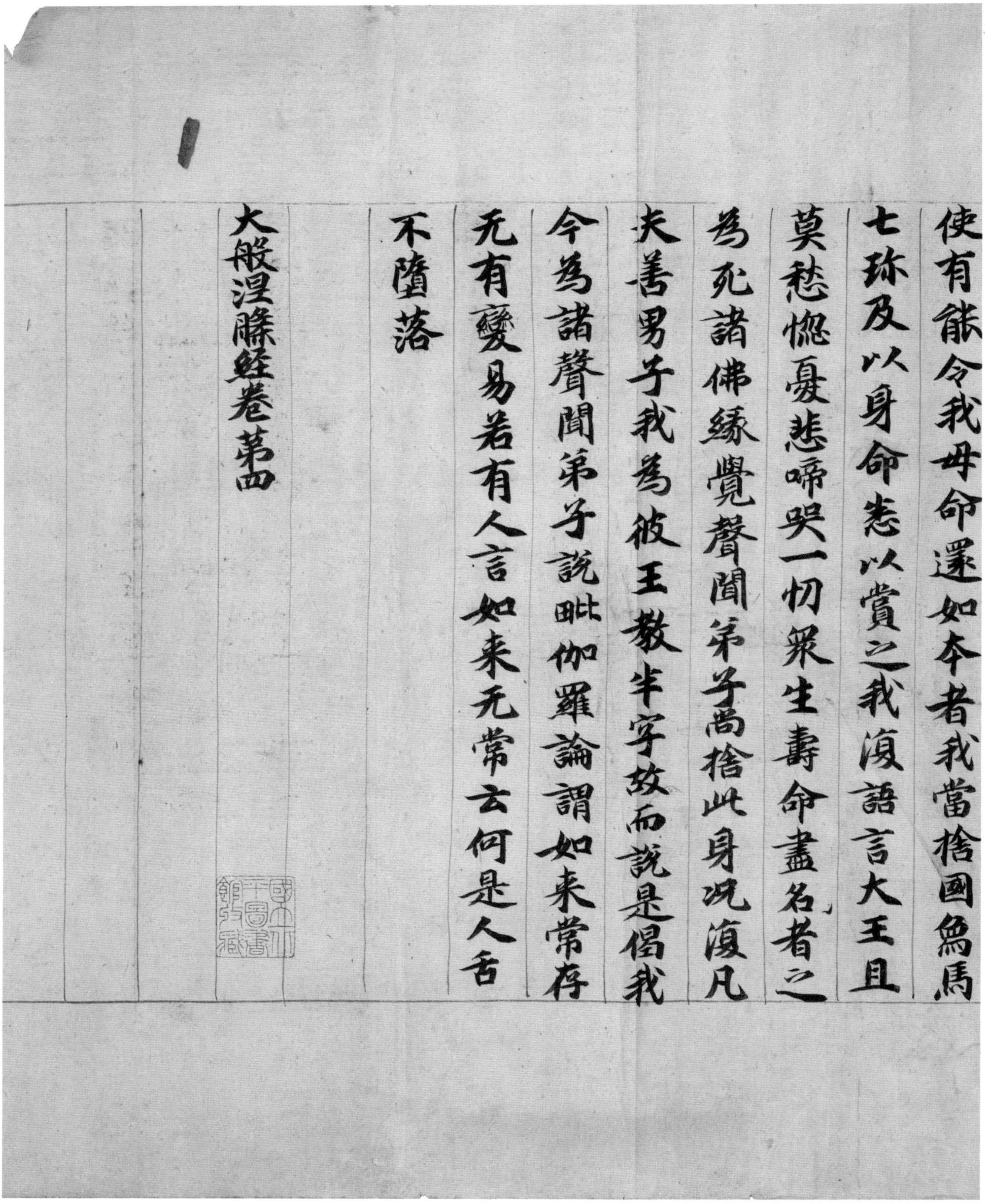
使有能令我母命還如本者我當捨國爲馬
七珎及以身命悉以賞之我復語言大王且
莫愁惱憂悲啼哭一切衆生壽命盡名者之
爲死諸佛緣覺聲聞弟子尚捨此身况復凡
夫善男子我爲彼王數半字故而說是偈我
今爲諸聲聞弟子說毗伽羅論謂如來常存
无有變易若有人言如來无常云何是人舌
不墮落
大般涅槃經卷第四

12303 大般涅槃經卷第四　（北涼）釋曇無讖譯　南北朝寫本

卷軸裝。高28.5厘米，長859.2厘米。存二十紙，共四百五十四行。烏絲欄。國家圖書館藏。

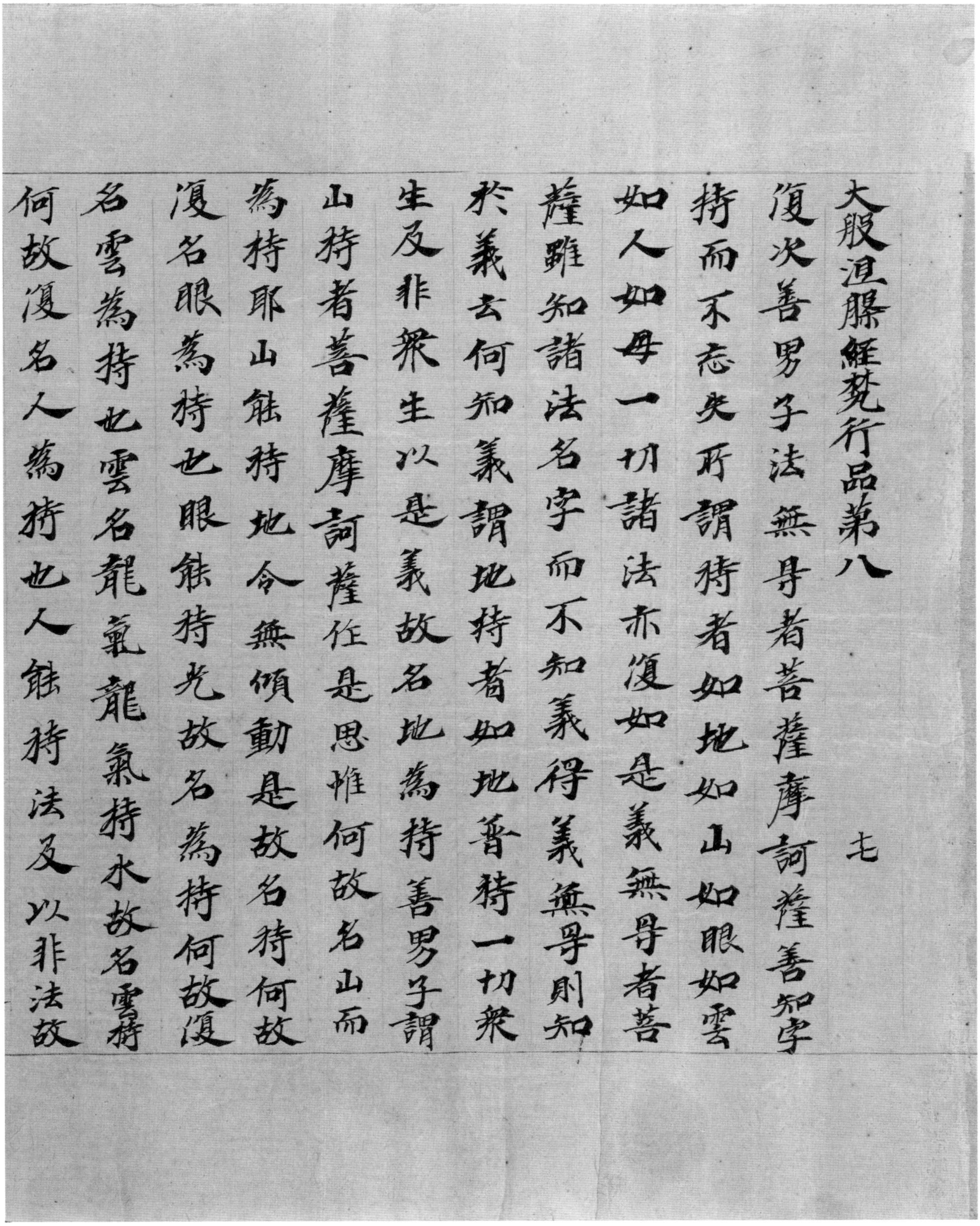

大般涅槃經梵行品第八　七
復次善男子法無㝵者菩薩摩訶薩善知字
持而不忘失所謂持者如地如山如眼如雲
如人如母一切諸法亦復如是義無㝵者菩
薩雖知諸法名字而不知義得義無㝵則知
於義云何知義謂地持者如地普持一切衆
生及非衆生以是義故名地為持善男子謂
山持者菩薩摩訶薩作是思惟何故名山而
為持耶山能持地令無傾動是故名持何故
復名眼為持也眼能持光故名為持何故復
名雲為持也雲名龍氣龍氣持水故名雲持
何故復名人為持也人能持法及以非法故

12304 大般涅槃經卷第十七　（北凉）釋曇無讖譯　吐蕃統治敦煌時期寫本

卷軸裝。高26.6厘米，長784.5厘米。存十七紙，共四百六十二行。烏絲欄。

國家圖書館藏。

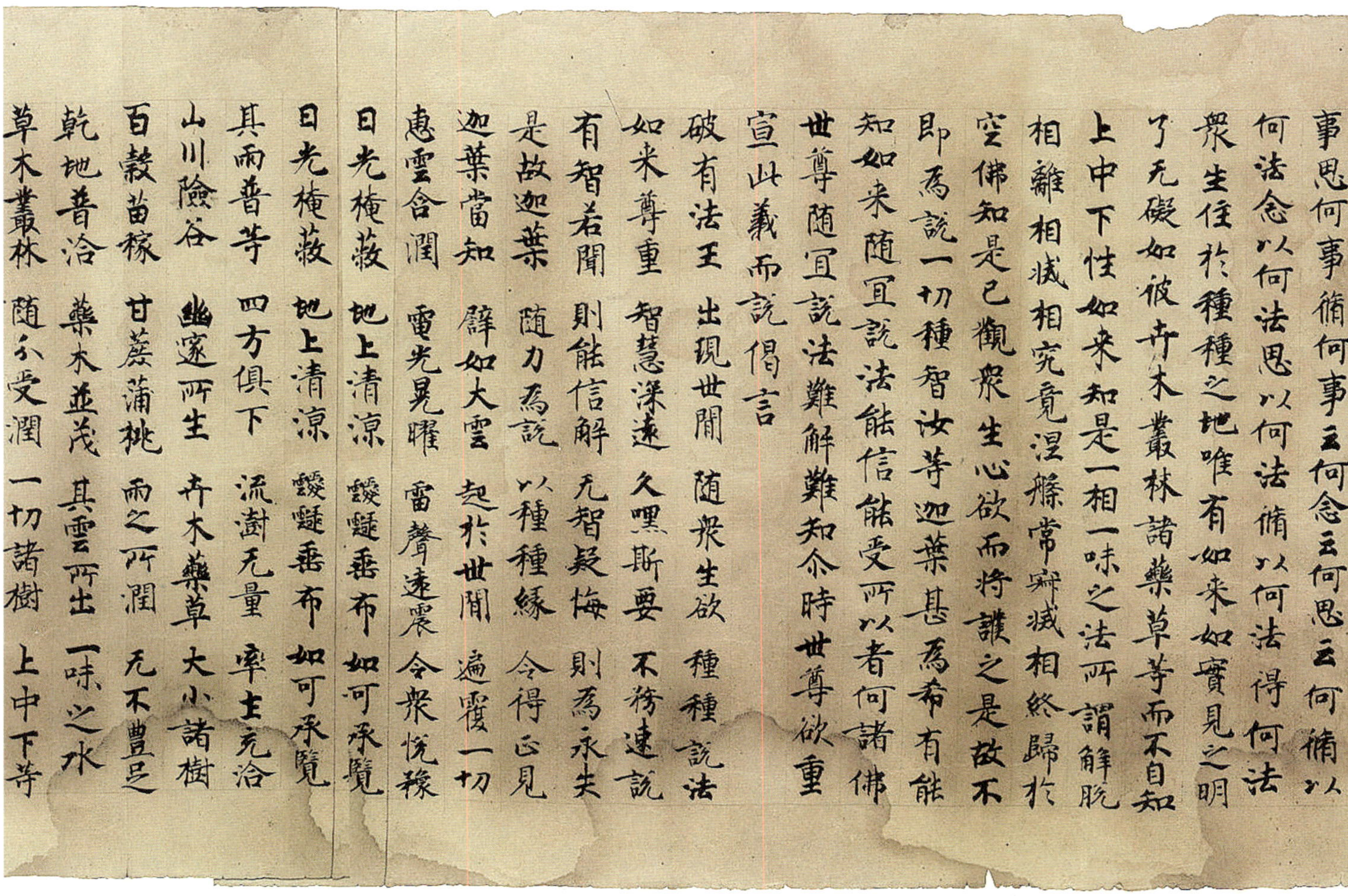

事思何事脩何事云何念云何思云何脩以
何法念以何法思以何法脩以何法得何法
衆生住於種種之地唯有如來如實見之明
了无礙如彼卉木叢林諸藥草等而不自知
上中下性如來知是一相一味之法所謂解脫
相離相滅相究竟涅槃常寂滅相終歸於
空佛知是已觀衆生心欲而將護之是故不
即為說一切種智汝等迦葉甚為希有能
知如來隨宜說法能信能受所以者何諸佛
世尊隨宜說法難解難知尒時世尊欲重
宣此義而說偈言
破有法王 出現世間 隨衆生欲 種種說法
如來尊重 智慧深遠 久嘿斯要 不務速說
有智若聞 則能信解 无智疑悔 則為永失
是故迦葉 隨力為說 以種種緣 令得正見
迦葉當知 譬如大雲 起於世間 遍覆一切
惠雲含潤 電光晃曜 雷聲遠震 令衆悅豫
日光掩蔽 地上清涼 靉靆垂布 如可承攬
日光掩蔽 地上清涼 靉靆垂布 如可承攬
其雨普等 四方俱下 流澍无量 率土充洽
山川險谷 幽邃所生 卉木藥草 大小諸樹
百穀苗稼 甘蔗蒲桃 雨之所潤 无不豊足
乾地普洽 藥木並茂 其雲所出 一味之水
草木叢林 隨分受潤 一切諸樹 上中下等

12305 妙法蓮華經卷第三 （後秦）釋鳩摩羅什譯 唐寫本

卷軸裝。高25.4厘米，長893.2厘米。存十九紙，共五百三十二行。烏絲欄。敦煌研究院藏。

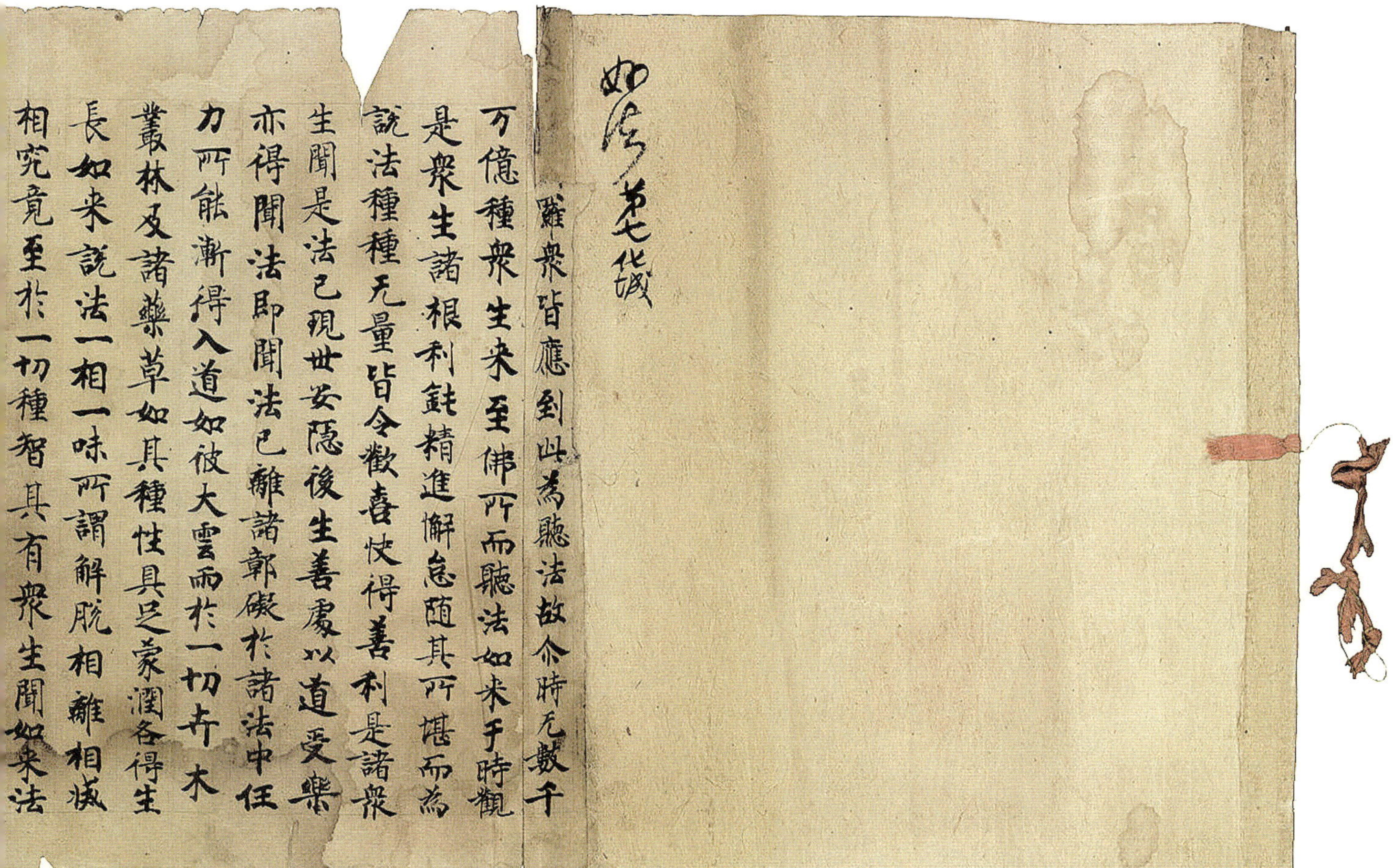

妙法 第七 化城

羅衆皆應到此為聽法故尒時无數千
万億種衆生來至佛所而聽法如來于時觀
是衆生諸根利鈍精進懈怠隨其所堪而為
說法種種无量皆令歡喜快得善利是諸衆
生聞是法已現世安隱後生善處以道受樂
亦得聞法即聞法已離諸鄣礙於諸法中任
力所能漸得入道如彼大雲雨於一切卉木
叢林及諸藥草如其種性具足蒙潤各得生
長如來說法一相一味所謂解脫相離相滅
相究竟至於一切種智其有衆生聞如來法

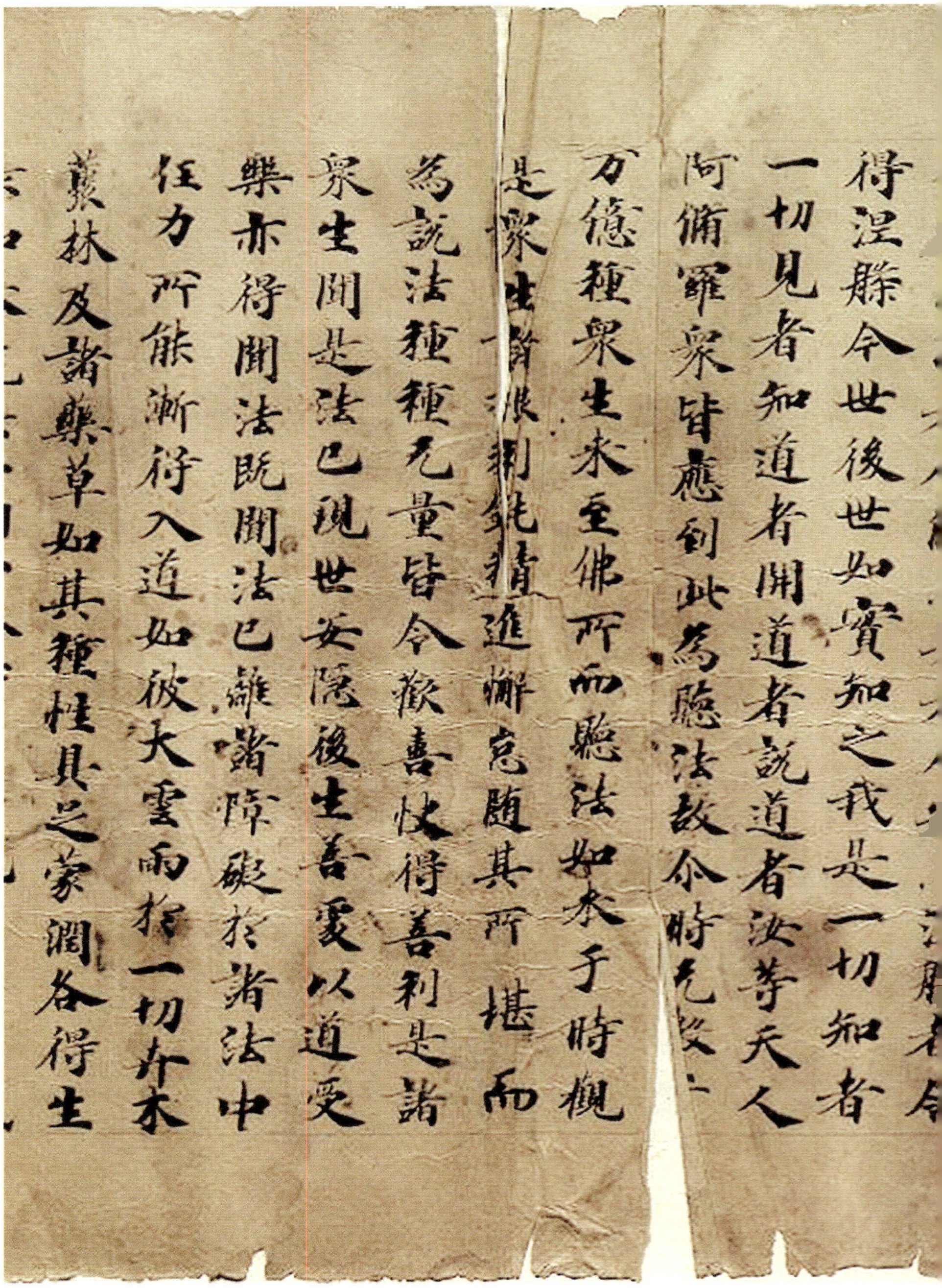

12306 妙法蓮華經卷第三 （後秦）釋鳩摩羅什譯 唐寫本

卷軸裝。高26厘米，長1050厘米。烏絲欄。南京圖書館藏。

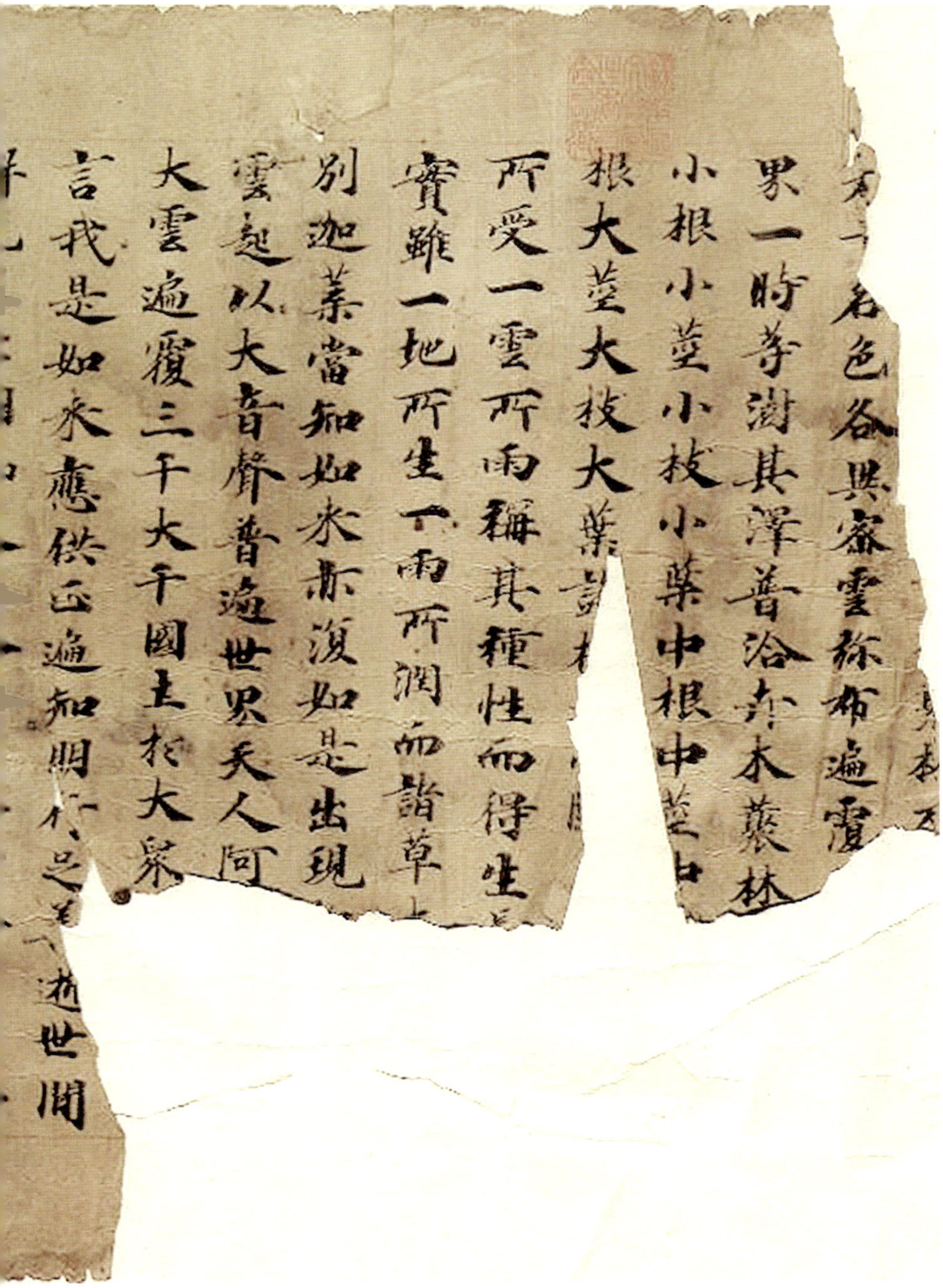

名色各異密雲彌布遍覆
界一時等澍其澤普洽卉木叢林
小根小莖小枝小葉中根中莖中
根大莖大枝大葉諸
所受一雲所雨稱其種性而得生
實雖一地所生一雨所潤而諸草
別迦葉當知如來亦復如是出現
雲起以大音聲普遍世界天人阿
大雲遍覆三千大千國土於大衆
言我是如來應供正遍知明行足善逝世間

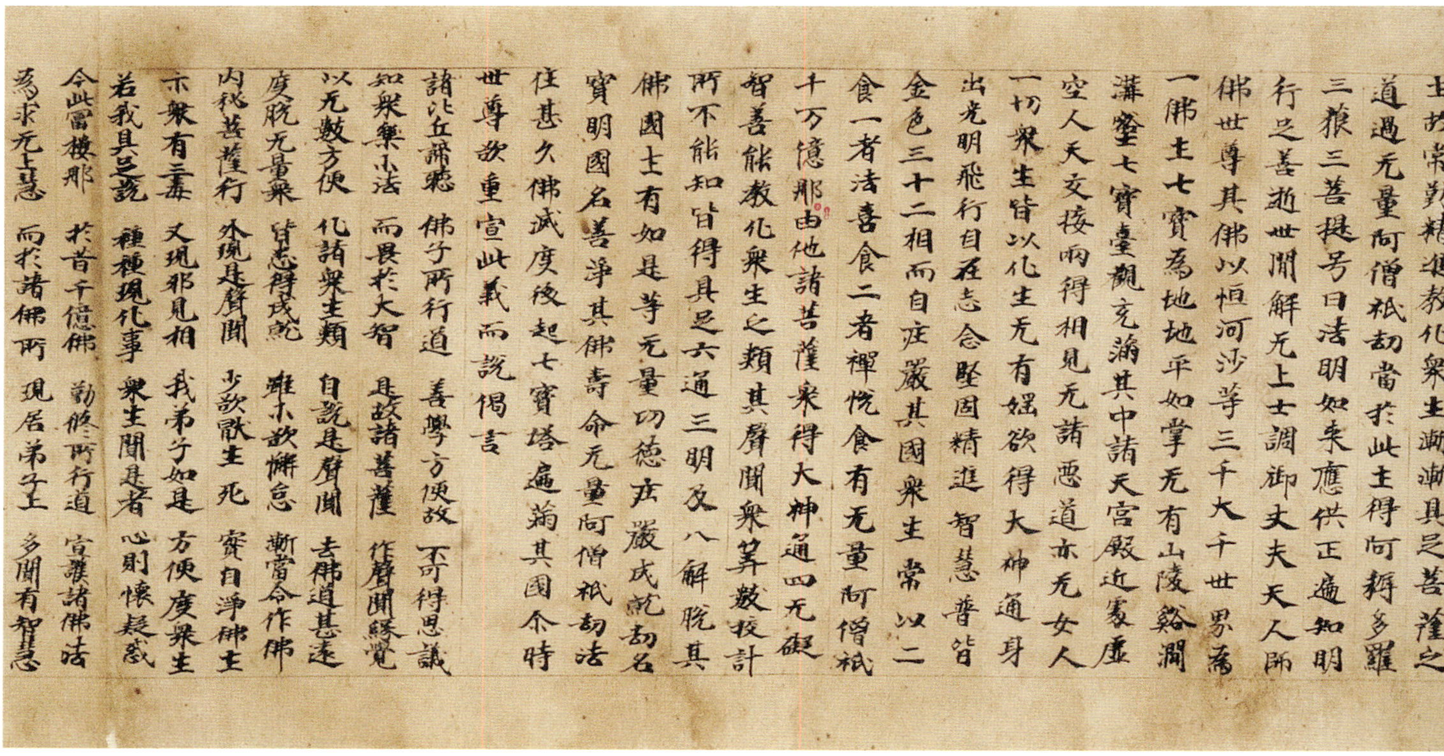

12307 妙法蓮華經卷第四 （後秦）釋鳩摩羅什譯 唐寫本

卷軸裝。高25厘米，長870厘米。烏絲欄。四川博物院藏。

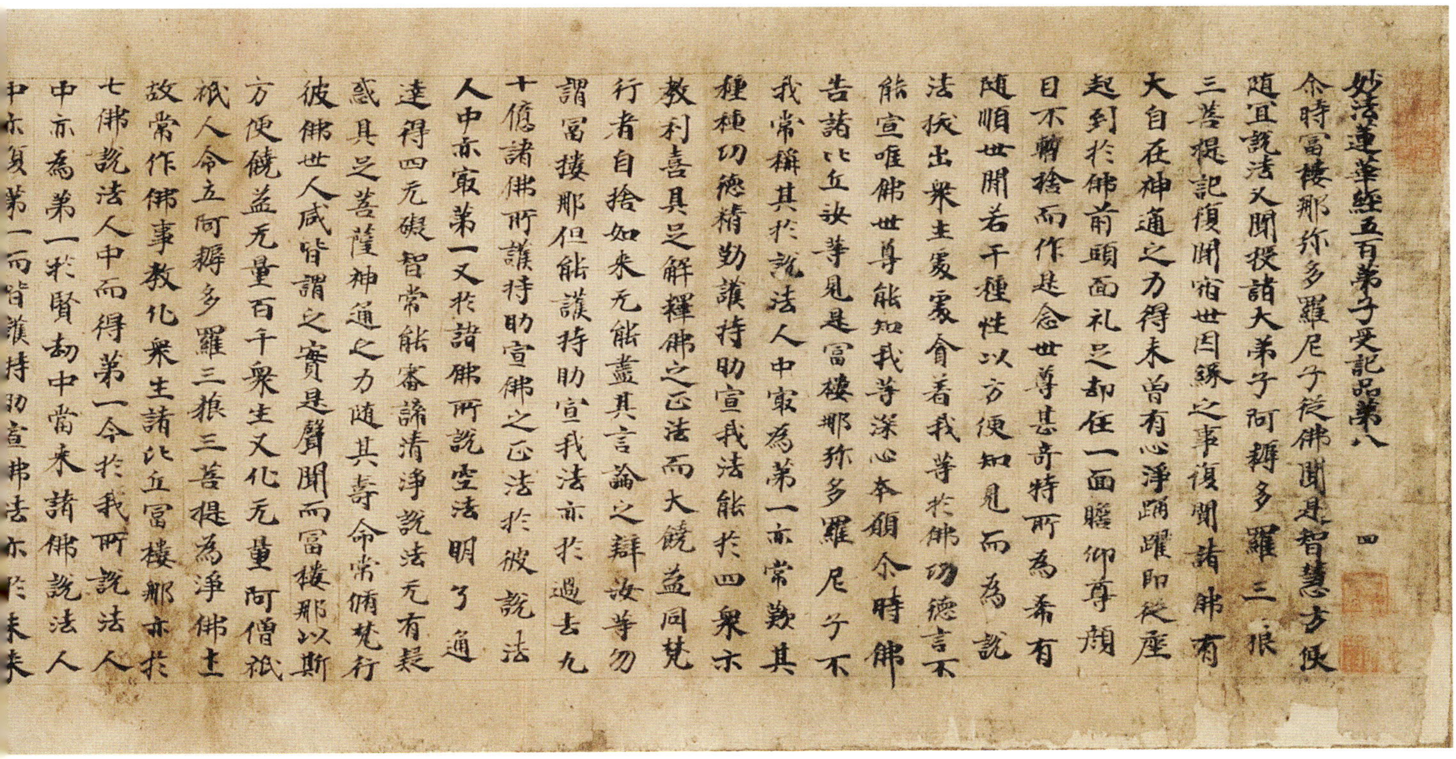

妙法蓮華經五百弟子受記品第八 四
尒時富樓那弥多羅尼子從佛聞是智慧方便
隨宜說法又聞授諸大弟子阿耨多羅三藐
三菩提記復聞宿世因緣之事復聞諸佛有
大自在神通之力得未曾有心淨踊躍即從座
起到於佛前頭面礼足却住一面瞻仰尊顏
目不暫捨而作是念世尊甚奇特所為希有
隨順世間若干種性以方便知見而為說
法拔出衆生處處貪著我等於佛功德言不
能宣唯佛世尊能知我等深心本願尒時佛
告諸比丘汝等見是富樓那弥多羅尼子不
我常稱其於說法人中最為第一亦常歎其
種種功德精勤護持助宣我法能於四衆示
教利喜具足解釋佛之正法而大饒益同梵
行者自捨如來无能盡其言論之辯汝等勿
謂富樓那但能護持助宣我法亦於過去九
十億諸佛所護持助宣佛之正法於彼說法
人中亦最第一又於諸佛所說空法明了通
達得四无礙智常能審諦清淨說法无有疑
惑具足菩薩神通之力隨其壽命常脩梵行
彼佛世人咸皆謂之實是聲聞而富樓那以斯
方便饒益无量百千衆生又化无量阿僧祇
人令立阿耨多羅三藐三菩提為淨佛土
故常作佛事教化衆生諸比丘富樓那亦於
七佛說法人中而得第一今於我所說法人
中亦為第一於賢劫中當來諸佛說法人
中亦復第一而皆護持助宣佛法亦於未來

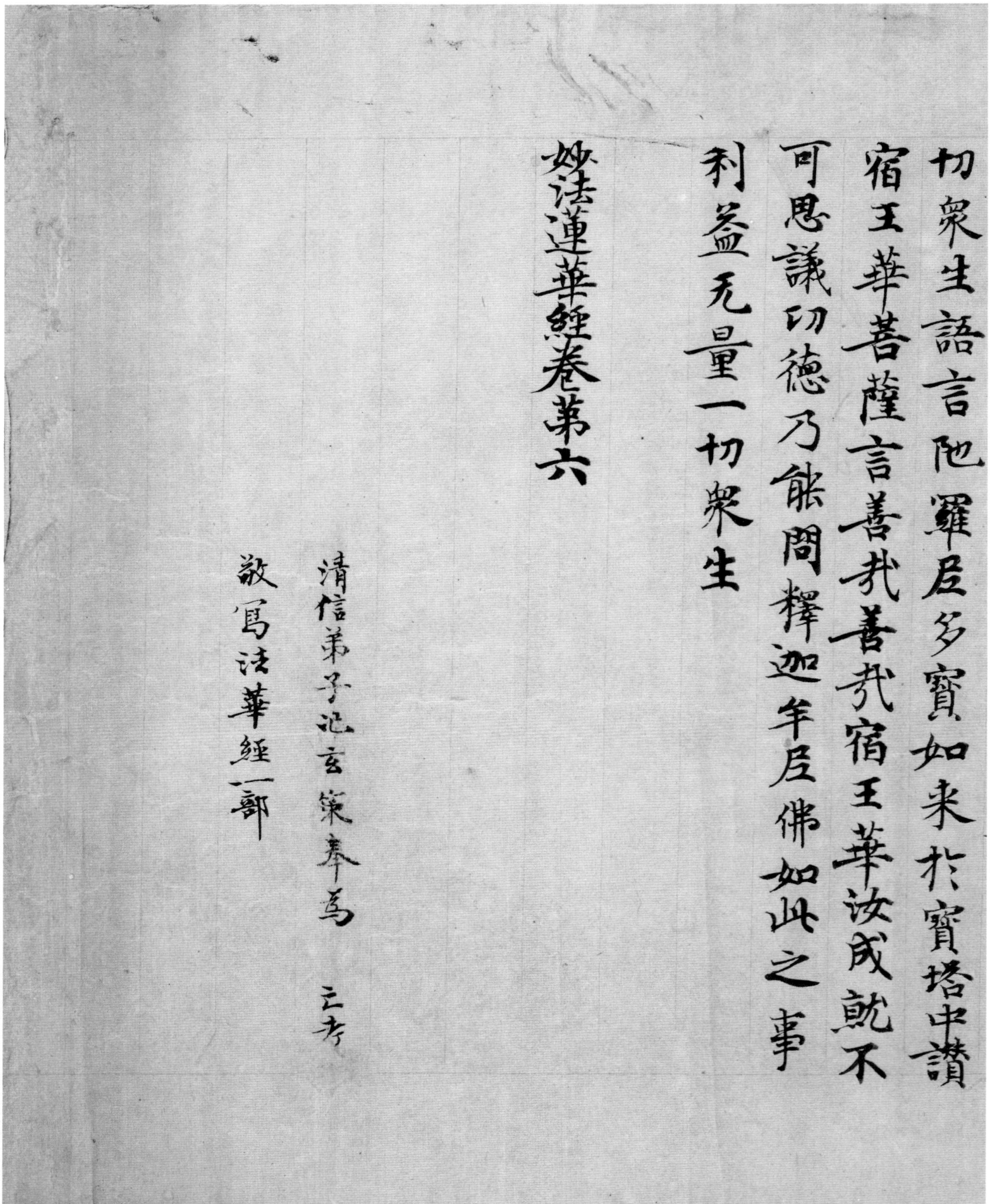
切衆生語言陁羅尼多寶如来於寶塔中讚
宿王華菩薩言善哉善哉宿王華汝成就不
可思議功德乃能問釋迦牟尼佛如此之事
利益无量一切衆生
妙法蓮華經卷第六
清信弟子氾玄策奉寫　三考
敬寫法華經一部

12308 妙法蓮華經卷第六　（後秦）釋鳩摩羅什譯　唐寫本

卷軸裝。高25.5厘米，長1000.4厘米。存二十二紙，共五百九十七行。烏絲欄。國家圖書館藏。

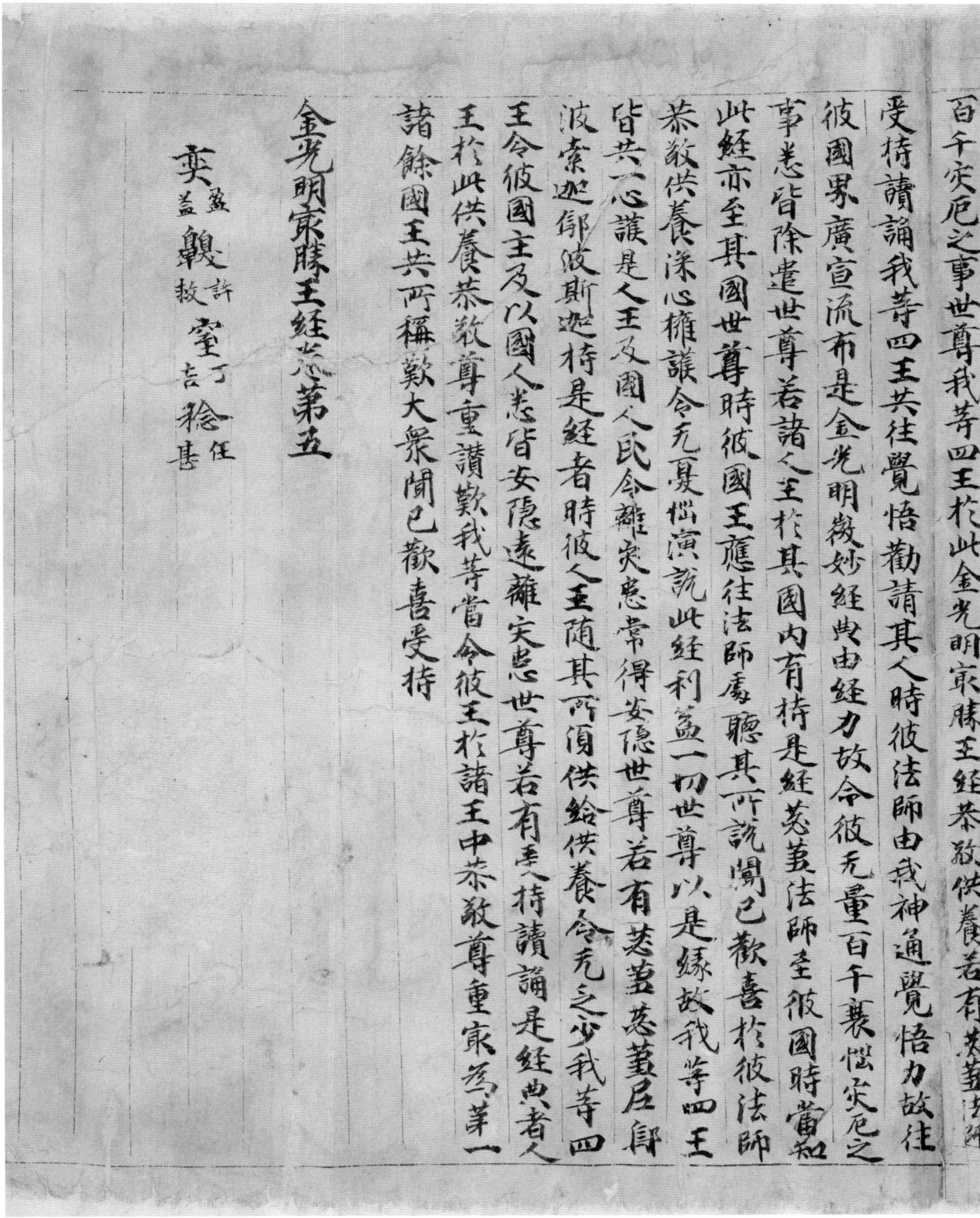
百千灾厄之事世尊我等四王於此金光明最勝王經恭敬供養若有苾芻法師
受持讀誦我等四王共往覺悟勸請其人時彼法師由我神通覺悟力故往
彼國界廣宣流布是金光明微妙經典由經力故令彼无量百千衰惱灾厄之
事悉皆除遣世尊若諸人王於其國內有持是經苾芻法師至彼國時當知
此經亦至其國世尊時彼國王應往法師處聽其所說聞已歡喜於彼法師
恭敬供養深心擁護令无憂惱演說此經利益一切世尊以是緣故我等四王
皆共一心護是人王及國人民令離灾患常得安隱世尊若有苾芻苾芻尼鄔
波索迦鄔波斯迦持是經者時彼人王隨其所須供給供養令无乏少我等四
王令彼國主及以國人悉皆安隱遠離灾患世尊若有受持讀誦是經典者人
王於此供養恭敬尊重讚歎我等當令彼王於諸王中恭敬尊重最為第一
諸餘國王共所稱歎大衆聞已歡喜受持

金光明最勝王經卷第五

奕盈益　齅許救　窒丁吉　稔任甚

12309 金光明最勝王經卷第一至第五　（唐）釋義淨譯　唐寫本

卷軸裝。高28厘米，長1276.2厘米。存三十一紙，共九百六十五行。烏絲欄。國家圖書館藏。

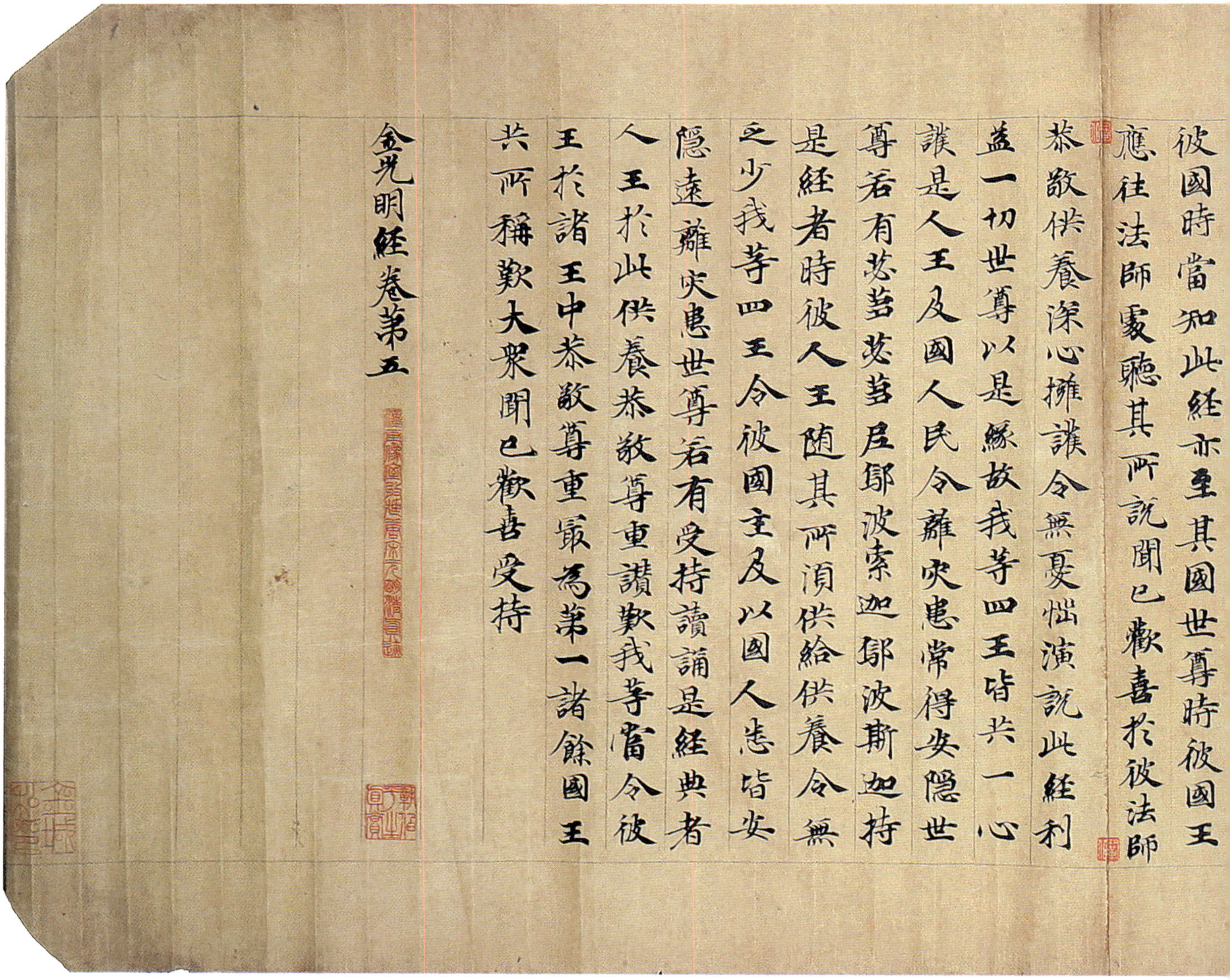

12310 金光明最勝王經卷第五 （唐）釋義淨譯　唐寫本

卷軸裝。高25.7厘米，長820厘米。存十五紙。烏絲欄。有“漢畫像室收藏唐宋元明清真跡”“金城私印”“鞏伯平生真賞”印。清華大學圖書館藏。

疫病苦皆令蠲愈一切灾變百千苦惱咸悉
消滅世尊是金光明最勝王經能爲如是安
隱利樂饒益我等唯願世尊於大衆中廣爲
宣說我等四王并諸眷屬聞此甘露無上法
味氣力充實增益威光精進勇猛神通倍勝
世尊我等四王修行正法常說正法以法化
世我等令彼天龍藥叉揵闥婆阿蘇羅揭路
荼俱槃荼緊那羅莫呼羅伽及諸人王常以
正法而化於世遮去諸惡所有鬼神吸人精
氣無慈悲者悉令遠去世尊我等四王與二
十八部藥叉大將并與無量百千藥叉以淨
天眼過於世人觀察擁護此贍部洲世尊以
此因緣我等諸王名護世者又復於此洲中
若有國王被他怨賊常來侵擾及多飢饉疾
疫流行無量百千灾厄之事世尊我等四王
於此金光明最勝王經恭敬供養若有苾芻
法師受持讀誦我等四王共往覺悟勸請其
人時彼法師由我神通覺悟力故往彼國界
廣宣流布是金光明微妙經典由經力故令

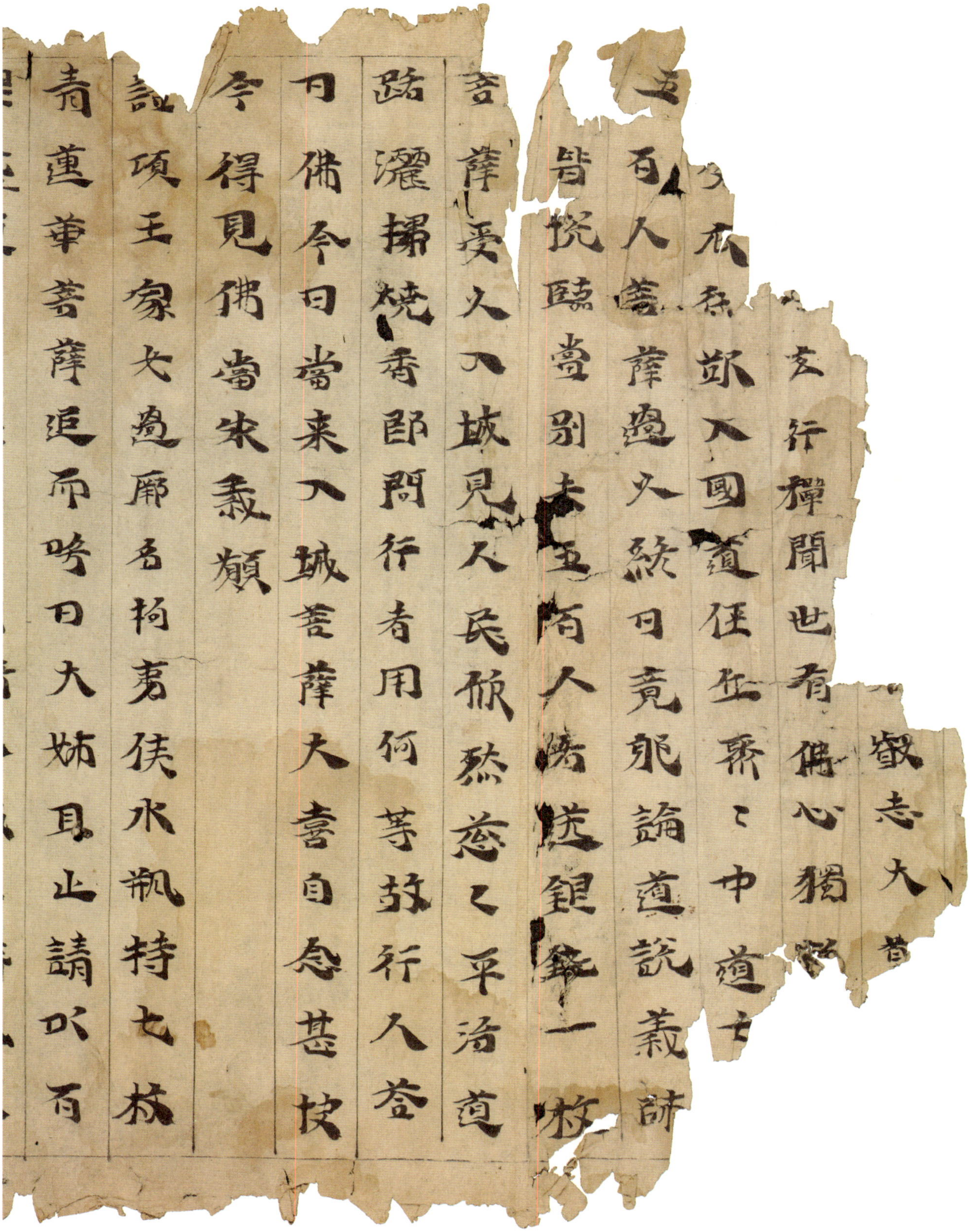

12311 太子瑞應本起經卷上　（三國吴）釋支謙譯　東晉寫本

卷軸裝。高28厘米，長592.4厘米。存十五紙，共三百八行。烏絲欄。國家圖書館藏。

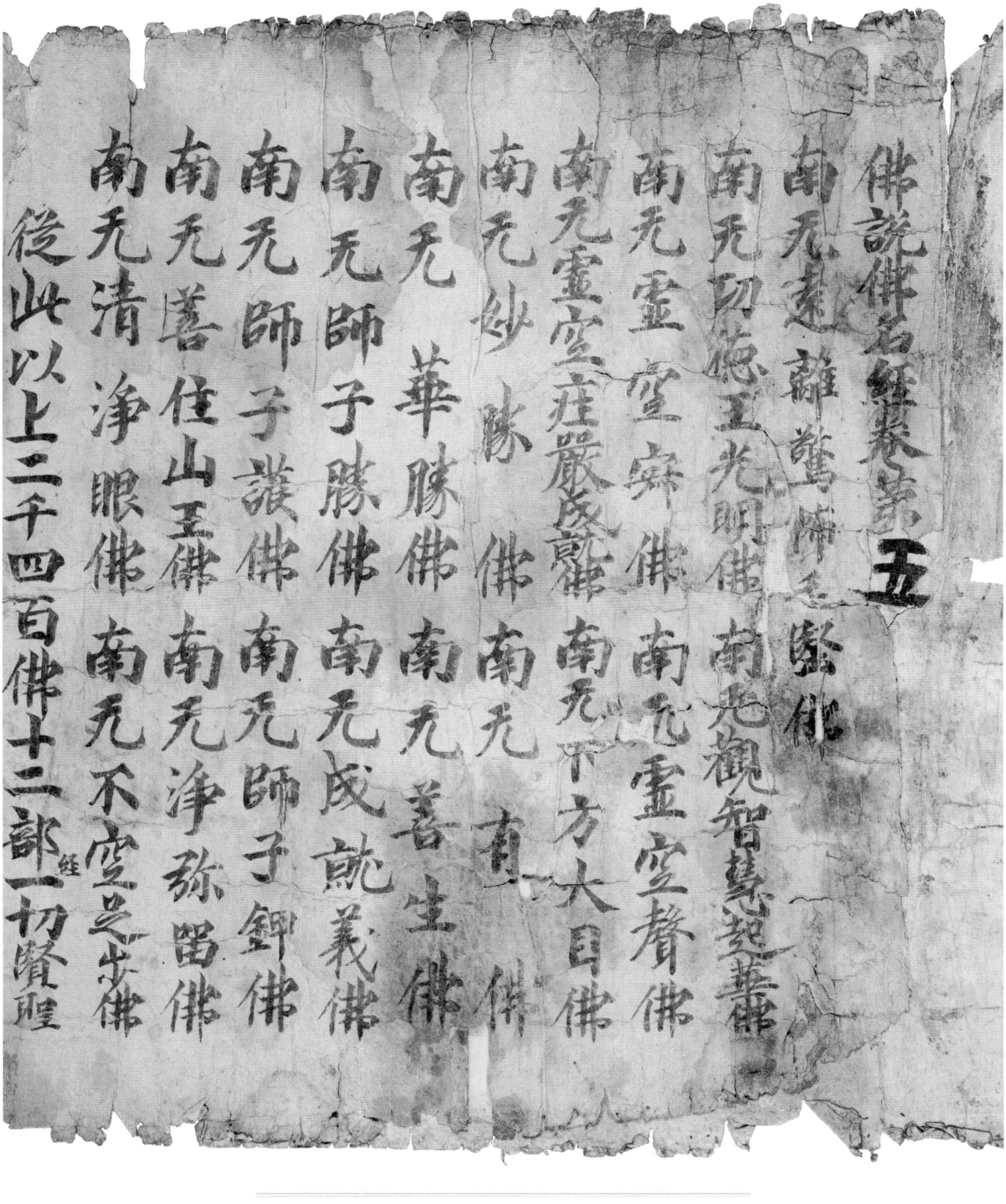
佛說佛名經卷第五
南无遠離驚怖毛豎佛
南无功德王光明佛　南无觀智慧超幢佛
南无虛空寂佛　南无虛空聲佛
南无虛空莊嚴成就佛　南无下方大日佛
南无妙勝佛　南无有佛
南无華勝佛　南无善生佛
南无師子勝佛　南无成就義佛
南无師子讃佛　南无師子鉀佛
南无善住山王佛　南无淨弥留佛
南无清淨眼佛　南无不空足步佛
從此以上三千四百佛十二部經一切賢聖

12312 佛名經卷第四　歸義軍時期寫本

卷軸裝。高25厘米，長1057.4厘米。存二十五紙，共六百四十八行。國家圖書館藏。

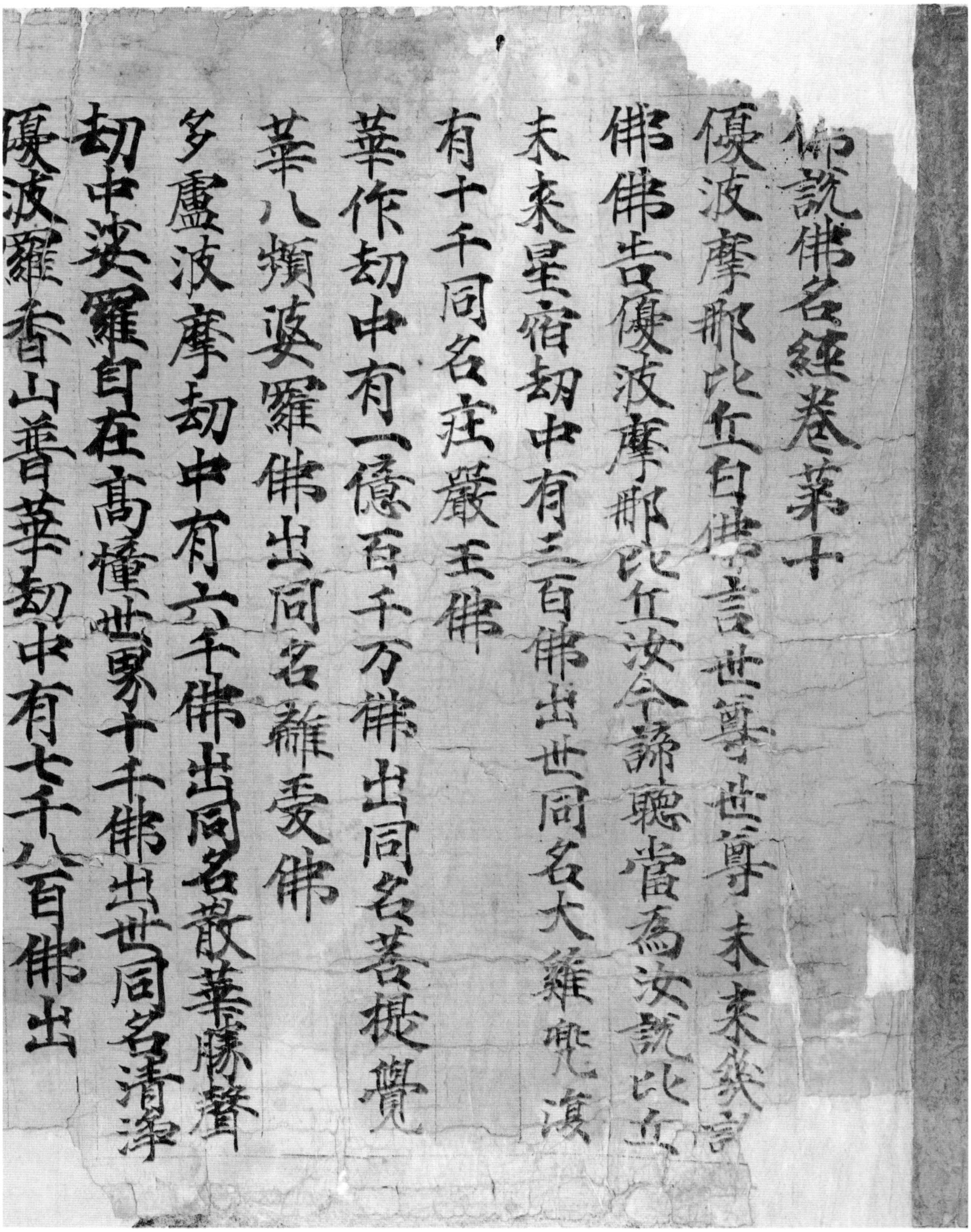
佛說佛名經卷第十
優波摩那比丘白佛言世尊世尊未來發言
佛佛告優波摩那比丘汝今諦聽當爲汝說比丘
未來星宿劫中有三百佛出世同名大雞兜復
有十千同名莊嚴王佛
華作劫中有一億百千万佛出同名菩提覺
華八頻婆羅佛出同名雜受佛
多盧波摩劫中有六千佛出同名散華勝聲
劫中婆羅自在高幢世界十千佛出世同名清淨
優波羅香山善華劫中有七千八百佛出

12313 佛名經卷第十 歸義軍時期寫本

卷軸裝。高31厘米，長1389.4厘米。存三十二紙，共六百四行。烏絲欄。國家圖書館藏。

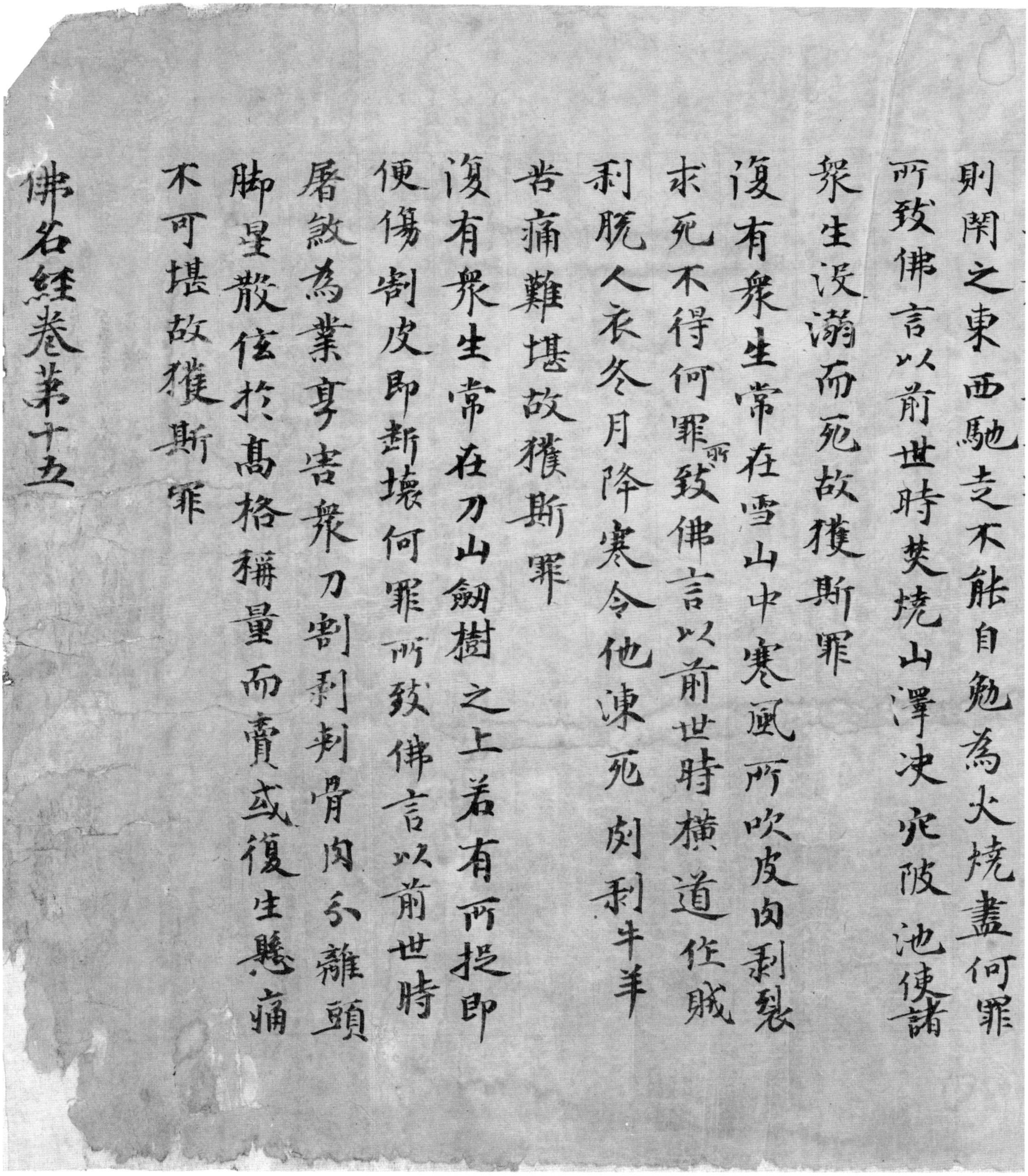
則閑之東西馳走不能自勉爲火燒盡何罪
所致佛言以前世時焚燒山澤決穴陂池使諸
衆生沒溺而死故獲斯罪
復有衆生常在雪山中寒風所吹皮肉剥裂
求死不得何罪所致佛言以前世時橫道作賊
剥脱人衣冬月降寒令他凍死剮剥牛羊
苦痛難堪故獲斯罪
復有衆生常在刀山劍樹之上若有所捉即
便傷割皮肉斷壞何罪所致佛言以前世時
屠殺爲業烹害衆生刀割剥刺骨肉分離頭
脚星散挂於高格稱量而賣或復生懸痛
不可堪故獲斯罪
佛名經卷第十五

12314 佛名經卷第十五 唐寫本

卷軸裝。高26厘米，長1063厘米。存二十三紙，共六百三十九行。烏絲欄。

國家圖書館藏。

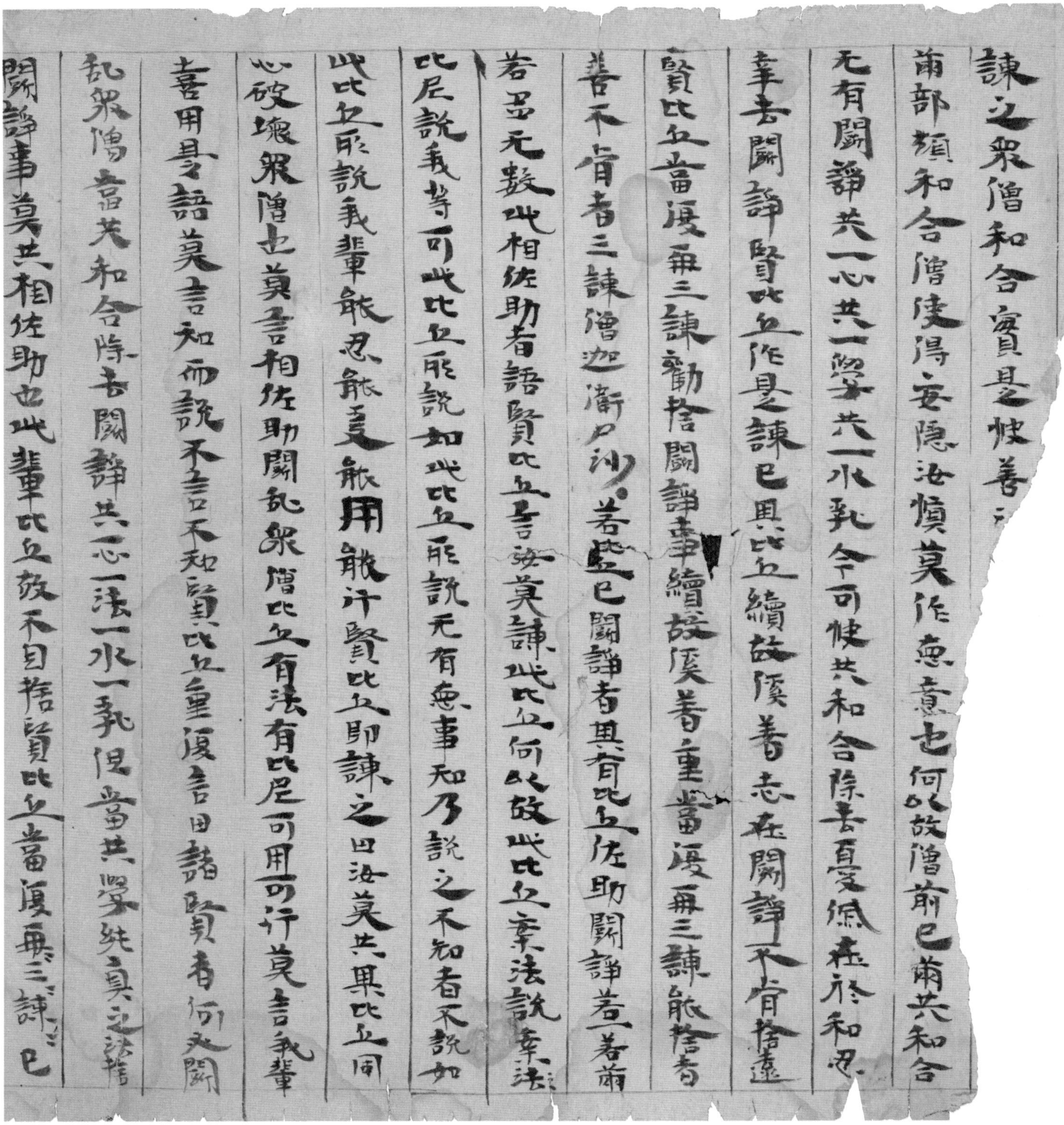

諫之衆僧和合實是快善
爾部頒和合僧使得安隱汝慎莫作惡意也何以故僧前已爾共和合
无有鬭諍共一心共一學共一水乳令可快共和合除去夏愛樂在於和忍
章去鬭諍賢比丘作是諫已與比丘續故復着志在鬭諍不肯捨遠
賢比丘當復再三諫勸捨鬭諍事續故復着重當復再三諫能捨者
善不肯者三諫僧迦衛尸沙。若比丘已鬭諍者與有比丘佐助鬭諍若一若兩
若三无數此相佐助者語賢比丘言汝莫諫此比丘何以故此比丘案法說案法
比尼說義我等可此比丘所說如此比丘所說无有惡事知乃說之不知者不說如
此比丘所說義我輩能忍能是能用能行賢比丘即諫之曰汝莫共與比丘同
心破壞衆僧也莫言相佐助鬭亂衆僧比丘有法有比尼可用可行莫言我輩
喜用是語莫言知而說不言不知賢比丘重復言曰諸賢者何以故鬭
亂衆僧當共和合除去鬭諍共一心一法一水一乳但當共學共莫之誨捨
鬭諍事莫共相佐助也此輩比丘故不自捨賢比丘當復再三諫已

12315 [比丘戒本] 東晉寫本

卷軸裝。高24.5厘米，長249厘米。存六紙，共一百四十四行。烏絲欄。國家圖書館藏。

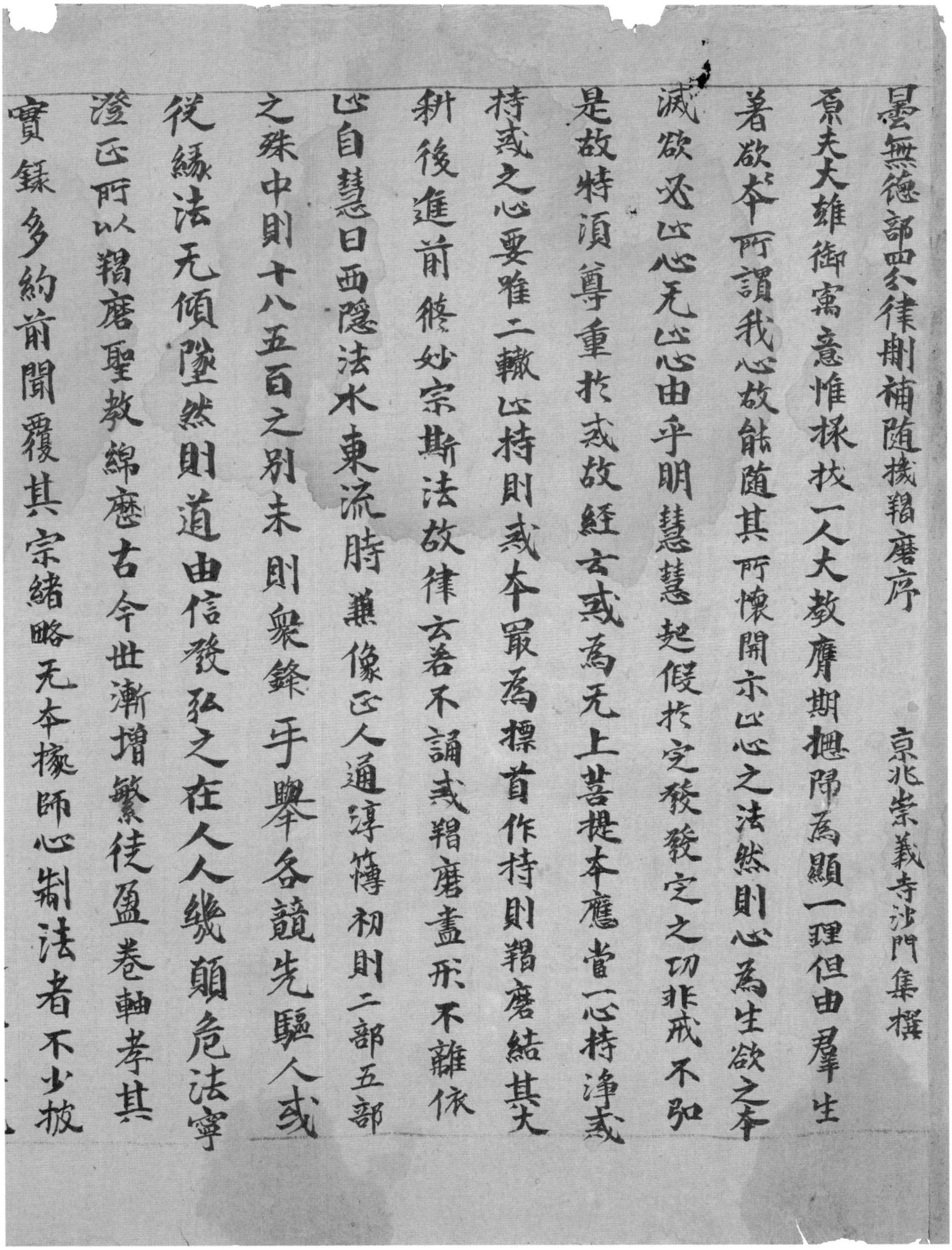
曇無德部四分律删補隨機羯磨序
京兆崇義寺沙門集撰
原夫大雄御寓意惟拯拔一人大教膺期摠歸爲顯一理但由羣生
著欲本所謂我心故能隨其所懷開示心心之法然則心爲生欲之本
滅欲必止心无心由乎明慧慧起假於定發定之功非戒不弘
是故特須尊重於戒故經云戒爲无上菩提本應當一心持淨戒
持戒之心要唯二轍止持則戒本最爲標首作持則羯磨結其大
科後進前脩妙宗斯法故律云若不誦戒羯磨盡形不離依
止自慧日西隱法水東流時兼像正人通淳薄初則二部五部
之殊中則十八五百之別末則衆鋒乎舉各競先驅人或
從緣法无傾墜然則道由信發弘之在人人緣頭危法寧
澄正所以羯磨聖教綿歷古今世漸增繁徒盈卷軸考其
實錄多約前聞覆其宗緒略无本據師心制法者不少披

12316 曇無德部四分律删補隨機羯磨序　四分律删補羯磨卷上

（唐）釋道宣集　吐蕃統治敦煌時期寫本

卷軸裝。高27厘米，長975厘米。存二十四紙，共五百五十八行。烏絲欄。

國家圖書館藏。

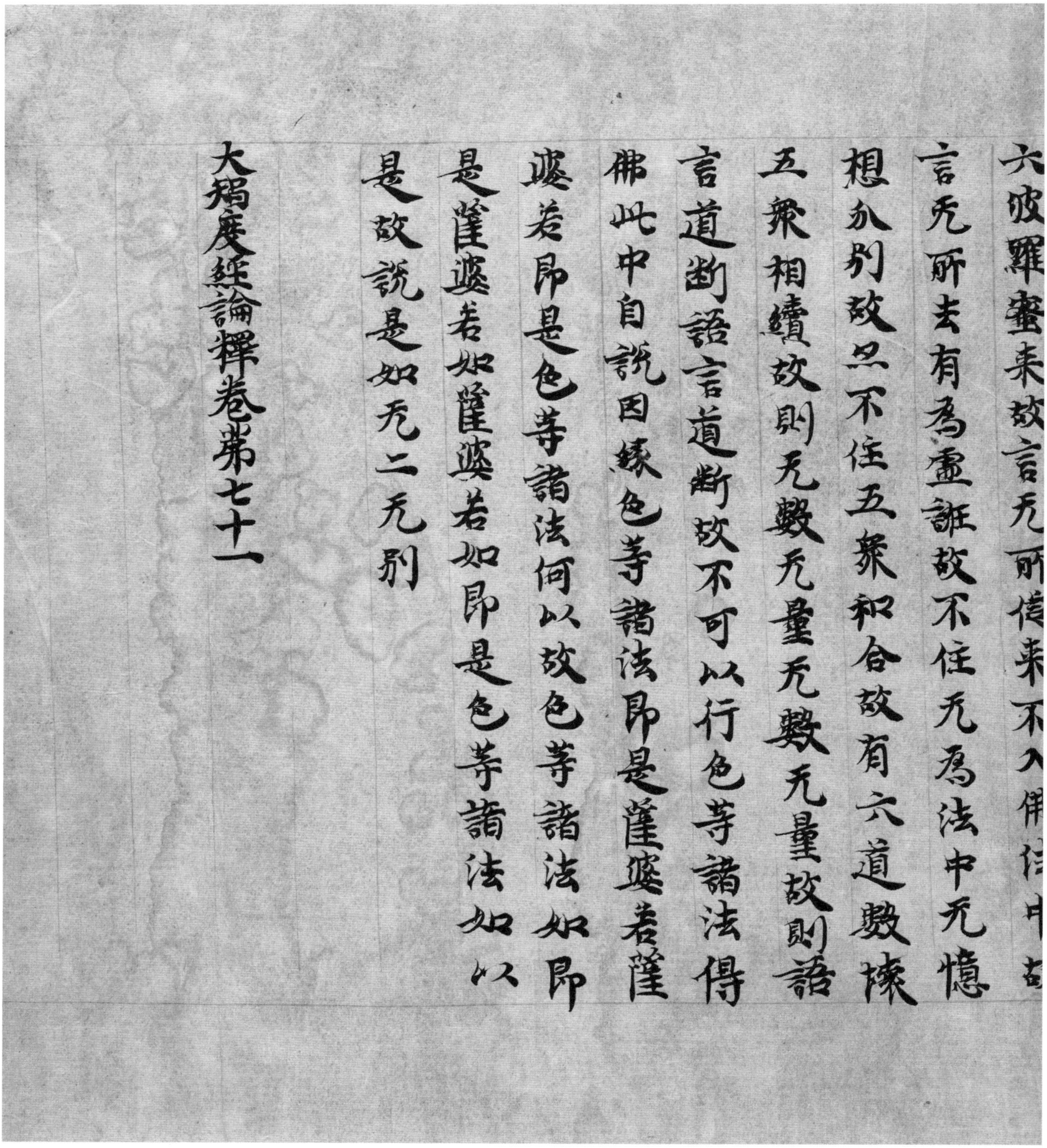

六波羅蜜来故言无所從来不入佛法中故
言无所去有為盡滅故不住无為法中无憶
想分別故亦不住五衆和合故有六道數壞
五衆相續故則无數无量无數无量故則語
言道斷語言道斷故不可以行色等諸法得
佛此中自說因緣色等諸法即是薩
婆若即是色等諸法何以故色等諸法如即
是薩婆若如薩婆若如即是色等諸法如以
是故說是如无二无別

大智度經論釋卷第七十一

12317 大智度論卷第七十一 （後秦）釋鳩摩羅什譯　南北朝寫本

卷軸裝。高26.2厘米，長1373.5厘米。存二十九紙，共八百一行。烏絲欄。國家圖書館藏。

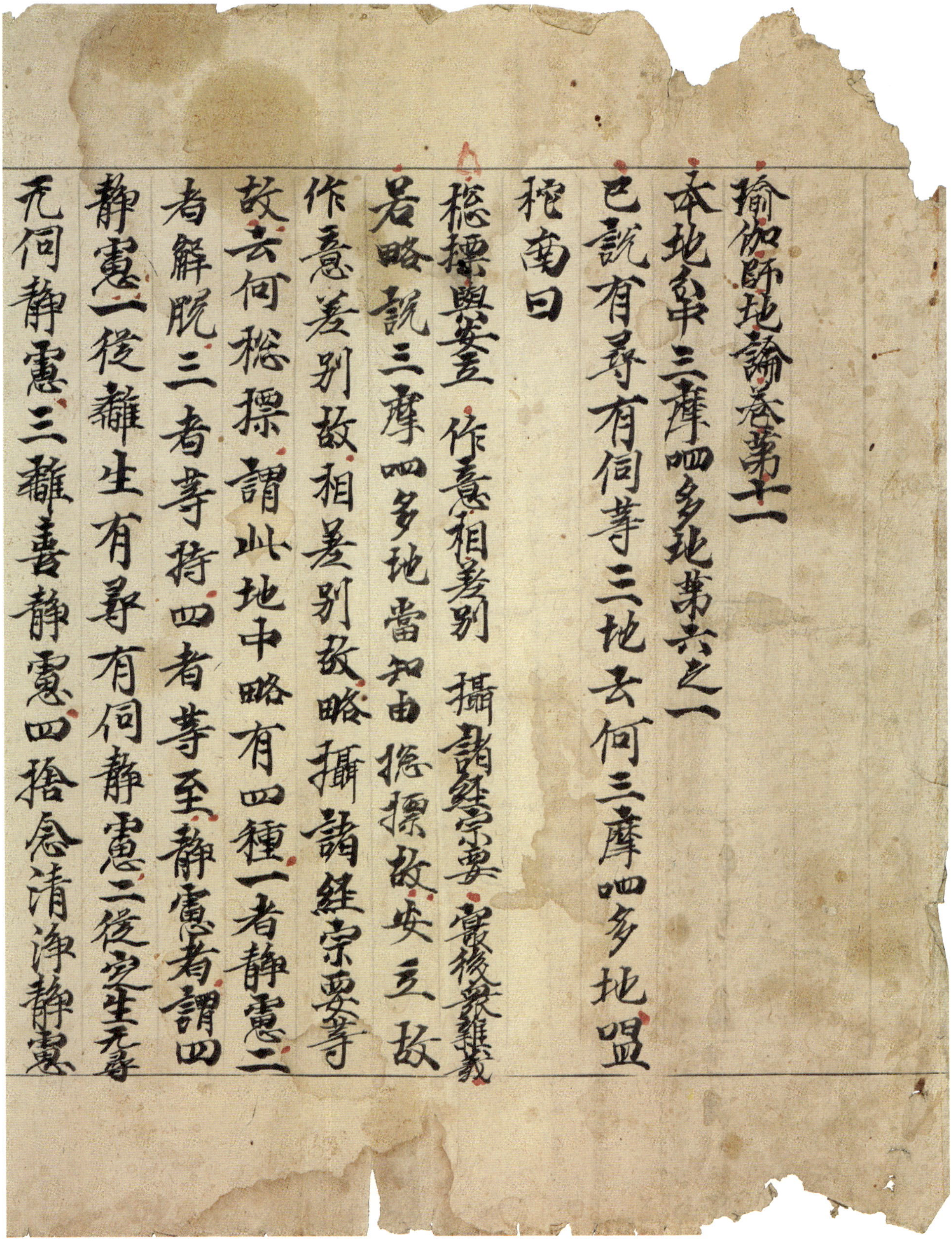

瑜伽師地論卷第十一
本地分中三摩呬多地第六之一
已說有尋有伺等三地云何三摩呬多地嗢
拕南曰
総標與安立　作意相差別　攝諸經宗要　最後衆雜義
若略說三摩呬多地當知由摠標故安立故
作意差別故相差別故略攝諸經宗要等
故云何総標謂此地中略有四種一者靜慮二
者解脫三者等持四者等至靜慮者謂四
靜慮一從離生有尋有伺靜慮二從定生无尋
无伺靜慮三離喜靜慮四捨念清淨靜慮

12318 瑜伽師地論卷第十一　（唐）釋玄奘譯　歸義軍時期寫本

卷軸裝。高27.2厘米，長882.9厘米。存二十紙，共五百三十六行。烏絲欄。國家圖書館藏。

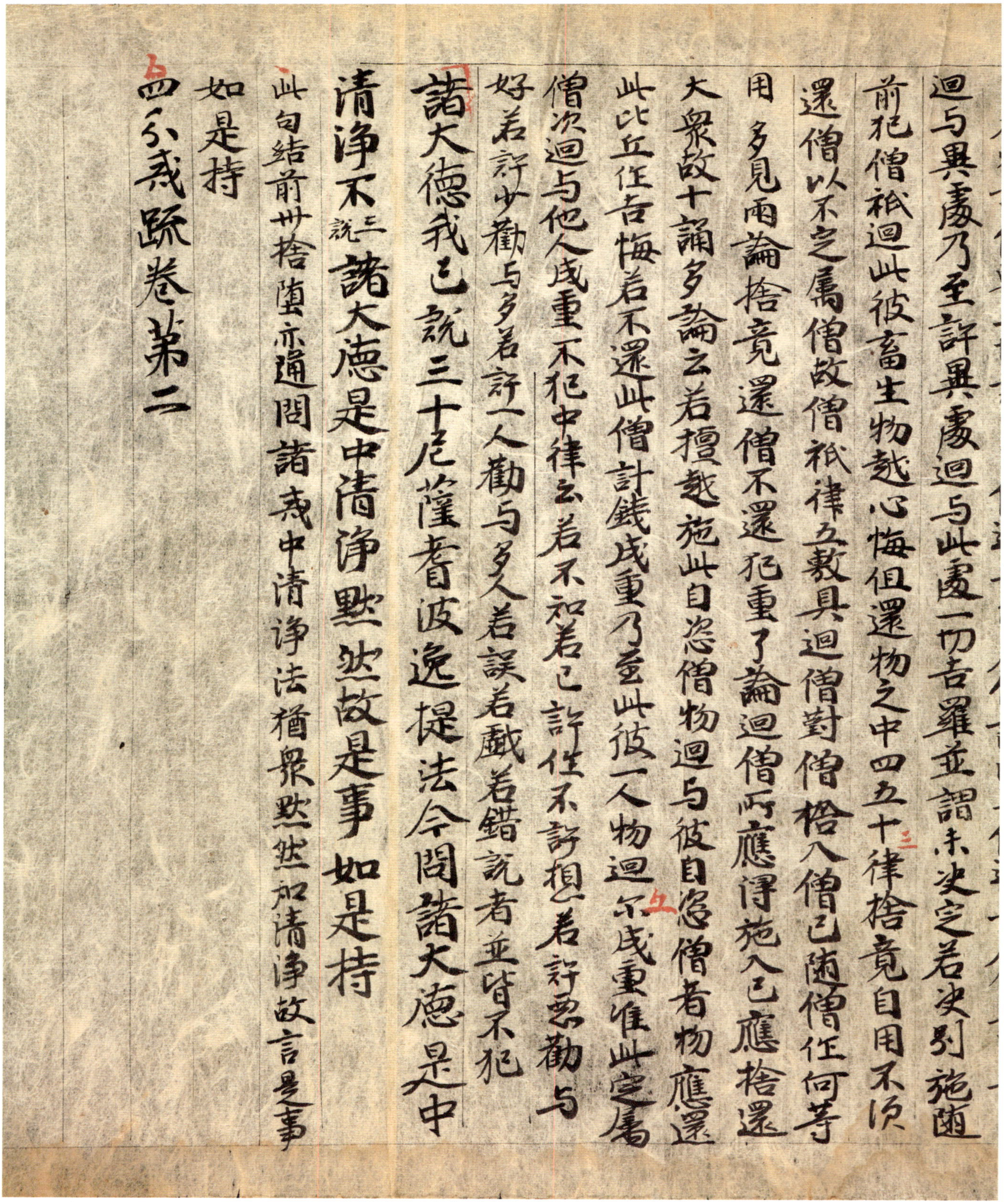

迴與異處乃至許異處迴與此處一切吉羅並謂未決定若決判施隨
前犯僧祇迴此彼畜生物越心悔但還物之中四五十律捨竟自用不須
還僧以不之屬僧故僧祇律五數具迴僧對僧捨入僧已隨僧任何等
用多見兩論捨竟還僧不還犯重了論迴僧所應得施入已應捨還
大衆故十誦多論云若擅越施此自恣僧物迴與彼自恣僧者物應還
此比丘住吉悔若不還此僧計錢成重乃至此彼一人物迴爾成重唯此定屬
僧次迴與他人成重不犯中律云若不知若已許住不許想若許惡勸與
好若許少勸與多若許一人勸與多人若誤若戲若錯說者並皆不犯
諸大德我已說三十尼薩耆波逸提法今問諸大德是中
清淨不三說諸大德是中清淨默然故是事如是持
此句結前卅捨墮亦通問諸戒中清淨法猶衆默然知清淨故言是事
如是持
四分戒疏卷第二

12319 四分戒本疏卷第二　唐寫本

卷軸裝。高27.6厘米，長1556.5厘米。存三十九紙，共九百八十八行。烏絲欄。國家圖書館藏。

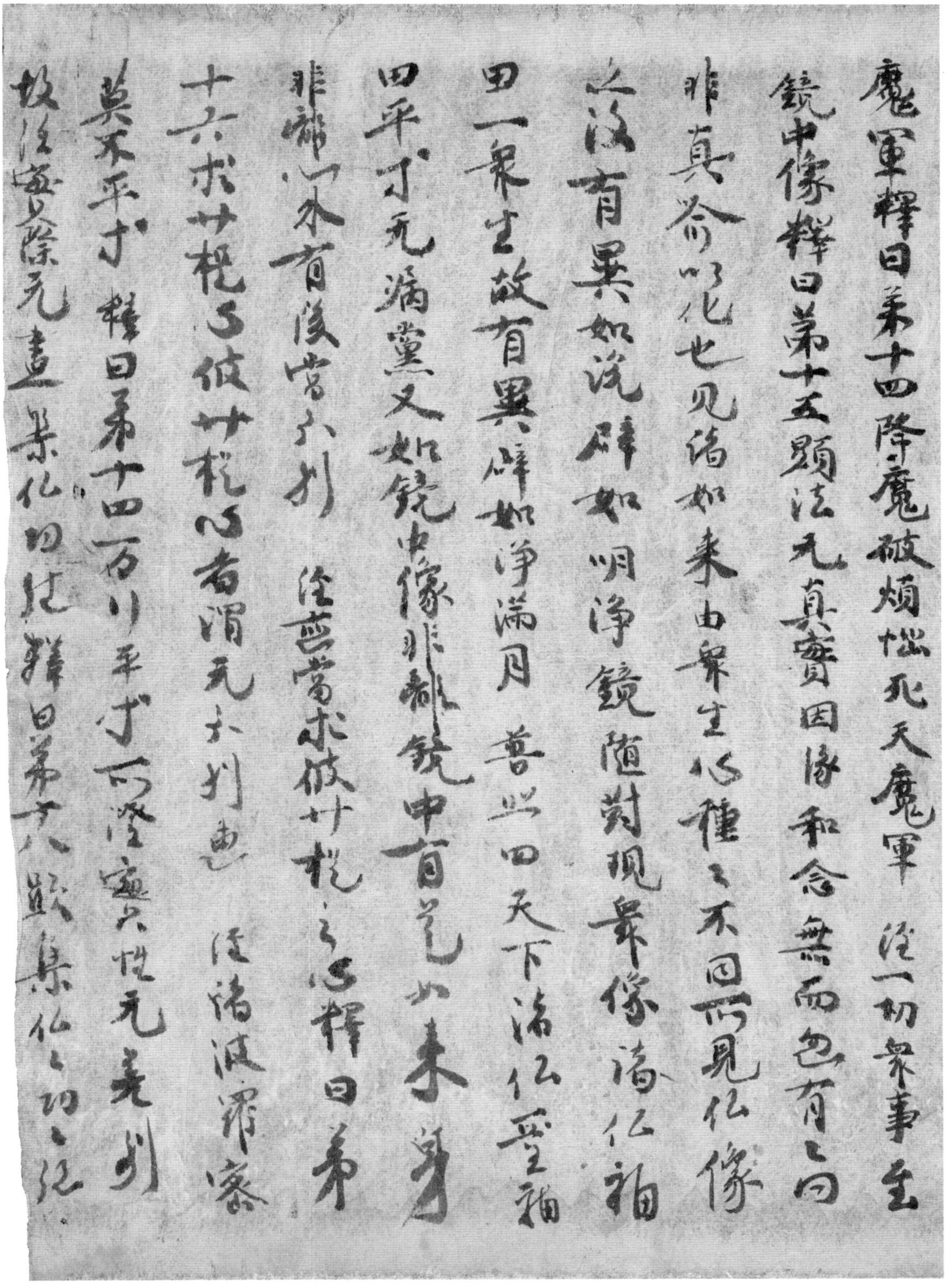
魔軍釋曰第十四降魔破煩惱死天魔軍　經一切衆事生
鏡中像釋曰第十五顯法无真實因緣和合無而忽有々而
非真爺吁化也見諸如来由衆生心種々不同所見仏像
之似有異如說譬如明淨鏡隨對現衆像諸仏相
田一衆生故有異譬如淨滿月　普照四天下諸仏聖相
四平等无滿黨又如鏡中像非離鏡中有見如來身
非離心本有後當六判　經慧當求彼廿種々心釋曰第
十六求廿種心彼廿種心者謂无不判患　經諸波羅蜜
莫不平等　釋曰第十四万行平等下經遍六性无差判
故經無邊際无盡集仏功德釋曰第十八顯集仏々功々德

12320 [大方等大集經賢護分疏] 唐寫本

卷軸裝。高28厘米，長916.5厘米。存二十三紙，共四百六十四行。國家圖書館藏。

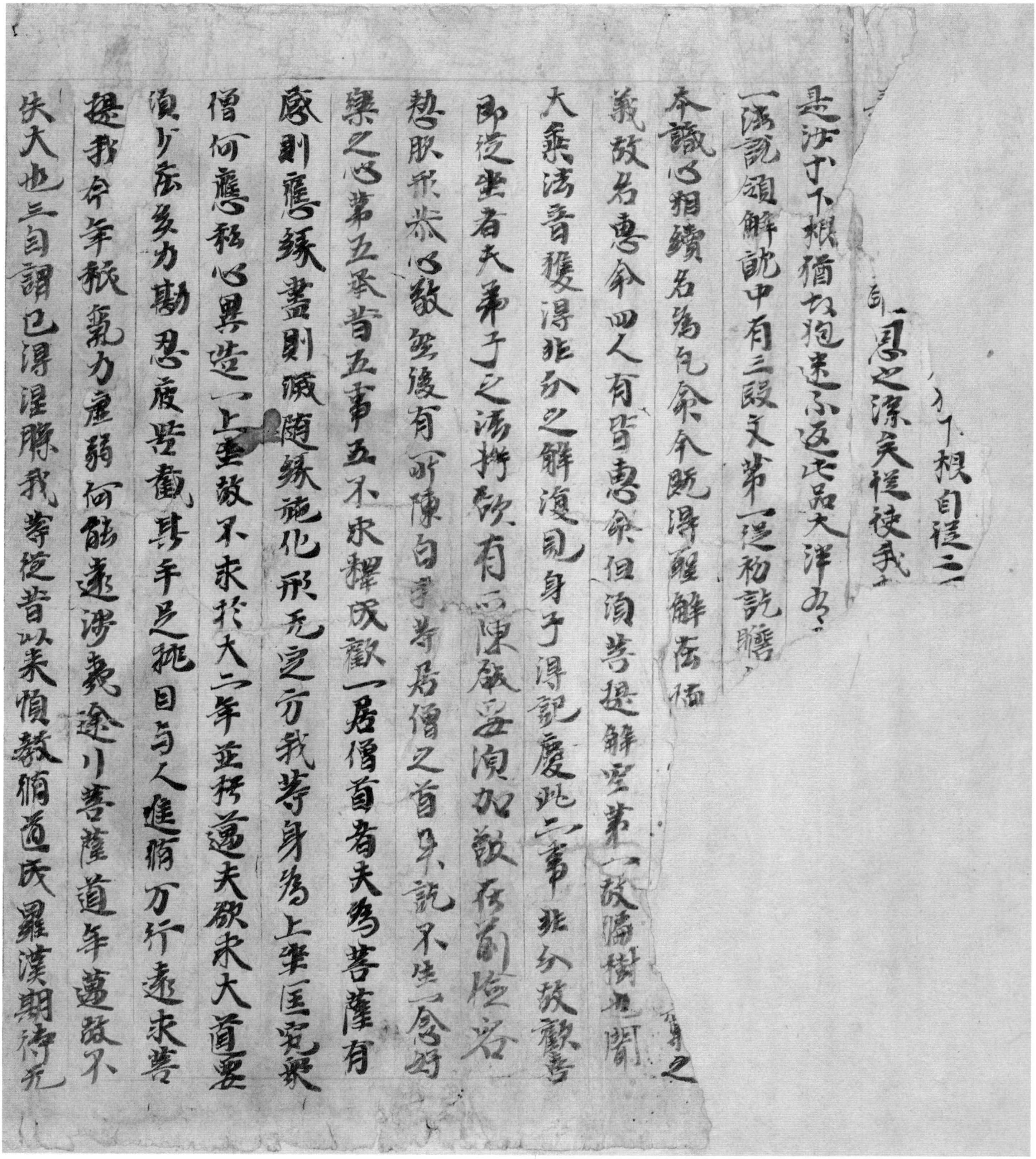

12321 [妙法蓮華經疏] 南北朝寫本

卷軸裝。高26.3厘米，長564厘米。存十七紙，共三百七十一行。烏絲欄。國家圖書館藏。

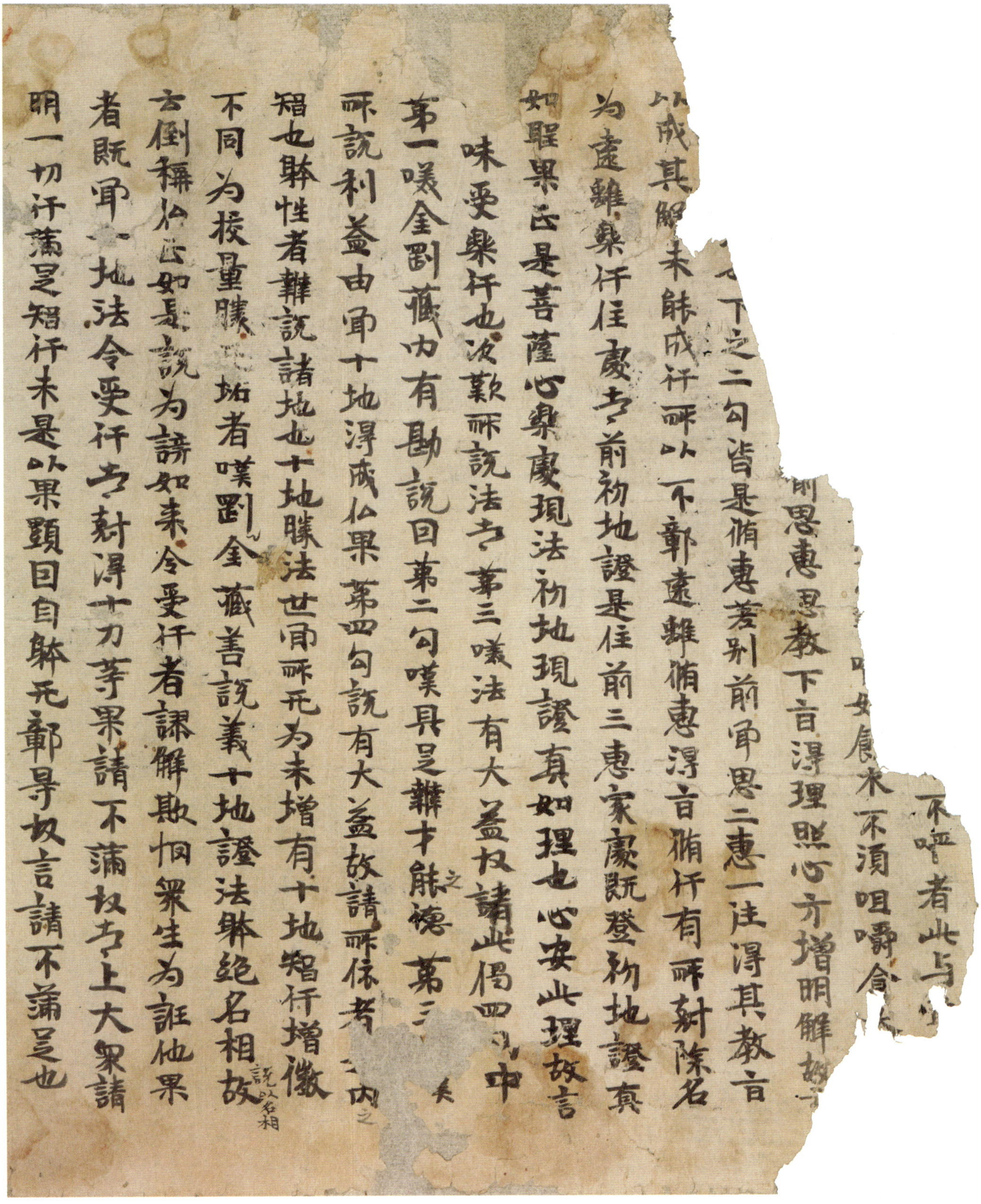

12322 [十地經論釋] 南北朝寫本

卷軸裝。高28厘米，長744厘米。存十八紙，共四百七十九行。國家圖書館藏。

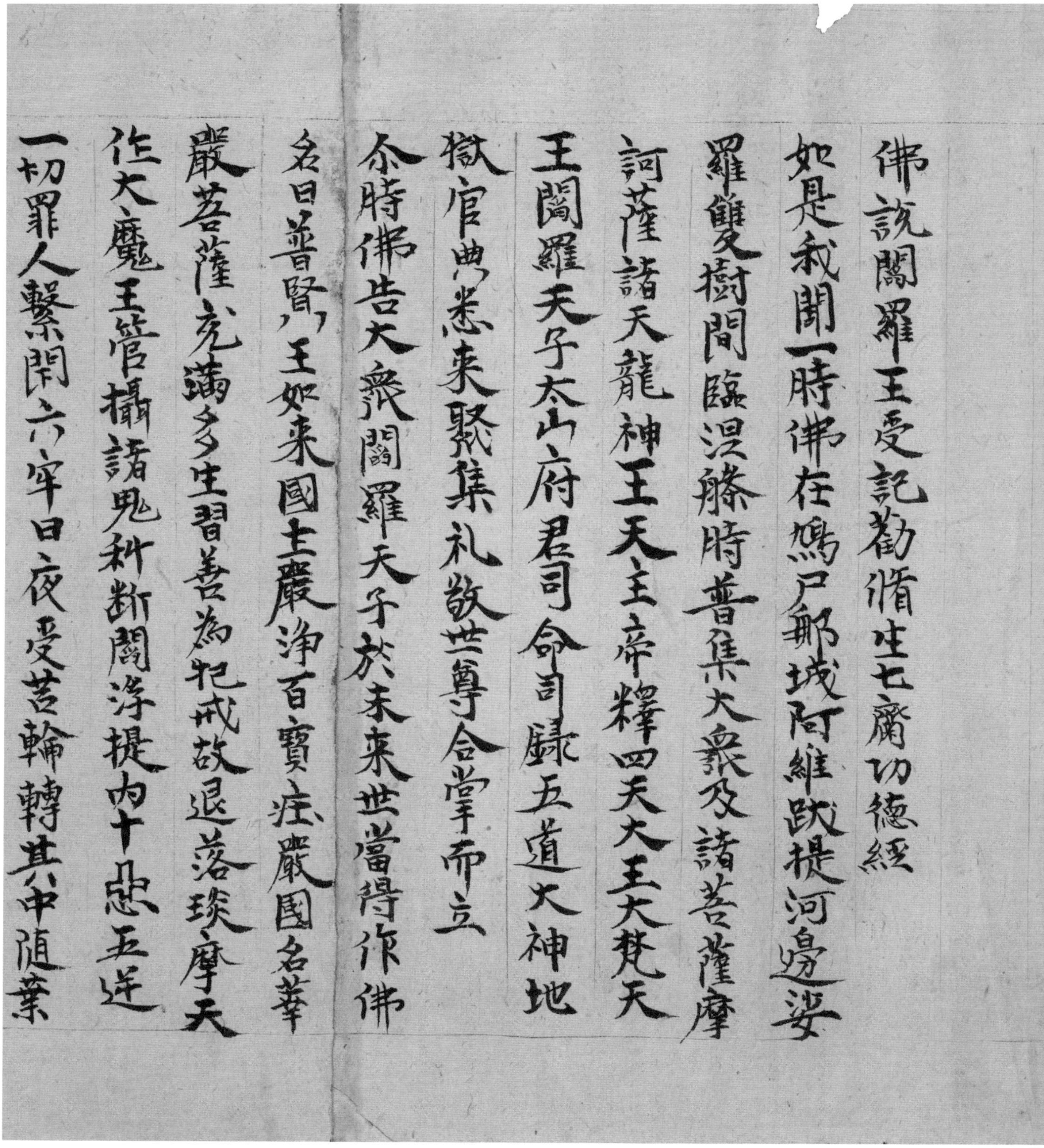

佛說閻羅王受記勸脩生七齋功德經
如是我聞一時佛在鳩尸那城阿維䟦提河邊娑
羅雙樹間臨涅槃時普集大衆及諸菩薩摩
訶薩諸天龍神王天主帝釋四天大王大梵天
王閻羅天子太山府君司命司錄五道大神地
獄官典悉來聚集礼敬世尊合掌而立
尒時佛告大衆閻羅天子於未來世當得作佛
名曰普賢王如來國土嚴淨百寶莊嚴國名華
嚴菩薩充滿多生習善為犯戒故退落琰魔天
作大魔王管攝諸鬼科斷閻浮提內十惡五逆
一切罪人繫閉六牢日夜受苦輪轉其中隨業

12323 十王經卷第二 歸義軍時期寫本

卷軸裝。高25.8厘米，長166.5厘米。存六紙，共七十四行。烏絲欄。有天竿、殘縹帶。國家圖書館藏。

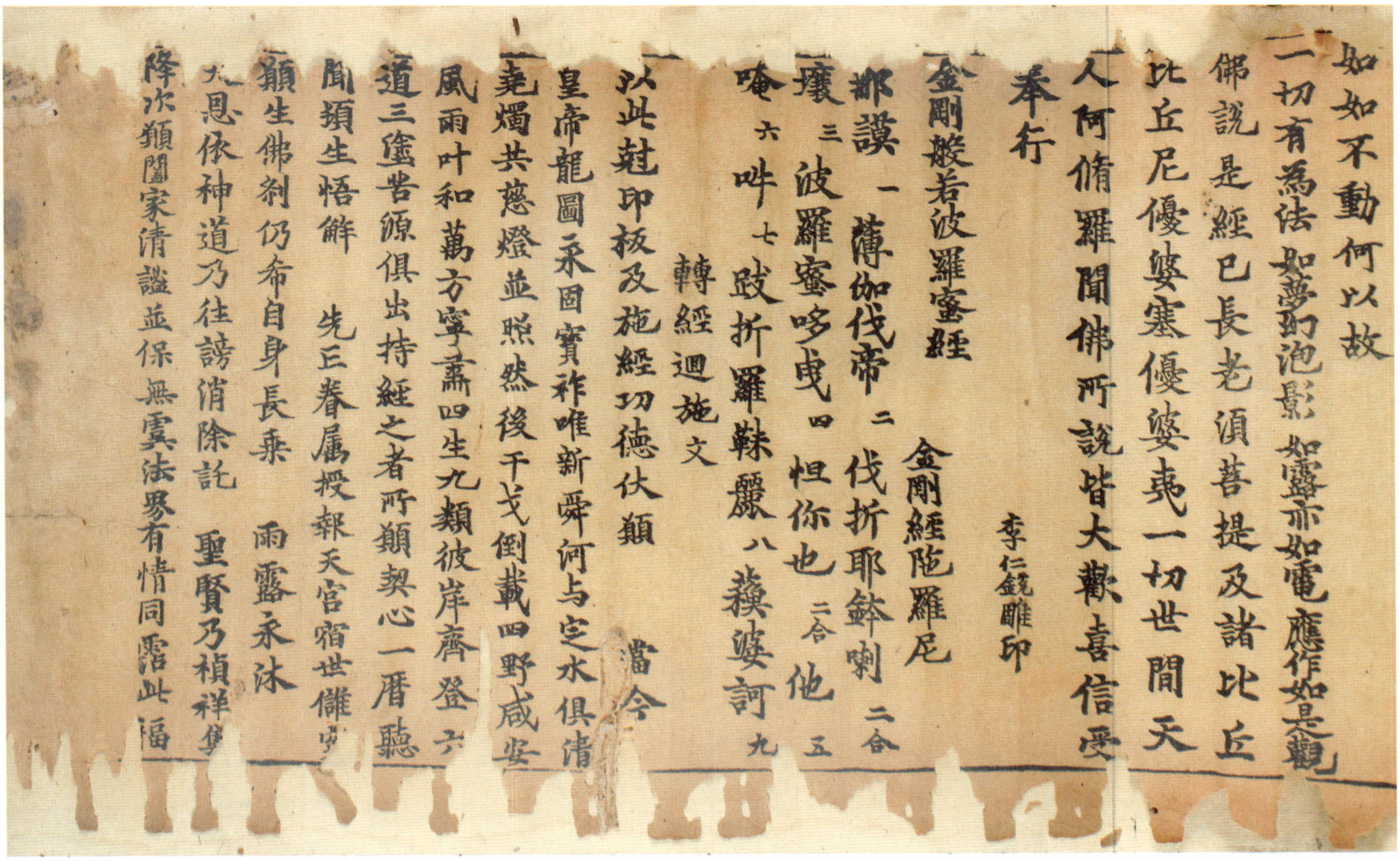

如如不動何以故
一切有為法 如夢幻泡影 如露亦如電 應作如是觀
佛說是經已長老須菩提及諸比丘
比丘尼優婆塞優婆夷一切世間天
人阿修羅聞佛所說皆大歡喜信受
奉行
李仁鐃雕印
金剛般若波羅蜜經
金剛經陀羅尼
那謨一 薄伽伐帝二 伐折耶鉢喇二合
壤三 波羅蜜哆曳四 怛你也二合他五
唵六 吽七 跋折羅韈麗八 莎婆訶九
轉經迴施文
以此雕印板及施經功德伏願 當今
皇帝龍圖永固寶祚唯新舜河与定水俱清
堯燭共慈燈並照然後干戈倒戢四野咸安
風雨叶和萬方寧[illegible]四生九類彼岸齊登六
道三塗苦源俱出持經之者所願契心一[illegible]聽
聞願生悟解 先亡眷屬授報天宮宿世[illegible]
願生佛剎仍希自身長乘 雨露永沐
大恩依神道乃往謗消除託 聖賢乃禎祥集
降次願闔家清謐並保無虞法界有情同霑此福

12324 金剛般若波羅蜜經　（後秦）釋鳩摩羅什譯　晚唐五代刻本

卷軸裝。高24厘米，長365.9厘米。匡高20.7至21.9厘米。每版二十七行，行十五字。國家圖書館藏。

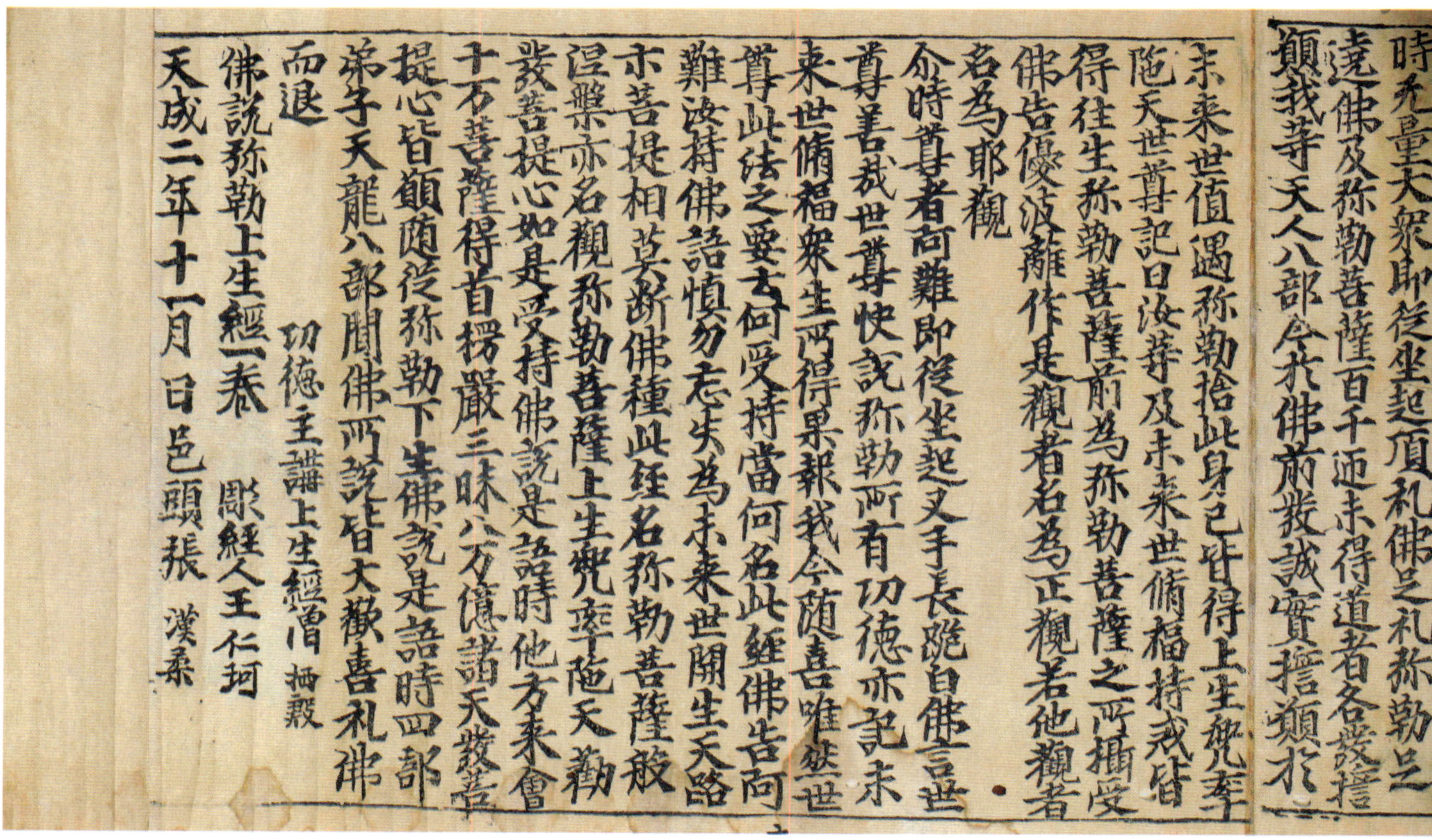
時无量大衆即從坐起頂礼佛足礼祢勒足
遶佛及祢勒菩薩百千匝未得道者各發誓
願我等天人八部今於佛前發誠實誓願於
未來世值遇祢勒捨此身已皆得上生兜率
陁天世尊記曰汝等及未來世脩福持戒皆
得往生祢勒菩薩前為祢勒菩薩之所攝受
佛告優波離作是觀者名為正觀若他觀者
名為耶觀
尒時尊者阿難即從坐起叉手長跪白佛言世
尊善哉世尊快說祢勒所有功德亦記未
來世脩福衆生所得果報我今隨喜唯然世
尊此法之要云何受持當何名此經佛告阿
難汝持佛語慎勿忘失為未來世開生天路
示菩提相莫斷佛種此經名祢勒菩薩般
涅槃亦名觀祢勒菩薩上生兜率陁天勸
發菩提心如是受持佛說是語時他方來會
十万菩薩得首楞嚴三昧八万億諸天發菩
提心皆願隨從祢勒下生佛說是語時四部
弟子天龍八部聞佛所說皆大歡喜礼佛
而退
功德主講上生經僧　栖殿
佛說祢勒上生經一卷　彫經人王仁珂
天成二年十一月日邑頭張　漢柔

12325 佛說觀彌勒菩薩上生兜率天經　（南朝宋）沮渠京聲譯　後唐天成二年（927）刻本

卷軸裝。高26.5厘米，長115厘米。匡高22.7至23.3厘米。每版十九行，行十七至十八字。國家圖書館藏。

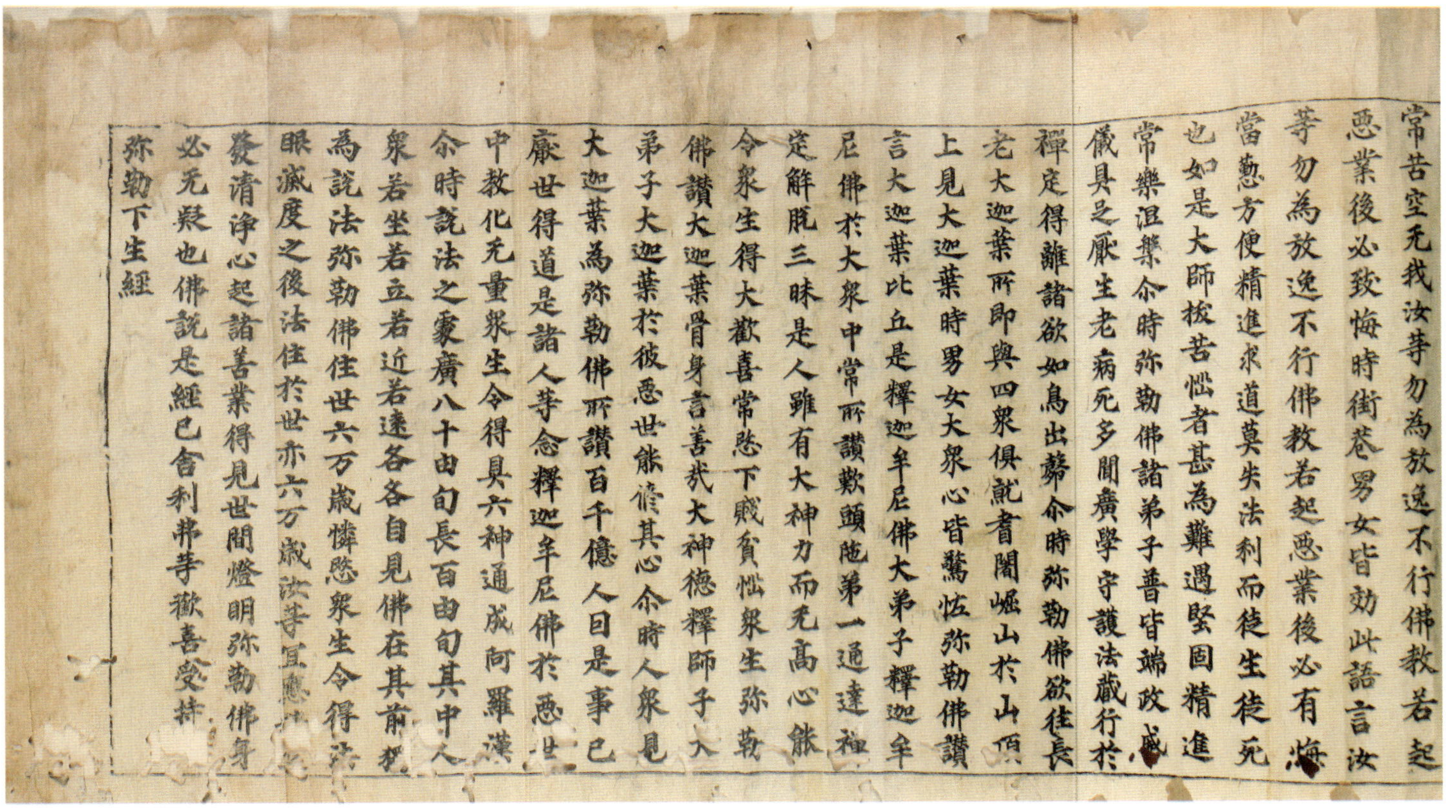

常苦空无我汝等勿為放逸不行佛教若起
悪業後必致悔時衔巷男女皆効此語言汝
等勿為放逸不行佛教若起悪業後必有悔
當懃方便精進求道莫失法利而徒生徒死
也如是大師㧞苦惱者甚為難遇堅固精進
常樂涅槃尒時弥勒佛諸弟子普皆端政威
儀具足厭生老病死多聞廣學守護法藏行於
禪定得離諸欲如鳥出鷇尒時弥勒佛欲往長
老大迦葉所即與四衆俱詣耆闍崛山於山頂
上見大迦葉時男女大衆心皆驚怪弥勒佛讚
言大迦葉比丘是釋迦牟尼佛大弟子釋迦牟
尼佛於大衆中常所讚歎頭陁第一通達禪
定解脫三昧是人雖有大神力而无高心能
令衆生得大歡喜常愍下賤貧惱衆生弥勒
佛讚大迦葉骨身言善哉大神德釋師子大
弟子大迦葉於彼悪世能修其心尒時人衆見
大迦葉為弥勒佛所讚百千億人因是事已
厭世得道是諸人等念釋迦牟尼佛於悪世
中教化无量衆生令得具六神通成阿羅漢
尒時說法之處廣八十由旬長百由旬其中人
衆若坐若立若近若遠各各自見佛在其前[illegible]
為說法弥勒佛住世六万歲憐愍衆生令得法
眼滅度之後法住於世亦六万歲汝等宜應[illegible]
發清淨心起諸善業得見世間燈明弥勒佛身
必无疑也佛說是經已舍利弗等歡喜受持
弥勒下生經

12326 彌勒下生成佛經　（後秦）釋鳩摩羅什譯　五代北宋初刻本

卷軸裝。高27厘米，長152.6厘米。匡高20.8厘米。每版二十一至二十二行，行十七至十八字。國家圖書館藏。

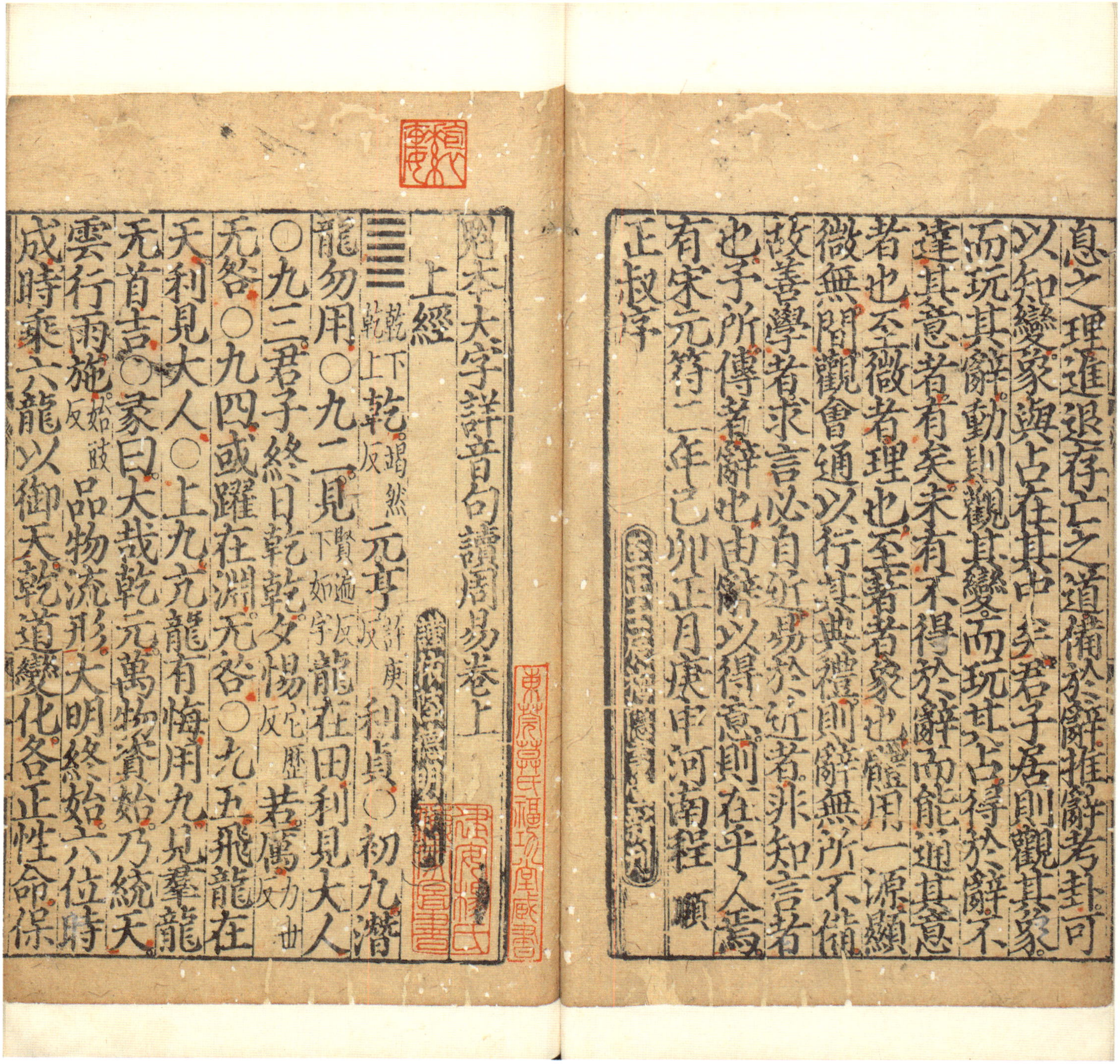

12327 魁本大字詳音句讀周易二卷 元至正十二年（1352）梅隱書堂刻本

匡高19厘米，廣12.8厘米。半葉十行，行十七字，小字雙行同，黑口，左右雙邊。有“建安楊氏傳家圖書”“東莞莫氏福功堂臧書”等印。國家圖書館藏。

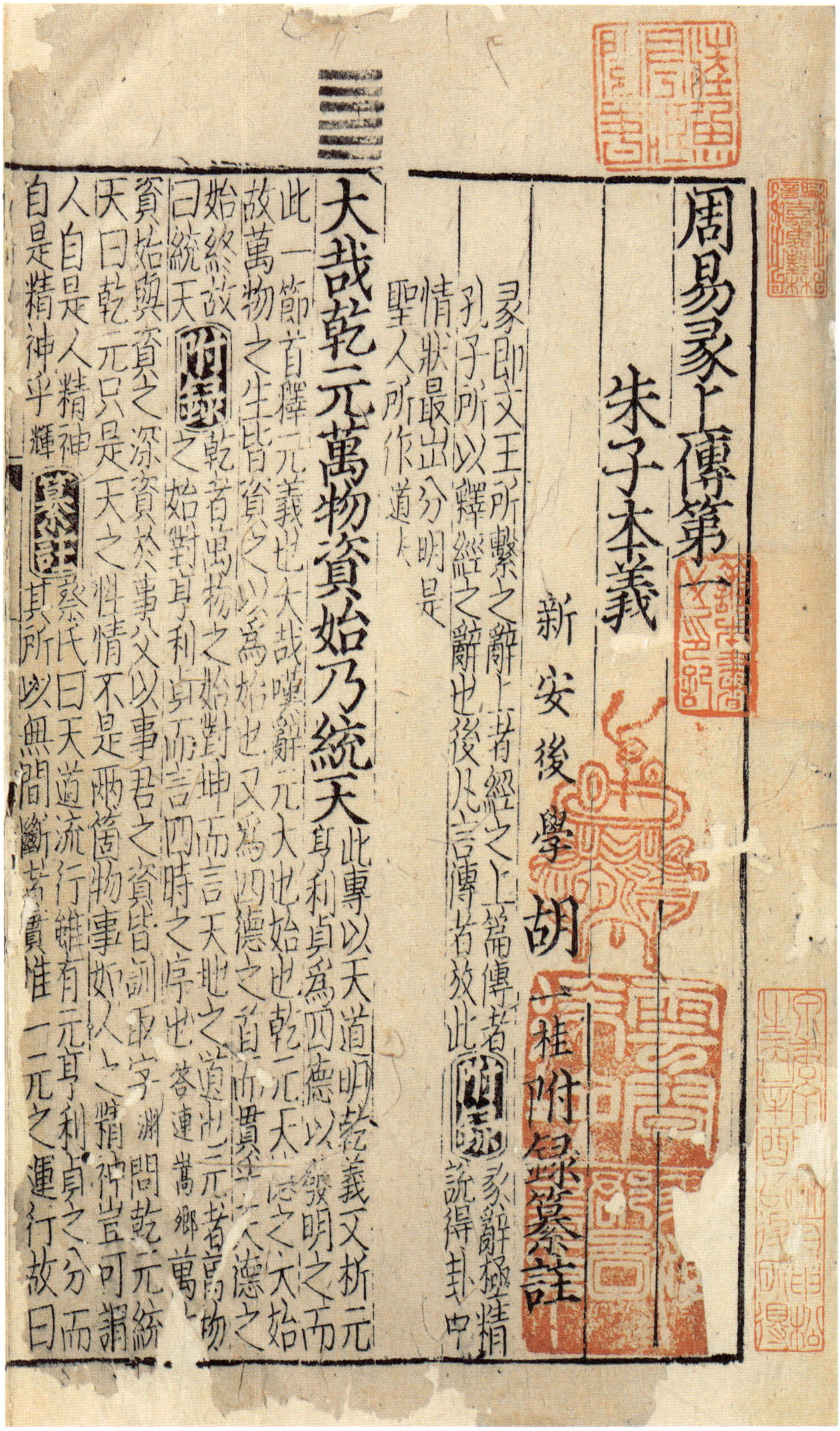

12328 易本義附録纂疏十五卷　（元）胡一桂撰　元刻本

匡高19.6厘米，廣12.4厘米。半葉十行，行二十字，小字雙行二十四字，細黑口，左右雙邊。有"汪魚亭藏閲書""泉唐丁氏竹舟申松生丙辛酉以後所得"等印。香港中文大學圖書館藏，存十卷。

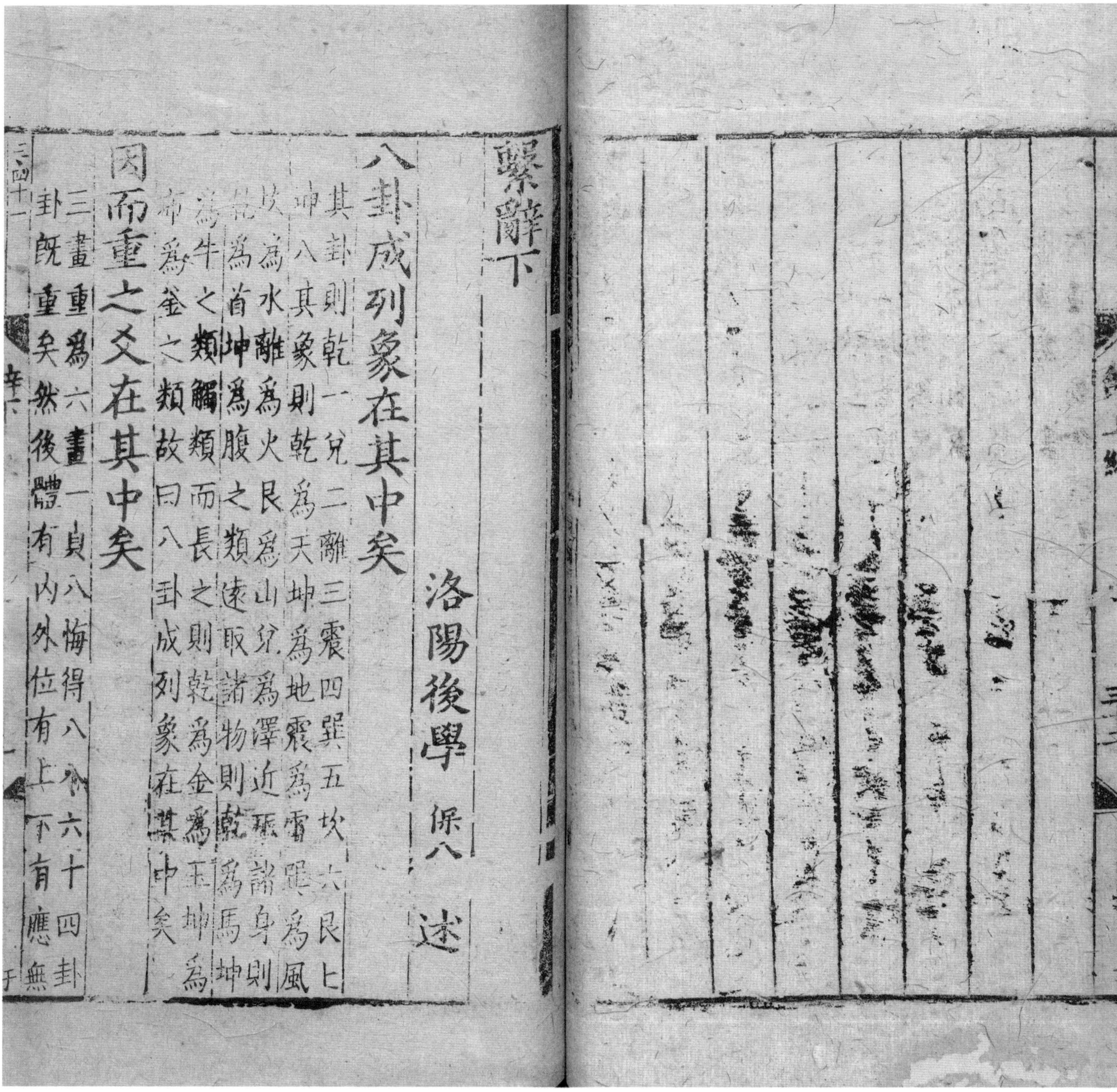

繫辭下 洛陽後學 保八 述

八卦成列象在其中矣

其卦則乾一兌二離三震四巽五坎六艮七坤八其象則乾爲天坤爲地震爲雷巽爲風坎爲水離爲火艮爲山兌爲澤近取諸身則乾爲首坤爲腹之類遠取諸物則乾爲馬坤爲牛之類觸類而長之則乾爲金爲玉坤爲布爲釜之類故曰八卦成列象在其中矣

因而重之爻在其中矣

三畫重爲六畫一貞八悔得八八六十四卦卦既重矣然後體有內外位有上下有應無

12329 周易繫辭述二卷 （元）保八撰 元刻本

匡高23.1厘米，廣15.1厘米。半葉八行，行十八字，小字雙行同，細黑口，左右雙邊。國家圖書館藏。

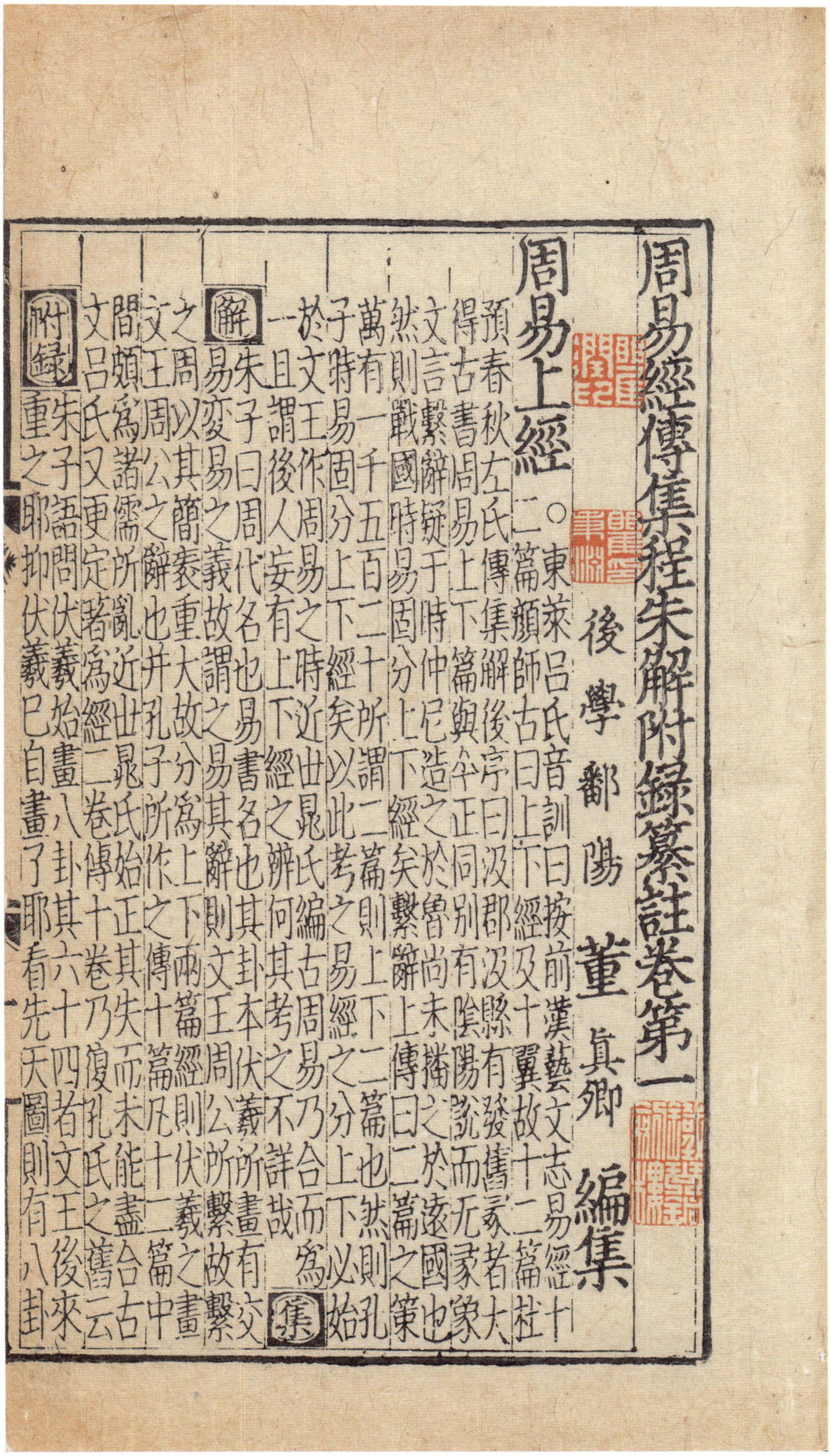
周易經傳集程朱解附錄纂註卷第一
後學鄱陽　董真卿　編集
周易上經○東萊呂氏音訓曰按前漢藝文志易經十
二篇顏師古曰上下經及十翼故十二篇杜
預春秋左氏傳集解後序曰汲郡汲縣有發舊冢者大
得古書周易上下篇與今正同別有陰陽說而无彖象
文言繫辭疑于時仲尼造之於魯尚未播之於遠國也
然則戰國時易固分上下經矣繫辭上傳曰二篇之策
萬有一千五百二十所謂二篇則上下二篇也然則孔
子時易固分上下經矣以此考之易經之分上下必始
於文王作周易之時近世晁氏編古周易乃合而爲
一且謂後人妄有上下經之辨何其考之不詳哉〔集〕
〔解〕朱子曰周代名也易書名也其卦本伏羲所畫有交
易變易之義故謂之易其辭則文王周公所繫故繫
之周以其簡袠重大故分爲上下兩篇經則伏羲之畫
文王周公之辭也并孔子所作之傳十篇凡十二篇中
間頗爲諸儒所亂近世晁氏始正其失而未能盡合古
文呂氏又更定著爲經二卷傳十卷乃復孔氏之舊云
〔附錄〕朱子語問伏羲始畫八卦其六十四者文王後來
重之耶抑伏羲已自畫了耶看先天圖則有八卦

12330、12331 周易經傳集程朱解附録纂註十四卷朱子易圖附録纂註一卷朱子啟蒙五贊附録纂註一卷朱子筮儀附録纂註一卷　（元）董真卿撰　元刻明修本

匡高20.7厘米，廣13厘米。半葉十一行，行十九字，小字雙行二十二字，黑口，四周雙邊。國家圖書館藏，有“鐵琴銅劍樓”“瞿印秉淵”等印；上海圖書館藏，有“我祖大羅仙”“開府東吴第一家”等印。

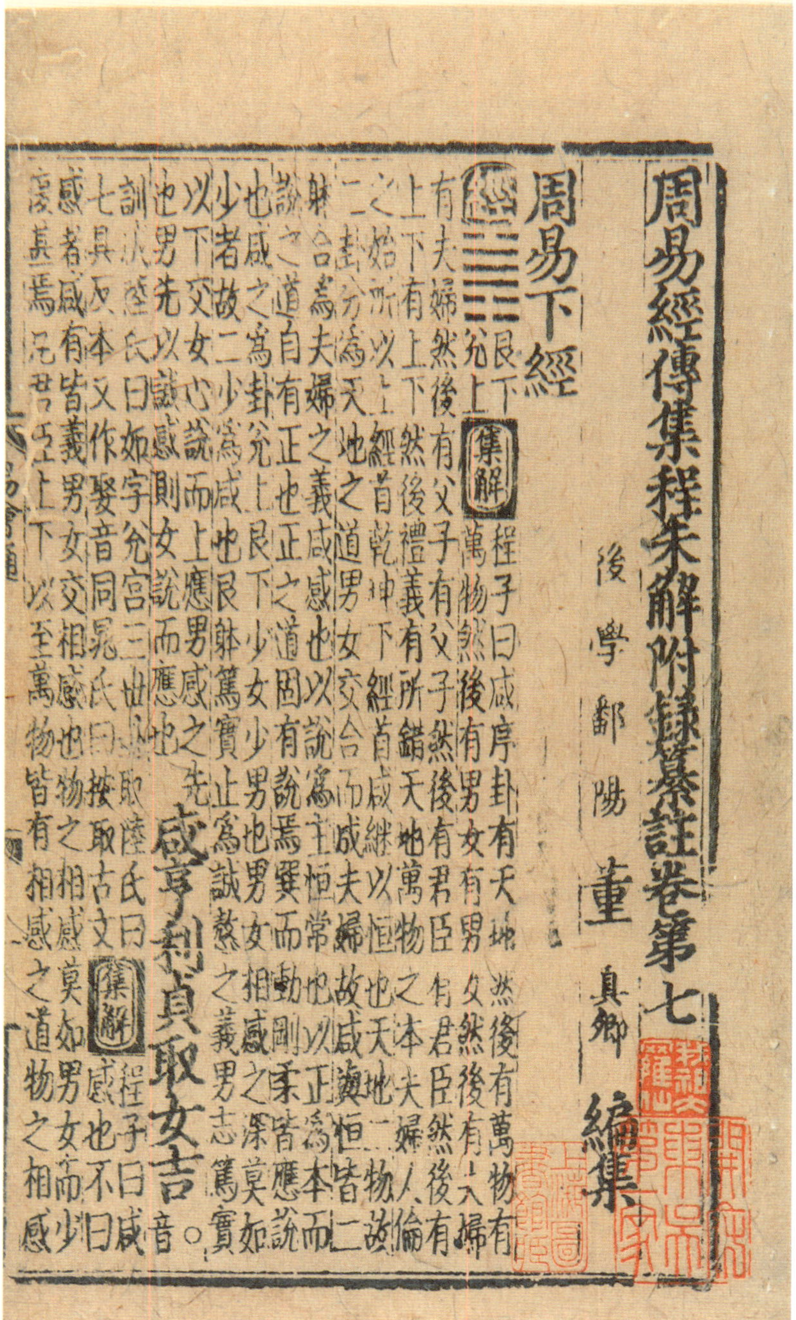
周易經傳集程朱解附録纂註卷第七
後學鄱陽董真卿編集
周易下經
經䷞艮下兌上 集解 程子曰咸序卦有天地然後有萬物有
萬物然後有男女有男女然後有夫婦有
有夫婦然後有父子有父子然後有君臣有君臣然後有
上下有上下然後禮義有所錯天地萬物之本夫婦人倫
之始所以上經首乾坤下經首咸繼以恒也天地二物故
二卦分為天地之道男女交合而成夫婦故咸與恒皆二
體合為夫婦之義咸感也以説為主恒常也以正為本而
説之道自有正也正之道固有説焉巽而動剛柔皆應説
也咸之為卦兌上艮下少女少男也男女相感之深莫如
少者故二少為咸也艮體篤實止為誠慤之義男志篤實
以下交女心説而上應男感之先
也男先以誠感則女説而應也
咸亨利貞取女吉 音○
訓咸陸氏曰如字兌宮三世卦取陸氏曰
七具反本又作娶音同晁氏曰按古文
集解 程子曰咸感也不曰咸
感者咸有皆義男女交相感也物之相感莫如男女而少
復甚焉凡君臣上下以至萬物皆有相感之道物之相感

12330、12331 周易經傳集程朱解附録纂註十四卷朱子易圖附録纂註一卷朱子啟蒙五贊附録纂註一卷朱子筮儀附録纂註一卷

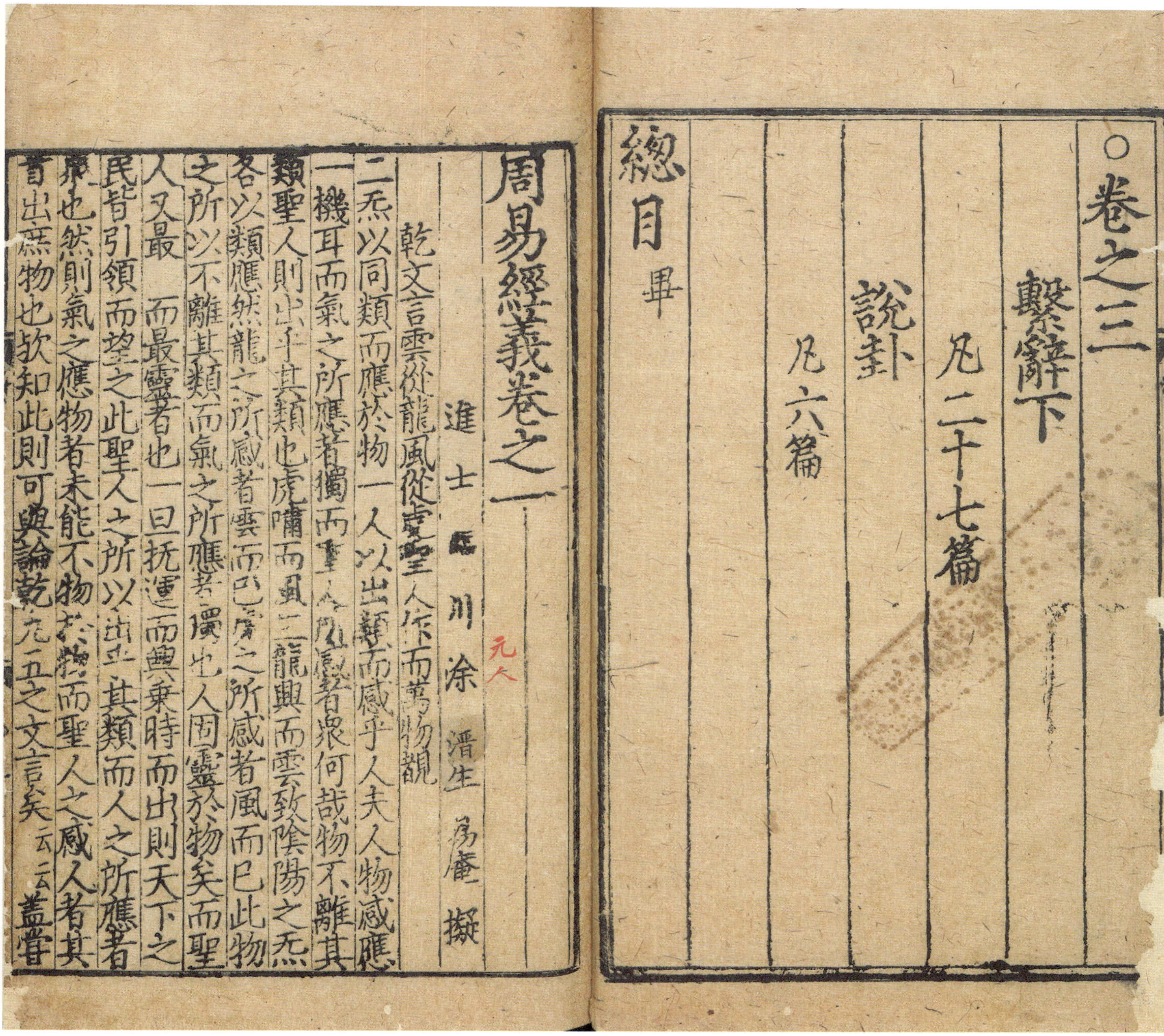
○卷之三
繫辭下
凡二十七篇
說卦
凡六篇

總目 畢

周易經義卷之一
進士 臨川 涂 溍生 易庵 擬
元人
乾文言雲從龍風從虎聖人作而萬物覩
二炁以同類而應於物一人以出類而感乎人夫人物感應
一機耳而氣之所應者獨而專人之所感者衆何哉物不離其
類聖人則出乎其類也虎嘯而風生龍興而雲致陰陽之炁
各以類應然龍之所感者雲而已虎之所感者風而已此物
之所以不離其類而氣之所應者獨也人固靈於物矣而聖
人又最 而最靈者也一旦抚運而與秉時而出則天下之
民皆引領而望之此聖人之所以出乎其類而人之所應者
衆也然則氣之應物者未能不物於物而聖人之感人者其
首出庶物也歟知此則可與論乾九二五之文言矣云云 蓋嘗

12332 周易經義三卷 （元）涂溍生撰 元刻本

匡高17.6厘米，廣12.2厘米。半葉十三行，行二十三字，黑口，左右雙邊。有“鐵琴銅劍樓”等印。吴翌鳳跋。國家圖書館藏。

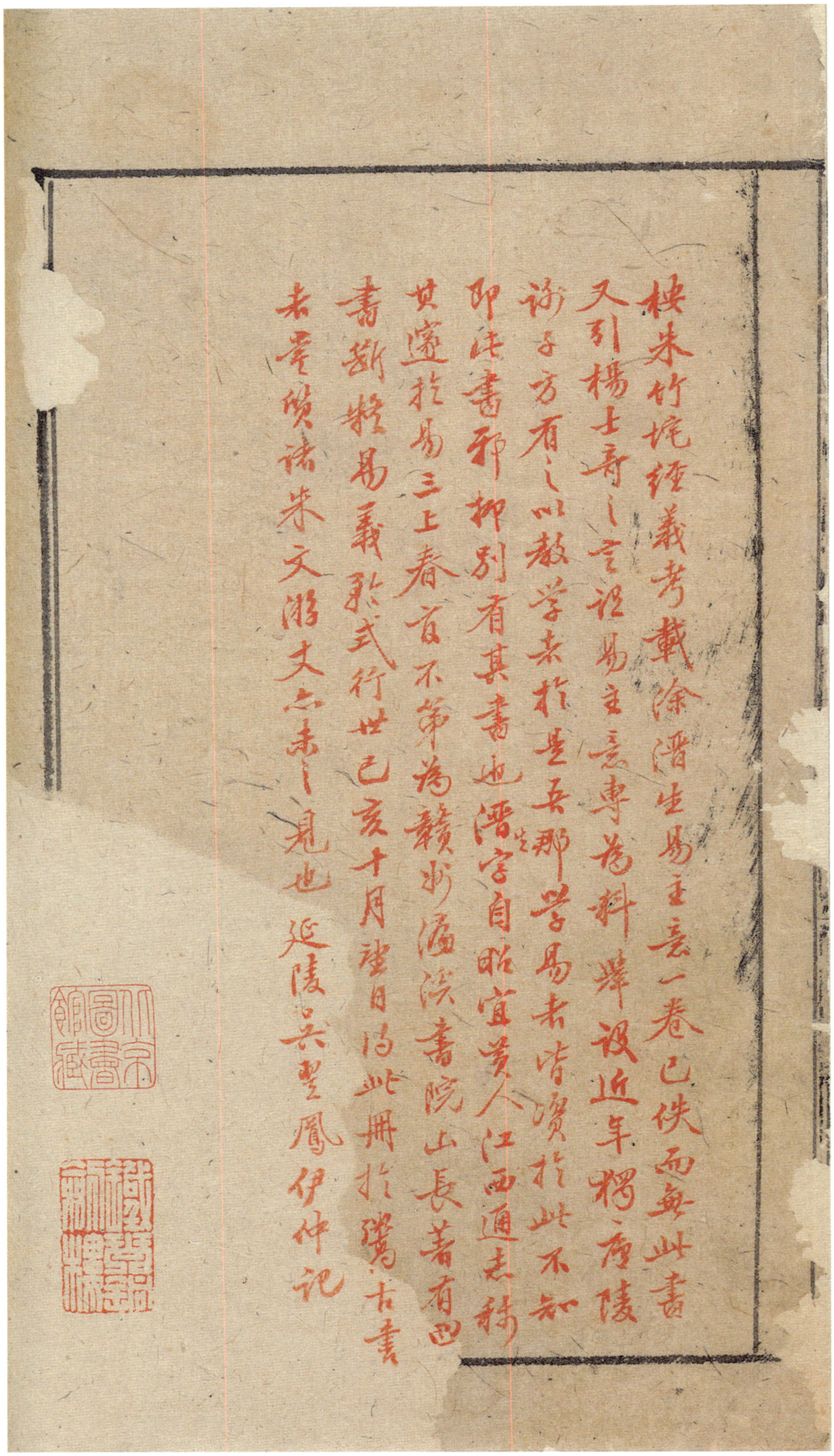
按朱竹垞經義考載涂溍生易主意一卷已佚而無此書
又引楊士奇之言謂易主意專爲科舉設近年獨廬陵
謝子方有之以教學者於是吾鄉學易者皆資於此不知
即此書耶抑別有其書也溍生字自昭宜黄人江西通志稱
其邃於易三上春官不第爲贛州濂溪書院山長著有四
書斷疑易義矜式行世己亥十月望日得此冊於鷺古書
者亟質諸朱文游丈亦未之見也　延陵吳翌鳳伊仲記

12332 周易經義三卷

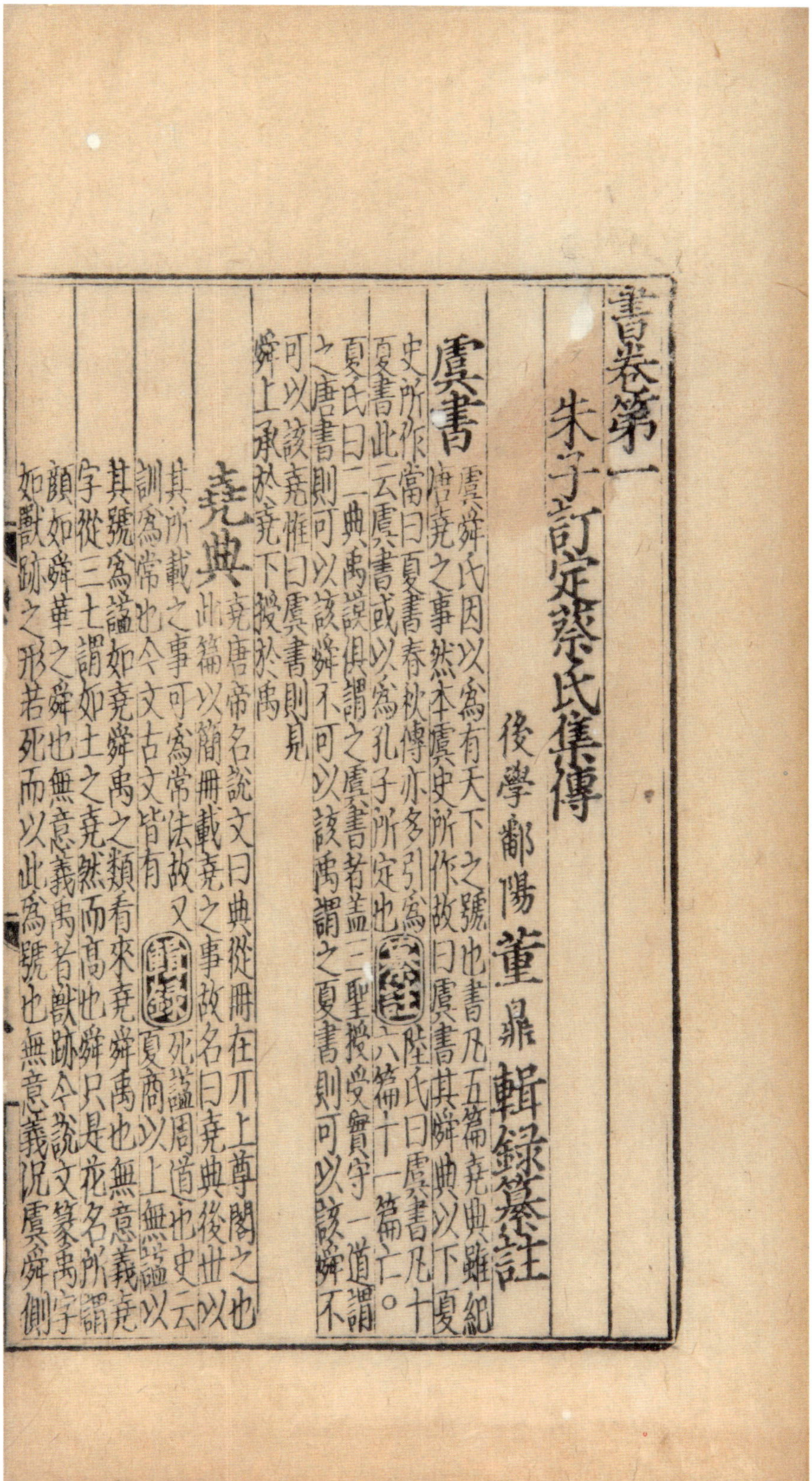

書卷第一　朱子訂定蔡氏集傳

後學鄱陽董鼎輯録纂註

虞書 虞舜氏因以爲有天下之號也書凡五篇堯典雖紀唐堯之事然本虞史所作故曰虞書其舜典以下夏史所作當曰夏書春秋傳亦多引爲夏書此云虞書或以爲孔子所定也 陸氏曰虞書凡十六篇十一篇亡。夏氏曰二典禹謨俱謂之虞書者蓋三聖授受實守一道謂之唐書則可以該舜不可以該禹謂之夏書則可以該舜不可以該堯惟曰虞書則見舜上承於堯下授於禹

堯典 堯唐帝名說文曰典從册在丌上尊閣之也此篇以簡册載堯之事故名曰堯典後世以其所載之事可爲常法故又訓爲常也今文古文皆有 死諡周道也史云夏商以上無諡以其號爲諡如堯舜禹之類看來堯舜禹也無意義堯字從三七謂如土之堯然而高也舜只是花名所謂顏如舜華之舜也無意義禹者獸跡今說文篆禹字如獸跡之形若死而以此爲號也無意義況虞舜側

12333 書集傳輯録纂註六卷書序一卷朱子說書綱領輯録一卷

（元）董鼎撰　元至正十四年（1354）翠巖精舍刻本

匡高19.8厘米，廣12.8厘米。半葉十一行，行二十字，小字雙行二十四字，黑口，四周雙邊。有“□□甲午孟夏翠巖精舍新刊”牌記。有“顧湄之印”“李振裕印”“白石山房書画之記”等印。上海圖書館藏，存五卷。

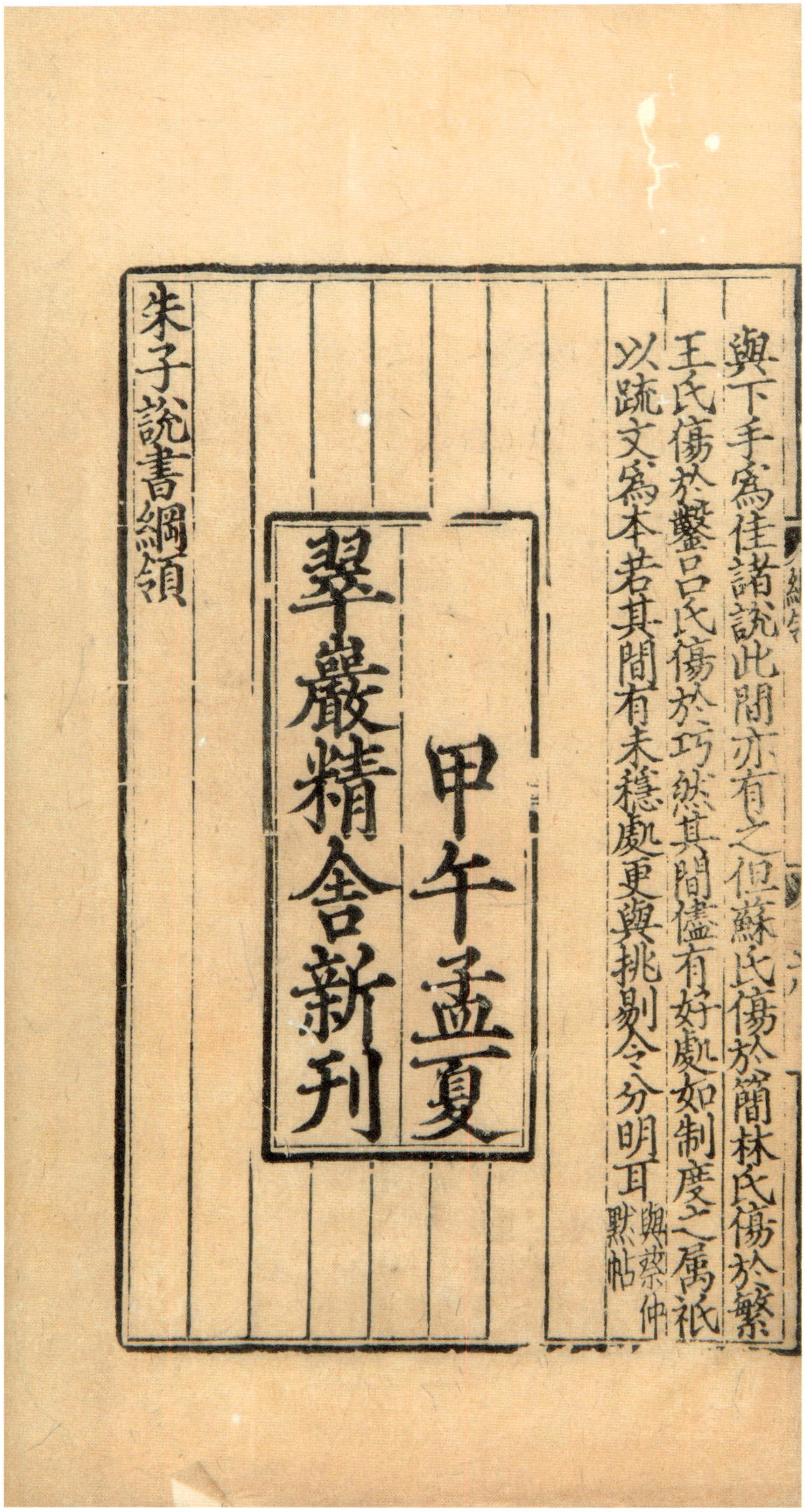
與下手爲佳諸說此間亦有之但蘇氏傷於簡林氏傷於繁
王氏傷於鑿呂氏傷於巧然其間儘有好處如制度之屬祇
以疏文爲本若其間有未穩處更與挑剔令分明耳 與蔡仲默帖

甲午孟夏
翠巖精舍新刊

朱子說書綱領

12333 書集傳輯録纂註六卷書序一卷朱子說書綱領輯録一卷

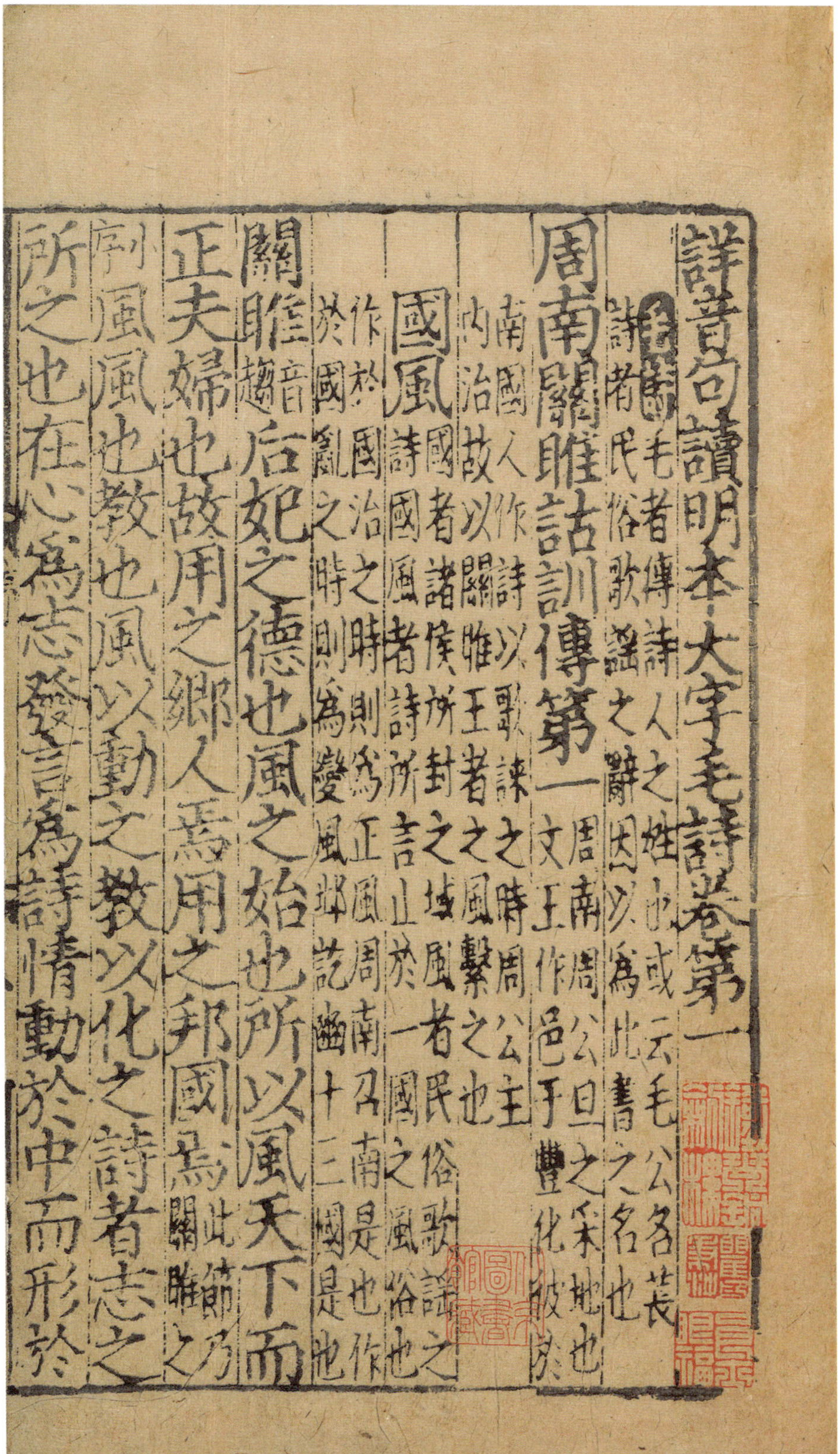

詳音句讀明本大字毛詩卷第一

毛詩 毛者傳詩人之姓也或云毛公名萇詩者民俗歌謠之辭因以爲此書之名也

周南關雎詁訓傳第一 周南周公旦之采地也文王作邑于豐化被於南國人作詩以歌詠之時周公主內治故以關雎王者之風繫之也

國風 國者諸侯所封之域風者民俗歌謠之詩國風者詩所言止於一國之風俗也作於國治之時則爲正風周南召南是也作於國亂之時則爲變風邶迄豳十三國是也

關雎音趨 后妃之德也風之始也所以風天下而正夫婦也故用之鄉人焉用之邦國焉 此節乃關雎之小序 風風也教也風以動之教以化之詩者志之所之也在心爲志發言爲詩情動於中而形於

12334 詳音句讀明本大字毛詩四卷 元至正二十七年（1367）盱南孫氏刻本

匡高19厘米，廣12.1厘米。半葉十行，行十八字，小字雙行同，黑口，四周單邊。有“鐵琴銅劍樓”“良士眼福”等印。國家圖書館藏。

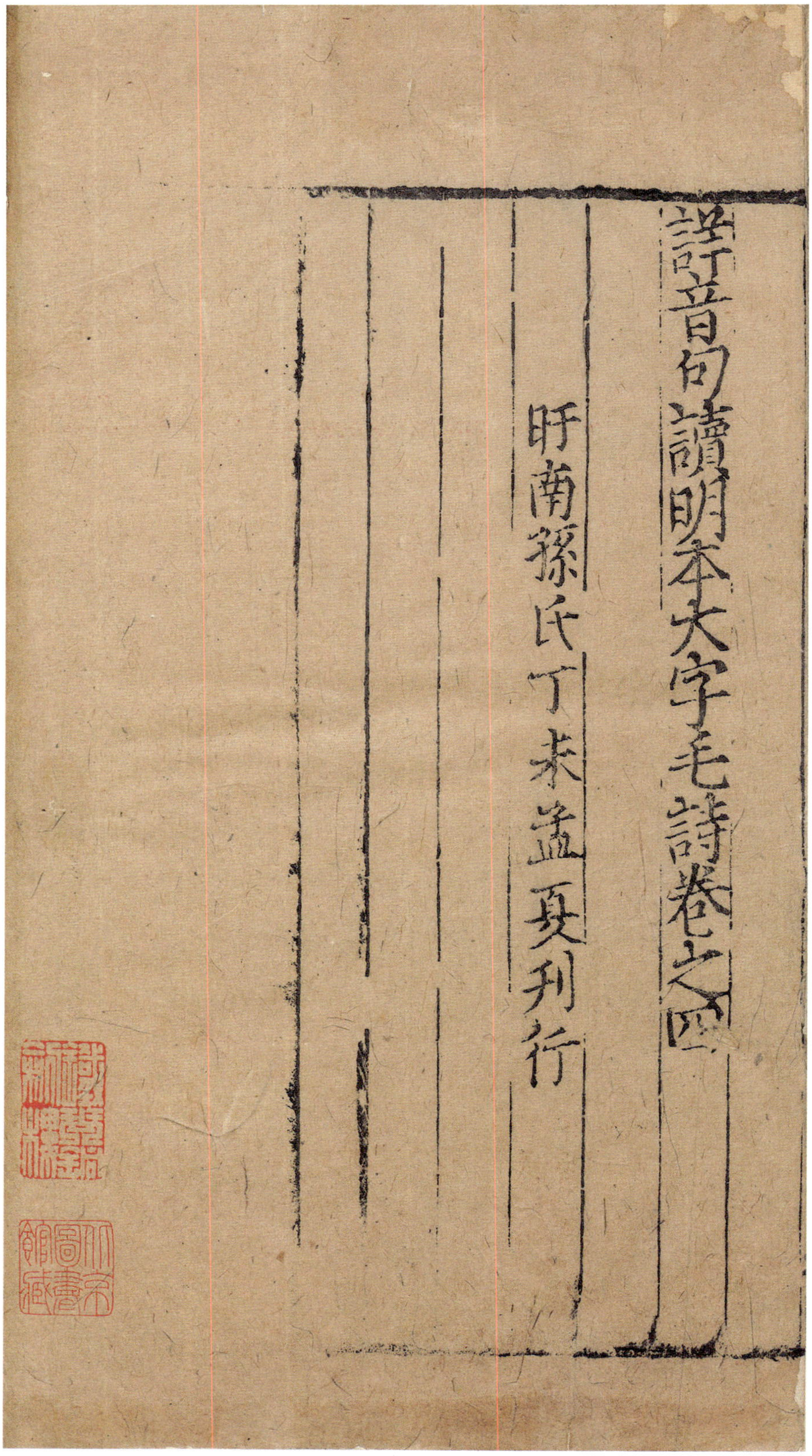
詳音句讀明本大字毛詩卷之四
盱南孫氏丁未孟夏刊行

12334 詳音句讀明本大字毛詩四卷

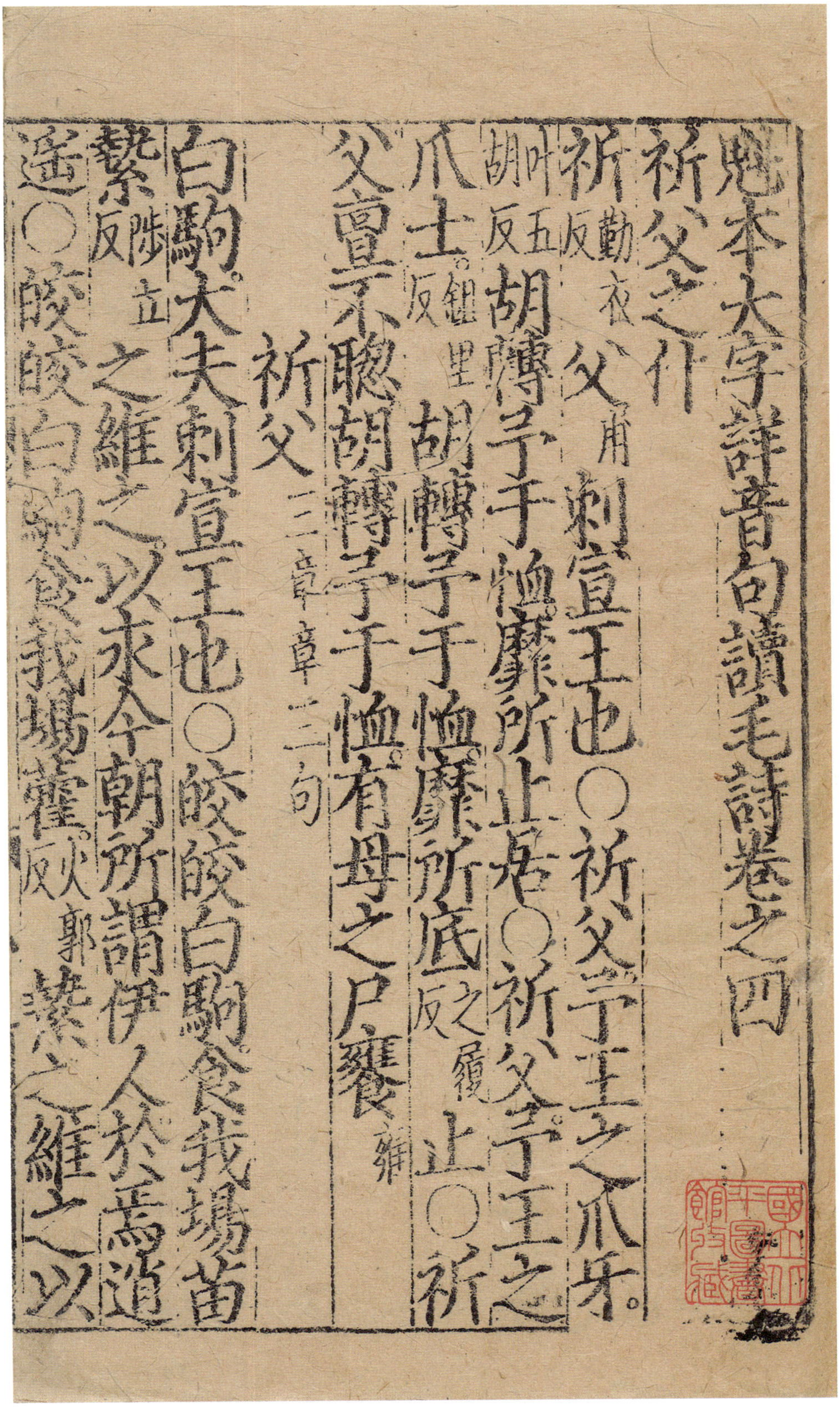
魁本大字詳音句讀毛詩卷之四
祈父之什
祈勤衣反父用刺宣王也○祈父予王之爪牙叶五胡反
胡轉予于恤靡所止居○祈父予王之
爪士鉏里反胡轉予于恤靡所底之履反止○祈
父亶不聰胡轉予于恤有母之尸饔雍
祈父三章章三句
白駒大夫刺宣王也○皎皎白駒食我場苗
絷陟立反之維之以永今朝所謂伊人於焉逍
遙○皎皎白駒食我場藿火郭反絷之維之以

12335 魁本大字詳音句讀毛詩六卷 元刻本

匡高19厘米，廣12.9厘米。半葉十行，行十七字，小字雙行同，黑口，左右雙邊。國家圖書館藏，存三卷。

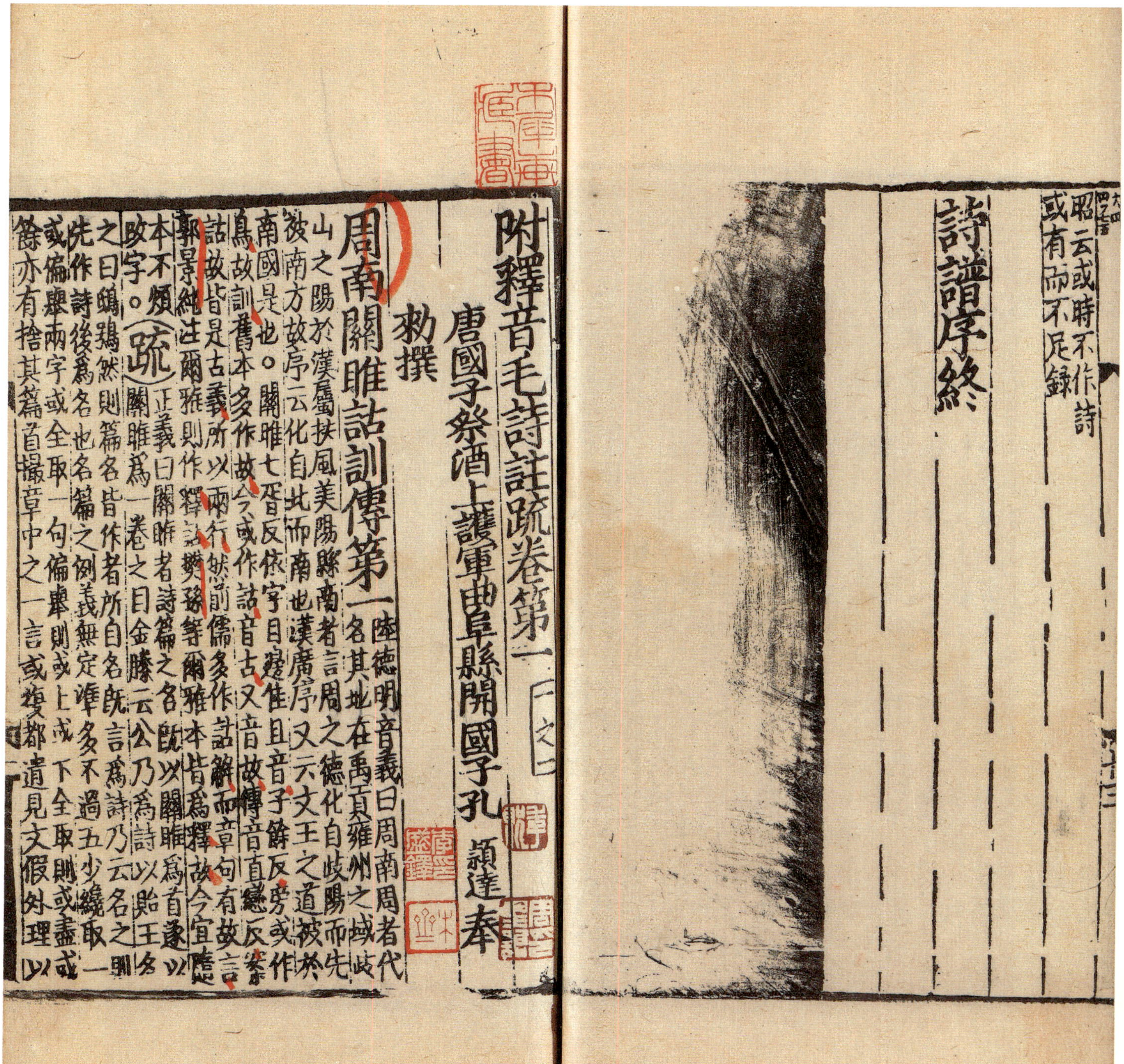

昭云或時不作詩
或有所不足錄

詩譜序終

附釋音毛詩註疏卷第一　一之一
唐國子祭酒上護軍曲阜縣開國子孔穎達奉
勑撰
周南關雎詁訓傳第一　陸德明音義曰周南周者代名其地在禹貢雍州之域岐山之陽於漢屬扶風美陽縣南者言周之德化自岐陽而先被南方故序云化自北而南也漢廣序又云文王之道被於南國是也。關雎七胥反依字且邊隹且音子餘反旁或作鳥故訓舊本多作故今或作詁音古又音故傳音直戀反案詁故皆是古義所以兩行然前儒多作詁解而章句有故言郭景純注爾雅則作釋詁樊孫等爾雅本皆爲釋故今宜隨本不煩改字。（疏）正義曰關雎者詩篇之名既以關雎爲首遂以關雎爲一卷之目金縢云公乃爲詩以貽王名之曰鴟鴞然則篇名皆作者所自名既言爲詩乃云名之則先作詩後爲名也名篇之例義無定準多不過五少纔取一或偏舉兩字或全取一句偏舉則或上或下全取則或盡或餘亦有捨其篇首撮章中之一言或復都遺見文假外理以

12336 附釋音毛詩註疏二十卷　（漢）毛萇傳　（漢）鄭玄箋　（唐）孔穎達疏　（唐）陸德明音義　元刻明修本

匡高18.5厘米，廣13.1厘米。半葉十行，行十八字，小字雙行二十三字，白口間黑口，左右雙邊。有“周印星詒”“李印盛鐸”等印。國家圖書館藏。

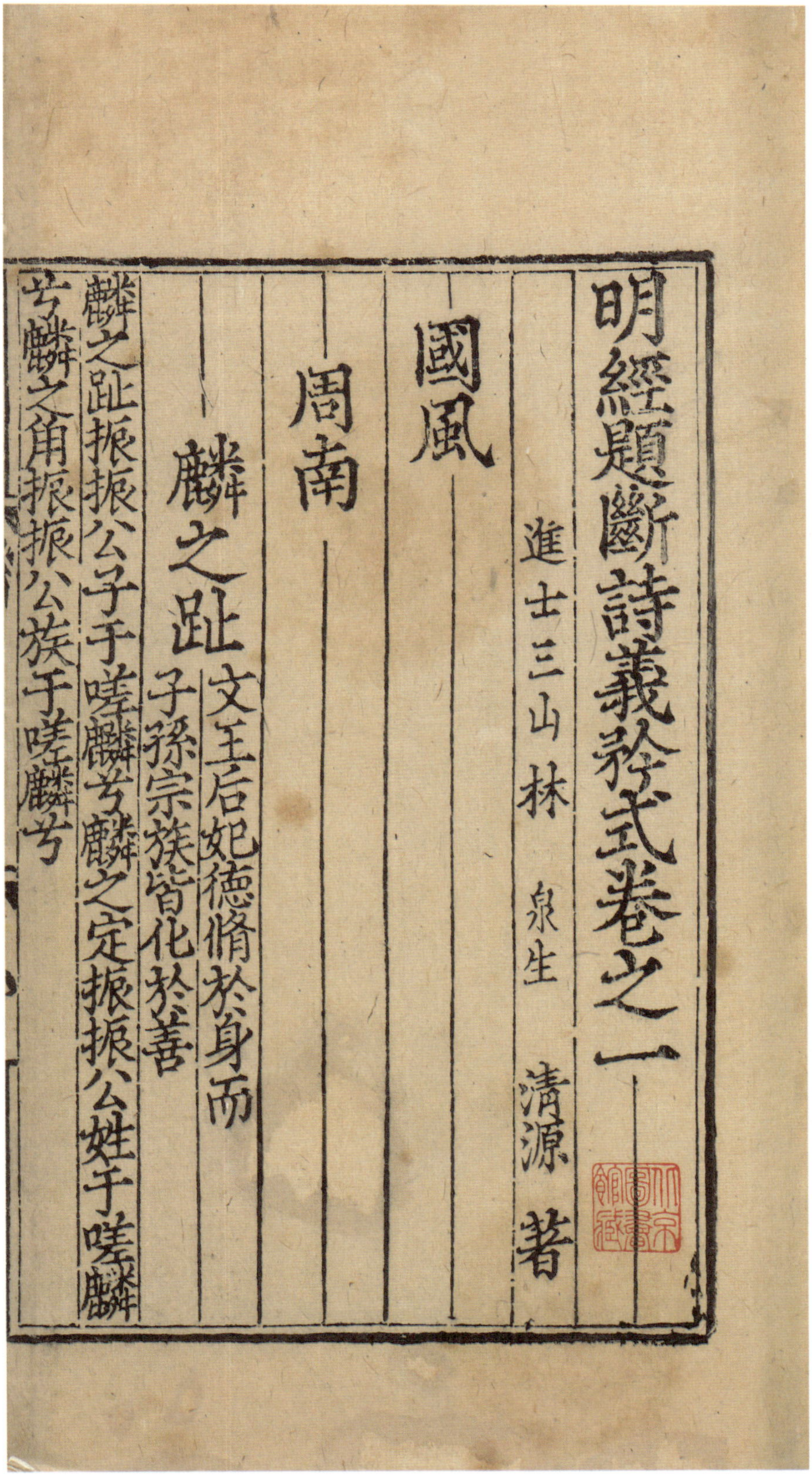
明經題斷詩義矜式卷之一
進士三山林　泉生　清源　著
國風
周南
麟之趾　文王后妃德脩於身而子孫宗族皆化於善
麟之趾振振公子于嗟麟兮麟之定振振公姓于嗟麟
兮麟之角振振公族于嗟麟兮

12337 明經題斷詩義矜式十卷　（元）林泉生撰　元刻本

匡高19.7厘米，廣12.8厘米。半葉十一行，行二十一字，黑口，四周雙邊。

國家圖書館藏。

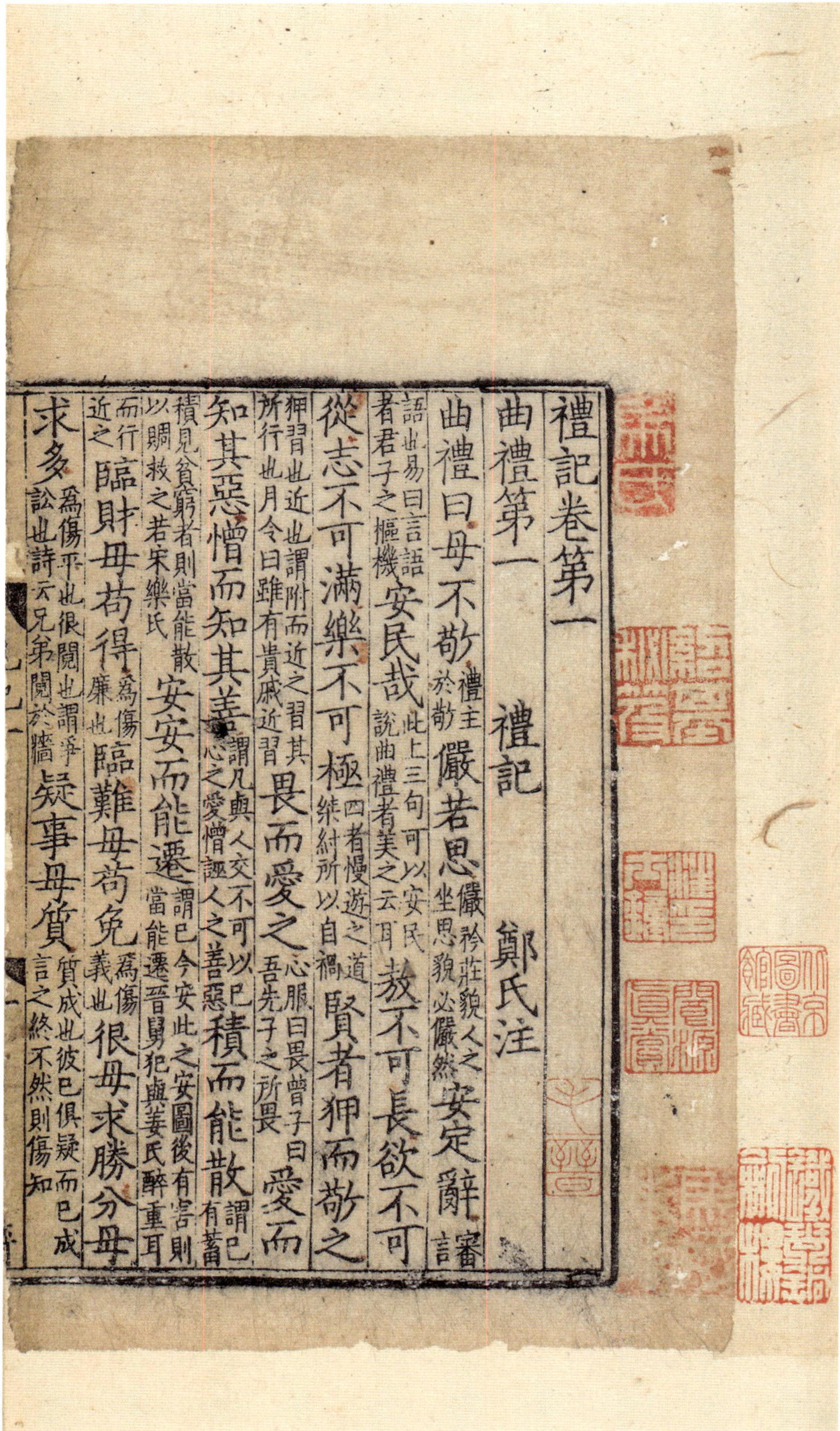

12338 禮記二十卷 （漢）鄭玄注 宋婺州義烏酥谿蔣宅崇知齋刻本

匡高13.2厘米，廣9.2厘米。半葉十行，行二十或二十四字，小字雙行二十八字，白口，四周雙邊。有“婺州義烏酥谿蔣宅崇知齋刊”牌記。有“毛晉”“汪印士鐘”“鐵琴銅劍樓”等印。國家圖書館藏，存五卷。

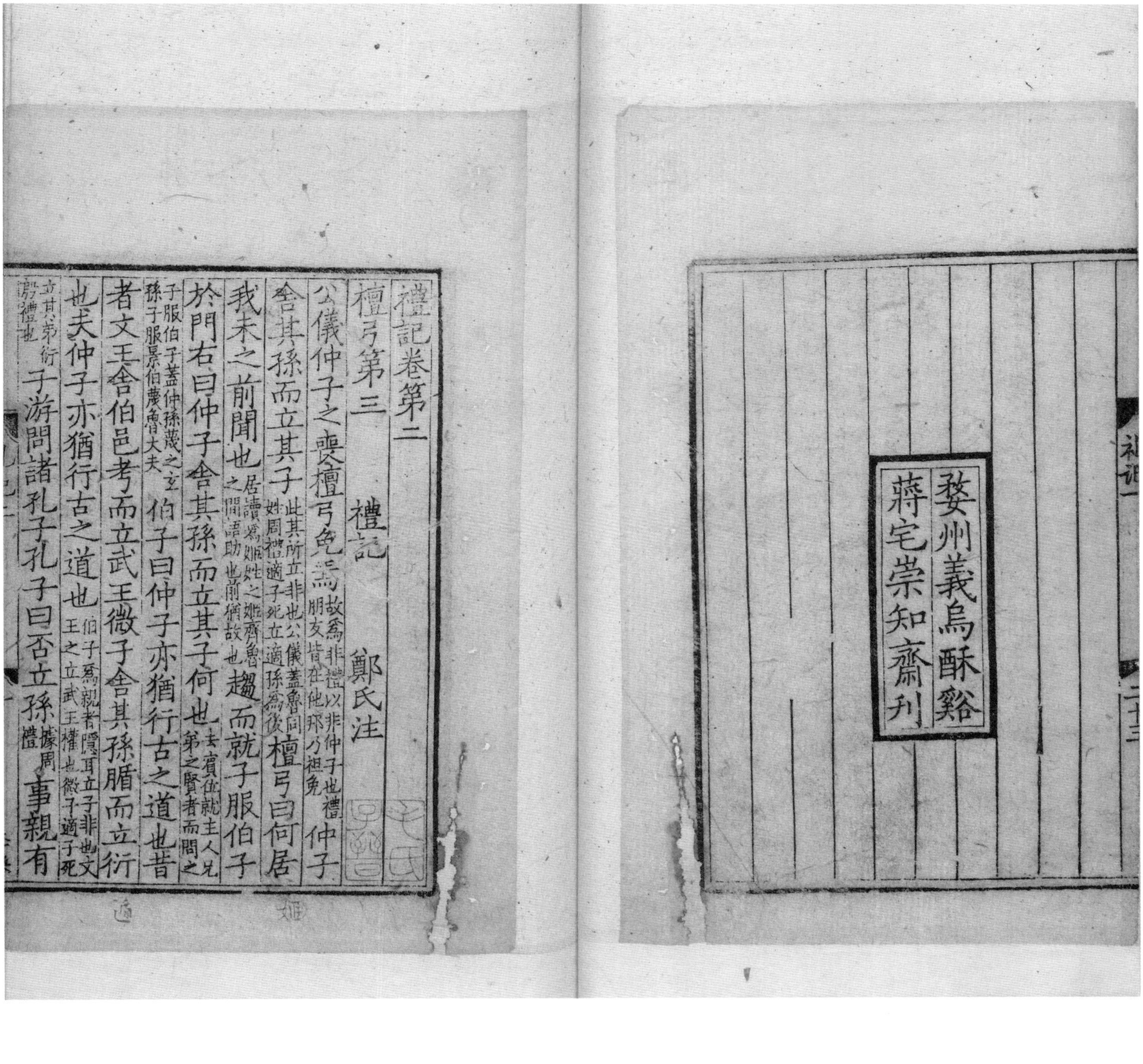

禮記卷第二

檀弓第三　禮記　鄭氏注

公儀仲子之喪檀弓免焉故爲非禮以非仲子也禮朋友皆在他邦乃袒免仲子

舍其孫而立其子此其所立非也公儀蓋魯同姓周禮適子死立適孫爲後檀弓曰何居

我未之前聞也居讀爲姬姓之姬齊魯之間語助也前猶故也趨而就子服伯子

於門右曰仲子舍其孫而立其子何也去賓位就主人兄弟之賢者而問之

子服伯子蓋仲孫蔑之玄孫子服景伯蔑魯大夫伯子曰仲子亦猶行古之道也昔

者文王舍伯邑考而立武王微子舍其孫腯而立衍

也夫仲子亦猶行古之道也伯子爲親者隱耳立子非也文王之立武王權也微子適子死

立其弟衍殷禮也子游問諸孔子孔子曰否立孫據周禮事親有

婺州義烏酥谿蔣宅崇知齋刊

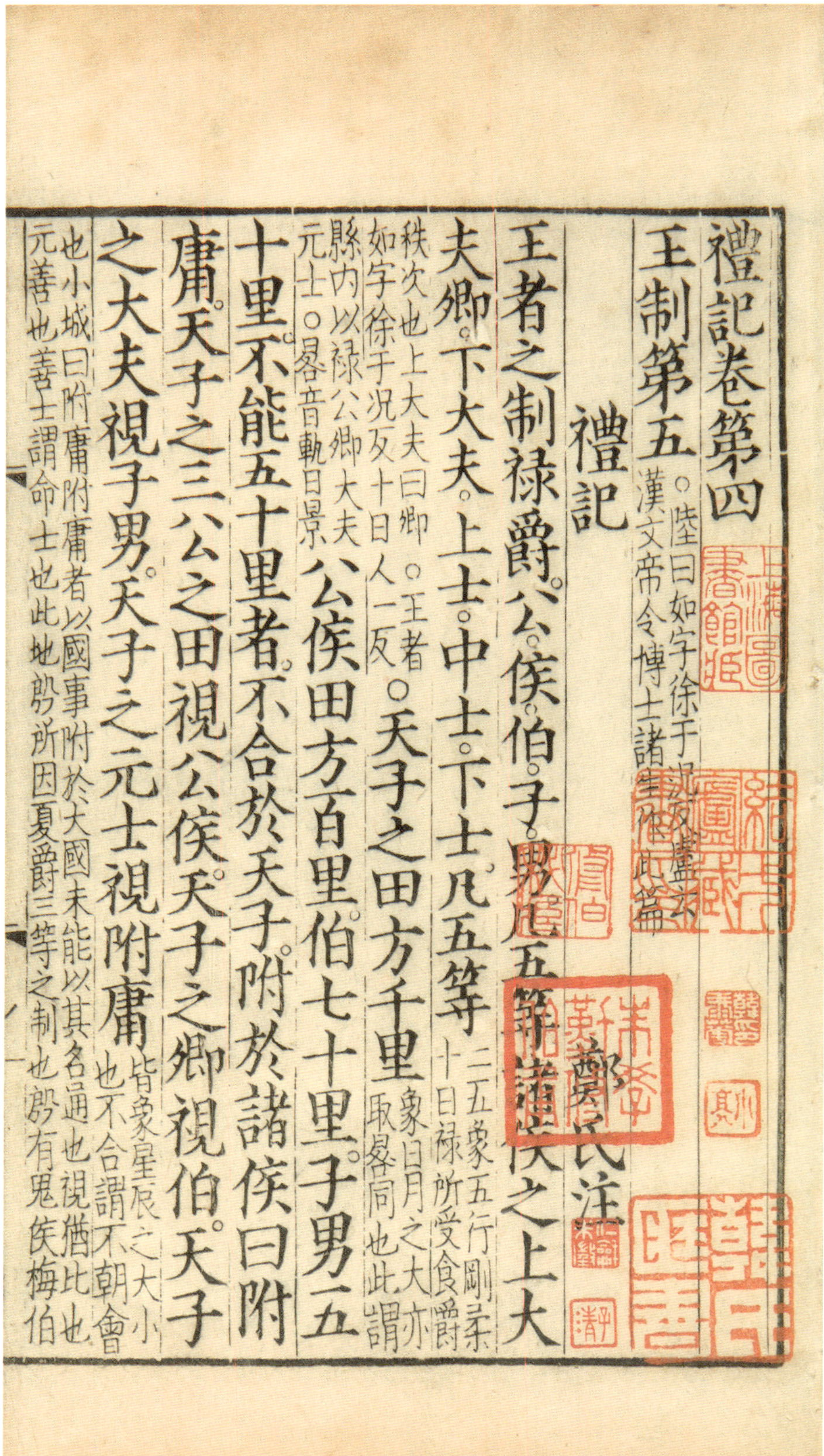
禮記卷第四
王制第五 ○陸曰如字徐于況反盧云漢文帝令博士諸生作此篇
禮記　鄭氏注
王者之制禄爵。公。侯。伯。子。男。凡五等。諸侯之上大
夫卿。下大夫。上士。中士。下士。凡五等。二五象五行剛柔十日禄所受食爵
秩次也上大夫曰卿○王者如字徐于況反十日人一反○天子之田方千里象日月之大亦取暑同也此謂
縣内以禄公卿大夫元士○暑音軌日景公侯田方百里伯七十里子男五
十里不能五十里者。不合於天子。附於諸侯曰附
庸。天子之三公之田視公侯。天子之卿視伯。天子
之大夫視子男。天子之元士視附庸皆象星辰之大小也不合謂不朝會
也小城曰附庸附庸者以國事附於大國未能以其名通也視猶比也元善也善士謂命士也此地殷所因夏爵三等之制也殷有鬼侯梅伯

12339 禮記二十卷　（漢）鄭玄注　（唐）陸德明音義　宋余仁仲萬卷堂家塾刻本（卷一至三配宋刻纂圖互注禮記）

匡高17.9厘米，廣12.2厘米。半葉十一行，行十九字，小字雙行二十七字，細黑口，左右雙邊。有“季振宜讀書”“徐健菴”“英龢私印”“韓氏藏書”“韓印泰華”“玉雨堂印”“朱學勤修伯甫”“結弌廬藏書印”“徐乃昌讀”等印。上海圖書館藏。

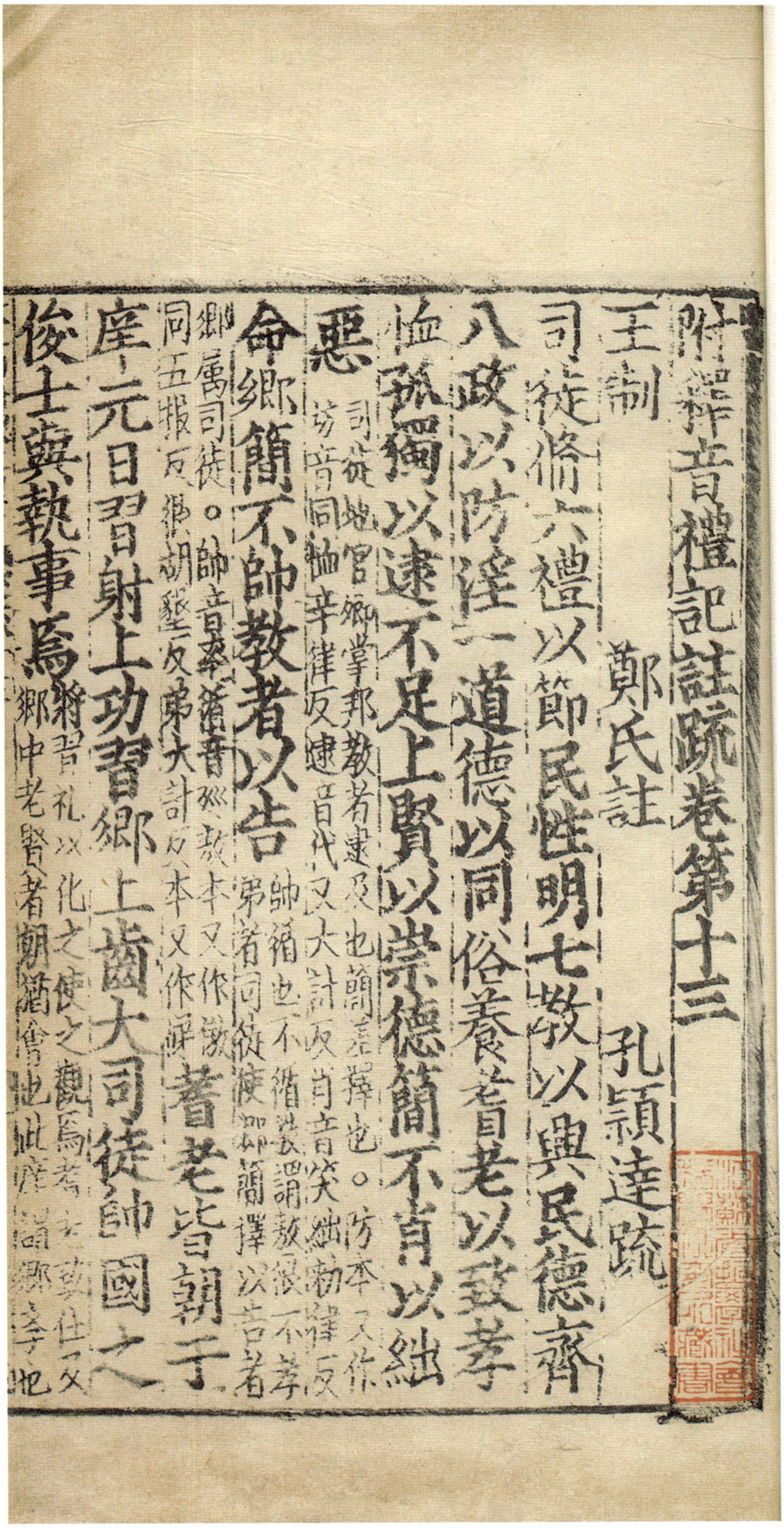
附釋音禮記註疏卷第十三
王制　鄭氏註　孔穎達疏
司徒脩六禮以節民性明七教以興民德齊八政以防淫一道德以同俗養耆老以致孝恤孤獨以逮不足上賢以崇德簡不肖以絀惡司徒地官卿掌邦教者逮及也簡差擇也。防本又作坊音同恤辛律反逮音代又大計反肖音笑絀勅律反命鄉簡不帥教者以告帥循也不循教謂敖很不孝弟者司徒使鄉簡擇以告者鄉屬司徒。帥音率循音巡敖本又作傲同五報反很胡墾反弟大計反本又作悌耆老皆朝于庠元日習射上功習鄉上齒大司徒帥國之俊士與執事焉將習禮以化之使之觀焉耆老致仕及鄉中老賢者朝猶會也庠鄉學也

12340、12341 附釋音禮記注疏六十三卷　（漢）鄭玄注　（唐）孔穎達疏　（唐）陸德明釋文　元刻明修本

匡高19.5厘米，廣13.3厘米。半葉十行，行十七字，小字雙行二十三字，白口或黑口，左右雙邊。中共江蘇省委黨校圖書館藏，存三十五卷；南京圖書館藏，存十六卷。

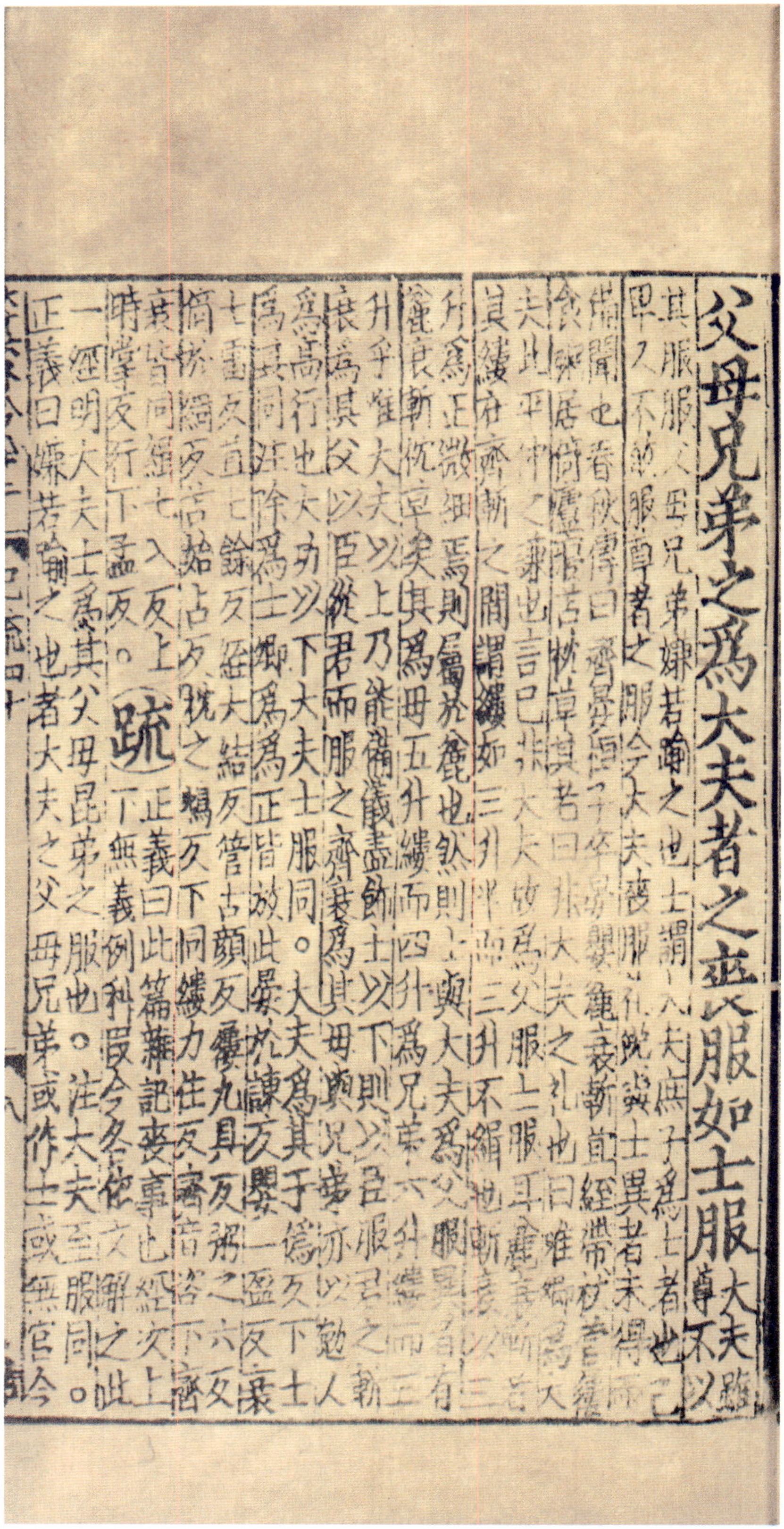

12340、12341 附釋音禮記注疏六十三卷

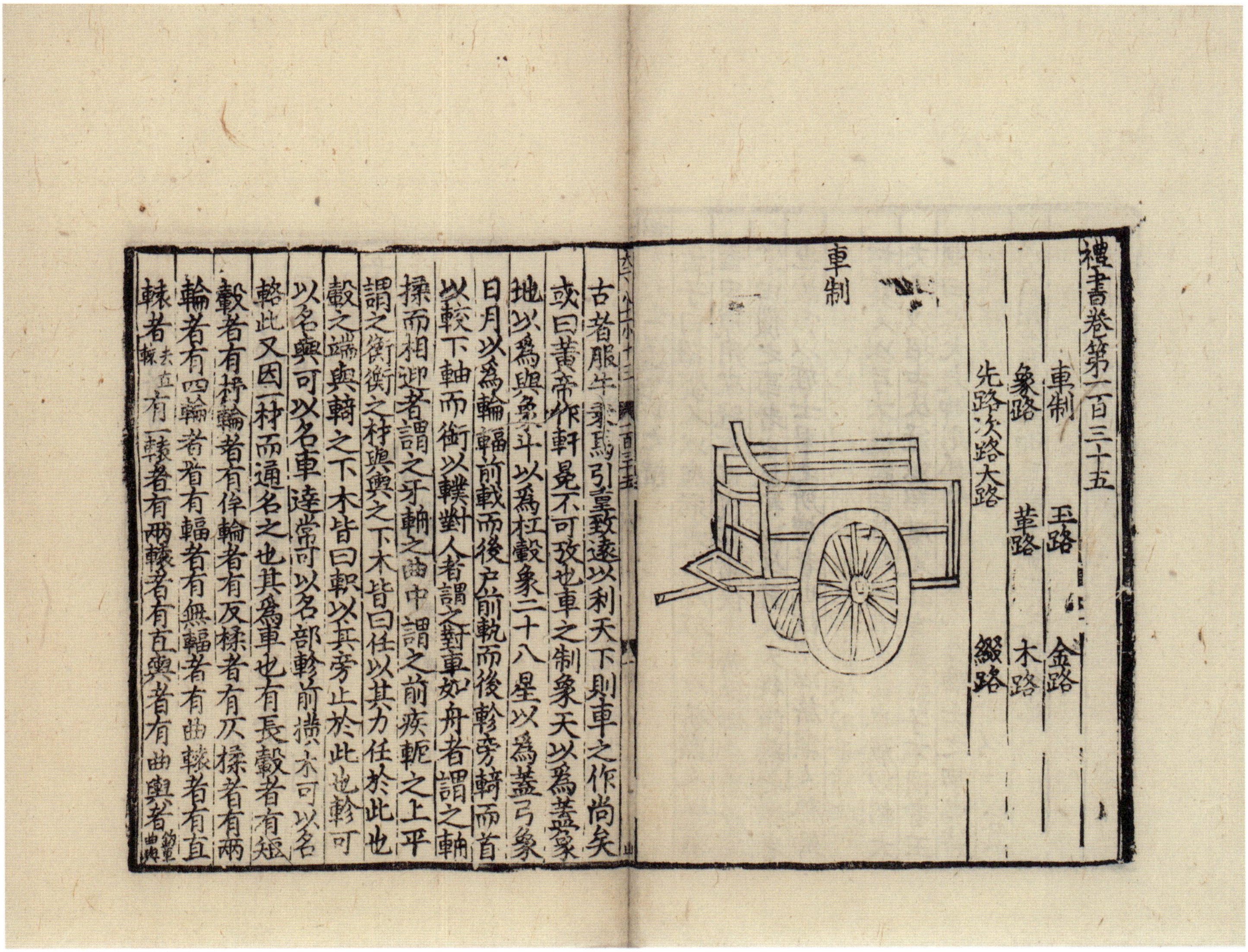
禮書卷第一百三十五
車制　玉路　金路
象路　革路　木路
先路次路大路　綴路
車制

古者服牛乘馬引重致遠以利天下則車之作尚矣
或曰黃帝作軒冕不可攷也車之制象天以爲蓋象
地以爲輿象斗以爲杠轂象二十八星以爲蓋弓象
日月以爲輪輻前軾而後户前軓而後軫旁輢而首
以較下軸而衡以轐對人者謂之對車如舟者謂之輈
揉而相迎者謂之牙輈之曲中謂之前疾軛之上平
謂之衡衡之材與輿之下木皆曰任以其力任於此也
轂之端與輢之下木皆曰軹以其旁止於此也軫可
以名輿可以名車達常可以名部軫前横木可以名
軨此又因一材而通名之也其爲車也有長轂者有短
轂者有梓輪者有伴輪者有反揉者有仄揉者有兩
輪者有四輪者有輻者有無輻者有曲輈者有直
輈者輈去直有一轅者有兩轅者有直輿者有曲輿者鉤車曲輿

12342、12343 禮書一百五十卷　（宋）陳祥道撰　元至正七年（1347）

福州路儒學刻本

匡高21.5厘米，廣16.3厘米。半葉十三行，行二十一字，小字雙行不等，白口，左右雙邊。中國書店藏，蝴蝶裝，存十卷；南開大學圖書館藏，元至正七年福州路儒學刻明修本，有“安樂堂藏書記”“黄復之印”等印。

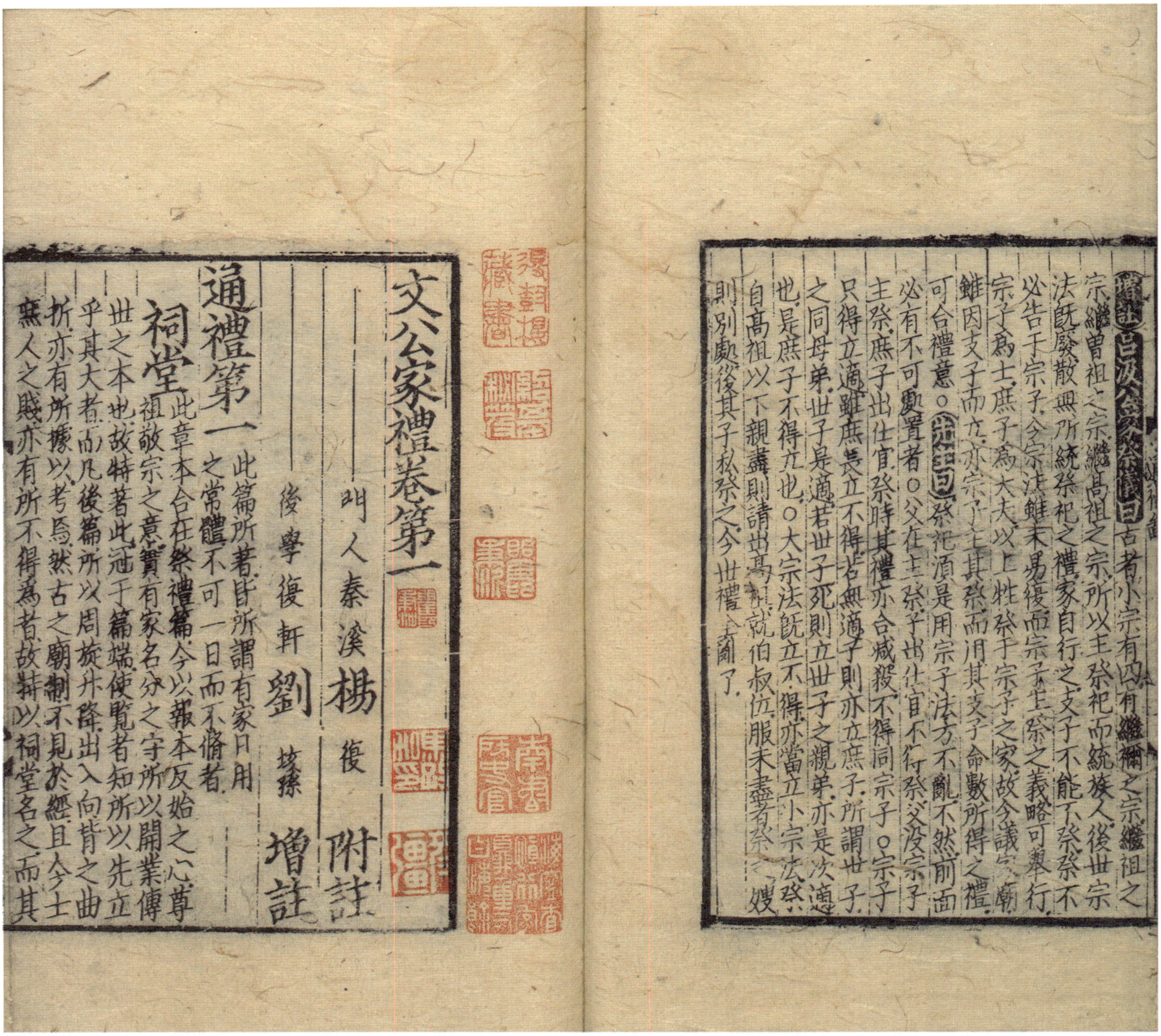

12344 文公家禮集注十卷　（宋）楊復　劉垓孫撰　元刻本

匡高17.3厘米，廣11.7厘米。半葉七行，行十四字，小字雙行二十一字，黑口，左右雙邊。有“馬孜私印”“海寧查慎行字夏重又曰悔餘”“得封樓藏書”“紹基秘笈”等印。查慎行跋。國家圖書館藏。

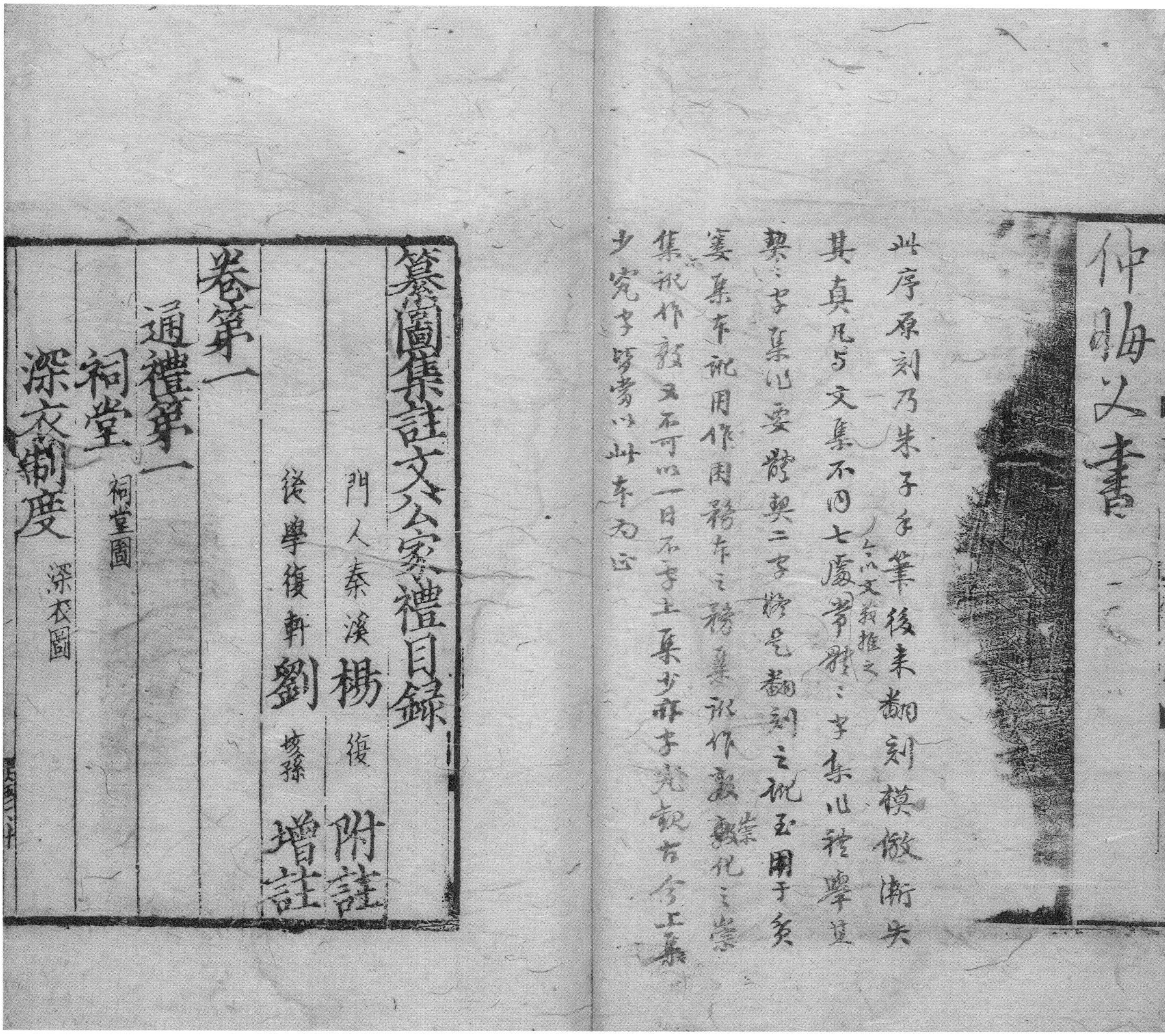
仲晦父書
此序原刻乃朱子手筆後來翻刻模倣漸失
其真凡与文集不同七處
纂圖集註文公家禮目錄
門人秦溪楊復附註
後學復軒劉垓孫增註
卷第一
通禮第一
祠堂 祠堂圖
深衣制度 深衣圖

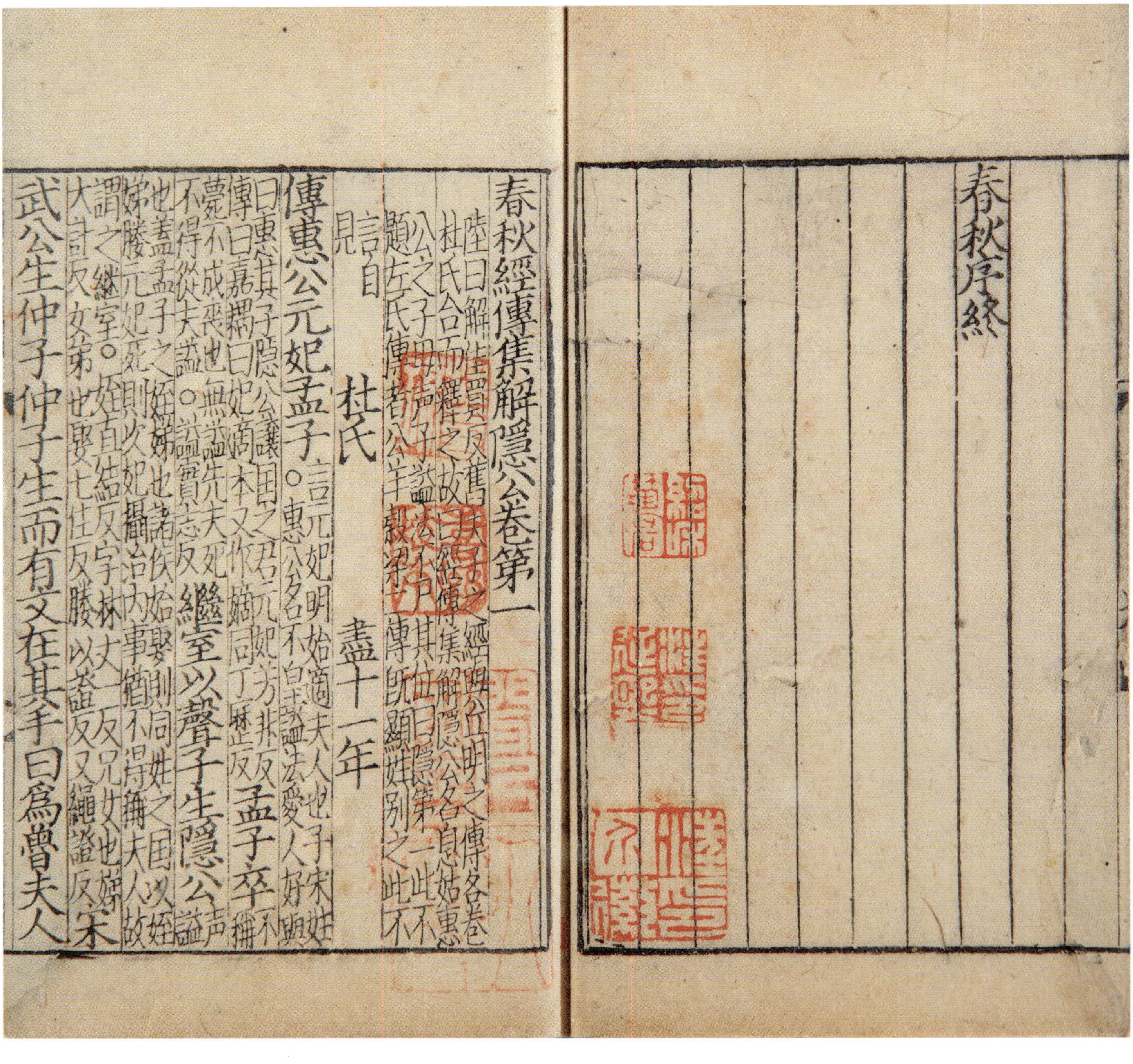
春秋序終

春秋經傳集解隱公卷第一

杜氏

盡十一年

傳惠公元妃孟子

繼室以聲子生隱公

武公生仲子仲子生而有文在其手曰為魯夫人

12345 春秋經傳集解三十卷　（晉）杜預撰　（唐）陸德明釋文　宋刻本

匡高9.5厘米，廣6.5厘米。半葉十行，行十九字，小字雙行同，黑口，左右雙邊。有“聞人演印”“周玉齊金漢石之館”“汪大喜孫孟慈”“汪印介徽”“汪印延熙”“紹和藏書”“楊印紹和”等印。上海圖書館藏，存二十二卷。

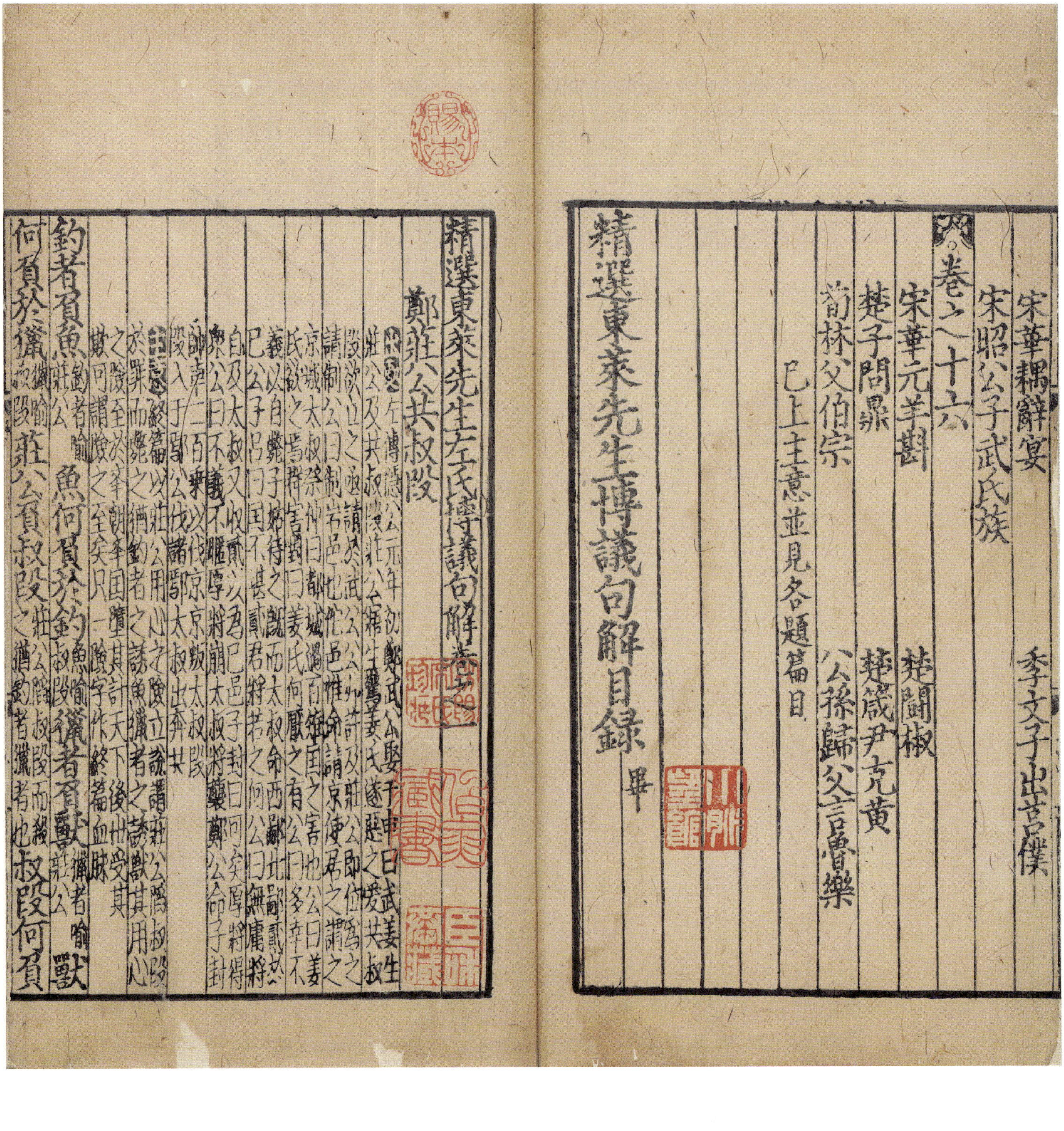

12346 精選東萊先生左氏博議句解十六卷 （宋）呂祖謙撰　元刻本

匡高20.1厘米，廣12.7厘米。半葉十二行，行二十二至二十三字，小字雙行同，黑口，左右雙邊。有“臣和恭藏”“伯寅藏書”“小脈望館”“汾陽宋氏珍臧”等印。國家圖書館藏，存八卷。

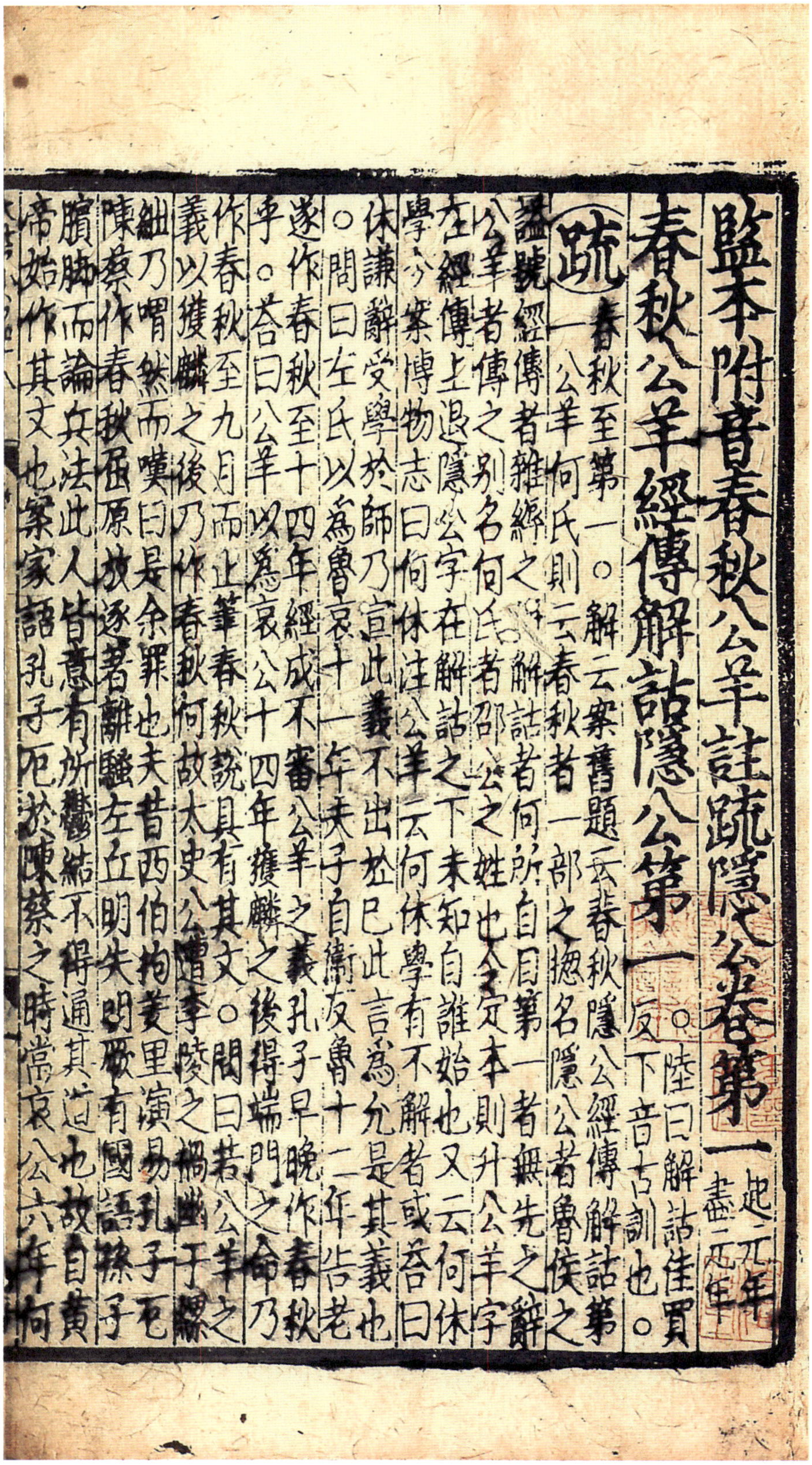

12347 監本附音春秋公羊註疏二十八卷 （漢）何休注 （唐）徐彥疏 （唐）陸德明音義 元刻本（有宋刻葉補配）

匡高19.6厘米，廣13.2厘米。半葉十行，行十七字，小字雙行二十三字，白口，左右雙邊。有“季印振宜”“滄葦”等印。重慶圖書館藏。

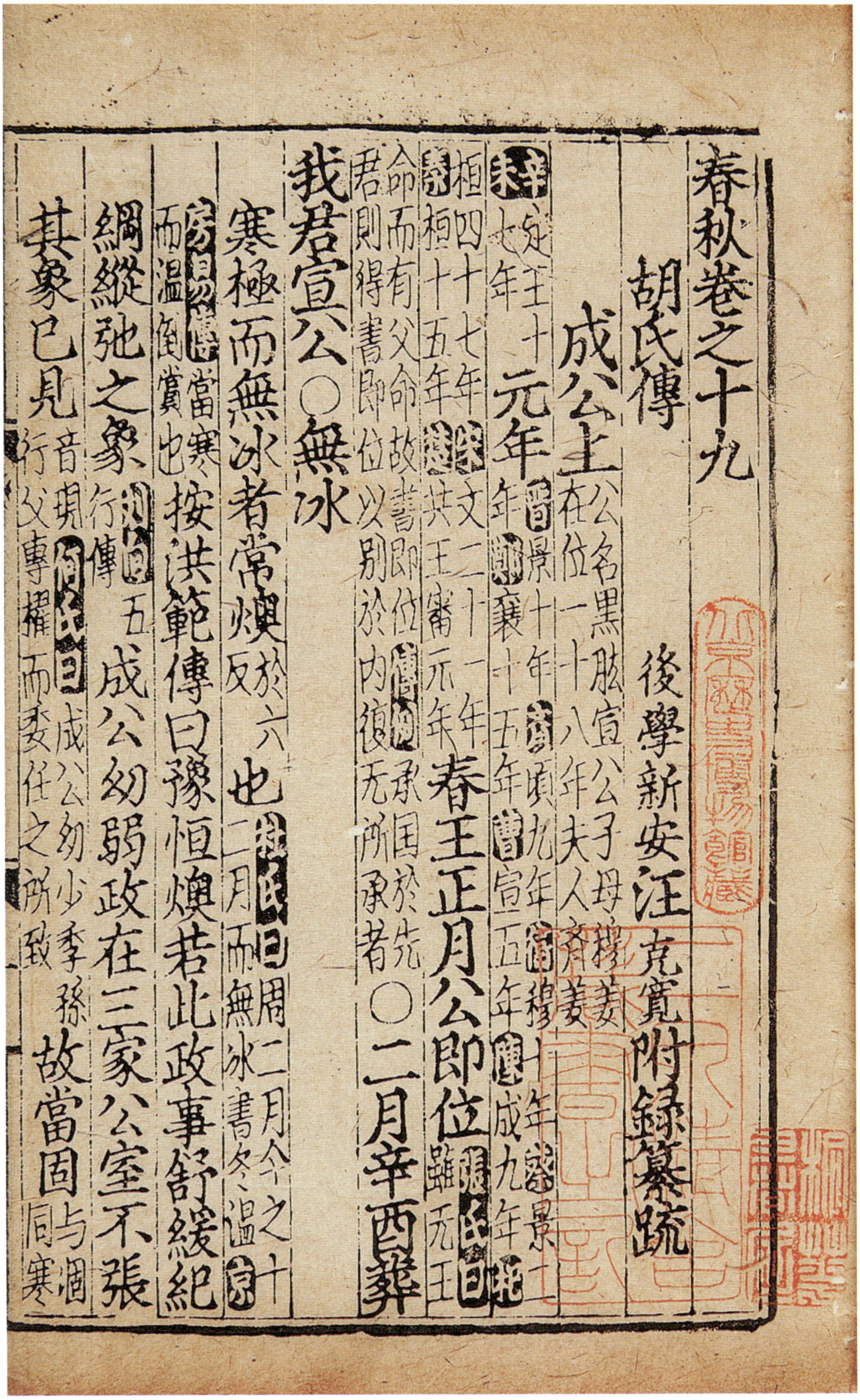

春秋卷之十九

胡氏傳　後學新安汪克寬附録纂疏

成公上 公名黒肱宣公子母穆姜在位一十八年夫人齊姜

辛未定王十七年 元年 晉景十年鄭襄十五年齊頃九年曹宣五年衛穆十一年陳成九年蔡景十四年杞桓四十七年秦桓十五年宋文二十一年楚共王審元年 春王正月公即位 雖无王 胡氏曰 入命而有父命故書即位 傳例 承国於先君則得書即位以别於内復无所承者 ○二月辛酉葬我君宣公○無冰

寒極而無冰者常燠於六反也 胡氏曰 周二月今之十二月而無冰書冬温 家氏曰 當寒而温 倒賞也 按洪範傳曰豫恒燠若此政事舒緩紀綱縱弛之象 行傳 胡氏曰 五 成公幼弱政在三家公室不張其象已見 音現 胡氏曰 成公幼少季孫行父專權而委任之所致 故當固 与涸同寒

12348 春秋胡氏傳纂疏三十卷　（元）汪克寬撰　元至正八年（1348）建安劉叔簡日新堂刻本

匡高19.3厘米，廣12厘米。半葉十一行，行二十一字，小字雙行同，黑口，四周雙邊。有"二泉精舍藏書之記"等印。國家博物館藏，存十五卷。

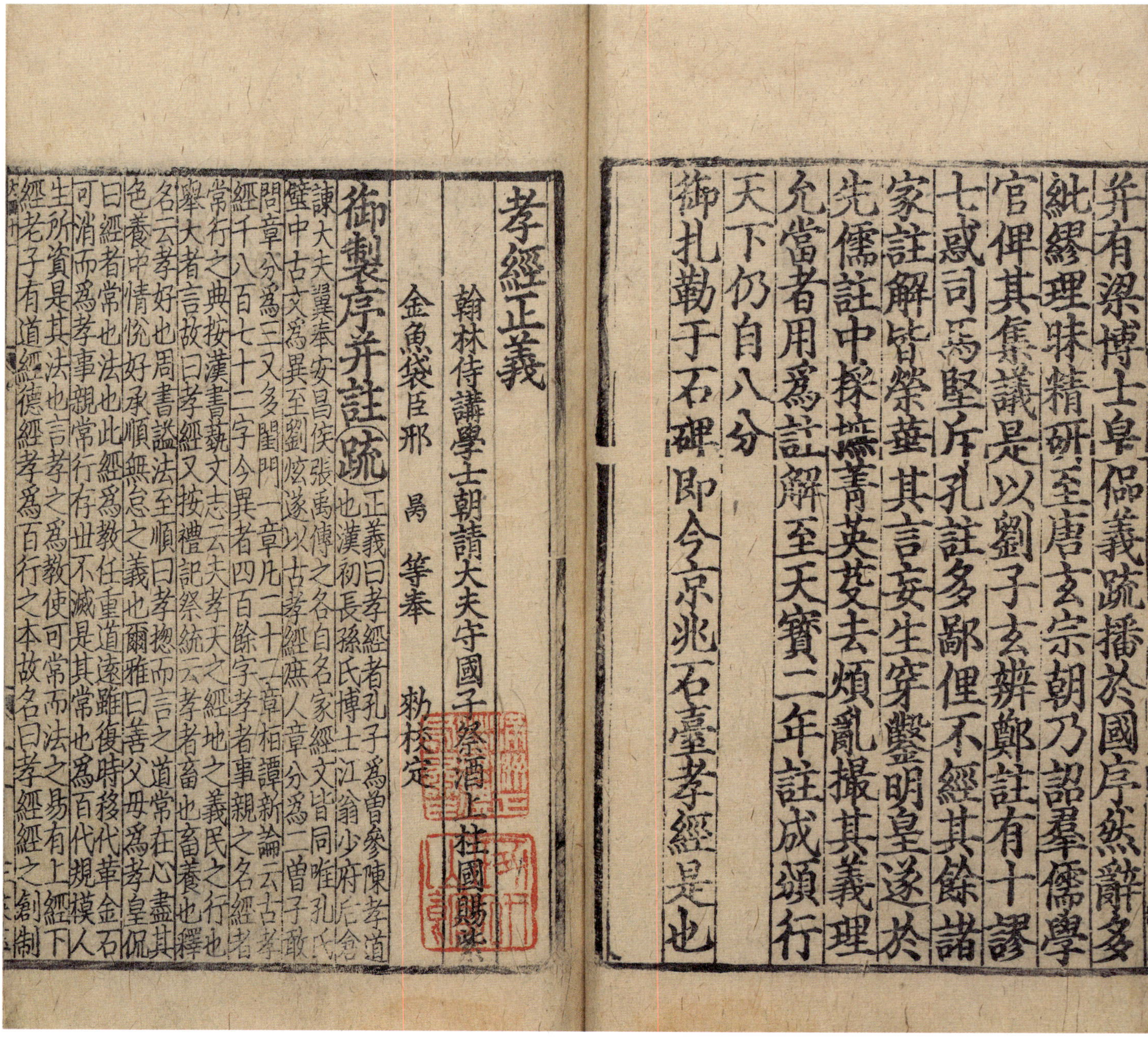

12349 孝經註疏九卷 （唐）玄宗李隆基注 （宋）邢昺疏 元泰定三年（1326）刻本

匡高19.4厘米，廣13.3厘米。半葉十行，行十七字，小字雙行二十三字，細黑口，左右雙邊。有“琢研山館”等印。國家圖書館藏。

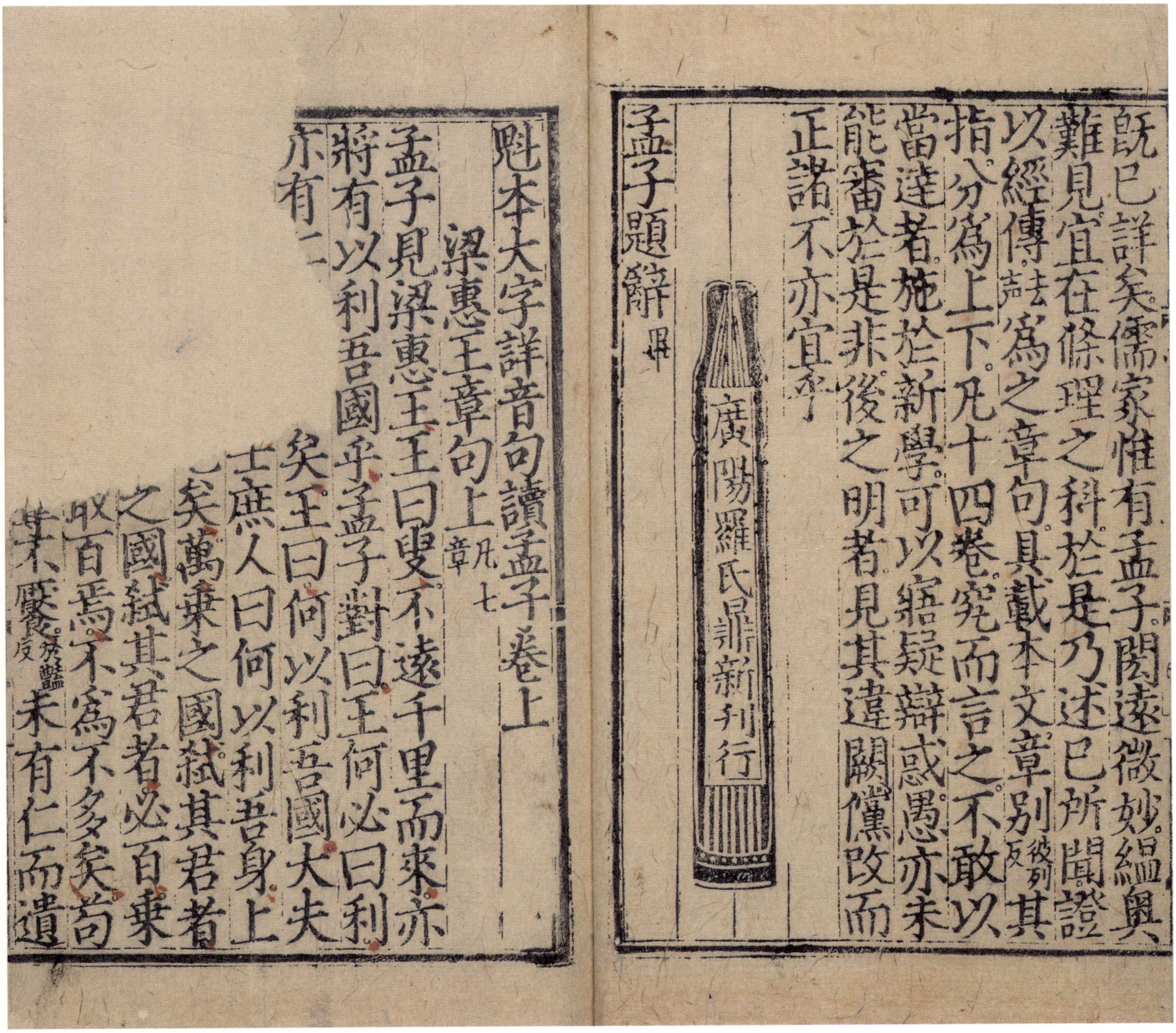
既已詳矣。儒家惟有孟子。閎遠微妙。緼奧難見。宜在條理之科。於是乃述已所聞。證以經傳。爲之章句。具載本文。章別（彼列反）其指。分爲上下。凡十四卷。究而言之。不敢以當達者。施於新學。可以寤疑辯惑。愚亦未能審於是非。後之明者。見其違闕。儻改而正諸。不亦宜乎。

孟子題辭 畢

廣陽羅氏鼎新刊行

魁本大字詳音句讀孟子卷上

梁惠王章句上 凡七章

孟子見梁惠王。王曰。叟不遠千里而來。亦將有以利吾國乎。孟子對曰。王何必曰利。亦有仁……

……矣。王曰何以利吾國。大夫……曰何以利吾家。士庶人曰何以利吾身。上……矣。萬乘之國弒其君者……之國。弒其君者必百乘……取百焉。不爲不多矣。苟……不奪不饜。（於豔反）未有仁而遺……

12350 魁本大字詳音句讀孟子二卷 元廣陽羅氏刻本

匡高19.5厘米，廣13厘米。半葉十行，行十六字，黑口，四周雙邊。有“廣陽羅氏鼎新刊行”牌記。有“涵芬樓”“海鹽張元濟經收”等印。小殘卷齋主人跋。國家圖書館藏。

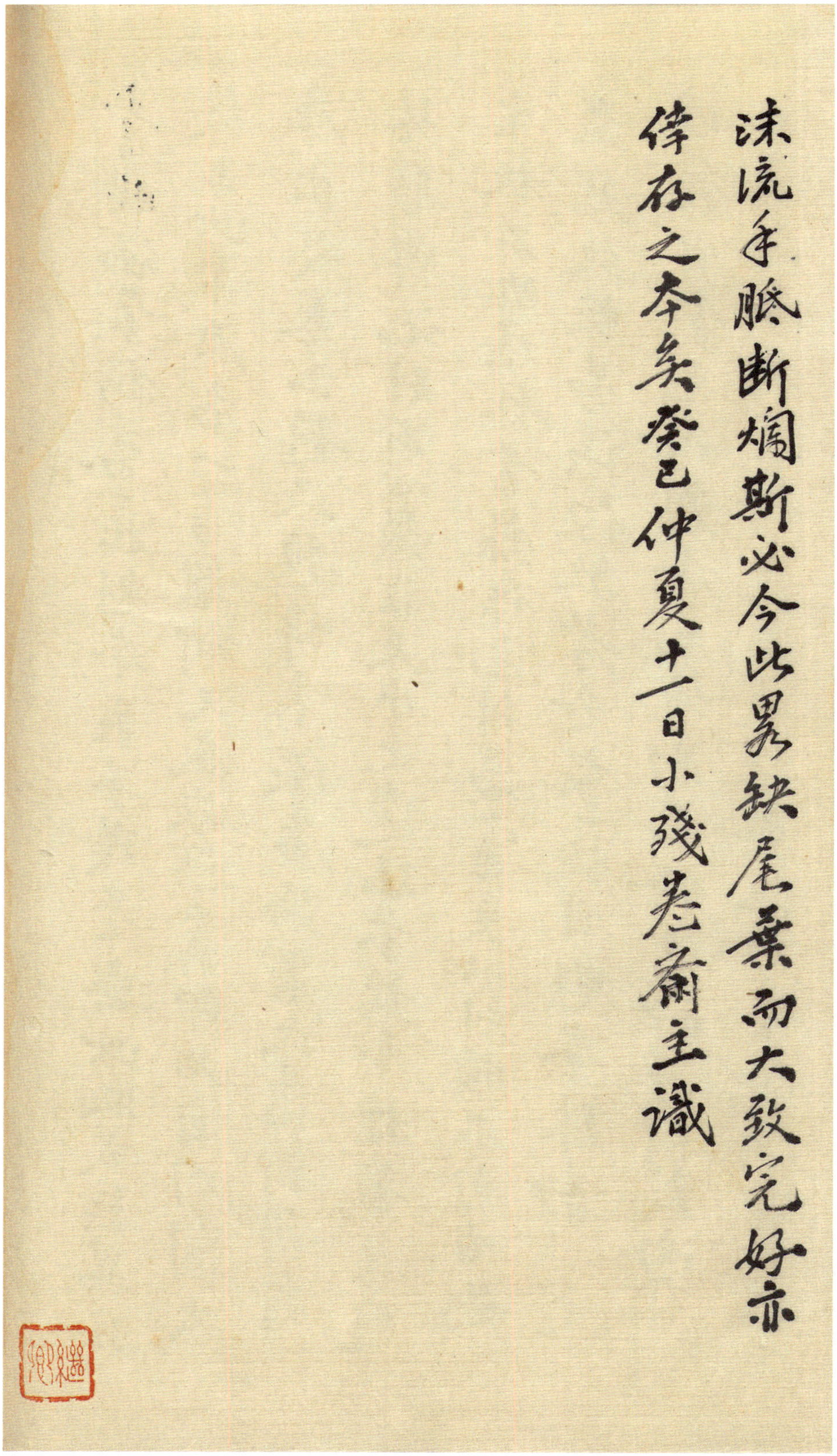
沫流手賸斷爛斯必今此累缺尾葉而大致完好亦
倖存之本矣癸巳仲夏十一日小殘卷齋主識

12350 魁本大字詳音句讀孟子二卷

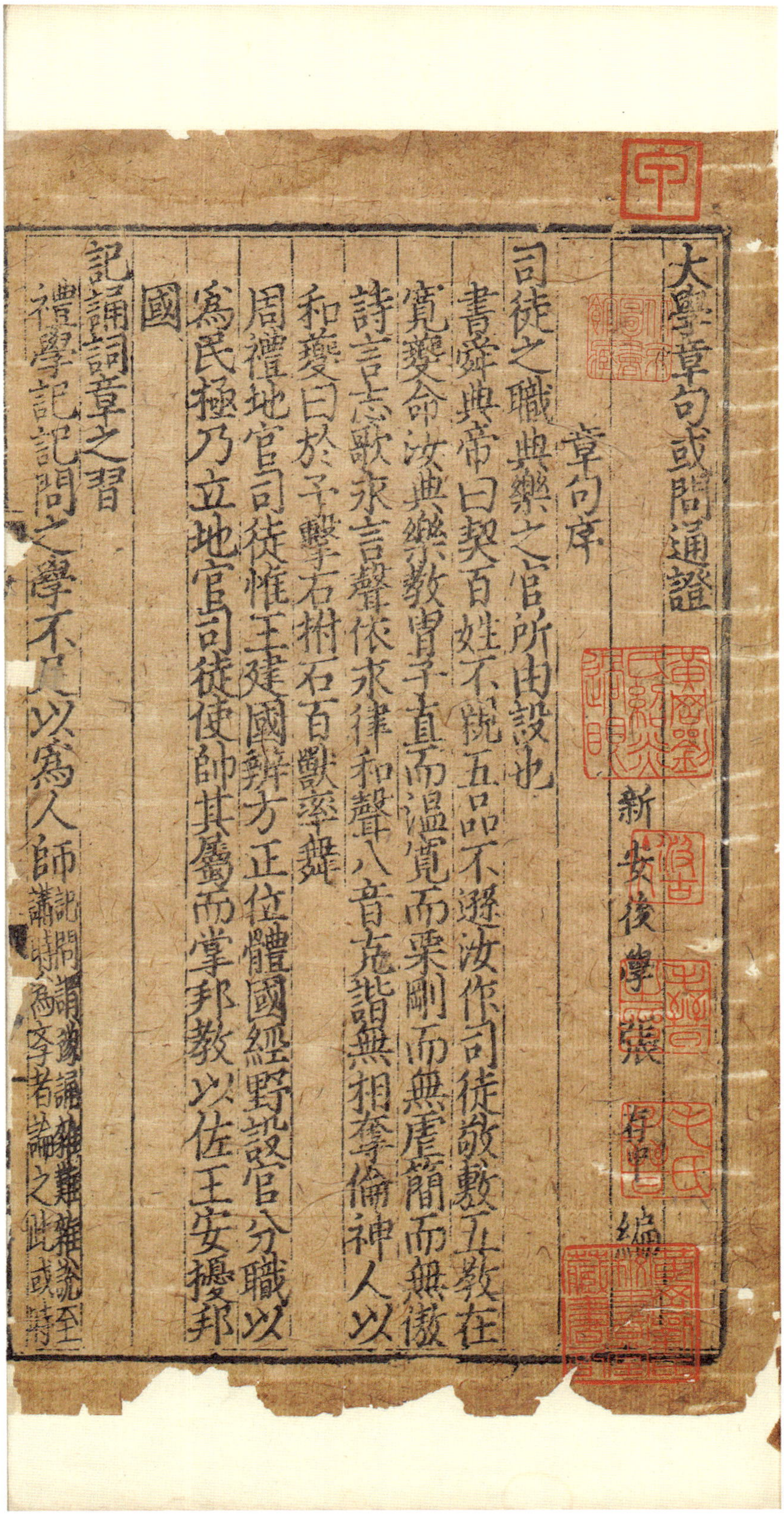

12351 四書通證六卷 （元）張存中撰　元刻本

匡高20.9厘米，廣13.5厘米。半葉十三行，行二十四字，小字雙行同，黑口，四周雙邊。有“毛晉之印”“黄岡劉氏校書堂藏書記”等印。國家圖書館藏。

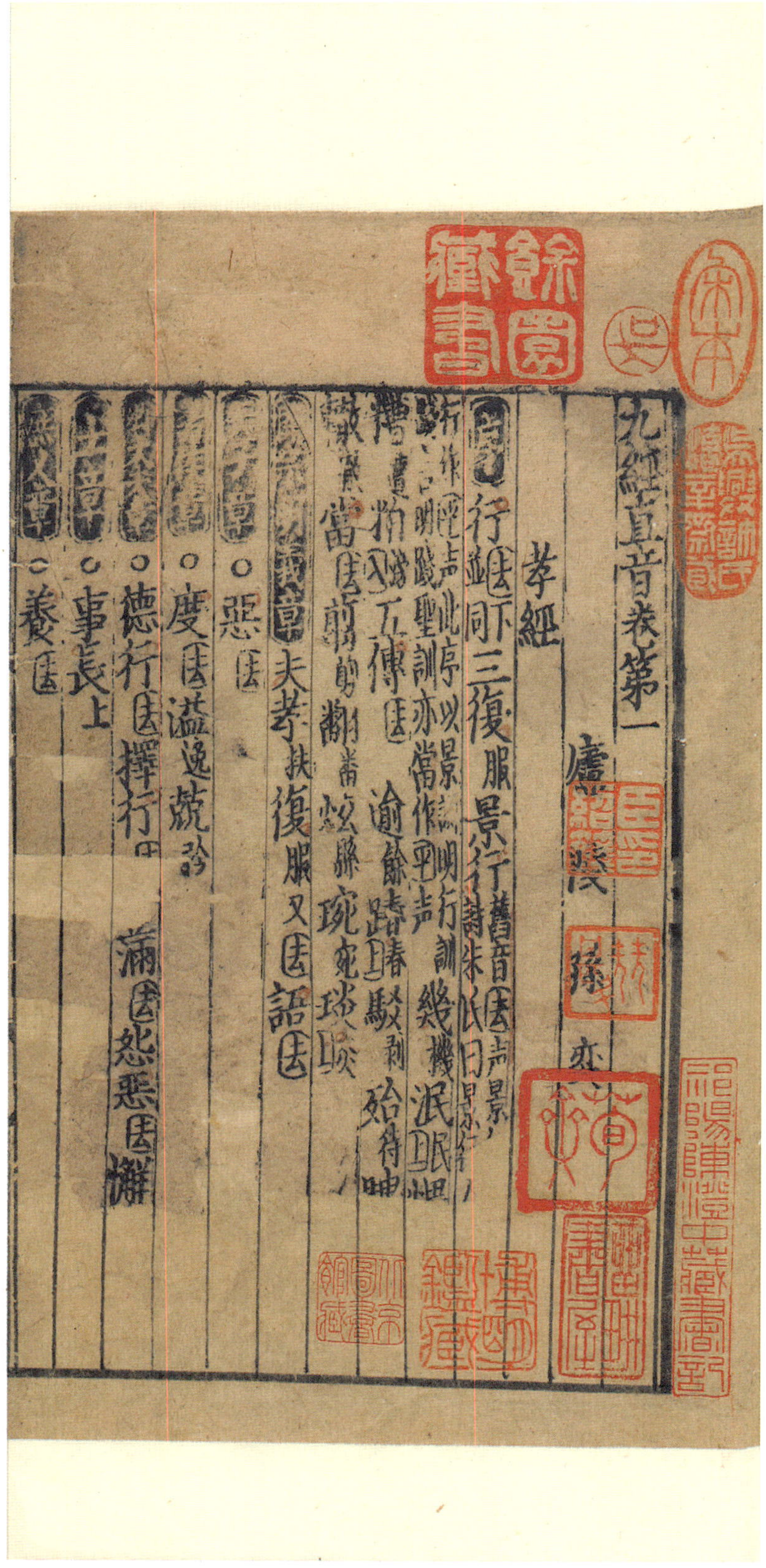

12352 九經直音十五卷 （宋）孫奕撰　元刻本

匡高14.9厘米，廣10.2厘米。半葉十三行，行二十字，小字雙行同，黑口，左右雙邊。有“留畊書屋”“吴興許氏懷辛齋藏”“博明鑑藏”“臣印紹籛”“祁陽陳澄中藏書記”等印。莫友芝、葉昌熾跋。國家圖書館藏。

宋刊本九經直音十五卷 宋盧陵孫奕撰 海寧查氏藏本 九經者
孝經論語孟子毛詩尚書周易禮記周禮春秋左傳爲次不用反切
直取同音字旁注其下無同音字則以同四聲字紐之如昔人九經字
樣之例半頁十三行 巾箱本 大小如今秦氏覆九經此書蓋即刊附九
經後者也今四庫收矣所著爲示兒編 提要謂其字季昭號履齋 當
宋時嘗官侍從其書結官無考 四庫又收明刊本宋人排字九經直音二
卷爲元至元丁亥書隱堂刊者按之即是此書 提要謂所音皆據經
典釋文而兼采宋儒 于釋文一字數音者皆並存之亦時有半從半
違之失而其故能抉擇是非 陸無之音者亦頗爲補苴 其于宋儒詩
中庸語孟用朱子易兼用程朱 他如胡瑗司馬光禮多守方慤注而兼
存鄭義 又條舉其音字若干事爲糾論數千言 又謂九經前後
失次證以此書無不悉合 紀陸諸公未見此本遂謂撰人無攷 乃今

明本排字九經直音今不可見即以 四庫 提要所舉者證之殊不盡合如明
本武成識字下注云陸無音漢翟酺碑引此作恭此本惟陸無音三字同下仍
依孔傳合作志金縢辟字下云鄭音避此本鄭上多馬字禮記祭義爓字下云徐
廉反古音燖此本作燖徐占切周禮大宰旅字下云旅音留蓋游也此本作厭
游之游按後鄭注旅讀如蓋游之游則此爲長惟誤蓋作厭又圖字下云布古反
又音布此先音圖又布牧字下云徐音目劉音茂此僅有一目字匪頒下云鄭音班
徐音墳此云匪元音大府以待匪頒亦元音廩人注匪音分亦如字頒皆音班籩人節
字此本隸醯人據經文則當互醢人又醢人諸字下云音治又音殆此本作治又苦又
而凡如此類皆顯然乖異若得明本對勘一通不可枚舉矣明本刊於至元丁亥此
猶宋刊則當是元時坊肆竊取其書竄改欺世邵亭竟斷爲一書誤也明本
趙梅隱書堂刊見提要邵亭作書隱堂亦誤光緒乙酉長洲葉昌熾

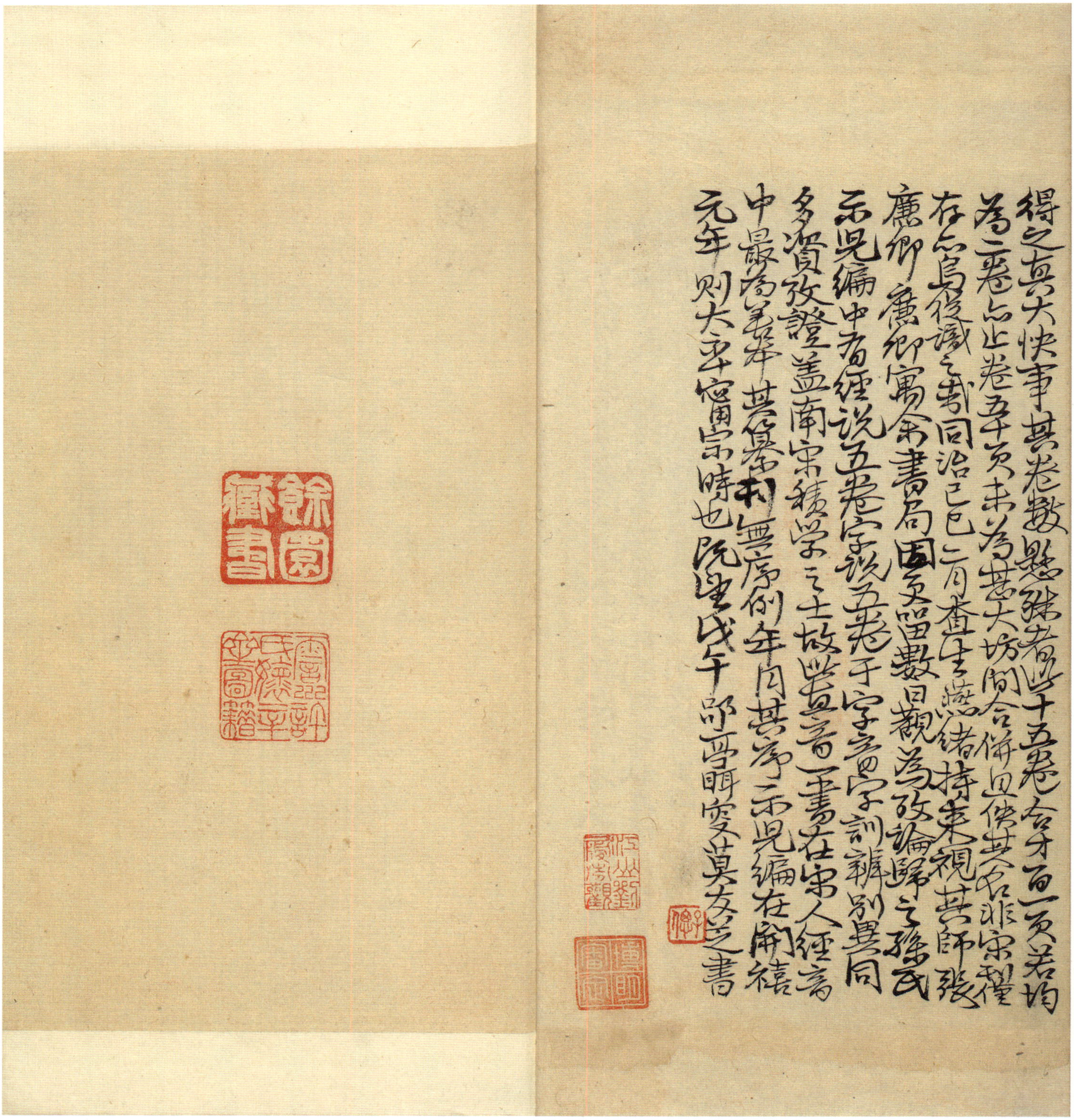

12352 九經直音十五卷

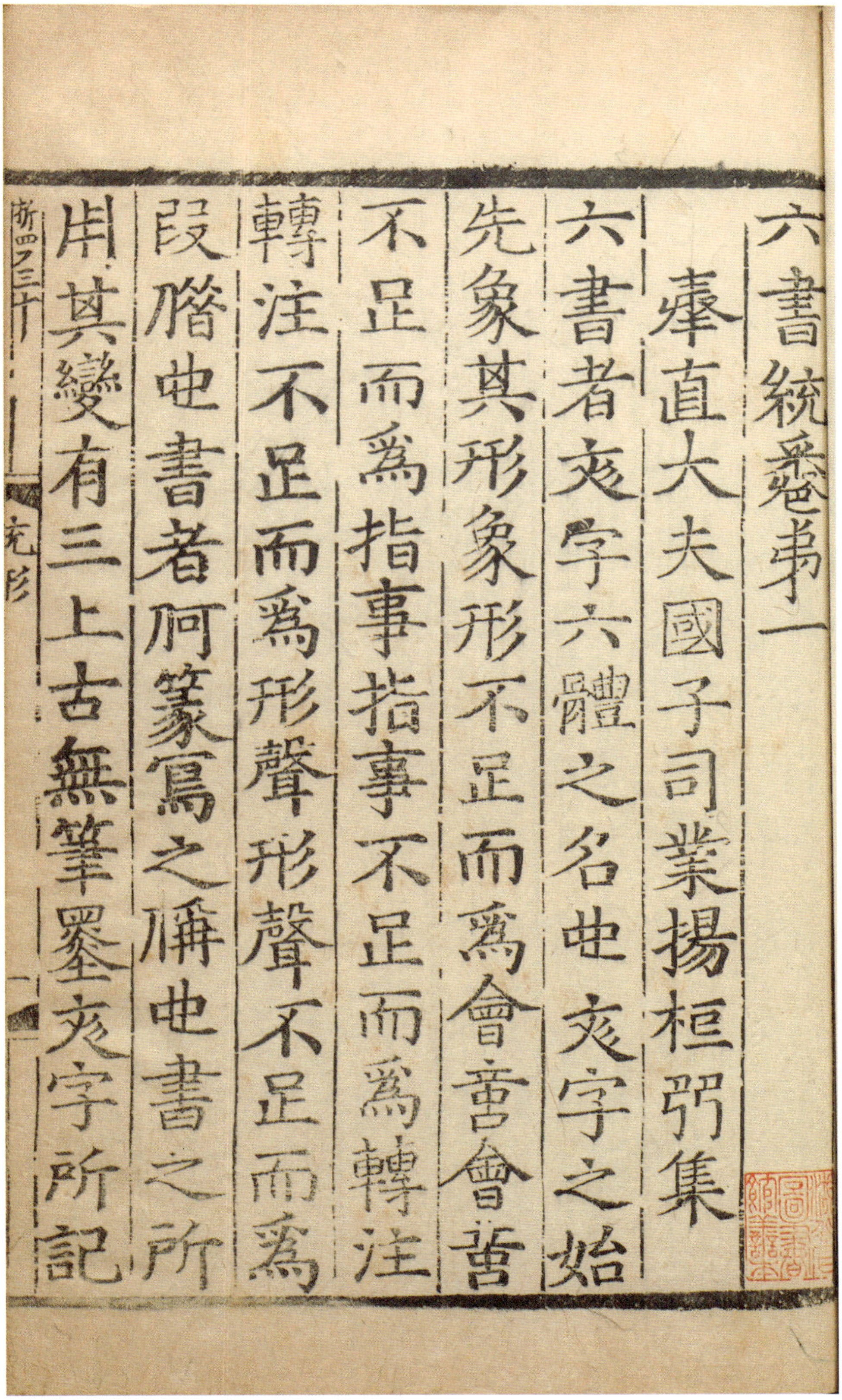

六書統卷第一
奉直大夫國子司業楊桓弜集
六書者文字六體之名也文字之始
先象其形象形不足而爲會意會意
不足而爲指事指事不足而爲轉注
轉注不足而爲形聲形聲不足而爲
叚借也書者[illegible]篆寫之稱也書之所
用其變有三上古無筆墨文字所記

12353 六書統二十卷 （元）楊桓撰　元至大元年（1308）江浙行省儒學刻元明遞修本

匡高22.5厘米，廣17.1厘米。半葉八行，行十四字，小字雙行二十三字，細黑口，左右雙邊。有“鼎丞珍賞”“王印定安”等印。湖北省圖書館藏，存十九卷。

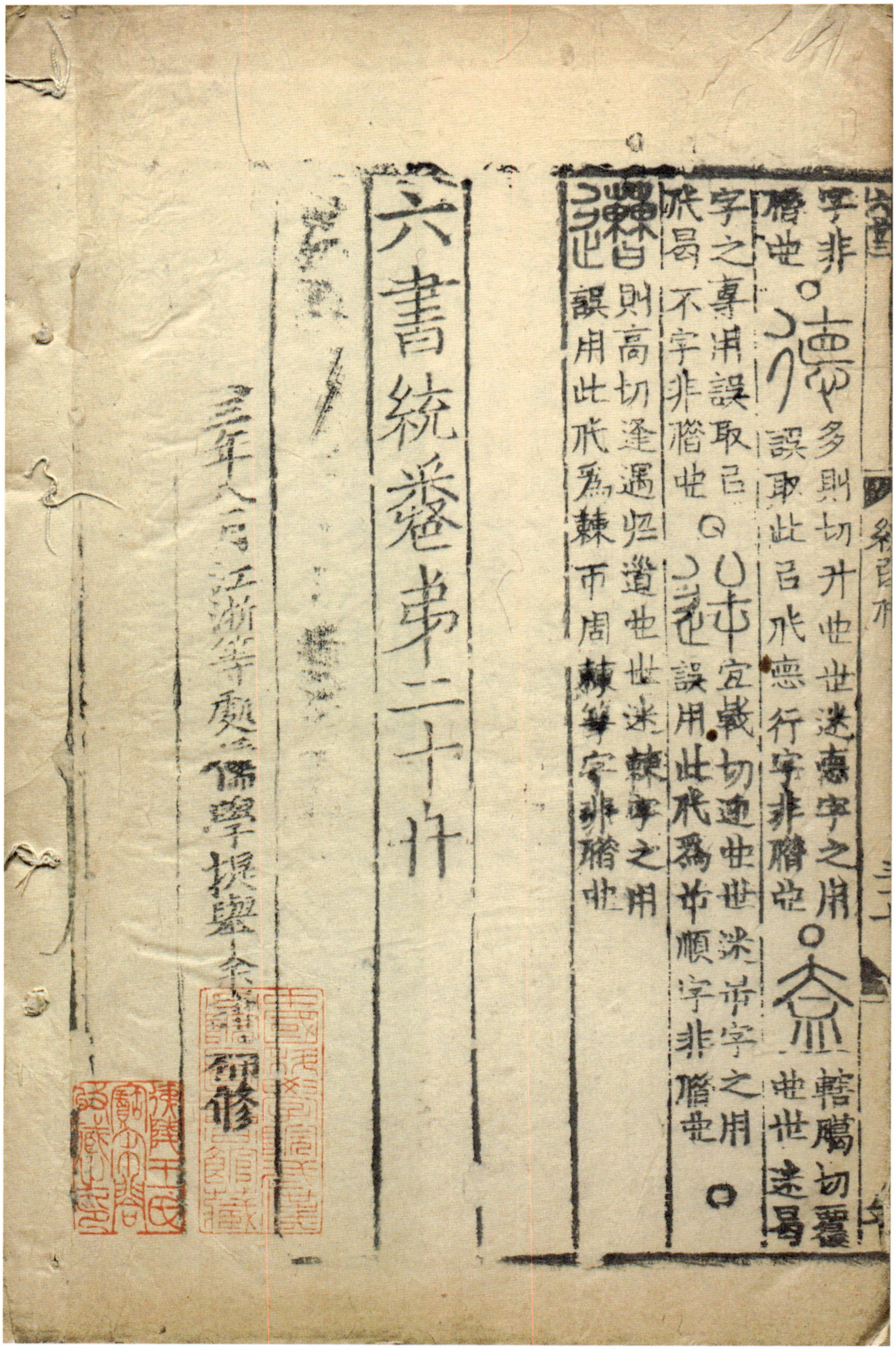

12353 六書統二十卷

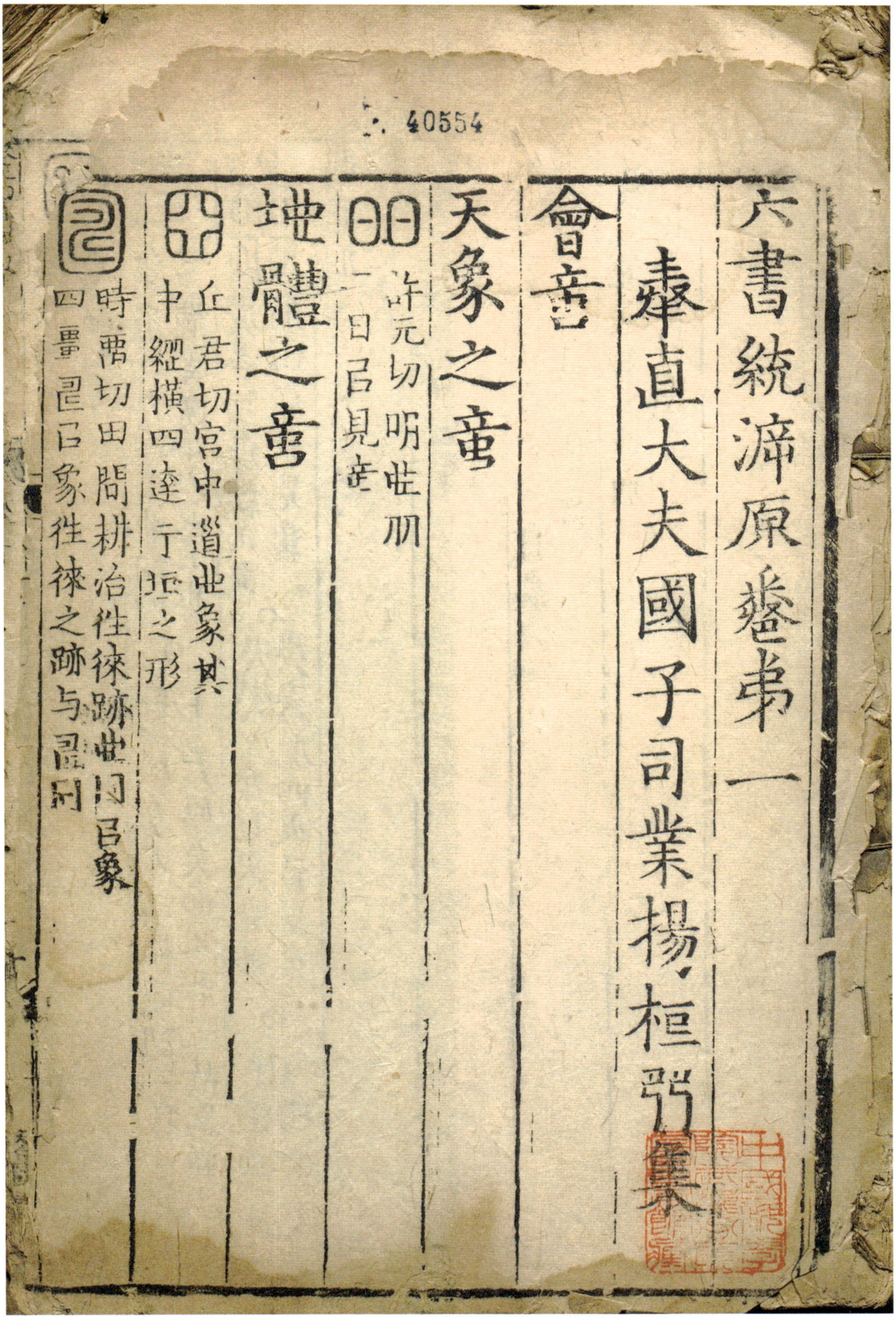

12354 六書統溯原十三卷　（元）楊桓撰　元至大元年（1308）江浙行省儒學刻元明遞修本

匡高23厘米，廣16.8厘米。半葉八行，行字不等，小字雙行二十五字，細黑口，左右雙邊。湖北省圖書館藏，存十一卷。

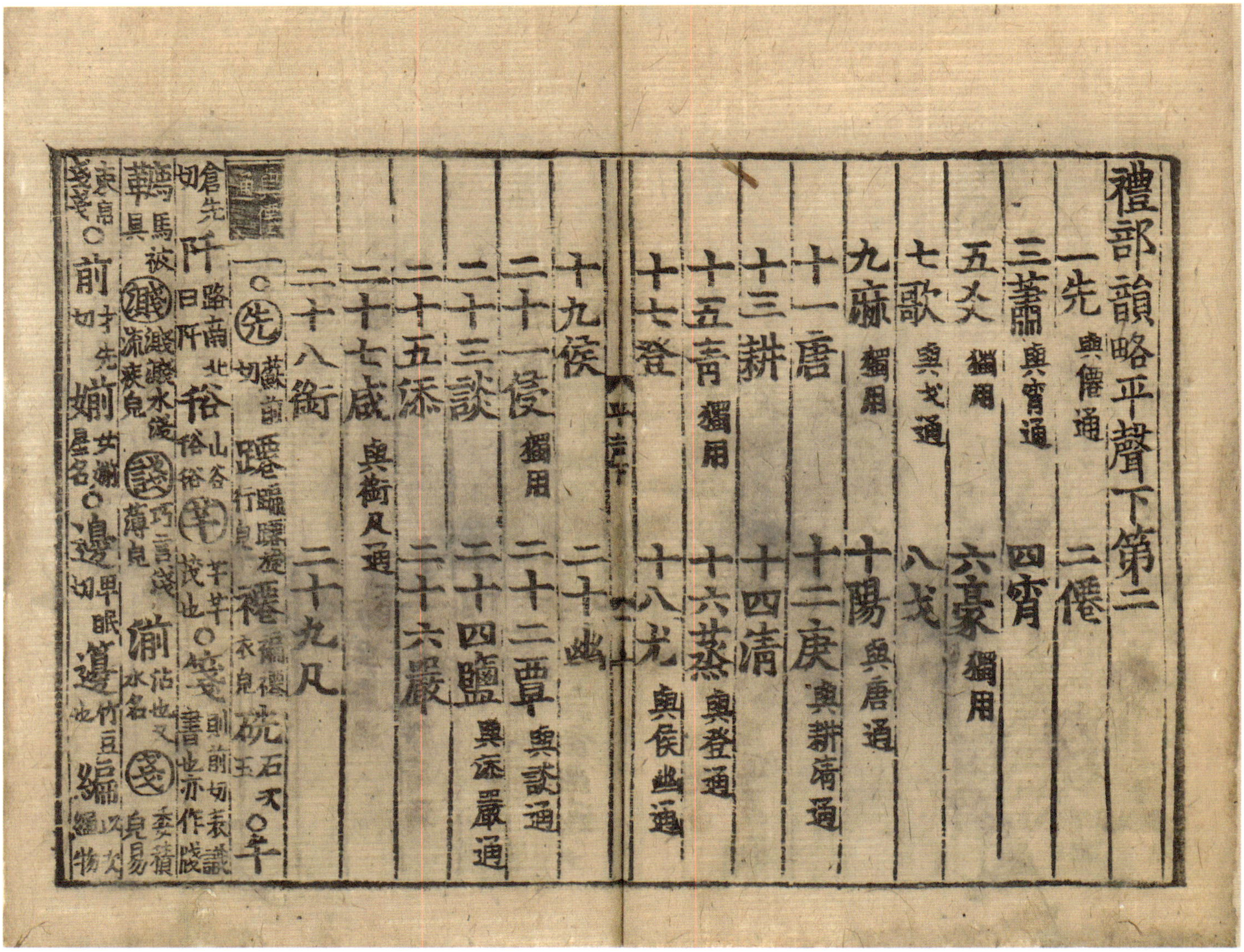

禮部韻略平聲下第二

一先 與僊通　二僊
三蕭 與宵通　四宵
五爻 獨用　六豪 獨用
七歌 與戈通　八戈
九麻 獨用　十陽 與唐通
十一唐　十二庚 與耕清通
十三耕　十四清
十五青 獨用　十六蒸 與登通
十七登　十八尤 與侯幽通
十九侯　二十幽
二十一侵 獨用　二十二覃 與談通
二十三談　二十四鹽 與沾嚴通
二十五沾　二十六嚴
二十七咸 與銜凡通
二十八銜　二十九凡

一先 蘇前切

12355 禮部韻略五卷　（宋）丁度等撰　北宋刻本（卷一、五有缺葉）

匡高16.4厘米，廣12.7厘米。半葉十行，行字不等，細黑口，左右雙邊。南京圖書館藏。

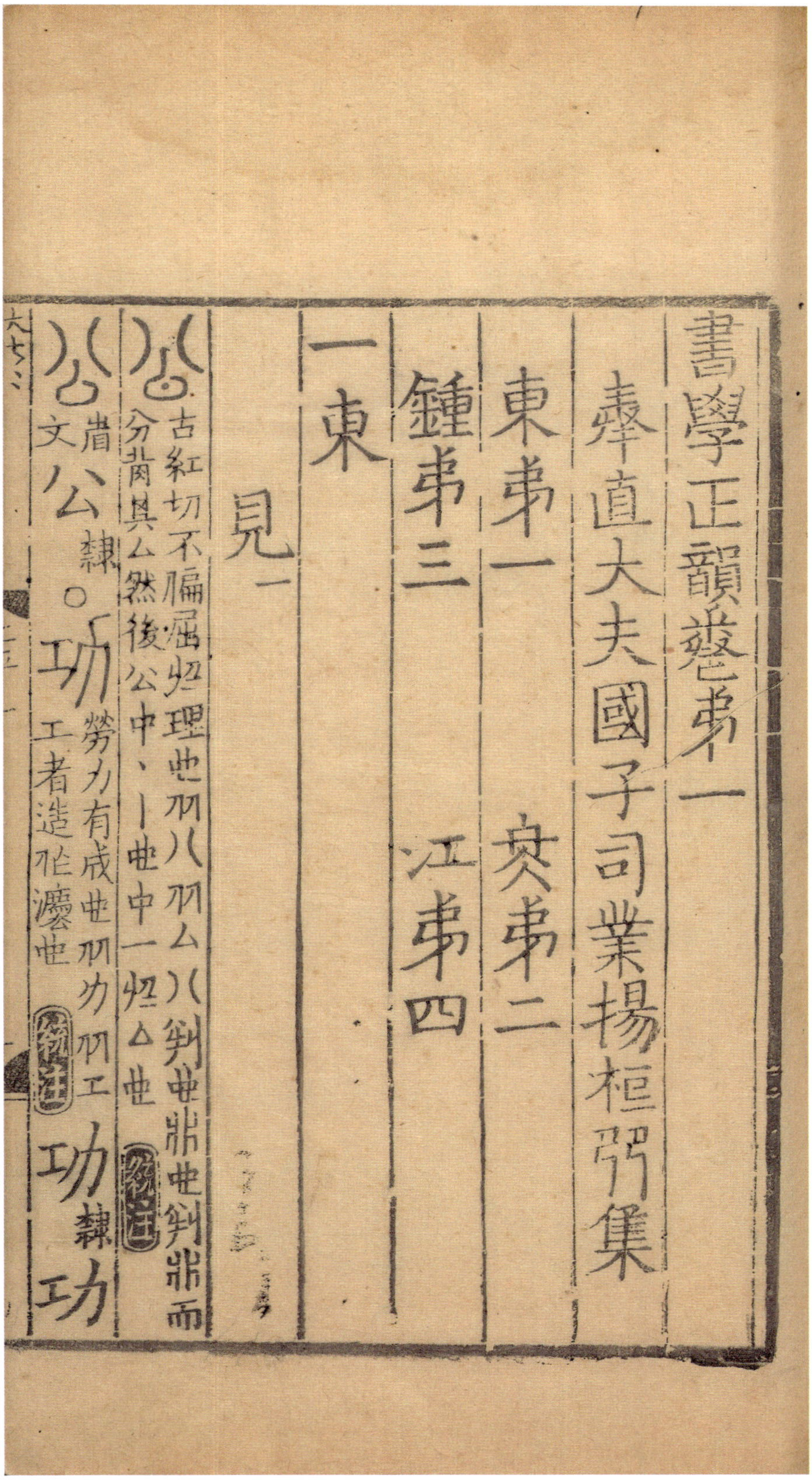

12356 書學正韻三十六卷　（元）楊桓撰　元刻明修本

匡高22.6厘米，廣16.9厘米。半葉八行，行字不等，小字雙行二十三字，細黑口，左右雙邊。國家圖書館藏。

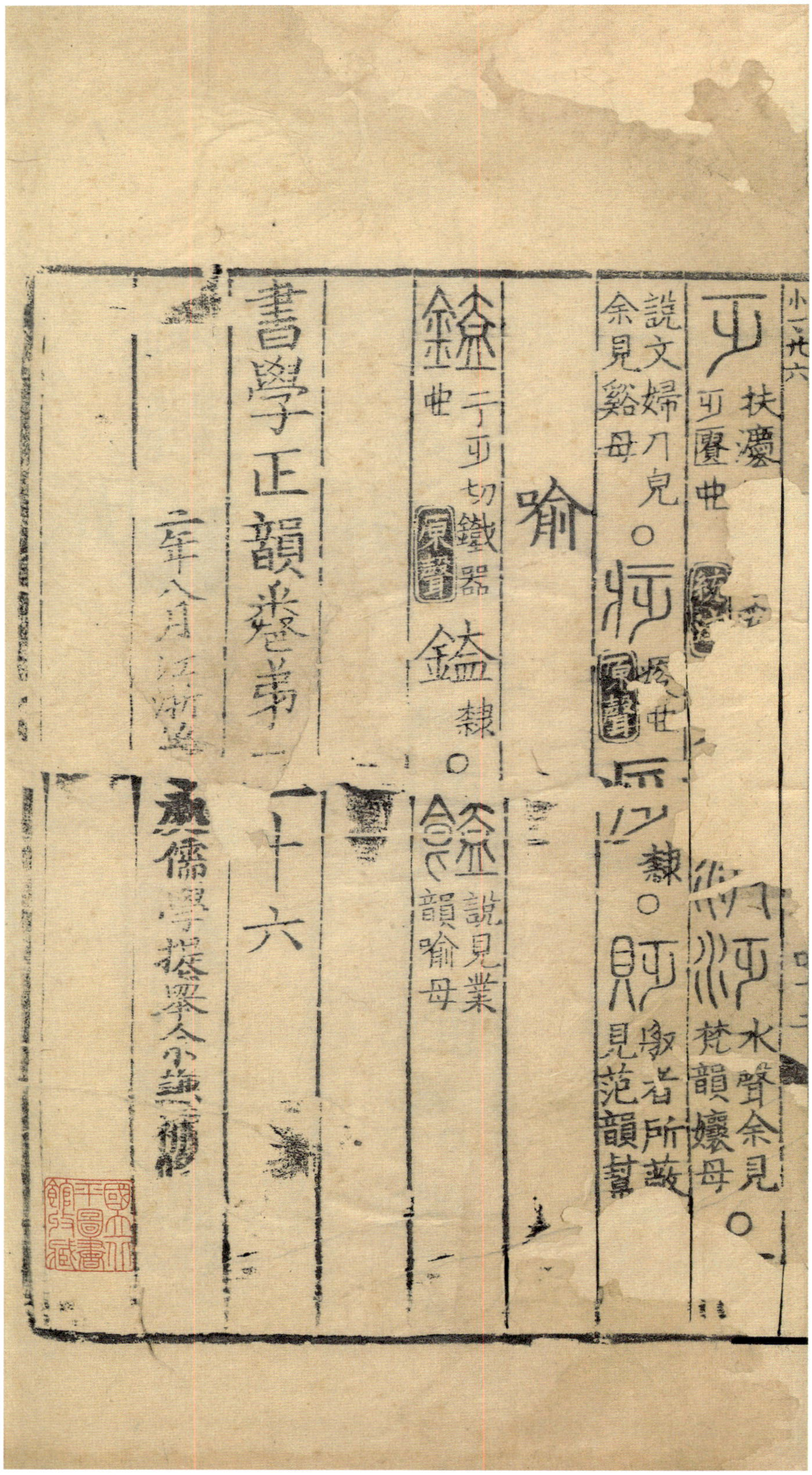

12356 書學正韻三十六卷

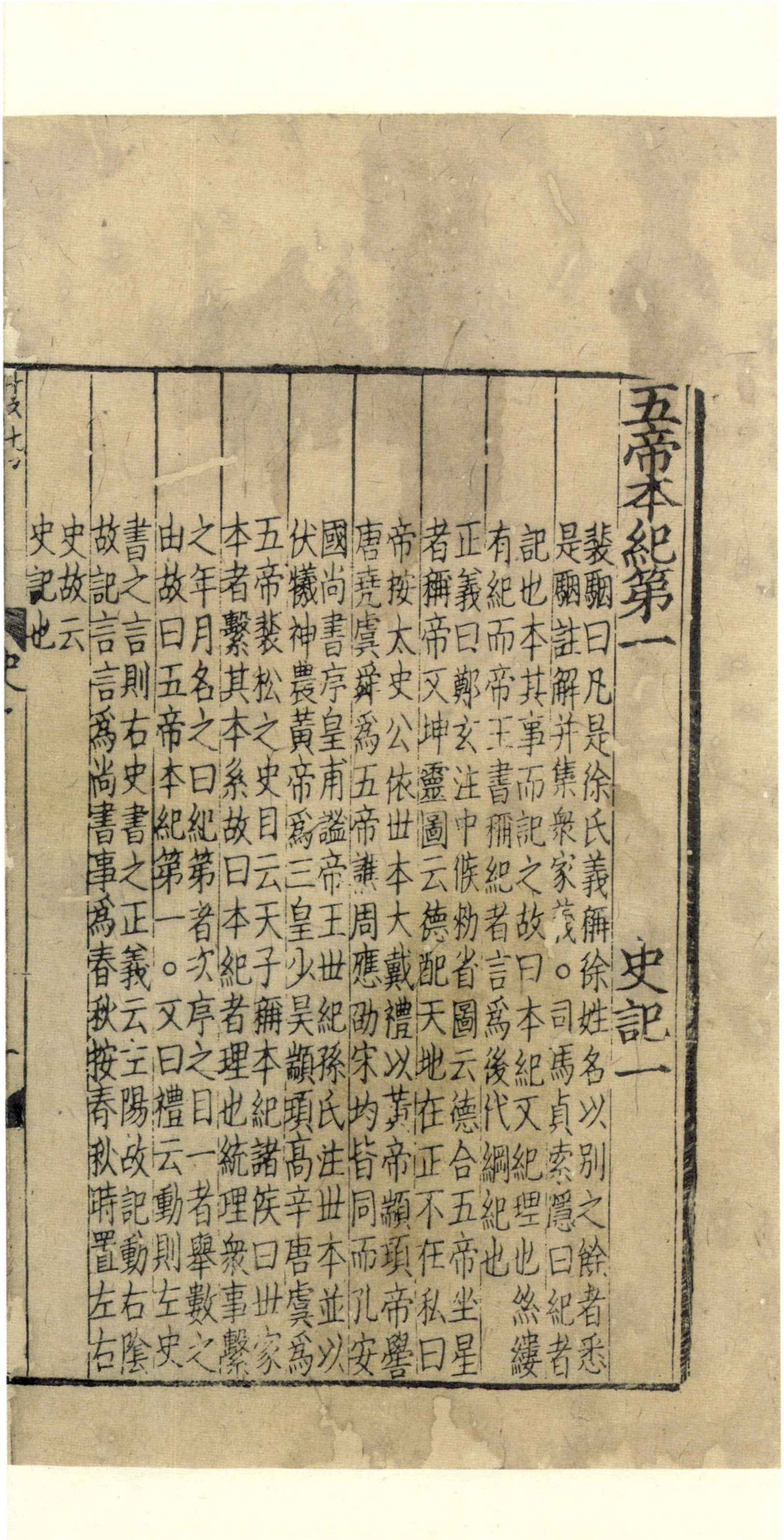
五帝本紀第一　史記一
裴駰曰凡是徐氏義稱徐姓名以別之餘者悉
是駰註解并集衆家義。司馬貞索隱曰紀者
記也本其事而記之故曰本紀又紀理也絲縷
有紀而帝王書稱紀者言爲後代綱紀也
正義曰鄭玄注中候勑省圖云德合五帝坐星
者稱帝又坤靈圖云德配天地在正不在私曰
帝按太史公依世本大戴禮以黄帝顓頊帝嚳
唐堯虞舜爲五帝譙周應劭宋均皆同而孔安
國尚書序皇甫謐帝王世紀孫氏注世本並以
伏犧神農黄帝爲三皇少昊顓頊高辛唐虞爲
五帝裴松之史目云天子稱本紀諸侯曰世家
本者繫其本系故曰本紀者理也統理衆事繫
之年月名之曰紀第者次序之目一者舉數之
由故曰五帝本紀第一。又曰禮云動則左史
書之言則右史書之正義云主陽故記動右陰
故記言言爲尚書事爲春秋按春秋時置左右
史故云
史記也

12357 史記一百三十卷　（漢）司馬遷撰　（南朝宋）裴駰集解　（唐）司馬貞索隱　（唐）張守節正義　元至元二十五年（1288）彭寅翁崇道精舍刻本（卷一百十七至一百二十二配蒙古中統二年段子成刻本）

匡高18.3厘米，廣12.6厘米。半葉十行，行二十一字，小字雙行同，細黑口，左右雙邊。有“安成郡彭寅翁棨于崇道精舍”牌記。國家圖書館藏。

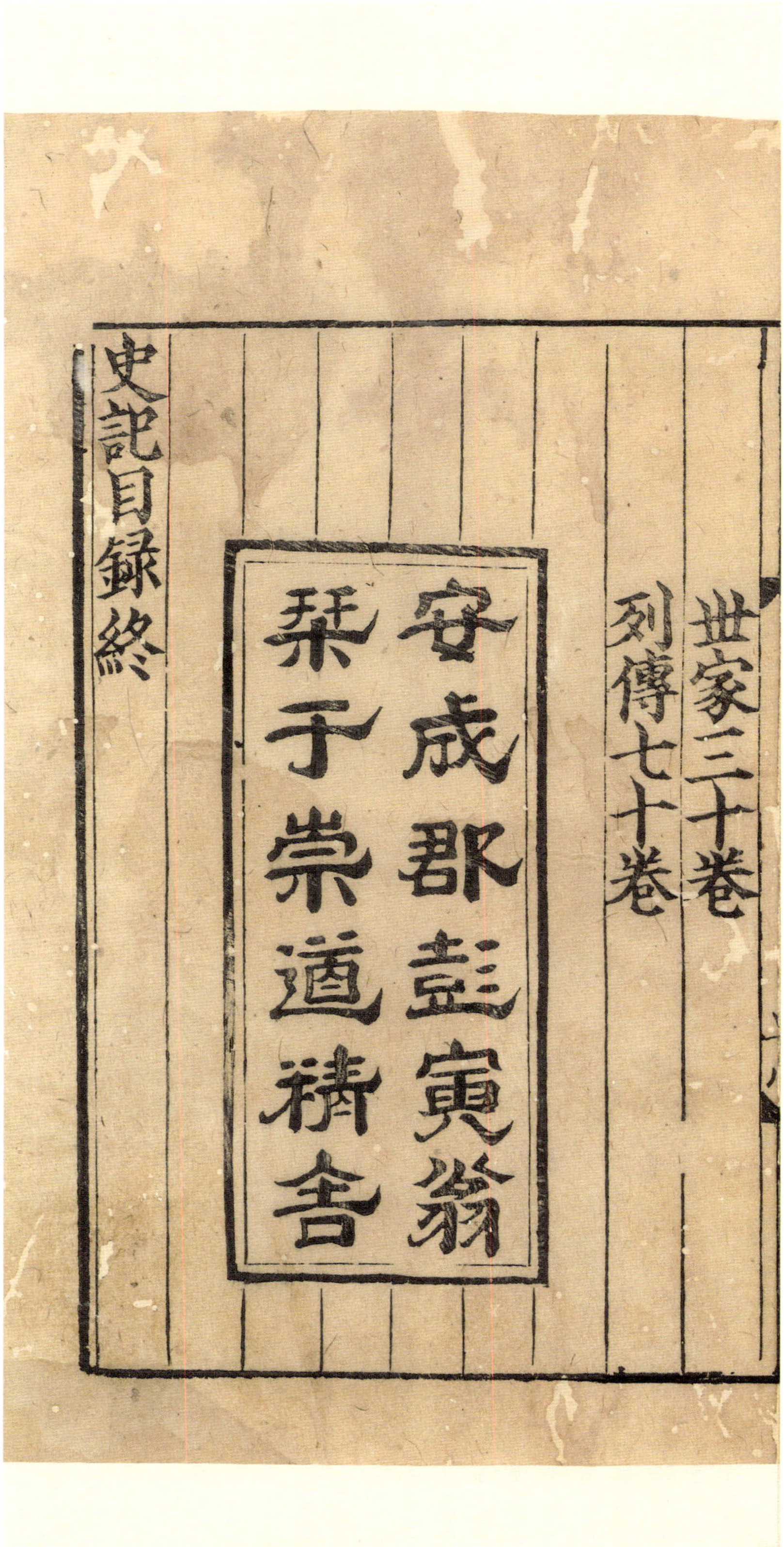

12357 史記一百三十卷

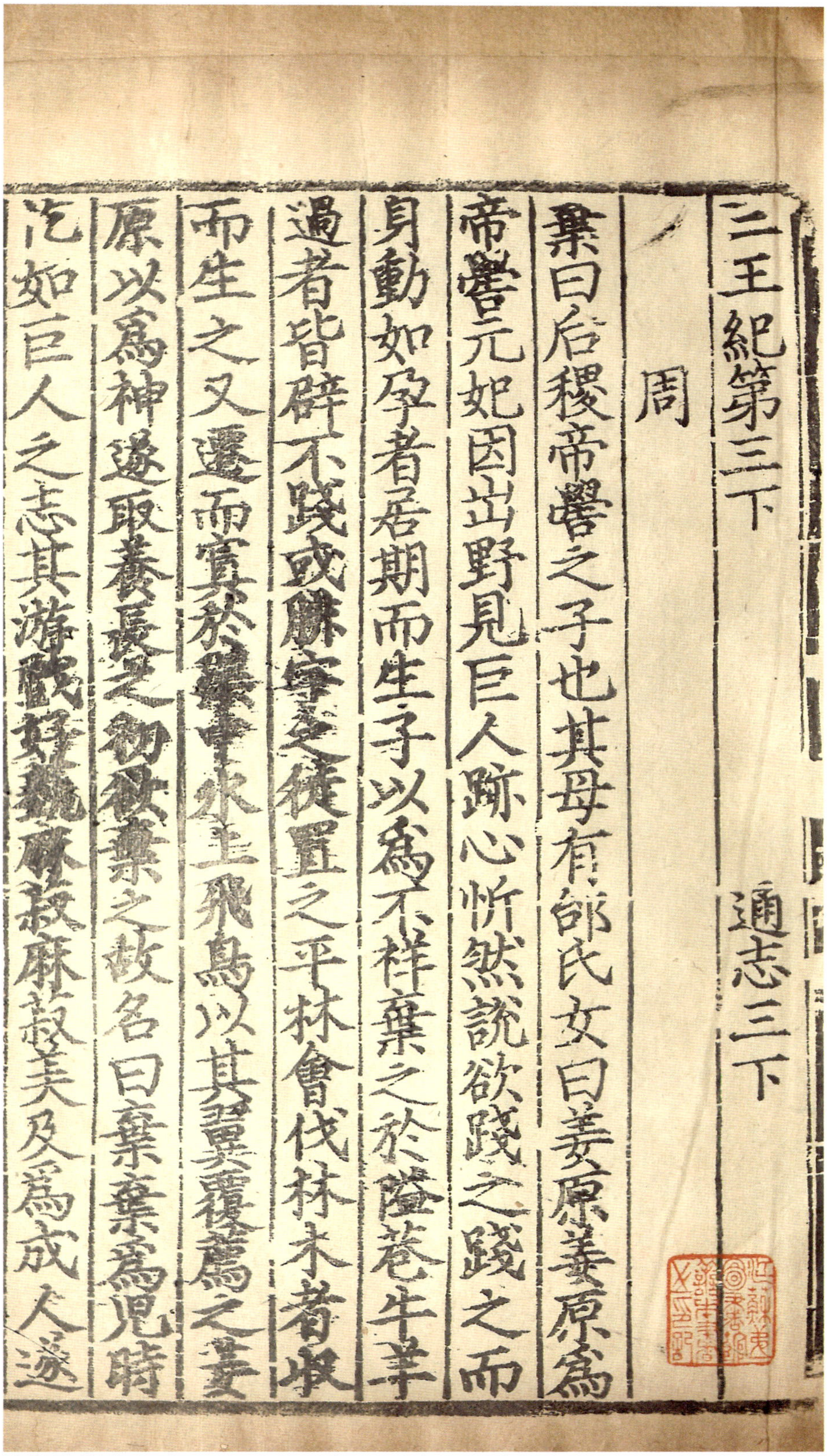
三王紀第三下　通志三下
周
棄曰后稷帝嚳之子也其母有邰氏女曰姜原姜原爲帝嚳元妃因出野見巨人跡心忻然說欲踐之踐之而身動如孕者居期而生子以爲不祥棄之於隘巷牛羊過者皆辟不踐或牀寘之徙置之平林會伐林木者收而生之又遷而寘於渠中冰上飛鳥以其翼覆薦之姜原以爲神遂取養長之初欲棄之故名曰棄棄爲兒時屹如巨人之志其游戲好種樹麻菽麻菽美及爲成人遂

12358 通志二百卷　（宋）鄭樵撰　元大德三山郡庠刻元明遞修本

匡高28.3厘米，廣20.7厘米。半葉九行，行二十一字，小字雙行同，白口，左右雙邊。丁丙跋。南京圖書館藏。

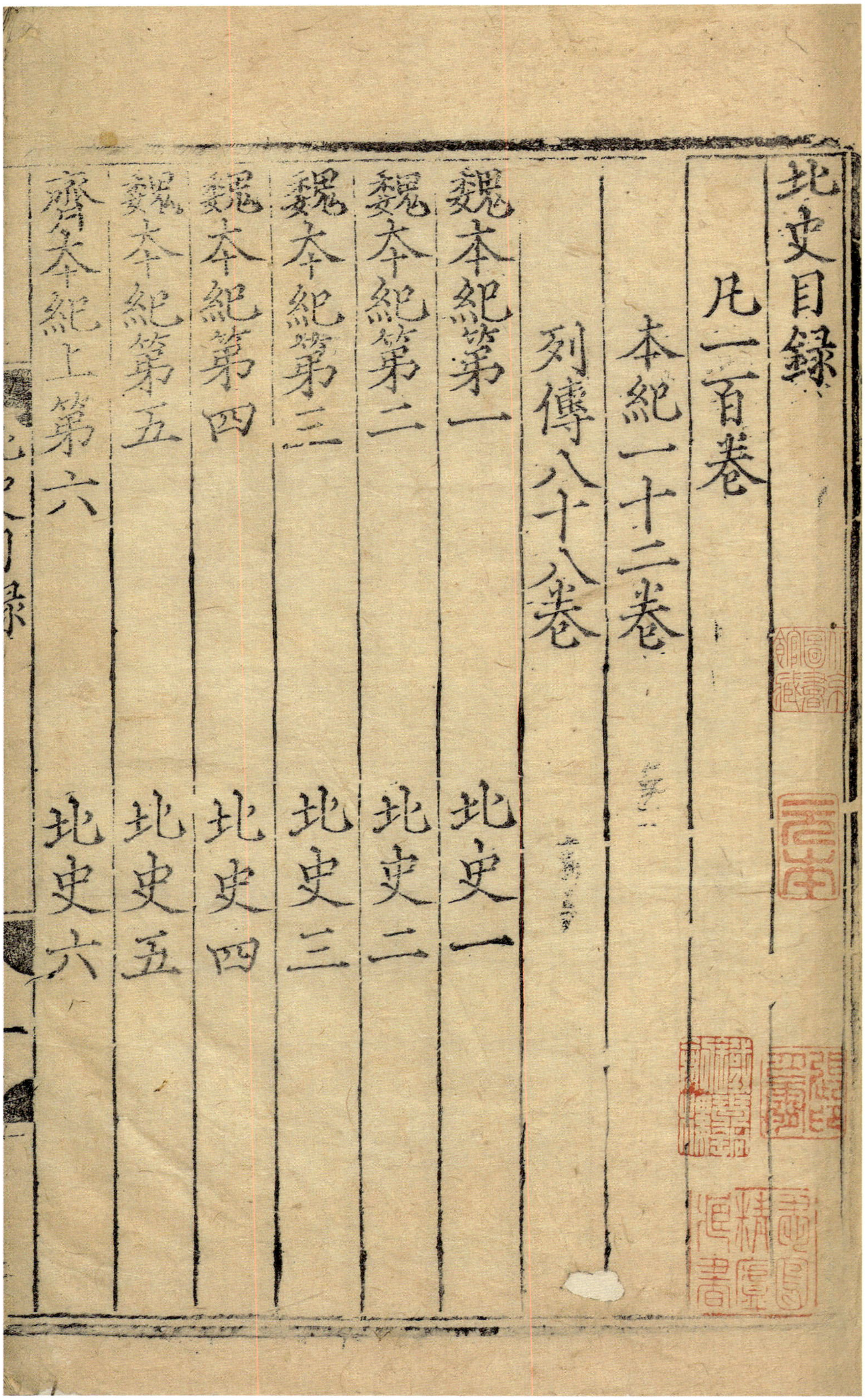
北史目録
凡一百卷
本紀一十二卷
列傳八十八卷
魏本紀第一　北史一
魏本紀第二　北史二
魏本紀第三　北史三
魏本紀第四　北史四
魏本紀第五　北史五
齊本紀上第六　北史六

12359 北史一百卷　（唐）李延壽撰　元大德信州路儒學刻明嘉靖遞修本

匡高21.2厘米，廣15.6厘米。半葉十行，行二十二字，細黑口，四周雙邊。有“張月霄印”“元本”“鐵琴銅劍樓”等印。國家圖書館藏。

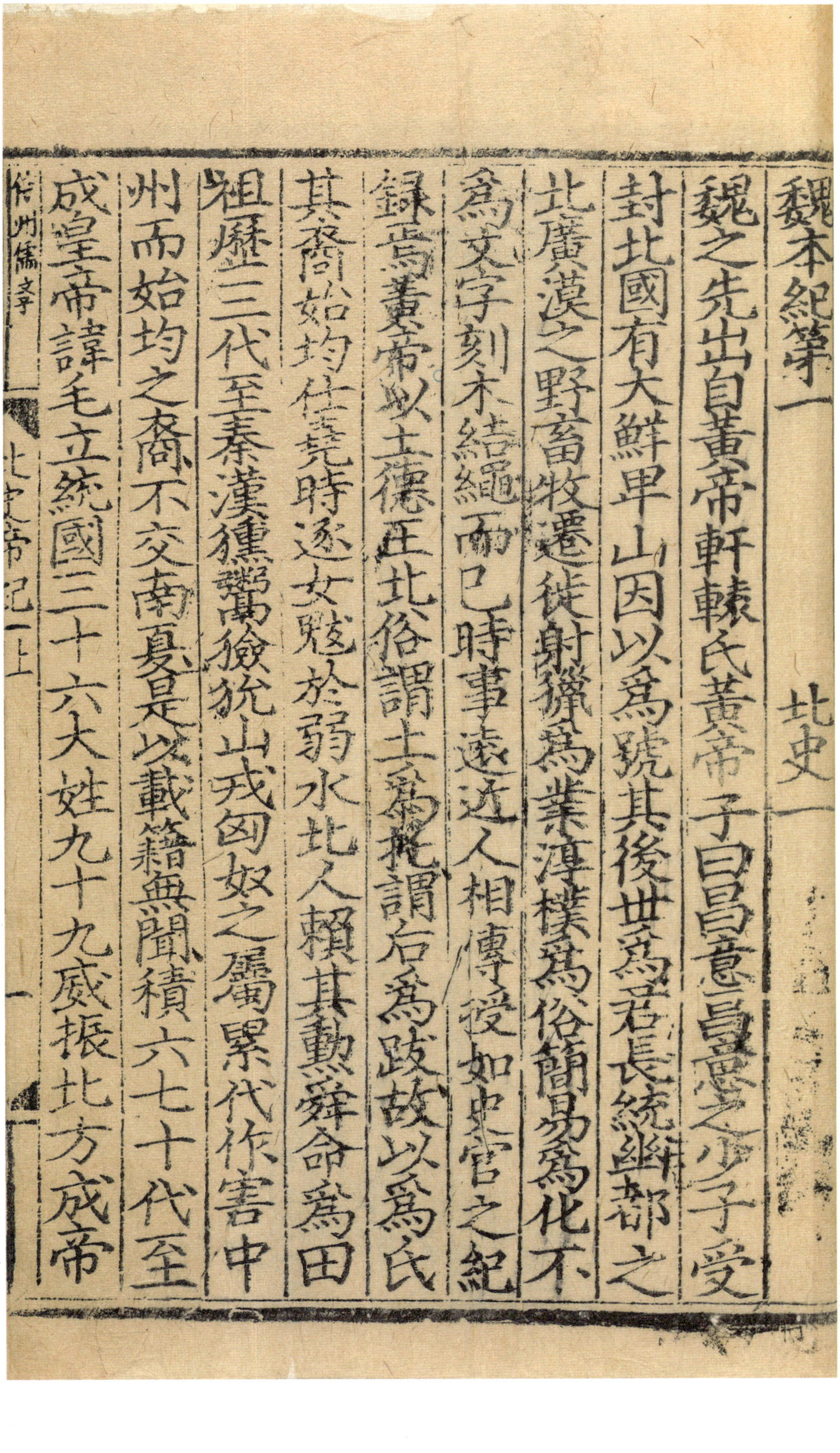
魏本紀第一　北史一
魏之先出自黄帝軒轅氏黄帝子曰昌意昌意之少子受
封北國有大鮮卑山因以爲號其後世爲君長統幽都之
北廣漠之野畜牧遷徙射獵爲業淳樸爲俗簡易爲化不
爲文字刻木結繩而已時事遠近人相傳授如史官之紀
録焉黄帝以土德王北俗謂土爲托謂后爲跋故以爲氏
其裔始均仕堯時逐女魃於弱水北人賴其勳舜命爲田
祖歴三代至秦漢獯鬻獫狁山戎匈奴之屬累代作害中
州而始均之裔不交南夏是以載籍無聞積六七十代至
成皇帝諱毛立統國三十六大姓九十九威振北方成帝
信州儒學　北史帝紀一上　一

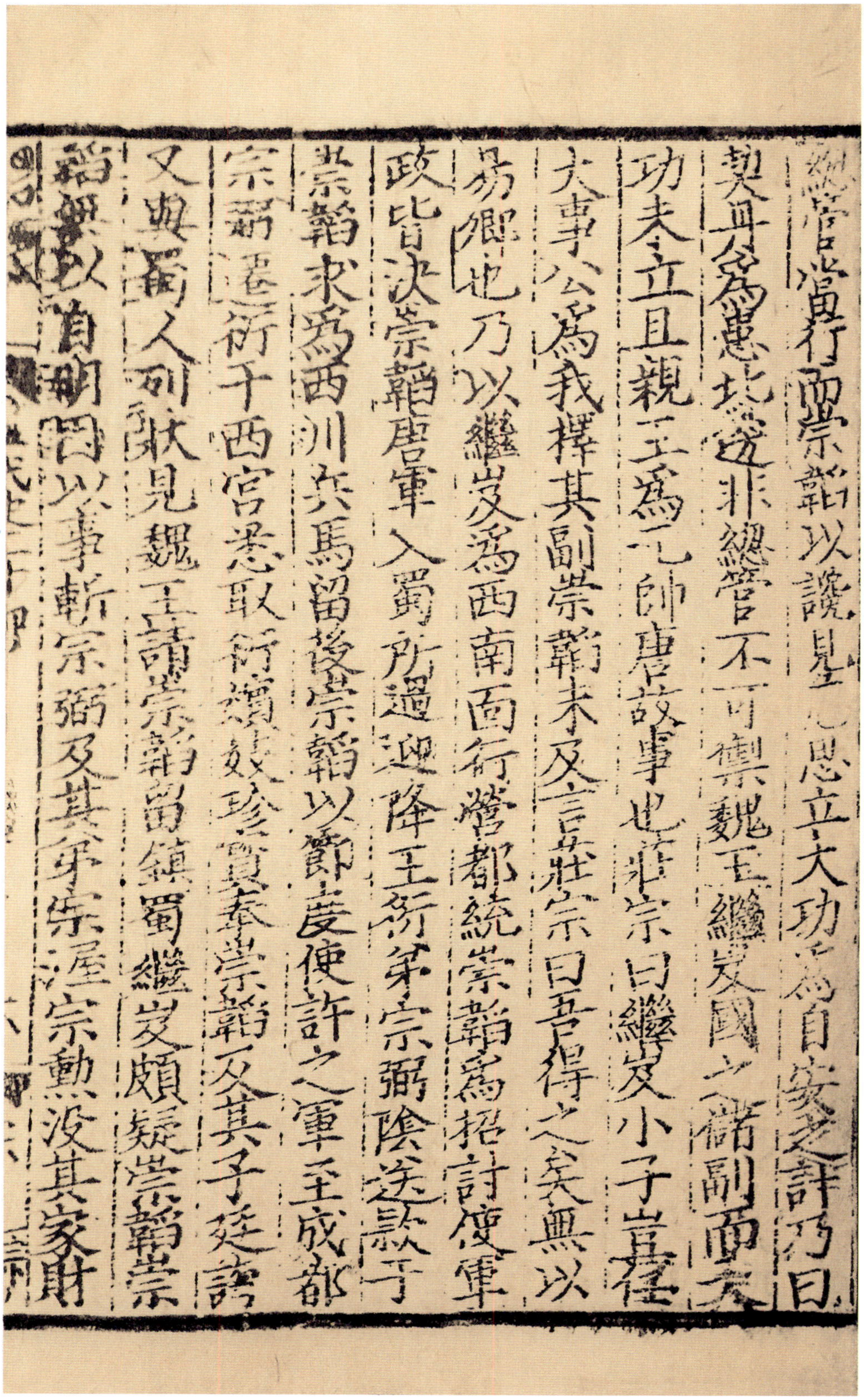

總管當行而崇韜以讒見忌思立大功爲自安之計乃曰
契丹爲患非總管不可禦魏王繼岌國之儲副而未有
功且親王爲元帥唐故事也莊宗曰繼岌小子豈堪
大事公爲我擇其副崇韜未及言莊宗曰吾得之矣無以
易卿也乃以繼岌爲西南面行營都統崇韜爲招討使軍
政皆決崇韜唐軍入蜀所過迎降王衍弟宗弼陰送款于
崇韜求爲西川兵馬留後崇韜以節度使許之軍至成都
宗弼遷衍于西宮悉取衍嬪妓珍寶奉崇韜及其子廷誨
又與蜀人列狀見魏王請崇韜留鎮蜀繼岌頗疑崇韜崇
韜懼欲自明因以事斬宗弼及其弟宗渥宗勳沒其家財

12360 五代史記七十四卷 （宋）歐陽修撰 （宋）徐無黨注 元宗文書院刻明修本（卷一至三、六至七、九、二十六至二十九、四十八至五十一、五十六至五十七、五十九至六十一配清抄本）

匡高22厘米，廣16.4厘米。半葉十行，行二十二字，小字雙行同，細黑口，左右雙邊。有“譚錫慶學看宋版書籍印”等印。遼寧省圖書館藏，存七十一卷。

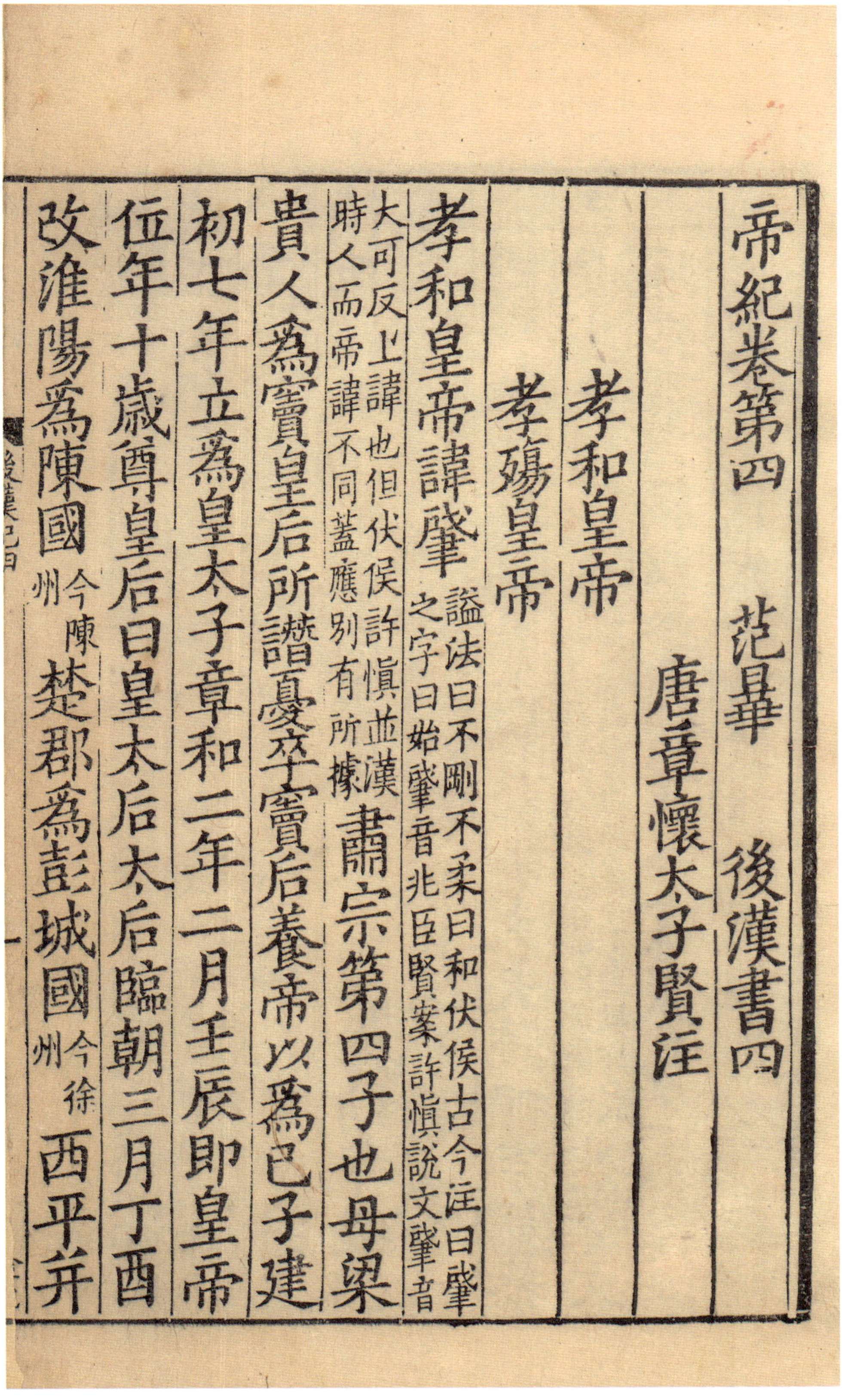
帝紀卷第四　范曄　後漢書四
唐章懷太子賢注
孝和皇帝
孝殤皇帝
孝和皇帝諱肇謚法曰不剛不柔曰和伏侯古今注曰肇之字曰始肇音兆臣賢案許慎說文肇音大可反上諱也但伏侯許慎並漢時人而帝諱不同蓋應別有所據肅宗第四子也母梁貴人爲竇皇后所譖憂卒竇后養帝以爲己子建初七年立爲皇太子章和二年二月壬辰即皇帝位年十歲尊皇后曰皇太后太后臨朝三月丁酉改淮陽爲陳國今陳州楚郡爲彭城國今徐州西平并

12361 後漢書九十卷　（南朝宋）范曄撰　（唐）李賢注　**志三十卷**　（晉）司馬彪撰　（梁）劉昭注　北宋刻宋元遞修本（卷十六、十八至十九、二十五至二十六、三十二、三十五至三十九、六十一至六十三、六十六至六十九、七十三、七十九，志卷二十二、二十四至三十配宋黄善夫刻本；目録、卷一至二、十下、十七、二十至二十四、二十七至三十、三十三至三十四、四十至四十八、五十至五十七、六十、七十四下至七十八、八十一至八十四、八十九至九十，志卷一至二、十至二十、二十三配宋嘉定元年蔡琪一經堂刻本）匡高21.6厘米，廣14厘米。半葉十行，行十九字，小字雙行二十四、二十五字不等，細黑口，左右雙邊。有“汪士鐘曾讀”“鹽官蔣氏衍芬草堂三世藏書印”等印。國家圖書館藏，存一百六卷。

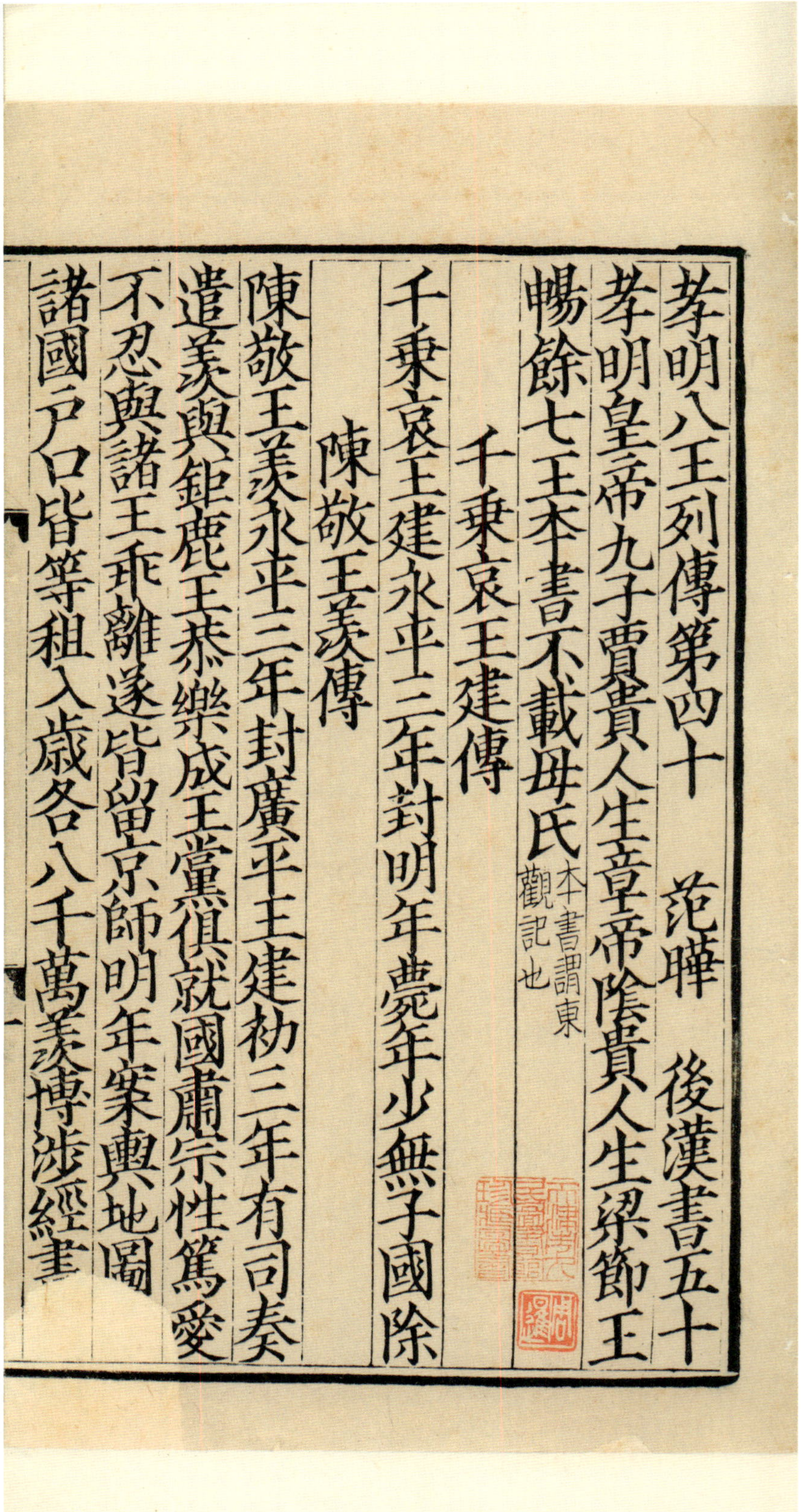

孝明八王列傳第四十　范曄　後漢書五十
孝明皇帝九子賈貴人生章帝陰貴人生梁節王
暢餘七王本書不載母氏本書謂東觀記也
千乘哀王建傳
千乘哀王建永平三年封明年薨年少無子國除
陳敬王羨傳
陳敬王羨永平三年封廣平王建初三年有司奏
遣羨與鉅鹿王恭樂成王黨俱就國肅宗性篤愛
不忍與諸王乖離遂皆留京師明年案輿地圖
諸國戶口皆等租入歲各八千萬羨博涉經書

12362 後漢書九十卷　（南朝宋）范曄撰　（唐）李賢注　**志三十卷**　（晉）司馬彪撰　（梁）劉昭注　宋黃善夫刻本

匡高20.2厘米，廣13.2厘米。半葉十行，行十九字，小字雙行二十四字，細黑口，四周雙邊。有“周暹”等印。天津圖書館藏，存一卷。

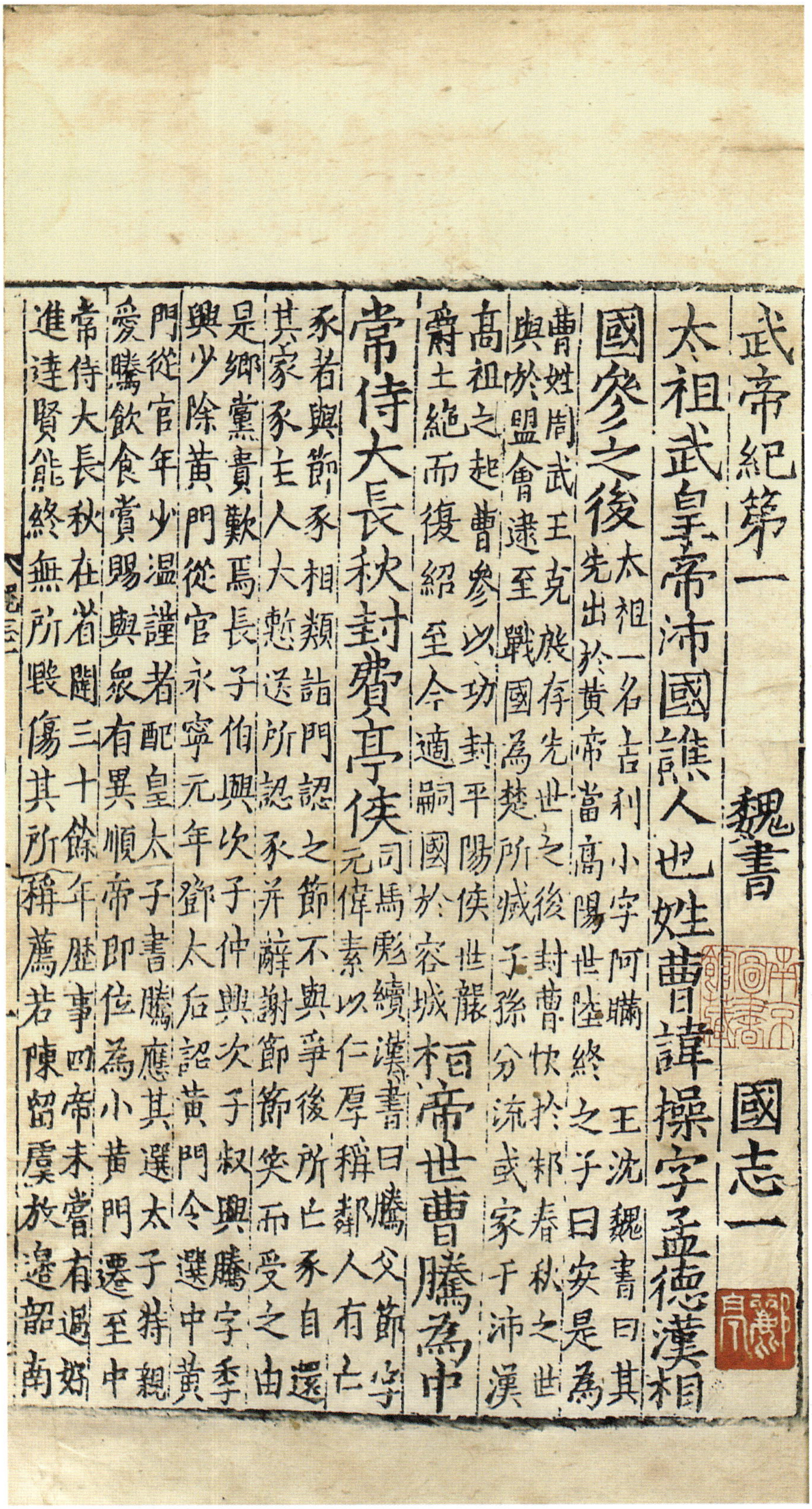

12363 三國志六十五卷　（晉）陳壽撰　（南朝宋）裴松之注　宋衢州州學刻元明遞修本

匡高21厘米，廣15.4厘米。半葉十行，行十九字，小字雙行二十一字，細黑口，左右雙邊。有"鄺亭"等印。南京圖書館藏。

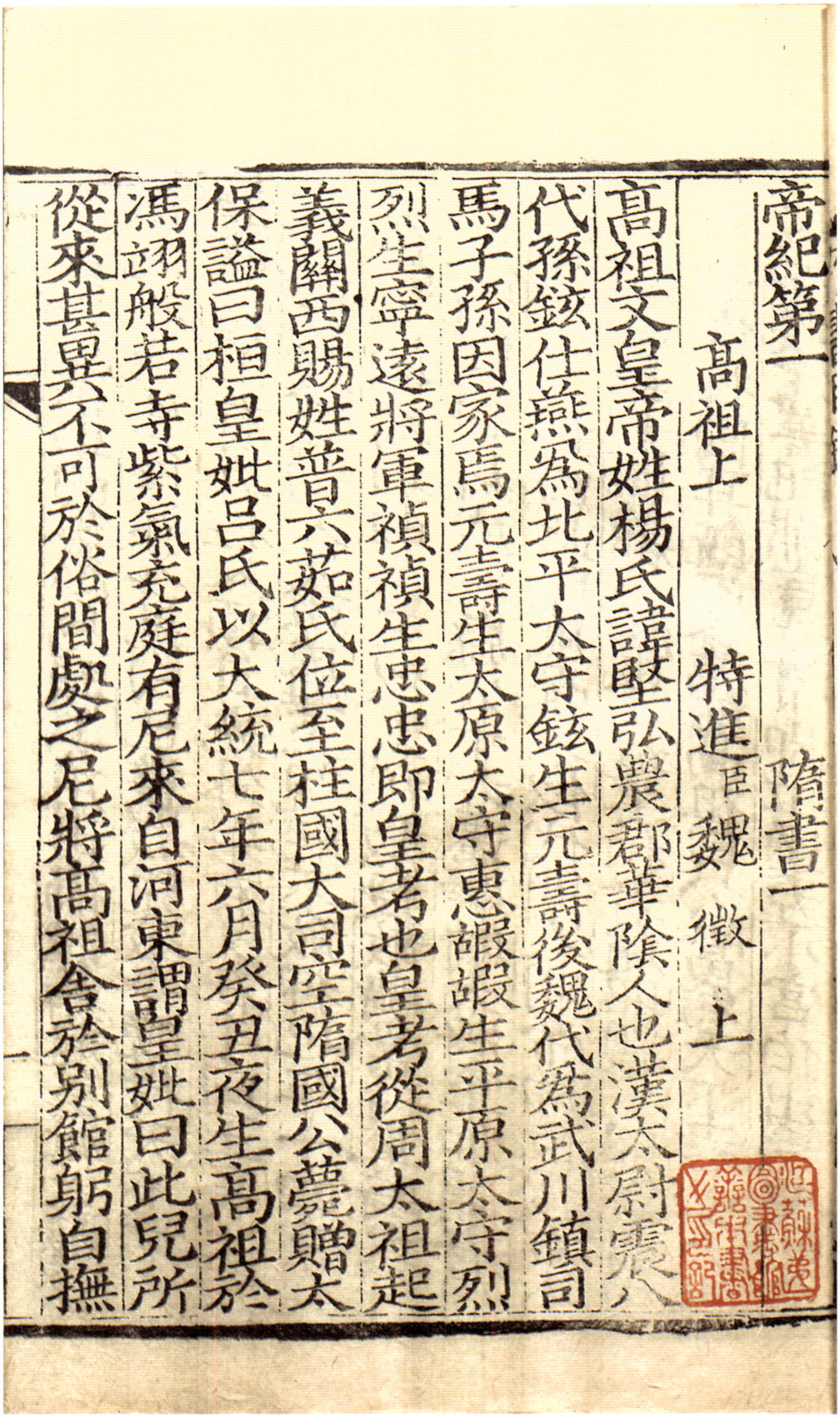

12364 隋書八十五卷 （唐）魏徵等撰　元大德饒州路儒學刻明正德十年（1515）重修本

匡高22.5厘米，廣16.5厘米。半葉十行，行二十二字，細黑口，四周雙邊。丁丙跋。南京圖書館藏。

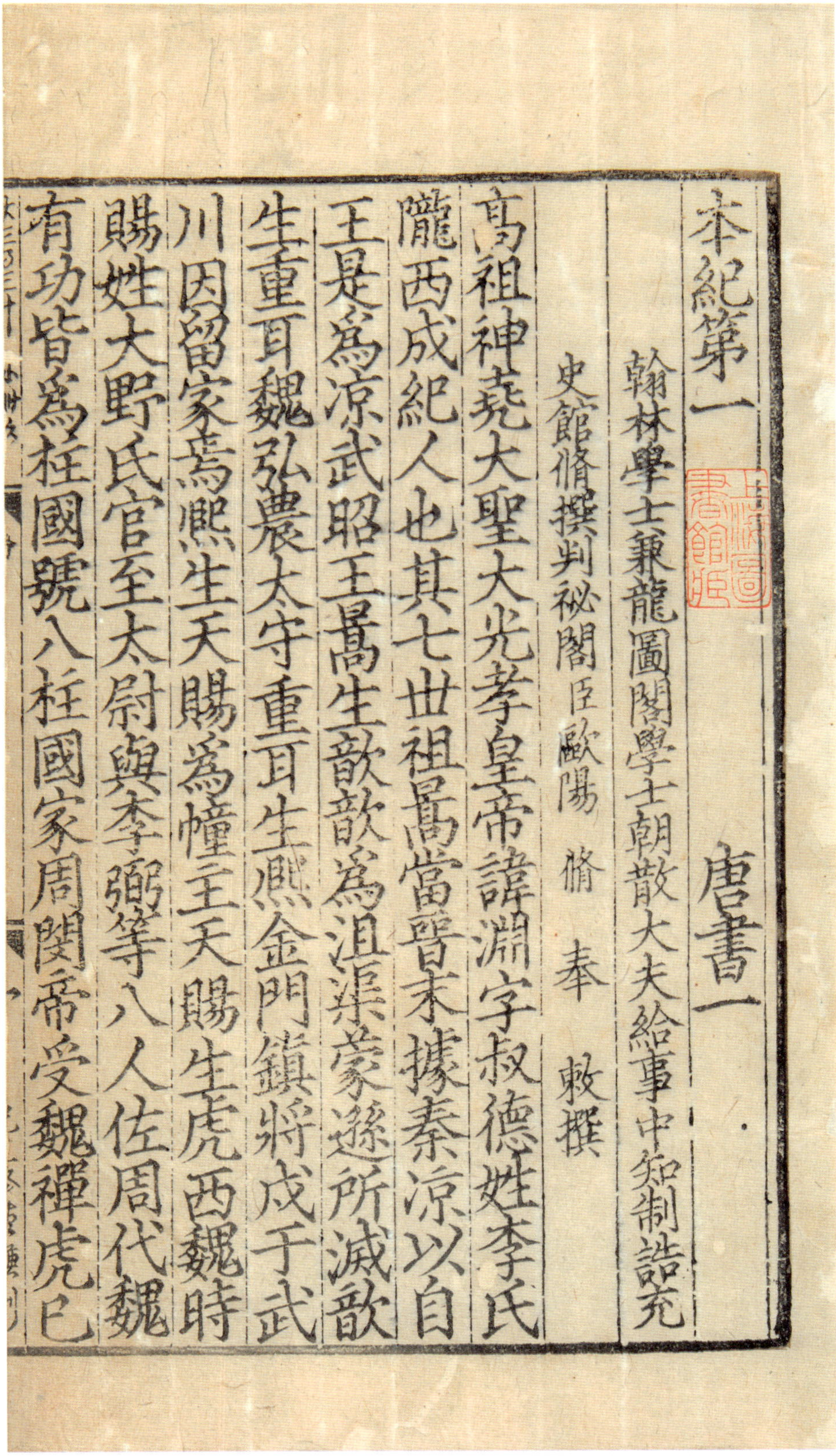

本紀第一　　唐書一
翰林學士兼龍圖閣學士朝散大夫給事中知制誥充
史館脩撰判秘閣臣歐陽脩奉　勅撰
高祖神堯大聖大光孝皇帝諱淵字叔德姓李氏
隴西成紀人也其七世祖暠當晉末據秦凉以自
王是爲凉武昭王暠生歆歆爲沮渠蒙遜所滅歆
生重耳魏弘農太守重耳生熙金門鎮將戍于武
川因留家焉熙生天賜爲幢主天賜生虎西魏時
賜姓大野氏官至太尉與李弼等八人佐周代魏
有功皆爲柱國號八柱國家周閔帝受魏禪虎已

12365 唐書二百二十五卷　（宋）歐陽修　宋祁等撰　元天曆二年（1329）刻本

匡高19厘米，廣12.3厘米。半葉十行，行十九字，白口，左右雙邊。有“璜川吴氏收藏圖書”“三餘齋圖書印”等印。上海圖書館藏，存一百五十二卷。

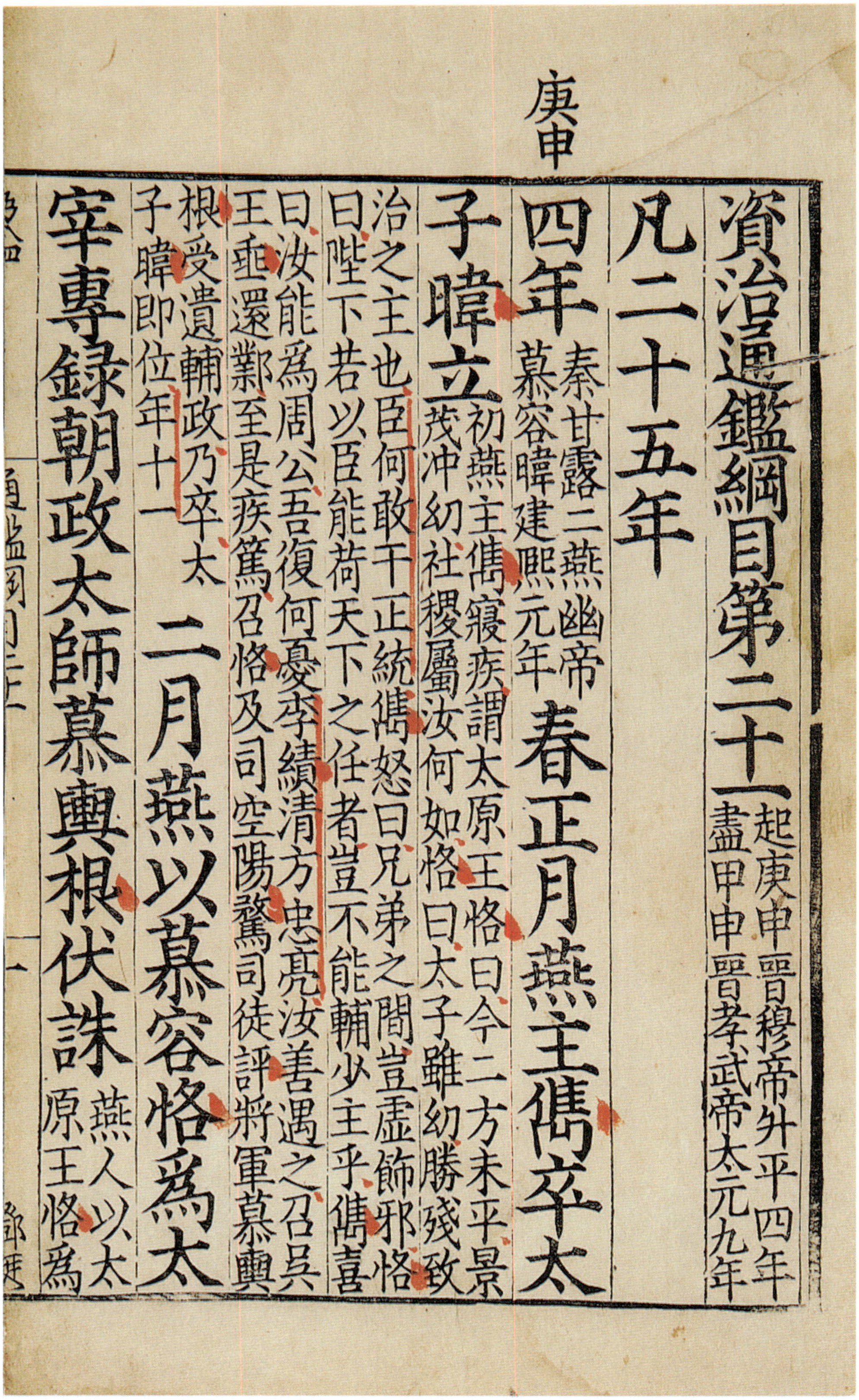
資治通鑑綱目第二十一 起庚申晉穆帝升平四年盡甲申晉孝武帝太元九年
凡二十五年
庚申
四年 秦甘露二燕幽帝慕容暐建熙元年 春正月燕主儁卒太
子暐立 初燕主儁寢疾謂太原王恪曰今二方未平景茂冲幼社稷屬汝何如恪曰太子雖幼勝殘致
治之主也臣何敢干正統儁怒曰兄弟之間豈虛飾邪恪曰陛下若以臣能荷天下之任者豈不能輔少主乎儁喜
曰汝能爲周公吾復何憂李績清方忠亮汝善遇之召吳王垂還鄴至是疾篤召恪及司空陽騖司徒評將軍慕輿
根受遺輔政乃卒太子暐即位年十一 二月燕以慕容恪爲太
宰專録朝政太師慕輿根伏誅 燕人以太原王恪爲

12366、12367 資治通鑑綱目五十九卷 （宋）朱熹撰　宋嘉定十四年（1221）鄭寅廬陵郡庠刻本

匡高21.5厘米，廣15.6厘米。半葉八行，行十三至十六字不等，小字雙行二十二字，白口，左右雙邊。國家博物館藏，存一卷；浙江大學圖書館藏，有“滌盦臧書之印”“袁一誠印”“袁紹良印”等印，存一卷。

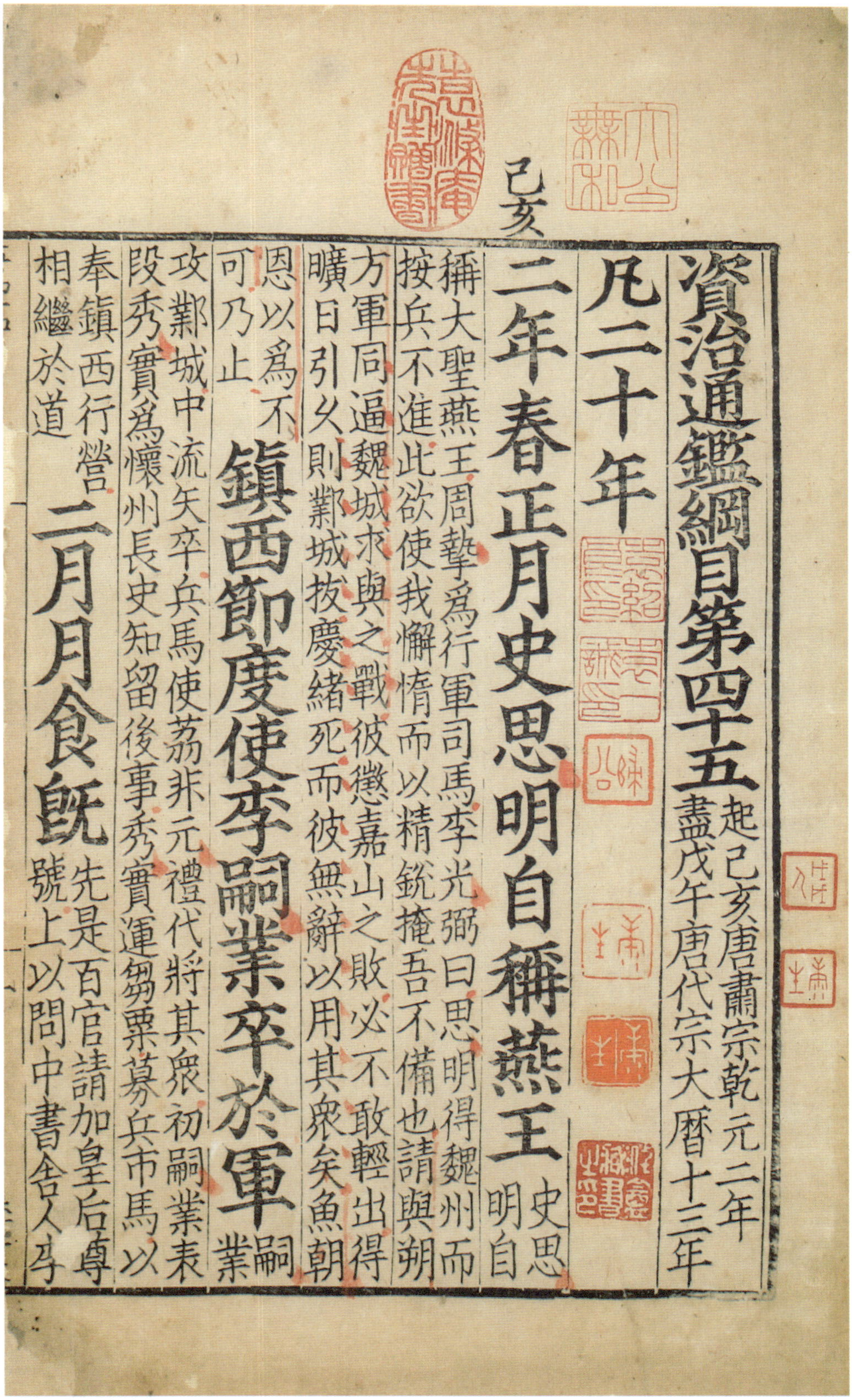

資治通鑑綱目第四十五 起己亥唐肅宗乾元二年盡戊午唐代宗大曆十三年

凡二十年

己亥

二年春正月史思明自稱燕王 史思明自稱大聖燕王周摯爲行軍司馬李光弼曰思明得魏州而按兵不進此欲使我懈惰而以精銳掩吾不備也請與朔方軍同逼魏城求與之戰彼懲嘉山之敗必不敢輕出得曠日引久則鄴城拔慶緒死而彼無辭以用其衆矣魚朝恩以爲不可乃止

鎮西節度使李嗣業卒於軍 嗣業攻鄴城中流矢卒兵馬使茘非元禮代將其衆初嗣業表段秀實爲懷州長史知留後事秀實運芻粟募兵市馬以奉鎮西行營相繼於道

二月月食既 先是百官請加皇后尊號上以問中書舍人李

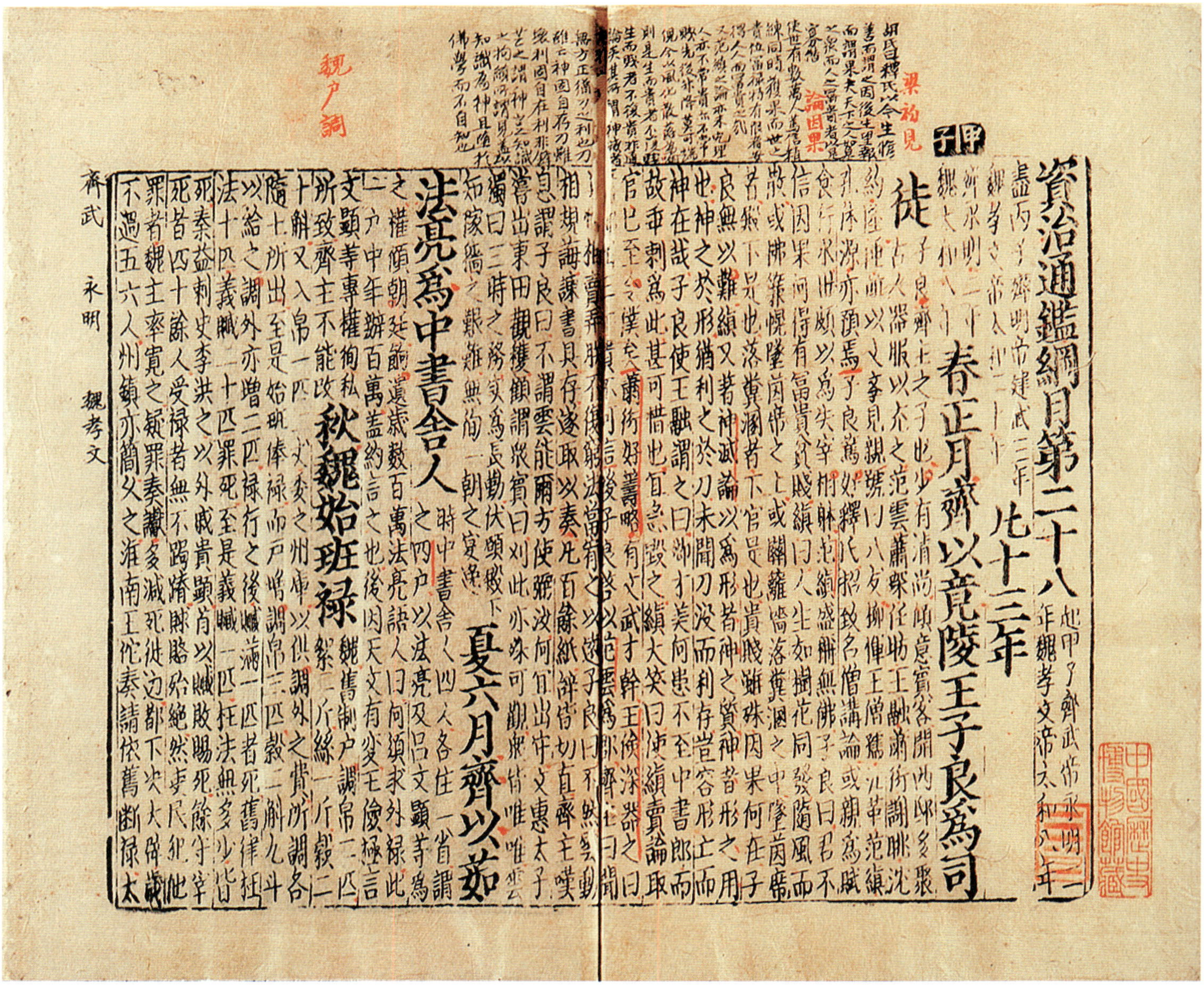

12368 資治通鑑綱目五十九卷 （宋）朱熹撰　宋刻本

蝴蝶裝。匡高19.2厘米，廣13.4厘米。半葉十行，行十六字，小字雙行二十二字，黑口，左右雙邊。國家博物館藏，存三卷。

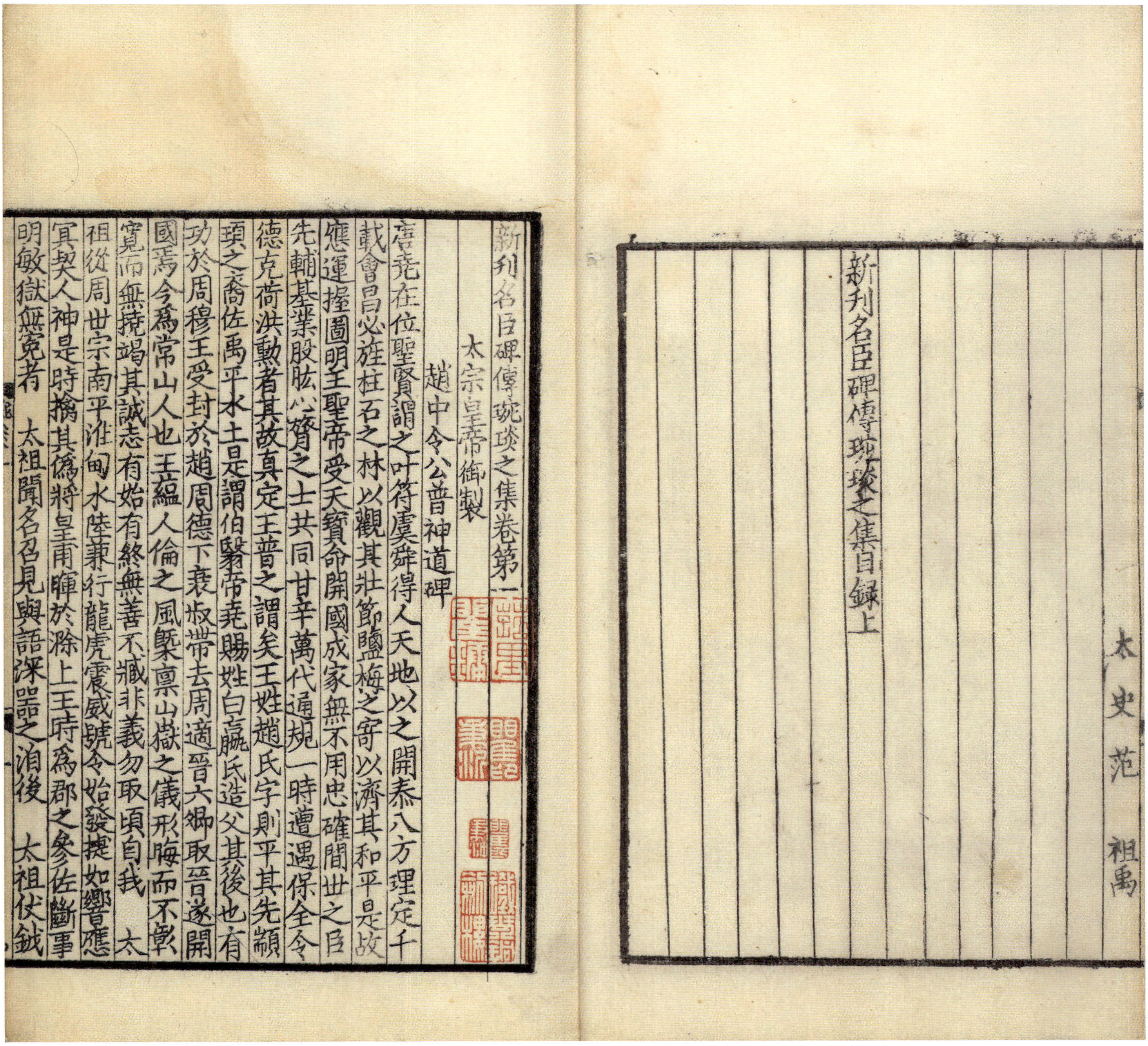

12369 新刊名臣碑傳琬琰之集上集二十七卷中集五十五卷下集二十五卷 （宋）杜大珪輯　宋刻元明遞修本（上集卷四至七、十一配抄本）

匡高19.3厘米，廣13.6厘米。半葉十五行，行二十五字，白口，左右雙邊。有“鐵琴銅劍樓”等印。國家圖書館藏。

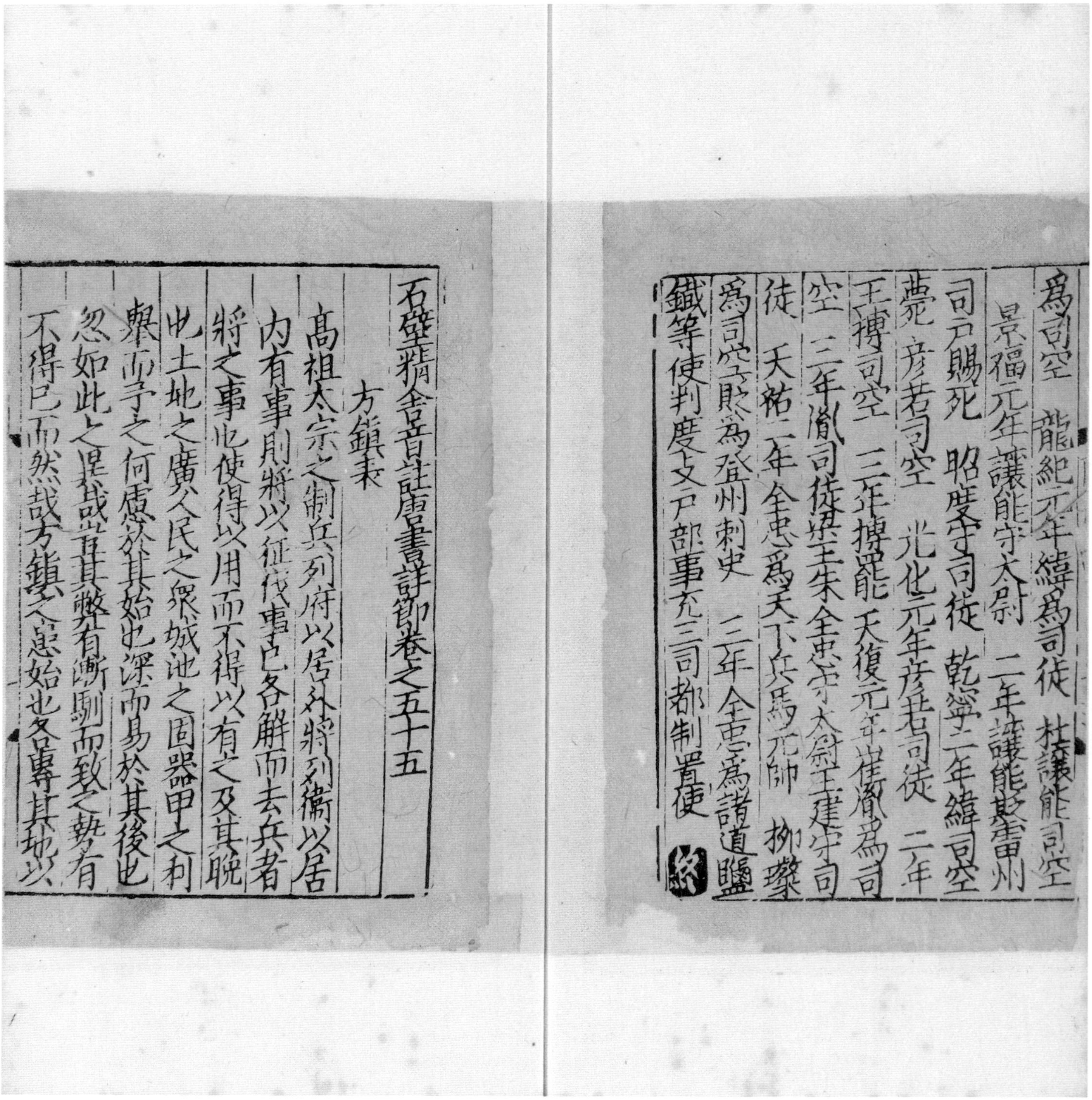
為司空　龍紀元年緯為司徒　杜讓能司空
景福元年讓能守太尉　二年讓能貶雷州
司戶賜死　昭度守司徒　乾寧二年緯司空
薨　彥若司空　光化元年彥若司徒　二年
王摶司空　三年摶罷　天復元年崔胤為司
空　三年胤司徒梁王朱全忠守太尉王建守司
徒　天祐二年全忠為天下兵馬元帥　柳璨
為司空貶為登州刺史　三年全忠為諸道鹽
鐵等使判度支戶部事充三司都制置使
終

石壁精舍音註唐書詳節卷之五十五
方鎮表
高祖太宗之制兵列府以居外將列衛以居
內有事則將以征伐事已各解而去兵者
將之事也使得以用而不得以有之及其晚
也土地之廣人民之衆城池之固器甲之利
舉而予之何慮於其始也深而易於其後也
忽如此之偲哉豈其弊有漸馴而致之勢有
不得已而然哉方鎮之患始也各專其地以

12370 石壁精舍音註唐書詳節二百卷　（宋）陳鑒輯　宋刻本（卷五十八抄配）

匡高9.6厘米，廣6.4厘米。半葉九行，行十八字，細黑口，左右雙邊或四周雙邊。上海圖書館藏，存七卷。

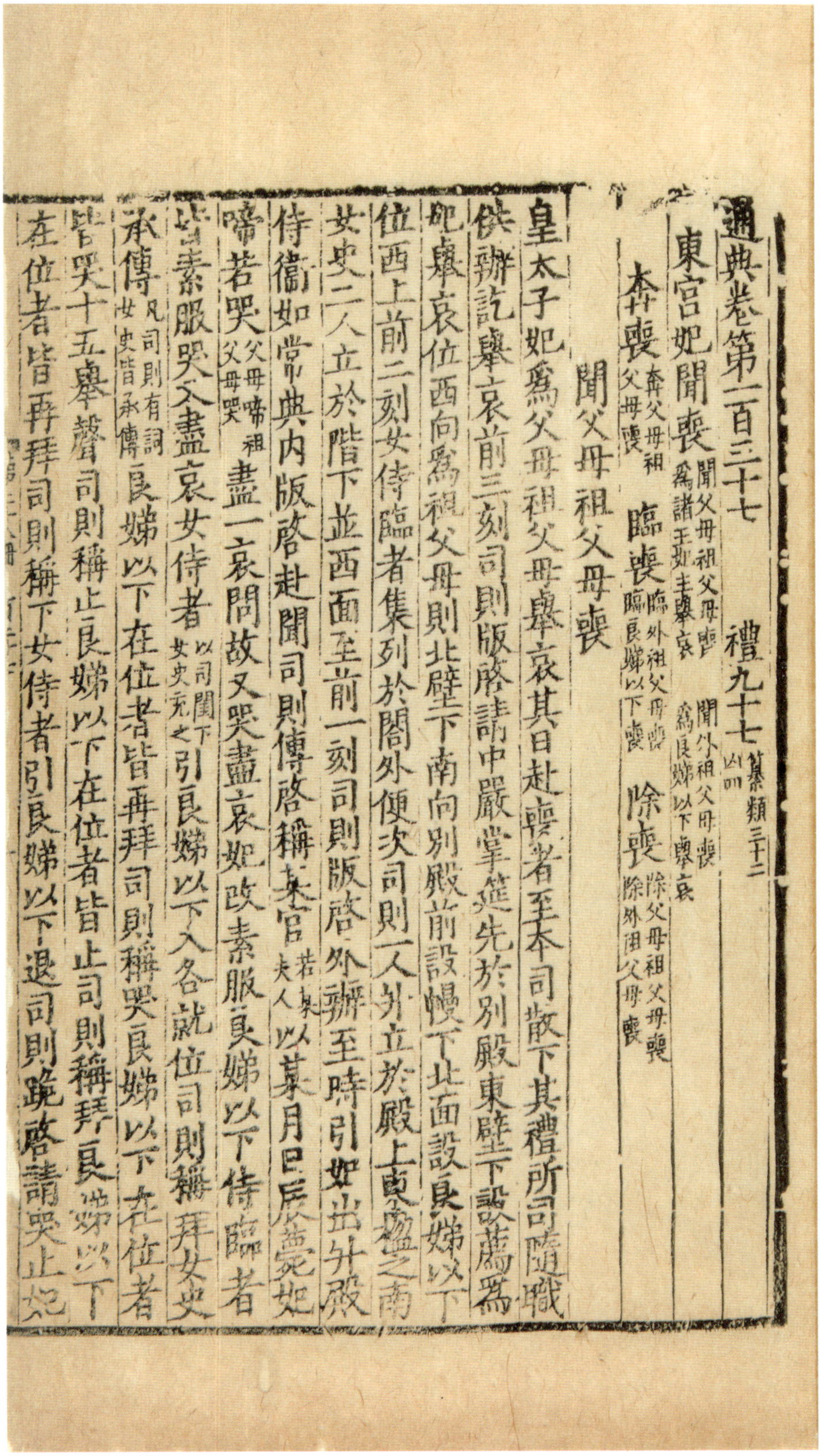
通典卷第一百三十七　禮九十七　凶四　纂類三十二
東宮妃聞喪　聞父母祖父母喪　爲諸王妃主舉哀　聞外祖父母喪　爲良娣以下舉哀
奔喪　奔父母祖父母喪　臨喪　臨外祖父母喪　臨良娣以下喪　除喪　除父母祖父母喪　除外祖父母喪
聞父母祖父母喪
皇太子妃爲父母祖父母舉哀其日赴喪者至本司啟下其禮所司隨職
供辦訖舉哀前三刻司則版啓請中嚴掌筵先於別殿東壁下設薦爲
妃舉哀位西向爲祖父母則北壁下南向別殿前設幔下北面設良娣以下
位西上前二刻女侍臨者集列於閤外便次司則一人外立於殿上東楹之南
女史二人立於階下並西面至前一刻司則版啓外辦至時引妃出升殿
侍衛如常典內版啓赴聞司則傳啓稱東宮若某夫人以某月日辰公薨妃
啼若哭父母啼祖父母哭盡一哀問故又哭盡哀妃改素服良娣以下侍臨者
皆素服哭又盡哀女侍者以司閨下女史充之引良娣以下入各就位司則稱拜女史
承傳凡司則有詞女史皆承傳良娣以下在位者皆再拜司則稱哭良娣以下在位者
皆哭十五舉聲司則稱止良娣以下在位者皆止司則稱拜良娣以下
在位者皆再拜司則稱下女侍者引良娣以下退司則跪啓請哭止妃

12371 通典二百卷　（唐）杜佑撰　宋刻宋遞修印本

匡高23.9厘米，廣16.5厘米。半葉十五行，行二十六至二十八字不等，白口，左右雙邊。有“杭州王氏九峰舊廬藏書之章”“羣碧樓”等印。鄧邦述跋。上海圖書館藏，存十二卷。

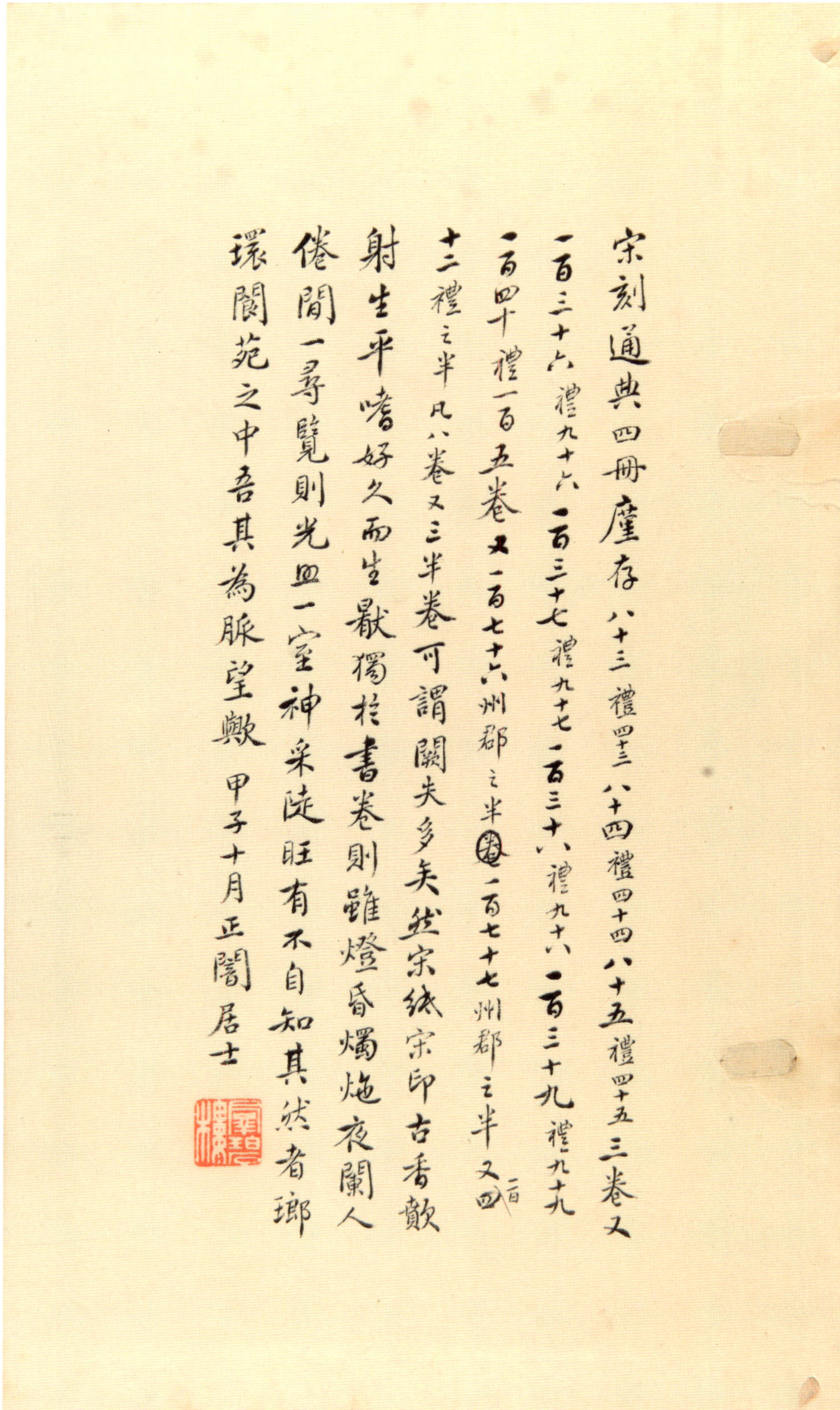
宋刻通典四册僅存八十三禮四十三 八十四禮四十四 八十五禮四十五 三卷又一百三十六禮九十六 一百三十七禮九十七 一百三十八禮九十八 一百三十九禮九十九 一百四十禮一百 五卷又一百七十六州郡之半 一百七十七州郡之半 又一百四十三禮之半 凡八卷又三半卷可謂闕失多矣然宋紙宋印古香馥射生平嗜好久而生厭獨於書卷則雖燈昏燭炧夜闌人倦閒一尋覽則光照一室神采陡旺有不自知其然者瑯環閟苑之中吾其為脈望歟 甲子十月正闇居士

12371 通典二百卷

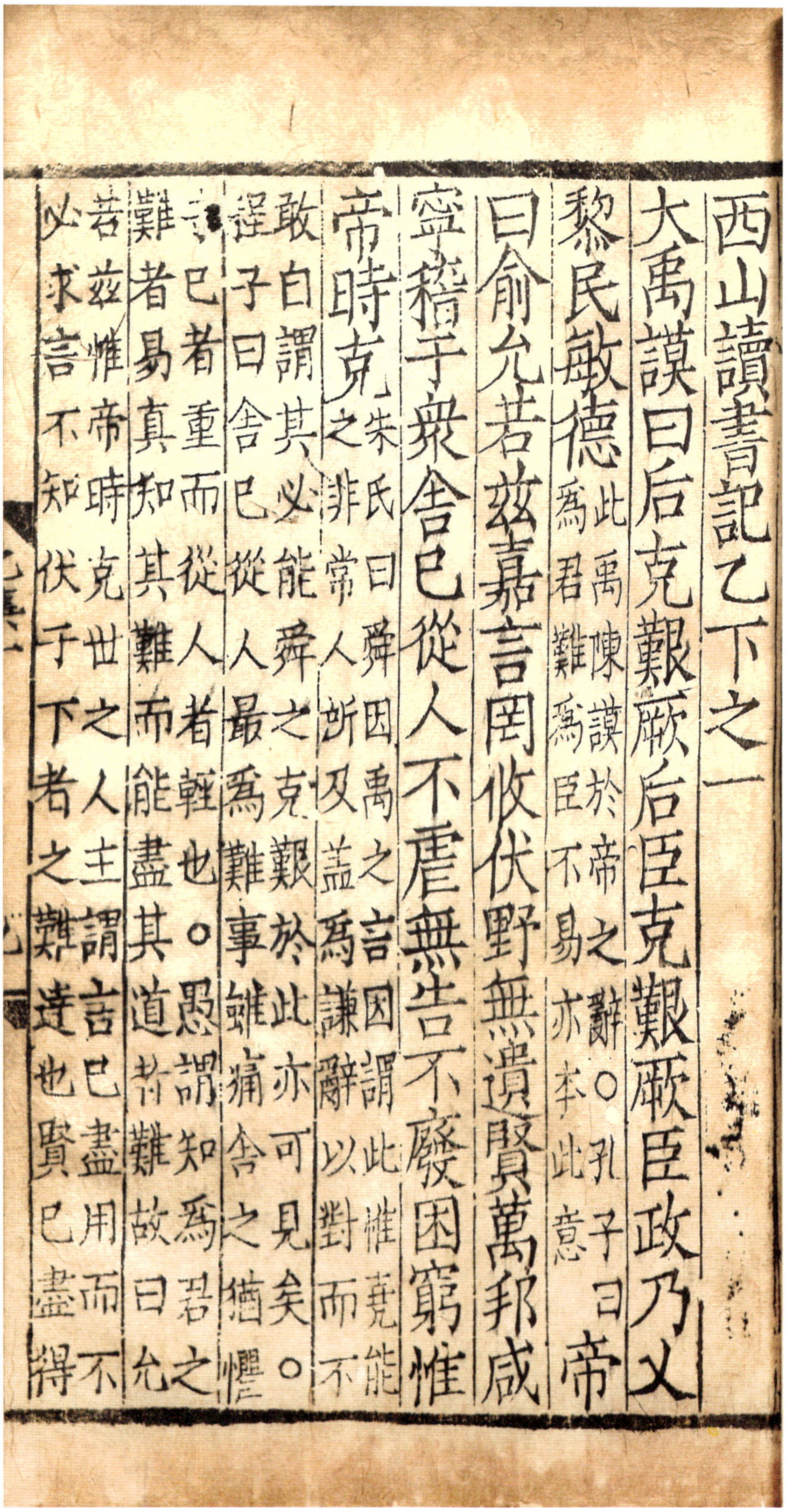
西山讀書記乙下之一
大禹謨曰后克艱厥后臣克艱厥臣政乃乂
黎民敏德此禹陳謨於帝之辭○孔子曰爲君難爲臣不易亦本此意帝
曰俞允若茲嘉言罔攸伏野無遺賢萬邦咸
寧稽于衆舍己從人不虐無告不廢困窮惟
帝時克朱氏曰舜因禹之言因謂此惟堯能之非常人所及蓋爲謙辭以對而不
敢自謂其必能舜之克艱於此亦可見矣○
程子曰舍己從人最爲難事雖痛舍之猶懼
言己者重而從人者輕也○愚謂知爲君之
難者易真知其難而能盡其道者難故曰允
若茲惟帝時克世之人主謂言已盡用而不
必求言不知伏于下者之難遣也賢已盡得

12372 西山先生真文忠公讀書記甲集三十七卷丁集二卷 （宋）真德秀撰　宋福州學官刻元修本（甲集卷一至二配清抄本）　**乙集下二十二卷** （宋）真德秀撰　宋開慶元年（1259）福州官刻元修本

匡高21.8厘米，廣15.7厘米。半葉九行，甲集行十六字，乙集行十七字，小字雙行同，白口，左右雙邊。南京圖書館藏，存五十九卷。

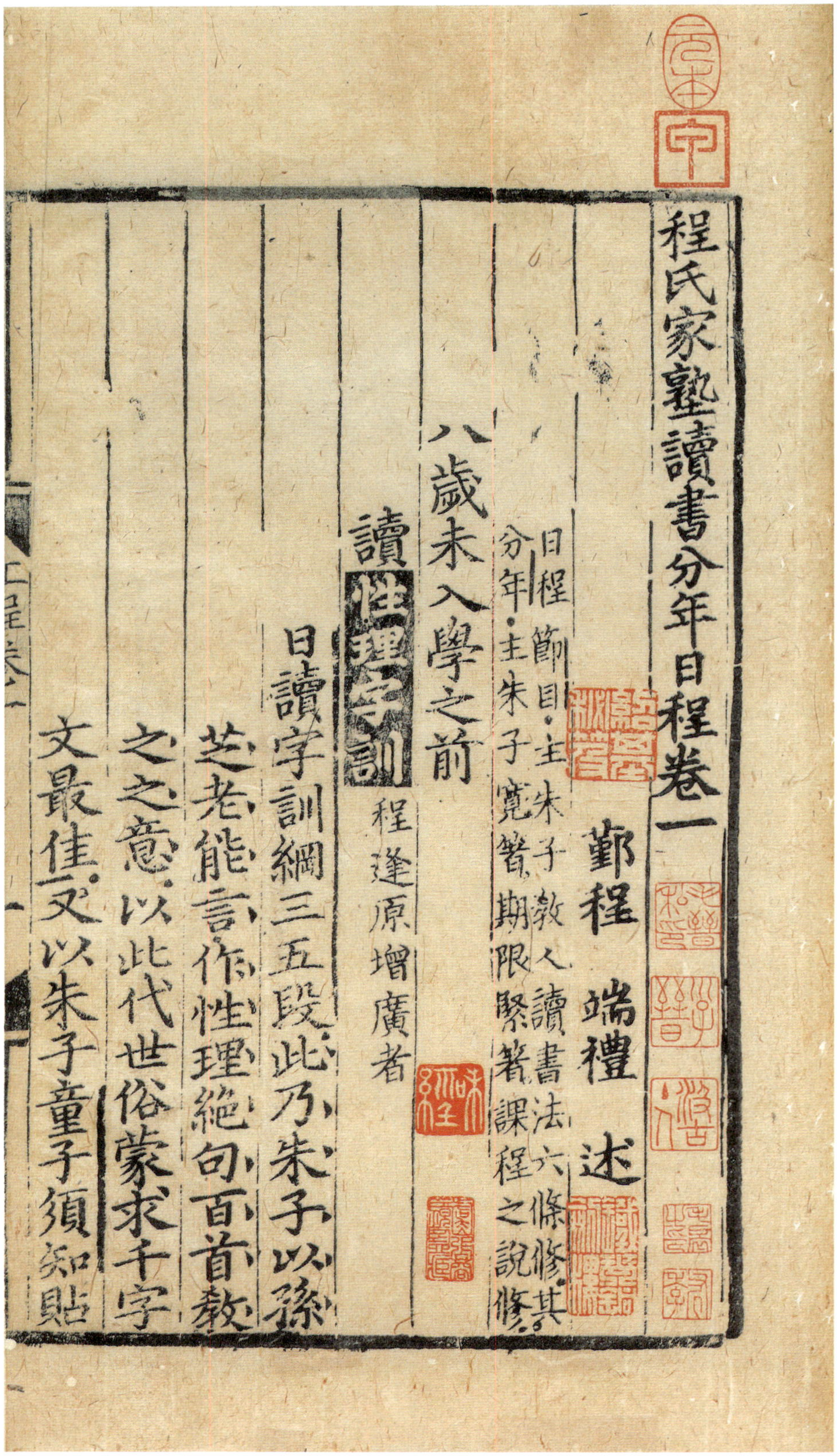
程氏家塾讀書分年日程卷一
日程節目•主朱子教人讀書法六條•修其
分年•主朱子寬著期限緊著課程之說•修
鄞程端禮述
八歲未入學之前
讀性理字訓 程逢原增廣者
日讀字訓綱三五段此乃朱子以孫
芝老能言作性理絕句百首教
之之意以此代世俗蒙求千字
文最佳又以朱子童子須知貼

12373 程氏家塾讀書分年日程三卷　（元）程端禮撰　元元統三年（1335）甬東家塾刻本

匡高22.1厘米，廣14.3厘米。半葉九行，行二十二字，黑口，左右雙邊。有“汲古主人”“子晉”“毛晉私印”“毛扆之印”“元本”“甲”“虞山張蓉鏡鑒臧”“味經”“汪士鐘字春霆號朗園書畫印”“紹基秘笈”“鐵琴銅劍樓”等印。程恩澤題款。國家圖書館藏。

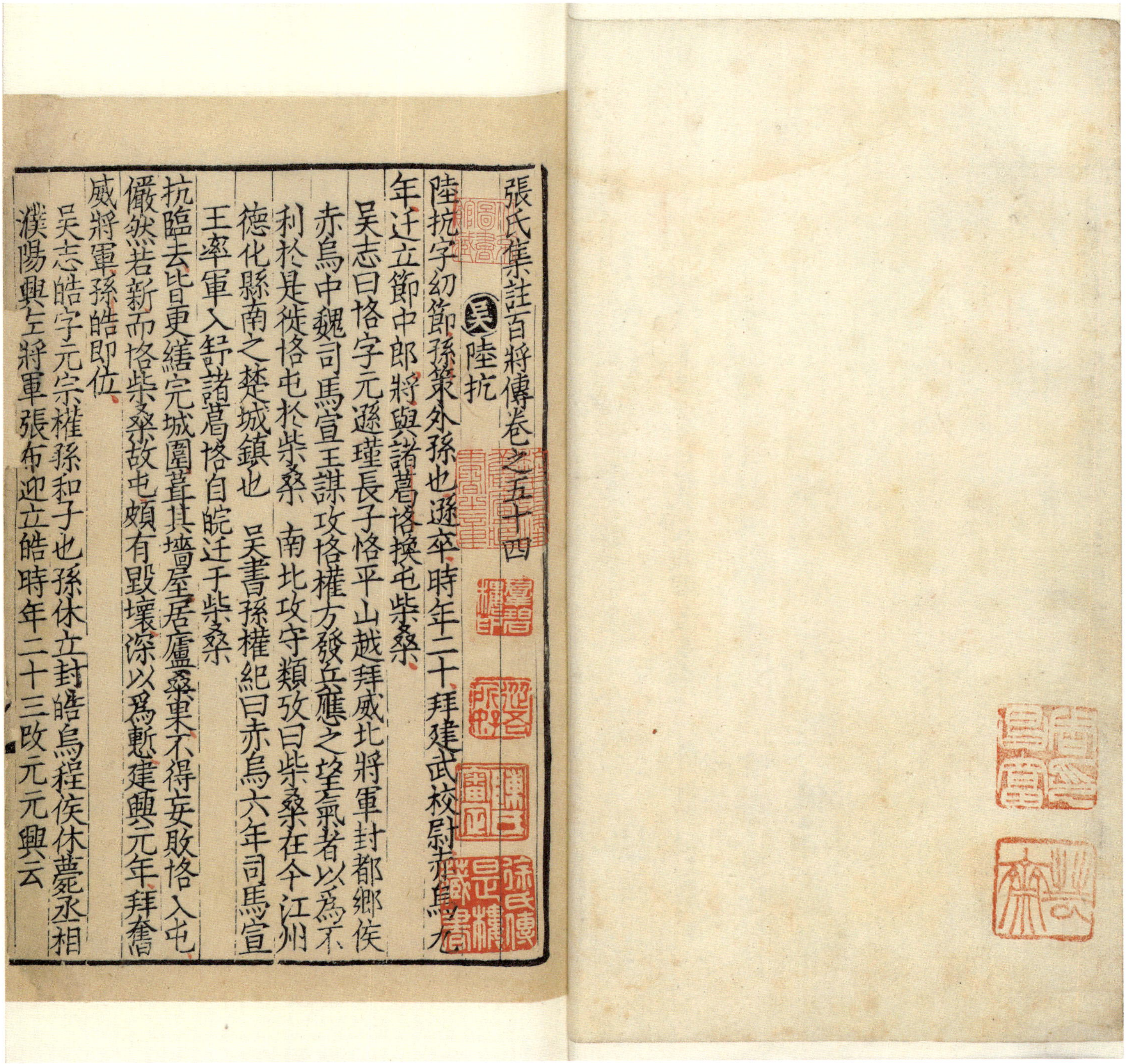

12374 張氏集註百將傳一百卷 （宋）張預撰　宋刻本

匡高25.8厘米，廣16.7厘米。半葉十四行，行二十四字，細黑口，左右雙邊。有“徐氏傳是樓藏書”“杭州王氏九峰舊廬藏書之章” 等印。王昶、鄧邦述跋。國家圖書館藏，存十卷。

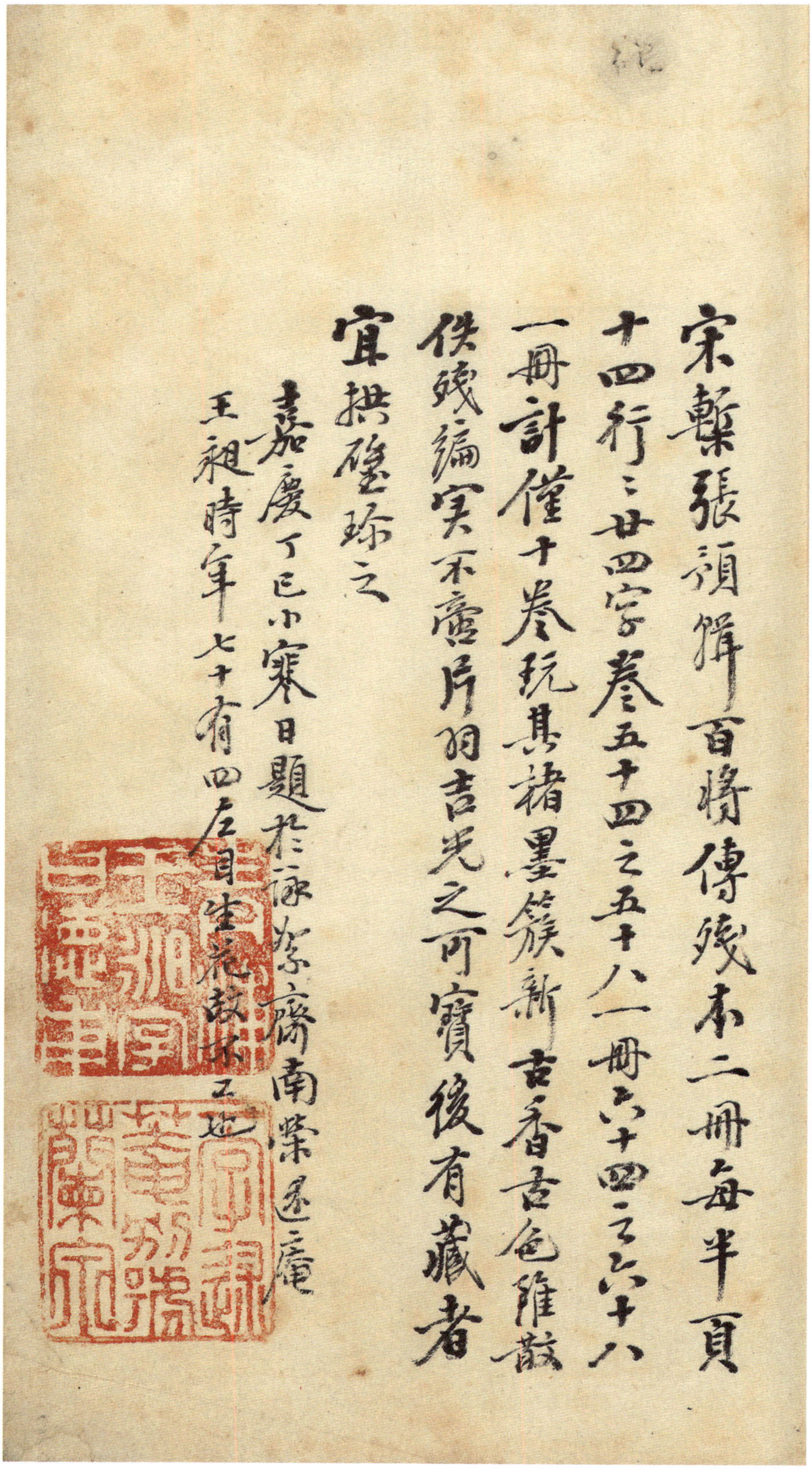

宋槧張預撰百將傳殘本二册每半頁
十四行行廿四字卷五十四之五十八一册六十四之六十八
一册計僅十卷玩其楮墨簇新古香古色雖散
佚殘編實不啻片羽吉光之可寶後有藏者
宜拱璧珍之
嘉慶丁巳小寒日題於詠棠齋南榮丞述庵
王昶時年七十有四左目生花故不工也

12374 張氏集註百將傳一百卷

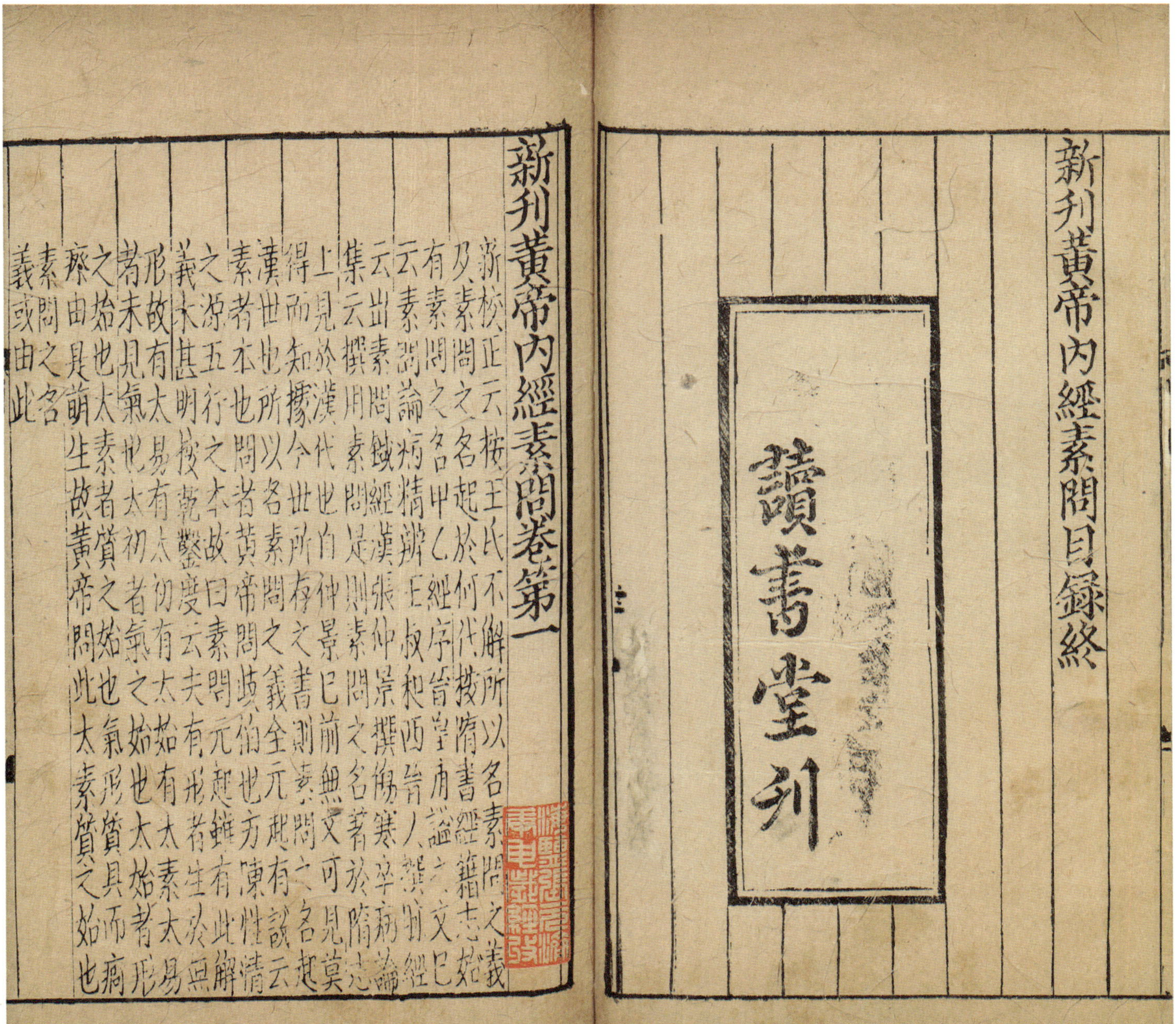

12375 新刊黄帝内經素問二十四卷 （唐）王冰注 （宋）林億等校正 （宋）孫兆改誤 **亡篇一卷** 元讀書堂刻本

匡高16.4厘米，廣10.9厘米。半葉十行，行十八字，小字雙行同，細黑口，左右雙邊。有“海鹽張元濟庚申歲經收” 等印。國家圖書館藏。

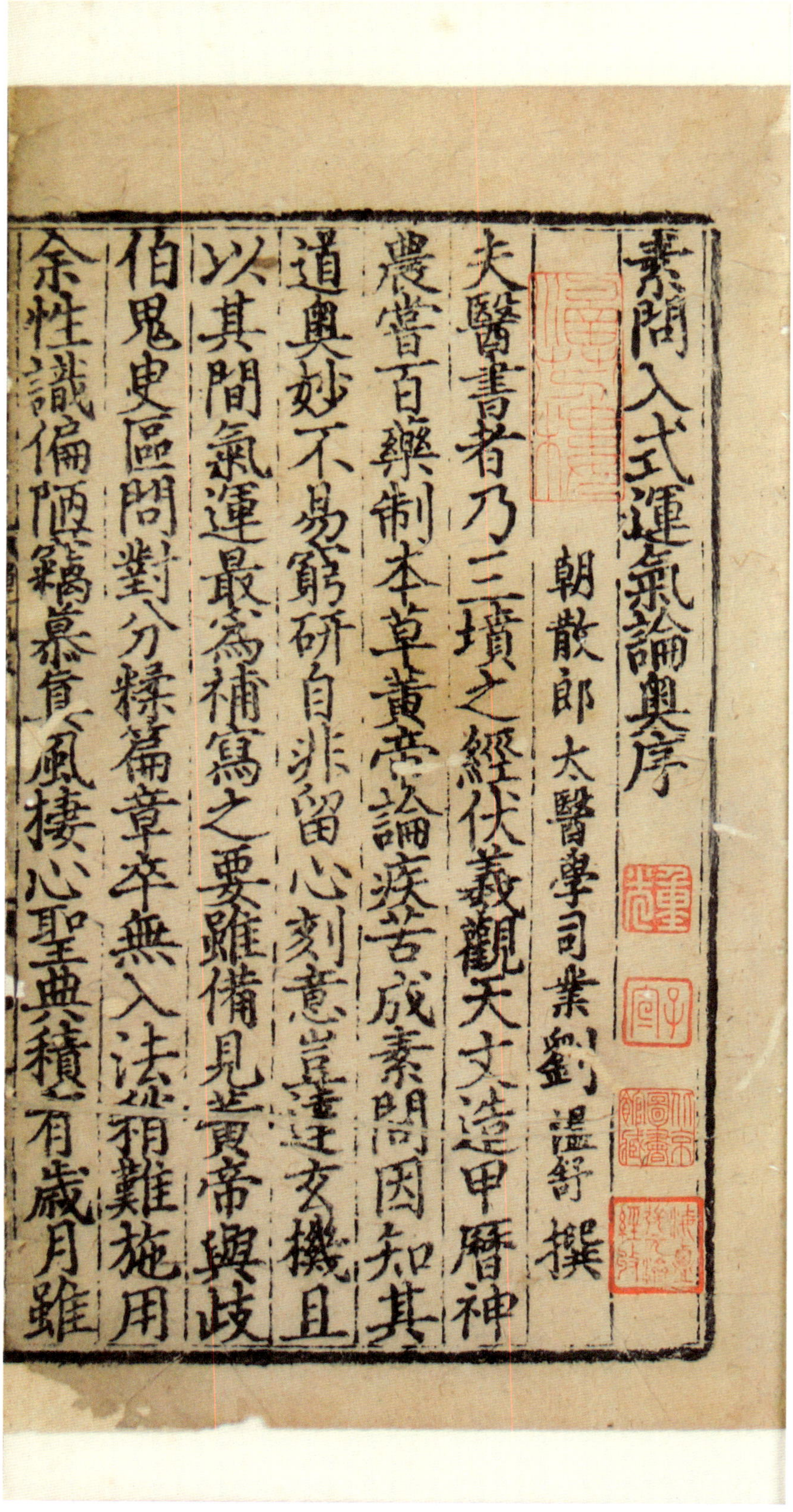

12376 新刊素問入式運氣論奧三卷 （宋）劉温舒撰 元後至元五年（1339）胡氏古林書堂刻本

匡高20.1厘米，廣12.3厘米。半葉十三或十四行，行二十三或二十四字，黑口，四周雙邊。有“涵芬樓”“海鹽張元濟經收”“子宣”“重光”等印。國家圖書館藏。

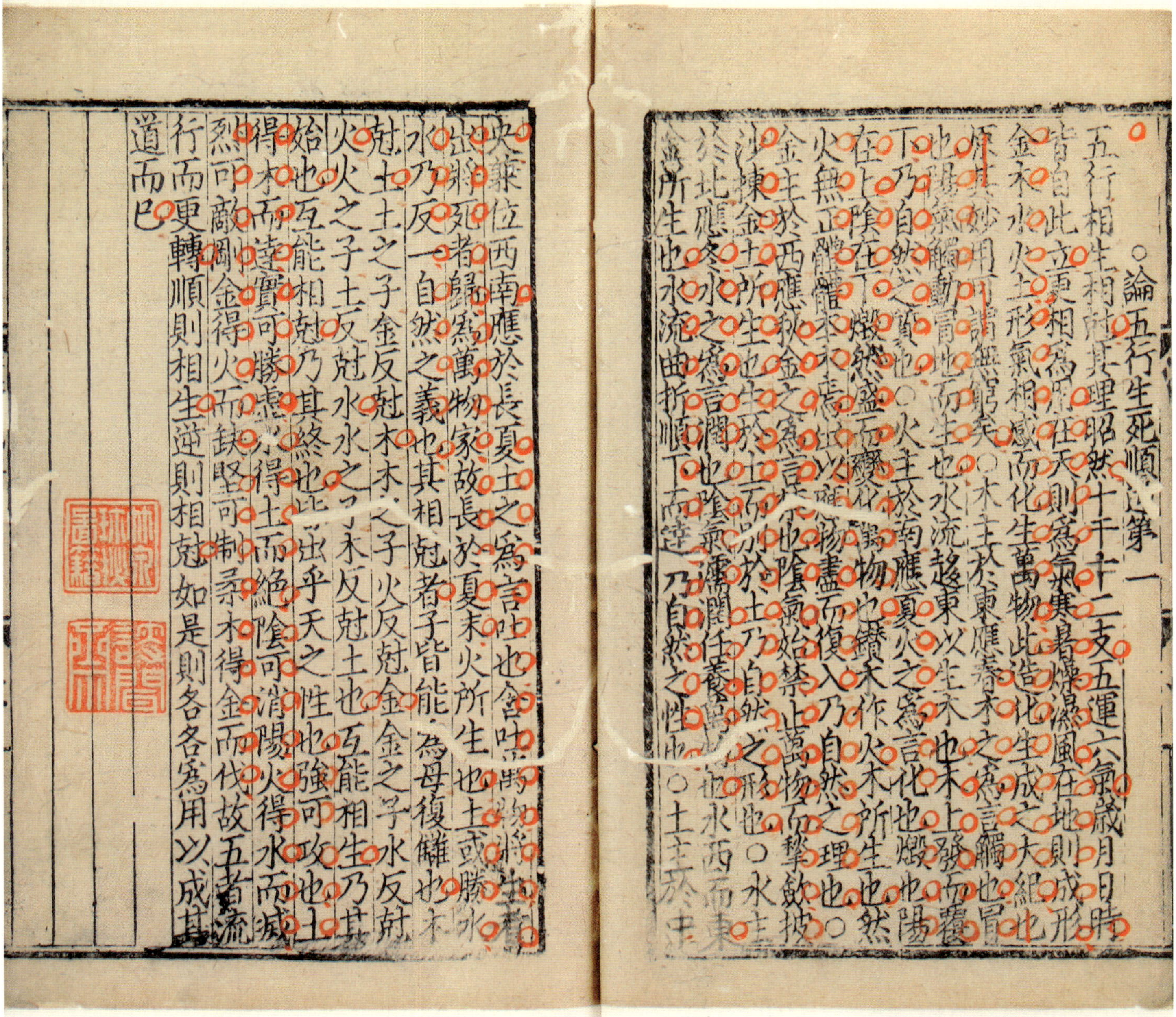
○論五行生死順逆第一
五行相生相剋其理昭然十干十二支五運六氣歲月日時
皆自此立更相爲用在天則爲氣寒暑燥濕風在地則成形
金木水火土形氣相感而化生萬物此造化生成之大紀也
原其妙用可謂無窮矣○木主於東應春木之爲言觸也
陽氣觸動冒地而生也水流趨東以生木也木上發而覆
下乃自然之質也○火主於南應夏火之爲言化也燬也陽
在上陰在下燬然盛而變化萬物也鑽木作火木所生也然
火無正體體本木焉出以應物盡而復入乃自然之理也○
金主於西應秋金之爲言禁也陰氣始禁止萬物而揫斂披
沙揀金土所生也生於土而別於土乃自然之形也○水主
於北應冬水之爲言潤也陰氣濡潤任養萬物也水西而東
金所生也水流曲折順下而達乃自然之性也○土主於中
央兼位西南應於長夏土之爲言吐也含吐萬物將生者
出將死者歸爲萬物家故長於夏末火所生也土或勝水
水乃反一自然之義也其相剋者子皆能爲母復讎也木
剋土土之子金反剋木木之子火反剋金金之子水反剋
火火之子土反剋水水之子木反剋土也互能相生乃其
始也互能相剋乃其終也皆出乎天之性也強可攻也土
得木而達實可勝虛水得土而絕陰可消陽火得水而滅
烈可敵剛金得火而缺堅可制柔木得金而伐故五者流
行而更轉順則相生逆則相剋如是則各各爲用以成其
道而已

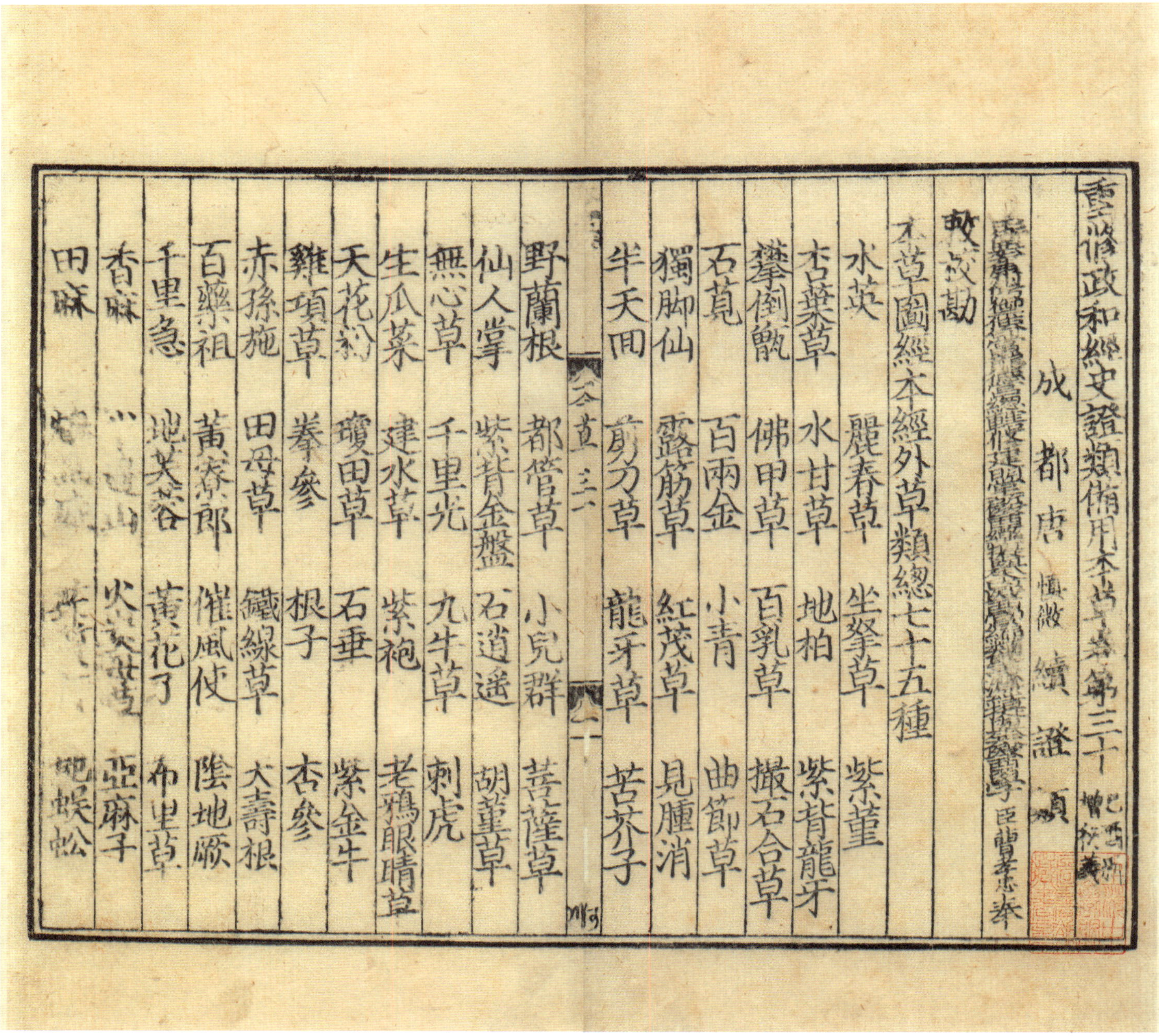
重修政和經史證類備用本草卷第三十
成都唐慎微續證類
臣曹孝忠奉
敕校勘
本草圖經本經外草類總七十五種
水英　麗春草　坐拏草　紫堇
杏葉草　水甘草　地柏　紫背龍牙
攀倒甑　佛甲草　百乳草　撮石合草
石莧　百兩金　小青　曲節草
獨脚仙　露筋草　紅茂草　見腫消
半天回　剪刀草　龍牙草　苦芥子
野蘭根　都管草　小兒群　菩薩草
仙人掌　紫背金盤　石逍遙　胡堇草
無心草　千里光　九牛草　刺虎
生瓜菜　建水草　紫袍　老鴉眼睛草
天花粉　瓊田草　石垂　紫金牛
雞項草　拳參　根子　杏參
赤孫施　田母草　鐵線草　大壽根
百藥祖　黄寮郎　催風使　陰地厥
千里急　地芙蓉　黄花了　布里草
香麻　火炊草　亞麻子
田麻　地蜈蚣

12377 重修政和經史證類備用本草三十卷　（宋）唐慎微撰　（宋）寇宗奭衍義　蒙古定宗四年（1249）平陽張存惠晦明軒刻本

匡高17.5厘米，廣12.5厘米。半葉十一行，行二十一字，小字雙行同，白口，四周雙邊。上海中醫藥大學圖書館藏，存二卷。

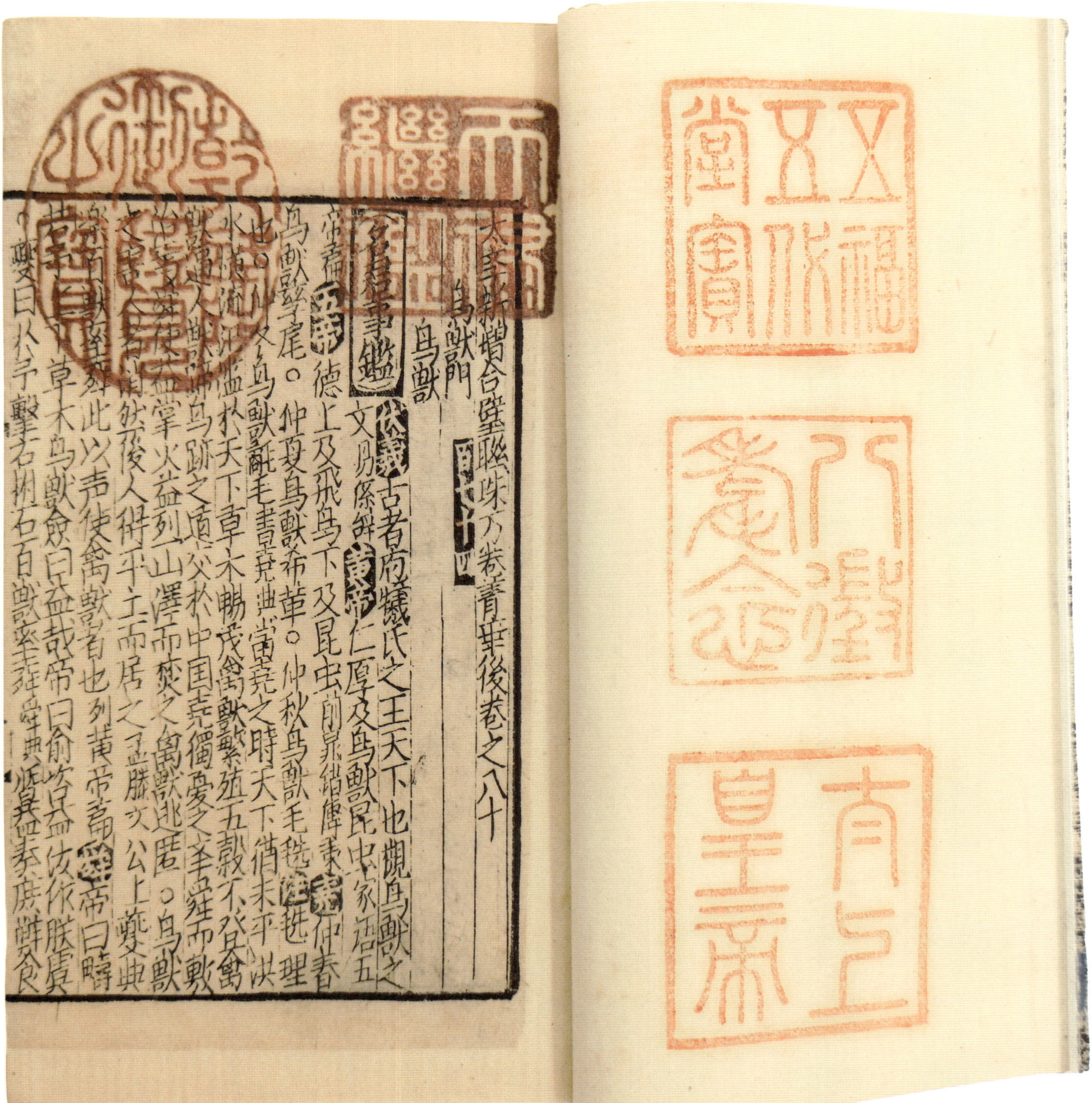

12378 太學新增合璧聯珠万卷菁華前集六十卷 （宋）李昭玘輯

後集八十卷 （宋）李似之輯　宋刻本

匡高10.8厘米，廣7厘米。半葉十五行，行二十一字，黑口，左右雙邊。有“五福五代堂寶”“八徵耄念”“太上皇帝”“天禄繼鑑”“乾隆御覽之寶”等印。浙江圖書館藏，存一卷。

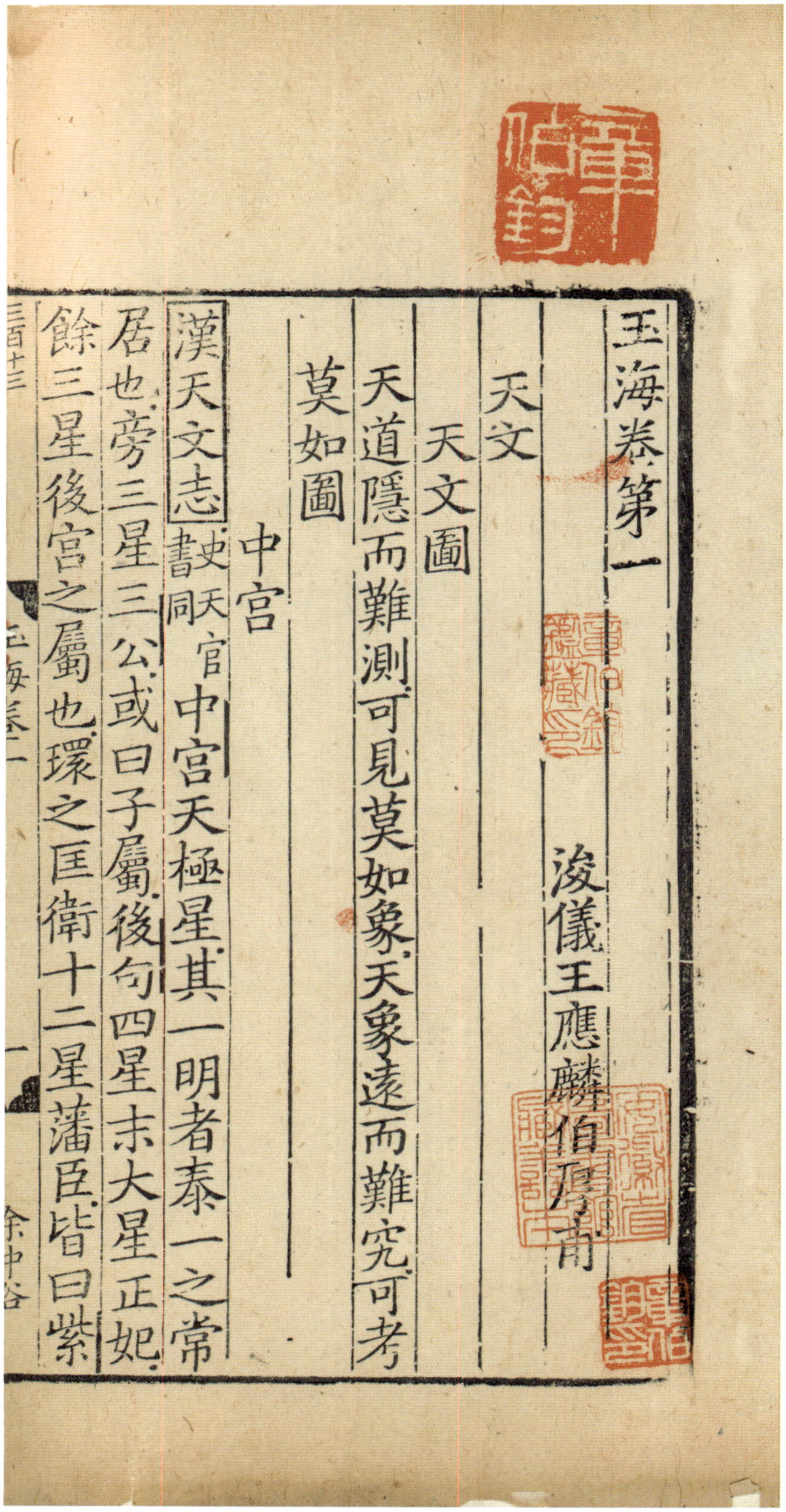
玉海卷第一
浚儀王應麟伯厚甫
天文
天文圖
天道隱而難測可見莫如象天象遠而難究可考
莫如圖
中宮
漢天文志史天官書同中宮天極星其一明者泰一之常
居也旁三星三公或曰子屬後句四星末大星正妃
餘三星後宮之屬也環之匡衛十二星藩臣皆曰紫

三百十三 玉海卷一 一 徐中谷

12379 玉海二百卷辭學指南四卷 （宋）王應麟撰　元後至元六年（1340）慶元路儒學刻至正重修本（配補元後至元六年慶元路儒學刻元明遞修本）

匡高22.1厘米，廣14厘米。半葉十行，行二十字，小字雙行同，白口，左右雙邊。有“章伯鈞印”等印。安徽省圖書館藏，存一百九十九卷。

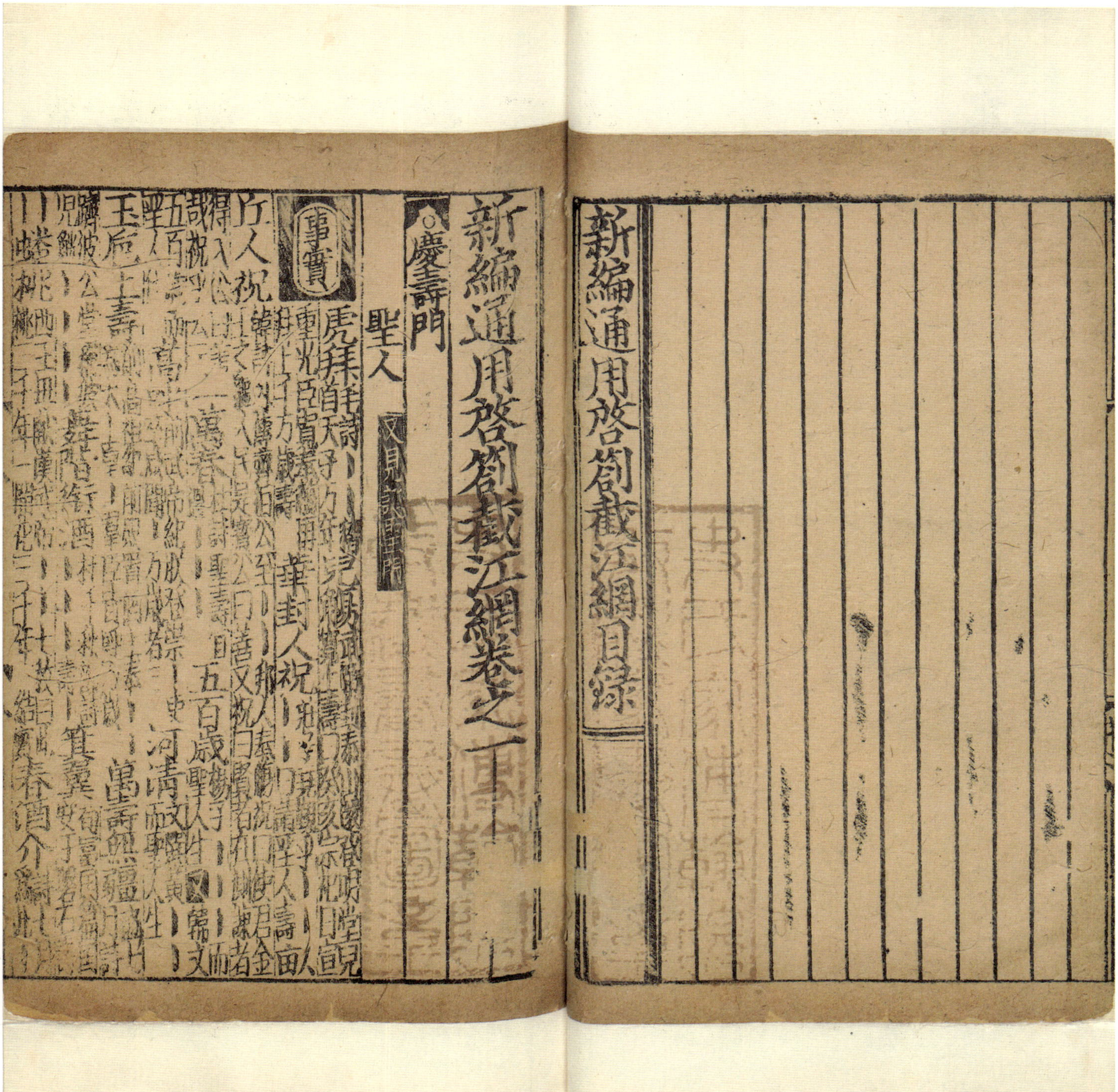

12380 新編通用啓劄截江網六卷 元刻本

匡高15.7厘米，廣10.8厘米。半葉十二行，每行字數不等，小字雙行二十三字，細黑口，左右雙邊。有“史氏家傳翰院收藏書畫圖章”“鐵琴銅劍樓”等印。國家圖書館藏。

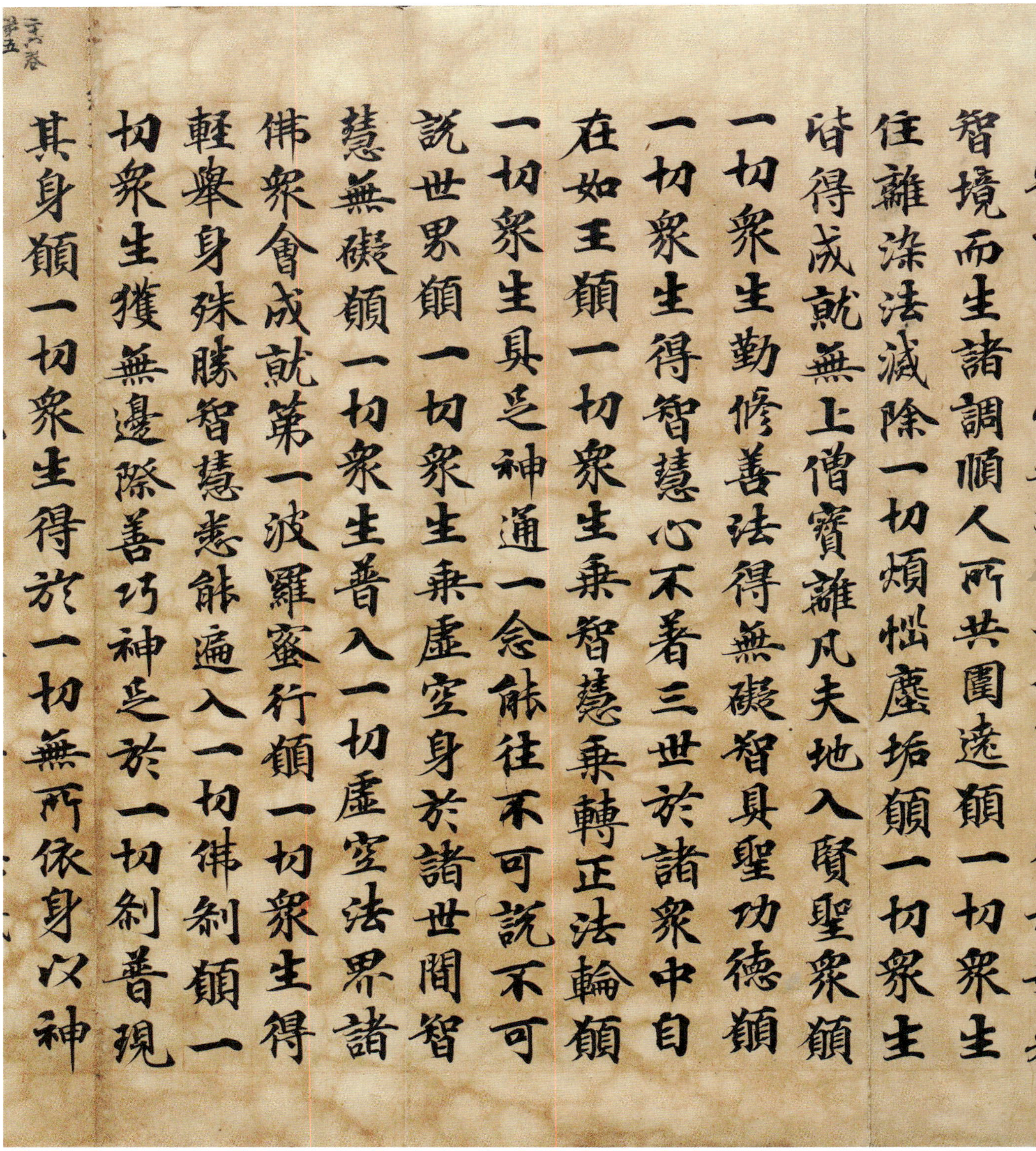
智境而生諸調順人所共圍遶願一切衆生住離染法滅除一切煩惱塵垢願一切衆生皆得成就無上僧寶離凡夫地入賢聖衆願一切衆生勤修善法得無礙智具聖功德願一切衆生得智慧心不著三世於諸衆中自在如王願一切衆生乘智慧乘轉正法輪願一切衆生具足神通一念能往不可說不可說世界願一切衆生乘虛空身於諸世間智慧無礙願一切衆生普入一切虛空法界諸佛衆會成就第一波羅蜜行願一切衆生得輕舉身殊勝智慧悉能遍入一切佛刹願一切衆生獲無邊際善巧神足於一切刹普現其身願一切衆生得於一切無所依身以神

12381 大方廣佛華嚴經八十卷 （唐）釋實叉難陀譯 北宋寫金粟山廣惠禪院大藏經本

經摺裝。開本高27.6厘米，廣11.3厘米。楊守敬題款。湖北省圖書館藏，存一卷。

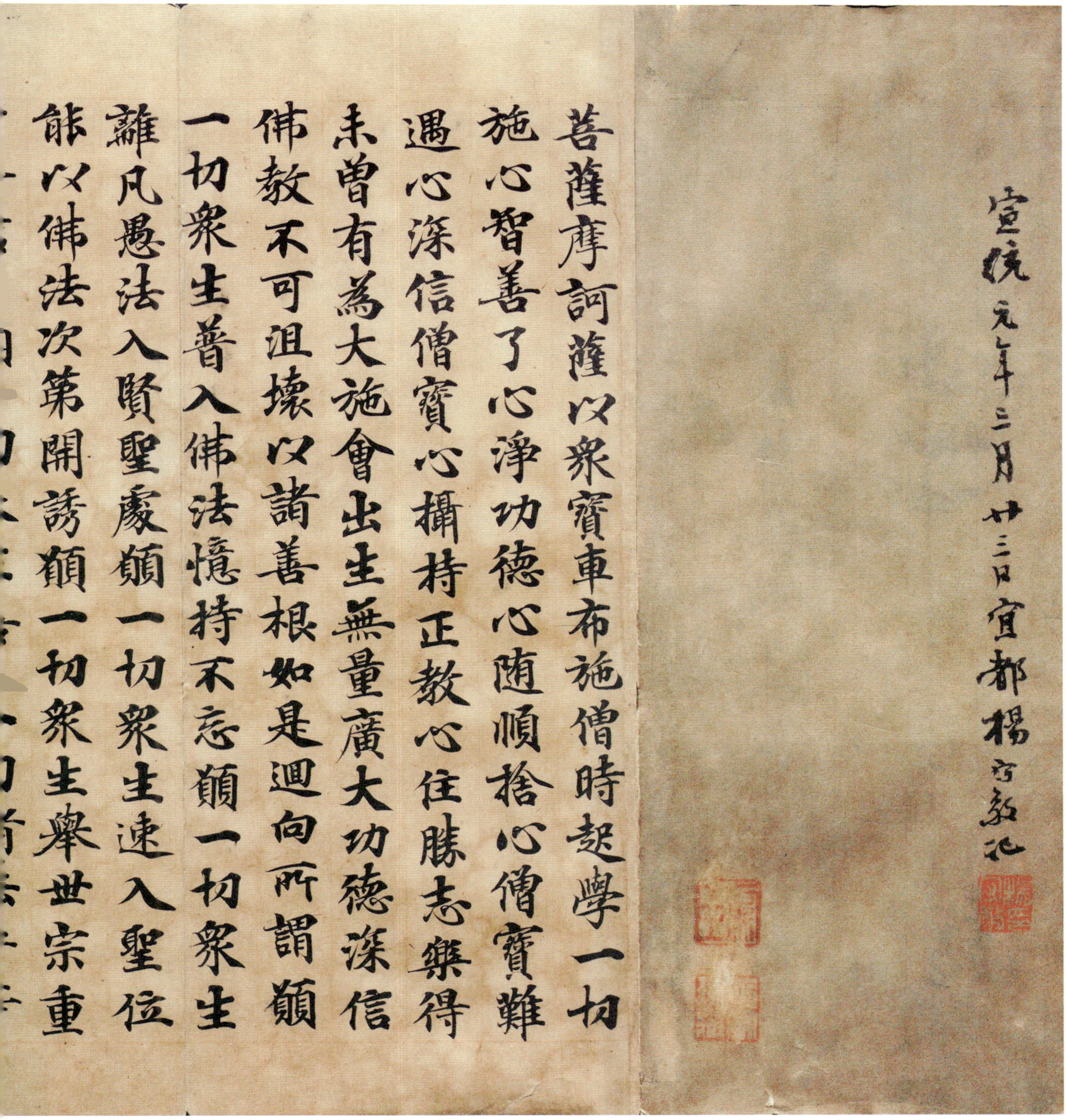

宣統元年三月廿三日宜都楊守敬記

菩薩摩訶薩以衆寶車布施僧時起學一切
施心智善了心淨功德心隨順捨心僧寶難
遇心深信僧寶心攝持正教心住勝志樂得
未曾有爲大施會出生無量廣大功德深信
佛教不可沮壞以諸善根如是迴向所謂願
一切衆生普入佛法憶持不忘願一切衆生
離凡愚法入賢聖處願一切衆生速入聖位
能以佛法次第開誘願一切衆生舉世宗重

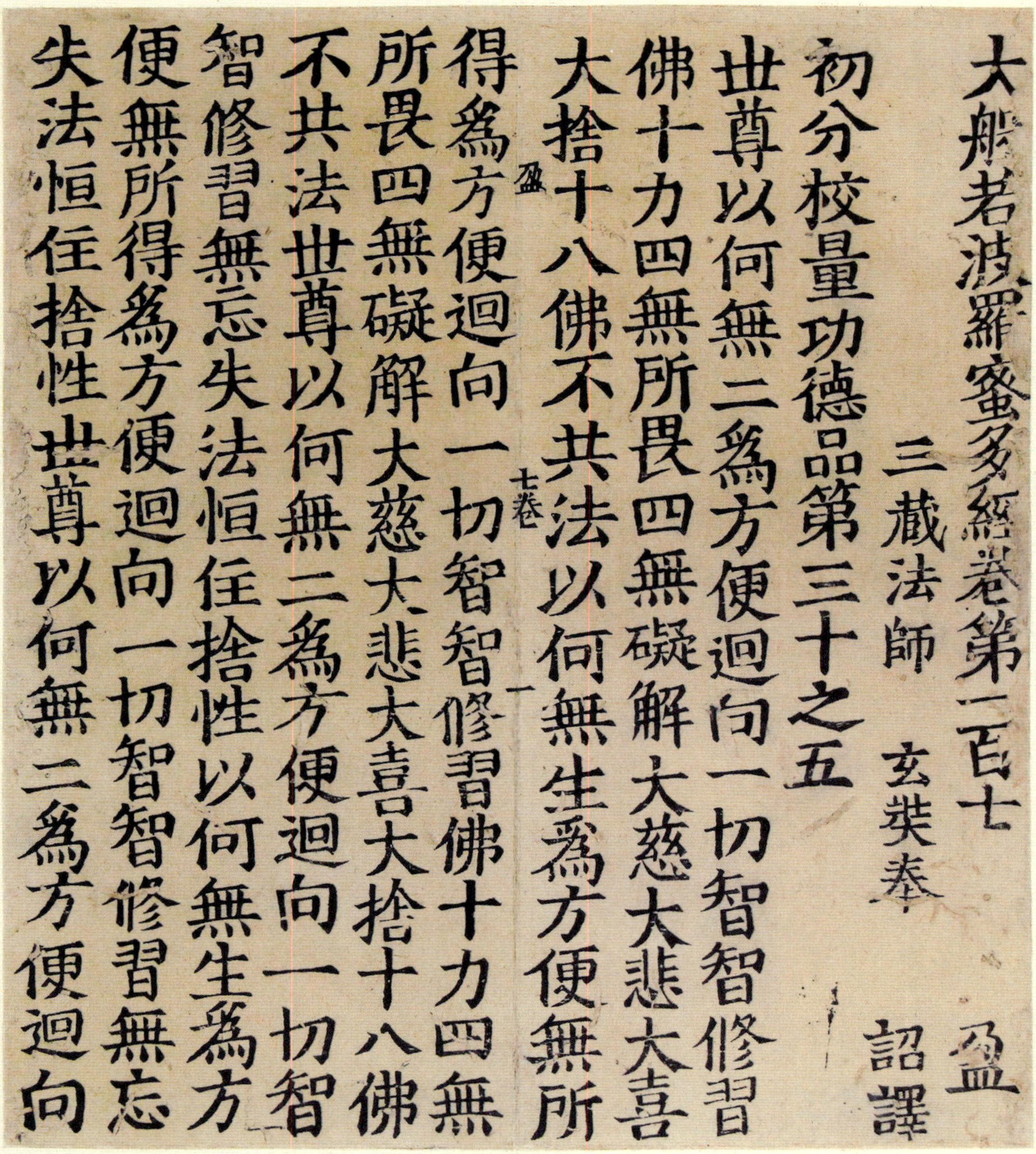

大般若波羅蜜多經卷第一百七　盈
三藏法師　玄奘奉　詔譯
初分校量功德品第三十之五
世尊以何無二爲方便迴向一切智智修習
佛十力四無所畏四無礙解大慈大悲大喜
大捨十八佛不共法以何無生爲方便無所
得爲方便迴向一切智智修習佛十力四無
所畏四無礙解大慈大悲大喜大捨十八佛
不共法世尊以何無二爲方便迴向一切智
智修習無忘失法恒住捨性以何無生爲方
便無所得爲方便迴向一切智智修習無忘
失法恒住捨性世尊以何無二爲方便迴向

12382 大般若波羅蜜多經六百卷　（唐）釋玄奘譯　宋元豐三年至政和二年（1080—1112）刻福州東禪等覺禪院崇寧萬壽大藏經本

經摺裝。開本高33.9厘米，廣15厘米。半葉六行，行十七字。長春市圖書館藏，存四卷。

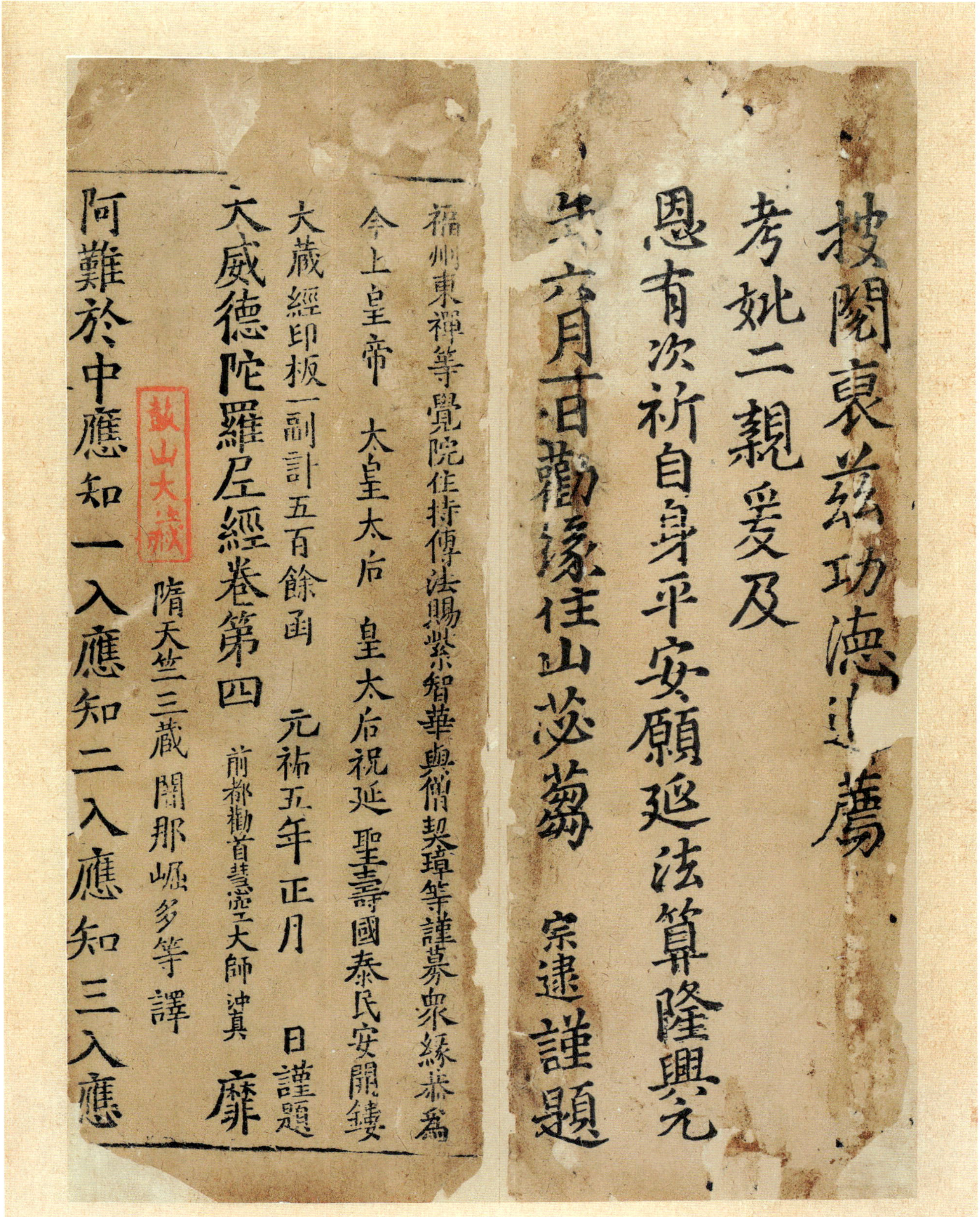
披閱衷茲功德追薦
考妣二親爰及
恩有次祈自身平安願延法算隆興元
年六月十日勸緣住山淡薌 宗逮謹題

福州東禪等覺院住持傳法賜紫智華與僧契璋等謹募衆緣恭爲
今上皇帝 太皇太后 皇太后祝延 聖壽國泰民安開鏤
大藏經印板一副計五百餘函 元祐五年正月 日謹題
大威德陀羅尼經卷第四 前都勸首慧空大師沖真 靡
隋天竺三藏闍那崛多等譯
阿難於中應知一入應知二入應知三入應

鼓山大藏

12383 大威德陀羅尼經二十卷 （隋）釋闍那崛多譯 宋元祐五年（1090）

刻福州東禪等覺禪院崇寧萬壽大藏經本

經摺裝。開本高31.8厘米，廣13.3厘米。匡高24.7厘米。半葉六行，行十七字。卷端有“靡”字號。卷首、尾均有“鼓山大藏”朱印。福建省圖書館藏，存一卷。

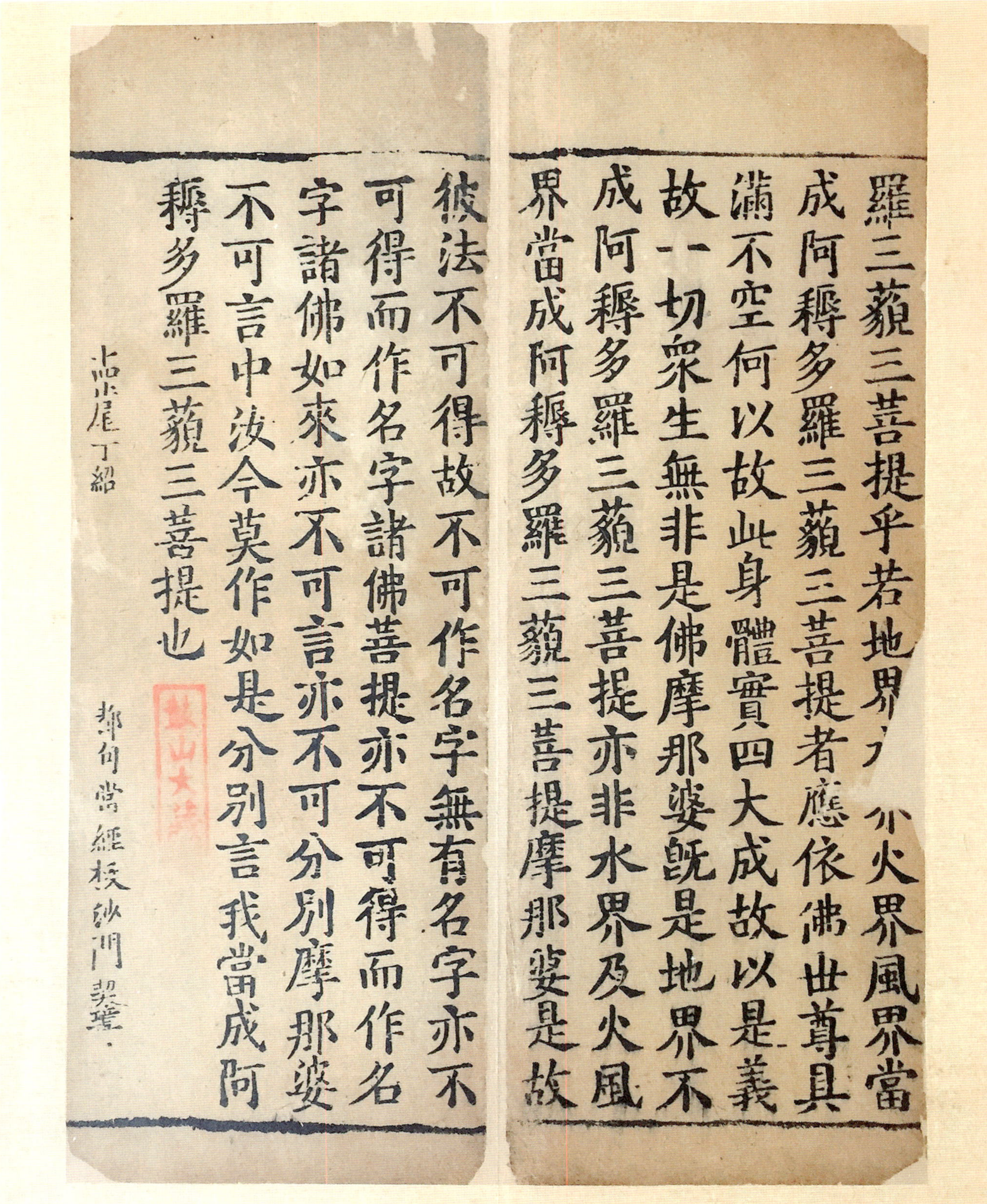

羅三藐三菩提乎若地界水火界風界當
成阿耨多羅三藐三菩提者應依佛世尊具
滿不空何以故此身體實四大成故以是義
故一切衆生無非是佛摩那婆既是地界不
成阿耨多羅三藐三菩提亦非水界及火風
界當成阿耨多羅三藐三菩提摩那婆是故

彼法不可得故不可作名字無有名字亦不
可得而作名字諸佛菩提亦不可得而作名
字諸佛如來亦不可言亦不可分別摩那婆
不可言中汝今莫作如是分別言我當成阿
耨多羅三藐三菩提也

比丘尼了紹

都句當經板沙門契瑩

12383 大威德陀羅尼經二十卷

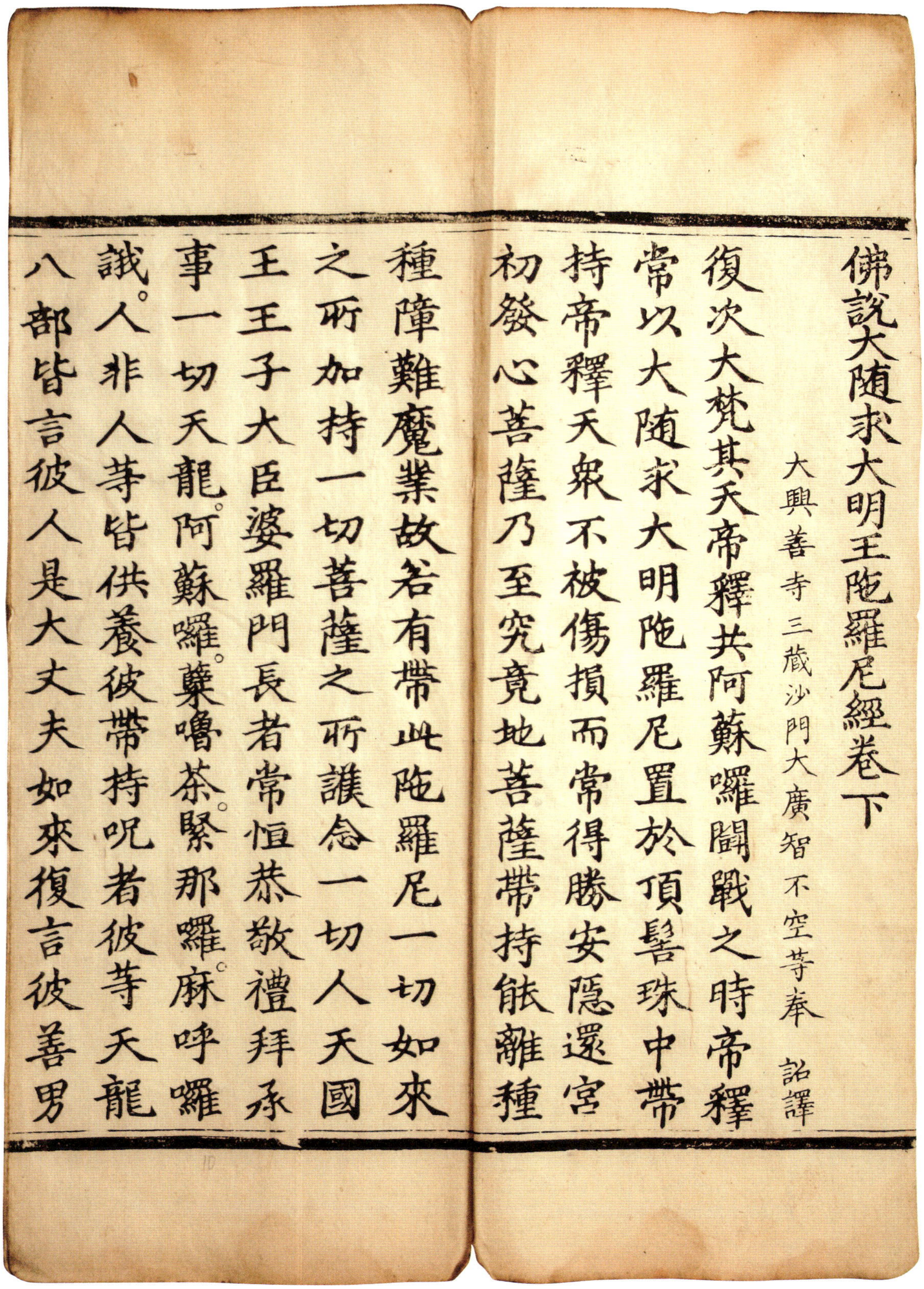

佛說大隨求大明王陁羅尼經卷下

大興善寺三藏沙門大廣智不空等奉　詔譯

復次大梵其天帝釋共阿蘇囉鬪戰之時帝釋
常以大隨求大明陁羅尼置於頂髻珠中帶
持帝釋天衆不被傷損而常得勝安隱還宮
初發心菩薩乃至究竟地菩薩帶持能離種
種障難魔業故若有帶此陁羅尼一切如來
之所加持一切菩薩之所讃念一切人天國
王王子大臣婆羅門長者常恒恭敬禮拜承
事一切天龍。阿蘇囉。蘖嚕茶。緊那囉。麻呼囉
誐。人非人等皆供養彼帶持呪者彼等天龍
八部皆言彼人是大丈夫如來復言彼善男

12384 佛說大隨求大明王陀羅尼經二卷　（唐）釋不空譯　元官刻大藏經本

經摺裝。開本高31.1厘米，廣11.7厘米。匡高22.6厘米。半葉六行，行十七字。雲南省圖書館藏，存一卷。

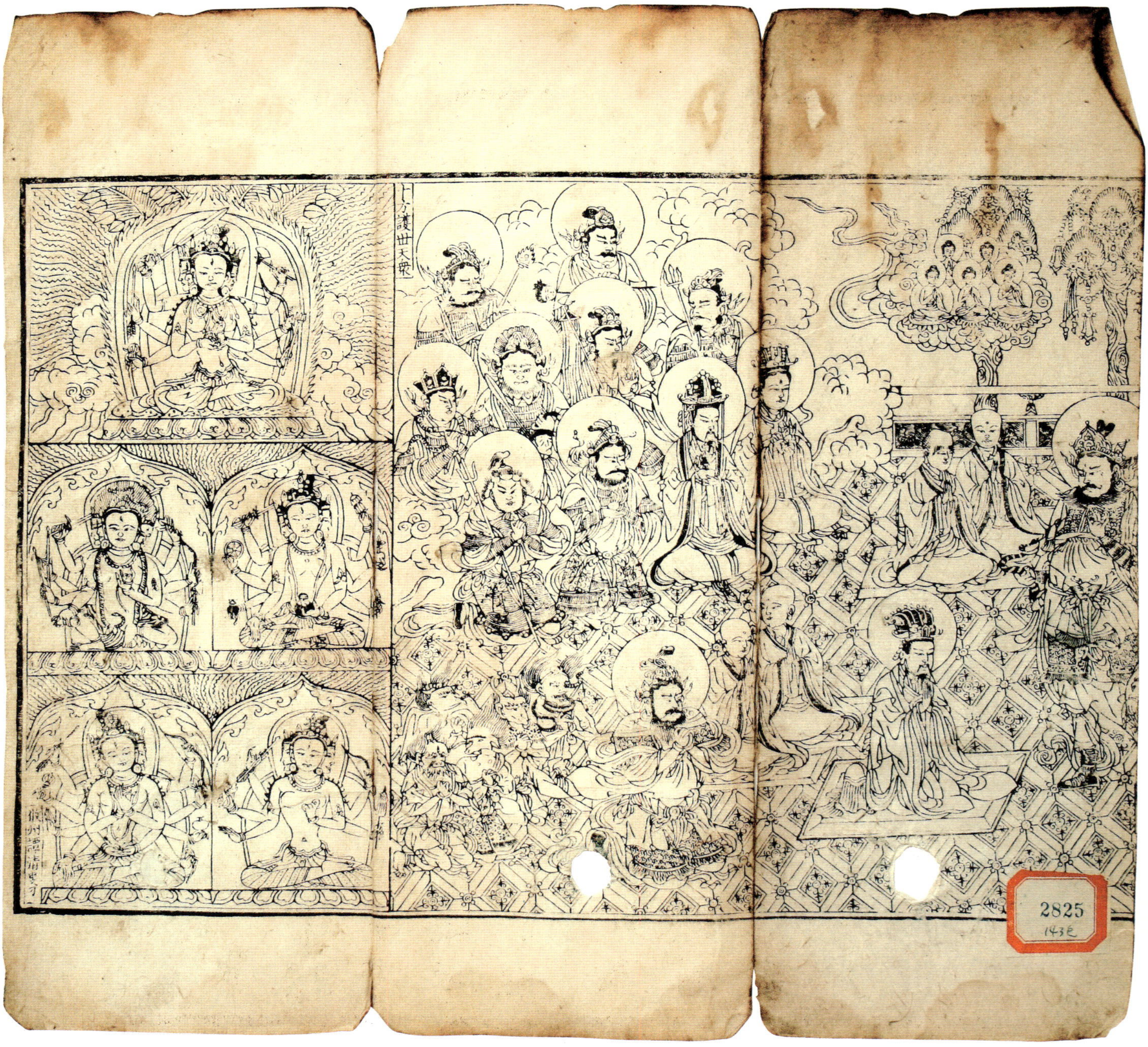

12384 佛説大隨求大明王陀羅尼經二卷

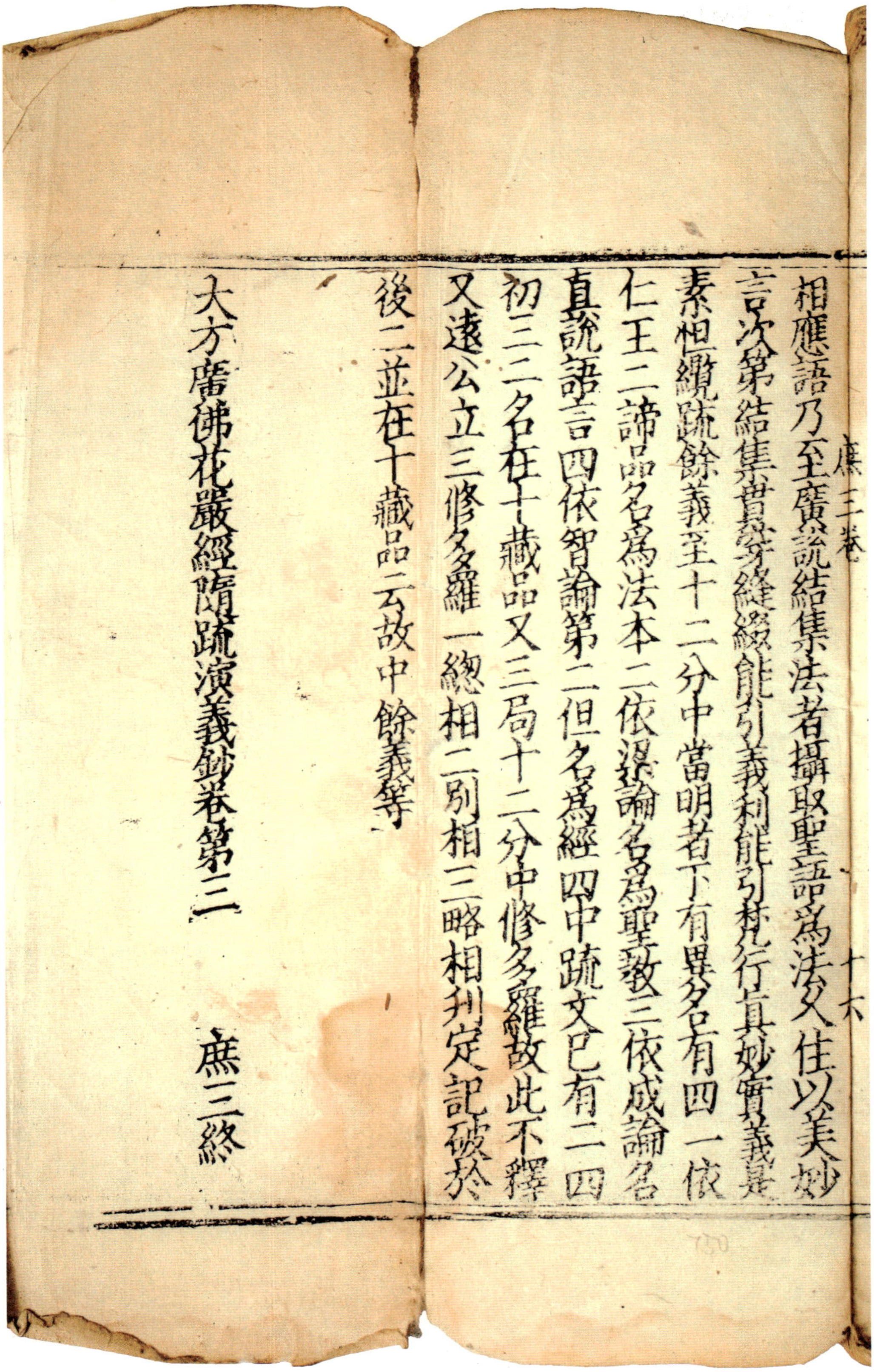

12385 大方廣佛華嚴經隨疏演義鈔九十卷 （唐）釋澄觀述　元官刻大藏經本

經摺裝。開本高34.5厘米，廣11.5厘米。匡高24.3厘米。半葉七行，行二十二字。雲南省圖書館藏，存一卷。

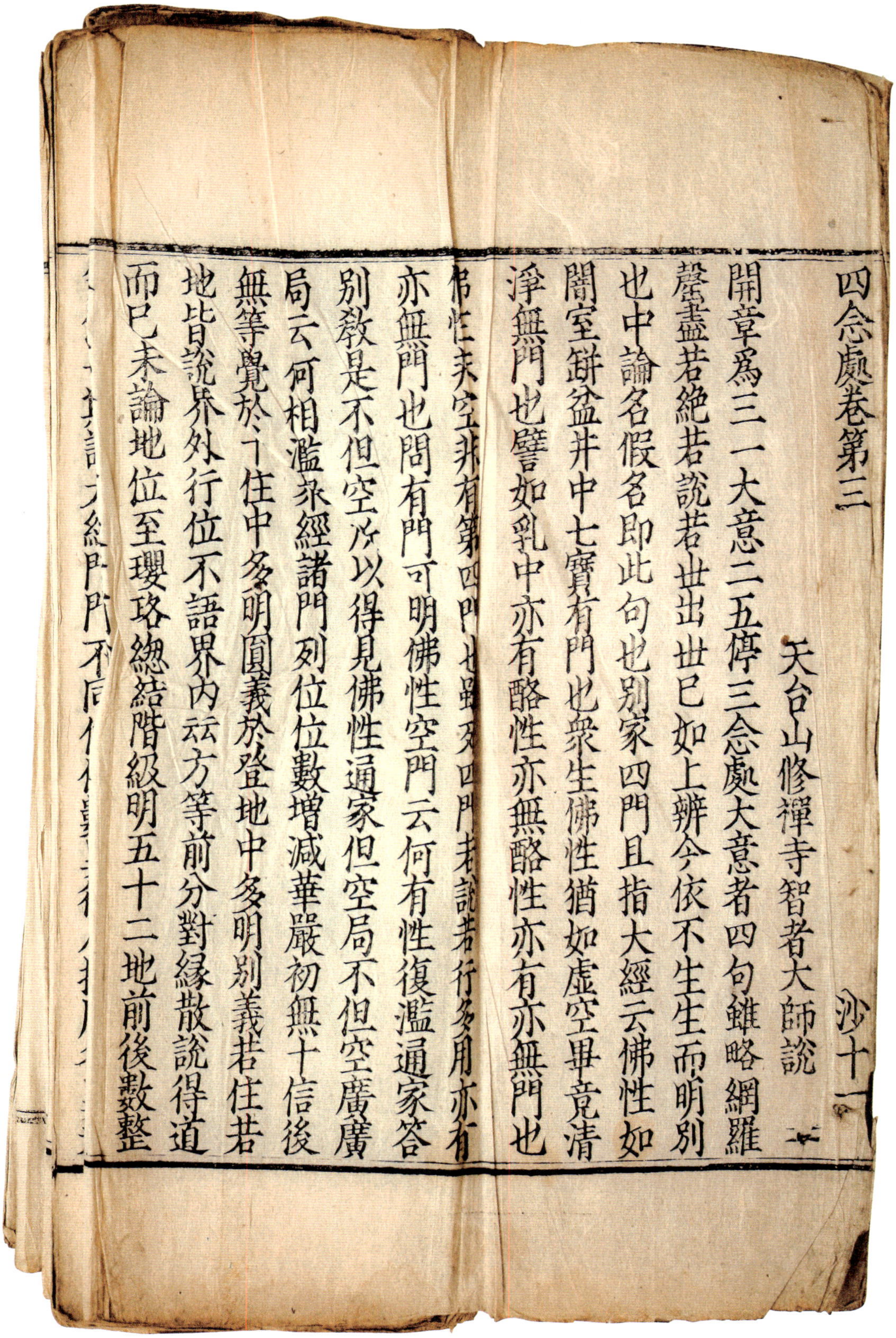
四念處卷第三　沙十一
天台山修禪寺智者大師說
開章爲三一大意二五停三念處大意者四句雖略綱羅
罄盡若絕若說若世出世已如上辨今依不生生而明別
也中論名假名即此句也別家四門且指大經云佛性如
闇室缾盆井中七寶有門也衆生佛性猶如虛空畢竟清
淨無門也譬如乳中亦有酪性亦無酪性亦有亦無門也
佛性非空非有第四門也雖列四門若說若行多用亦有
亦無門也問有門可明佛性空門云何有性復濫通家答
別教是不但空所以得見佛性通家但空局不但空廣廣
局云何相濫衆經諸門列位位數增減華嚴初無十信後
無等覺於十住中多明圓義於登地中多明別義若住若
地皆說界外行位不語界內云方等前分對緣散說得道
而已未論地位至瓔珞總結階級明五十二地前後數整

12386 四念處四卷　（隋）釋智顗說　元官刻大藏經本

經摺裝。開本高34.5厘米，廣11.3厘米。匡高24.5厘米。半葉七行，行二十二字。雲南省圖書館藏，存一卷。

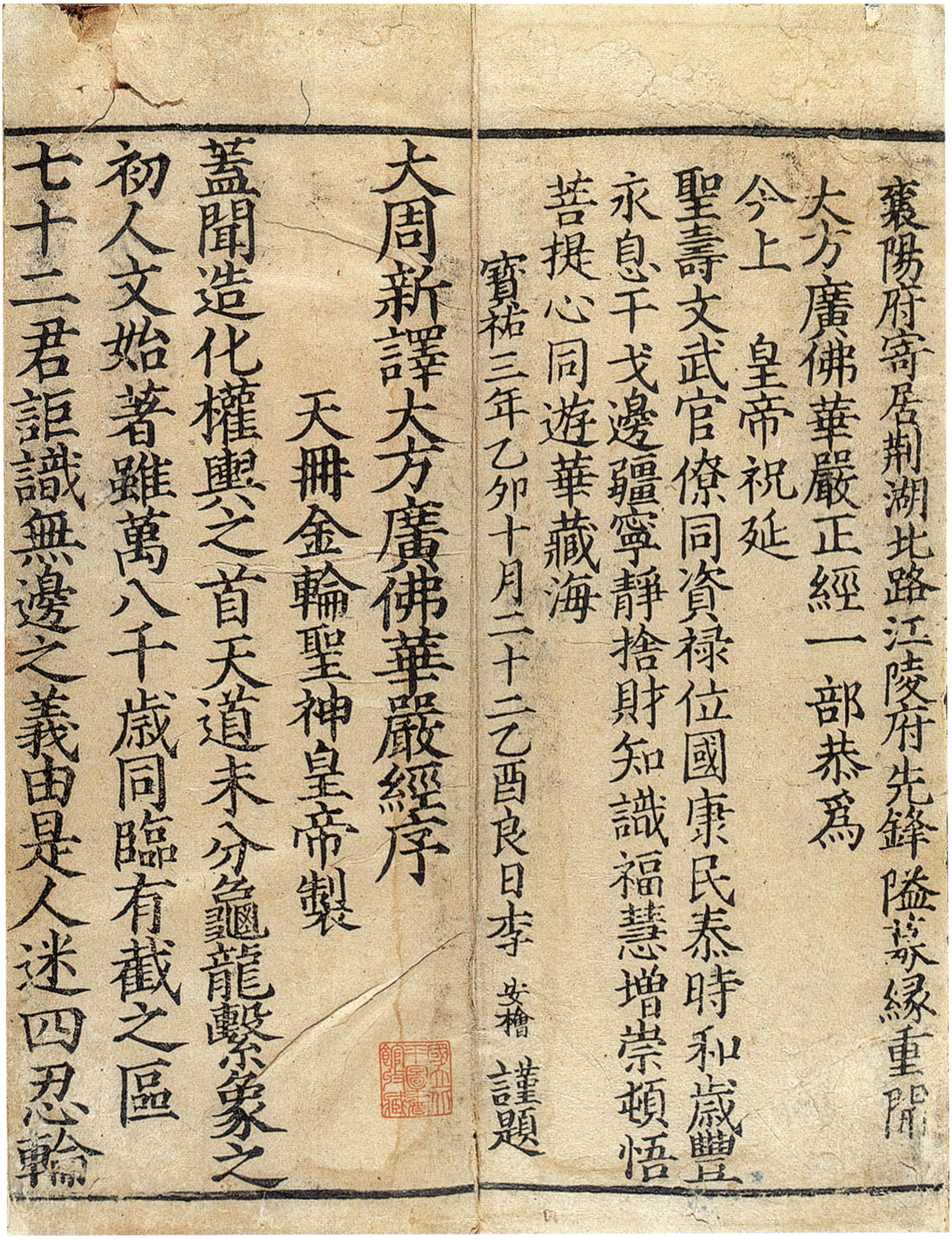
襄陽府寄居荆湖北路江陵府先鋒隘募縁重開
大方廣佛華嚴正經一部恭爲
今上　皇帝祝延
聖壽文武官僚同資禄位國康民泰時和歲豐
永息干戈邊疆寧靜捨財知識福慧增崇頓悟
菩提心同遊華藏海
寶祐三年乙卯十月二十二乙酉良日李　安檜　謹題

大周新譯大方廣佛華嚴經序
天冊金輪聖神皇帝製
蓋聞造化權輿之首天道未分龜龍繫象之
初人文始著雖萬八千歲同臨有截之區
七十二君詎識無邊之義由是人迷四忍輪

12387 大方廣佛華嚴經八十卷　（唐）釋實叉難陀譯　宋寶祐三年（1255）江陵府先鋒隘李安檜刻本

經摺裝。開本高33.3厘米，廣12.3厘米。匡高28.2厘米。半葉五行，行十七字。國家圖書館藏，存六十六卷。

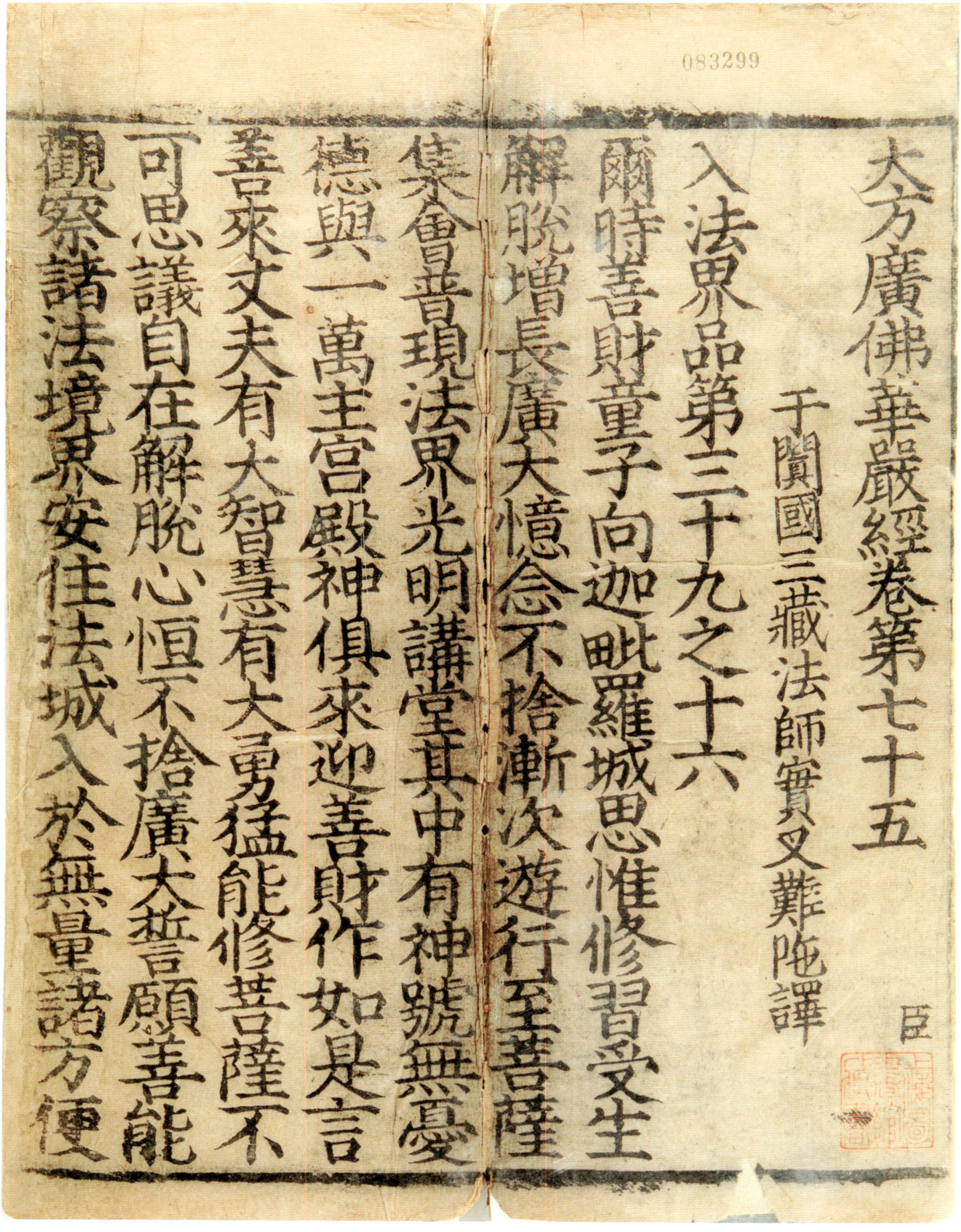

12388 大方廣佛華嚴經八十卷 （唐）釋實叉難陀譯　宋寶祐三年（1255）

江陵府先鋒隘李安檜刻本

經摺裝。開本高33.4厘米，廣13厘米。匡高28.5厘米。半葉五行，行十七字。上海圖書館藏，存六卷。

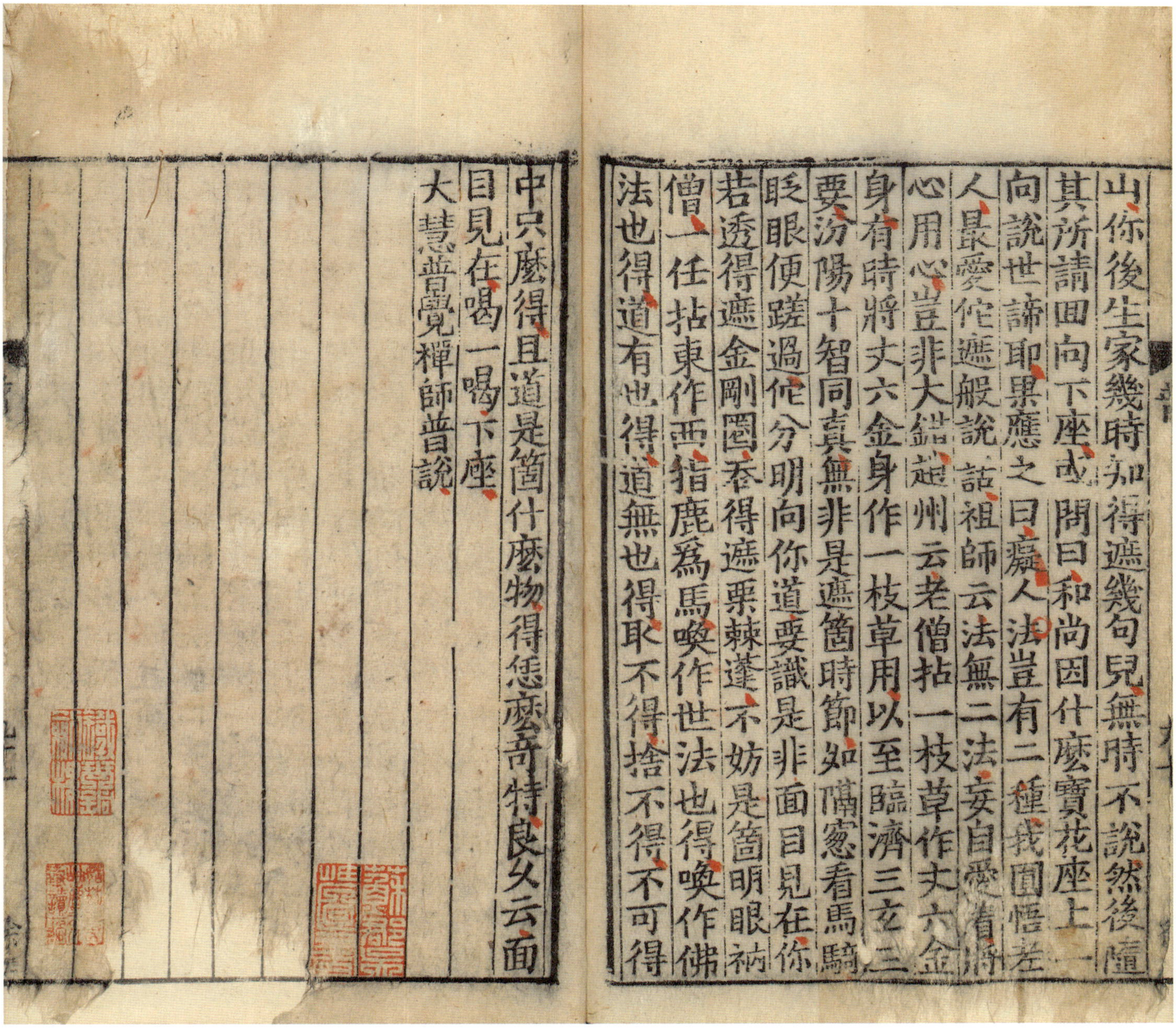

12389 大慧普覺禪師普說一卷　（宋）釋宗杲撰　宋刻本

匡高17.5厘米，廣12厘米。半葉十一行，行二十字，白口，左右雙邊。國家圖書館藏。

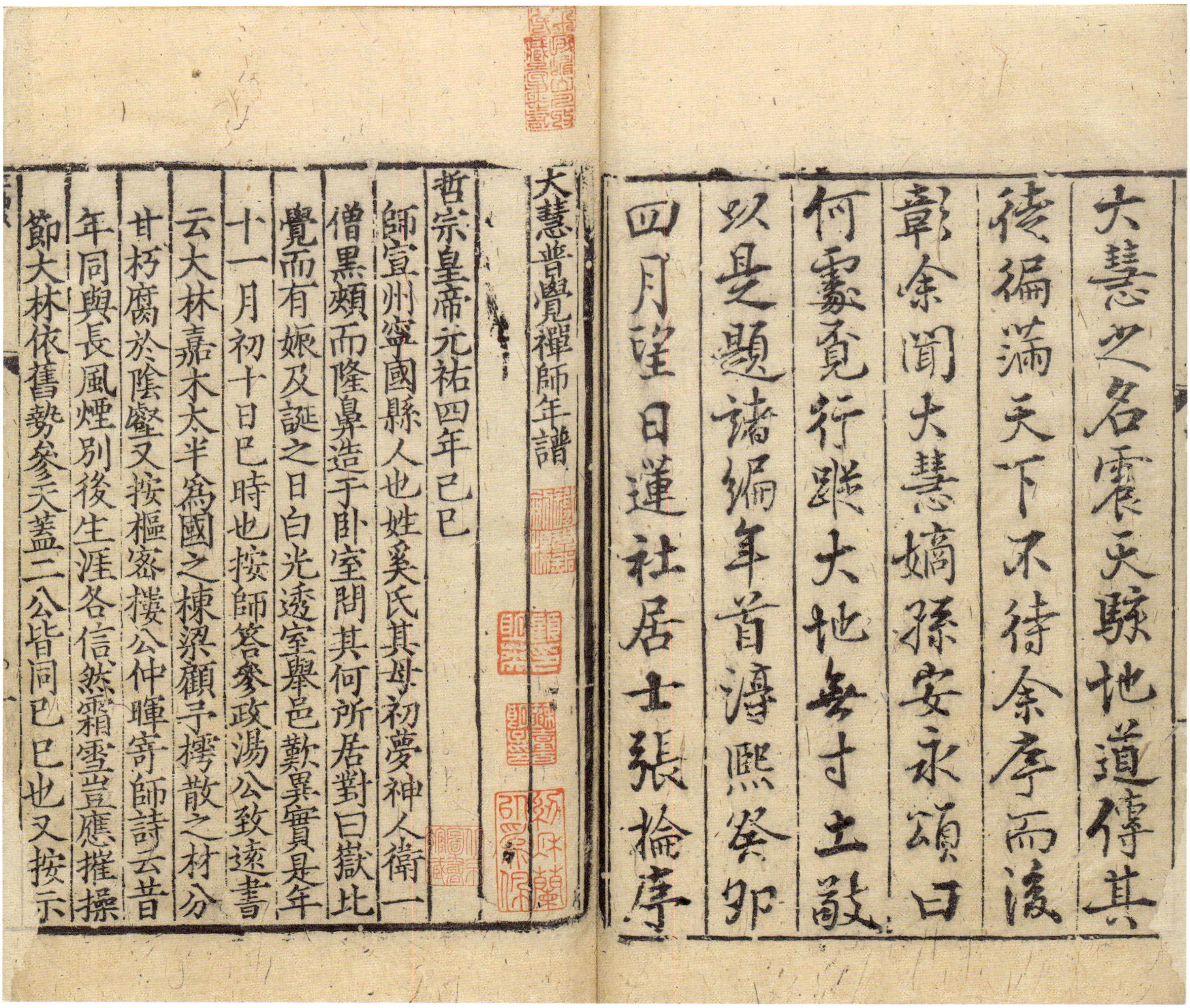

大慧之名震天駭地道傳其
徒徧滿天下不待余序而後
彰余聞大慧嫡孫安永頌曰
何處覓行蹤大地無寸土敢
以是題諸編年首淳熙癸卯
四月望日蓮社居士張掄序

大慧普覺禪師年譜
哲宗皇帝元祐四年己巳
師宣州寧國縣人也姓奚氏其母初夢神人衛一
僧黑頰而隆鼻造于卧室問其何所居對曰嶽北
覺而有娠及誕之日白光透室舉邑歎異實是年
十一月初十日巳時也按師答參政湯公致遠書
云大林嘉木太半爲國之棟梁顧予樗散之材分
甘朽腐於陰壑又按樞密樓公仲暉寄師詩云昔
年同與長風煙別後生涯各信然霜雪豈應摧操
節大林依舊勢參天蓋二公皆同巳巳也又按示

12390 大慧普覺禪師年譜一卷 （宋）釋祖咏撰　宋寶祐元年（1253）徑山明月堂刻本

匡高20.4厘米，廣15.7厘米。半葉十一行，行二十字，白口，左右雙邊。國家圖書館藏。

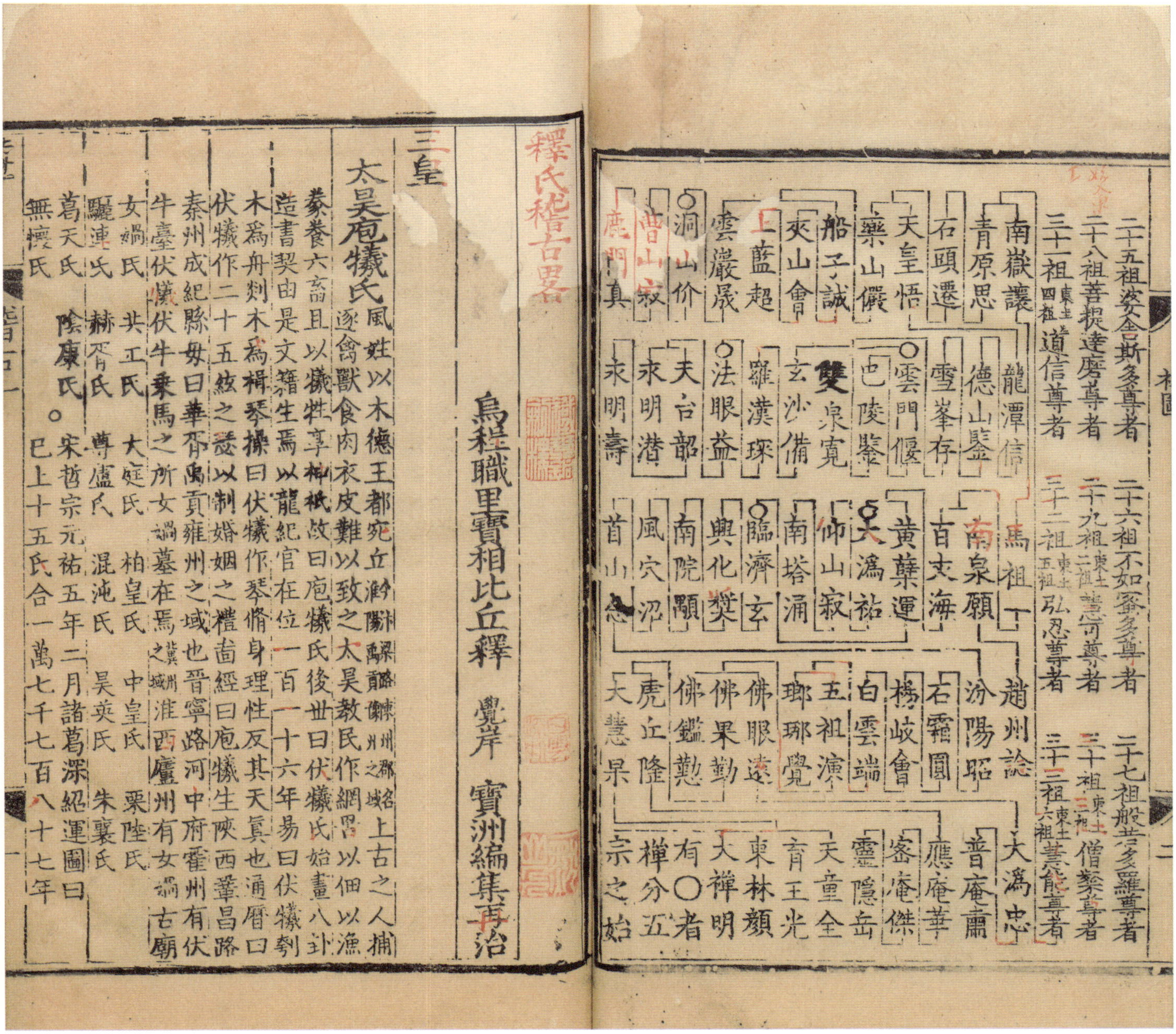

12391 釋氏稽古畧四卷　（元）釋覺岸撰　元刻本

匡高23厘米，廣16.2厘米。半葉九行，行字不等，白口，四周雙邊。國家圖書館藏。

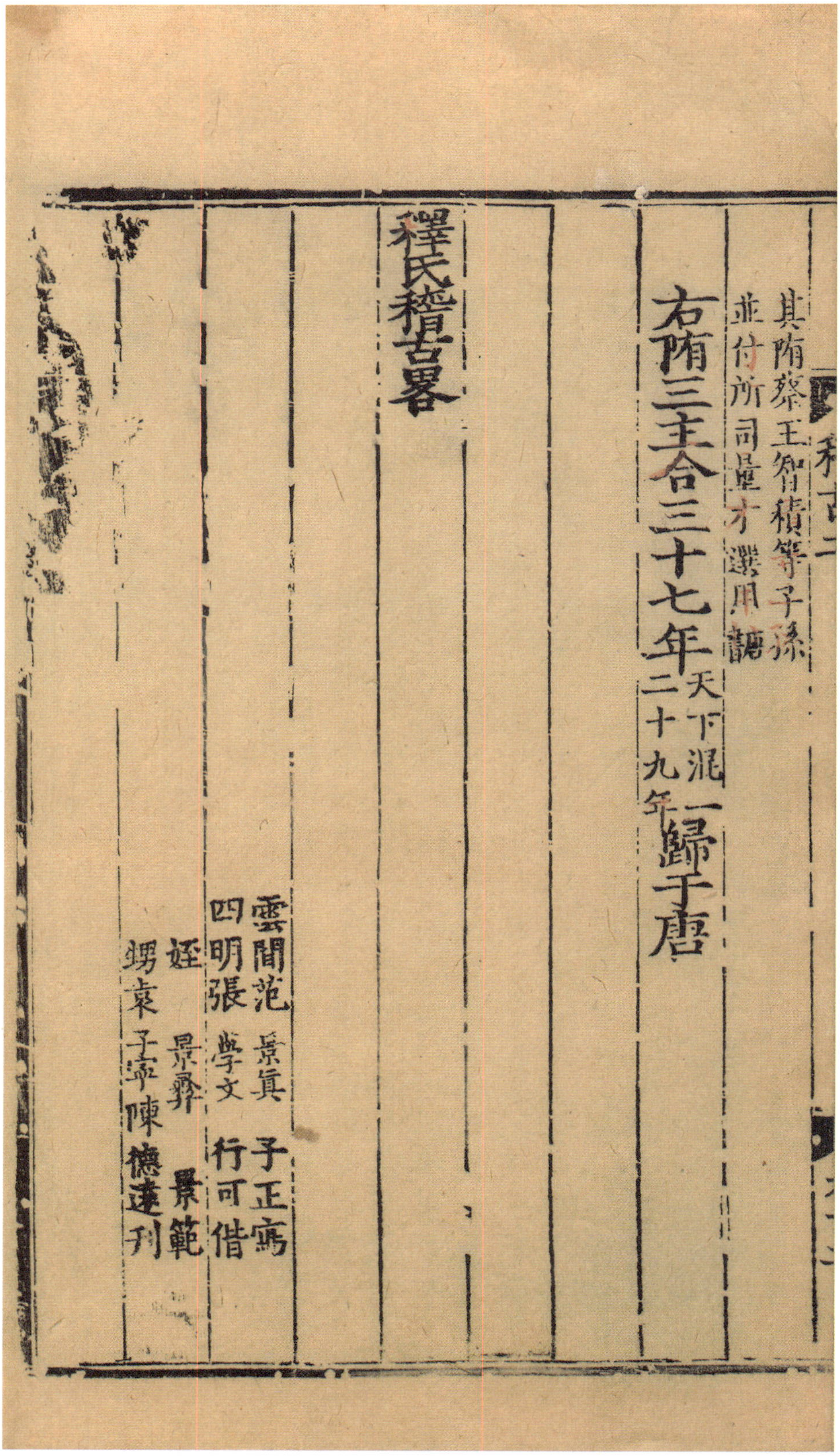
其隋蔡王智積等子孫
並付所司量才選用
右隋三主合三十七年天下混一二十九年歸于唐

釋氏稽古畧

雲間范 景眞 子正寫
四明張 學文 行可借
姪 景彝 景範
甥袁 子寧 陳德逵刊

12391 釋氏稽古畧四卷

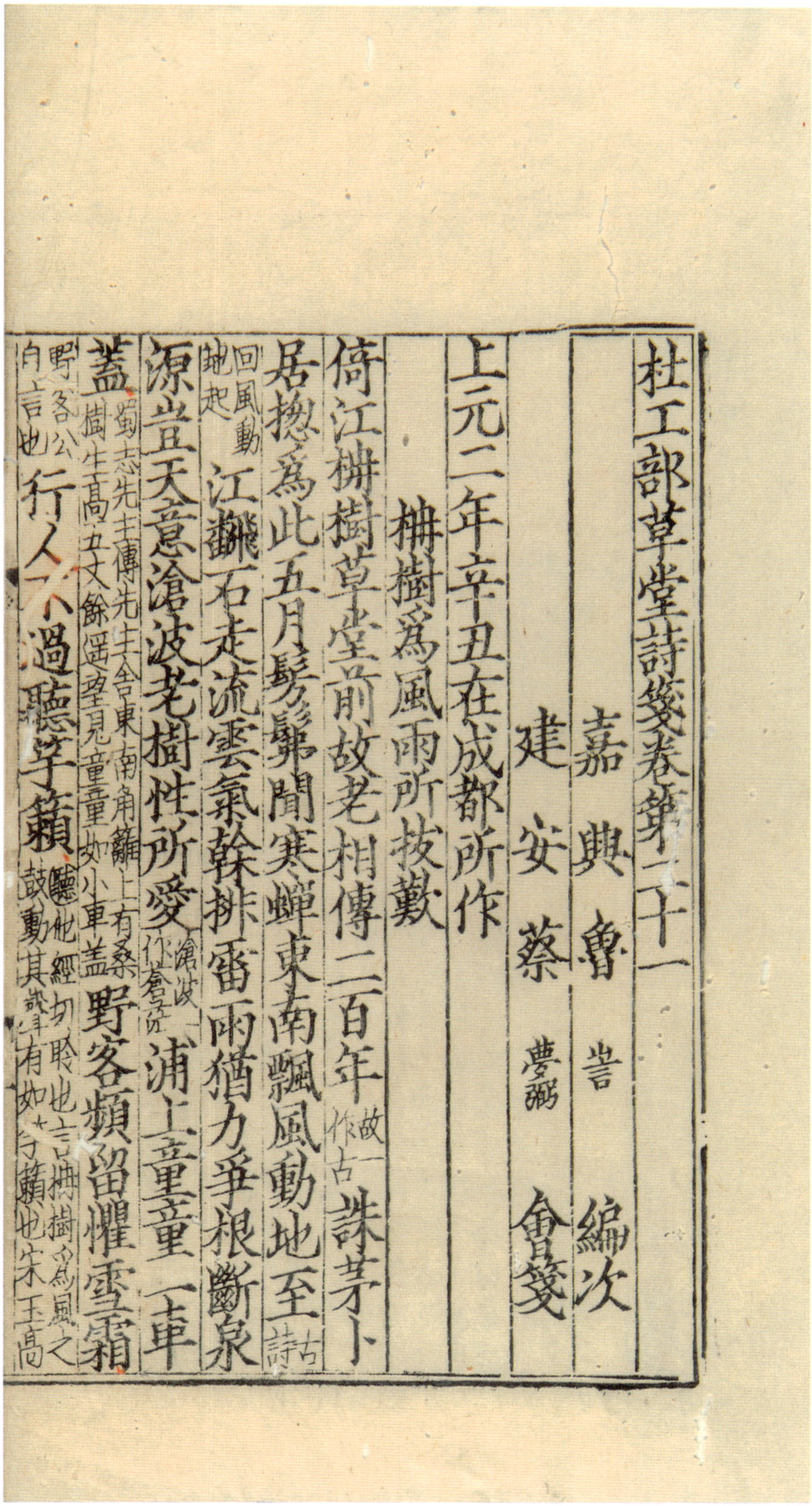
杜工部草堂詩箋卷第二十一
嘉興魯　訔　編次
建安蔡　夢弼　會箋
上元二年辛丑在成都所作
柟樹爲風雨所拔歎
倚江柟樹草堂前故老相傳二百年（故一作古）誅茅卜
居摠爲此五月髣髴聞寒蟬東南飄風動地至（古詩回風動地起）
江翻石走流雲氣幹排雷雨猶力爭根斷泉
源豈天意滄波老樹性所愛（滄波一作蒼苔）浦上童童一車
蓋（蜀志先主傳先主舍東南角籬上有桑樹生高五丈餘遥望見童童如小車蓋）野客頻留懼雪霜
（野客公自言也）行人不過聽竽籟（聽他經切聆也言柟樹爲風之鼓動其聲有如竽籟也宋玉高）

12392 杜工部草堂詩箋五十卷　（唐）杜甫撰　（宋）蔡夢弼箋注　宋刻本

匡高19.6厘米，廣13.1厘米。半葉十一行，行十九字，小字雙行二十五字，細黑口，四周雙邊或左右雙邊。有“季振宜字詵兮號滄葦”等印。上海圖書館藏，存二卷。

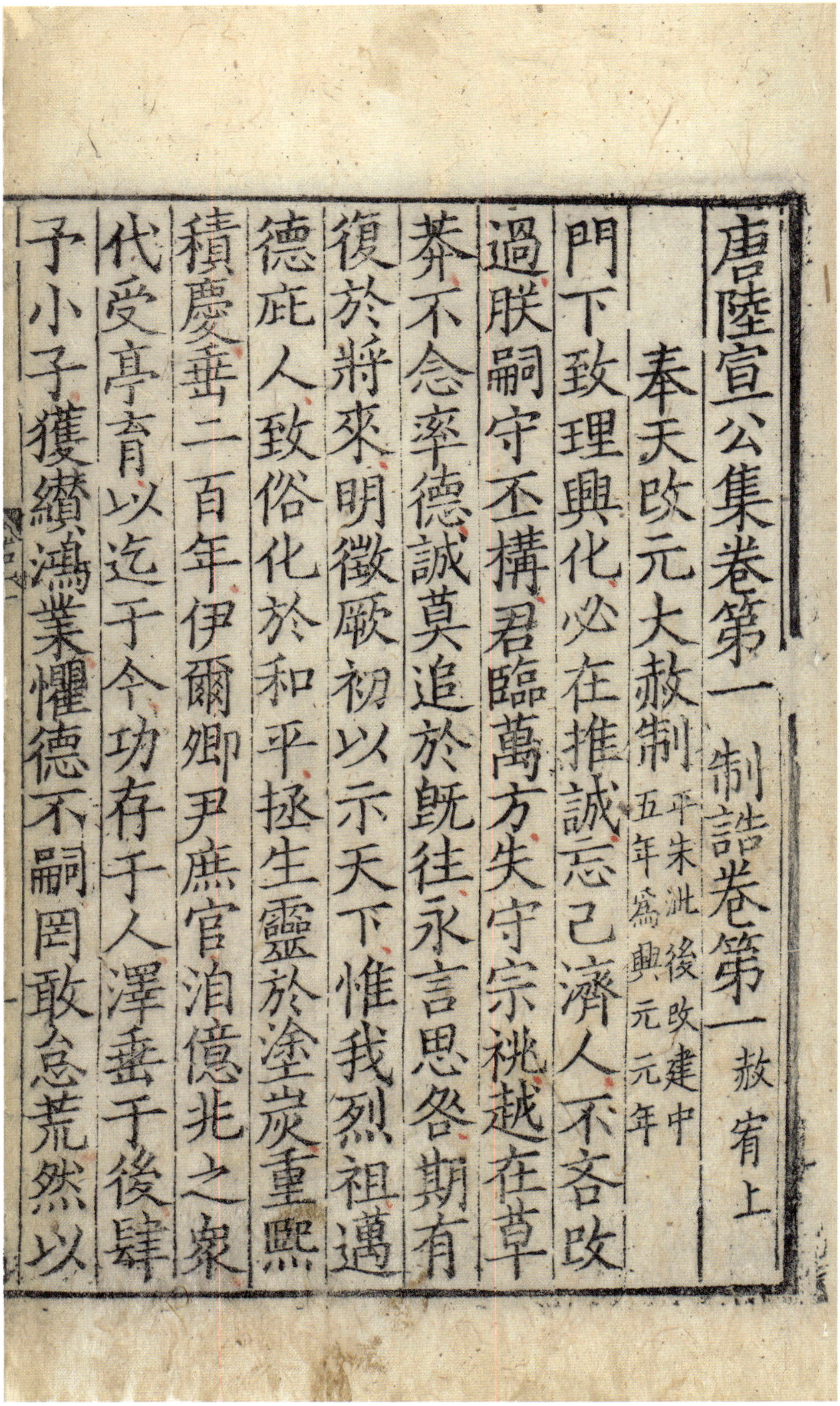

唐陸宣公集卷第一

制誥卷第一　赦宥上

奉天改元大赦制　平朱泚後改建中五年爲興元元年

門下致理興化必在推誠忘己濟人不吝改過朕嗣守丕構君臨萬方失守宗祧越在草莽不念率德誠莫追於既往永言思咎期有復於將來明徵厥初以示天下惟我烈祖邁德庇人致俗化於和平拯生靈於塗炭重熙積慶垂二百年伊爾卿尹庶官洎億兆之衆代受亭育以迄于今功存于人澤垂于後肆予小子獲纘鴻業懼德不嗣罔敢怠荒然以

12393 唐陸宣公集二十二卷　（唐）陸贄撰　元刻本（卷二十二配抄本）

匡高22.6厘米，廣16.6厘米。半葉十行，行十七字，白口，左右雙邊。有“後百宋一廛”等印。袁克文跋。國家圖書館藏。

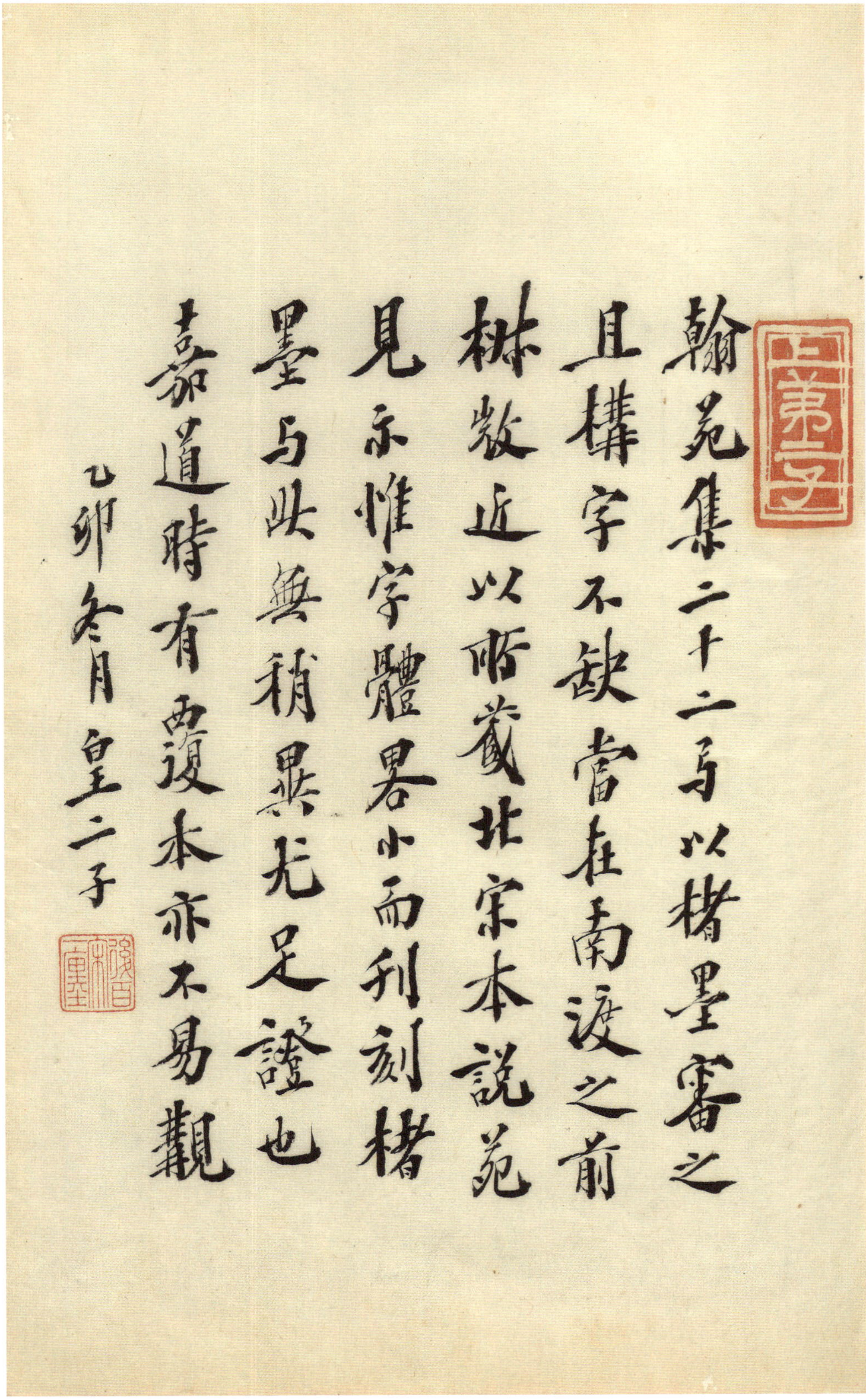

翰苑集二十二卷以楮墨審之
且搆字不缺當在南渡之前
楙敬近以所藏北宋本説苑
見示惟字體略小而刊刻楮
墨與此無稍異尤足證也
嘉道時有覆本亦不易覯
乙卯冬月皇二子

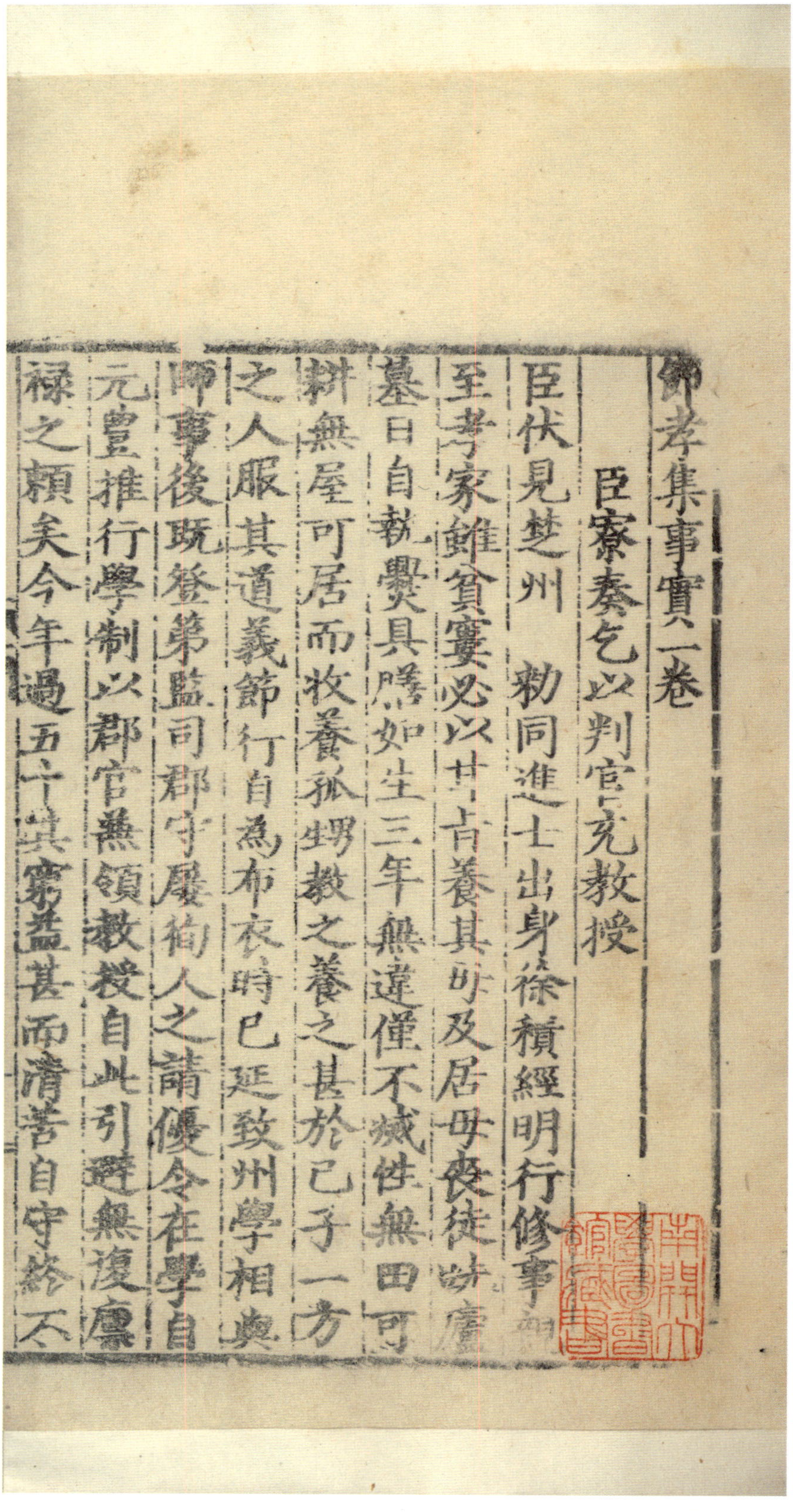
節孝集事實一卷
臣寮奏乞以判官充教授
臣伏見楚州　勑同進士出身徐積經明行修事親
至孝家雖貧窶必以甘旨養其母及居母喪徒跣廬
墓日自執爨具膳如生三年無違僅不滅性無田可
耕無屋可居而收養孤甥教之養之甚於己子一方
之人服其道義節行自為布衣時已延致州學相與
師事後既登第監司郡守屢徇人之請優令在學自
元豐推行學制以郡官兼領教授自此引避無復廩
祿之賴矣今年過五十其窮益甚而清苦自守終不

12394 節孝先生文集三十卷 （宋）徐積撰 **節孝先生語一卷事實一卷本朝名臣言行録一卷皇朝東都事略卓行傳序一卷諸君子帖一卷** 元刻明嘉靖四十四年（1565）劉祐重修本

匡高19.9厘米，廣13.9厘米。半葉十行，行二十字，白口，四周單邊。有“守拙軒珍藏印”“毓芝軒藏書印”“密庵藏書”“何寶善印”“楚侯鑑定”等印。何寶善題識。南開大學圖書館藏。

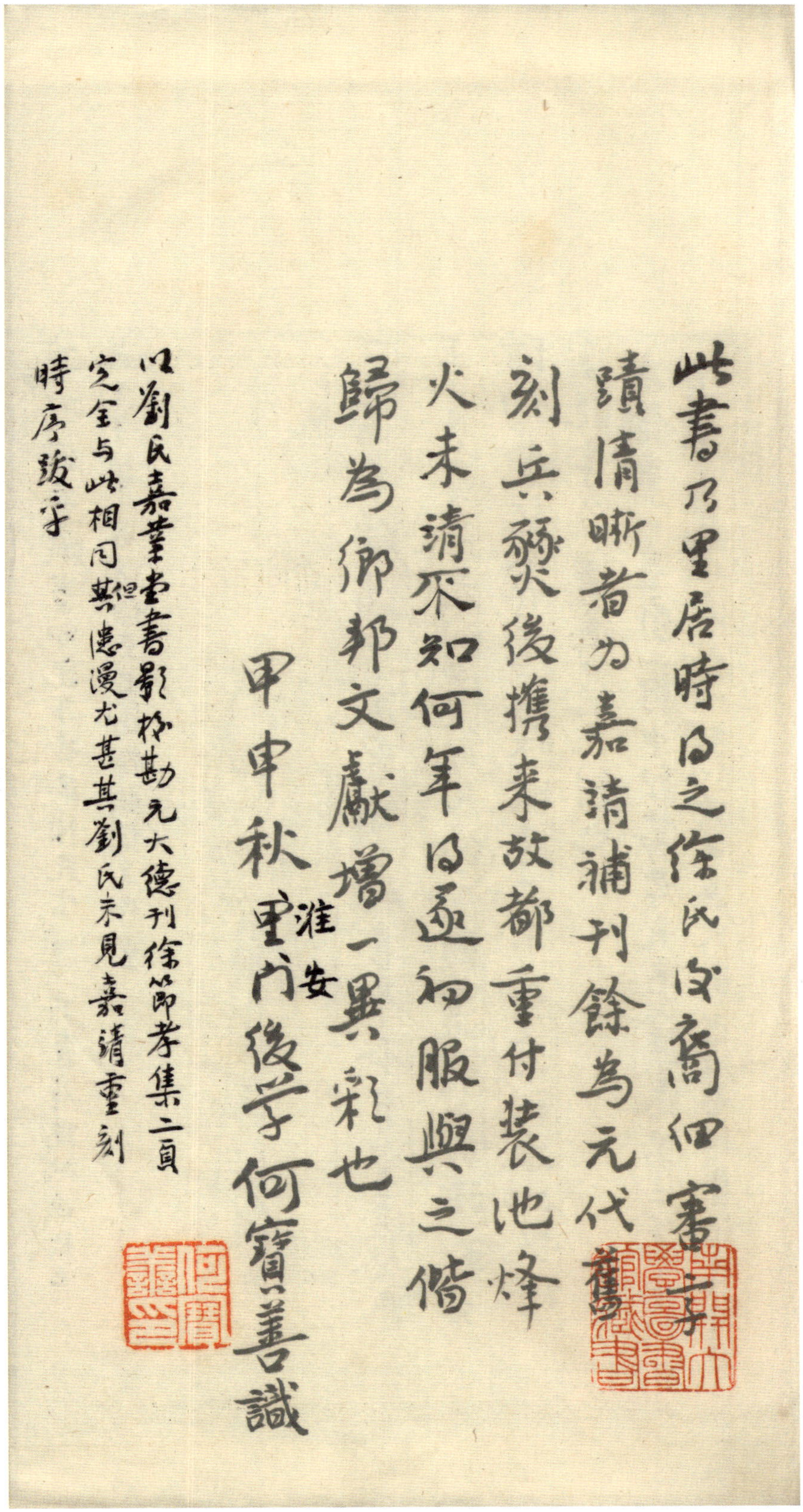

此書乃里居時得之徐氏後裔細審字蹟清晰首為嘉靖補刊餘為元代舊刻兵燹後携來故都重付裝池烽火未靖不知何年得返初服與之偕歸為鄉邦文獻增一異彩也

甲申秋淮安里門後学何寶善識

以劉氏嘉業堂書影校勘元大德刊徐節孝集二頁完全与此相同但其漶漫尤甚其劉氏未見嘉靖重刻時序跋乎

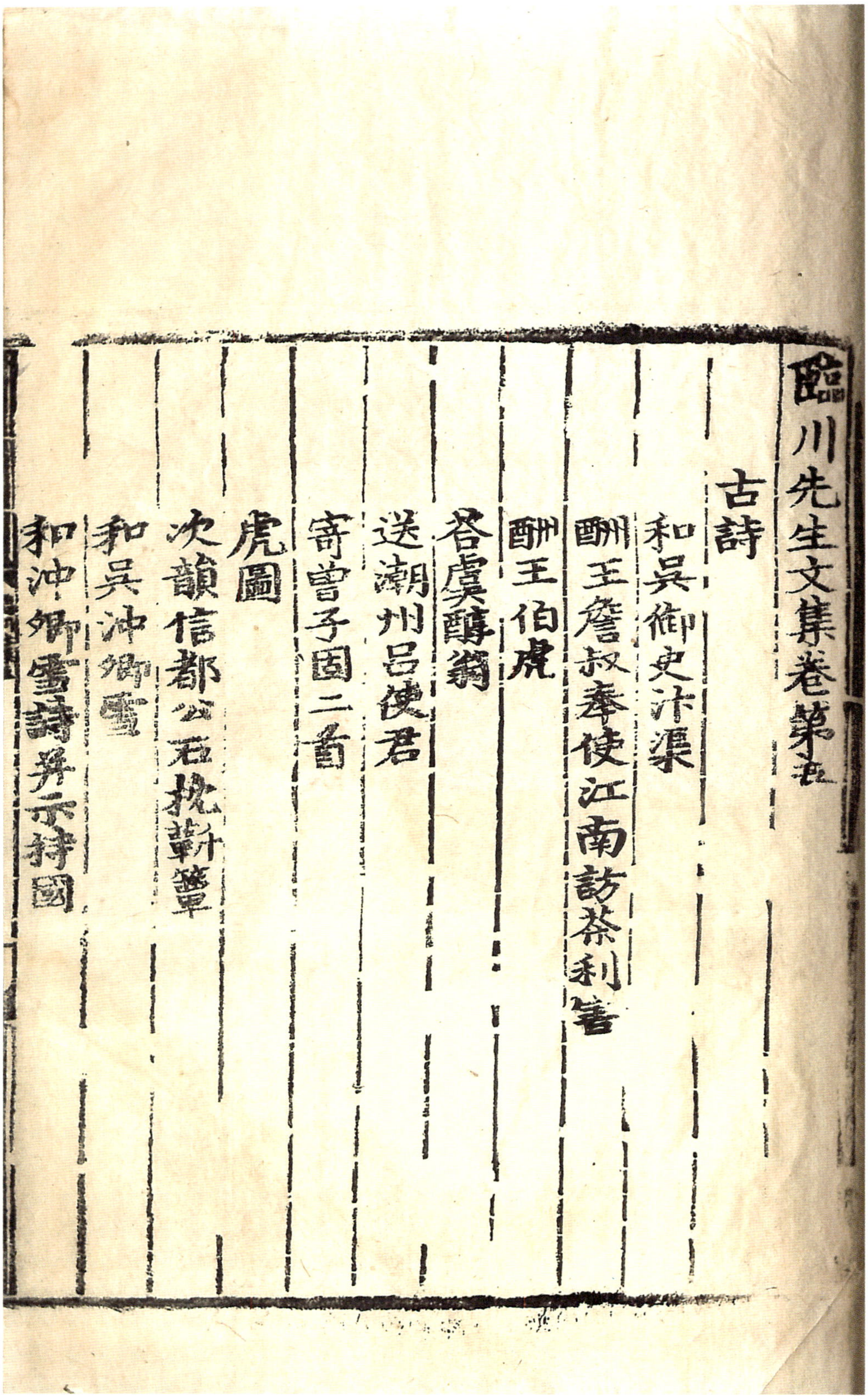

12395 臨川先生文集一百卷目録二卷 （宋）王安石撰 宋紹興二十一年（1151）兩浙西路轉運司王珏刻元明遞修本（卷四十四至五十二配清抄本）

匡高20.6厘米，廣16厘米。半葉十二行，行二十字，黑口或白口，左右雙邊。丁丙跋。南京圖書館藏。

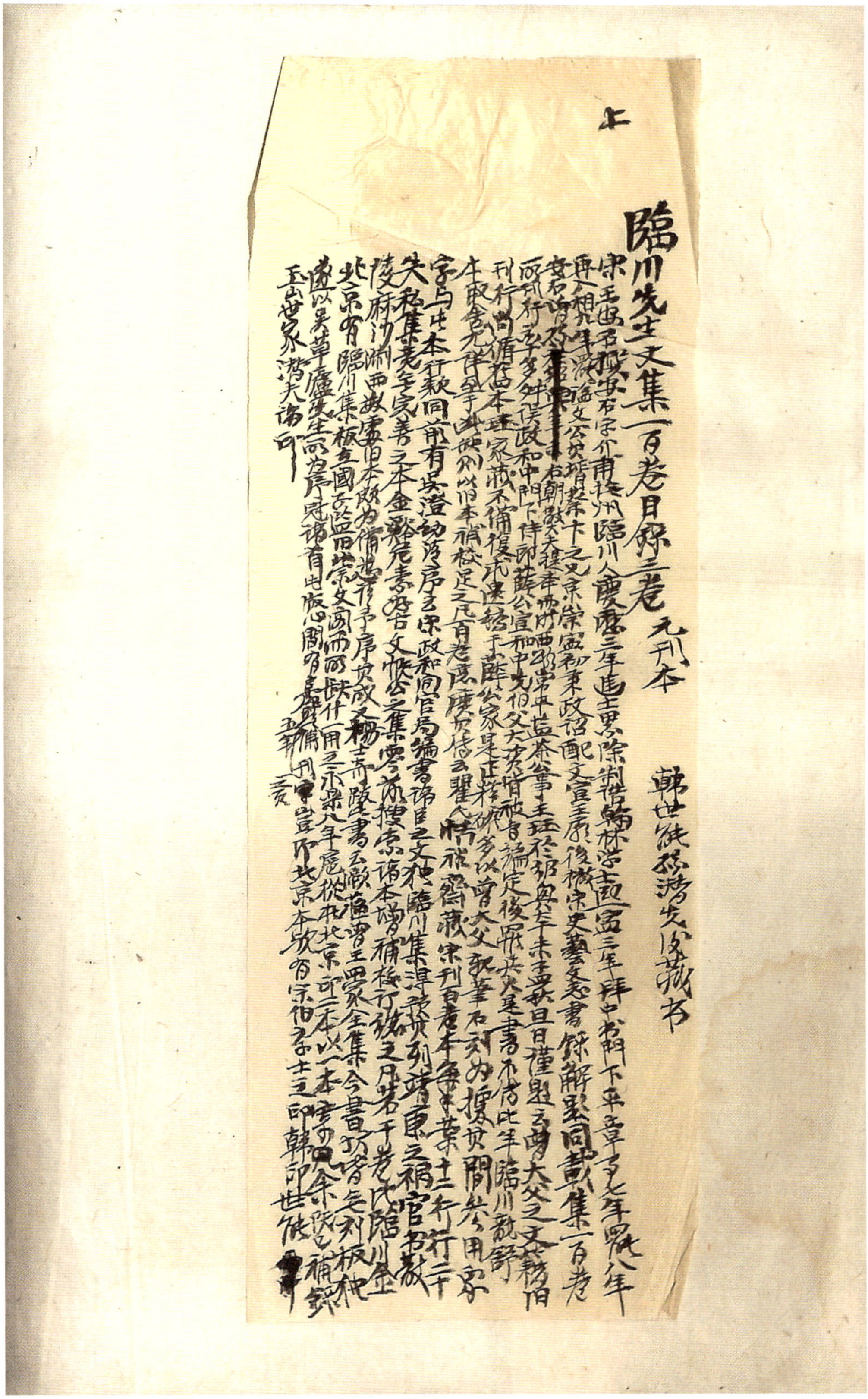
臨川先生文集一百卷目録二卷 元刊本

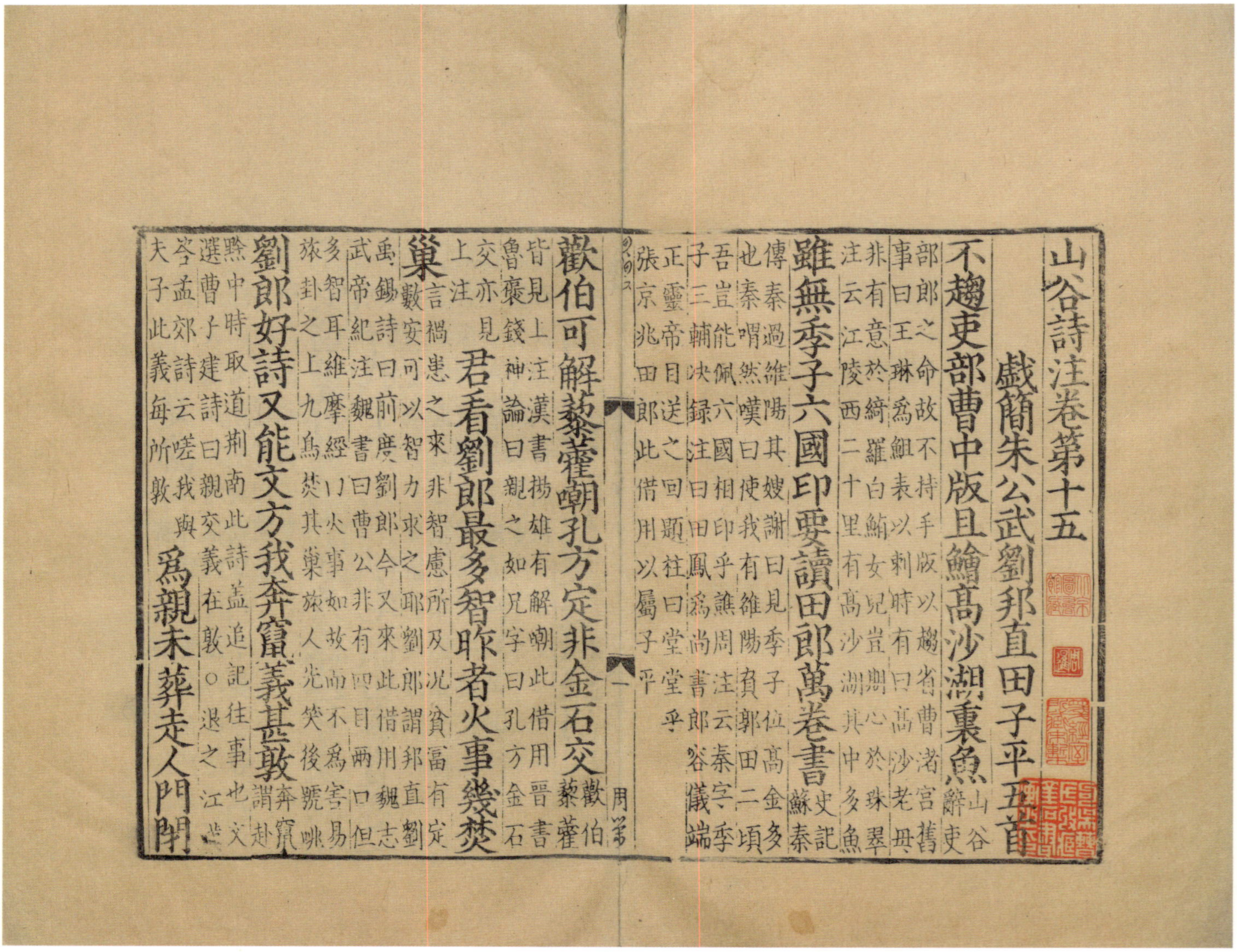

山谷詩注卷第十五

戲簡朱公武劉邦直田子平五首

不趨吏部曹中版且鱠高沙湖裏魚山谷辭吏部郎之命故不持手版以趨省曹渚宮舊事曰王琳爲組表以刺時有曰高沙老毋非有意於綺羅白鮪女兒豈關心於珠翠注云江陵西二十里有高沙湖其中多魚

雖無季子六國印要讀田郎萬卷書史記蘇秦傳秦過雒陽其嫂謝曰見季子位高金多也秦喟然嘆曰使我有雒陽負郭田二頃吾豈能佩六國相印乎譙周注云秦字季子三輔決録注曰田鳳爲尚書郎容儀端正靈帝目送之因題柱曰堂堂乎張京兆田郎此借用以屬子平

歡伯可解藜藿嘲孔方定非金石交歡伯藜藿皆見上注漢書揚雄有解嘲此借用晉書魯褒錢神論曰親之如兄字曰孔方金石交亦見上注

君看劉郎最多智聊者火事幾焚巢言禍患之來非智慮所及況貧富有定數安可以智力求之耶劉郎謂邦直劉禹錫詩曰前度劉郎今又來此借用魏志武帝紀注魏書曰曹公非有四目兩口但多智耳維摩經火事如故而不爲害易旅卦之上九鳥焚其巢旅人先笑後號咷

劉郎好詩又能文方我奔竄義甚敦奔竄謂赴黔中時取道荊南此詩蓋追記往事也文選曹子建詩曰親交義在敦○退之江漢荅孟郊詩云嗟我與夫子此義每所敦

爲親未葬走人門閑

12396 山谷詩注二十卷 （宋）黄庭堅撰 （宋）任淵注 宋紹定五年（1232）黄埒刻本

蝴蝶裝。匡高23.1厘米，廣17.5厘米。半葉九行，行十六字，小字雙行同，白口，左右雙邊。有“勾吴曹氏收臧金石書画之印”“箋經室所藏宋槧”“周暹”等印。國家圖書館藏，存三卷。

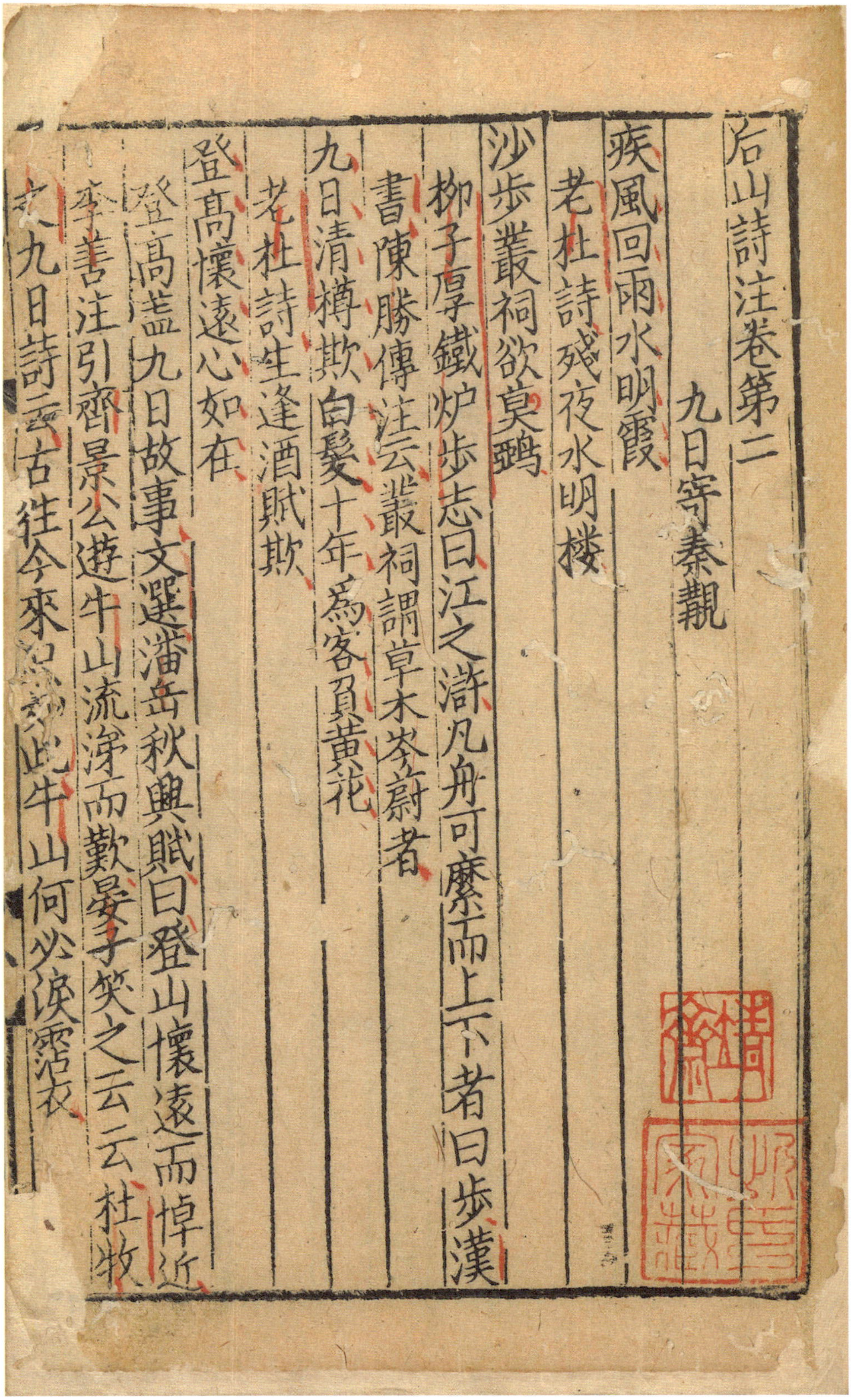
后山詩注卷第二
九日寄秦觀
疾風回雨水明霞
老杜詩殘夜水明樓
沙步叢祠欲莫鵶
柳子厚鐵炉步志曰江之滸凡舟可縻而上下者曰步漢
書陳勝傳注云叢祠謂草木岑蔚者
九日清樽欺白髮十年爲客負黃花
老杜詩生逢酒賦欺
登高懷遠心如在
登高蓋九日故事文選潘岳秋興賦曰登山懷遠而悼近
李善注引齊景公遊牛山流涕而歎晏子笑之云云杜牧
之九日詩云古往今來只如此牛山何必淚霑衣

12397 后山詩注十二卷　（宋）陳師道撰　（宋）任淵注　元刻本（卷一配日本抄本）

匡高19.8厘米，廣13.6厘米。半葉十三行，行二十三字，細黑口或白口，左右雙邊。有“靖齋”“百宋書藏”等印。袁克文跋。國家圖書館藏。

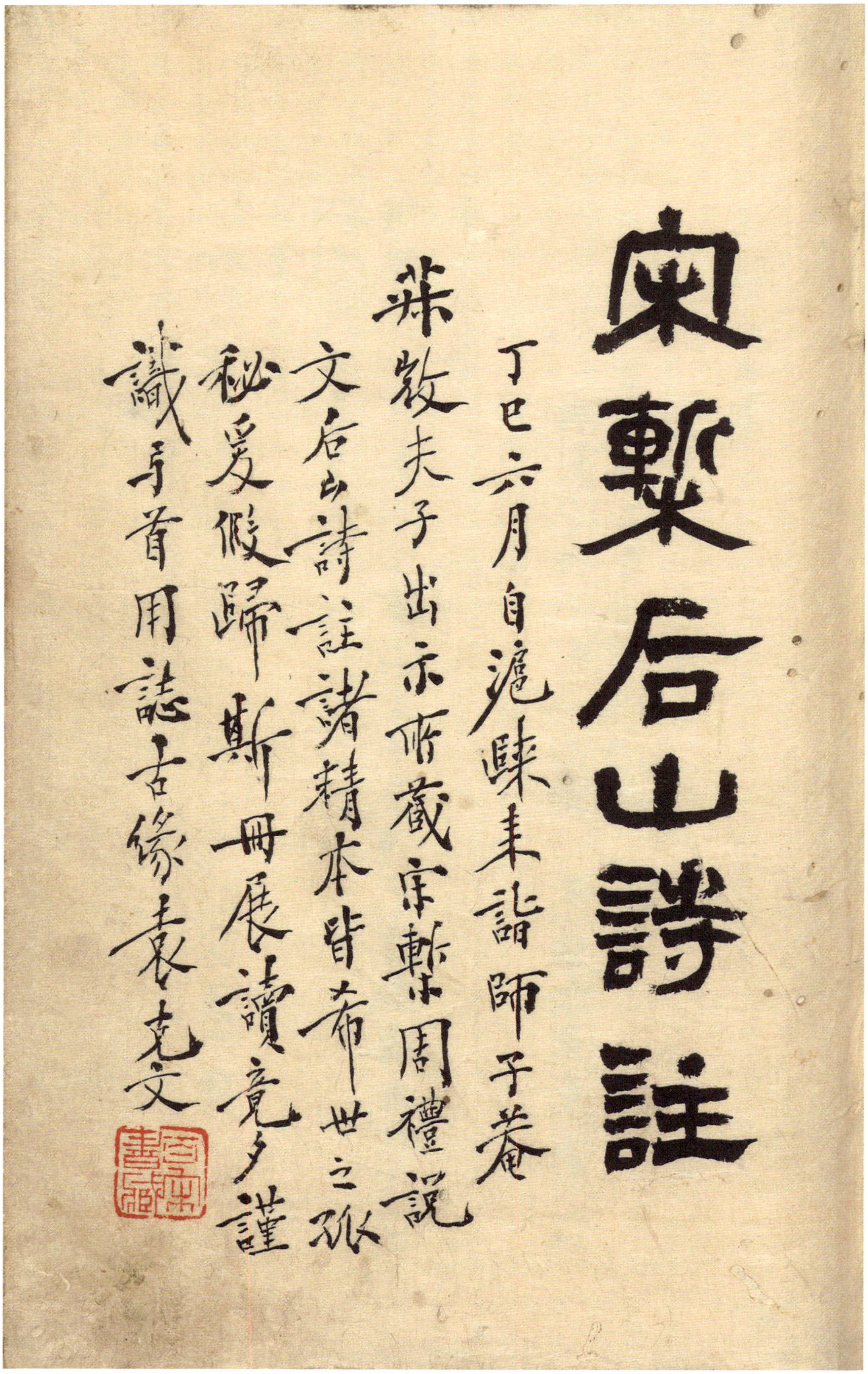
宋槧后山詩註

丁巳六月自滬瀆來詣師子菴
乘敬夫子出示所藏宋槧周禮說
文后山詩註諸精本皆希世之珍
秘笈假歸斯冊展讀竟夕謹
識于首用誌古緣袁克文

12397 后山詩注十二卷

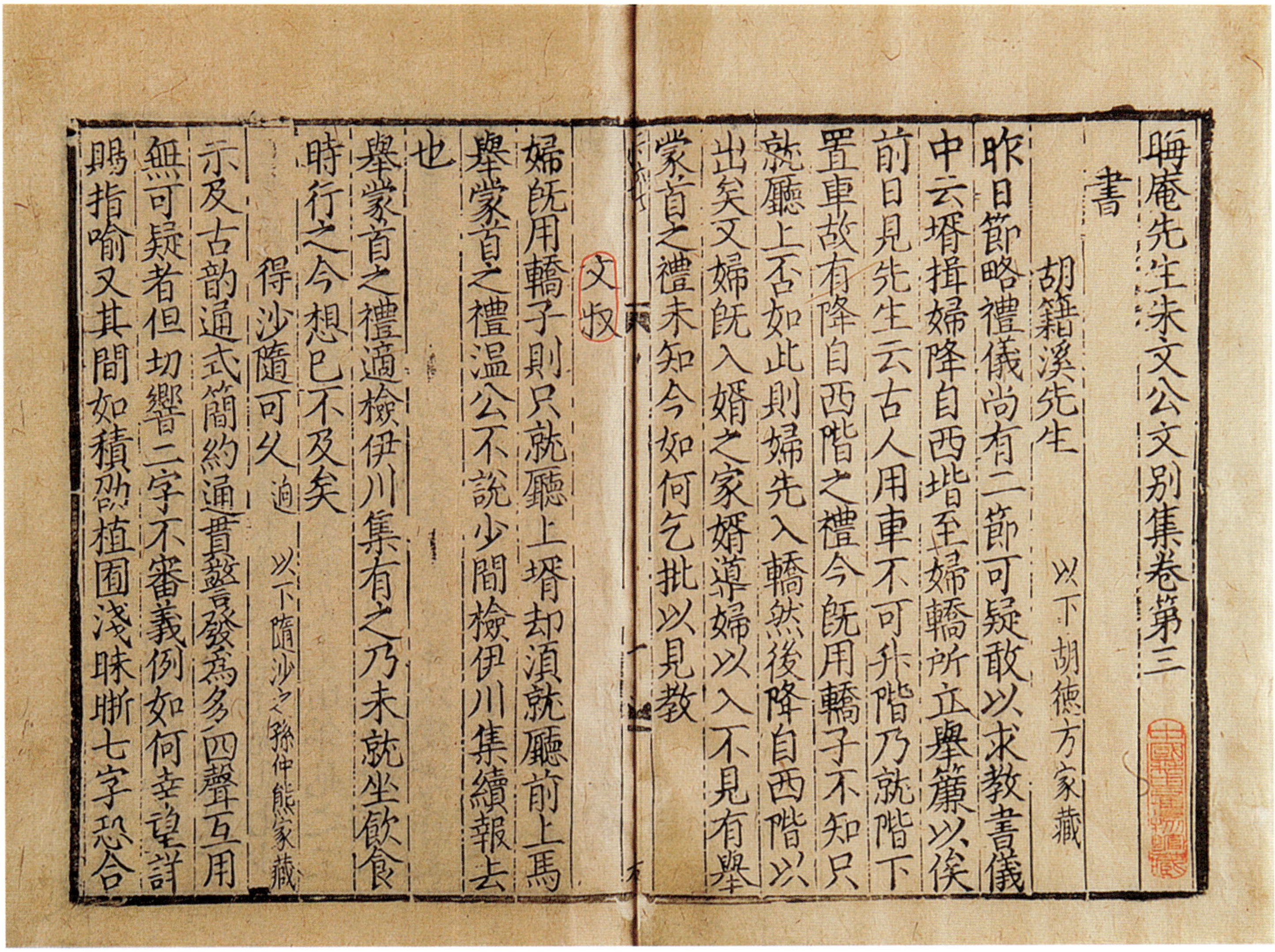

12398 晦庵先生朱文公别集十卷 （宋）朱熹撰　宋咸淳元年（1265）建安書院刻元明遞修本

蝴蝶裝。匡高20.5厘米，廣15厘米。半葉十行，行十八字，白口或黑口，左右雙邊。國家博物館藏。

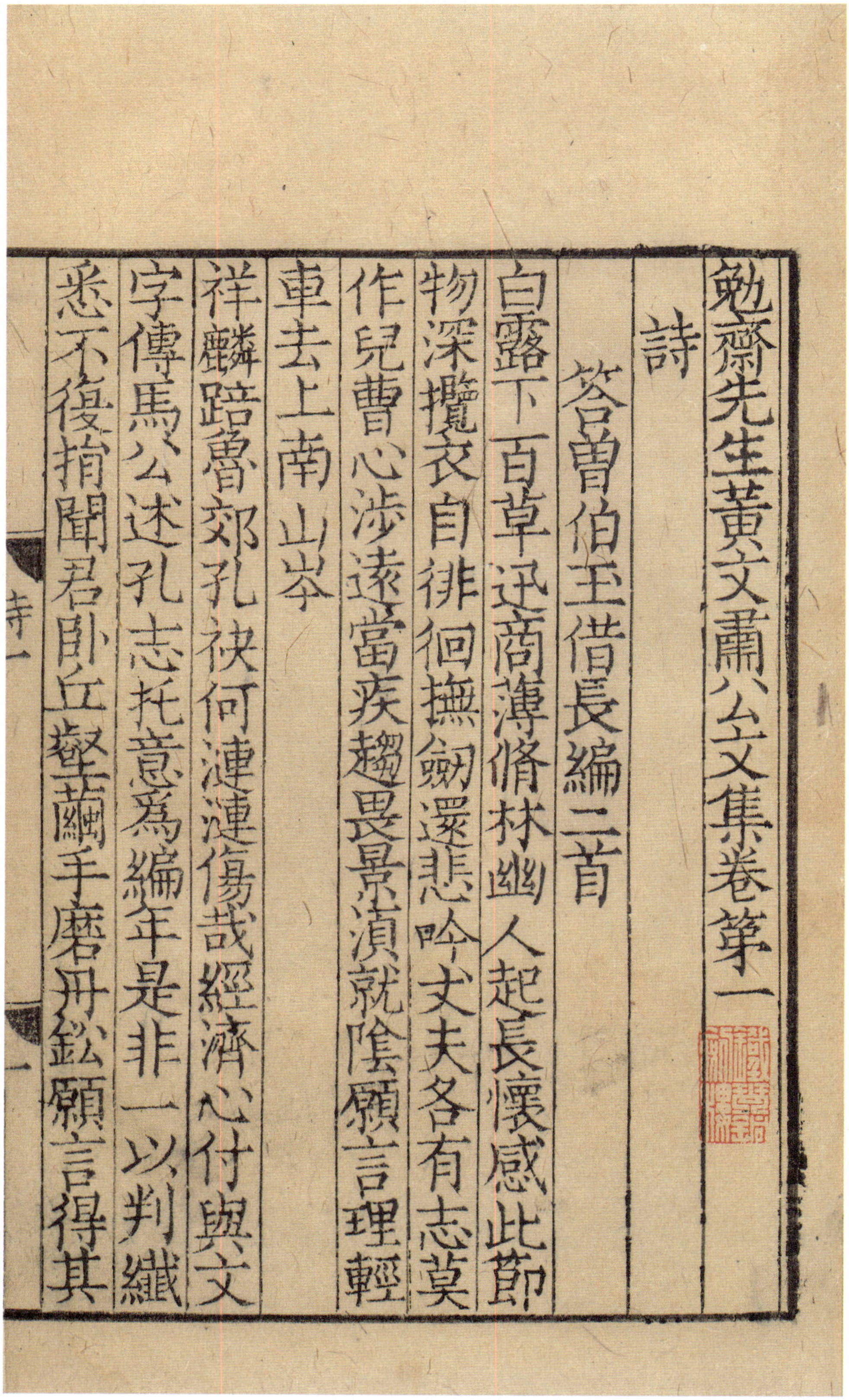
勉齋先生黃文肅公文集卷第一
詩
答曾伯玉借長編二首
白露下百草迸商薄脩林幽人起長懷感此節
物深攬衣自徘徊撫劒還悲吟丈夫各有志莫
作兒曹心涉遠當疾趨畏景須就陰願言理輕
車去上南山岑
祥麟蹈魯郊孔袂何漣漣傷哉經濟心付與文
字傳馬公述孔志托意爲編年是非一以判纖
悉不復捐闡君卧丘壑蘭手磨丹鉛願言得其

12399 勉齋先生黃文肅公文集四十卷 （宋）黄榦撰 **語録一卷** （宋）林圓 蔡念成等輯 **年譜一卷** （宋）鄭元肅撰 **附集一卷** 元刻延祐二年（1315）重修本

匡高20.9厘米，廣15.5厘米。半葉十行，行十八字，細黑口，左右雙邊。有“鐵琴銅劍樓”等印。國家圖書館藏。

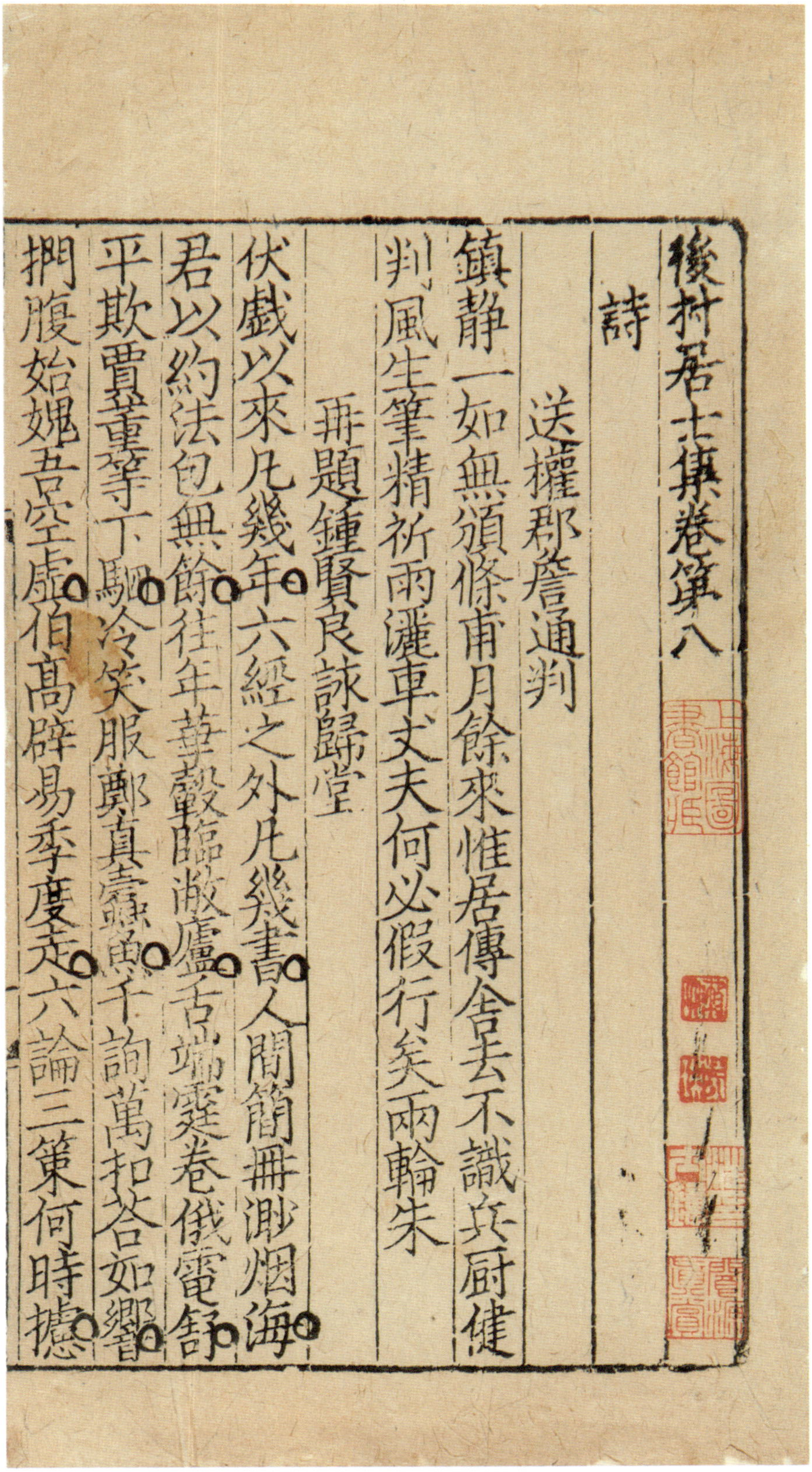

後村居士集卷第八

詩

送權郡詹通判

鎮靜一如無須條甫月餘來惟居傳舍去不識兵厨健
判風生筆精祈雨灑車丈夫何必假行矣兩輪朱

再題鍾賢良詠歸堂

伏羲以來凡幾年。六經之外凡幾書。人間簡冊渺烟海。
君以約法包無餘。往年華轂臨敝廬。舌端霆卷俄電舒。
平欺賈董等下駟。冷笑服鄭真蠹魚。千詢萬扣答如響。
捫腹始娛吾空虛。伯高辟易季度走。六論三策何時攄。

12400 後村居士集五十卷 （宋）劉克莊撰　宋刻元修本

匡高19.3厘米，廣12.9厘米。半葉十行，行二十一字，小字雙行同，細黑口，左右雙邊或四周雙邊。有“汪印士鐘”“閬源真賞”“湘潭袁氏藏書之印”“芳瑛”等印。上海圖書館藏，存十八卷。

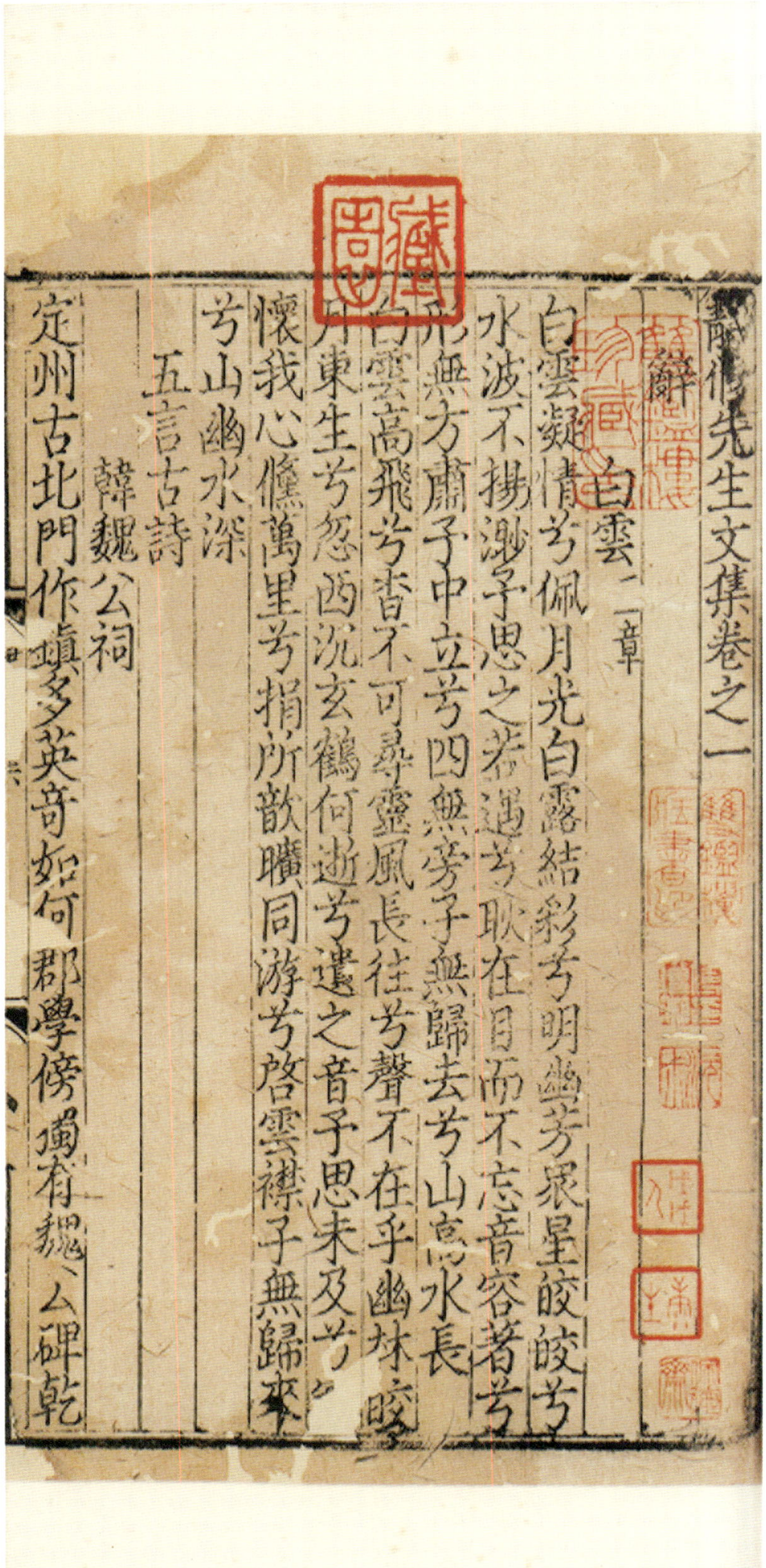

12401 靜修先生文集二十二卷 （元）劉因撰　元至順元年（1330）宗文堂刻本

匡高19厘米，廣12.5厘米。半葉十三行，行二十一字，小字雙行同，黑口，四周雙邊。有“至順庚午孟秋宗文堂刊”牌記。有“佩德齋”“雙鑑樓珍藏印”“傅沅叔藏書記”等印。中國書店藏。

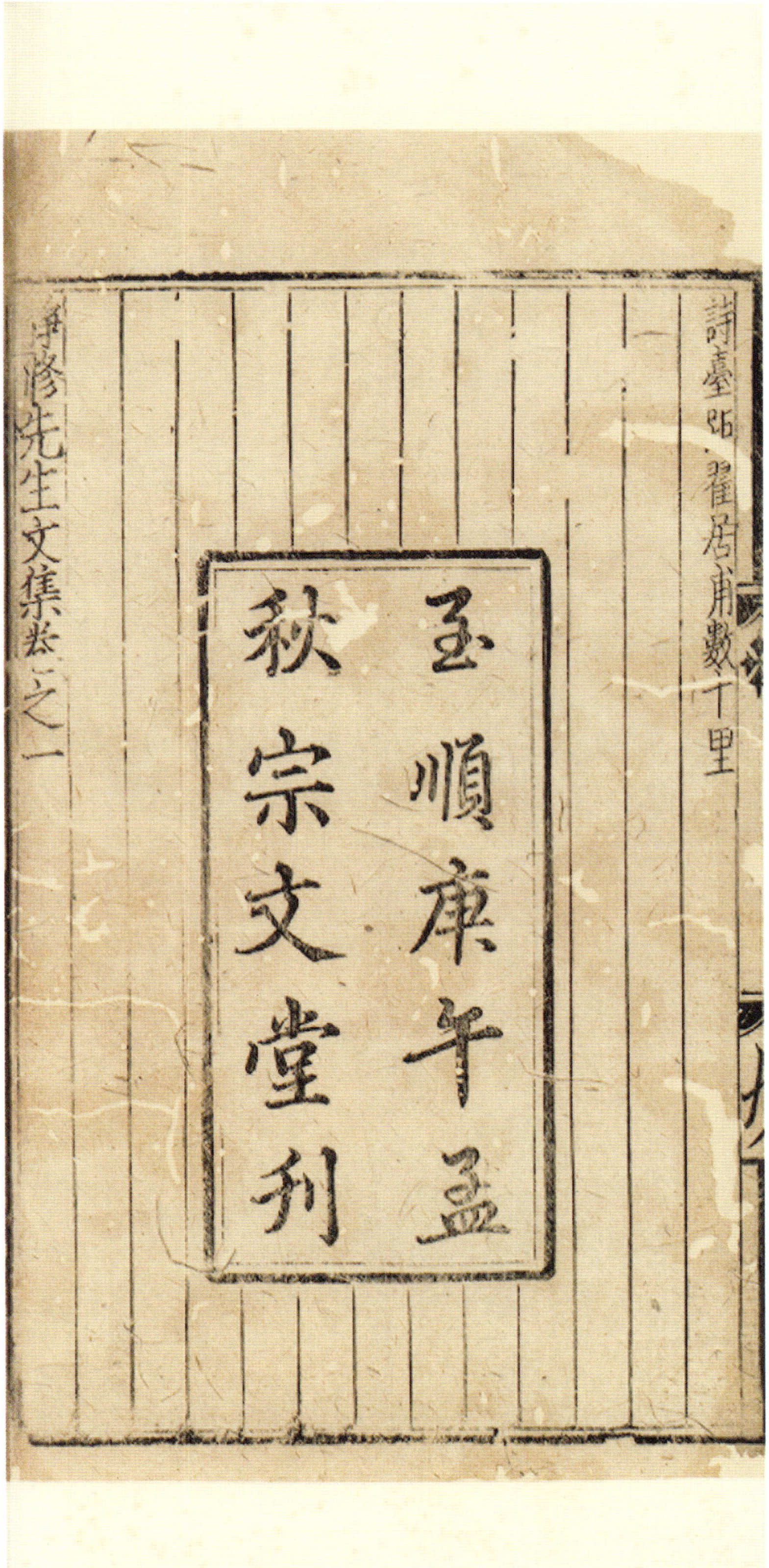
詩臺呖翟居甫數千里

至順庚午孟
秋宗文堂刊

靜修先生文集卷之一

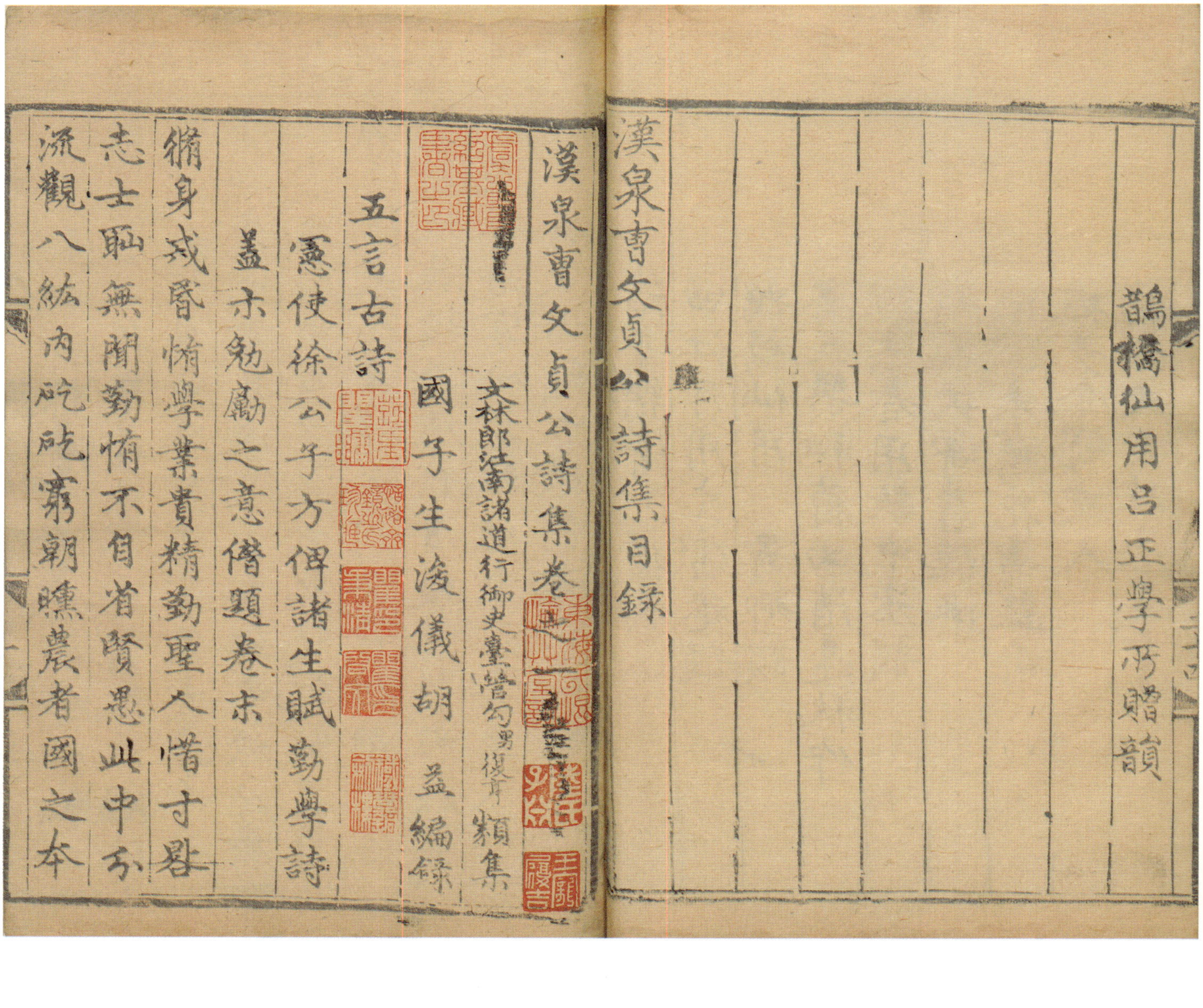

鵲橋仙用呂正學所贈韻

漢泉曹文貞公詩集目録

漢泉曹文貞公詩集卷一
承務郎江南諸道行御史臺管勾男復亨類集
國子生淩儀胡益編録
五言古詩
憲使徐公子方俾諸生賦勸學詩
蓋亦勉勵之意僭題卷末
脩身戒昏惰學業貴精勤聖人惜寸晷
志士恥無聞勤惰不自省賢愚此中分
派觀八紘內矻矻霧朝曛農者國之本

12402 漢泉曹文貞公詩集十卷 （元）曹伯啟撰 **後録一卷** 元後至元四年（1338）曹復亨刻本

匡高22.5厘米，廣17厘米。半葉九行，行十五字，白口，四周雙邊。有“鐵琴銅劍樓”等印。國家圖書館藏。

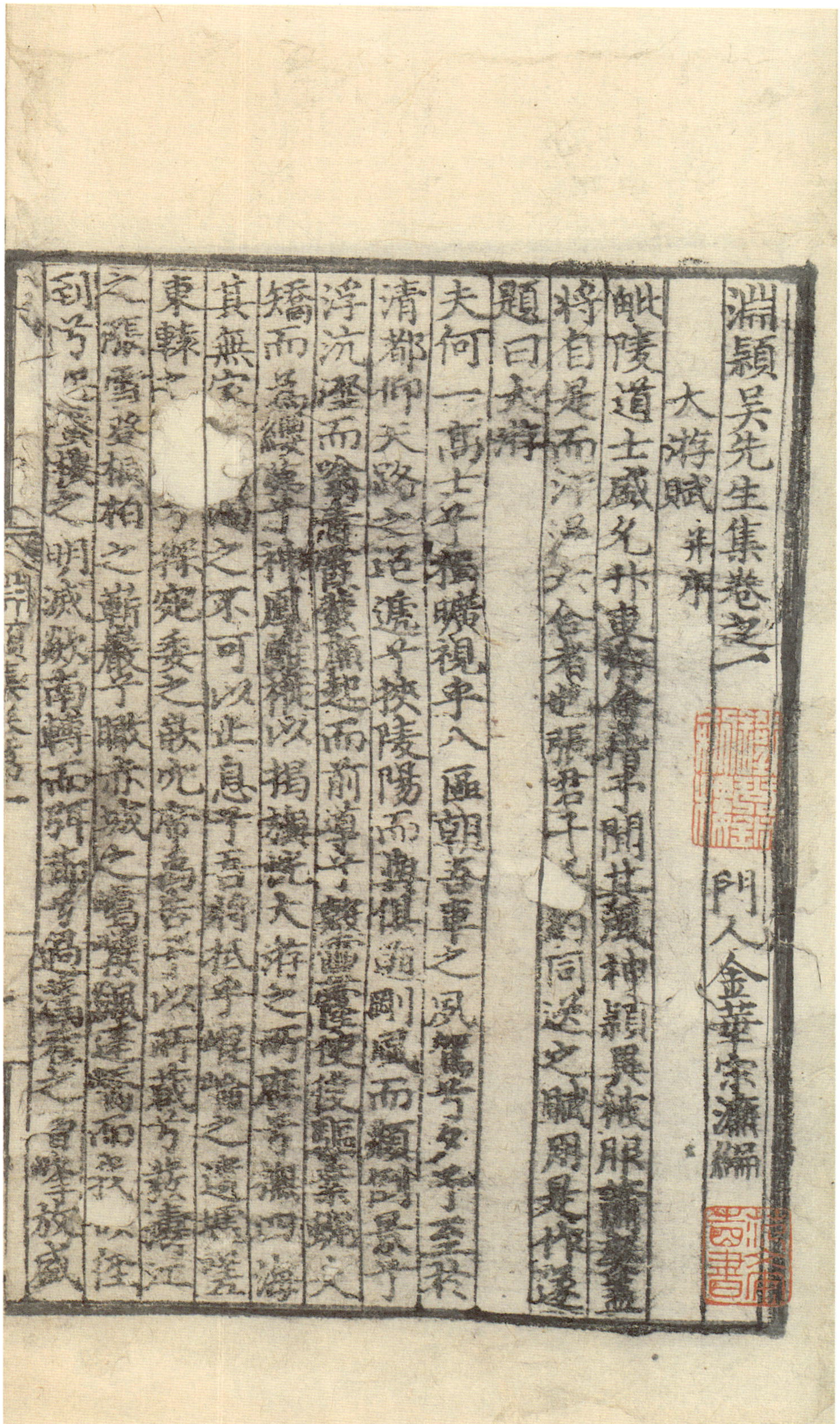
淵穎吳先生集卷之一
大游賦并序　　門人金華宋濂編

12403 淵穎吳先生集十二卷　（元）吴萊撰　**附録一卷**　元末刻本

匡高17厘米，廣13厘米。半葉十三行，行二十三字，黑口，左右雙邊。有“鐵琴銅劍樓”等印。國家圖書館藏。

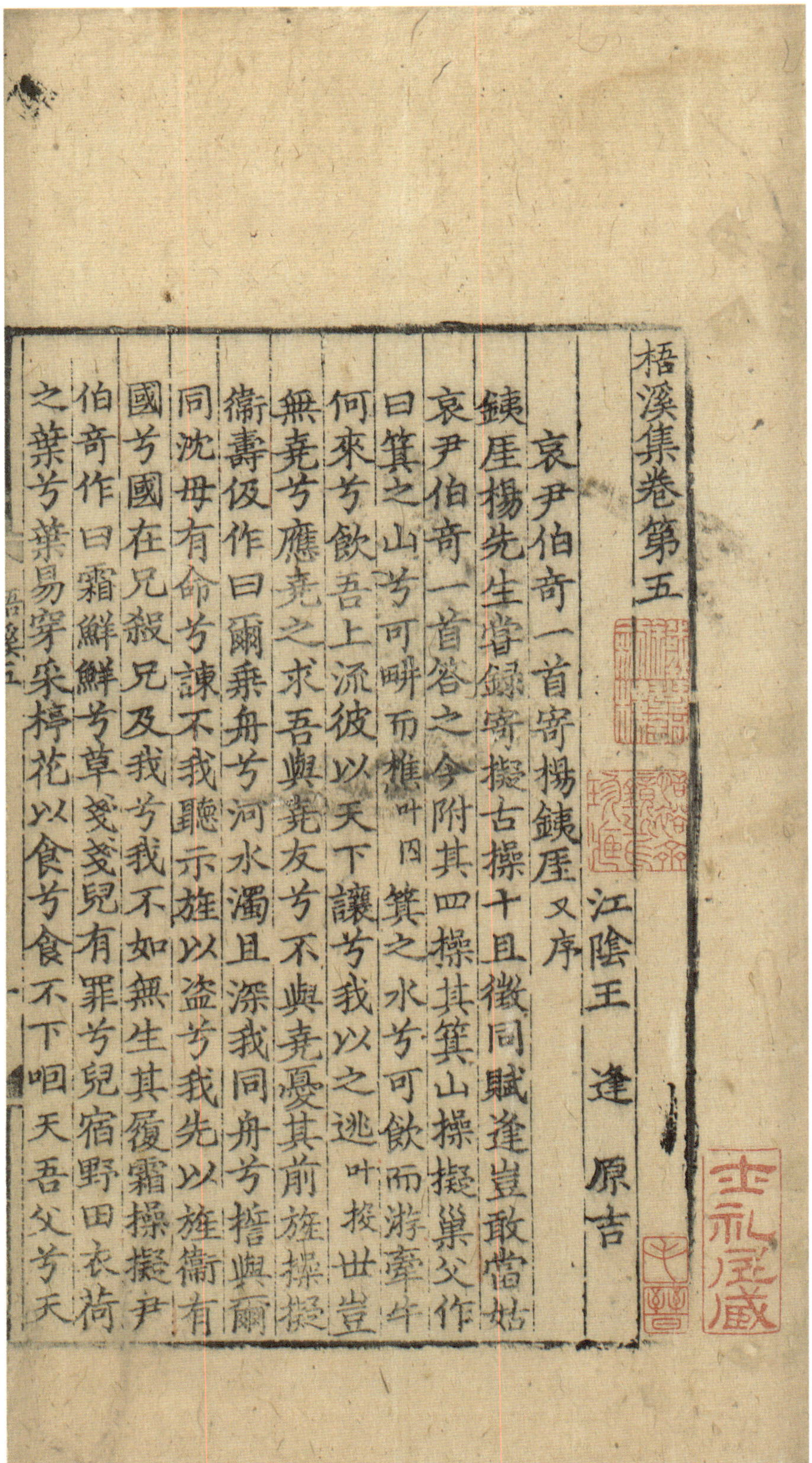

梧溪集卷第五

江陰王　逢　原吉

哀尹伯奇一首寄揚鍊厓 又序

鍊厓揚先生嘗録寄擬古操十且徵同賦逢豈敢當姑哀尹伯奇一首答之今附其四操其箕山操擬巢父作曰箕之山兮可畊而樵 叶四 箕之水兮可飲而游牽牛何來兮飲吾上流彼以天下讓兮我以之逃 叶 投世豈無堯兮應堯之求吾與堯友兮不與堯憂其前旌操擬衞壽伋作曰爾乘舟兮河水濁且深我同舟兮誓與爾同沈毋有命兮諫不我聽示旌以盜兮我先以旌衞有國兮國在兄殺兄及我兮我不如無生其履霜操擬尹伯奇作曰霜鮮鮮兮草戔戔兒有罪兮兒宿野田衣荷之葉兮葉易穿采楟花以食兮食不下咽天吾父兮天

12404 梧溪集七卷　（元）王逢撰　元至正明洪武間刻景泰七年（1456）陳敏政重修本（卷一至四及他卷缺葉配清初毛氏汲古閣影元抄本）

匡高18.4厘米，廣12.6厘米。半葉十三行，行二十二字，黑口，四周單邊。有“元本”“毛晉之印”“士礼居藏”“恬裕齋鏡之氏珍藏”“鐵琴銅劍樓”等印。陸貽典校並跋。國家圖書館藏。

本乃命孟逐一酬對繕寫而命工重刊之以補其缺是集乃復得其全云顏孟皆恭謹好脩讀書知大義善事其母孟今為社學師而顏遣其子訥入郡庠為弟子員可謂能不墜其家學者矣

景泰七年歲在丙子秋七月之吉

賜進士中順大夫南康府知府錢塘陳敏政書

梧溪集後序終

虞山覿菴陸貽典校補于汲古閣丁巳九月下浣

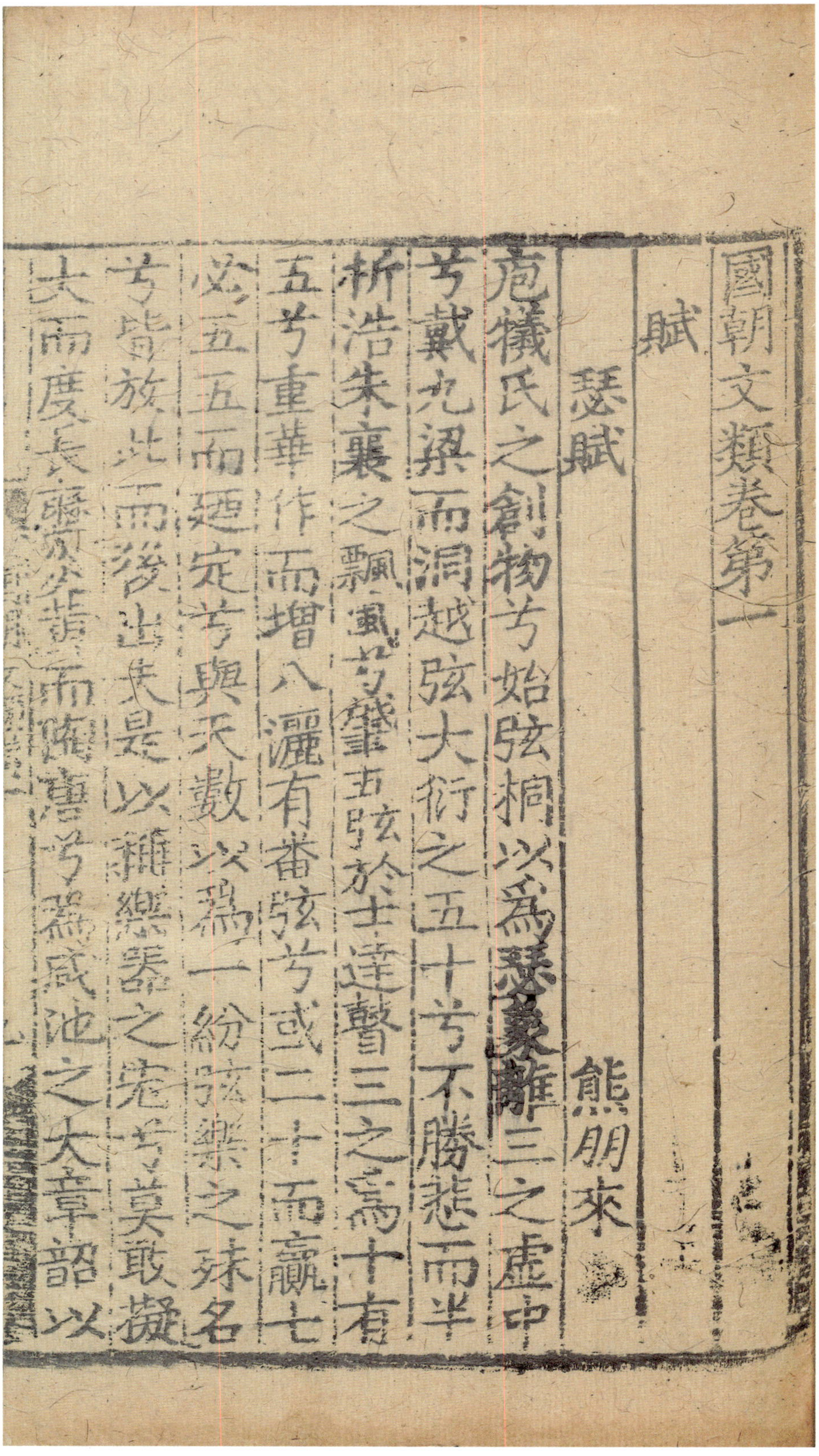

國朝文類卷第一

賦

瑟賦 熊朋來

庖犧氏之創物兮始弦桐以爲瑟象離三之虛中兮戴九梁而洞越弦大衍之五十兮不勝悲而半析浩朱襄之飄風兮肇五弦於士達瞽三之爲十有五兮重華作而增八灑有番弦兮或二十而贏七必五五而廼定兮與天數以爲一紛弦樂之殊名兮皆放此而後出夫是以雅樂器之完兮莫敢擬大而度長齊少黃而隨高兮咸池之大章韶以

12405 國朝文類七十卷目録三卷 （元）蘇天爵輯　元至元至正間西湖書院刻明修本

匡高22厘米，廣15.9厘米。半葉十行，行十九字，細黑口，左右雙邊。朱彝題款。國家圖書館藏。

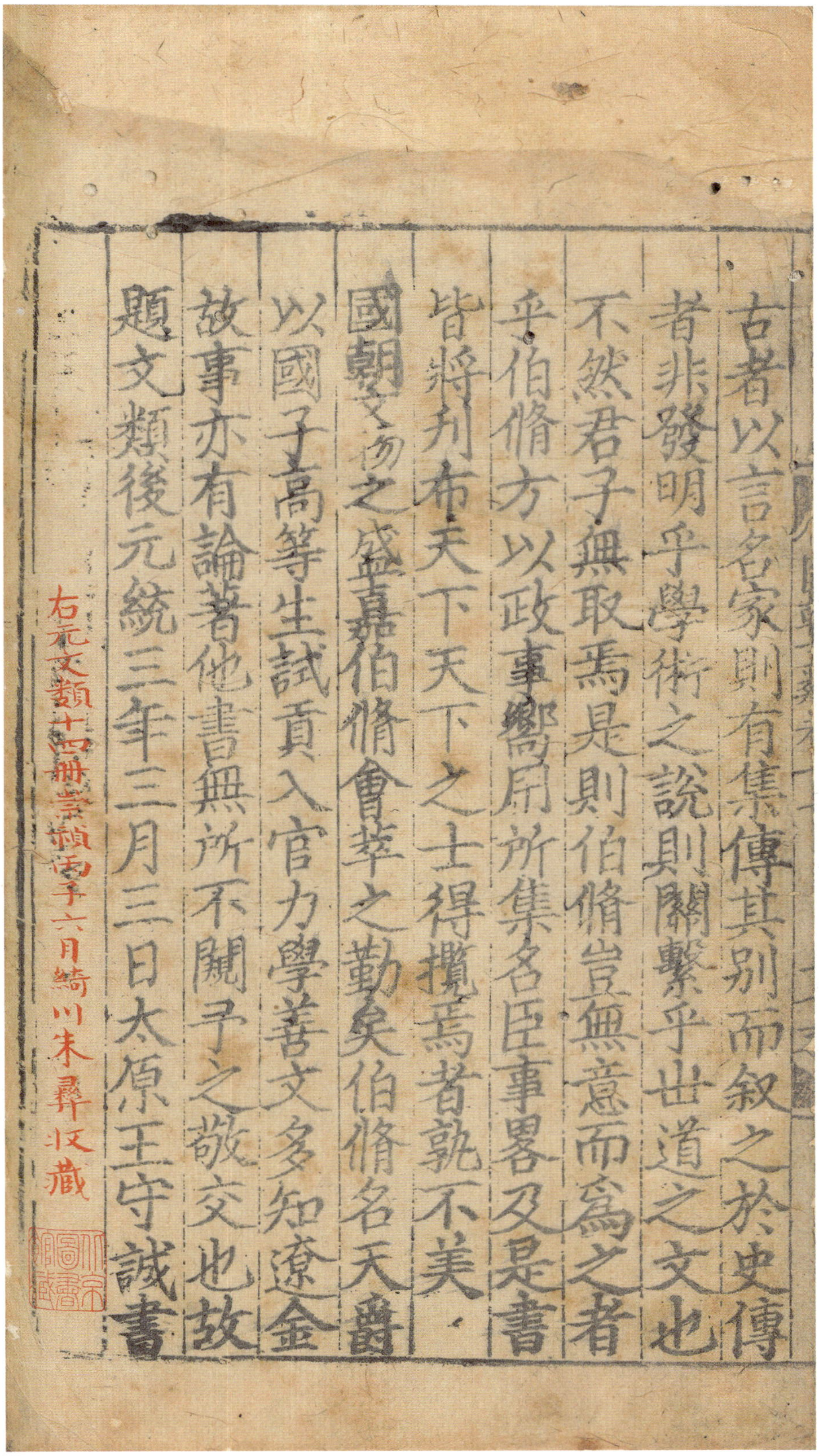

古者以言名家則有集傳其別而叙之於史傳
者非發明乎學術之說則關繫乎世道之文也
不然君子無取焉是則伯脩豈無意而爲之者
乎伯脩方以政事嚮用所集名臣事畧及是書
皆將刊布天下天下之士得攬焉者孰不羙
國朝文物之盛嘉伯脩會萃之勤矣伯脩名天爵
以國子高等生試貢入官力學善文多知遼金
故事亦有論著他書無所不闚予之敬交也故
題文類後元統三年三月三日太原王守誠書

右元文類十四册崇禎丙子六月綺川朱彝收藏

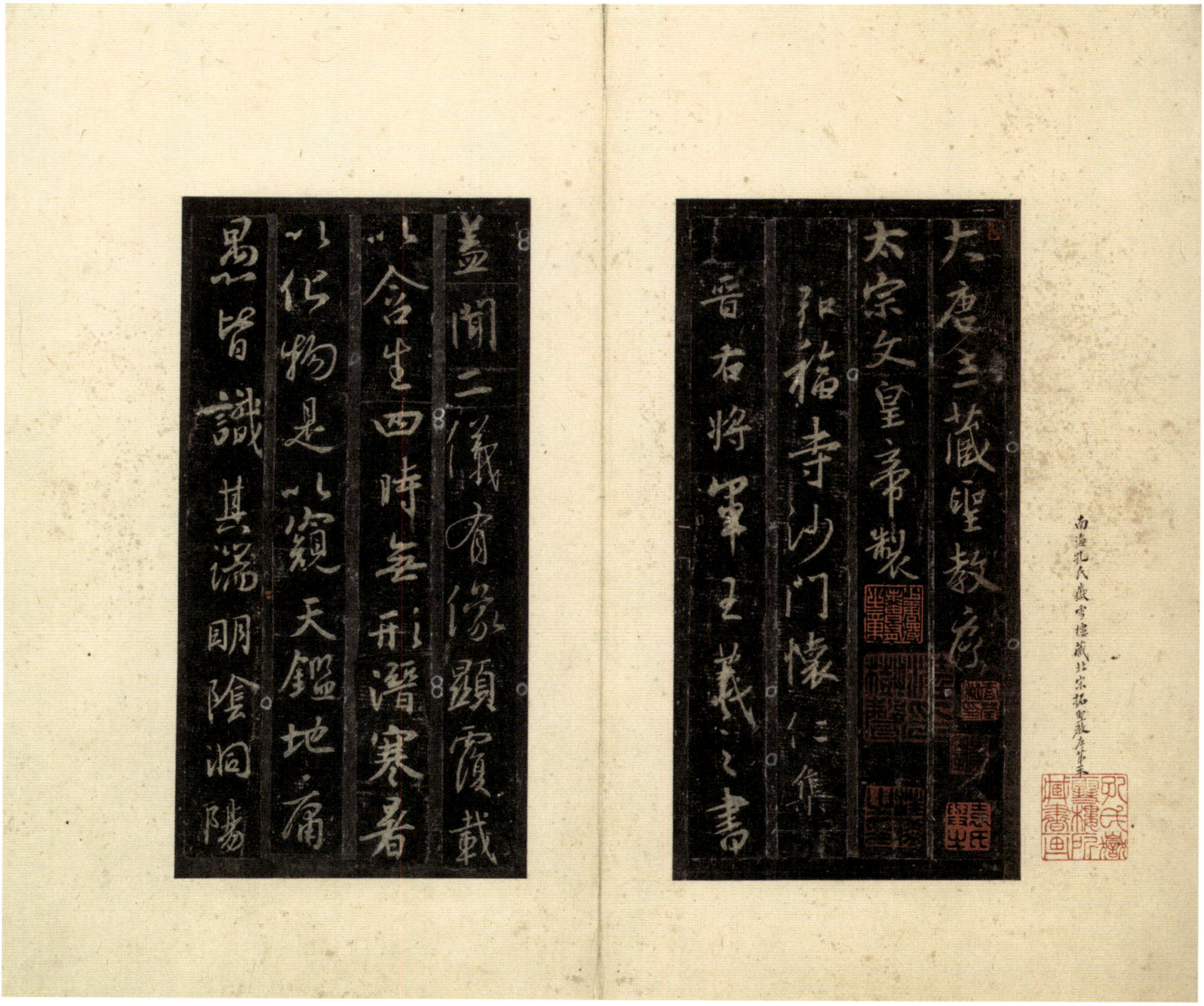

12406 三藏聖教序 （唐）太宗李世民撰序 （唐）高宗李治撰記 （唐）釋懷仁集王羲之行書 唐咸亨三年（672）刻石 南宋拓本

册頁裝。册高38.2厘米，廣31.7厘米。墨芯高23.6厘米，廣12.2厘米。共23.5開，其中墨本27開，題簽及跋6.5開。有“袁氏與之”“蕉窗”“孔氏嶽雪樓所藏書画”等印。姜宸英、陳邦彥、汪灝、金祖静、孔廣陶、李宗瀚等跋，周浚霖抄方士庶録蘇軾跋，文彭、沈尹默等觀款，顔培縻、徐叔勤題簽。香港中文大學中國文化研究所文物館藏。

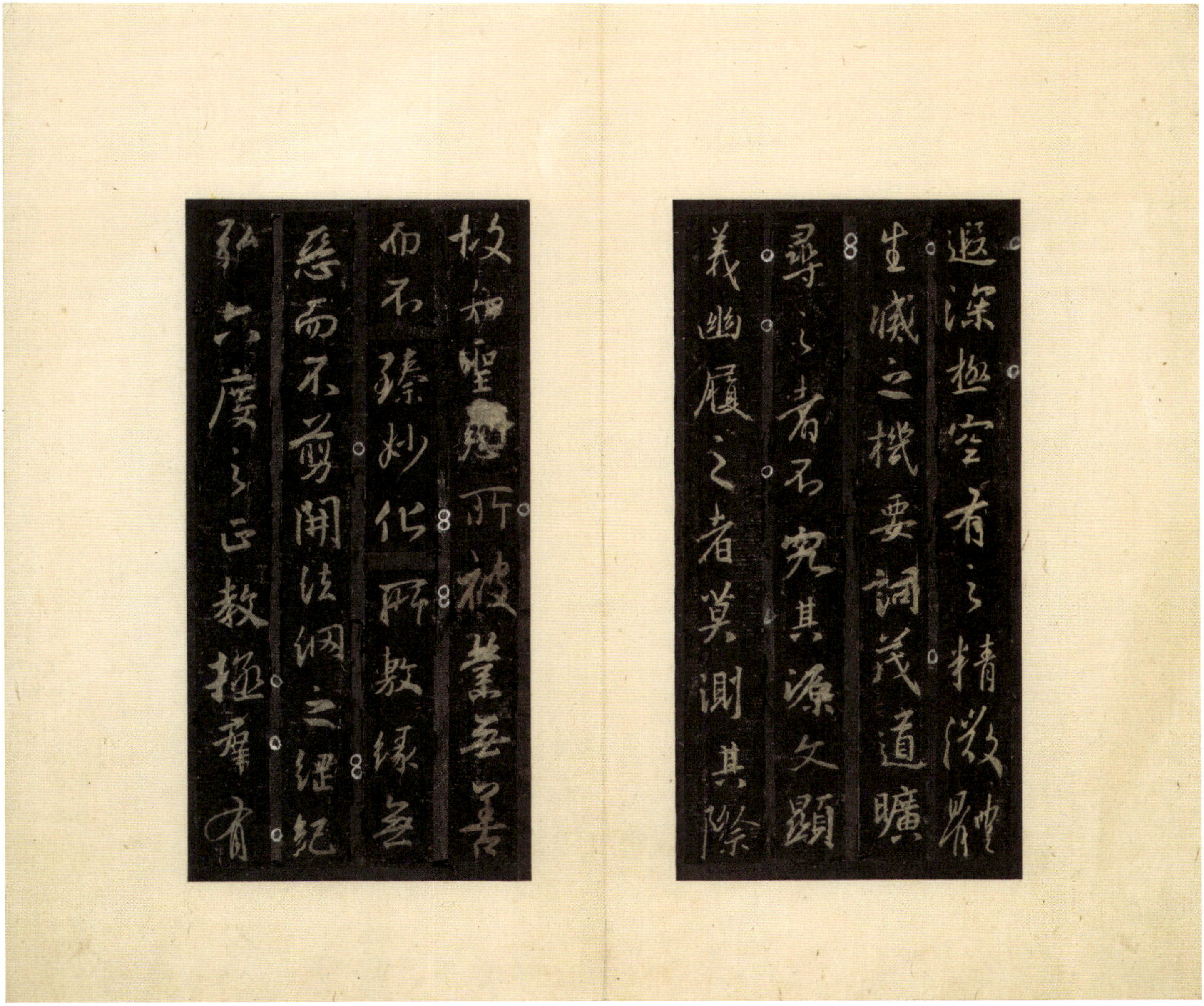

遐深極空有之精微體
生滅之機要詞茂道曠
尋之者不究其源文顯
義幽履之者莫測其際

故知聖慈所被業無善
而不臻妙化所敷緣無
惡而不翦開法網之綱紀
弘六度之正教拯羣有

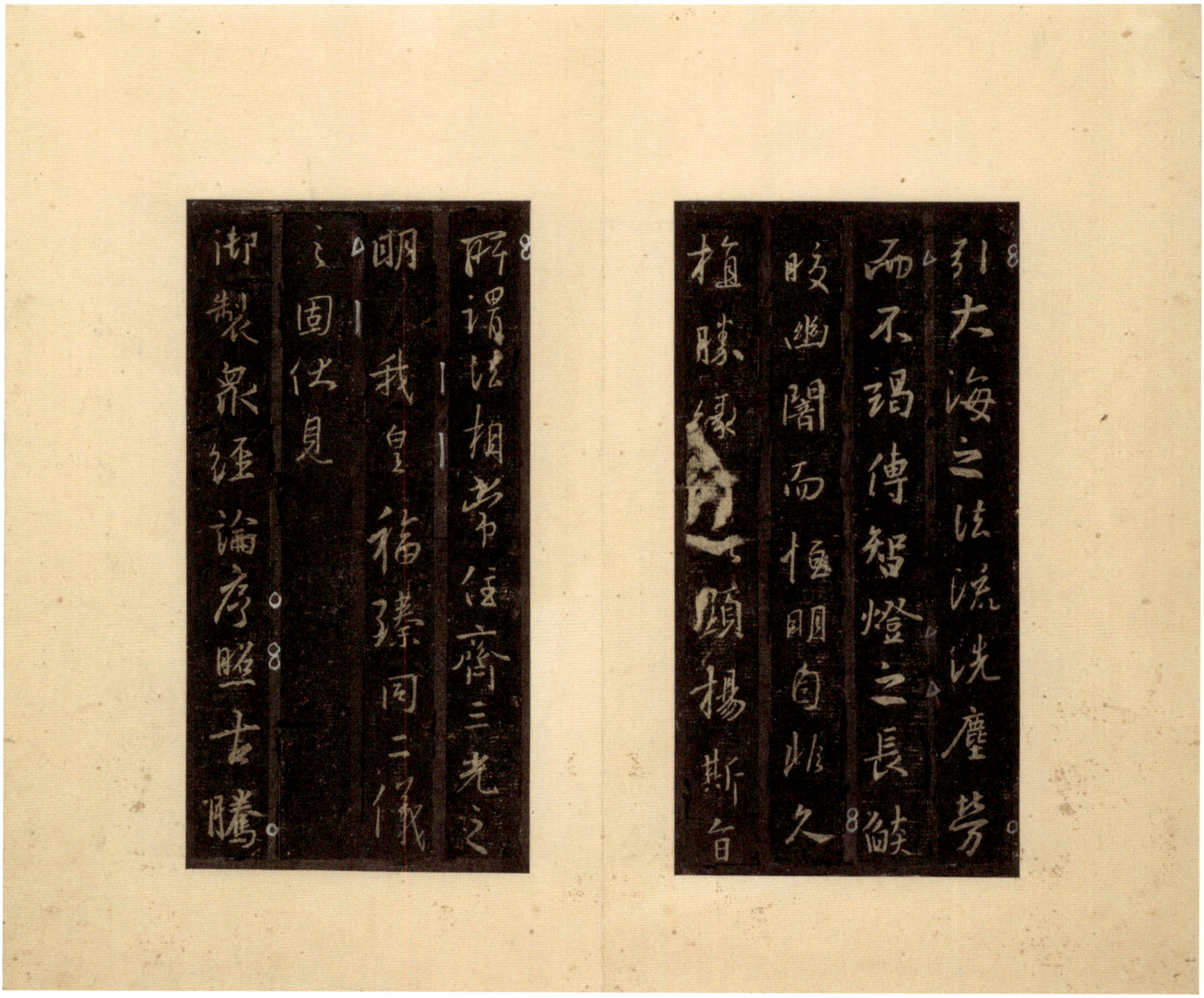
引大海之法流洗塵勞
而不竭傳智燈之長燄
皎幽闇而恒明自非久
植勝緣
顯揚斯旨
所謂法相常住齊三光之
明我皇福臻同二儀
之固伏見
御製衆經論序照古騰

12406 三藏聖教序

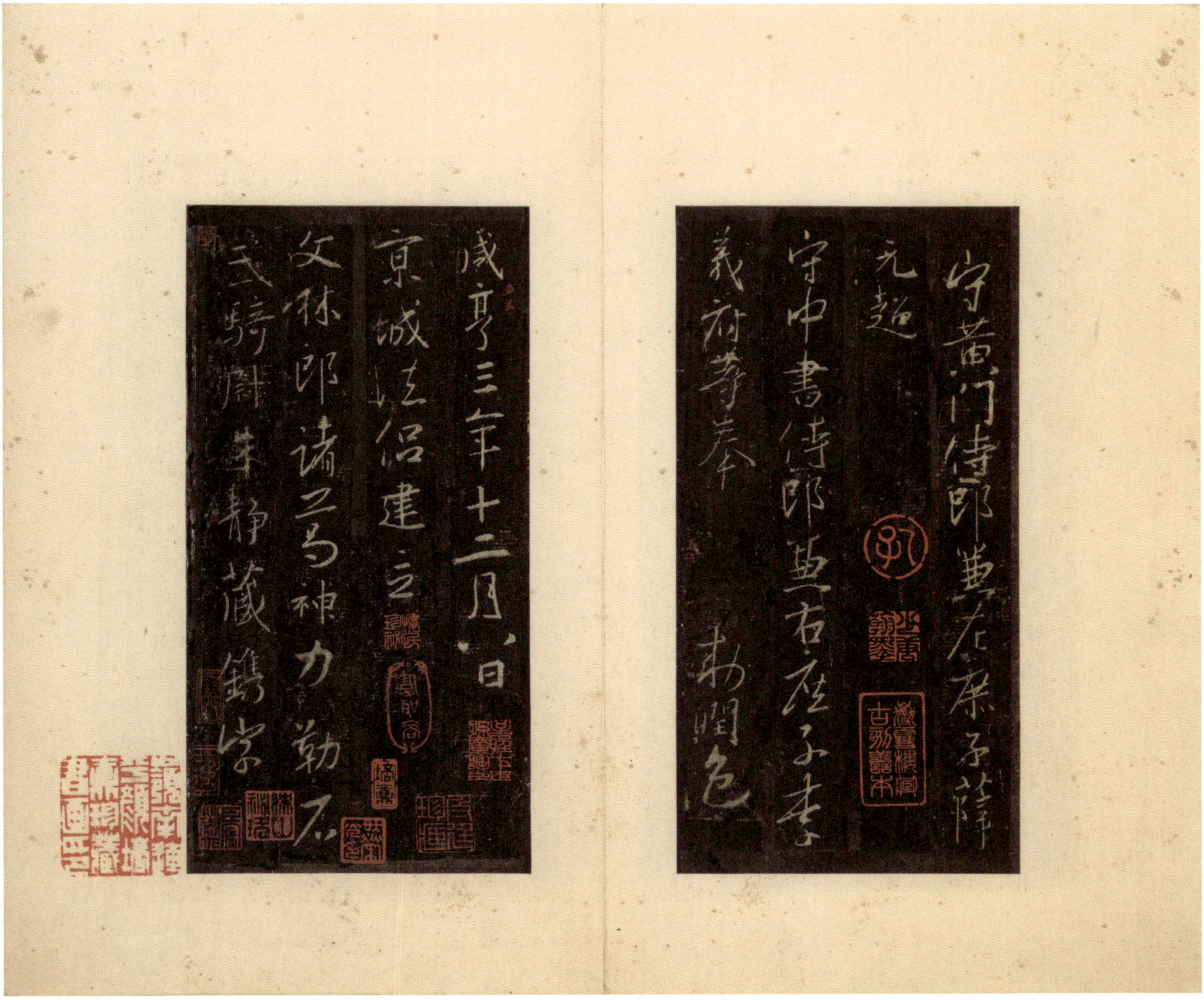
守黃門侍郎兼左庶子薛
元超
守中書侍郎兼右庶子李
義府等奉
勅潤色
咸亨三年十二月八日
京城法侶建立
文林郎諸葛神力勒石
武騎尉朱靜藏鐫字

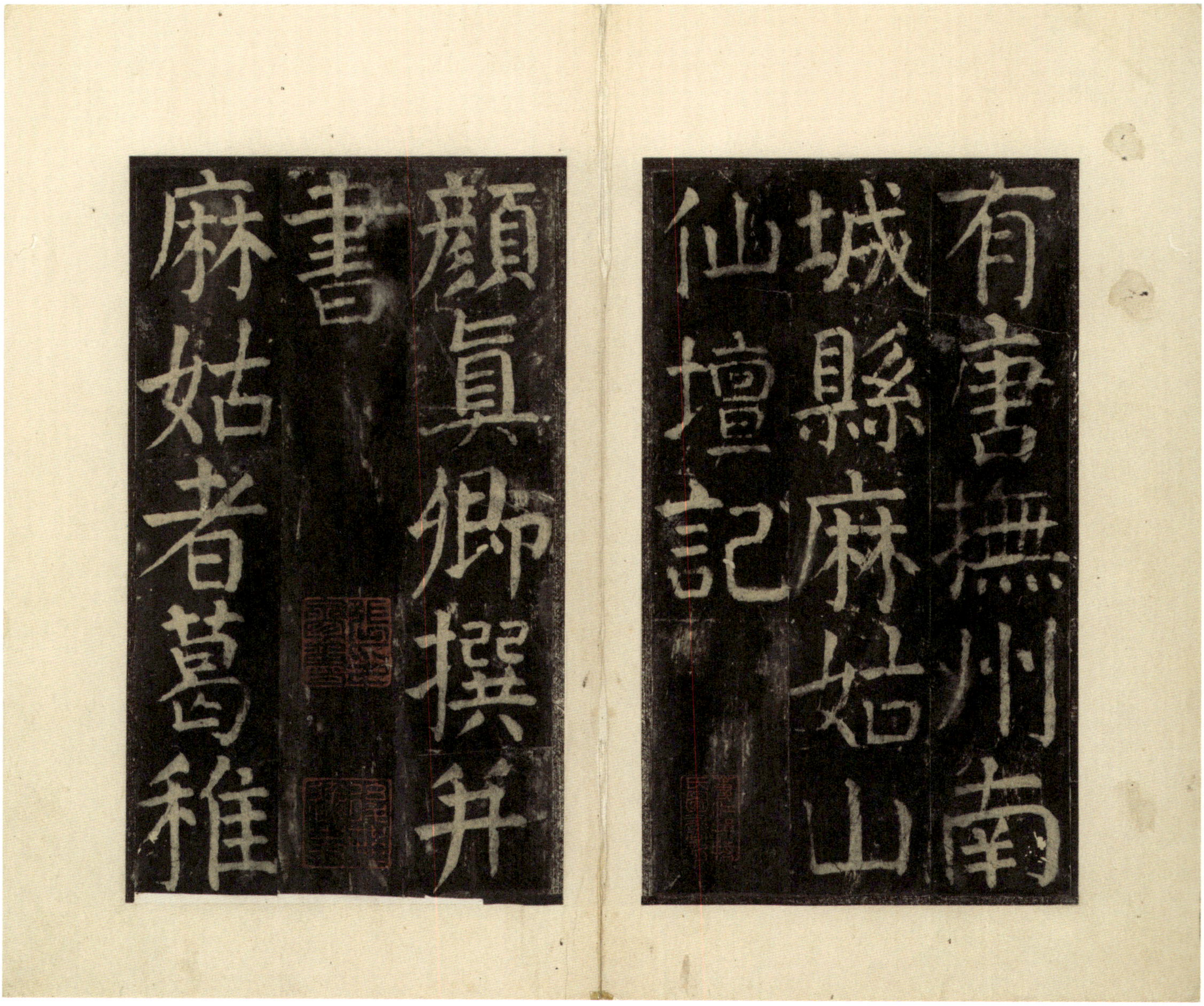

12407 大字麻姑仙壇記　（唐）顔真卿書　唐大曆六年（771）刻石　宋拓本

册頁裝。册高41.4厘米，廣37.7厘米。墨芯高25.8厘米，廣15.3厘米。共33開，其中墨本30.5開，題簽及跋2.5開。有“張印參魯”“後邨逸史”等印。何紹基題簽並跋，崇恩跋。香港中文大學中國文化研究所文物館藏。

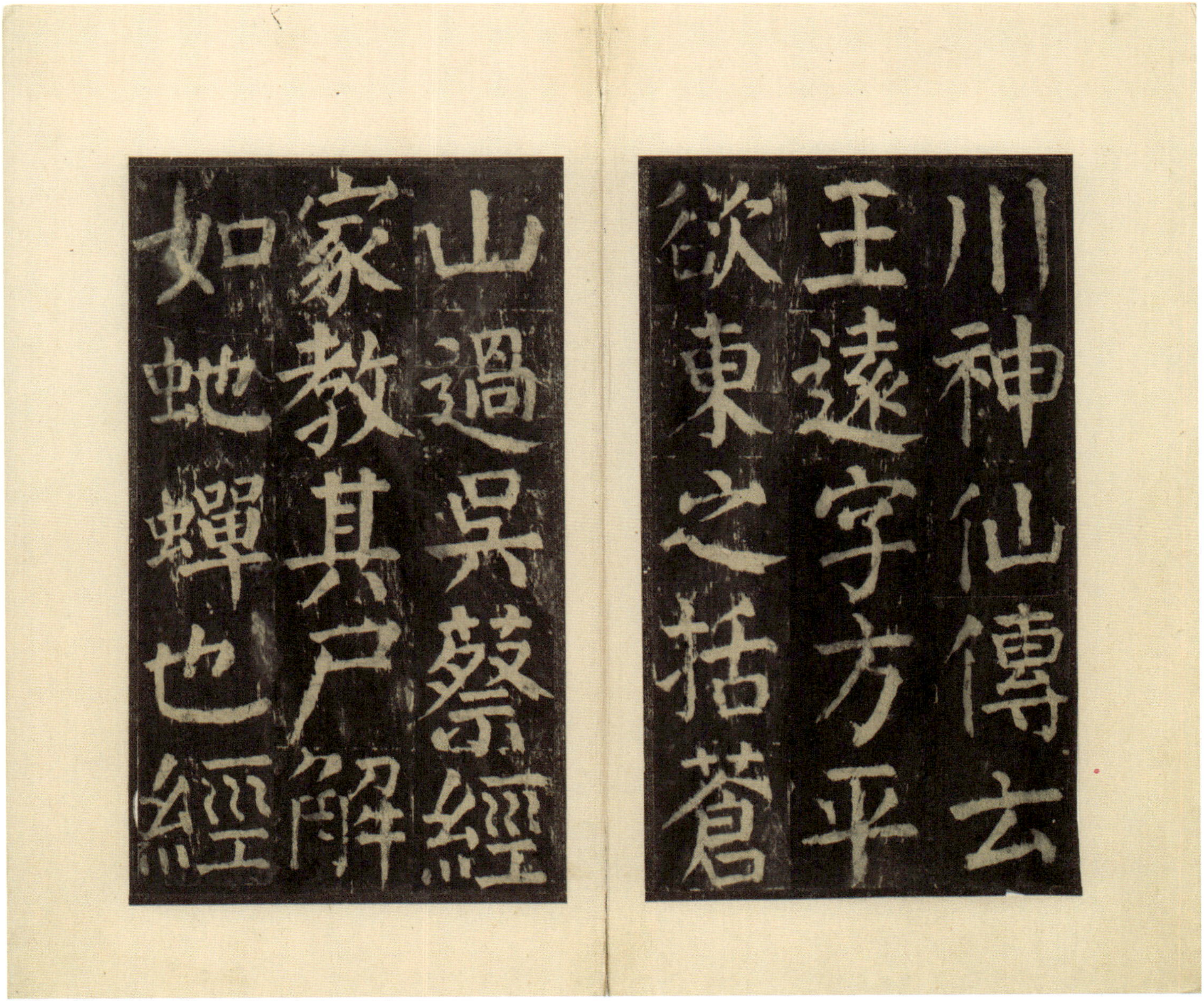

川神仙傳玄
王遠字方平
欲東之括蒼
山過吳蔡經
家教其尸解
如蛇蟬也經

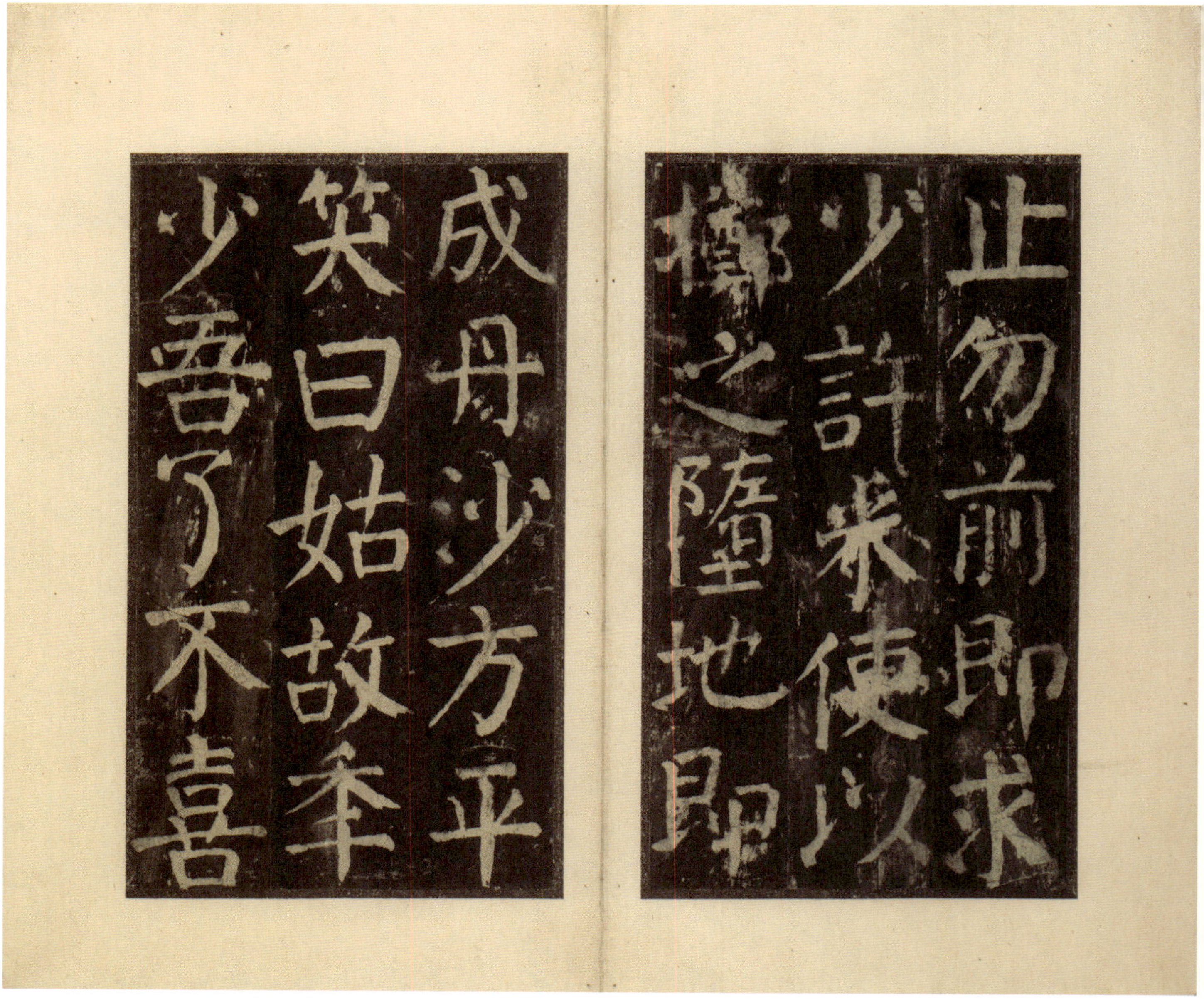

12407 大字麻姑仙壇記

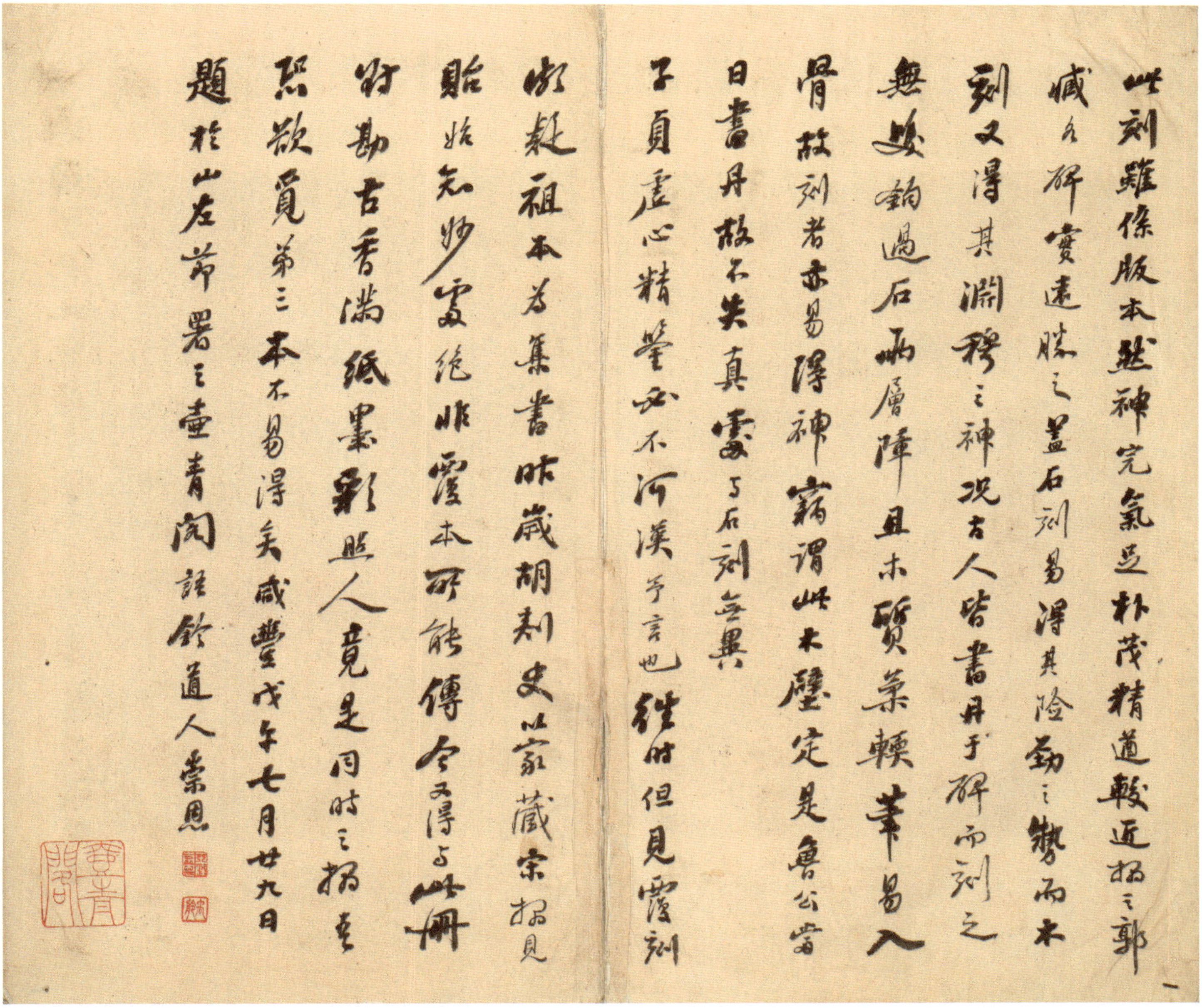
此刻雖係版本然神完氣足朴茂精遒較近拓之郭
臧之碑實遠勝之蓋石刻易得其險勁之勢而木
刻又得其淵穆之神況古人皆書丹于碑而刻之
無姿鋒過石兩層陣且木質柔輭筆易入
骨故刻者亦易得神竊謂此本歷定是魯公當
日書丹故不失真處乎石刻無異
子貞虛心精鑒必不河漢予言也往時但見霞刻
此疑祖本爲集書時歲胡刻史以家藏宋拓見
貽始知妙處絕非霞本所能傳今又得見此冊
對勘古香滿紙墨彩照人竟是同時之拓要
殊歎覓第三本不易得矣咸豐戊午七月廿九日
題於山左节署之壺青閣 話鈞道人崇恩

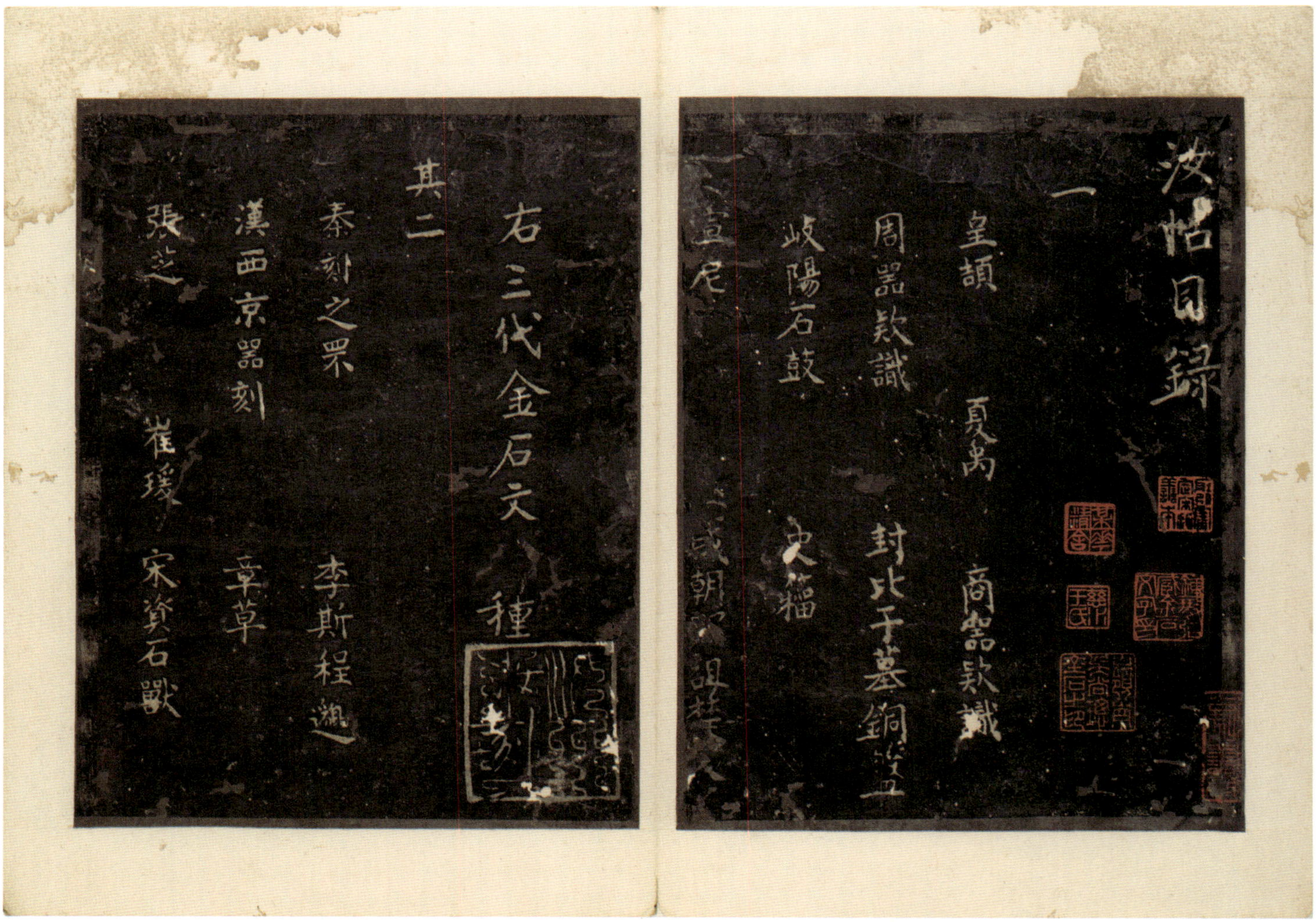

12408 汝帖十二卷 （宋）王寀輯刻　北宋大觀三年（1109）刻石　宋拓本

册頁裝。册高47.4厘米，廣32.3厘米。墨芯高26.3厘米，廣20.8厘米。共62開，其中墨本58.5開，題簽及跋3.5開。有"曾在吴石雲處""嶺南吴尚璁金石之印""鍾毅弘藏金石文字印""曉清樓藏"等印。吴尚璁釋文並跋，鍾毅弘眉批並釋文校正。香港中文大學中國文化研究所文物館藏。

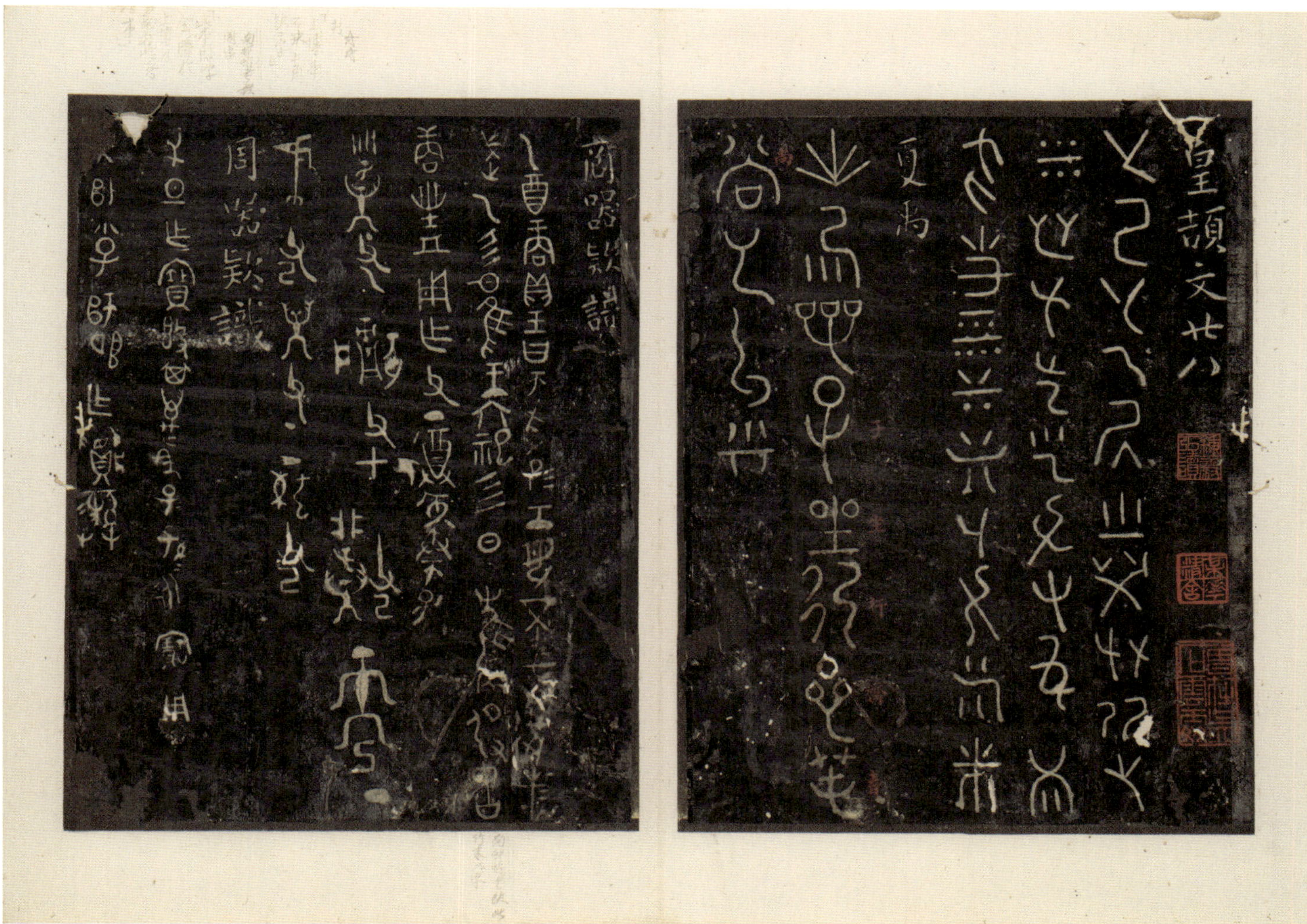
夏禹
商器款識
周器款識

12408 汝帖十二卷

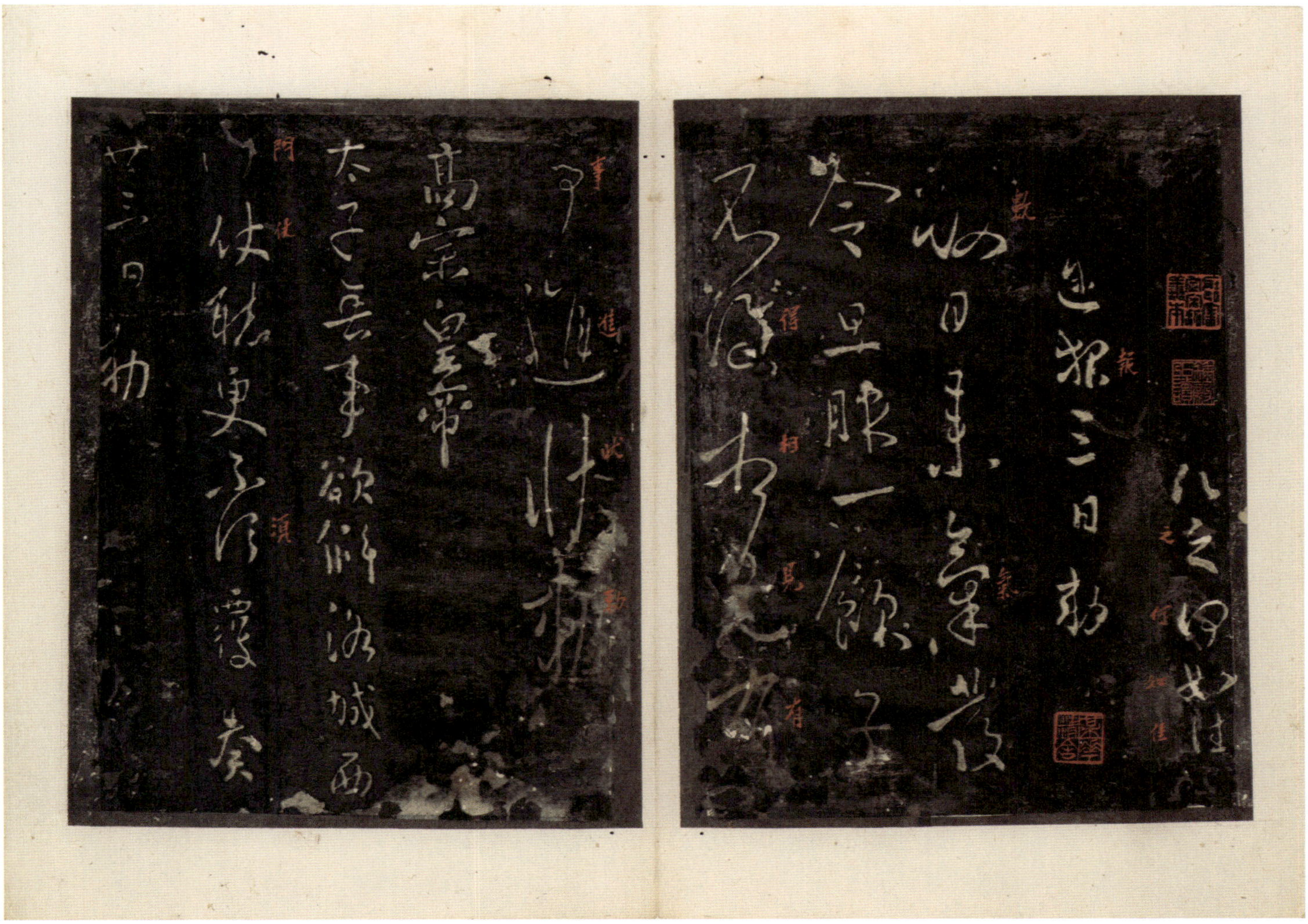

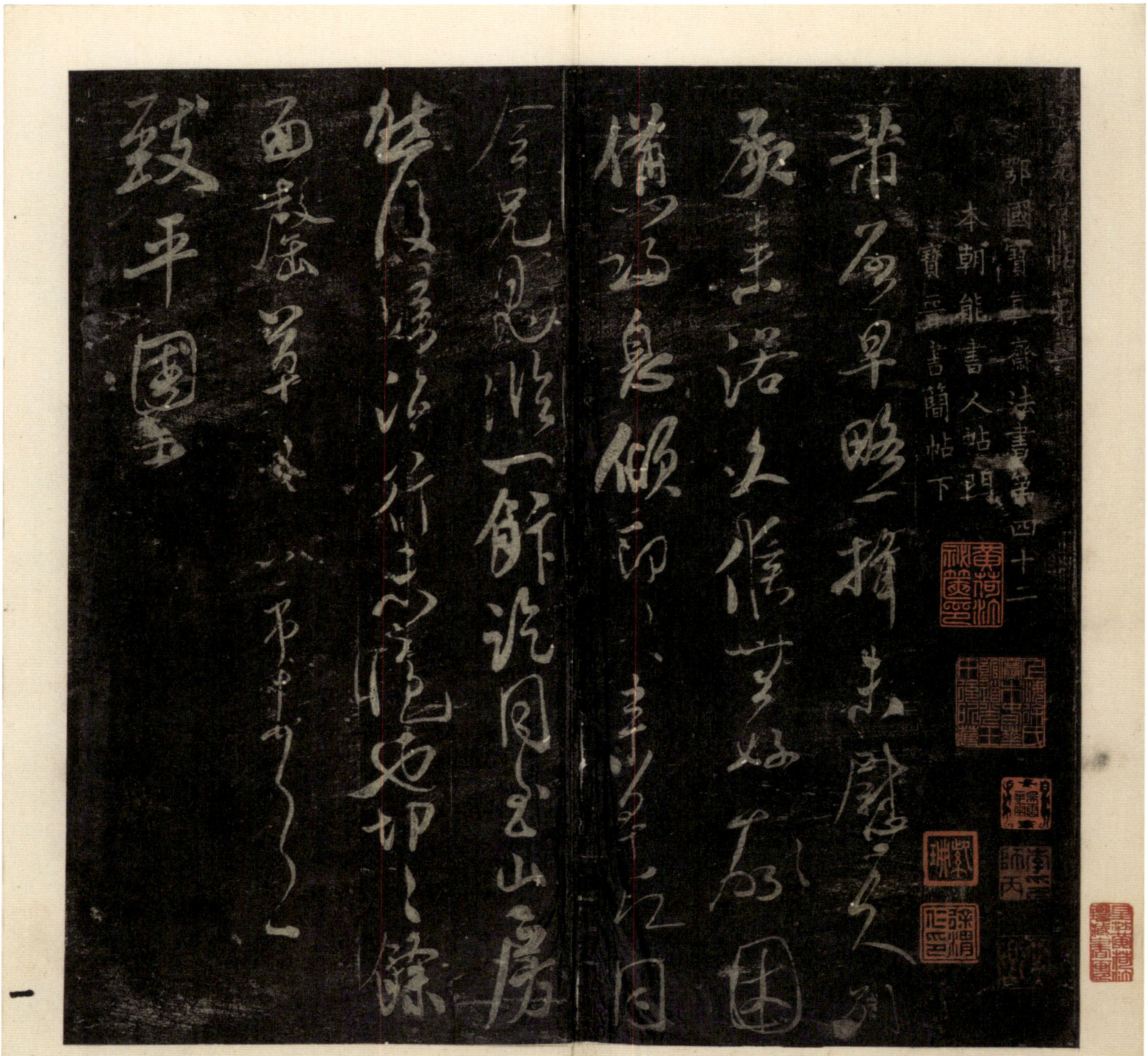

12409 英光堂帖□□卷 （宋）米芾書 （宋）岳珂輯刻 南宋嘉定刻石 南宋拓本

册頁裝。册高40.5厘米，廣37.8厘米。墨芯高36厘米，廣34厘米。共24.5開，其中墨本20開，題簽及跋4.5開。有“李師丙印”“侯崧高印”“徐渭仁印”“隨軒”“上海徐氏寒木春華館道光壬申後所藏”“黄芳私印”“黄荷汀四十七歲後所得”“咸豐丙辰後黄氏所藏”“曾收藏於天光衣景樓”“吴雲私印”等印。侯維岳題簽，何紹基校記，徐渭仁、吴雲、楊守敬跋。香港中文大學中國文化研究所文物館藏，存一卷。

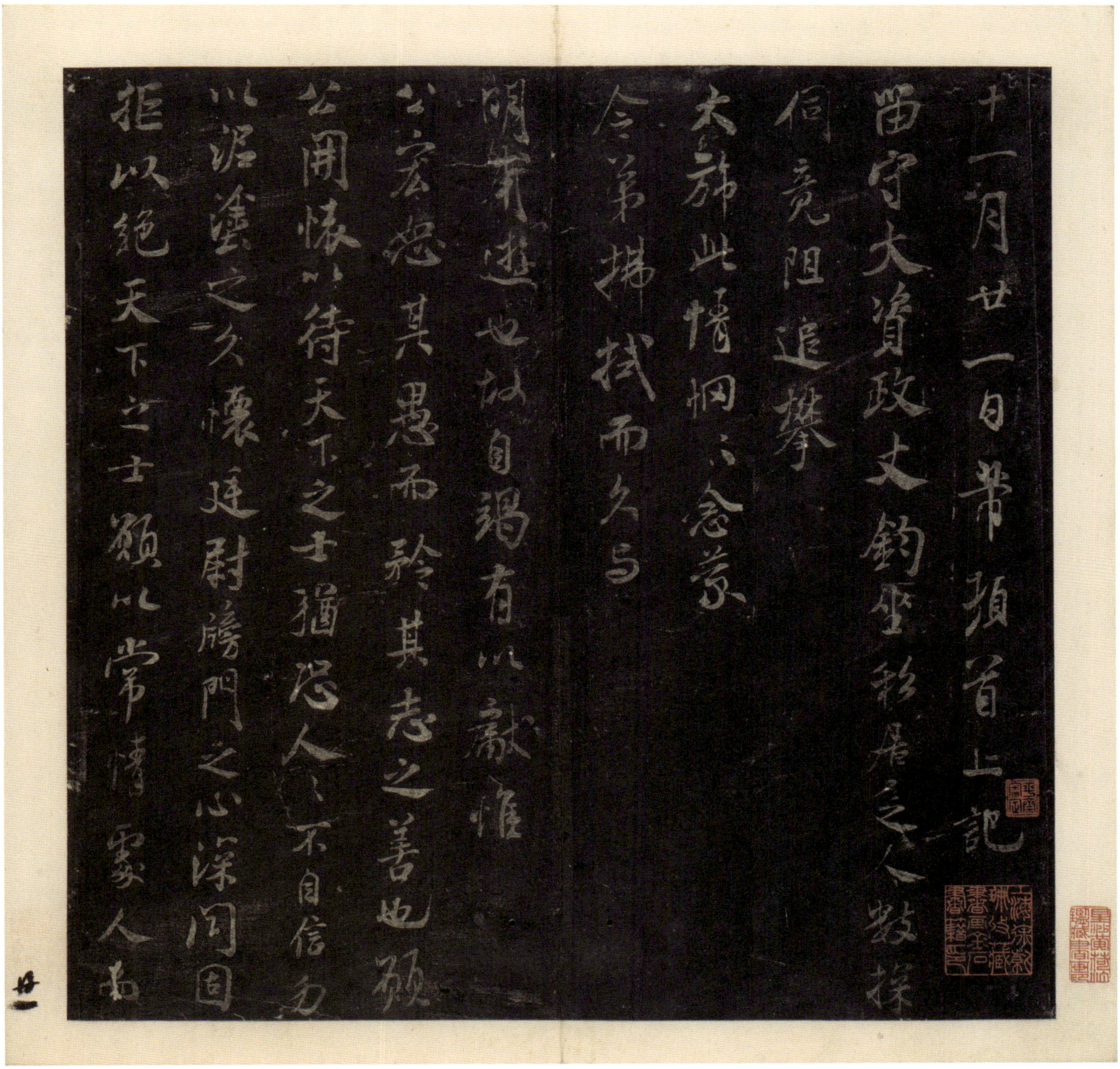

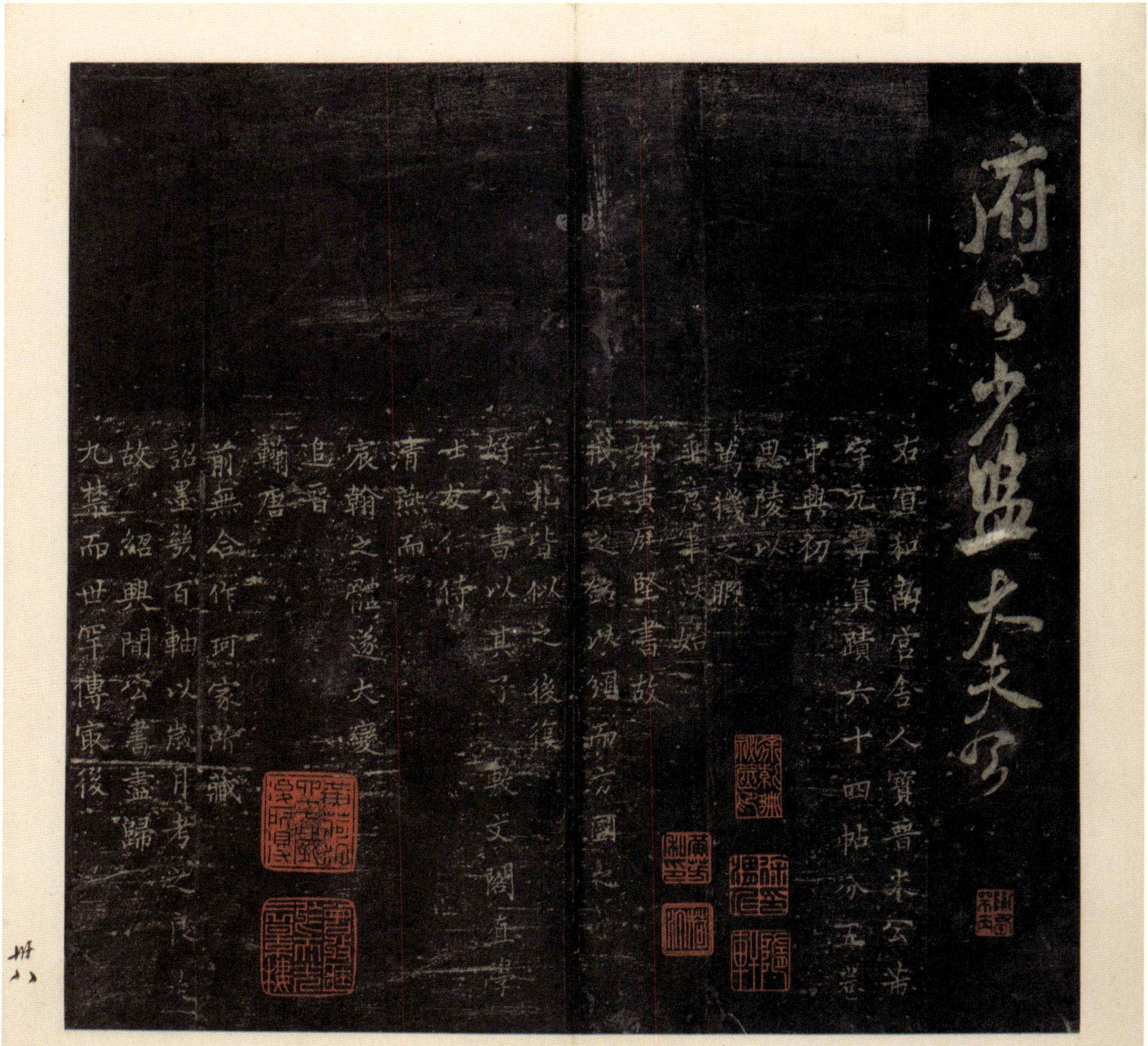

12409 英光堂帖□□卷

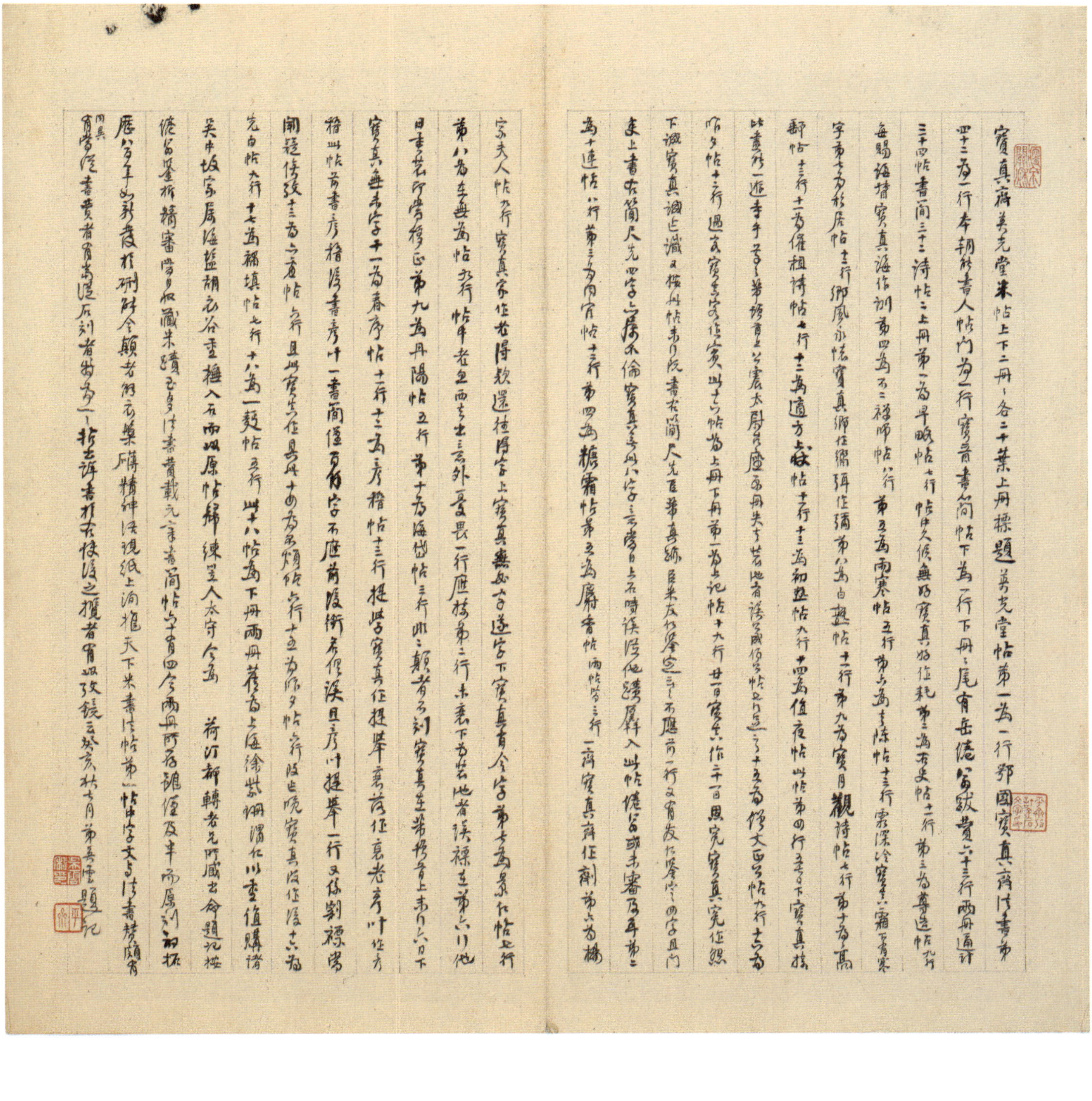

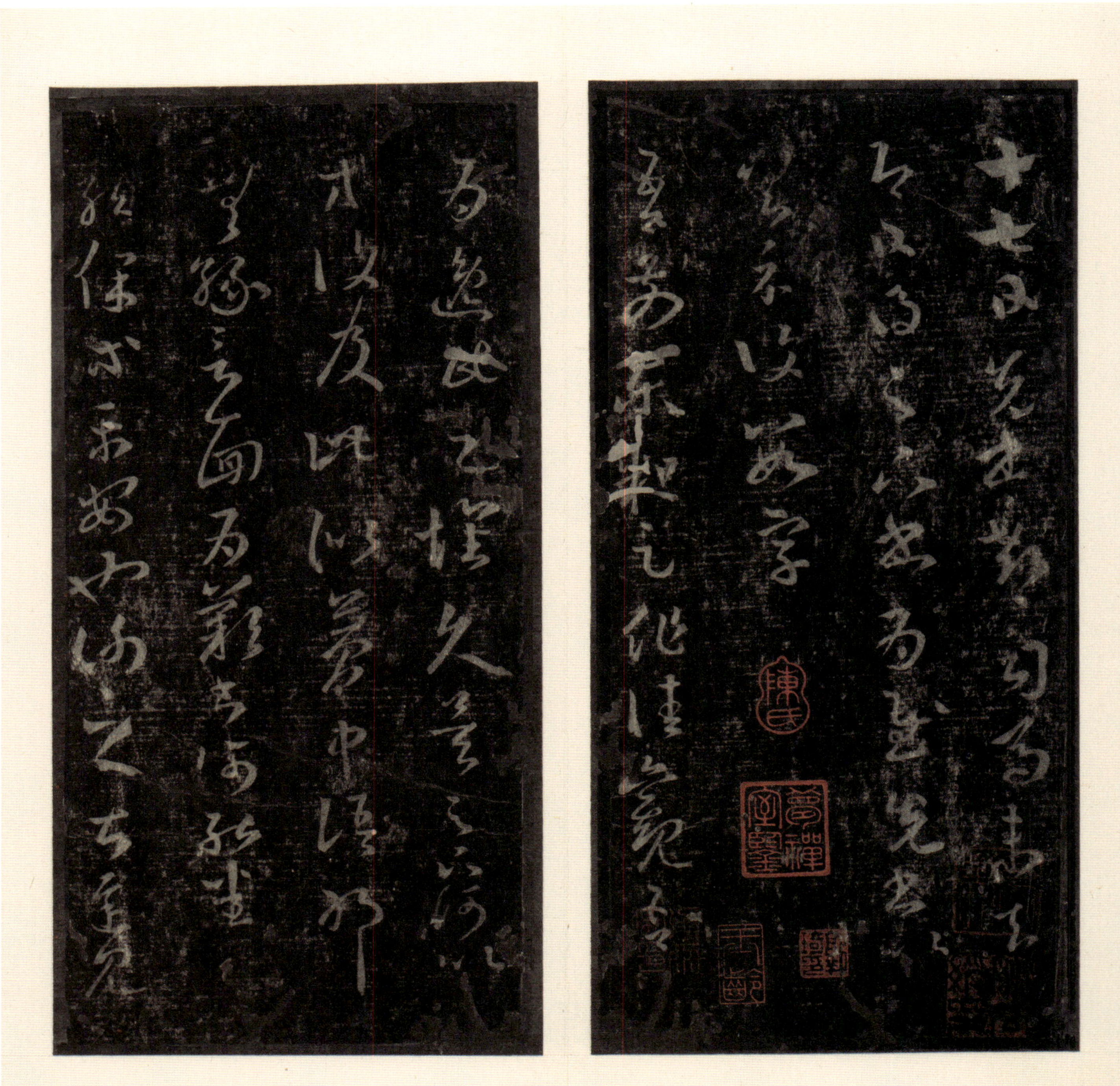

12410 十七帖 （晉）王羲之書 宋拓本

册頁裝。册高30.3厘米，廣28.9厘米。墨芯高25.5厘米，廣13厘米。共26.5開，其中墨本17.5開，題簽及跋9開。有"夢禪室鑒""張雨私印""宋濂""姚公綬印""元美"等印。邢侗、湯焕、徐守和、潘寧、陳撰、梁同書、王文治、吴照、潘奕雋、顔培瑚、孔廣陶等跋或題簽。香港中文大學中國文化研究所文物館藏。

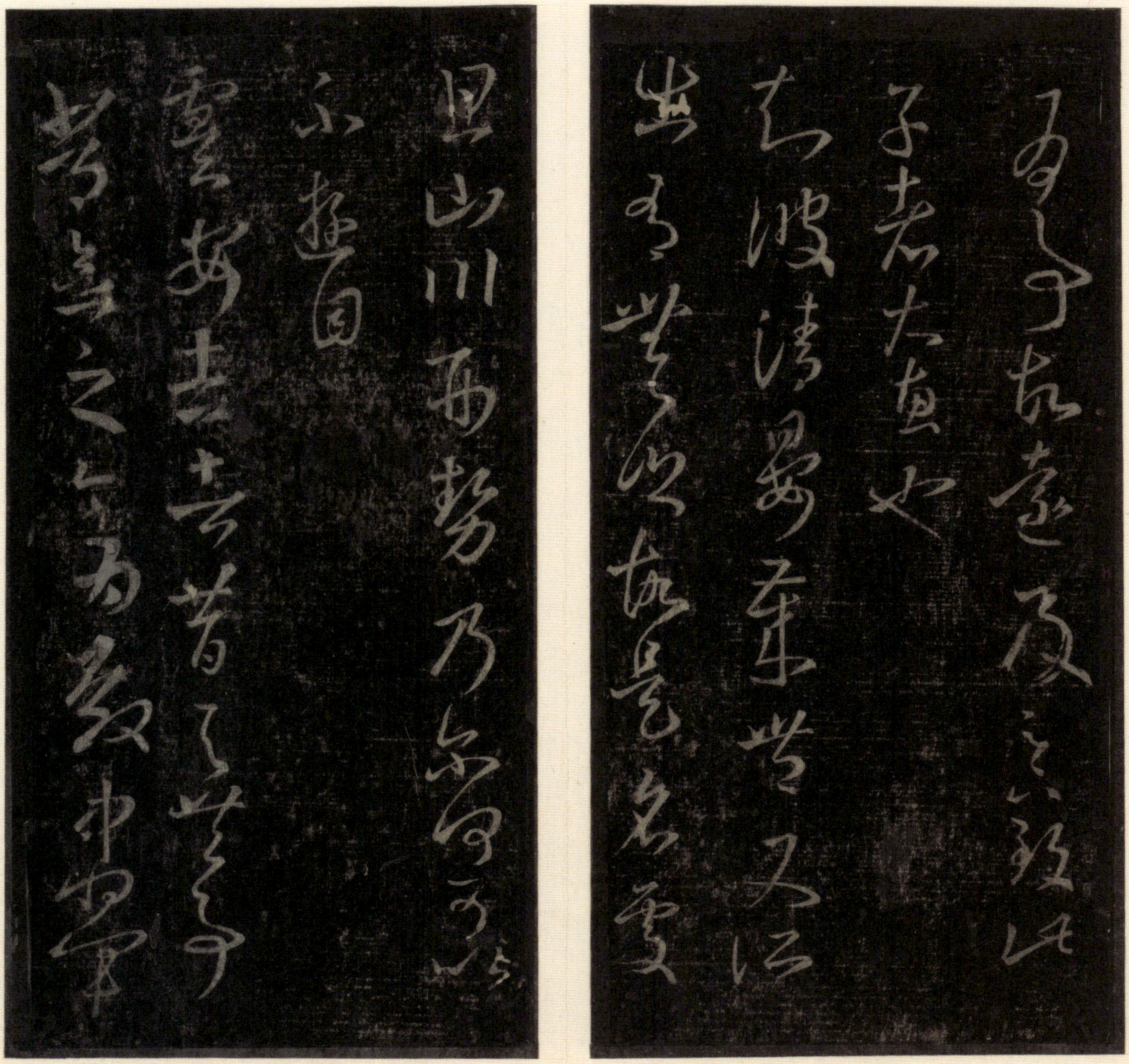

12410 十七帖

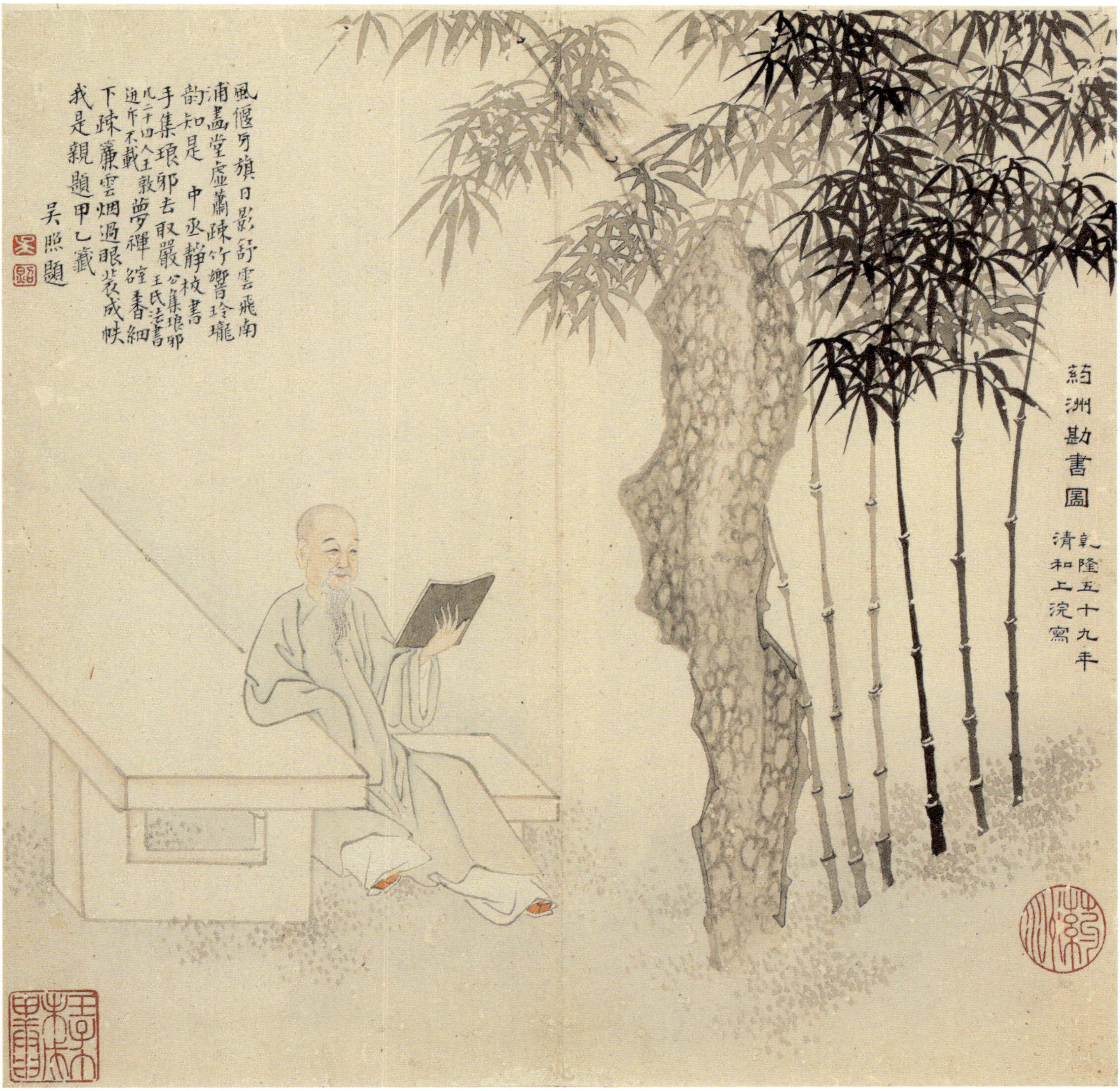

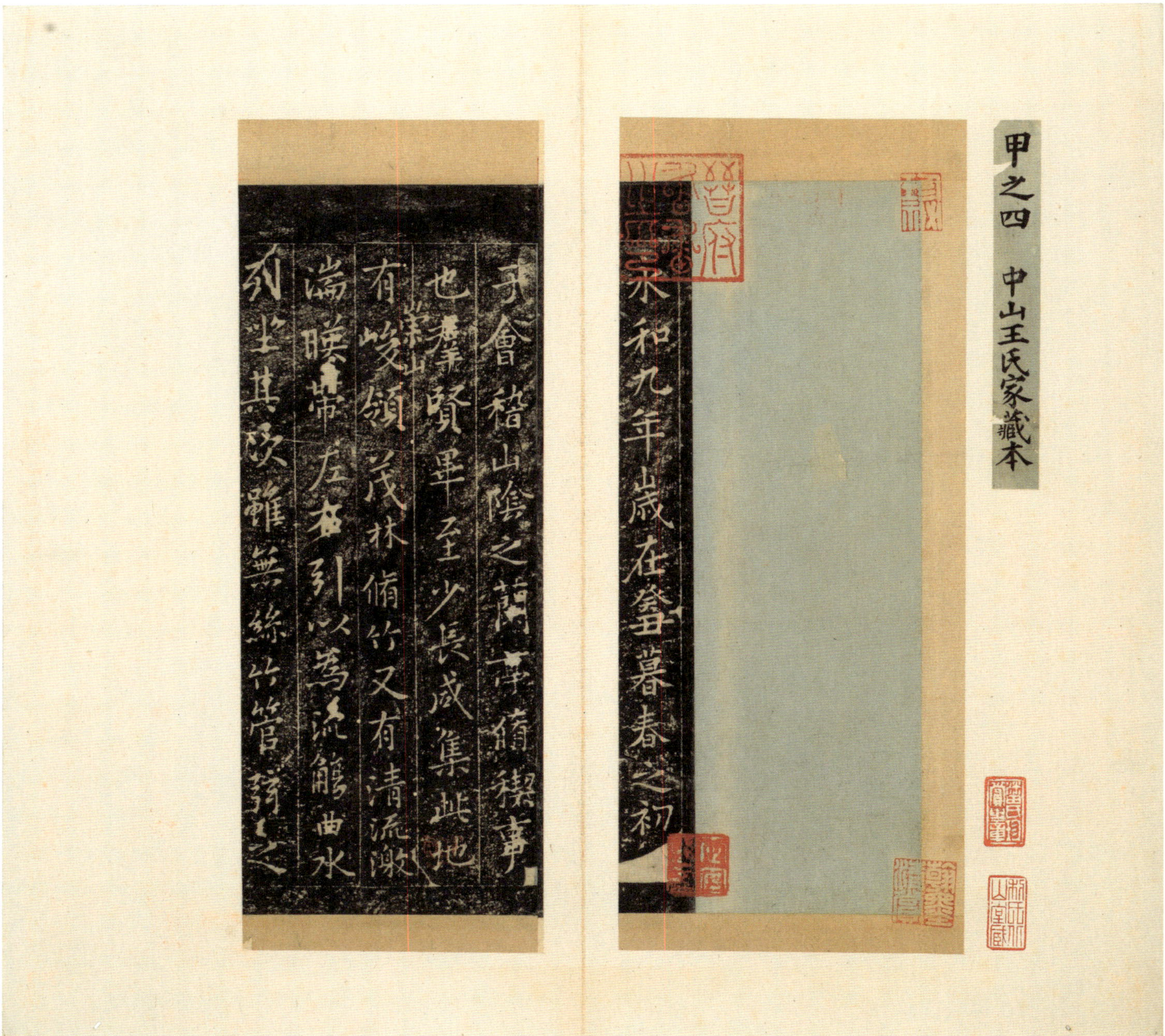

12411 蘭亭序 （晉）王羲之撰文並書 南宋拓中山王氏家藏本（游似藏甲之四）

冊頁裝。冊高42厘米，廣37.1厘米。墨芯高26.2厘米，廣11厘米。共6開，其中墨本4.5開，印章及題跋1.5開。有“旌德游侶”“晉府書畫之印”“敬德堂圖書印”“晉府圖書”“世安之印”“潘氏珍賞之章”等印。游似等題字。香港中文大學中國文化研究所文物館藏。

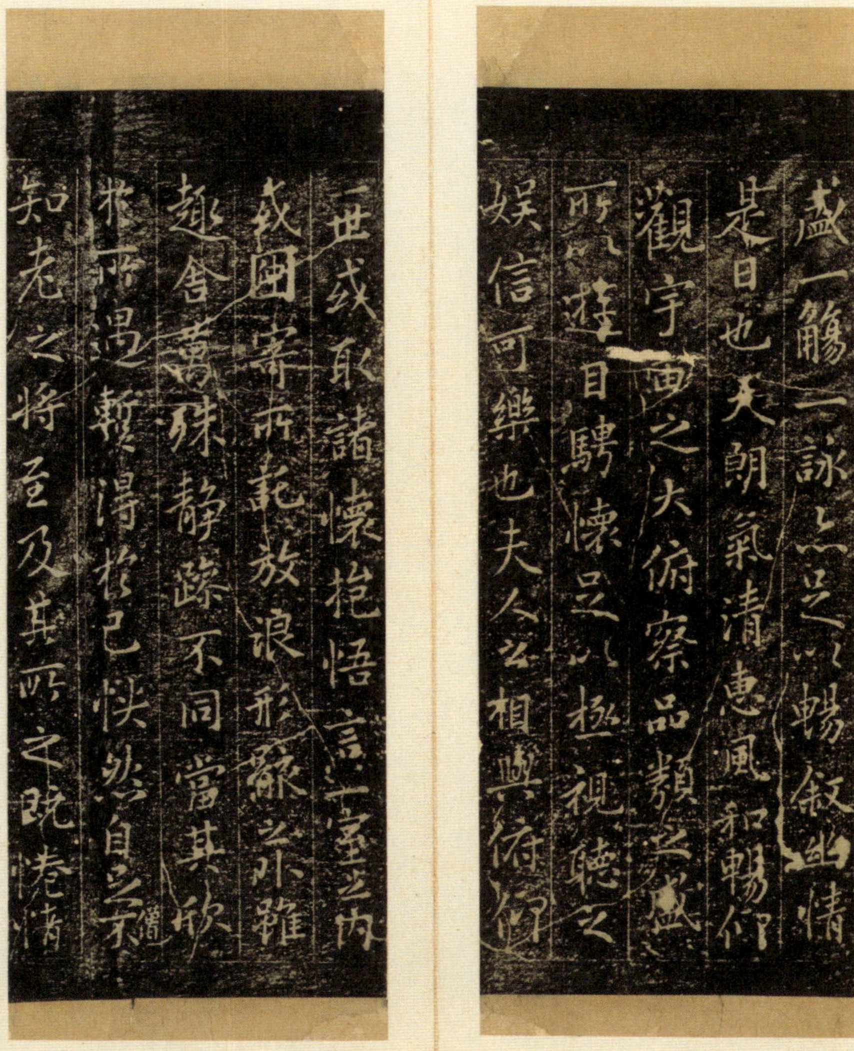
盛一觴一詠亦足以暢敘幽情
是日也天朗氣清惠風和暢仰
觀宇宙之大俯察品類之盛
所以遊目騁懷足以極視聽之
娛信可樂也夫人之相與俯仰
一世或取諸懷抱悟言一室之內
或因寄所託放浪形骸之外雖
趣舍萬殊靜躁不同當其欣
於所遇暫得於己快然自足
知老之將至及其所之既倦情

隨事遷感慨係之矣向之所
欣俛仰之間以為陳迹猶不
能不以之興懷況脩短隨化終
期於盡古人云死生亦大矣豈
不痛哉每攬昔人興感之由
若合一契未嘗不臨文嗟悼不
能喻之於懷固知一死生為虛
誕齊彭殤為妄作後之視今
亦由今之視昔悲夫故列
敘時人錄其所述雖世殊事

12411 蘭亭序

異所以興懷其致一也後之攬
者亦將有感於斯文
仙井何㮚文縝觀

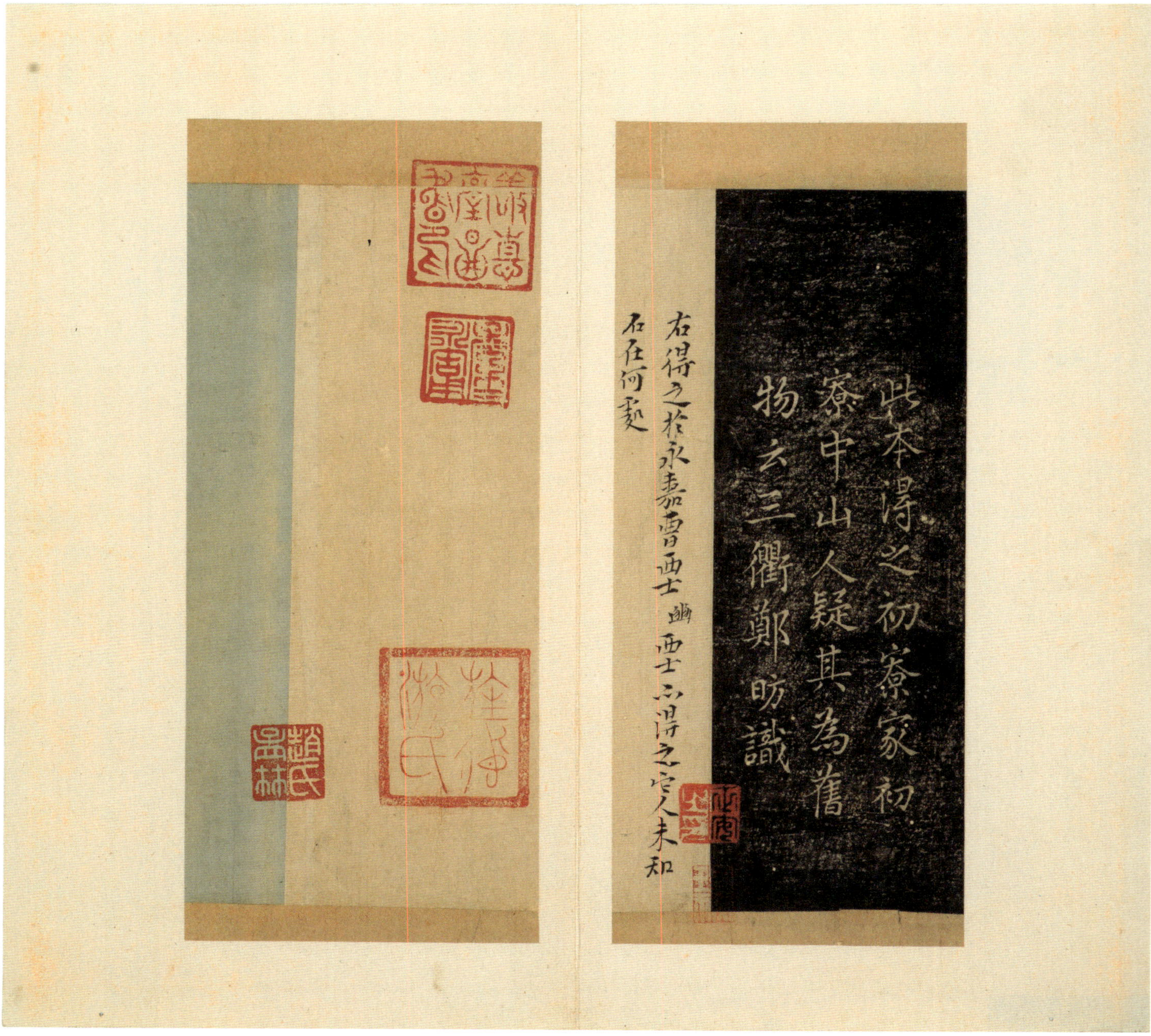

12411 蘭亭序

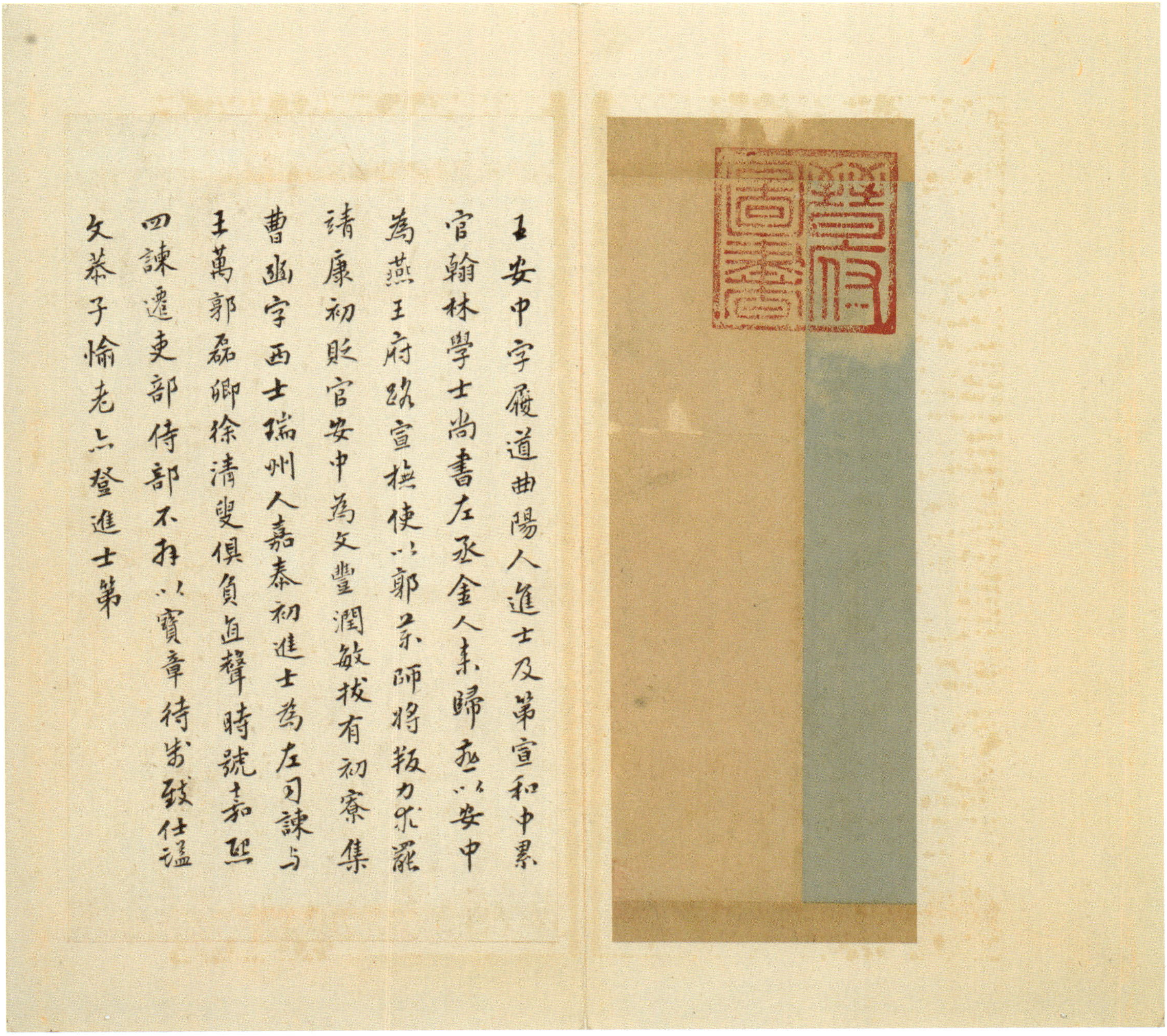

王安中字履道曲陽人進士及第宣和中累
官翰林學士尚書左丞金人來歸燕以安中
為燕王府路宣撫使以郭藥師將叛力求罷
靖康初貶官安中為文豐潤敏拔有初寮集
曹豳字西士瑞州人嘉泰初進士為左司諫与
王萬郭磊卿徐清叟俱負直聲時號嘉熙
四諫遷吏部侍郎不拜以寶章待制致仕謚
文恭子愉老亦登進士第

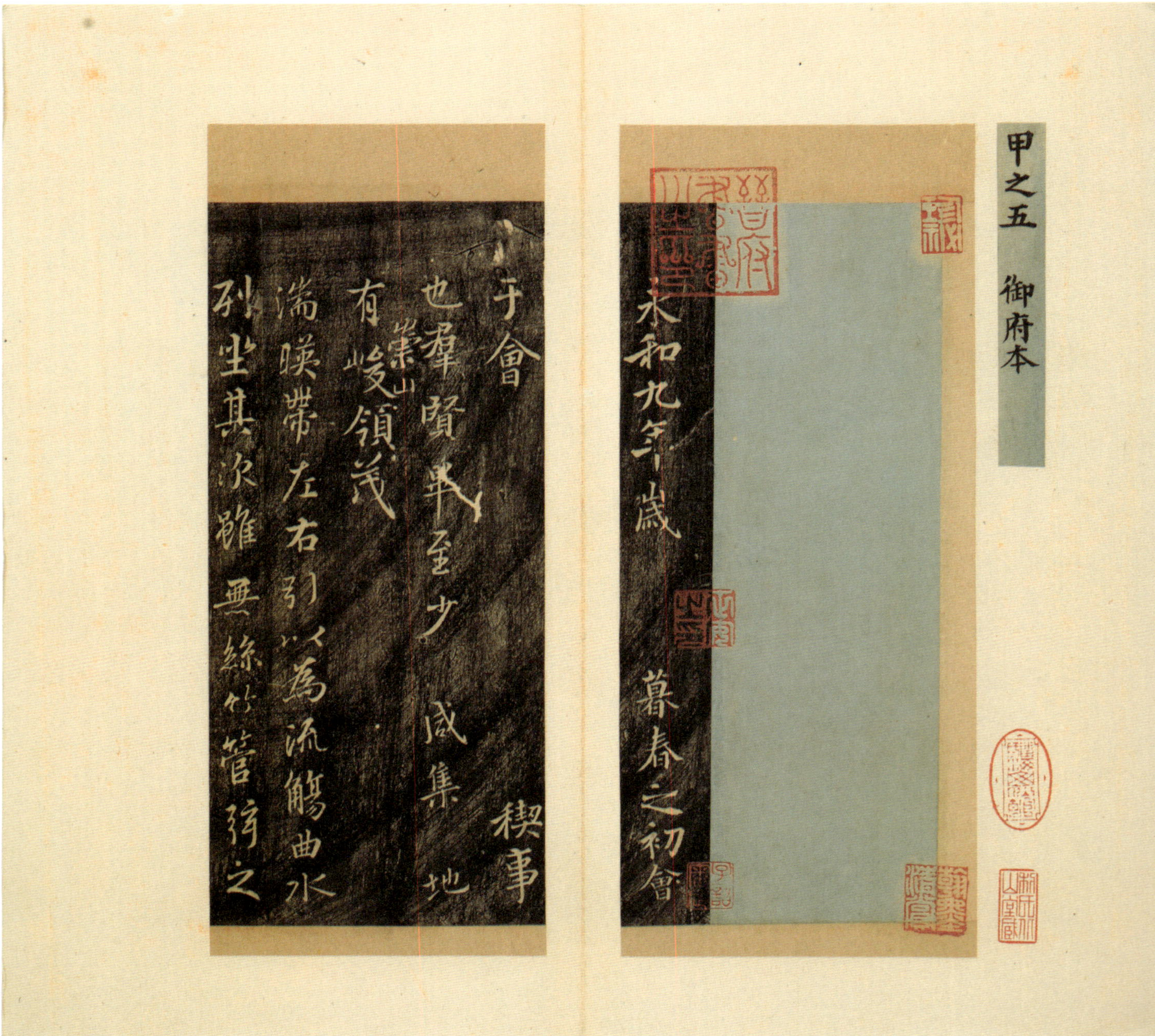

12412 蘭亭序　（晉）王羲之撰文並書　南宋拓御府本（游似藏甲之五）

册頁裝。册高42厘米，廣37.1厘米。墨芯高25.8厘米，廣12.6厘米。共4開，其中墨本3.5開。有"游氏旌德堂法書名畫""晉府書畫之印""敬德堂圖書印""世安之印""德畬收藏吉金貞石"等印。游似題字。香港中文大學中國文化研究所文物館藏。

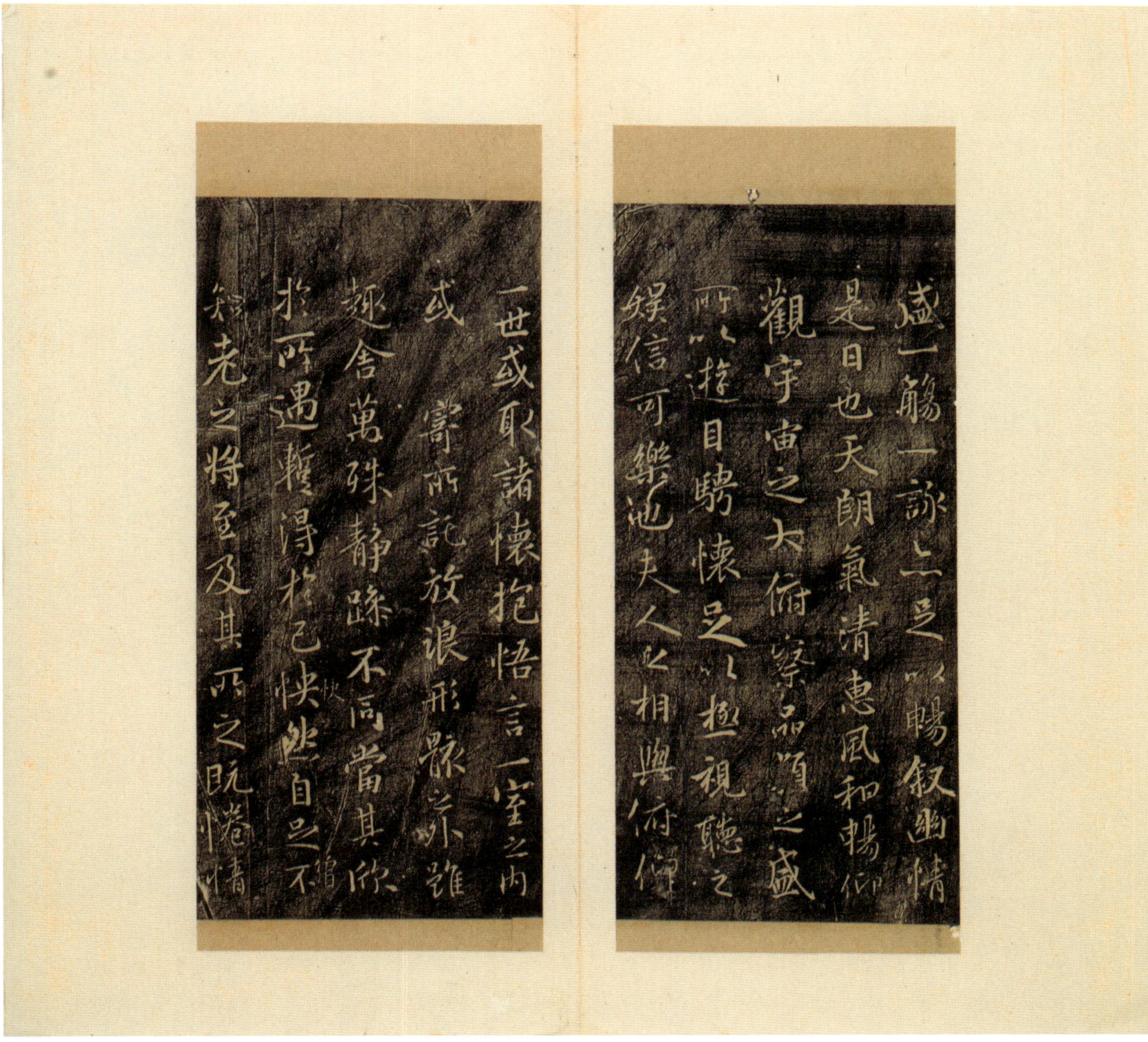

盛一觴一詠亦足以暢叙幽情
是日也天朗氣清惠風和暢仰
觀宇宙之大俯察品類之盛
所以遊目騁懷足以極視聽之
娛信可樂也夫人之相與俯仰
一世或取諸懷抱悟言一室之内
或寄所託放浪形骸之外雖
趣舍萬殊靜躁不同當其欣
於所遇暫得於己快然自足不
知老之將至及其所之既惓情

隨事遷感慨係之矣 所
欣俛仰之間以為陳迹猶不
能不以之興懷況脩短隨化終
期於盡古人云死生亦大矣豈
不 哉每攬昔人興感之由
若合一契未嘗不臨文嗟悼不
能喻之於懷固知一死生為虛
誕齊彭殤為妄作後之視今
亦由今之視昔 悲夫 故列
敘時人錄其所述雖世殊事

12412 蘭亭序

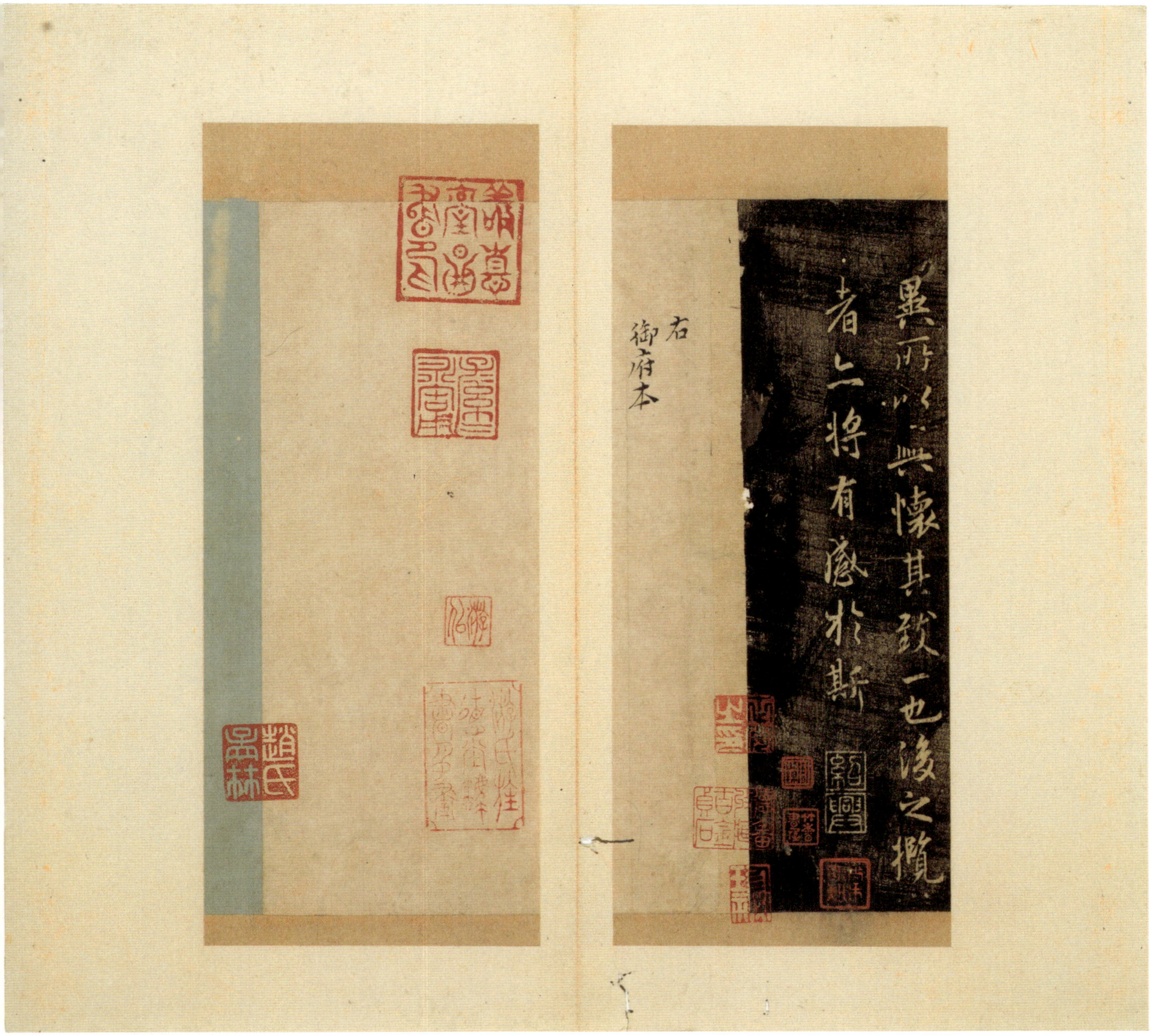
異所以興懷其致一也後之攬
者亦將有感於斯
右御府本

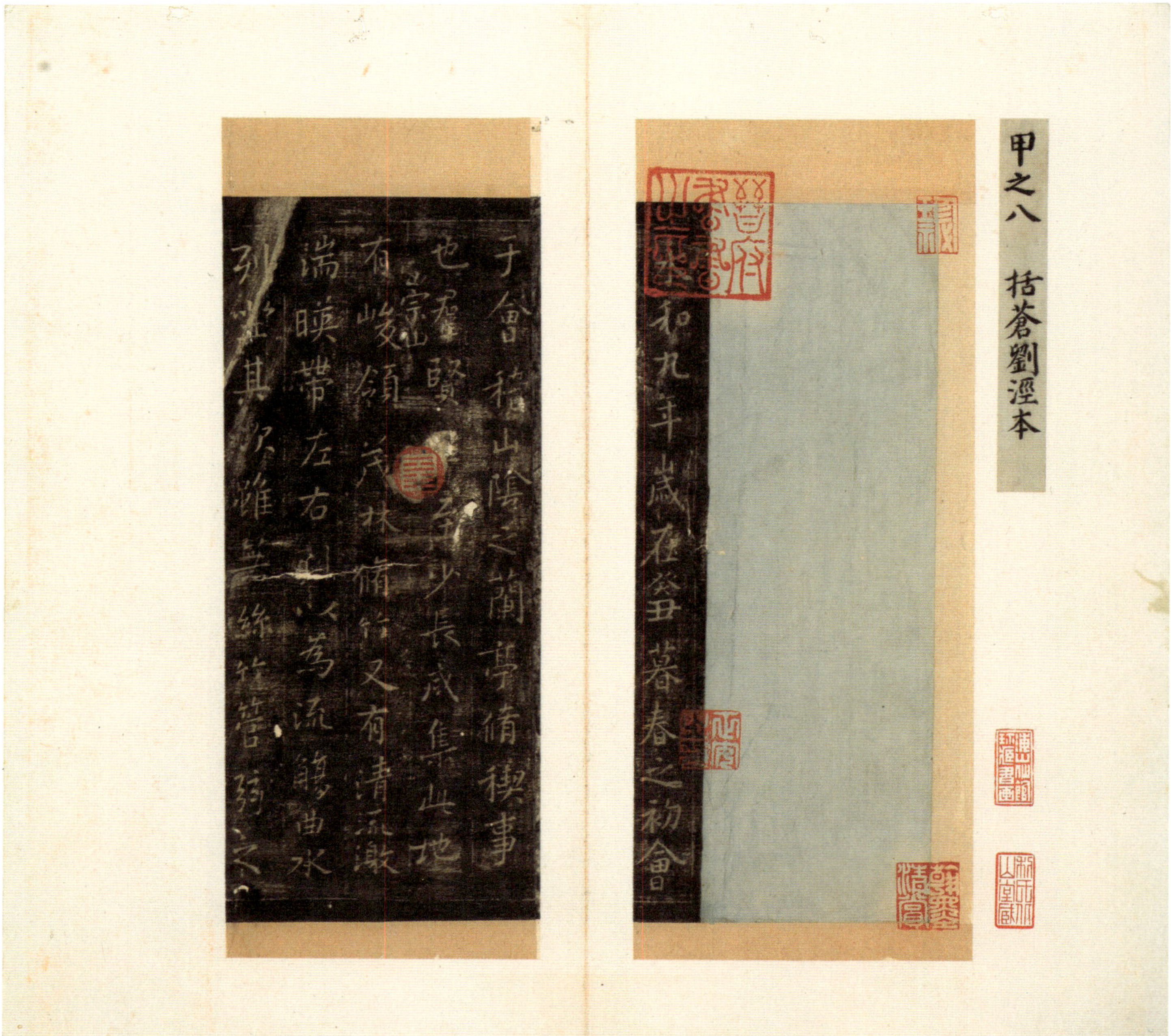

12413 蘭亭序 （晉）王羲之撰文並書　南宋拓括蒼劉涇本（游似藏甲之八）

册頁裝。册高42厘米，廣37.1厘米。墨芯高25.4厘米，廣11.3厘米。共4開，其中墨本3.5開，跋半開。有“游氏圖書”“晉府書畫之印”“敬德堂圖書印”“世安之印”“海山仙館珍藏書画”等印。游似等題字。香港中文大學中國文化研究所文物館藏。

盛一觴一詠亦足以暢敘幽情
是日也天朗氣清惠風和暢仰
觀宇宙之大俯察品類之盛
所以遊目騁懷足以極視聽之
娛信可樂也夫人之相與俯仰
一世或取諸懷抱悟言一室之內
或因寄所託放浪形骸之外雖
趣舍萬殊靜躁不同當其欣
於所遇暫得於己快然自足不
知老之將至及其所之既倦情

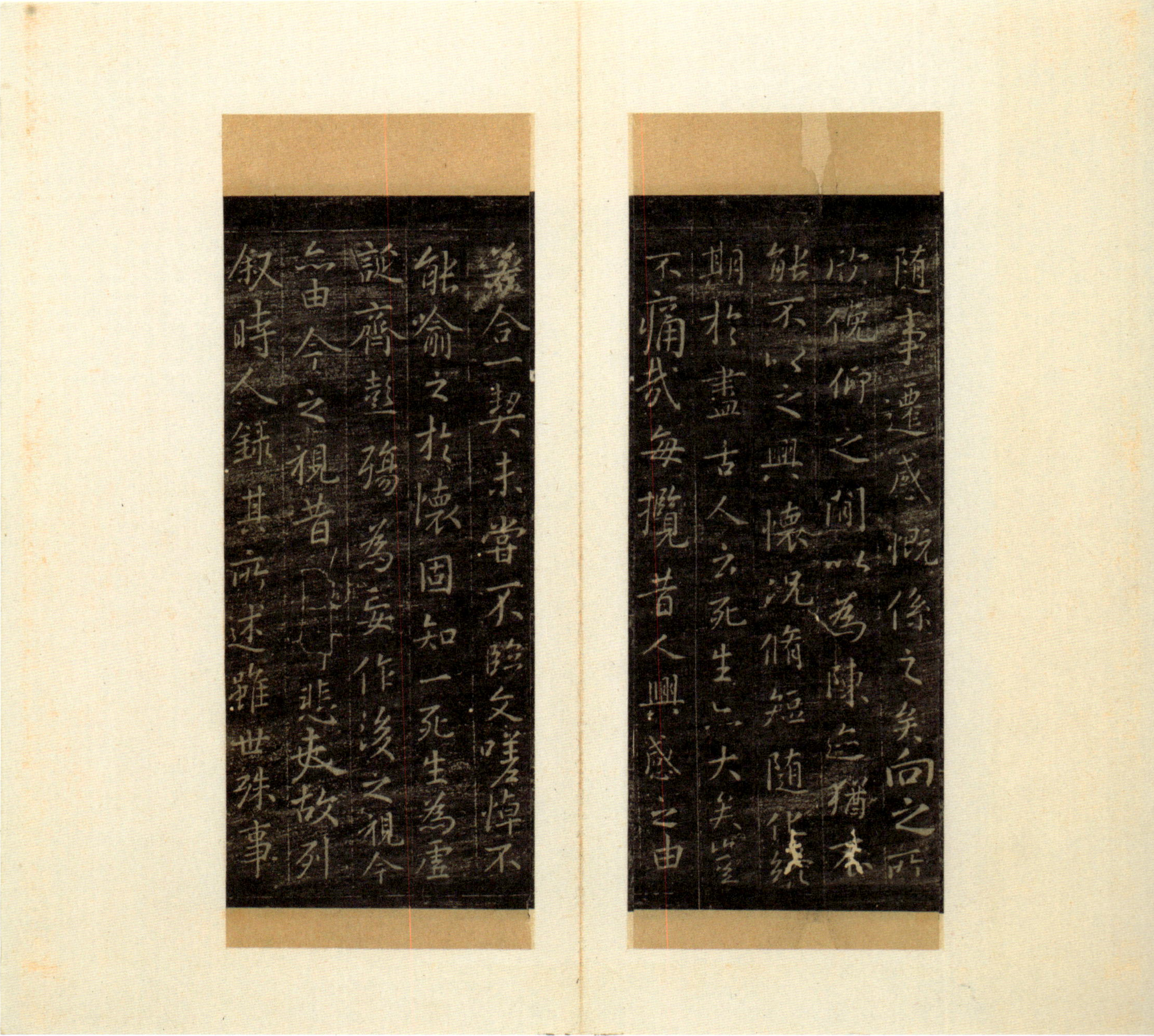

12413 蘭亭序

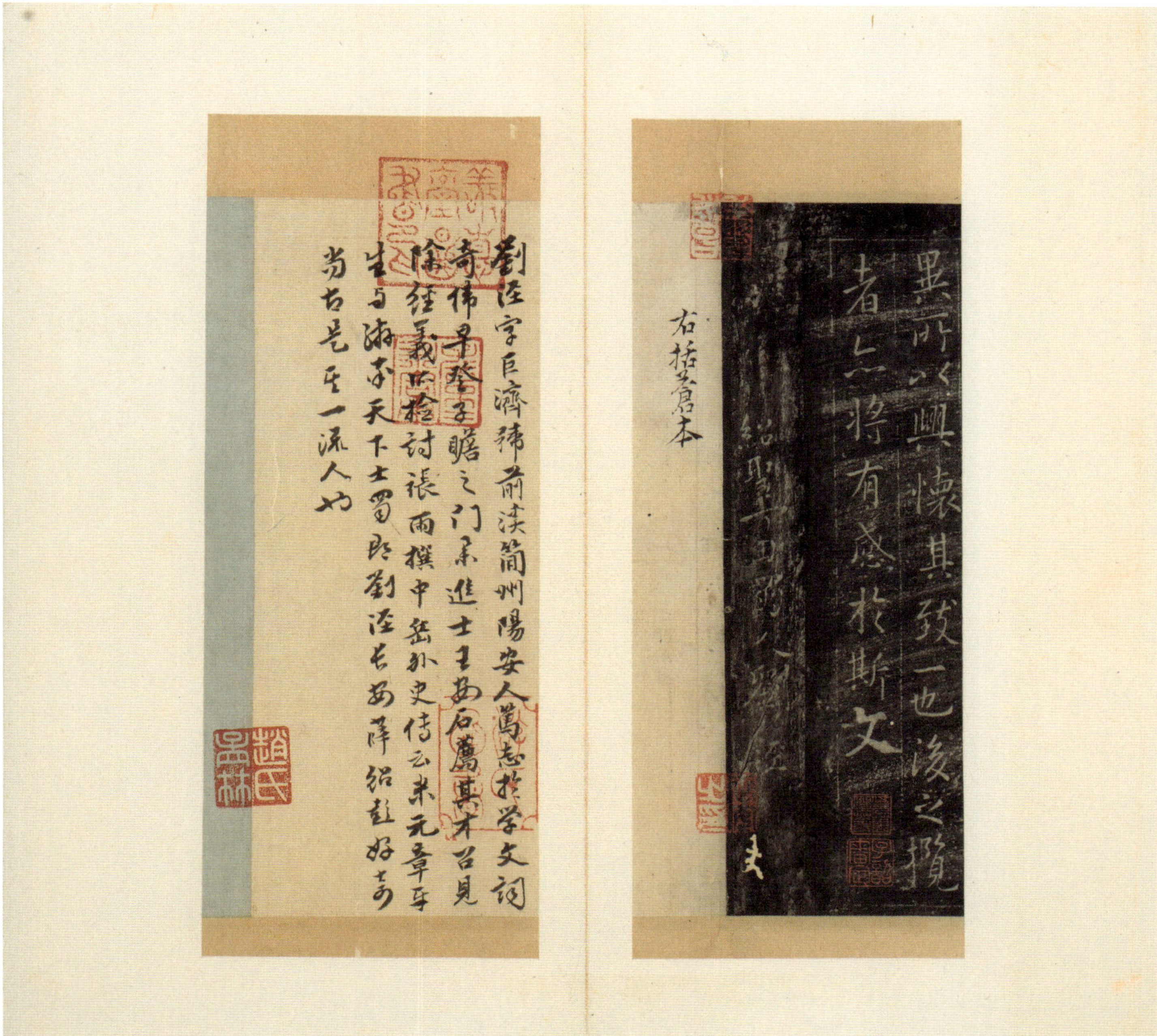

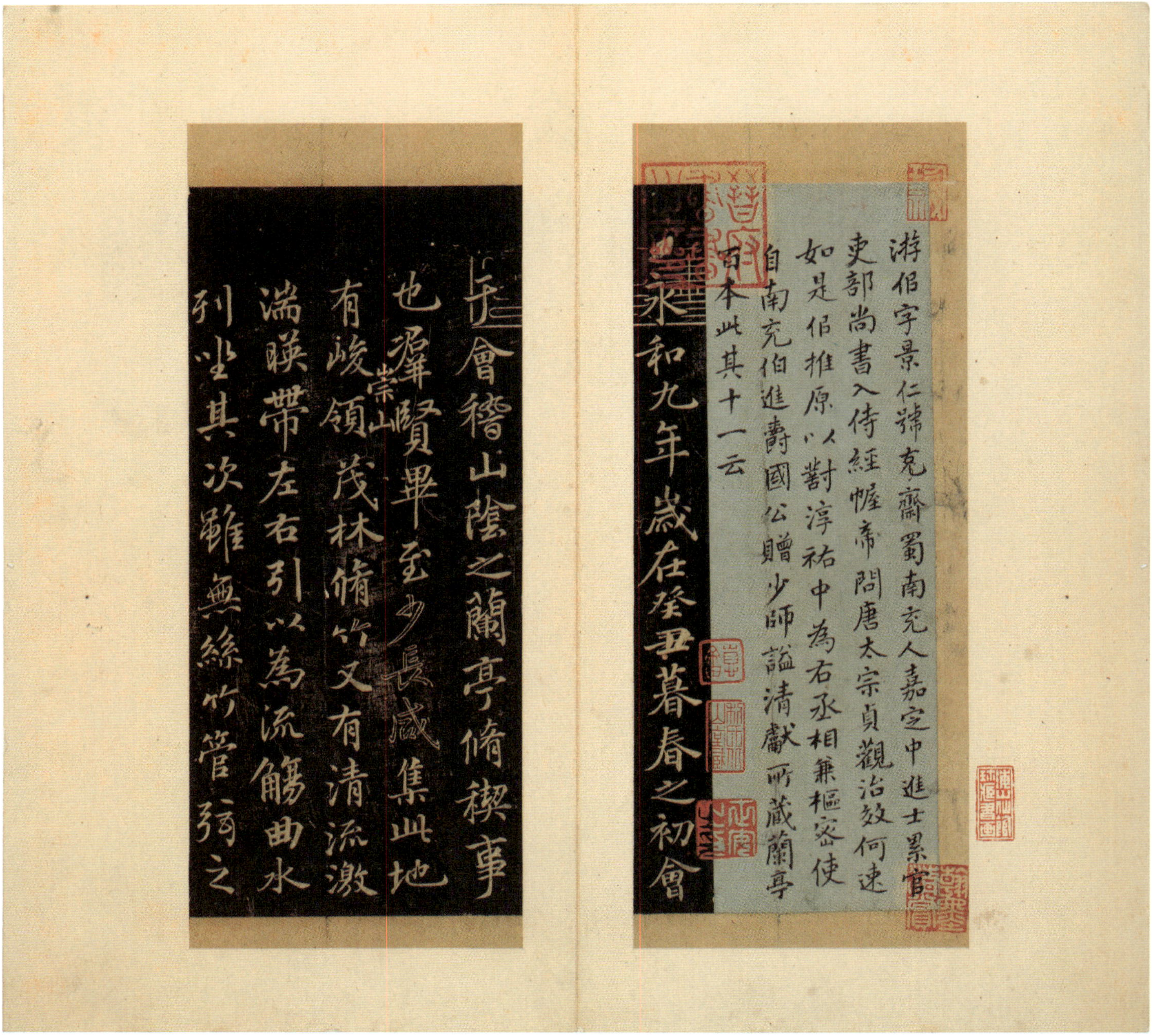

12414 蘭亭序 （晉）王羲之撰文並書 南宋拓雙鈎部分字本（游似藏乙之一）

册頁裝。册高42厘米，廣37.1厘米。墨芯高26.2厘米，廣15.9厘米。共4開，其中墨本3.5開，跋半開。有"晉府書畫之印""世安之印""海山仙館珍藏書画"等印。胡世安題字。香港中文大學中國文化研究所文物館藏。

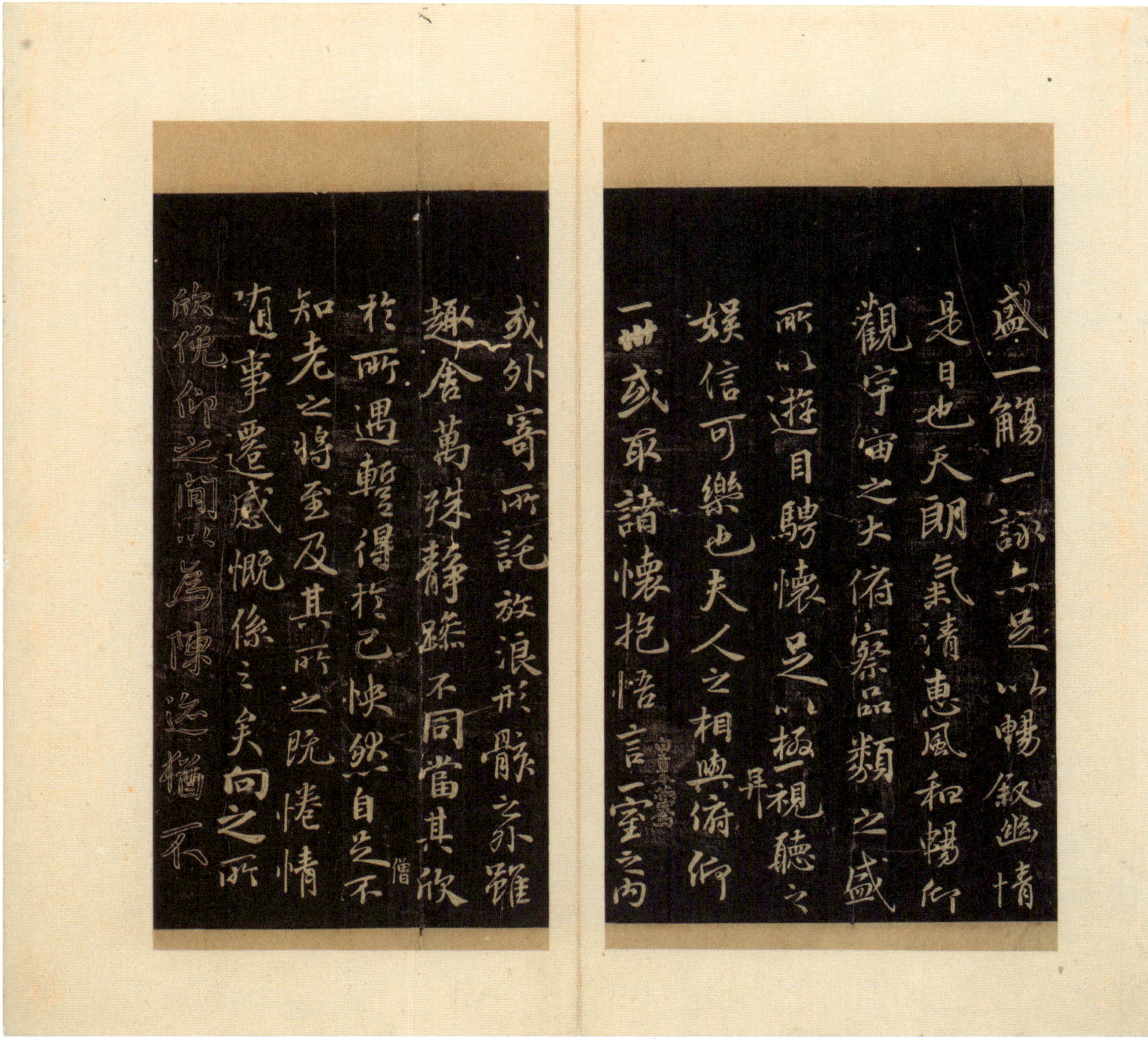
盛一觴一詠亦足以暢叙幽情
是日也天朗氣清惠風和暢仰
觀宇宙之大俯察品類之盛
所以遊目騁懷足以極視聽之
娛信可樂也夫人之相與俯仰
一世或取諸懷抱悟言一室之內
或外寄所託放浪形骸之外雖
趣舍萬殊靜躁不同當其欣
於所遇暫得於己快然自足不
知老之將至及其所之既倦情
隨事遷感慨係之矣向之所
欣俛仰之間以為陳迹猶不

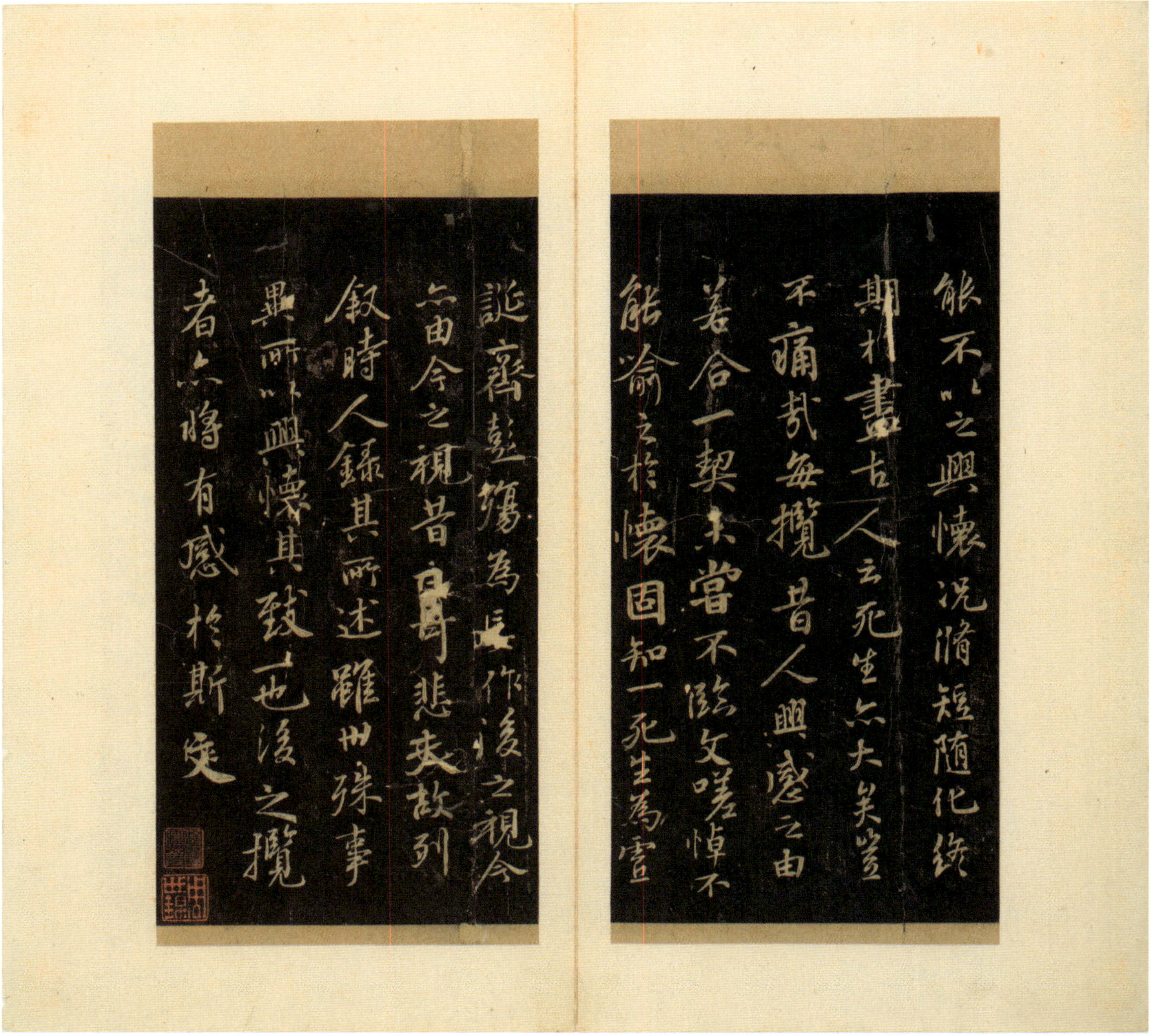
能不以之興懷況脩短隨化終
期於盡古人云死生亦大矣豈
不痛哉每攬昔人興感之由
若合一契未嘗不臨文嗟悼不
能喻之於懷固知一死生為虛
誕齊彭殤為妄作後之視今
亦由今之視昔悲夫故列
敘時人錄其所述雖世殊事
異所以興懷其致一也後之攬
者亦將有感於斯文

12414 蘭亭序

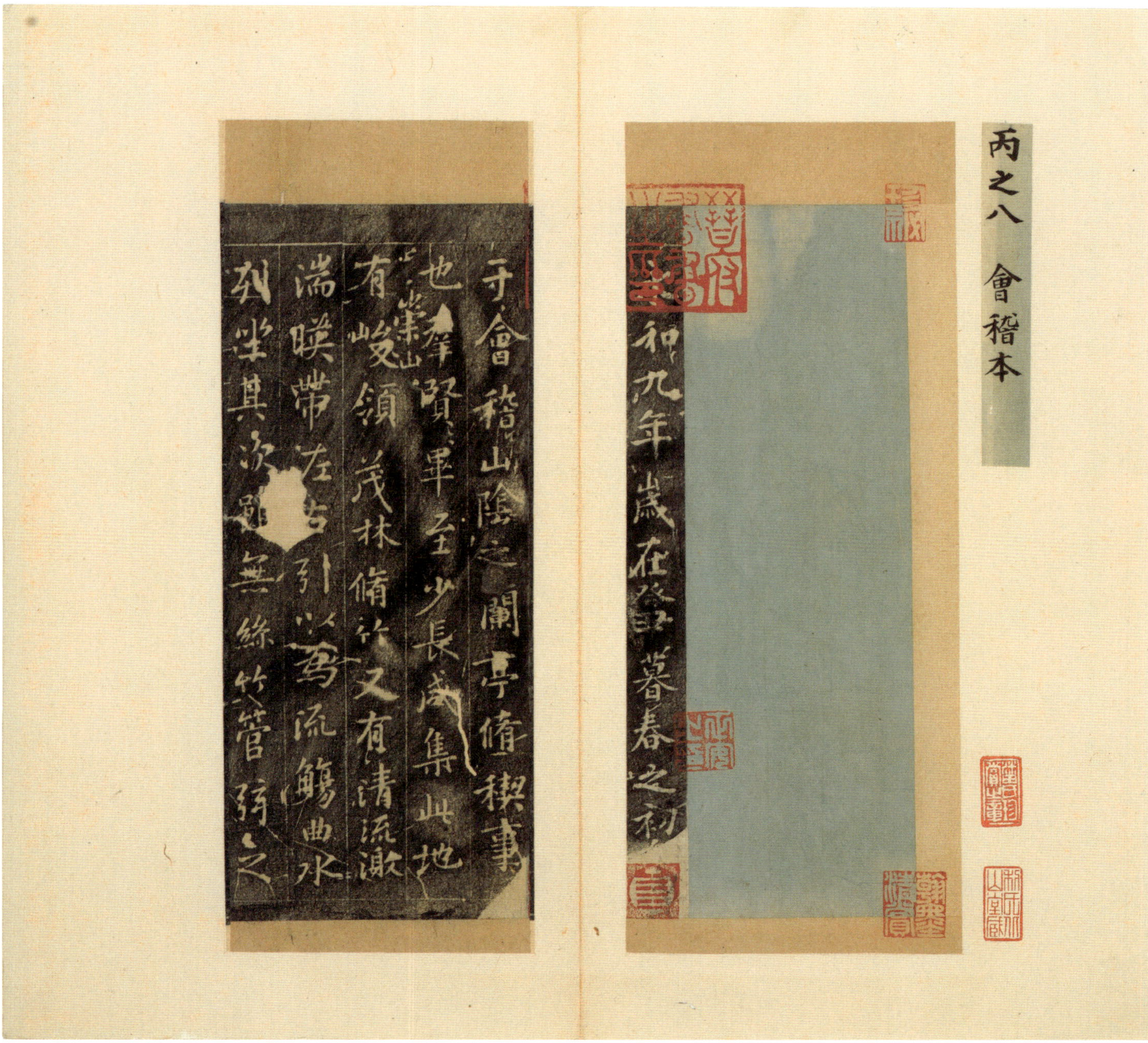

12415 蘭亭序　（晉）王羲之撰文並書　南宋拓會稽本（游似藏丙之八）

册頁裝。册高42厘米，廣37.1厘米。墨芯高25.8厘米，廣11.1厘米。共4開，其中墨本3.5開。有“克齋”“晉府書畫之印”“世安之印”“德畲”等印。游似題字。香港中文大學中國文化研究所文物館藏。

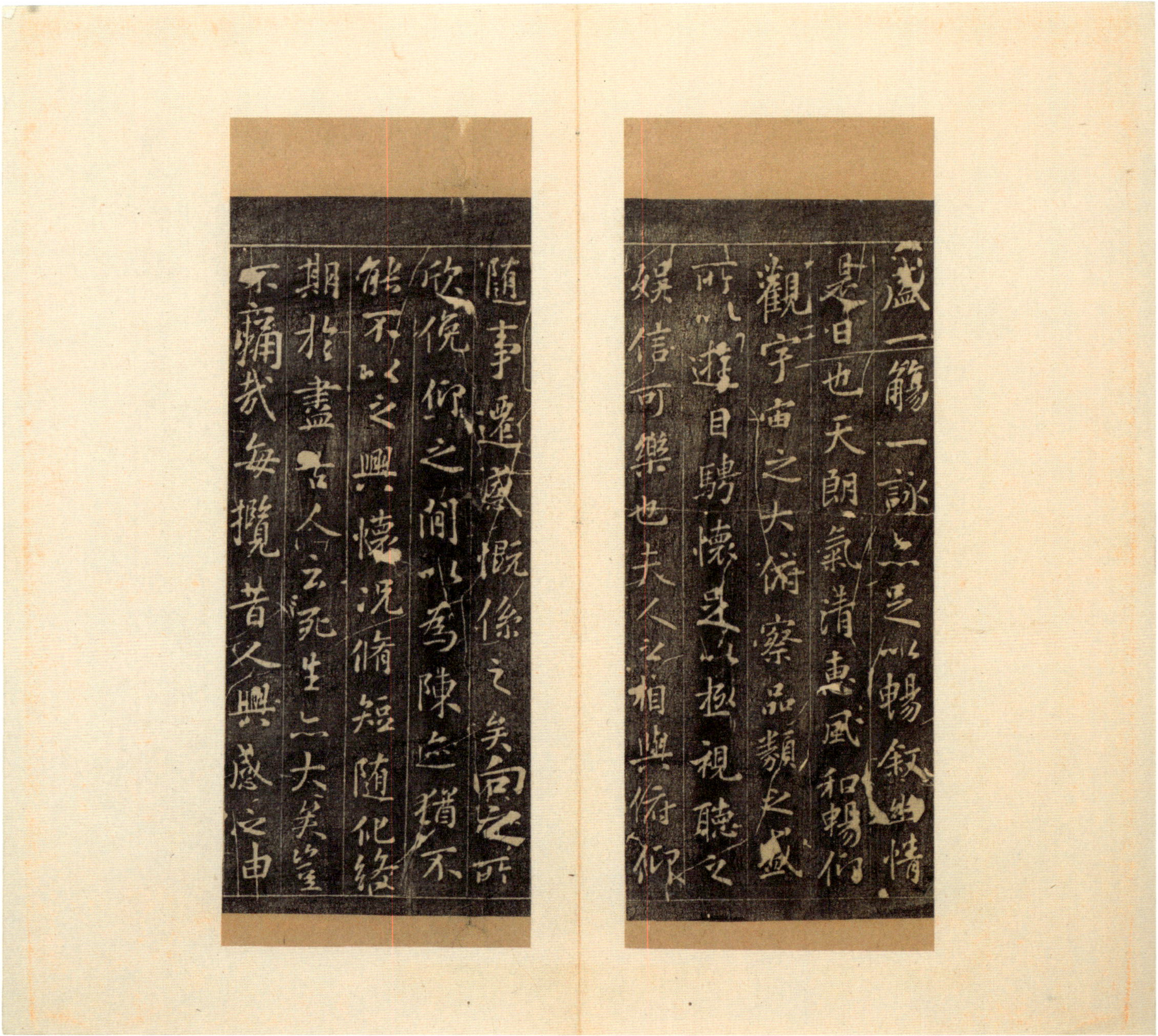
盛一觴一詠亦足以暢叙幽情
是日也天朗氣清惠風和暢仰
觀宇宙之大俯察品類之盛
所以遊目騁懷足以極視聽之
娛信可樂也夫人之相與俯仰
隨事遷感慨係之矣向之所
欣俛仰之間以為陳迹猶不
能不以之興懷況脩短隨化終
期於盡古人云死生亦大矣豈
不痛哉每攬昔人興感之由

12415 蘭亭序

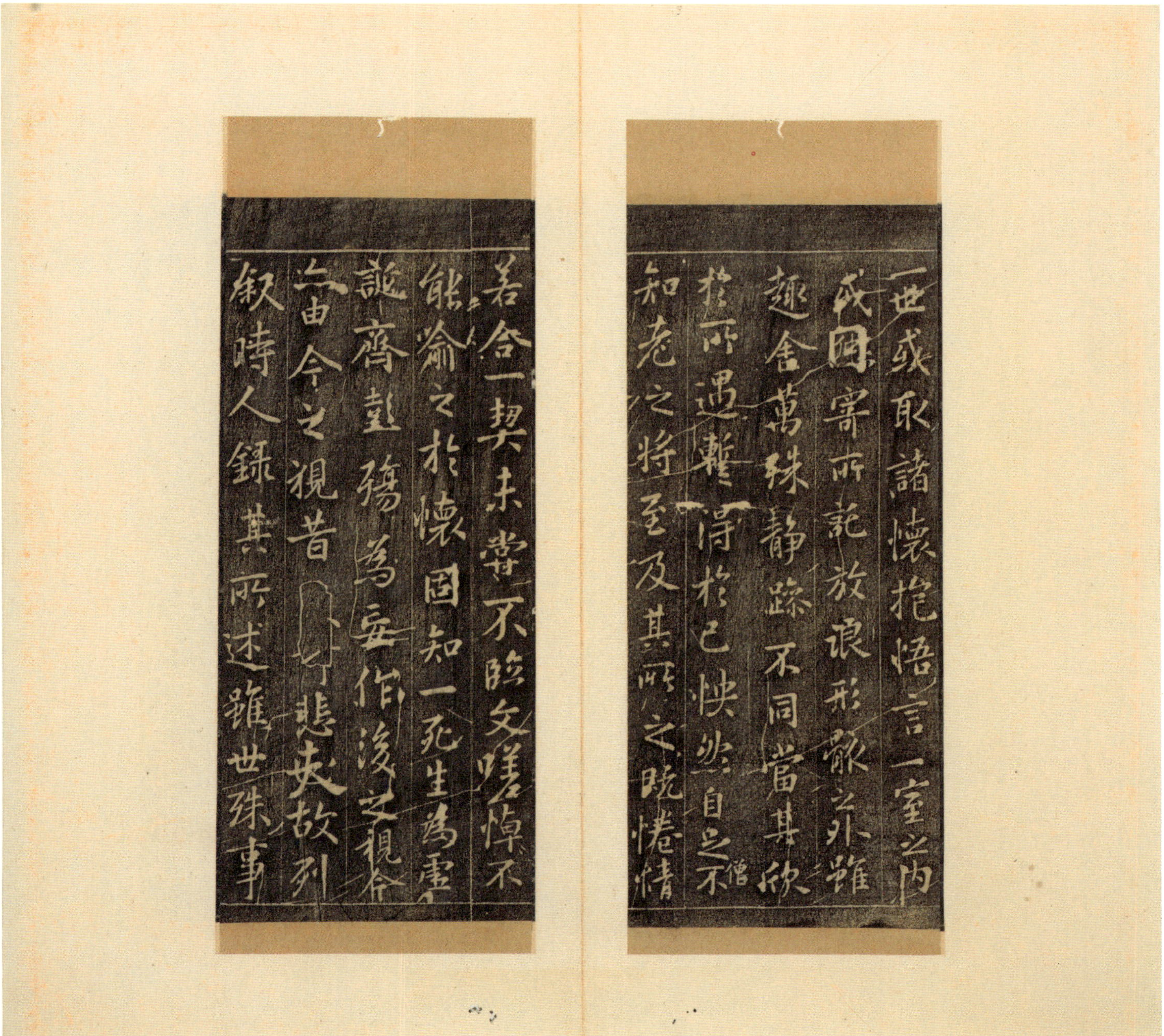

一世或取諸懷抱悟言一室之內
或因寄所託放浪形骸之外雖
趣舍萬殊靜躁不同當其欣
於所遇暫得於己快然自足曾不
知老之將至及其所之既惓情

若合一契未嘗不臨文嗟悼不
能喻之於懷固知一死生為虛
誕齊彭殤為妄作後之視今
亦由今之視昔悲夫故列
叙時人錄其所述雖世殊事

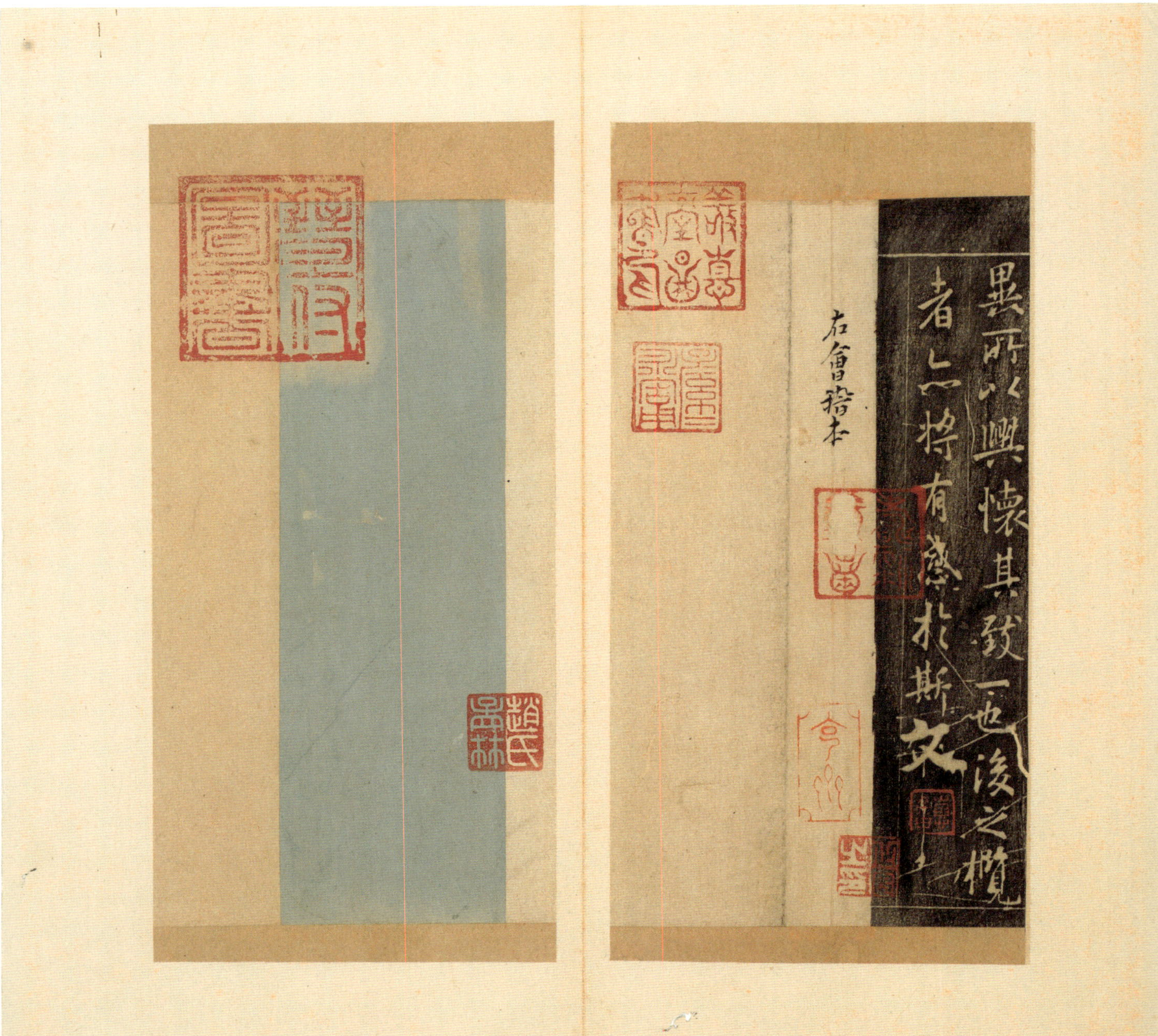

12415 蘭亭序

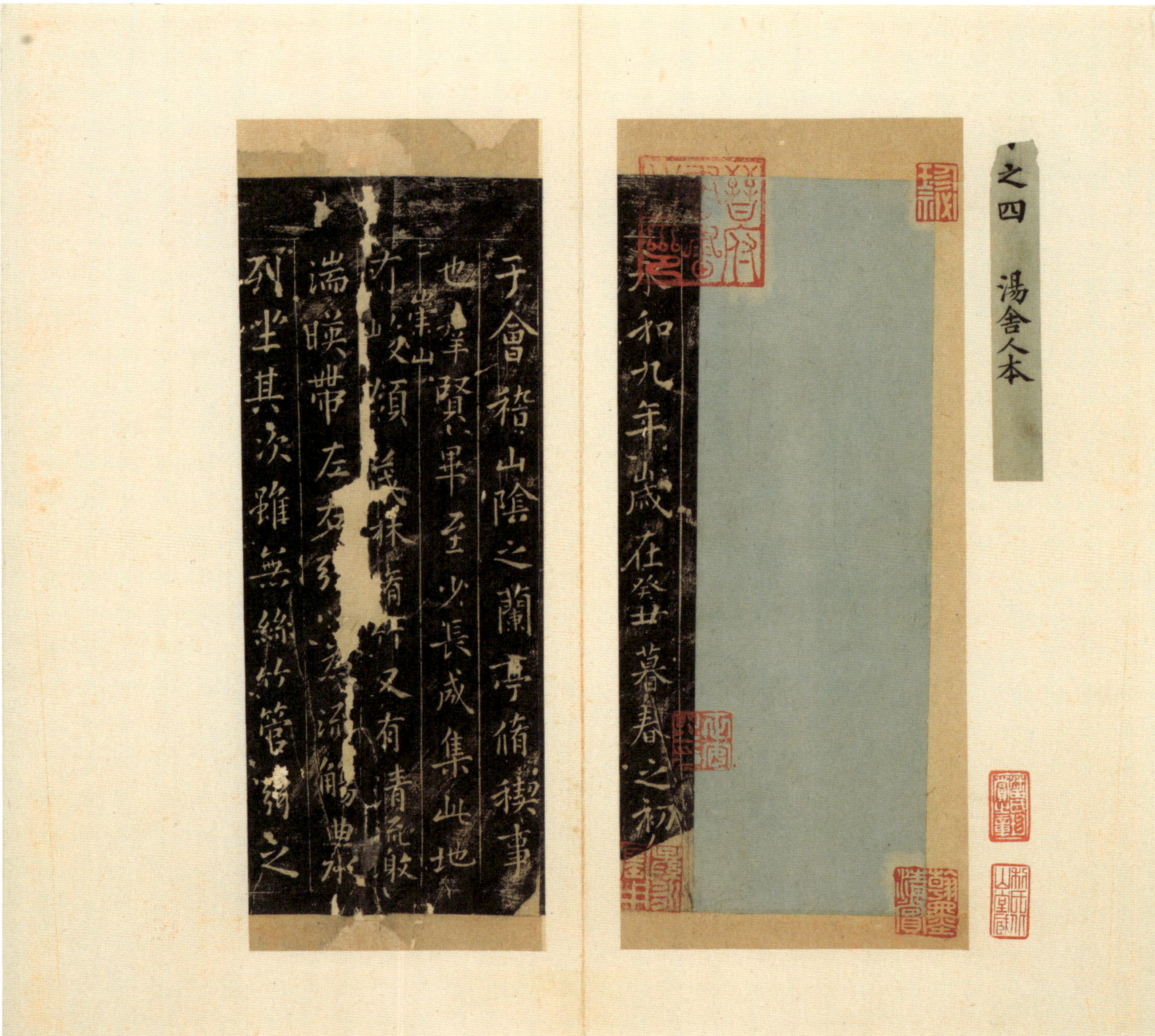

12416 蘭亭序 （晋）王羲之撰文並書　南宋拓湯舍人本（游似藏□之四）

册頁裝。册高42厘米，廣37.1厘米。墨芯高25.4厘米，廣11厘米。共4開，其中墨本3.5開。有“景仁”“晋府書畫之印”“世安之印”“德畲”等印。游似題字。香港中文大學中國文化研究所文物館藏。

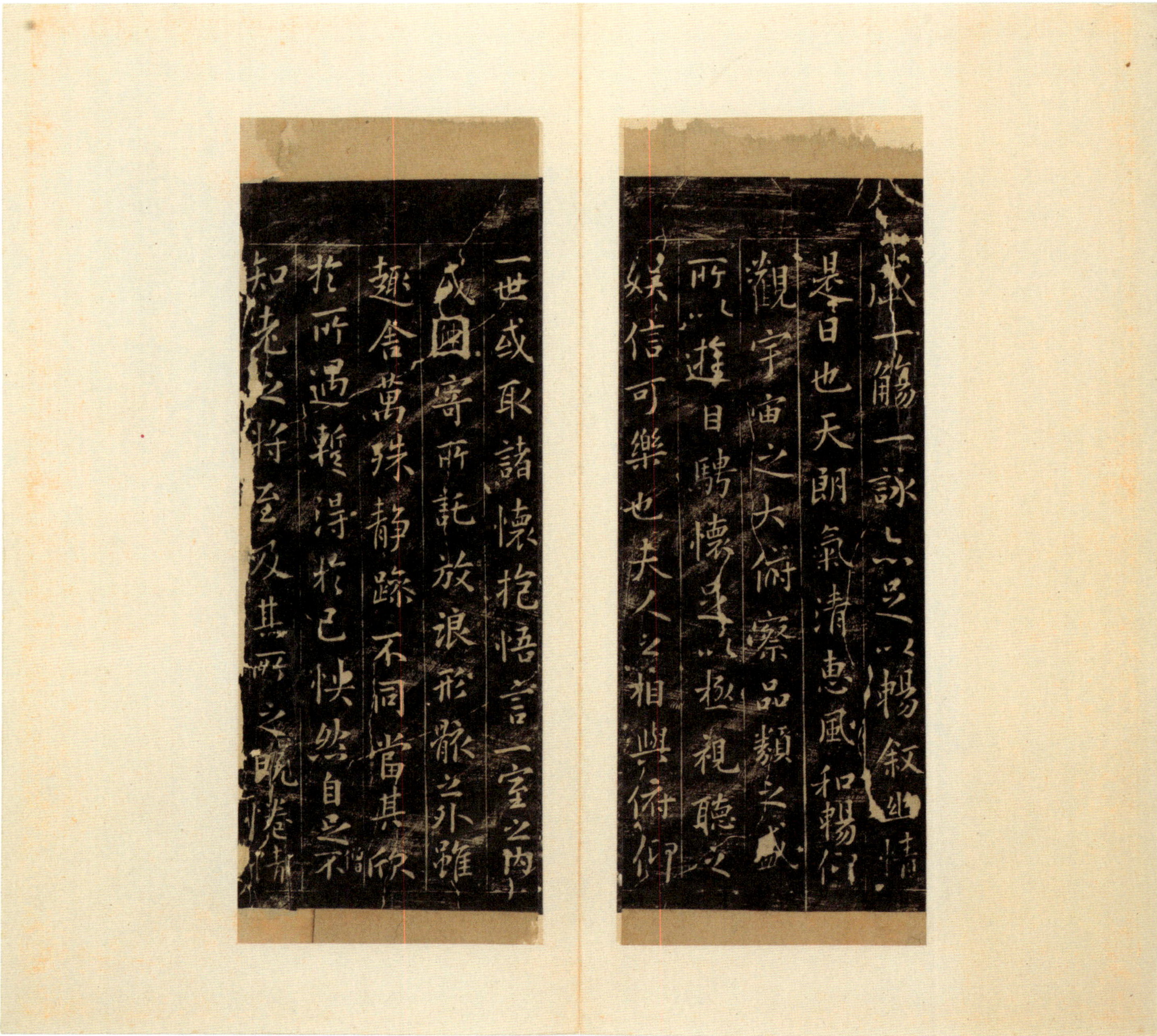
盛一觴一詠亦足以暢敘幽情
是日也天朗氣清惠風和暢仰
觀宇宙之大俯察品類之盛
所以遊目騁懷足以極視聽之
娛信可樂也夫人之相與俯仰
一世或取諸懷抱悟言一室之内
或因寄所託放浪形骸之外雖
趣舍萬殊静躁不同當其欣
於所遇暫得於己快然自足不
知老之將至及其所之既惓情

12416 蘭亭序

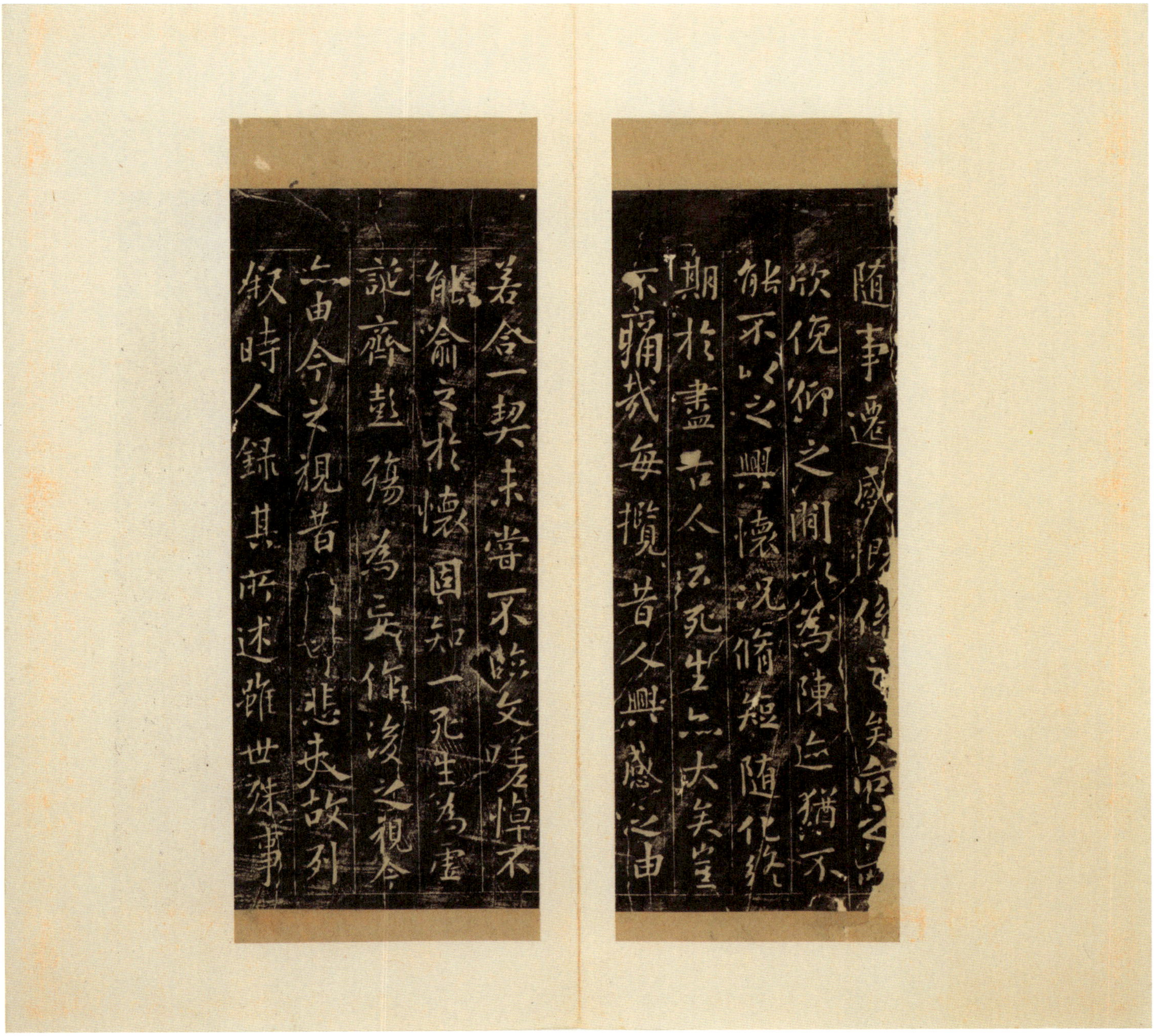
隨事遷感慨係之矣向之所
欣俛仰之間以為陳迹猶不
能不以之興懷況脩短隨化終
期於盡古人云死生亦大矣豈
不痛哉每攬昔人興感之由
若合一契未嘗不臨文嗟悼不
能喻之於懷固知一死生為虛
誕齊彭殤為妄作後之視今
亦由今之視昔悲夫故列
敘時人錄其所述雖世殊事

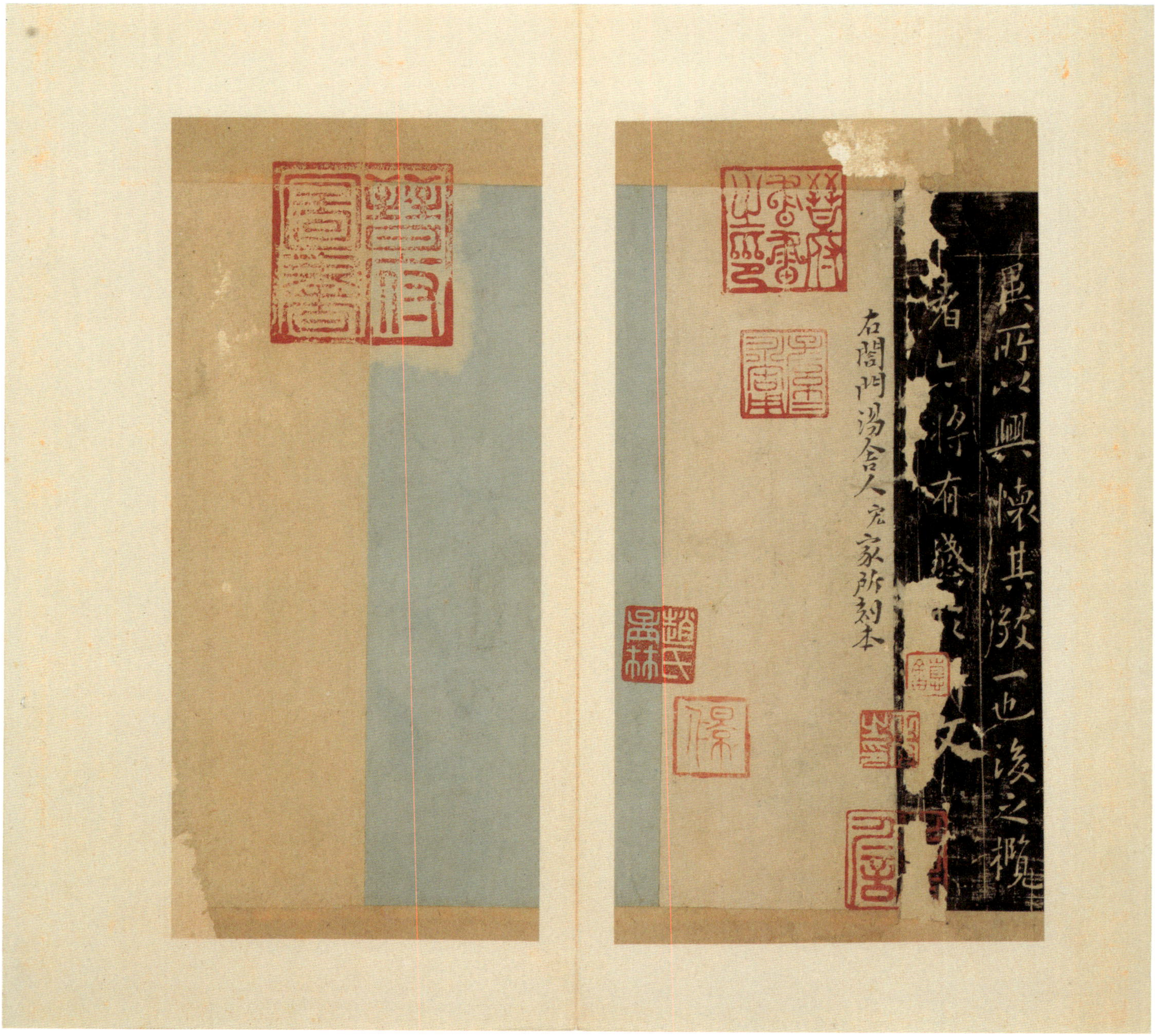

12416 蘭亭序

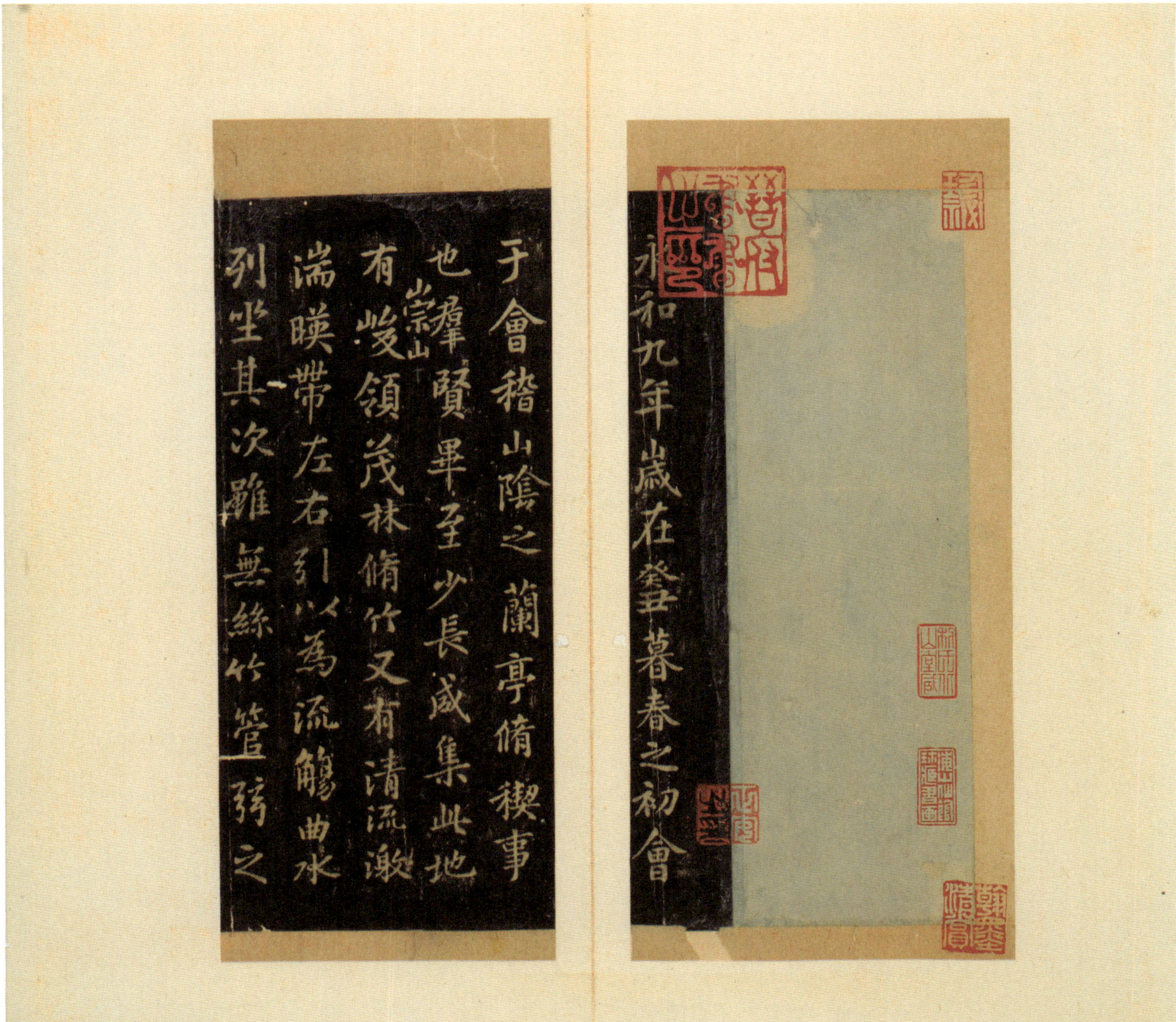

12417 蘭亭序　（晋）王羲之撰文並書　南宋拓臨川本（游似藏）

册頁裝。册高42厘米，廣37.1厘米。墨芯高25.6厘米，廣11.9 厘米。共4開，其中墨本3.5開，跋半開。有“克齋”“晉府書畫之印”“世安之印”“ 海山仙館珍臧書画”等印。游似題字。香港中文大學中國文化研究所文物館藏。

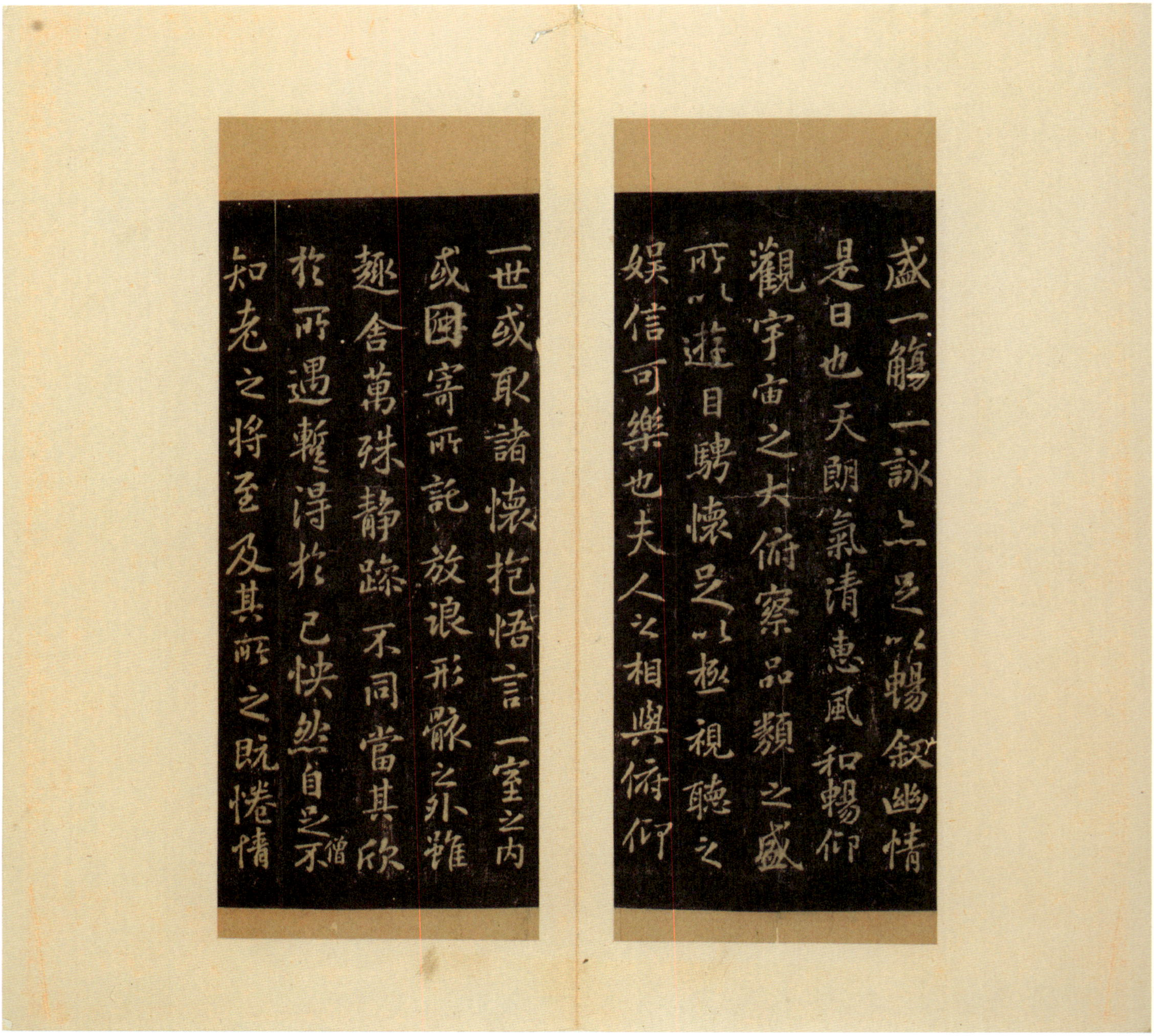
盛一觴一詠亦足以暢敘幽情
是日也天朗氣清惠風和暢仰
觀宇宙之大俯察品類之盛
所以遊目騁懷足以極視聽之
娛信可樂也夫人之相與俯仰
一世或取諸懷抱悟言一室之內
或因寄所託放浪形骸之外雖
趣舍萬殊靜躁不同當其欣
於所遇蹔得於己快然自足曾不
知老之將至及其所之既惓情

12417 蘭亭序

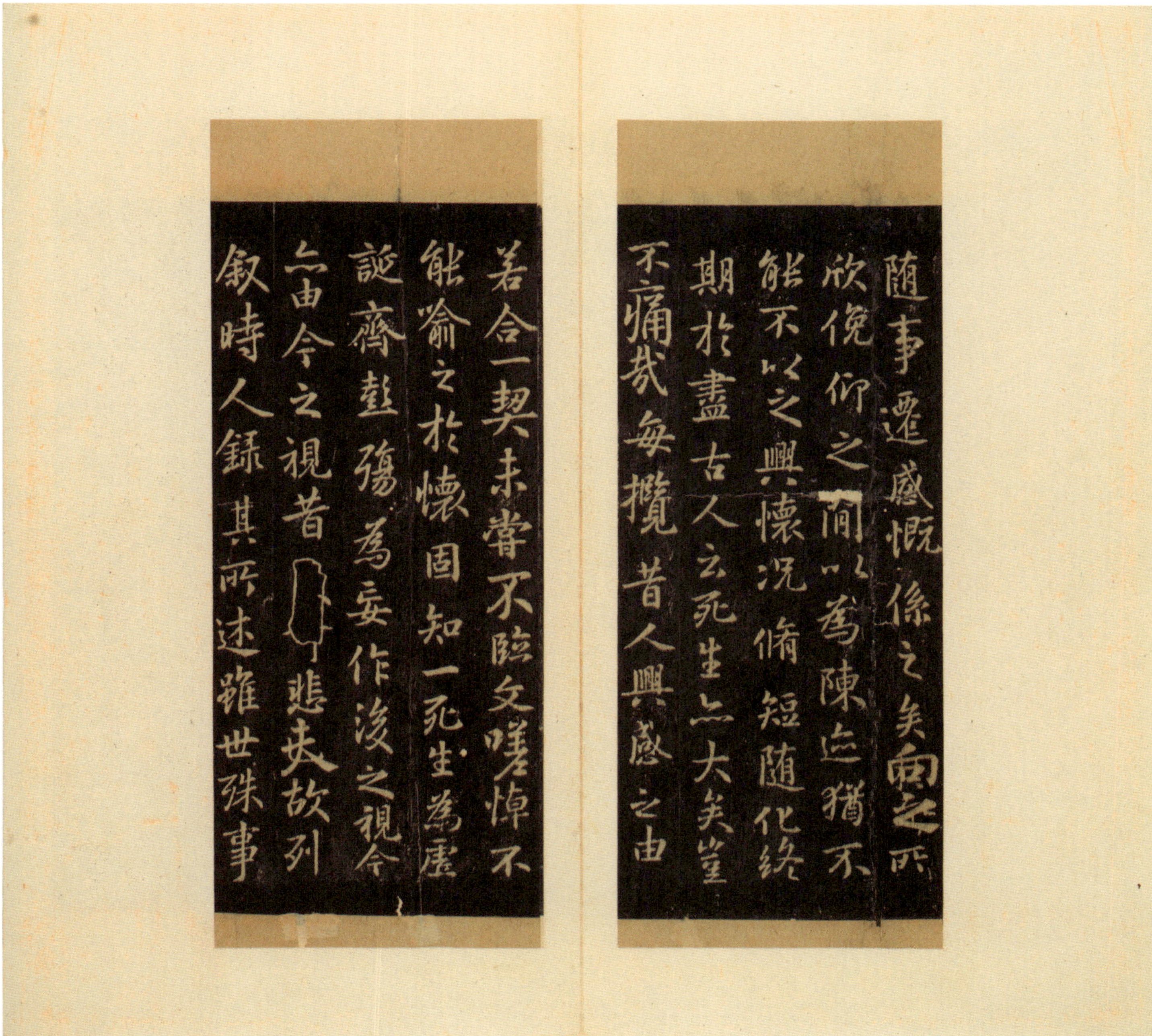

隨事遷感慨係之矣向之所欣俛仰之間以為陳迹猶不能不以之興懷況脩短隨化終期於盡古人云死生亦大矣豈不痛哉每攬昔人興感之由若合一契未嘗不臨文嗟悼不能喻之於懷固知一死生為虛誕齊彭殤為妄作後之視今亦由今之視昔 悲夫故列敘時人錄其所述雖世殊事

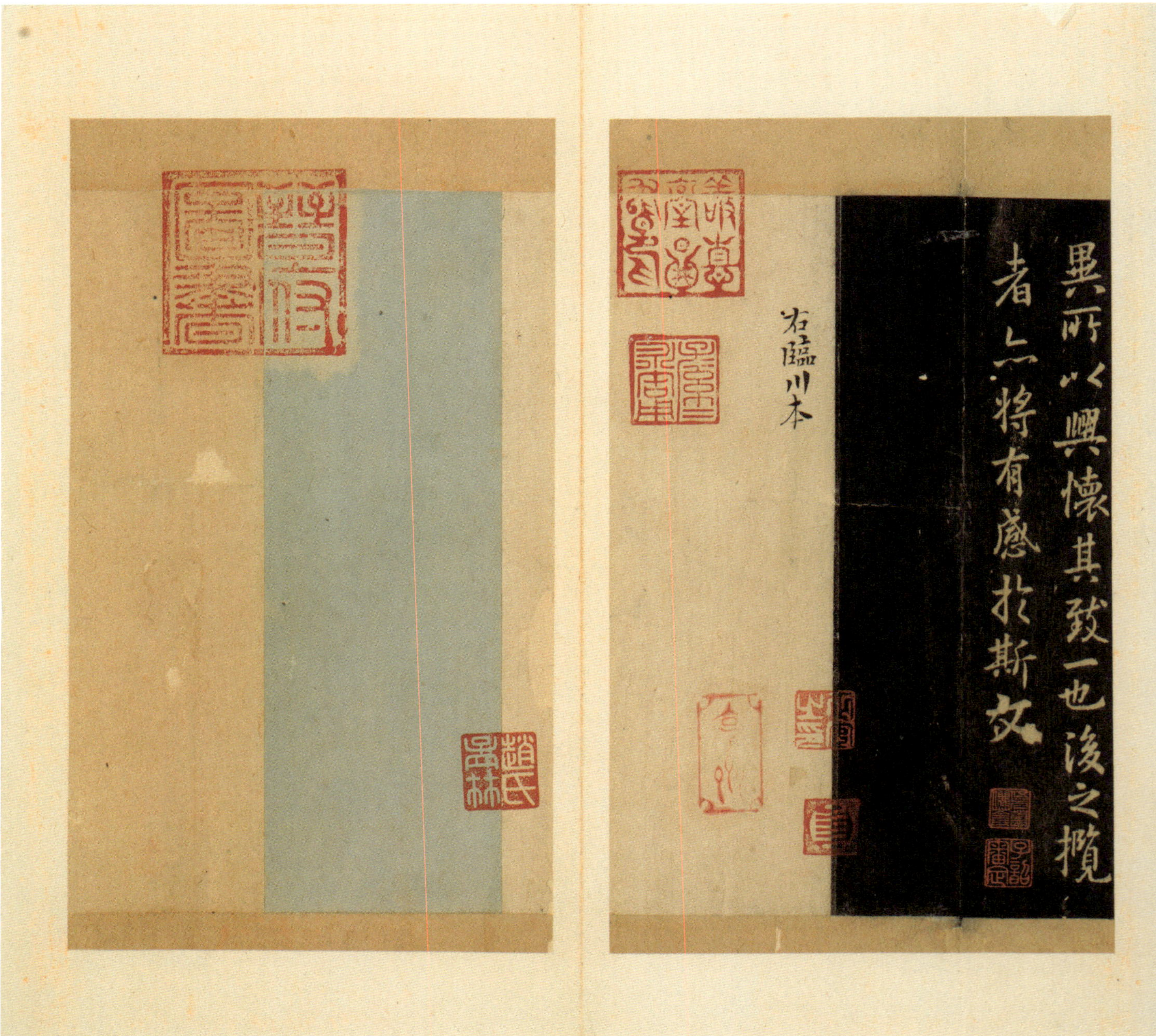

12417 蘭亭序

第六批國家珍貴古籍名録圖録

第二册

中國國家圖書館
中國國家古籍保護中心 編

國家圖書館出版社

第二册目録

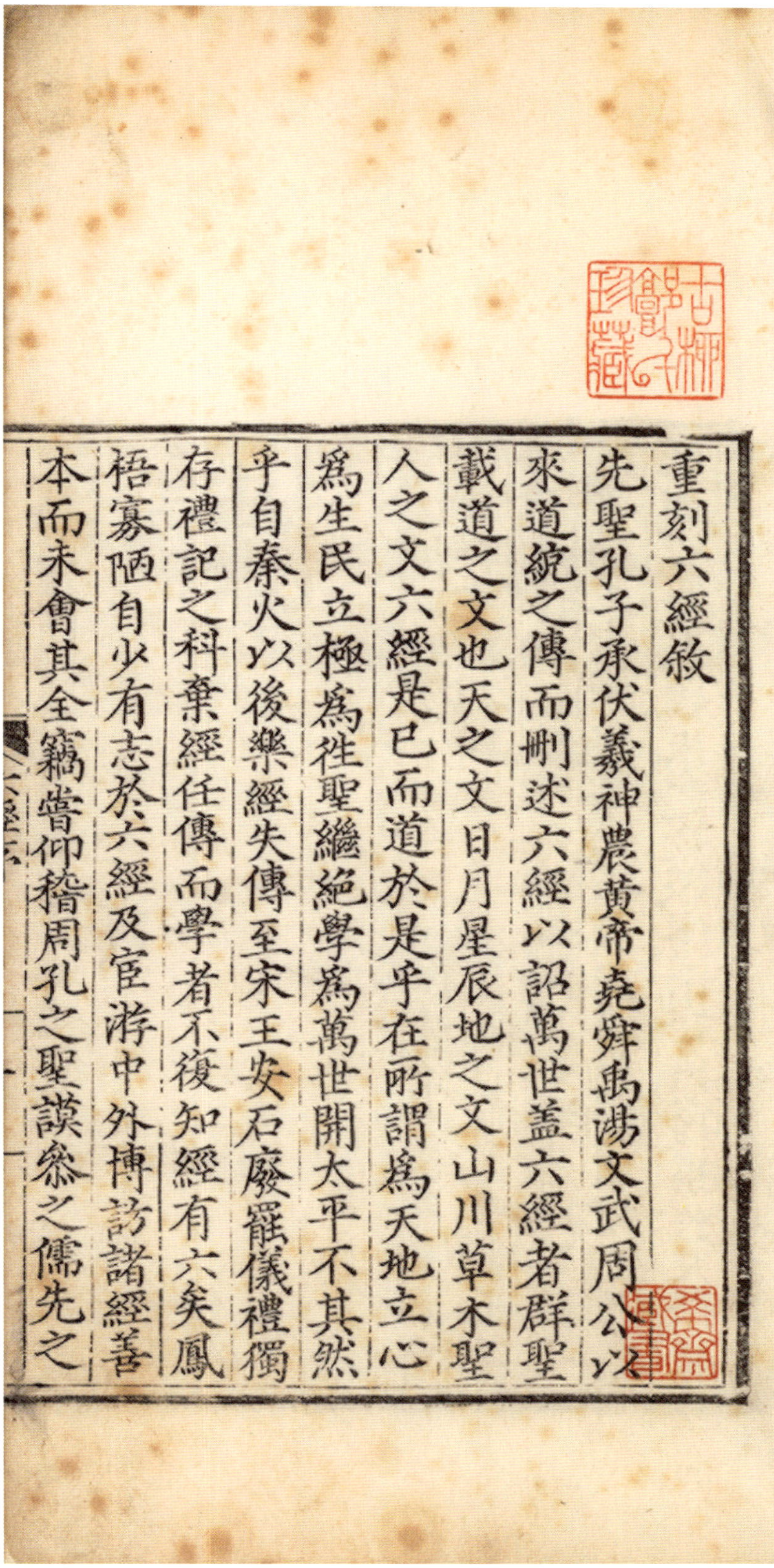
重刻六經敘
先聖孔子承伏羲神農黄帝堯舜禹湯文武周公以
來道統之傳而刪述六經以詔萬世蓋六經者群聖
載道之文也天之文日月星辰地之文山川草木聖
人之文六經是已而道於是乎在所謂爲天地立心
爲生民立極爲往聖繼絶學爲萬世開太平不其然
乎自秦火以後樂經失傳至宋王安石廢罷儀禮獨
存禮記之科棄經任傳而學者不復知經有六矣鳳
梧寡陋自少有志於六經及宦游中外博訪諸經善
本而未會其全竊嘗仰稽周孔之聖謨參之儒先之

12418 六經三十二卷 明嘉靖六年（1527）陳鳳梧刻本

匡高17.3厘米，廣13.8厘米。半葉十行，行二十字，小字雙行同，白口，四周雙邊。有“希齋藏書”“古柳郭氏珍藏”“郭啓鋭弟啓錚同樂”等印。中國書店藏。

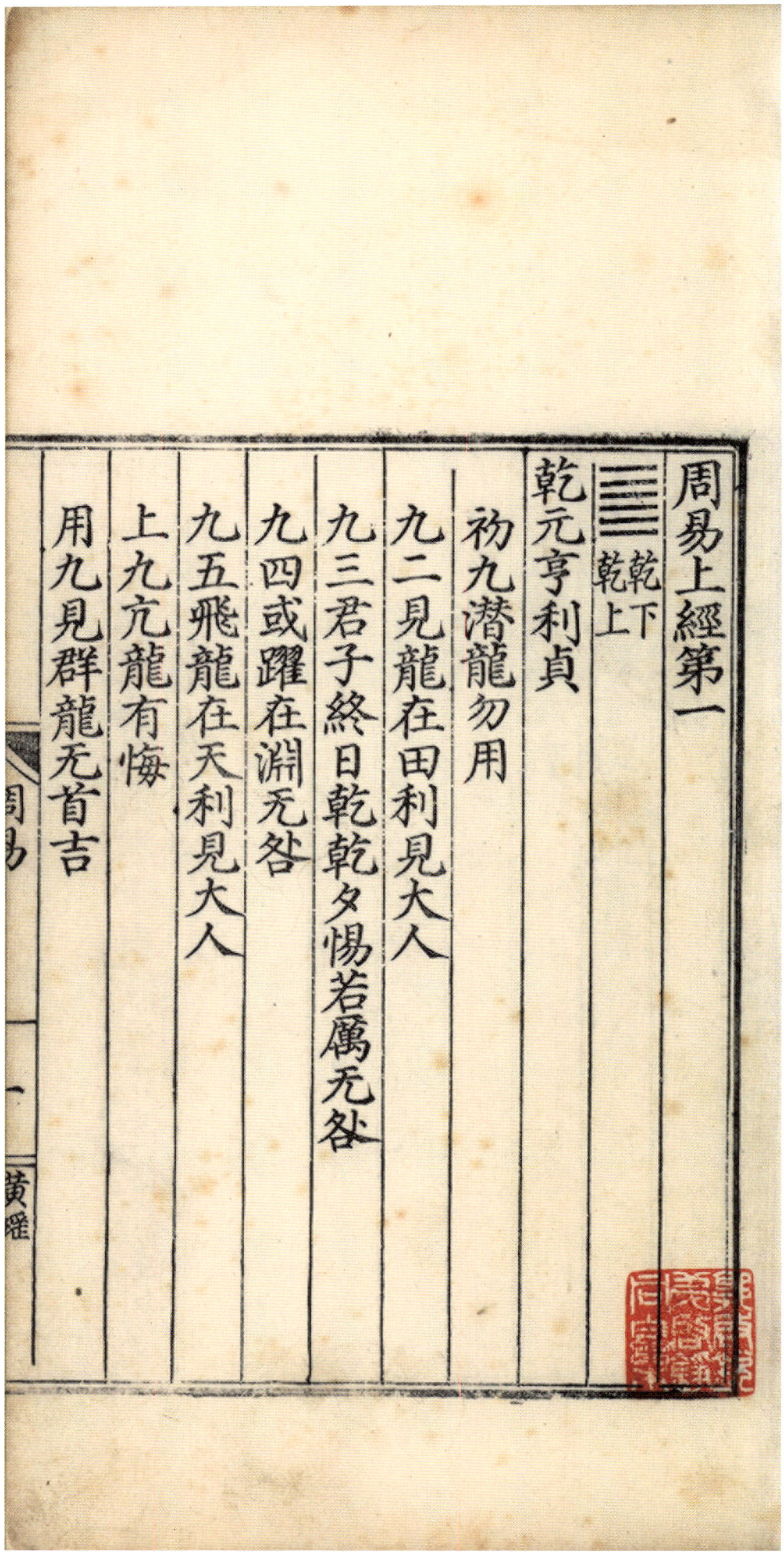

周易上經第一

☰乾下乾上

乾元亨利貞

初九潛龍勿用

九二見龍在田利見大人

九三君子終日乾乾夕惕若厲无咎

九四或躍在淵无咎

九五飛龍在天利見大人

上九亢龍有悔

用九見群龍无首吉

12418 六經三十二卷

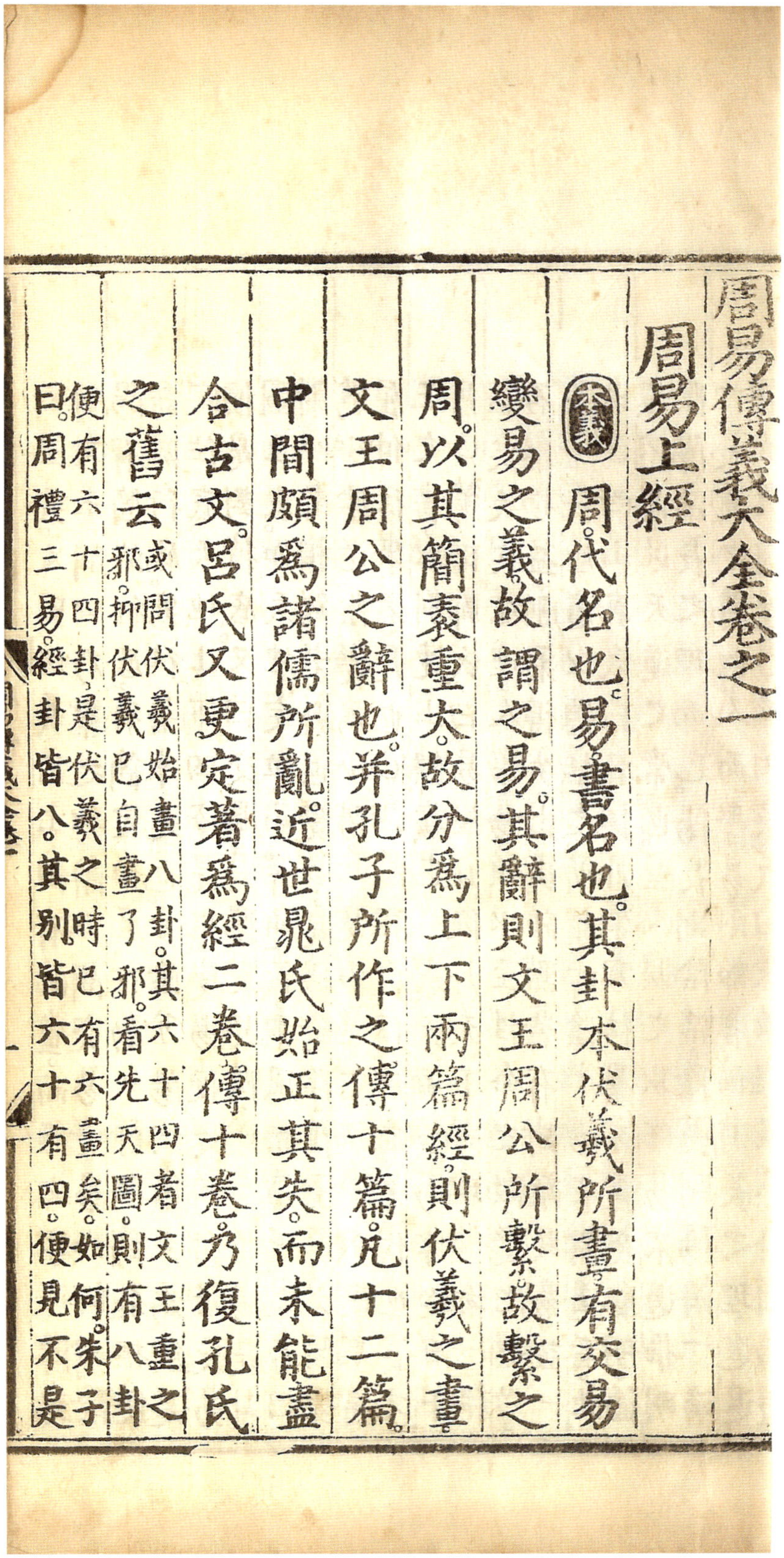
周易傳義大全卷之一

周易上經

本義 周代名也易書名也其卦本伏羲所畫有交易變易之義故謂之易其辭則文王周公所繫故繫之周以其簡袠重大故分爲上下兩篇經則伏羲之畫文王周公之辭也并孔子所作之傳十篇凡十二篇中間頗爲諸儒所亂近世晁氏始正其失而未能盡合古文呂氏又更定著爲經二卷傳十卷乃復孔氏之舊云 或問伏羲始畫八卦其六十四者文王重之耶抑伏羲已自畫了耶看先天圖則有八卦便有六十四卦是伏羲之時已有六畫矣如何朱子曰周禮三易經卦皆八其別皆六十有四便見不是

12419 五經大全一百三十五卷 （明）胡廣等輯 明内府刻本

匡高26.9厘米，廣17.9厘米。半葉十行，行二十二字，小字雙行同，黑口，四周雙邊。南京圖書館藏。

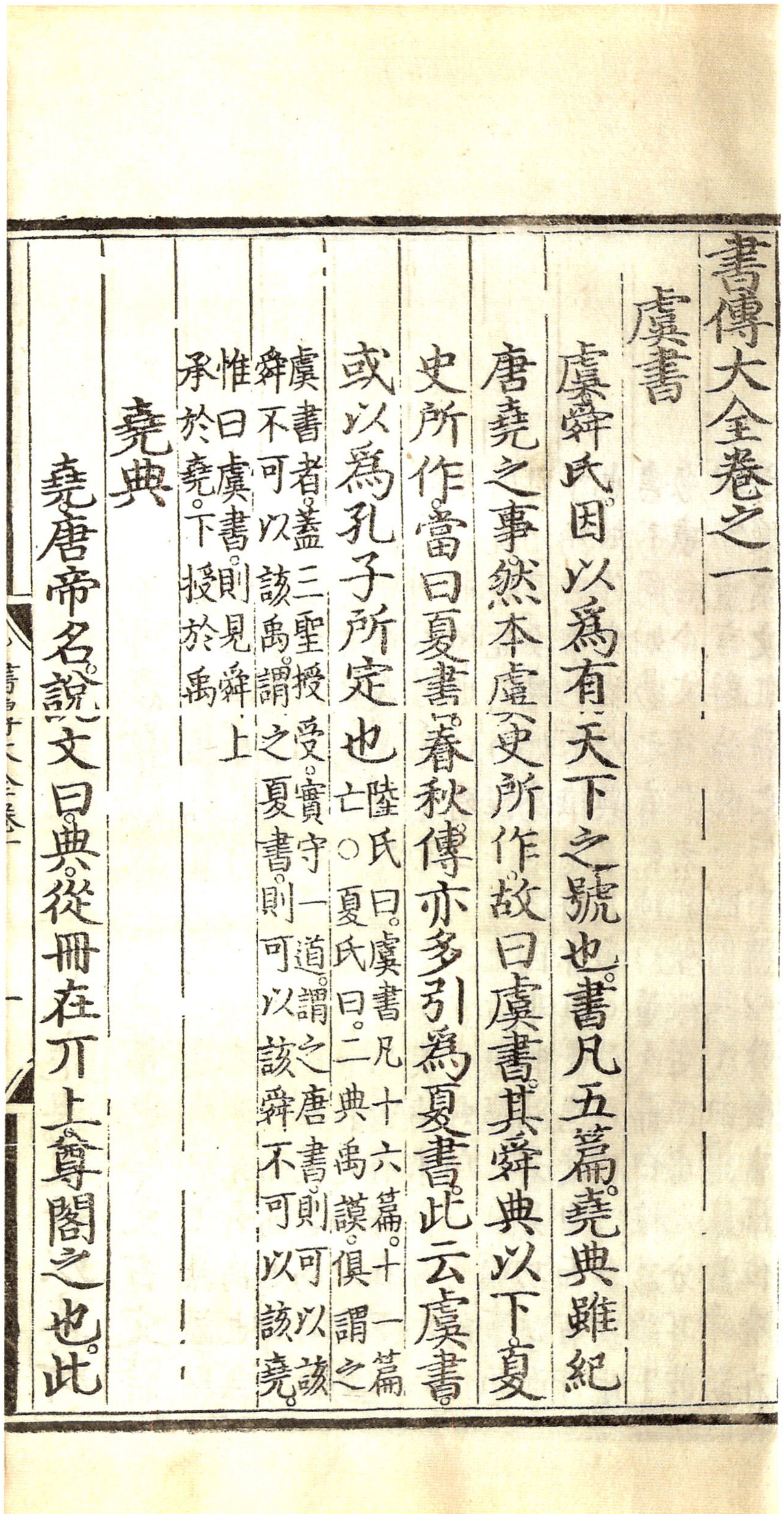
書傳大全卷之一

虞書

虞舜氏因以爲有天下之號也書凡五篇堯典雖紀唐堯之事然本虞史所作故曰虞書其舜典以下夏史所作當曰夏書春秋傳亦多引爲夏書此云虞書或以爲孔子所定也陸氏曰虞書凡十六篇十一篇亡○夏氏曰二典禹謨俱謂之虞書者蓋三聖授受實守一道謂之唐書則可以該舜不可以該禹謂之夏書則可以該舜不可以該堯惟曰虞書則見舜上承於堯下授於禹

堯典

堯唐帝名說文曰典從冊在丌上尊閣之也此

12419 五經大全一百三十五卷

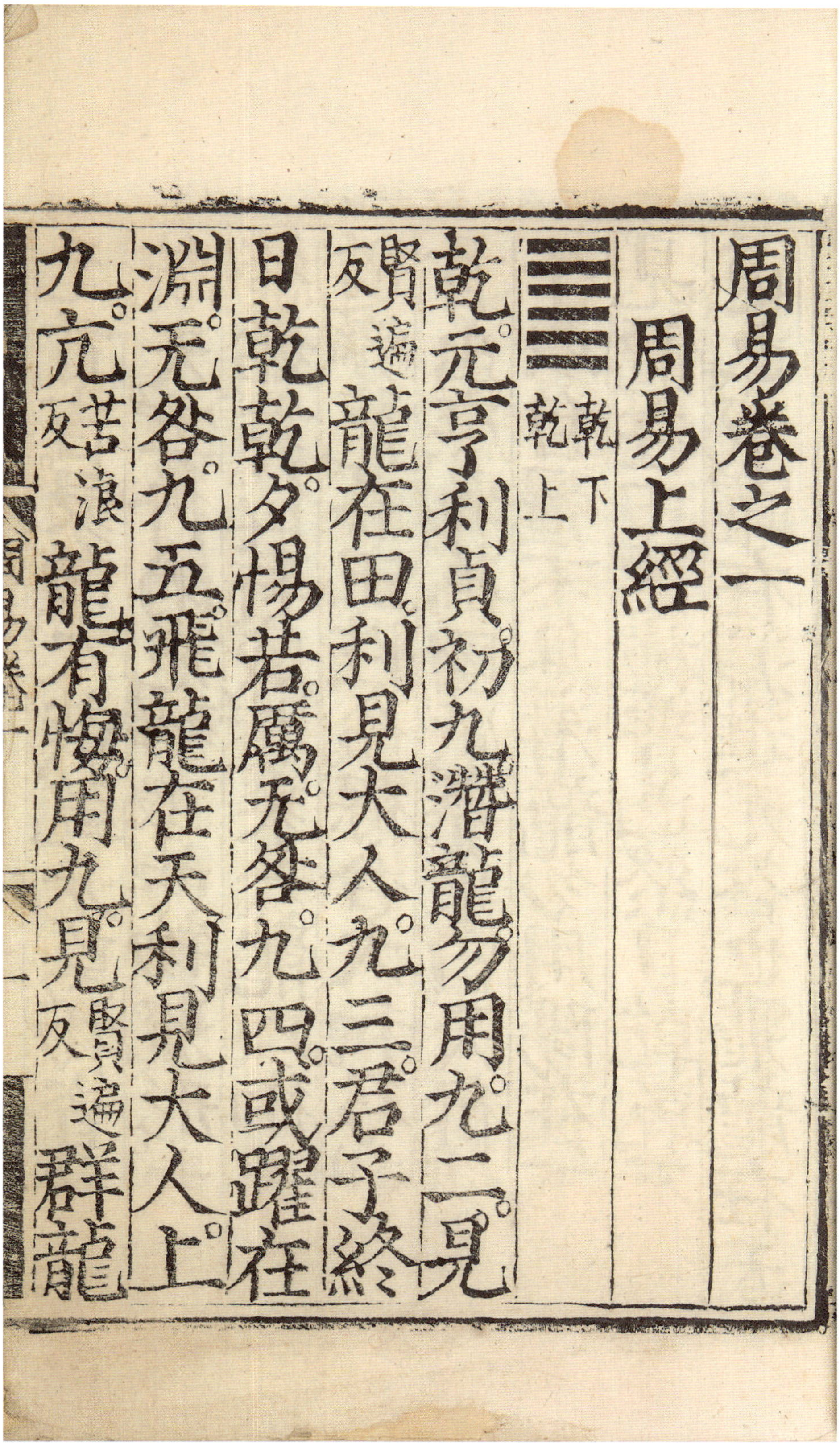

周易卷之一

周易上經

乾下 乾上

乾元亨利貞初九潛龍勿用九二見賢遍反龍在田利見大人九三君子終日乾乾夕惕若厲无咎九四或躍在淵无咎九五飛龍在天利見大人上九亢苦浪反龍有悔用九見賢遍反群龍

12420 周易三卷 明刻藍印本

匡高20.7厘米，廣15.6厘米。半葉八行，行十四字，小字雙行同，黑口，四周雙邊。國家圖書館藏。

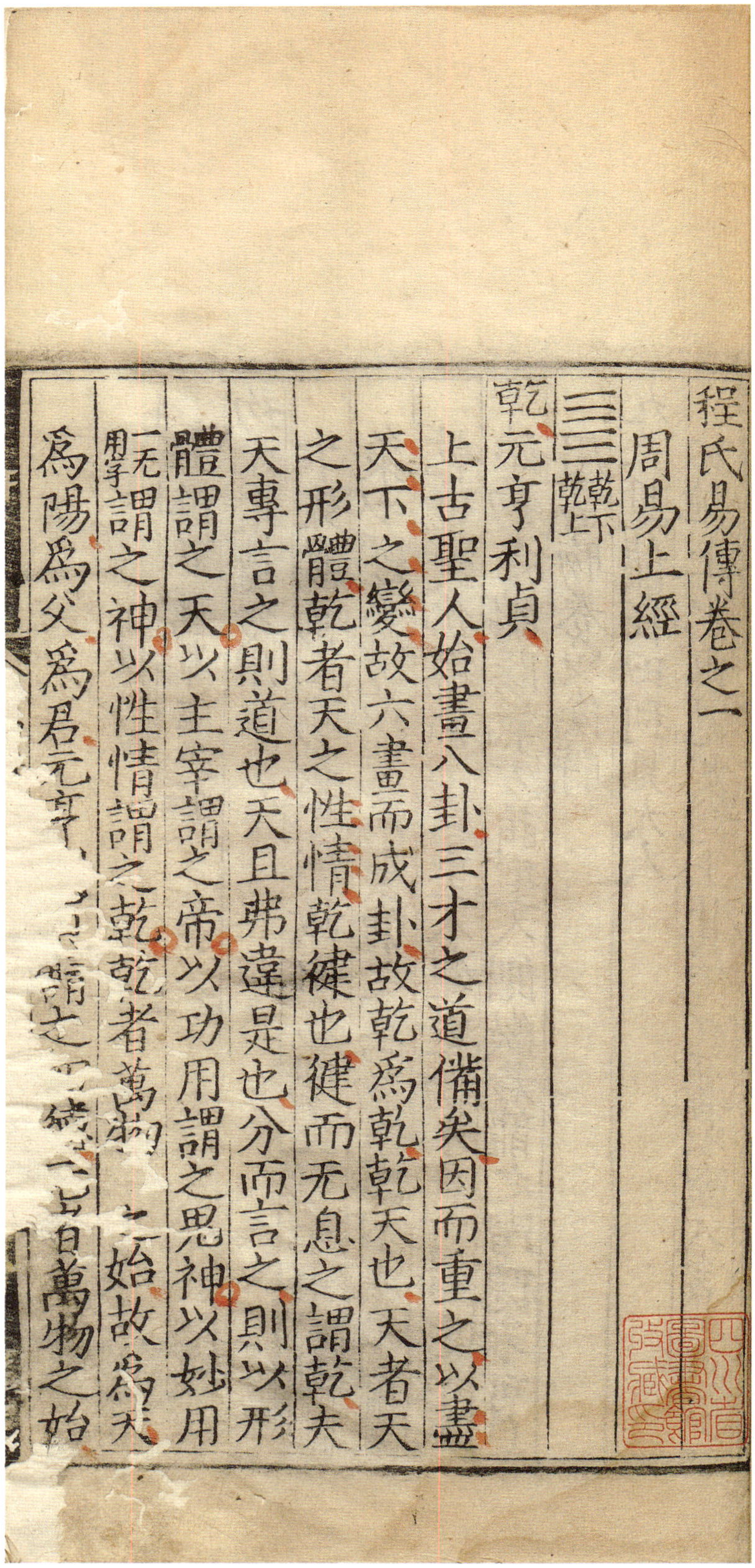
程氏易傳卷之一
周易上經
☰☰乾下乾上
乾元亨利貞
上古聖人始畫八卦三才之道備矣因而重之以盡
天下之變故六畫而成卦故乾爲乾乾天也天者天
之形體乾者天之性情乾健也健而无息之謂乾夫
天專言之則道也天且弗違是也分而言之則以形
體謂之天以主宰謂之帝以功用謂之鬼神以妙用
謂之神以性情謂之乾乾者萬物之始故爲天
爲陽爲父爲君元亨[illegible]謂之[illegible]元者萬物之始

12421 程氏易傳十二卷　（宋）程頤撰　明嘉靖八年（1529）姜梁刻本

匡高19.4厘米，廣13.5厘米。半葉十一行，行二十一字，小字雙行同，黑口，四周雙邊。四川省圖書館藏。

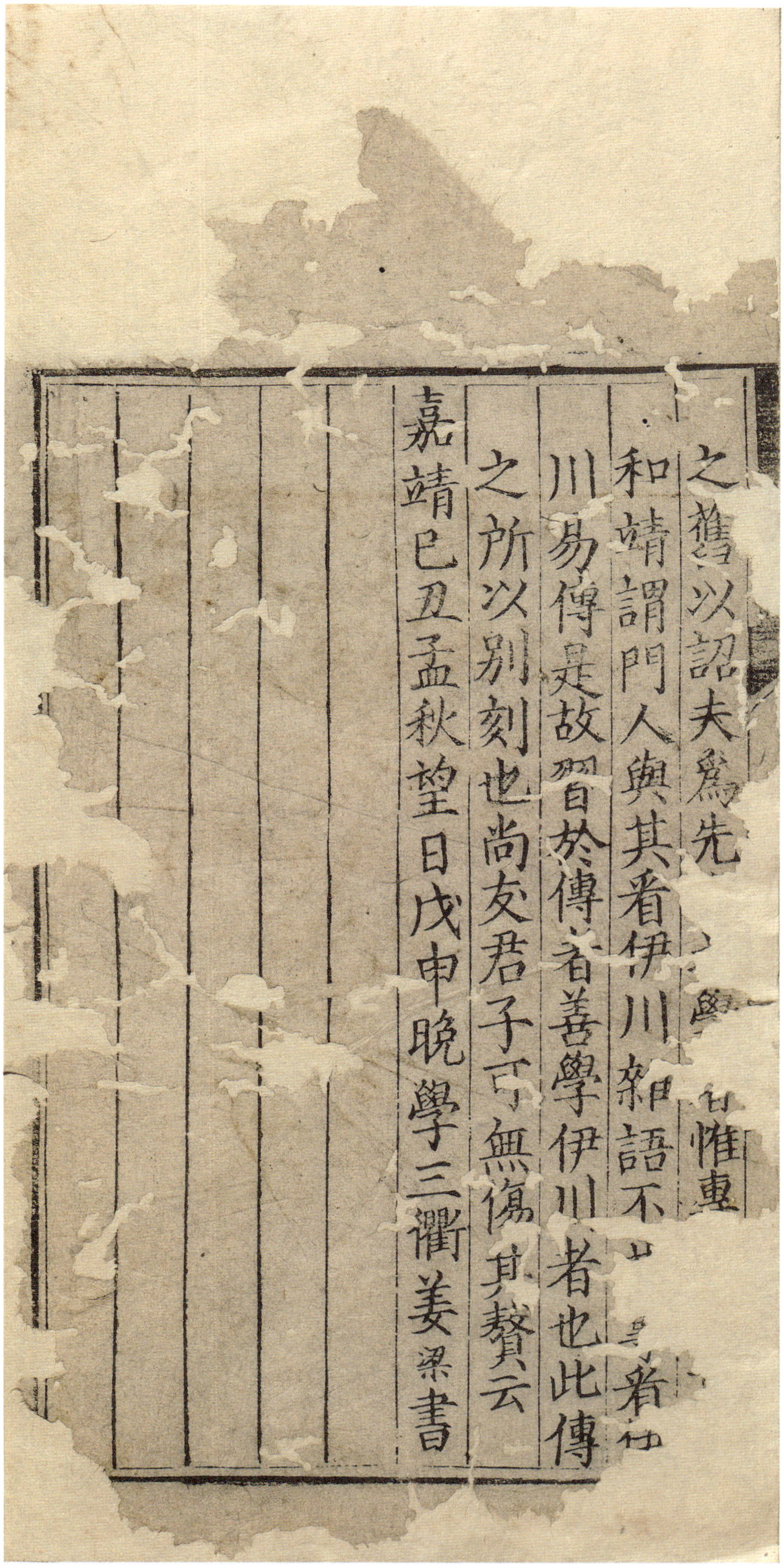
之舊以詔夫爲先[illegible]惟重
和靖謂門人與其看伊川紀語不[illegible]看[illegible]
川易傳是故習於傳者善學伊川者也此傳
之所以別刻也尚友君子亏無偽其贅云
嘉靖己丑孟秋望日戊申晚學三衢姜梁書

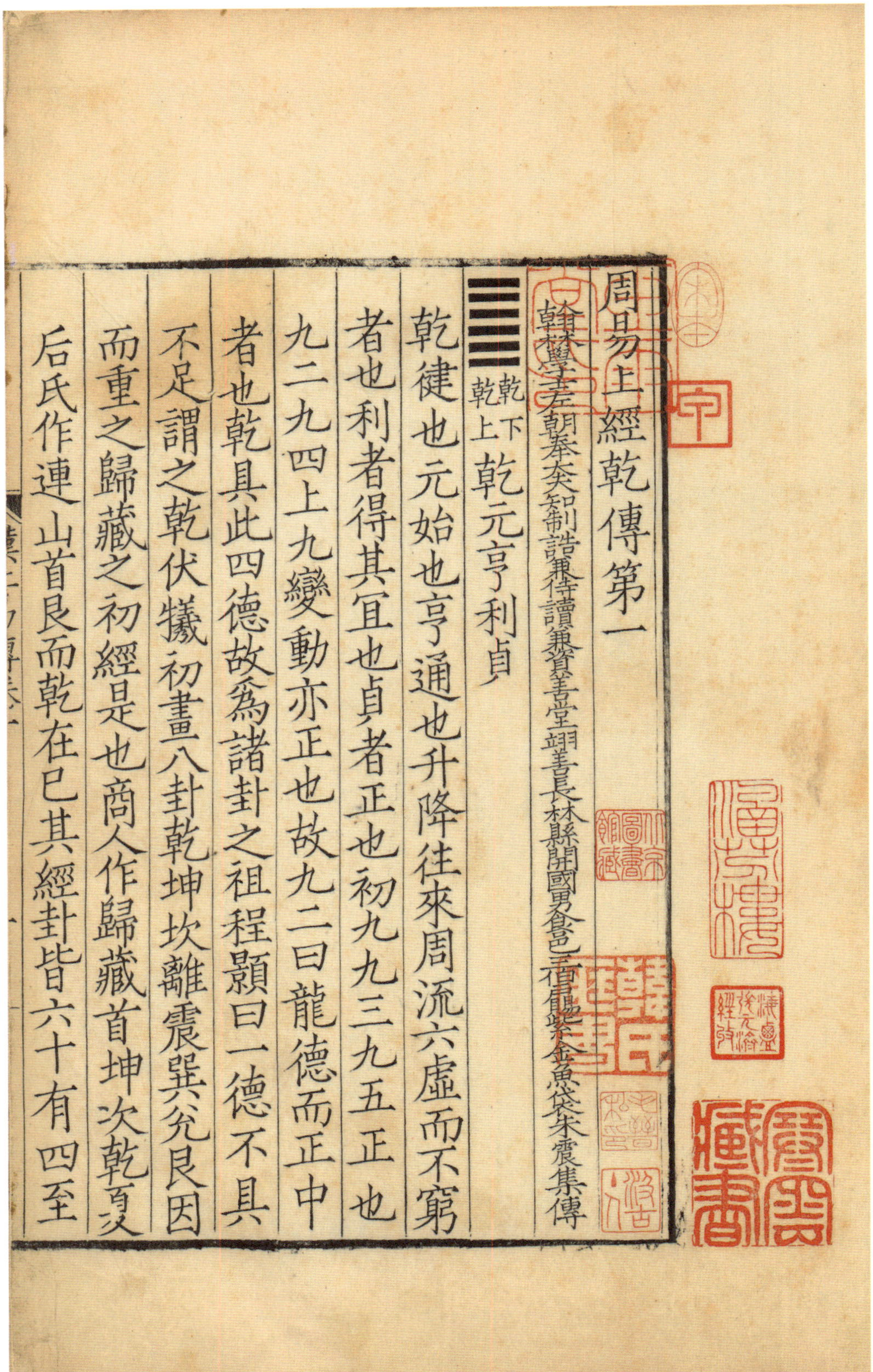

周易上經乾傳第一

翰林學士左朝奉大夫知制誥兼侍讀兼資善堂翊善長林縣開國男食邑三百戶賜紫金魚袋朱震集傳

☰ 乾下乾上 乾元亨利貞

乾健也元始也亨通也升降往來周流六虛而不窮者也利者得其宜也貞者正也初九九三九五正也九二九四上九變動亦正也故九二曰龍德而正中者也乾具此四德故爲諸卦之祖程頤曰一德不具不足謂之乾伏犧初畫八卦乾坤坎離震巽兑艮因而重之歸藏之初經是也商人作歸藏首坤次乾夏后氏作連山首艮而乾在巳其經卦皆六十有四至

12422 漢上易傳十一卷 （宋）朱震撰 **漢上先生履歷一卷** 清初毛氏汲古閣影宋抄本

匡高21.8厘米，廣14.7厘米。半葉十行，行二十一字，小字雙行同，白口，左右雙邊。有“毛晉私印”“汲古主人”“韓氏藏書”“玉雨堂印”“寒雲藏書”“海鹽張元濟經收”“涵芬樓”等印。國家圖書館藏。

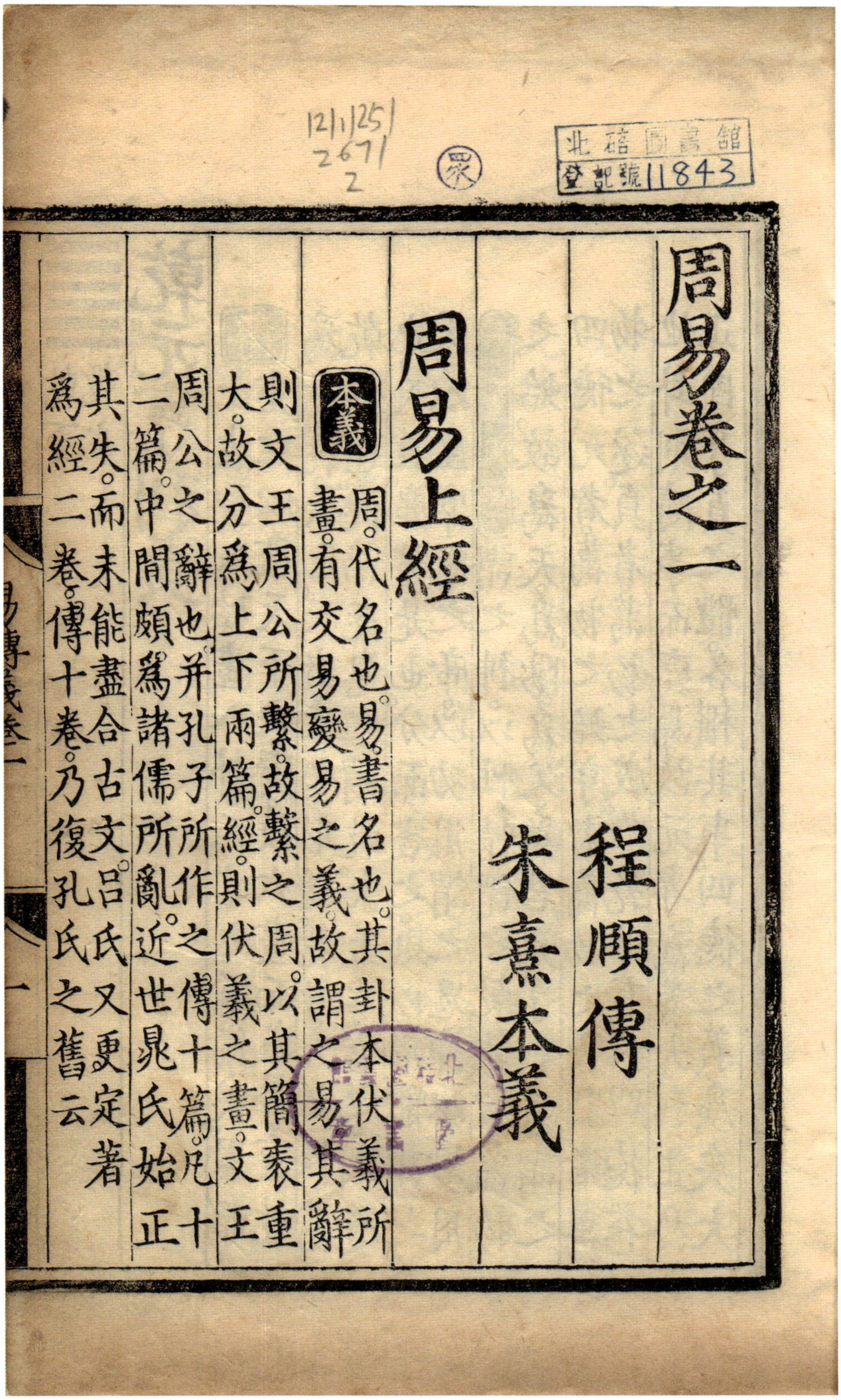

周易卷之一

程頤傳

朱熹本義

周易上經

【本義】周代名也易書名也其卦本伏羲所畫有交易變易之義故謂之易其辭則文王周公所繫故繫之周以其簡袠重大故分爲上下兩篇經則伏羲之畫文王周公之辭也并孔子所作之傳十篇凡十二篇中間頗爲諸儒所亂近世晁氏始正其失而未能盡合古文呂氏又更定著爲經二卷傳十卷乃復孔氏之舊云

周易傳義卷一　一

12423 周易傳義十卷　（宋）程頤　朱熹撰　**上下篇義一卷**　（宋）程頤撰　**易圖集録一卷易五贊一卷筮儀一卷**　（宋）朱熹撰　**易説綱領一卷**　（宋）程頤　朱熹撰　明正統十二年（1447）司禮監刻本

匡高23.1厘米，廣16.7厘米。半葉八行，行十四字，小字雙行十八字，黑口，四周雙邊。重慶市北碚圖書館藏。

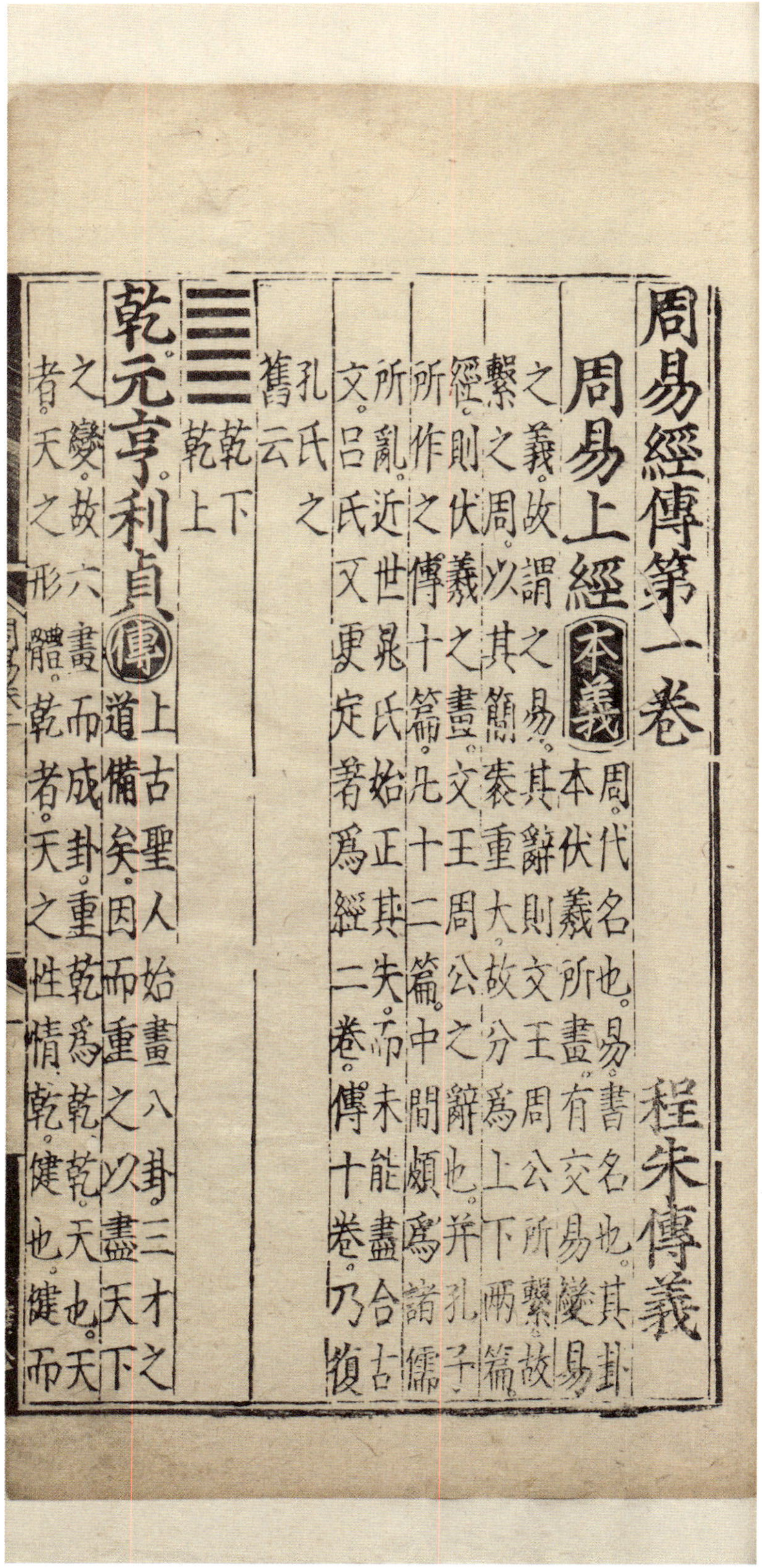

周易經傳第一卷　程朱傳義

周易上經 本義 周代名也易書名也其卦本伏羲所畫有交易變易之義故謂之易其辭則文王周公所繫故繫之周以其簡袠重大故分爲上下兩篇經則伏羲之畫文王周公之辭也并孔子所作之傳十篇凡十二篇中間頗爲諸儒所亂近世晁氏始正其失而未能盡合古文呂氏又更定著爲經二卷傳十卷乃復孔氏之舊云

☰☰ 乾下乾上

乾元亨利貞 傳 上古聖人始畫八卦三才之道備矣因而重之以盡天下之變故六畫而成卦重乾爲乾乾天也天者天之形體乾者天之性情乾健也健而

12424 周易程朱傳義二十四卷 （宋）程頤　朱熹撰　**上下篇義一卷** （宋）程頤撰　**朱子圖説一卷周易五贊一卷筮儀一卷** （宋）朱熹撰　明嘉靖刻本

匡高21.6厘米，廣13.7厘米。半葉九行，行十七字，小字雙行同，黑口，四周雙邊。有“范熙壬印”等印。湖北省圖書館藏。

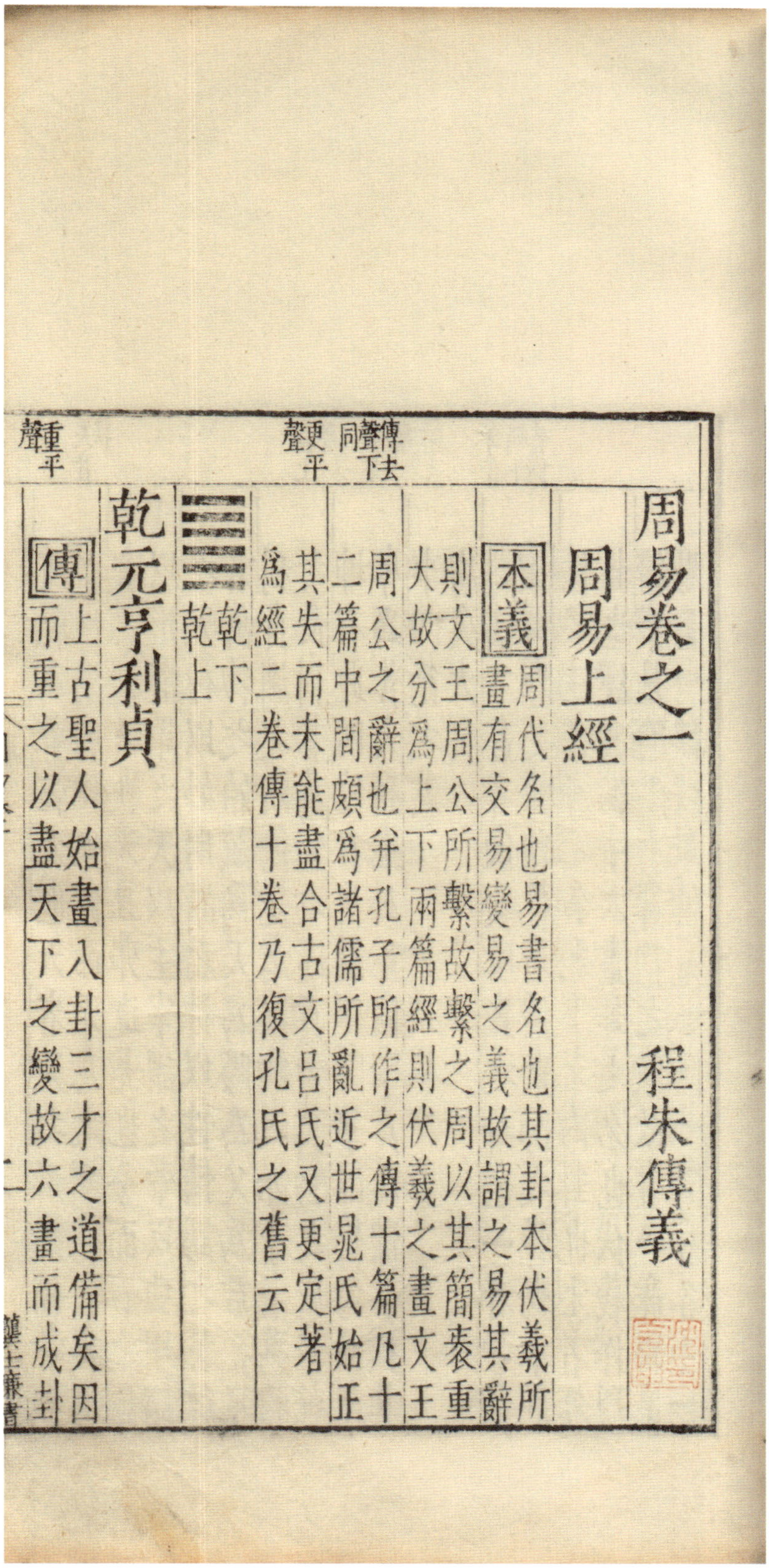
周易卷之一　　程朱傳義
周易上經
本義　周代名也易書名也其卦本伏羲所畫有交易變易之義故謂之易其辭則文王周公所繫故繫之周以其簡袠重大故分爲上下兩篇經則伏羲之畫文王周公之辭也幷孔子所作之傳十篇凡十二篇中間頗爲諸儒所亂近世晁氏始正其失而未能盡合古文呂氏又更定著爲經二卷傳十卷乃復孔氏之舊云
☰☰ 乾下乾上
乾元亨利貞
傳　上古聖人始畫八卦三才之道備矣因而重之以盡天下之變故六畫而成卦
傳去聲下同　更平聲　重平聲
龔士廉書

12425、12426 周易程朱傳義二十四卷　（宋）程頤　朱熹撰　**上下篇義一卷**　（宋）程頤撰　**朱子圖説一卷周易五贊一卷筮儀一卷**　（宋）朱熹撰　明嘉靖吉澄刻本

匡高20.2厘米，廣14.3厘米。半葉九行，行十七字，小字雙行同，白口，左右雙邊。有“巡按福建監察御史吉澄校刊”牌記。鎮江市圖書館藏，有“沈印令申”“紹宗藏書樓章”等印；南京圖書館藏，有丁丙跋。

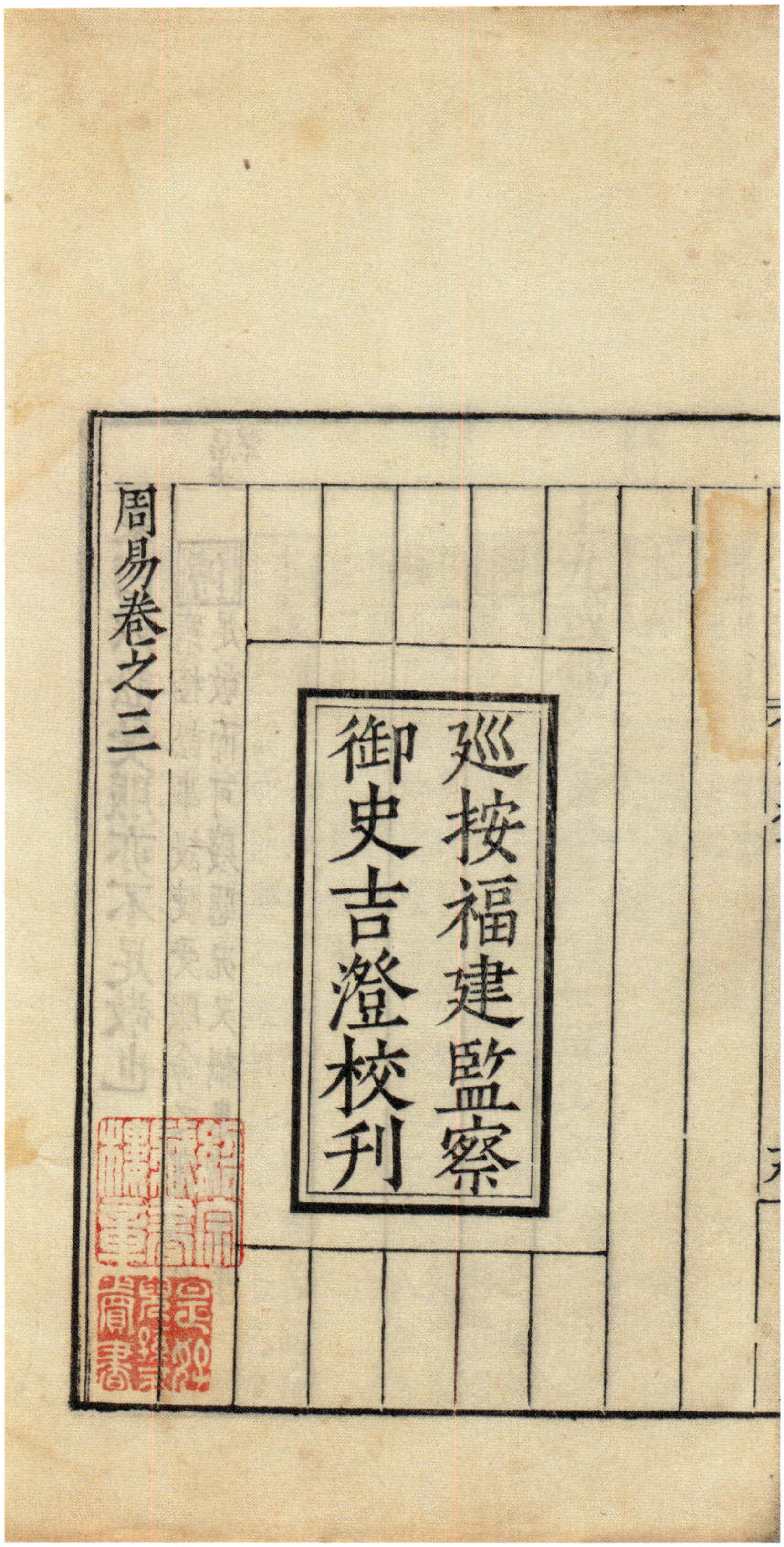

12425、12426 周易程朱傳義二十四卷上下篇義一卷朱子圖説一卷周易五贊一卷筮儀一卷

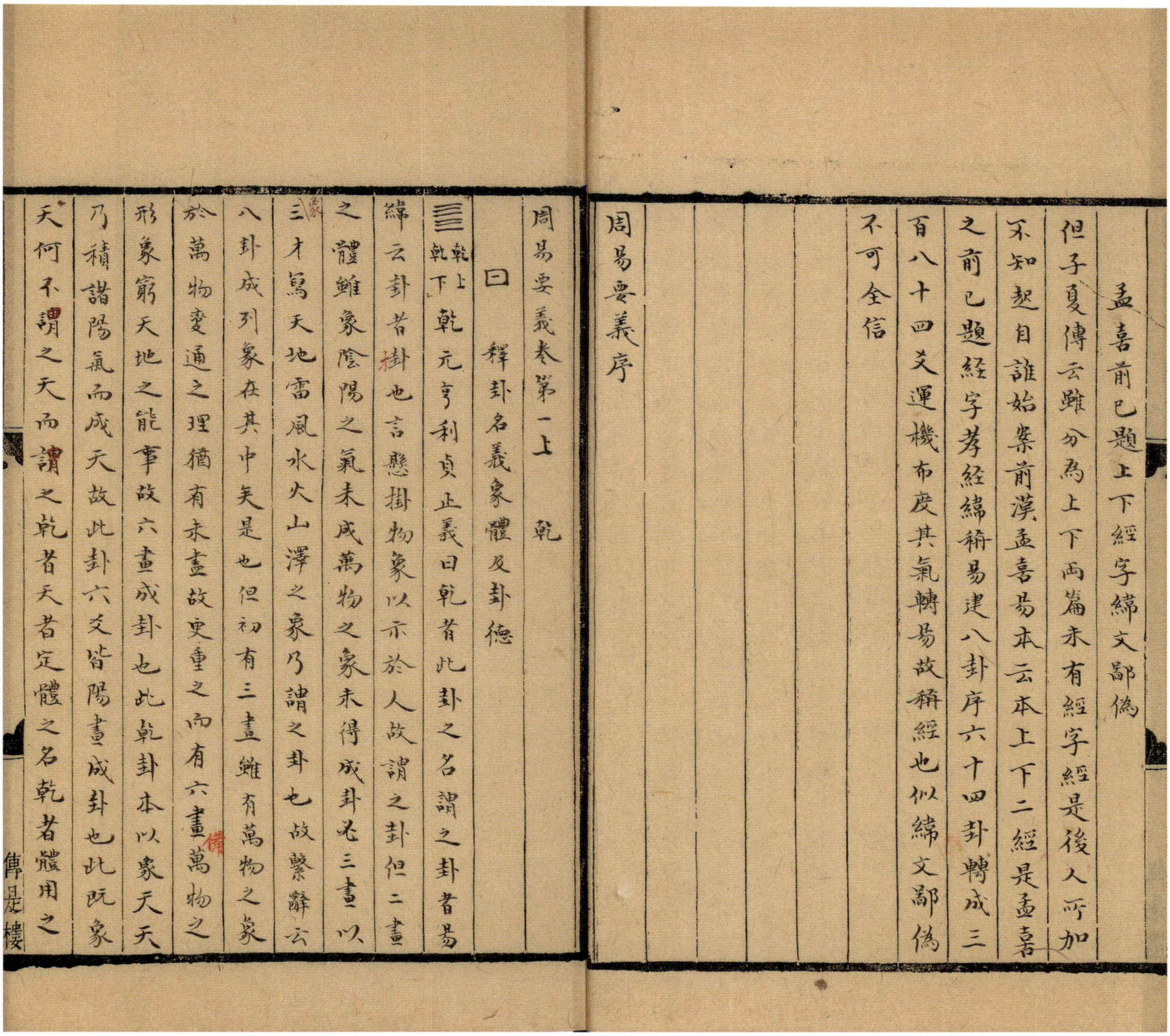

孟喜前已題上下經字綿文鄙僞
但子夏傳云雖分爲上下兩篇未有經字經是後人所加
不知起自誰始案前漢孟喜易本云本上下二經是孟喜
之前已題經字考經綿稱易建八卦序六十四卦轉成三
百八十四爻運機布度其氣轉易故稱經也似綿文鄙僞
不可全信

周易要義序

周易要義卷第一上　乾
曰　釋卦名義象體及卦德
☰乾上乾下　乾元亨利貞正義曰乾者此卦之名謂之卦者易
緯云卦者掛也言懸掛物象以示於人故謂之卦但二畫
之體雖象陰陽之氣未成萬物之象未得成卦必三畫以
三才爲天地雷風水火山澤之象乃謂之卦也故繫辭云
八卦成列象在其中矣是也但初有三畫雖有萬物之象
於萬物變通之理猶有未盡故更重之而有六畫萬物之
形象窮天地之能事故六畫成卦也此乾卦本以象天天
乃積諸陽氣而成天故此卦六爻皆陽畫成卦也此既象
天何不謂之天而謂之乾者天者定體之名乾者體用之

傳是樓

12427 周易要義十卷　（宋）魏了翁撰　清徐氏傳是樓抄本

匡高19.8厘米，廣15.3厘米。半葉十一行，行二十一或二十二字，黑口，左右雙邊。有“汪士鐘藏”“愛日精廬藏書”“鐵琴銅劍樓”等印。季錫疇校，瞿熙邦校並跋。國家圖書館藏。

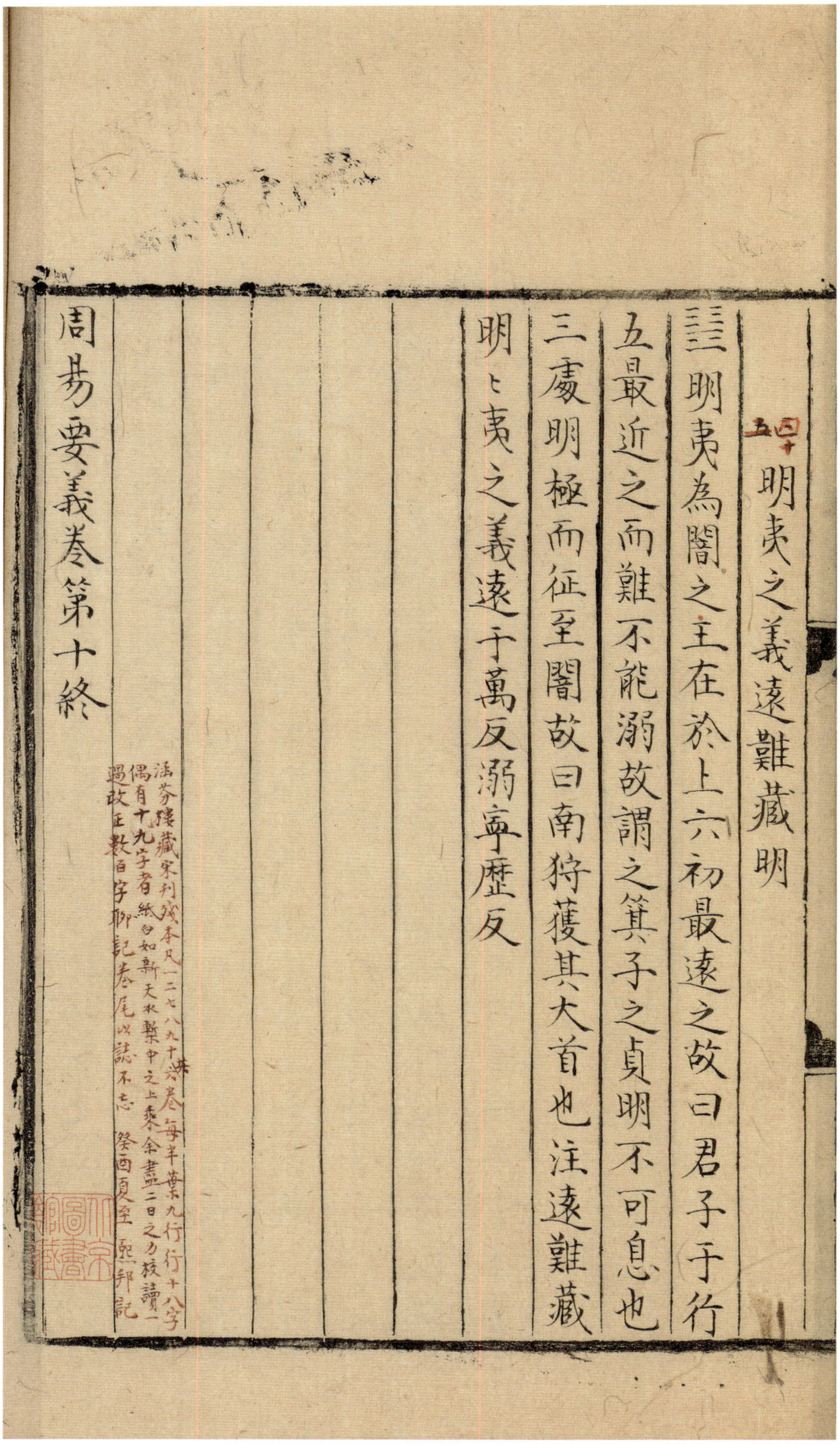

明夷之義遠難藏明
䷣明夷為闇之主在於上六初最遠之故曰君子于行
五最近之而難不能溺故謂之箕子之貞明不可息也
三處明極而征至闇故曰南狩獲其大首也注遠難藏
明〻夷之義遠于萬反溺寧歷反

周易要義卷第十終

涵芬樓藏宋刊殘本凡一二七八九十共六卷每半葉九行行十八字偶有十九字者紙白如新天水槧中之上乘余盡二日之力校讀一過改正數百字聊記卷尾以誌不忘　癸酉夏至熙邦記

12427 周易要義十卷

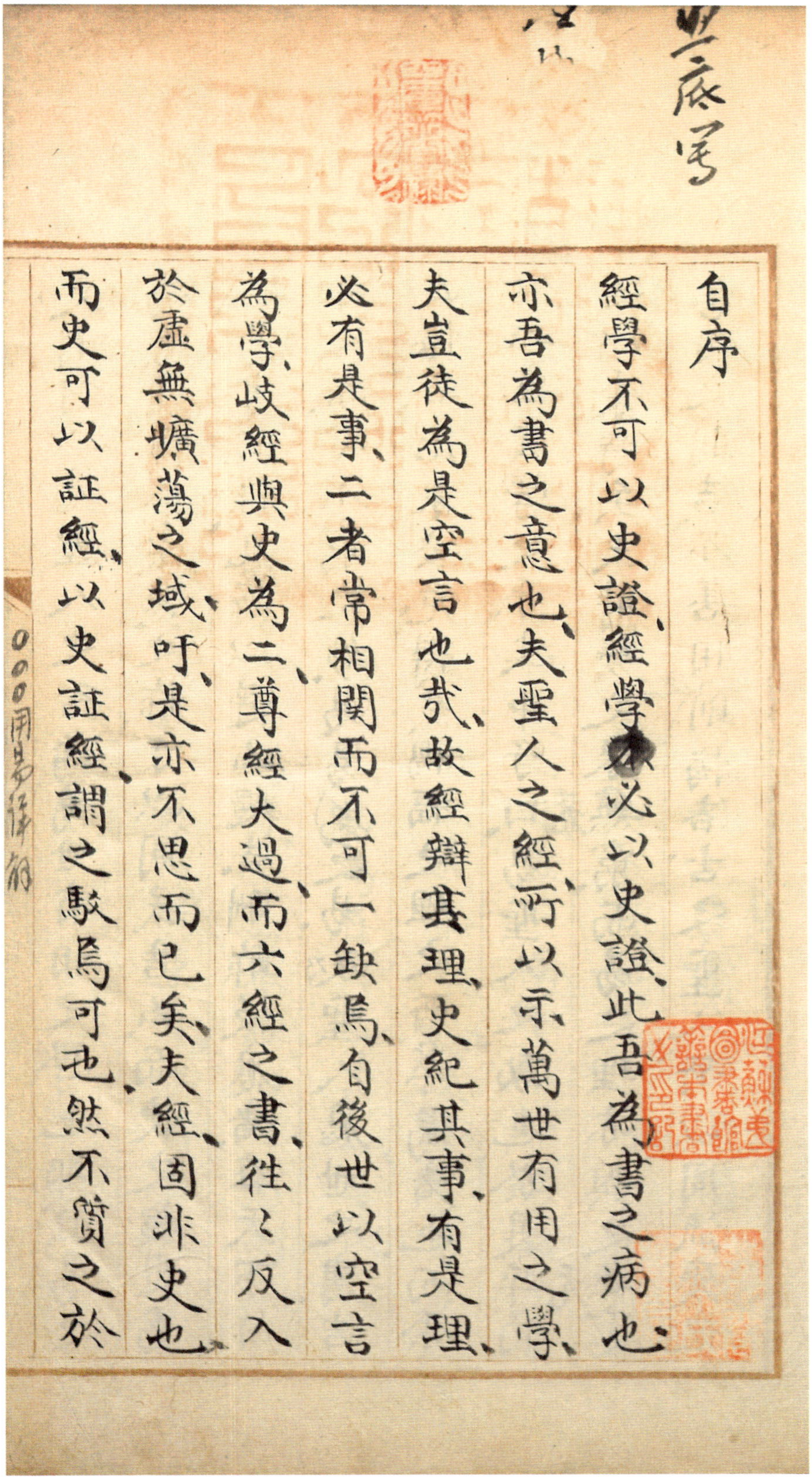

自序

經學不可以史證經學不必以史證此吾為書之病也亦吾為書之意也夫聖人之經所以示萬世有用之學夫豈徒為是空言也哉故經辯其理史紀其事有是理必有是事二者常相閡而不可一缺焉自後世以空言為學岐經與史為二尊經大過而六經之書往往反入於虛無曠蕩之域吁是亦不思而已矣夫經固非史也而史可以証經以史証經謂之駁焉可也然不質之於

12428 周易詳解十六卷　（宋）李杞撰　清乾隆翰林院抄本[四庫底本]

匡高22厘米，廣15.5厘米。半葉八行，行二十一字，小字雙行同，紅格，白口，四周雙邊。有“翰林院印”“曾臧八千卷樓”等印。丁丙跋。南京圖書館藏，存十四卷。

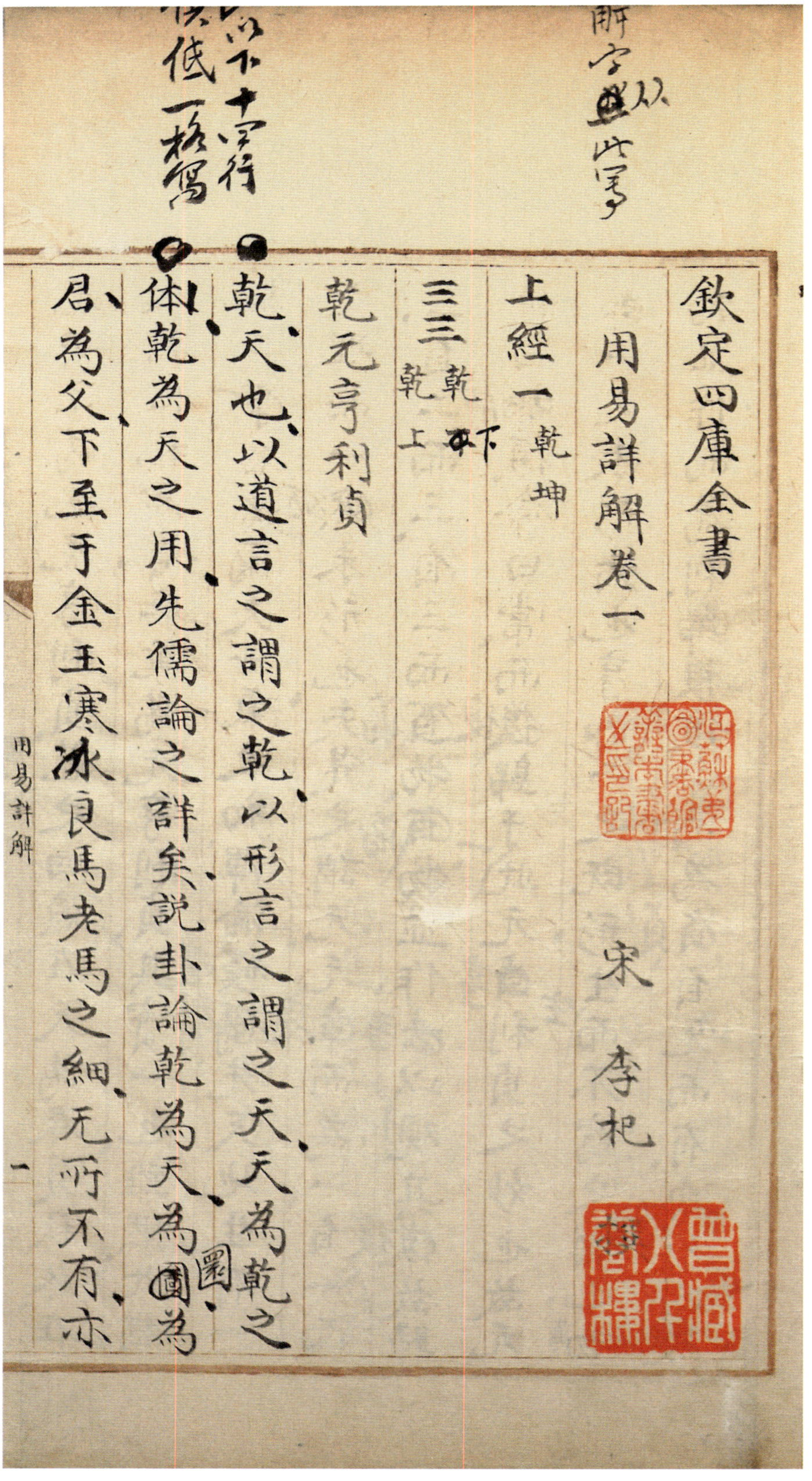

12428 周易詳解十六卷

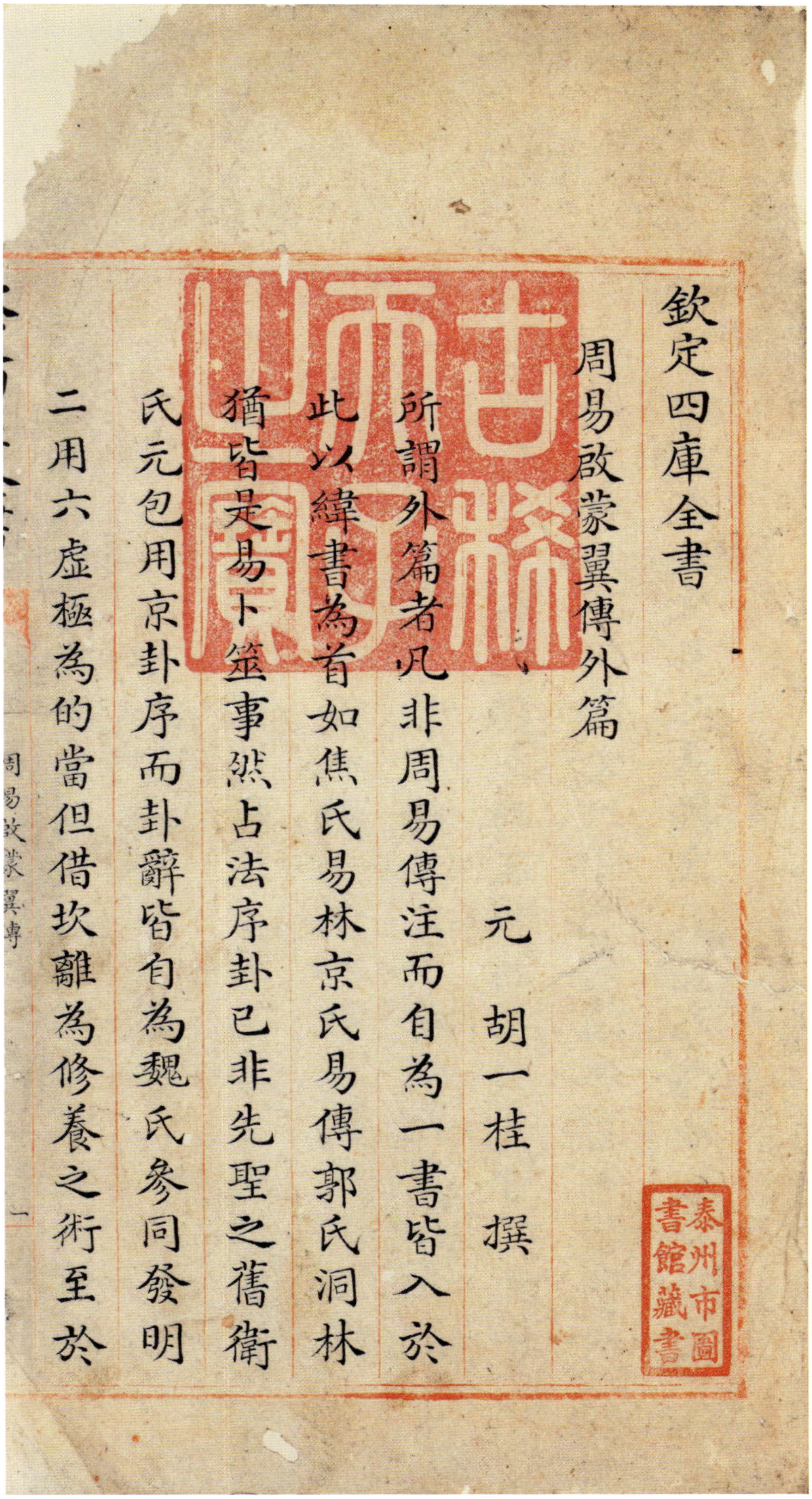

欽定四庫全書

周易啓蒙翼傳外篇

元 胡一桂 撰

所謂外篇者凡非周易傳注而自為一書皆入於此以緯書為首如焦氏易林京氏易傳郭氏洞林猶皆是易卜筮事然占法序卦已非先聖之舊衛氏元包用京卦序而卦辭皆自為魏氏參同發明二用六虛極為的當但借坎離為修養之術至於

周易啓蒙翼傳 一

12429 周易啟蒙翼傳四卷 （元）胡一桂撰 清乾隆内府寫南三閣四庫全書本

匡高21厘米，廣13.9厘米。半葉八行，行二十一字，小字雙行同，紅格，白口，四周雙邊。有“古稀天子之寶”等印。泰州市圖書館藏，存一卷。

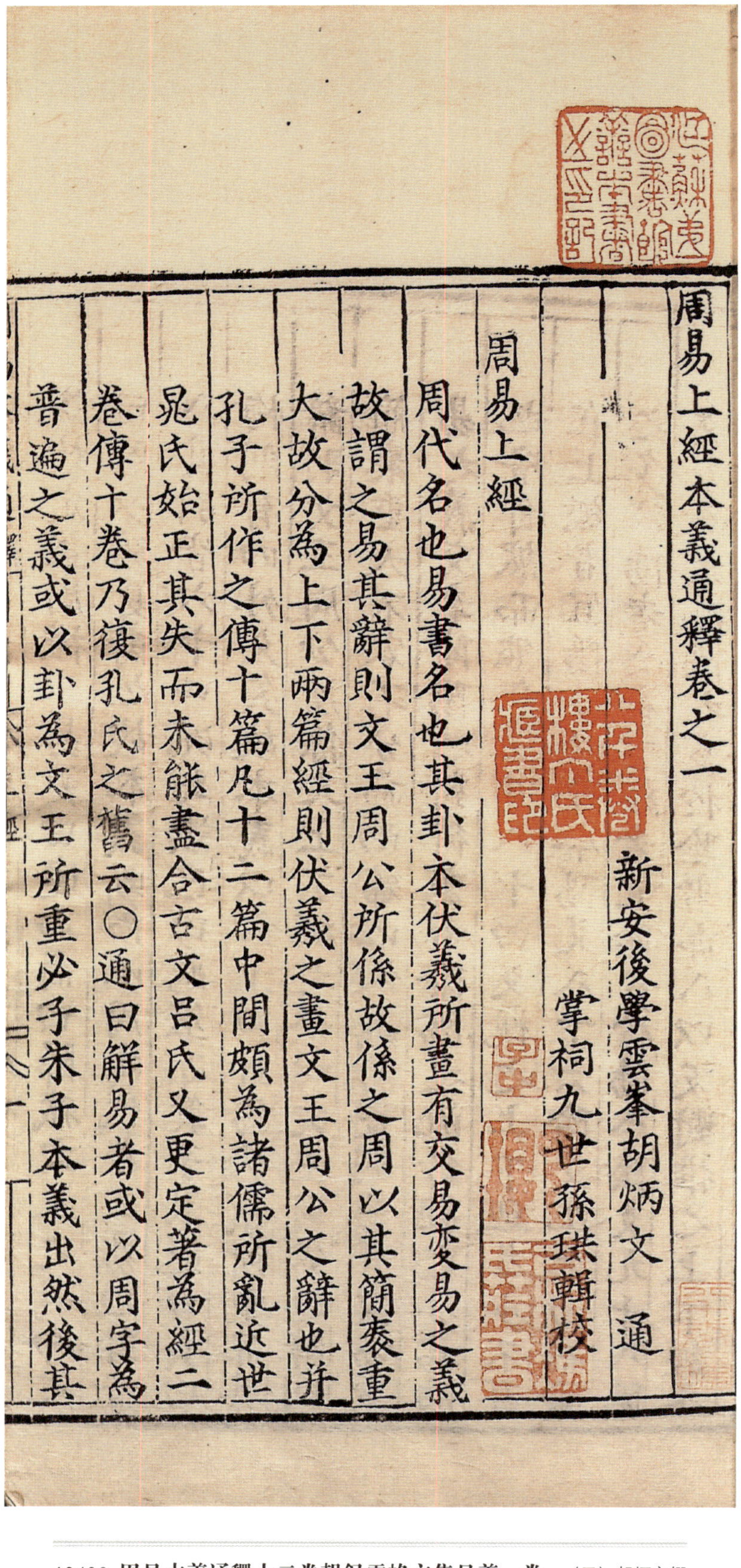

周易上經本義通釋卷之一
新安後學雲峯胡炳文　通
掌祠九世孫珙輯校
周易上經
周代名也易書名也其卦本伏羲所畫有交易變易之義故謂之易其辭則文王周公所係故係之周以其簡袠重大故分為上下兩篇經則伏羲之畫文王周公之辭也并孔子所作之傳十篇凡十二篇中閒頗為諸儒所亂近世晁氏始正其失而未能盡合古文吕氏又更定著為經二卷傳十卷乃復孔氏之舊云〇通曰解易者或以周字為普遍之義或以卦為文王所重必子朱子本義出然後其

12430 周易本義通釋十二卷輯録雲峰文集易義一卷 （元）胡炳文撰（明）胡珙輯　明嘉靖元年（1522）潘旦、鄧杞刻本

匡高19.3厘米，廣12.7厘米。半葉十一行，行二十四字，綫黑口，四周雙邊。有“古杭馮氏藏書”“八千卷樓丁氏臧書印”等印。丁丙跋。南京圖書館藏。

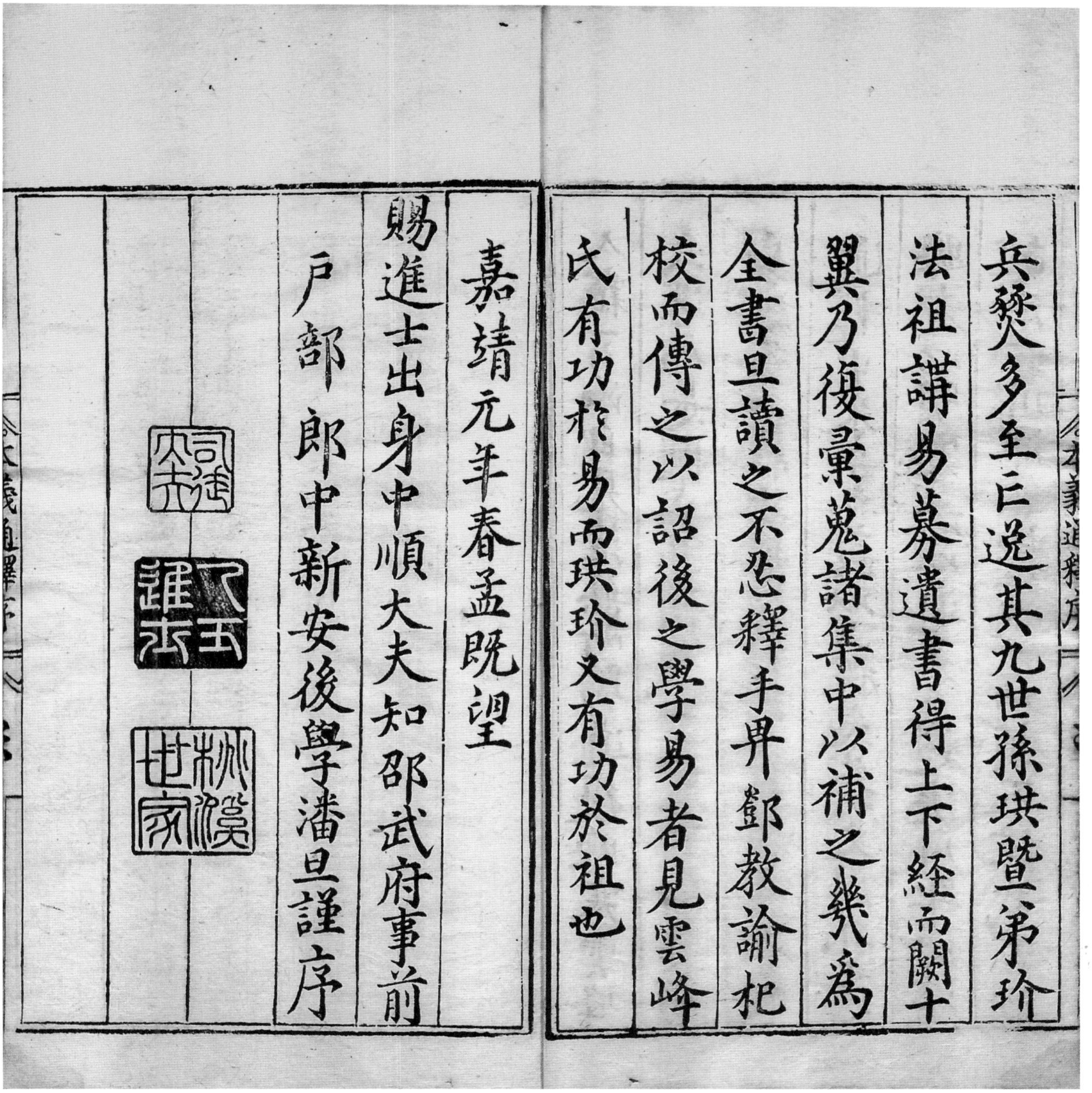

兵燹多至亡逸其九世孫珙曁弟玠法祖講易募遺書得上下經而闕十翼乃復彙蒐諸集中以補之幾爲全書旦讀之不忍釋手畀鄧教諭杞校而傳之以詔後之學易者見雲峰氏有功於易而珙玠又有功於祖也

嘉靖元年春孟既望

賜進士出身中順大夫知邵武府事前

戶部郎中新安後學潘旦謹序

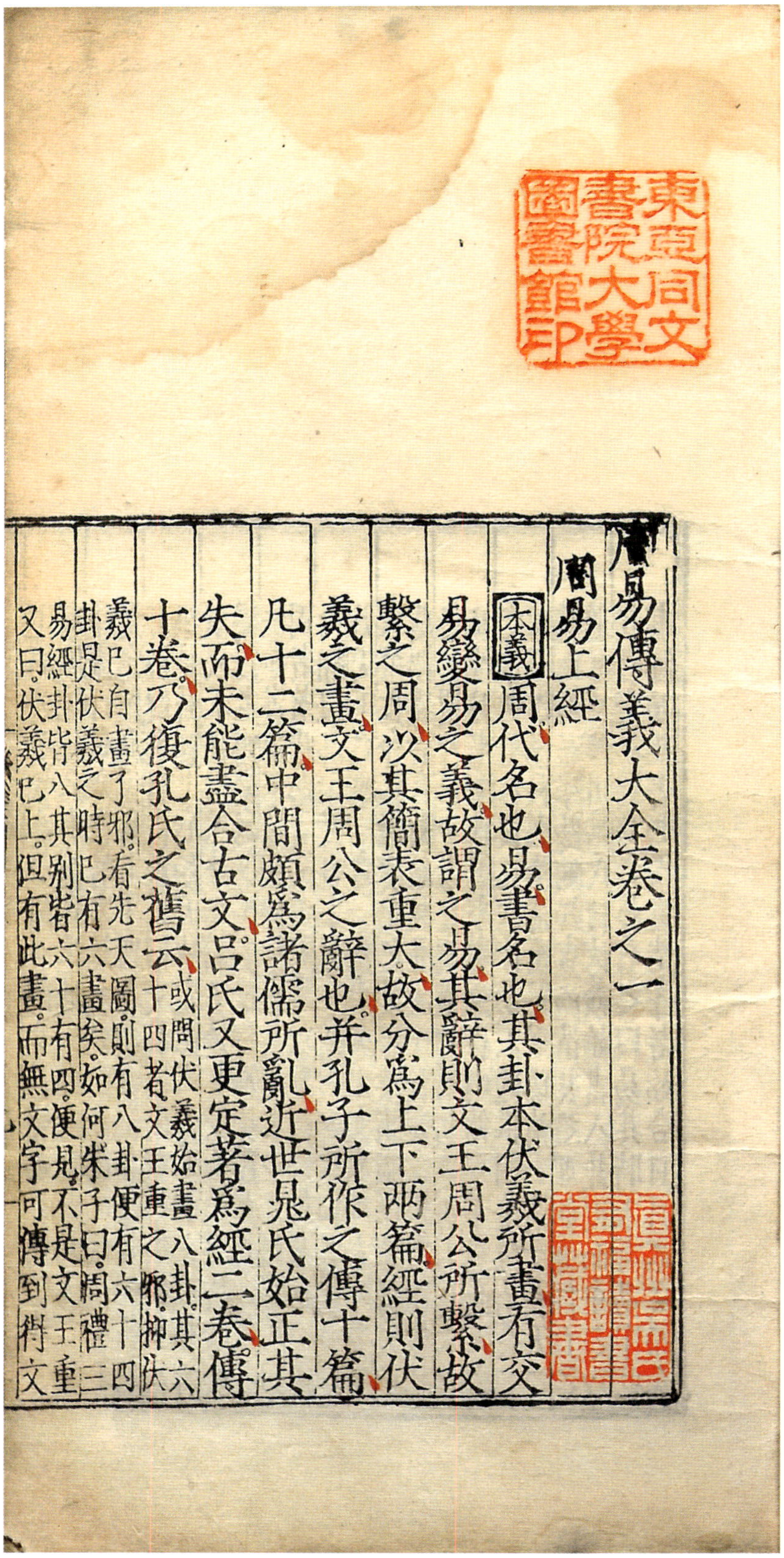

12431 周易傳義大全二十四卷上下篇義一卷朱子圖説一卷周易五贊一卷筮儀一卷易説綱領一卷 （明）胡廣等輯 明嘉靖十五年（1536）作德堂刻本（卷二十三至二十四配另一明刻本）

匡高16.5厘米，廣12.3厘米。半葉十一行，行二十一字，小字雙行同，白口，四周雙邊。有“嘉靖丙申年秋月作德堂校正□□”牌記。有“真州吴氏有福讀書堂藏書”等印。南京圖書館藏。

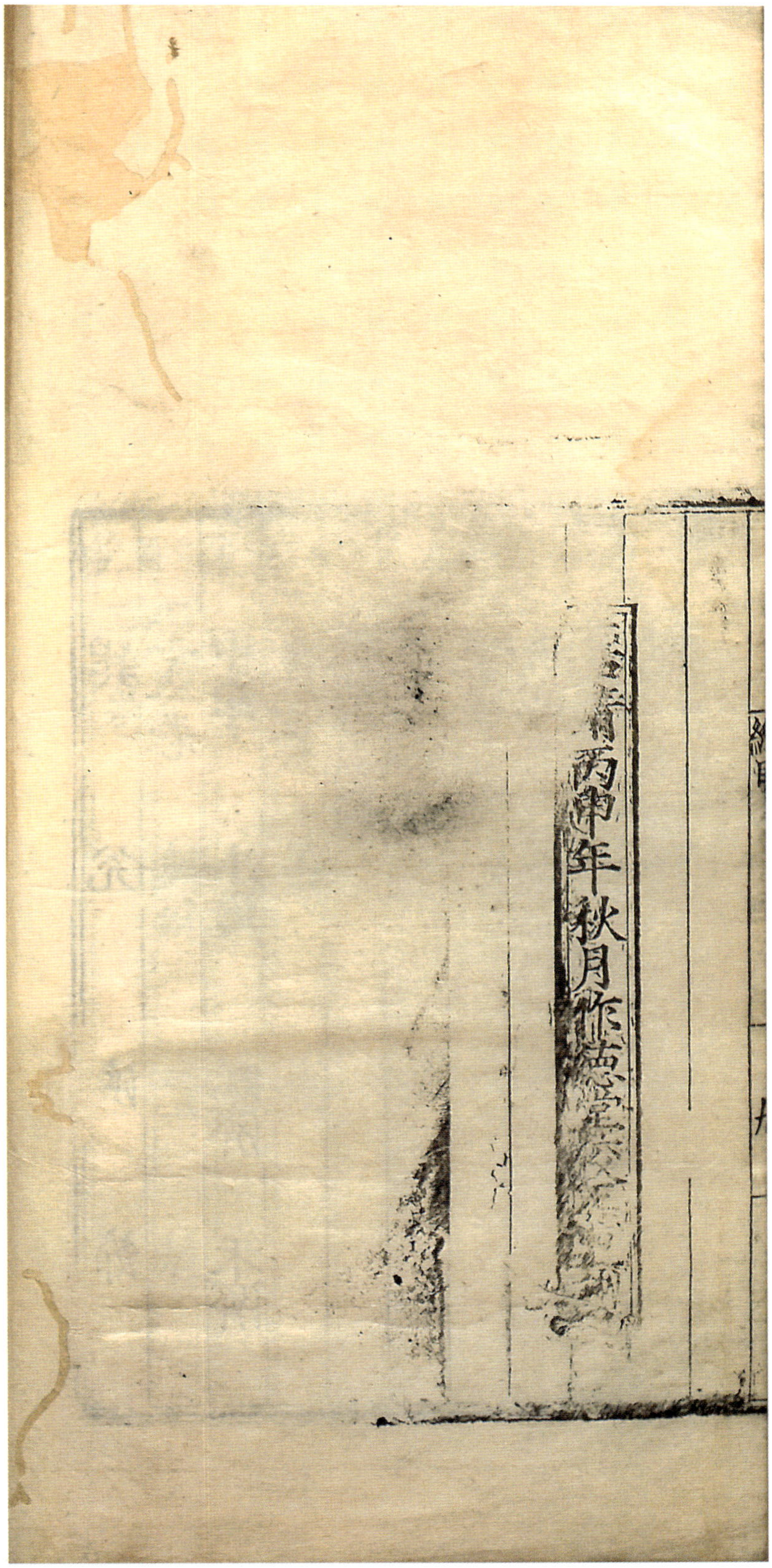
丙申年秋月作

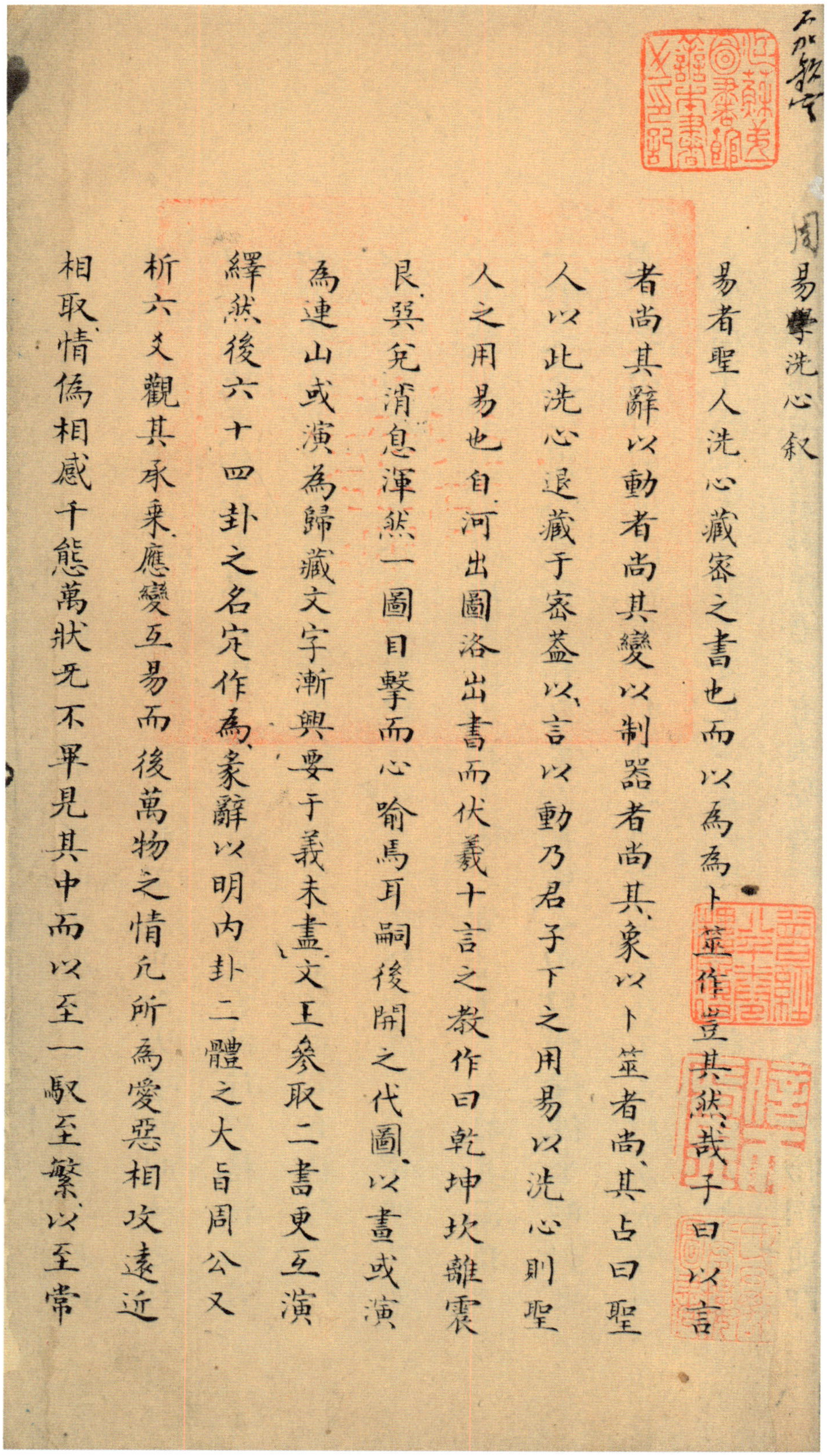
周易學洗心叙

易者聖人洗心藏密之書也而以爲爲卜筮作豈其然哉子曰以言者尚其辭以動者尚其變以制器者尚其象以卜筮者尚其占曰聖人以此洗心退藏于密蓋以言以動乃君子下之用易以洗心則聖人之用易也自河出圖洛出書而伏羲十言之教作曰乾坤坎離震艮巽兑消息渾然一圖目擊而心喻焉耳嗣後開之代圖以畫或演爲連山或演爲歸藏文字漸興要于義未盡文王參取二書更互演繹然後六十四卦之名定作爲彖辭以明内卦二體之大旨周公又析六爻觀其承乘應變互易而後萬物之情凡所爲愛惡相攻遠近相取情僞相感千態萬狀无不畢見其中而以至一駁至繁以至常

12432 周易洗心七卷首二卷　（清）任啟運撰　清抄本[四庫底本]

半葉十行，行二十七字，小字雙行同。有“曾臧八千卷樓”等印。丁丙跋。南京圖書館藏。

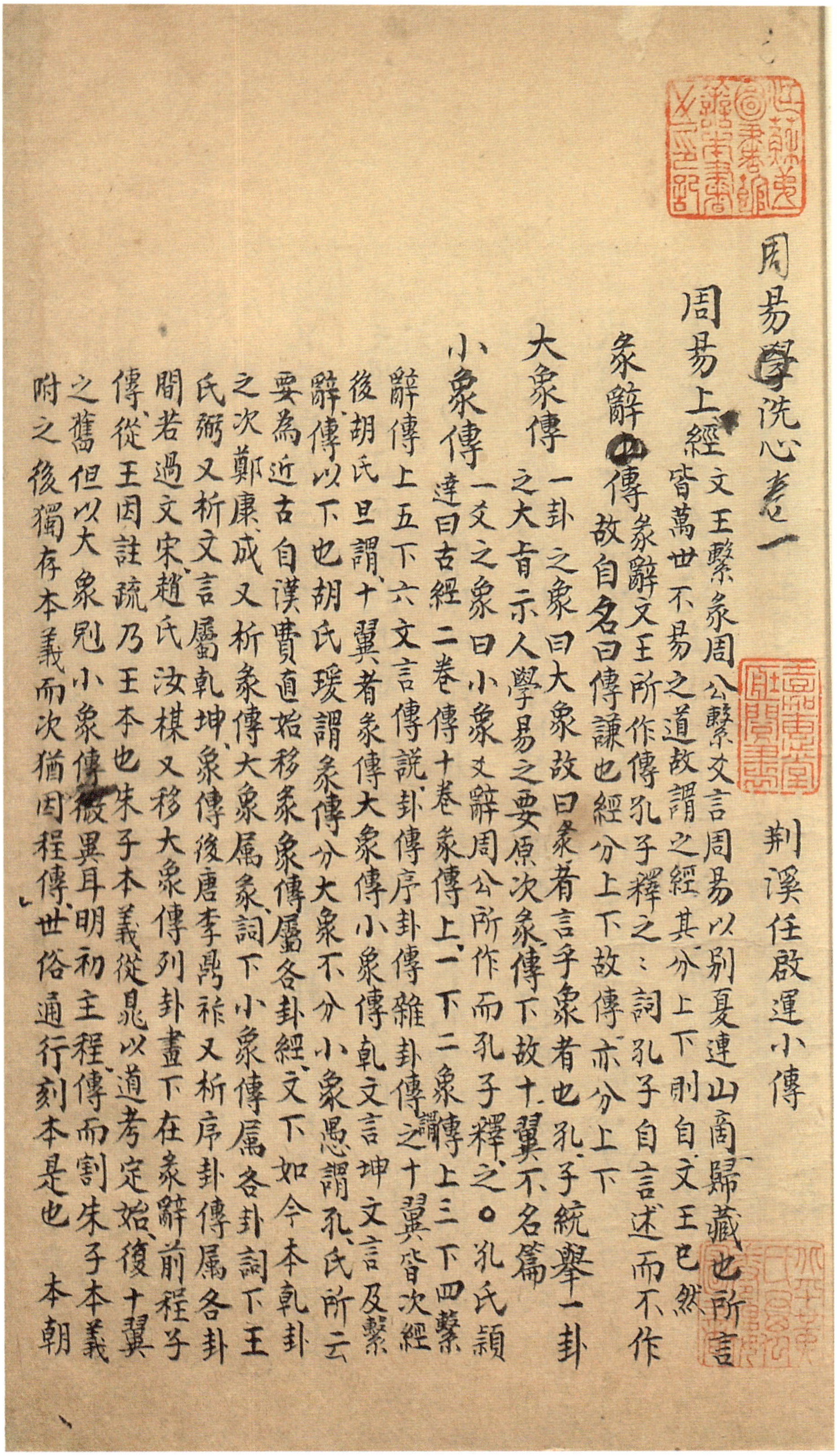

周易學洗心卷一　荆溪任啟運小傳

周易上經　文王繫彖周公繫爻言周易以別夏連山商歸藏也所言皆萬世不易之道故謂之經其分上下則自文王已然

彖辭上傳　彖辭文王所作傳孔子釋之：詞孔子自言述而不作故自名曰傳謙也經分上下故傳亦分上下

大象傳　一卦之象曰大象故曰彖者言乎象者也孔子統舉一卦之大旨示人學易之要原次彖傳下故十翼不名篇

小象傳　一爻之象曰小象爻辭周公所作而孔子釋之。孔氏頴達曰古經二卷傳十卷彖傳上一下二象傳上三下四繫辭傳上五下六文言傳說卦傳序卦傳雜卦傳謂之十翼皆次經後胡氏旦謂十翼者彖傳大象傳小象傳乾文言坤文言及繫辭傳以下也胡氏瑗謂彖傳分大象不分小象愚謂孔氏所云要為近古自漢費直始移彖象傳屬各卦經文下如今本乾卦之次鄭康成又析彖傳大象屬彖詞下小象傳屬各卦詞下王氏弼又析文言屬乾坤彖傳後唐李鼎祚又析序卦傳屬各卦間若過文宋趙氏汝楳又移大象傳列卦畫下在彖辭前程子傳從王因註疏乃王本也朱子本義從晁以道考定始復十翼之舊但以大象冠小象傳微異耳明初主程傳而割朱子本義附之後獨存本義而次猶因程傳世俗通行刻本是也　本朝

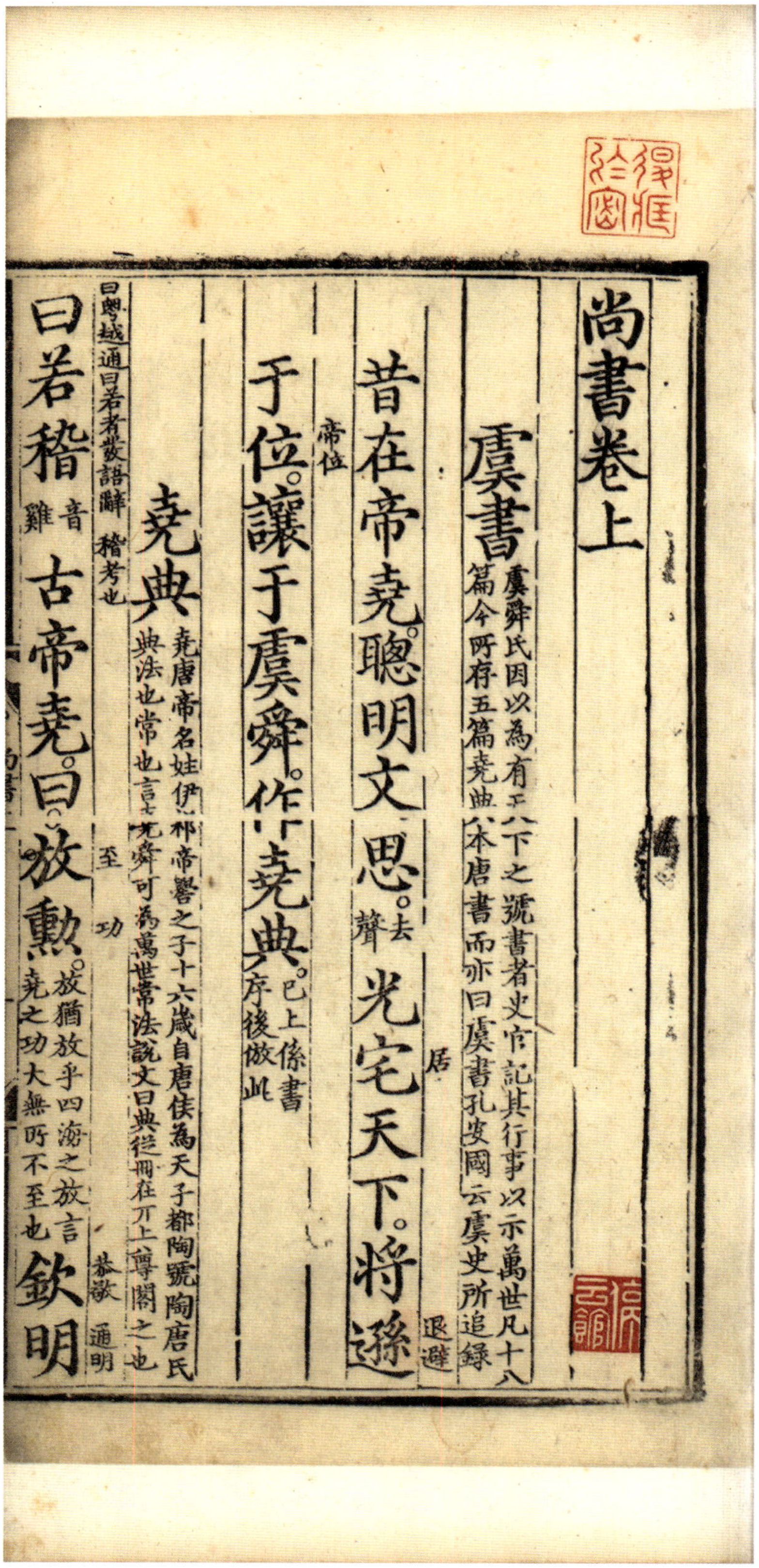
尚書卷上
虞書 虞舜氏因以為有天下之號書者史官記其行事以示萬世凡十八篇今所存五篇堯典本唐書而亦曰虞書孔安國云虞史所追録
昔在帝堯聰明文思去聲光宅居天下將遜退避于位帝位讓于虞舜作堯典已上係書序後倣此
堯典 堯唐帝名姓伊祁帝嚳之子十六歲自唐侯為天子都陶號陶唐氏典法也常也言堯舜可為萬世常法說文曰典從冊在丌上尊閣之也
曰若稽古帝堯曰放勳欽明 曰粵越通曰若者發語辭稽考也 稽音雞 至 功 放猶放乎四海之放言堯之功大無所不至也 恭敬 通明

12433 尚書二卷 明成化十二年（1476）崇府刻本

匡高28.1厘米，廣17.6厘米。半葉六行，行十六字，小字雙行不等，黑口，四周雙邊。有“成化丙申崇府重刊”牌記。有“珊瑚閣珍藏印”“停云館”等印。中國書店藏。

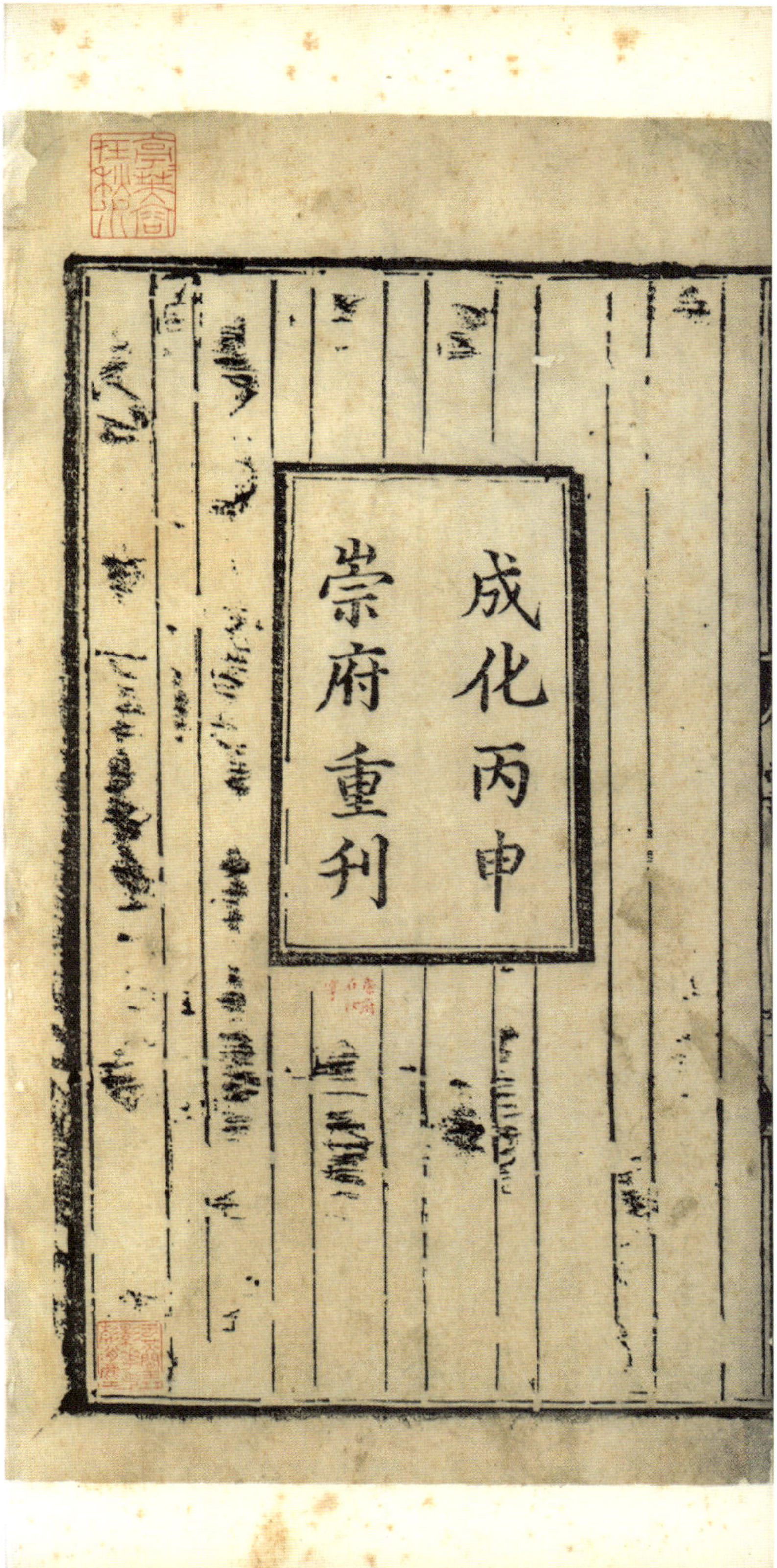
成化丙申
崇府重刊

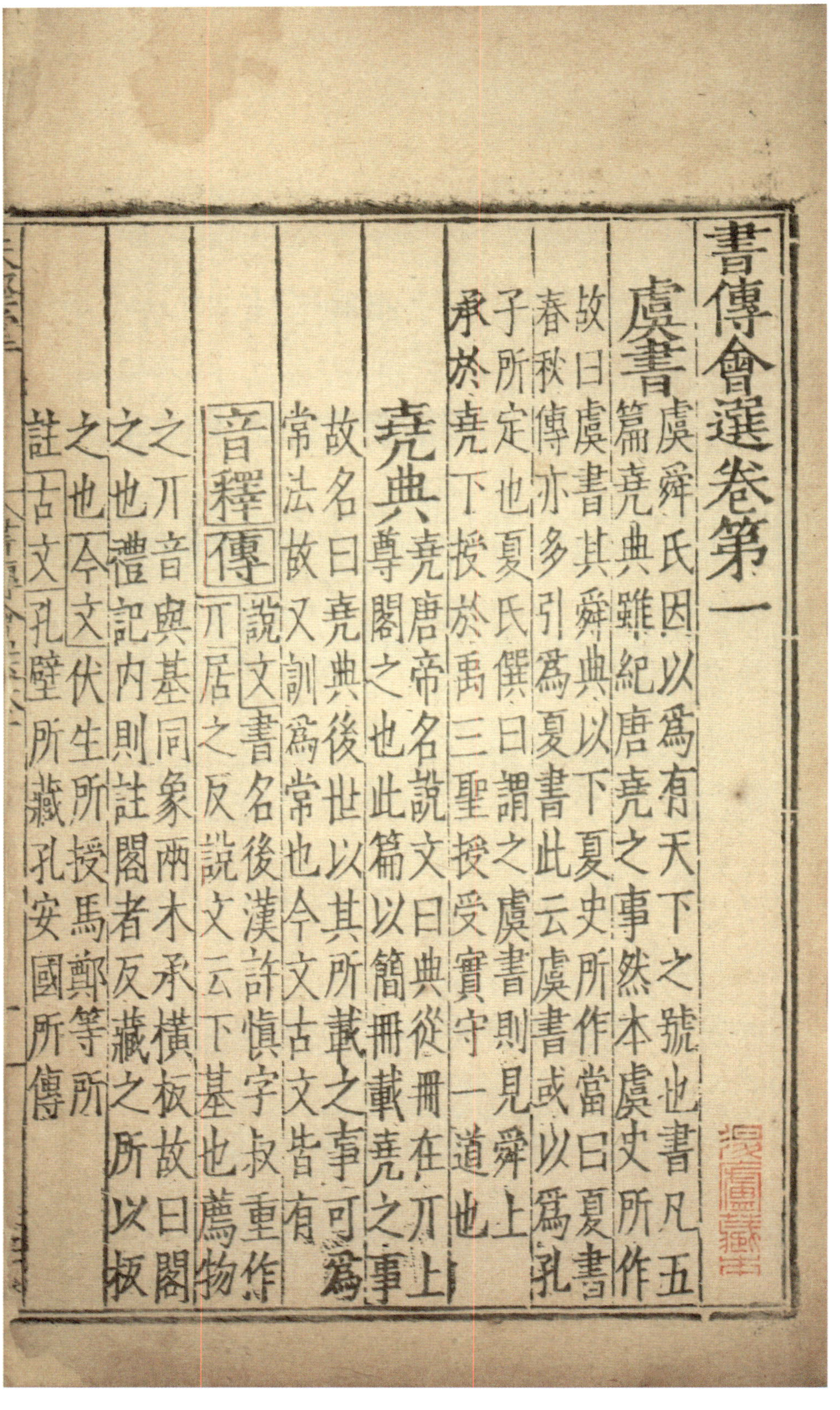

書傳會選卷第一

虞書 虞舜氏因以爲有天下之號也書凡五篇堯典雖紀唐堯之事然本虞史所作故曰虞書其舜典以下夏史所作當曰夏書春秋傳亦多引爲夏書此云虞書或以爲孔子所定也夏氏僎曰謂之虞書則見舜上承於堯下授於禹三聖授受實守一道也

堯典 堯唐帝名說文曰典從冊在丌上尊閣之也此篇以簡冊載堯之事故名曰堯典後世以其所載之事可爲常法故又訓爲常也今文古文皆有

音釋 傳 說文書名後漢許愼字叔重作丌居之反說文云下基也薦物之丌音與基同象兩木承橫板故曰閣之也禮記內則註閣者反藏之所以板之也今文伏生所授馬鄭等所註古文孔壁所藏孔安國所傳

12434 書傳會選六卷　（明）劉三吾等撰　明趙府味經堂刻本

匡高20.9厘米，廣14.4厘米。半葉九行，行十八字，小字雙行同，白口，四周雙邊。有"後廬藏本"等印。江西省圖書館藏。

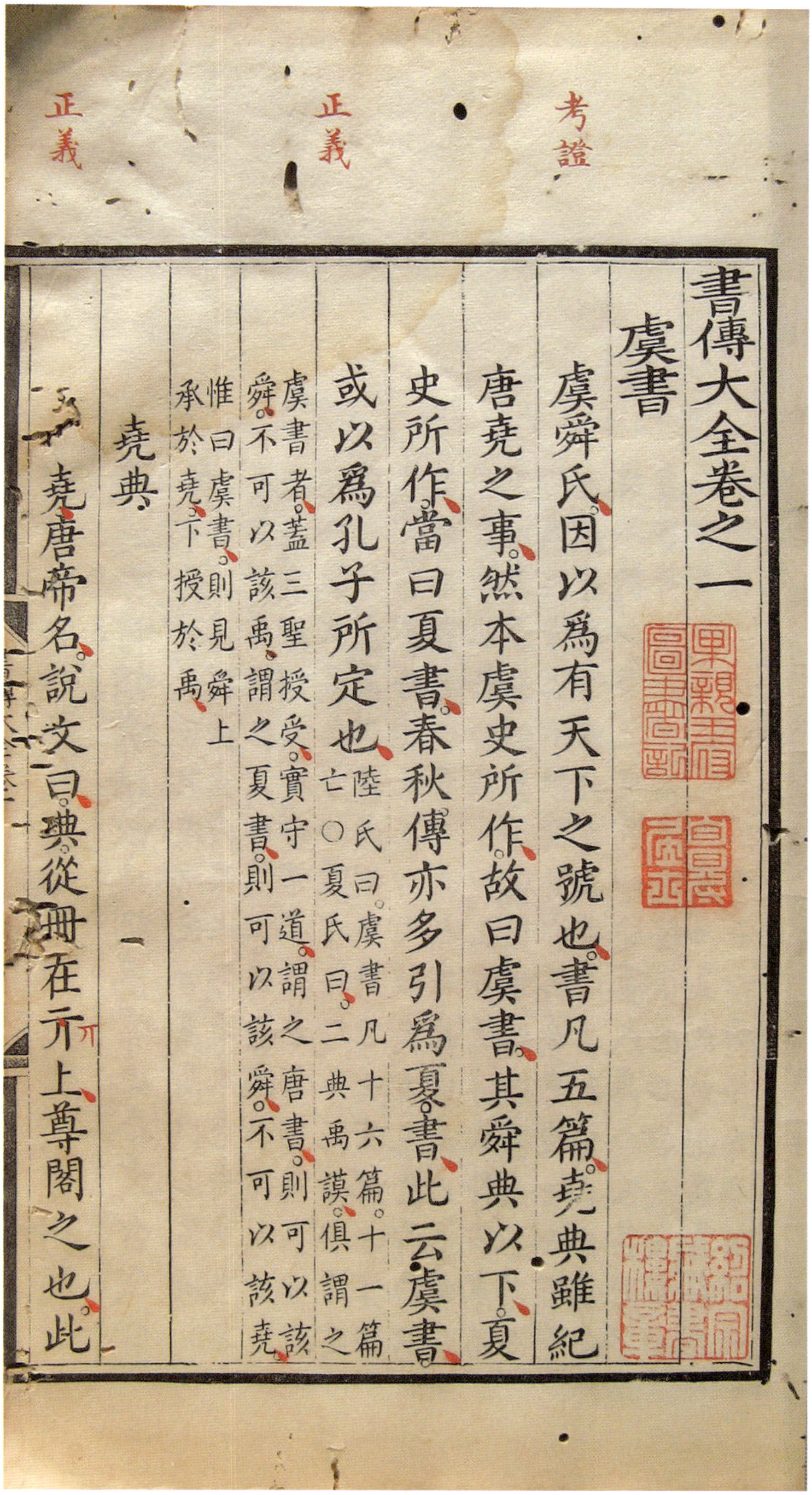

考證 正義 正義

書傳大全卷之一

虞書

虞舜氏因以爲有天下之號也。書凡五篇。堯典雖紀唐堯之事。然本虞史所作。故曰虞書。其舜典以下。夏史所作。當曰夏書。春秋傳亦多引爲夏書。此云虞書或以爲孔子所定也。陸氏曰。虞書凡十六篇。十一篇亡○夏氏曰。二典禹謨。俱謂之虞書者。蓋三聖授受。實守一道。謂之唐書。則可以該舜。不可以該禹。謂之夏書。則可以該舜。不可以該堯。惟曰虞書。則見舜上承於堯。下授於禹。

堯典

堯唐帝名。説文曰。典從冊在丌上。尊閣之也。此

12435 書傳大全十卷圖一卷綱領一卷 （明）胡廣等輯　明内府刻本

匡高26.5厘米，廣17.9厘米。半葉十行，行二十二字，小字雙行同，黑口，四周雙邊。有“果親王府圖書記”“邵宗藏書樓章”等印。鎮江市圖書館藏。

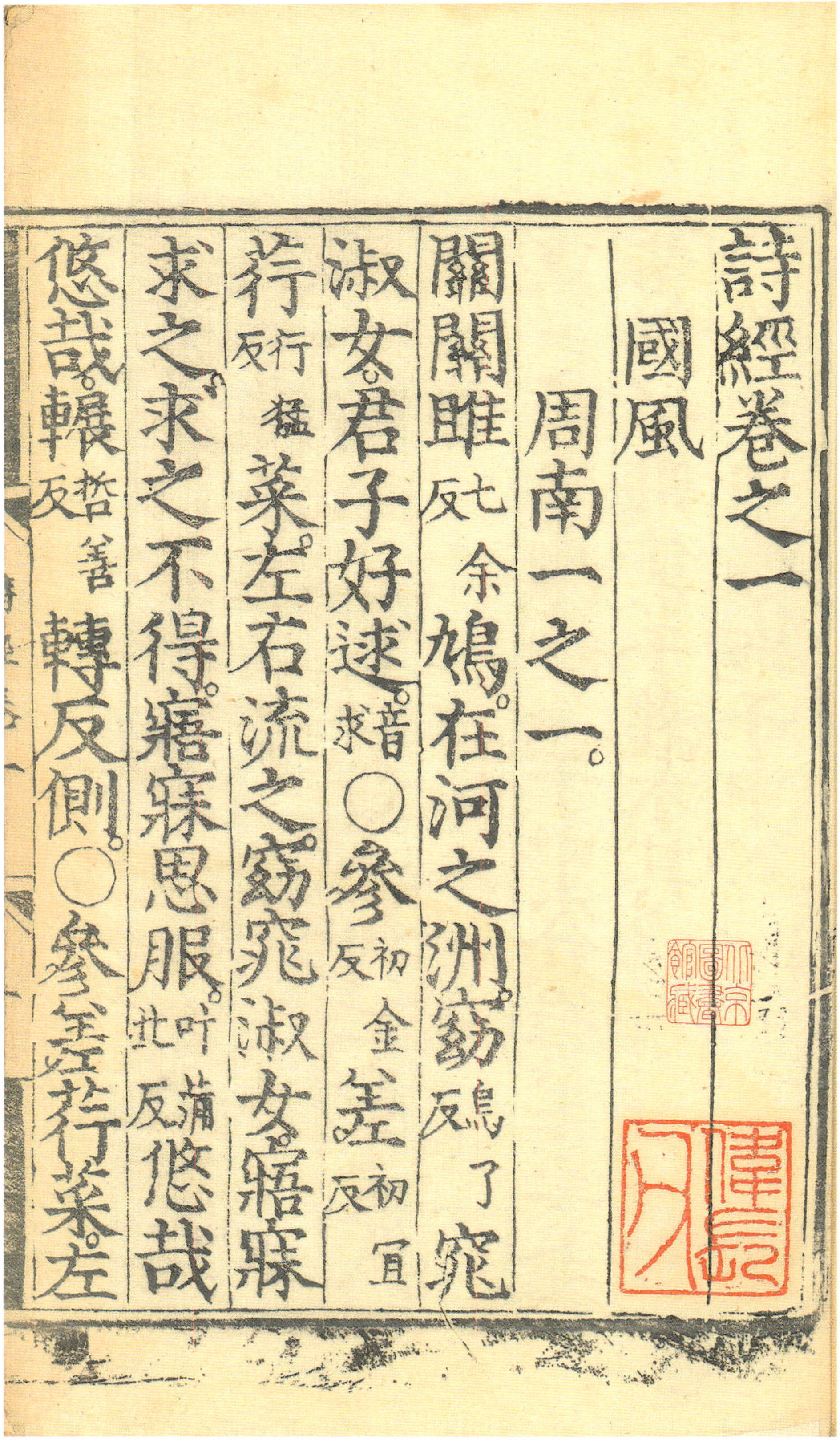

12436 詩經四卷 明刻藍印本

匡高20.7厘米，廣15.5厘米。半葉八行，行十四字，小字雙行同，藍口，四周雙邊。國家圖書館藏。

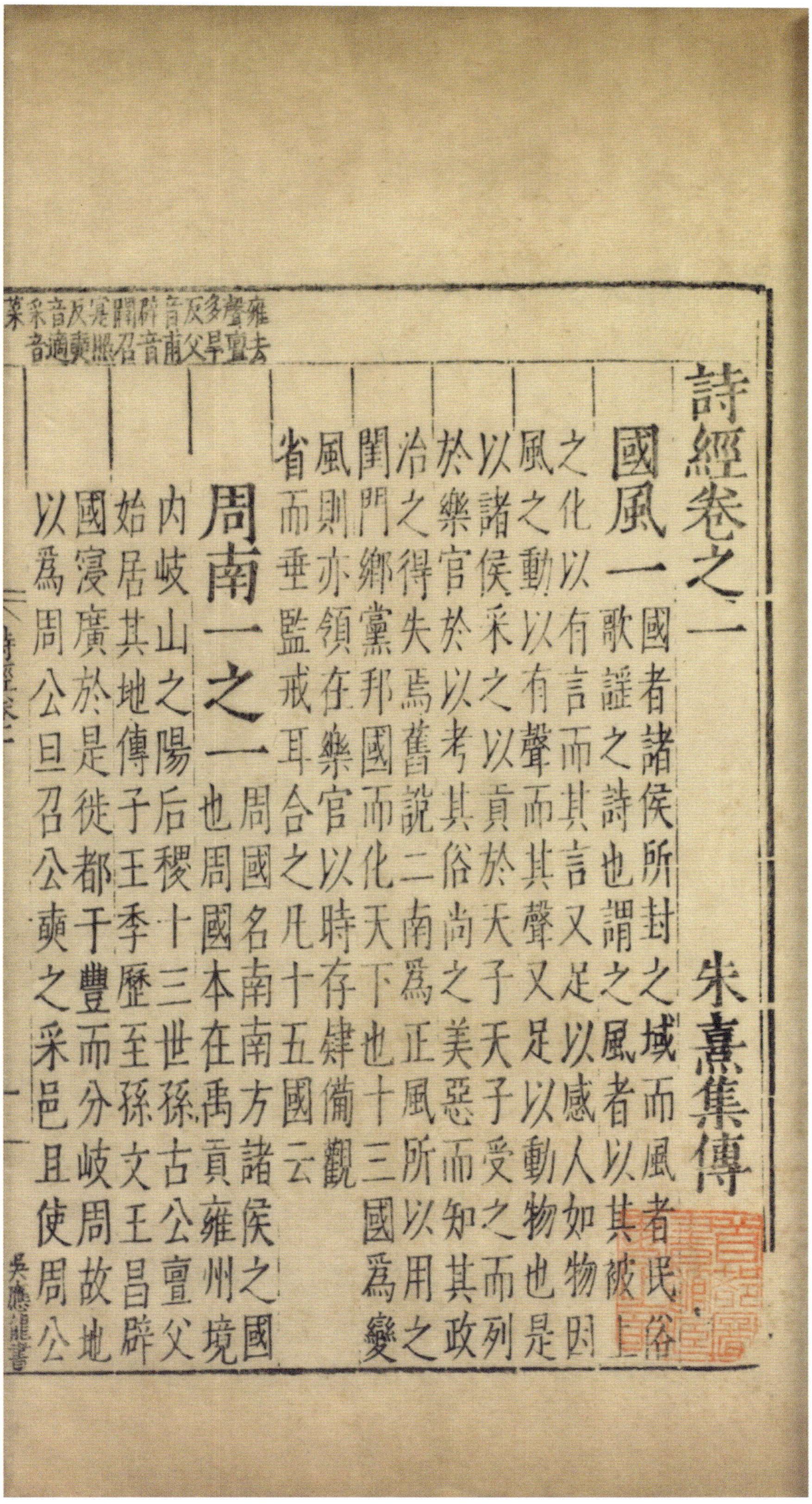
雍去聲亶多旱反父音甫辟音闢召寖照反奭音適采音菜

詩經卷之一　朱熹集傳

國風一 國者諸侯所封之域而風者民俗歌謠之詩也謂之風者以其被上之化以有言而其言又足以感人如物因風之動以有聲而其聲又足以動物也是以諸侯采之以貢於天子天子受之而列於樂官於以考其俗尚之美惡而知其政治之得失焉舊說二南為正風所以用之閨門鄉黨邦國而化天下也十三國為變風則亦領在樂官以時存肄備觀省而垂監戒耳合之凡十五國云

周南一之一 周國名南南方諸侯之國也周國本在禹貢雍州境內岐山之陽后稷十三世孫古公亶父始居其地傳子王季歷至孫文王昌辟國寖廣於是徙都于豐而分岐周故地以為周公旦召公奭之采邑且使周公

吳應龍書

12437 詩經集傳八卷　(宋)朱熹撰　明嘉靖吉澄刻本

匡高20.2厘米，廣14.5厘米。半葉九行，行十七字，小字雙行同，白口，左右雙邊。首都圖書館藏。

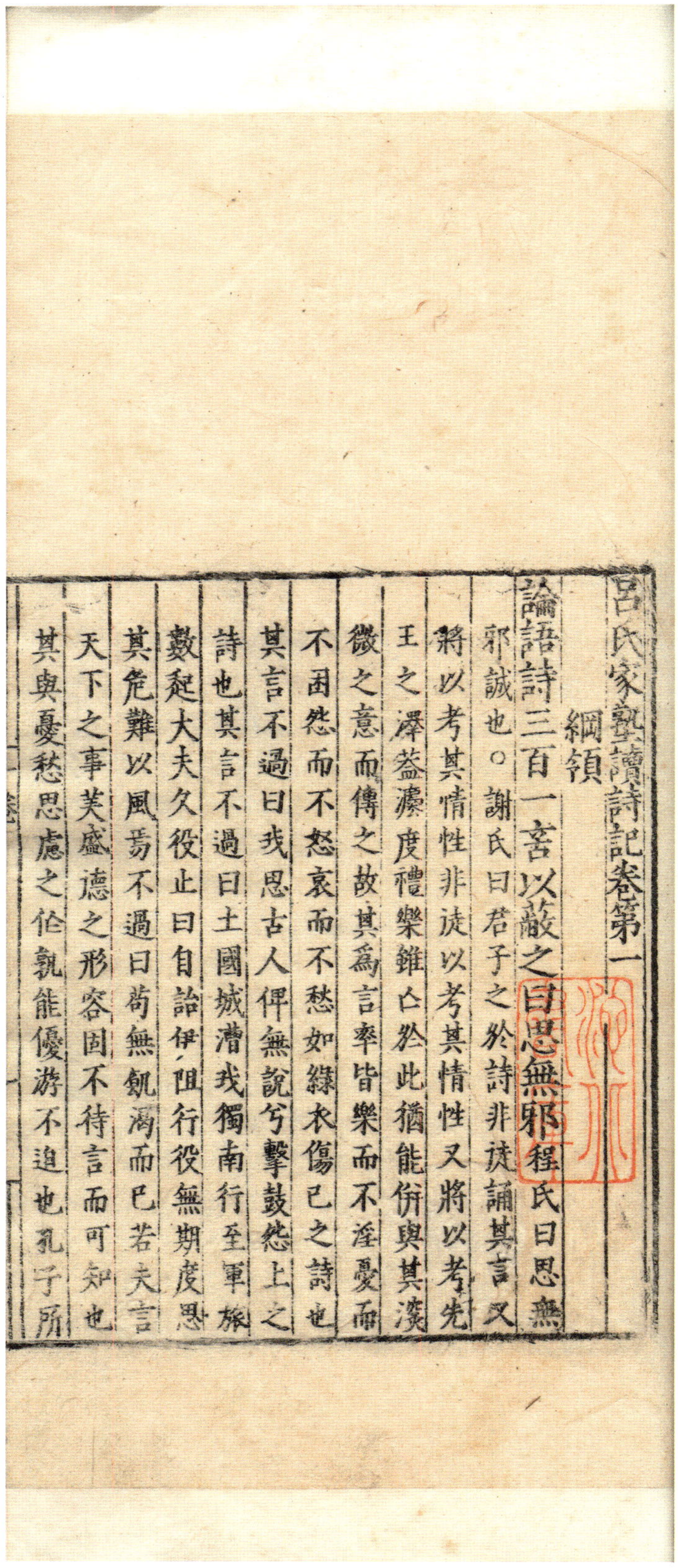

呂氏家塾讀詩記卷第一

綱領

論語詩三百一言以蔽之曰思無邪程氏曰思無
邪誠也○謝氏曰君子之於詩非徒誦其言又
將以考其情性非徒以考其情性又將以考先
王之澤蓋灋度禮樂雖亡於此猶能併與其深
微之意而傳之故其爲言率皆樂而不淫憂而
不困怨而不怒哀而不愁如綠衣傷已之詩也
其言不過曰我思古人俾無訧兮擊鼓怨上之
詩也其言不過曰土國城漕我獨南行至軍旅
數起大夫久役止曰自詒伊阻行役無期度思
其危難以風焉不過曰苟無飢渴而已若夫言
天下之事美盛德之形容固不待言而可知也
其與憂愁思慮之作孰能優游不迫也孔子所

12438 呂氏家塾讀詩記三十二卷 （宋）呂祖謙撰 明嘉靖十年（1531）傅鳳翶刻本

匡高14.6厘米，廣12.3厘米。半葉十四行，行十九字，小字雙行同，黑口，左右雙邊。有“池北書庫”“諸城李方赤所藏”等印。山西師範大學圖書館藏。

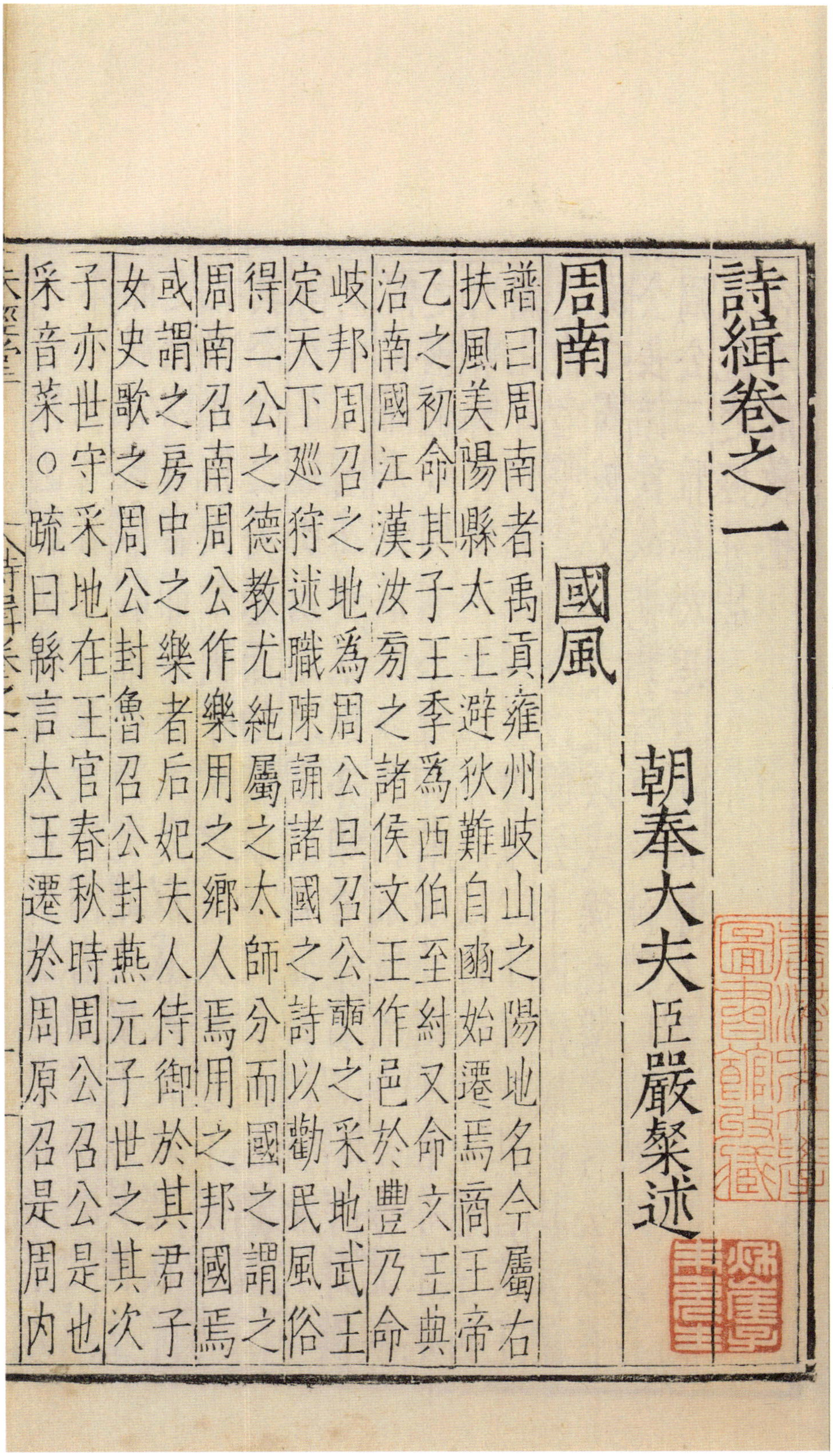

詩緝卷之一

朝奉大夫臣嚴粲述

周南　國風

譜曰周南者禹貢雍州岐山之陽地名今屬右扶風美陽縣太王避狄難自豳始遷焉商王帝乙之初命其子王季爲西伯至紂又命文王典治南國江漢汝旁之諸侯文王作邑於豐乃命岐邦周召之地爲周公旦召公奭之采地武王定天下巡狩述職陳誦諸國之詩以勸民風俗得二公之德教尤純屬之太師分而國之謂之周南召南周公作樂用之鄉人焉用之邦國焉或謂之房中之樂者后妃夫人侍御於其君子女史歌之周公封魯召公封燕元子世之其次子亦世守采地在王官春秋時周公召公是也采音菜○疏曰緜言太王遷於周原召是周內

12439 詩緝三十六卷　（宋）嚴粲撰　明趙府味經堂刻本

匡高20厘米，廣14.5厘米。半葉九行，行十八字，小字雙行同，白口，四周雙邊。有“明上谷鴒林梁氏藏書記”“秋崖子朱克生”等印。香港中文大學圖書館藏。

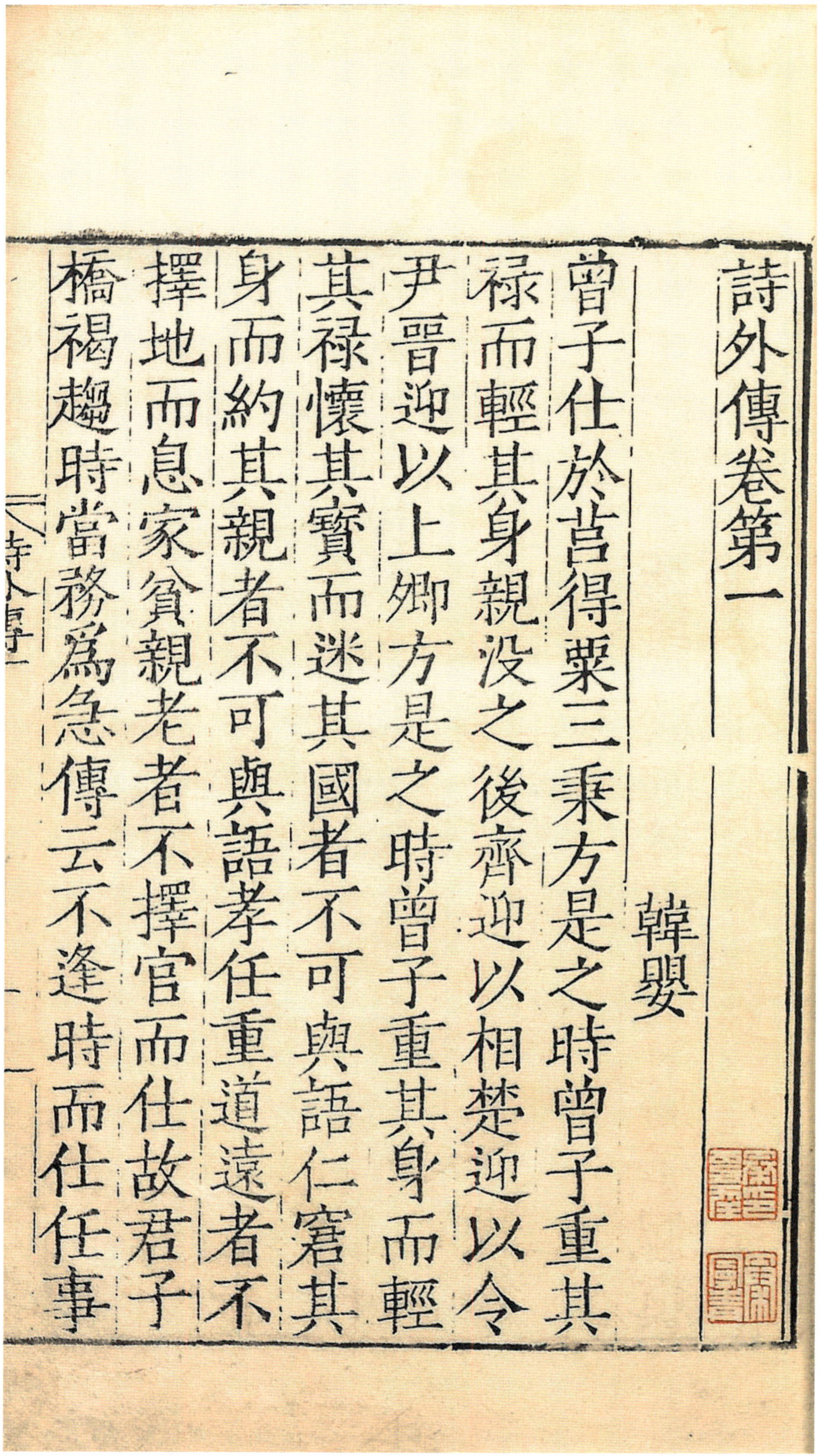

詩外傳卷第一

韓嬰

曾子仕於莒得粟三秉方是之時曾子重其
禄而輕其身親没之後齊迎以相楚迎以令
尹晉迎以上卿方是之時曾子重其身而輕
其禄懷其寶而迷其國者不可與語仁窘其
身而約其親者不可與語孝任重道遠者不
擇地而息家貧親老者不擇官而仕故君子
橋褐趨時當務爲急傳云不逢時而仕任事

12440 詩外傳十卷　（漢）韓嬰撰　明嘉靖沈辨之野竹齋刻本

匡高20.1厘米，廣14.7厘米。半葉九行，行十七字，小字雙行同，白口，左右雙邊。有“吴郡沈辨之野竹齋校雕”牌記。有“秦曼青”“秦印更年”等印。南京圖書館藏。

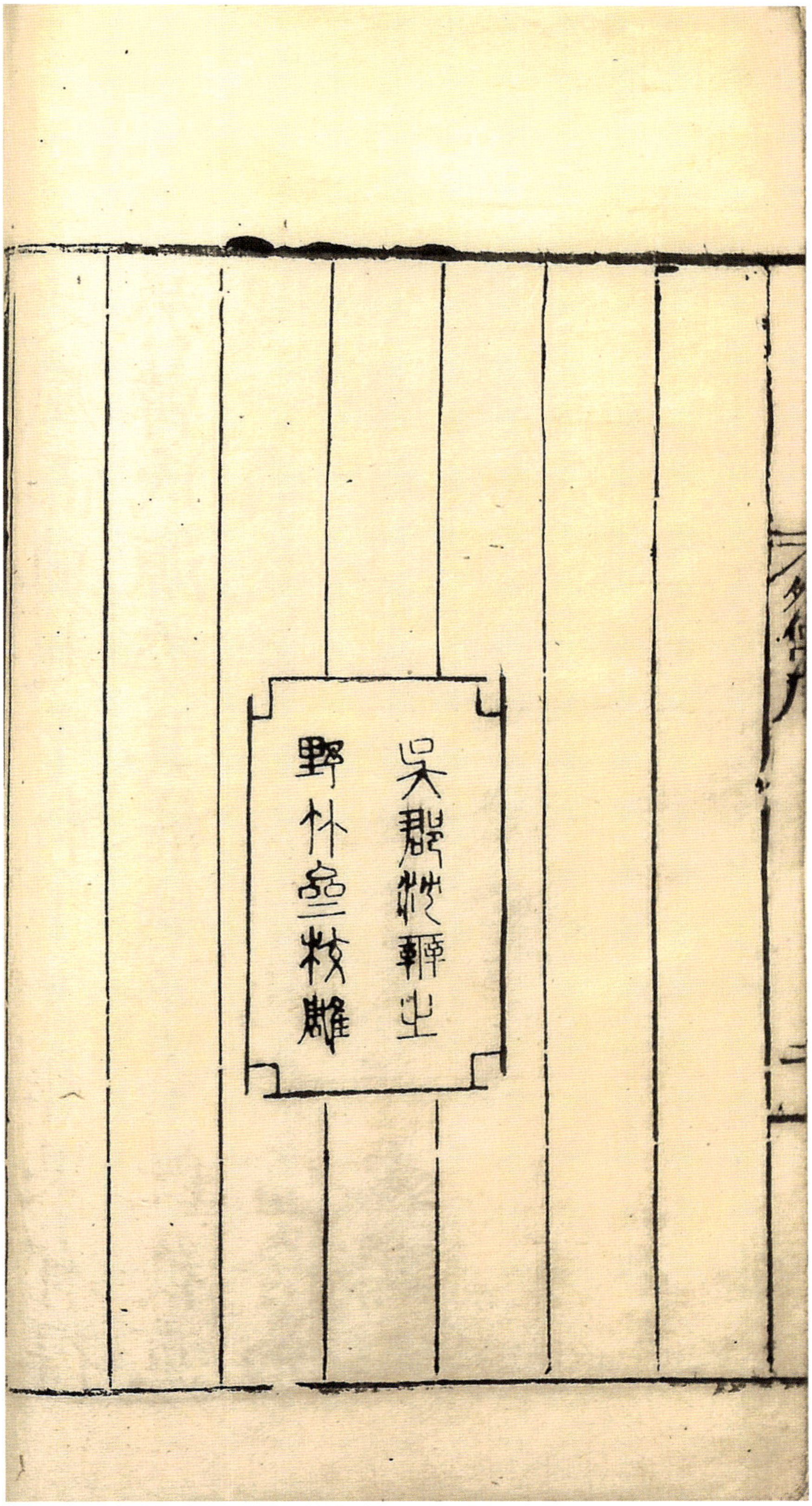
吳郡沈辨之
野竹齋校雕

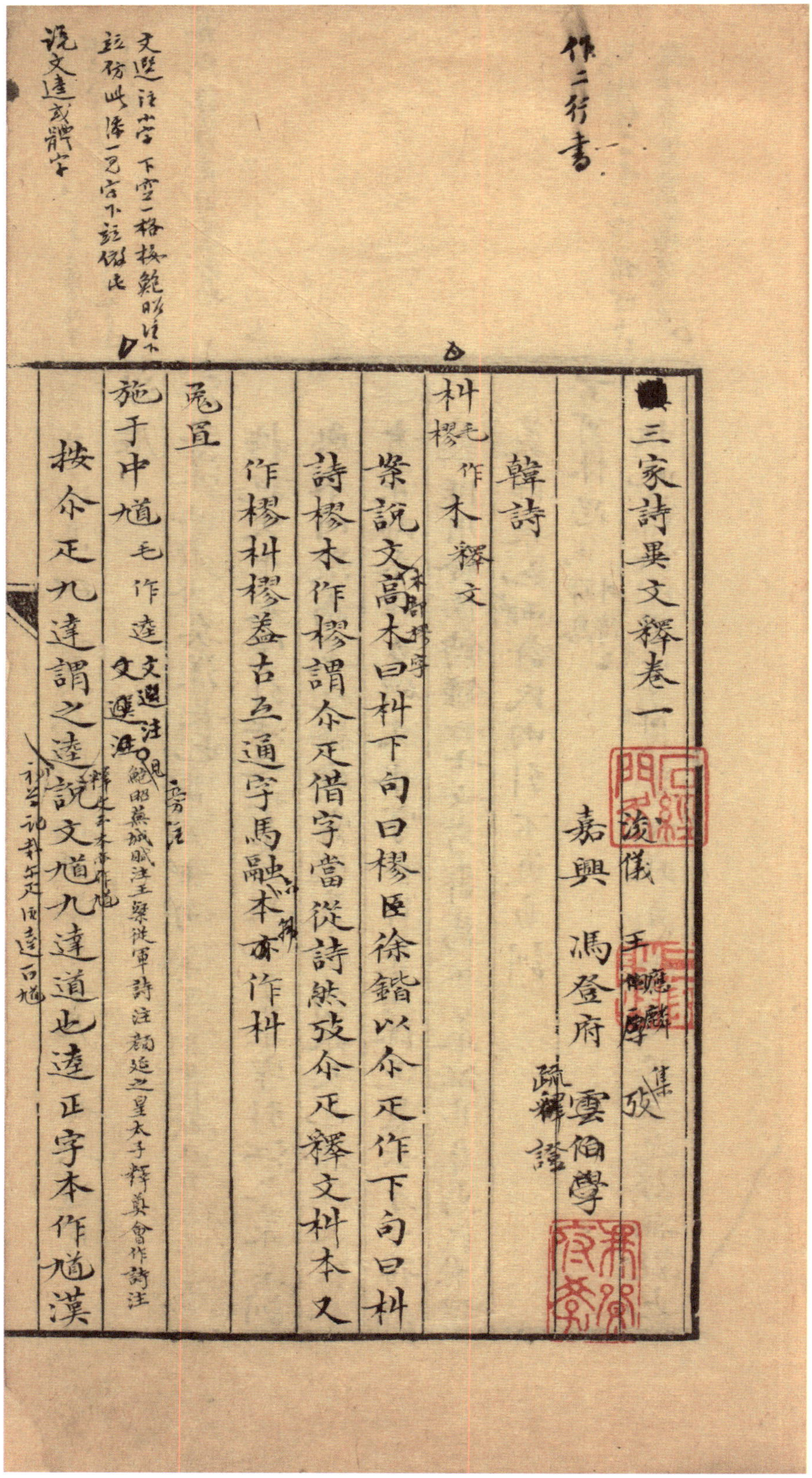
三家詩異文釋卷一
嘉興 馮登府 雲伯學
韓詩
朻樛毛作木釋文
案說文高木曰朻下句曰樛臣徐鍇以尒疋作下句曰朻
詩樛木作樛謂尒疋借字當從詩然攷尒疋釋文朻本又
作樛朻樛蓋古互通字馬融本亦作朻
兔罝
施于中馗毛作逵
按尒疋九達謂之逵說文馗九達道也逵正字本作馗漢

12441 三家詩異文釋三卷補遺三卷 （宋）王應麟集考 （清）馮登府疏證 手稿本

匡高16.8厘米，廣12.1厘米。半葉十行，行二十四字，白口，左右雙邊。有“石經閣”等印。李富孫校。浙江圖書館藏。

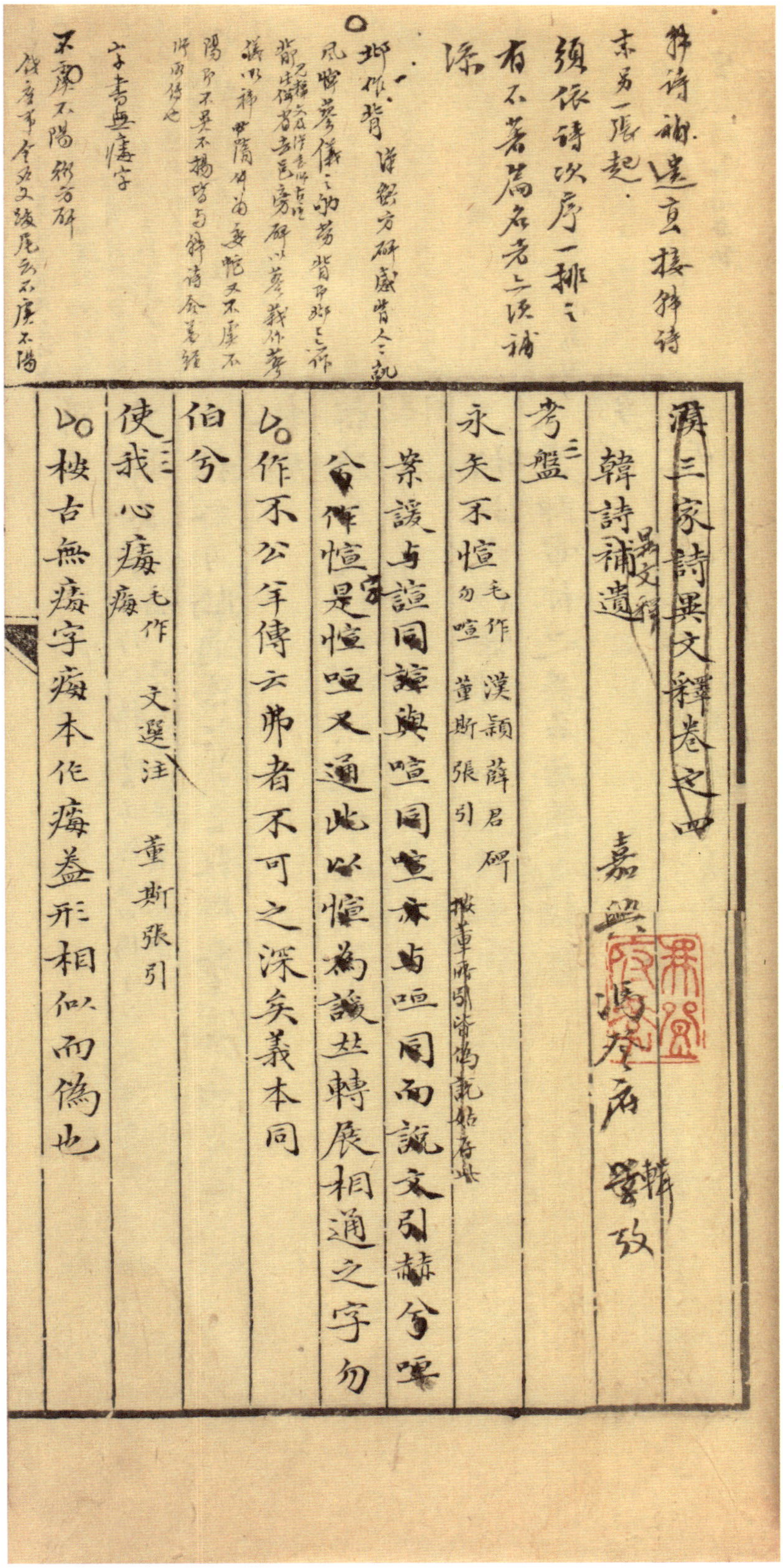

漢三家詩異文釋卷之四

韓詩補遺　嘉興馮登府輯

考盤

永矢不愃（毛作漢潁薛君碑　勿喧董斯張引）

案諼与諠同諼與喧同喧亦与咺同而說文引赫兮咺

兮作愃是愃咺又通此以愃為諼並轉展相通之字勿

作不公年傳云弗者不可之深矣義本同

伯兮

使我心痻（毛作痗　文選注　董斯張引）

桉古無痻字痻本作痗益形相似而偽也

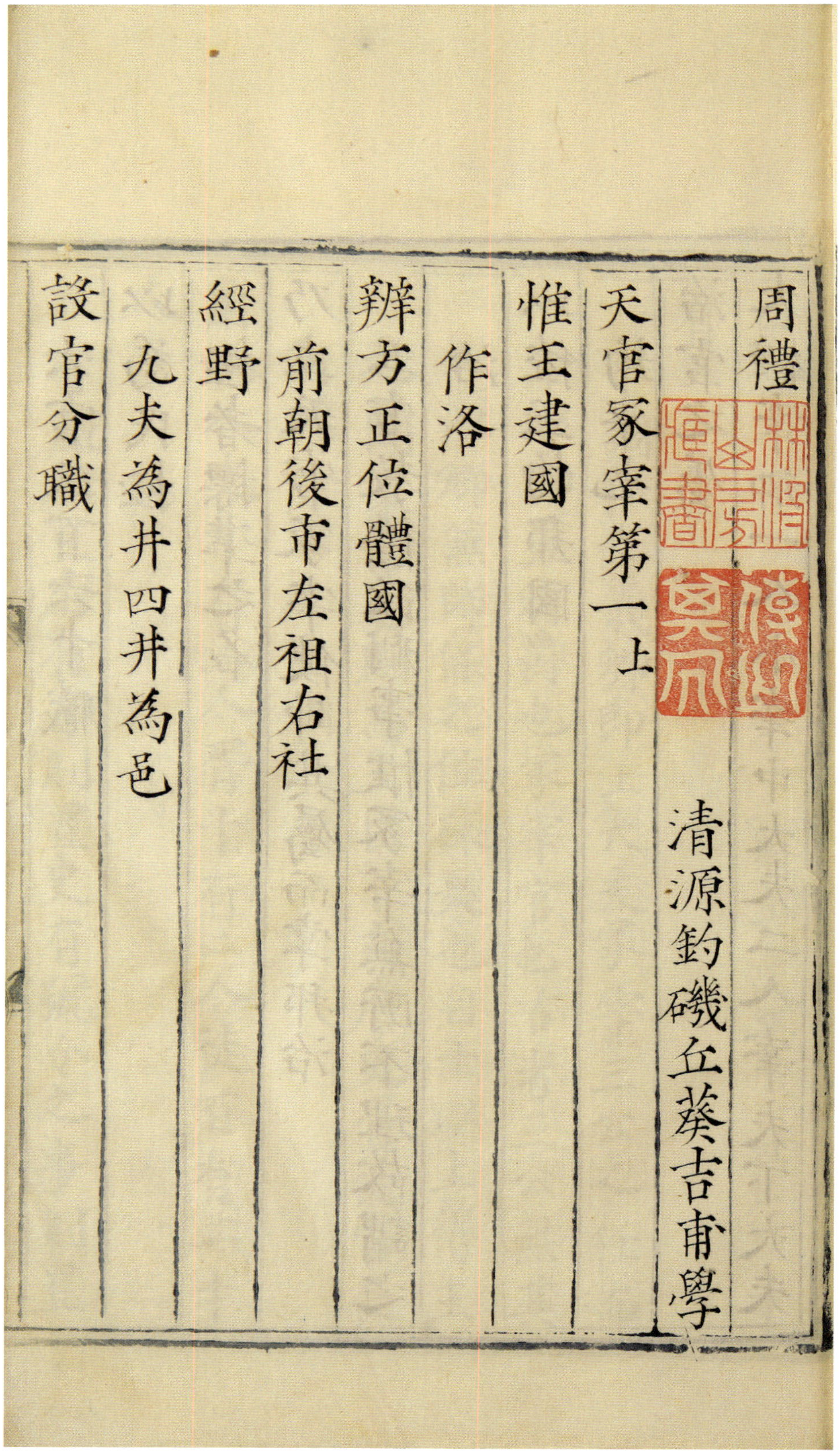
周禮

清源釣磯丘葵吉甫學

天官冢宰第一上

惟王建國

作洛

辨方正位體國

前朝後市左祖右社

經野

九夫為井四井為邑

設官分職

12442 周禮補亡六卷 （元）丘葵撰 明抄本

匡高19.6厘米，廣14.8厘米。半葉十行，行十八字，白口，四周雙邊。有“曹溶”“秀水朱氏潛采堂圖書”“竹垞真賞”“秀水朱彝尊錫鬯氏”“林汲山房藏書”等印。杭州市余杭區圖書館藏，存三卷。

周禮一書周公為天地立心為生民立命為萬世開泰平之書也後世之君臣每病於難行也何居葉水心謂周禮晚出而劉歆遽行之大壞矣蘇綽又壞矣王安石又壞矣千四百年更三大壞此後君臣病於難行然則其終不可行乎善乎真西山之言曰有周公之心然後能行周禮無周公之心而行之則悖矣周公之心何心也堯舜禹湯文武之心也以是為書故能為天地立心為生民立命為萬世開泰平也歆也綽也安石也無周公之心而欲行之適所以壞之

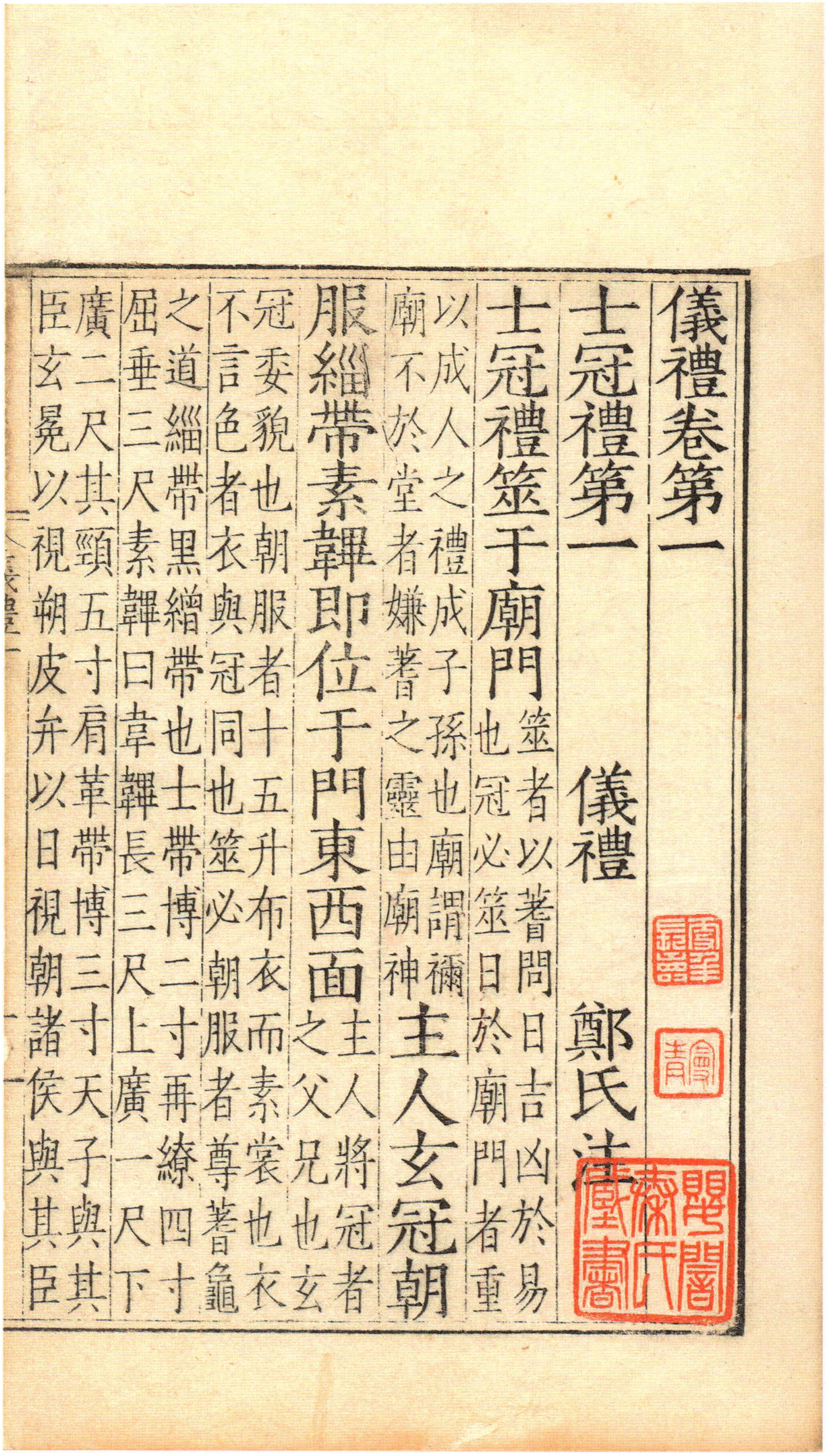

儀禮卷第一

士冠禮第一　　儀禮　　鄭氏注

士冠禮筮于廟門筮者以蓍問日吉凶於易也冠必筮日於廟門者重以成人之禮成子孫也廟謂禰廟不於堂者嫌蓍之靈由廟神主人玄冠朝服緇帶素韠即位于門東西面主人將冠者之父兄也玄冠委貌也朝服者十五升布衣而素裳也衣不言色者衣與冠同也筮必朝服者尊蓍龜之道緇帶黑繒帶也士帶博二寸再繚四寸屈垂三尺素韠白韋韠長三尺上廣一尺下廣二尺其頸五寸肩革帶博三寸天子與其臣玄冕以視朝皮弁以日視朝諸侯與其臣

12443 儀禮十七卷　（漢）鄭玄注　明嘉靖徐氏刻三禮本

匡高19.7厘米，廣14厘米。半葉八行，行十七字，小字雙行同，白口，四周雙邊。有"更年長壽""曼青""嬰闇秦氏藏書"等印。秦更年題識。南開大學圖書館藏。

儀礼鄭注十七卷明嘉靖閒徐刻三礼之一每半頁八行行十七字相傳三礼單注以此為最佳者是也每卷末記經注字數説者謂出宋槧無疑而不能確指其原出何本余閱丁氏持靜齋書目有淳熙四年刊本楊氏楹書隅録有宋嚴州本行款均與此合是刻何自而出不可定然二者必居一於是兩宋本或同出一源亦未可知也近頃長沙葉奐份吏部取士礼居覆宋刻嚴州小字本校此一過据云其中佳處十有八九皆相合嚴州本多誤字而此本無之又臚舉嚴州本誤而此本不誤者百數十事如士冠礼側尊一甒注勺尊升所以斟酒也嚴州本斟訛斢委貌周道也注皆有所常服以行道也嚴州本作皆所服以行道也公侯之有冠礼也注至其衰末嚴州本末訛未

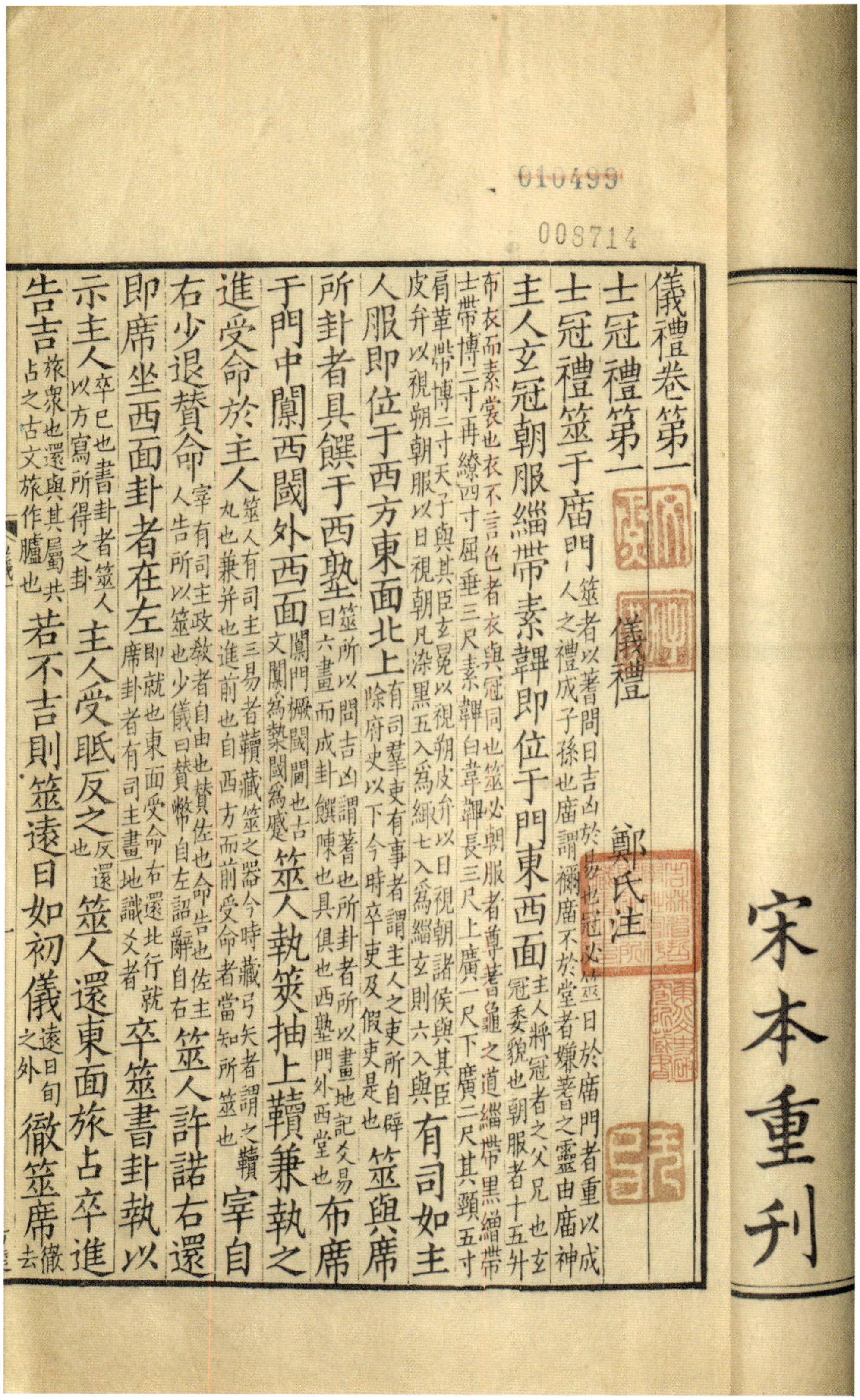
宋本重刊

儀禮卷第一

士冠禮第一　儀禮　鄭氏注

士冠禮筮于廟門筮者以蓍問日吉凶於易也冠必筮日於廟門者重以成人之禮成子孫也廟謂禰廟不於堂者嫌蓍之靈由廟神主人玄冠朝服緇帶素韠即位于門東西面主人將冠者之父兄也玄冠委貌也朝服者十五升布衣而素裳也衣不言色者衣與冠同也筮必朝服尊蓍龜之道緇帶黑繒帶士帶博二寸再繚四寸屈垂三尺素韠白韋韠長三尺上廣一尺下廣二尺其頸五寸肩革帶博二寸天子與其臣玄冕以視朔皮弁以日視朝諸侯與其臣皮弁以視朔朝服以日視朝凡染黑五入爲緅七入爲緇玄則六入與有司如主人服即位于西方東面北上有司羣吏有事者謂主人之吏所自辟除府史以下今時卒吏及假吏是也筮與席所卦者具饌于西塾筮所以問吉凶謂蓍也所卦者所以畫地記爻易曰六畫而成卦饌陳也具俱也西塾門外西堂也布席于門中闑西閾外西面闑門橛閾閫也古文闑爲槷閾爲蹙筮人執筴抽上韇兼執之進受命於主人筮人有司主三易者韇藏筴之器今時藏弓矢者謂之韇丸也兼并也進前也自西方而前受命者當知所筮也宰自右少退贊命宰有司主政教者自由也贊佐也命告也佐主人告所以筮也少儀曰贊幣自左詔辭自右筮人許諾右還即席坐西面卦者在左即就也東面受命右還北行就席卦者有司主畫地識爻者卒筮書卦執以示主人卒已也書卦者筮人以方寫所得之卦也主人受眡反之反還也筮人還東面旅占卒進告吉旅衆也還與其屬共占之古文旅作臚也若不吉則筮遠日如初儀遠日旬之外徹筮席徹去

12444 儀禮十七卷　（漢）鄭玄注　**校録一卷**　（清）黄丕烈撰　清嘉慶二十年（1815）吴門黄氏讀未見書齋刻士禮居叢書本

匡高21.2厘米，廣15厘米。半葉十四行，行二十四字，小字雙行三十一至三十三字，白口，左右雙邊。有“子勤”“文烝”等印。鍾文烝批校並跋。吉林省社會科學院圖書館藏。

儀禮其至矣乎人之所以異於禽獸者此也中國之所以異於夷狄
者此也朱子極重此經亦極重此注黃蕘圃嗜古成癖一旦遂搜得
宋嚴州本而摹刊之而校錄之字畫既好紙墨亦精每讀一過心
目俱快惟是惷愚之質苦無記功於心實未有所得必將舉此
十三萬五千九百三十五字之經注悉了精熟而以張稷若之句讀
淩次仲之釋例並為先路之導庶幾其可也嗚呼此經也道光
乙酉余年八歲時所受之於　先君子而字字成誦者也而何可
忘諸咸豐甲寅春二月鍾文烝記

計凡校經九十三處校注三百八十三處
共計百五十四葉　印記

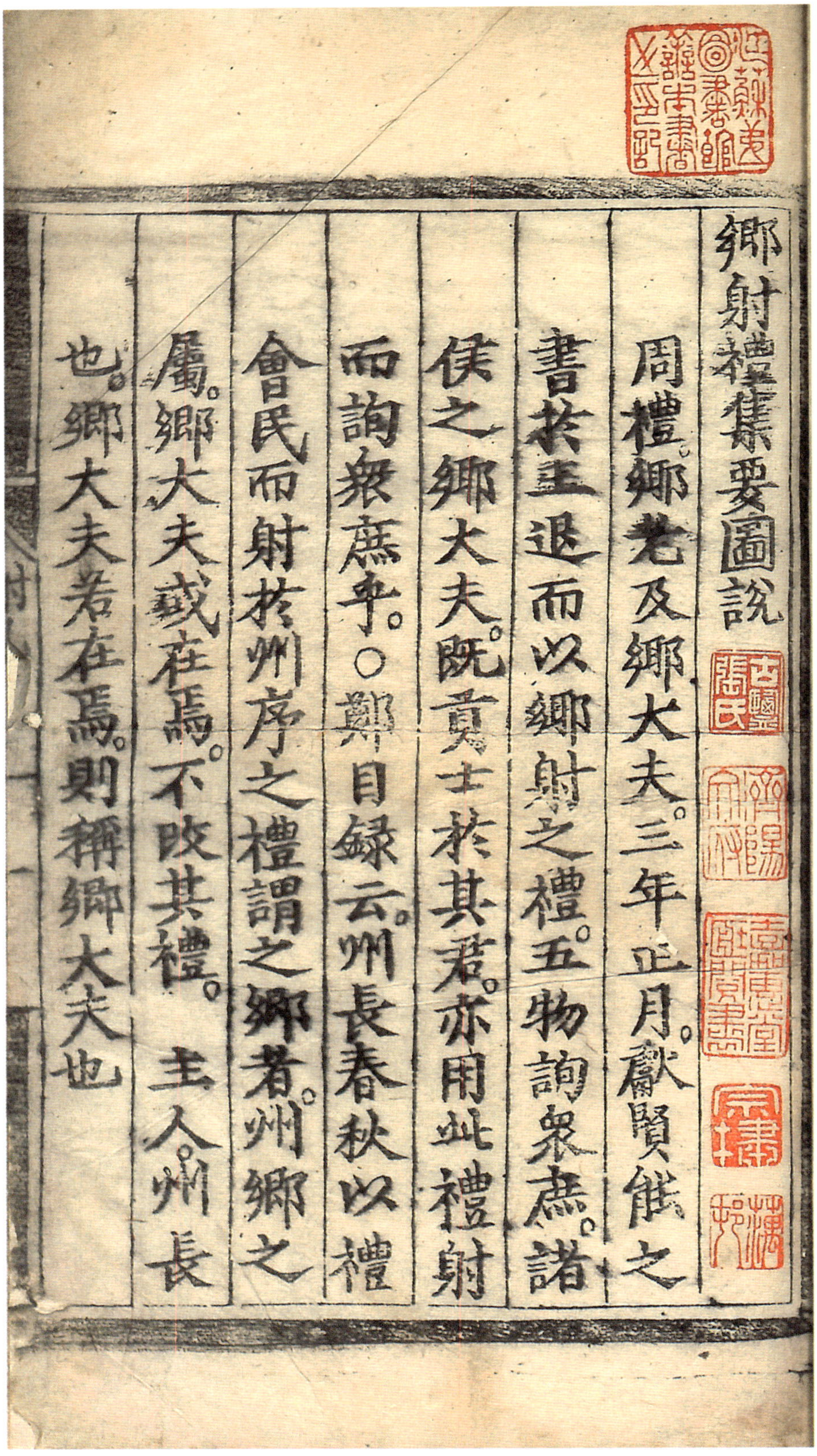
鄉射禮集要圖說

周禮鄉老及鄉大夫。三年正月。獻賢能之書於王。退而以鄉射之禮。五物詢衆庶。諸侯之鄉大夫。旣貢士於其君。亦用此禮射而詢衆庶乎。○鄭目録云。州長春秋以禮會民而射於州序之禮。謂之鄉者。州鄉之屬。鄉大夫或在焉。不改其禮。 主人州長也。鄉大夫若在焉。則稱鄉大夫也

12445 鄉射禮集要圖說不分卷 （明）傅鼎撰 明弘治刻本

匡高20.3厘米，廣14.8厘米。半葉八行，行十八字，小字雙行同，黑口，四周雙邊。有“藕邨”“嘉惠堂臧閲書”“濟陽文府”“古鹽張氏”等印。丁丙跋。南京圖書館藏。

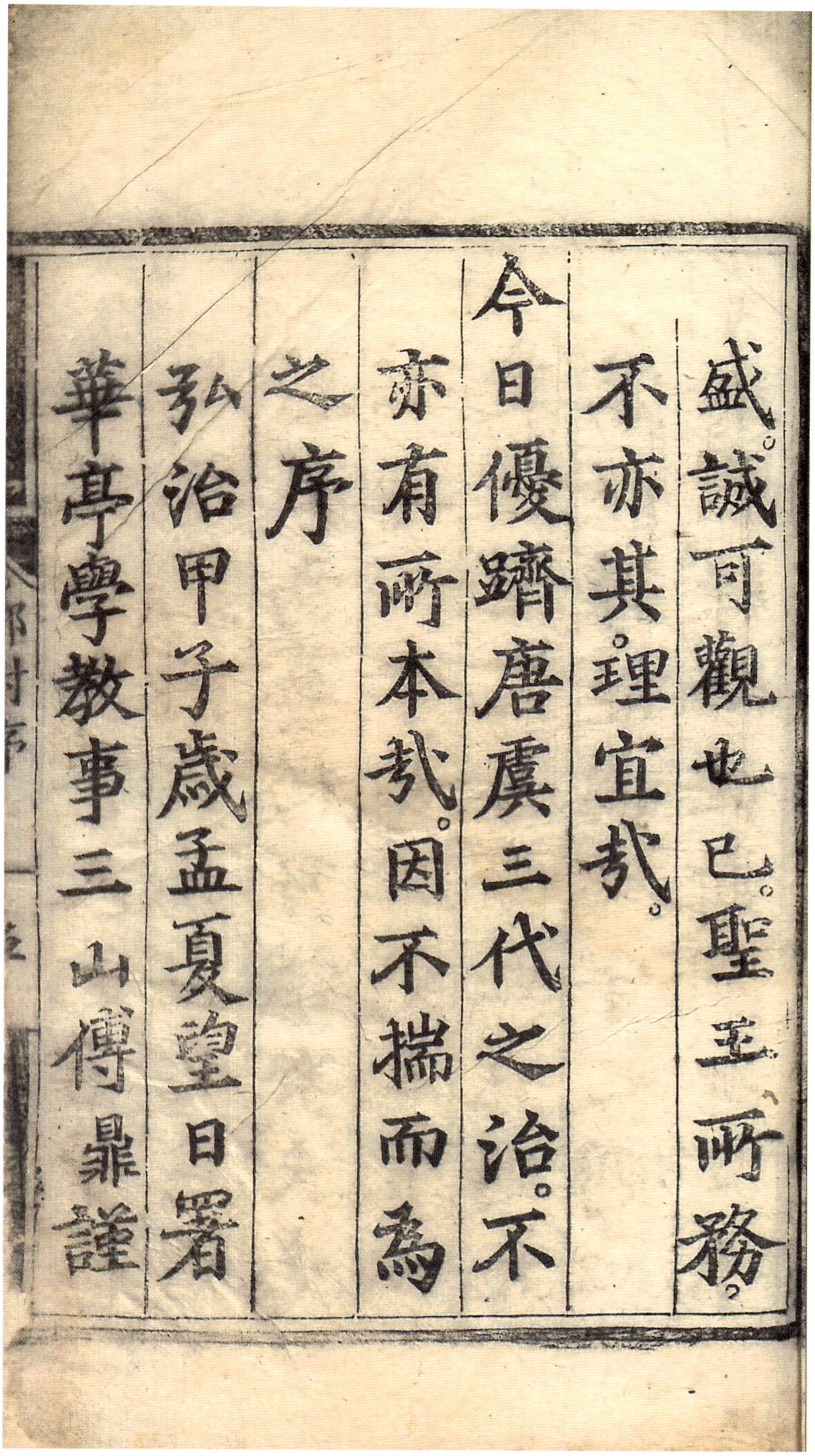

盛誠可觀也已聖王所務
不亦其理宜哉
今日優躋唐虞三代之治不
亦有所本哉因不揣而為
之序
弘治甲子歲孟夏望日署
華亭學教事三山傅鼎謹

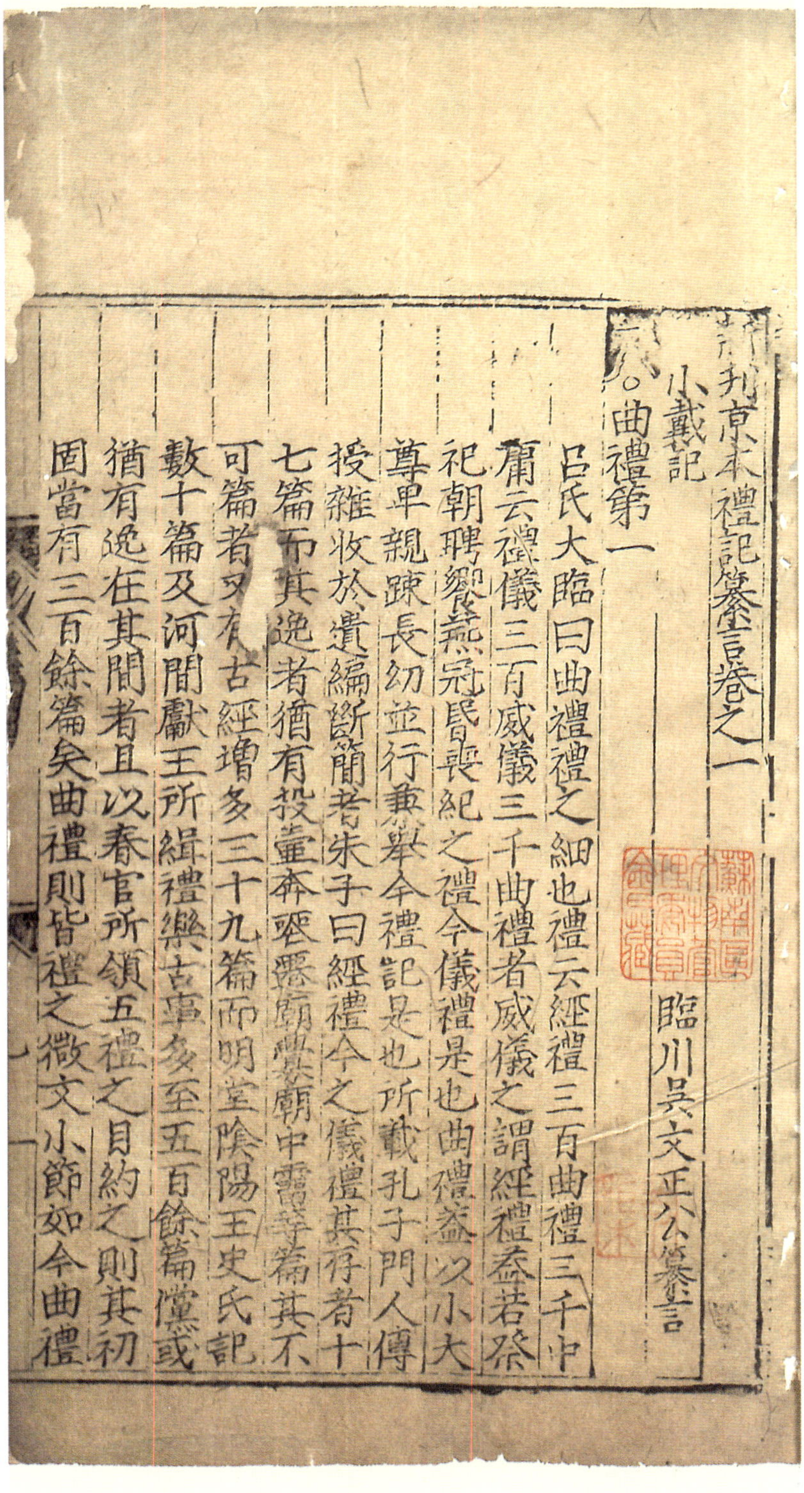

12446 新刊京本禮記纂言三十六卷 （元）吴澄撰 明嘉靖九年（1530）安正書堂刻本

匡高18.5厘米，廣13.2厘米。半葉十三行，行二十五字，小字雙行同，白口，四周雙邊。有“庚寅歲季秋月安正書堂新刊”牌記。南京圖書館藏。

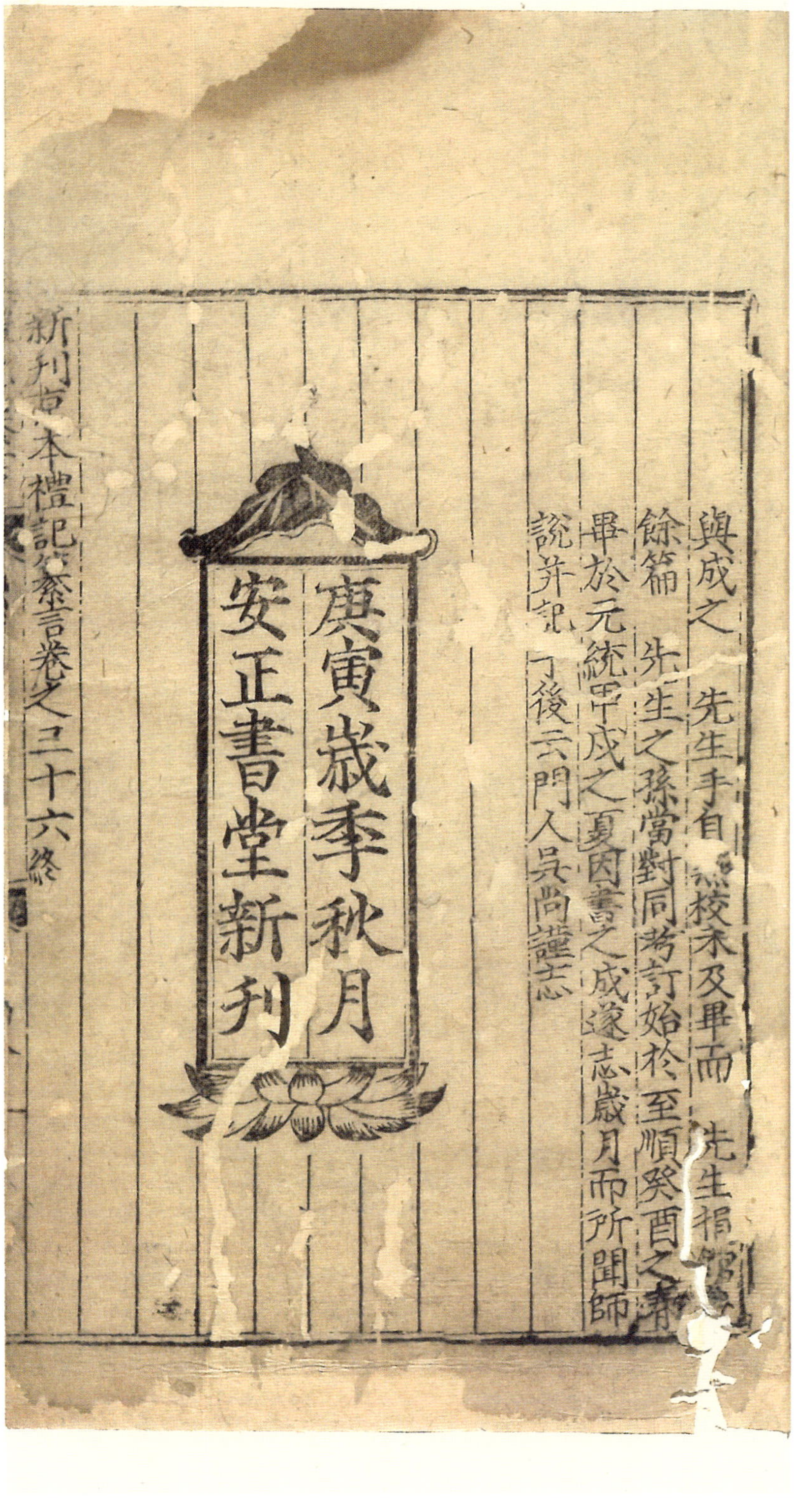

與成之 先生手自□校未及畢而 先生捐館
餘篇 先生之孫當對同考訂始於至順癸酉之春
畢於元統甲戌之夏因書之成遂志歲月而所聞師
說并記于後云門人吳尚謹志

庚寅歲季秋月
安正書堂新刊

新刊古本禮記纂言卷之三十六終

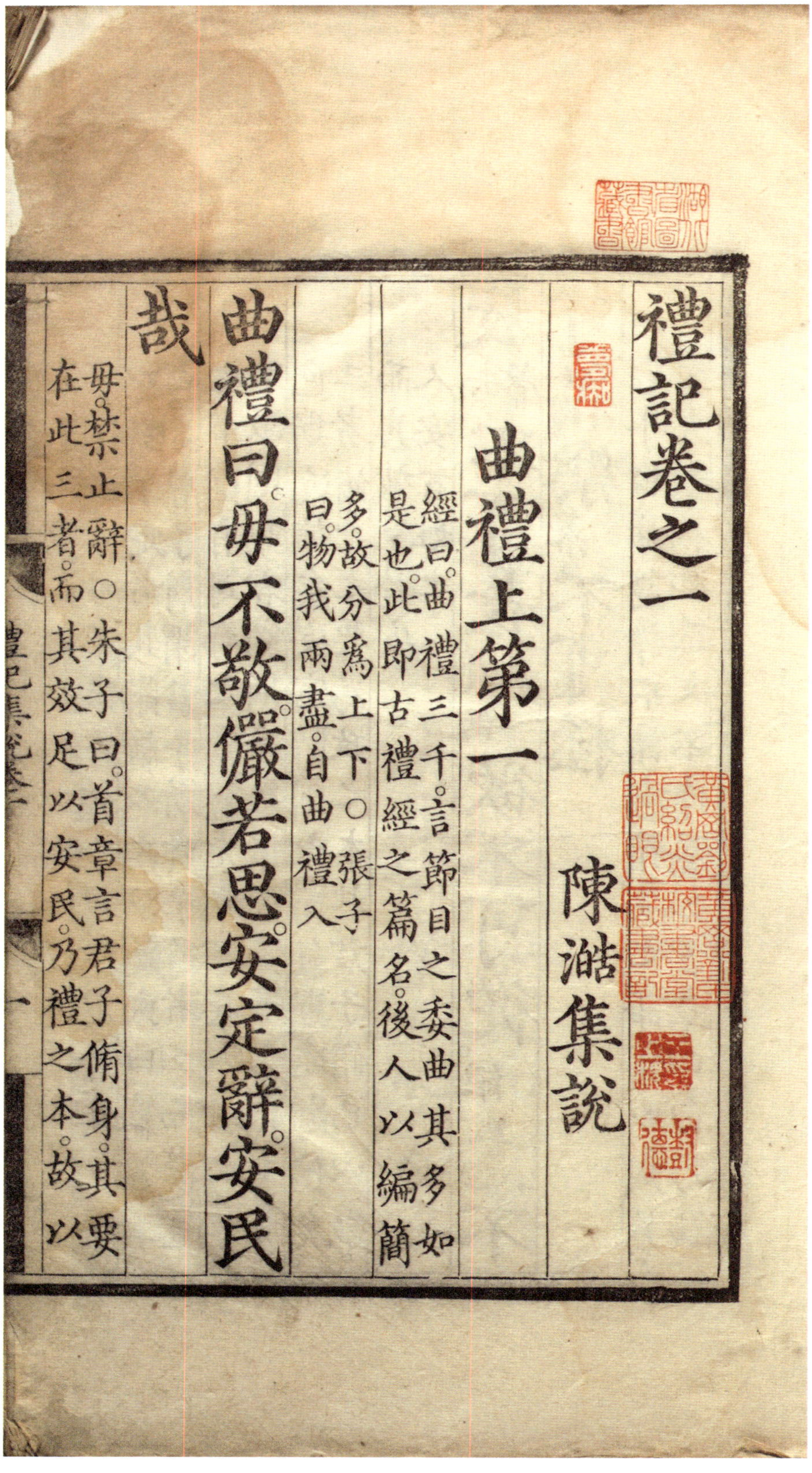
禮記卷之一
陳澔集說
曲禮上第一
經曰曲禮三千言節目之委曲其多如是也此即古禮經之篇名後人以編簡多故分爲上下○張子曰物我兩盡自曲禮入
曲禮曰毋不敬儼若思安定辭安民哉
毋禁止辭○朱子曰首章言君子脩身其要在此三者而其效足以安民乃禮之本故以

12447 禮記集說十六卷　（元）陳澔撰　明正統十二年（1447）司禮監刻本

匡高23厘米，廣16.5厘米。半葉八行，行十四字，小字雙行十八字，黑口，四周雙邊。有“黄岡劉氏校書堂藏書記”等印。湖北省圖書館藏。

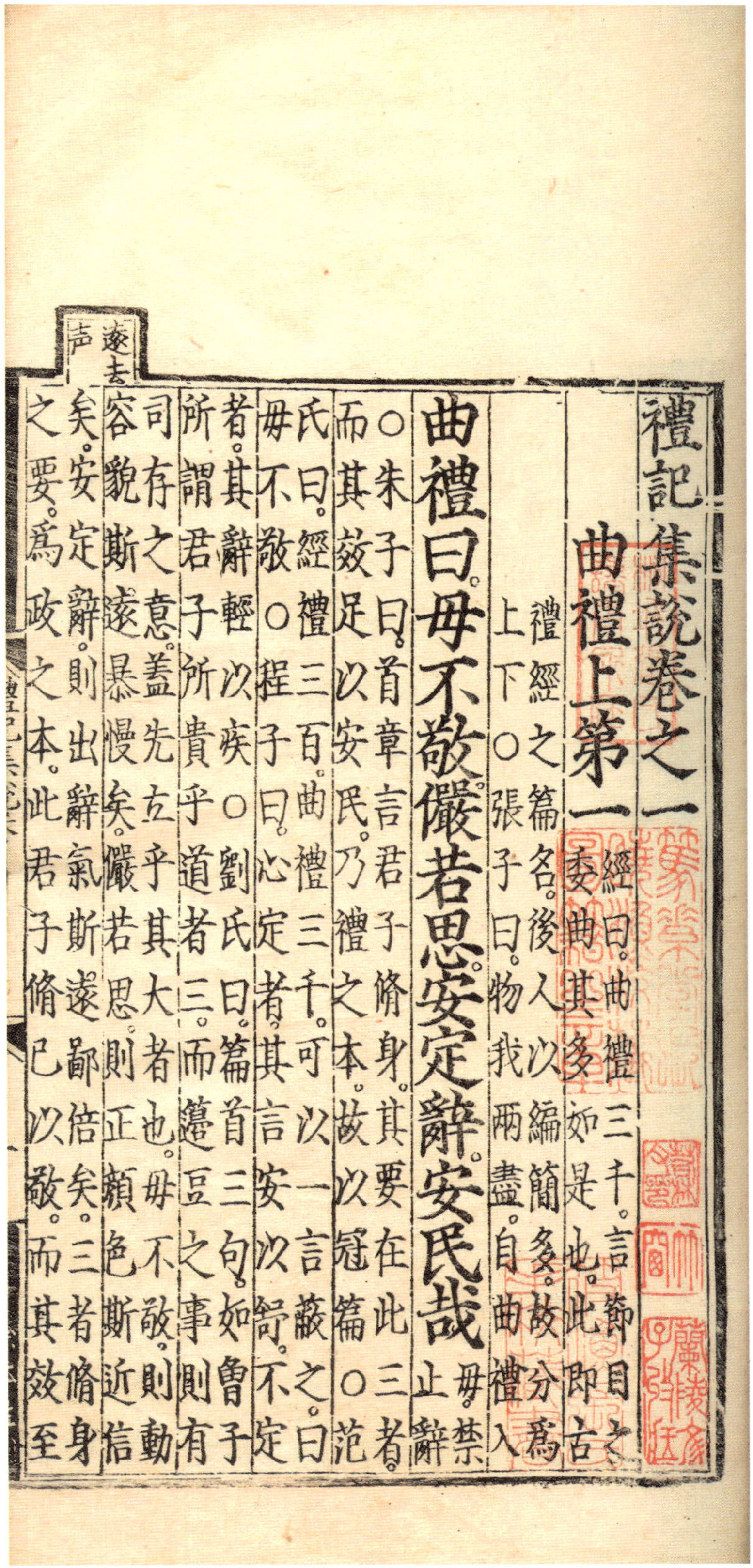

禮記集說卷之一

曲禮上第一

經曰。曲禮三千。言節目之委曲其多如是也。此即古禮經之篇名。後人以編簡多。故分爲上下○張子曰。物我兩盡。自曲禮入

曲禮曰。毋不敬。儼若思。安定辭。安民哉 毋禁止辭

○朱子曰。首章言君子脩身。其要在此三者。而其效足以安民。乃禮之本。故以冠篇○范氏曰。經禮三百。曲禮三千。可以一言蔽之。曰毋不敬○程子曰。心定者。其言安以舒。不定者。其辭輕以疾○劉氏曰。篇首三句。如曾子所謂君子所貴乎道者三。而籩豆之事則有司存之意。蓋先立乎其大者也。毋不敬。則動容貌斯遠暴慢矣。儼若思。則正顏色斯近信矣。安定辭。則出辭氣斯遠鄙倍矣。三者脩身之要。爲政之本。此君子脩己以敬。而其效至

遠去声

12448、12449 禮記集說三十卷 （元）陳澔撰 明嘉靖十一年（1532）建寧府刻本

匡高20.9厘米，廣13.7厘米。半葉九行，行十七字，小字雙行同，黑口，四周雙邊。山西師範大學圖書館藏，有“蘭陵文子收臧”“竹窗”“篤素堂張曉漁校藏圖籍之章”等印；南京圖書館藏，有丁丙跋。

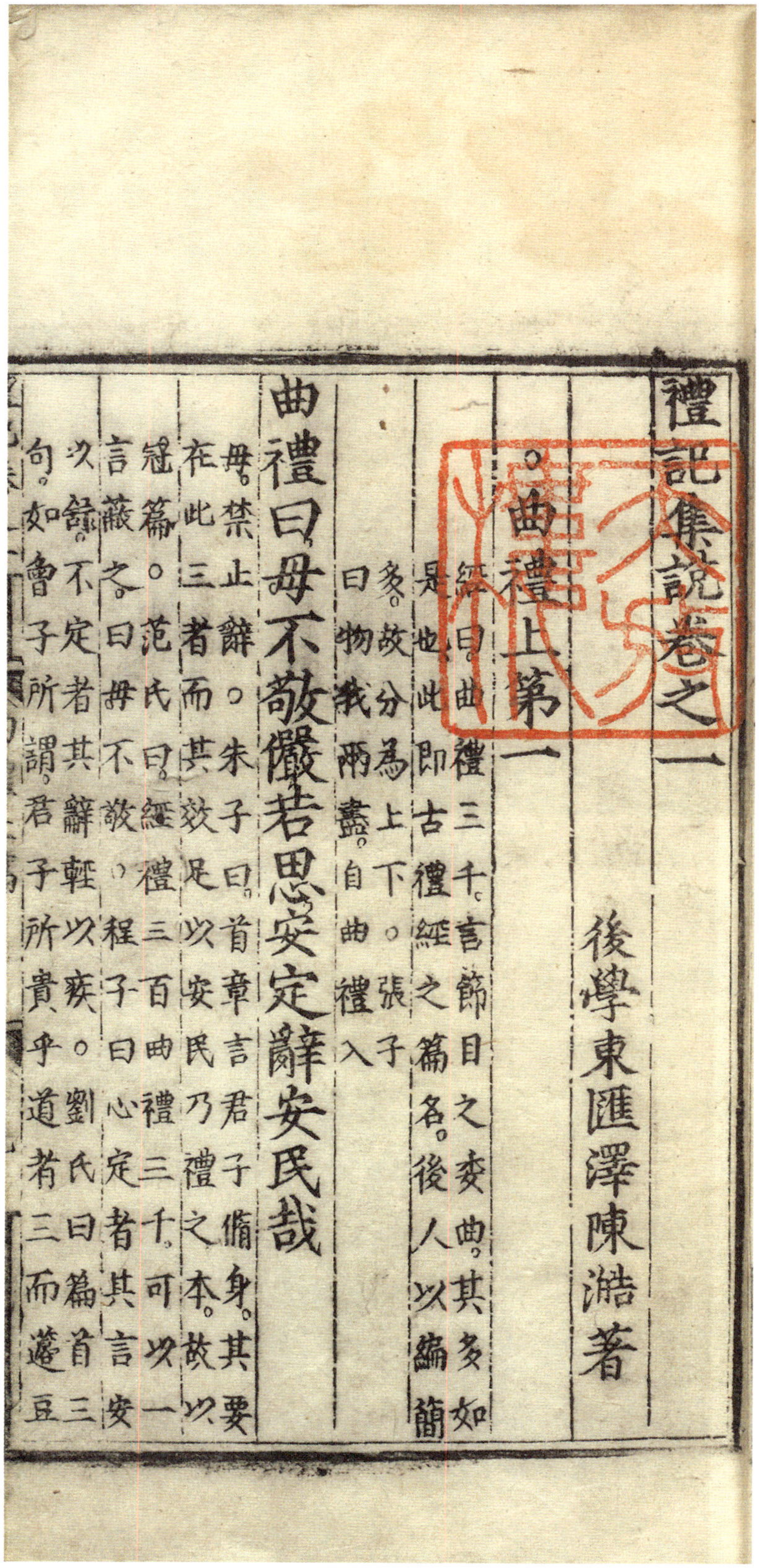

禮記集說卷之一

後學東匯澤陳澔著

○曲禮上第一

經曰曲禮三千。言節目之委曲。其多如是也。此即古禮經之篇名。後人以編簡多。故分為上下。○張子曰物我兩盡。自曲禮入

曲禮曰毋不敬儼若思安定辭安民哉

毋。禁止辭。○朱子曰。首章言君子脩身。其要在此三者。而其效足以安民。乃禮之本。故以冠篇。○范氏曰。經禮三百。曲禮三千。可以一言蔽之。曰毋不敬。○程子曰。心定者其言安以舒。不定者其辭輕以疾。○劉氏曰。篇首三句。如曾子所謂君子所貴乎道者三。而籩豆

12450 禮記集說十卷　（元）陳澔撰　明嘉靖楊銓刻本

匡高19.3厘米，廣13.2厘米。半葉九行，行十八字，小字雙行同，黑口，四周雙邊。有“巡按四川監察御史朱廷立案行/成都府知府楊銓校刊”牌記。有“天放樓”等印。南京圖書館藏。

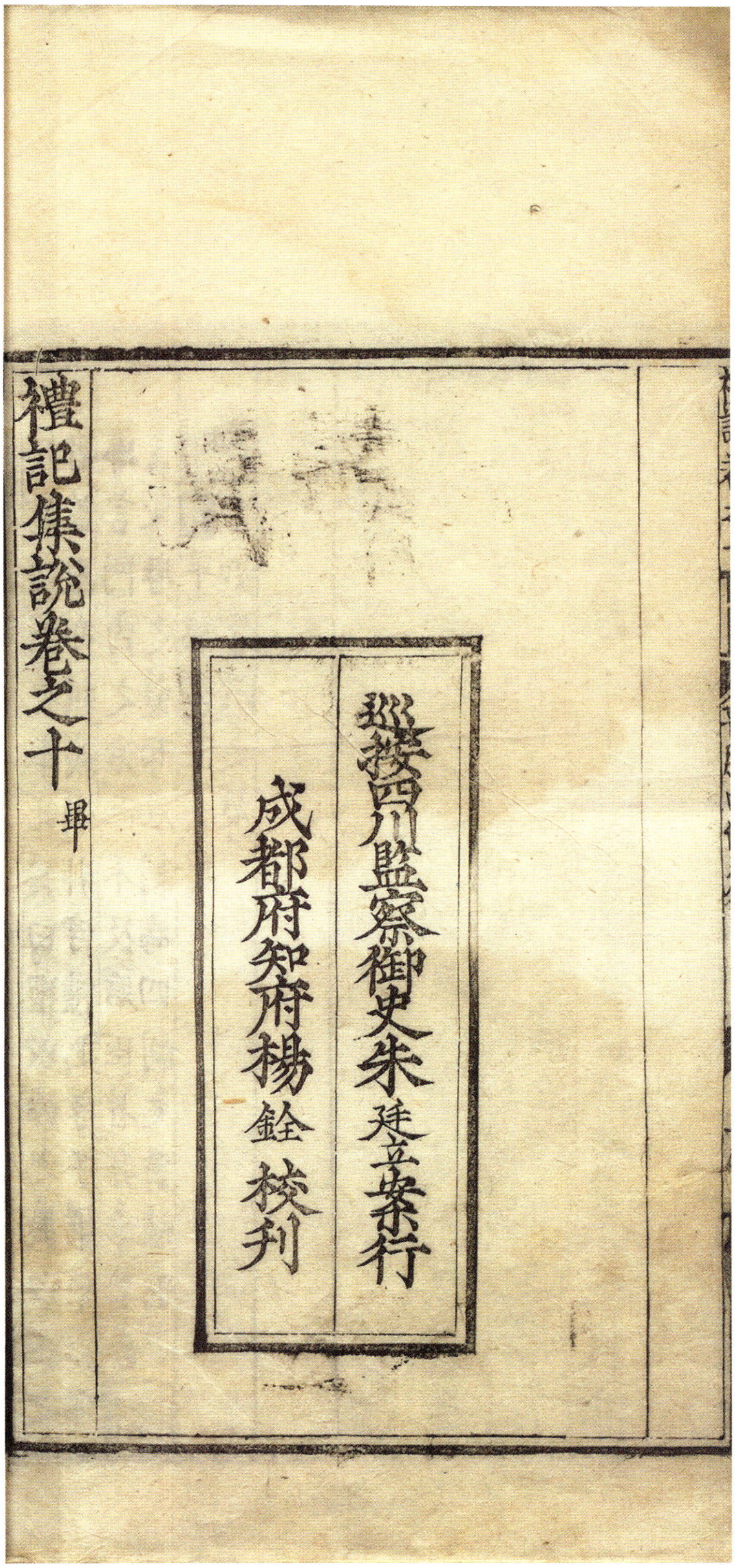

禮記集說卷之十 畢

巡按四川監察御史朱廷立案行
成都府知府楊銓校刊

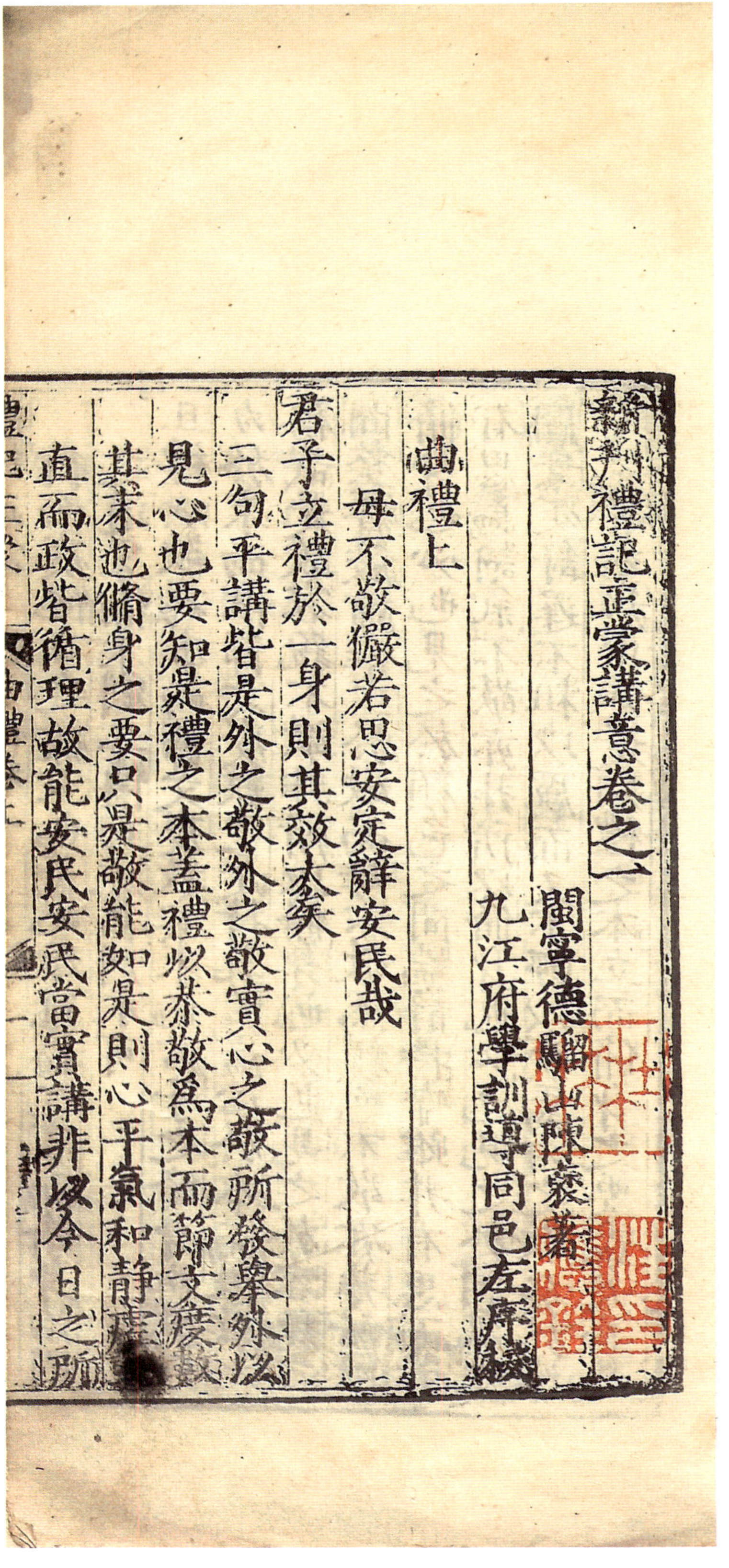

12451 新刊禮記正蒙講意三十八卷 （明）陳褎撰 明嘉靖十六年（1537）左序刻本

匡高19.1厘米，廣12.7厘米。半葉十行，行二十二字，白口，四周雙邊。有“汪印應銓”等印。南京圖書館藏。

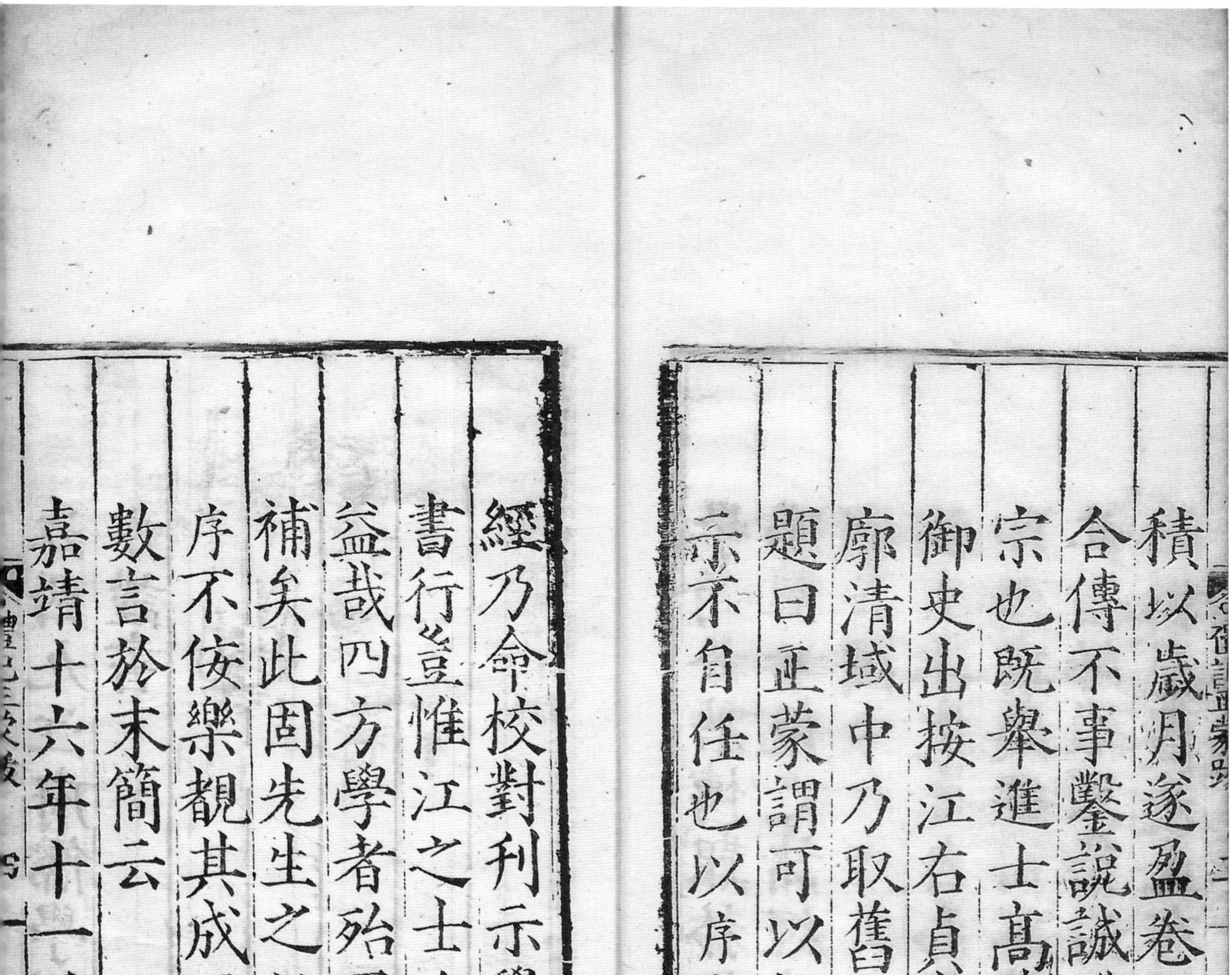
積以歲月遂盈卷冊據經
合傳不事鑿說誠禮學之
宗也既舉進士高第為名
御史出按江右貞度肅毅
廓清域中乃取舊所得者
題曰正蒙謂可以訓蒙士
示不自任也以序嘗業是
經乃命校對刊示學校是
書行豈惟江之士人受其
益哉四方學者殆不為小
補矣此固先生之公心也
序不佞樂觀其成因僭書
數言於末簡云
嘉靖十六年十一月既望

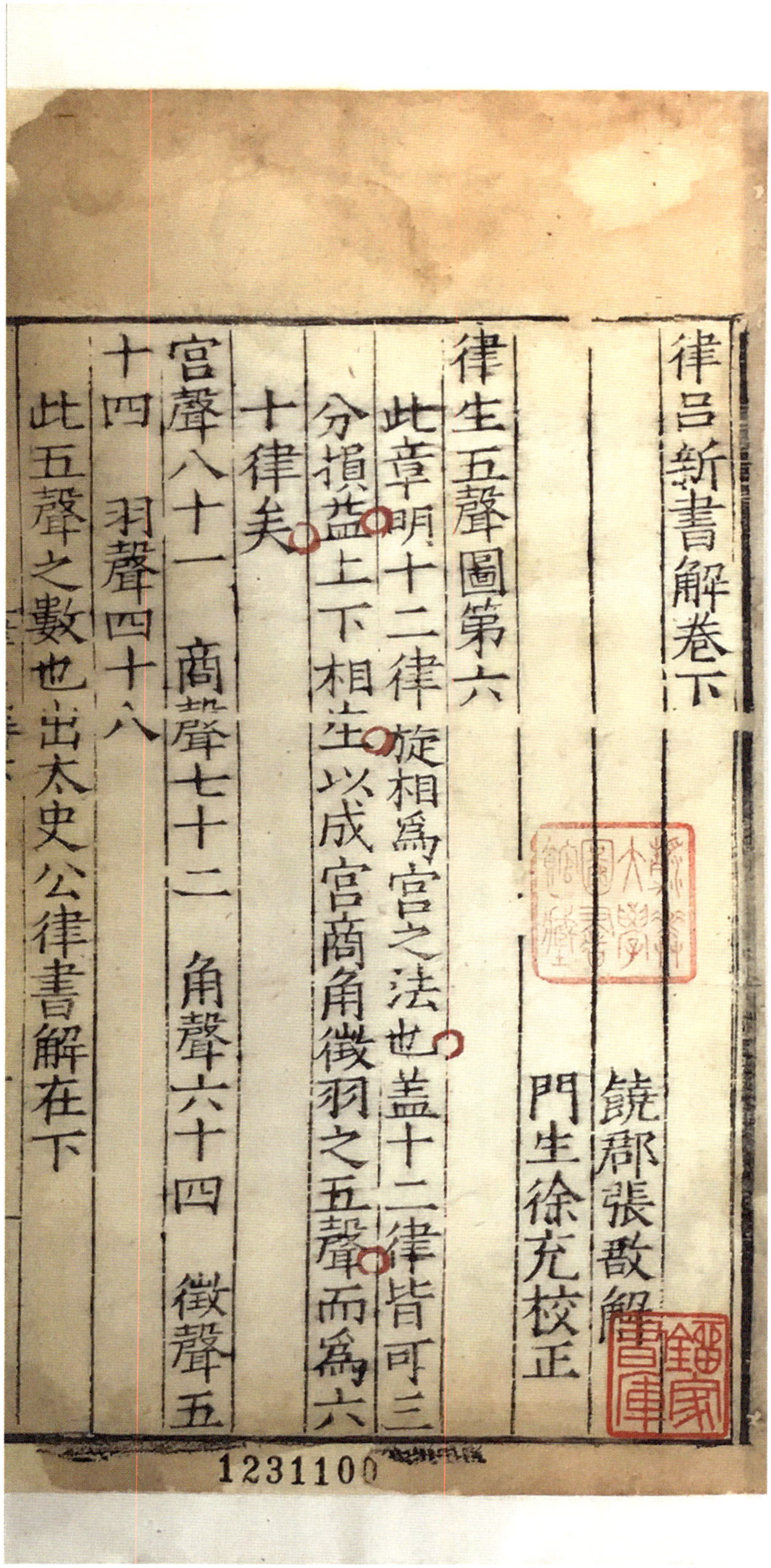

律呂新書解卷下

饒郡張敔解

門生徐充校正

律生五聲圖第六

此章明十二律旋相爲宮之法也蓋十二律皆可三分損益上下相生以成宮商角徵羽之五聲而爲六十律矣

宮聲八十一　商聲七十二　角聲六十四　徵聲五十四　羽聲四十八

此五聲之數也出太史公律書解在下

1231100

12452 律吕新書解二卷雅樂燕樂一卷　（明）張敔撰　明正德十一年（1516）徐充刻本

匡高19.5厘米，廣12.4厘米。半葉十行，行二十一字，小字雙行不等，白口，左右雙邊。有“鎦家書庫”“含輝堂寶”“寥寥萬卷人家”等印。清華大學圖書館藏。

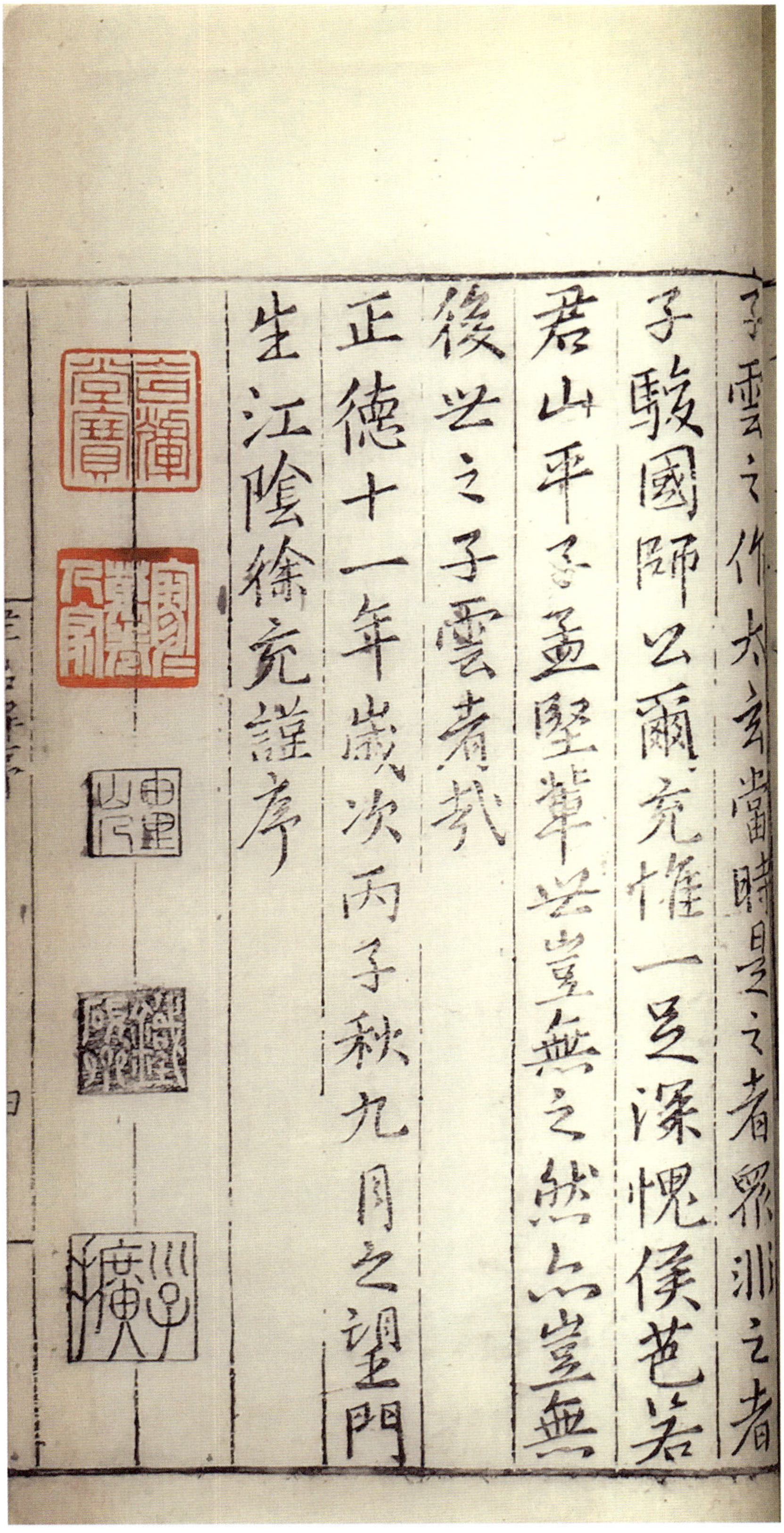

子雲之作太玄當時是之者衆非之者子駿國師公爾充惟一足深愧侯芭若君山平子孟堅輩世豈無之然亦豈無後世之子雲者哉

正德十一年歲次丙子秋九月之望門生江陰徐充謹序

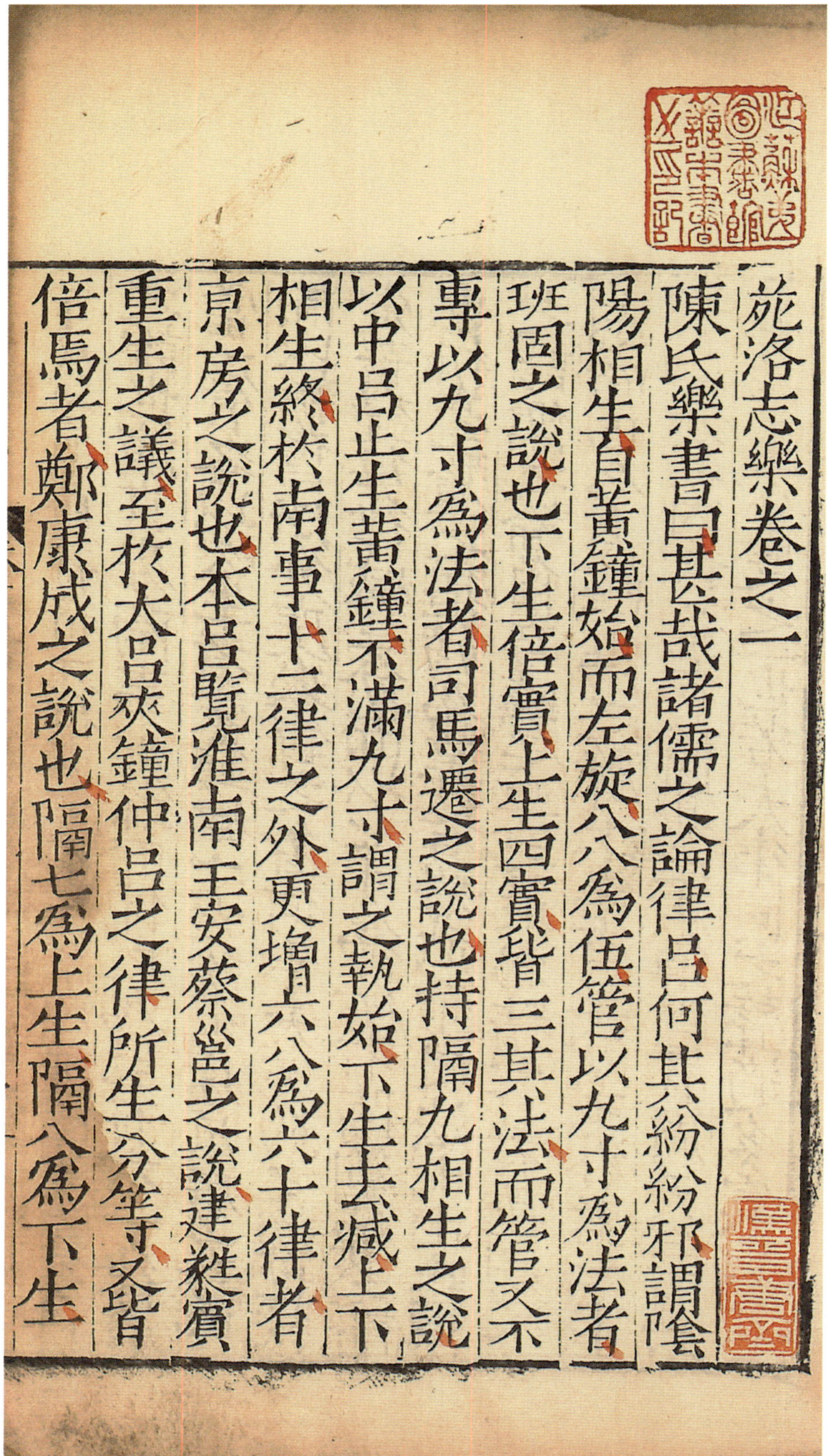
苑洛志樂卷之一
陳氏樂書曰甚哉諸儒之論律呂何其紛紛邪謂陰
陽相生自黃鍾始而左旋八八爲伍管以九寸爲法者
班固之說也下生倍實上生四實皆三其法而管不
專以九寸爲法者司馬遷之說也持隔九相生之說
以中呂上生黃鍾不滿九寸謂之執始下生去滅上下
相生終於南事十二律之外更增六八爲六十律者
京房之說也本呂覽淮南王安蔡邕之說建蕤賓
重生之議至於大呂夾鍾仲呂之律所生分等又皆
倍焉者鄭康成之說也隔七爲上生隔八爲下生

12453 苑洛志樂二十卷　（明）韓邦奇撰　明嘉靖二十八年（1549）王宏等刻本

匡高18.2厘米，廣13.4厘米。半葉十行，行十八至二十二字，白口，四周單邊。有“漢晉書齋”“善本書室”等印。丁丙跋。南京圖書館藏。

之宏隨請梓既而先生晉令秩其屬王君學吾陶君大年谷君鍾秀李君遷林君晁茅君坤龍君翔霄王君嘉孝李君庶余君文獻張君洽相與以繼有終先生以宏齒稍長命識之宏謂茲刻也先生及何大復氏序冠諸首復何言哉方今稱藝窮書圃振古述作關中其選也先生獨紹孔繼軻潛心經術如易占經緯禹貢詳畧正蒙註解諸書具可爲時作範此特其一耳若先生者又詎直關中人物也哉旹嘉靖戊申冬十一月望南京都察院經歷門人王宏頓首謹識

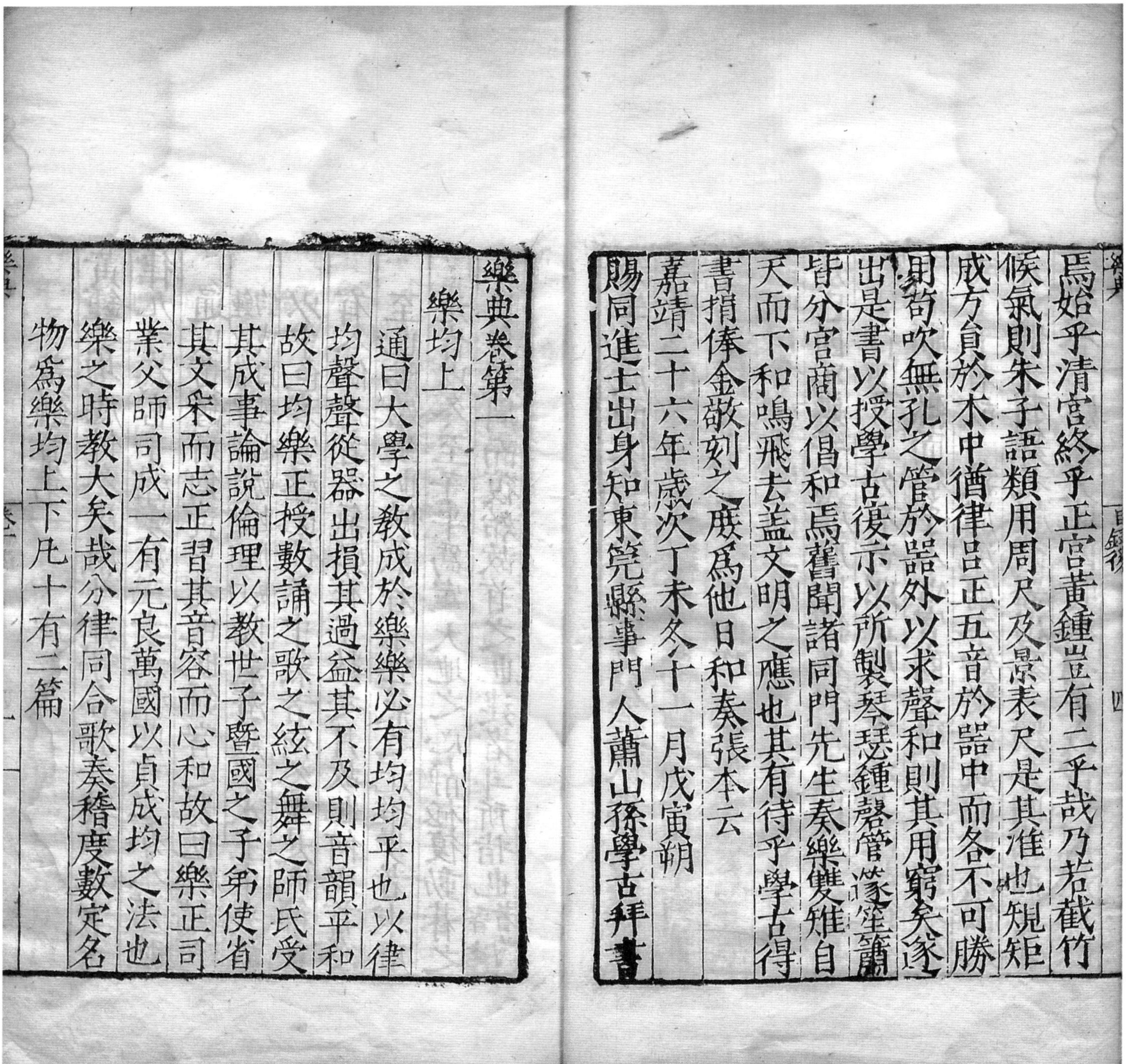

焉始乎清宮終乎正宮黃鐘豈有二乎哉乃若截竹
候氣則朱子語類用周尺及景表尺是其准也規矩
成方負於木中循律呂正五音於器中而各不可勝
用苟吹無孔之管於器外以求聲和則其用窮矣遂
出是書以授學古復示以所製琴瑟鍾磬管篴笙簫
皆分宮商以倡和焉舊聞諸同門先生奏樂雙雉自
天而下和鳴飛去蓋文明之應也其有待乎學古得
書捐俸金敬刻之庶爲他日和奏張本云
嘉靖二十六年歲次丁未冬十一月戊寅朔
賜同進士出身知東莞縣事門人蕭山孫學古拜書

樂典卷第一
樂均上
通曰大學之教成於樂樂必有均均平也以律
均聲聲從器出損其過益其不及則音韻平和
故曰均樂正授數誦之歌之絃之舞之師氏受
其成事論說倫理以教世子暨國之子弟使省
其文采而志正習其音容而心和故曰樂正司
業父師司成一有元良萬國以貞成均之法也
樂之時教大矣哉分律同合歌奏稽度數定名
物爲樂均上下凡十有二篇

12454 樂典三十六卷　（明）黄佐撰　明嘉靖二十六年（1547）孫學古刻本

匡高18.8厘米，廣13.7厘米。半葉十行，行二十字，小字雙行同，白口，四周單邊。南京圖書館藏。

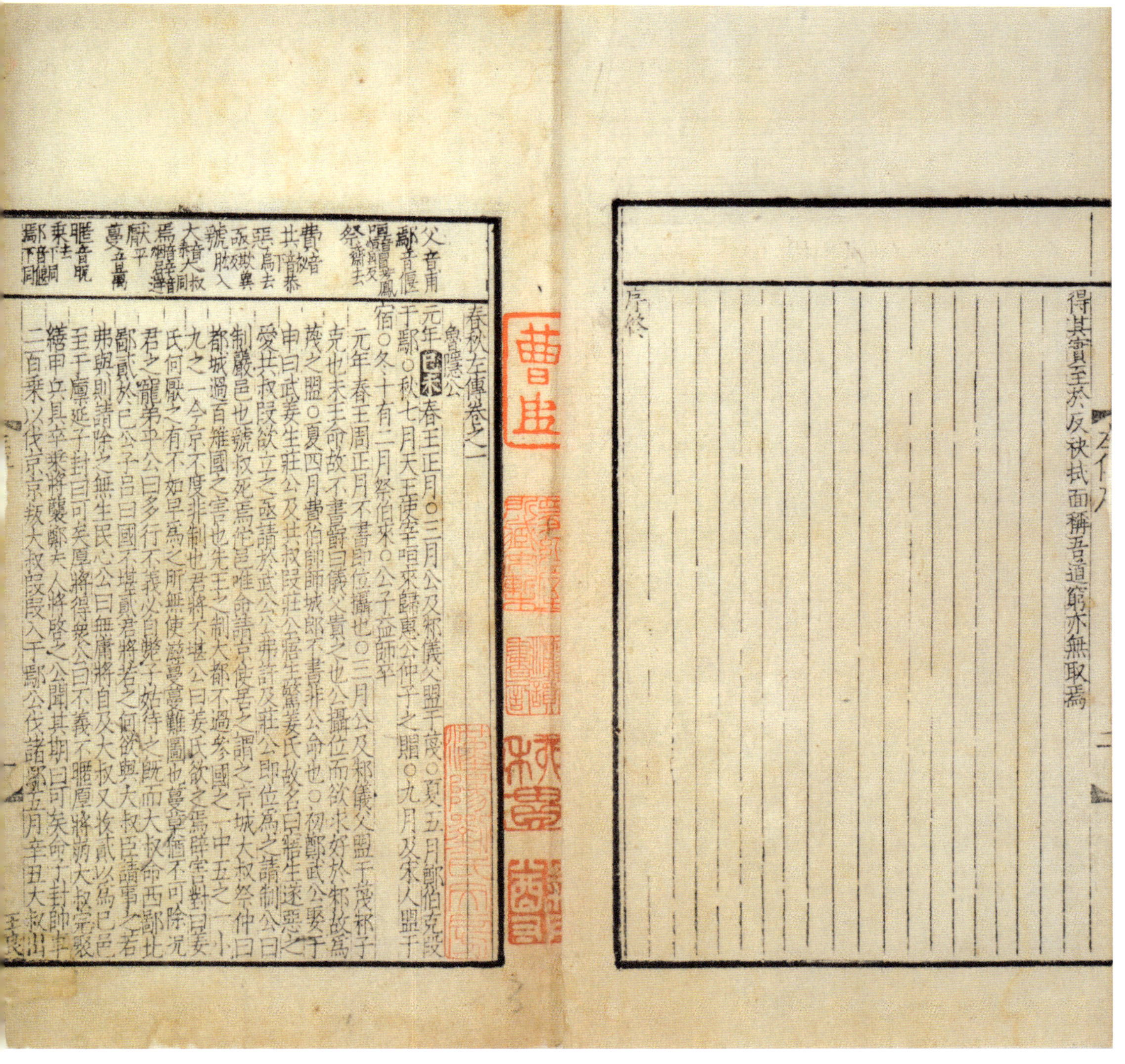

12455 春秋左傳不分卷 明刻本

匡高16.1厘米，廣10.1厘米。半葉二十行，行二十七字，黑口，左右雙邊。有“句吴曹氏收藏金石書畫之印”“漢陽劉氏文房”等印。武漢圖書館藏。

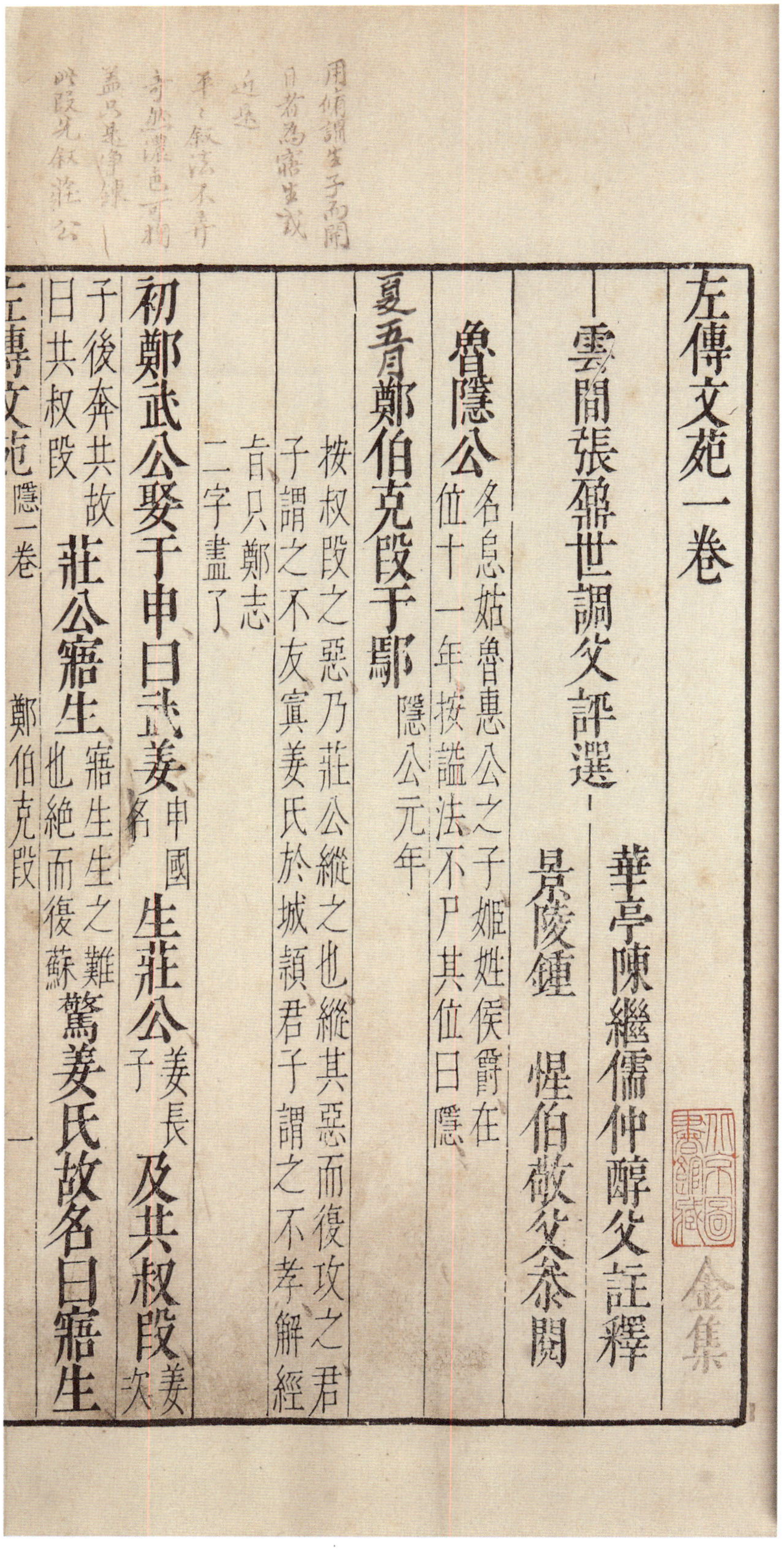

12456 左傳文苑八卷　（明）張鼒輯評　（明）陳繼儒注　明慶雲館刻三色套印本

匡高20.7厘米，廣13.4厘米。半葉九行，行二十二字，小字雙行同，白口，四周單邊。國家圖書館藏。

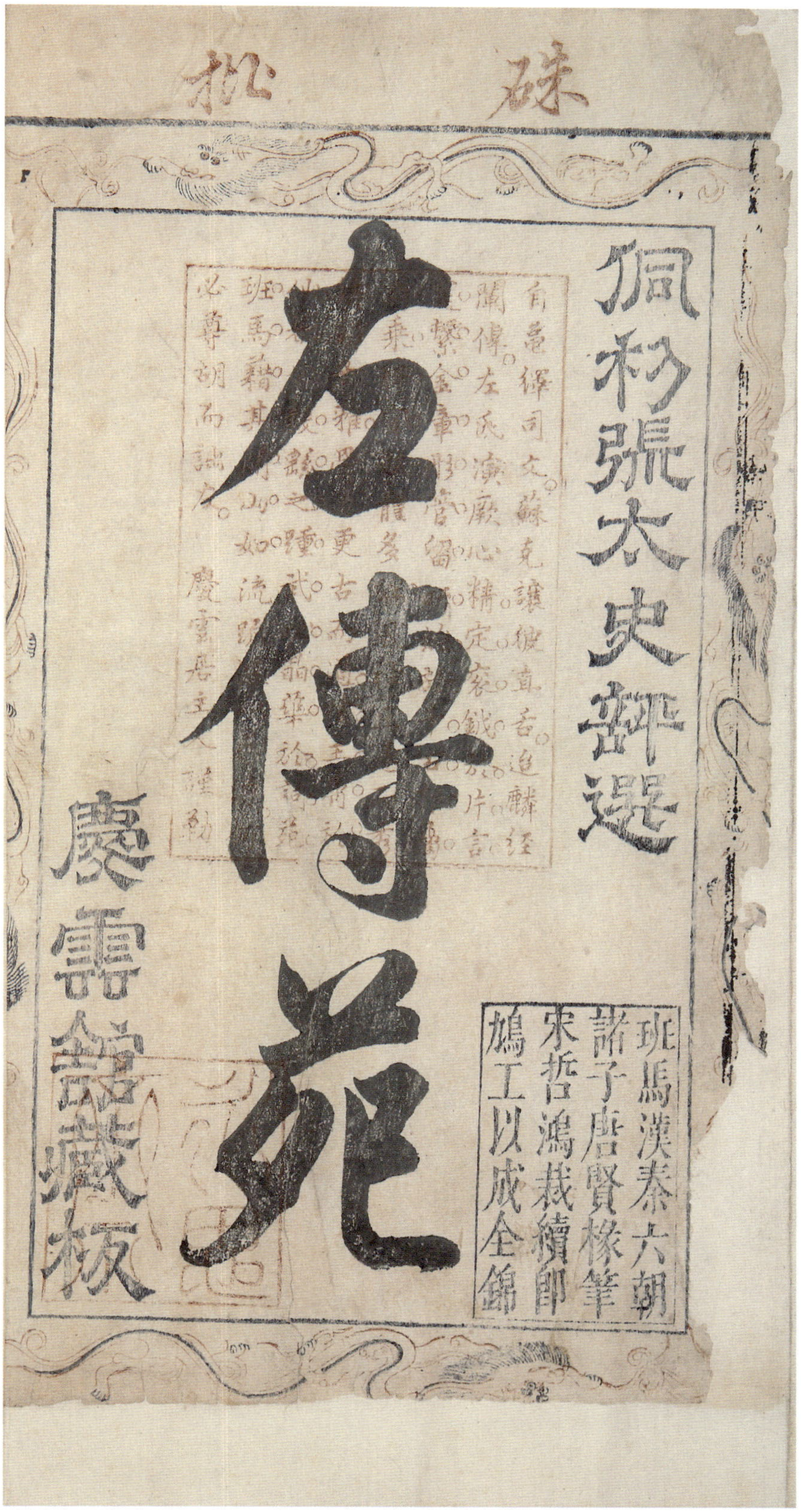
硃批
侗初張太史評選
左傳苑
班馬漢秦六朝諸子唐賢椽筆宋哲鴻裁續卽鳩工以成全錦
慶雲館藏板

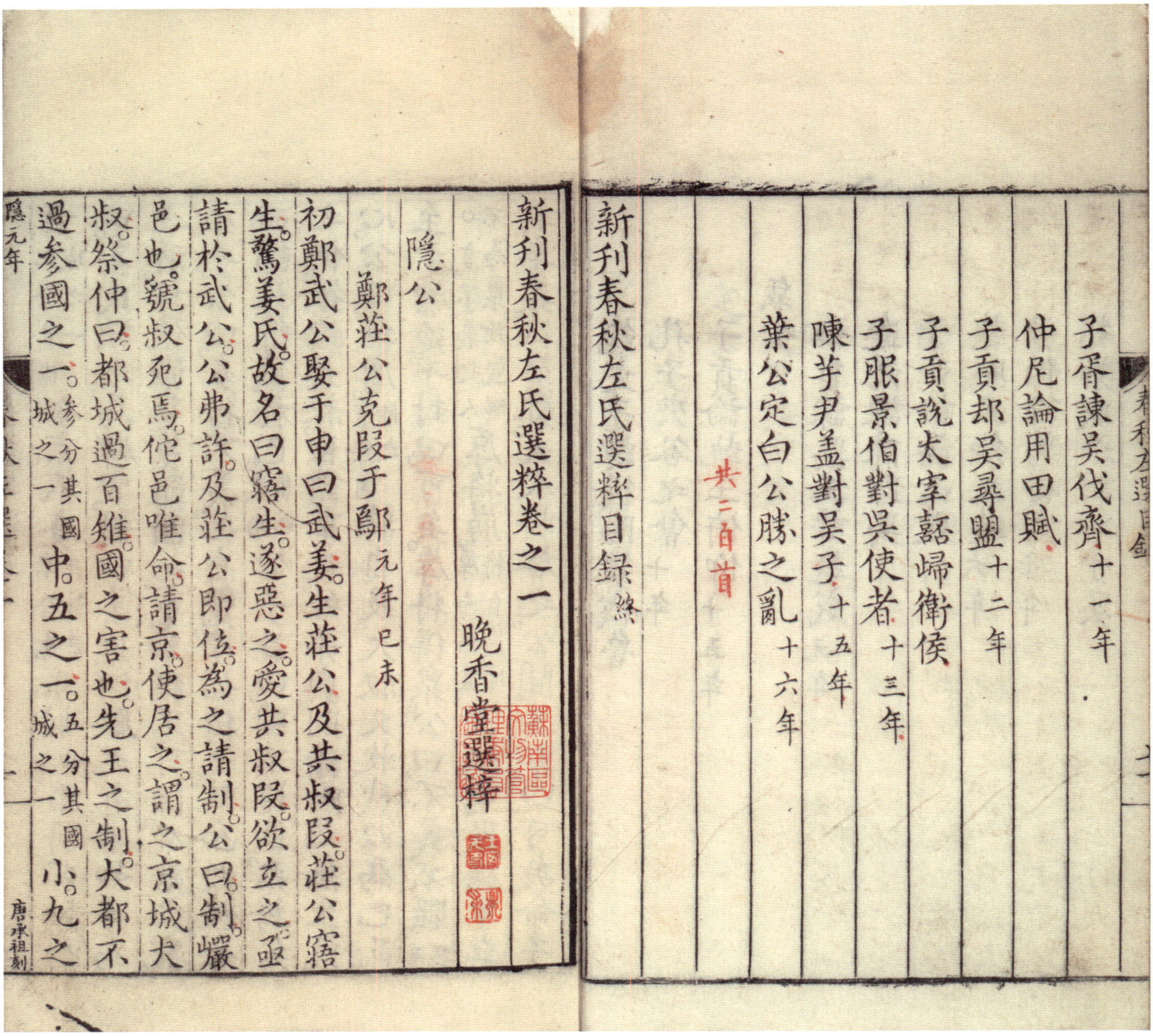
子胥諫吳伐齊 十一年
仲尼論用田賦
子貢却吳尋盟 十二年
子貢說太宰嚭歸衛侯
子服景伯對吳使者 十三年
陳芋尹蓋對吳子 十五年
葉公定白公勝之亂 十六年
共二百首
新刊春秋左氏選粹目録終

新刊春秋左氏選粹卷之一　晚香堂選梓
隱公
鄭莊公克段于鄢 元年已未
初鄭武公娶于申曰武姜生莊公及共叔段莊公寤
生驚姜氏故名曰寤生遂惡之愛共叔段欲立之亟
請於武公公弗許及莊公即位為之請制公曰制巖
邑也虢叔死焉佗邑唯命請京使居之謂之京城大
叔祭仲曰都城過百雉國之害也先王之制大都不
過參國之一 參分其國城之一 中五之一 五分其國城之一 小九之
隱元年
唐承祖刻

12457 新刊春秋左氏選粹四卷 明晚香堂刻本

匡高18.9厘米，廣14厘米。半葉十行，行二十字，白口，左右雙邊。吉林省圖書館藏。

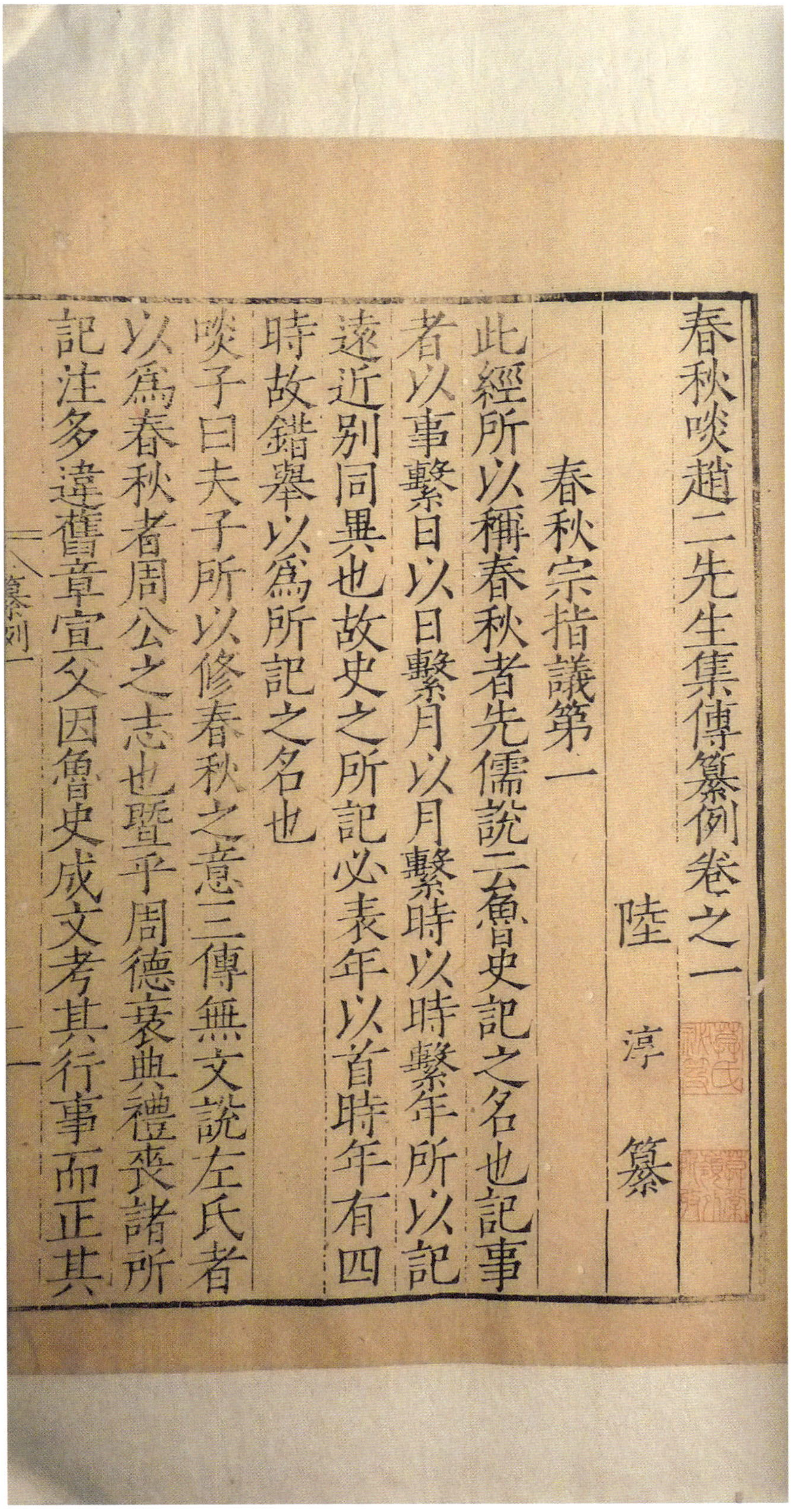

春秋啖趙二先生集傳纂例卷之一

陸淳纂

春秋宗指議第一

此經所以稱春秋者先儒説云魯史記之名也記事者以事繫日以日繫月以月繫時以時繫年所以記遠近别同異也故史之所記必表年以首時年有四時故錯舉以爲所記之名也

啖子曰夫子所以修春秋之意三傳無文説左氏者以爲春秋者周公之志也暨乎周德衰典禮喪諸所記注多違舊章宣父因魯史成文考其行事而正其

纂例一　一

12458 春秋啖趙二先生集傳纂例十卷　（唐）陸淳撰　明嘉靖刻本

匡高19.5厘米，廣14.5厘米。半葉十行，行二十字，小字雙行同，白口，左右雙邊。有“曾在李鹿山處”“莫棠嶺外所收”等印。莫棠跋。江西省博物館藏。

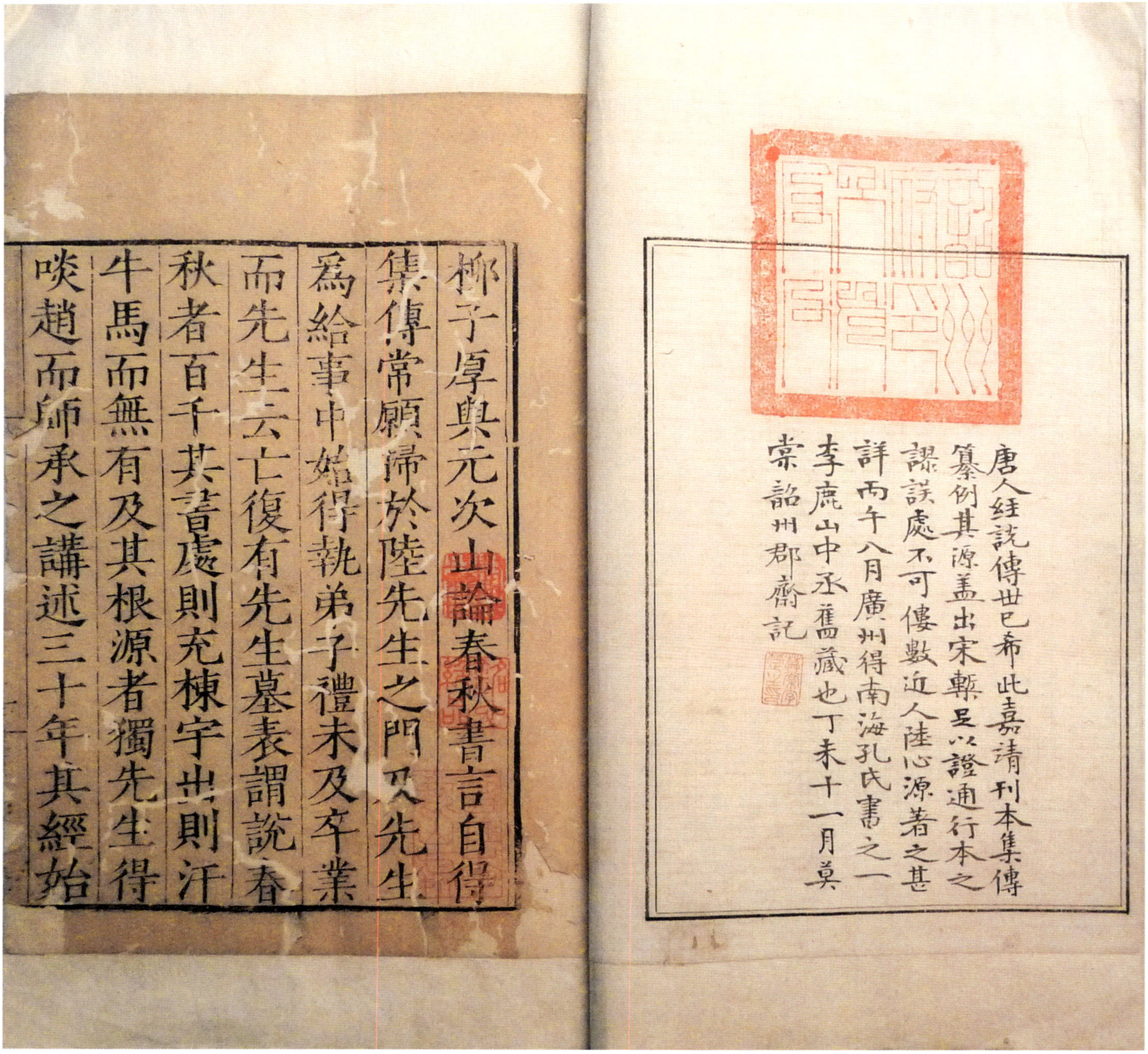

12458 春秋啖趙二先生集傳纂例十卷

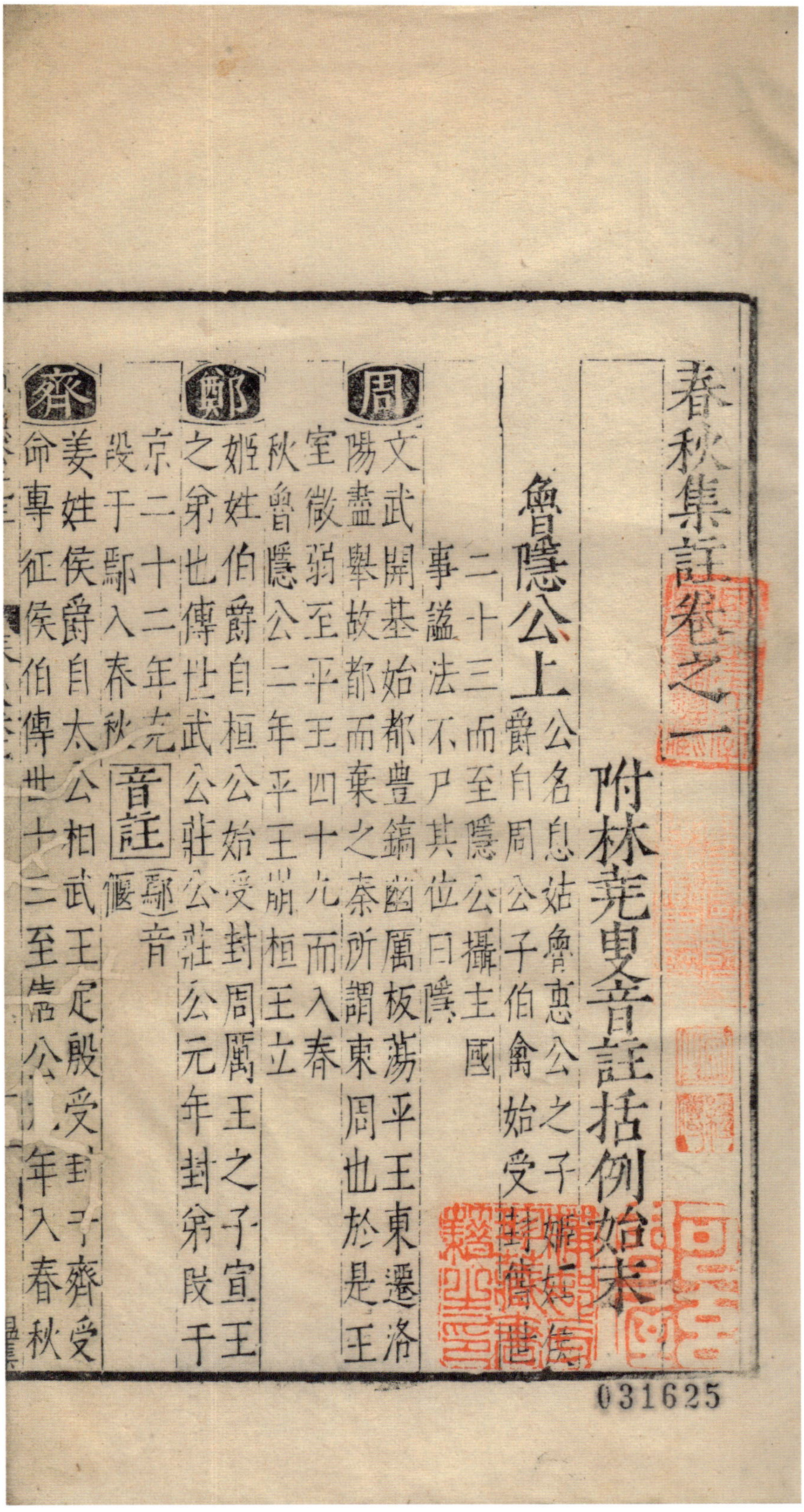
春秋集註卷之一
附林堯叟音註括例始末
魯隱公上 公名息姑魯惠公之子姬姓侯爵自周公子伯禽始受封傳書二十三而至隱公攝主國事謚法不尸其位曰隱

周 文武開基始都豐鎬幽厲板蕩平王東遷洛陽盡舉故都而棄之秦所謂東周也於是王室微弱至平王四十九而入春秋魯隱公二年平王崩桓王立

鄭 姬姓伯爵自桓公始受封周厲王之子宣王之弟也傳世武公莊公莊公元年封弟段于京二十二年克段于鄢入春秋 音註 鄢音偃

齊 姜姓侯爵自太公相武王定殷受封于齊受命專征侯伯傳世十三至僖公九年入春秋

12459 春秋集註三十卷 （宋）胡安國撰 （宋）林堯叟音注 明嘉靖三十年（1551）逢原溪館刻本

匡高20.4厘米，廣14.5厘米。半葉九行，行十八字，小字雙行同，白口，左右雙邊。有“嘉靖辛亥歲石筍山人梓於逢原谿館”牌記。江西師範大學圖書館藏。

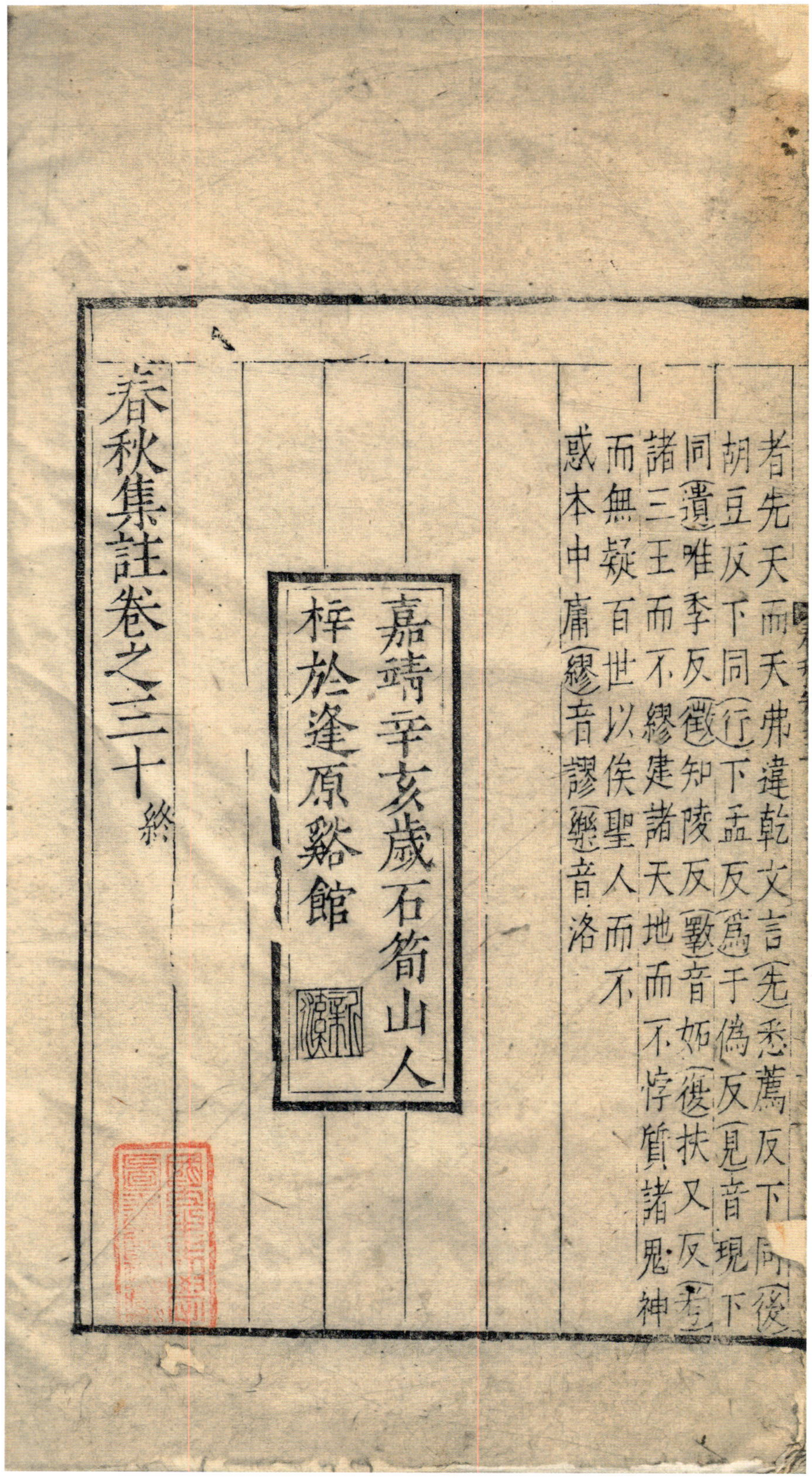

者先天而天弗違乾文言(先)悉薦反下同(後)
胡豆反下同(行)下孟反(爲)于僞反(見)音現下
同(遺)唯季反(徵)知陵反(數)音妬(復)扶又反(考)
諸三王而不繆建諸天地而不悖質諸鬼神
而無疑百世以俟聖人而不
惑本中庸(繆)音謬(樂)音洛

嘉靖辛亥歲石筍山人
梓於逢原豁館

春秋集註卷之三十終

12459 春秋集註三十卷

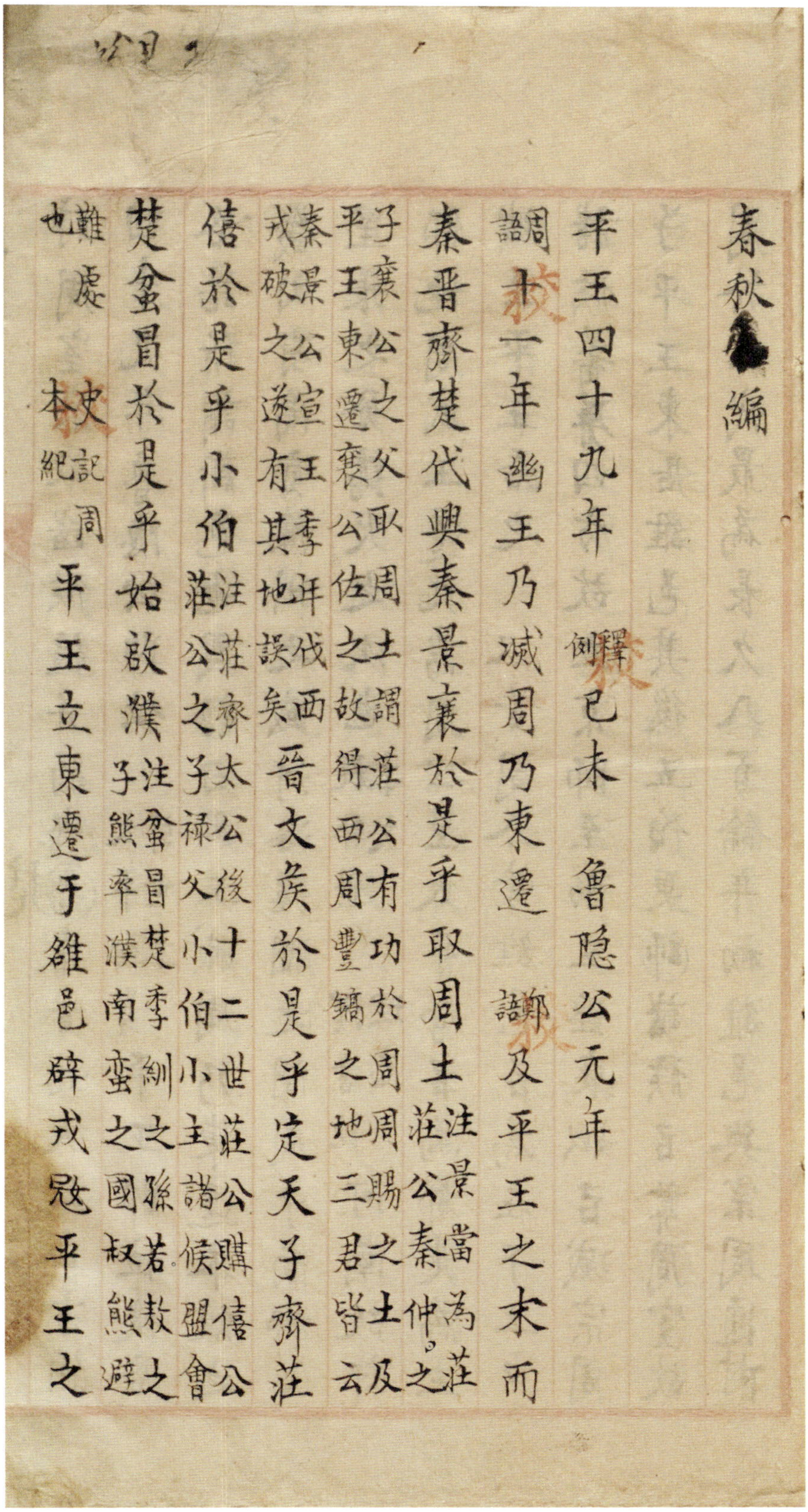

春秋[illegible]編

平王四十九年釋例己未魯隱公元年

周語十一年幽王乃滅周乃東遷鄭語及平王之末而

秦晋齊楚代興秦景襄於是乎取周土注景當為莊莊公秦仲之子襄公之父取周土謂莊公有功於周周賜之土及平王東遷襄公佐之故得西周豐鎬之地三君皆云秦景公宣王季年伐西戎破之遂有其地誤矣

晉文侯於是乎定天子齊莊僖於是乎小伯注莊齊太公後十二世莊公贖僖公莊公之子祿父小伯小主諸侯盟會

楚蚡冒於是乎始啟濮注蚡冒楚季紃之孫若敖之子熊率濮南蠻之國叔熊避難處也

史記周本紀平王立東遷于雒邑辟戎寇平王之

12460 春秋長編不分卷　（清）孫星衍編　稿本

匡高21.5厘米，廣14.1厘米。半葉十行，行二十字，小字雙行同，紅格，白口，四周單邊。有“盱眙吴氏藏書”等印。湖北省圖書館藏。

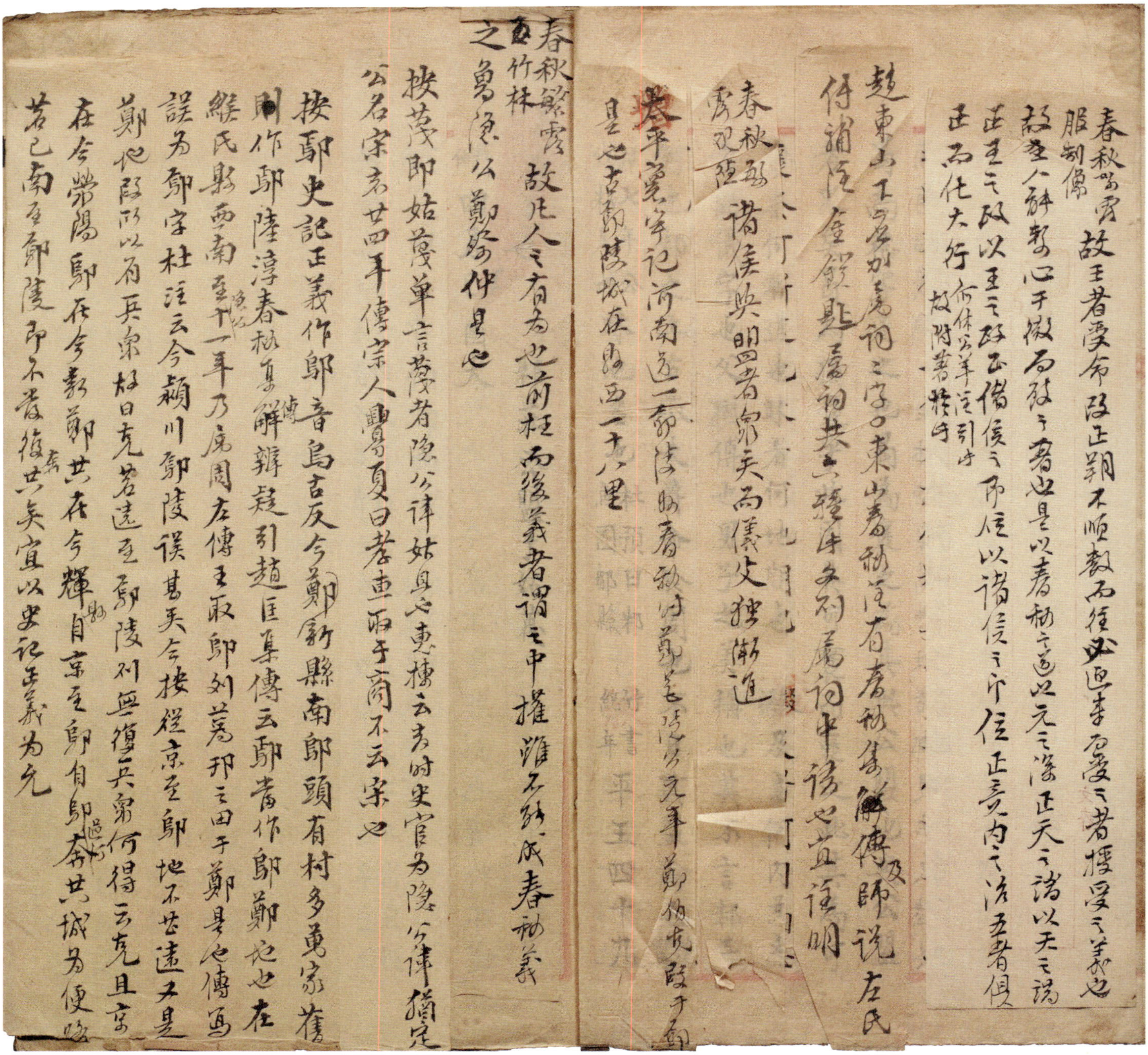

12460 春秋長編不分卷

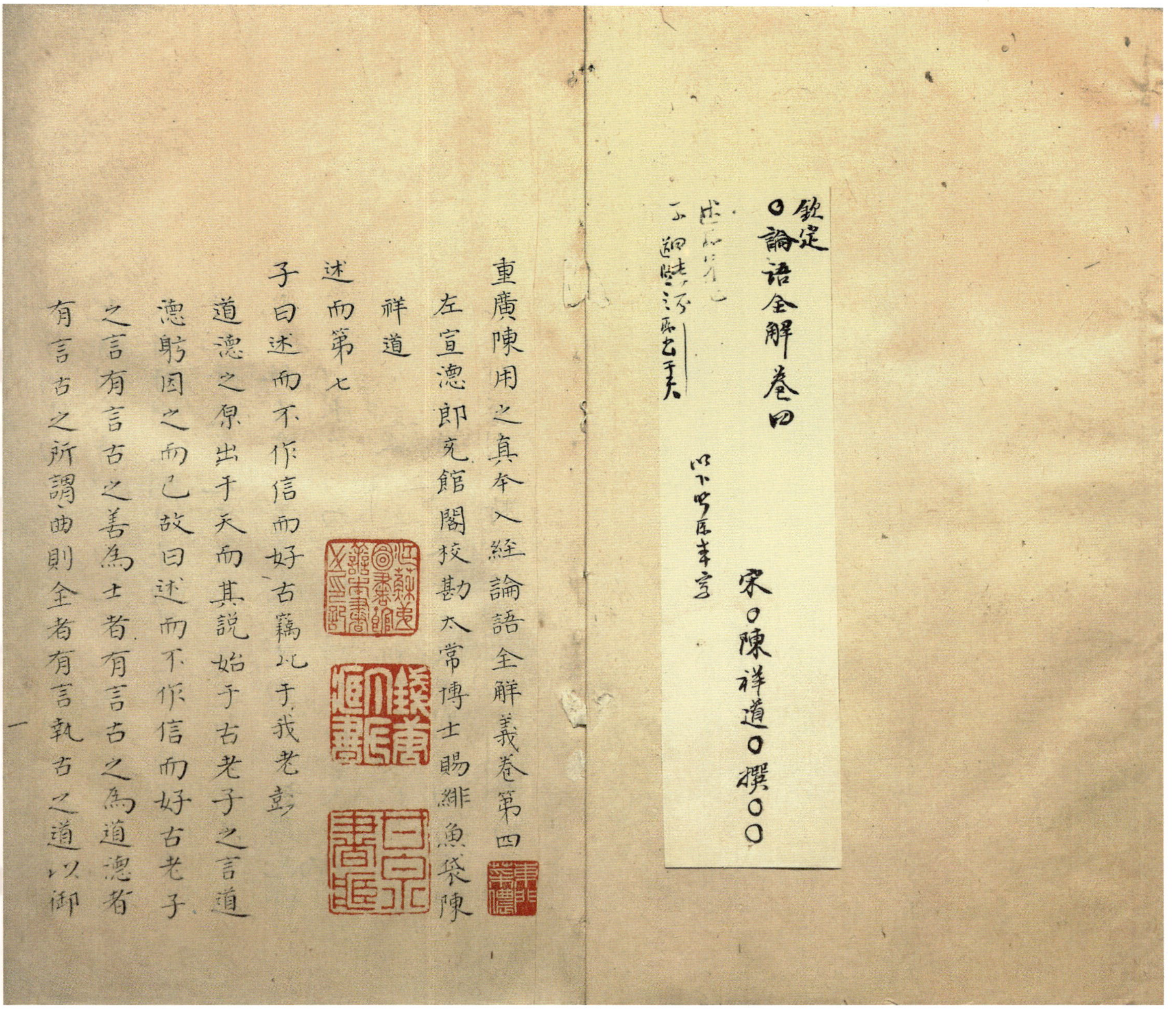

12461 重廣陳用之真本入經論語全解義十卷 （宋）陳祥道撰　清抄本[四庫底本]

半葉九行，行十九字。有“翰林院印”“古潭州袁臥雪廬收藏”“錢唐丁氏正修堂臧書”等印。丁丙跋。南京圖書館藏。

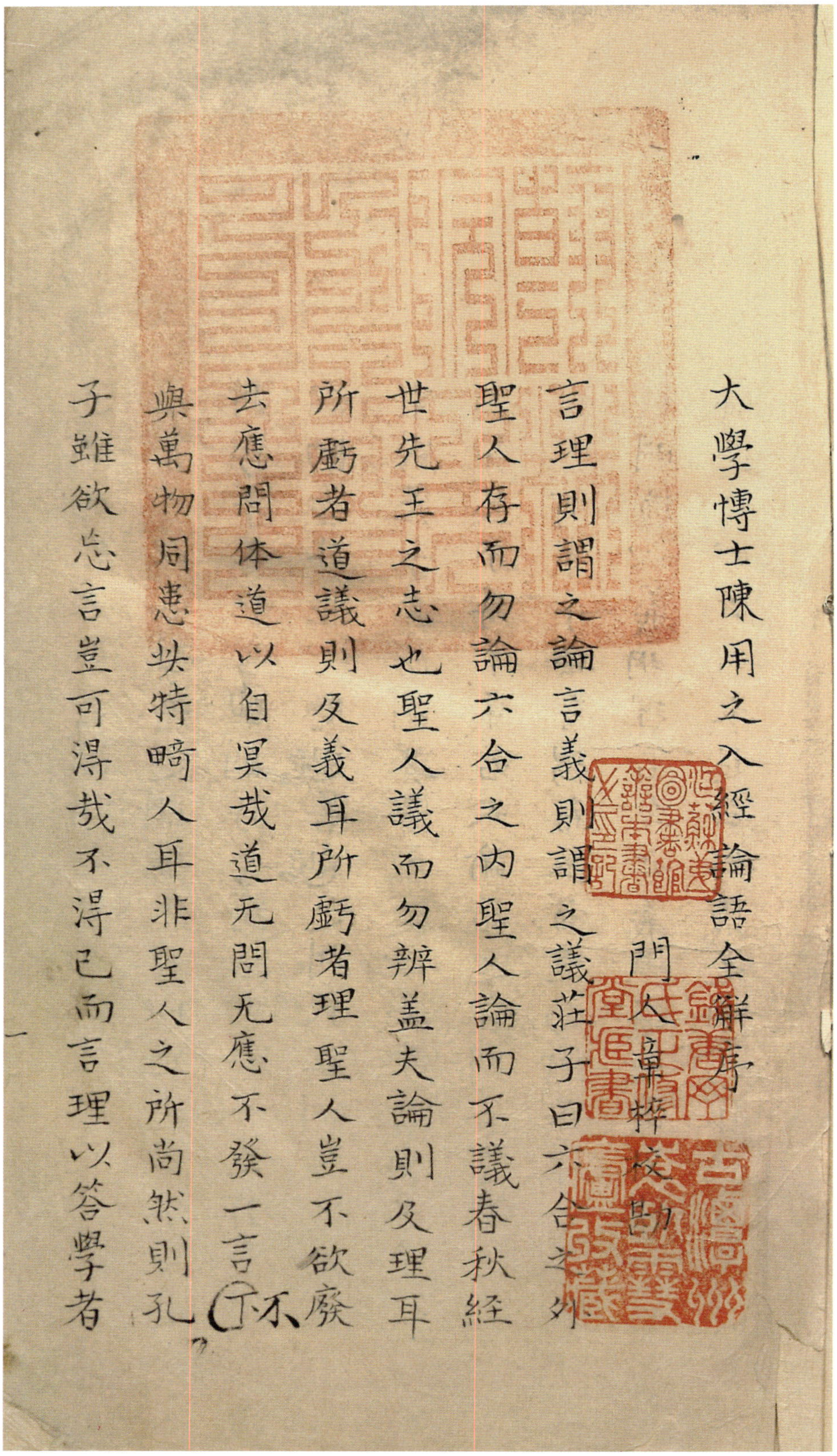
大學博士陳用之入經論語全解序
門人章梓校勘
言理則謂之論言義則謂之議莊子曰六合之外
聖人存而勿論六合之內聖人論而不議春秋經
世先王之志也聖人議而勿辨蓋夫論則及理耳
所虧者道議則及義耳所虧者理聖人豈不欲廢
去應問体道以自冥哉道无問无應不發一言不
與萬物同患然特畸人耳非聖人之所尚然則孔
子雖欲忘言豈可淂哉不淂已而言理以答學者

12461 重廣陳用之真本入經論語全解義十卷

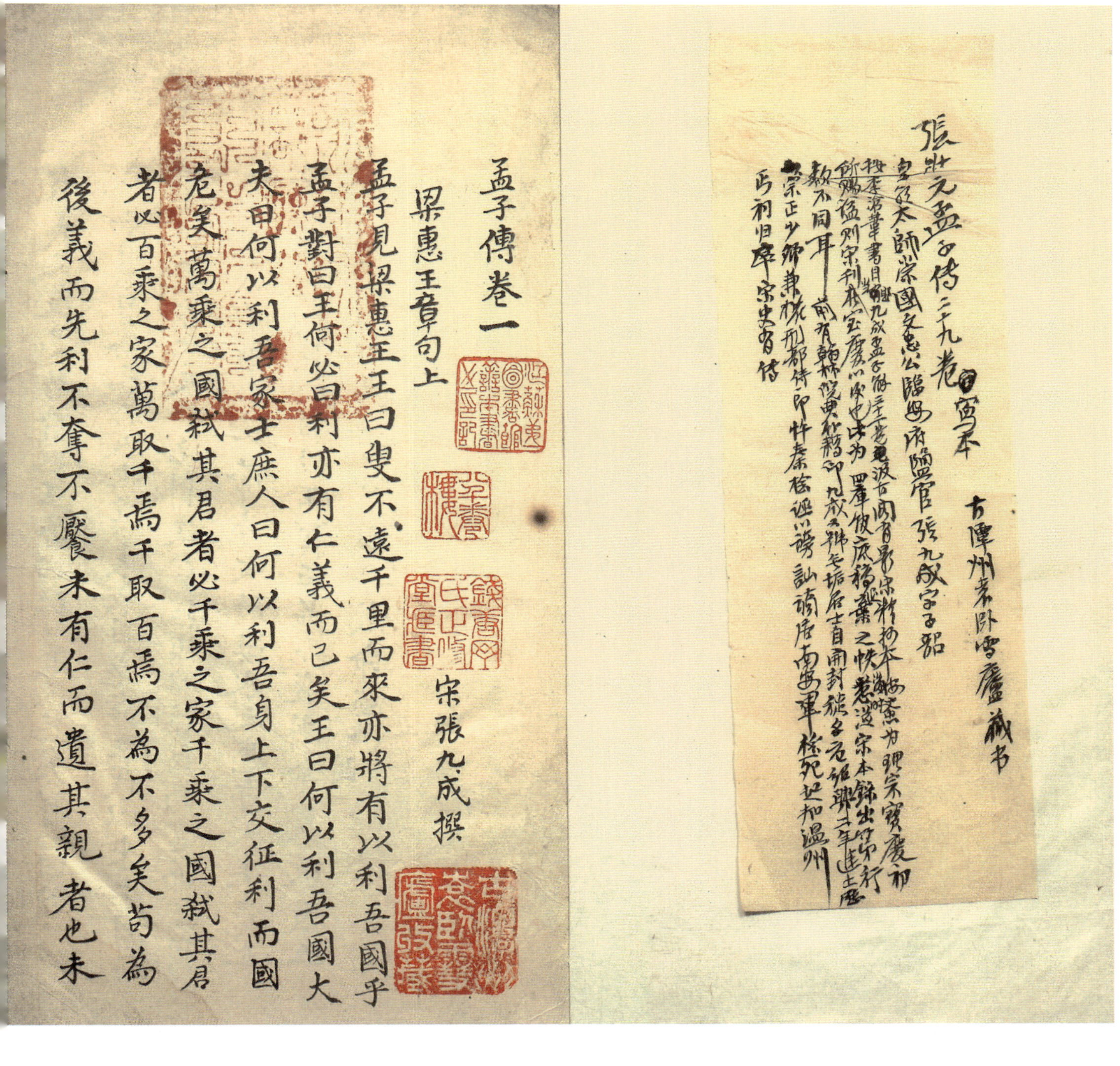

12462 張狀元孟子傳二十九卷 （宋）張九成撰 清抄本[四庫底本]

匡高22.3厘米，廣15.6厘米。半葉九行，行二十一字，白口，四周雙邊。有“翰林院典籍廳關防”“古潭州袁臥雪廬收藏”“錢唐丁氏正修堂藏書”“八千卷樓”等印。丁丙跋。南京圖書館藏。

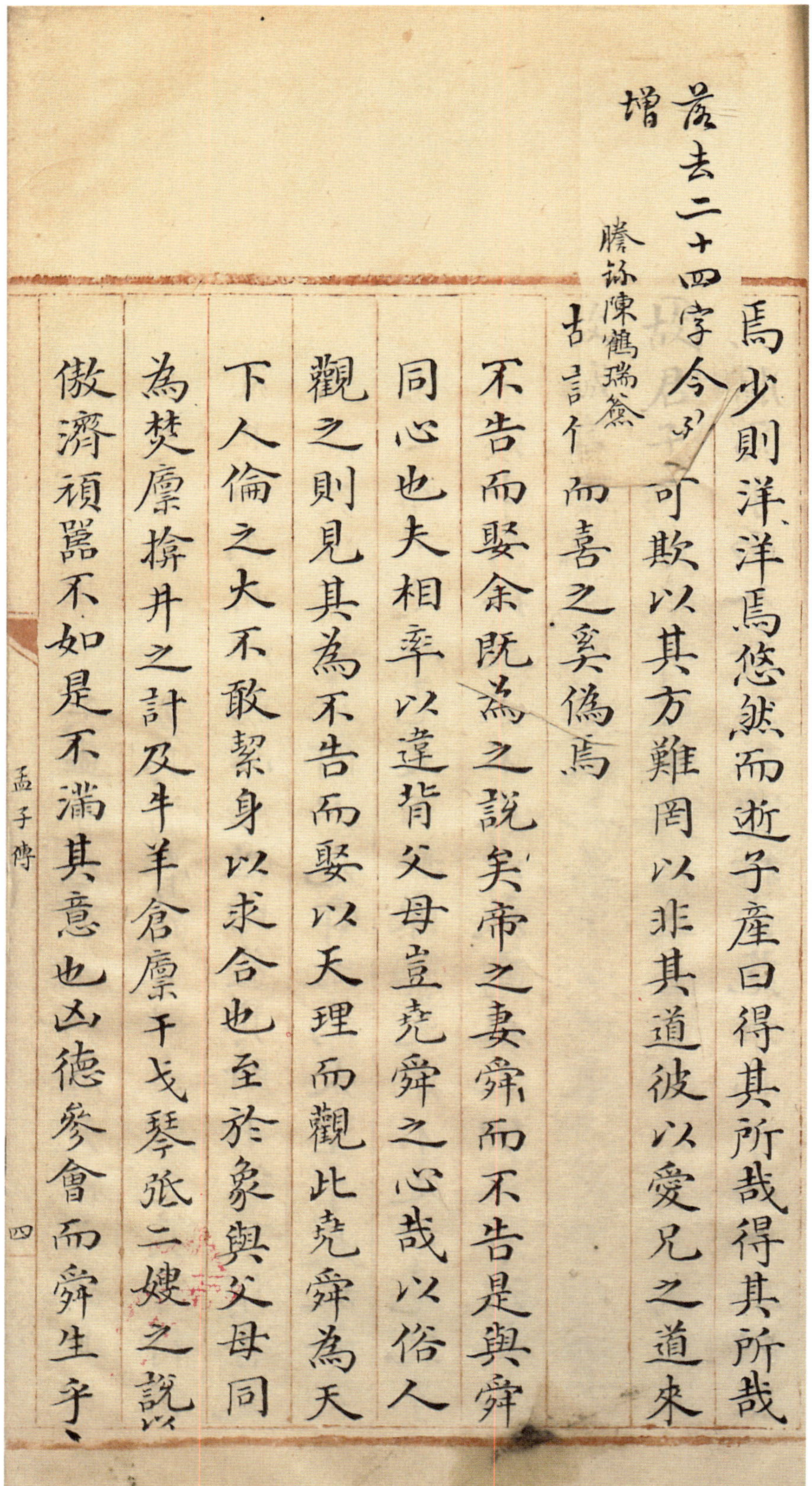
簽去二十四字今刁增
謄錄陳鶴瑞簽

焉少則洋洋焉悠然而逝子產曰得其所哉得其所哉
可欺以其方難罔以非其道彼以愛兄之道來
古[illegible]而喜之奚偽焉
不告而娶余既為之說矣帝之妻舜而不告是與舜
同心也夫相率以違背父母豈堯舜之心哉以俗人
觀之則見其為不告而娶以天理而觀此堯舜為天
下人倫之大不敢絜身以求合也至於象與父母同
為焚廩揜井之計及牛羊倉廩干戈琴弤二嫂之說以
傲濟頑嚚不如是不滿其意也凶德參會而舜生乎

孟子傳　四

12462 張狀元孟子傳二十九卷

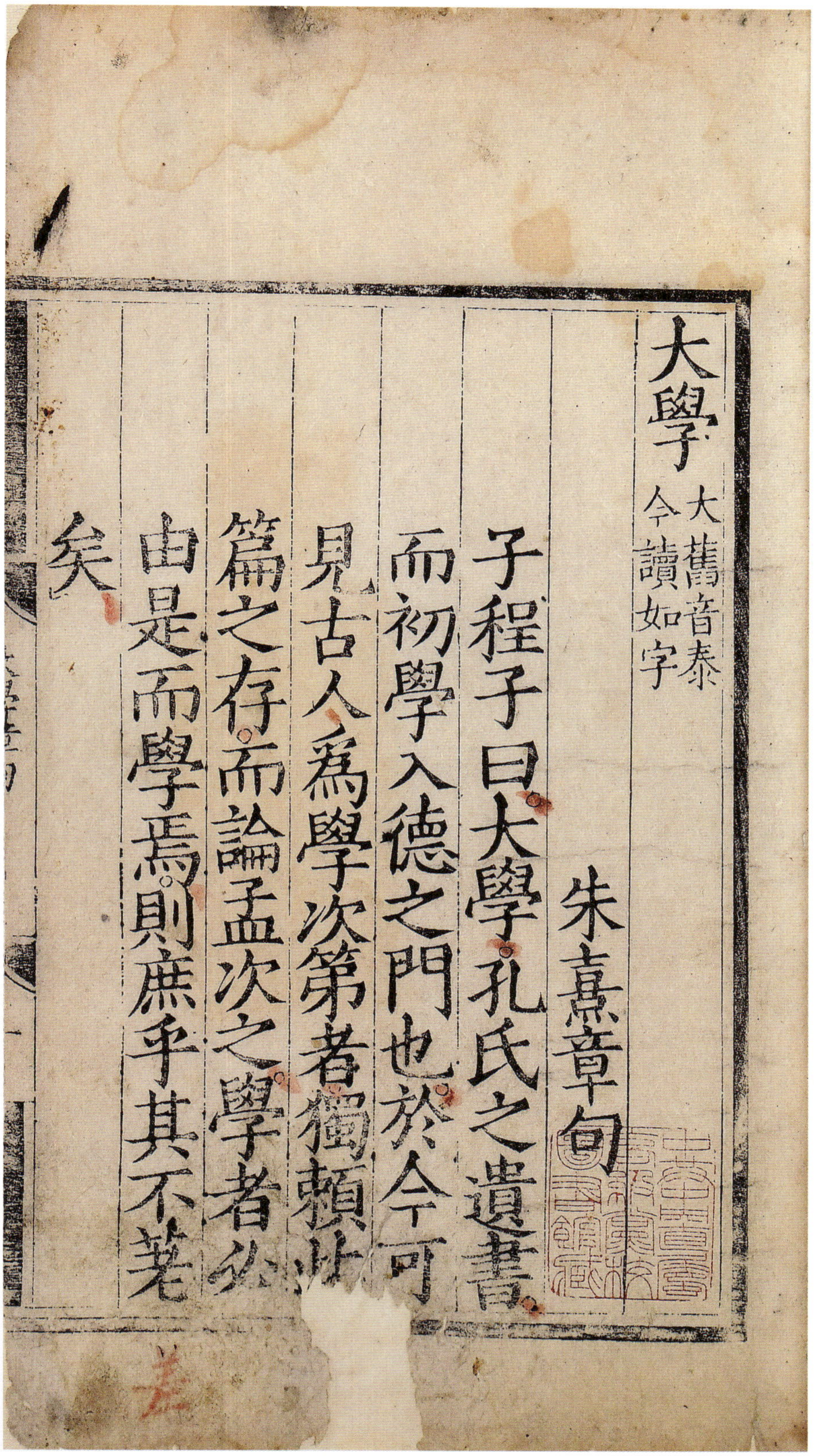

大學 大舊音泰 今讀如字

朱熹章句

子程子曰大學孔氏之遺書而初學入德之門也於今可見古人爲學次第者獨賴此篇之存而論孟次之學者必由是而學焉則庶乎其不差矣

12463 大學章句一卷或問一卷中庸章句一卷或問一卷 （宋）朱熹撰　明嘉靖四十三年（1564）益藩皐平府敬所樂善堂刻本

匡高23.2厘米，廣16.5厘米。半葉八行，行十四字，小字雙行十八字，黑口，四周雙邊。中共中央黨校圖書館藏。

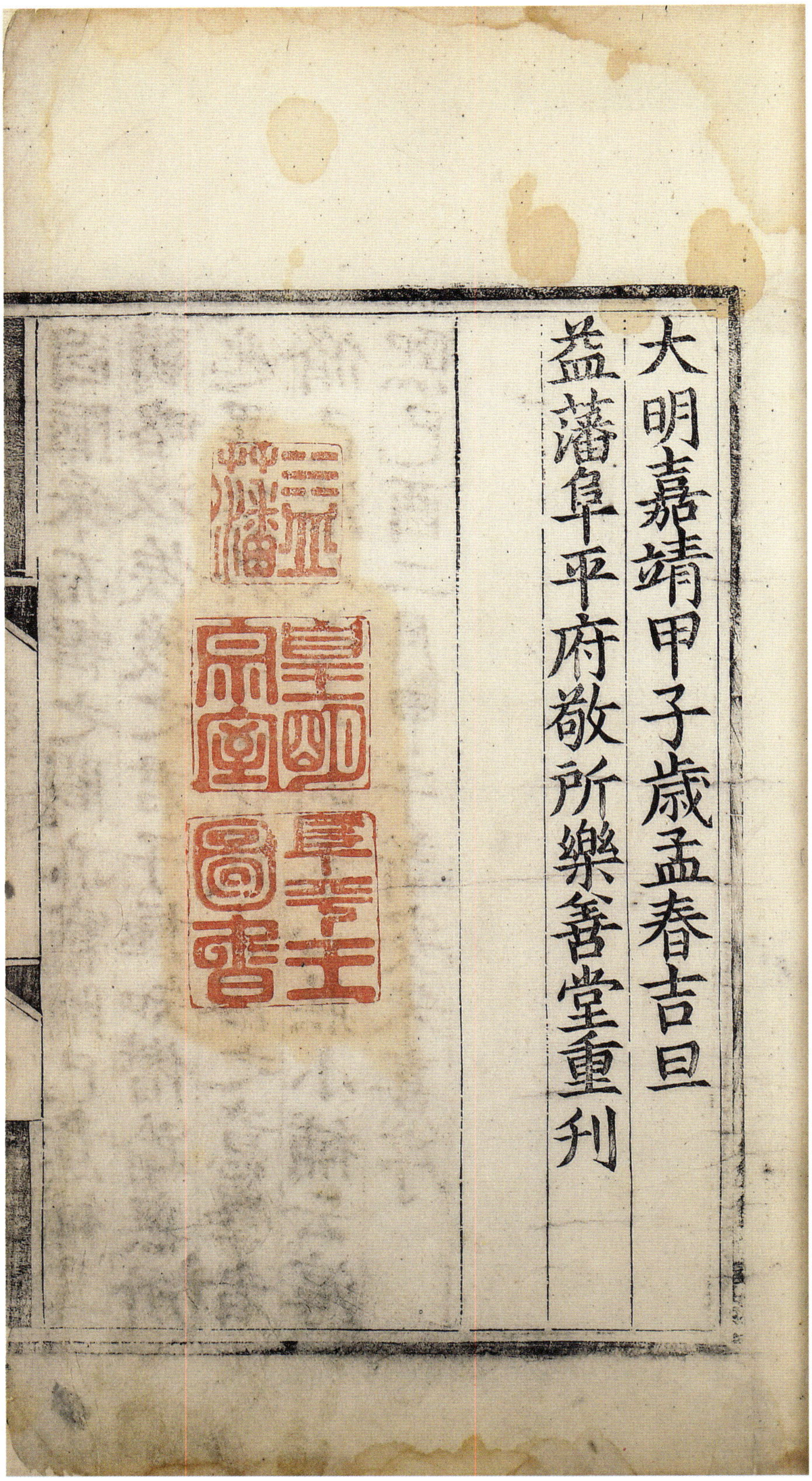

12463 大學章句一卷或問一卷中庸章句一卷或問一卷

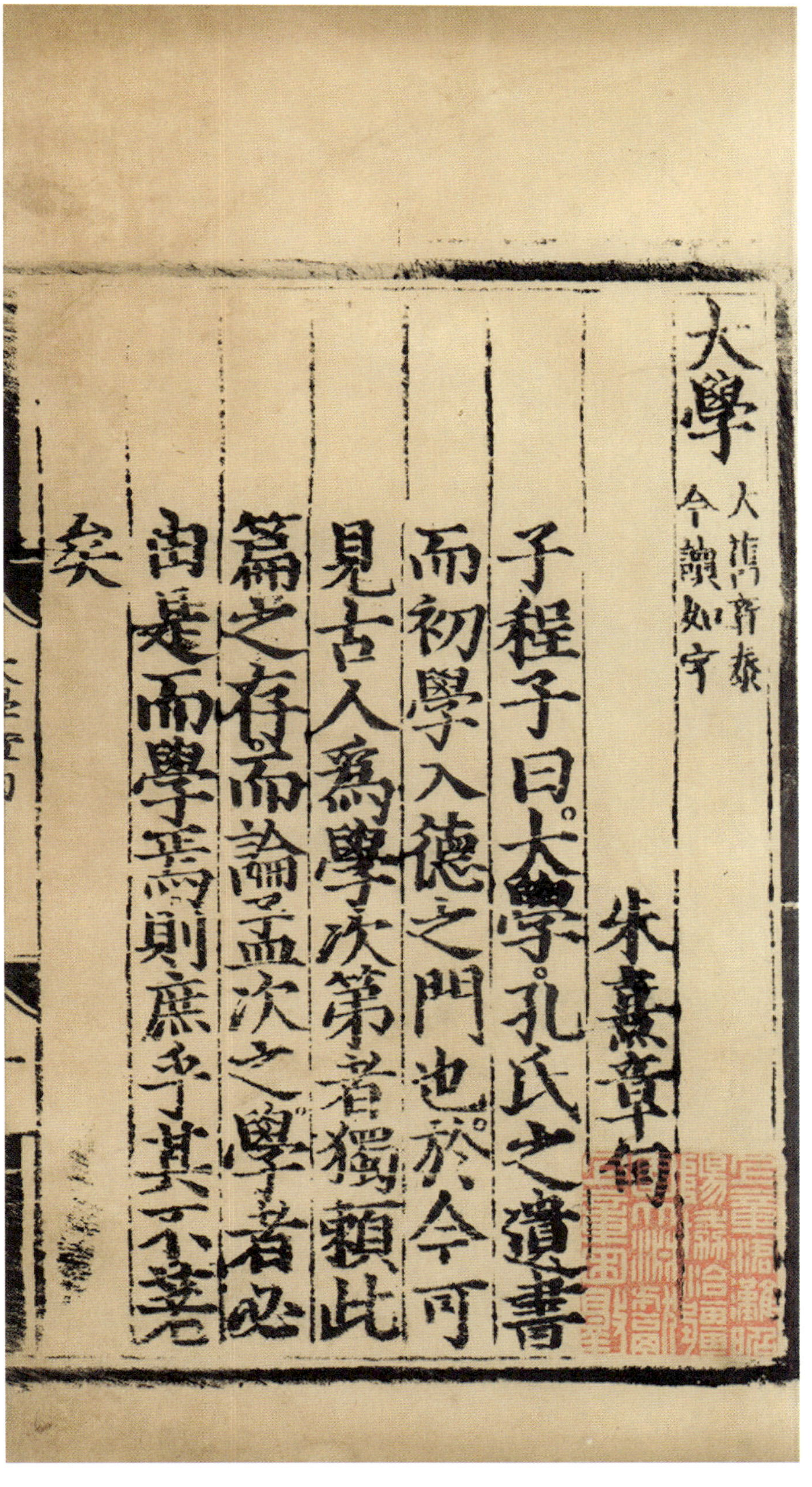

12464 四書章句集注二十八卷 （宋）朱熹撰　明吉府刻本

匡高23厘米，廣16.5厘米。半葉八行，行十四字，小字雙行十八字，黑口，四周雙邊。有“吉府圖書”等印。中國書店藏。

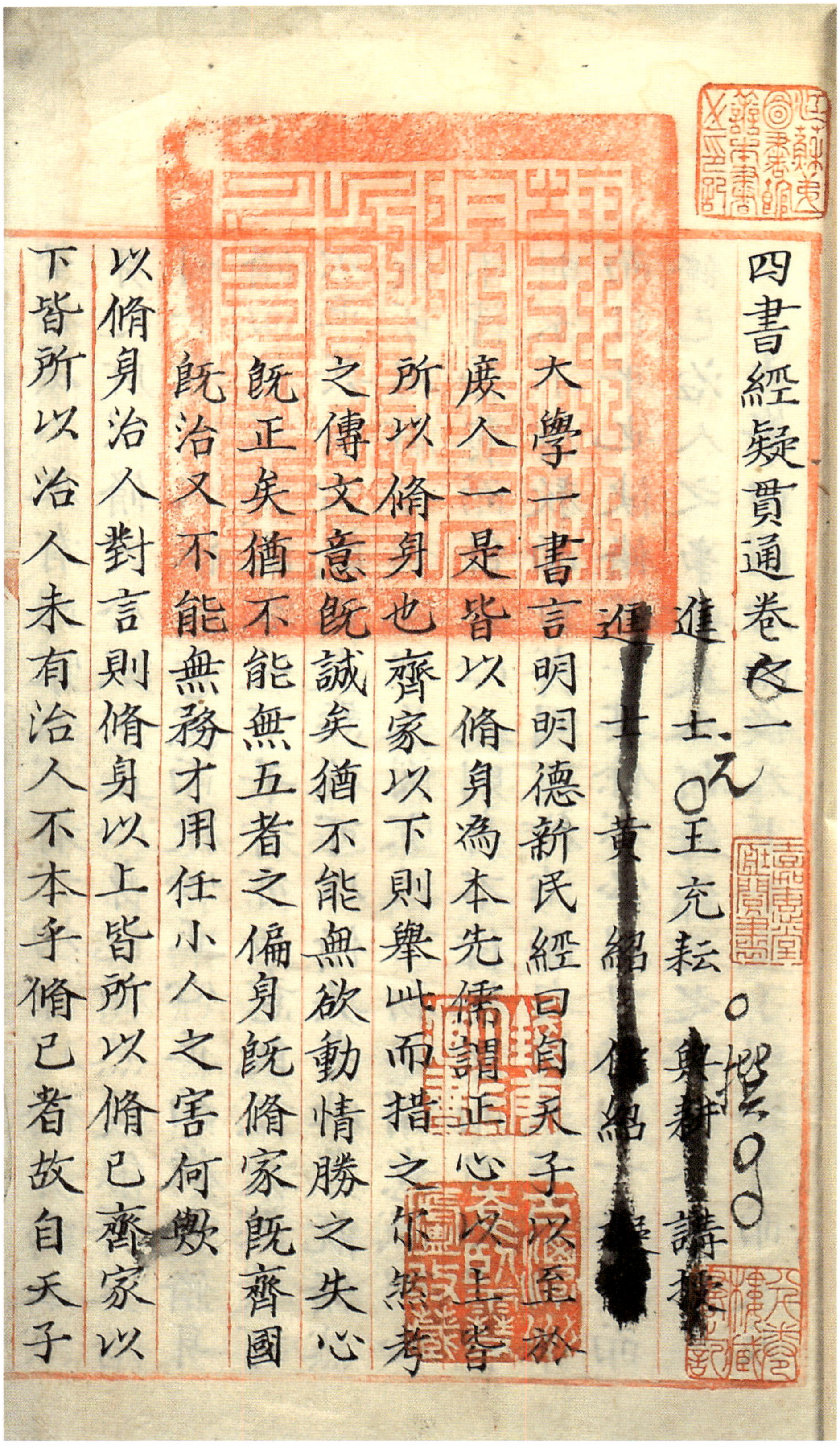

12465 四書經疑貫通八卷 （元）王充耘撰 明抄本[四庫底本]

匡高22.3厘米，廣15.6厘米。半葉十一行，行二十字，紅格，白口，四周單邊。有"翰林院印""古潭州袁臥雪廬收藏""八千卷樓藏書記""嘉惠堂藏閲書"等印。丁丙跋。南京圖書館藏。

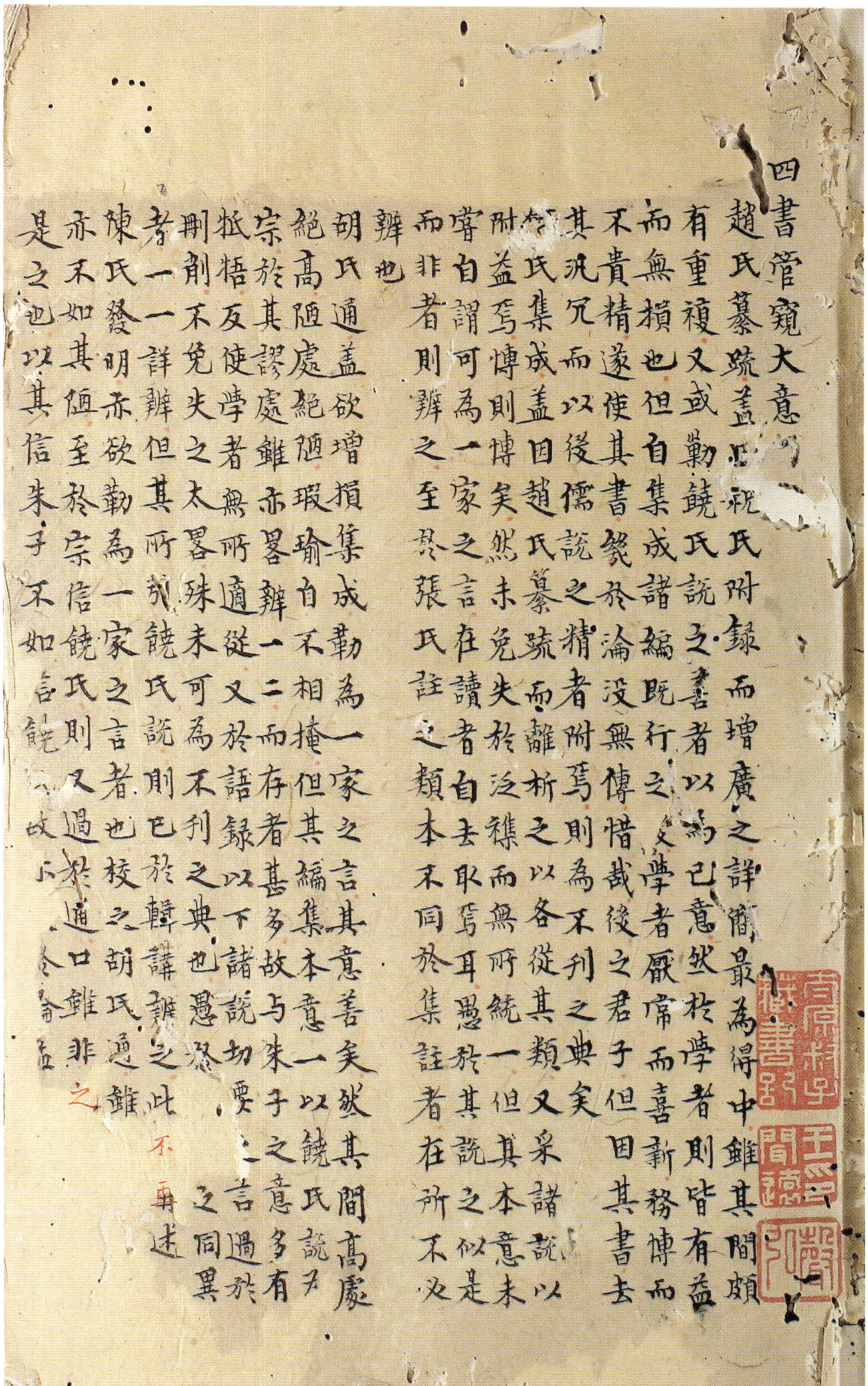

四書管窺大意
趙氏纂疏蓋以祝氏附録而增廣之詳備最為得中雖其間頗
有重複又或勦饒氏說之善者以為己意然於學者則皆有益
而無損也但自集成諸編既行之久學者厭常而喜新務博而
不貴精遂使其書湮於淪沒無傳惜哉後之君子但因其書去
其汎冗而以後儒說之精者附焉則為不刊之典矣
倪氏集成蓋因趙氏纂疏而離析之以各從其類又采諸說以
附益焉博則博矣然未免失於泛襍而無所統一但其本意未
嘗自謂可為一家之言在讀者自去取焉耳愚於其說之似是
而非者則辨之至於張氏註之類本不同於集註者在所不必
辨也
胡氏通蓋欲增損集成勦為一家之言其意善矣然其間高處
絶高陋處絶陋瑕瑜自不相掩但其編集本意一以饒氏說為
宗於其謬處雖亦畧辨一二而存者甚多故与朱子之意多有
抵悟反使學者無所適從又於語録以下諸說切要之言過於
刪削不免失之太畧殊未可為不刊之典也愚於之同異
者一一詳辨但其所載饒氏說則已於輯講辨之此不再述
陳氏發明亦欲勦為一家之言者也校之胡氏通雖
亦不如其陋至於宗信饒氏則又過於通口雖非之
是之也以其信朱子不如信饒[illegible]故[illegible]

12466 四書管窺不分卷　（元）史伯璿撰　清初抄本

半葉二十行，行二十五字。有“王印聞遠”“太原叔子藏書記”等印。浙江省瑞安市博物館藏。

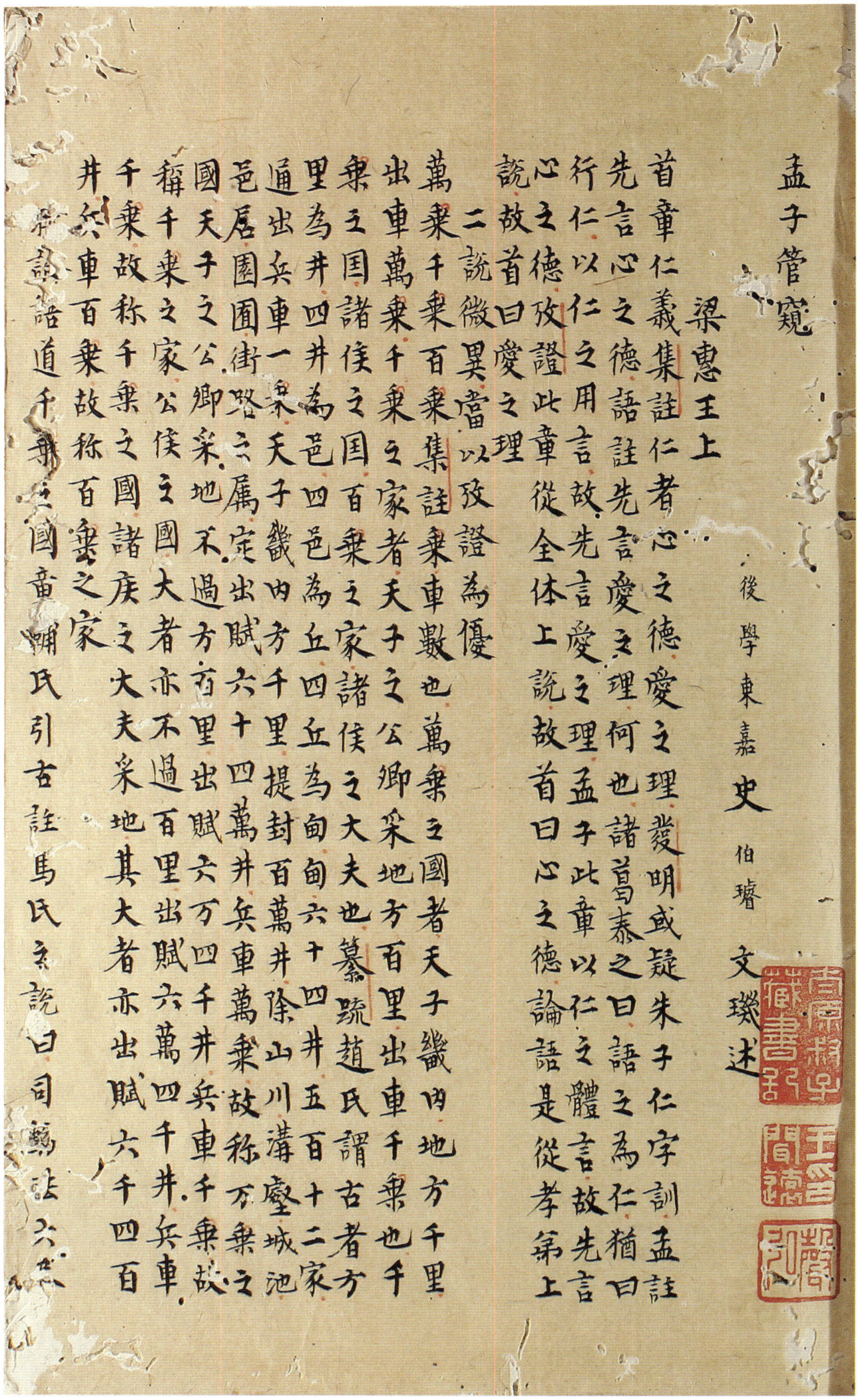

孟子管窺

梁惠王上

後學東嘉史伯璿文璣述

首章仁義集註仁者心之德愛之理發明或疑朱子仁字訓孟註先言心之德語註先言愛之理何也諸葛泰之曰語之為仁猶曰行仁以仁之用言故先言愛之理孟子此章以仁之體言故先言心之德故攷證此章從全体上說故首曰心之德論語是從孝弟上說故首曰愛之理

二說微異當以攷證為優

萬乘千乘百乘集註乘車數也萬乘之國者天子畿內地方千里出車萬乘千乘之家者天子之公卿采地方百里出車千乘也千乘之国諸侯之国百乘之家諸侯之大夫也纂疏趙氏謂古者方里為井四井為邑四邑為丘四丘為甸甸六十四井五百十二家通出兵車一乘天子畿內方千里提封百萬井除山川溝壑城池邑居園圃街路三之一屬定出賦六十四萬井兵車萬乘故称万乘之國天子之公卿采地不過方百里出賦六万四千井兵車千乘故稱千乘之家公侯之國大者亦不過百里出賦六萬四千井兵車千乘故称千乘之國諸侯之大夫采地其大者亦出賦六千四百井兵車百乘故称百乘之家

前趙語道千乘之國章輔氏引古註馬氏之說曰司馬法六尺

12466 四書管窺不分卷

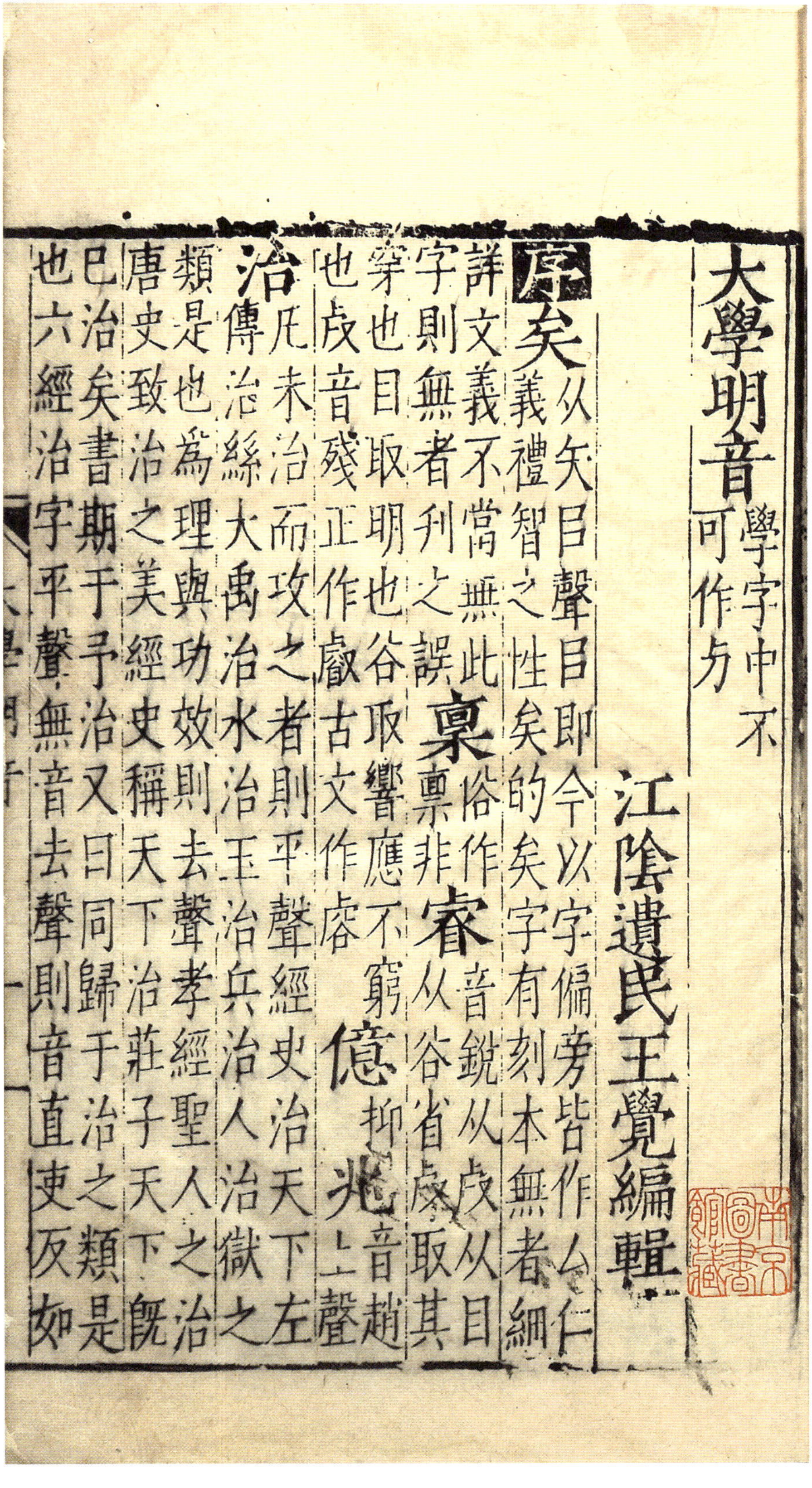

12467 四書五經明音十卷 （明）王覺撰 明嘉靖三十二年（1553）黄洪毗刻本

匡高20厘米，廣14.1厘米。半葉八行，行十七字，小字雙行同，白口，左右雙邊。南京圖書館藏。

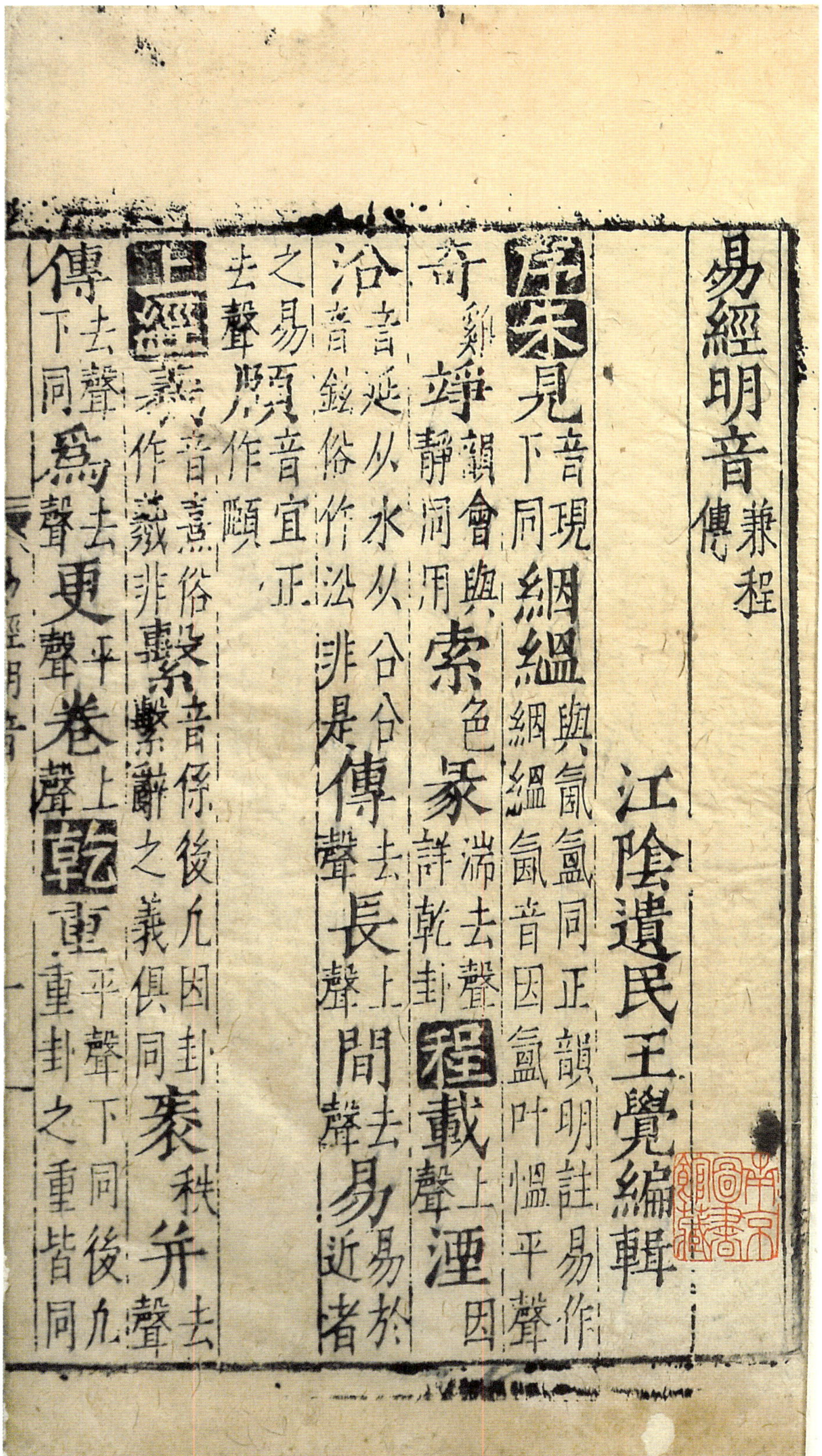
易經明音 兼程傳
江陰遺民王覺編輯
象 見音現下同 絪縕與氤氳同正韻明註易作絪縕氤音因氳叶慍平聲
奇[illegible] 竫韻會與靜[illegible]用 索色 彖湍去聲詳乾卦 程 載上聲 湮因
沿音延从水从㕣㕣音鉛俗作㳂非是 傳去聲 長上聲 間去聲 易易於近者
之易去聲 頤音宜正作頤
上經 [illegible]音熹俗作蒸非 繫音係後凡因卦繫辭之義俱同 袠秩 弁去聲
傳去聲下同 爲去聲 更平聲 卷上聲 乾 重平聲下同後凡重卦之重皆同
易經明音 一

12467 四書五經明音十卷

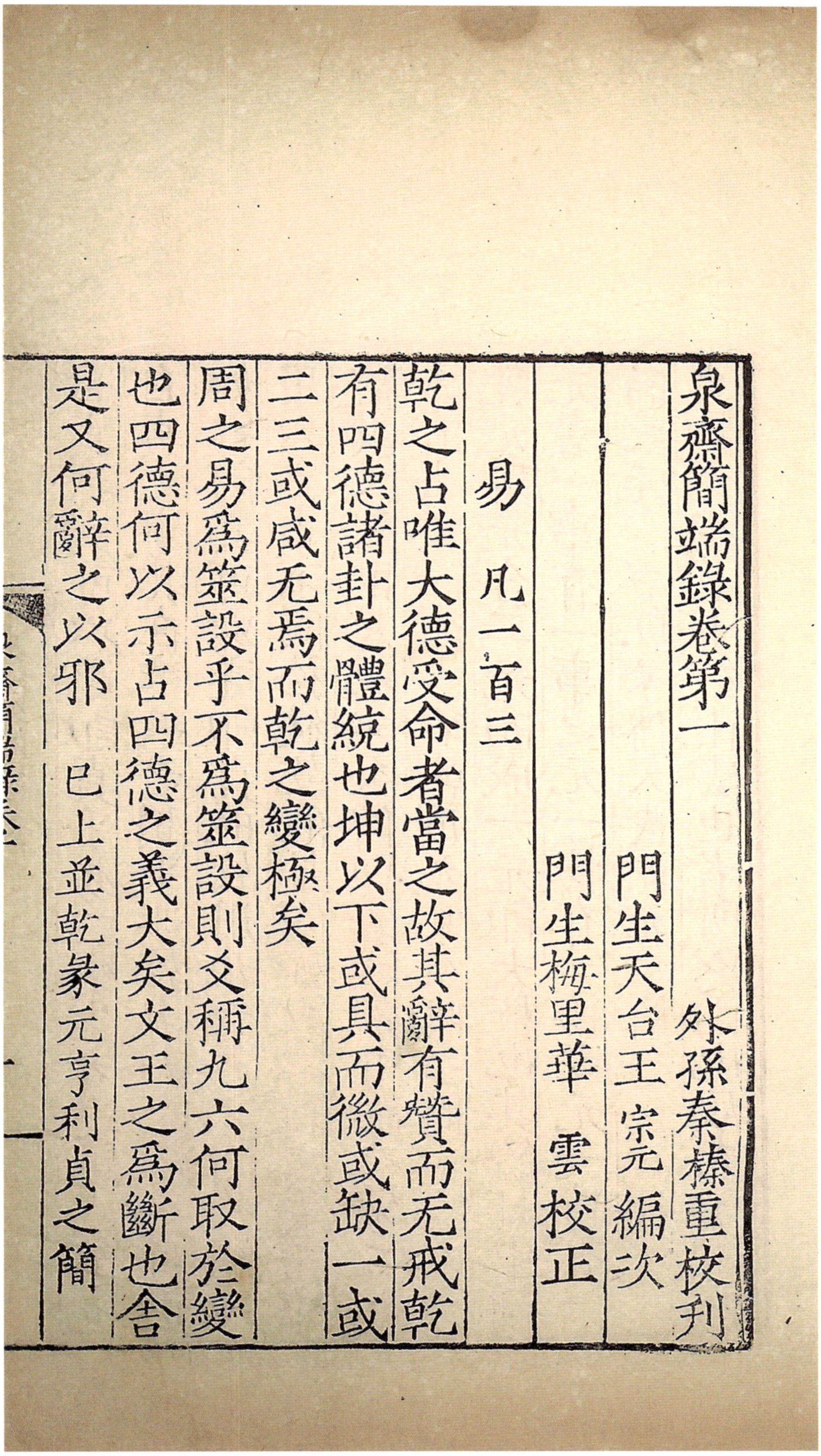

泉齋簡端錄卷第一

外孫秦榛重校刊

門生天台王　宗完編次

門生梅里華　雲校正

易　凡一百三

乾之占唯大德受命者當之故其辭有贊而无戒乾有四德諸卦之體統也坤以下或具而微或缺一或二三或咸无焉而乾之變極矣

周之易爲筮設乎不爲筮設則爻稱九六何取於變也四德何以示占四德之義大矣文王之爲斷也舍是又何辭之以邪　已上並乾彖元亨利貞之簡

12468 泉齋簡端錄十二卷　（明）邵寶撰　明秦榛刻本

匡高20.3厘米，廣14厘米。半葉十行，行二十字，白口，左右雙邊。河南省圖書館藏。

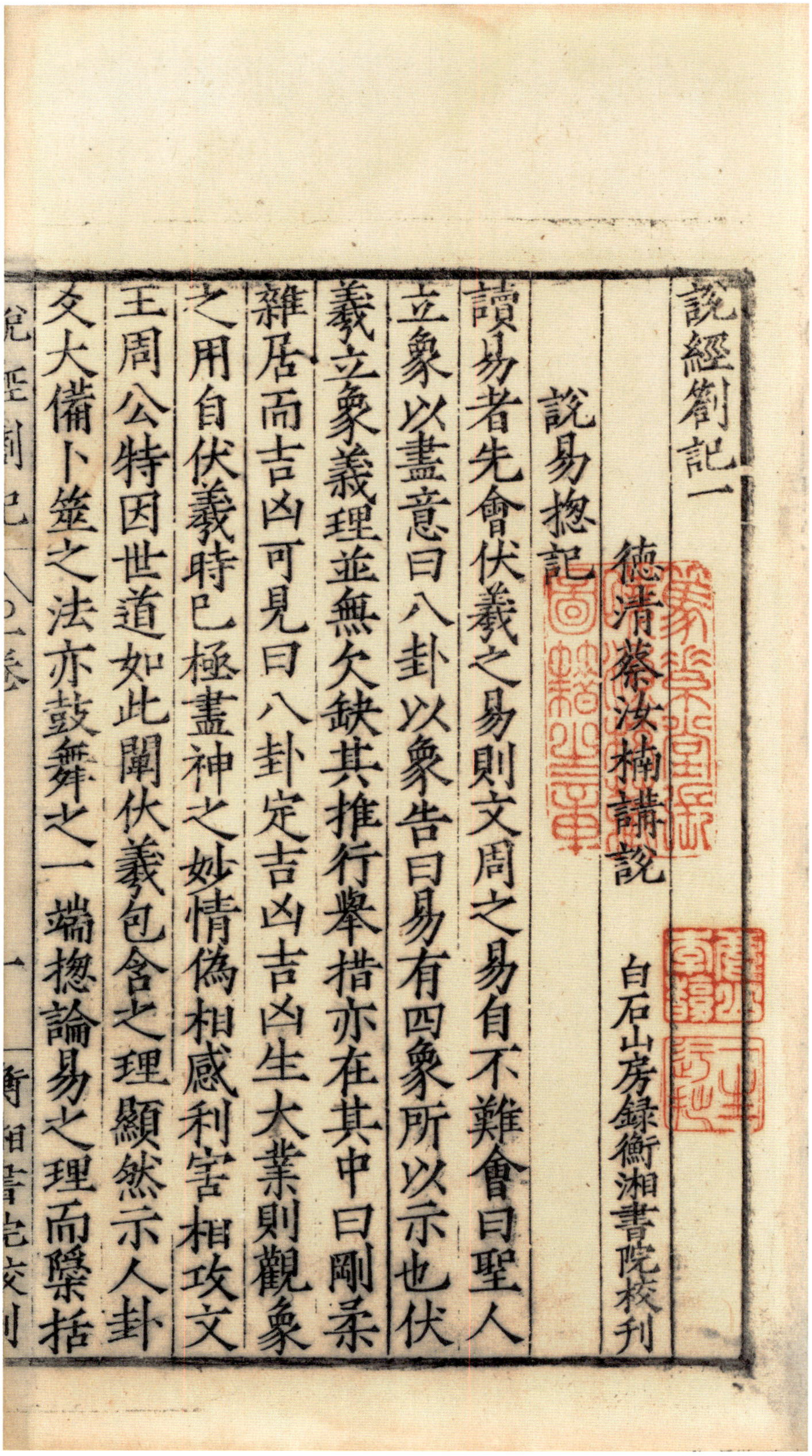
說經劄記一
德清蔡汝楠講說
白石山房録衡湘書院校刊
說易揔記
讀易者先會伏羲之易則文周之易自不難會曰聖人立象以盡意曰八卦以象告曰易有四象所以示也伏羲立象義理並無欠缺其推行舉措亦在其中曰剛柔雜居而吉凶可見曰八卦定吉凶吉凶生大業則觀象之用自伏羲時已極盡神之妙情偽相感利害相攻文王周公特因世道如此闡伏羲包含之理顯然示人卦爻大備卜筮之法亦鼓舞之一端揔論易之理而槩括
說經劄記　卷一　一　衡湘書院校刊

12469 說經劄記八卷　（明）蔡汝楠撰　明嘉靖衡湘書院刻本

匡高18.5厘米，廣12.8厘米。半葉十行，行二十一字，白口，四周單邊。有“篤素堂張曉漁校藏圖籍之章”等印。山東省平陰縣圖書館藏。

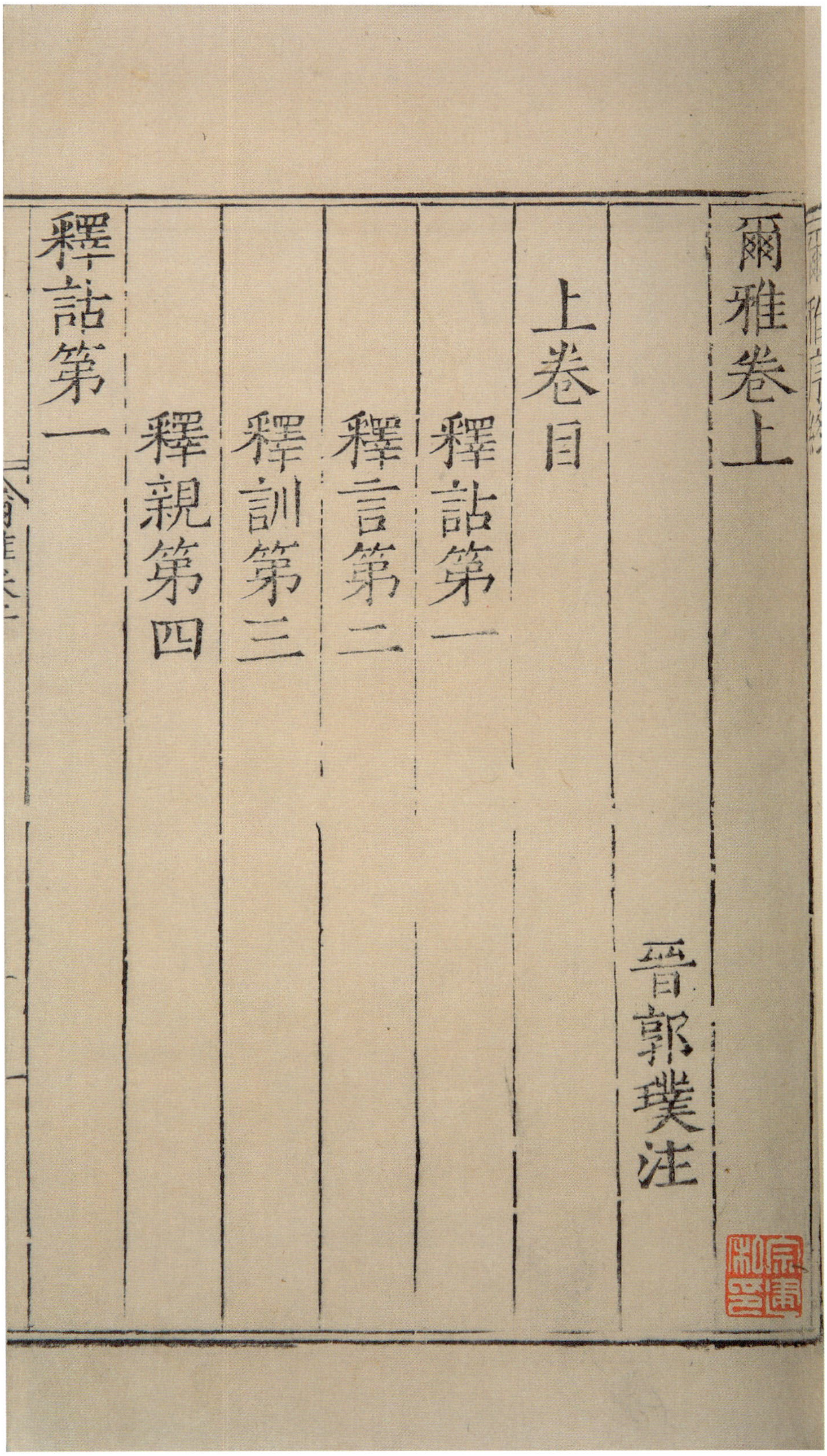

爾雅卷上

晉郭璞注

上卷目

釋詁第一

釋言第二

釋訓第三

釋親第四

釋詁第一

12470 爾雅三卷　（晉）郭璞注　明嘉靖十七年（1538）吴元恭刻本

匡高19.6厘米，廣14厘米。半葉八行，行十七字，小字雙行同，白口，四周雙邊。山東師範大學圖書館藏。

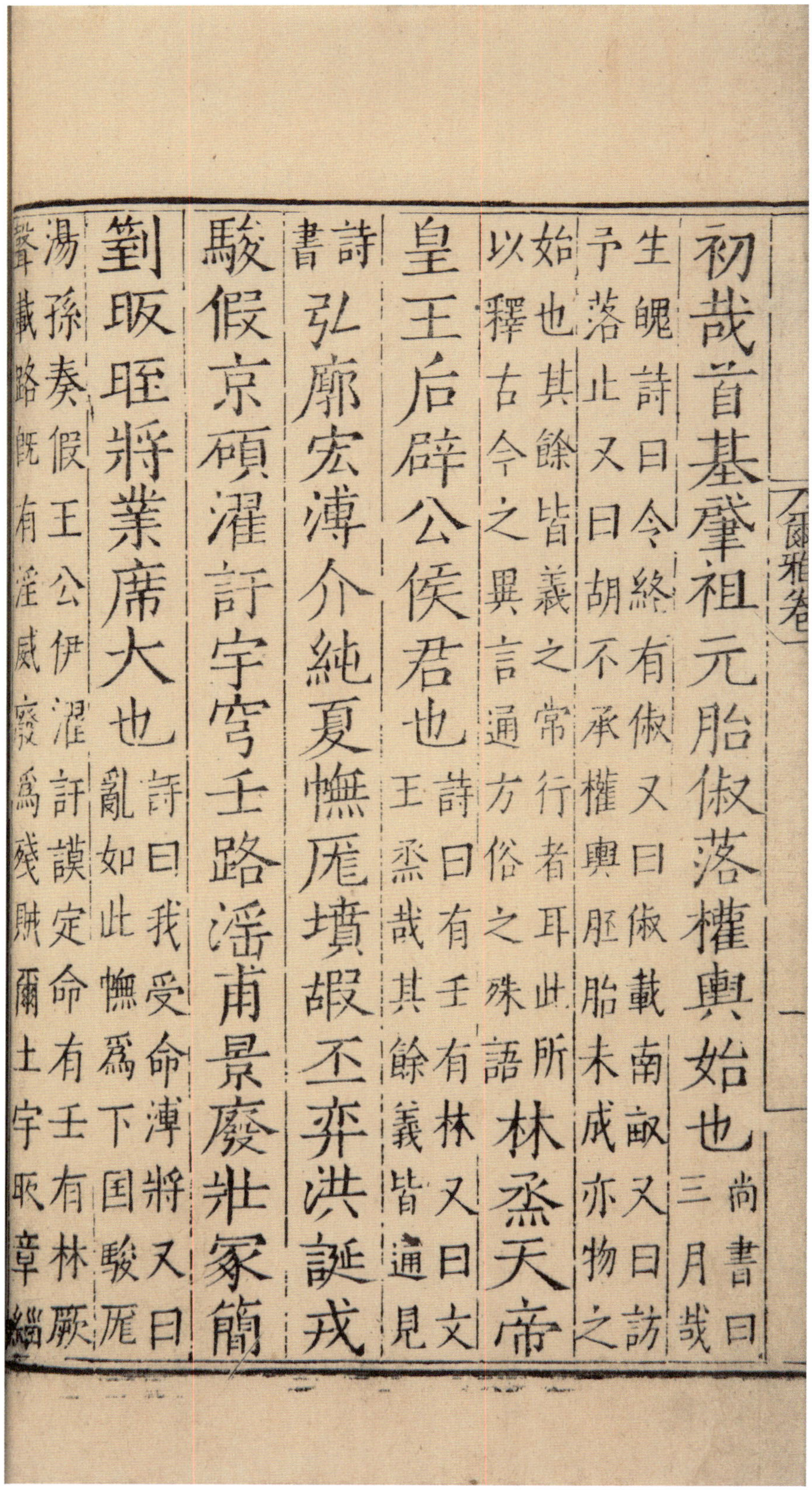
爾雅卷　一

初哉首基肇祖元胎俶落權輿始也尚書曰三月哉生魄詩曰令終有俶又曰俶載南畝又曰訪予落止又曰胡不承權輿胚胎未成亦物之始也其餘皆義之常行者耳此所以釋古今之異言通方俗之殊語林烝天帝皇王后辟公侯君也詩曰有壬有林又曰文王烝哉其餘義皆通見詩書弘廓宏溥介純夏幠厖墳嘏丕弈洪誕戎駿假京碩濯訏宇穹壬路滛甫景廢壯冢簡劉昄晊將業席大也詩曰我受命溥將又曰亂如此幠爲下国駿厖湯孫奏假王公伊濯訏謨定命有壬有林厥聲載路既有淫威廢爲殘賊爾土宇昄章緇

12470 **爾雅三卷**

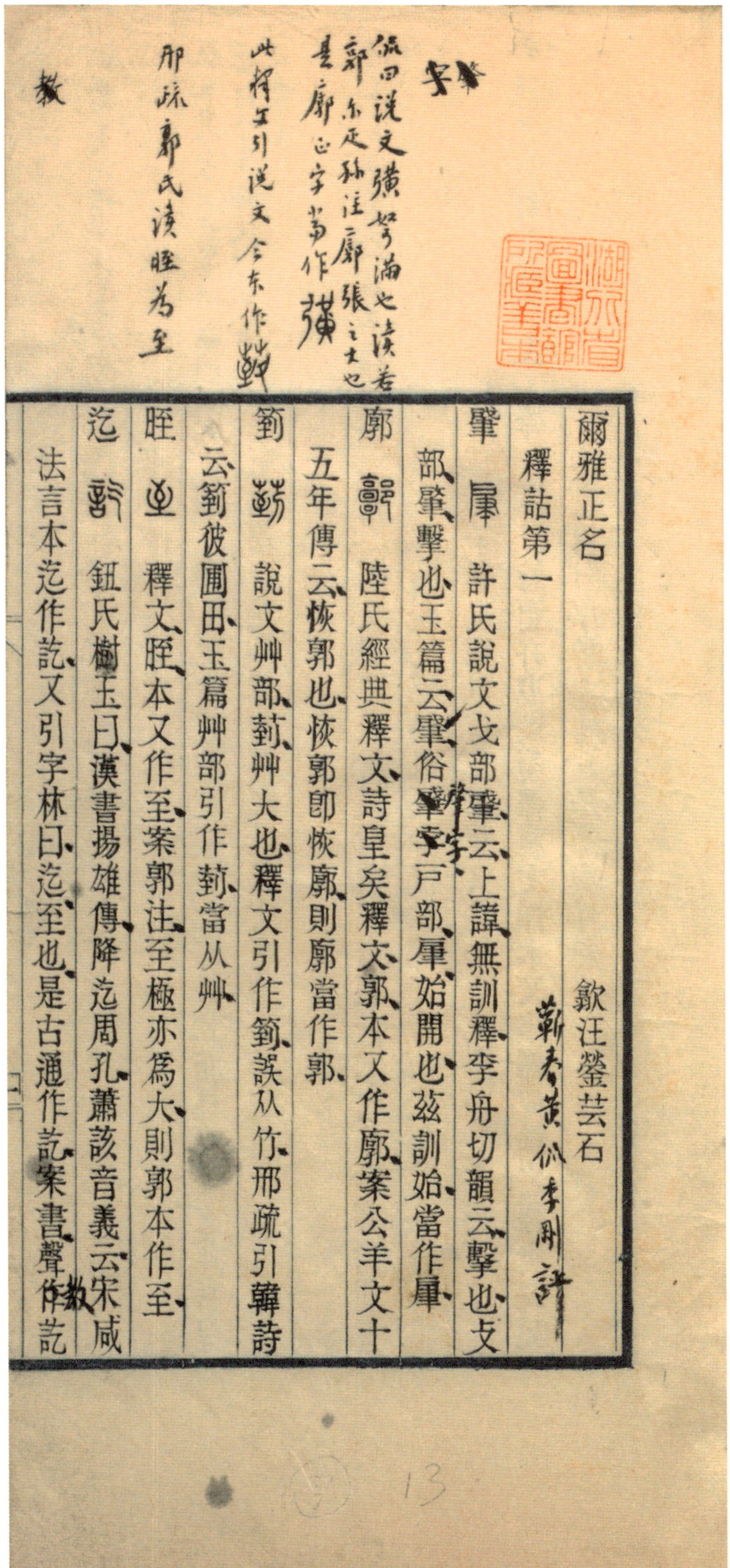
爾雅正名
釋詁第一　歙汪鎣芸石
肁[illegible]許氏說文戈部肇云上諱無訓釋李舟切韻云擊也攴部肇擊也玉篇云肇俗肇字戶部肁始開也茲訓始當作肁
廓[illegible]陸氏經典釋文詩皇矣釋文郭本又作廓案公羊文十五年傳云恢郭也恢郭即恢廓則廓當作郭
箌[illegible]說文艸部菿艸大也釋文引作箌誤从竹邢疏引韓詩云箌彼圃田玉篇艸部引作菿當从艸
晊[illegible]釋文晊本又作至案郭注至極亦為大則郭本作至
迄[illegible]鈕氏樹玉曰漢書揚雄傳降迄周孔蕭該音義云宋咸法言本迄作訖又引字林曰迄至也是古通作訖案書聲作訖

12471 爾雅正名十九卷　（清）汪鎣撰　清抄本

匡高17.8厘米，廣11.7厘米。半葉十一行，行二十五字，藍格，白口，左右雙邊。黃侃批並跋，章炳麟跋。湖北省圖書館藏。

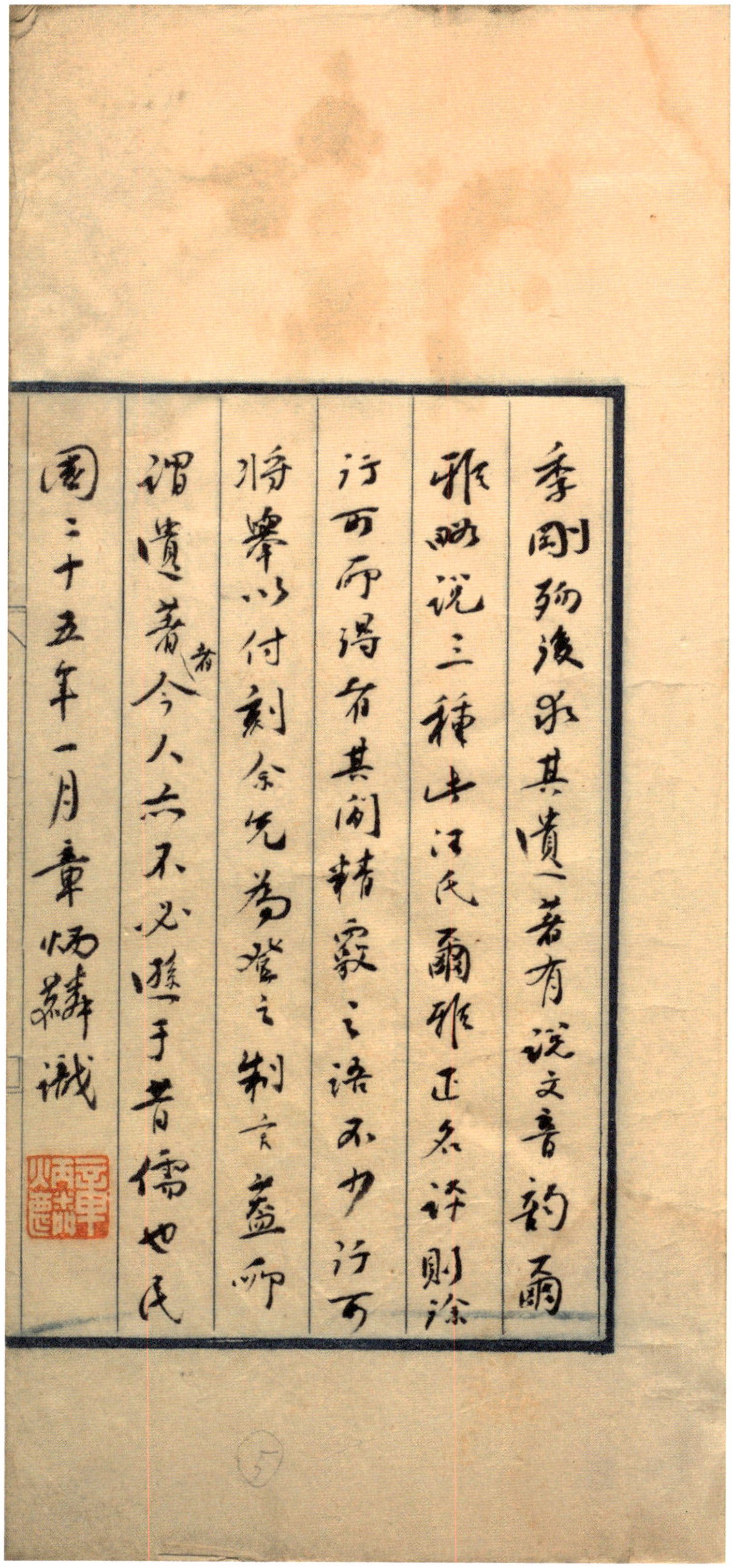

12471 爾雅正名十九卷

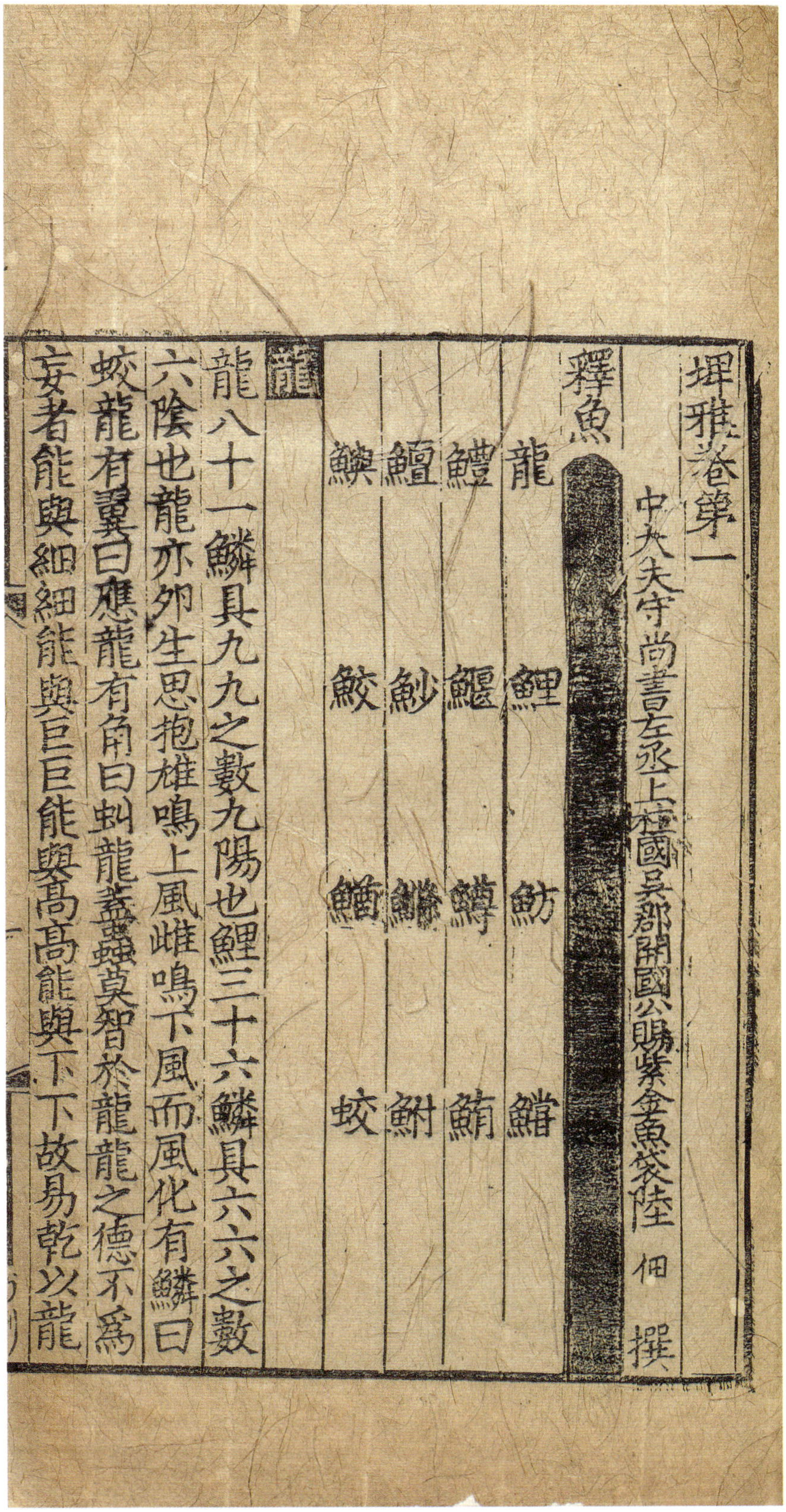

埤雅卷第一

中大夫守尚書左丞上柱國吳郡開國公賜紫金魚袋陸佃撰

釋魚

龍　鯉　魴　鱨

鱧　鰋　鱒　鮪

鱣　魦　鰷　鮒

鰀　鮫　鰌　蛟

龍

龍八十一鱗具九九之數九陽也鯉三十六鱗具六六之數六陰也龍亦卵生思抱雄鳴上風雌鳴下風而風化有鱗曰蛟龍有翼曰應龍有角曰虬龍蓋蟲莫智於龍龍之德不爲妄者能與細細能與巨巨能與高高能與下下故易乾以龍

12472 埤雅二十卷　（宋）陸佃撰　明建文二年（1400）林瑜、陳大本刻本

匡高20.3厘米，廣14.9厘米。半葉十二行，行二十三字，黑口，左右雙邊。有“江安傅沅叔收藏善本”等印。國家圖書館藏，存十二卷。

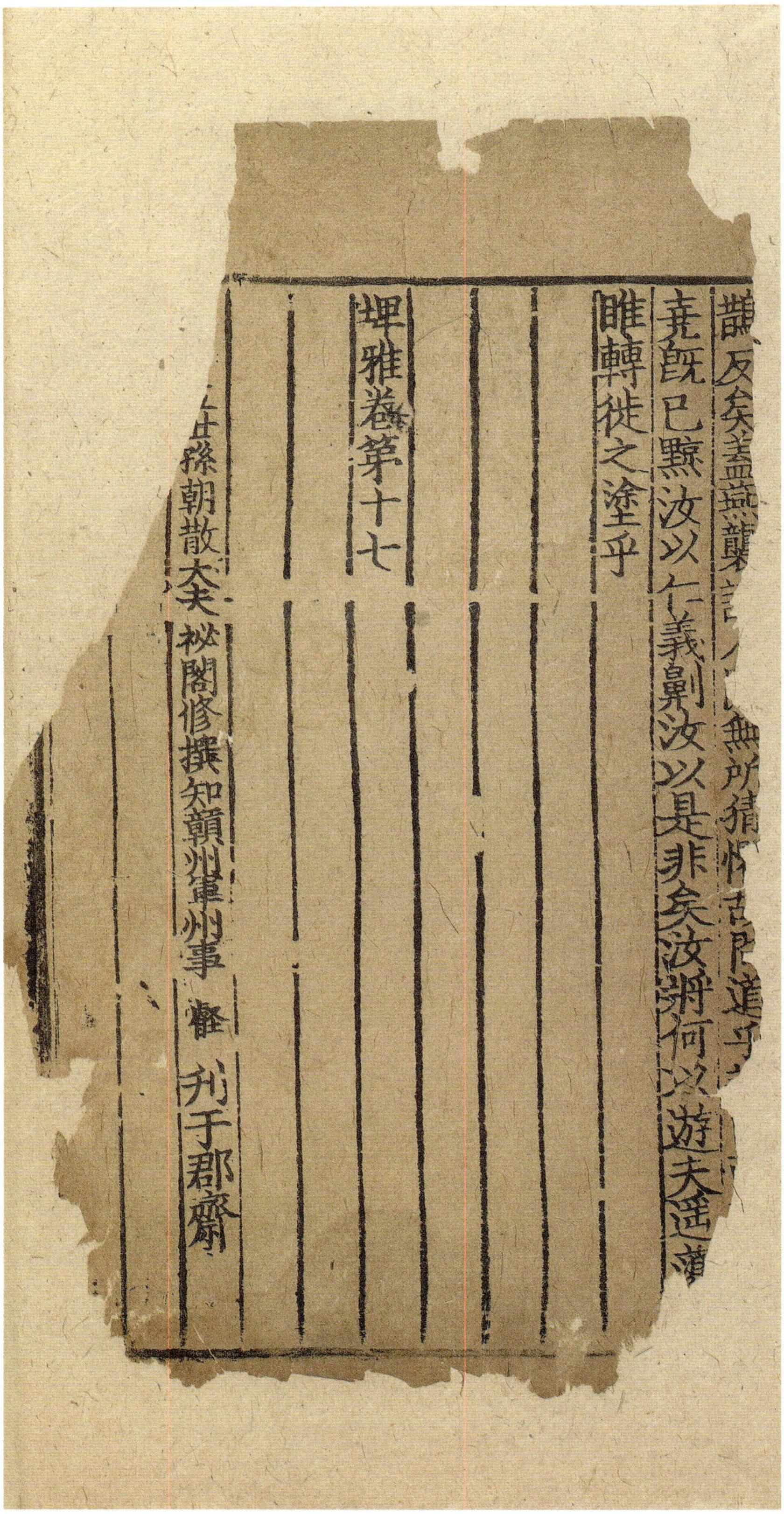

12472 埤雅二十卷

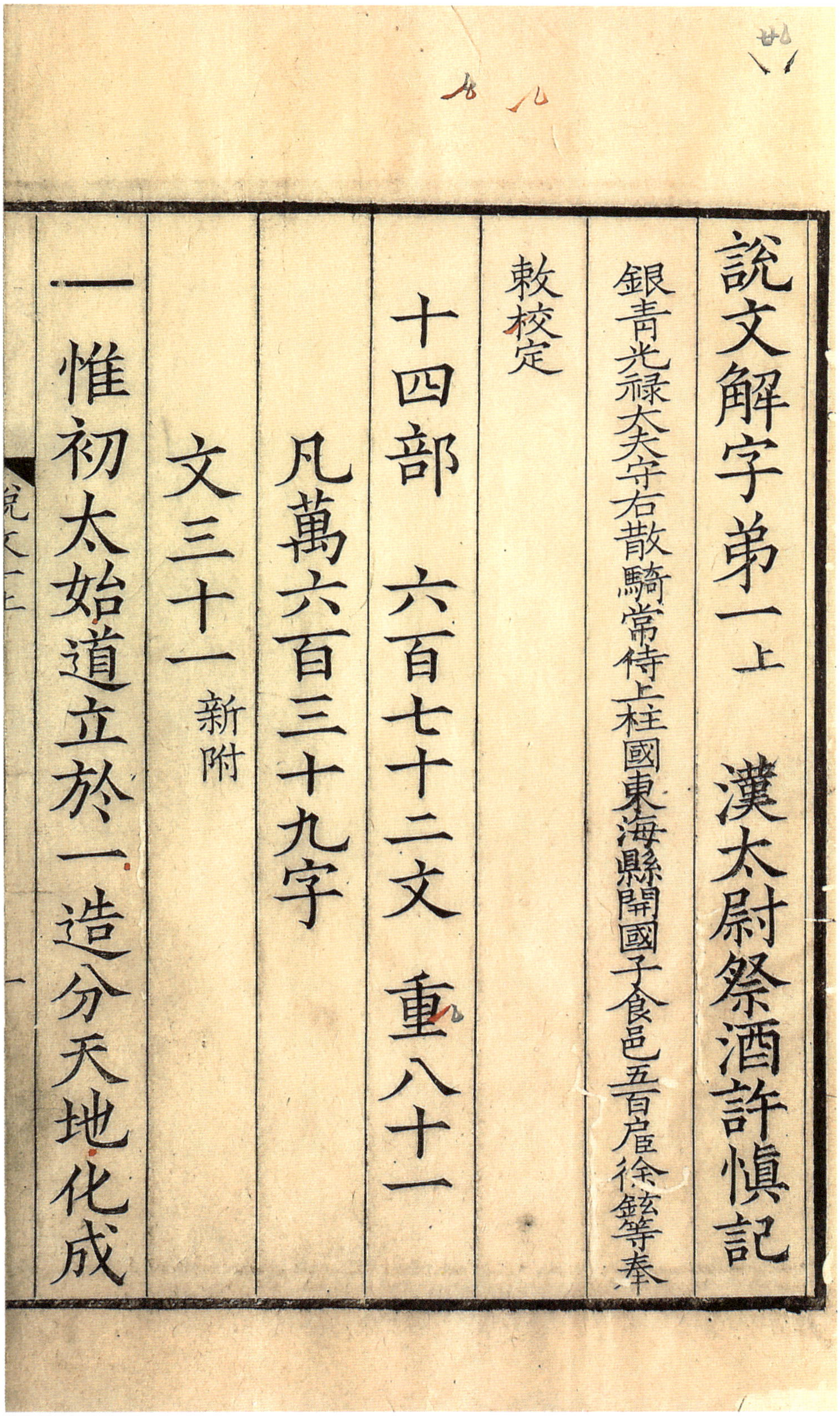

說文解字弟一上　漢太尉祭酒許愼記
銀青光祿大夫守右散騎常侍上柱國東海縣開國子食邑五百戶徐鉉等奉
敕校定
十四部　六百七十二文　重八十一
凡萬六百三十九字
文三十一新附
一惟初太始道立於一造分天地化成

12473 說文解字十五卷　（漢）許慎撰　清初毛氏汲古閣刻本

匡高21.3厘米，廣16厘米。半葉七行，行字不等，白口，左右雙邊。毛扆校跋、顧葆龢跋。南京圖書館藏。

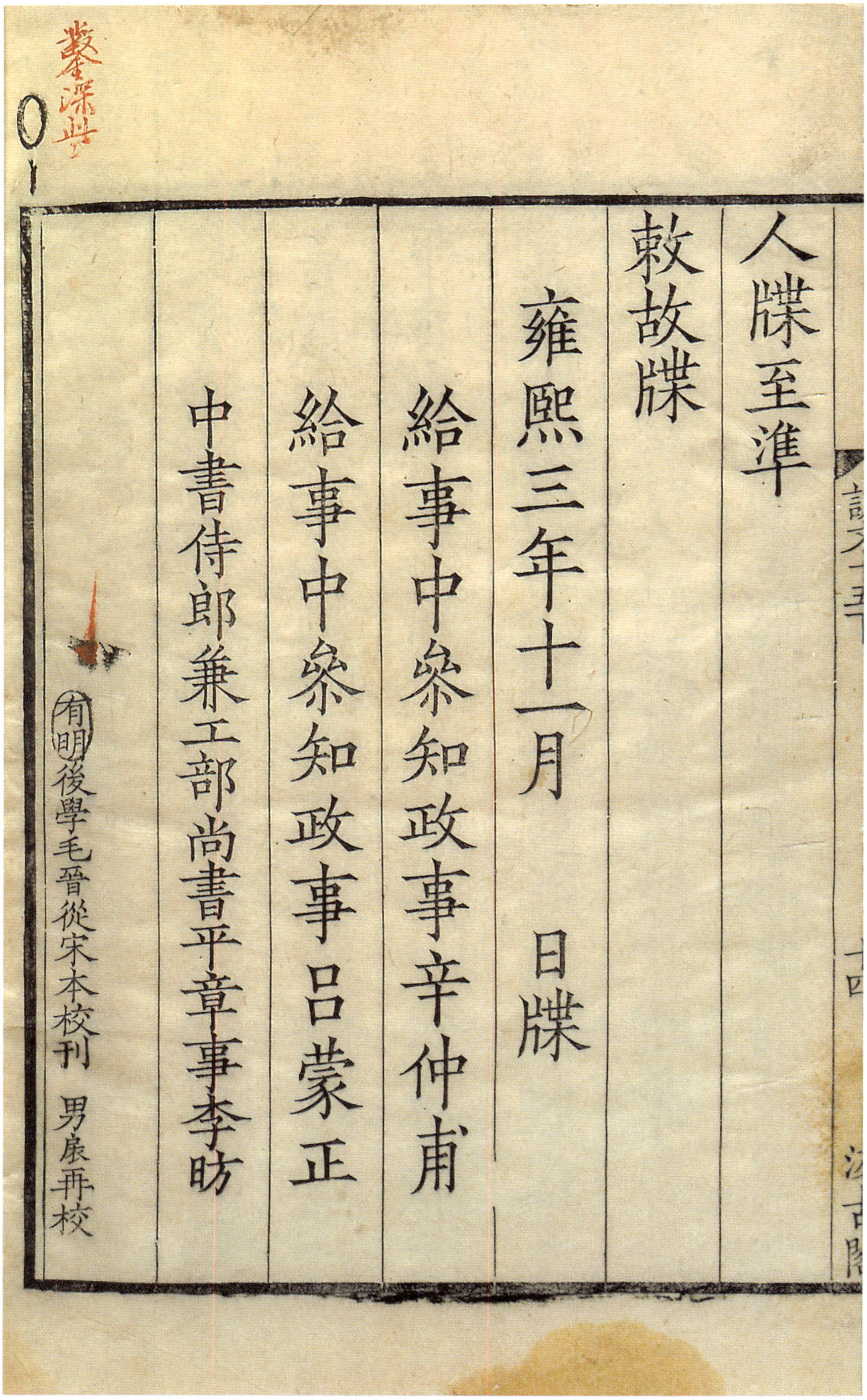
人牒至準
敕故牒
雍熙三年十一月　日牒
給事中參知政事辛仲甫
給事中參知政事呂蒙正
中書侍郎兼工部尚書平章事李昉
有明後學毛晉從宋本校刊　男扆再校

12473 說文解字十五卷

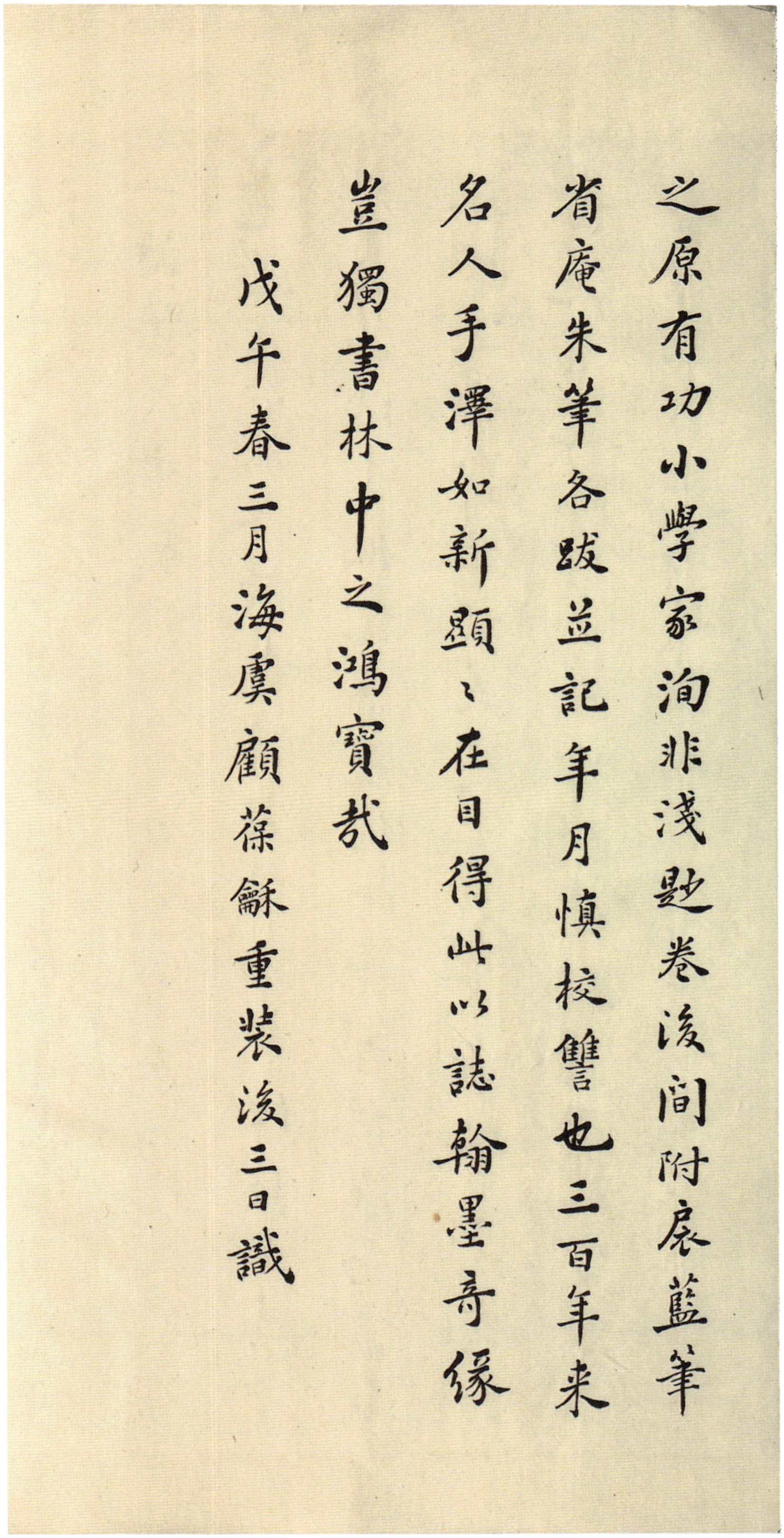

之原有功小學家洵非淺尟卷後间附宸藍筆
省庵朱筆各跋並記年月慎校讐也三百年来
名人手澤如新顯顯在目得此以誌翰墨奇緣
豈獨書林中之鴻寶哉
戊午春三月海虞顧葆龢重裝後三日識

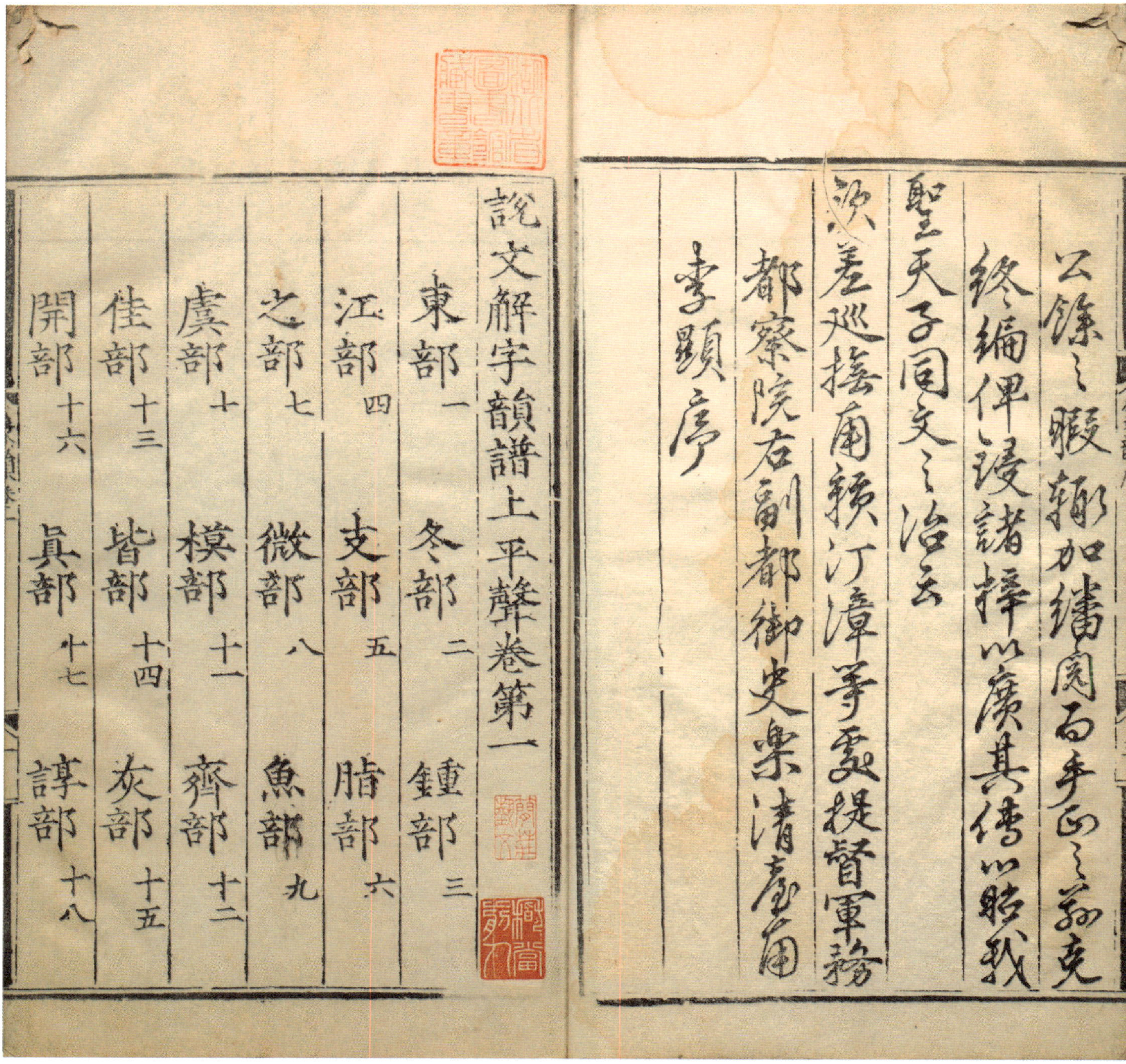
公餘之暇輒加繕閱而手正之刻竟
終編俾鋟諸梓以廣其傳以昭我
聖天子同文之治云
欽差巡撫南贛汀漳等處提督軍務
都察院右副都御史欒清李顯序

說文解字韻譜上平聲卷第一
東部一　冬部二　鍾部三
江部四　支部五　脂部六
之部七　微部八　魚部九
虞部十　模部十一　齊部十二
佳部十三　皆部十四　灰部十五
開部十六　眞部十七　諄部十八

12474 說文解字篆韻譜五卷　（南唐）徐鍇撰　明李顯刻公文紙印本

匡高21.3厘米，廣14.5厘米。半葉七行，行十字，小字雙行二十字，黑口，四周雙邊。湖北省圖書館藏。

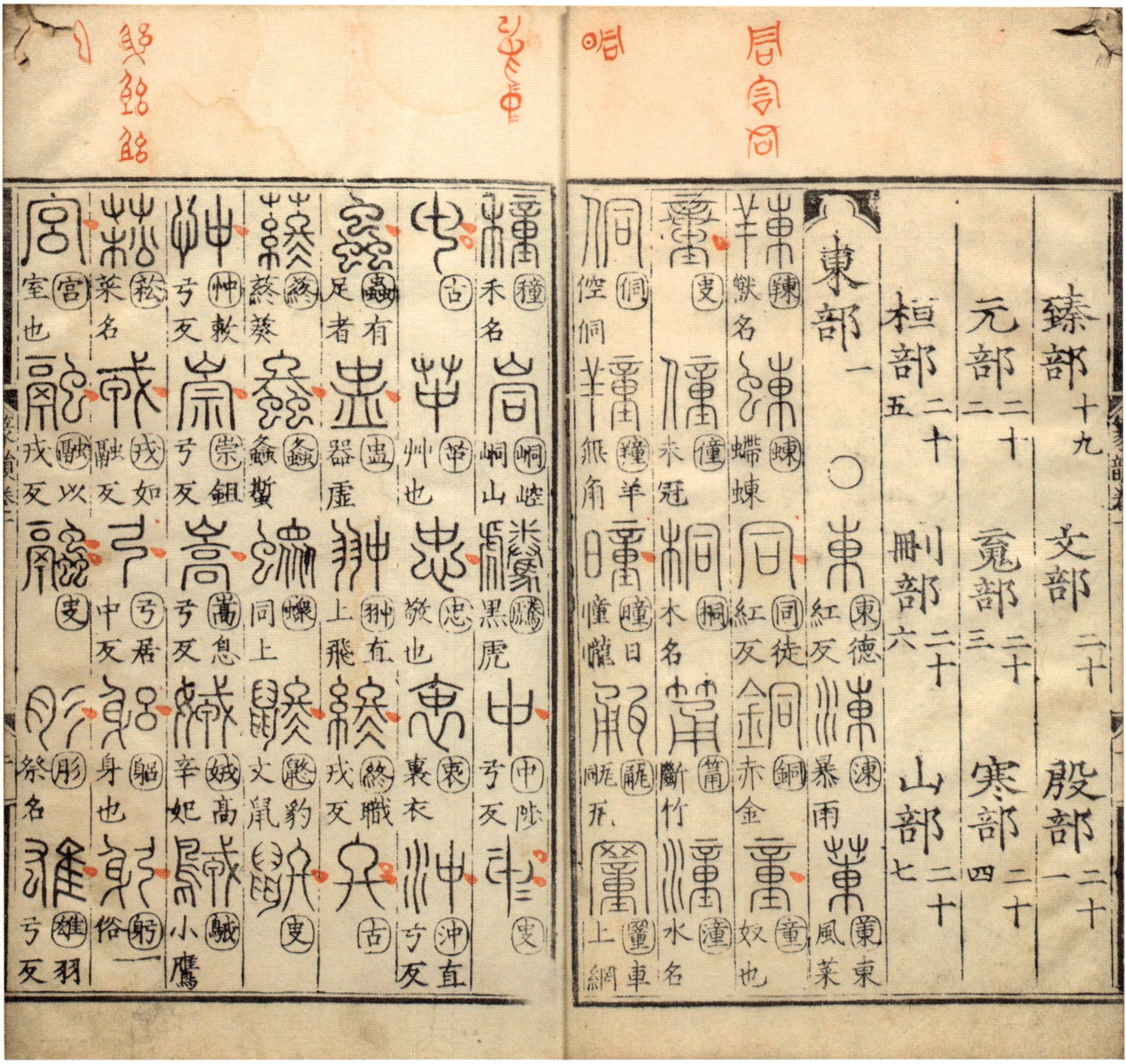

臻部十九　文部二十　殷部二十一
元部二十二　寃部二十三　寒部二十四
桓部二十五　删部二十六　山部二十七

東部一

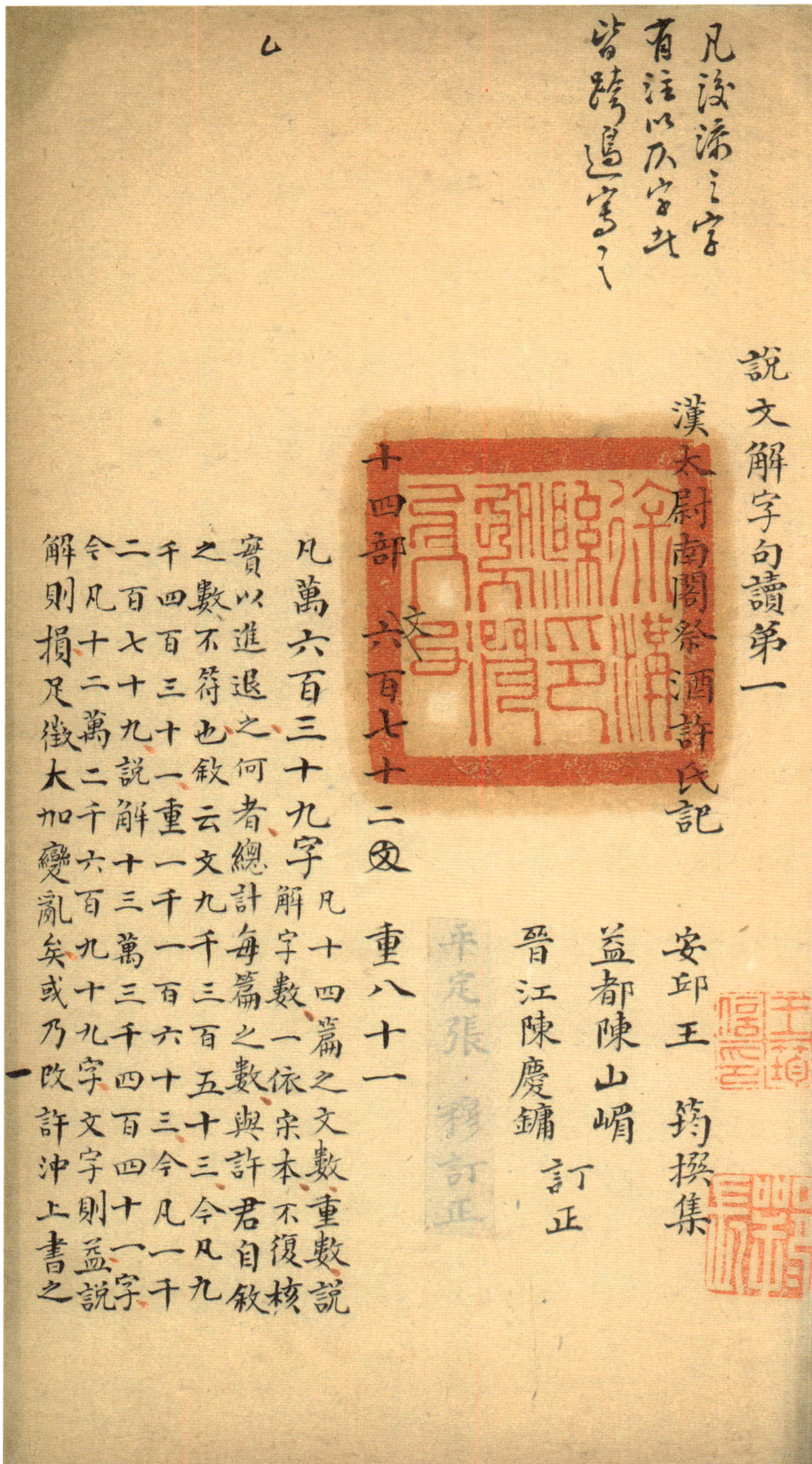
說文解字句讀第一
漢太尉南閣祭酒許氏記
安邱王　筠撰集
益都陳山嵋
晉江陳慶鏞　訂正
平定張穆訂正
十四部　六百七十二文　重八十一
凡萬六百三十九字凡十四篇之文數重數說解字數一依宋本不復核實以進退之何者總計每篇之數與許君自敘之數不符也敘云文九千三百五十三今凡九千四百三十一重一千一百六十三今凡一千二百七十九說解十三萬三千四百四十一字今凡十二萬二千六百九十九字文字則益說解則損足徵大加變亂矣或乃改許沖上書之

12475 說文解字句讀十五卷附録一卷　（清）王筠撰　稿本

南京圖書館藏。

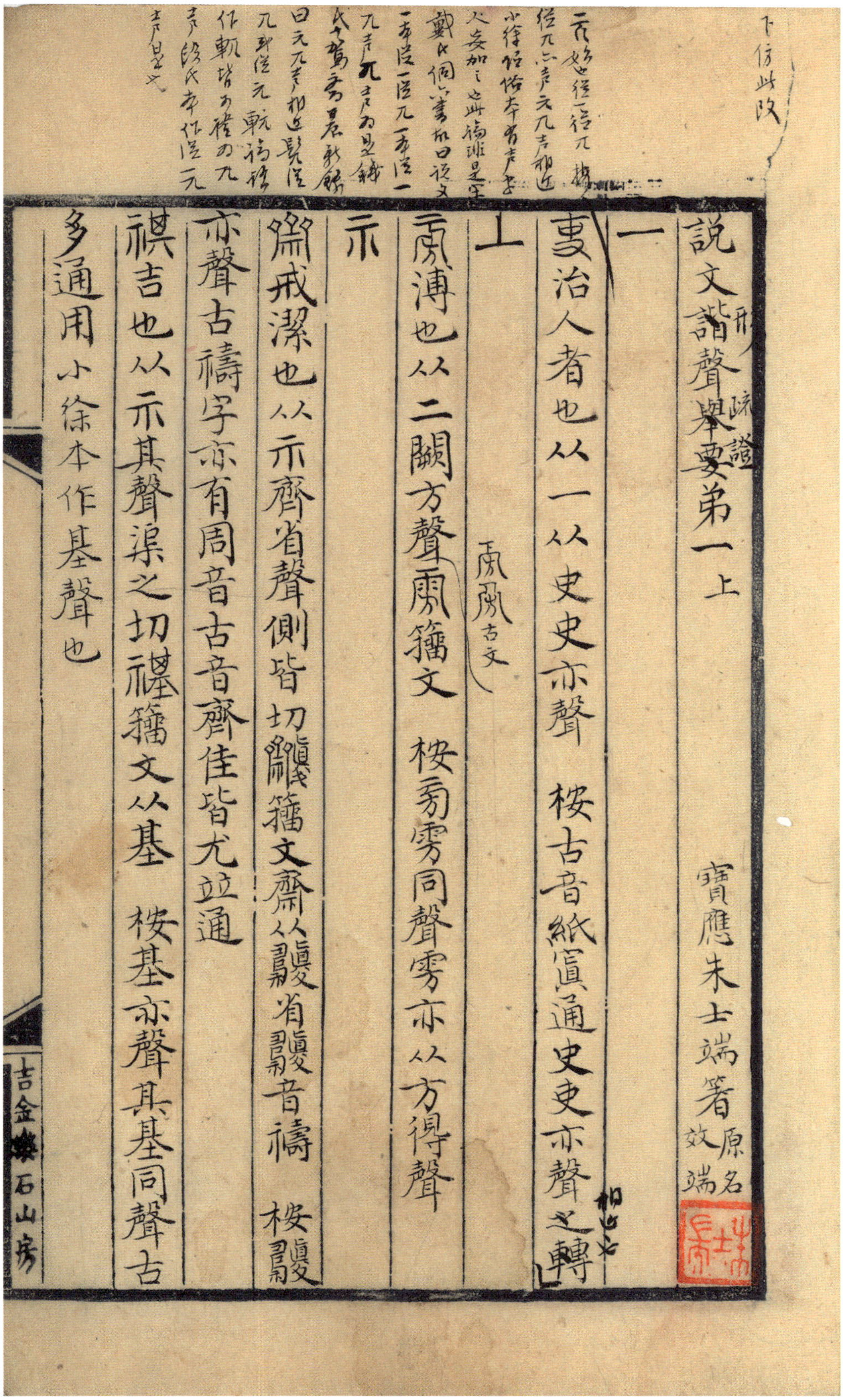

說文諧聲舉要第一上　寶應朱士端著 原名效端

一

吏治人者也从一从史史亦聲　桉古音紙寘通史吏亦聲之轉

上

旁溥也从二闕方聲 雱籒文　桉旁雱同聲雱亦从方得聲

示

齋戒潔也从示齊省聲側皆切 𪗋籒文齋从𩞁省𩞁音禱　桉𩞁

亦聲古禱字亦有周音古音齊佳皆尤並通

祺吉也从示其聲渠之切 禥籒文从基　桉基亦聲其基同聲古

多通用小徐本作基聲也

吉金樂石山房

12476 說文形聲疏證十四卷　（清）朱士端撰　稿本

匡高19厘米，廣13.8厘米。半葉十行，行二十四字，小字雙行同，黑口，四周單邊。南京圖書館藏。

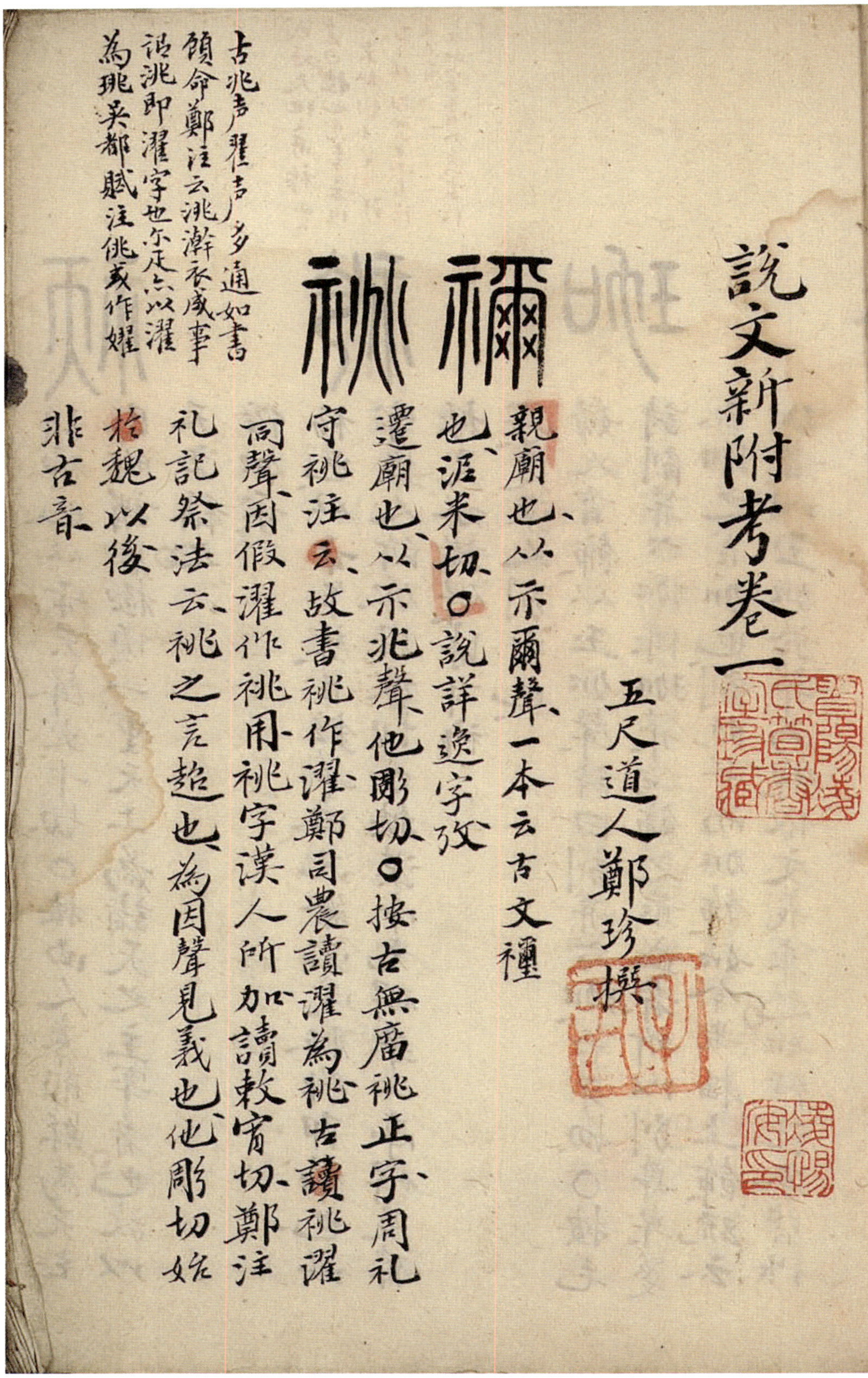
說文新附考卷一
五尺道人鄭珍撰
禰 親廟也从示爾聲一本云古文禰也泥米切○說詳逸字攷
祧 遷廟也从示兆聲他彫切○按古無廟祧正字周礼守祧注云故書祧作濯鄭司農讀濯為祧古讀祧濯同聲因假濯作祧用祧字漢人所加讀敕宵切鄭注礼記祭法云祧之言超也為因聲見義也他彫切始於魏以後非古音
古兆声翟声多通如書顧命鄭注云洮澣衣成事洮洮即濯字也尔疋六以濯為珧吳都賦注佻或作嬥

12477 說文新附考三卷　（清）鄭珍撰　稿本

有“凌惕安印”“貴陽凌氏荀香室珍藏”等印。程恩澤批校。貴州省博物館藏。

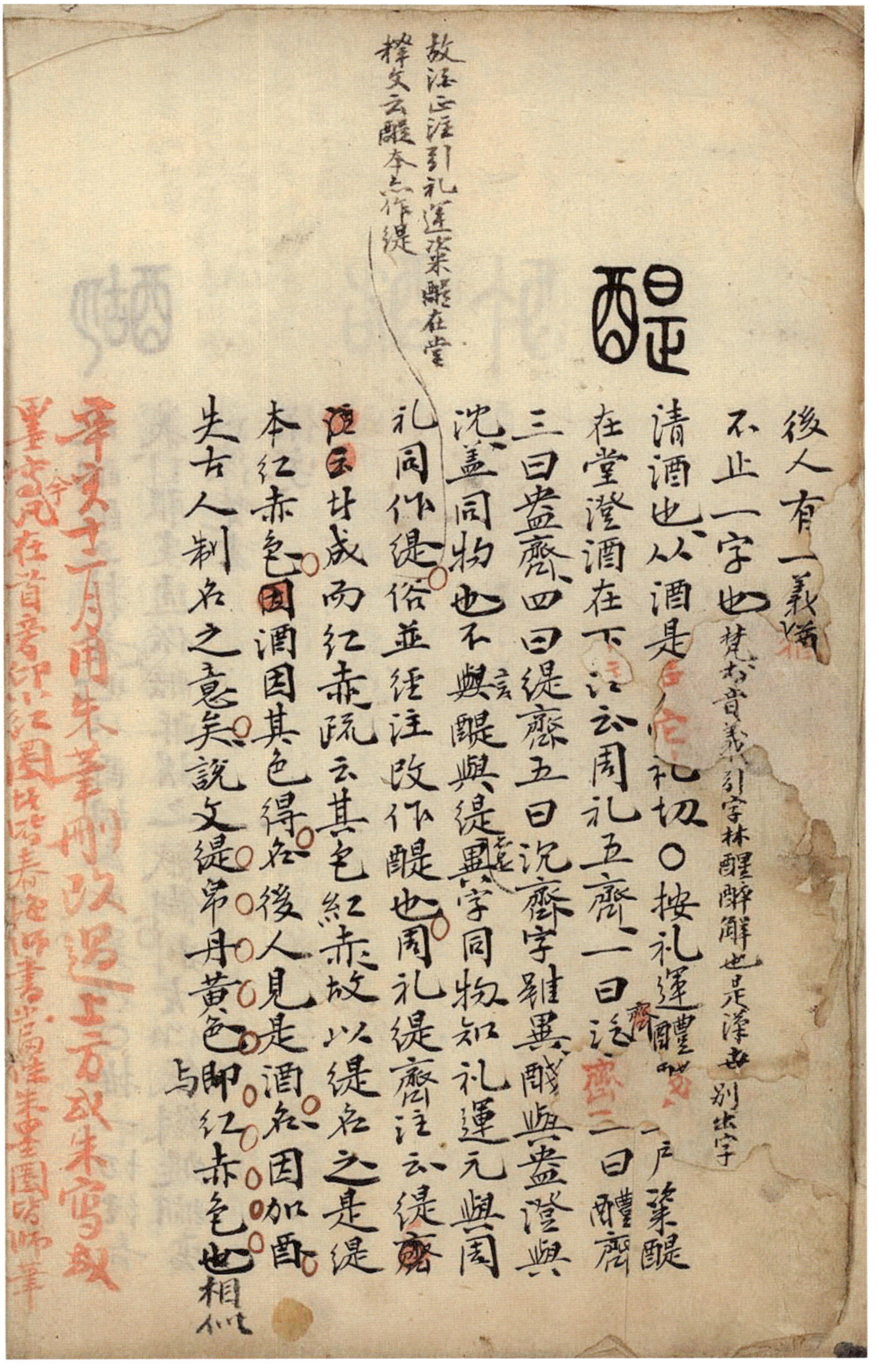

段注正注引礼運粢醍在堂 釋文云醍本亦作緹

醍

後人有一義猶
不止一字也
清酒也从酒是聲□礼切○按礼運醴醆在戶粢醍
在堂澄酒在下注云周礼五齊一曰泛齊二曰醴齊
三曰盎齊四曰緹齊五曰沉齊字雖異醆與盎澄與
沈蓋同物也不與醍與緹異字同物知礼運元與周
礼同作緹俗並经注改作醍也周礼緹齊注云緹
酒成而紅赤疏云其色紅赤故以緹名之是緹
本紅赤色因酒因其色得名後人見是酒名因加酉
失古人制名之意矣說文緹帛丹黄色即紅赤色也相似与

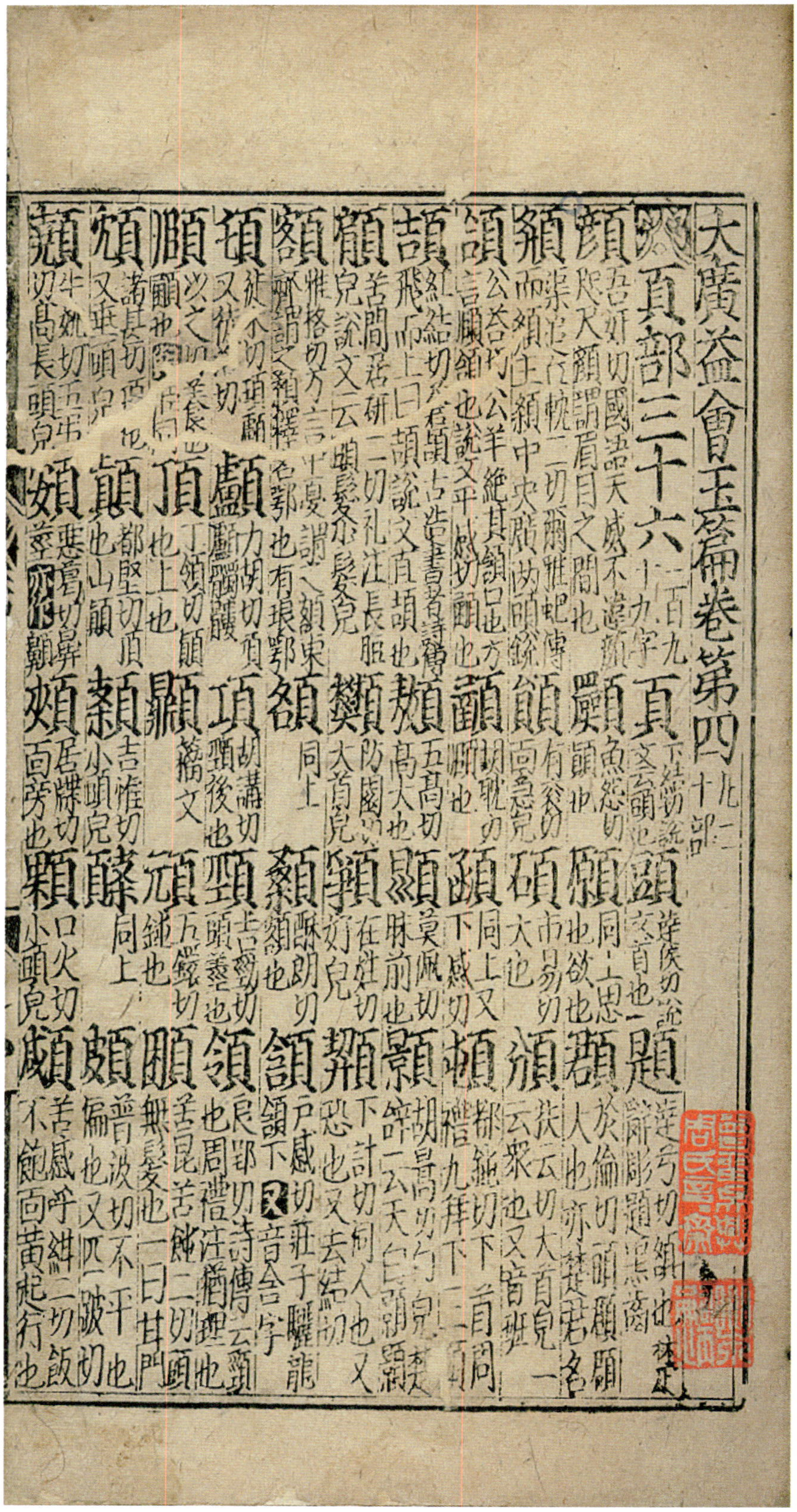
大廣益會玉篇卷第四
頁部三十六

12478 大廣益會玉篇三十卷 （梁）顧野王撰 （唐）孫強增字 （宋）陳彭年等重修 **玉篇廣韻指南一卷** 明弘治十七年（1504）黄氏集義書堂刻本

匡高21.1厘米，廣13.1厘米。半葉十二行，行字不等，黑口，四周雙邊。有“曾留吴興周氏言言齋”“周越然”等印。海南省民族博物館藏，存十一卷。

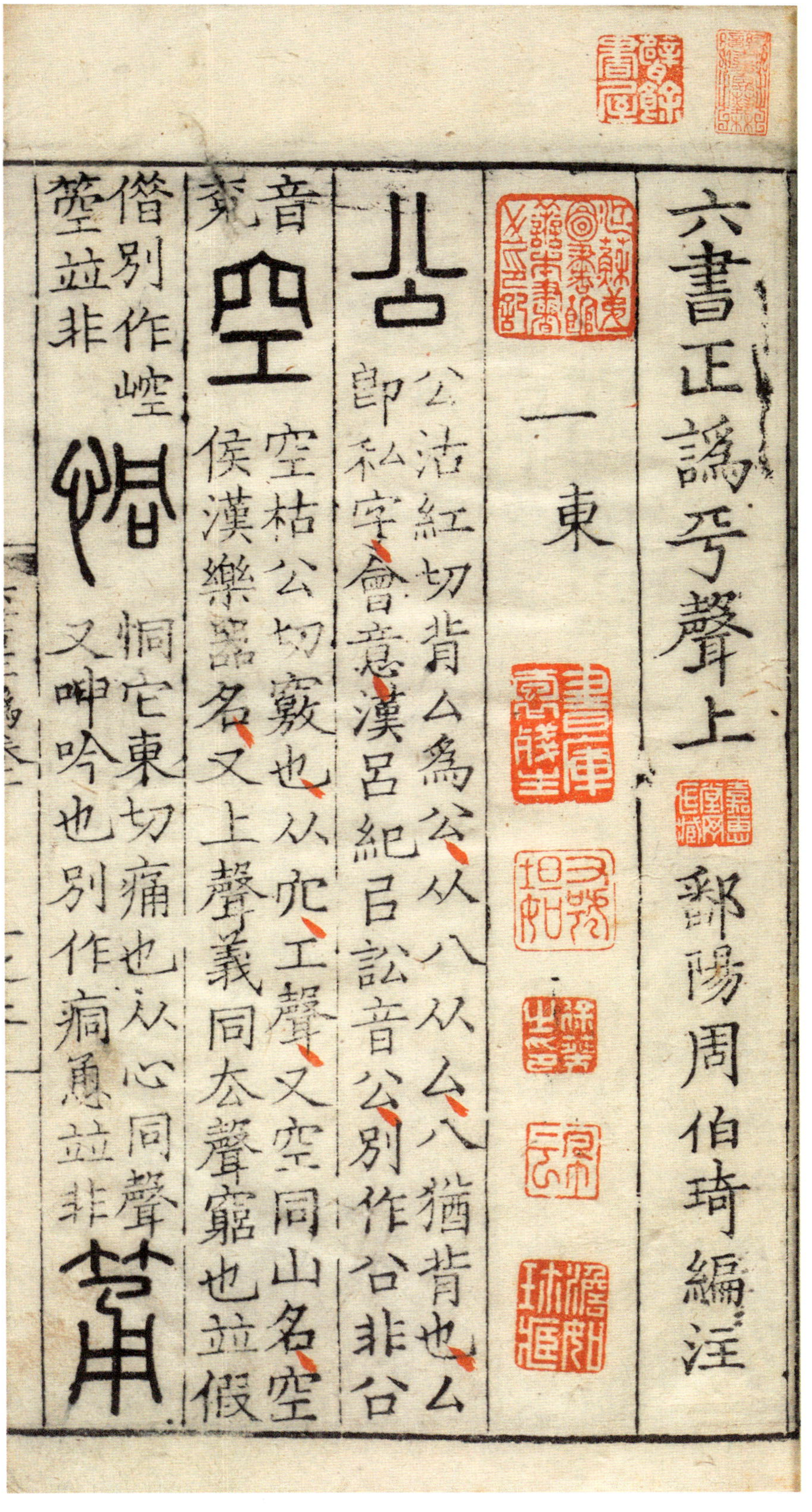

12479 六書正譌五卷 （元）周伯琦編注　明嘉靖元年（1522）于鏊刻本

匡高23.8厘米，廣15.3厘米。半葉五行，行字不等，細黑口，左右雙邊。有“澹如珍臧”“徐楘之印”“嘉惠堂丁氏臧”等印。孫星衍、丁丙跋。南京圖書館藏。

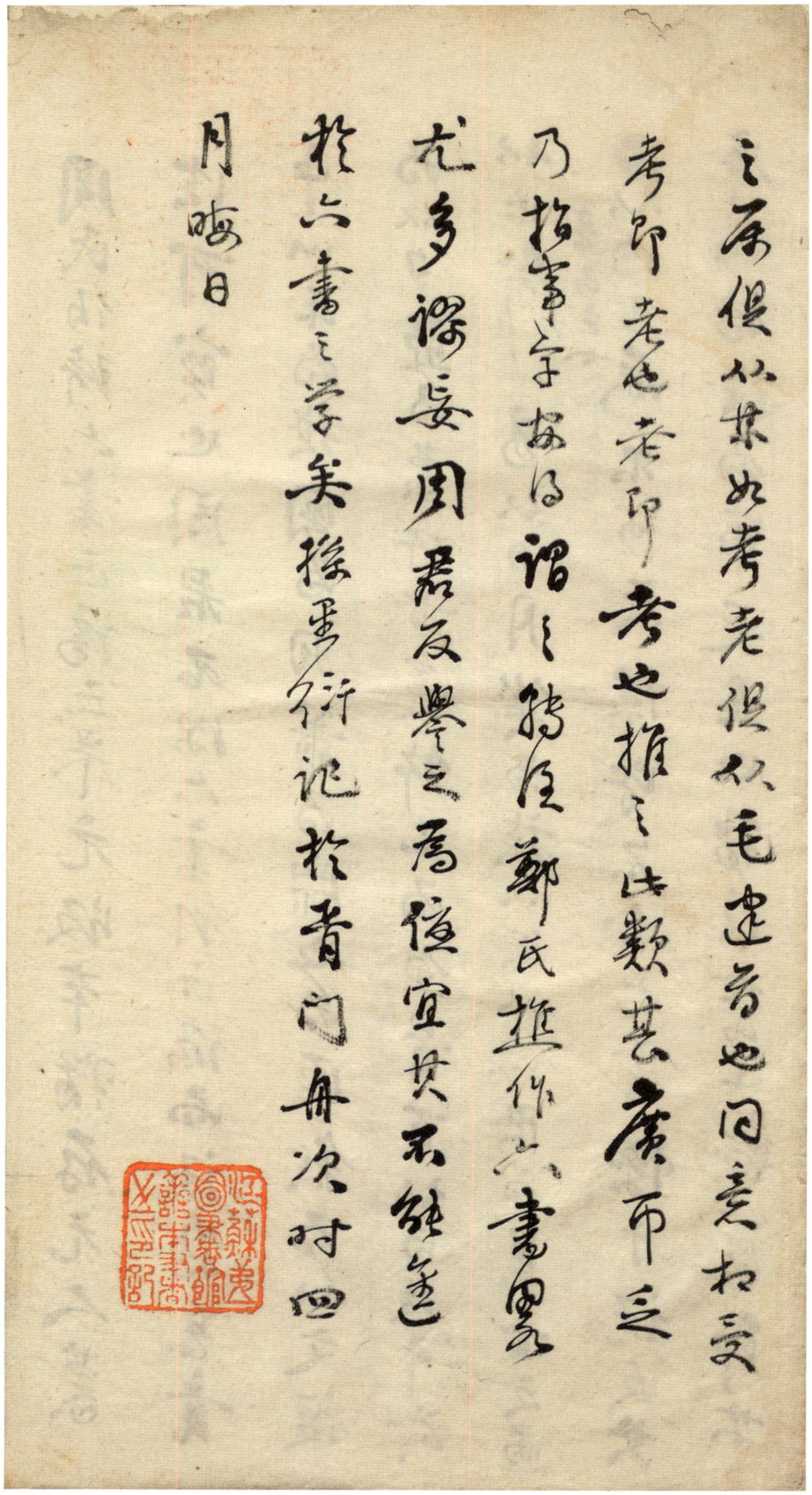

之原俱从其如考老俱从毛建首也同意相受
考即老也老即考也推之比類甚廣而之
乃指事字安得謂之轉注鄭氏推作六書略
尤多謬妄周君反覆之爲證宜其不能逸
於六書之學矣孫君行記於首間再次時四
月晦日

12479 六書正譌五卷

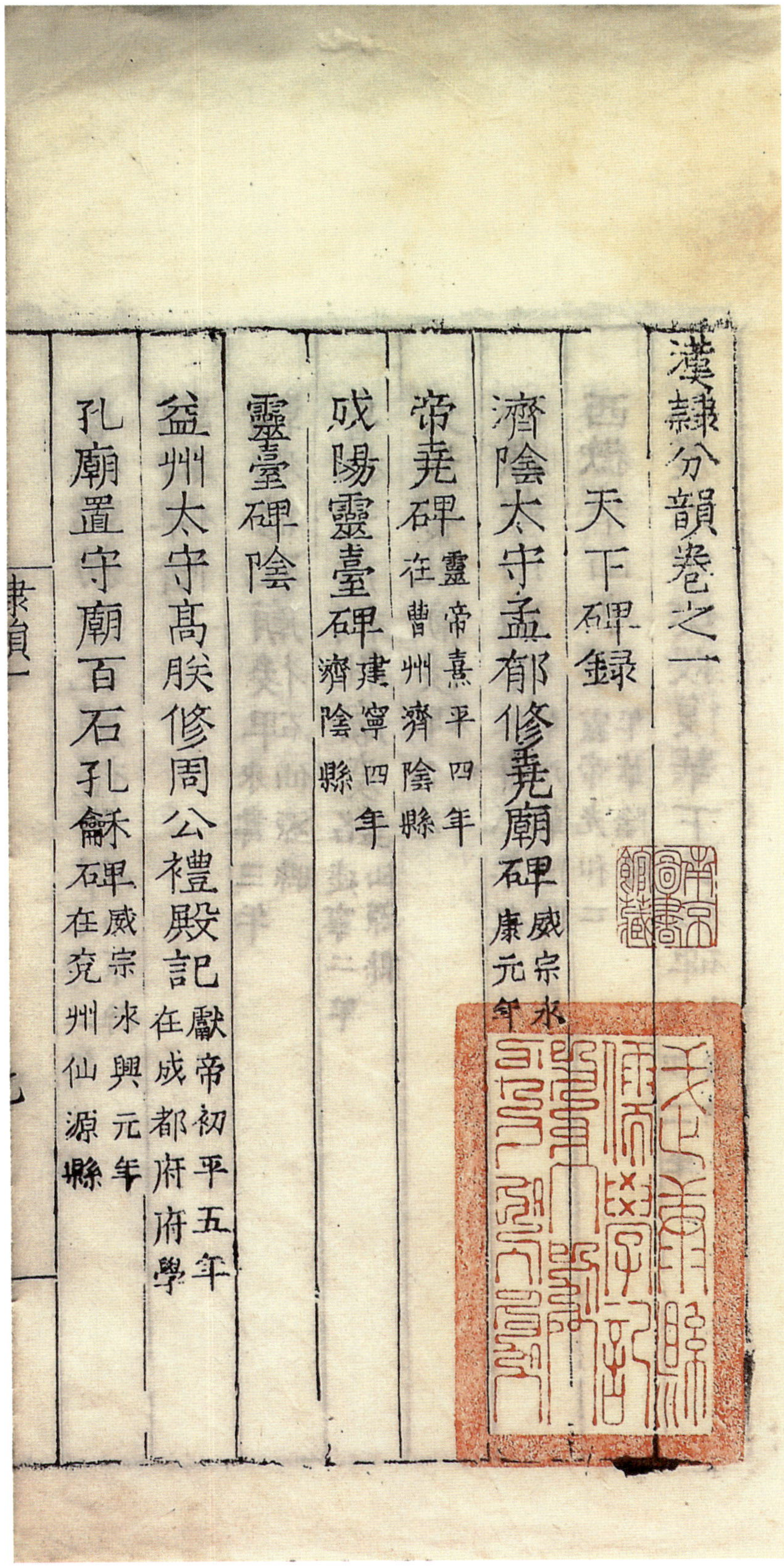

漢隸分韻卷之一
天下碑録
濟陰太守孟郁修堯廟碑 威宗永康元年
帝堯碑 靈帝熹平四年在曹州濟陰縣
成陽靈臺碑 建寧四年濟陰縣
靈臺碑陰
益州太守高眹修周公禮殿記 獻帝初平五年在成都府府學
孔廟置守廟百石孔龢碑 威宗永興元年在兖州仙源縣

12480 漢隸分韻七卷 明嘉靖九年（1530）李宗樞刻本

匡高21厘米，廣13.8厘米。半葉八行，行字不等，白口，四周單邊。有“武康縣儒學記”等印。南京圖書館藏。

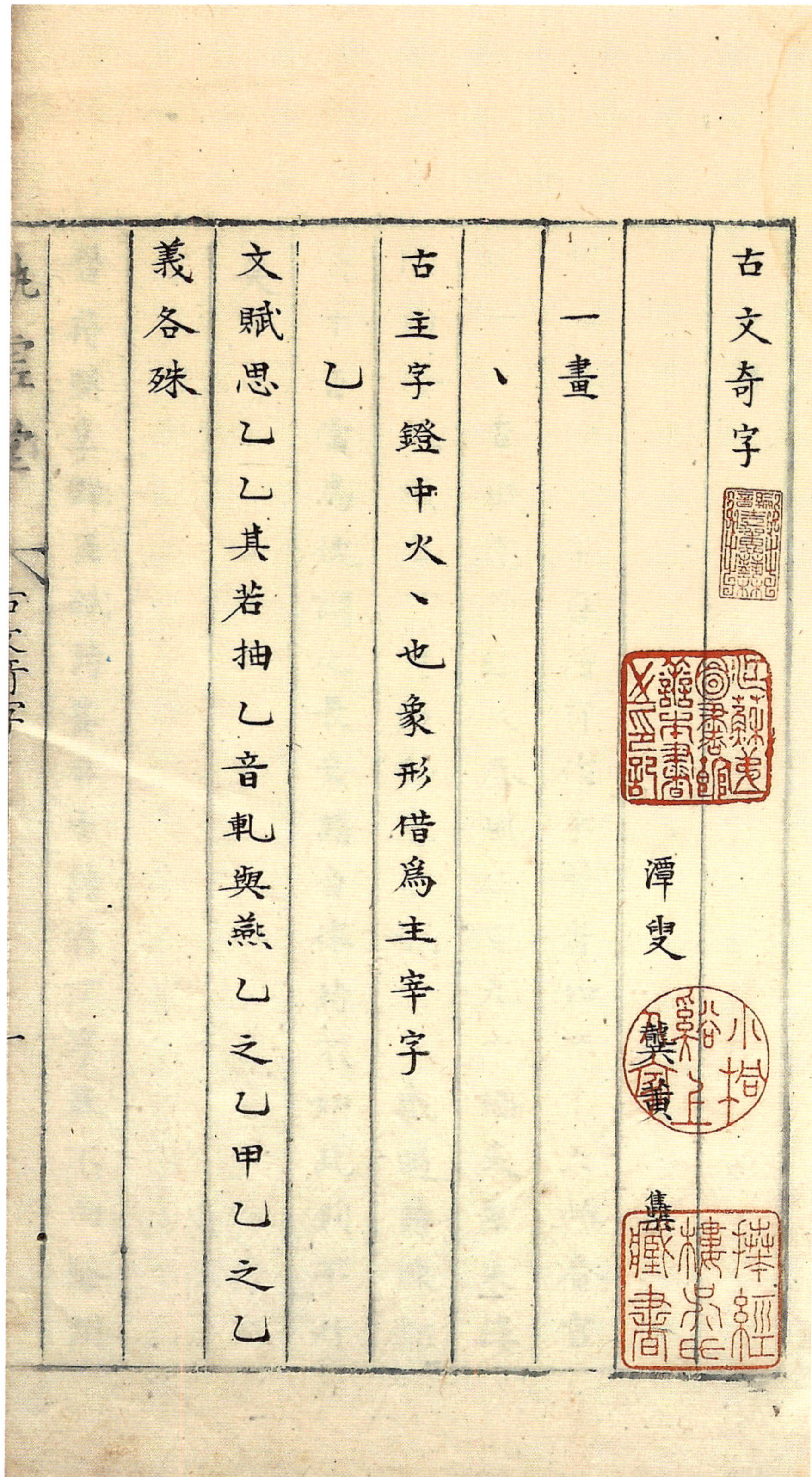

12481 古文奇字一卷　（明）龔黄撰　明執虛堂抄本

匡高20.3厘米，廣14厘米。半葉九行，行二十字，藍格，白口，四周單邊。有“毛扆之印”“拜經樓吴氏藏書”“八千卷樓”等印。吴騫題識，丁丙跋。南京圖書館藏。

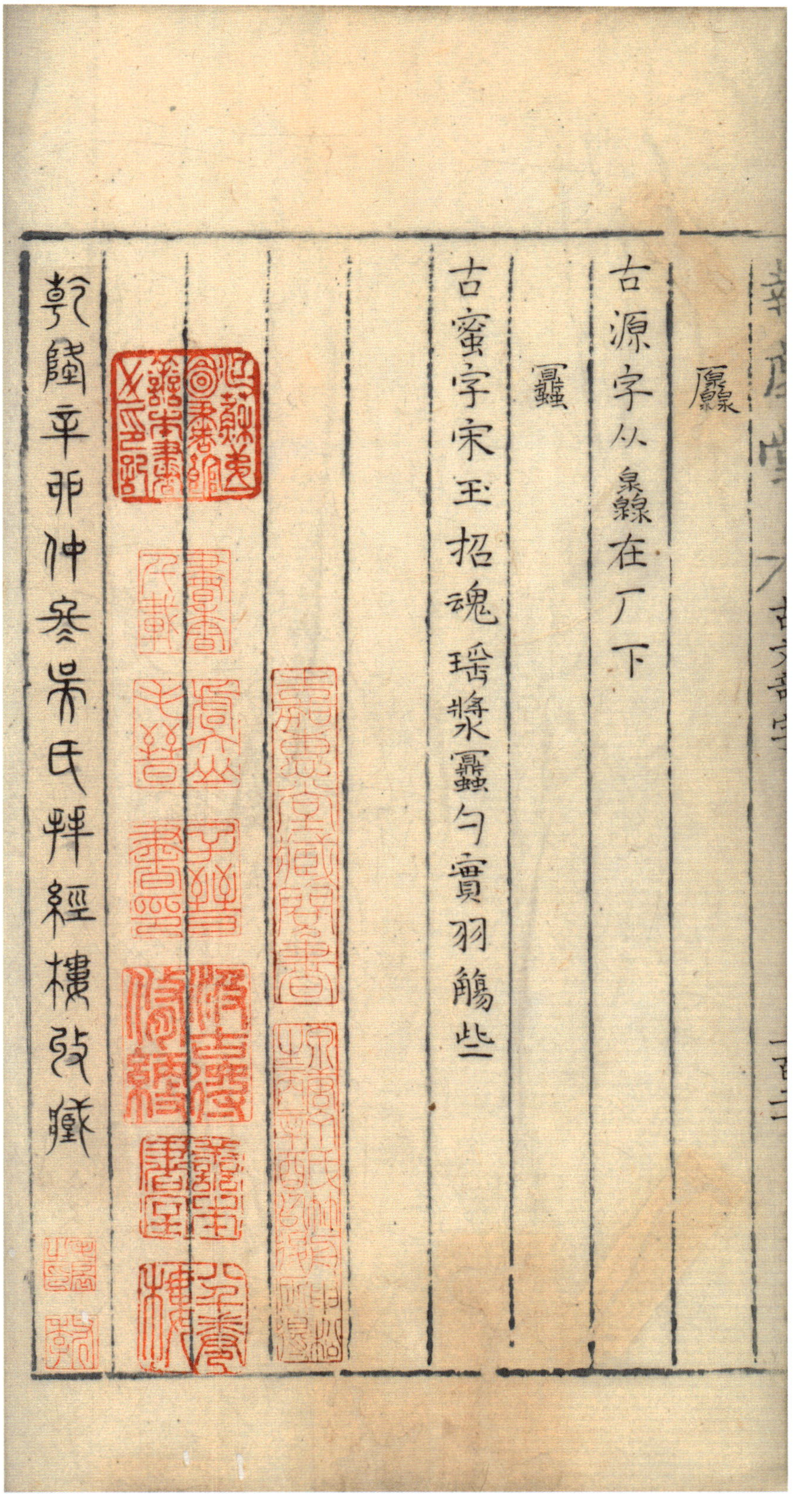

厵

古源字从灥在厂下

蠠

古蠠字宋玉招魂瑤漿蠠勺實羽觴些

乾隆辛卯仲冬吳氏拜經樓收藏

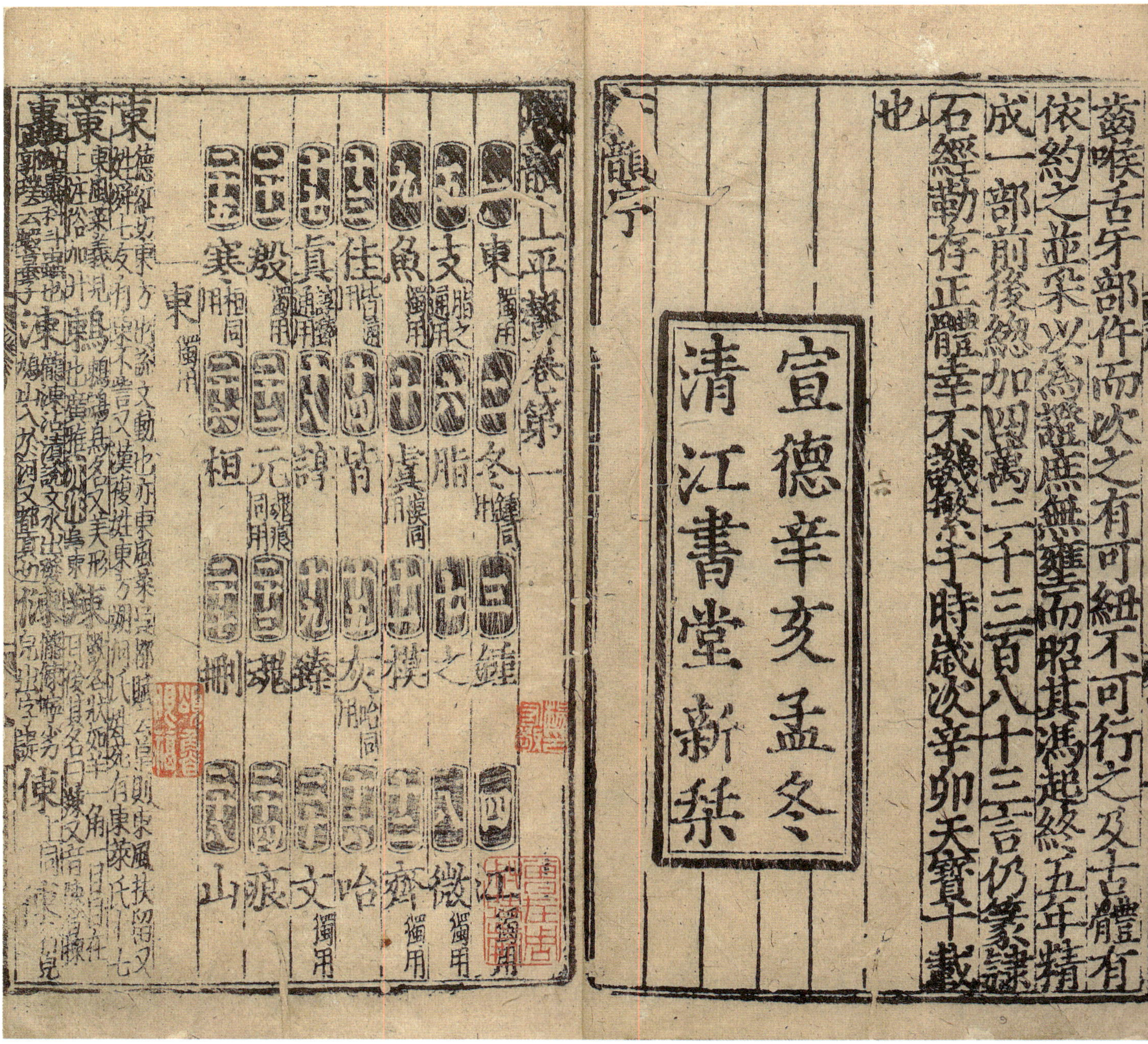

12482 廣韻五卷　（宋）陳彭年等撰　明宣德六年（1431）清江書堂刻本

匡高21.1厘米，廣13.2厘米。半葉十二行，行字不等，黑口，四周雙邊。有“宣德辛亥孟冬清江書堂新栞”牌記。有“楊印守敬”“曾在周叔弢處”等印。國家圖書館藏。

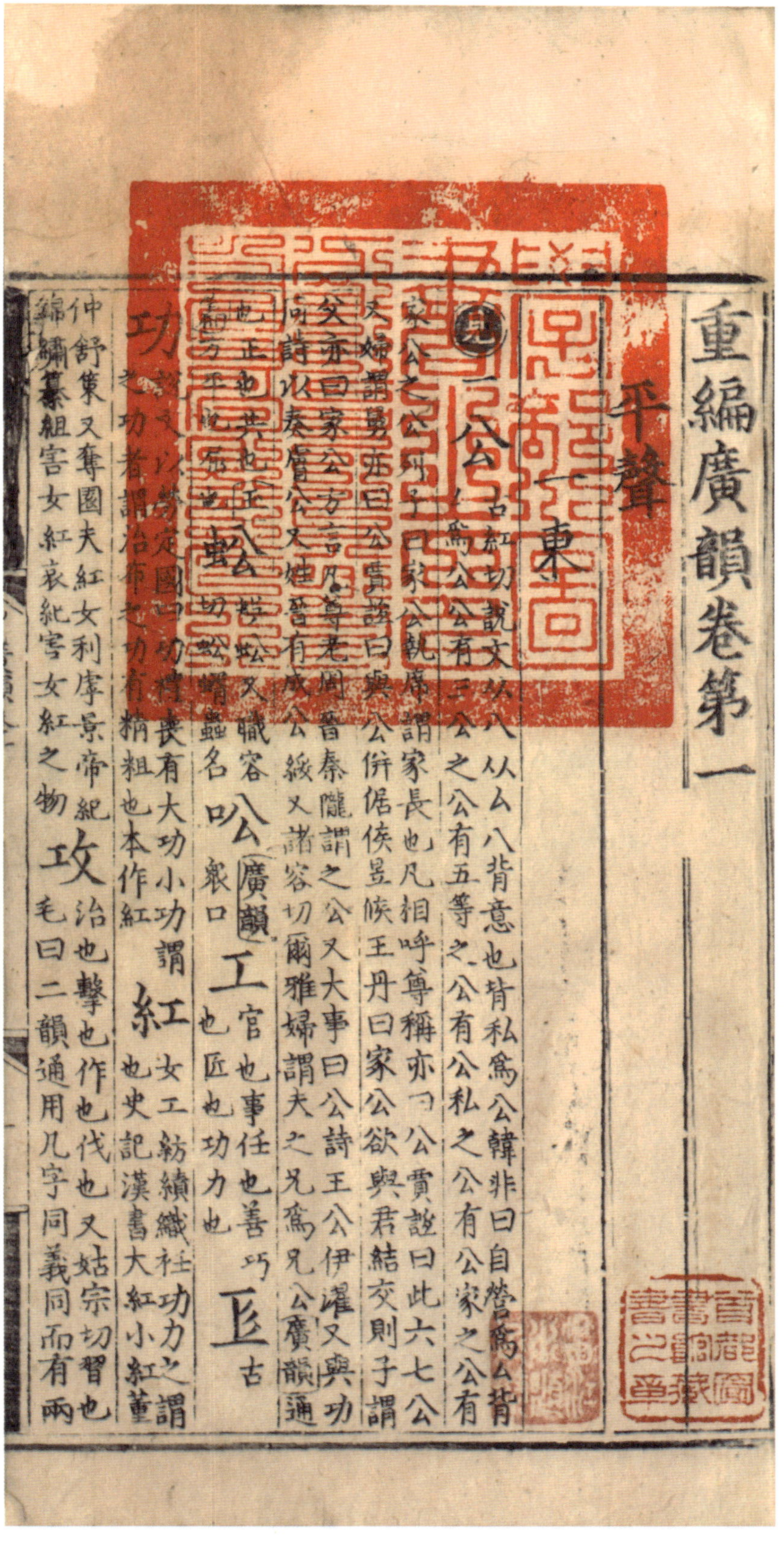

12483 重編廣韻五卷 （宋）陳彭年等撰 （明）朱祐檳重編 明嘉靖二十八年（1549）益藩刻本

匡高23厘米，廣15.5厘米。半葉九行，行十五字，小字雙行三十字，黑口，四周雙邊。有“學部圖書之印”等印。首都圖書館藏。

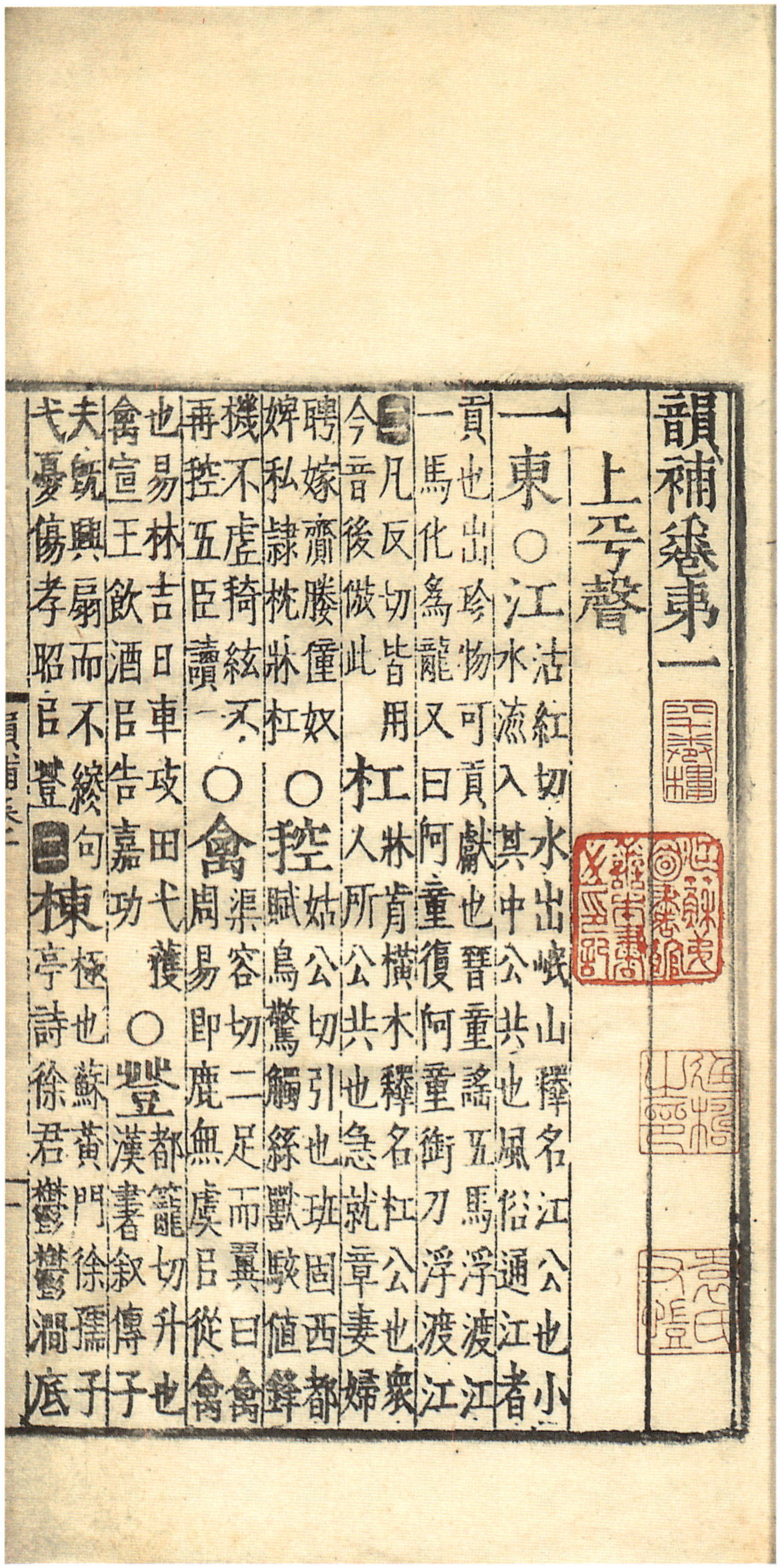

12484 韻補五卷　（宋）吴棫撰　明嘉靖許宗魯刻本

匡高18.6厘米，廣13.4厘米。半葉九行，行十七字，小字雙行同，白口，左右雙邊。有“袁氏又愷”“廷檮之印”“八千卷樓”等印。沈潮題識，丁丙跋。南京圖書館藏。

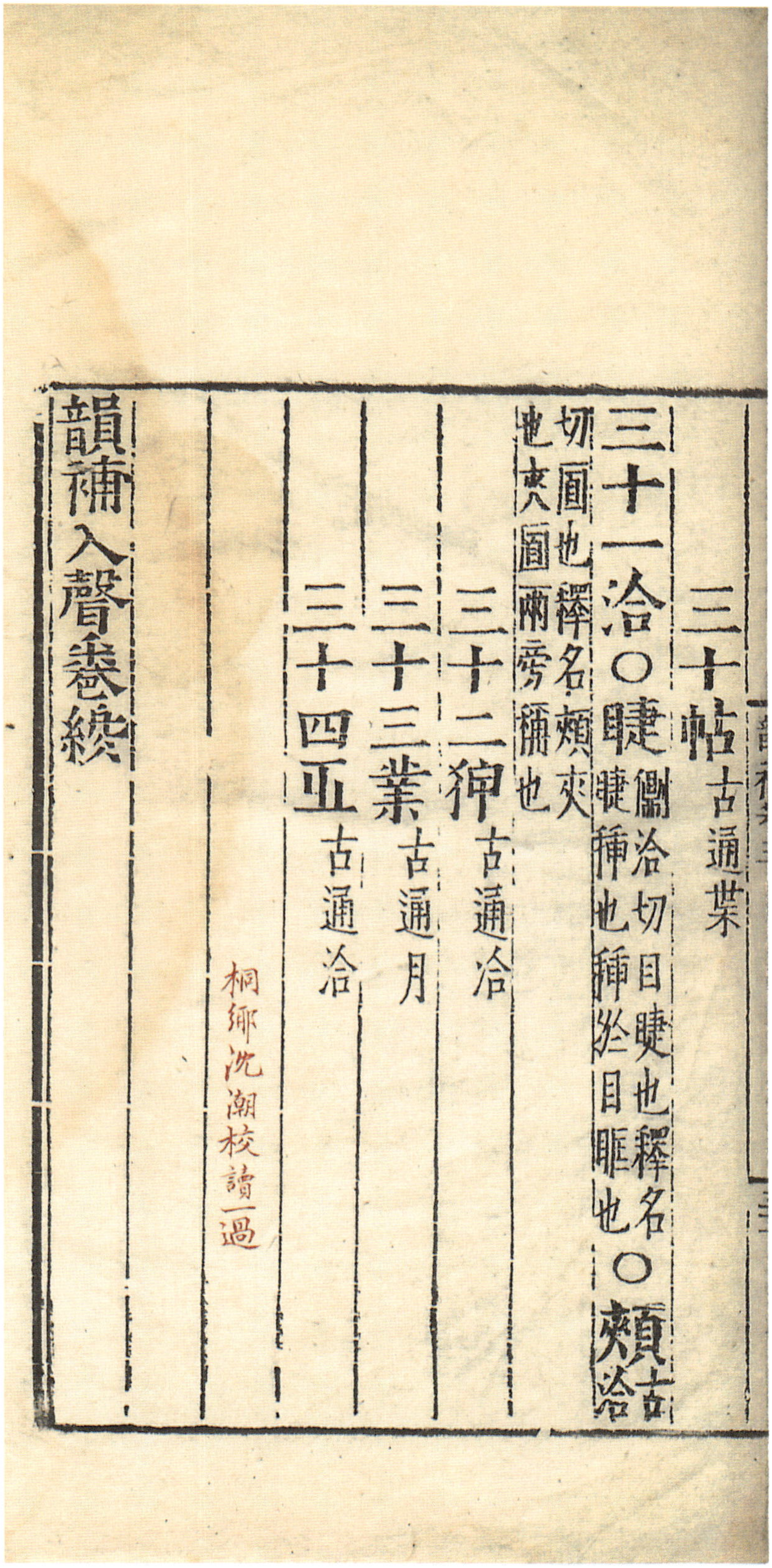

三十帖古通葉
三十一洽○睫劄洽切目睫也釋名睫插也插於目眶也○頰古洽切面也釋名頰夾也夾面兩旁稱也
三十二狎古通洽
三十三業古通月
三十四乏古通洽

桐鄉沈潮校讀一過

韻補入聲卷終

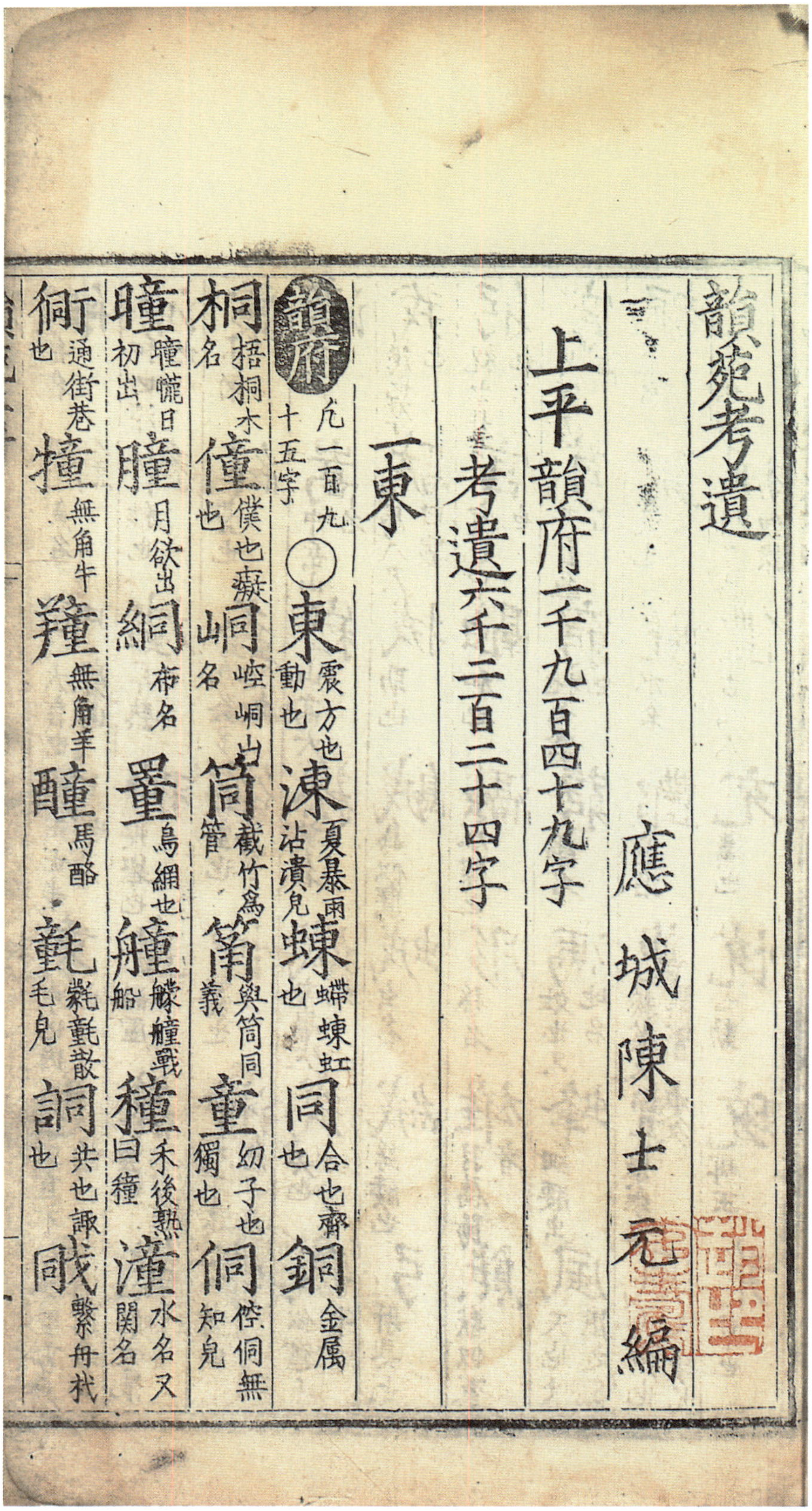
韻苑考遺
應城陳士元編
上平韻府一千九百四十九字
考遺六千二百二十四字
一東
韻府 凡一百九十五字 ○東 震方也動也 涷 夏暴雨沾漬皃 蝀 螮蝀虹也 同 合也齊也 銅 金屬
桐 梧桐木名 僮 僕也癡也 峒 崆峒山名 筒 截竹為管 筩 與筒同義 童 幼子也獨也 侗 倥侗無知皃
曈 曈曨日初出 曨 月欲出 絧 布名 罿 鳥網也 艟 艨艟戰船 穜 禾後熟曰穜 潼 水名又關名
衕 通街巷也 犝 無角牛 [illegible] 無角羊 [illegible] 馬酪 氃 毿氃散毛皃 詷 共也諏也 戙 繫舟杙

12485 韻苑考遺五卷 （明）陳士元編　明嘉靖二十五年（1546）楊椿等刻本

匡高20.7厘米，廣14.3厘米。半葉九行，行字不等，白口，四周雙邊。南京圖書館藏。

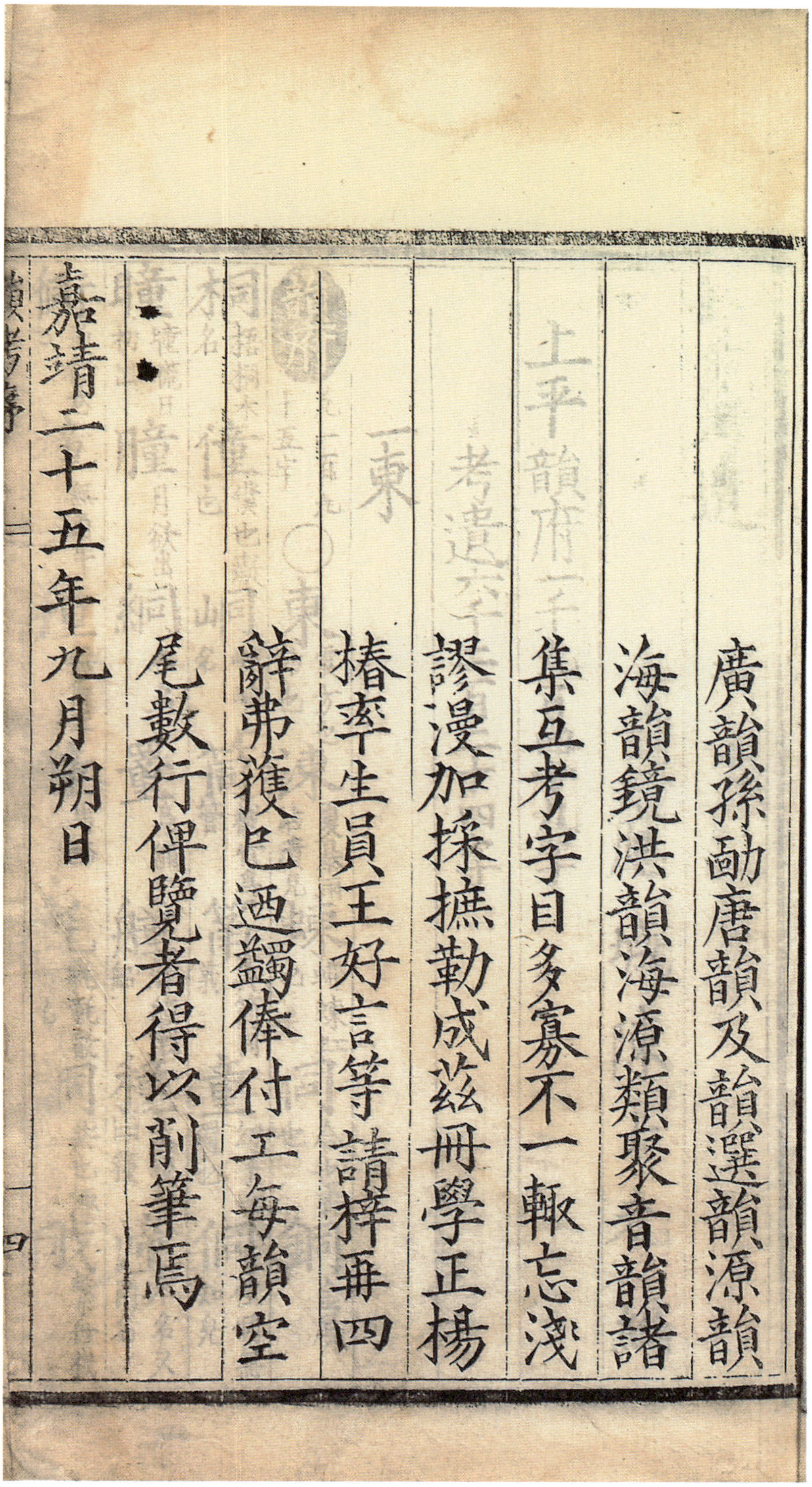
廣韻孫愐唐韻及韻選韻源韻海韻鏡洪韻海源類聚音韻諸集互考字目多寡不一輙忘淺謬漫加採摭勒成茲冊學正揚椿率生員王好言等請梓再四辭弗獲已迺蠲俸付工每韻空尾數行俾覽者得以削筆焉

嘉靖二十五年九月朔日

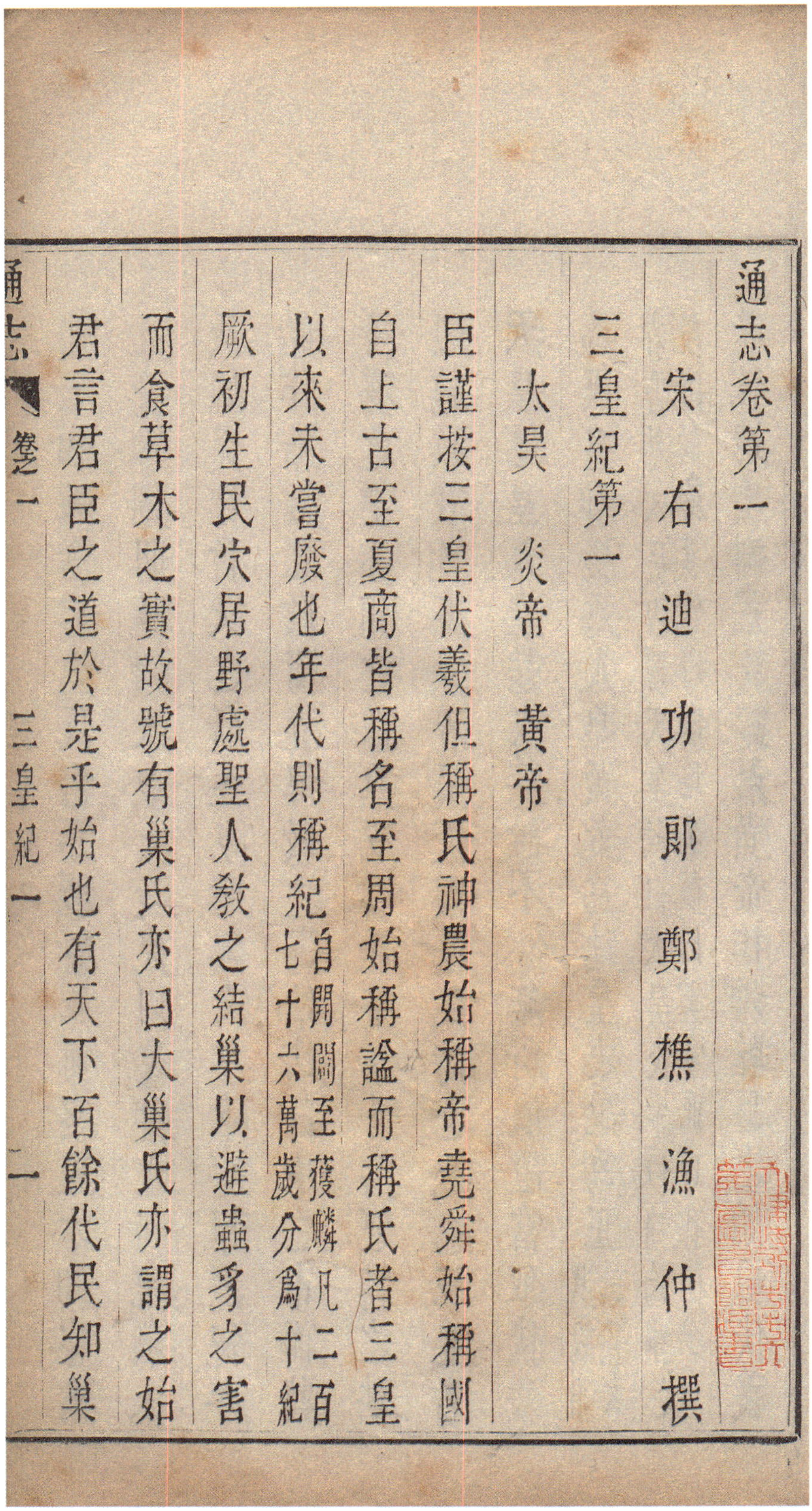
通志卷第一

宋右迪功郎鄭樵漁仲撰

三皇紀第一

太昊　炎帝　黄帝

臣謹按三皇伏羲但稱氏神農始稱帝堯舜始稱國自上古至夏商皆稱名至周始稱謚而稱氏者三皇以來未嘗廢也年代則稱紀自開闢至獲麟凡二百七十六萬歲分爲十紀

厥初生民穴居野處聖人教之結巢以避蟲豸之害而食草木之實故號有巢氏亦曰大巢氏亦謂之始君言君臣之道於是乎始也有天下百餘代民知巢

通志　卷一　三皇紀一　二

12486 三通三種七百四十八卷 清錫活字印本

匡高23.8厘米，廣16厘米。半葉十行，行二十一字，白口，四周雙邊。天津圖書館藏。

通典卷第一

唐京兆杜佑君卿纂

佑少嘗讀書而性且蒙固不達術數之藝不好章句之學所纂通典實采羣言徵諸人事將施有政夫理道之先在乎行教化教化之本在乎足衣食易稱聚人曰財洪範八政一曰食二曰貨管子曰倉廩實知禮節衣食足知榮辱夫子曰既富而教斯之謂矣夫行教化在乎設職官設職官在乎審官才審官才在乎精選舉制禮以端其俗立樂以和其心此先哲王致治之大方也故職官設然後興禮樂焉教化隳然後用刑罰焉列州郡

通典 卷之一 食貨一 一

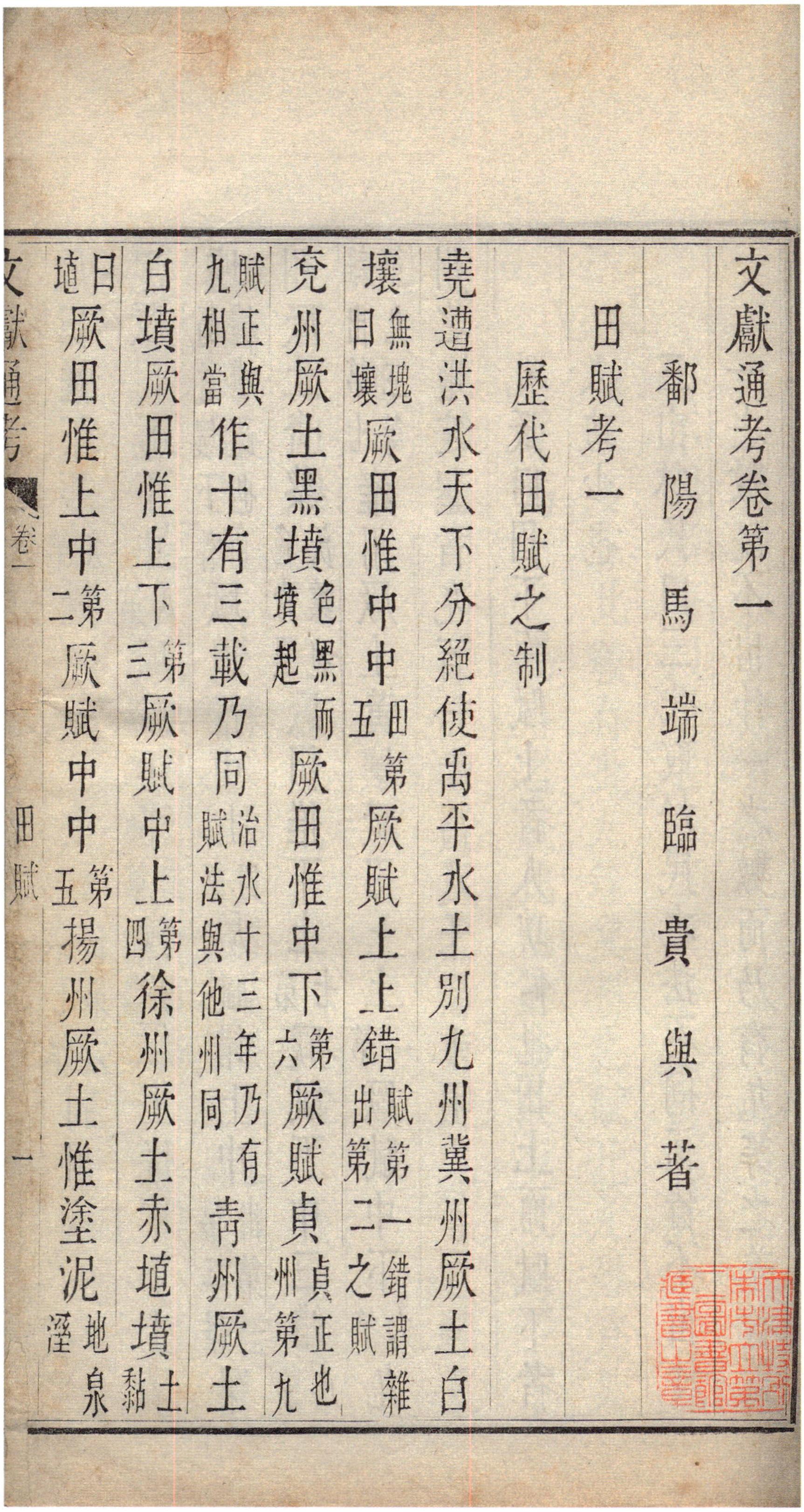
文獻通考卷第一

鄱陽馬端臨貴與著

田賦考一

歷代田賦之制

堯遭洪水天下分絕使禹平水土別九州冀州厥土白壤無塊曰壤厥田惟中中田第五厥賦上上錯賦第一錯謂雜出第二之賦兗州厥土黑墳色黑而墳起厥田惟中下第六厥賦貞貞正也州第九賦正與九相當作十有三載乃同治水十三年乃有賦法與他州同青州厥土白墳厥田惟上下第三厥賦中上第四徐州厥土赤埴墳土黏曰埴厥田惟上中第二厥賦中中第五揚州厥土惟塗泥地泉溼

文獻通考 卷一 田賦 一

12486 三通三種七百四十八卷

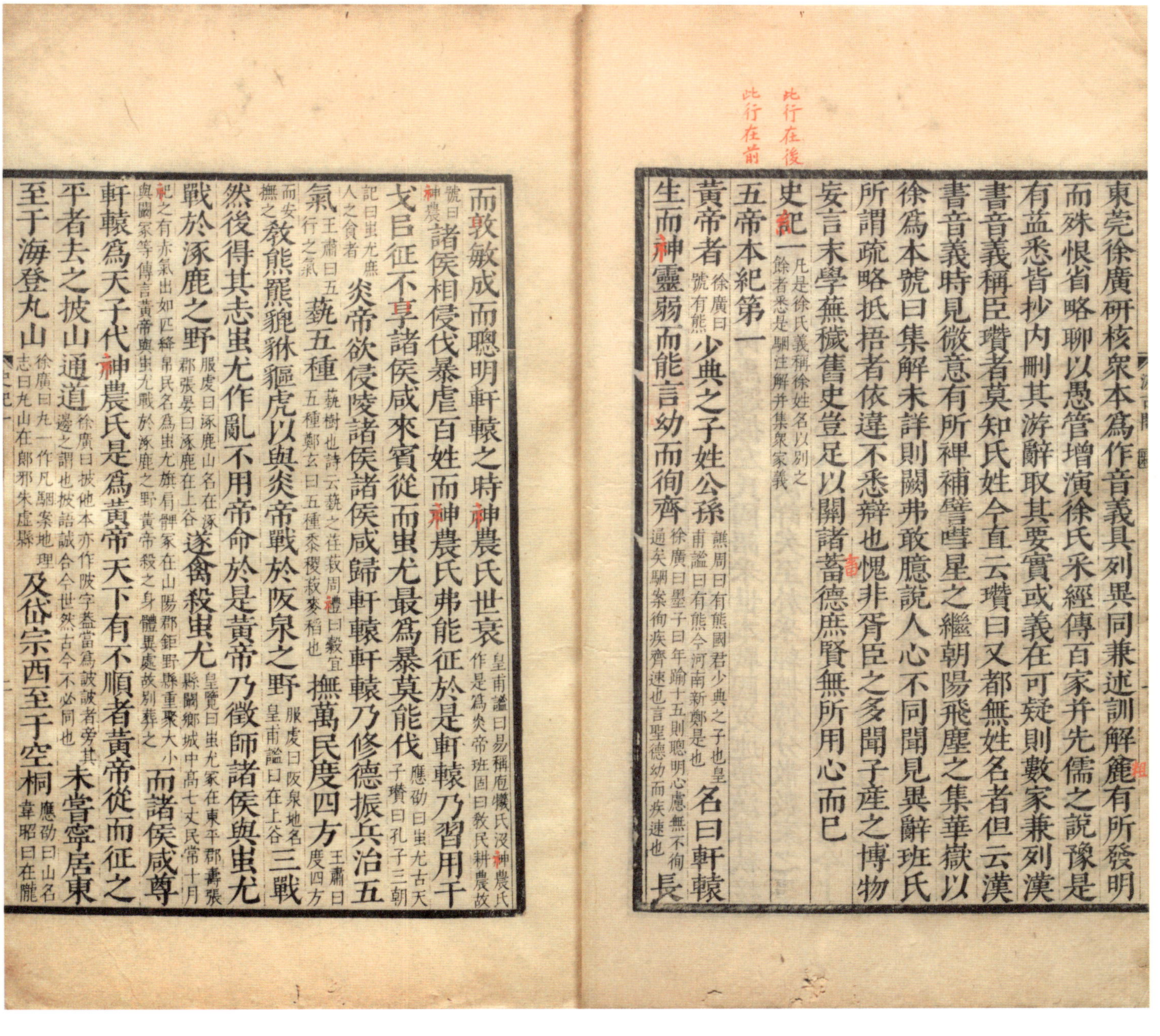

12487 史記一百三十卷 （漢）司馬遷撰 （南朝宋）裴駰集解 明崇禎十四年（1641）毛氏汲古閣刻本

匡高22厘米，廣15.4厘米。半葉十二行，行二十五字，小字雙行三十七字，白口，左右雙邊。有“王鐵夫閱過”“惕甫經眼”“鄂渚徐氏藏本”“徐恕私印”等印。黄丕烈、王芑孫跋，沈恕校。湖北省圖書館藏。

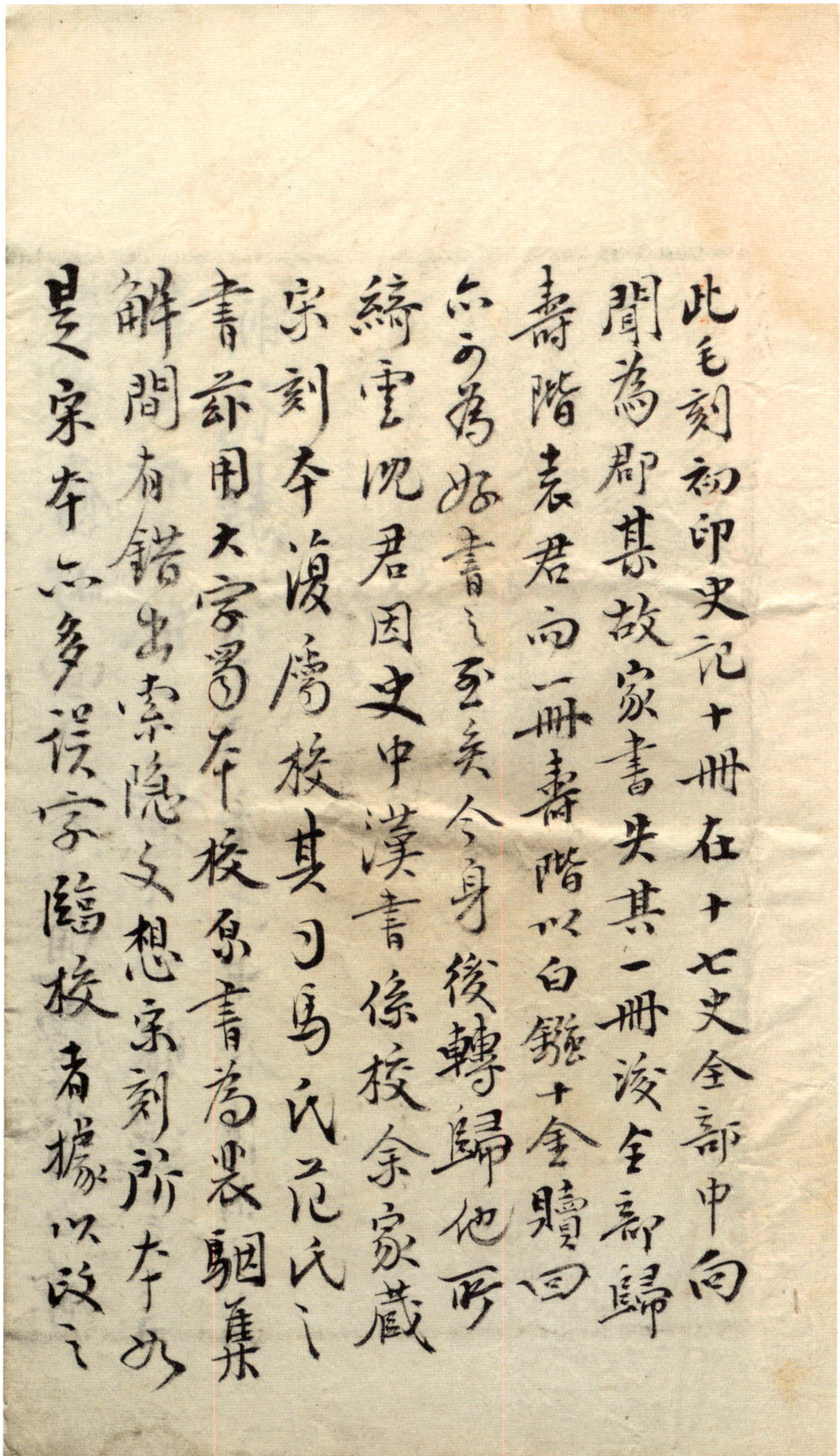
此毛刻初印史記十冊在十七史全部中向
聞為郡某故家書失其一冊後全部歸
壽階袁君向一冊壽階以白鏹十金贖回
亦可為好書之至矣今身後轉歸他所
綺雲沈君因史中漢書係校余家藏
宋刻本復屬校其司馬氏范氏之
書亦用大字蜀本校原書為裴駰集
解間有錯出索隱文想宋刻所本如
是宋本亦多誤字臨校者據以改之

12487 史記一百三十卷

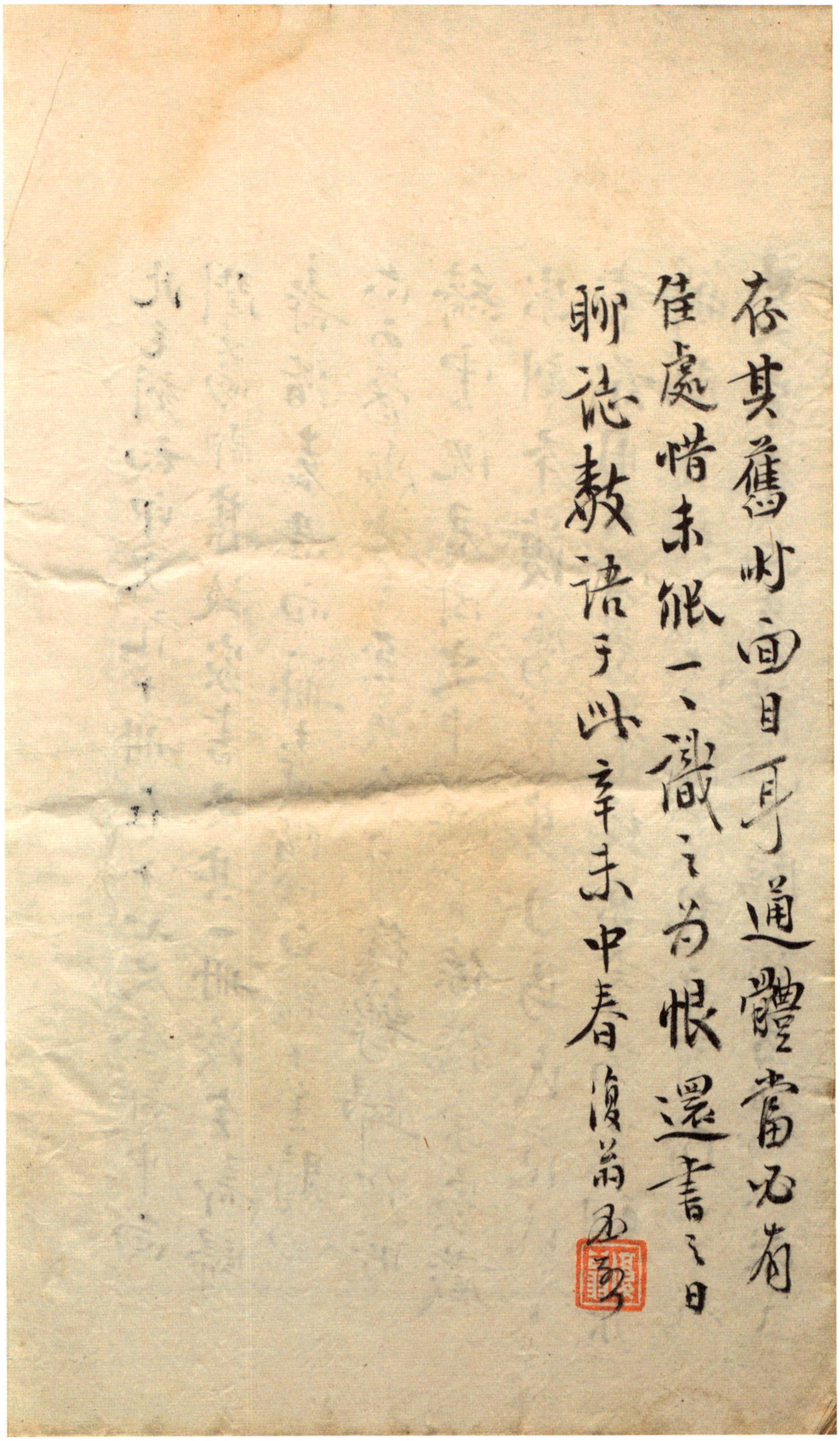

存其舊時面目耳通體當必有
佳處惜未能一一識之爲恨還書之日
聊誌數語于此 辛未中春 復翁

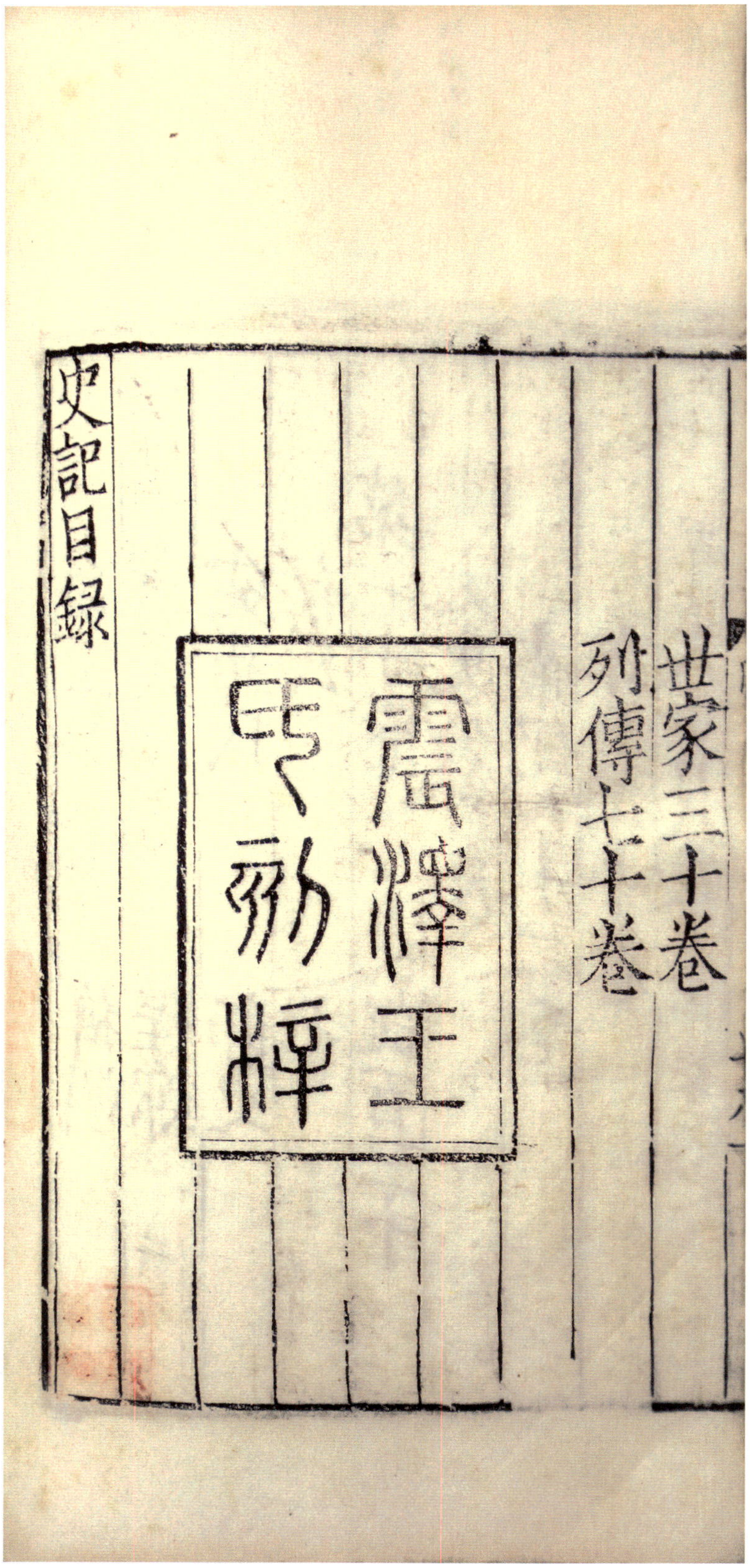

12488 史記一百三十卷　（漢）司馬遷撰　（南朝宋）裴駰集解　（唐）司馬貞索隱　（唐）張守節正義　明嘉靖四至六年（1525—1527）王延喆刻本

匡高19.9厘米，廣13厘米。半葉十行，行十八字，小字雙行二十三字，白口，左右雙邊。有"震澤王氏刻于恩褒四世之堂""震澤王氏刻梓"等牌記。有"丁晏""頤志齋""徐印時成""徐覺齋家藏圖書印""鄭家覺"等印。丁晏跋。湖南圖書館藏。

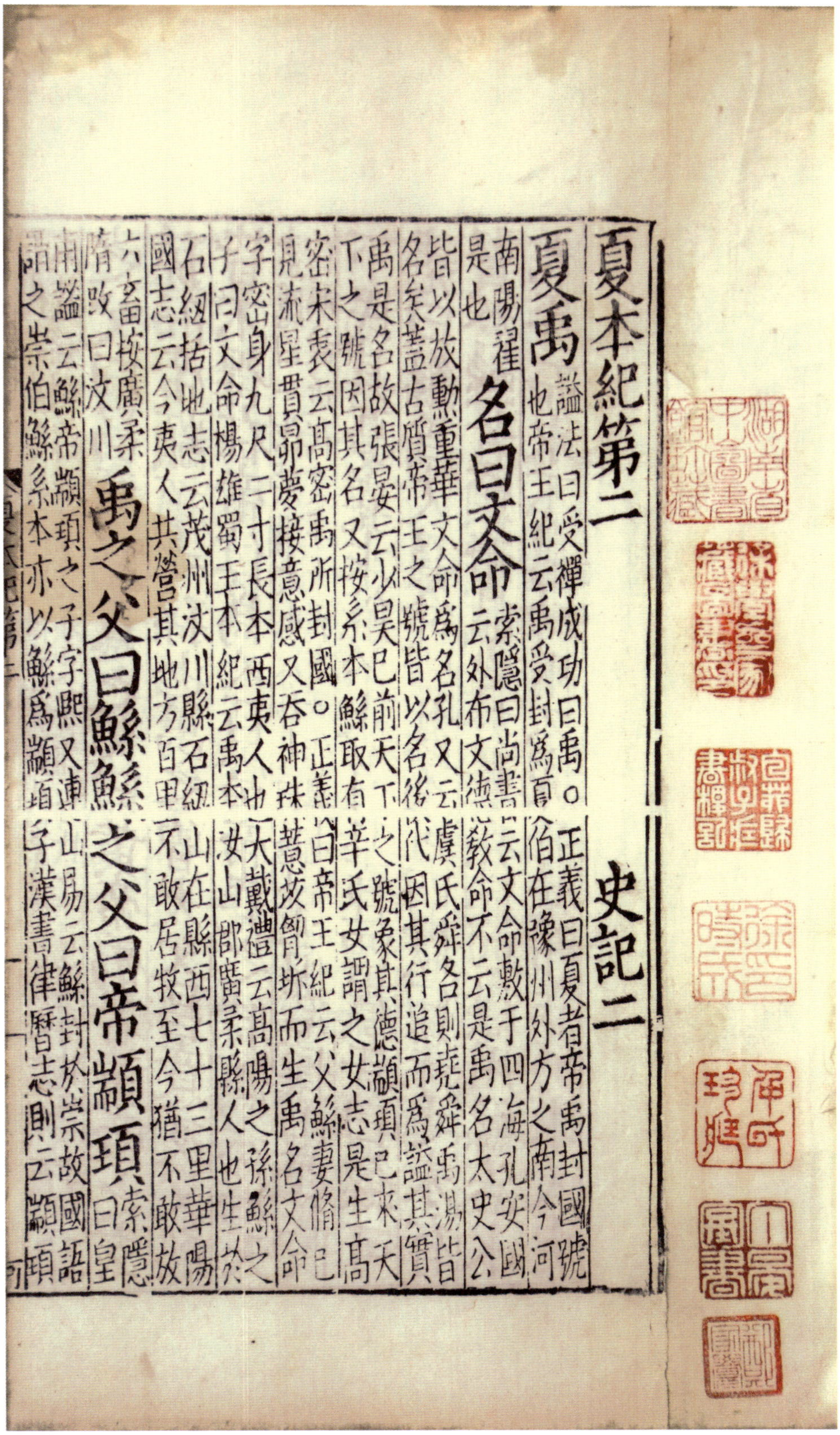

夏本紀第二　史記二

夏禹諡法曰受禪成功曰禹。正義曰夏者帝禹封國號也帝王紀云禹受封爲夏伯在豫州外方之南今河南陽翟是也名曰文命索隱曰尚書云文命敷于四海孔安國云外布文德教命不云是禹名太史公皆以放勳重華文命爲名孔又云虞氏舜名則堯舜禹湯皆名矣蓋古質帝王之號皆以名後代因其行追而爲謚其實禹是名故張晏云少昊已前天下之號象其德顓頊已來天下之號因其名又按系本鯀取有莘氏女謂之女志是生高密宋衷云高密禹所封國。正義曰帝王紀云父鯀妻脩已見流星貫昴夢接意感又吞神珠薏苡胷坼而生禹名文命字密身九尺二寸長本西夷人也大戴禮云高陽之孫鯀之子曰文命楊雄蜀王本紀云禹本汶山郡廣柔縣人也生於石紐括地志云茂州汶川縣石紐山在縣西七十三里華陽國志云今夷人共營其地方百里不敢居牧至今猶不敢放六畜按廣柔隋改曰汶川

禹之父曰鯀鯀之父曰帝顓頊索隱曰皇甫謐云鯀帝顓頊之子字熙又連山易云鯀封於崇故國語謂之崇伯鯀系本亦以鯀爲顓頊子漢書律曆志則云顓頊

夏本紀第二　一

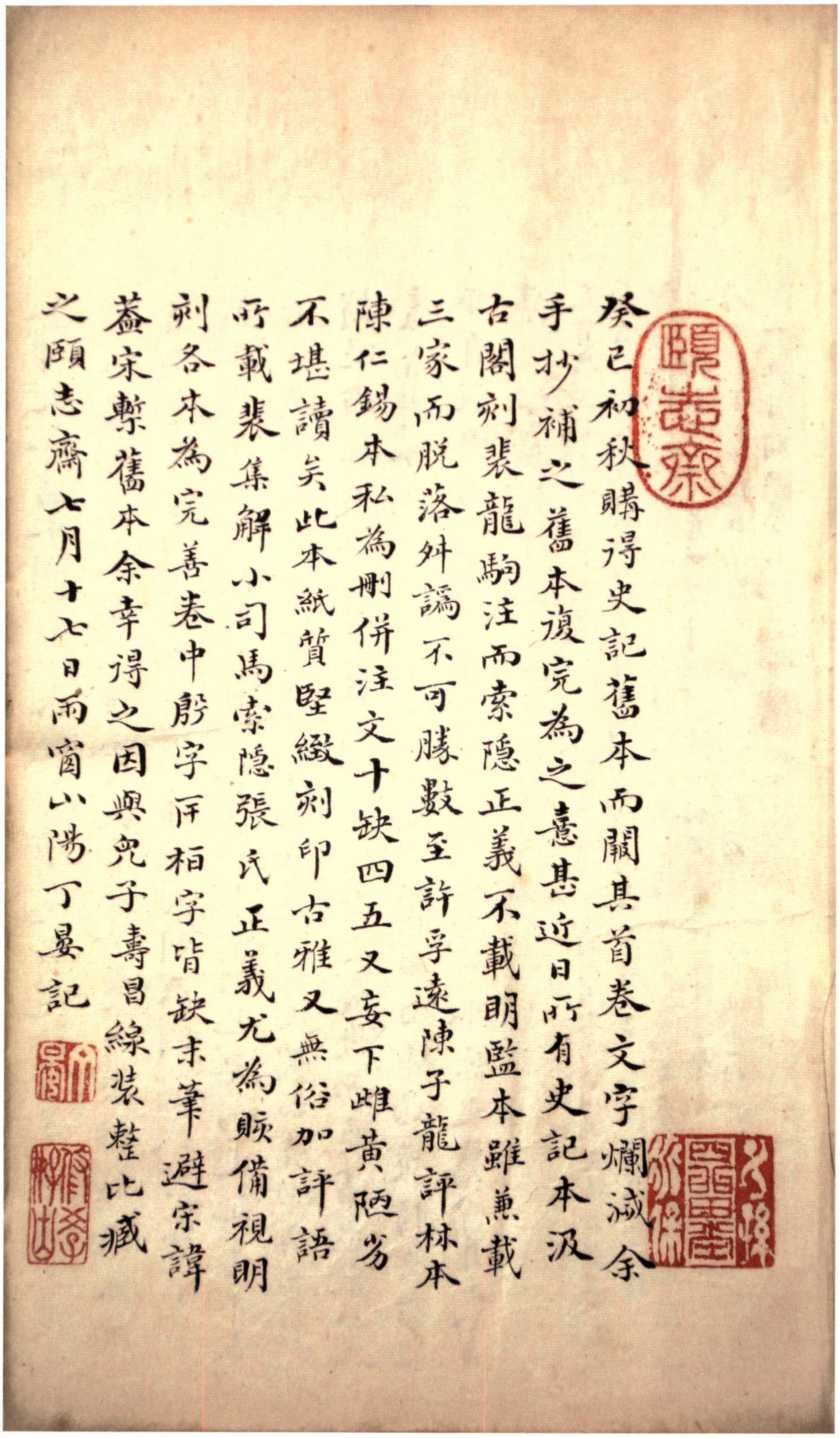
癸巳初秋購得史記舊本而闕其首卷文字爛滅余手抄補之舊本復完為之憙甚近日所有史記本汲古閣刻裴龍駒注而索隱正義不載明監本雖兼載三家而脫落舛譌不可勝數至許孚遠陳子龍評林本陳仁錫本私為刪併注文十缺四五又妄下雌黄陋劣不堪讀矣此本紙質堅緻刻印古雅又無俗加評語所載裴集解小司馬索隱張氏正義尤為賅備視明刻各本為完善卷中殷字匡桓字皆缺末筆避宋諱蓋宋槧舊本余幸得之因與兒子壽昌綫裝整比藏之頤志齋七月十七日雨窗山陽丁晏記

12488 史記一百三十卷

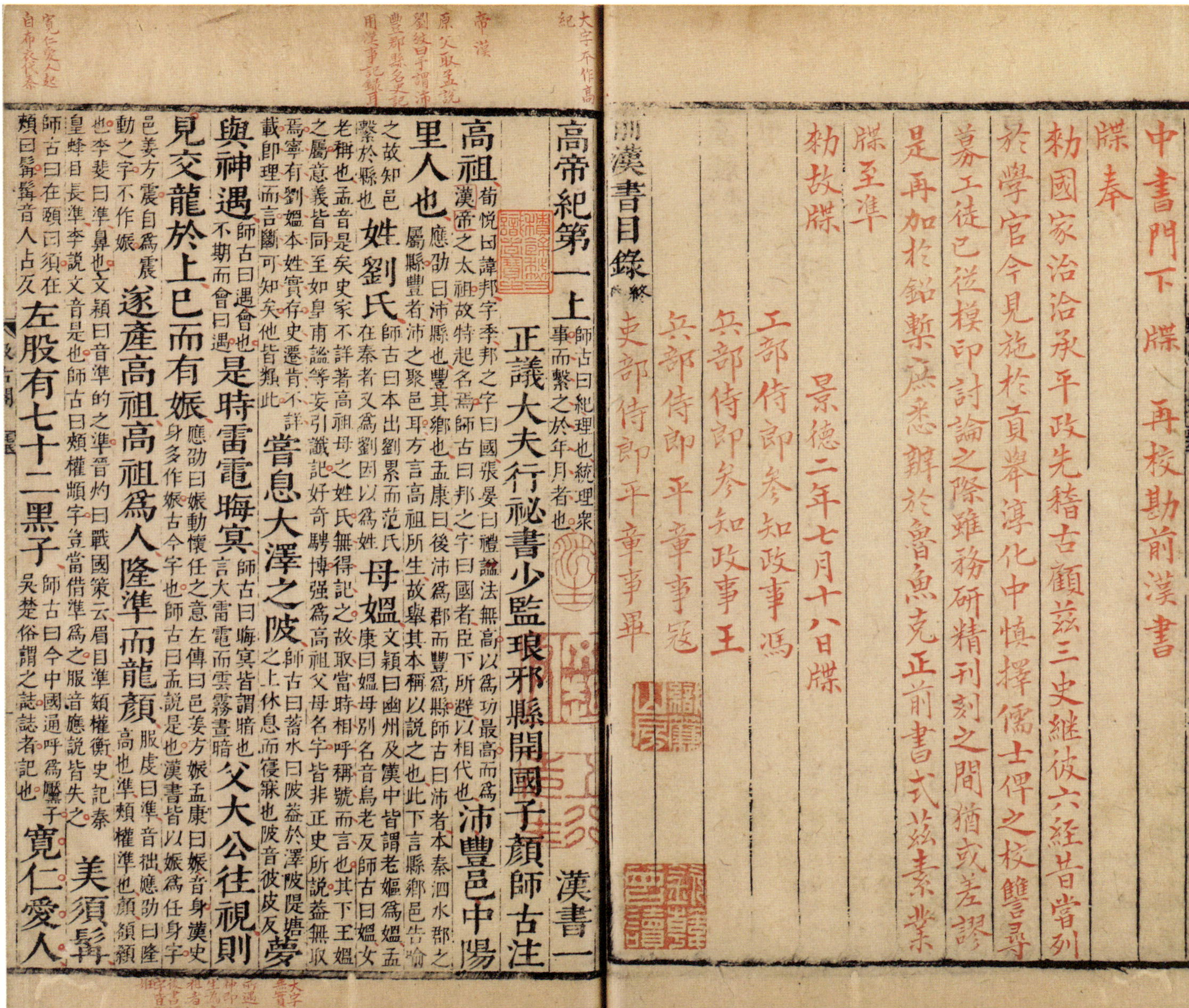

12489、12490 漢書一百卷 （漢）班固撰　（唐）顔師古注　明崇禎十五年（1642）毛氏汲古閣刻本

匡高21.7厘米，廣15.2厘米。半葉十二行，行二十五字，小字雙行三十七字，白口，左右雙邊。西南大學圖書館藏，有“寧國縣儒學記”“欽韓曾讀”“文起”“織簾山房”“積學齋徐乃昌藏書”“南陵徐乃昌審定善本”“積學齋鎮庫”“積餘秘笈識者寶之”等印，沈欽韓校並跋；湖北省圖書館藏，有“袁印廷檮”“廷檮校讀”“漚波舫”“惕甫經眼”“王芑孫”“沈恕”等印，袁廷檮校跋並録顧廣圻校跋，王芑孫校並跋。

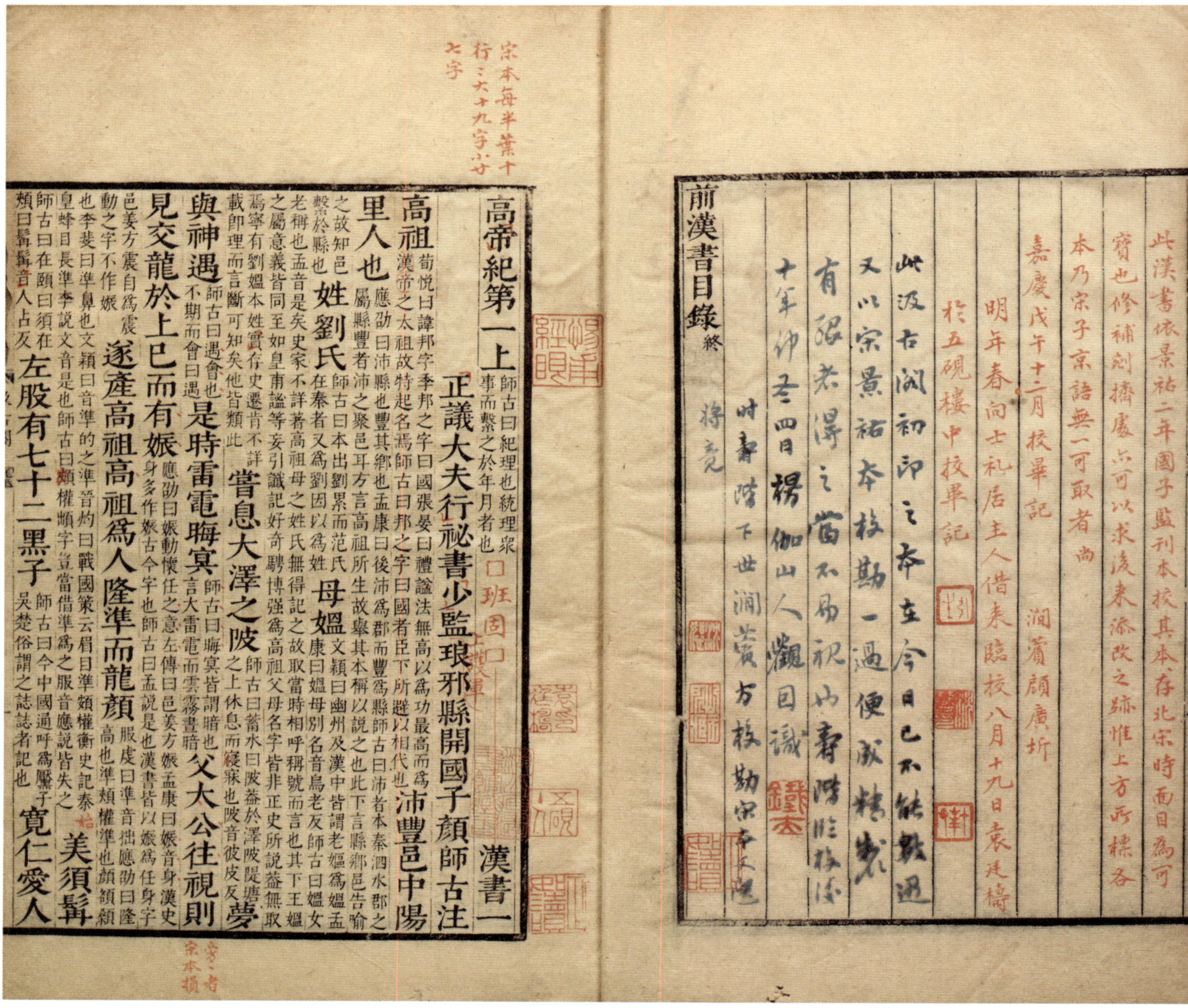

12489、12490 漢書一百卷

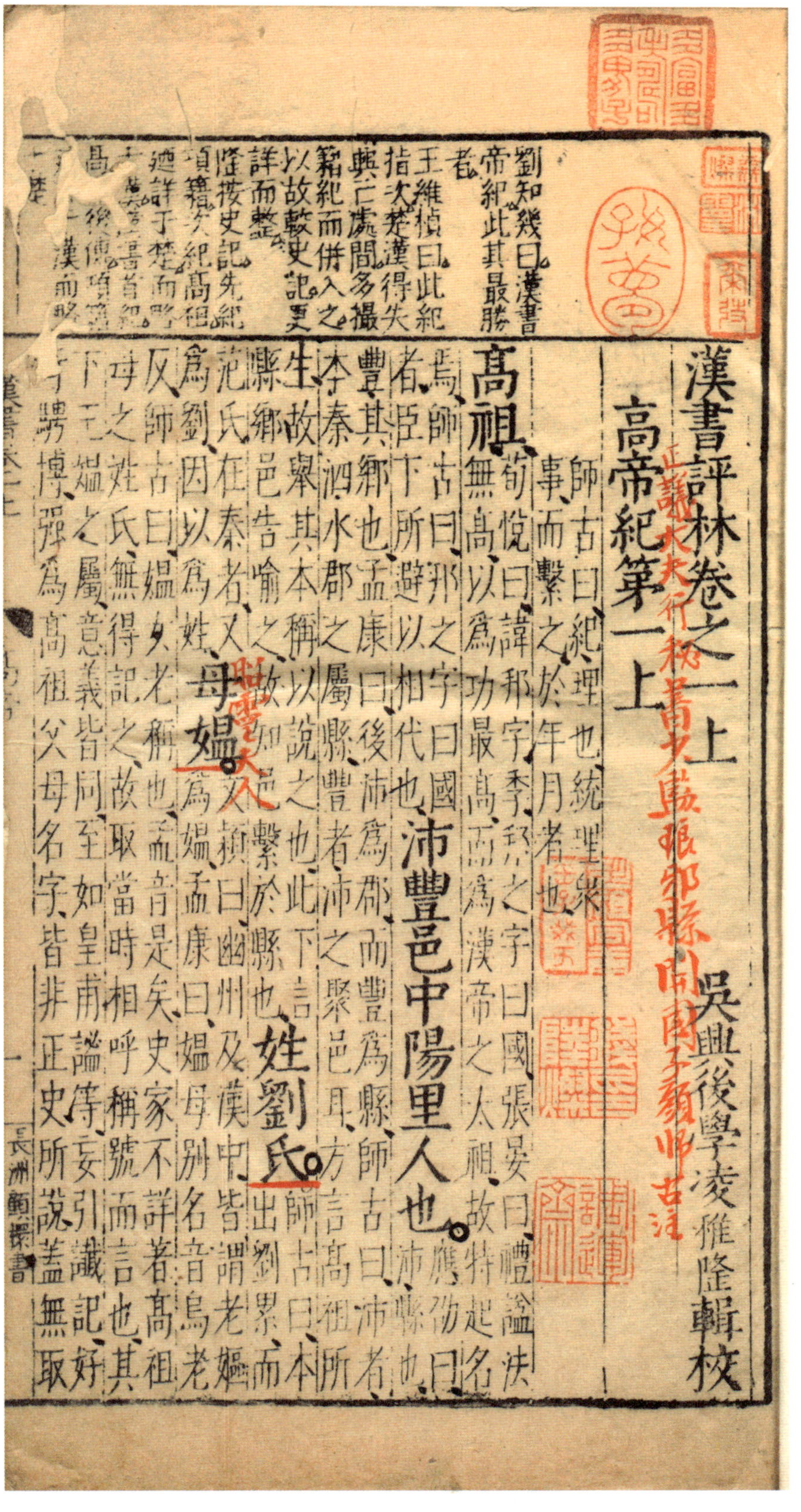

12491 漢書評林一百卷 （明）凌稚隆輯　明萬曆九年（1581）吴興凌稚隆刻本

匡高24.2厘米，廣14.7厘米。半葉十行，行二十字，小字雙行同，白口，左右雙邊。有“錢印陸燦”“調運齋”等印。錢陸燦批校。湖北省圖書館藏。

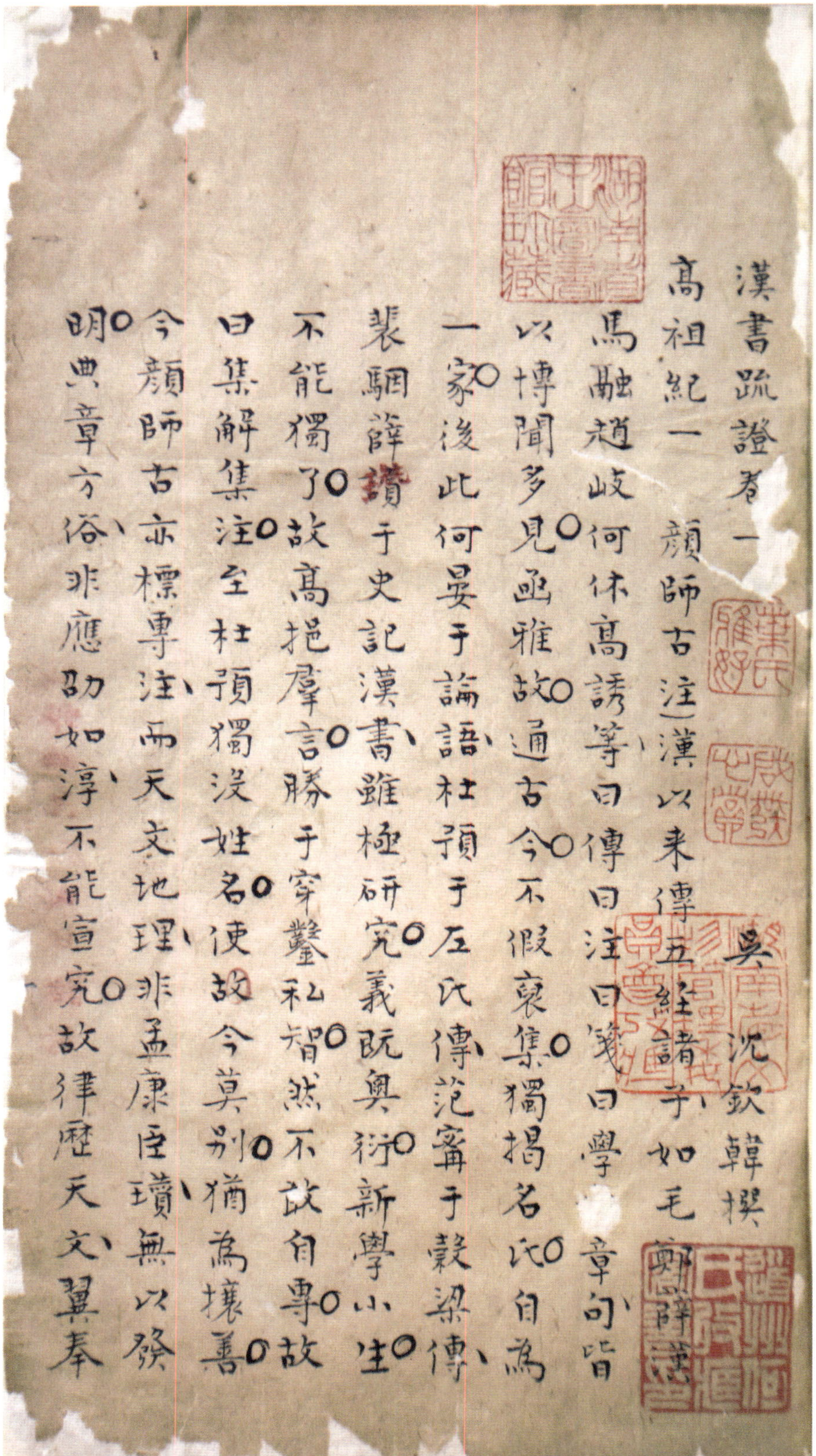

漢書疏證卷一　　吳　沈欽韓撰
高祖紀一　顏師古注漢以来傳五經諸子如毛……
馬融趙岐何休高誘等曰傳曰注曰箋曰學章句皆
以博聞多見函雅故通古今不假衆集獨揭名氏自為
一家後此何晏于論語杜預于左氏傳范甯于穀梁傳
裴駰讚于史記漢書雖極研究義既輿衍新學小生
不能獨了故高挹群言勝于穿鑿私智然不敢自專故
曰集解集注至杜預獨沒姓名使後今莫別猶為攘善
今顏師古亦標專注而天文地理非孟康臣瓚無以發
明典章方俗非應劭如淳不能宣究故律歷天文翼奉

12492 漢書疏證四十卷　（清）沈欽韓撰　清抄本

有“道州何氏收藏圖書印”“江文煒校”等印。江文煒校。湖南圖書館藏。

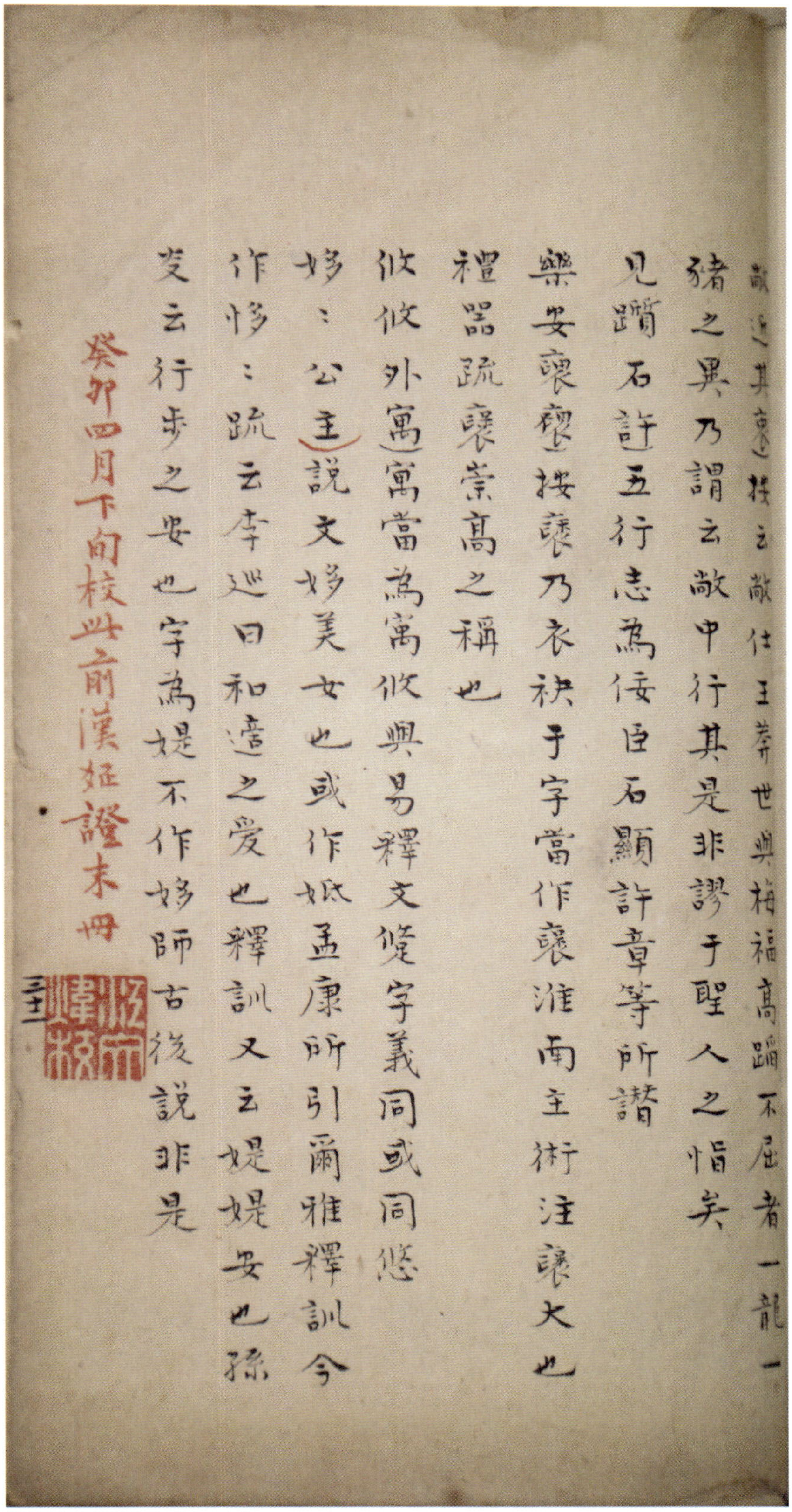

敵近其惠技云敵仕王莽世與梅福高蹈不屈者一龍一
豬之異乃謂云敵中行其是非謬于聖人之指矣
見躓石許五行志爲倿臣石顯許章等所譖
樂安褭㙲按褭乃衣袂于字當作褭淮南主術注褭大也
禮器疏褭崇高之稱也
攸攸外寓寓當爲寓攸與易釋文攸字義同或同悠
姼姼公主說文姼美女也或作妖孟康所引爾雅釋訓今
作㑊㑊跳云李巡曰和適之爰也釋訓又云媞媞安也孫
炎云行步之安也字爲媞不作姼師古後說非是

癸卯四月下旬校此前漢延證末册

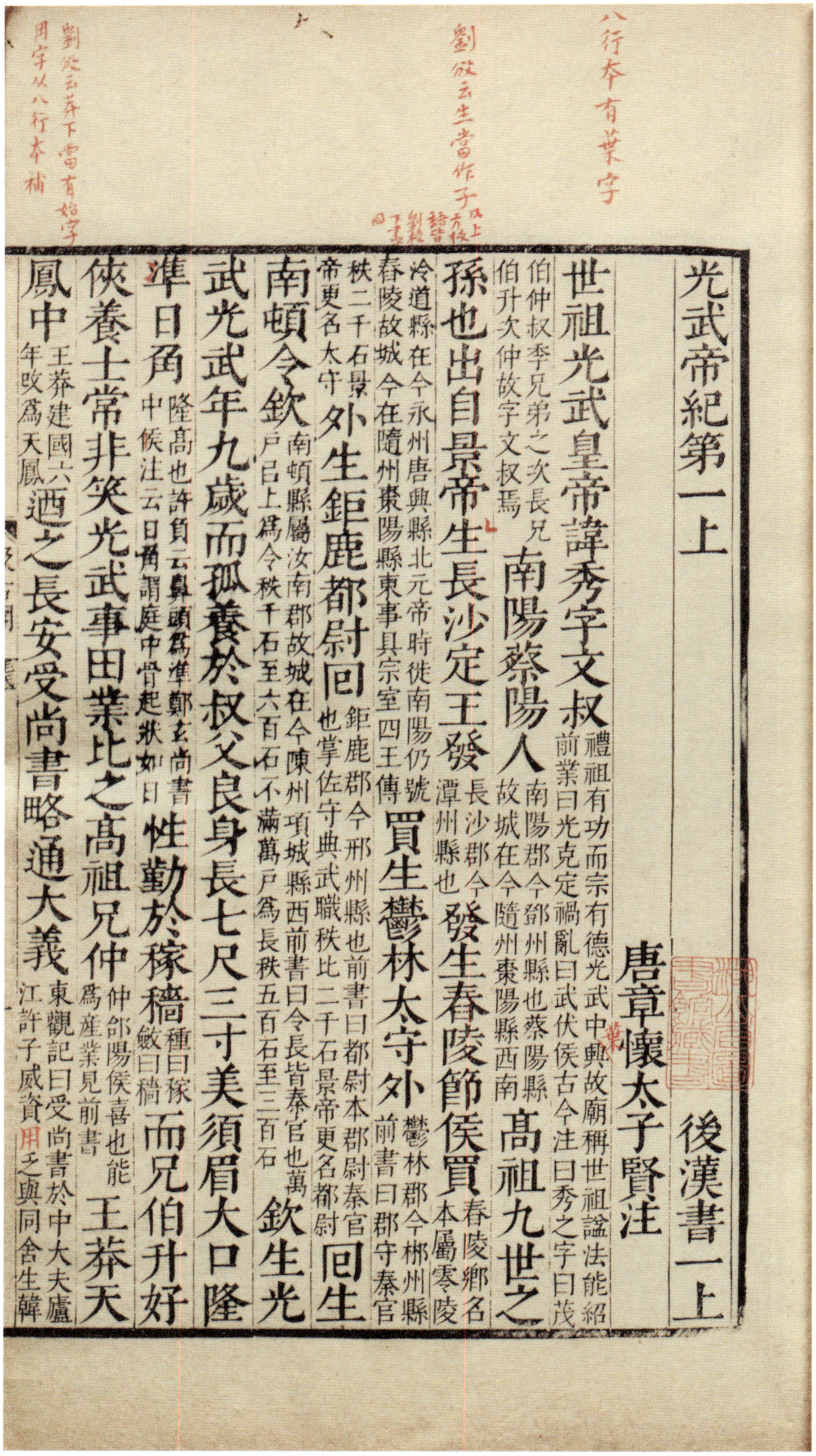

八行本有葉字

劉攽云生當作子

劉攽云莽下當有始字
用字从八行本補

光武帝紀第一上　　後漢書一上

唐章懷太子賢注

世祖光武皇帝諱秀字文叔禮祖有功而宗有德光武中興故廟稱世祖謚法能紹前業曰光克定禍亂曰武伏侯古今注曰秀之字曰茂伯仲叔季兄弟之次長兄伯升次仲故字文叔焉南陽蔡陽人南陽郡今鄧州縣也蔡陽縣故城在今隨州棗陽縣西南高祖九世之孫也出自景帝生長沙定王發長沙郡今潭州縣也發生舂陵節侯買舂陵鄉名本屬零陵泠道縣在今永州唐興縣北元帝時徙南陽仍號舂陵故城今在隨州棗陽縣東事具宗室四王傳買生鬱林太守外鬱林郡今郴州縣前書曰郡守秦官秩二千石景帝更名太守外生鉅鹿都尉回鉅鹿郡今邢州縣也前書曰都尉本郡尉秦官也掌佐守典武職秩比二千石景帝更名都尉回生南頓令欽南頓縣屬汝南郡故城在今陳州項城縣西前書曰令長皆秦官也萬戶已上爲令秩千石至六百石不滿萬戶爲長秩五百石至三百石欽生光武光武年九歲而孤養於叔父良身長七尺三寸美須眉大口隆準日角隆高也許負云鼻頭爲準鄭玄尚書中候注云日角謂庭中骨起狀如日性勤於稼穡種曰稼斂曰穡而兄伯升好俠養士常非笑光武事田業比之高祖兄仲仲郃陽侯喜也能爲産業見前書王莽天鳳中王莽建國六年改爲天鳳迺之長安受尚書略通大義東觀記曰受尚書於中大夫廬江許子威資用乏與同舍生韓

12493 後漢書九十卷　（南朝宋）范曄撰　（唐）李賢注　**志三十卷**　（晉）司馬彪撰　（梁）劉昭注　明崇禎十六年（1643）毛氏汲古閣刻本

匡高22厘米，廣15.4厘米。半葉十二行，行二十五字，小字雙行三十七字，白口，左右雙邊。有“黄印丕烈”“復翁”等印。黄丕烈跋，陸損之校。湖北省圖書館藏。

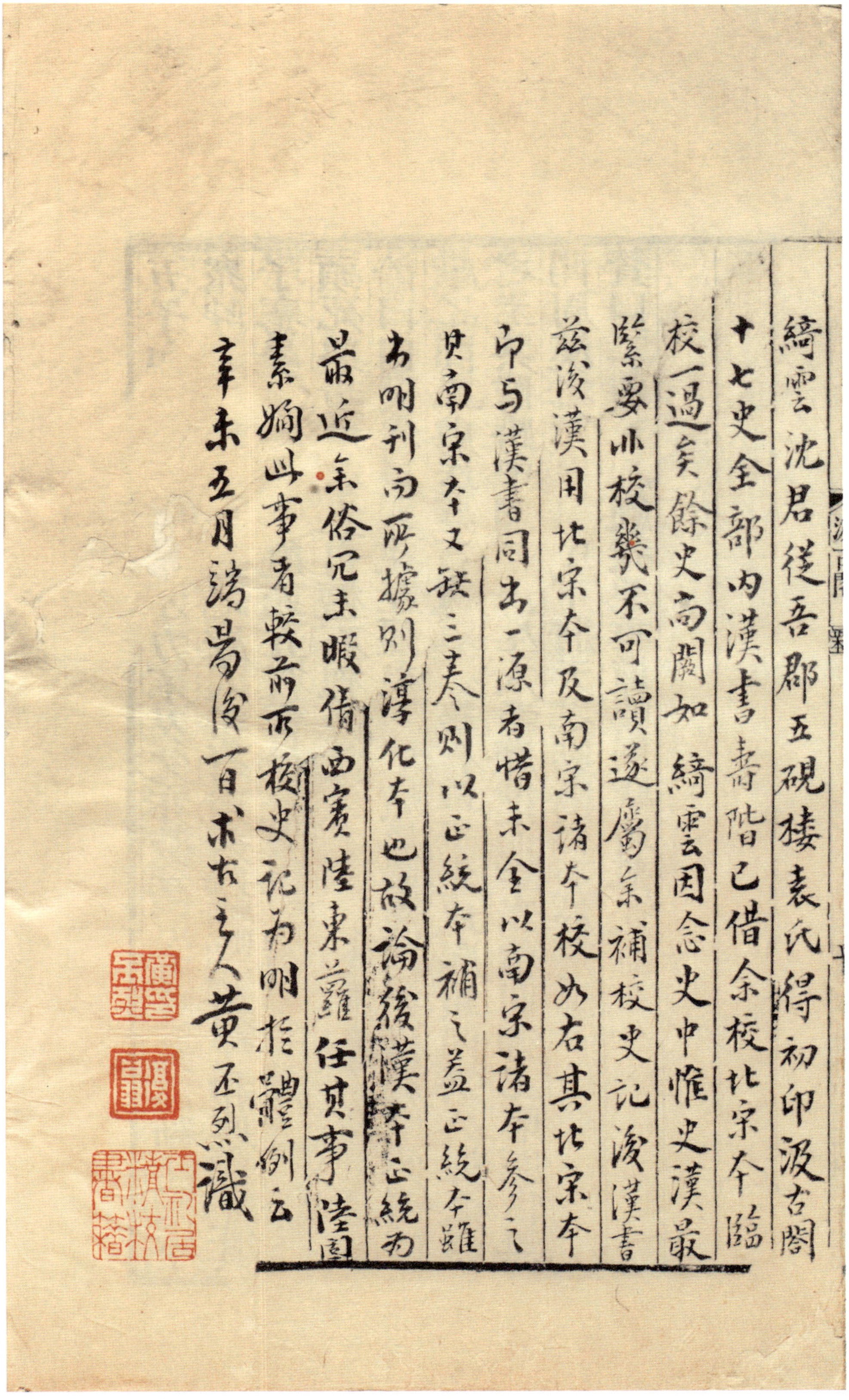
綺雲沈君從吾郡五硯樓袁氏得初印汲古閣十七史全部，內漢書壽階已借余校北宋本臨校一過矣，餘史尚闕如。綺雲因念史中惟史漢最緊要，此校幾不可讀，遂屬余補校史記、後漢書。茲後漢用北宋本及南宋諸本校如右，其北宋本即與漢書同出一源者，惜未全，以南宋諸本參之。其南宋本文缺三卷，則以正統本補之，蓋正統本雖爲明刊，而所據則淳化本也，故論後漢本正統爲最近。余俗冗未暇，借西賓陸東蘿任其事，陸固素嫻此事者，較前所校史記爲明於體例云。辛未五月端陽後一日求古主人黃丕烈識

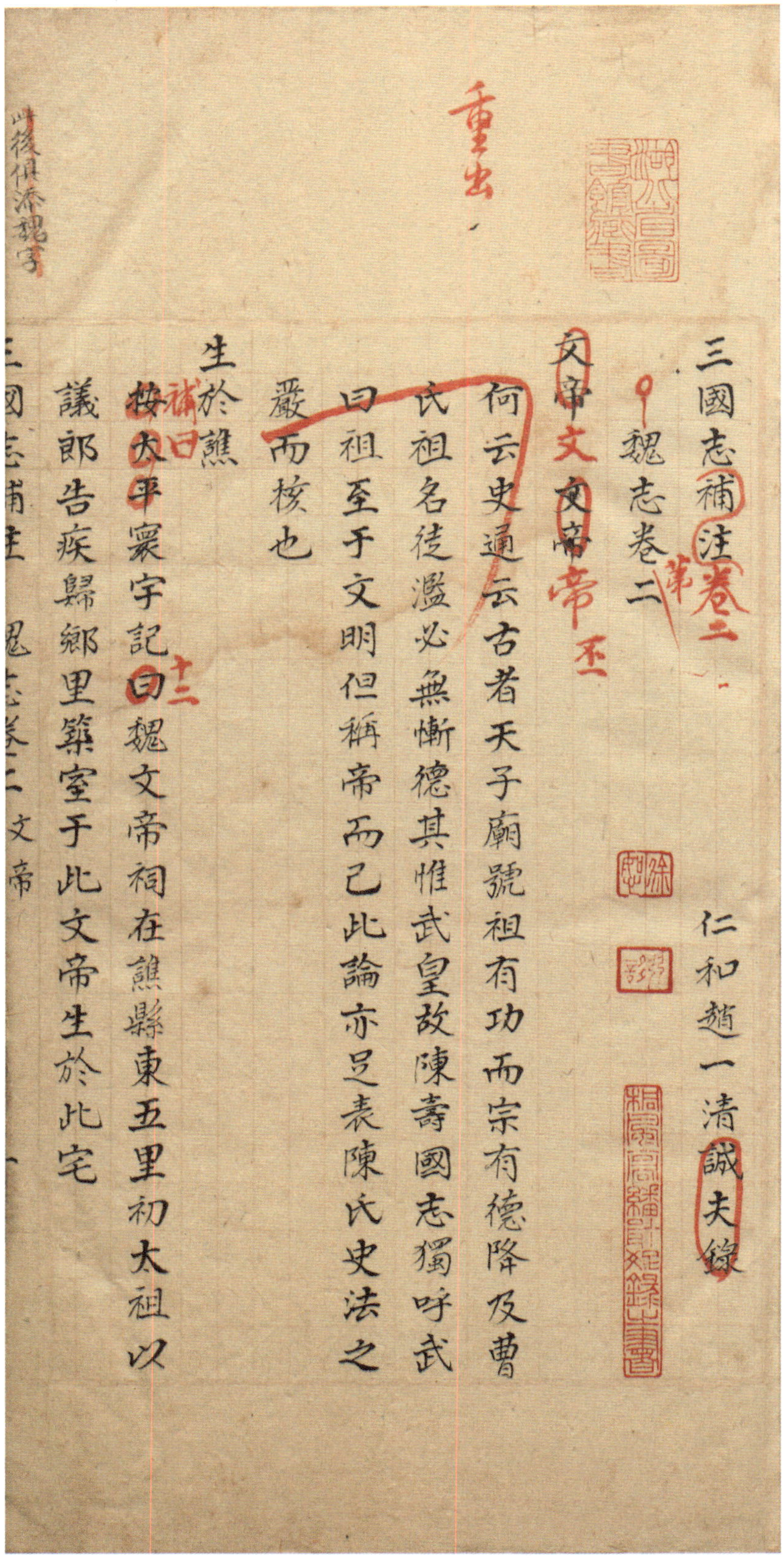
三國志補注
魏志卷二　　仁和趙一清誠夫錄
文帝
何云史通云古者天子廟號祖有功而宗有德降及曹氏祖名徒濫必無慚德其惟武皇故陳壽國志獨呼武曰祖至于文明但稱帝而已此論亦足表陳氏史法之嚴而核也
生於譙
按太平寰宇記曰魏文帝祠在譙縣東五里初太祖以議郎告疾歸鄉里築室于此文帝生於此宅
三國志補注　魏志卷二　文帝

12494 三國志注補六十五卷　（清）趙一清撰　稿本

有“徐恕”“彊誃”等印。湖北省圖書館藏，存四十五卷。

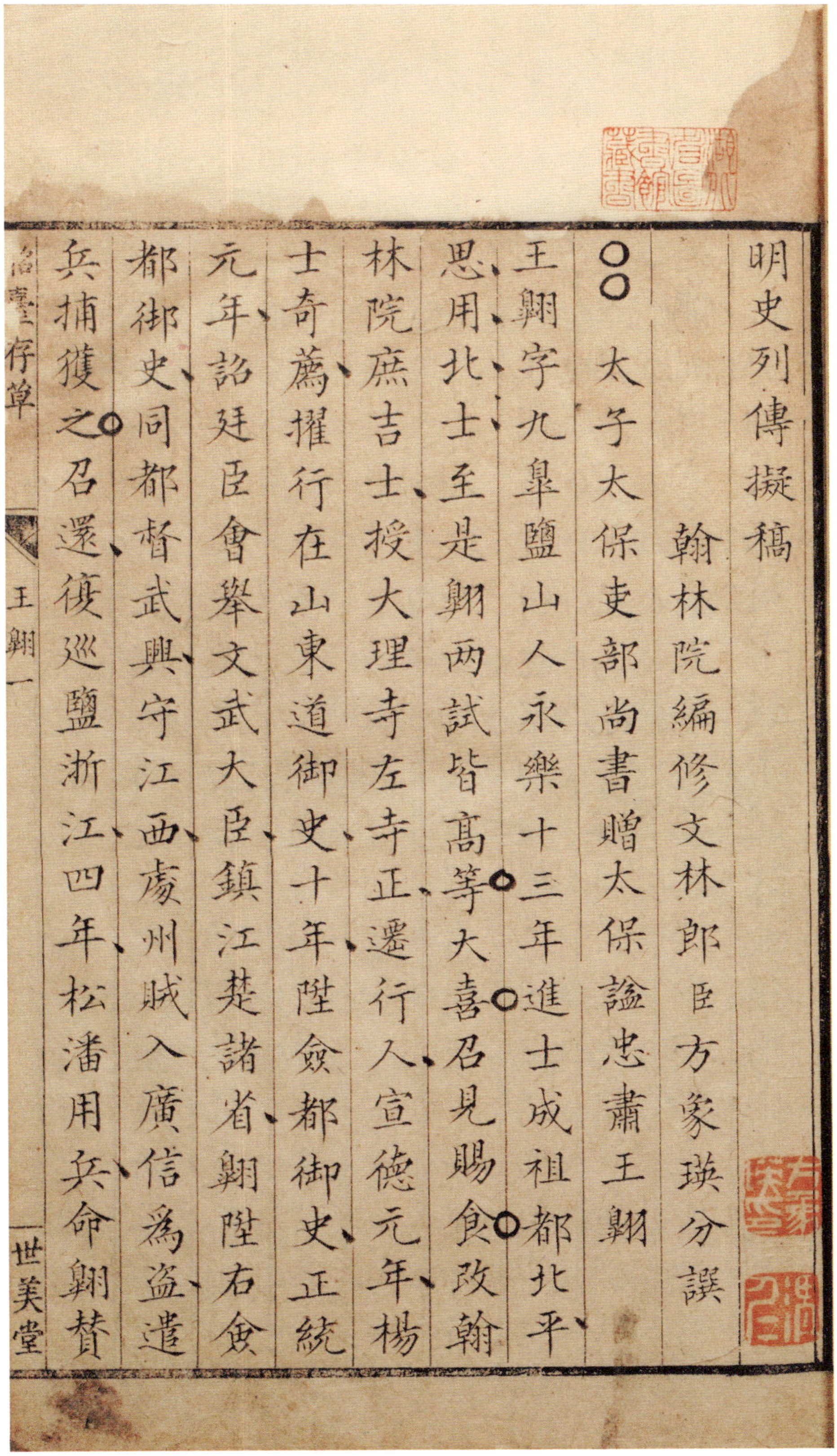
明史列傳擬稿
翰林院編修文林郎臣方象瑛分譔
太子太保吏部尚書贈太保謚忠肅王翺
○王翺字九臯鹽山人永樂十三年進士成祖都北平
思用北士至是翺兩試皆高等大喜召見賜食改翰
林院庶吉士授大理寺左寺正遷行人宣德元年楊
士奇薦擢行在山東道御史十年陞僉都御史正統
元年詔廷臣會舉文武大臣鎮江楚諸省翺陞右僉
都御史同都督武興守江西䖍州賊入廣信爲盗遣
兵捕獲之召還復巡鹽浙江四年松潘用兵命翺贊
存草 王翺一 世美堂

12495 明史列傳擬稿不分卷　（清）方象瑛撰　稿本

有“方象瑛印”“渭仁”“毛印際可”“徐恕”等印。毛際可題辭，倪燦、李澄中、施閏章批。湖北省圖書館藏。

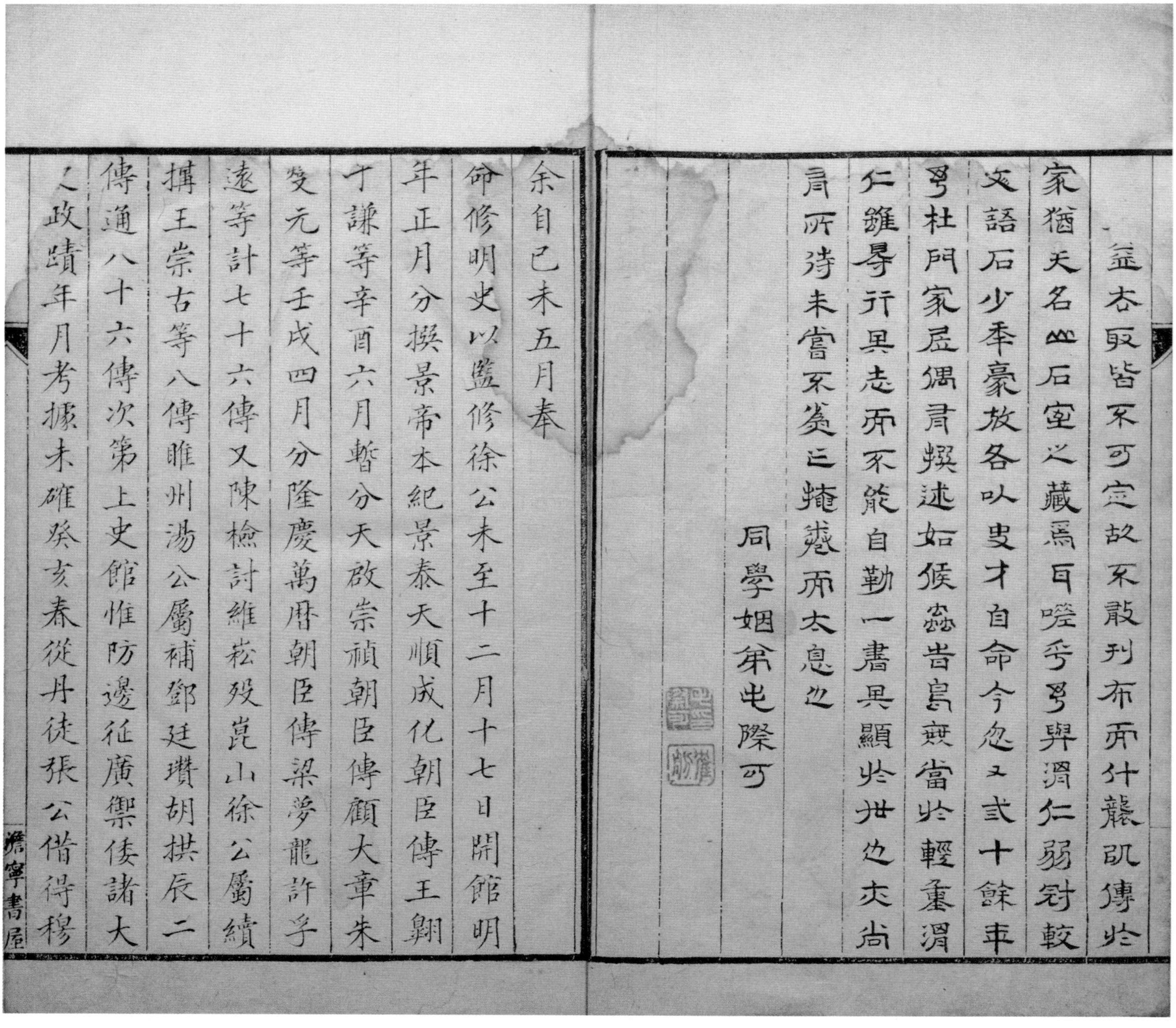

並存取皆不可定故不敢刊布而什襲以傳於家猶夫名山石室之藏焉曰嗟乎吾與渭仁弱冠較文語石少年豪放各以史才自命今忽又三十餘年吾杜門家居偶有撰述如候蟲告鳥爽當於輕塵渭仁雖尋行異志而不能自勤一書異顯於世也夫尚有所待未嘗不為之掩卷而太息也

同學姻弟毛際可

余自己未五月奉
命修明史以監修徐公來至十二月十七日開館明年正月分撰景帝本紀景泰天順成化朝臣傳王翺于謙等辛酉六月暫分天啟崇禎朝臣傳顧大章朱燮元等壬戌四月分隆慶萬曆朝臣傳梁夢龍許孚遠等計七十六傳又陳檢討維崧歿崑山徐公屬續撰王崇古等八傳睢州湯公屬補鄧廷瓚胡拱辰二傳通八十六傳次第上史館惟防邊征廣禦倭諸大人政績年月考據未確癸亥春從丹徒張公借得穆

澹寧書屋

12495 明史列傳擬稿不分卷

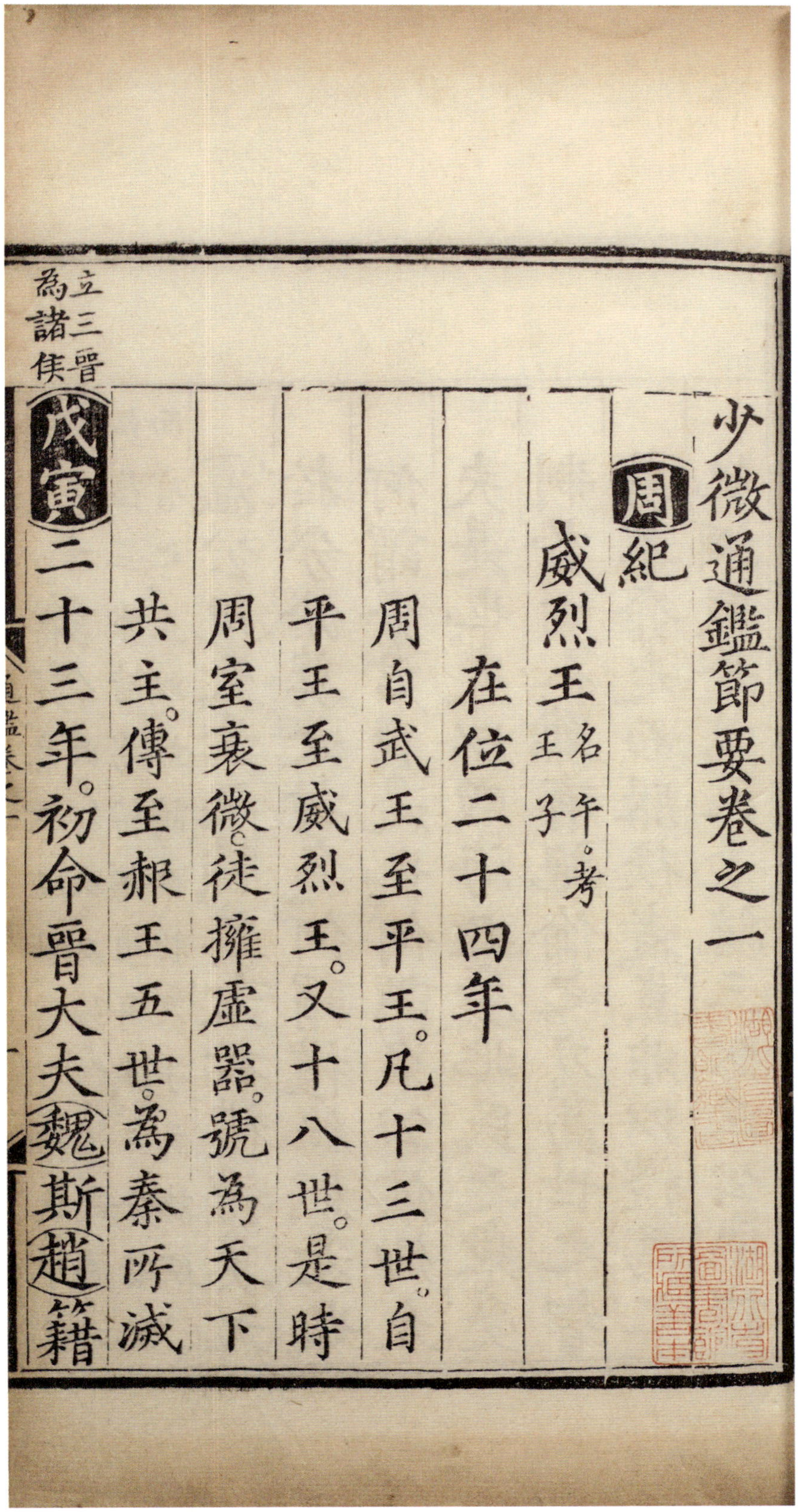

少微通鑑節要卷之一

周紀

威烈王 名午。考王子

在位二十四年

周自武王至平王。凡十三世。自平王至威烈王。又十八世。是時周室衰微。徒擁虛器。號為天下共主。傳至赧王五世。為秦所滅

戊寅 二十三年。初命晉大夫魏斯趙籍

立三晉為諸侯

12496 少微通鑑節要五十卷外紀四卷 （宋）江贄撰　明正德九年（1514）司禮監刻本

匡高22厘米，廣15.2厘米。半葉九行，行十五字，小字雙行同，黑口，四周雙邊。湖北省圖書館藏。

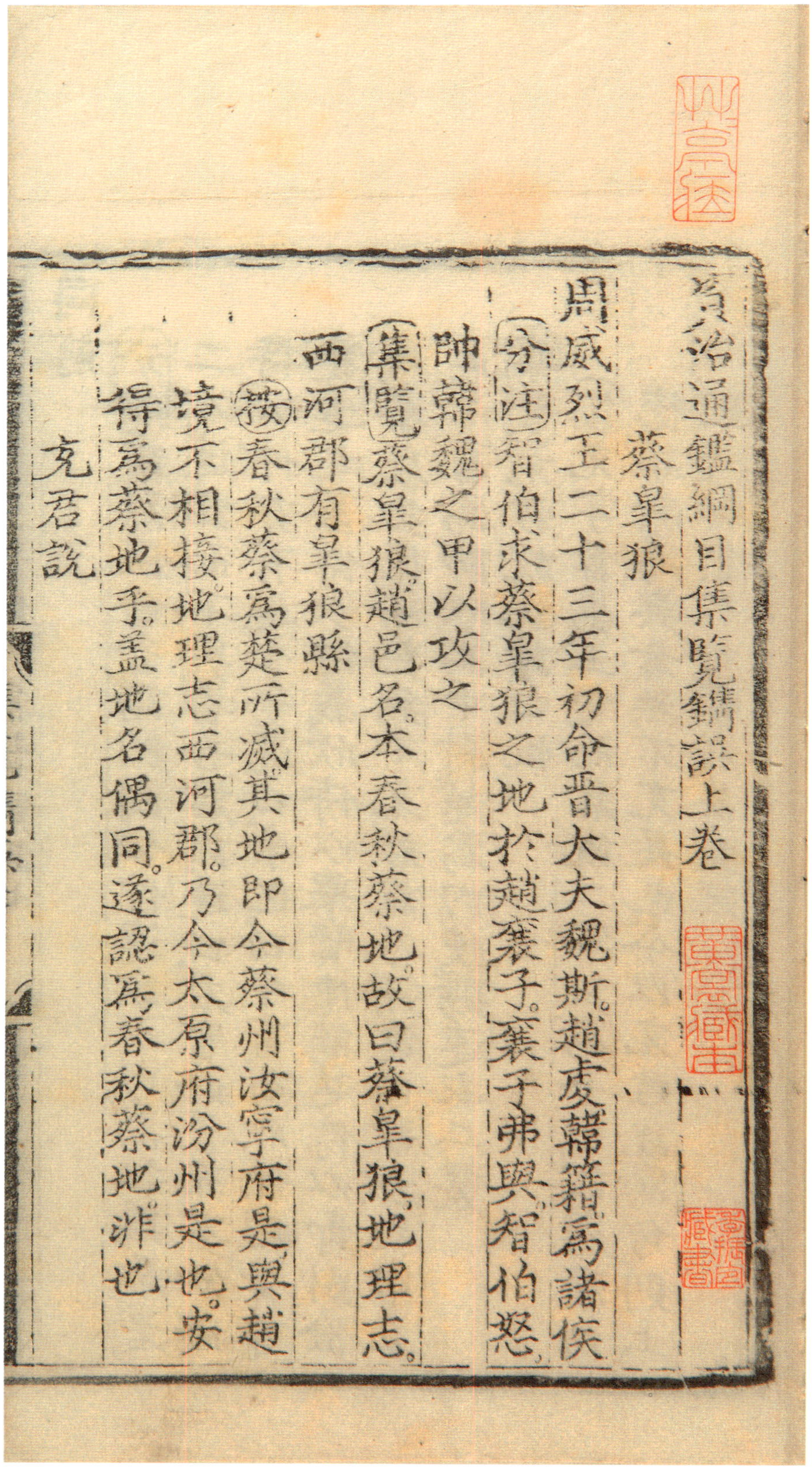

資治通鑑綱目集覽鐫誤上卷
蔡皐狼
周威烈王二十三年初命晉大夫魏斯、趙虔、韓籍爲諸侯
（分注）智伯求蔡皐狼之地於趙襄子。襄子弗與，智伯怒，
帥韓魏之甲以攻之
（集覽）蔡皐狼，趙邑名。本春秋蔡地，故曰蔡皐狼。地理志。
西河郡有皐狼縣
（按）春秋蔡爲楚所滅，其地即今蔡州汝寧府是，與趙
境不相接。地理志西河郡，乃今太原府汾州是也。安
得爲蔡地乎。盖地名偶同，遂認爲春秋蔡地，非也
克君說

12497 資治通鑑綱目集覽鐫誤三卷綱目考異辨疑一卷 （明）瞿佑撰　明刻本

匡高19.5厘米，廣12.8厘米。半葉十一行，行二十二字，黑口，四周雙邊。有“綺宜之印”“清白傳家”“季振宜印”“滄葦”“季振宜臧書”“吴郡張紹仁學安藏書”“讀巽齋藏”等印。趙琦美跋。上海圖書館藏。

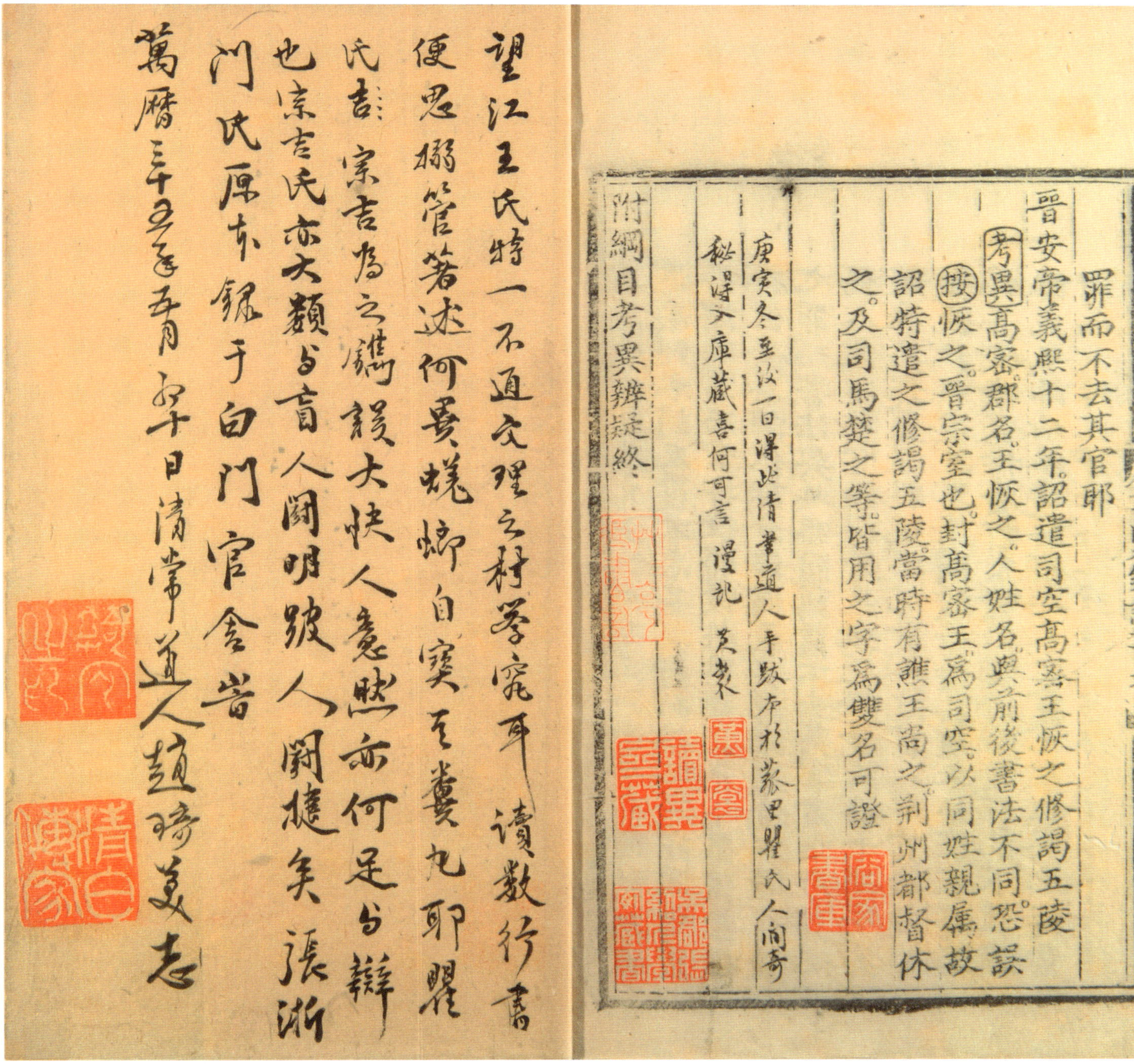
罪而不去其官耶
晉安帝義熙十二年。詔遣司空高密王恢之修謁五陵
考異 高密。郡名。王恢之。人姓名。與前後書法不同。恐誤
按 恢之。晉宗室也。封高密王。爲司空。以同姓親屬。故
詔特遣之修謁五陵。當時有譙王尚之。荆州都督休
之。及司馬㒤之等。皆用之字爲雙名可證
庚寅冬至後一日得此清常道人手跋本於藜里瞿氏人間奇
秘得入庫藏喜何可言 漫記 蕘翁
附綱目考異辨疑終
望江王氏特一不通文理之村學究耳 讀數行書
便思擱管著述何異蜣蜋自寶至糞丸耶瞿
氏喜宗吉爲之鐫鋟大快人意然亦何足与辯
也宗吉氏亦大類与盲人鬭明跛人鬭捷矣 張浙
門氏原本録于白門官舍
萬曆三十五年五月初十日清常道人趙琦美志

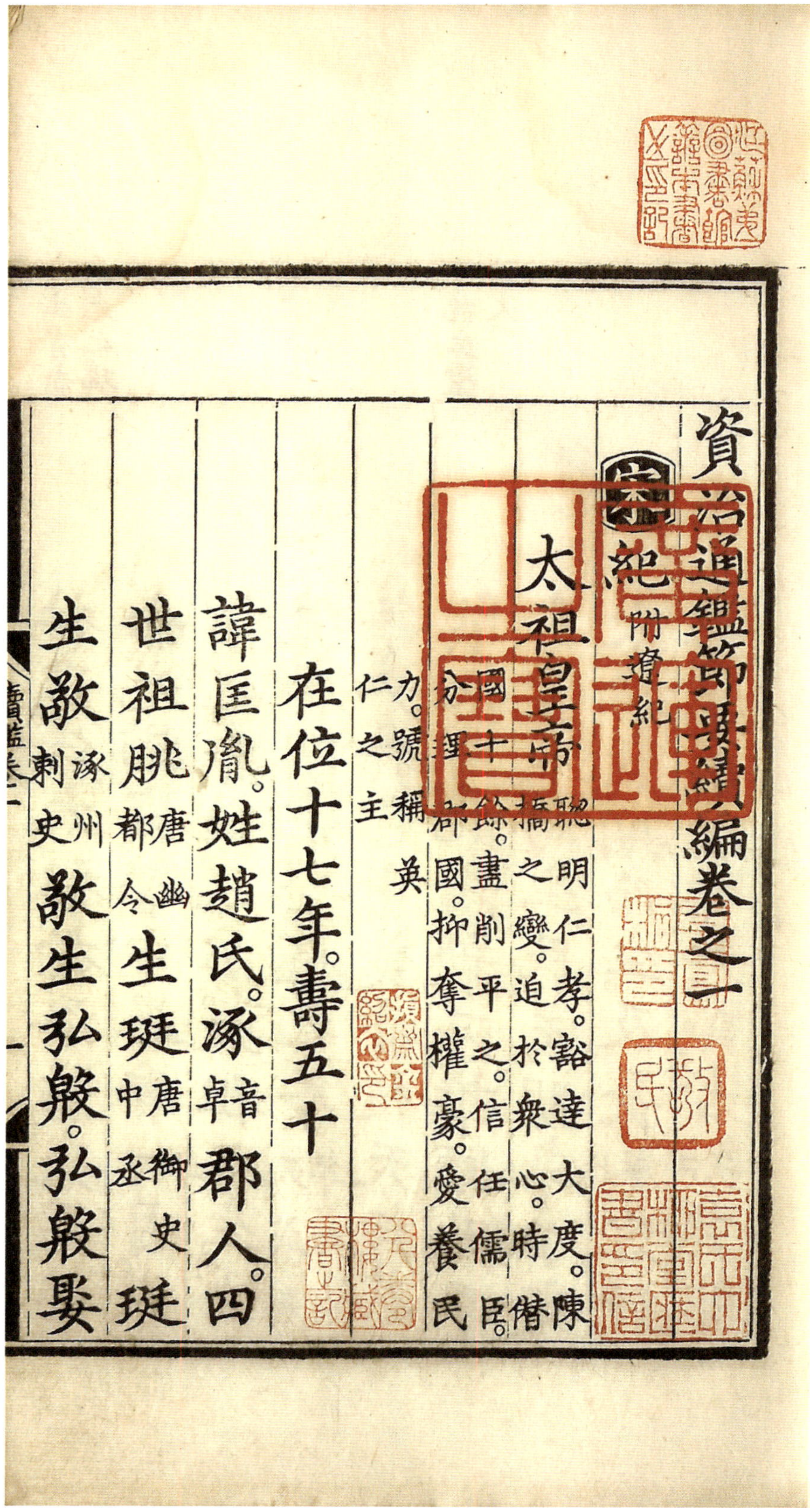

12498 資治通鑑節要續編三十卷 （明）張光啓撰 明正德九年（1514）司禮監刻本

匡高22.2厘米，廣15.8厘米。半葉九行，行十五字，小字雙行同，黑口，四周雙邊。有“八千卷樓臧書之記”等印。丁丙跋。南京圖書館藏。

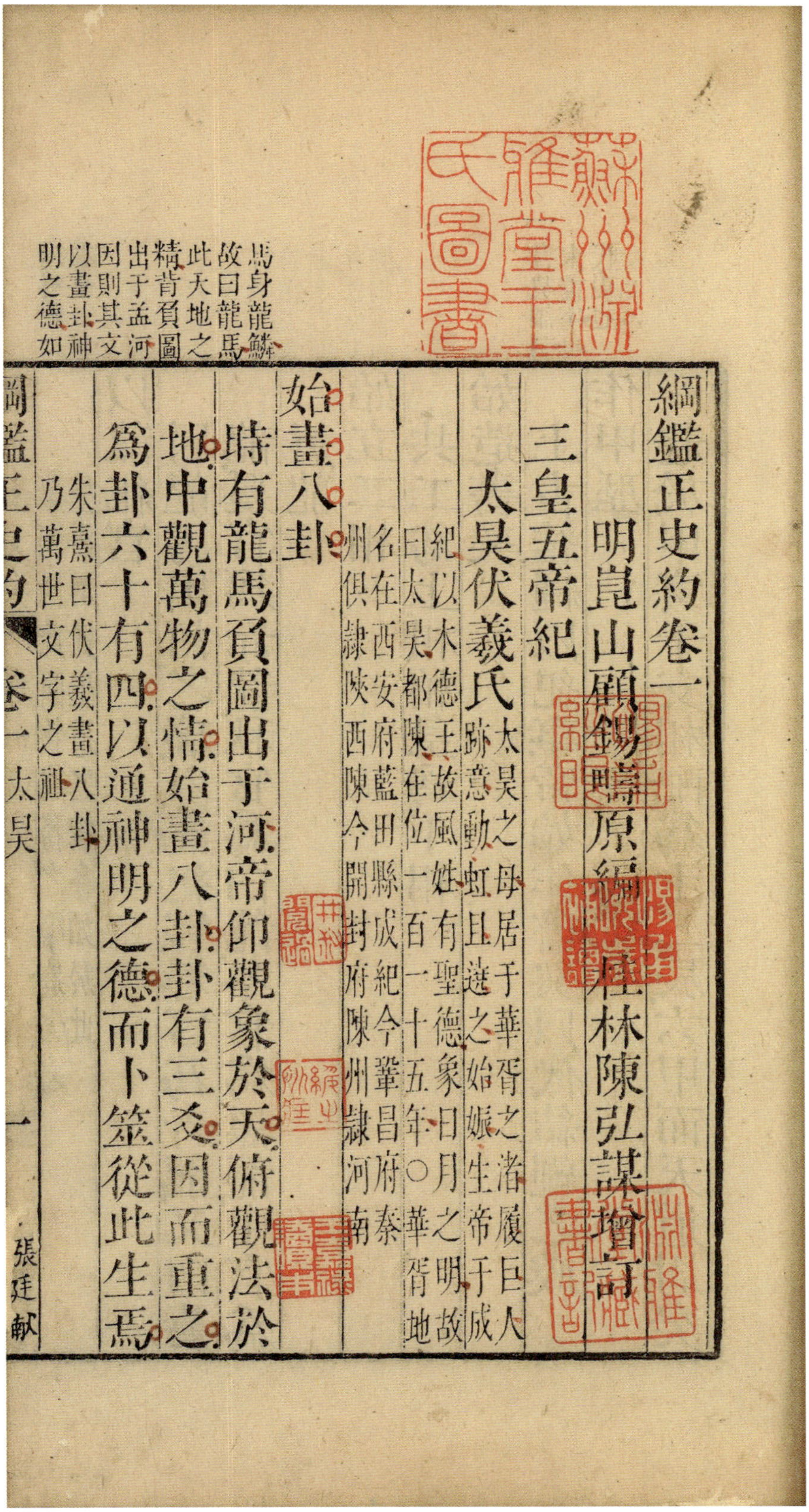
馬身龍鱗故曰龍馬此天地之精背負圖出于孟河因則其文以畫卦神明之德如

綱鑑正史約卷一

明崑山顧錫疇原編　桂林陳弘謀增訂

三皇五帝紀

太昊伏羲氏 太昊之母居于華胥之渚履巨人跡意動虹且遶之始娠生帝于成紀以木德王故風姓有聖德象日月之明故曰太昊都陳在位一百一十五年○華胥地名在西安府藍田縣成紀今鞏昌府秦州俱隸陝西陳今開封府陳州隸河南

始畫八卦

時有龍馬負圖出于河帝仰觀象於天俯觀法於地中觀萬物之情始畫八卦卦有三爻因而重之爲卦六十有四以通神明之德而卜筮從此生焉

朱熹曰伏羲畫八卦乃萬世文字之祖

綱鑑正史約　卷一　太昊　一　張廷献

12499 綱鑑正史約三十六卷　（明）顧錫疇撰　（清）陳弘謀增訂　**甲子紀元一卷**　（清）陳弘謀撰　清乾隆二年（1737）刻本

匡高18.6厘米，廣13.3厘米。半葉十一行，行二十字，小字雙行同，白口，左右雙邊。有“鐵夫手校”“漚波舫”“楞伽山人”“老鐵晚年書”“蘇州淵雅堂王氏圖書”等印。王芑孫校並跋，王嘉禄題識。福建省圖書館藏。

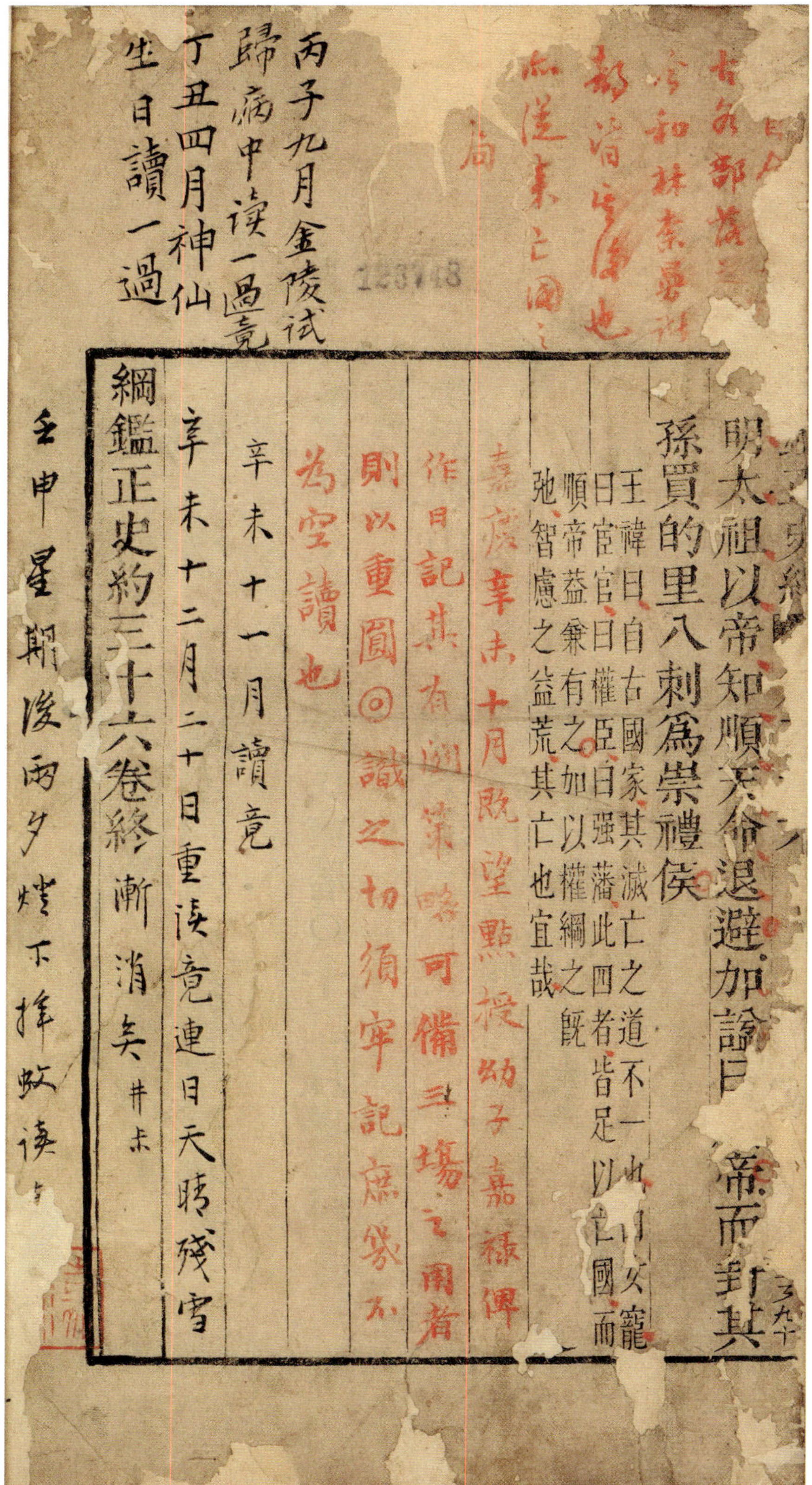
明太祖以帝知順天命退避加諭曰……帝而封其
孫買的里八剌爲崇禮侯
王褘曰自古國家其滅亡之道不一也……曰女寵曰宦官曰權臣曰強藩此四者皆足以亡國而順帝蓋兼有之加以權綱之旣弛智慮之益荒其亡也宜哉
嘉慶辛未十月既望點授幼子嘉祿俾作日記其有關策略可備三場之用者則以重圜◎識之切須牢記庶幾不爲空讀也
辛未十一月讀竟
辛未十二月二十日重讀竟連日天晴殘雪
綱鑑正史約三十六卷終 漸消矣
丙子九月金陵試歸病中讀一過竟
丁丑四月神仙生日讀一過

12499 綱鑑正史約三十六卷甲子紀元一卷

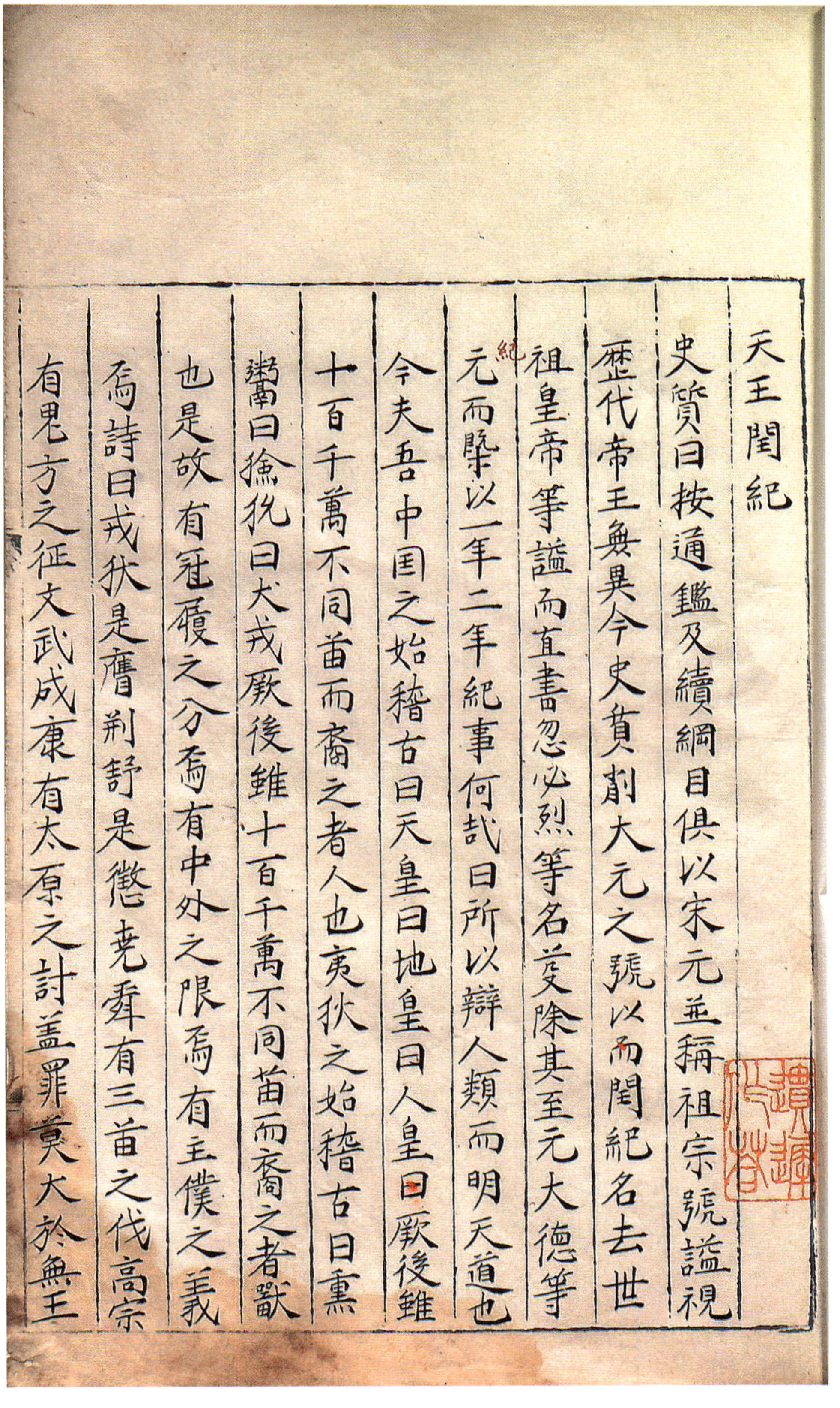

天王閏紀

史質曰按通鑑及續綱目俱以宋元並稱祖宗號謚視歷代帝王無異今史貢削大元之號以而閏紀名去世祖皇帝等謚而直書忽必烈等名芟除其至元大德等元而繫以一年二年紀事何哉曰所以辯人類而明天道也今夫吾中国之始稽古曰天皇曰地皇曰人皇曰厥後雖十百千萬不同苗而裔之者人也夷狄之始稽古曰熏鬻曰獫狁曰犬戎厥後雖十百千萬不同苗而裔之者獸也是故有冠履之分爲有中外之限爲有主僕之義爲詩曰戎狄是膺荊舒是懲堯舜有三苗之伐高宗有鬼方之征文武成康有太原之討蓋罪莫大於無王

12500 天王閏紀不分卷 （明）史質撰　明抄本

何煌校並跋。南京圖書館藏。

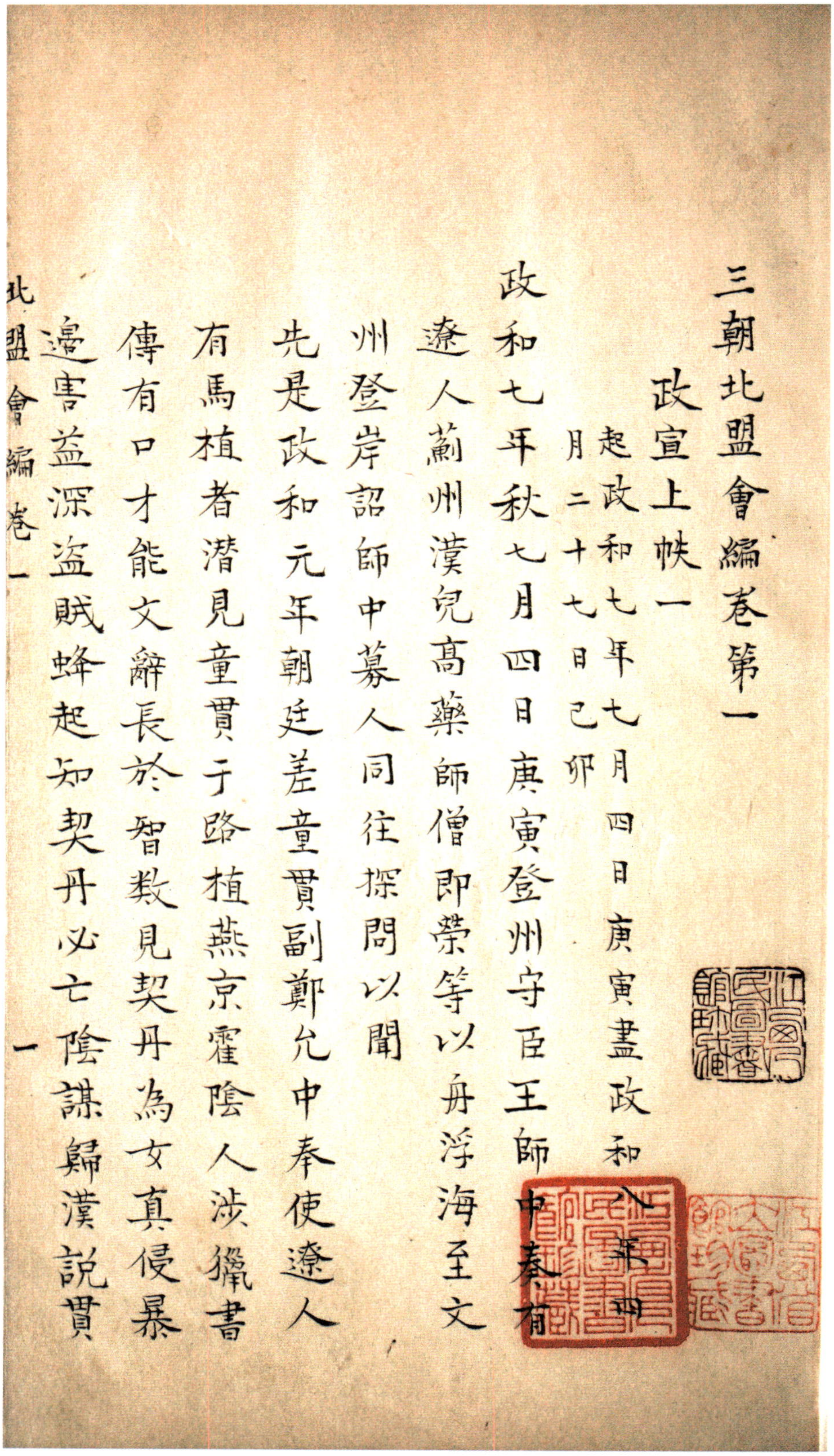
三朝北盟會編卷第一
政宣上帙一
起政和七年七月四日庚寅盡政和八年四月二十七日己卯
政和七年秋七月四日庚寅登州守臣王師中奏有遼人薊州漢兒高藥師僧即榮等以舟浮海至文州登岸詔師中募人同往探問以聞
先是政和元年朝廷差童貫副鄭允中奉使遼人有馬植者潛見童貫于路植燕京霍陰人涉獵書傳有口才能文辭長於智數見契丹為女真侵暴邊害益深盜賊蜂起知契丹必亡陰謀歸漢說貫
北盟會編卷一　一

12501 三朝北盟會編二百五十卷　（宋）徐夢莘撰　明抄本

江西省圖書館藏。

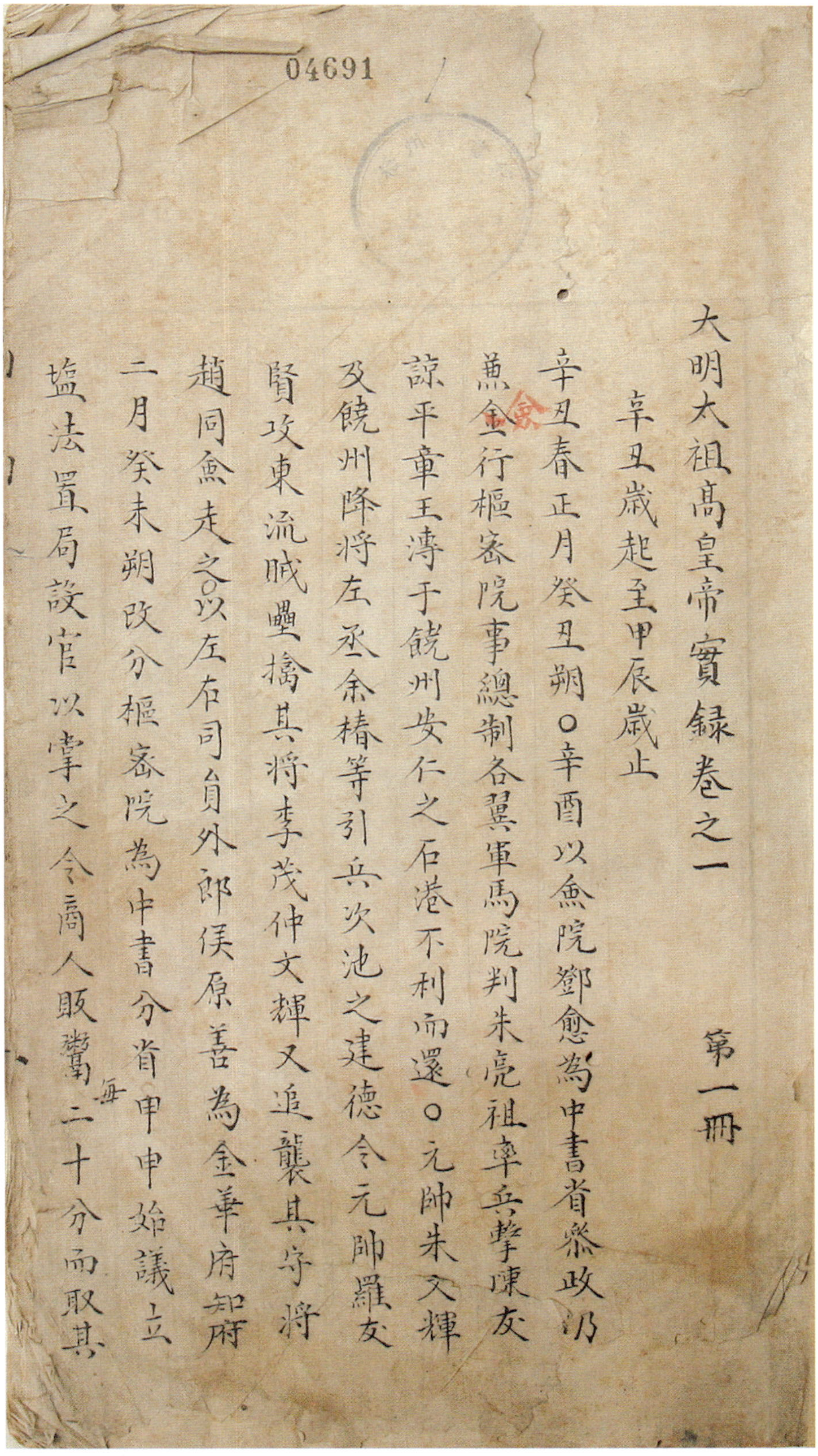

12502 大明太祖高皇帝實録二百五十七卷　（明）胡廣等纂修　明萬曆抄本

佚名批校。梧州市圖書館藏，存一百九十八卷。

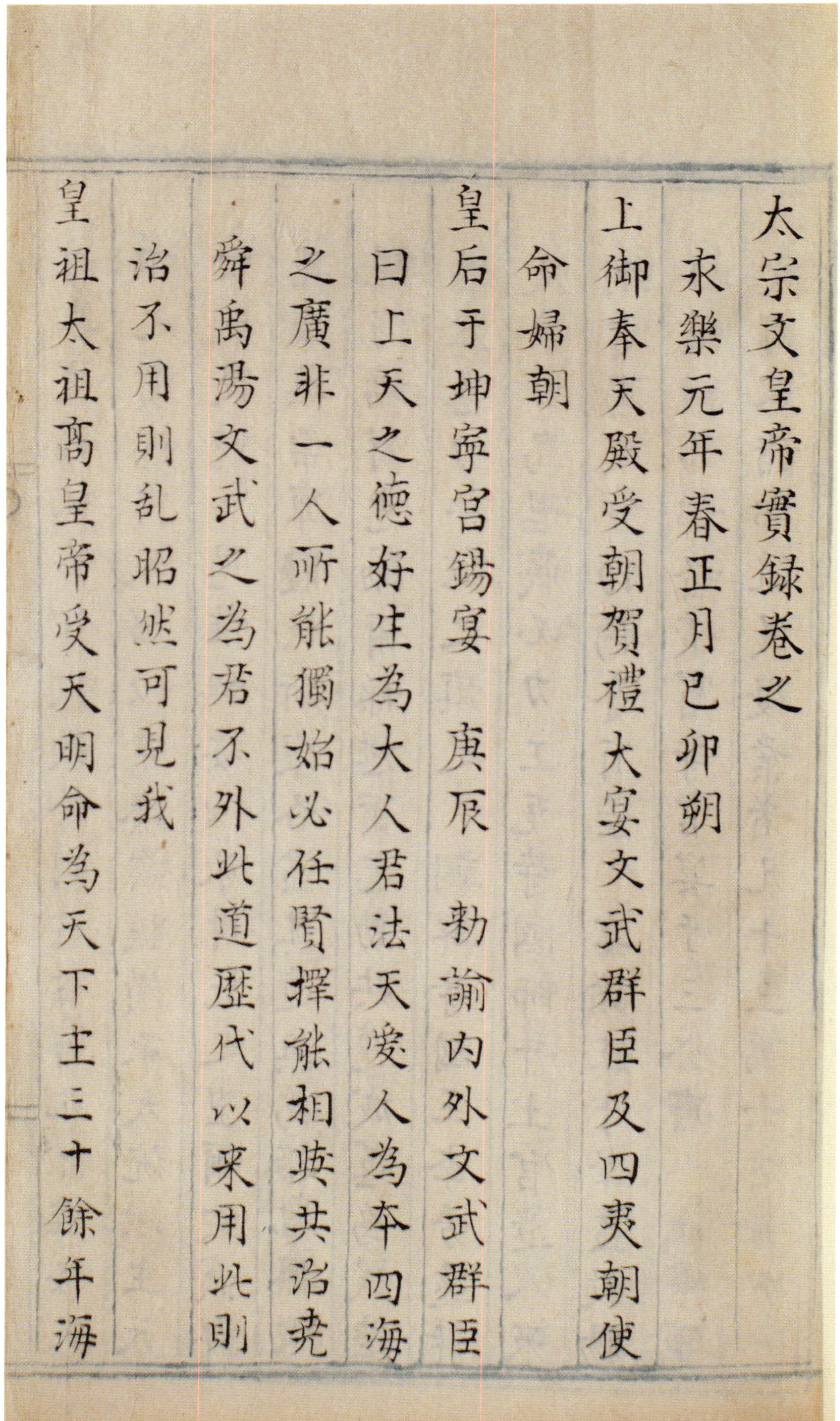

太宗文皇帝實録卷之

永樂元年春正月己卯朔

上御奉天殿受朝賀禮大宴文武群臣及四夷朝使

命婦朝

皇后于坤寕宮錫宴　庚辰　勅諭内外文武群臣

曰上天之德好生為大人君法天愛人為本四海

之廣非一人所能獨治必任賢擇能相與共治堯

舜禹湯文武之為君不外此道歷代以來用此則

治不用則乱昭然可見我

皇祖太祖高皇帝受天明命為天下主三十餘年海

12503　大明太宗文皇帝實録一百三十卷　（明）張輔　楊士奇等纂修　清初瑞香樓抄本

湖南省社會科學院圖書館藏，存二十八卷。

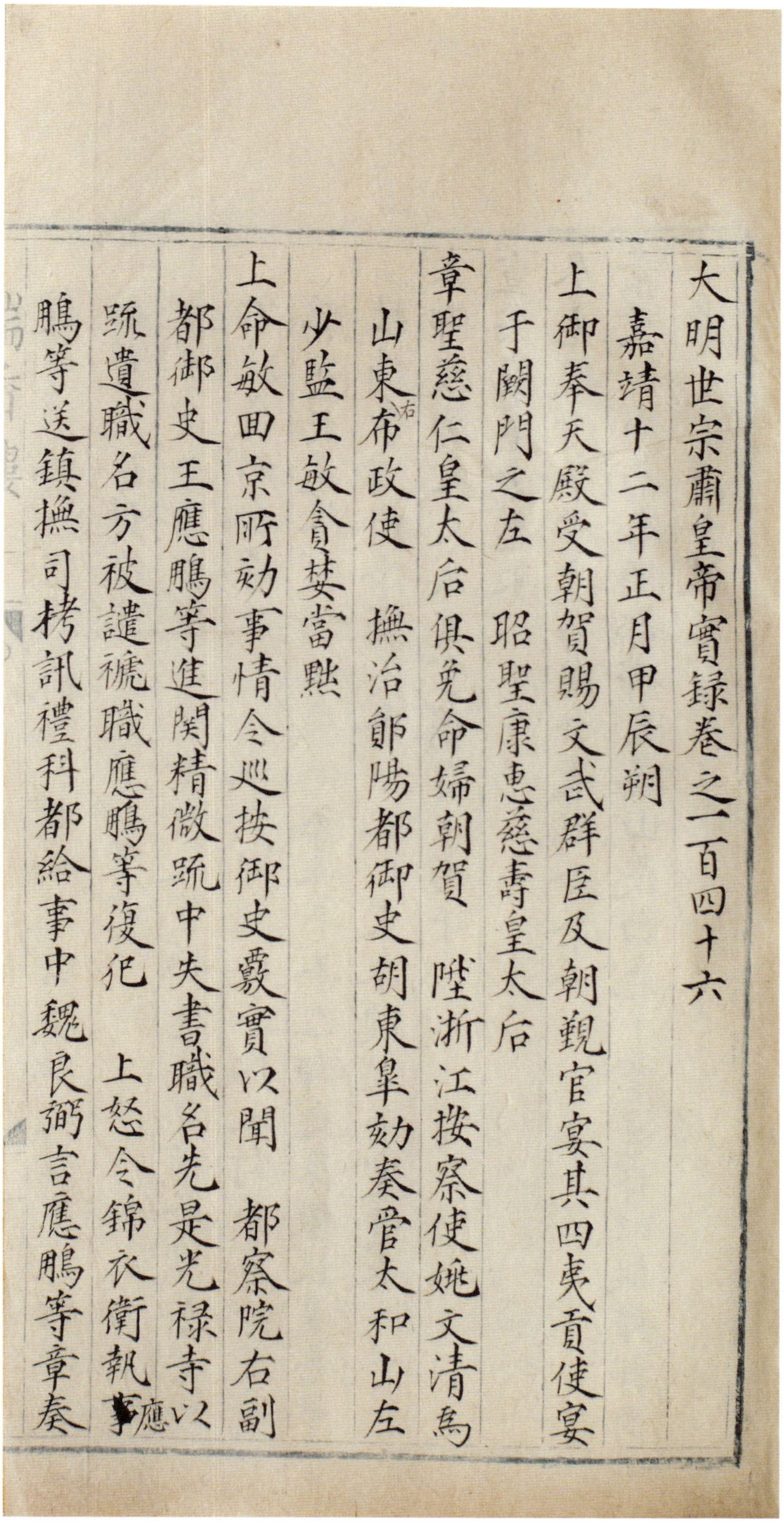

大明世宗肅皇帝實録卷之一百四十六
嘉靖十二年正月甲辰朔
上御奉天殿受朝賀賜文武群臣及朝覲官宴其四夷貢使宴
于闕門之左　昭聖康惠慈壽皇太后
章聖慈仁皇太后俱免命婦朝賀　陞浙江按察使姚文清為
山東右布政使　撫治鄖陽都御史胡東皐劾奏管太和山左
少監王敏貪婪當黜
上命敏回京所劾事情令巡按御史覈實以聞　都察院右副
都御史王應鵬等進閱精微疏中失書職名先是光禄寺以
疏遺職名方被譴褫職應鵬等復犯　上怒令錦衣衛執應
鵬等送鎮撫司拷訊禮科都給事中魏良弼言應鵬等章奏

12504　大明世宗肅皇帝實録五百六十六卷　（明）張溶　徐階等纂修

清初瑞香樓抄本

匡高20.7厘米，廣12.7厘米。半葉十一行，行二十四字，藍格，白口，四周雙邊。湖南省社會科學院圖書館藏，存三十一卷。

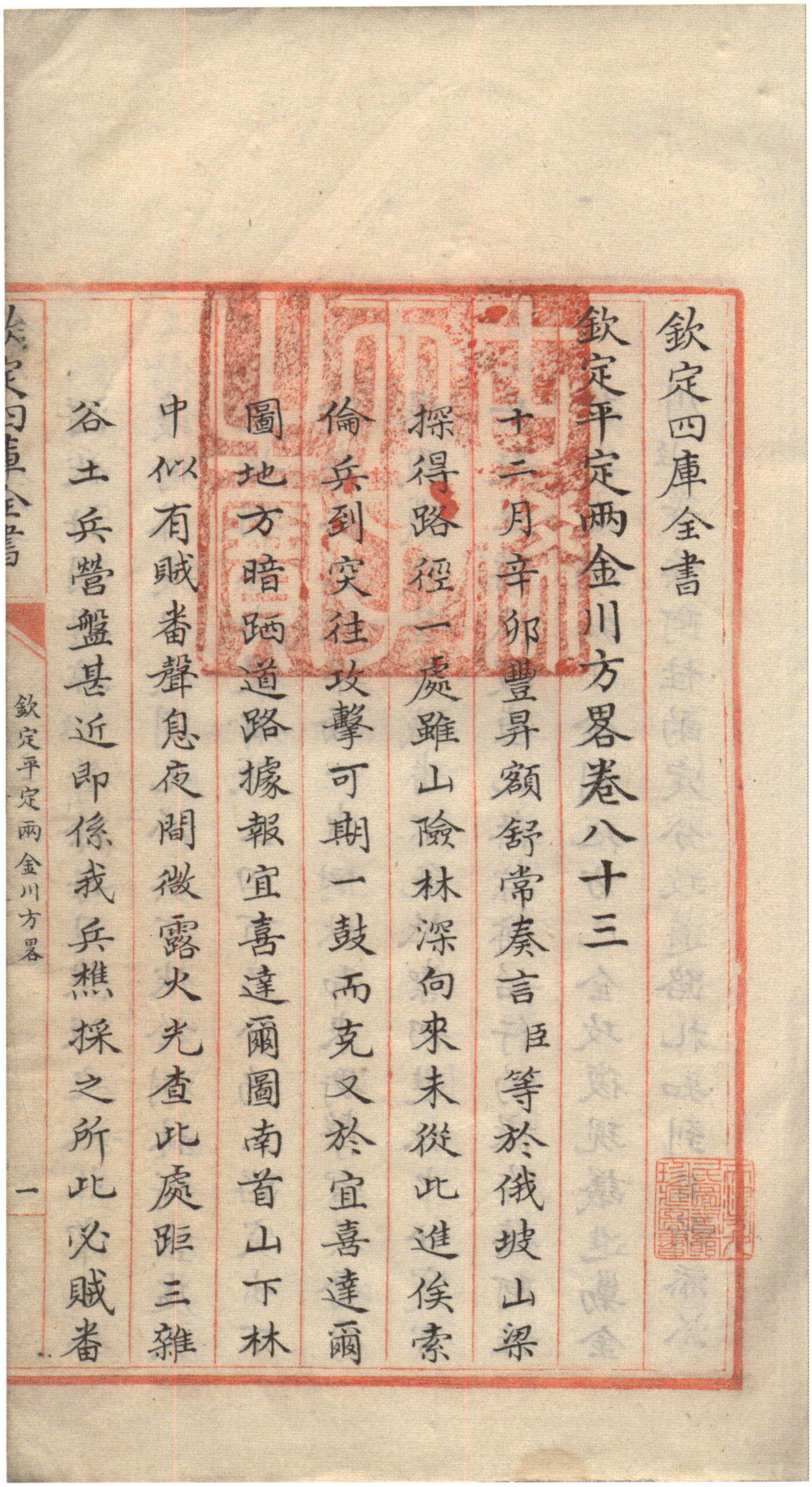

欽定四庫全書

欽定平定兩金川方畧卷八十三

十二月辛卯豐昇額舒常奏言臣等於俄坡山梁
探得路徑一處雖山險林深向來未從此進俟索
倫兵到突往攻擊可期一鼓而克又於宜喜達爾
圖地方暗踹道路據報宜喜達爾圖南首山下林
中似有賊番聲息夜間微露火光查此處距三雜
谷土兵營盤甚近即係我兵樵採之所此必賊番

欽定四庫全書

欽定平定兩金川方畧　一

12505 欽定平定兩金川方畧一百五十二卷　（清）阿桂等撰　清乾隆内府寫南三閣四庫全書本

包背裝。匡高20.4厘米，廣13.7厘米。半葉八行，行二十一字，紅格，白口，四周雙邊。有“古稀天子之寶”“乾隆御覽之寶”等印。天津圖書館藏，存三卷。

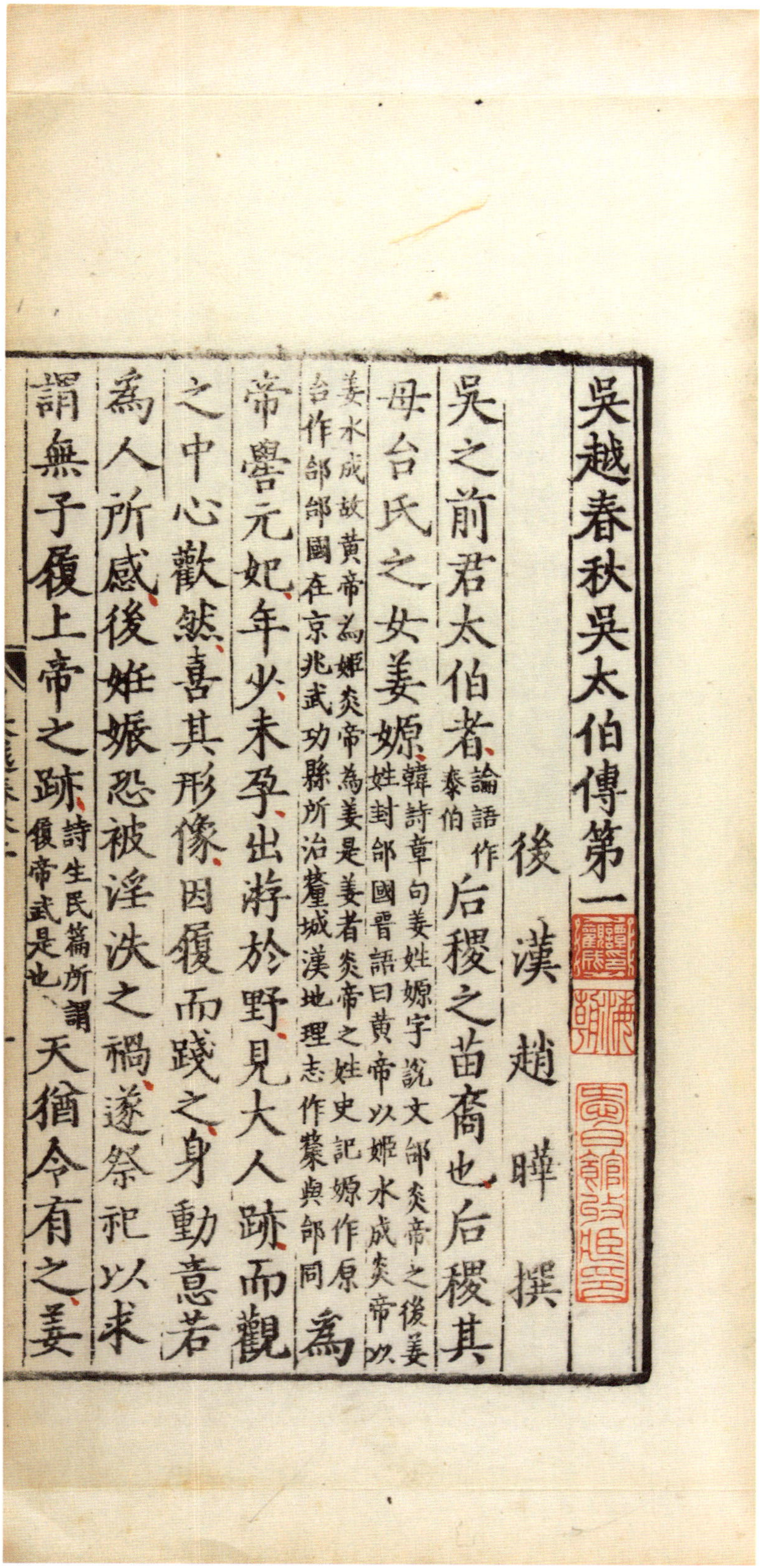

吳越春秋吳太伯傳第一

後漢趙曄撰

吳之前君太伯者論語作泰伯后稷之苗裔也后稷其母台氏之女姜嫄韓詩章句姜姓嫄字說文郃炎帝之後姜姓封郃國晉語曰黃帝以姬水成炎帝以姜水成故黃帝為姬炎帝為姜是姜者炎帝之姓史記嫄作原台作邰邰國在京兆武功縣所治釐城漢地理志作斄與邰同爲帝嚳元妃年少未孕出游於野見大人跡而觀之中心歡然喜其形像因履而踐之身動意若爲人所感後妊娠恐被淫泆之禍遂祭祀以求謂無子履上帝之跡詩生民篇所謂履帝武是也天猶令有之姜

12506 吳越春秋十卷 （漢）趙曄撰 （元）徐天祜音注 **補注一卷** （元）徐天祜撰 明弘治十四年（1501）鄺廷瑞、馮弋刻本

匡高20厘米，廣12.8厘米。半葉九行，行十八字，白口，左右雙邊。廣東省博物館藏。

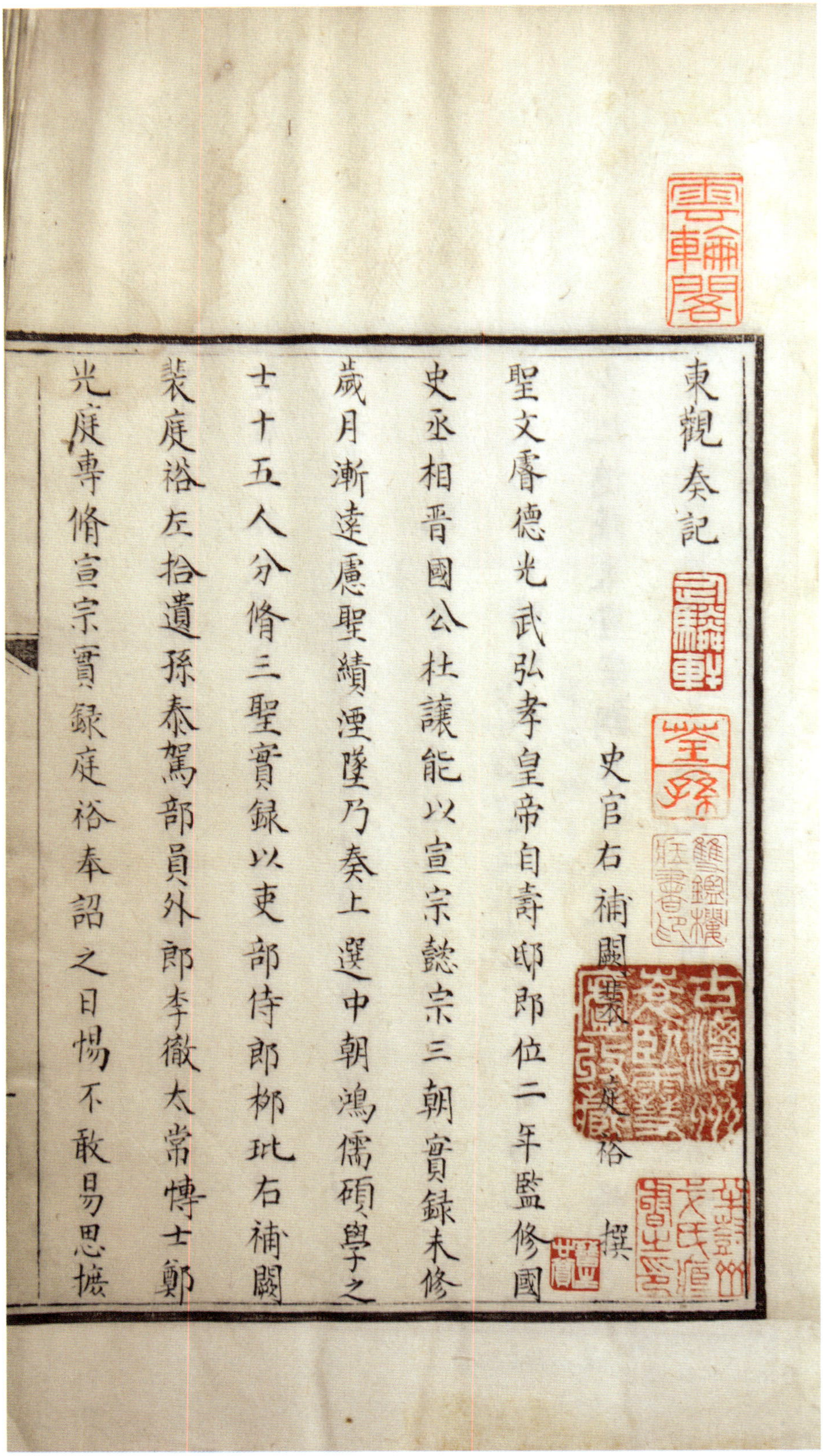

12507 東觀奏記三卷 （唐）裴庭裕撰　明抄本

匡高19.8厘米，廣15.4厘米。半葉八行，行二十字，白口，四周雙邊。有“半樹齋戈氏藏書之印”“古潭州袁臥雪廬收藏”“荃孫”“雲輪閣”“雙鑑樓臧書印”“晉生心賞”等印。繆荃孫校，傅增湘題識。山西博物院藏。

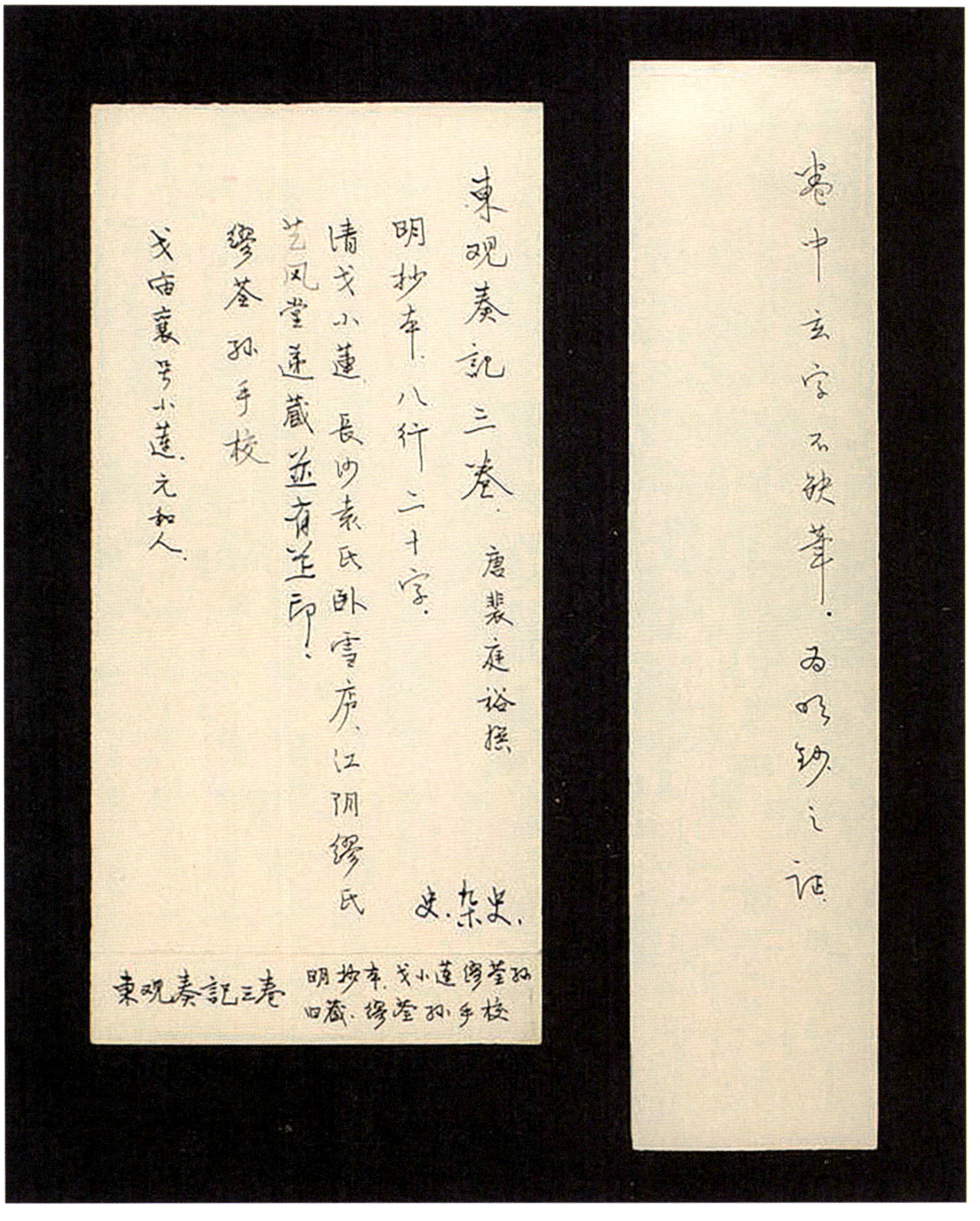

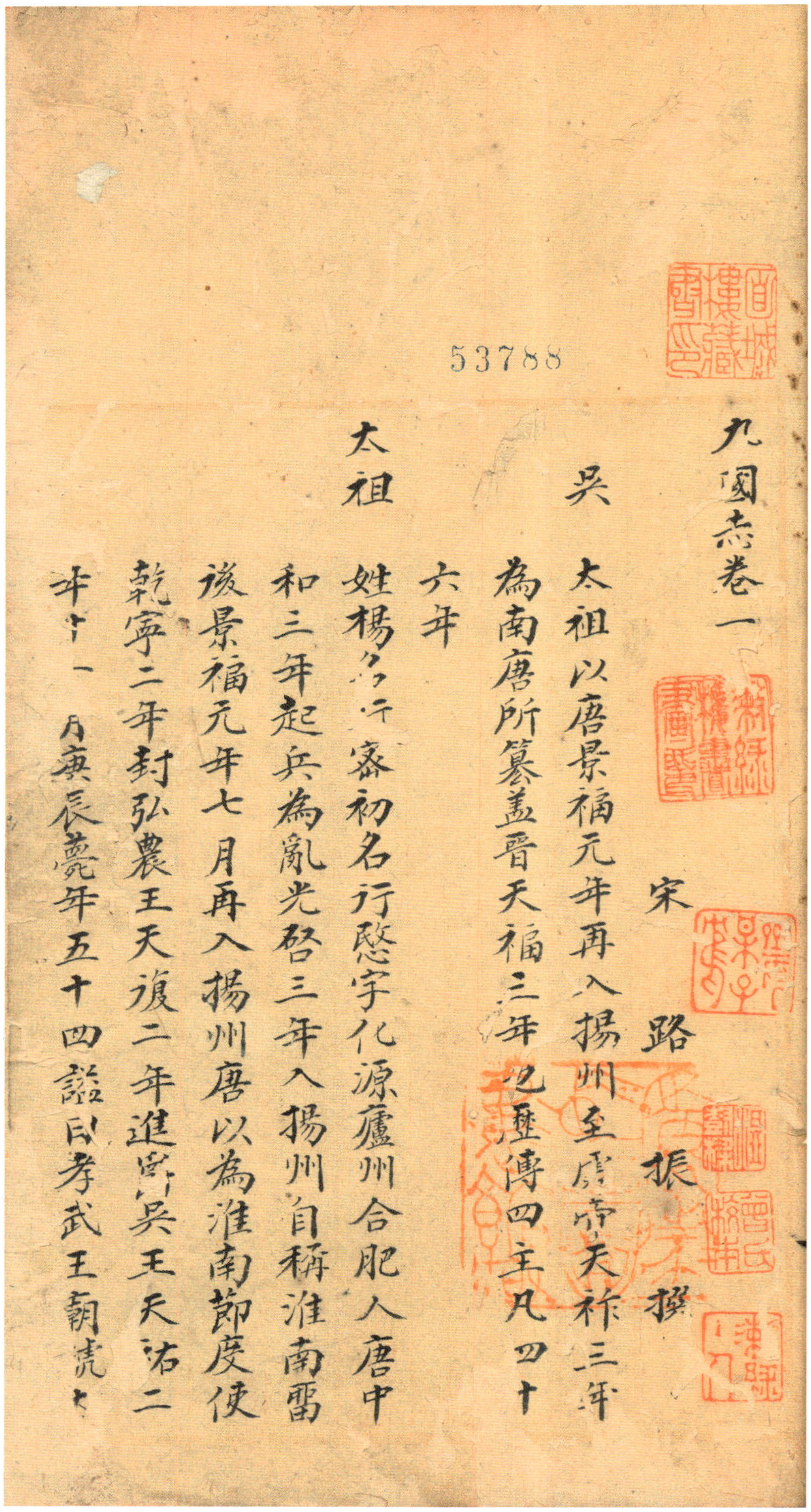
九國志卷一

吳　　宋　路振撰

太祖以唐景福元年再入揚州至唐帝天祐三年為南唐所篡蓋晉天福三年也歷傳四主凡四十六年

太祖

姓楊名行密初名行愍字化源廬州合肥人唐中和三年起兵為亂光啓三年入揚州自稱淮南留後景福元年七月再入揚州唐以為淮南節度使乾寧二年封弘農王天祐二年進封吳王天祐二年十一月庚辰薨年五十四謚曰孝武王廟號太

12508 九國志十二卷　（宋）路振撰　清曾氏面城樓抄本

有“面城樓藏書印”“曾氏校本”“潄緑主人”等印。曾釗批校。廣東省立中山圖書館藏。

於行寨柵葉本作彼雲柵

壽州葉本作青州

卷一萬八千一百三十四第四頁

李簡

簡上蔡人有膽勇資質瓌偉始隸陳蔡軍中趙鍠選武幹之士因任為帳下親信龍紀初鍠為行寨所圍糧盡將逸簡紿守門者得出因奔行寨補黑雲隊長大順二年孫儒寇廣陵行寨將逆戰會夜遁於行寨柵及旦儒軍圍之數重率百餘人挺身突戰自外破柵援行寨以出還黑雲都指揮使乾寧二年從攻濠州濠水深濶簡手搴重甲口銜大刀先渡燬壘破其關鍵擒刺史張遂以獻從征壽州加淮南右廂馬步軍都虞候先是江都多盜令雖嚴莫能禁

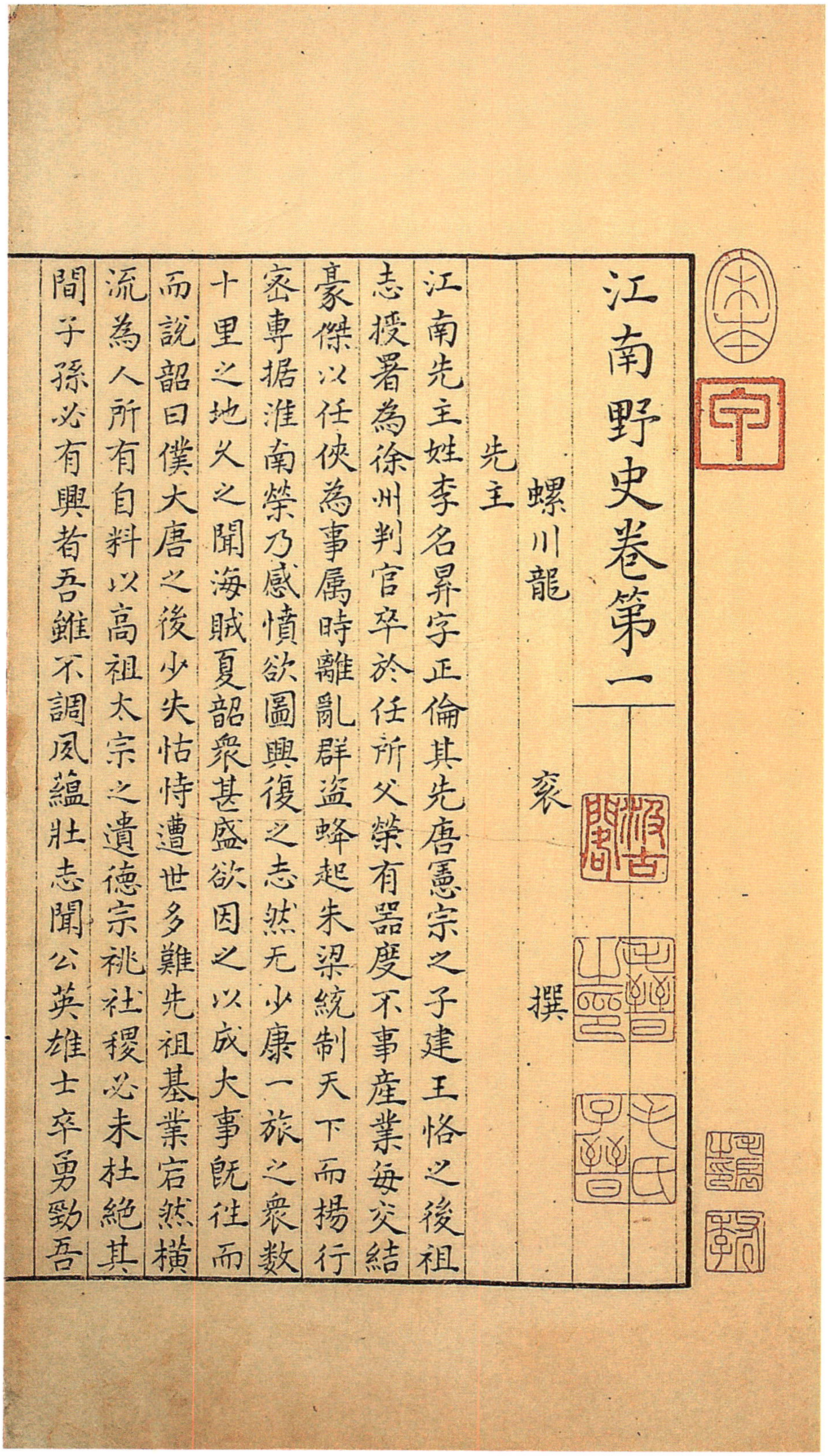
江南野史卷第一

螺川龍　袞　撰

先主

江南先主姓李名昪字正倫其先唐憲宗之子建王恪之後祖
志授署為徐州判官卒於任所父榮有器度不事產業每交結
豪傑以任俠為事屬時離亂群盜蜂起朱梁統制天下而揚行
密專据淮南榮乃感憤欲圖興復之志然无少康一旅之衆數
十里之地久之聞海賊夏韶衆甚盛欲因之以成大事既往而
而說韶曰僕大唐之後少失怙恃遭世多難先祖基業宕然横
流為人所有自料以高祖太宗之遺德宗祧社稷必未杜絕其
間子孫必有興者吾雖不調夙蘊壯志聞公英雄士卒勇勁吾

12509 江南野史十卷　（宋）龍袞撰　明末毛氏汲古閣抄本

有“汲古閣”“毛氏子晉”“雪苑宋氏蘭揮藏書記”等印。河南省圖書館藏。

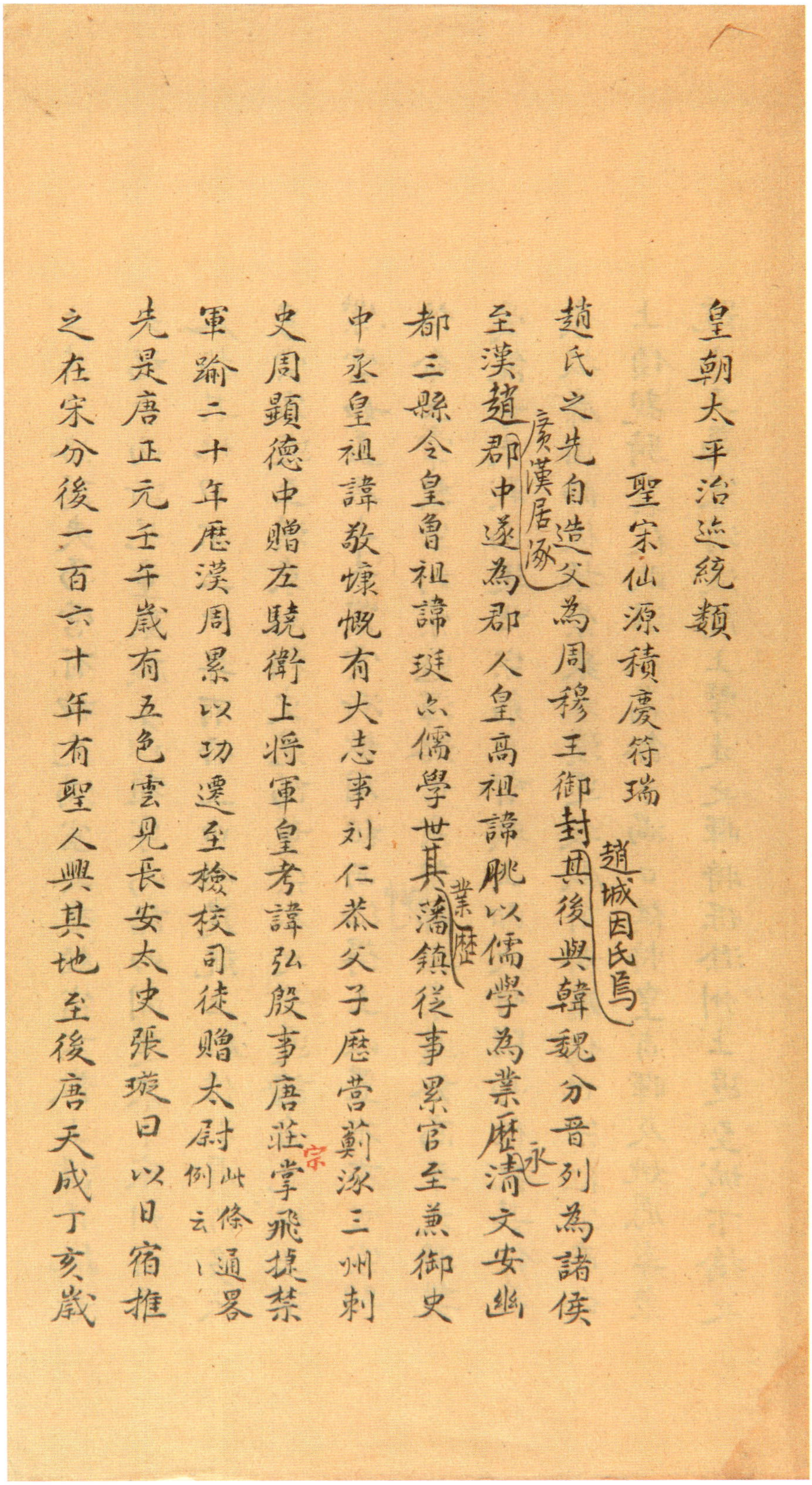
皇朝太平治迹統類
聖宋仙源積慶符瑞
趙氏之先自造父為周穆王御封其後興韓魏分晉列為諸侯
至漢趙郡中遂為郡人皇高祖諱朓以儒學為業歷清文安幽
都三縣令皇曾祖諱珽亦儒學世其業歷藩鎮從事累官至兼御史
中丞皇祖諱敬慷慨有大志事刘仁恭父子歷營薊涿三州刺
史周顯德中贈左驍衛上將軍皇考諱弘殷事唐莊宗掌飛捷禁
軍踰二十年歷漢周累以功遷至檢校司徒贈太尉此條通略例云云
先是唐正元壬午歲有五色雲見長安太史張璇曰以日宿推
之在宋分後一百六十年有聖人興其地至後唐天成丁亥歲

12510 皇朝太平治迹統類不分卷　（宋）彭百川輯　清初抄本

有“南昌彭氏”“知聖道齋藏書”“遇者善讀”“仁龢朱復廬校藏書籍”“結一廬藏書印”“徐乃昌讀”等印。彭元瑞校並跋。上海圖書館藏。

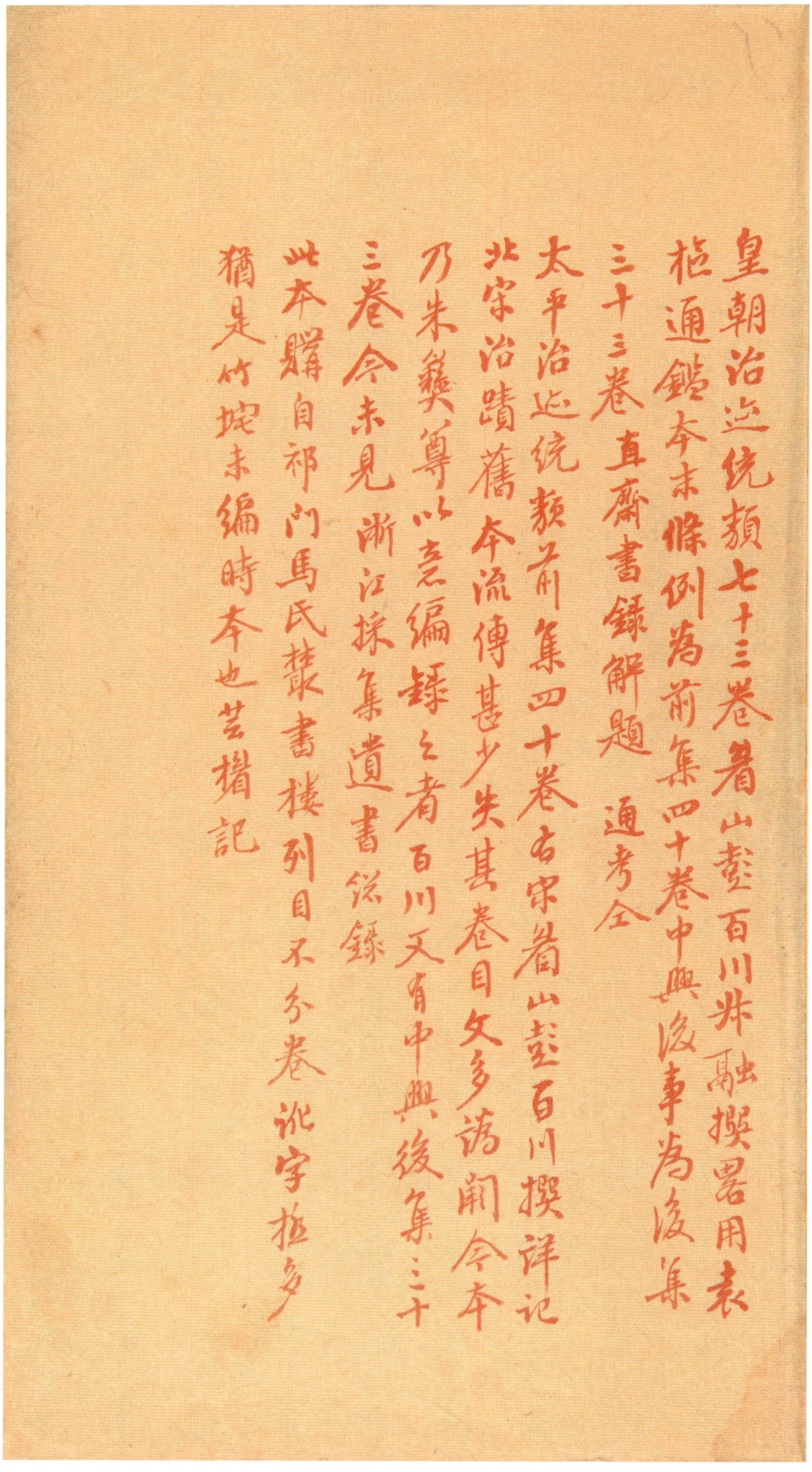

皇朝治迹統類七十三卷 眉山彭百川叔融撰畧用表
仿通鑑本末條例為前集四十卷中興後事為後集
三十三卷 直齋書録解題 通考仝
太平治迹統類前集四十卷 右宋眉山彭百川撰詳記
北宋治蹟舊本流傳甚少失其卷目文多譌闕今本
乃朱彝尊以意編録之者 百川又有中興後集三十
三卷今未見 浙江採集遺書總録
此本購自祁門馬氏叢書樓列目不分卷 訛字極多
猶是竹垞未編時本也 芸楣記

12510 皇朝太平治迹統類不分卷

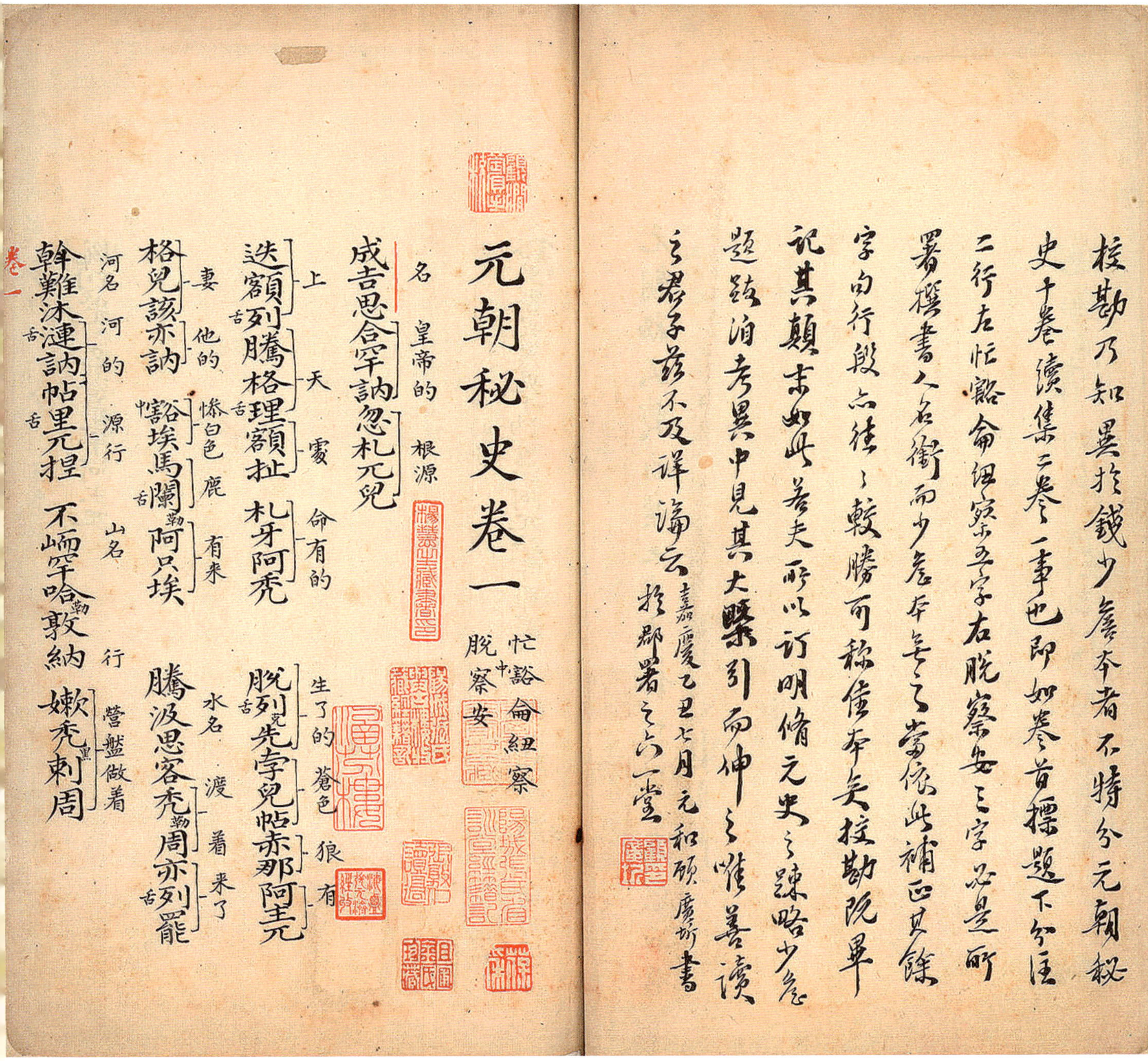
元朝秘史卷一
忙豁侖紐察 脫察安
成吉思合罕訥忽札兀兒
迭額列騰格理額扯 札牙阿兒
孛兒帖赤那阿主兀
格兒該亦訥 豁埃馬闌勒阿只埃
騰汲思客禿周亦列罷
斡難沐漣訥帖里元揑 不峏罕哈勒敦納 嫩禿刺周

校勘乃知異於錢少詹本者不特分元朝秘史十卷續集二卷一事也即如卷首標題下分注二行左忙豁侖紐察五字右脫察安三字必是所署撰書人名銜而少詹本無之當依此補正其餘字句行段亦往往較勝可稱佳本矣校勘既畢記其顛末如此若夫所以訂明脩元史之疏略少詹題跋詳考異中見其大概引而伸之惟善讀之君子焉不及詳論云 嘉慶乙丑七月元和顧廣圻書於郡署之六一堂

12511 元朝秘史十卷續集二卷 清抄本

有“顧印廣圻”“張敦仁讀過”“涵芬樓”等印。顧廣圻校並跋，周鑾詒、傅增湘跋。國家圖書館藏。

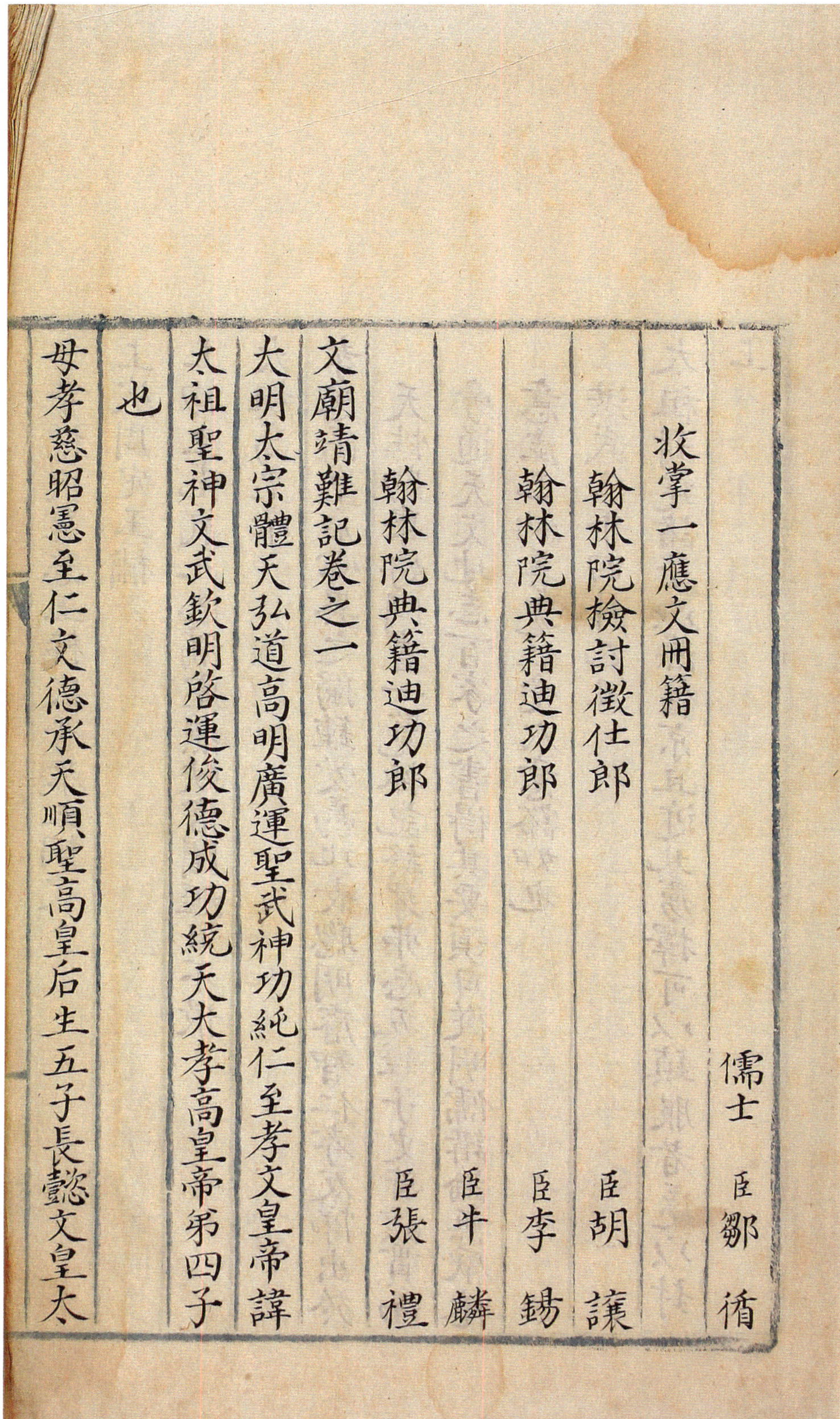
儒士 臣鄒循
收掌一應文冊籍
翰林院檢討徵仕郎 臣胡讓
翰林院典籍迪功郎 臣李錫
臣牛麟
翰林院典籍迪功郎 臣張禮
文廟靖難記卷之一
大明太宗體天弘道高明廣運聖武神功純仁至孝文皇帝諱
太祖聖神文武欽明啓運俊德成功統天大孝高皇帝第四子
也
母孝慈昭憲至仁文德承天順聖高皇后生五子長懿文皇太

12512 文廟靖難記二卷文廟聖政記九卷仁廟聖政記二卷 （明）張輔等纂修　明抄本

南京大學圖書館藏。

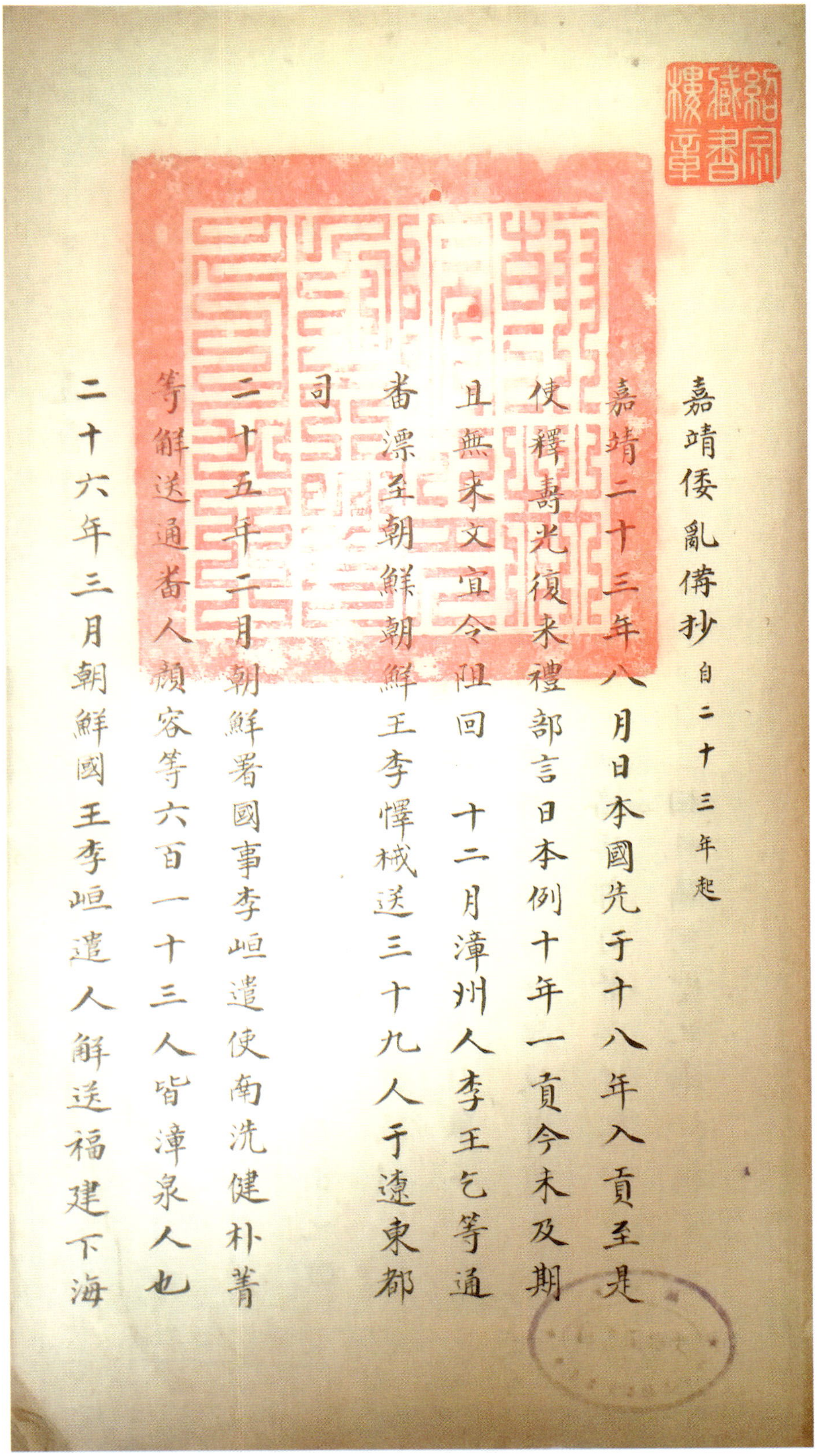

嘉靖倭亂備抄 自二十三年起
嘉靖二十三年八月日本國先于十八年入貢至是
使釋壽光復來禮部言日本例十年一貢今未及期
且無表文宜令阻回　十二月漳州人李王乞等通
番漂至朝鮮朝鮮王李懌械送三十九人于遼東都
司
二十五年三月朝鮮署國事李峘遣使南洗健朴菁
等解送通番人顏容等六百一十三人皆漳泉人也
二十六年三月朝鮮國王李峘遣人解送福建下海

12513 嘉靖倭亂備抄不分卷　清初抄本[四庫進呈本]

有“乾隆三十八年七月兩淮鹽政李質穎送到嘉靖倭亂備抄壹部計書貳本”“翰林院印”等印。鎮江博物館藏。

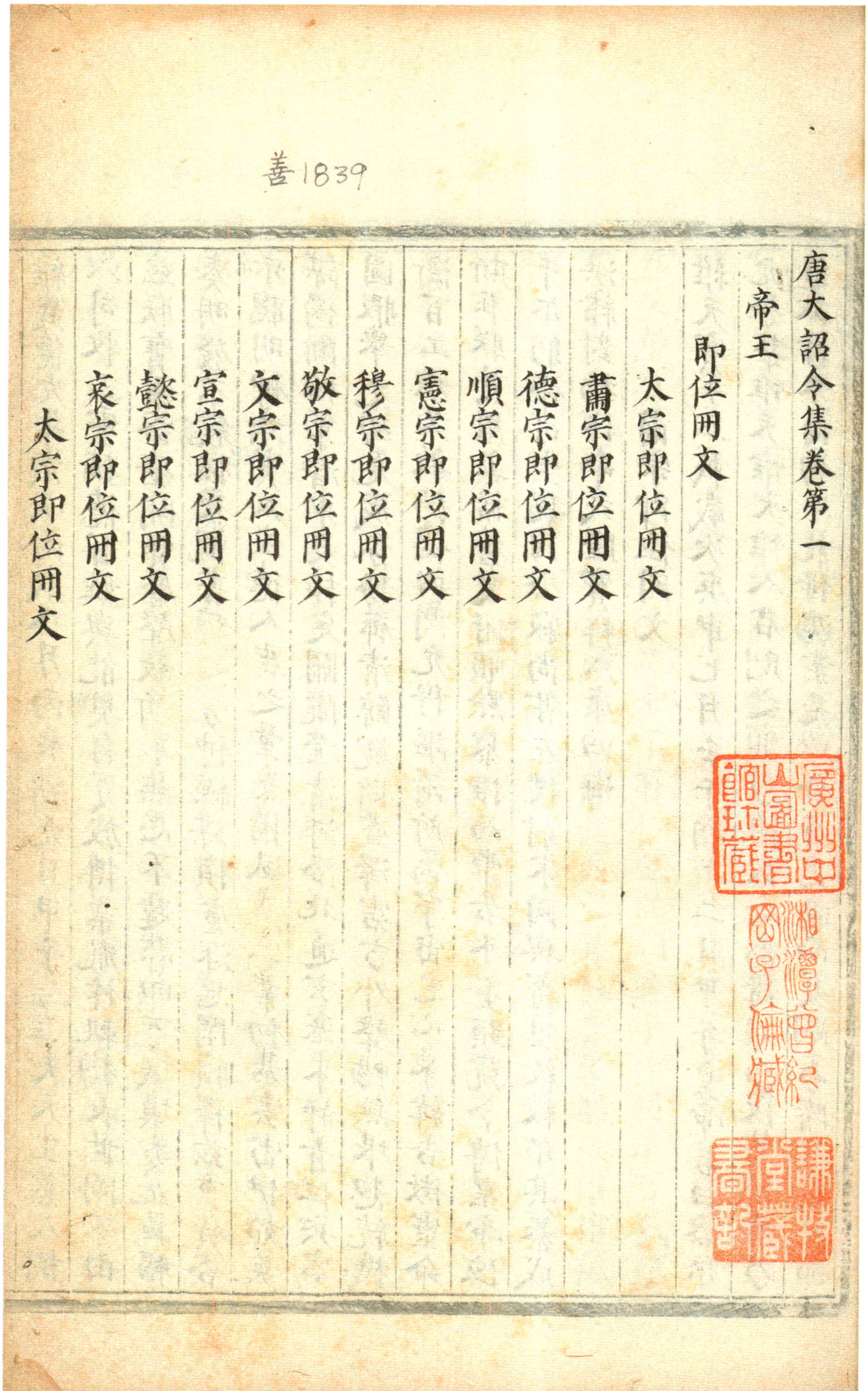

唐大詔令集卷第一

帝王

即位冊文

太宗即位冊文

肅宗即位冊文

德宗即位冊文

順宗即位冊文

憲宗即位冊文

穆宗即位冊文

敬宗即位冊文

文宗即位冊文

宣宗即位冊文

懿宗即位冊文

哀宗即位冊文

太宗即位冊文

12514 唐大詔令集一百三十卷　（宋）宋敏求輯　明抄本

有“謙牧堂藏書記”“湘潭曾紀岡子倫藏”等印。廣東省立中山圖書館藏，存一百七卷。

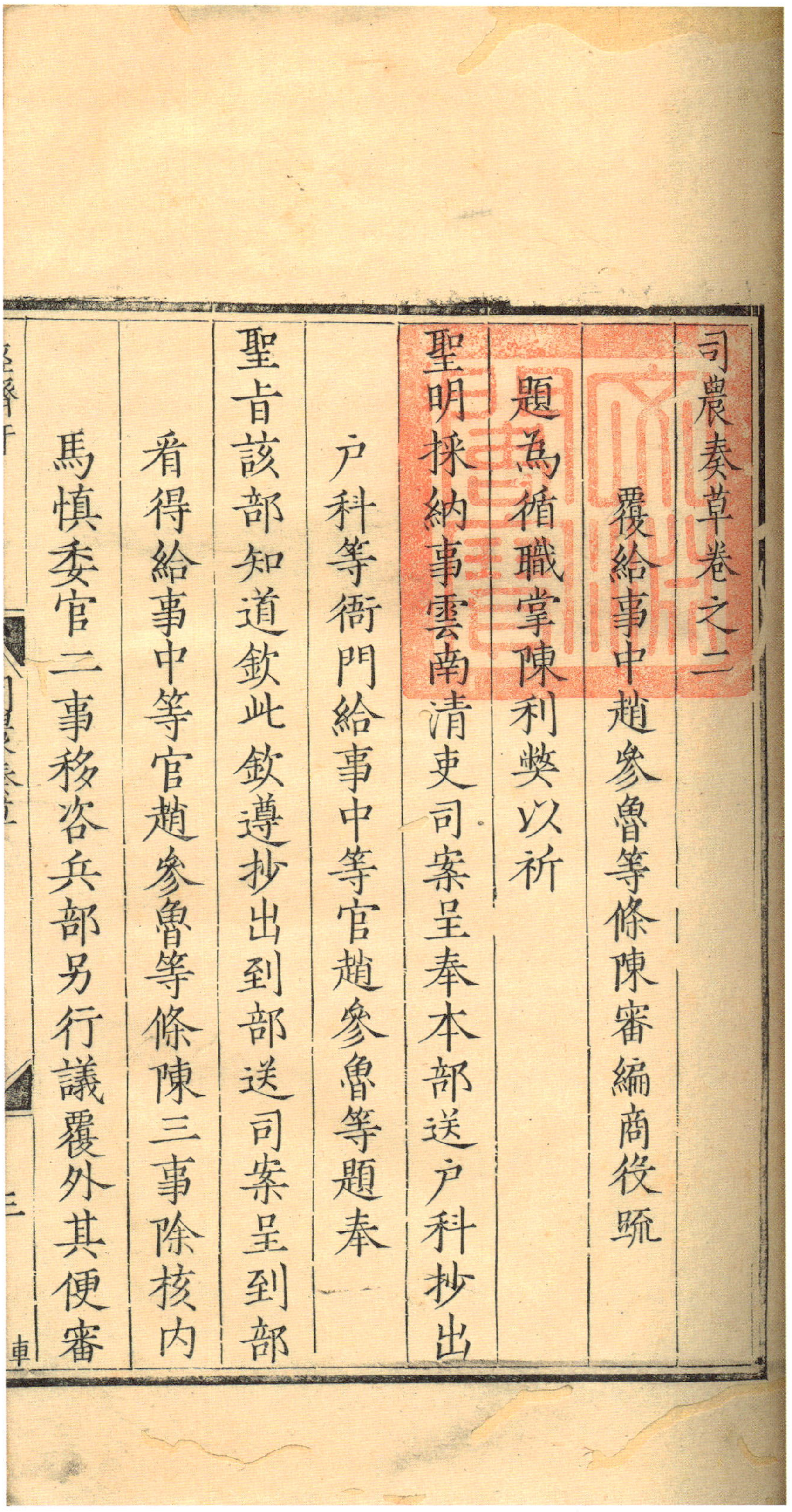

司農奏草卷之二

覆給事中趙參魯等條陳審編商役疏

題為循職掌陳利獘以祈

聖明採納事雲南清吏司案呈奉本部送戶科抄出

戶科等衙門給事中等官趙參魯等題奉

聖旨該部知道欽此欽遵抄出到部送司案呈到部

看得給事中等官趙參魯等條陳三事除核內

馬慎委官二事移咨兵部另行議覆外其便審

12515 司農奏草□□卷　（明）王國光撰　明經濟軒刻本

匡高22.8厘米，廣16.3厘米。半葉八行，行二十字，白口，四周雙邊。有“文源閣寶”等印。無錫市圖書館藏，存九卷。

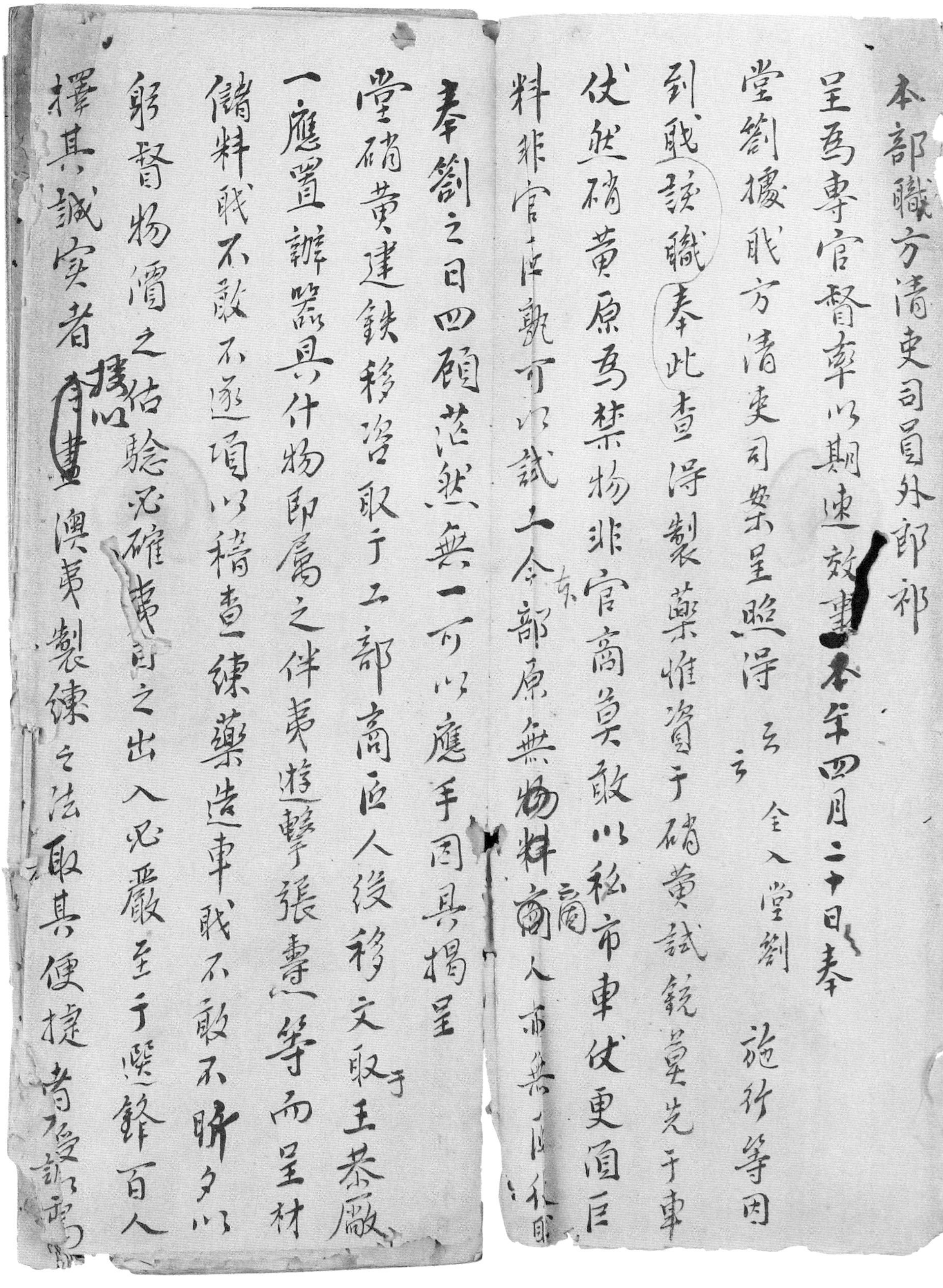

12516 祁忠敏公揭帖稿不分卷 （明）祁彪佳撰 稿本

經摺裝。浙江圖書館藏。

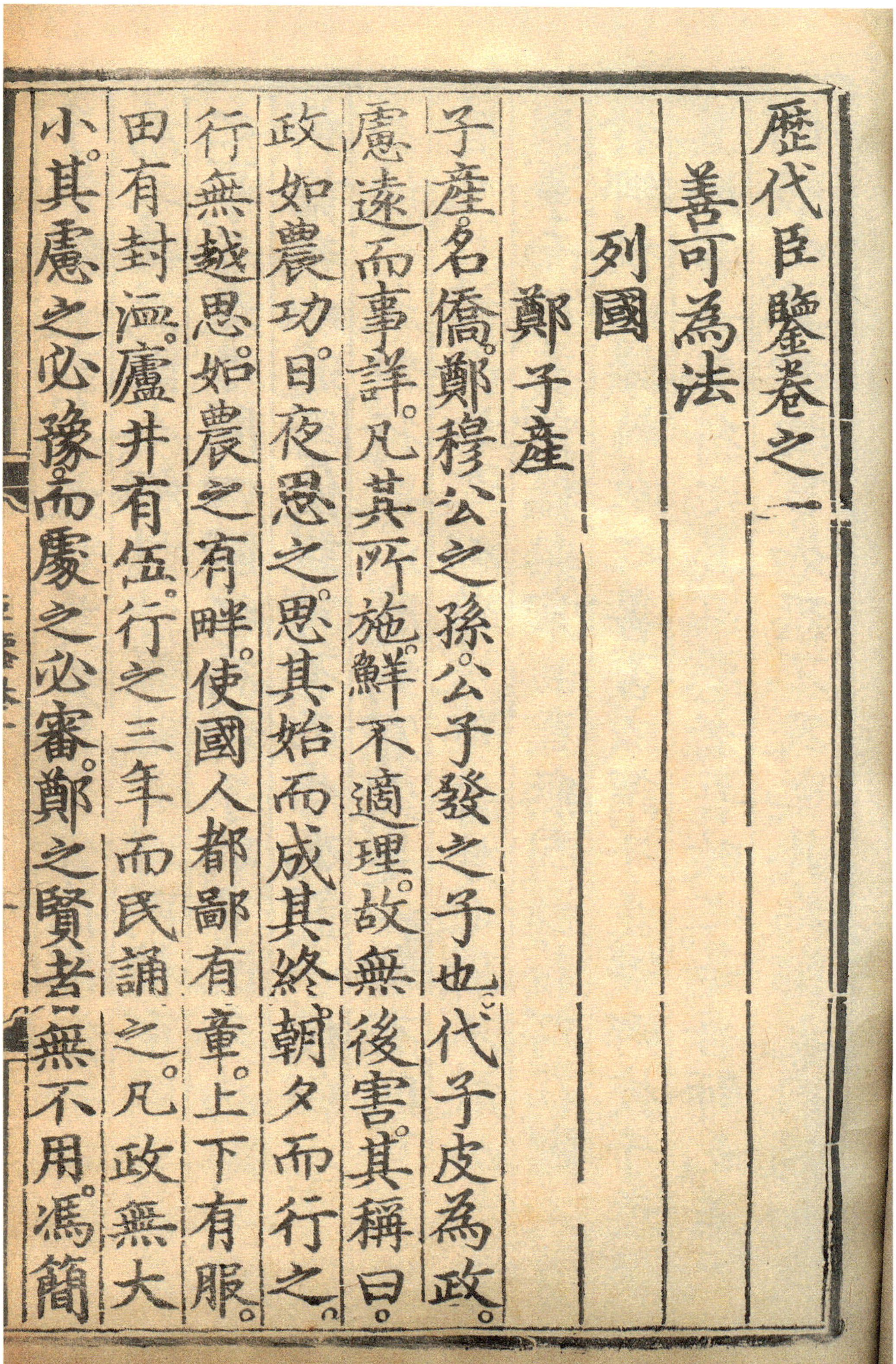
歷代臣鑒卷之一
善可為法
列國
鄭子產
子產名僑。鄭穆公之孫。公子發之子也。代子皮為政。
慮遠而事詳。凡其所施。鮮不適理。故無後害。其稱曰。
政如農功。日夜思之。思其始而成其終。朝夕而行之。
行無越思。如農之有畔。使國人都鄙有章。上下有服。
田有封洫。廬井有伍。行之三年而民誦之。凡政無大
小。其慮之必豫。而處之必審。鄭之賢者。無不用。馮簡

12517 歷代臣鑒三十七卷 （明）宣宗朱瞻基撰　明宣德元年（1426）內府刻本

匡高26.5厘米，廣18.1厘米。半葉十行，行二十字，黑口，四周雙邊。有“怡園主人”等印。遼寧大學圖書館藏。

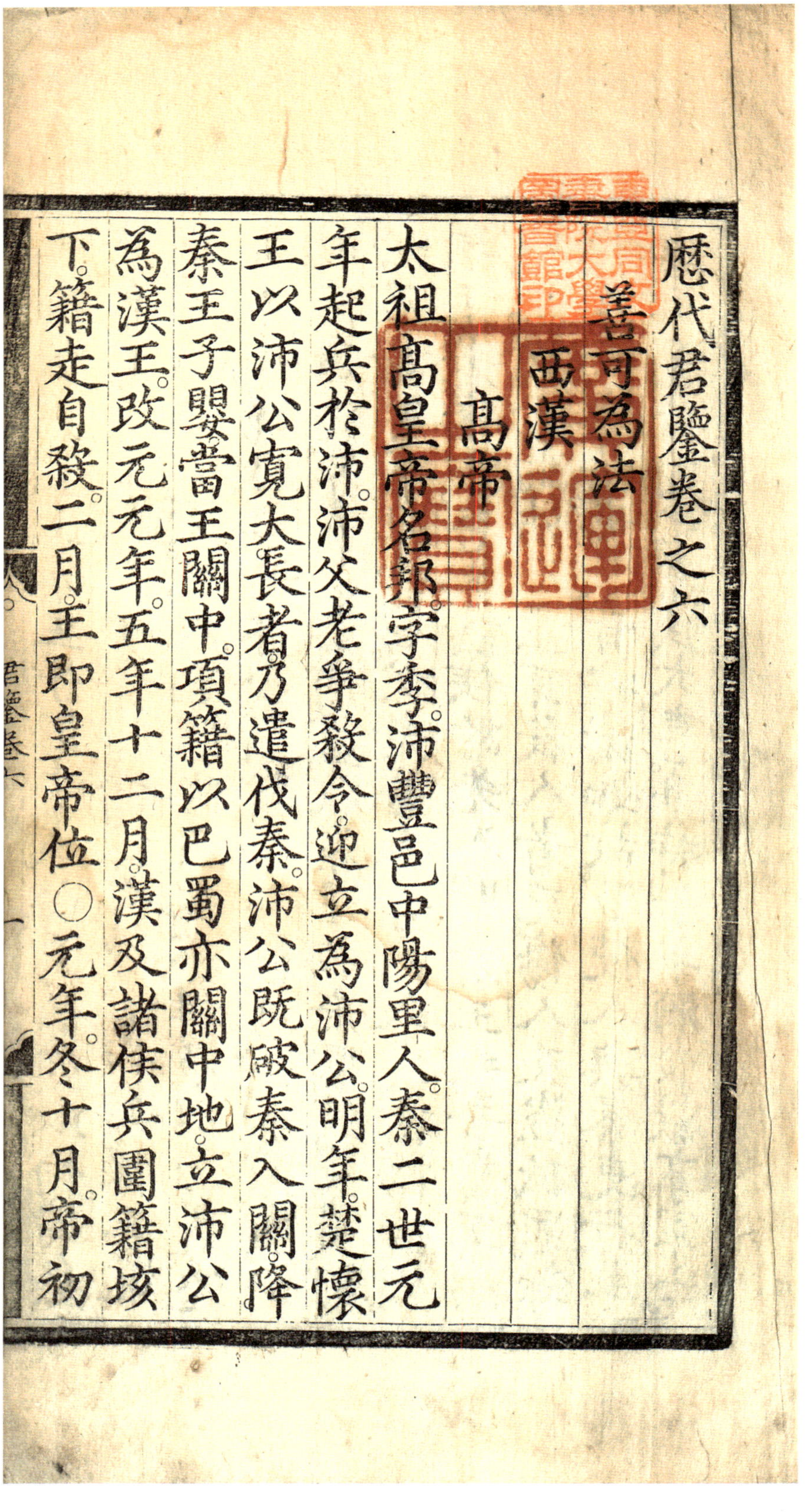
歷代君鑑卷之六
善可爲法
西漢
高帝
太祖高皇帝名邦字季沛豐邑中陽里人秦二世元年起兵於沛沛父老爭殺令迎立爲沛公明年楚懷王以沛公寬大長者乃遣伐秦沛公既破秦入關降秦王子嬰當王關中項籍以巴蜀亦關中地立沛公爲漢王改元元年五年十二月漢及諸侯兵圍籍垓下籍走自殺二月王即皇帝位○元年冬十月帝初
君鑑卷六　一

12518 歷代君鑑五十卷　（明）代宗朱祁鈺撰　明景泰四年（1453）内府刻本（目録、卷一至五、十九至三十二配清抄本）

匡高27.5厘米，廣18厘米。半葉十行，行二十字，黑口，四周雙邊。南京圖書館藏。

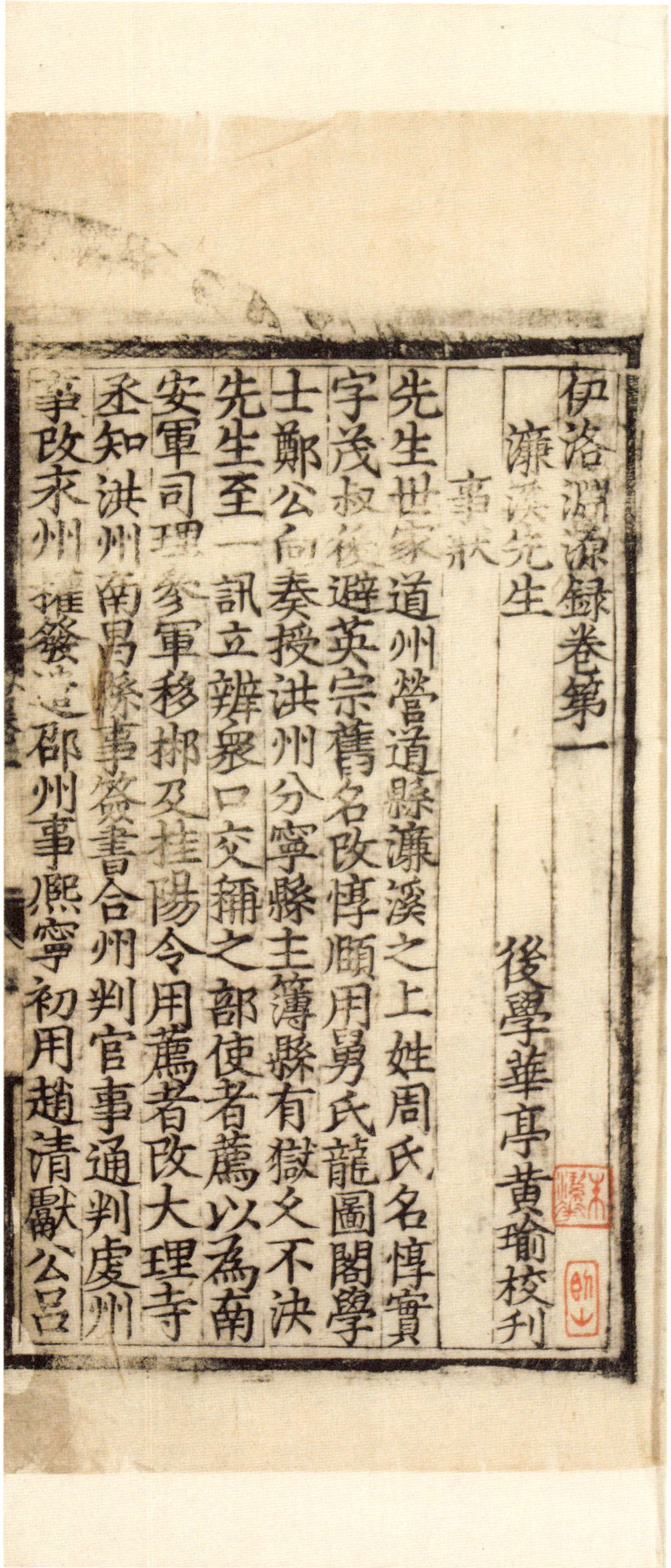

12519 伊洛淵源録十四卷 （宋）朱熹撰 明黄瑜刻本

匡高19.5厘米，廣12.1厘米。半葉十行，行十九字，黑口，四周雙邊。有"蓮塘方其道所藏經籍記""朱潔華"等印。江西省圖書館藏。

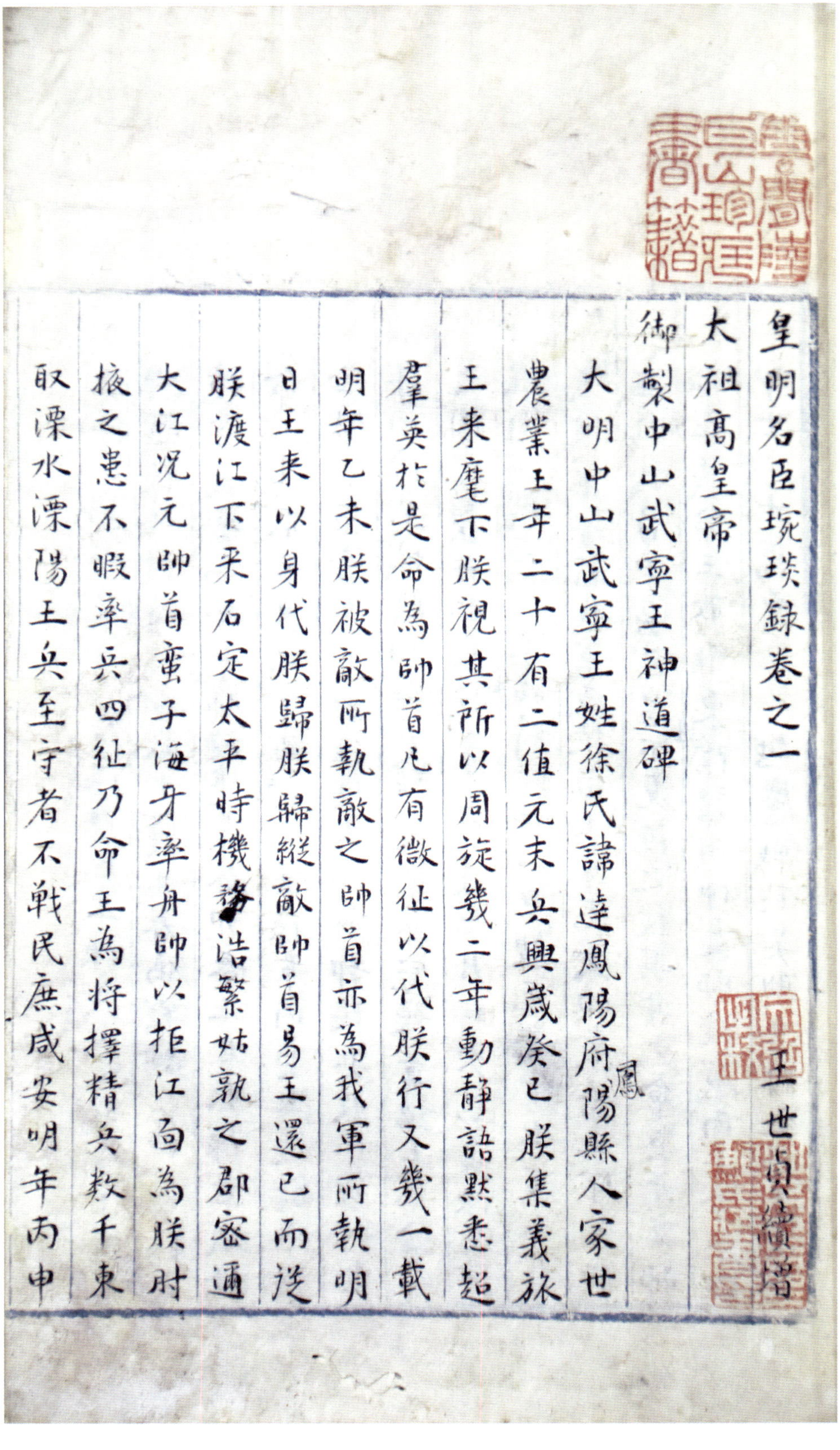
皇明名臣琬琰録卷之一　王世貞續增
大祖高皇帝
御製中山武寧王神道碑
大明中山武寧王姓徐氏諱達鳳陽府鳳陽縣人家世
農業王年二十有二值元末兵興歲癸巳朕集義旅
王來麾下朕視其所以周旋幾二年動靜語默悉超
羣英於是命為帥首凡有徵征以代朕行又幾一載
明年乙未朕被敵所執敵之帥首亦為我軍所執明
日王來以身代朕歸朕歸縱敵帥首易王還已而從
朕渡江下采石定太平時機務浩繁姑孰之郡密邇
大江況元帥首蠻子海牙率舟師以拒江面為朕肘
掖之患不暇率兵四征乃命王為將擇精兵數千東
取溧水溧陽王兵至守者不戰民庶咸安明年丙申

12520 皇明名臣琬琰録二十四卷　（明）徐紘輯　明抄本

有“知不足齋鮑氏臧書印”“文弨手校”“衡陽常氏潭印閣藏書之圖記”等印。湖南圖書館藏。

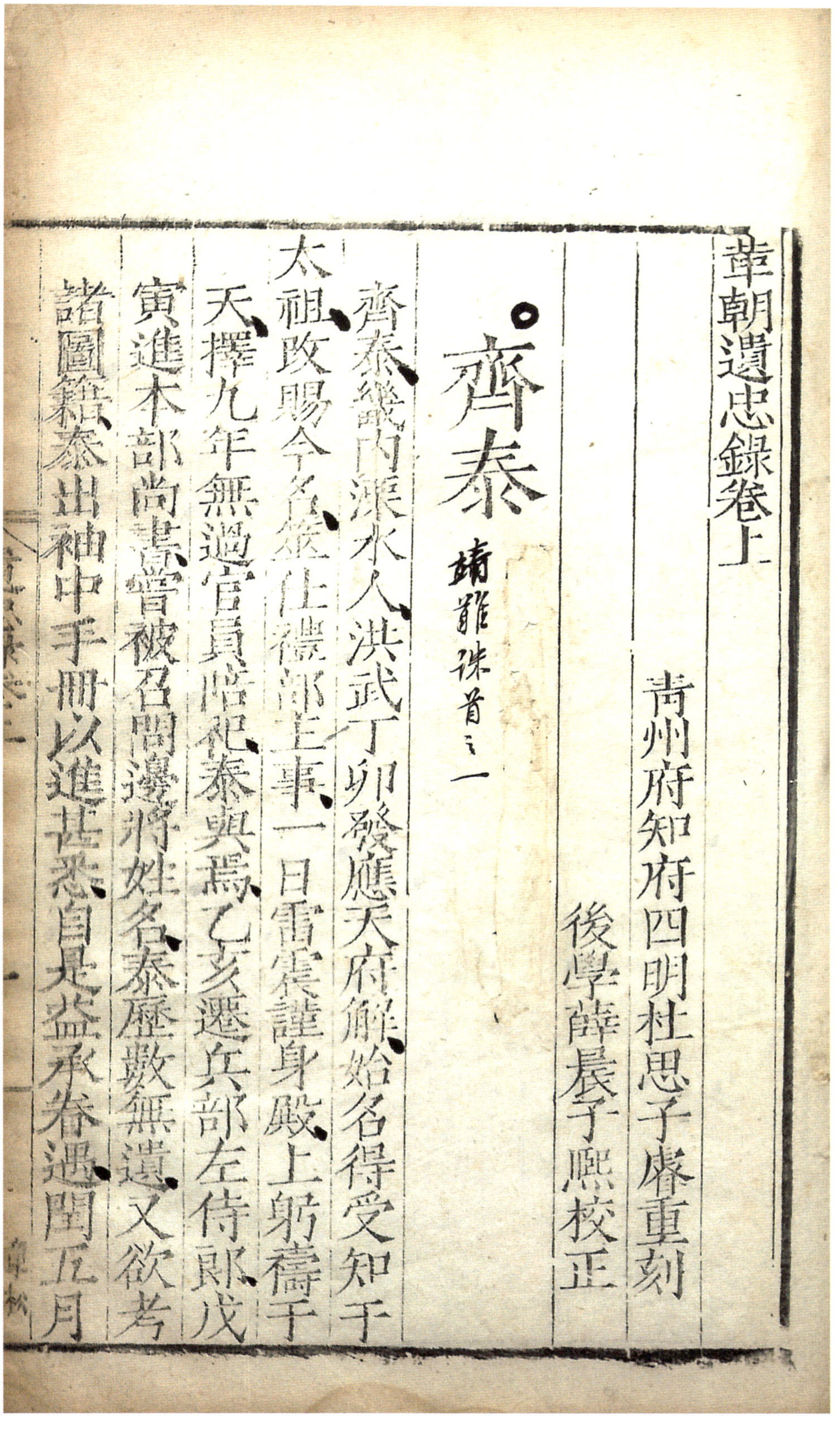

革朝遺忠錄卷上

青州府知府四明杜思子睿重刻

後學薛晨子熈校正

齊泰

齊泰畿內溧水人洪武丁卯發應天府解始名得受知于太祖改賜今名從仕禮部主事一日雷震謹身殿上躬禱于天擇凢年無過官員陪祀泰與焉乙亥遷兵部左侍郎戊寅進本部尚書嘗被召問邊將姓名泰歷數無遺又欲考諸圖籍泰出袖中手冊以進甚悉自是益承眷遇閏五月

12521 革朝遺忠錄二卷附錄一卷 （明）郁衮撰 明嘉靖杜思刻本

匡高20.4厘米，廣14.3厘米。半葉十行，行二十三字，白口，左右雙邊。南京圖書館藏。

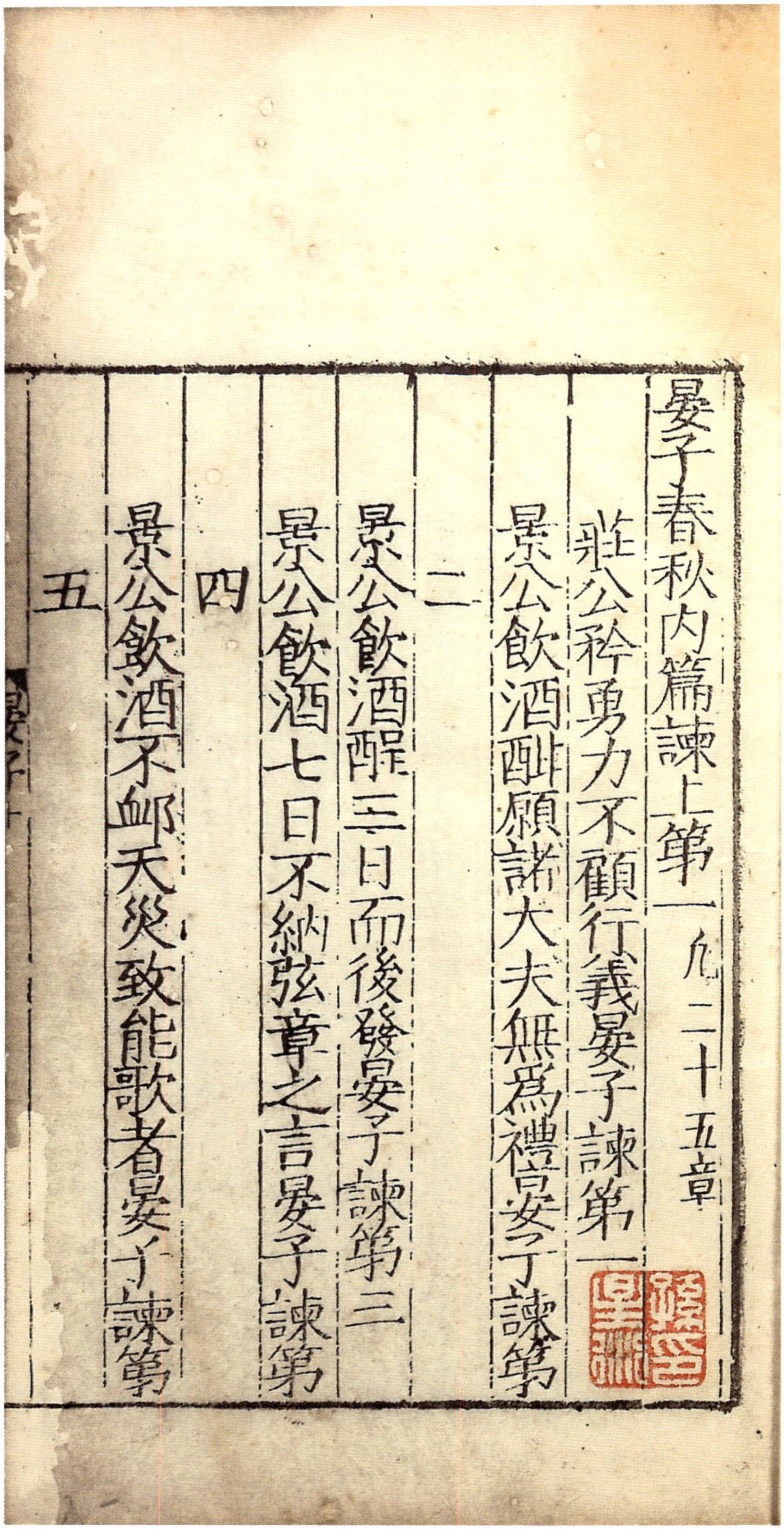
晏子春秋內篇諫上第一　凡二十五章
莊公矜勇力不顧行義晏子諫第一
景公飲酒酣願諸大夫無爲禮晏子諫第
二
景公飲酒醒三日而後發晏子諫第三
景公飲酒七日不納弦章之言晏子諫第
四
景公飲酒不卹天災致能歌者晏子諫第
五

12522 晏子春秋八卷　明刻本

匡高16.6厘米，廣11.8厘米。半葉九行，行十八字，白口，左右雙邊。王懿榮跋。南京圖書館藏。

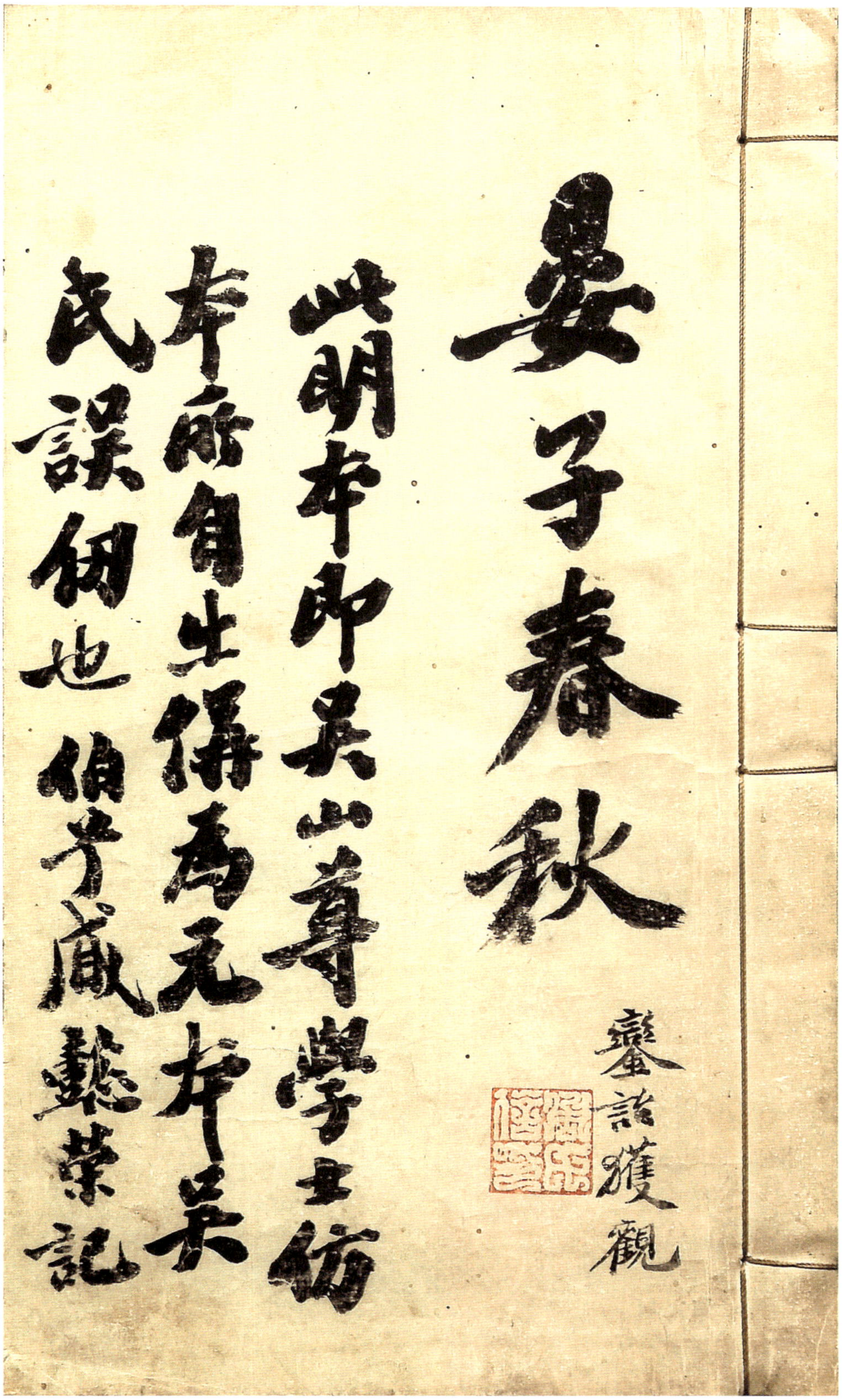

晏子春秋

鑒諾獲觀

此明本即吳山尊學士仿宋本所自出僞爲元本吳氏誤仞也 伯兮藏 懿榮記

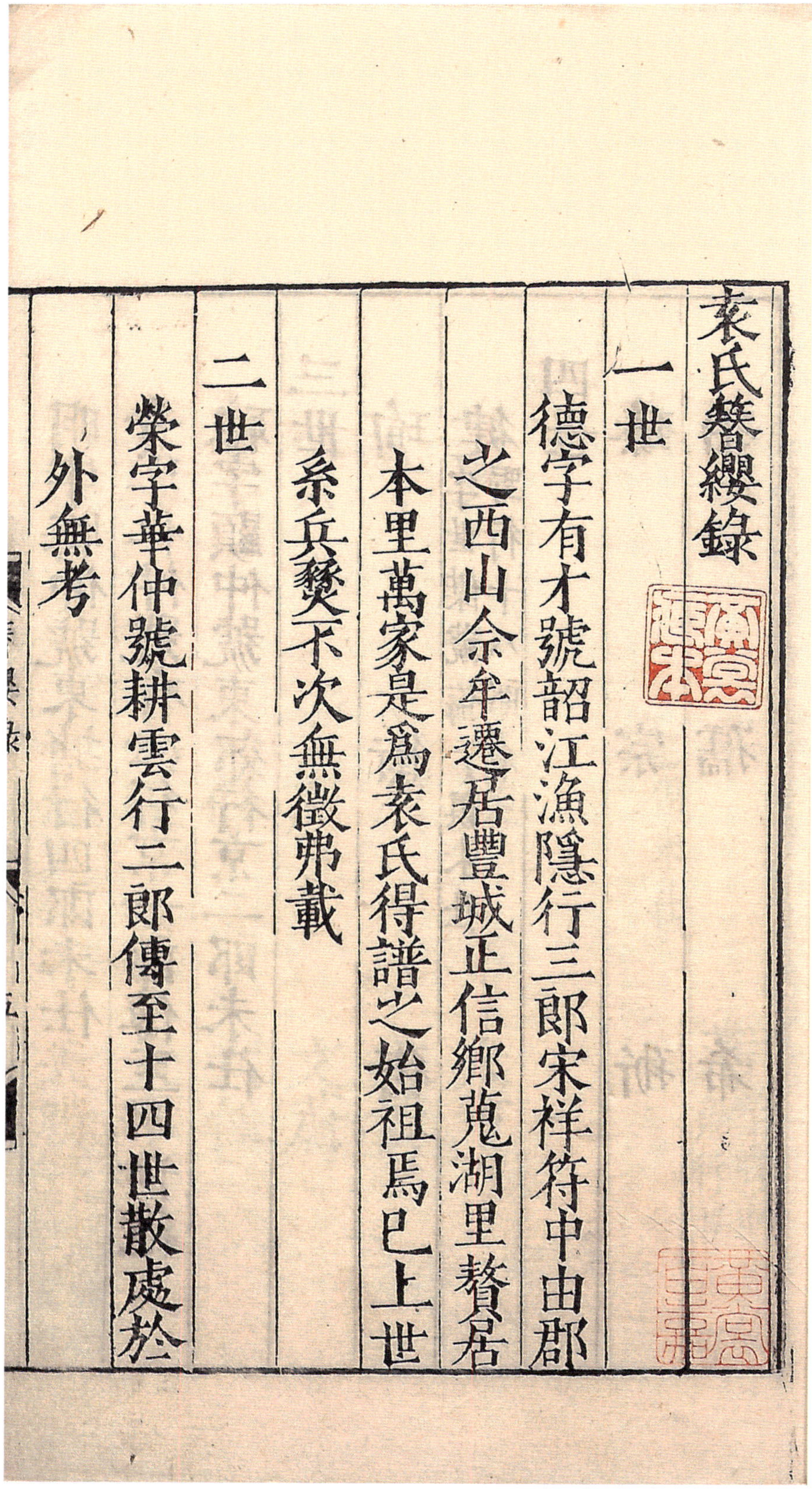
袁氏簪纓錄

一世

德字有才號韶江漁隱行三郎宋祥符中由郡
之西山佘年遷居豐城正信鄉蒐湖里贅居
本里萬家是爲袁氏得譜之始祖焉巳上世
系兵燹下次無徵弗載

二世

榮字華仲號耕雲行二郎傳至十四世散處於
外無考

12523 袁氏簪纓錄一卷 （明）袁廷聲撰 明嘉靖刻本

匡高19.1厘米，廣13.6厘米。半葉九行，行二十字，白口，左右雙邊。黃裳題記。南京圖書館藏。

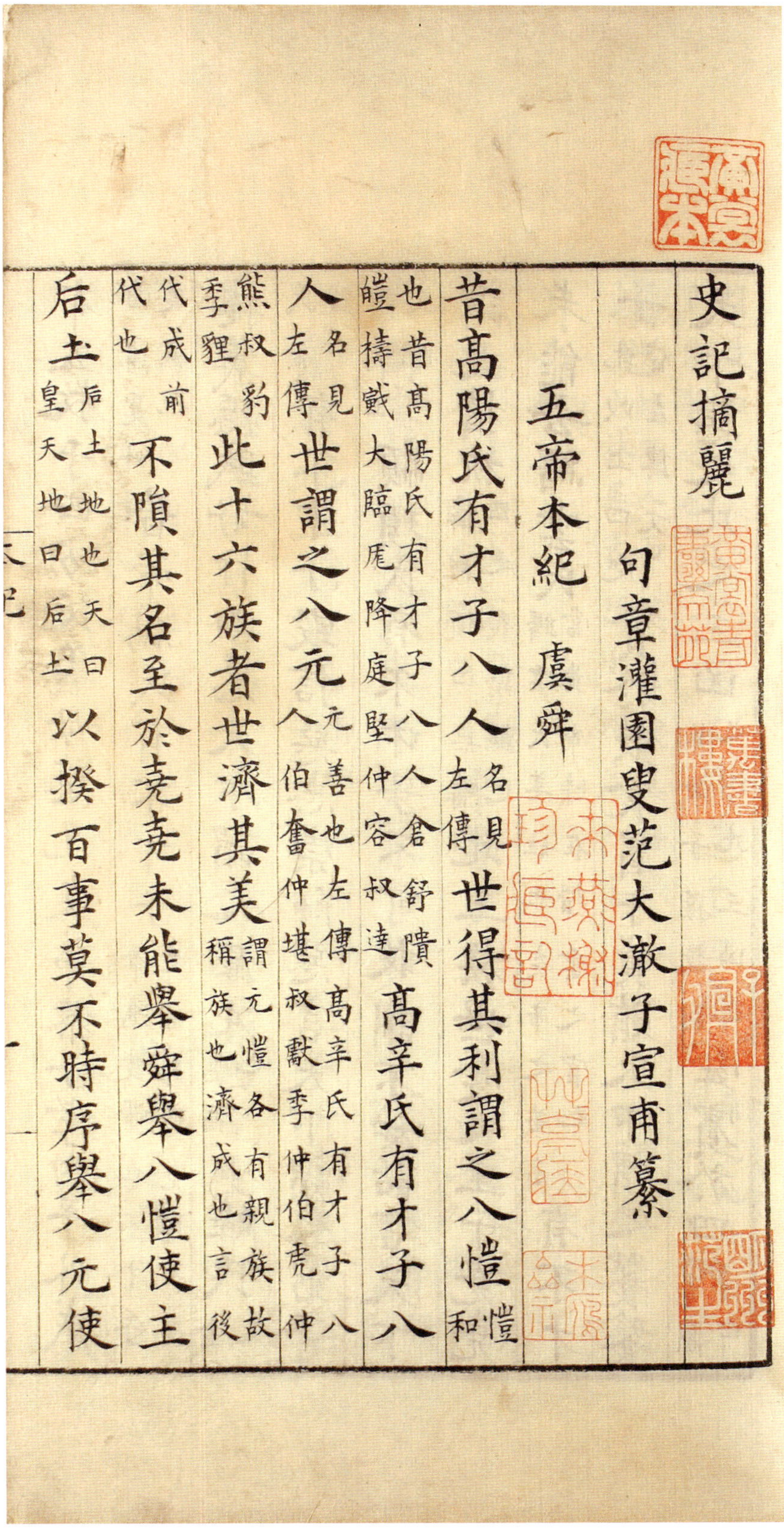

史記摘麗

句章灌園叟范大澈子宣甫纂

五帝本紀　虞舜

昔高陽氏有才子八人（名見左傳）世得其利謂之八愷（愷和也昔高陽氏有才子八人倉舒隤敳檮戭大臨尨降庭堅仲容叔達）高辛氏有才子八人（名見左傳）世謂之八元（元善也左傳高辛氏有才子八人伯奮仲堪叔獻季仲伯虎仲熊叔豹季貍）此十六族者世濟其美（謂元愷各有親族故稱族也濟成也言後代成前代也）不隕其名至於堯堯未能舉舜舉八愷使主后土（后土地也天曰皇天地曰后土）以揆百事莫不時序舉八元使

12524 史記摘麗不分卷　（明）范大澈輯　稿本

有“子宣父”“明州范生”等印。黄裳題記。浙江圖書館藏。

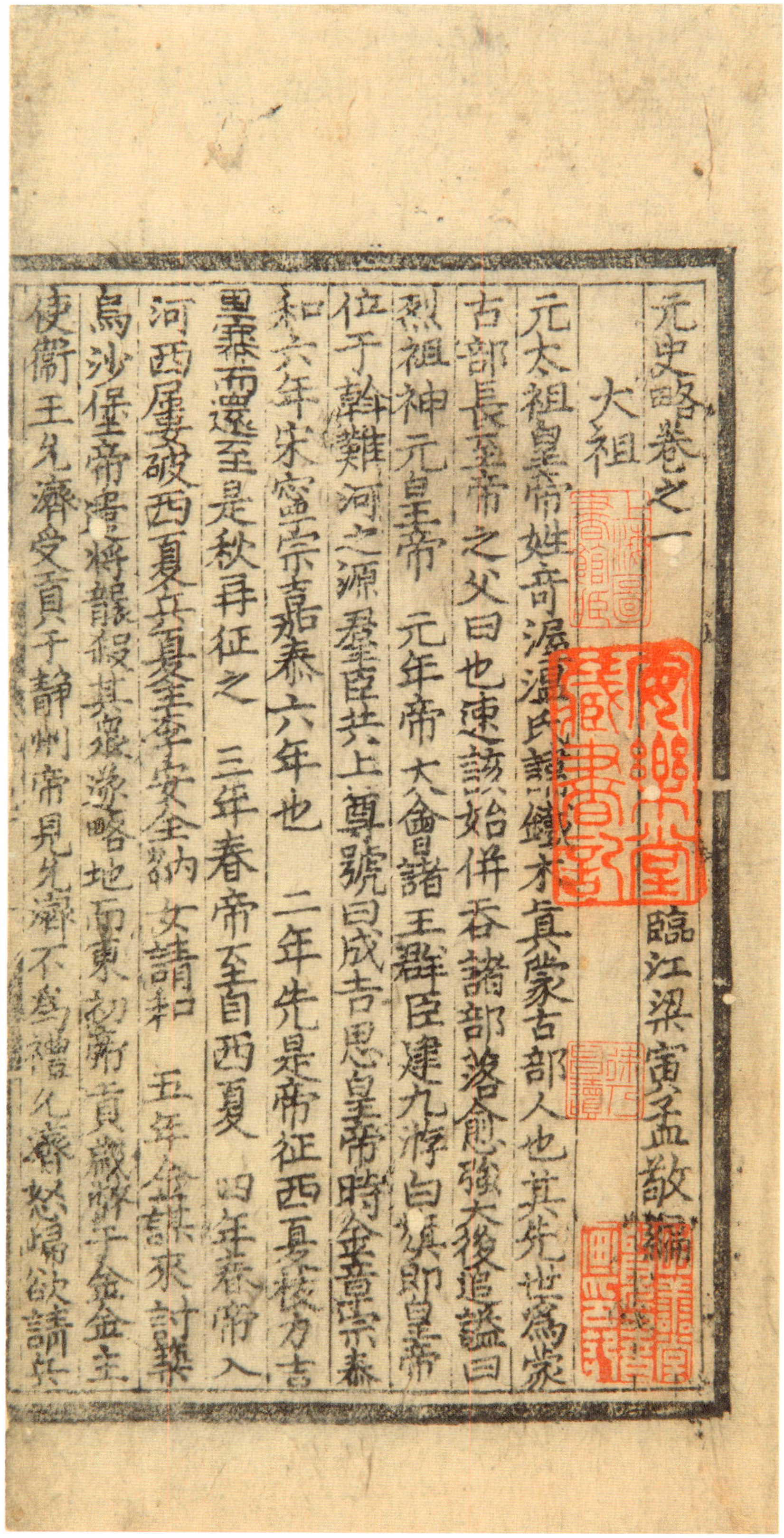

12525 元史略四卷　（明）梁寅輯　明初刻本

匡高18.7厘米，廣11.5厘米。半葉十一行，行二十四字，黑口，四周雙邊。有“安樂堂藏書記”“明善堂覽書画印記”“徐乃昌讀”等印。佚名批點並題識。上海圖書館藏。

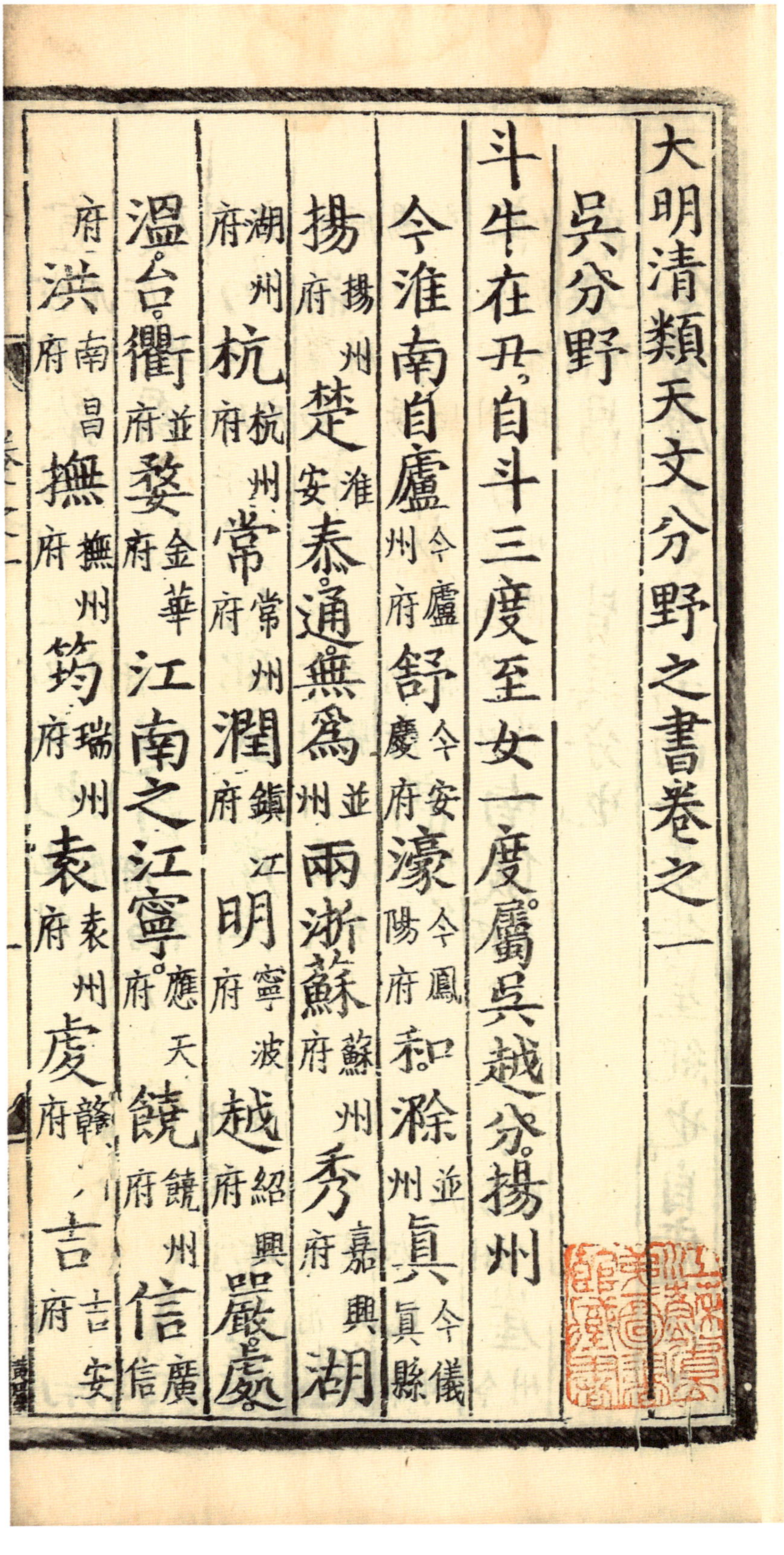
大明清類天文分野之書卷之一
吳分野
斗牛在丑。自斗三度至女一度。屬吳越。分揚州
今淮南自廬（今廬州府）舒（今安慶府）濠（今鳳陽府）和滁（並滁州）真（今儀真縣）
揚（揚州府）楚（淮安府）泰通無爲（並州）兩浙蘇（蘇州府）秀（嘉興府）湖
（湖州府）杭（杭州府）常（常州府）潤（鎮江府）明（寧波府）越（紹興府）嚴處
溫台衢（並府）婺（金華府）江南之江寧（應天府）饒（饒州府）信（廣信
府）洪（南昌府）撫（撫州府）筠（瑞州府）袁（袁州府）虔（贛州府）吉（吉安府）

12526 大明清類天文分野之書二十四卷 題（明）劉基等撰 明初刻本

匡高28.4厘米，廣15.9厘米。半葉八行，行二十字，黑口，四周雙邊。南京圖書館藏。

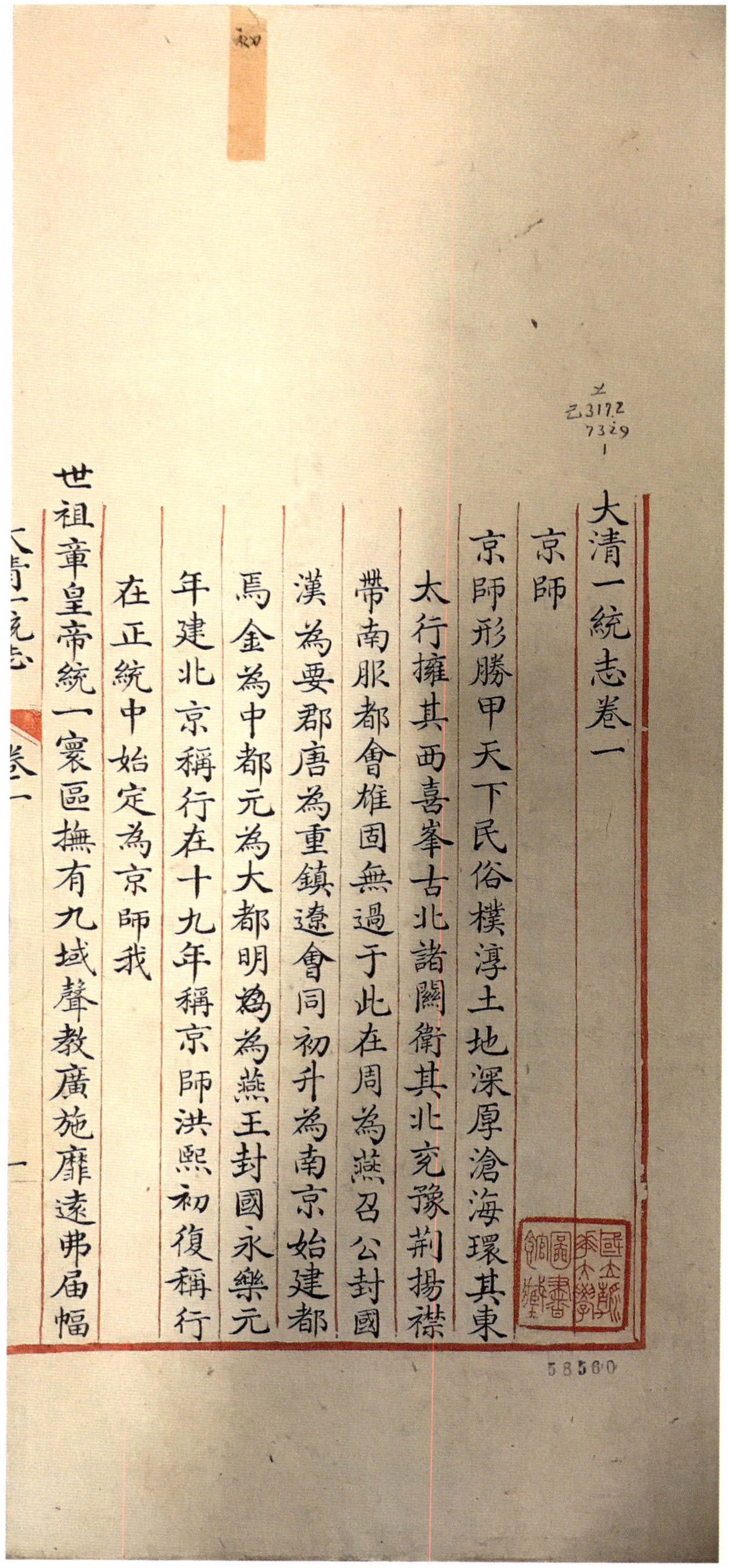
大清一統志卷一

京師

京師形勝甲天下民俗樸淳土地深厚滄海環其東

太行擁其西喜峯古北諸關衛其北兗豫荊揚襟

帶南服都會雄固無過于此在周為燕召公封國

漢為要郡唐為重鎮遼會同初升為南京始建都

焉金為中都元為大都明為為燕王封國永樂元

年建北京稱行在十九年稱京師洪熙初復稱行

在正統中始定為京師我

世祖章皇帝統一寰區撫有九域聲教廣施靡遠弗届幅

大清一統志　卷一　一

12527 大清一統志□□□卷　（清）蔣廷錫　王安國等纂修　清乾隆內府抄本

毛裝。清華大學圖書館藏，存一百二十四卷。

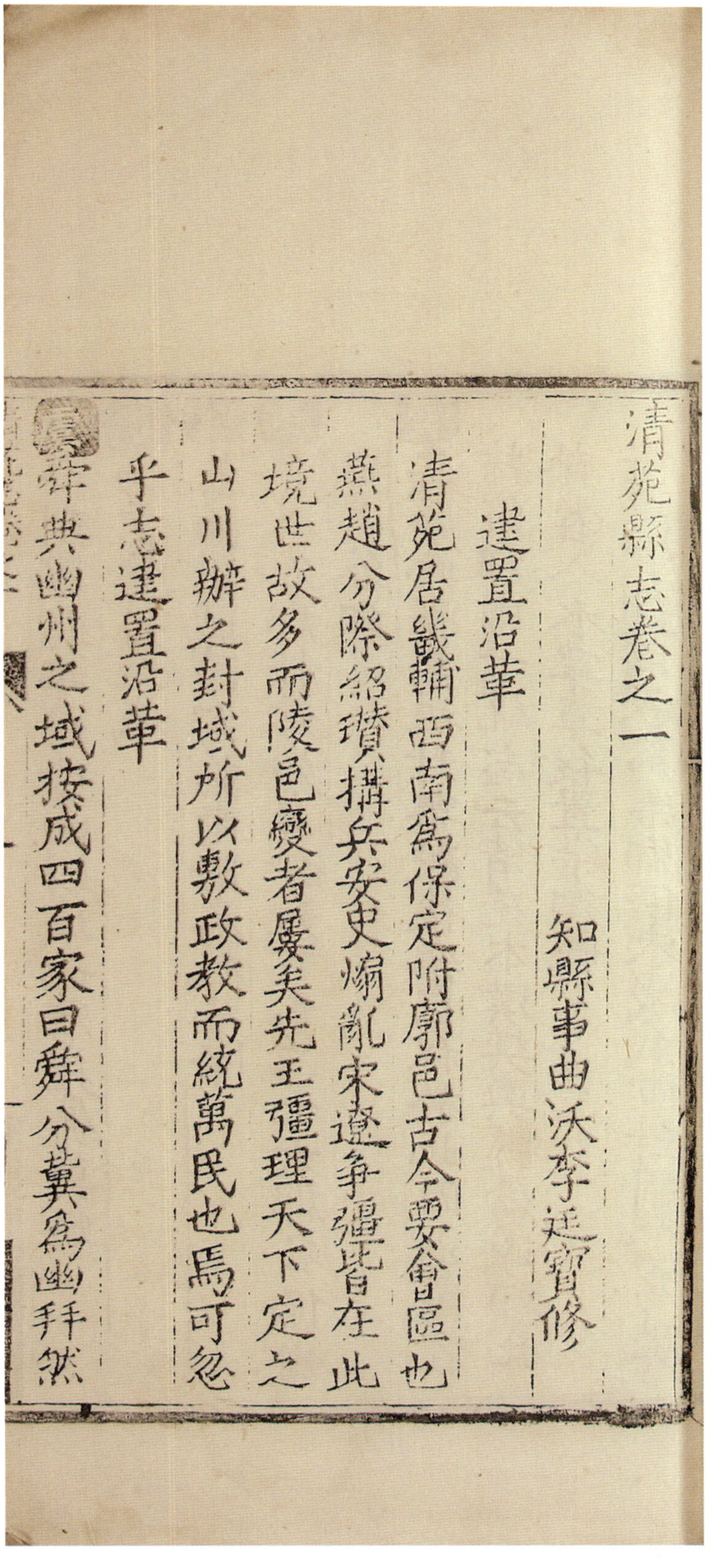

清苑縣志卷之一

知縣事曲沃李廷寶修

建置沿革

清苑居畿輔西南爲保定附廓邑古今要會區也燕趙分際紹瓚搆兵安史煽亂宋遼爭疆皆在此境世故多而陵邑變者屢矣先王疆理天下定之山川辨之封域所以敷政教而統萬民也焉可忽乎志建置沿革

舜典幽州之域按成四百家曰彝分冀爲幽幷然

12528 [嘉靖]清苑縣志六卷　（明）李廷寶纂修　明嘉靖刻本

匡高20.4厘米，廣13.7厘米。半葉九行，行二十字，小字雙行同，下黑口，四周雙邊。有“范氏天一閣藏書”等印。寧波市天一閣博物院藏。

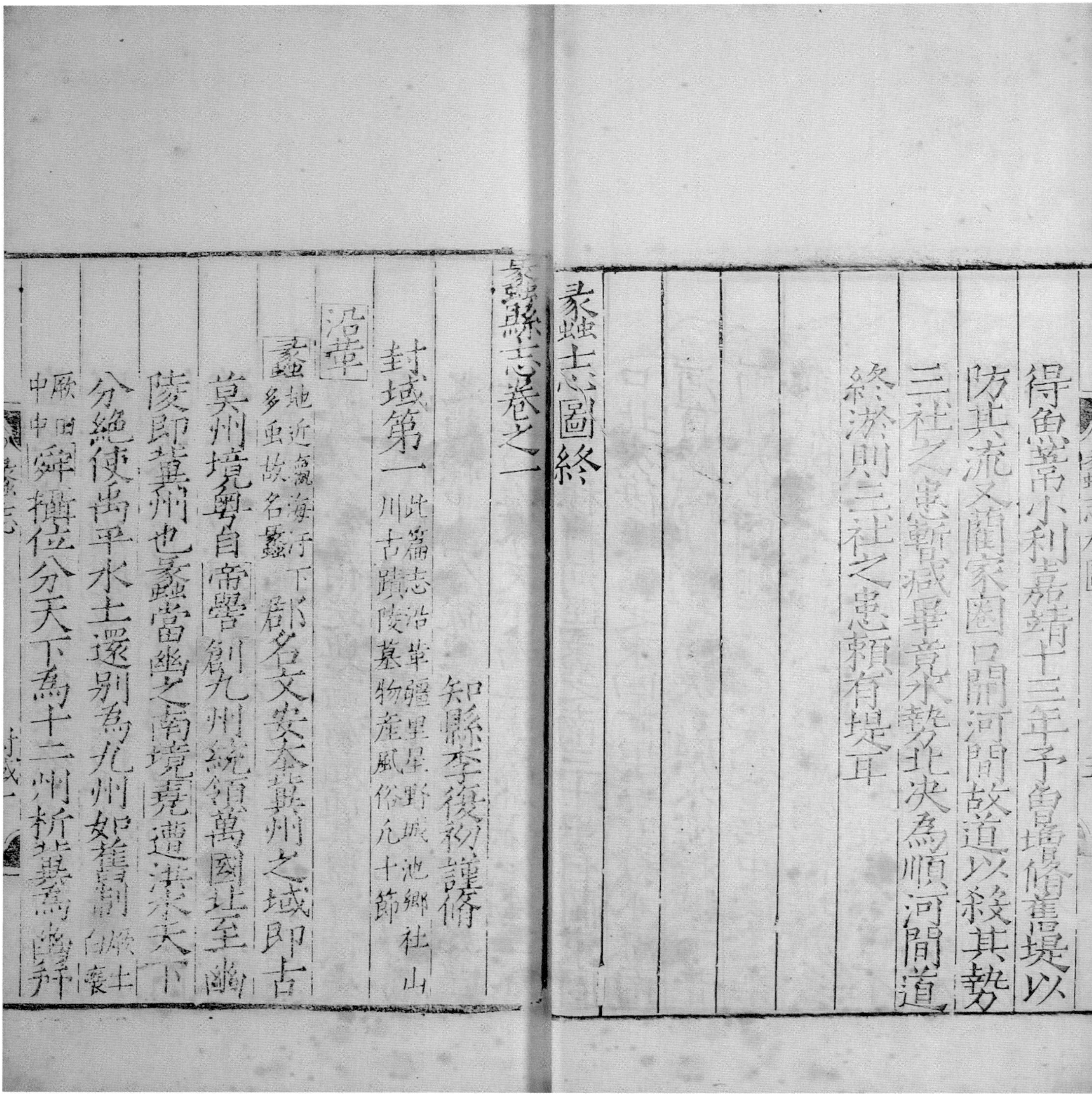

得魚嘗小利嘉靖十三年予曾增脩舊堤以防其流又脩家園口開河間故道以殺其勢三社之患暫減畢竟水勢北决為順河間道終淤則三社之患賴有堤耳

蠡縣志圖終

蠡縣志卷之一

知縣李復初謹脩

封域第一 此篇志沿革疆里星野城池鄉社山川古蹟陵墓物産風俗凡十節

沿革

蠡地近蠡海汙下多虫故名蠡 郡名文安本冀州之域即古冀州境自帝嚳創九州統領萬國北至幽陵即冀州也蠡當幽之南境堯遭洪水天下分絶使禹平水土還别為九州如舊制 厥土白壤 厥田中中 舜攝位分天下為十二州析冀為幽并

12529 [嘉靖]蠡縣志五卷　（明）李復初纂修　明嘉靖十三年（1534）刻本

匡高19.3厘米，廣14.1厘米。半葉九行，行二十字，小字雙行同，白口，四周單邊。有“范氏天一閣藏書”等印。寧波市天一閣博物院藏。

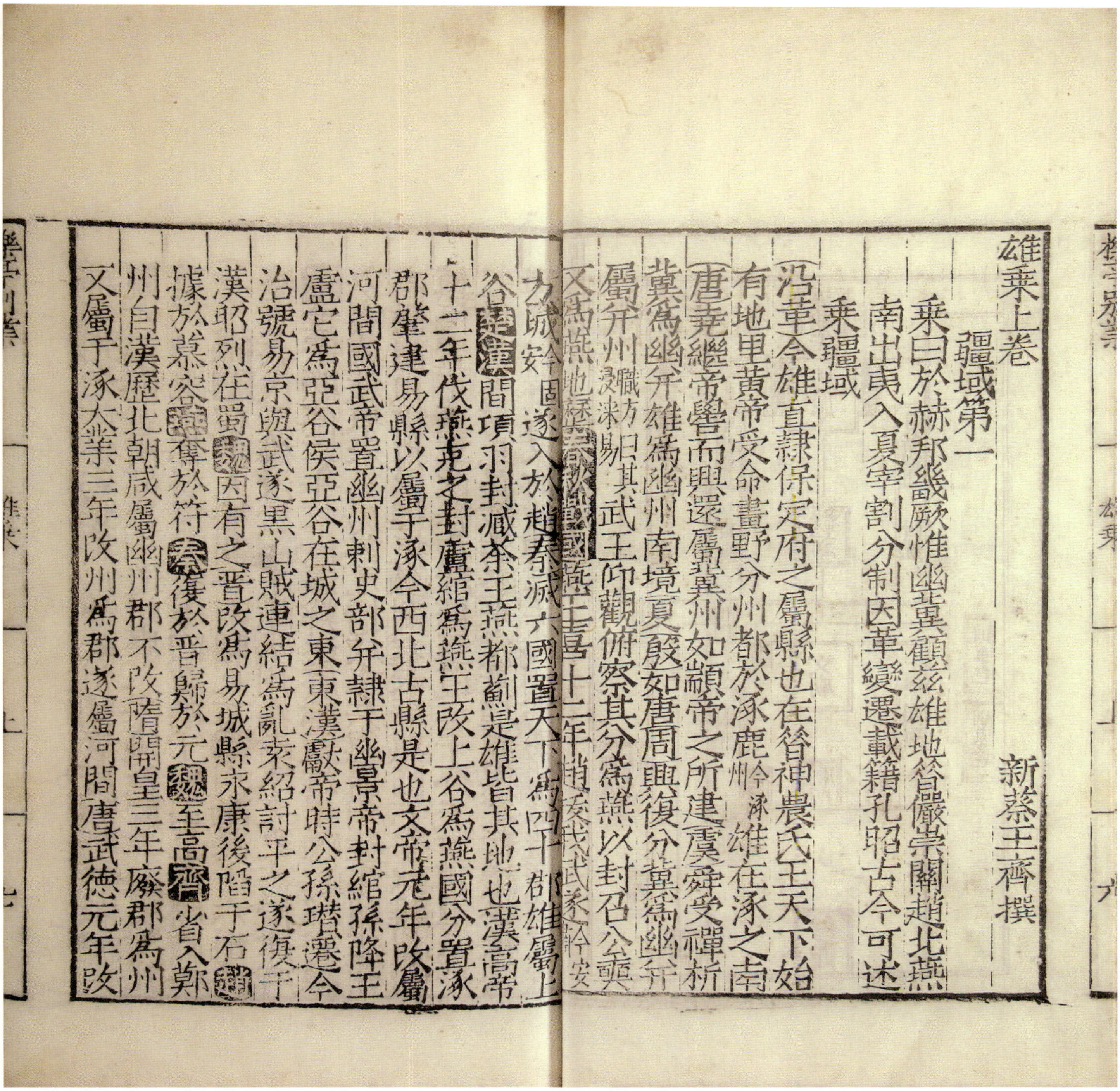

雄乘上卷
疆域第一　新蔡王齊撰
乘曰於赫邦畿厥惟幽冀顧茲雄地昔儼崇關趙北燕
南出夷入夏宰割分制因革變遷載籍孔昭古今可述
乘疆域
沿革今雄直隷保定府之屬縣也在昔神農氏王天下始
有地里黄帝受命畫野分州都於涿鹿今涿州雄在涿之南
唐堯繼帝嚳而興還屬冀州如顓帝之所建虞舜受禪析
冀爲幽幷雄爲幽州南境夏殷如唐周興復分冀爲幽幷
屬幷州職方曰其浸淶易武王仰觀俯察其分爲燕以封召公奭
又爲燕地[illegible]燕王喜十二年[illegible]
方城今固安遂入於趙秦滅六國置天下爲四十郡雄屬上
谷漢間項羽封臧荼王燕都薊是雄皆其地也漢高帝
十二年伐燕克之封盧綰爲燕王改上谷爲燕國分置涿
郡肇建易縣以屬于涿今西北古縣是也文帝元年改屬
河間國武帝置幽州刺史部幷隷于幽景帝封綰孫降王
盧它爲亞谷侯亞谷在城之東東漢獻帝時公孫瓚遷今
治號易京與武遂黑山賊連結爲亂袁紹討平之遂復于
漢昭烈在蜀魏因有之晉改爲易城縣永康後陷于石趙
據於慕容燕奪於符秦復於晉歸於元魏至高齊省入鄚
州自漢歷北朝咸屬幽州郡不改隋開皇三年廢郡爲州
又屬于涿大業三年改州爲郡遂屬河間唐武德元年改

12530 [嘉靖]雄乘二卷　（明）王齊纂修　明嘉靖刻本

包背裝。匡高21.6厘米，廣14.2厘米。半葉十一行，行二十三字，小字雙行同，白口，四周單邊。有“范氏天一閣藏書”等印。寧波市天一閣博物院藏。

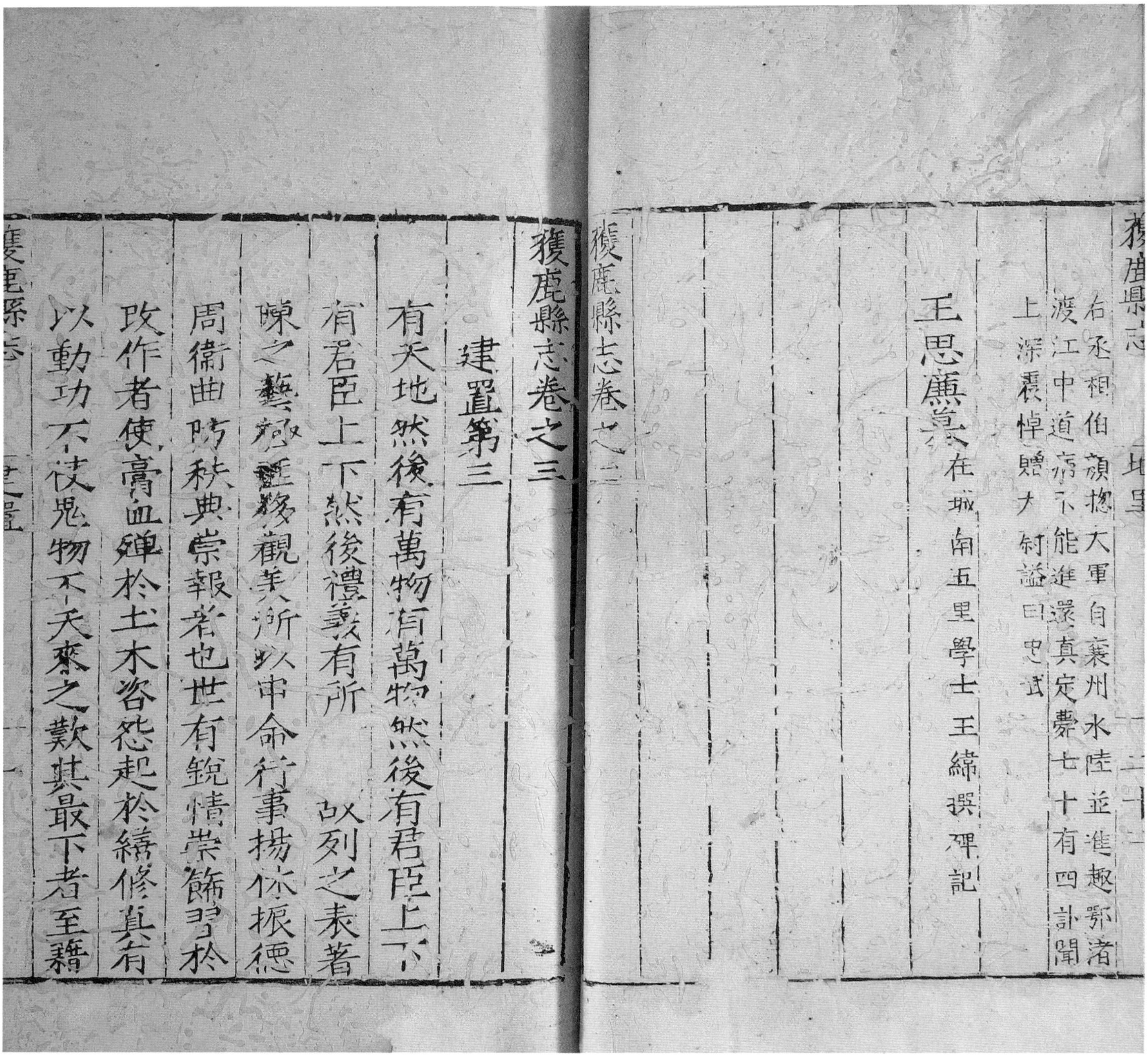

12531 [嘉靖]獲鹿縣志十二卷 （明）趙惟勤纂修 明嘉靖三十五年（1556）

刻本

匡高19.3厘米，廣14.7厘米。半葉八行，行二十字，小字雙行同，白口，四周單邊。寧波市天一閣博物院藏，存十一卷。

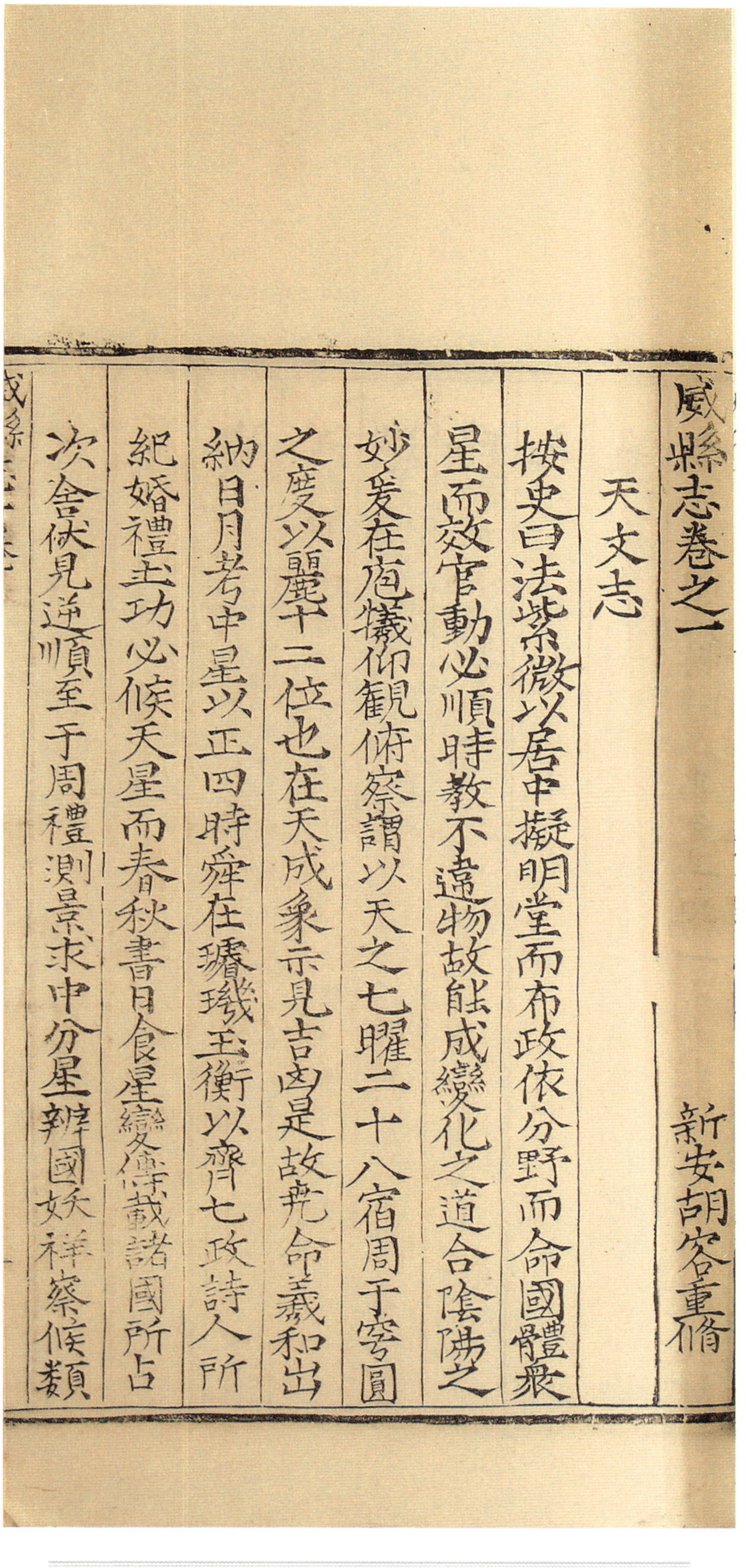

威縣志卷之一　　　　新安胡容重脩

天文志

按史曰法紫微以居中擬明堂而布政依分野而命國體衆星而效官動必順時教不違物故能成變化之道合陰陽之妙爰在庖犧仰觀俯察謂以天之七曜二十八宿周于穹圓之度以麗十二位也在天成象示見吉凶是故堯命羲和出納日月考中星以正四時舜在璿璣玉衡以齊七政詩人所紀婚禮土功必候天星而春秋書日食星變傳載諸國所占次舍伏見逆順至于周禮測景求中分星辨國妖祥察候類

12532 [嘉靖]威縣志八卷　（明）胡容　王組纂修　明嘉靖王組刻本

匡高21.8厘米，廣15.2厘米。半葉九行，行二十四字，小字雙行同，白口，四周雙邊。有“范氏天一閣藏書”等印。寧波市天一閣博物院藏。

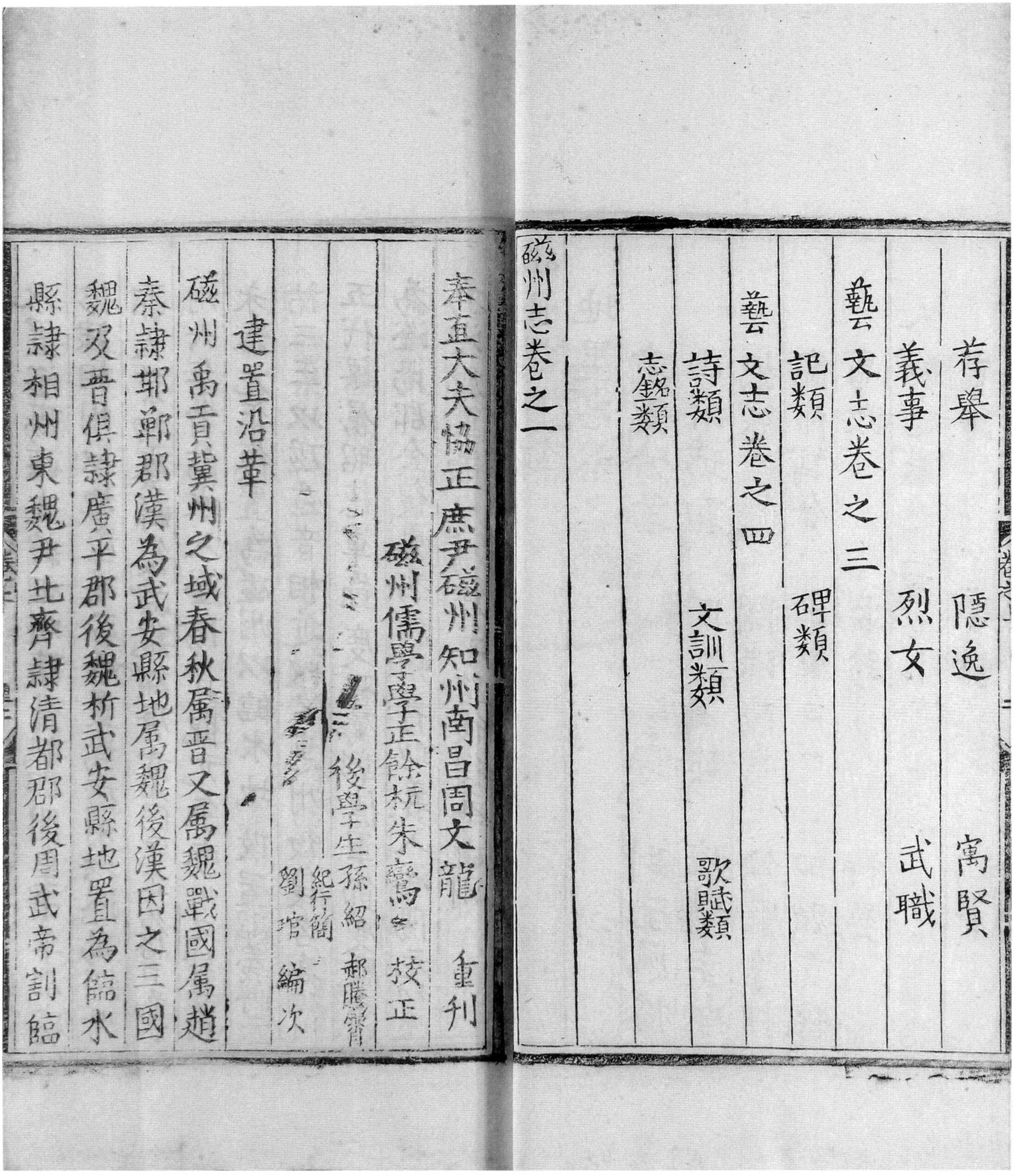

12533 [嘉靖]磁州志四卷 （明）周文龍 孫紹等纂修 明嘉靖刻本

包背裝。匡高21.1厘米，廣13.8厘米。半葉九行，行二十一字，小字雙行同，黑口，四周雙邊。有“范氏天一閣藏書”等印。寧波市天一閣博物院藏。

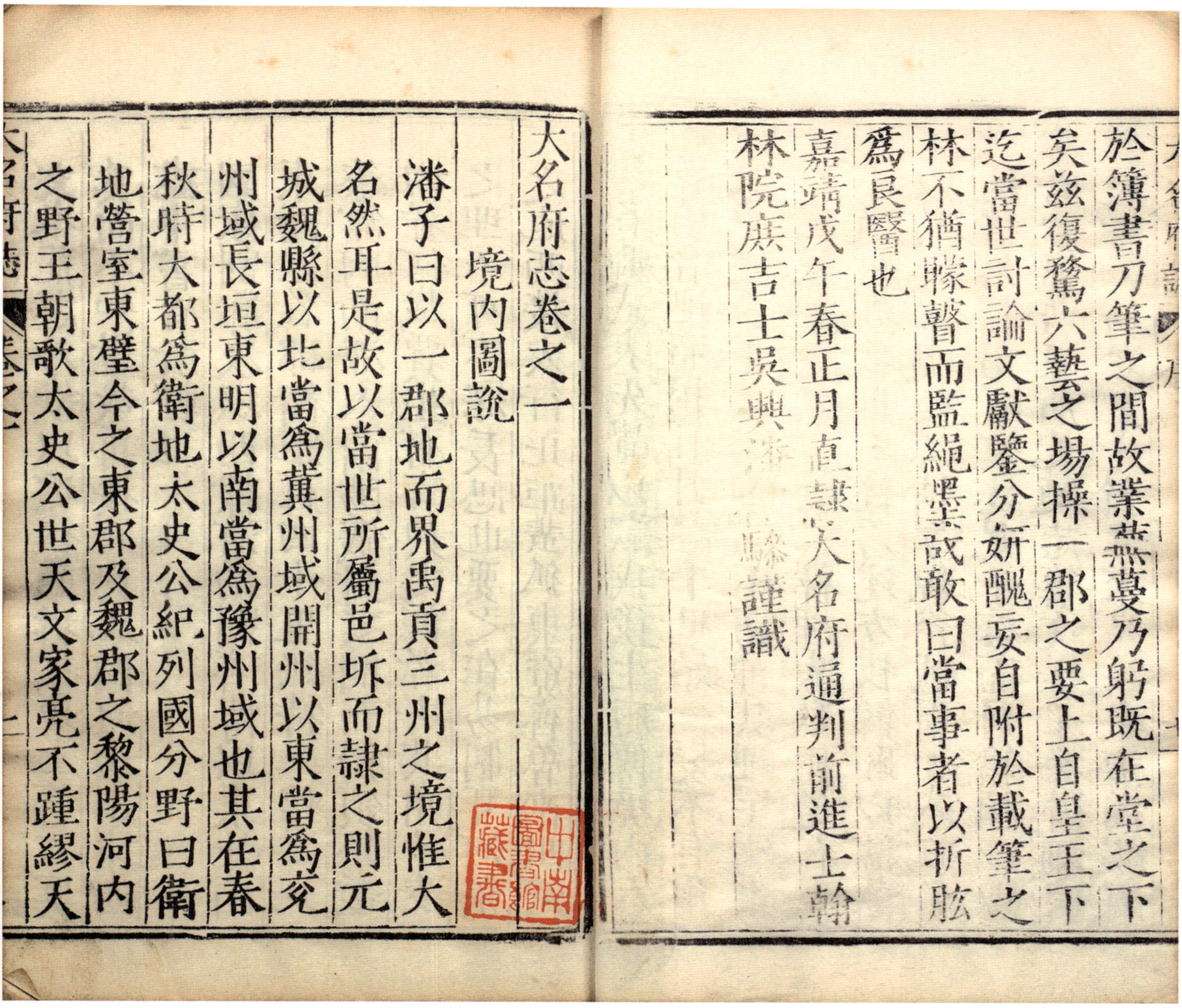
於簿書刀筆之間故業蕪蔓乃躬既在堂之下
矣茲復騖六藝之場操一郡之要上自皇王下
迄當世討論文獻鑒分姸醜妄自附於載筆之
林不猶矇瞽而監絕墨哉敢曰當事者以折肱
爲良醫也
嘉靖戊午春正月直隸大名府通判前進士翰
林院庶吉士吳興潘仲驂謹識

大名府志卷之一
境内圖說
潘子曰以一郡地而界禹貢三州之境惟大
名然耳是故以當世所屬邑圻而隷之則元
城魏縣以北當爲冀州域開州以東當爲兖
州域長垣東明以南當爲豫州域也其在春
秋時大都爲衛地太史公紀列國分野曰衛
地營室東壁今之東郡及魏郡之黎陽河内
之野王朝歌太史公世天文家亮不踵繆天

12534 [嘉靖]大名府志二十九卷　（明）潘仲驂纂修　（明）趙慎修續修

明嘉靖三十七年（1558）刻萬曆十一年（1583）增修本

匡高22.1厘米，廣15.7厘米。半葉九行，行十八字，小字雙行同，白口，四周雙邊。湖北省圖書館藏，存十三卷。

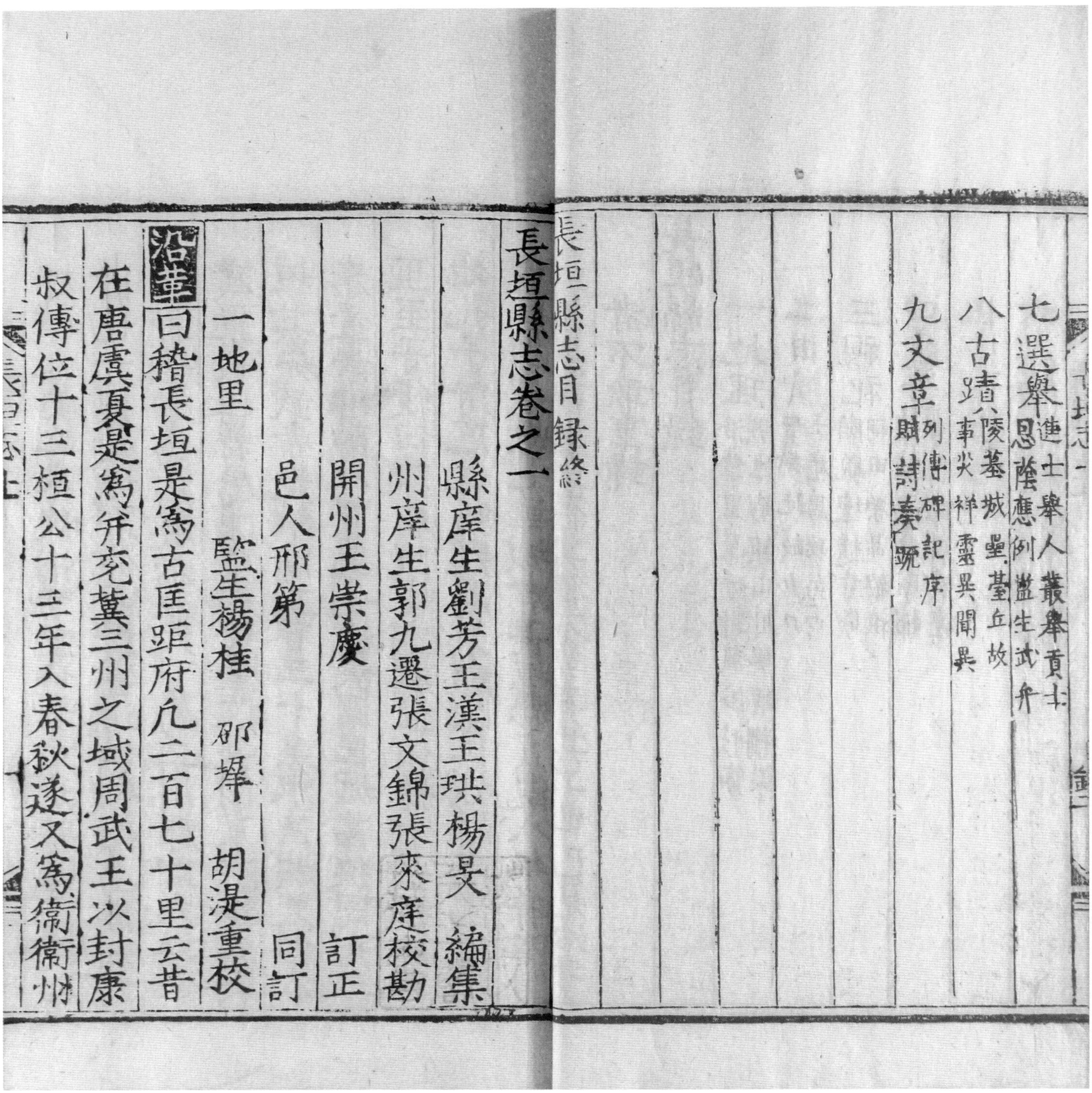
七選舉 進士 舉人 薦舉 貢士 恩蔭 應例 監生 武弁
八古蹟 陵墓 城壘 臺丘 故事 災祥 靈異 聞異
九文章 列傳 碑記 序 賦 詩 奏疏
長垣縣志目録終

長垣縣志卷之一
縣庠生劉芳王漢王珙楊旻　編集
州庠生郭九遷張文錦張來庭校勘
開州王崇慶　訂正
邑人邢第　同訂
一地里　監生楊桂　邢塤　胡湜重校
沿革 曰稽長垣是爲古匡距府凢二百七十里云昔
在唐虞夏是爲并兖冀三州之域周武王以封康
叔傳位十三桓公十三年入春秋遂又爲衛衛州

12535 [正德]長垣縣志九卷　（明）劉芳等纂修　明嘉靖刻本

包背裝。匡高19.6厘米，廣13.7厘米。半葉九行，行二十字，小字雙行同，白口，四周雙邊。有“范氏天一閣藏書”等印。寧波市天一閣博物院藏。

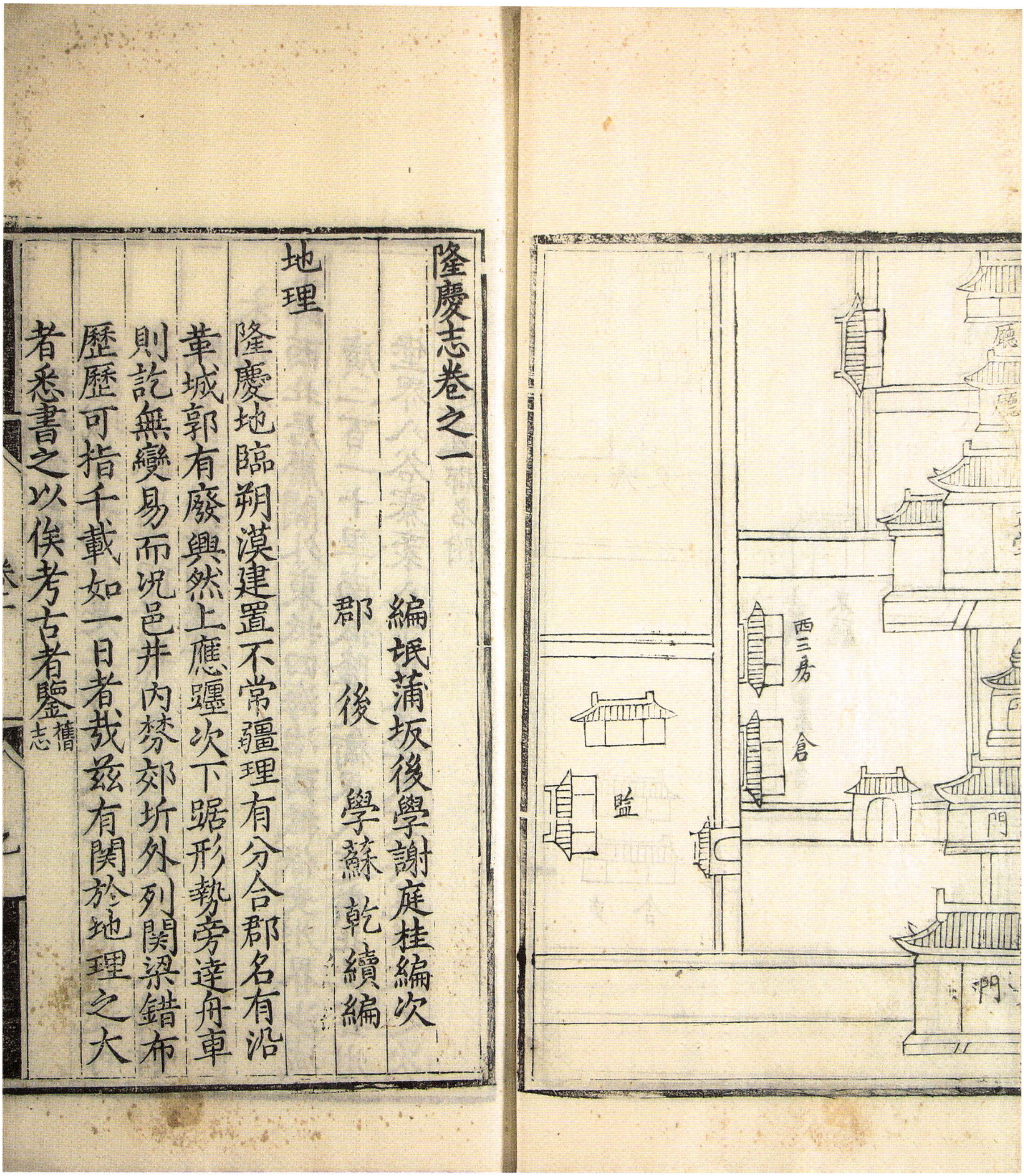
隆慶志卷之一
編　垊蒲坂後學謝庭桂編次
郡　後　學蘇　乾續編
地理
隆慶地臨朔漠建置不常疆理有分合郡名有沿革城郭有廢興然上應躔次下踞形勢旁達舟車則訖無變易而況邑井內埶郊圻外列關梁錯布歷歷可指千載如一日者哉茲有關於地理之大者悉書之以俟考古者鑒舊志

12536 [嘉靖]隆慶志十卷附録一卷　（明）謝庭桂纂修　（明）蘇乾續修　明嘉靖二十七年（1548）刻本

包背裝。匡高22.5厘米，廣13厘米。半葉九行，行二十一字，小字雙行同，黑口，四周雙邊。有“范氏天一閣藏書”等印。寧波市天一閣博物院藏。

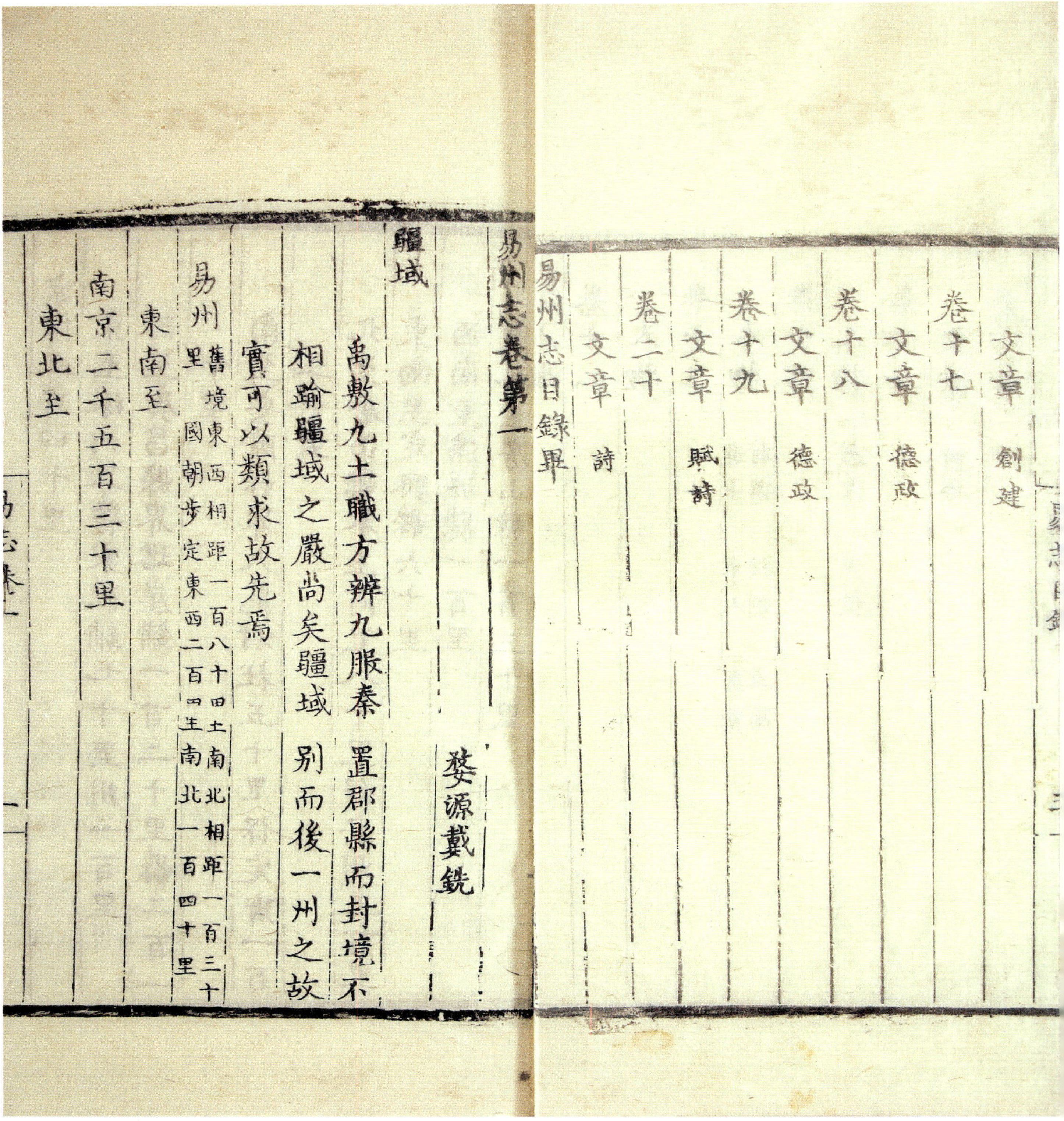

12537 [弘治]易州志二十卷 （明）戴銑纂修 明弘治十五年（1502）刻本

包背裝。匡高22.1厘米，廣15.1厘米。半葉十行，行二十字，小字雙行二十二字，白口，左右雙邊。有“范氏天一閣藏書”等印。寧波市天一閣博物院藏。

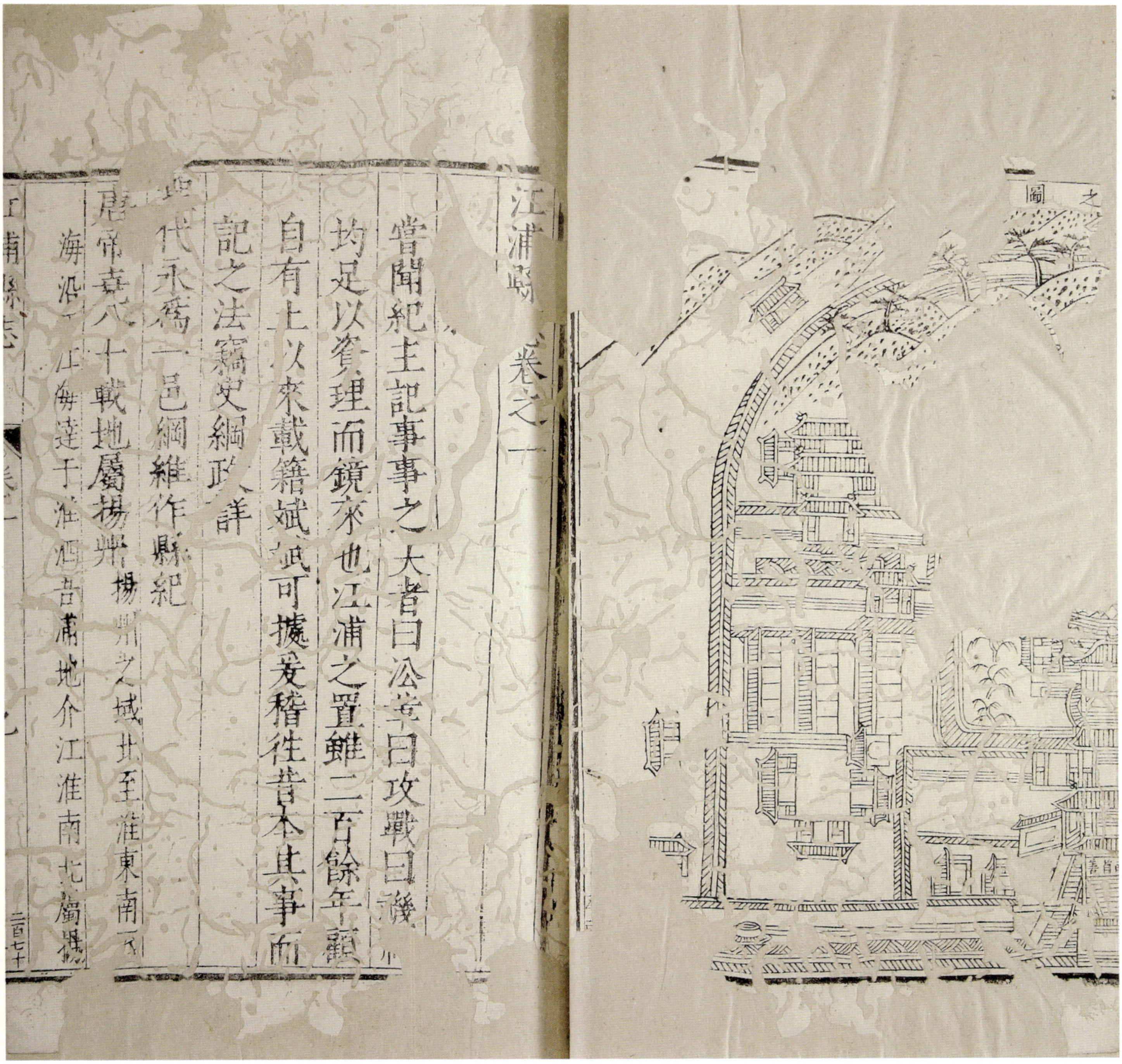

12538 [萬曆]江浦縣志十二卷 （明）沈孟化　張夢柏等纂修　明萬曆刻本

包背裝。匡高22.2厘米，廣14.9厘米。半葉九行，行二十字，小字雙行同，白口，四周雙邊。寧波市天一閣博物院藏，存九卷。

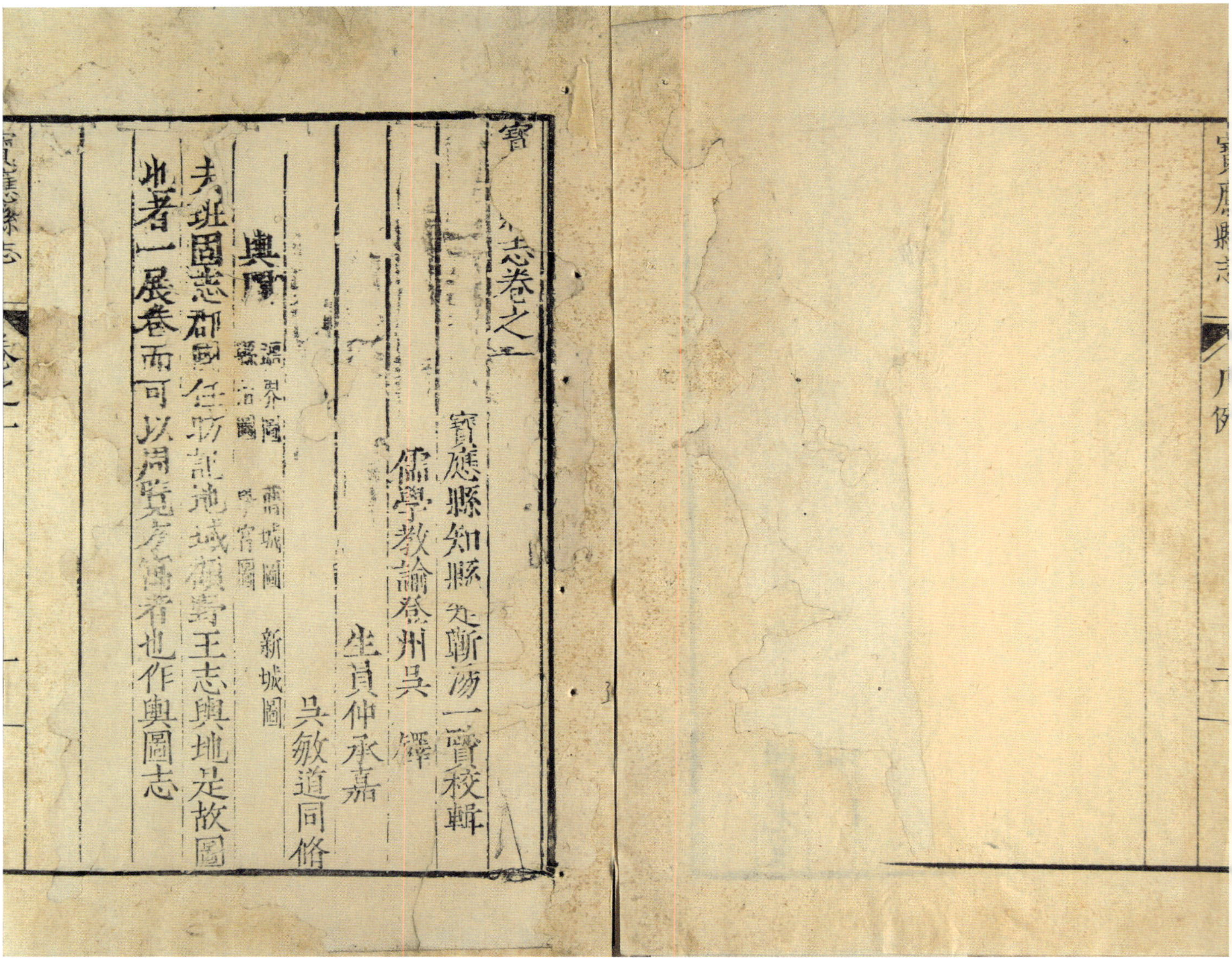

12539 [隆慶]寶應縣志十卷 （明）湯一賢纂修　明隆慶三年（1569）刻本

匡高20.9厘米，廣15.4厘米。半葉十行，行二十一字，小字雙行同，白口，左右雙邊。寧波市天一閣博物院藏。

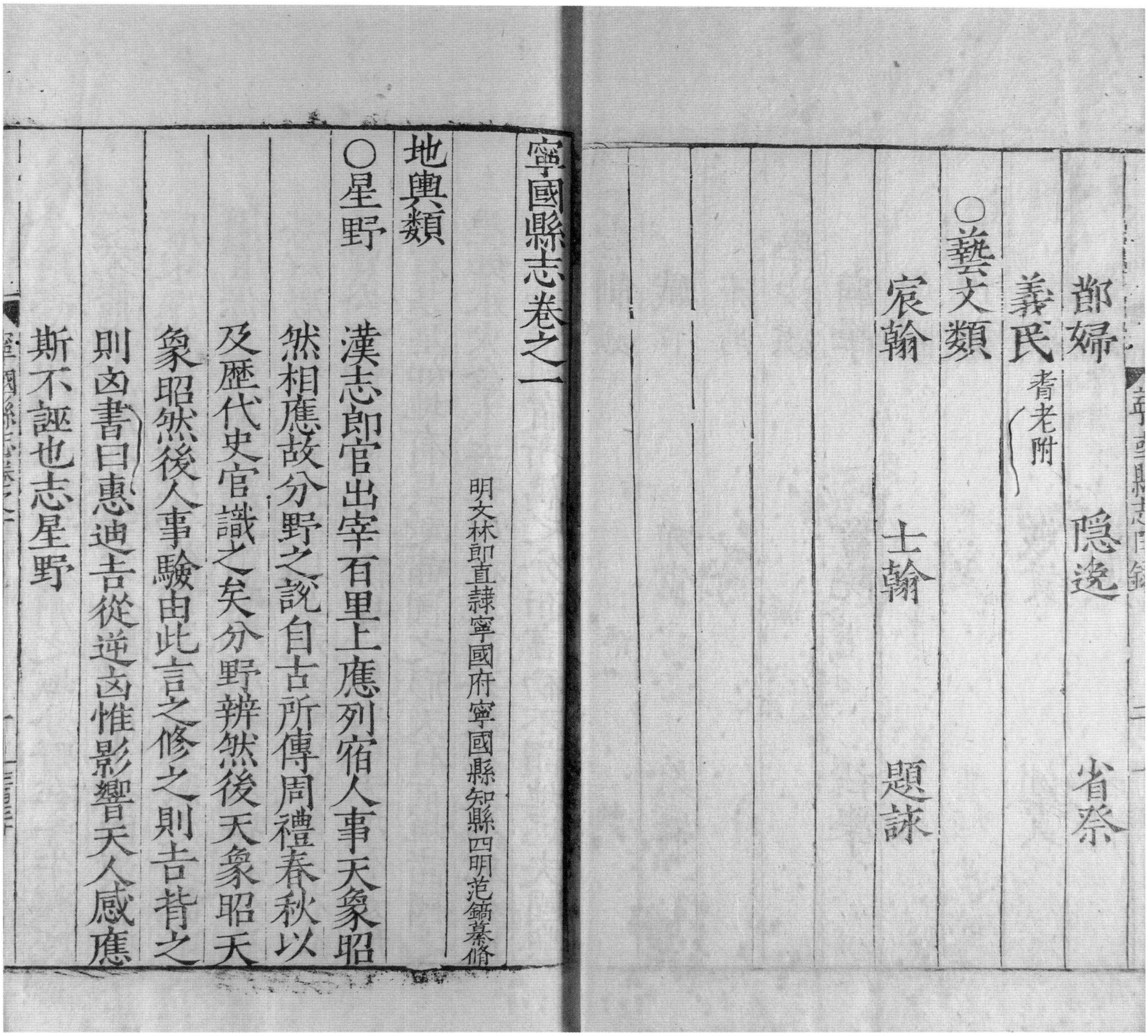
節婦　隱逸　省祭
義民耆老附
○藝文類
宸翰　士翰　題詠

寧國縣志卷之一
明文林郎直隸寧國府寧國縣知縣四明范鎬纂修
地輿類
○星野　漢志郎官出宰百里上應列宿人事天象昭然相應故分野之説自古所傳周禮春秋以及歷代史官識之矣分野辨然後天象昭天象昭然後人事驗由此言之修之則吉背之則凶書曰惠迪吉從逆凶惟影響天人感應斯不誣也志星野

12540 [嘉靖]寧國縣志四卷　（明）范鎬纂修　明嘉靖刻本

匡高21.5厘米，廣14.8厘米。半葉九行，行二十二字，白口，四周單邊。有“范氏天一閣藏書”等印。寧波市天一閣博物院藏。

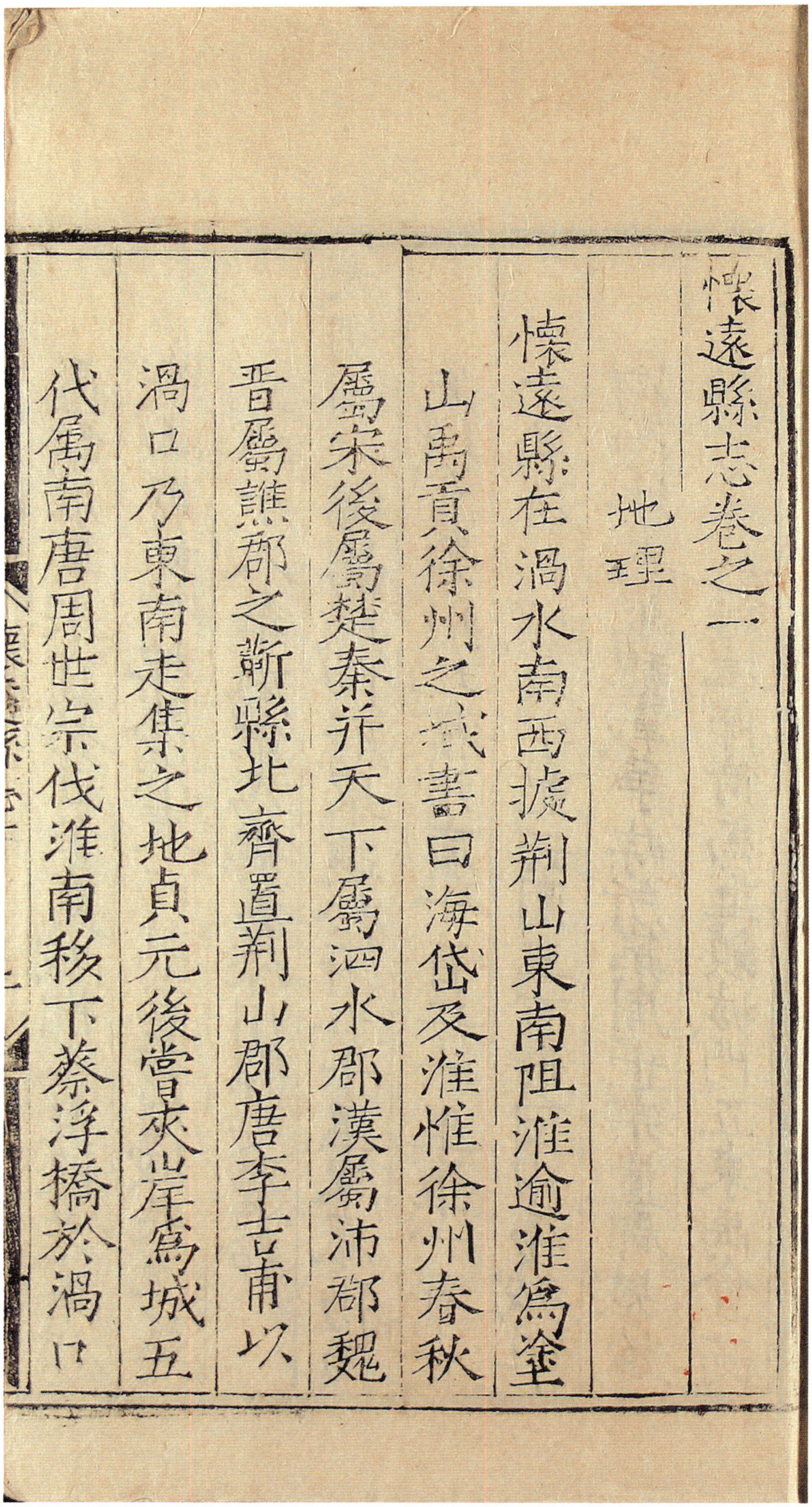
懷遠縣志卷之一

地理

懷遠縣在渦水南西旋荆山東南阻淮逾淮爲塗
山禹貢徐州之域書曰海岱及淮惟徐州春秋
屬宋後屬楚秦并天下屬泗水郡漢屬沛郡魏
晉屬譙郡之蘄縣北齊置荆山郡唐李吉甫以
渦口乃東南走集之地貞元後嘗夾岸爲城五
代屬南唐周世宗伐淮南移下蔡浮橋於渦口

12541 [嘉靖]懷遠縣志二卷 （明）楊鈞纂修 明嘉靖十八年（1539）刻本

匡高21.6厘米，廣14.7厘米。半葉8行，行二十字，小字雙行同，黑口，四周雙邊。有“范氏天一閣藏書”等印。寧波市天一閣博物院藏。

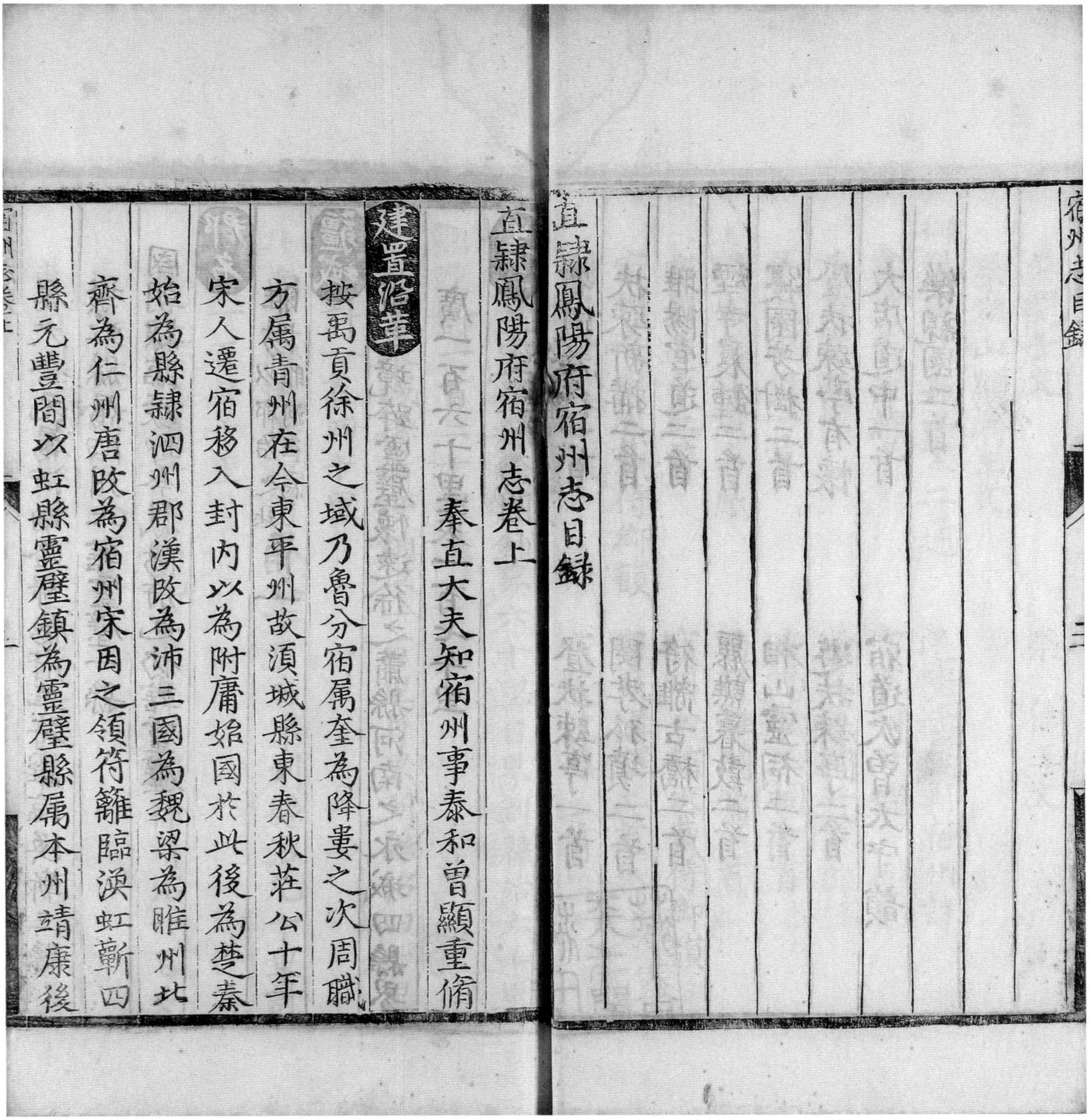
宿州志目録

直隸鳳陽府宿州志目録

直隸鳳陽府宿州志卷上

奉直大夫知宿州事泰和曾顯重脩

建置沿革

按禹貢徐州之域乃魯分宿屬奎為降婁之次周職方屬青州在今東平州故須城縣東春秋莊公十年宋人遷宿移入封内以為附庸始國於此後為楚秦始為縣隸泗州郡漢改為沛三國為魏梁為睢州北齊為仁州唐改為宿州宋因之領符離臨涣虹蘄四縣元豐間以虹縣靈壁鎮為靈壁縣屬本州靖康後

12542 [弘治]直隸鳳陽府宿州志二卷　（明）曾顯纂修　明弘治十二年（1499）刻本

包背裝。匡高21.5厘米，廣14.4厘米。半葉九行，行二十二字，小字雙行同，下黑口，四周單邊。有“范氏天一閣藏書”等印。寧波市天一閣博物院藏。

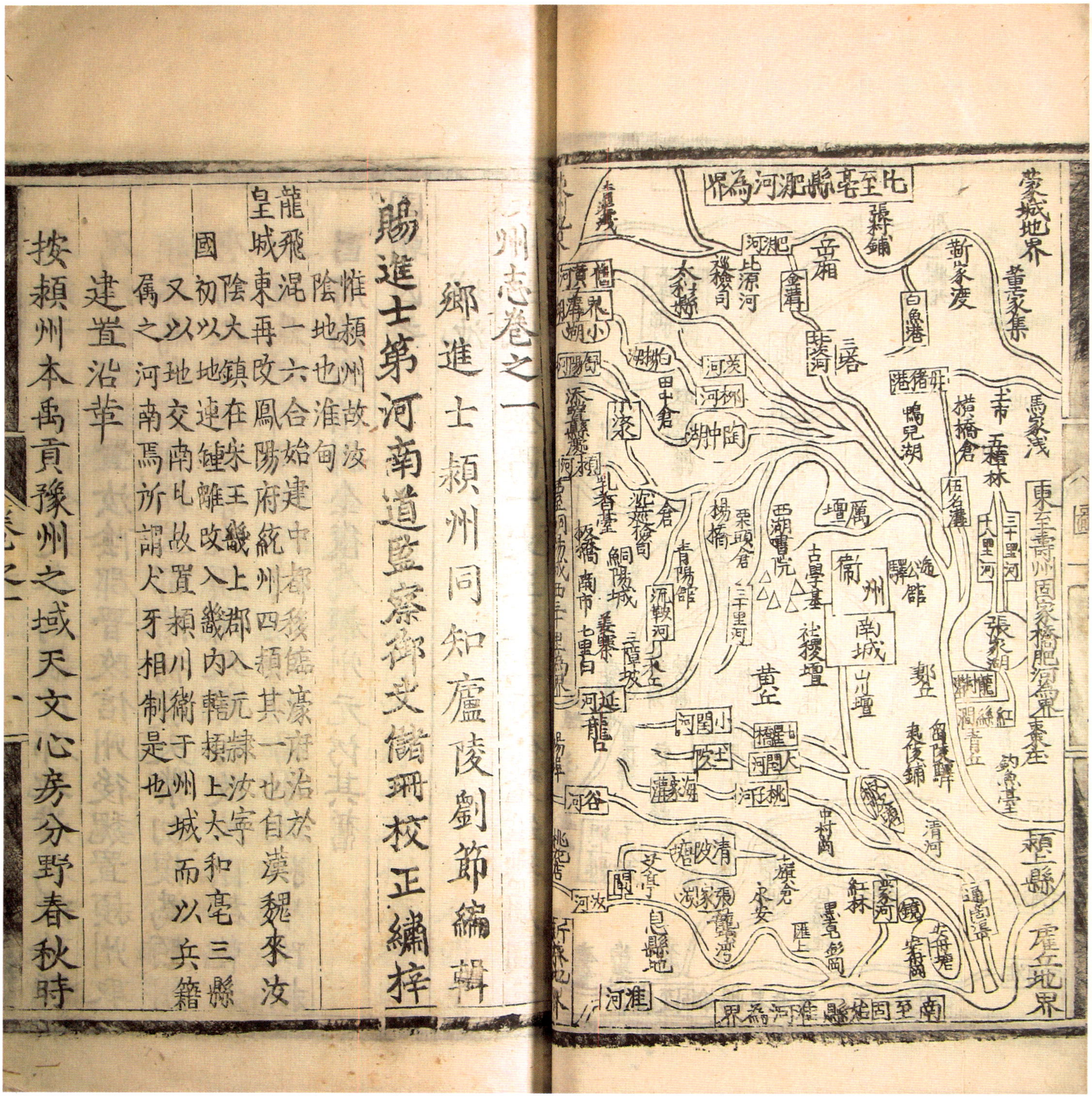

12543 [成化]潁州志六卷　（明）劉節纂修　明正德刻本

包背裝。匡高22.7厘米，廣15厘米。半葉九行，行二十字，小字雙行同，黑口，四周雙邊。有“范氏天一閣藏書”等印。寧波市天一閣博物院藏。

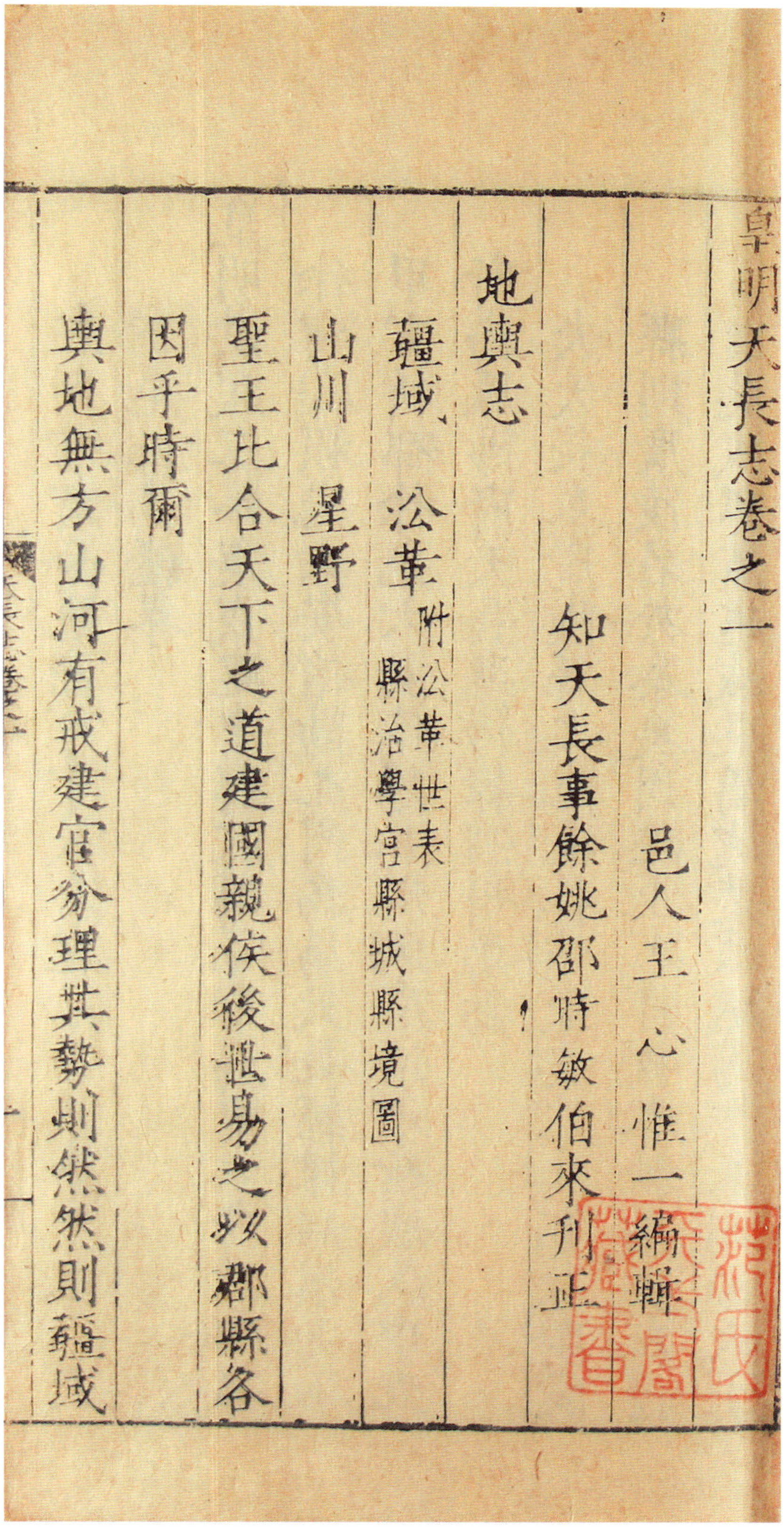
皇明天長志卷之一
邑人王心惟一編輯
知天長事餘姚邵時敏伯來刊正
地輿志
疆域、沿革附沿革世表 縣治學宮縣城縣境圖
山川　星野
聖王比合天下之道建國親侯後遷易之以郡縣各
因乎時爾
輿地無方山河有戒建官分理其勢則然然則疆域

12544 [嘉靖]皇明天長志七卷　（明）邵時敏　王心纂修　明嘉靖二十九年（1550）刻本

包背裝。匡高22.7厘米，廣14.4厘米。半葉九行，行二十二字，小字雙行同，白口，四周單邊。有“范氏天一閣藏書”等印。寧波市天一閣博物院藏。

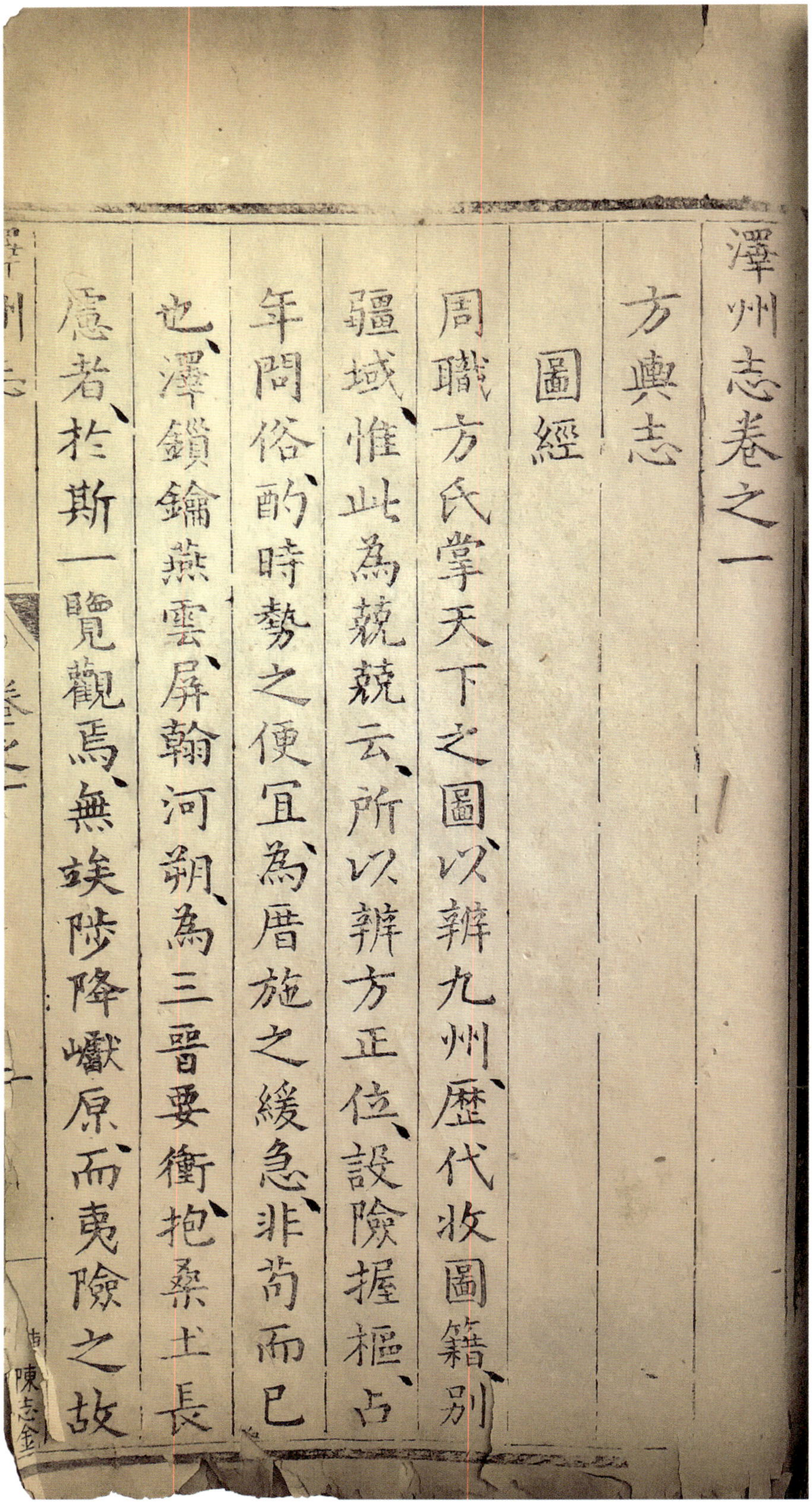

12545 [萬曆]澤州志十八卷 （明）傅淑訓　閻期壽纂修　明萬曆刻本

匡高23.5厘米，廣15.3厘米。半葉八行，行二十字，小字雙行同，細黑口，四周雙邊。河南省武陟縣圖書館藏。

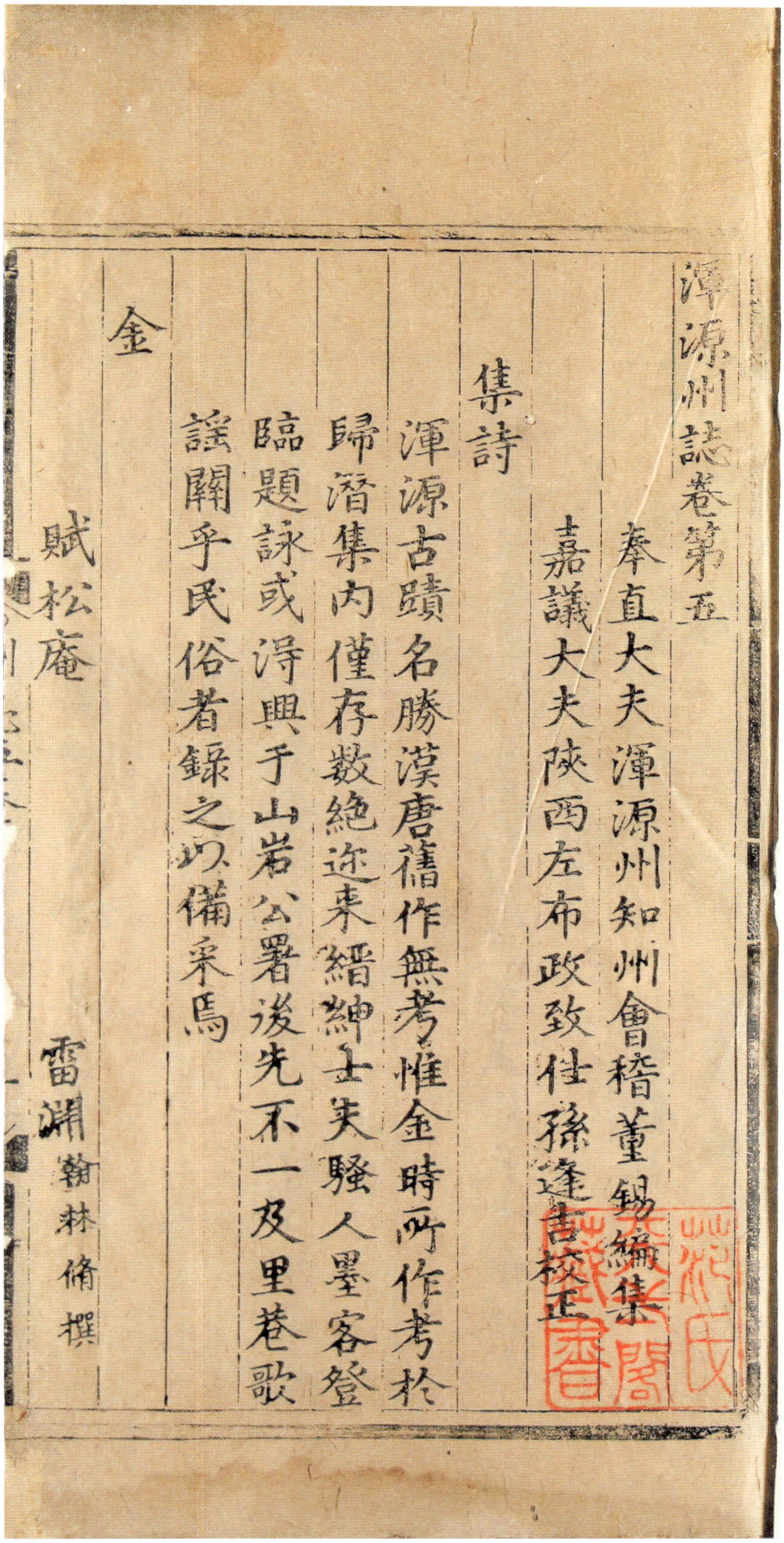

渾源州誌卷第五

奉直大夫渾源州知州會稽董錫編集

嘉議大夫陜西左布政致仕孫逢吉校正

集詩

渾源古蹟名勝漢唐舊作無考惟金時所作考於歸潛集内僅存數絶迩來縉紳士夫騷人墨客登臨題詠或淂興于山岩公署後先不一及里巷歌謠關乎民俗者錄之以備采焉

金

賦松庵

雷淵翰林脩撰

12546 [弘治]渾源州誌五卷 （明）楊大雍　董錫纂修　明弘治刻本

包背裝。匡高22.3厘米，廣14.1厘米。半葉十行，行二十二字，小字雙行同，黑口，四周雙邊。有"范氏天一閣藏書"等印。寧波市天一閣博物院藏，存一卷。

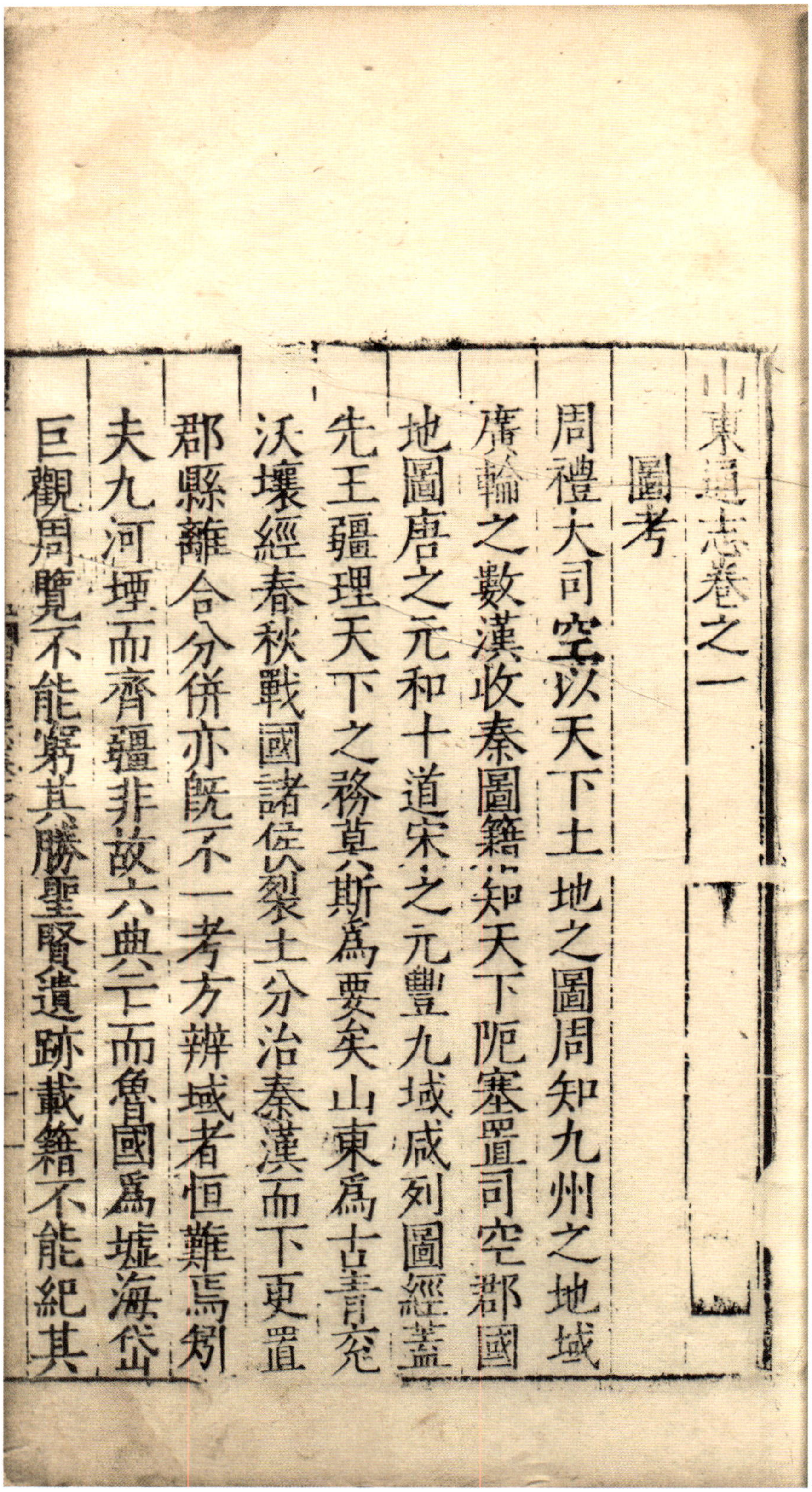

山東通志卷之一

圖考

周禮大司空以天下土地之圖周知九州之地域廣輪之數漢收秦圖籍以知天下阨塞置司空郡國地圖唐之元和十道宋之元豐九域咸列圖經蓋先王疆理天下之務莫斯爲要矣山東爲古青兖沃壤經春秋戰國諸侯以裂土分治秦漢而下更置郡縣離合分併亦既不一考方辨域者恒難焉矧夫九河堙而齊疆非故土典午而魯國爲墟海岱巨觀周覽不能窮其勝聖賢遺跡載籍不能紀其

12547 [嘉靖]山東通志四十卷　（明）陸釴等纂修　明嘉靖刻本

匡高22.7厘米，廣17.1厘米。半葉十行，行二十字，白口，左右雙邊。湖北省圖書館藏。

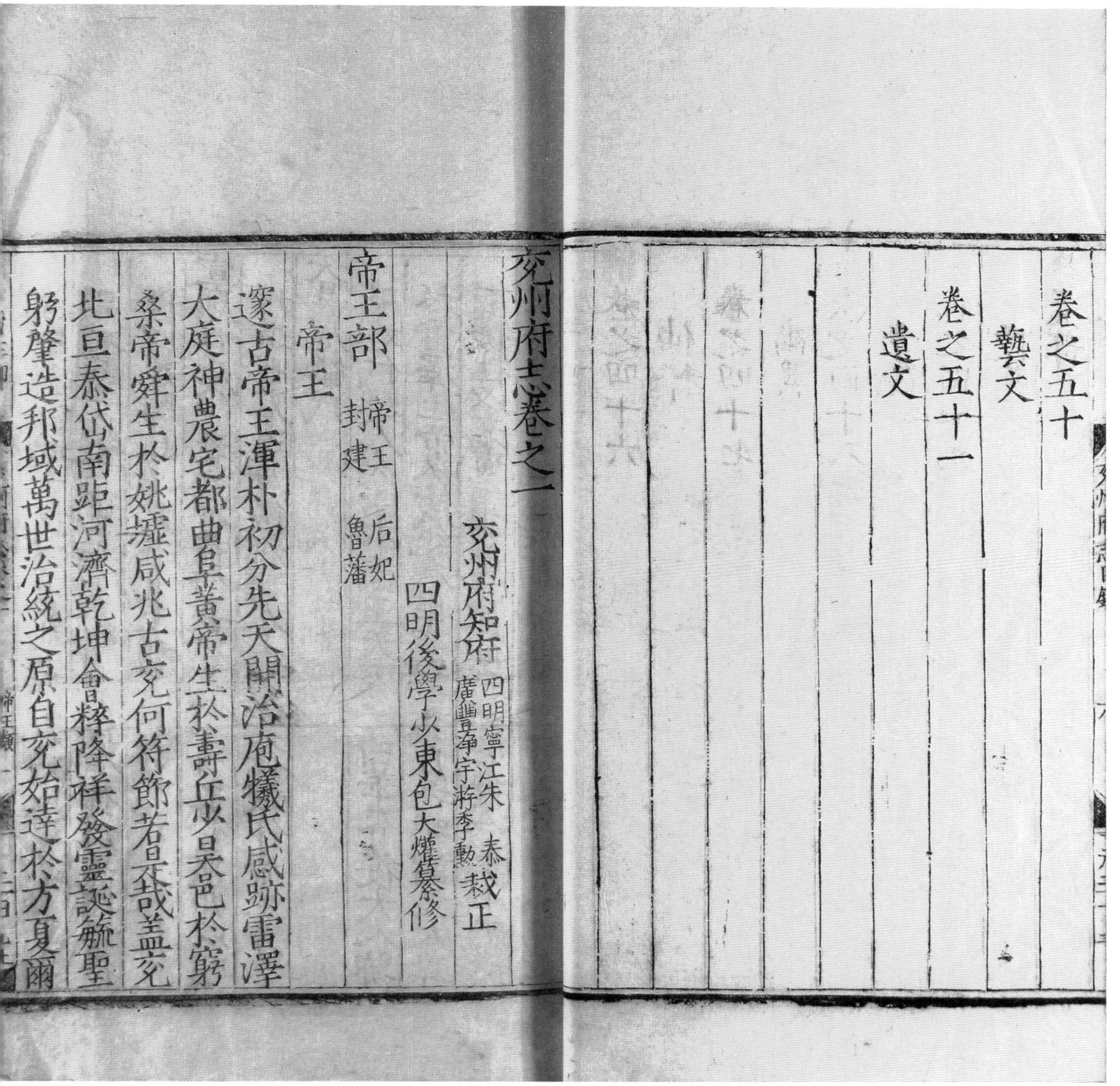

卷之五十 藝文
卷之五十一 遺文

兗州府志卷之一
兗州府知府 四明寧江朱泰 裁正
廣豐淨宇游季勳
四明後學少東包大爟纂修
帝王部 帝王 后妃 封建 魯藩
帝王
邃古帝王渾朴初分先天開治庖犧氏感跡雷澤
大庭神農宅都曲阜黃帝生於壽丘少昊邑於窮
桑帝舜生於姚墟咸兆古兗何符節若合哉盖兗
北亘泰岱南距河濟乾坤會粹降祥發靈誕毓聖
躬肇造邦域萬世治統之原自兗始達於方夏爾

12548 [萬曆]兗州府志五十一卷 （明）朱泰　游季勳　包大爟纂修　明萬曆刻本

匡高23厘米，廣17.51厘米。半葉十行，行二十字，小字雙行同，白口，四周雙邊。有“范氏天一閣藏書”等印。寧波市天一閣博物院藏，存五十卷。

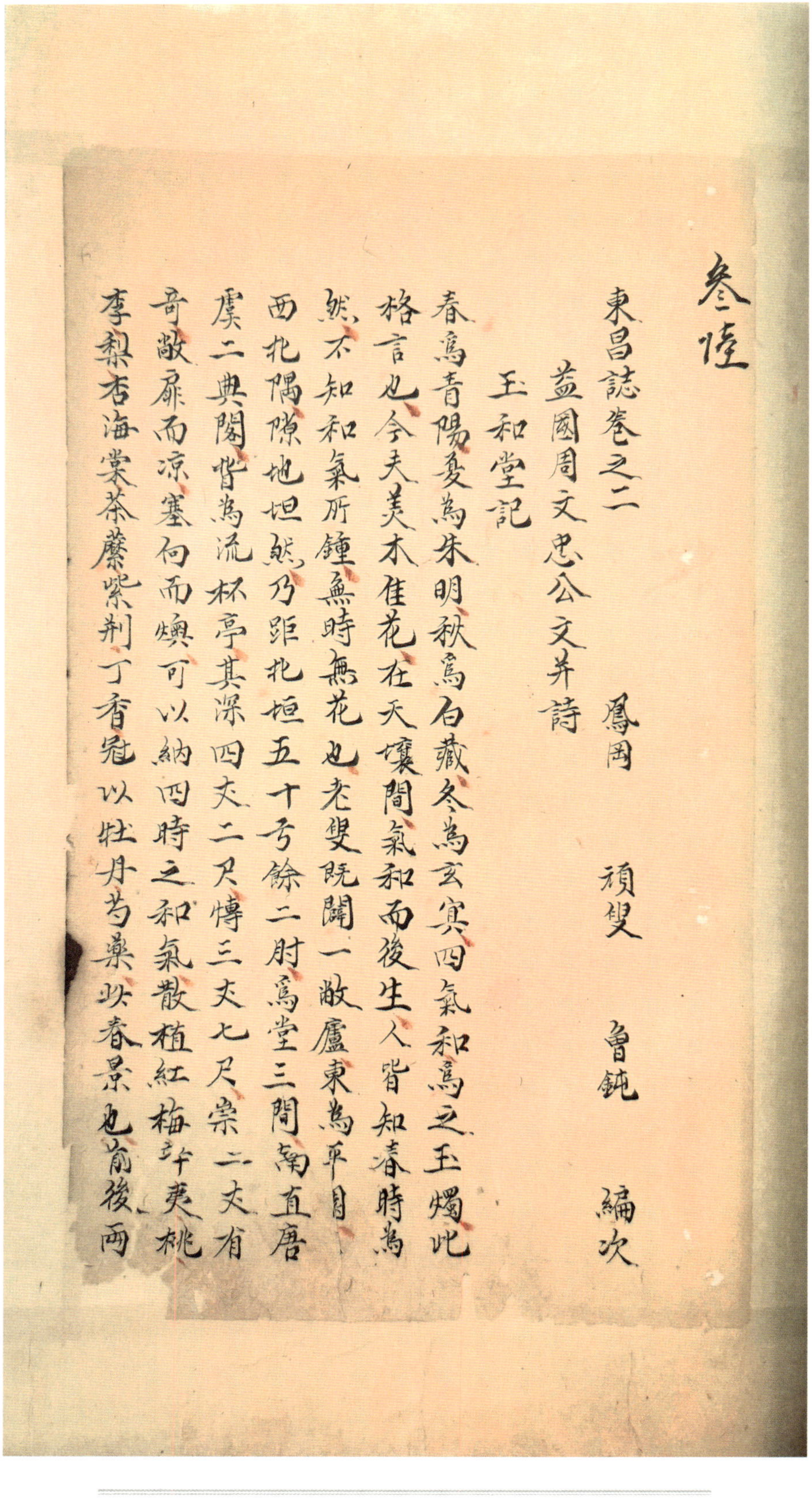
叄陸

東昌誌卷之二　　鳳岡　穎叟　曾鈍　編次

益國周文忠公文并詩

玉和堂記

春為青陽夏為朱明秋為白藏冬為玄寘四氣和為之玉燭此格言也今夫美木佳花在天壤間氣和而後生人皆知春時為然不知和氣所鍾無時無花也老叟既闢一畝廬東為平日西北隅隙地坦然乃距北垣五十弓餘二肘為堂三間前直唐虞二典閣皆為流杯亭其深四丈二尺博三丈七尺崇二丈有奇敞扉而涼塞向而燠可以納四時之和氣散植紅梅竹夾桃李梨杏海棠荼蘼紫荊丁香冠以牡丹芍藥以春景也前後兩

12549 [永樂]東昌誌三卷　（明）鍾彥彰　曾鈍等纂修　**摘録輔順廟誌一卷**　清初抄本

江西省博物館藏。

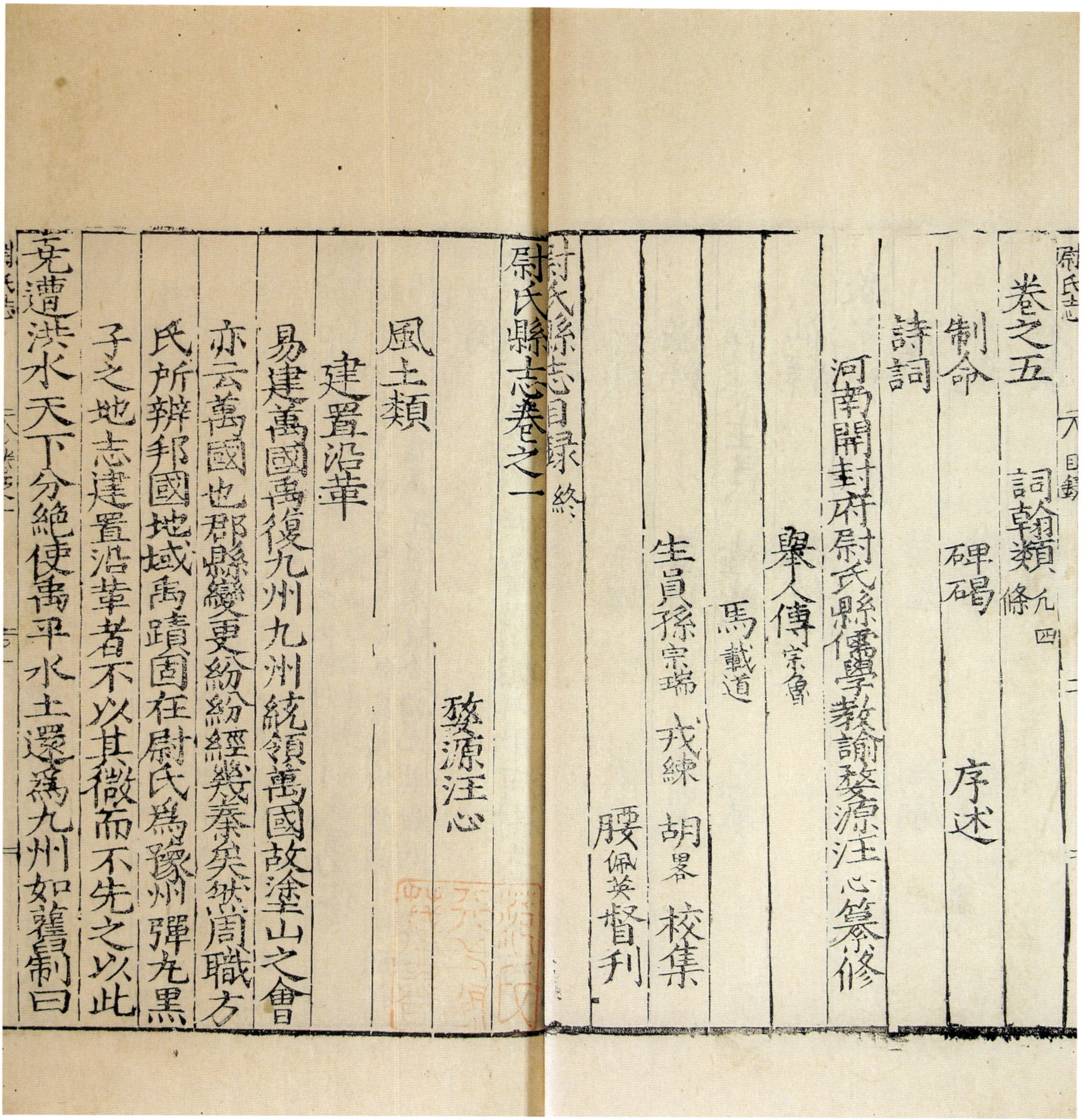

尉氏志　目録

卷之五　詞翰類九四條

制命　碑碣　序述

詩詞

河南開封府尉氏縣儒學教諭婺源汪心纂修

舉人傳宗魯　馬載道

生員孫宗瑞　戎練　胡畧　校集

腰佩英　督刊

尉氏縣志目録終

尉氏縣志卷之一

婺源汪心

風土類

建置沿革

易建萬國禹復九州九州統領萬國故塗山之會亦云萬國也郡縣變更紛紛經幾秦矣然周職方氏所辨邦國地域禹蹟固在尉氏為豫州彈丸黑子之地志建置沿革者不以其微而不先之以此

堯遭洪水天下分絶使禹平水土還為九州如舊制曰

12550 [嘉靖]尉氏縣志五卷　（明）曾嘉誥　汪心纂修　明嘉靖刻本

包背裝。匡高19.5厘米，廣13.7厘米。半葉九行，行二十一字，小字雙行同，白口，四周單邊。有“范氏天一閣藏書”等印。寧波市天一閣博物院藏。

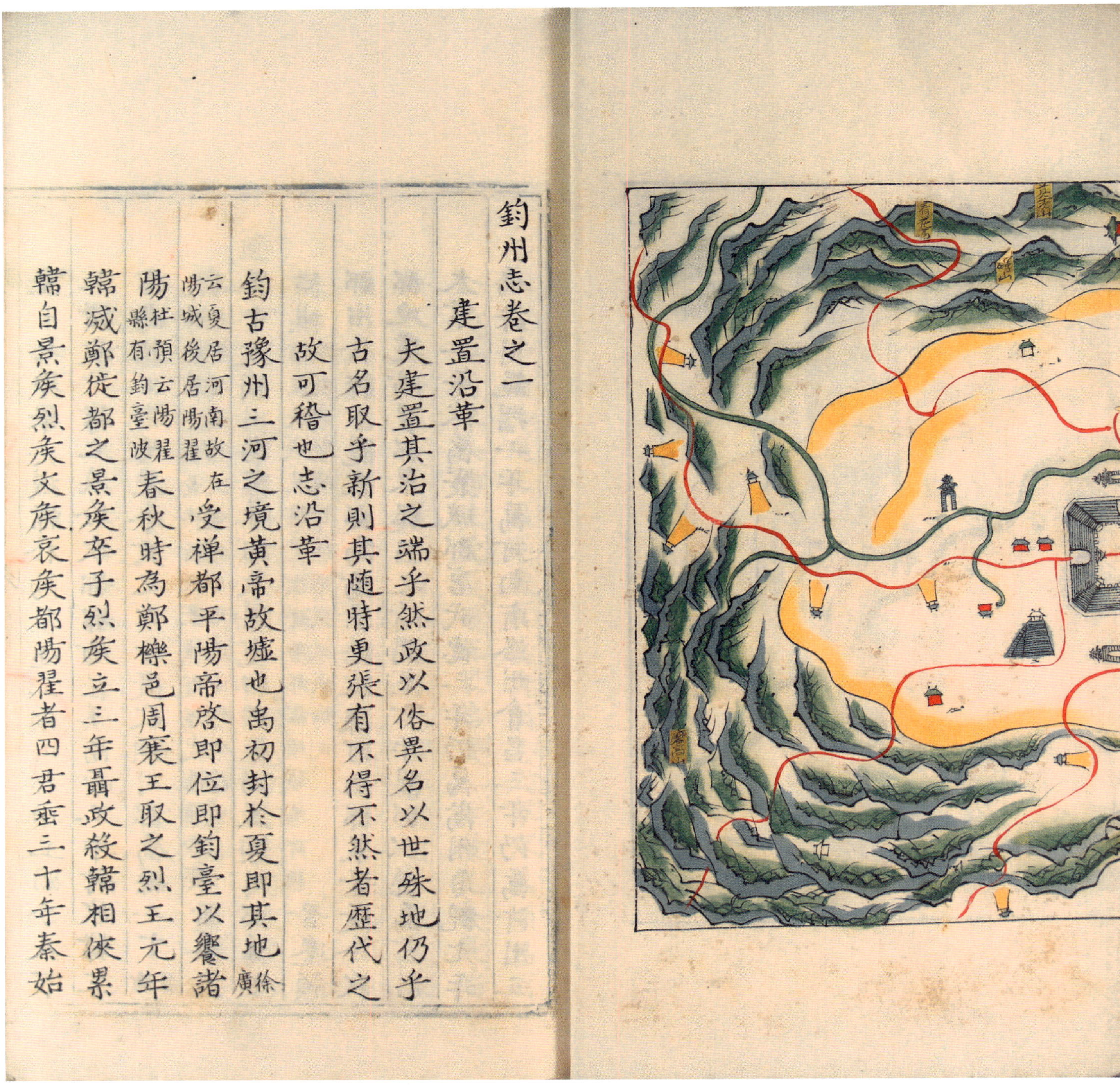

鈞州志卷之一

建置沿革

夫建置其治之端乎然政以俗異名以世殊地仍乎古名取乎新則其隨時更張有不得不然者歷代之故可稽也志沿革

鈞古豫州三河之境黃帝故墟也禹初封於夏即其地（徐廣云夏居河南故在陽城後居陽翟）受禪都平陽帝啓即位即鈞臺以饗諸陽（杜預云陽翟縣有鈞臺陂）春秋時為鄭櫟邑周襄王取之烈王元年韓滅鄭徙都之景侯卒子烈侯立三年聶政殺韓相俠累韓自景侯烈侯文侯哀侯都陽翟者四君垂三十年秦始

12551 [嘉靖]鈞州志八卷　（明）謝瀹等纂修　明抄本

匡高23.7厘米，廣15.9厘米。半葉十行，行二十四字，小字雙行同，白口，四周雙邊。有“范氏天一閣藏書”等印。寧波市天一閣博物院藏，存二卷。

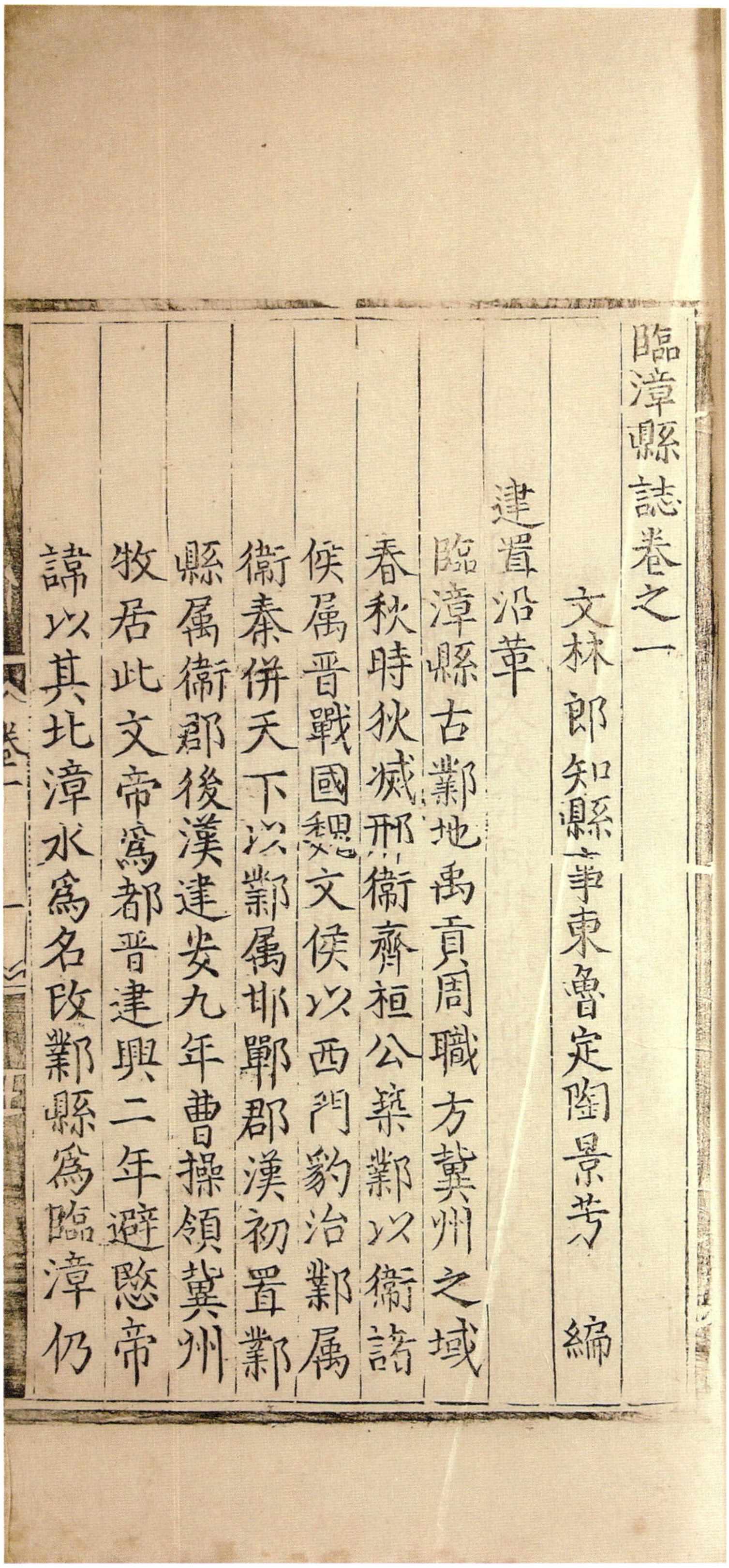
臨漳縣誌卷之一
文林郎知縣事東魯定陶景芳 編
建置沿革
臨漳縣古鄴地禹貢周職方冀州之域
春秋時狄滅邢衛齊桓公築鄴以衛諸
侯屬晉戰國魏文侯以西門豹治鄴屬
衛秦併天下以鄴屬邯鄲郡漢初置鄴
縣屬衛郡後漢建安九年曹操領冀州
牧居此文帝爲都晉建興二年避愍帝
諱以其北漳水爲名改鄴縣爲臨漳仍

12552 [正德]臨漳縣誌十卷 （明）景芳纂修 明正德刻本

匡高22.8厘米，廣14.5厘米。半葉十行，行十九字，小字雙行同，黑口，四周雙邊。有“范氏天一閣藏書”等印。寧波市天一閣博物院藏。

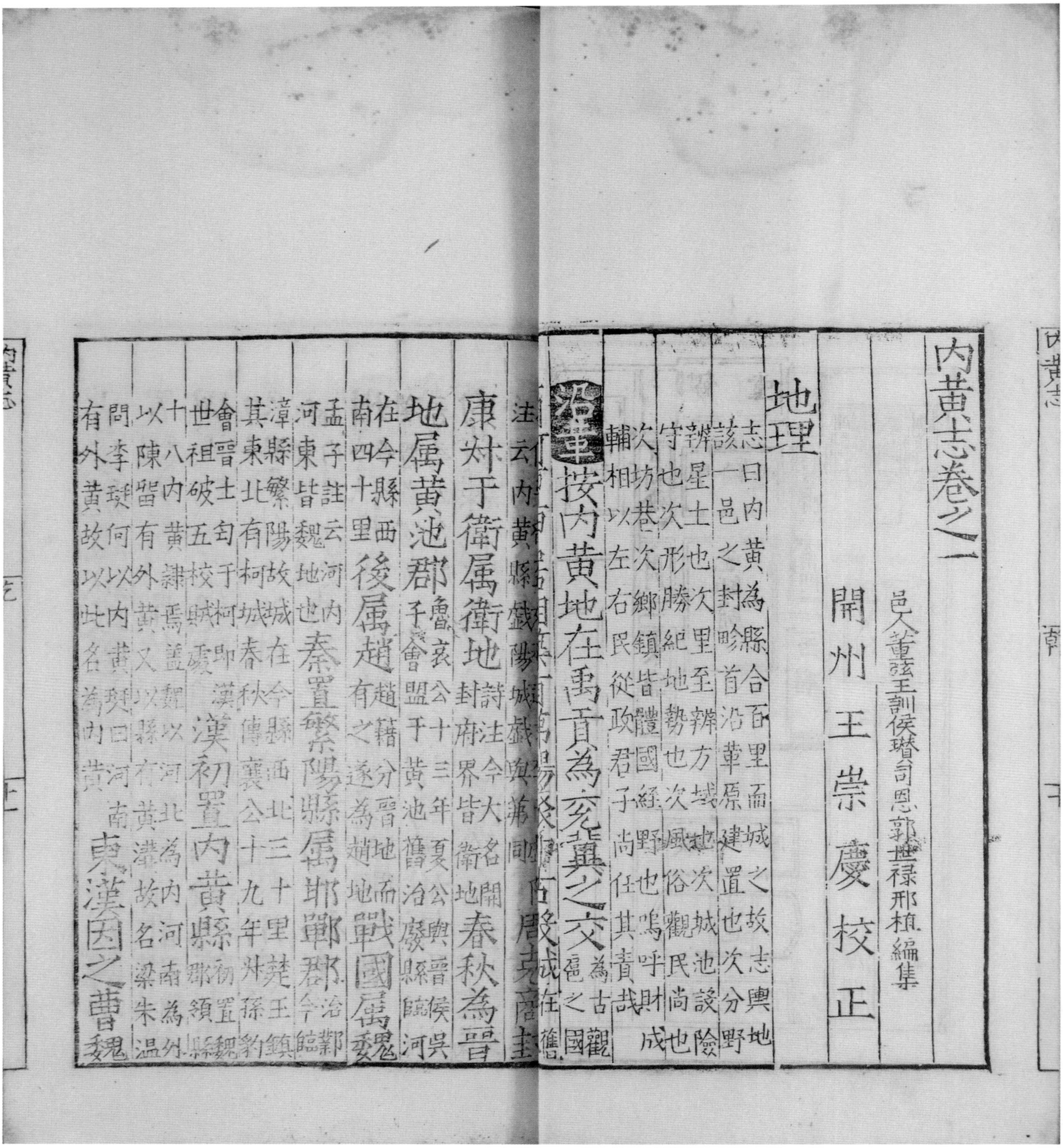

12553 [嘉靖]内黄志九卷　（明）張鵬　董弦等纂修　明嘉靖刻本

包背裝。匡高21.2厘米，廣13.8厘米。半葉九行，行十八字，小字雙行同，白口，四周單邊。有“范氏天一閣藏書”等印。寧波市天一閣博物院藏。

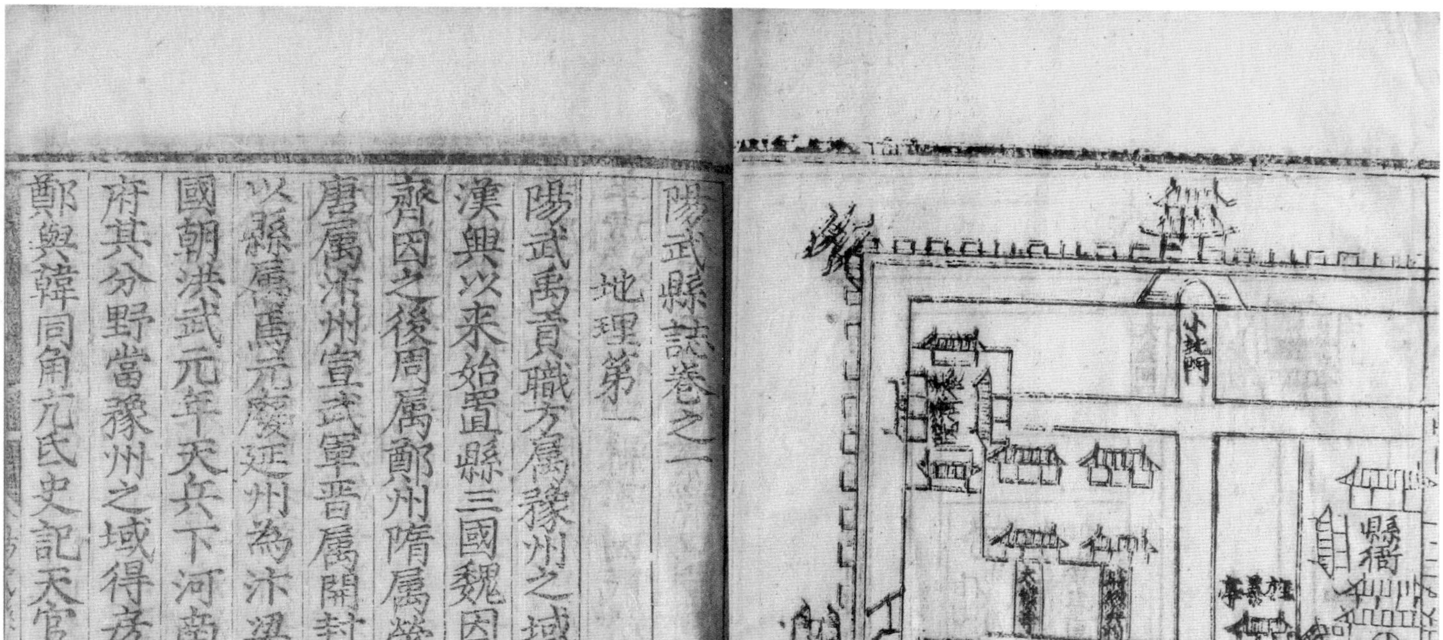

陽武縣誌卷之一

地理第一

陽武禹貢職方屬豫州之域春秋屬鄭戰國屬魏秦屬三川郡漢興以来始置縣三國魏因之晉屬滎陽郡東魏隷廣武郡北齊因之後周屬鄭州隋屬滎陽郡唐隷鄭州五代梁屬開封府唐屬汴州宣武軍晉屬開封府漢周及宋皆因其舊金置延州以縣屬焉元廢延州為汴梁路

國朝洪武元年天兵下河南縣尹王守中遁去遂歸附隷開封府其分野當豫州之域得房心之次前漢地理誌曰宋得房心鄭與韓同角亢氐史記天官書註星亢氐房心宋之分野蓋以

12554 [嘉靖]陽武縣誌三卷　（明）吕柟纂修　明嘉靖刻本

包背裝。匡高20.7厘米，廣14.1厘米。半葉十行，行二十四字，小字雙行同，黑口，四周雙邊。有“范氏天一閣藏書”等印。寧波市天一閣博物院藏。

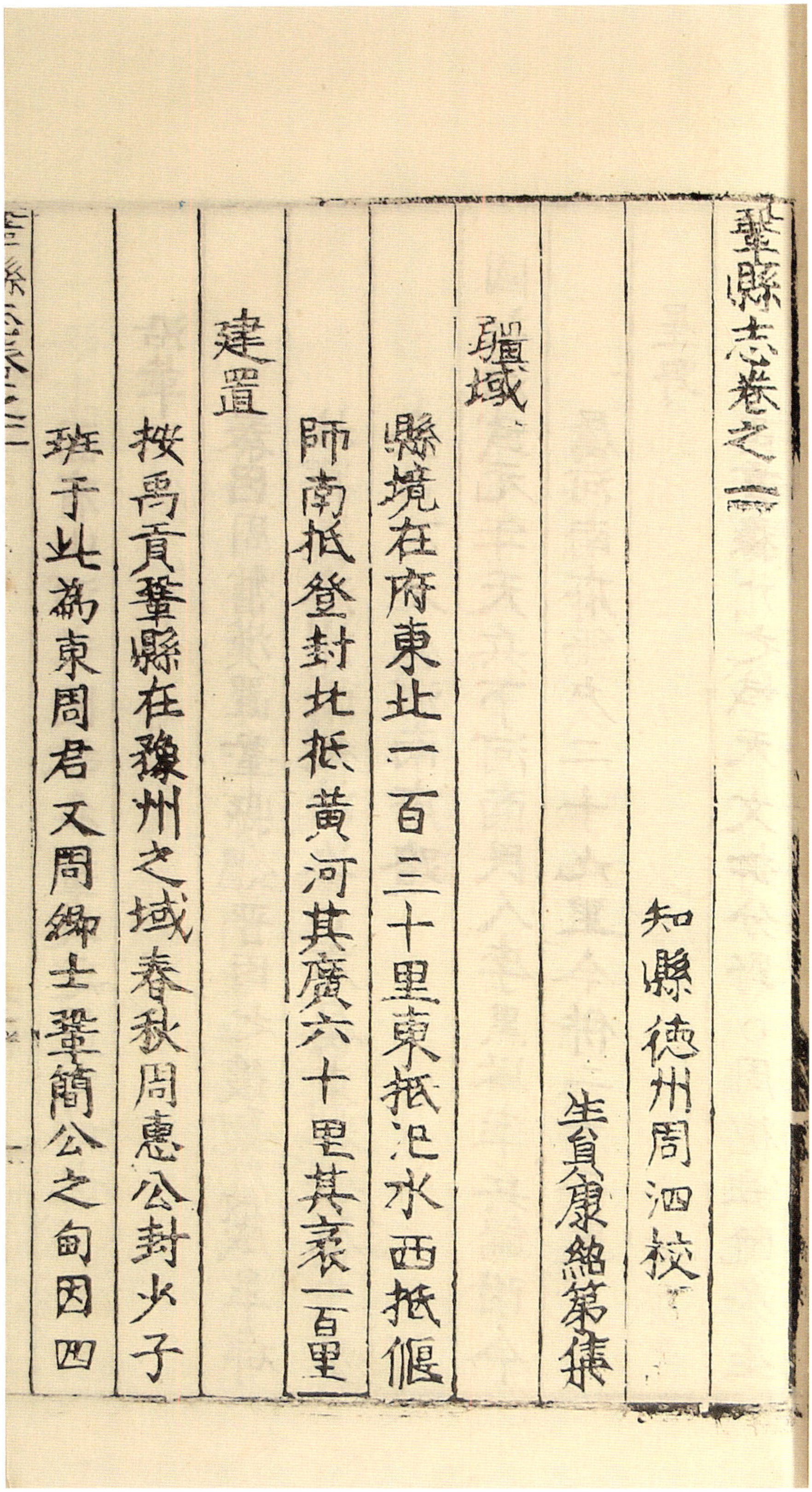

鞏縣志卷之一

知縣德州周泗校

生員康紹第集

疆域

縣境在府東北一百三十里東抵汜水西抵偃
師南抵登封北抵黃河其廣六十里其袤一百里

建置

按禹貢鞏縣在豫州之域春秋周惠公封少子
班于此為東周君又周卿士鞏簡公之甸因四

12555 [嘉靖]鞏縣志八卷　（明）周泗　康紹第纂修　明嘉靖刻本

匡高21.8厘米，廣14.8厘米。半葉九行，行二十二字，白口，四周單邊。有“范氏天一閣藏書”等印。寧波市天一閣博物院藏。

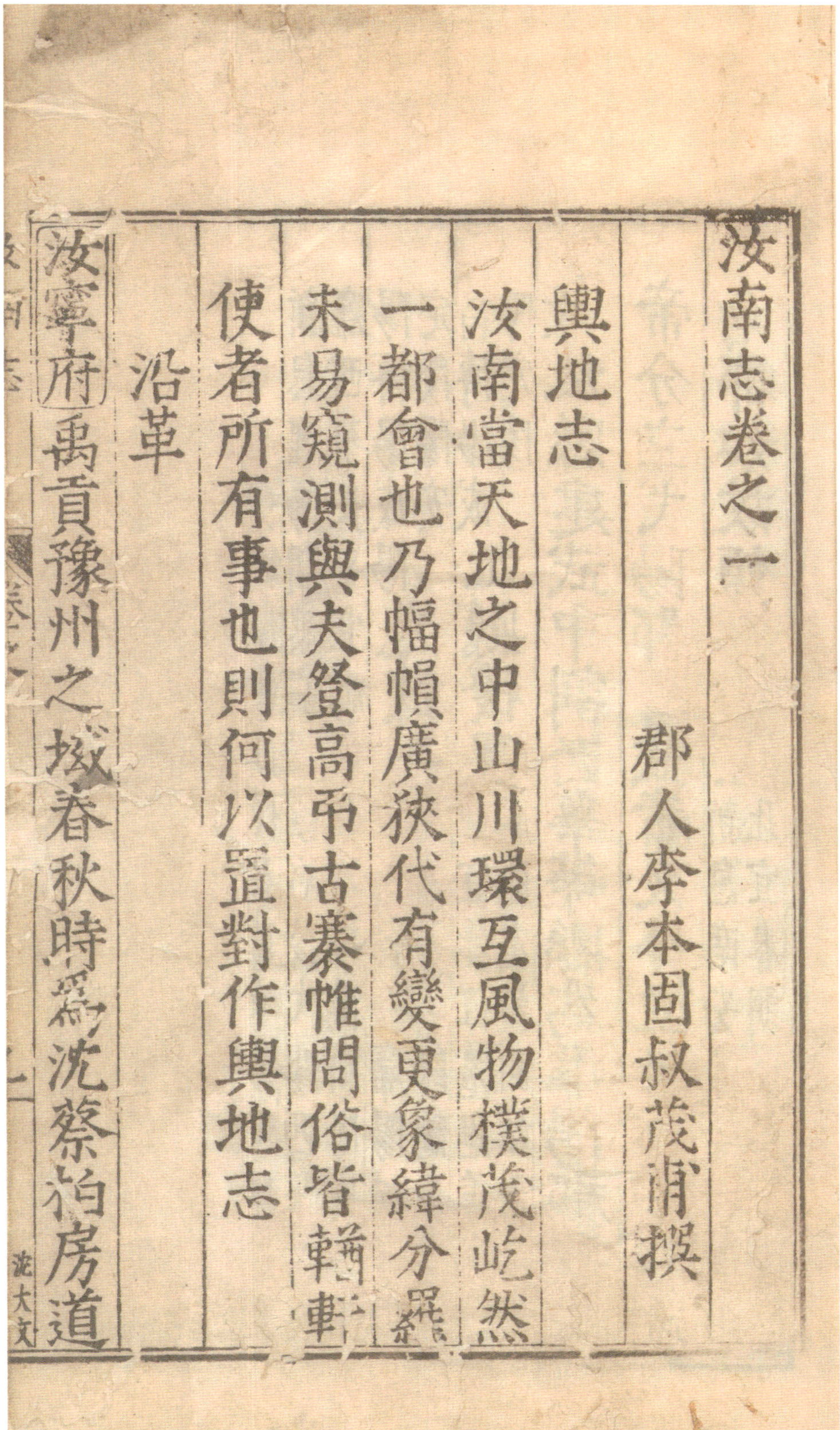
汝南志卷之一

郡人李本固叔茂甫撰

輿地志

汝南當天地之中山川環互風物樸茂屹然一都會也乃幅幀廣狹代有變更象緯分羅未易窺測與夫登高弔古褰帷問俗皆輶軒使者所有事也則何以置對作輿地志

沿革

汝寧府 禹貢豫州之域春秋時爲沈蔡栢房道

12556 [萬曆]汝南志二十四卷 （明）黄似華　李本固纂修　明萬曆三十六年（1608）刻本

匡高20.7厘米，廣14.5厘米。半葉九行，行十八字，白口，四周雙邊。福建省圖書館藏。

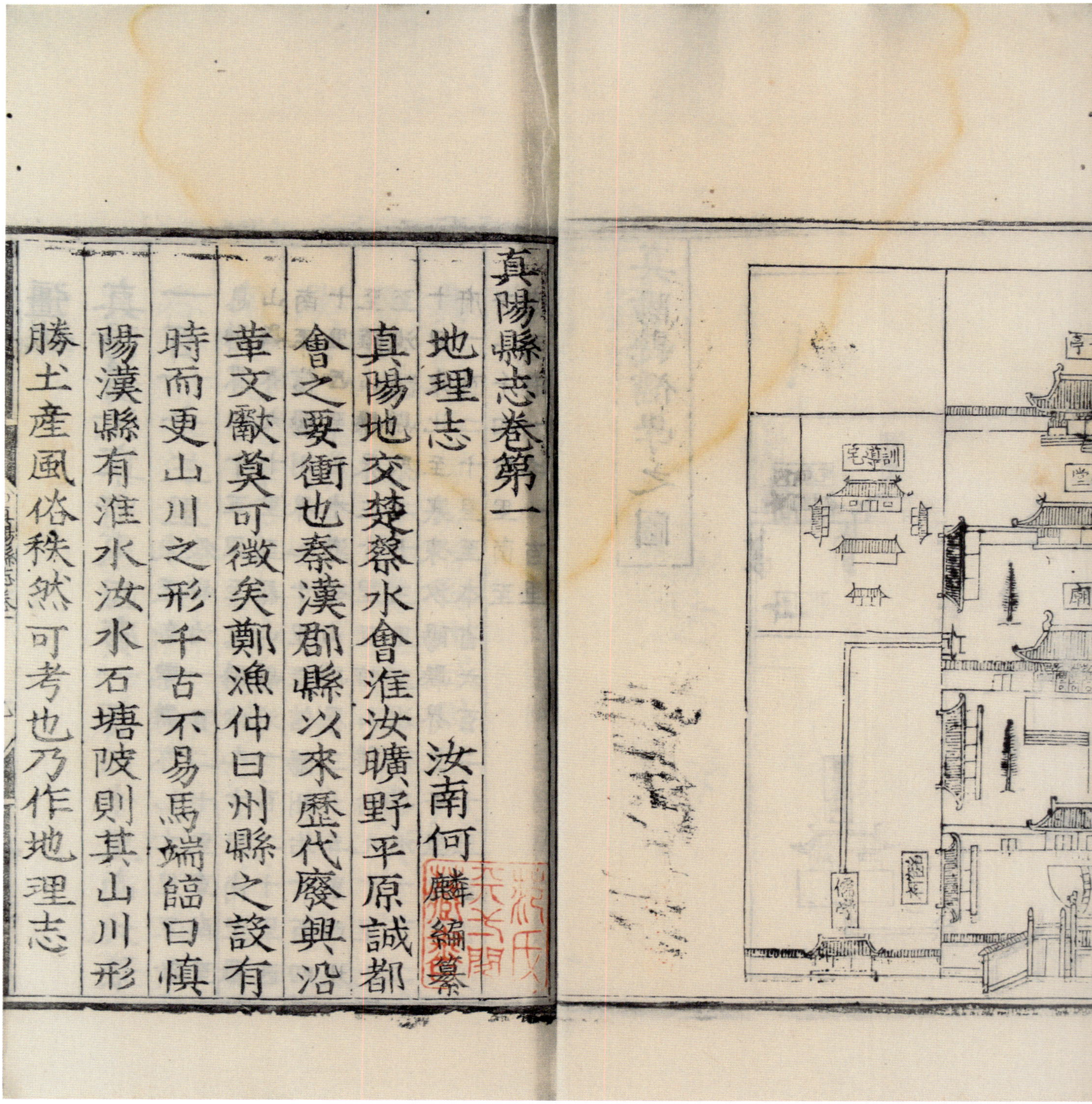

真陽縣志卷第一
地理志　汝南何麟編纂
真陽地交楚蔡水會淮汝曠野平原誠都
會之要衝也秦漢郡縣以來歷代廢興沿
革文獻莫可徵矣鄭漁仲曰州縣之設有
時而更山川之形千古不易馬端臨曰慎
陽漢縣有淮水汝水石塘陂則其山川形
勝土產風俗秩然可考也乃作地理志

12557 [嘉靖]真陽縣志十卷補遺一卷　（明）徐霓　何麟纂修　明嘉靖三十四年（1555）刻本

包背裝。匡高22.5厘米，廣16.2厘米。半葉八行，行十八字，小字雙行同，黑口，四周雙邊。有“范氏天一閣藏書”等印。寧波市天一閣博物院藏。

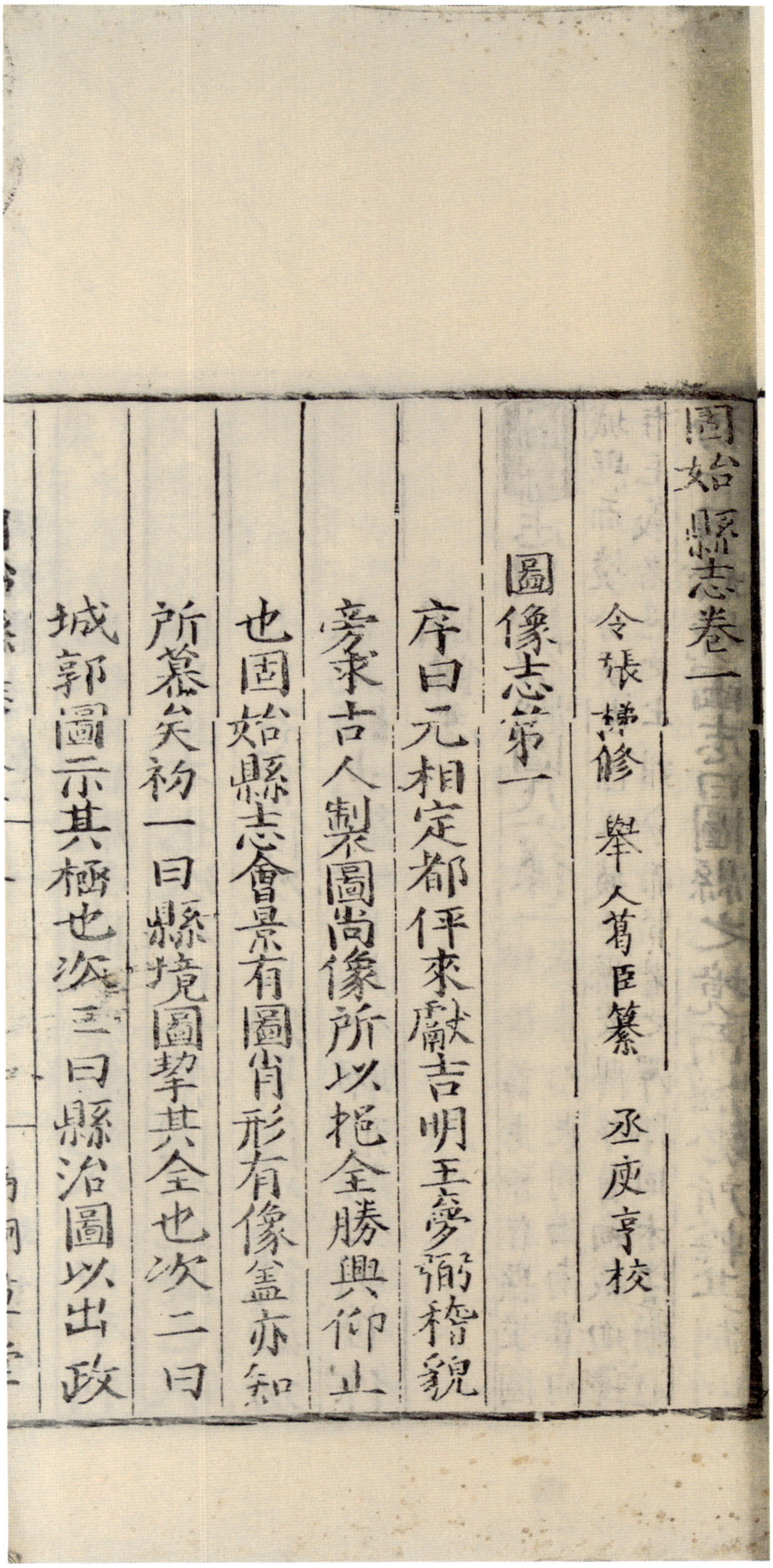

固始縣志卷一

令張梯修　舉人葛臣纂　丞庚亨校

圖像志第一

序曰元相定都伻來獻吉明王夢弼稽貌旁求古人製圖尚像所以抱金勝興仰止也固始縣志會景有圖肖形有像蓋亦知所慕矣初一曰縣境圖挈其全也次二曰城郭圖示其槩也次三曰縣治圖以出政

12558 [嘉靖]固始縣志十卷　（明）張梯　葛臣纂修　明嘉靖二十一年（1542）張梯南垌草堂刻三十一年（1552）師槐黄山書院補刻本

包背裝。匡高20.1厘米，廣14.9厘米。半葉八行，行二十字，小字雙行同，白口，四周單邊。有“范氏天一閣藏書”等印。寧波市天一閣博物院藏。

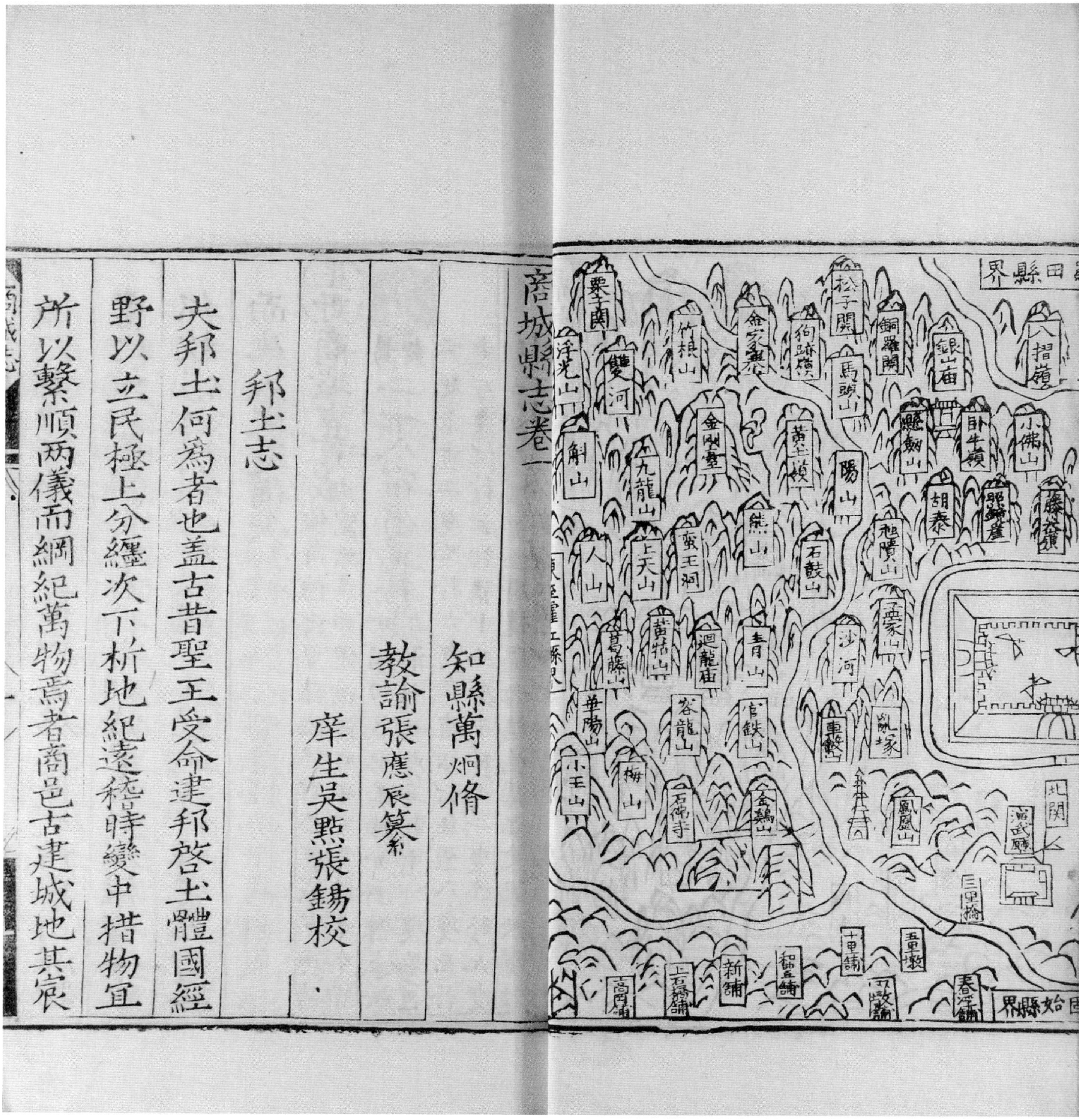

商城縣志卷一

知縣萬烱脩
教諭張應辰纂
庠生吴點張錫校

邦土志

夫邦土何爲者也盖古昔聖王受命建邦啓土體國經野以立民極上分纏次下析地紀遠稽時變中措物宜所以繫順兩儀而綱紀萬物焉者商邑古建城地其宸

12559 [嘉靖]新刻商城縣志八卷 （明）萬烱　張應辰纂修　明嘉靖三十年（1551）刻本

包背裝。匡高19.3厘米，廣13.7厘米。半葉八行，行二十二字，小字雙行同，黑口，四周雙邊。有"范氏天一閣藏書"等印。寧波市天一閣博物院藏。

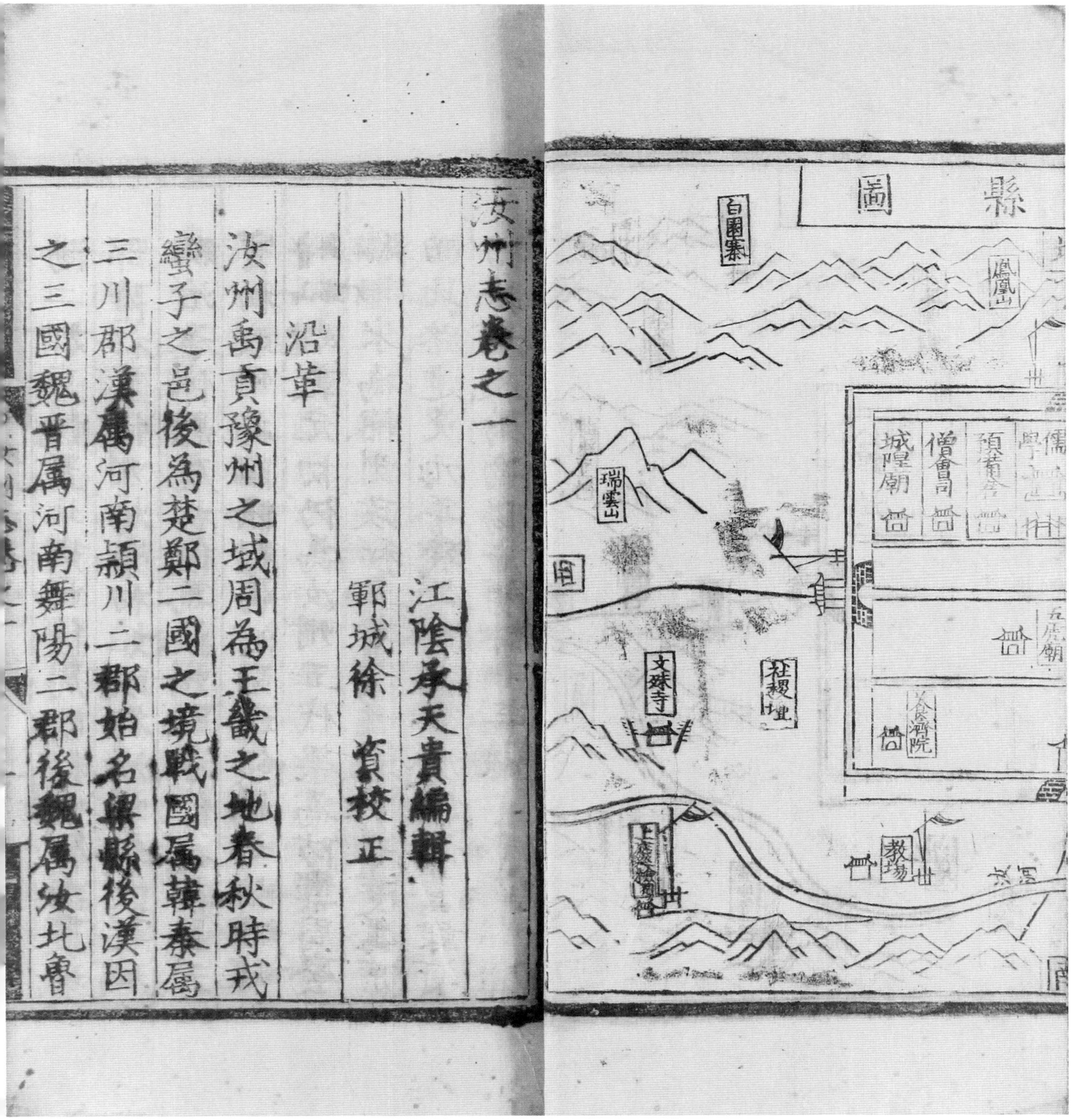

汝州志卷之一

江陰承天貴編輯

郫城徐　資校正

沿革

汝州禹貢豫州之域周為王畿之地春秋時戎蠻子之邑後為楚鄭二國之境戰國屬韓秦屬三川郡漢屬河南潁川二郡始名梁縣後漢因之三國魏晋屬河南舞陽二郡後魏屬汝北魯

12560 [正德]汝州志八卷　（明）王雄　承天貴纂修　明正德元年（1506）刻本

包背裝。匡高21.6厘米，廣13.9厘米。半葉八行，行十九字，小字雙行同，黑口，四周雙邊。有“范氏天一閣藏書”等印。寧波市天一閣博物院藏。

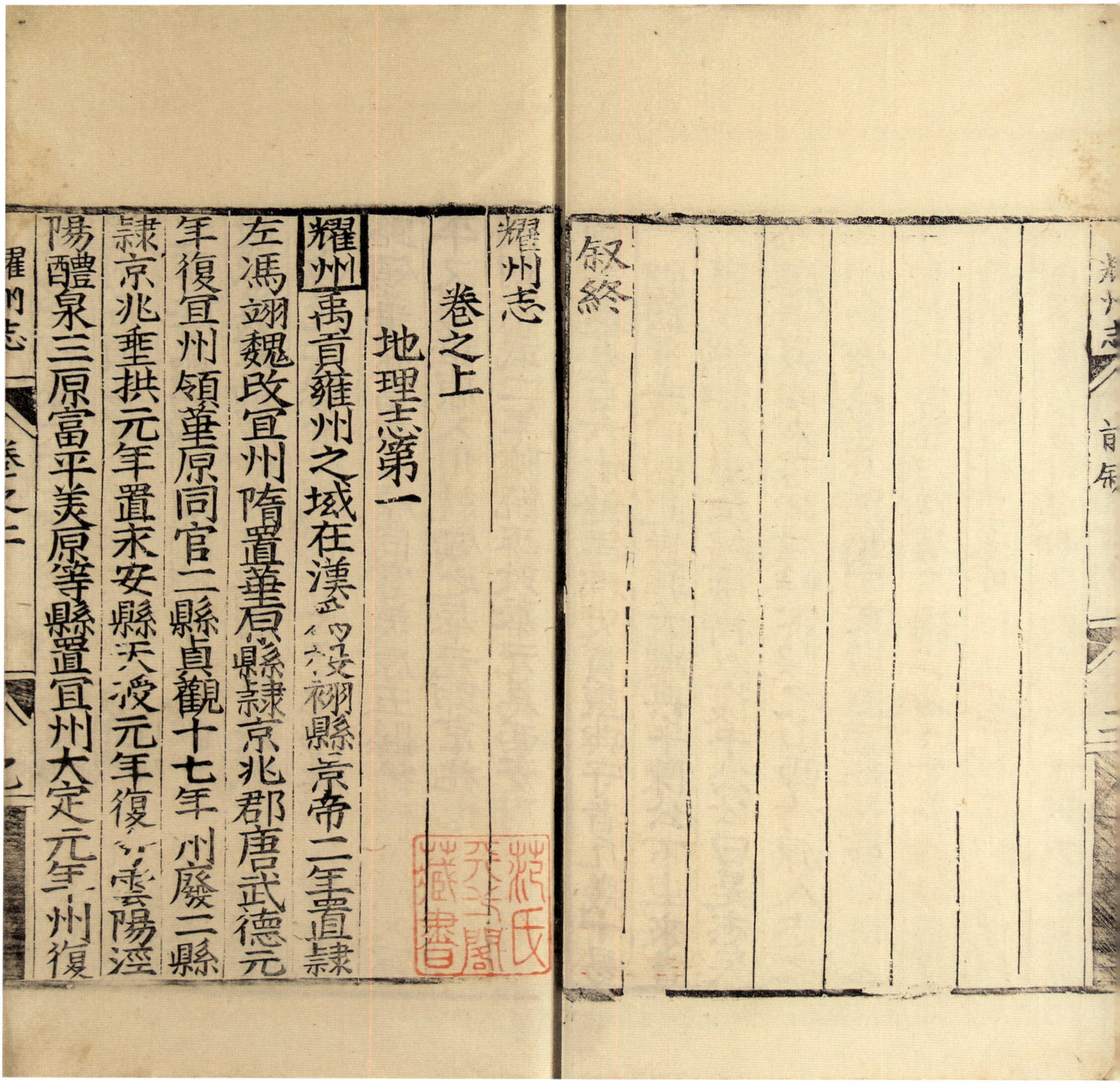

12561 [嘉靖]耀州志二卷 （明）張璉纂修　明嘉靖刻本

匡高20.5厘米，廣14.9厘米。半葉八行，行二十字，小字雙行同，黑口，四周單邊。有"范氏天一閣藏書"等印。寧波市天一閣博物院藏。

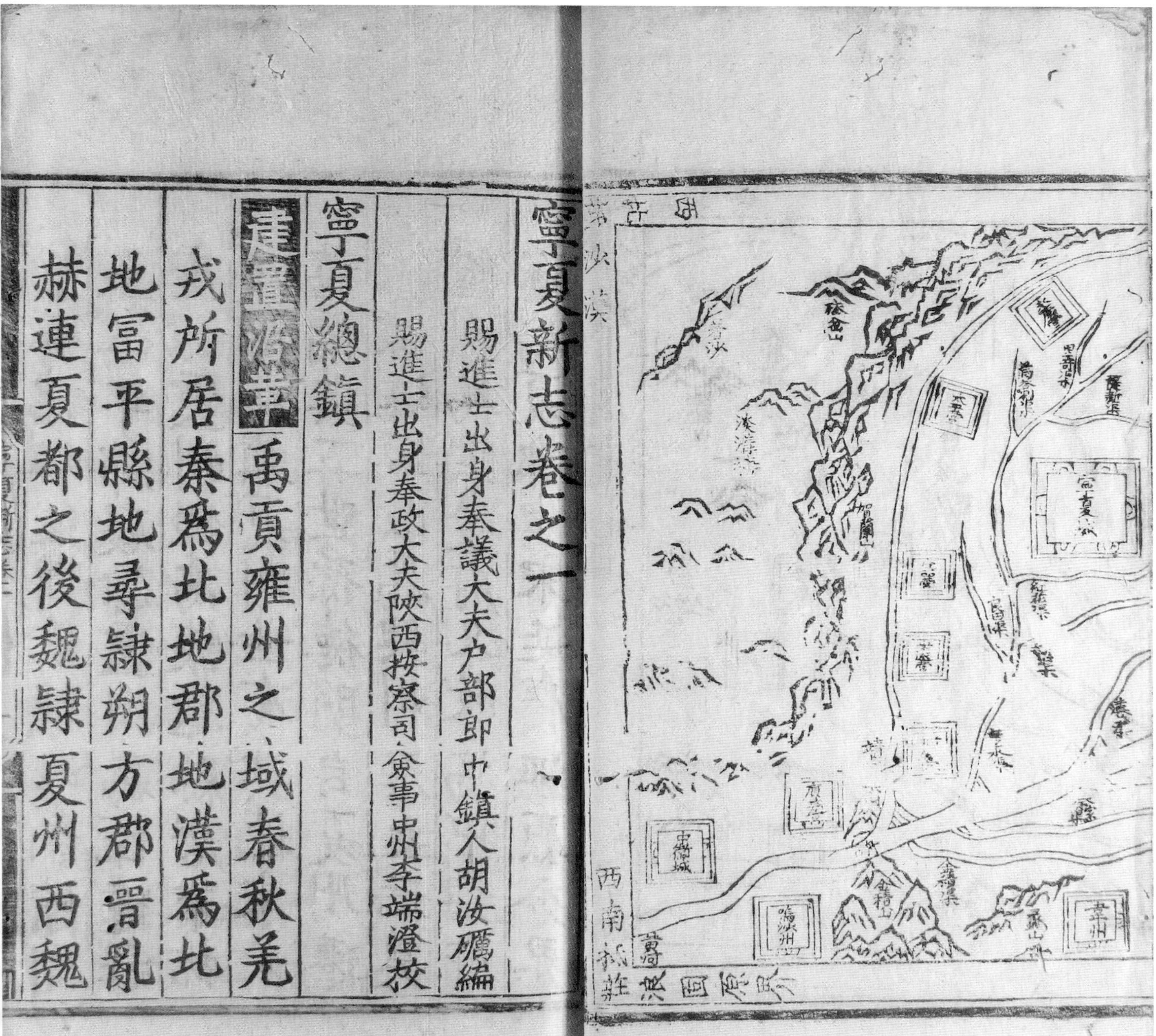

寧夏新志卷之一

賜進士出身奉議大夫户部郎中鎮人胡汝礪編

賜進士出身奉政大夫陝西按察司僉事中州李端澄校

寧夏總鎮

建置沿革 禹貢雍州之域春秋羌戎所居秦爲北地郡地漢爲北地富平縣地尋隸朔方郡晉亂赫連夏都之後魏隸夏州西魏

12562 [弘治]寧夏新志八卷 （明）王珣　胡汝礪纂修　明弘治十四年（1501）刻本

匡高21.9厘米，廣15.8厘米。半葉八行，行十三字，小字雙行同，黑口，四周雙邊。有“范氏天一閣藏書”等印。寧波市天一閣博物院藏，存七卷。

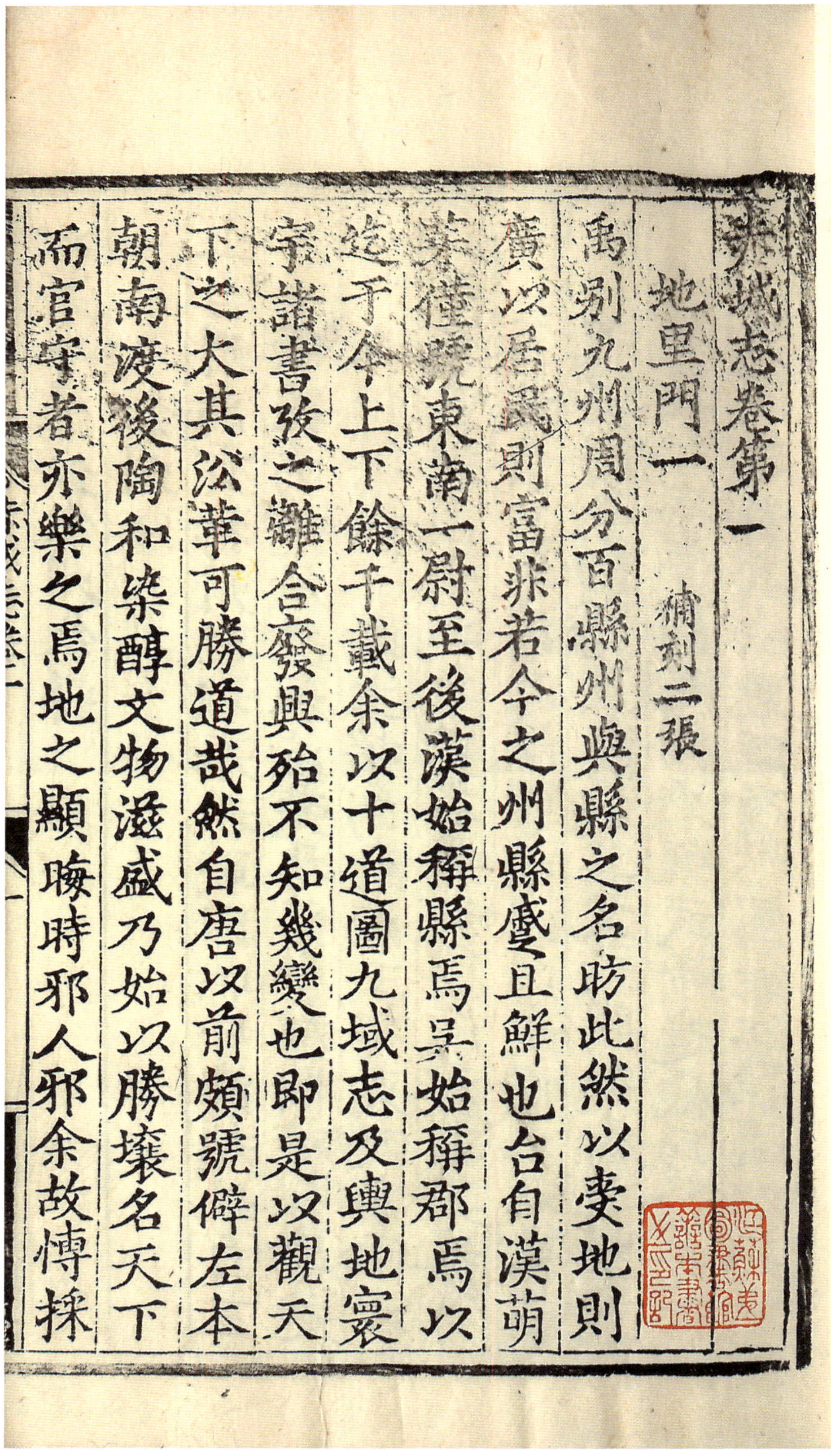

赤城志卷第一

地里門一　補刻二張

禹别九州周分百縣州與縣之名昉此然以處地則廣以居民則富非若今之州縣處且鮮也台自漢萌芽徙號東南一尉至後漢始稱縣焉吳始稱郡焉以迄于今上下餘千載余以十道圖九域志及輿地寰宇諸書攷之離合廢興殆不知幾變也即是以觀天下之大其沿革可勝道哉然自唐以前頗號僻左本朝南渡後陶和染醇文物滋盛乃始以勝壤名天下而官守者亦樂之焉地之顯晦時邪人邪余故慱採

12563 [嘉定]赤城志四十卷　（宋）齊碩　陳耆卿等纂修　明弘治十年（1497）刻萬曆重修本（卷八至十二配清抄本）

匡高25.5厘米，廣17.5厘米。半葉十行，行二十字，小字雙行同，黑口，四周雙邊。丁丙跋。南京圖書館藏。

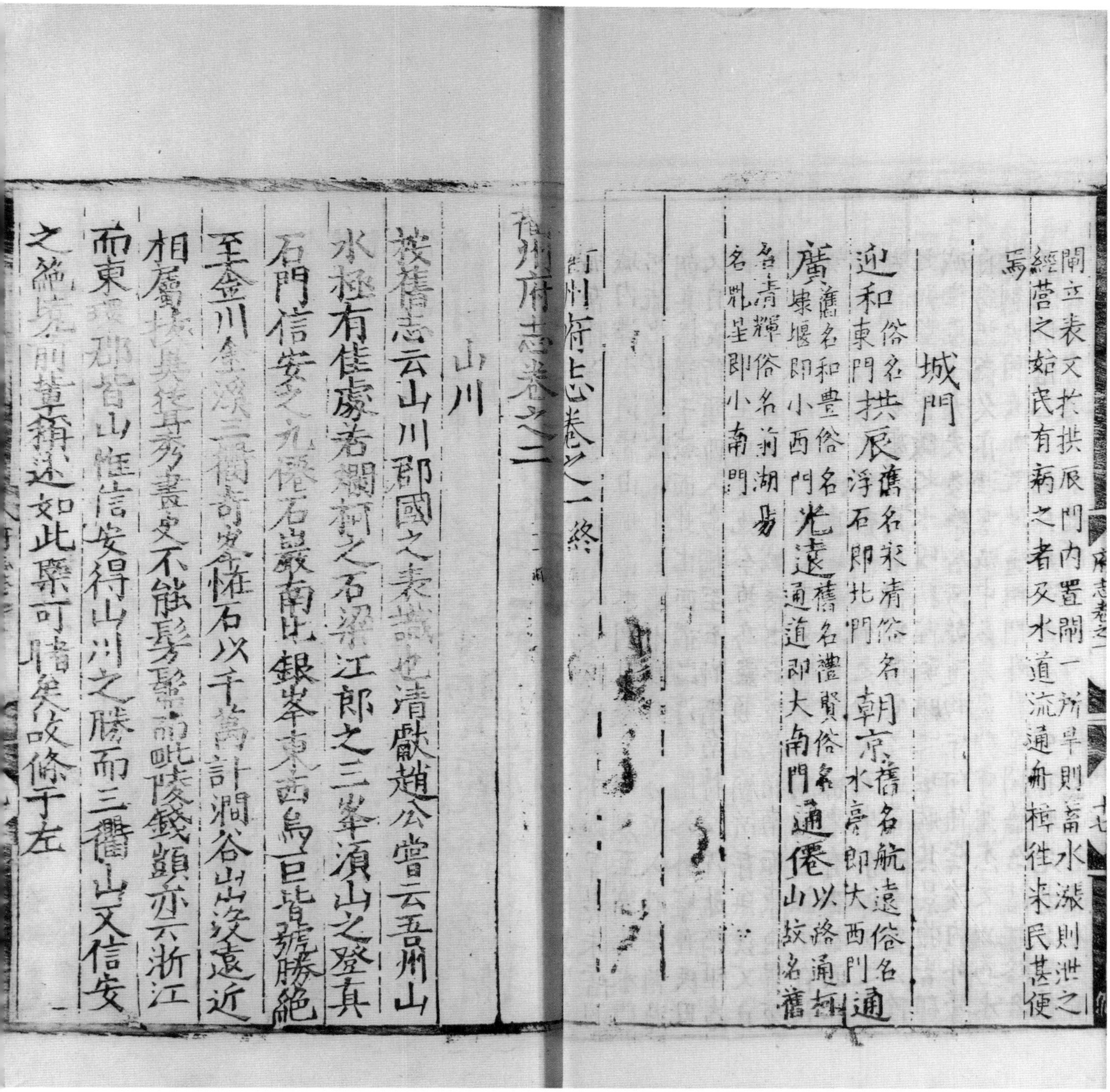

閘立表文於拱辰門内置閘一所旱則蓄水潦則泄之經營之始民有病之者及水道流通舟楫往来民甚便焉

城門

迎和俗名東門拱辰舊名朱清俗名浮石即北門朝京舊名航遠俗名水亭即大西門通廣舊名和豐俗名埭堰即小西門光遠舊名禮賢俗名通道即大南門通僊以路通括山故名舊名青輝俗名前湖步名[illegible]星即小南門

衢州府志卷之一終

衢州府志卷之二

山川

按舊志云山川郡國之表識也清獻趙公嘗云吾州山水極有佳處若爛柯之石梁江郎之三峯須山之登真石門信安之九僊石巖南北銀峯東西烏巨皆號勝絶至金川金溪三衢奇峯怪石以千萬計澗谷出沒遠近相屬换與徑耳秀畫史不能髣髴而毗陵錢顗亦云浙江而東環郡皆山惟信安得山川之勝而三衢山又信安之絶境也前輩稱述如此槩可睹矣攷條于左

12564 [弘治]衢州府志十五卷　（明）吾冔　吴夔等纂修　明弘治刻本

匡高23.5厘米，廣14.9厘米。半葉九行，行二十二字，小字雙行同，黑口，四周雙邊。有“范氏天一閣藏書”等印。寧波市天一閣博物院藏。

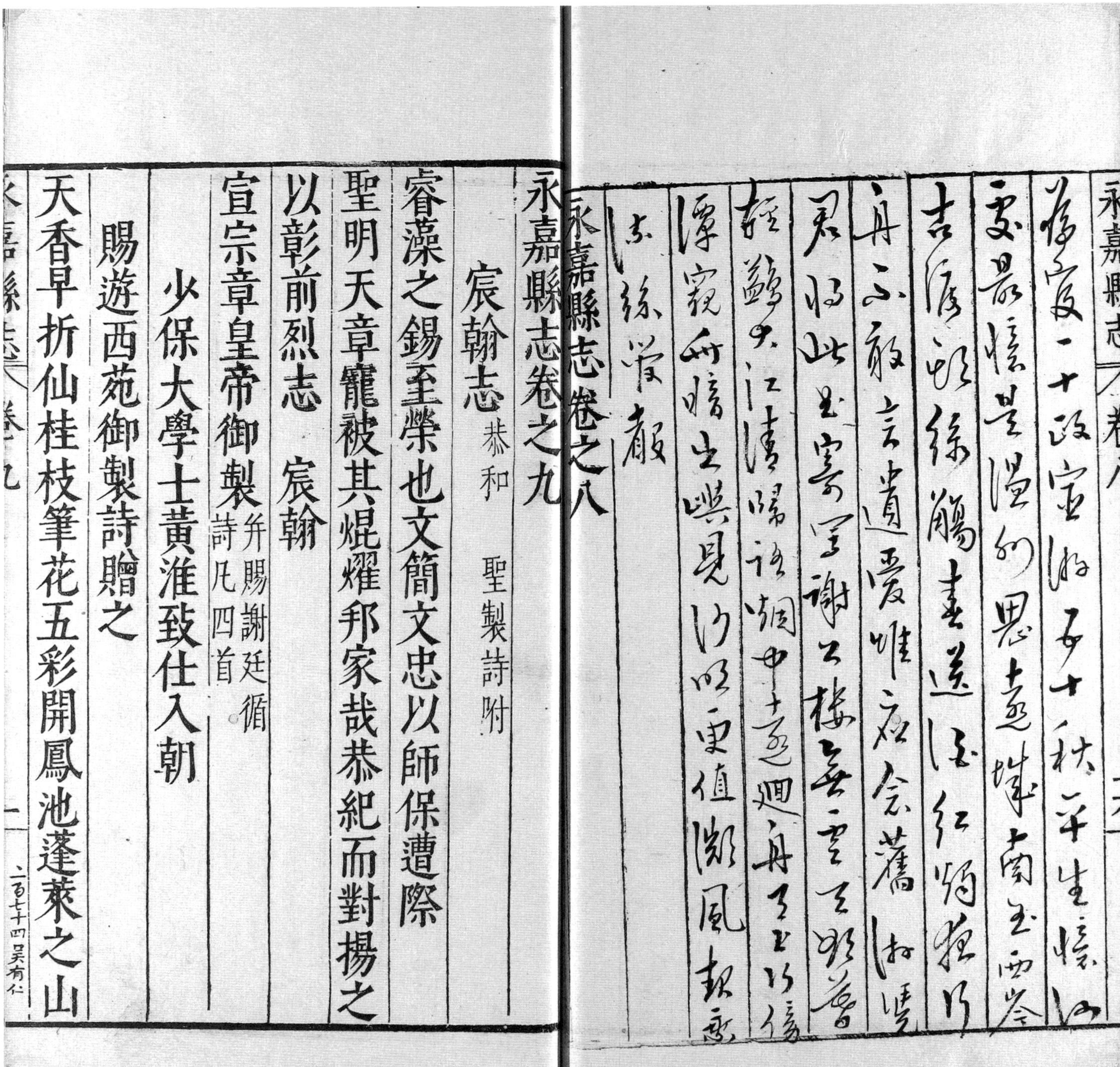

永嘉縣志卷之八

永嘉縣志卷之九

宸翰志 恭和 聖製詩附

睿藻之錫至榮也文簡文忠以師保遭際
聖明天章寵被其焜燿邦家哉恭紀而對揚之
以彰前烈志 宸翰

宣宗章皇帝御製 并賜謝廷循 詩凡四首

少保大學士黄淮致仕入朝
賜遊西苑御製詩贈之
天香早折仙桂枝筆花五彩開鳳池蓬萊之山

永嘉縣志 卷十九 一

二百七十四 吳有仁

12565 [萬曆]永嘉縣志十七卷 （明）王光藴纂修 明萬曆刻本

匡高22.1厘米，廣15厘米。半葉九行，行十八字，小字雙行同，白口，左右雙邊。龍經居士題記。浙江省里安市博物館藏，存四卷。

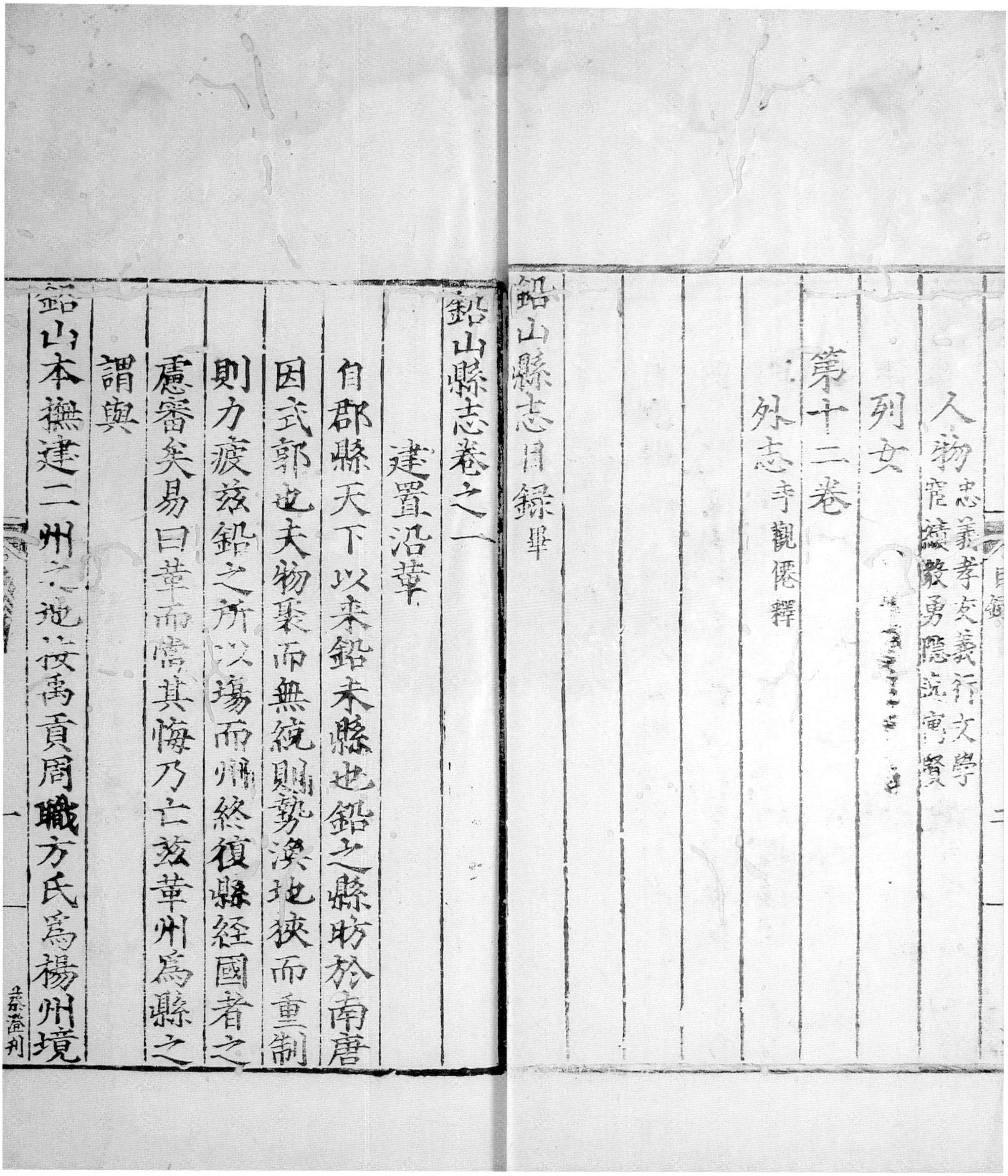

人物忠義孝友義行文學宦績毅勇隱逸寓賢
列女
第十二卷
外志寺觀僊釋
鉛山縣志目錄畢

鉛山縣志卷之一
建置沿革
自郡縣天下以來鉛未縣也鉛之縣昉於南唐
因弋郭也夫物聚而無統則勢渙地狹而重制
則力疲茲鉛之所以場而州終復縣經國者之
慮審矣易曰革而當其悔乃亡茲革州爲縣之
謂與

鉛山本撫建二州之地在禹貢周職方氏爲揚州境

12566 [嘉靖]鉛山縣志十二卷　（明）費寀纂修　明嘉靖刻本

匡高19.7厘米，廣12.8厘米。半葉八行，行二十字，小字雙行同，白口，四周單邊。有“范氏天一閣藏書”等印。寧波市天一閣博物院藏。

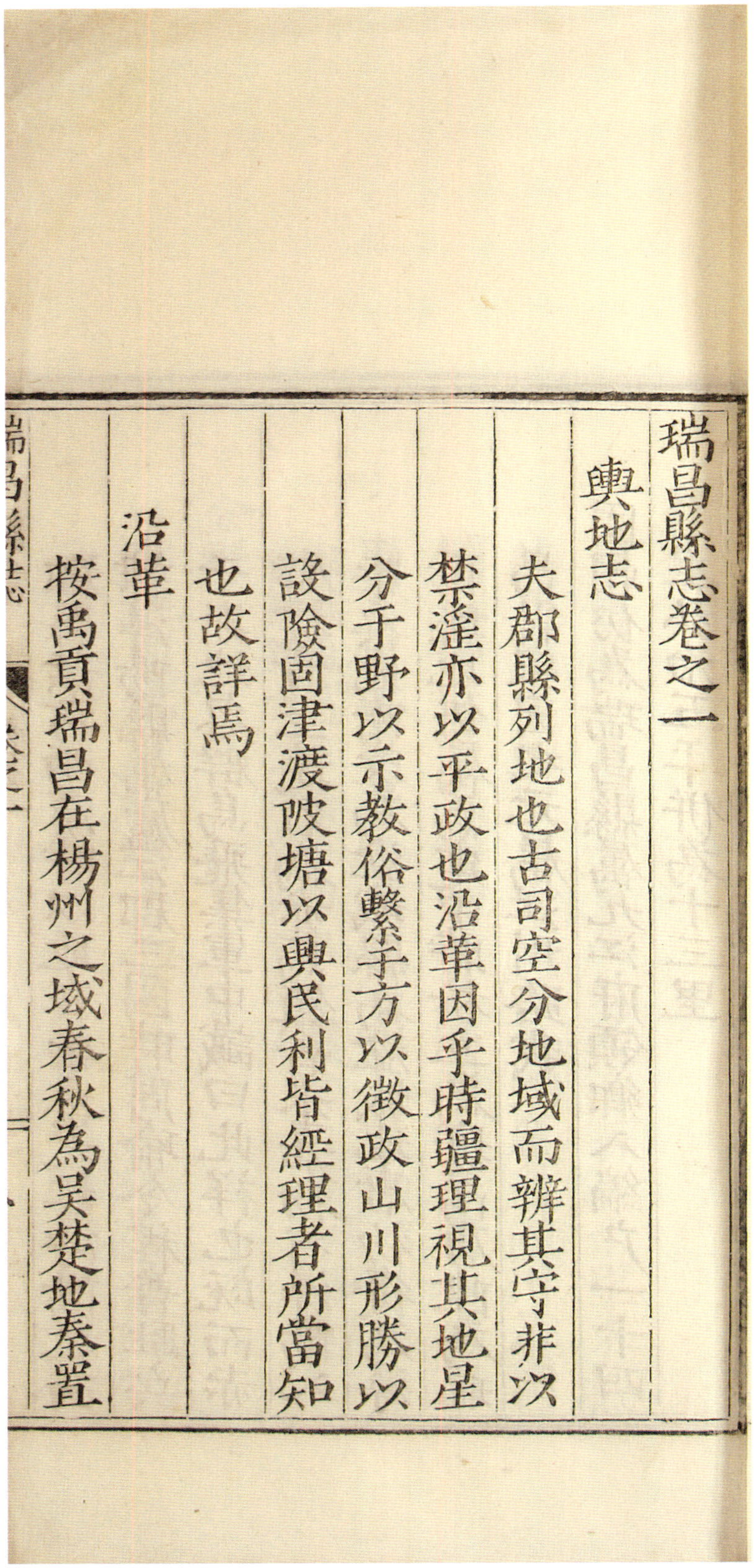

瑞昌縣志卷之一

輿地志

夫郡縣列地也古司空分地域而辨其守非以禁淫亦以平政也沿革因乎時疆理視其地星分于野以示教俗繫乎方以徵政山川形勝以設險固津渡陂塘以興民利皆經理者所當知也故詳焉

沿革

按禹貢瑞昌在楊州之域春秋為吴楚地秦置

瑞昌縣志　卷之一

12567 [隆慶]瑞昌縣志八卷　（明）劉儲　謝顧纂修　明隆慶刻本

包背裝。匡高20.4厘米，廣14.7厘米。半葉九行，行二十一字，小字雙行同，白口，四周雙邊。有“范氏天一閣藏書”等印。寧波市天一閣博物院藏。

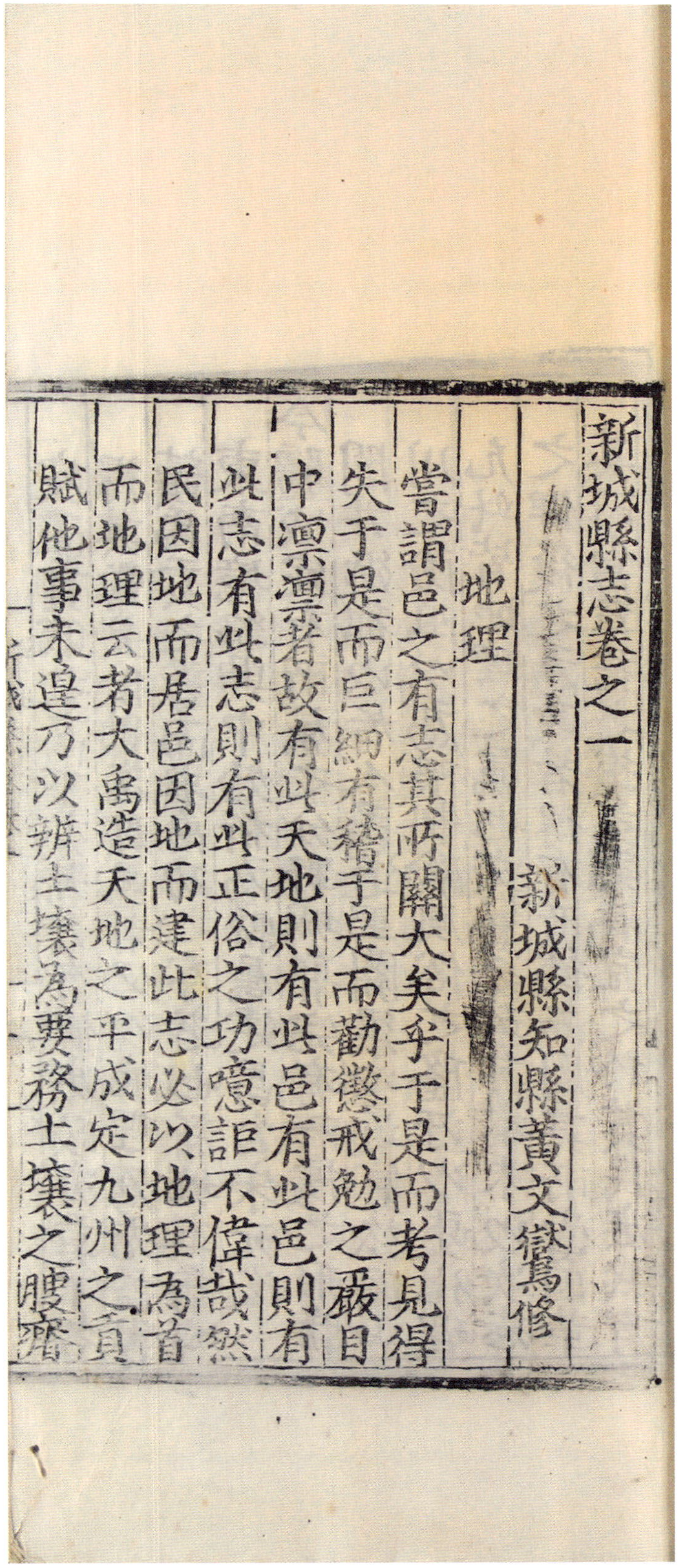

新城縣志卷之一

新城縣知縣黃文鸑修

地理

嘗謂邑之有志其所關大矣乎于是而考見得失于是而巨細有稽于是而勸懲戒勉之嚴目中凛凛者故有此天地則有此邑有此邑則有此志有此志則有此正俗之功噫詎不偉哉然民因地而居邑因地而建此志必以地理為首而地理云者大禹造天地之平成定九州之貢賦他事未遑乃以辨土壤為要務土壤之腴瘠

12568 [正德]新城縣志十三卷　（明）黃文鸑纂修　明正德十一年（1516）刻本

匡高20.1厘米，廣13.1厘米。半葉十行，行十九字，小字雙行同，白口，四周雙邊。有“范氏天一閣藏書”等印。寧波市天一閣博物院藏。

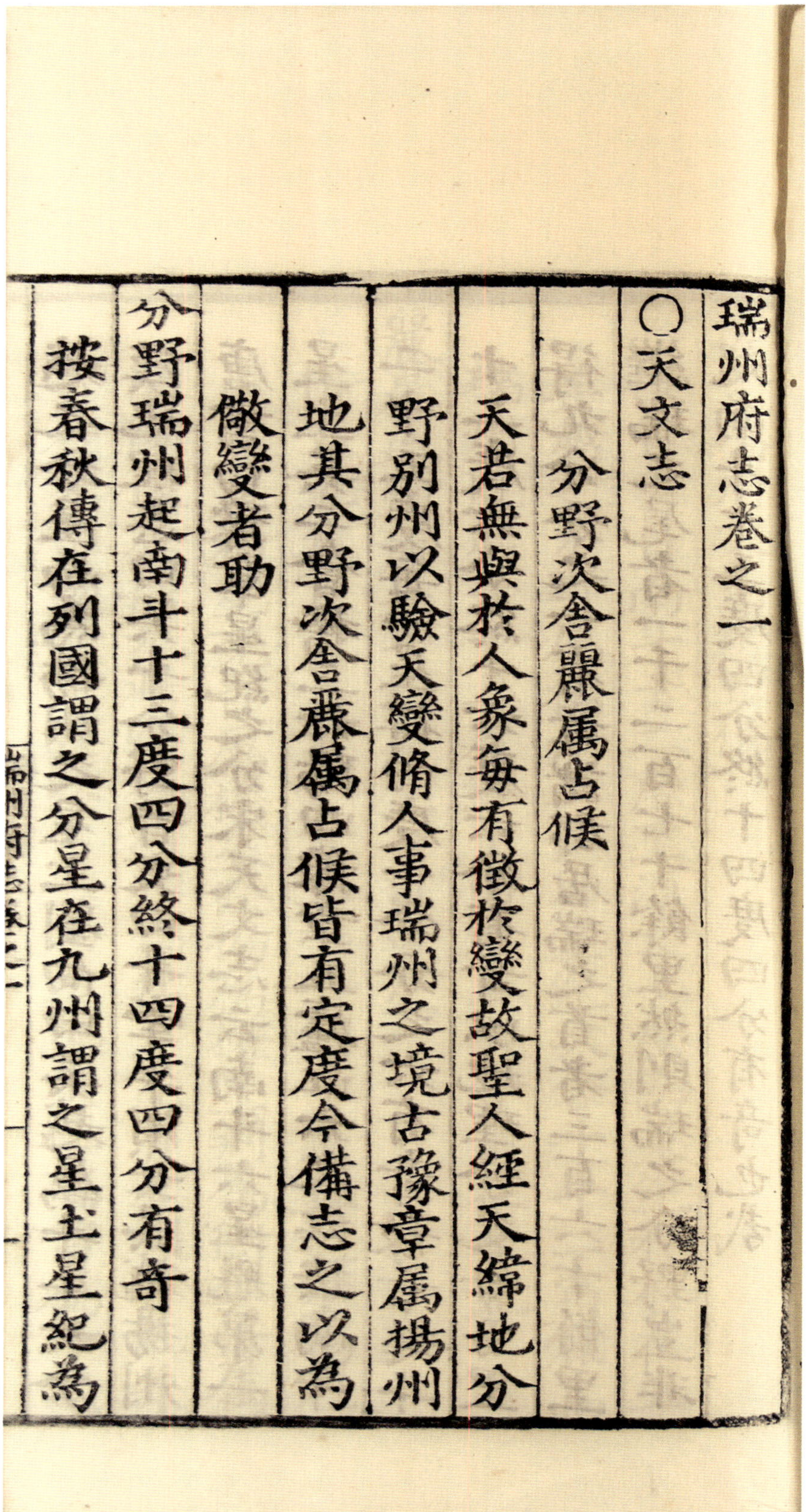

瑞州府志卷之一

○天文志

分野次舍躔屬占候

天旹無與於人象每有徵於變故聖人經天緯地分野別州以驗天變脩人事瑞州之境古豫章屬揚州地其分野次舍躔屬占候皆有定度今備志之以為徵變者勸

分野瑞州起南斗十三度四分終十四度四分有奇

按春秋傳在列國謂之分星在九州謂之星主星紀為

瑞州府志卷之一

12569 [正德]瑞州府志十四卷 （明）鄺璠　熊相纂修　明正德刻本

匡高21.7厘米，廣15.2厘米。半葉九行，行二十二字，小字雙行同，白口，四周單邊。有"范氏天一閣藏書"等印。寧波市天一閣博物院藏。

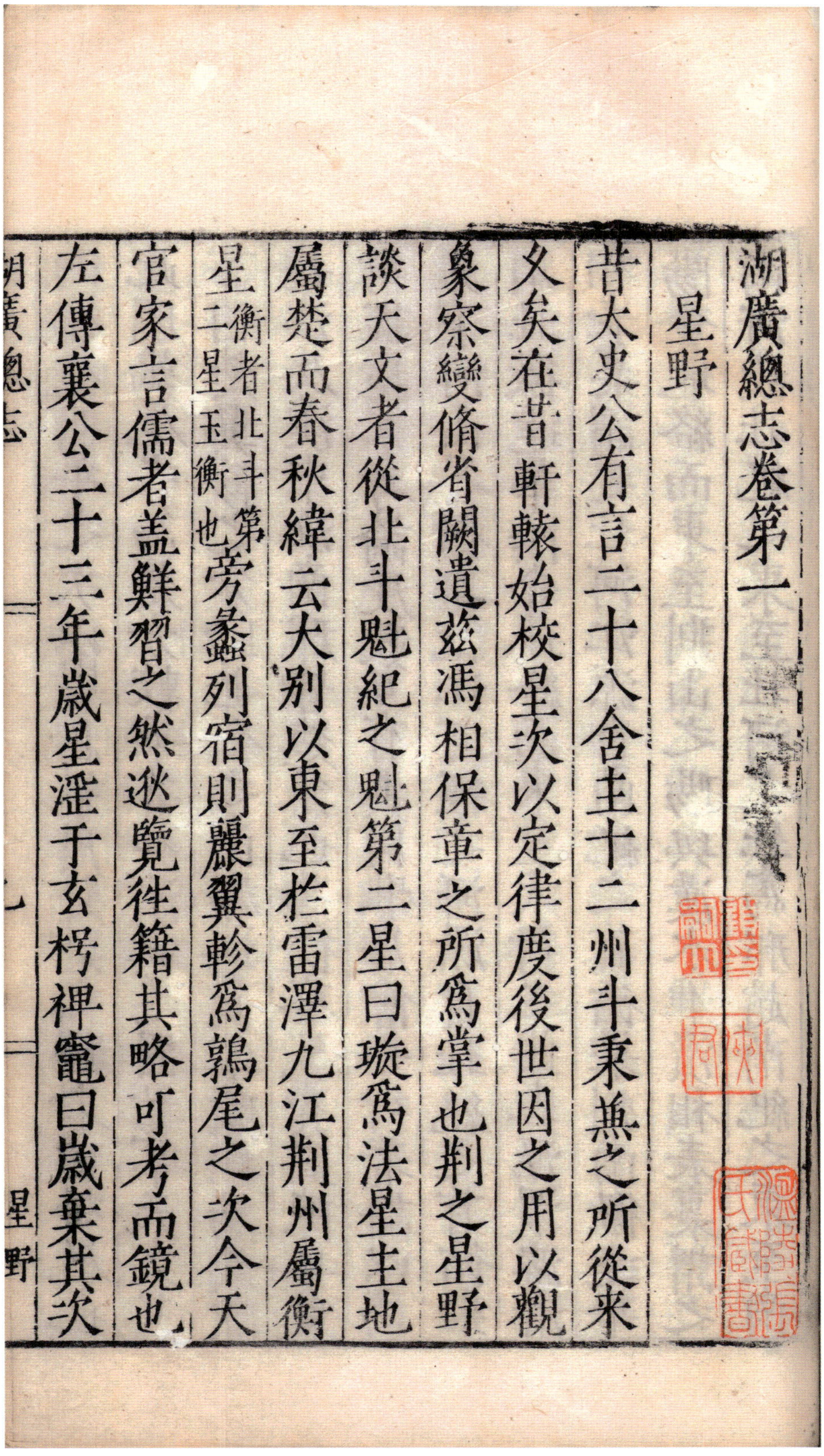
湖廣總志卷第一
星野
昔太史公有言二十八舍主十二州斗秉兼之所從来
久矣在昔軒轅始校星次以定律度後世因之用以觀
象察變脩省闕遺玆馮相保章之所爲掌也荆之星野
談天文者從北斗魁紀之魁第二星曰璇爲法星主地
屬楚而春秋緯云大別以東至扵雷澤九江荆州屬衡
星衡者北斗第二星玉衡也旁蠡列宿則翼軫爲鶉尾之次今天
官家言儒者蓋鮮習之然逖覽往籍其略可考而鏡也
左傳襄公二十三年歲星淫于玄枵裨竈曰歲棄其次
湖廣總志　一　星野

12570 [萬曆]湖廣總志九十八卷　（明）徐學謨纂修　明萬曆刻本

匡高21.7厘米，廣15.9厘米。半葉十行，行二十一字，小字雙行同，白口，左右雙邊。有“顧印嗣立”“温陵張氏藏書”等印。福建省圖書館藏，存九十七卷。

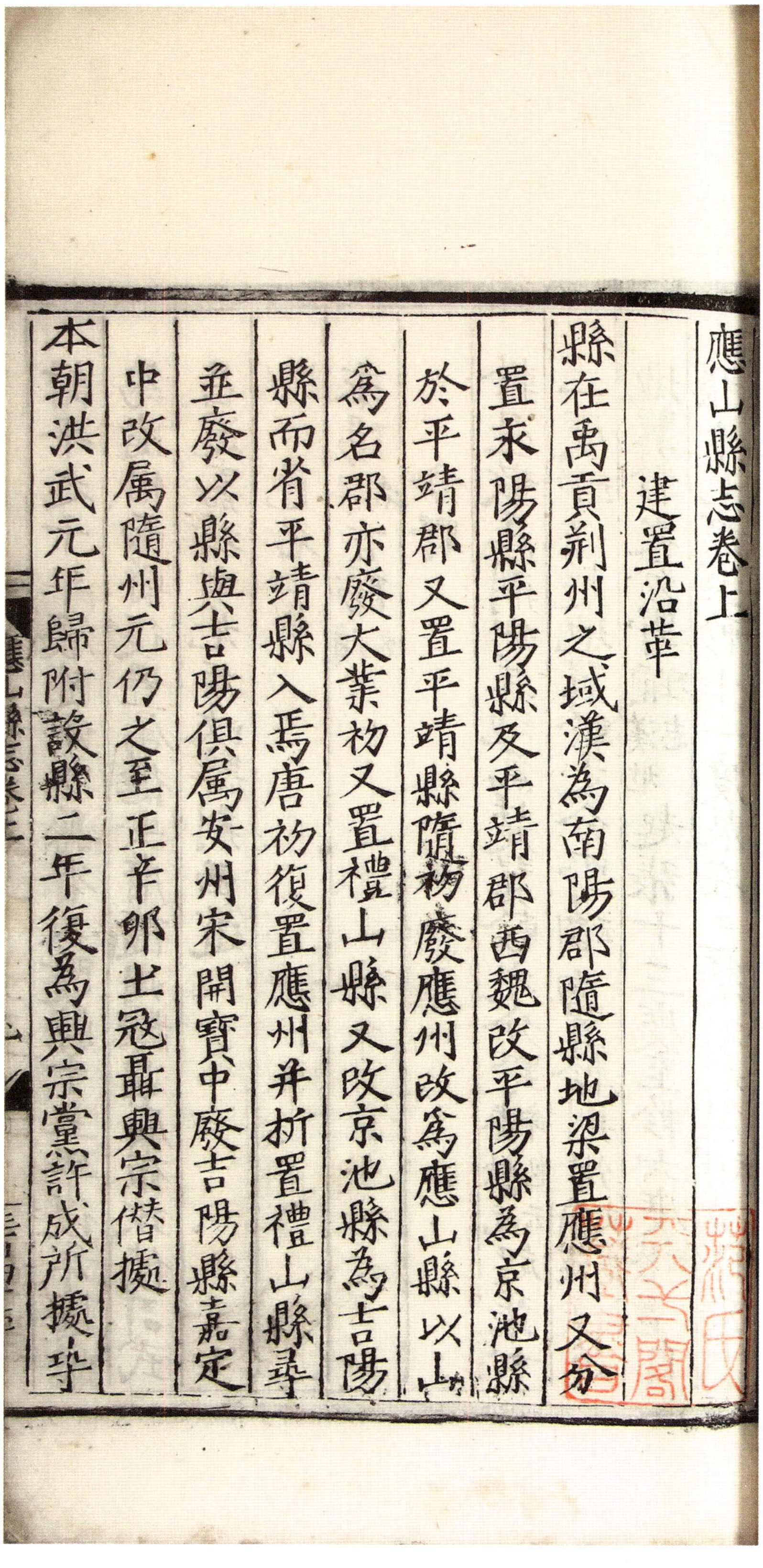

應山縣志卷上

建置沿革

縣在禹貢荊州之域漢為南陽郡隨縣地梁置應州又分置永陽縣平陽縣及平靖郡西魏改平陽縣為京池縣於平靖郡又置平靖縣隋初廢應州改為應山縣以山為名郡亦廢大業初又置禮山縣又改京池縣為吉陽縣而省平靖縣入焉唐初復置應州并析置禮山縣尋並廢以縣與吉陽俱屬安州宋開寶中廢吉陽縣嘉定中改屬隨州元仍之至正辛卯土冦聶興宗僭據

本朝洪武元年歸附設縣二年復為興宗黨許成所據李

12571 [嘉靖]應山縣志三卷　（明）顏木纂修　明嘉靖刻本

包背裝。匡高21.1厘米，廣14.9厘米。半葉十行，行二十二字，小字雙行同，白口，四周雙邊。有“范氏天一閣藏書”等印。寧波市天一閣博物院藏。

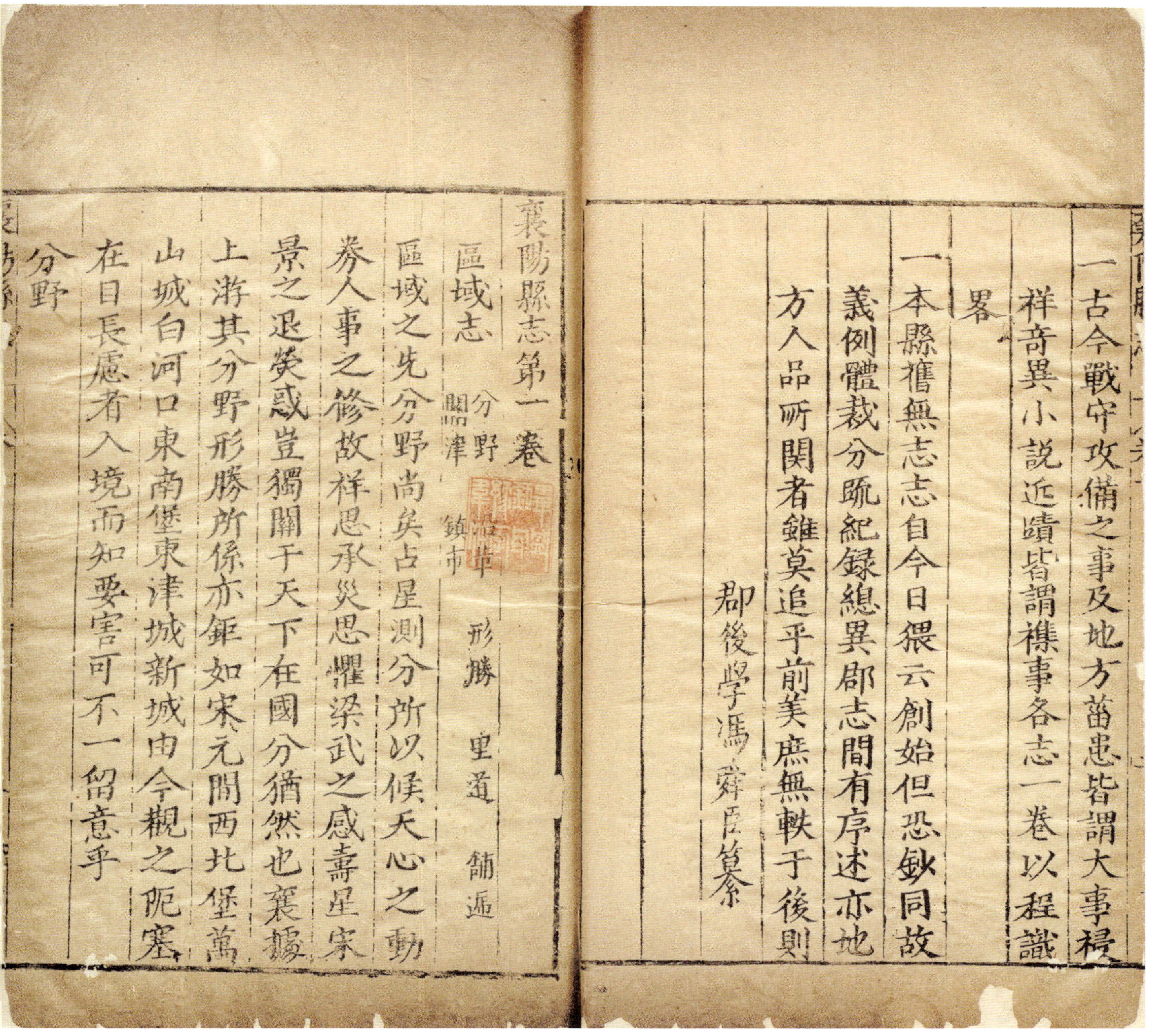

一古今戰守攻備之事及地方菑患皆謂大事禨
祥奇異小說近蹟皆謂襍事各志一卷以程識
畧
一本縣舊無志志自今日猥云創始但恐鈲同故
義例體裁分疏紀録總異郡志間有序述亦地
方人品所関者雖莫追乎前美庶無軼于後則
郡後學馮舜臣篹

襄陽縣志第一卷
區域志　分野　關津　形勝　鎮市　里道　舖遞
區域之先分野尚矣占星測分所以候天心之動
券人事之脩故祥思承災思懼梁武之感壽星宋
景之退熒惑豈獨關于天下在國分猶然也襄據
上游其分野形勝所係亦鉅如宋元間西北堡萬
山城白河口東南堡東津城新城由今槪之阨塞
在目長慮者入境而知要害可不一留意乎
分野

12572 [萬曆]襄陽縣志□□卷　（明）李思啟　王業浩纂修　（明）馮舜臣補輯　明萬曆四十五年（1617）刻本

匡高20.2厘米，廣14.5厘米。半葉九行，行二十字，小字雙行同，白口，四周單邊。湖北省圖書館藏，存二卷。

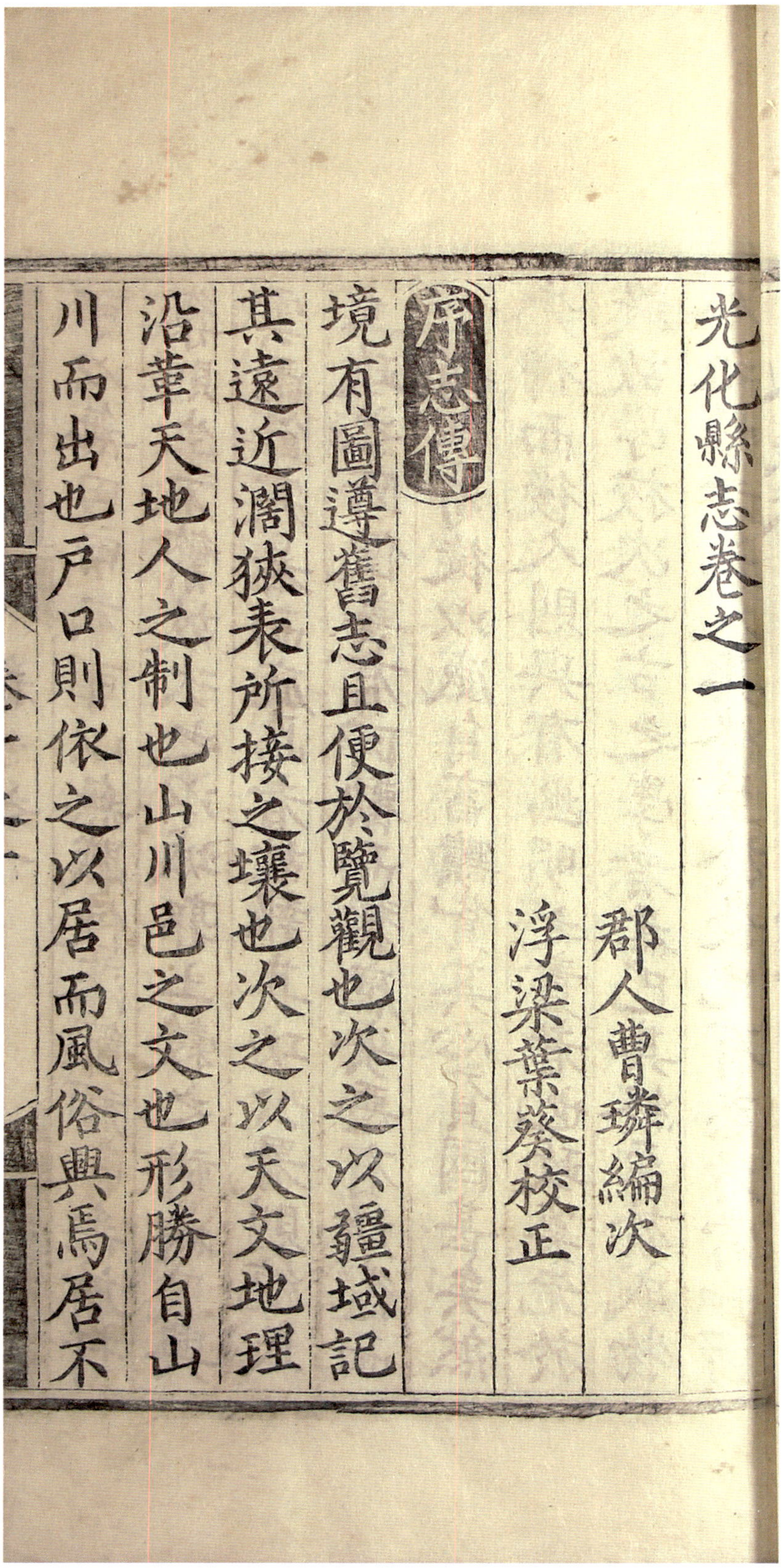

光化縣志卷之一

郡人曹璘編次

浮梁葉葵校正

序志傳

境有圖導舊志且便於覽觀也次之以疆域記

其遠近濶狹表所接之壤也次之以天文地理

沿革天地人之制也山川邑之文也形勝自山

川而出也戶口則依之以居而風俗興焉居不

12573 [正德]光化縣志六卷　（明）黄世重　曹璘纂修　明正德刻本

包背裝。匡高20.8厘米，廣14.4厘米。半葉八行，行十八字，小字雙行同，黑口，四周雙邊。有“范氏天一閣藏書”等印。寧波市天一閣博物院藏。

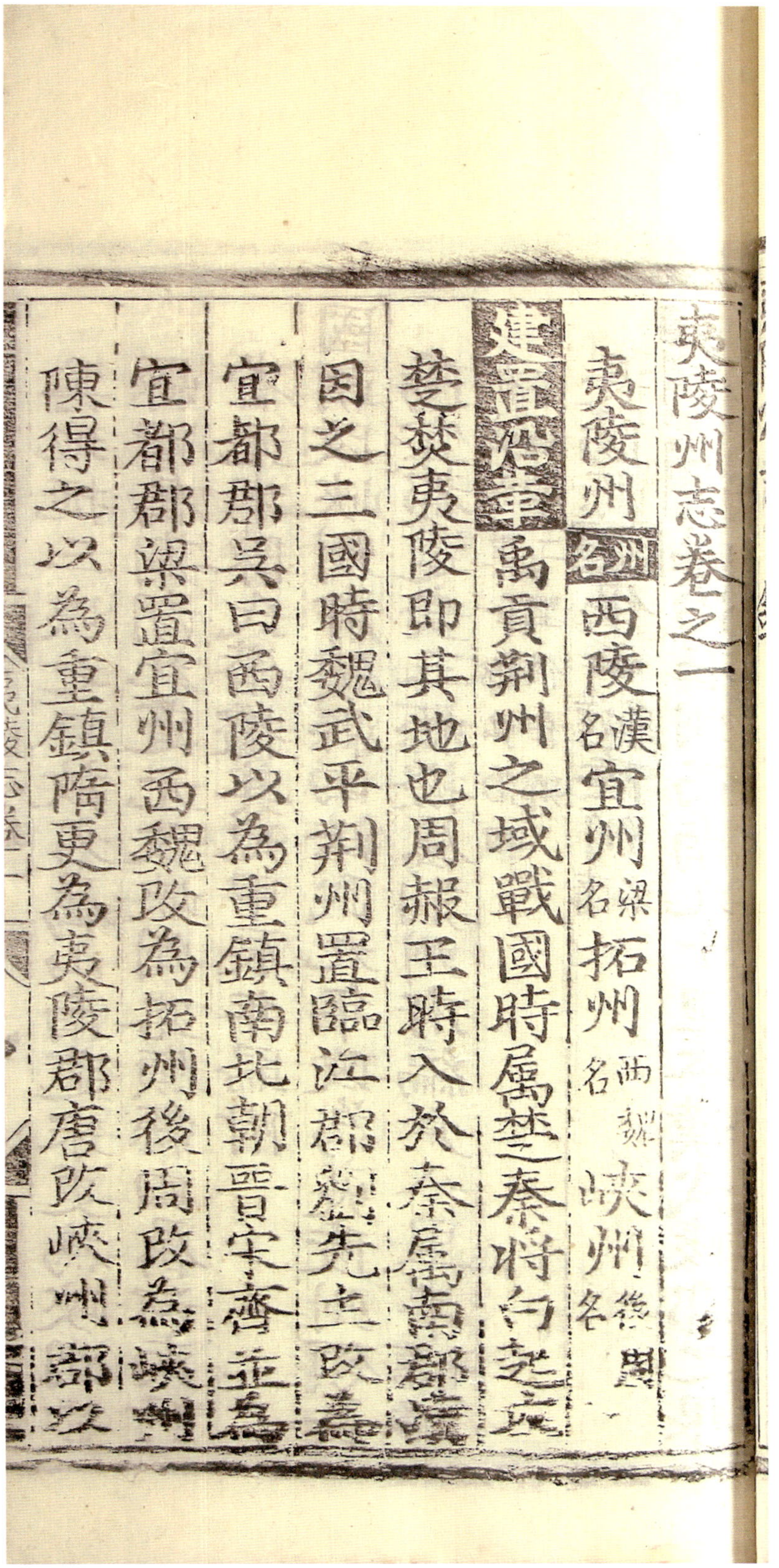
夷陵州志卷之一
夷陵州 州名 西陵 漢名 宜州 梁名 拓州 西魏名 峽州 後周名
建置沿革 禹貢荊州之域戰國時屬楚秦將白起攻
楚焚夷陵即其地也周赧王時入於秦屬南郡漢
因之三國時魏武平荊州置臨江郡蜀先主改為
宜都郡吳曰西陵以為重鎮南北朝晉宋齊並為
宜都郡梁置宜州西魏改為拓州後周改為峽州
陳得之以為重鎮隋更為夷陵郡唐改峽州郡以

12574 [弘治]夷陵州志十卷拾遺一卷 （明）劉允　沈寬纂修　明弘治九年（1496）刻本

匡高22.5厘米，廣14.6厘米。半葉八行，行二十字，小字雙行同，黑口，四周雙邊。有“范氏天一閣藏書”等印。寧波市天一閣博物院藏。

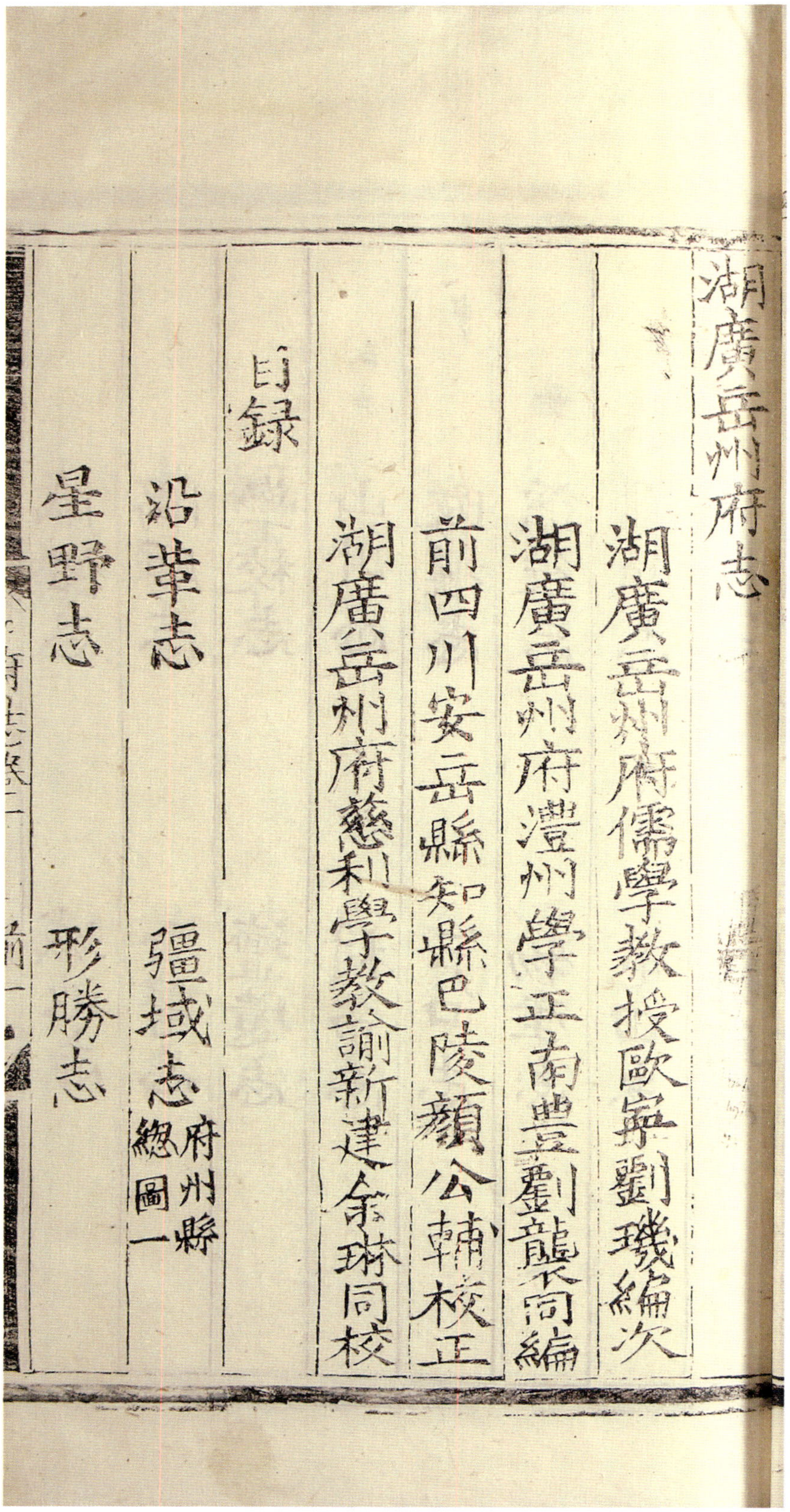

湖廣岳州府志

湖廣岳州府儒學教授歐寧劉璣編次

湖廣岳州府澧州學正南豐劉龔同編

前四川安岳縣知縣巴陵顏公輔校正

湖廣岳州府慈利學教諭新建余琳同校

目録

沿革志　疆域志 府州縣總圖一

星野志　形勝志

12575 [弘治]湖廣岳州府志十卷　（明）李文明　劉璣　劉龔纂修　明弘治刻本

匡高22.4厘米，廣15.3厘米。半葉八行，行十九字，小字雙行同，黑口，四周雙邊。有“范氏天一閣藏書”等印。寧波市天一閣博物院藏。

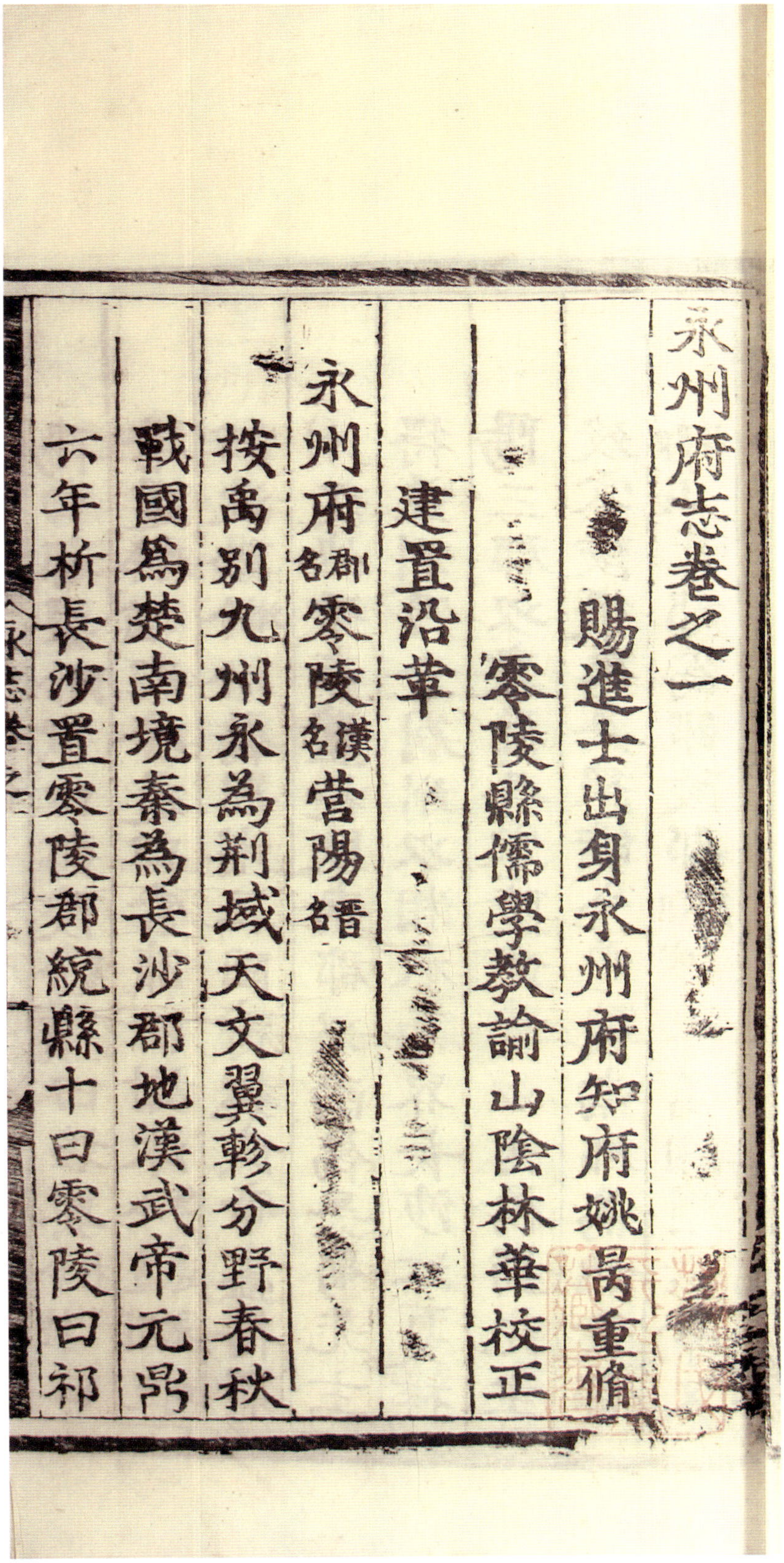

永州府志卷之一
賜進士出身永州府知府姚昺重脩
零陵縣儒學教諭山陰林華校正
建置沿革
永州府郡名零陵漢名營陽晉名
按禹別九州永為荊域天文翼軫分野春秋
戰國為楚南境秦為長沙郡地漢武帝元鼎
六年析長沙置零陵郡統縣十曰零陵曰祁
永志卷之一

12576 [弘治]永州府志十卷 （明）姚昺　沈鍾　林華纂修　明弘治刻本

匡高23.9厘米，廣15.7厘米。半葉八行，行十九字，小字雙行同，黑口，四周雙邊。有“范氏天一閣藏書”等印。寧波市天一閣博物院藏。

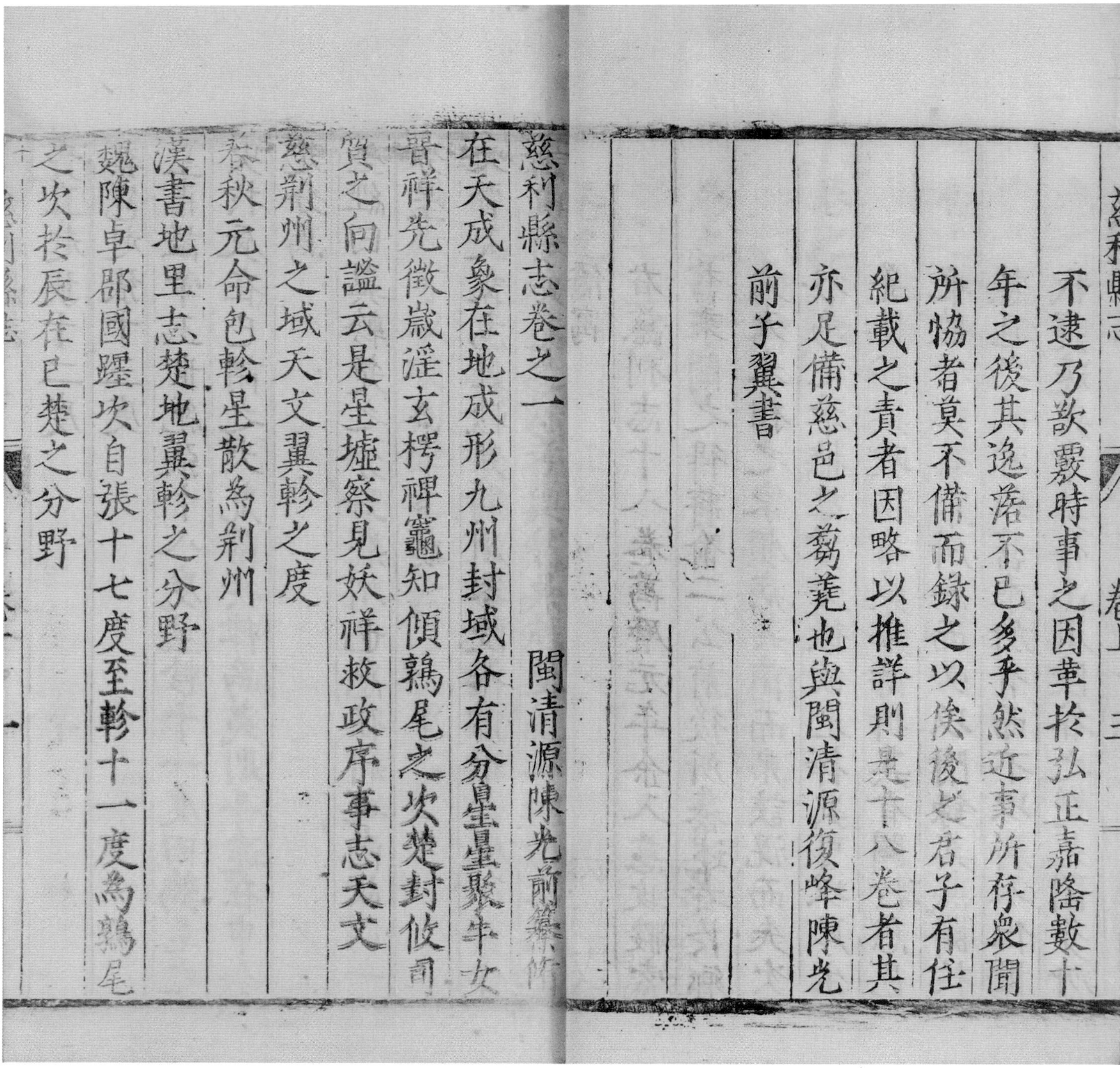
慈利縣志 卷上 三

不逮乃歘覈時事之因革於弘正嘉隆數十年之後其逸落不已多乎然近事所存衆聞所恊者莫不備而録之以俟後之君子有任紀載之責者因略以推詳則是十八卷者其亦足備慈邑之藝蕘也與閩清源復峰陳光前子翼書

慈利縣志卷之一

閩清源陳光前纂脩

在天成象在地成形九州封域各有分星星聚牛女晉祥先徵歲淫玄枵裨竈知傾鶉尾之次楚封攸司質之向讖云是星墟察見妖祥救政序事志天文

慈荆州之域天文翼軫之度

春秋元命包軫星散為荆州

漢書地里志楚地翼軫之分野

魏陳卓郡國躔次自張十七度至軫十一度為鶉尾之次於辰在巳楚之分野

慈利縣志 卷之一 一

12577 [萬曆]慈利縣志十八卷 （明）陳光前纂修　明萬曆元年（1573）刻本

包背裝。匡高22.7厘米，廣15.1厘米。半葉九行，行二十字，白口，四周單邊。有“范氏天一閣藏書”等印。寧波市天一閣博物院藏。

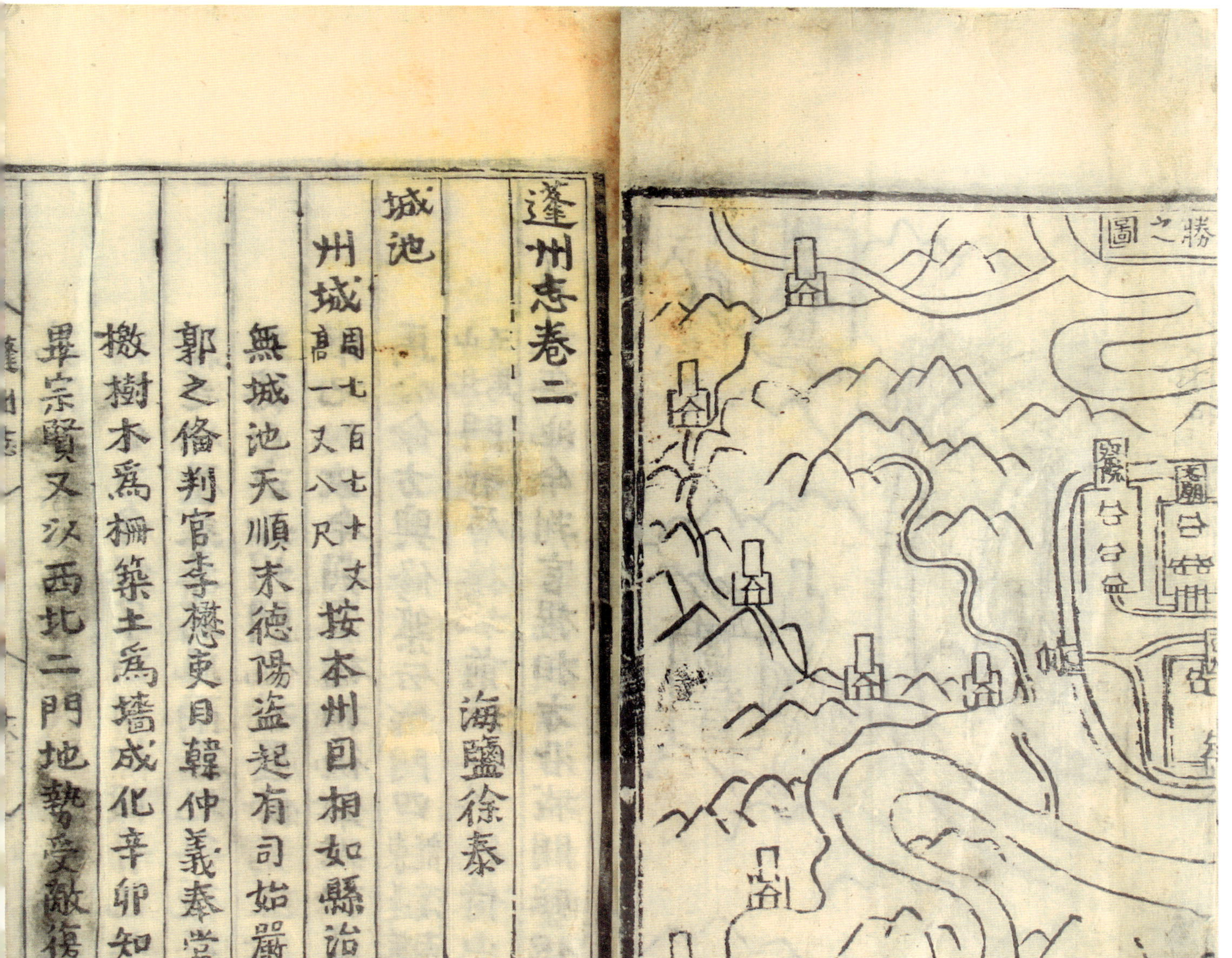

蓬州志卷二

海鹽徐泰

城池

州城周七百七十丈高一丈八尺 按本州曰相如縣治舊無城池天順末德陽盜起有司始嚴城郭之備判官李懋吏目韓仲義奉當道檄樹木爲柵築土爲墻成化辛卯知州畢宗賢又以西北二門地勢受敵復曰

12578 [正德]蓬州志十卷 （明）吴德器　徐泰纂修　明正德十三年（1518）刻本

匡高22.4厘米，廣15.5厘米。半葉八行，行十八字，小字雙行同，白口，四周雙邊。有“范氏天一閣藏書”等印。寧波市天一閣博物院藏。

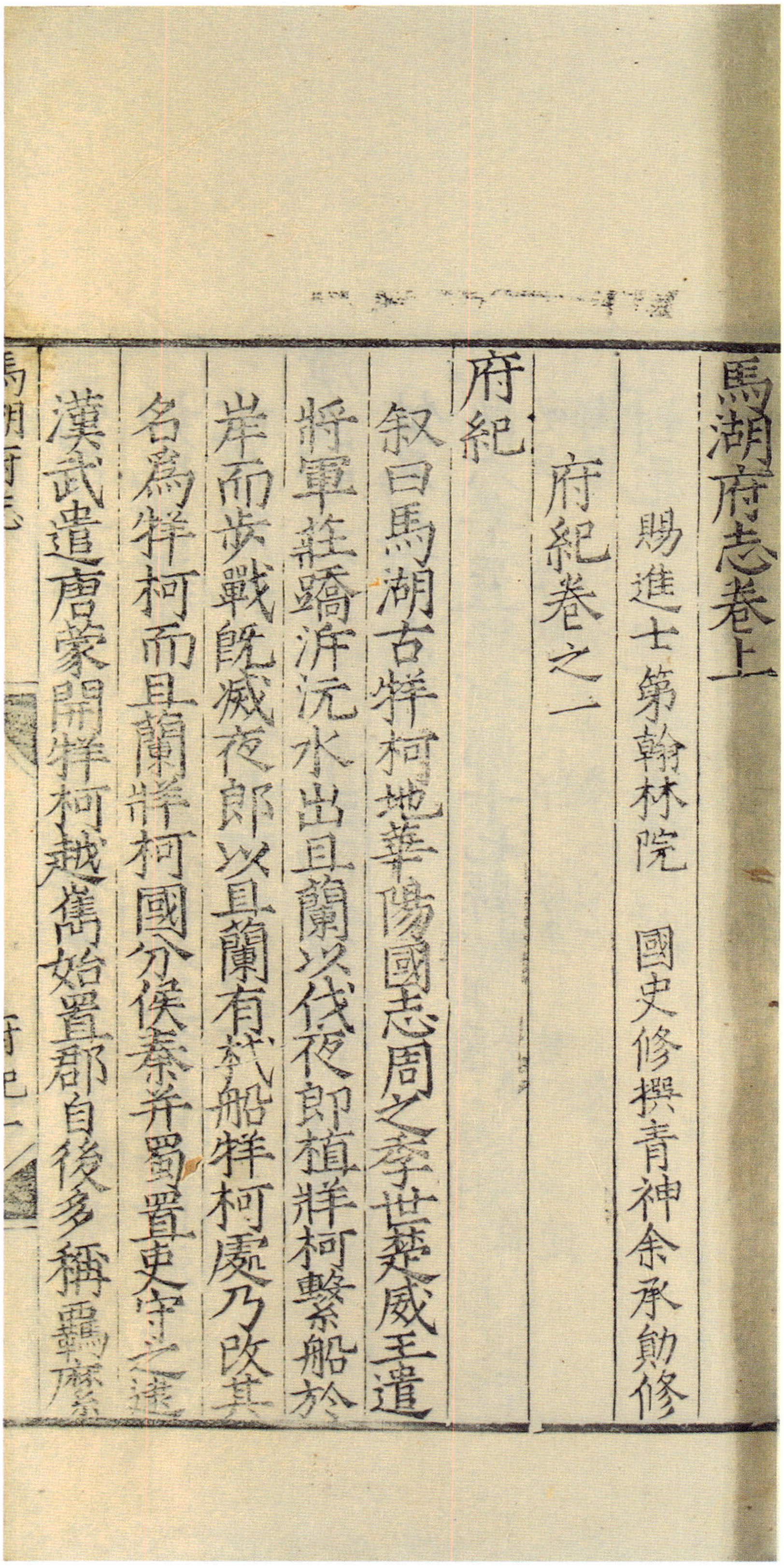

12579 [嘉靖]馬湖府志七卷　（明）余承勛纂修　明嘉靖三十四年（1555）刻本

包背裝。匡高20.1厘米，廣15厘米。半葉九行，行二十一字，小字雙行同，白口，左右雙邊。有“范氏天一閣藏書”等印。寧波市天一閣博物院藏。

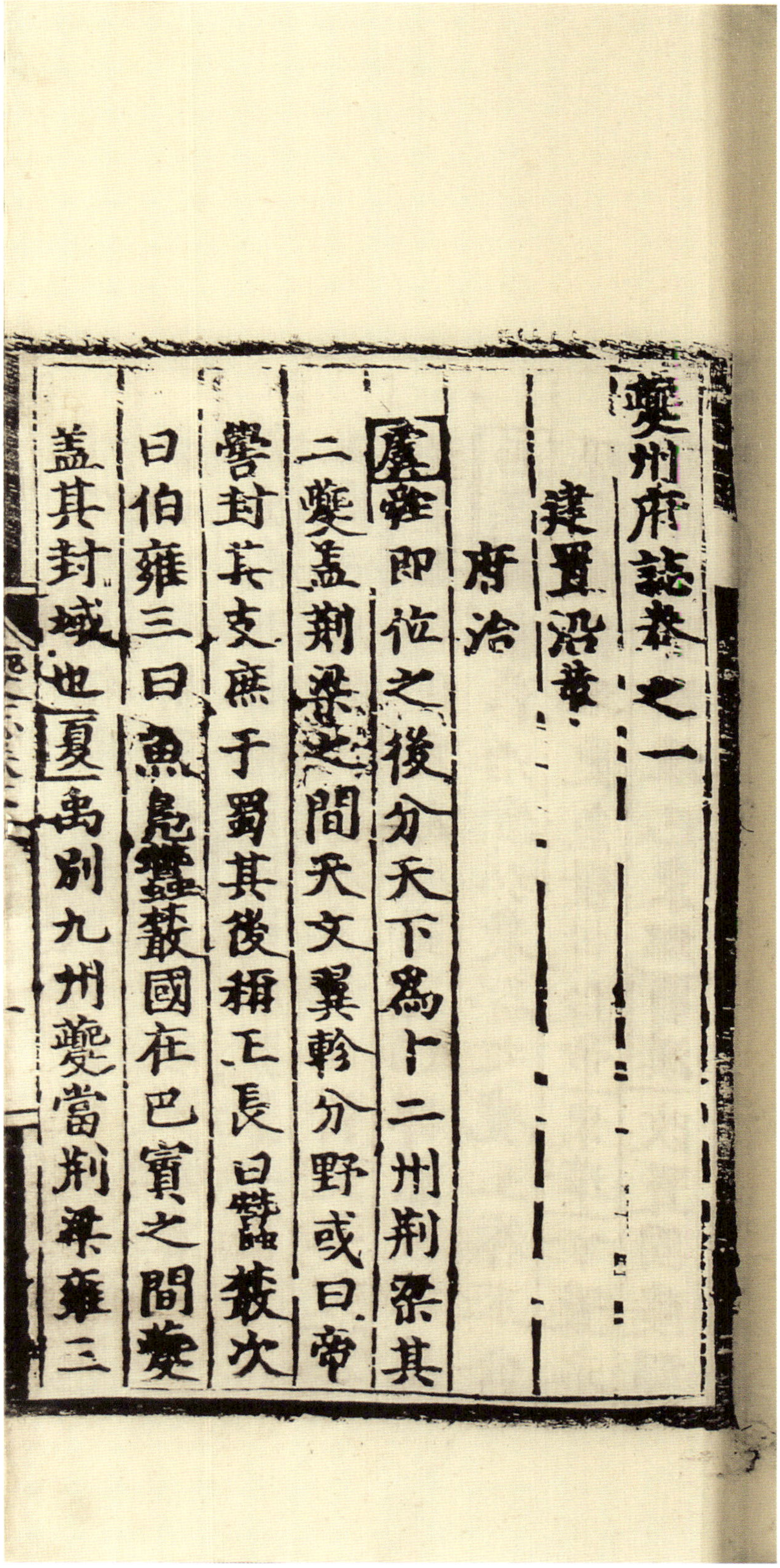
夔州府誌卷之一
建置沿革
府治
虞舜即位之後分天下爲十二州荆梁其
二夔盖荆梁之間天文翼軫分野或曰帝
嚳封其支庶于蜀其後稱王長曰蠶叢次
曰伯雍三曰魚鳧蠶叢國在巴賓之間夔
盖其封域也夏禹别九州夔當荆梁雍三

12580 [正德]夔州府誌十二卷　（明）吴潛　傅汝舟纂修　明正德八年（1513）刻本

包背裝。匡高21.6厘米，廣14.6厘米。半葉八行，行十七字，小字雙行同，黑口，四周雙邊。有“范氏天一閣藏書”等印。寧波市天一閣博物院藏。

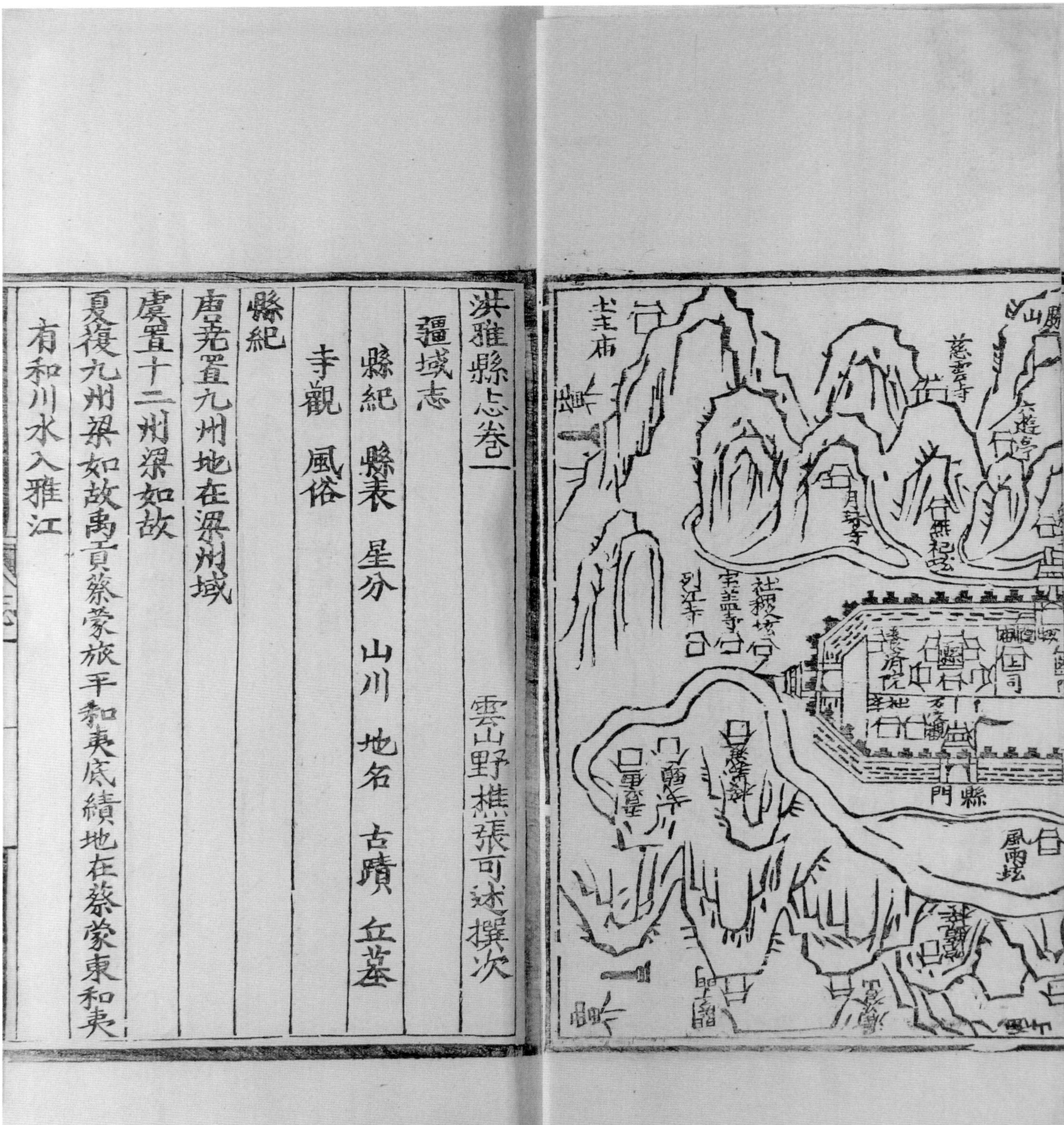

洪雅縣志卷一　雲山野樵張可述撰次
疆域志
縣紀　縣表　星分　山川　地名　古蹟　丘墓
寺觀　風俗
縣紀
唐堯置九州地在梁州域
虞置十二州梁如故
夏復九州梁如故禹貢蔡蒙旅平和夷底績地在蔡蒙東和夷
有和川水入雅江

12581 [嘉靖]洪雅縣志五卷　（明）束載　張可述纂修　明嘉靖四十一年（1562）刻本

包背裝。匡高20.9厘米，廣14.3厘米。半葉九行，行二十四字，小字雙行同，黑口，四周雙邊。有“范氏天一閣藏書”等印。寧波市天一閣博物院藏。

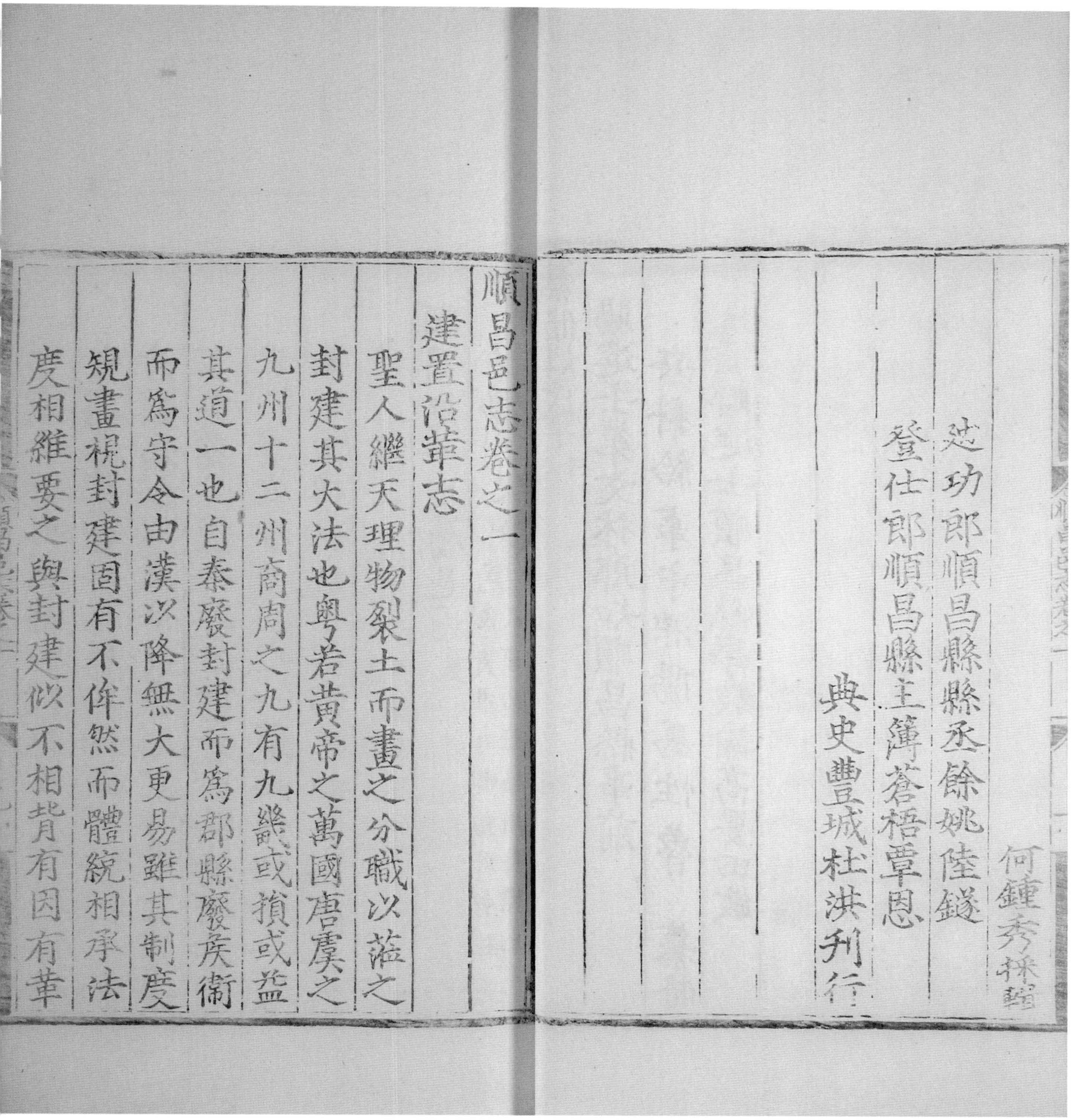

何鍾秀採輯
迪功郎順昌縣縣丞餘姚陸鐩
登仕郎順昌縣主簿蒼梧覃恩
典史豐城杜洪刊行

順昌邑志卷之一

建置沿革志

聖人繼天理物裂土而畫之分職以蒞之
封建其大法也粵若黄帝之萬國唐虞之
九州十二州商周之九有九畿或損或益
其道一也自秦廢封建而爲郡縣廢侯衛
而爲守令由漢以降無大更易雖其制度
規畫視封建固有不侔然而體統相承法
度相維要之與封建似不相背有因有革

12582 [正德]順昌邑志十卷 （明）馬性魯纂修　明正德刻藍印本

匡高23厘米，廣16.5厘米。半葉九行，行十八字，小字雙行同，黑口，四周雙邊。有“范氏天一閣藏書”等印。寧波市天一閣博物院藏，存八卷。

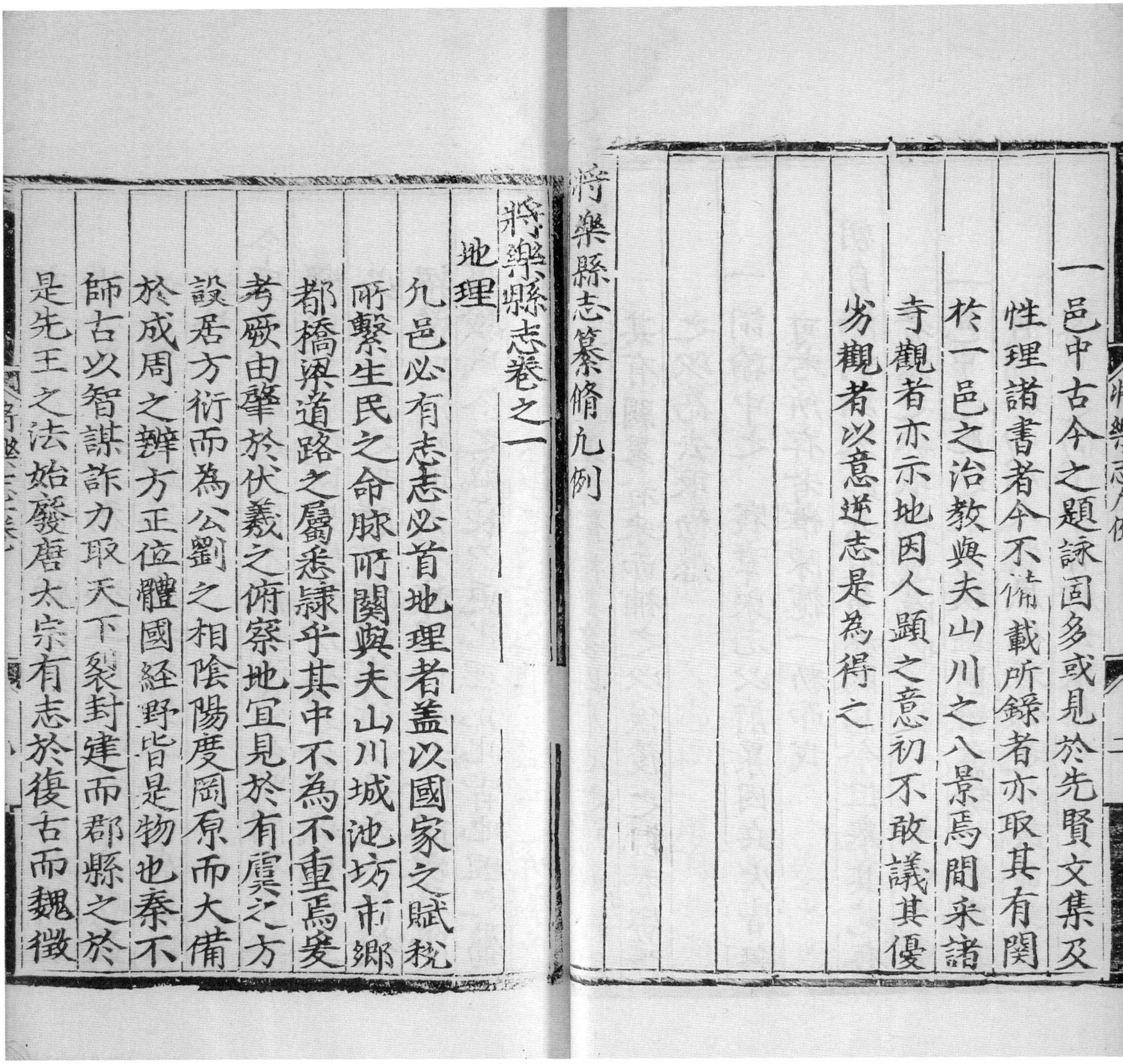
一邑中古今之題詠固多或見於先賢文集及性理諸書者今不備載所録者亦取其有関於一邑之治教與夫山川之八景焉間采諸寺觀者亦示地因人顯之意初不敢議其優劣觀者以意逆志是為得之

將樂縣志纂脩凡例

將樂縣志卷之一

地理

凡邑必有志志必首地理者蓋以國家之賦稅所繫生民之命脉所關與夫山川城池坊市鄉都橋梁道路之屬悉隷乎其中不為不重焉爰考厥由肇於伏羲之俯察地宜見於有虞之方設居方衍而為公劉之相陰陽度岡原而大備於成周之辨方正位體國經野皆是物也秦不師古以智謀詐力取天下裂封建而郡縣之於是先王之法始廢唐太宗有志於復古而魏徵

12583 [弘治]將樂縣志十四卷　（明）李敏纂修　明弘治刻本

匡高19.7厘米，廣13.7厘米。半葉十行，行二十字，小字雙行同，黑口，四周雙邊。有“范氏天一閣藏書”等印。寧波市天一閣博物院藏。

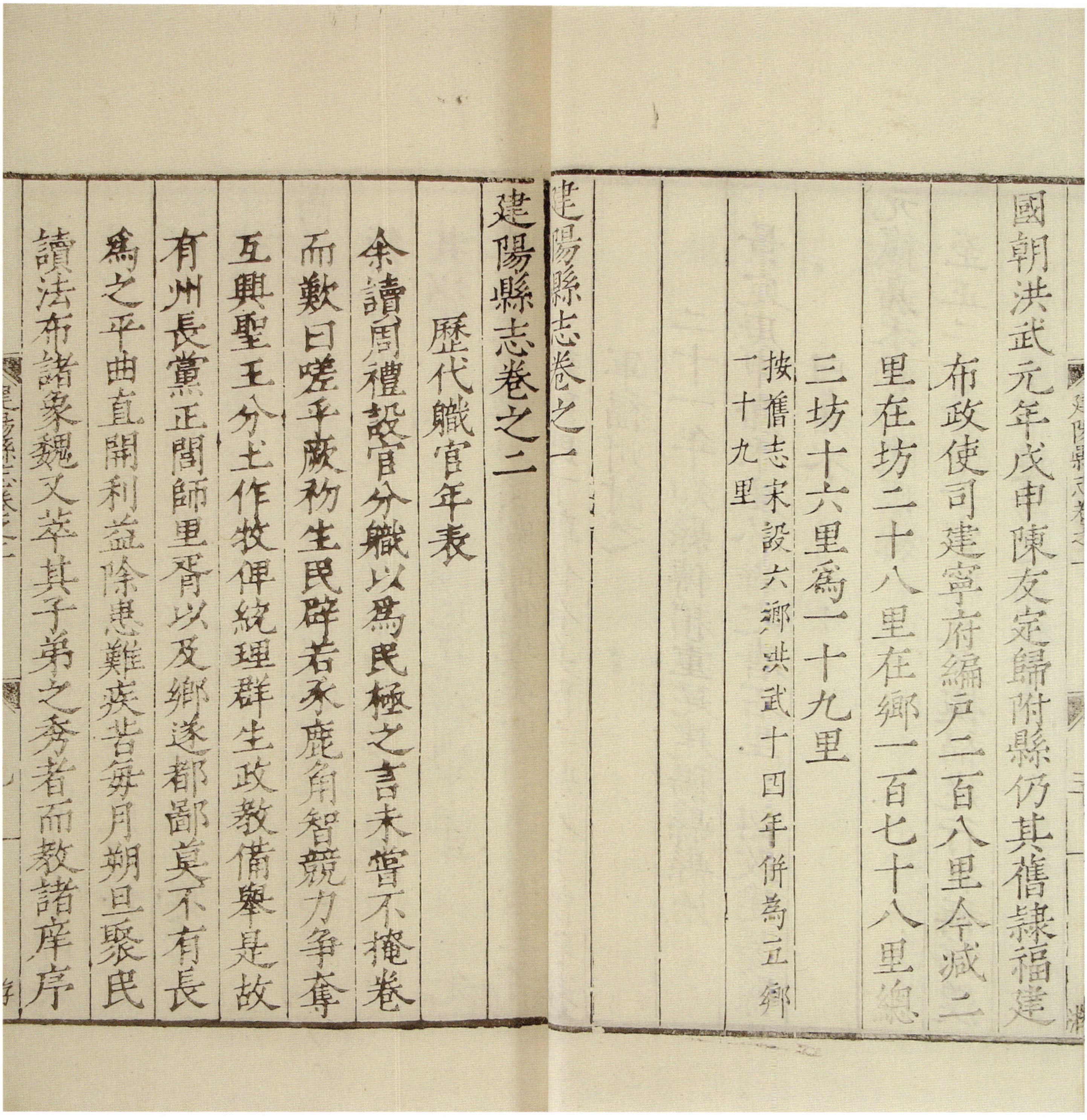
國朝洪武元年戊申陳友定歸附縣仍其舊隸福建
布政使司建寧府編戶二百八里今减二
里在坊二十八里在鄉一百七十八里總
三坊十六里爲一十九里
按舊志宋設六鄉洪武十四年併爲五鄉一十九里
建陽縣志卷之一

建陽縣志卷之二
歷代職官年表
余讀周禮設官分職以爲民極之言未嘗不掩卷
而歎曰嗟乎厥初生民辟若豕鹿角智競力爭奪
互興聖王分土作牧俾統理群生政教備舉是故
有州長黨正閭師里胥以及鄉遂都鄙莫不有長
爲之平曲直開利益除患難疾苦每月朔旦聚民
讀法布諸象魏又萃其子弟之秀者而教諸庠序

12584 [嘉靖]建陽縣志十六卷首一卷　（明）馮繼科　朱凌纂修　明嘉靖刻本

匡高20.8厘米，廣13.6厘米。半葉八行，行二十字，小字雙行字不等，白口，四周單邊。有“范氏天一閣藏書”等印。寧波市天一閣博物院藏。

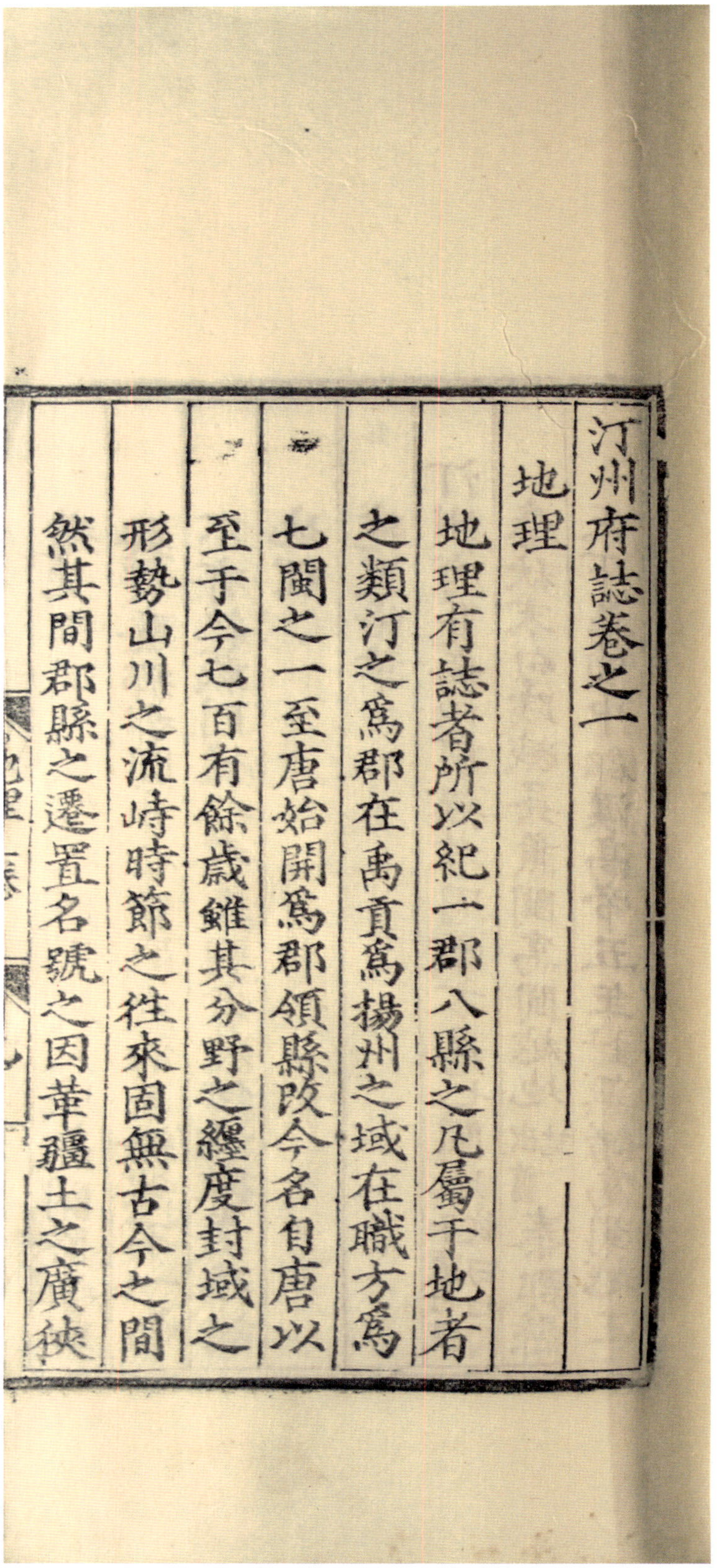

汀州府誌卷之一
地理
地理有誌者所以紀一郡八縣之凡屬于地者
之類汀之爲郡在禹貢爲揚州之域在職方爲
七閩之一至唐始開爲郡領縣改今名自唐以
至于今七百有餘歲雖其分野之纏度封域之
形勢山川之流峙時節之往來固無古今之間
然其間郡縣之遷置名號之因革疆土之廣狹

12585 [嘉靖]汀州府誌十九卷 （明）邵有道　何雲等纂修　明嘉靖六年（1527）刻本

匡高20.9厘米，廣14厘米。半葉八行，行二十字，小字雙行字同，黑口，四周雙邊。有“范氏天一閣藏書”等印。寧波市天一閣博物院藏。

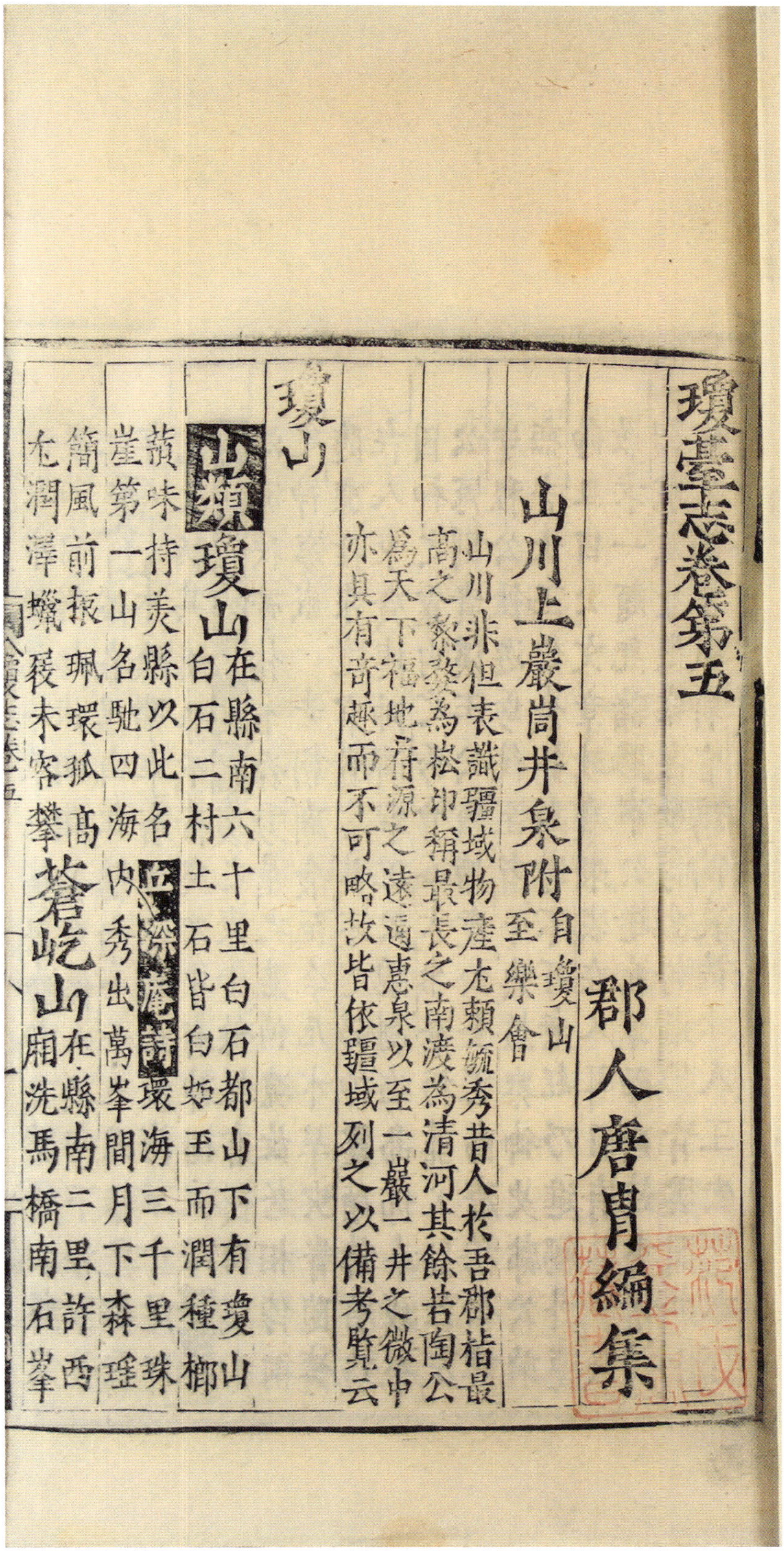

瓊臺志卷第五

郡人唐胄編集

山川上 巖嵓井泉附 自瓊山至樂會

山川非但表識疆域物產尤賴毓秀昔人於吾郡稽最高之黎發為崧卯稱最長之南渡為清河其餘若陶公為天下福地存源之遠逼惠泉以至一巖一井之微中亦具有奇趣而不可略故皆依疆域列之以備考覽云

瓊山

山類 瓊山在縣南六十里白石都山下有瓊山白石二村土石皆白如玉而潤種椰蕷味持羨縣以此名 丘深庵詩 環海三千里珠崖第一山名馳四海內秀出萬峯間月下森瑤簡風前振珮環孤高尤潤澤孅稜未容攀 蒼屹山在縣南二里許西廂洗馬橋南石峯

12586 [正德]瓊臺志四十四卷 （明）唐胄纂修 明正德十六年（1521）

刻本

匡高22.7厘米，廣15.8厘米。半葉九行，行十九字，小字雙行字同，黑口，四周雙邊。有"范氏天一閣藏書"等印。寧波市天一閣博物院藏，存四十卷。

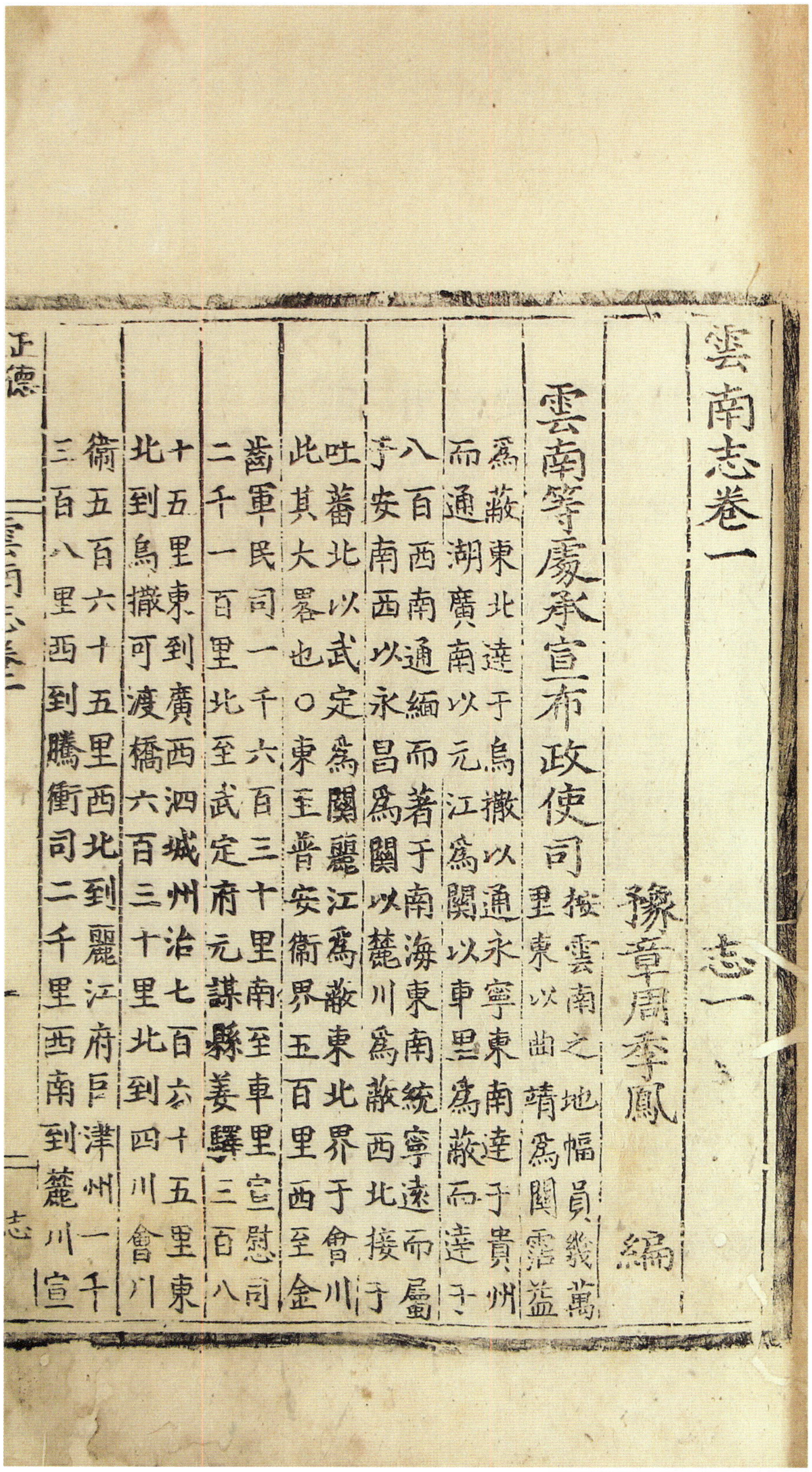
雲南志卷一　志一
豫章周季鳳　編
雲南等處承宣布政使司 按雲南之地幅員幾萬里東以曲靖爲關霑益爲蔽東北達于烏撒以通永寧東南達于貴州而通湖廣南以元江爲關以車里爲蔽而達于八百西南通緬而著于南海東南統寧遠而屬于安南西以永昌爲關以麓川爲蔽西北接于吐蕃北以武定爲關麗江爲蔽東北界于會川此其大畧也○東至普安衛界五百里西至金齒軍民司一千六百三十里南至車里宣慰司二千一百里北至武定府元謀縣姜驛三百八十五里東到廣西泗城州治七百六十五里東北到烏撒可渡橋六百三十里北到四川會川衛五百六十五里西北到麗江府巨津州一千三百八里西到騰衝司二千里西南到麓川宣
正德　雲南志卷一　志

12587 [正德]雲南志四十四卷　（明）周季鳳纂修　明正德刻本

包背裝。匡高21.8厘米，廣16.7厘米。半葉九行，行二十字，小字雙行同，白口，四周雙邊。有“范氏天一閣藏書”等印。寧波市天一閣博物院藏。

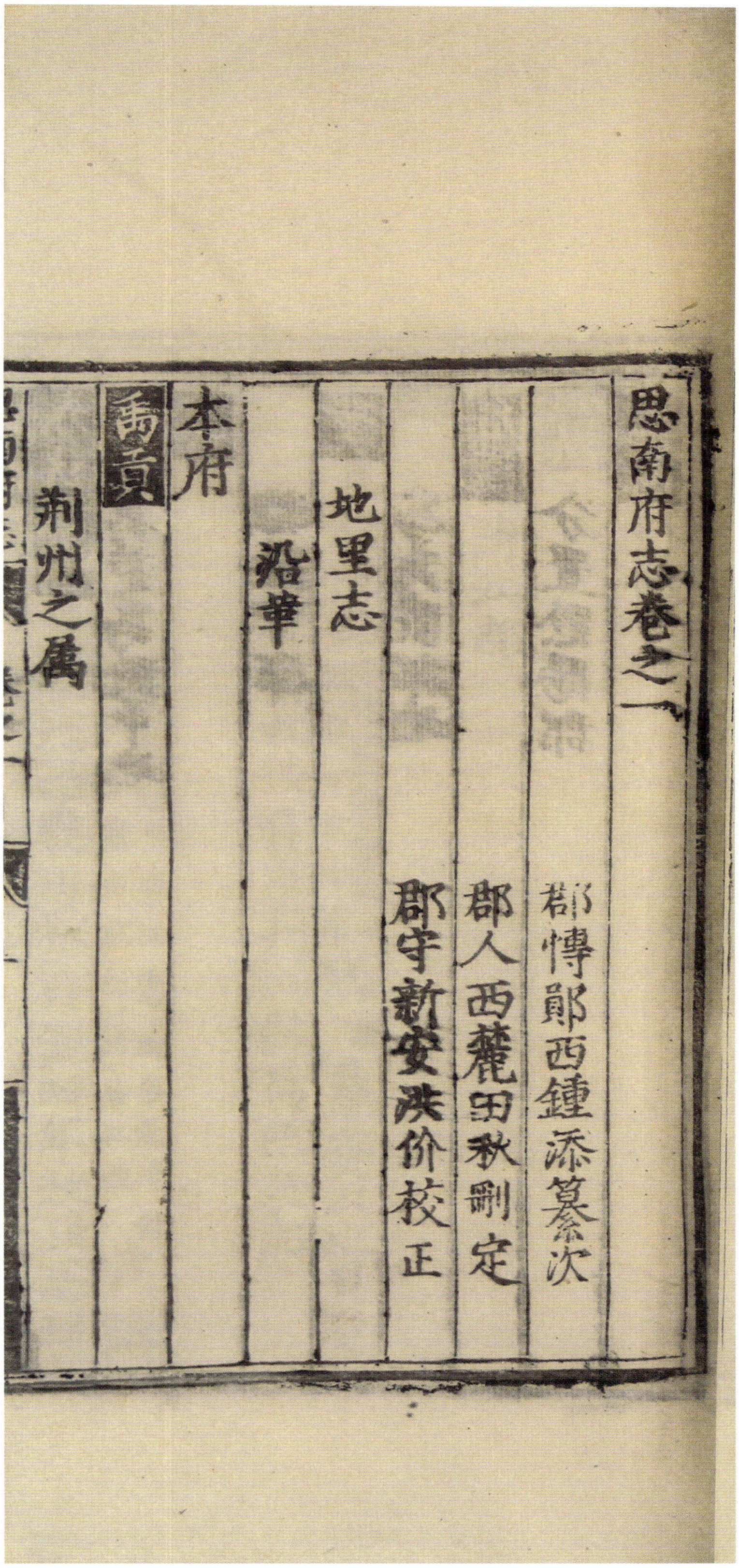

12588 [嘉靖]思南府志八卷　（明）鍾添　田秋纂修　明嘉靖十五年（1536）刻本

包背裝。匡高20.7厘米，廣14厘米。半葉九行，行二十字，小字雙行同，黑口，四周雙邊。有“范氏天一閣藏書”等印。寧波市天一閣博物院藏。

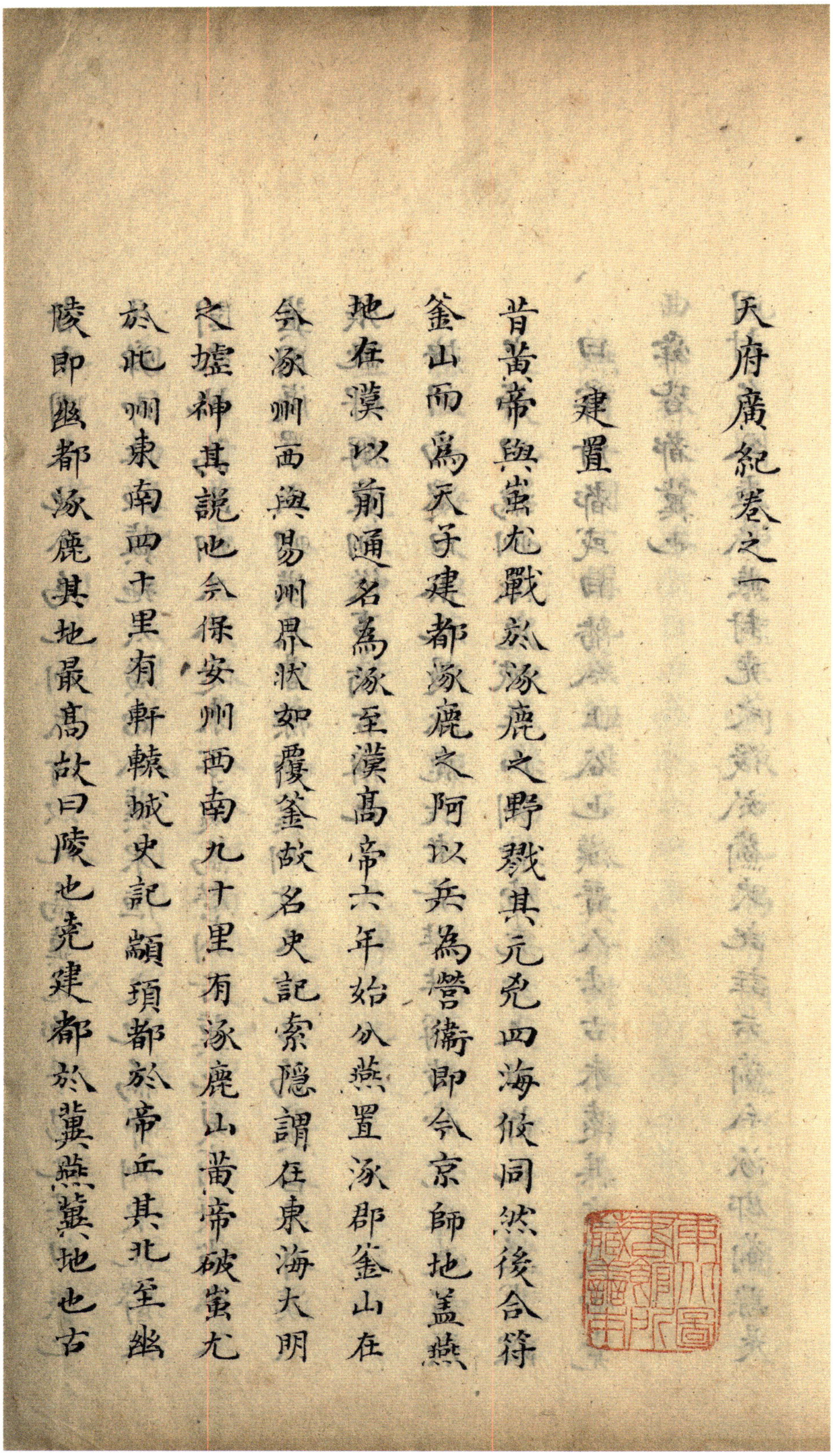

天府廣紀卷之一

建置

昔黄帝與蚩尤戰於涿鹿之野殄其元兇四海攸同然後合符釜山而爲天子建都涿鹿之阿以兵爲營衛即今京師地蓋燕地在漢以前通名爲涿至漢高帝六年始分燕置涿郡釜山在今涿州西與易州界狀如覆釜故名史記索隱謂在東海大明之墟神其說也今保安州西南九十里有涿鹿山黄帝破蚩尤於此州東南四十里有軒轅城史記顓頊都於帝丘其北至幽陵即幽都涿鹿其地最高故曰陵也堯建都於冀燕冀地也古

12589 天府廣紀四十四卷 （清）孫承澤撰　清初抄本

遼寧省圖書館藏。

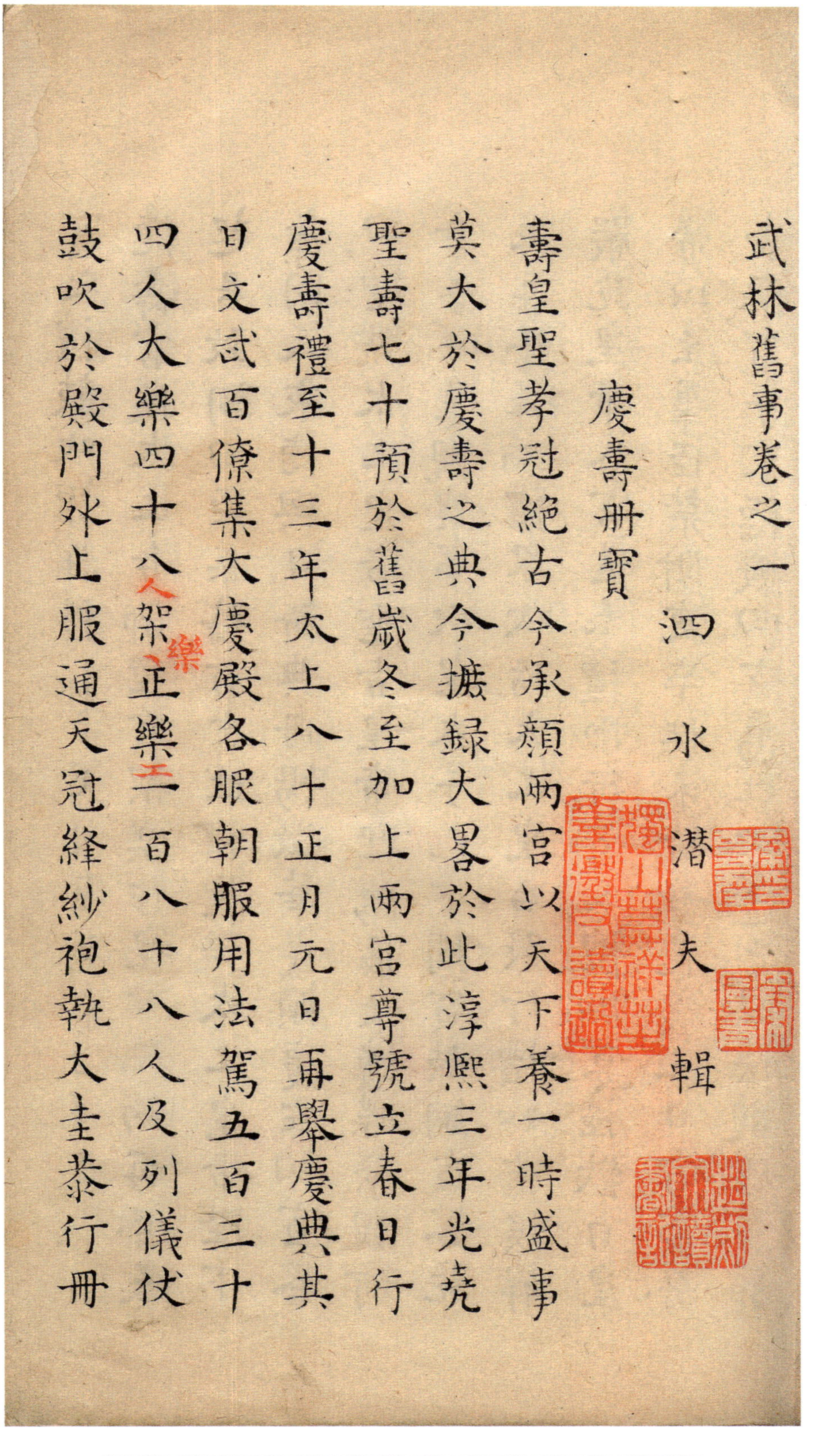
武林舊事卷之一
泗水潛夫輯
慶壽冊寶
壽皇聖孝冠絕古今承顏兩宮以天下養一時盛事
莫大於慶壽之典今據録大畧於此淳熙三年光堯
聖壽七十預於舊歳冬至加上兩宮尊號立春日行
慶壽禮至十三年太上八十正月元日再舉慶典其
日文武百僚集大慶殿各服朝服用法駕五百三十
四人大樂四十八架正樂一百八十八人及列儀仗
鼓吹於殿門外上服通天冠絳紗袍執大圭恭行冊

12590 武林舊事十卷 （宋）周密撰　清初抄本

有“趙烈文讀書記”“獨山莫祥芝善徵父讀過”“秦印更年”等印。錢曾校。南開大學圖書館藏。

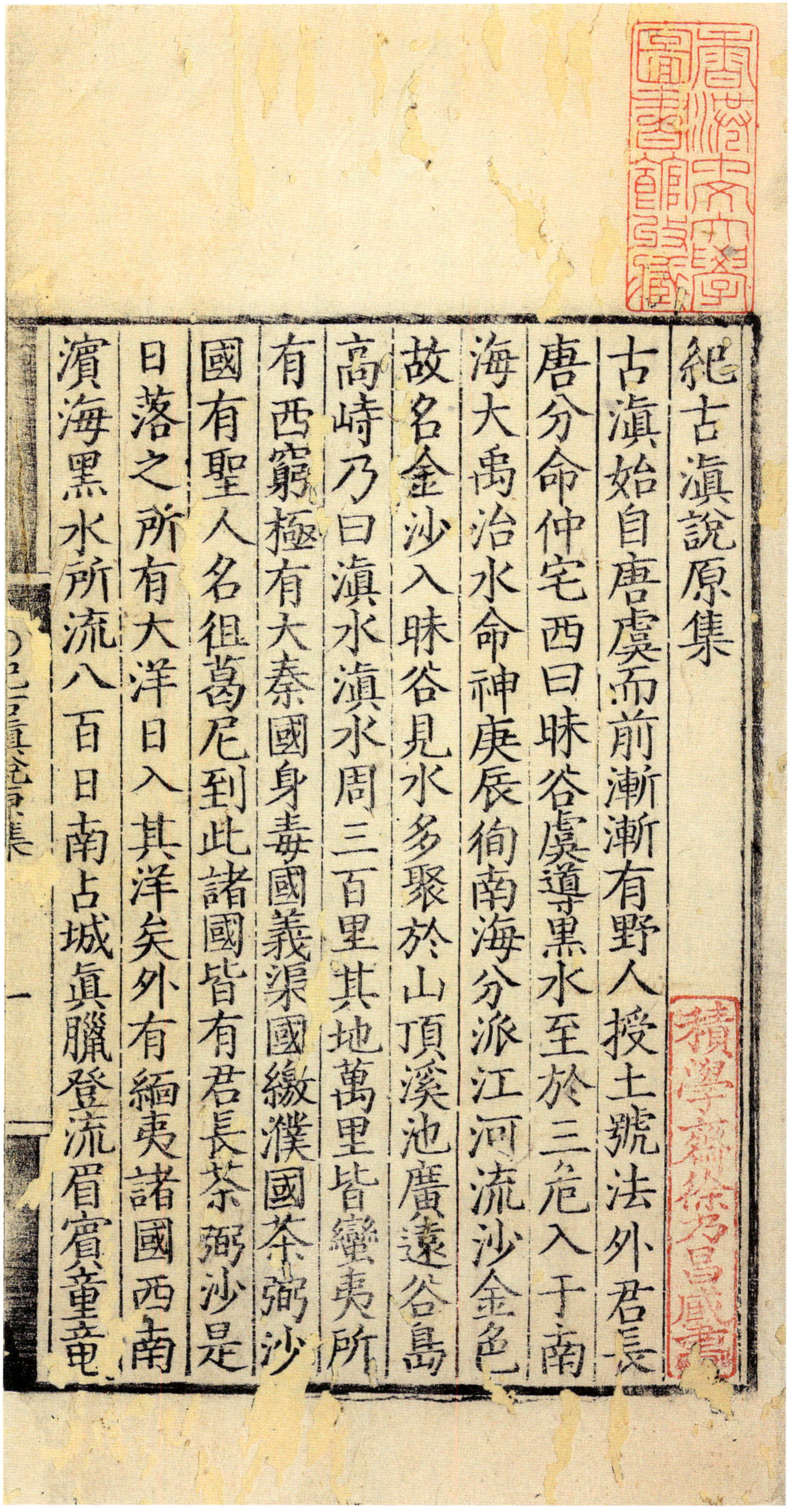

紀古滇說原集
古滇始自唐虞而前漸漸有野人授土號法外君長
唐分命仲宅西曰昧谷虞導黑水至於三危入于南
海大禹治水命神庚辰徇南海分派江河流沙金色
故名金沙入昧谷見水多聚於山頂溪池廣遠谷島
高崎乃曰滇水滇水周三百里其地萬里皆蠻夷所
有西窮極有大秦國身毒國義渠國繳濮國茶弼沙
國有聖人名徂葛尼到此諸國皆有君長茶弼沙是
日落之所有大洋日入其洋矣外有緬夷諸國西南
濱海黑水所流八百日南占城眞臘登流眉賓童竜

12591 紀古滇說原集一卷 題（宋）張道宗撰　明嘉靖二十八年（1549）刻本

匡高18.5厘米，廣13.2厘米。半葉十行，行二十字，黑口，左右雙邊。有"四明盧氏抱經樓藏書印""南陵徐乃昌校勘經籍記""積學齋徐乃昌臧書"等印。香港中文大學圖書館藏。

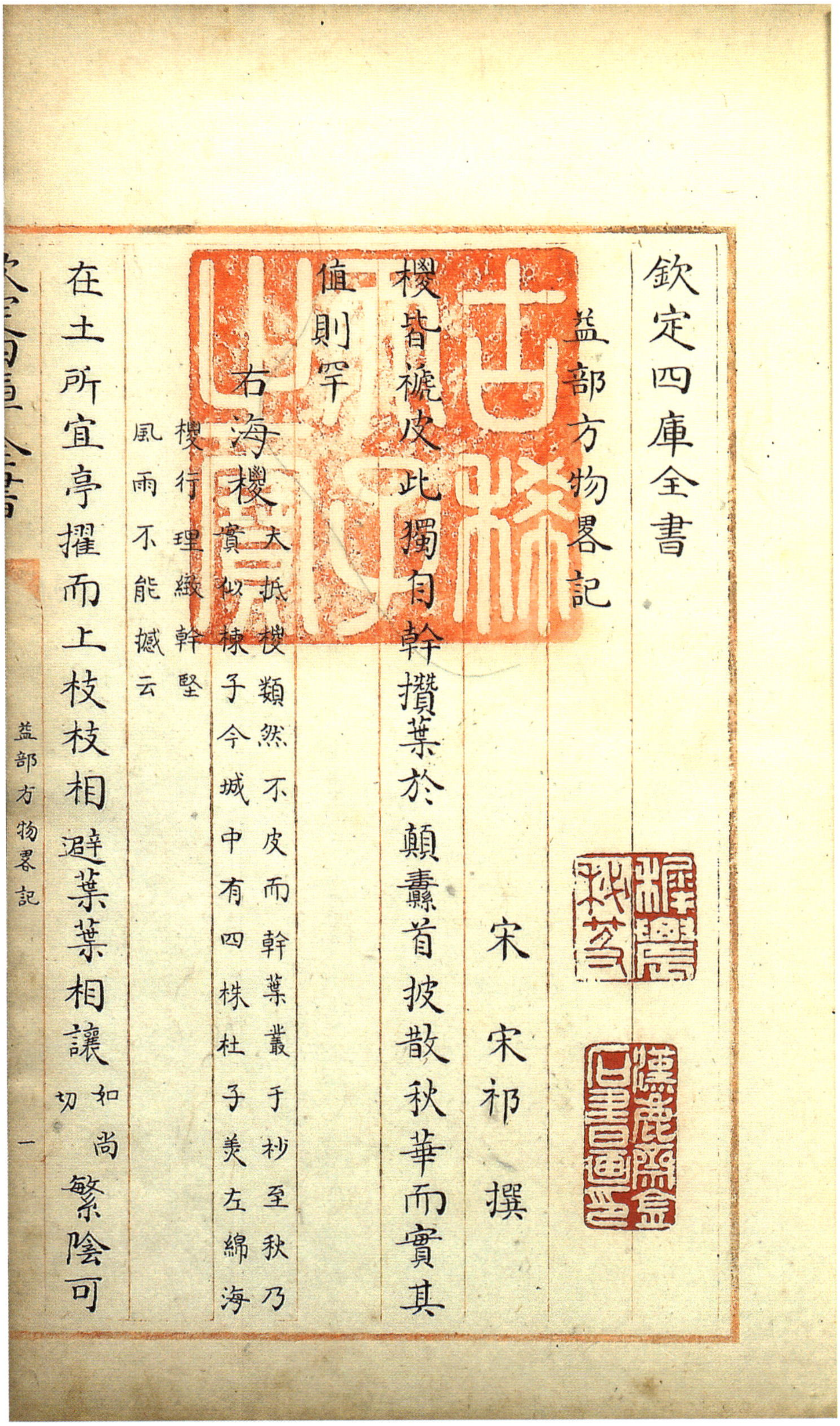

欽定四庫全書
益部方物畧記
宋　宋祁　撰
櫻皆褫皮此獨自幹攢葉於顛纛首披散秋華而實其
值則罕
右海櫻大抵櫻類然不皮而幹葉叢于杪至秋乃實似楝子今城中有四株杜子美左綿海櫻行理緻幹堅風雨不能撼云
在土所宜亭擢而上枝枝相避葉葉相讓如尚切繁陰可
益部方物畧記　一

12592 益部方物畧記一卷　（宋）宋祁撰　清乾隆内府寫南三閣四庫全書本

包背裝。匡高20.7厘米，廣13.8厘米。半葉八行，行二十一字，小字雙行同，紅格，白口，四周雙邊。有“古稀天子之寶”等印。南京圖書館藏。

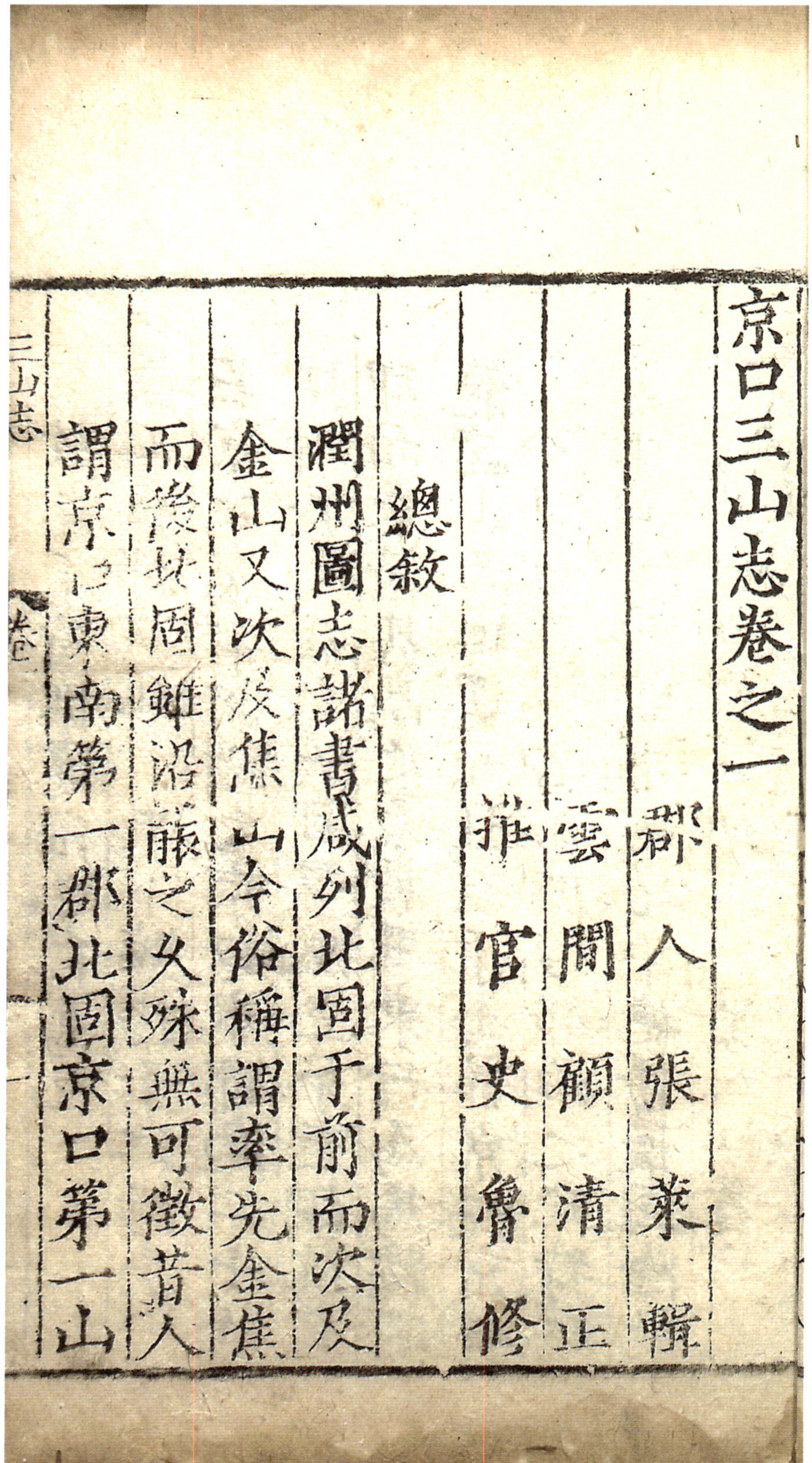
京口三山志卷之一

郡人張萊輯

雲間顧清正

推官史魯修

總敘

潤州圖志諸書咸列北固于前而次及金山又次及焦山今俗稱謂率先金焦而後北固雖沿襲之久殊無可徵昔人謂京口東南第一郡北固京口第一山

三山志　卷一　一

12593 京口三山志十卷　（明）張萊撰　明正德七年（1512）刻本

匡高19.4厘米，廣14.5厘米。半葉九行，行十七字，小字雙行同，白口，左右雙邊。南京圖書館藏。

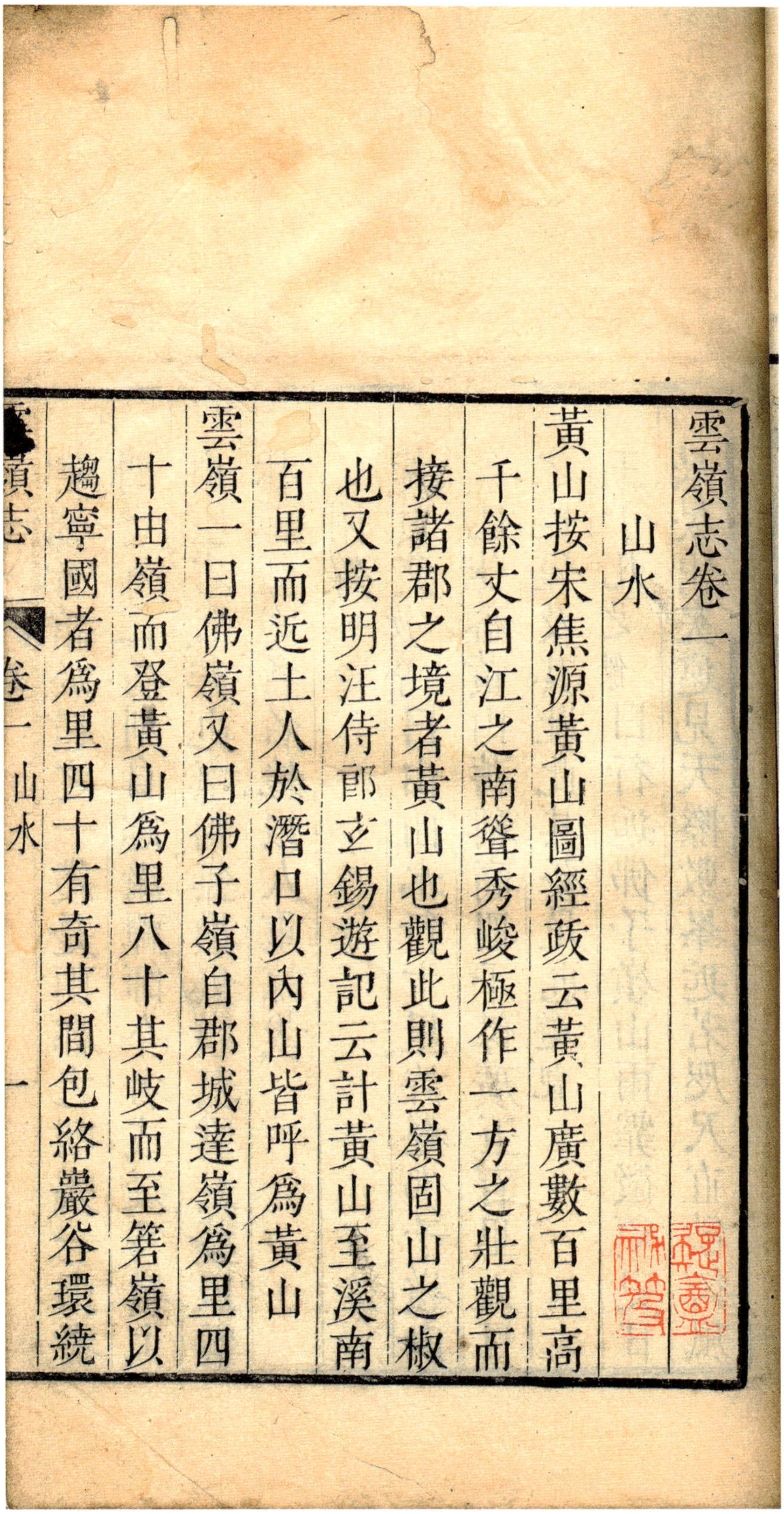

雲嶺志卷一

山水

黄山按宋焦源黄山圖經跋云黄山廣數百里高千餘丈自江之南聳秀峻極作一方之壯觀而接諸郡之境者黄山也觀此則雲嶺固山之椒也又按明汪侍郎玄錫遊記云計黄山至溪南百里而近土人於潛口以内山皆呼爲黄山

雲嶺一曰佛嶺又曰佛子嶺自郡城達嶺爲里四十由嶺而登黄山爲里八十其岐而至箬嶺以趨寧國者爲里四十有奇其間包絡巖谷環繞

雲嶺志 卷一 山水 一

12594 雲嶺志六卷　（清）釋普職　釋蒼霞等撰　清康熙五十七年（1718）刻本

匡高18.1厘米，廣13.9厘米。半葉十行，行十九字，白口，左右單邊。有“疑盦秘笈”等印。王立中、許承堯跋。安徽博物院藏。

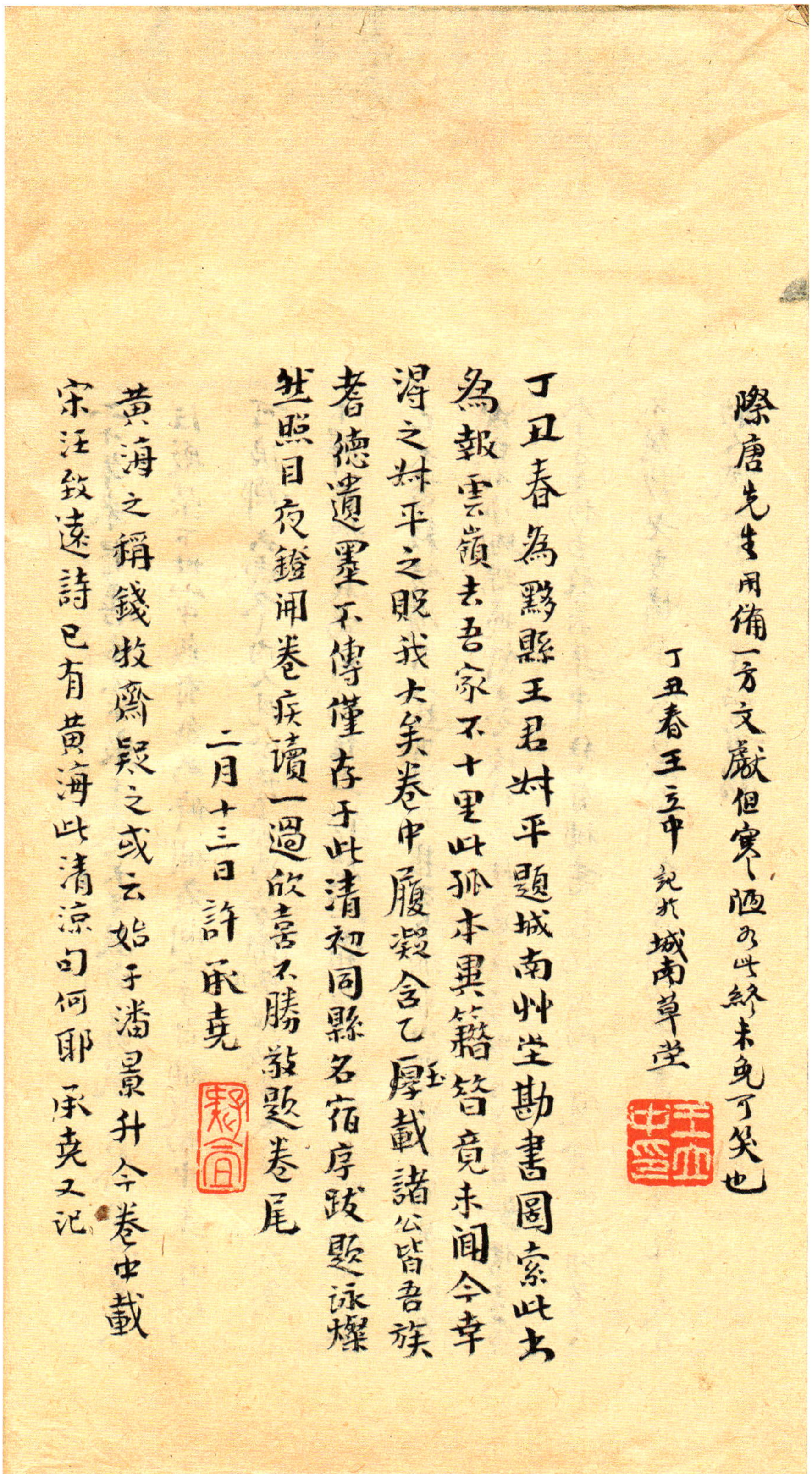
際唐先生用備一方文獻但寒陋如此終未免可笑也
丁丑春王立中記於城南草堂
丁丑春為黟縣王君㚬平題城南草堂勘書圖索此志
為報雲嶺去吾家不十里此孤本異籍留竟未聞今幸
得之㚬平之賜我大矣卷中履凝含乙玉厚載諸公皆吾族
者德遺墨不傳僅存於此清初同縣名宿序跋題詠燦
然照目夜鐙開卷疾讀一過欣喜不勝敬題卷尾
二月十三日許承堯
黄海之稱錢牧齋疑之或云始于潘景升今卷中載
宋汪致遠詩已有黄海此清涼句何耶 承堯又記

12594 雲嶺志六卷

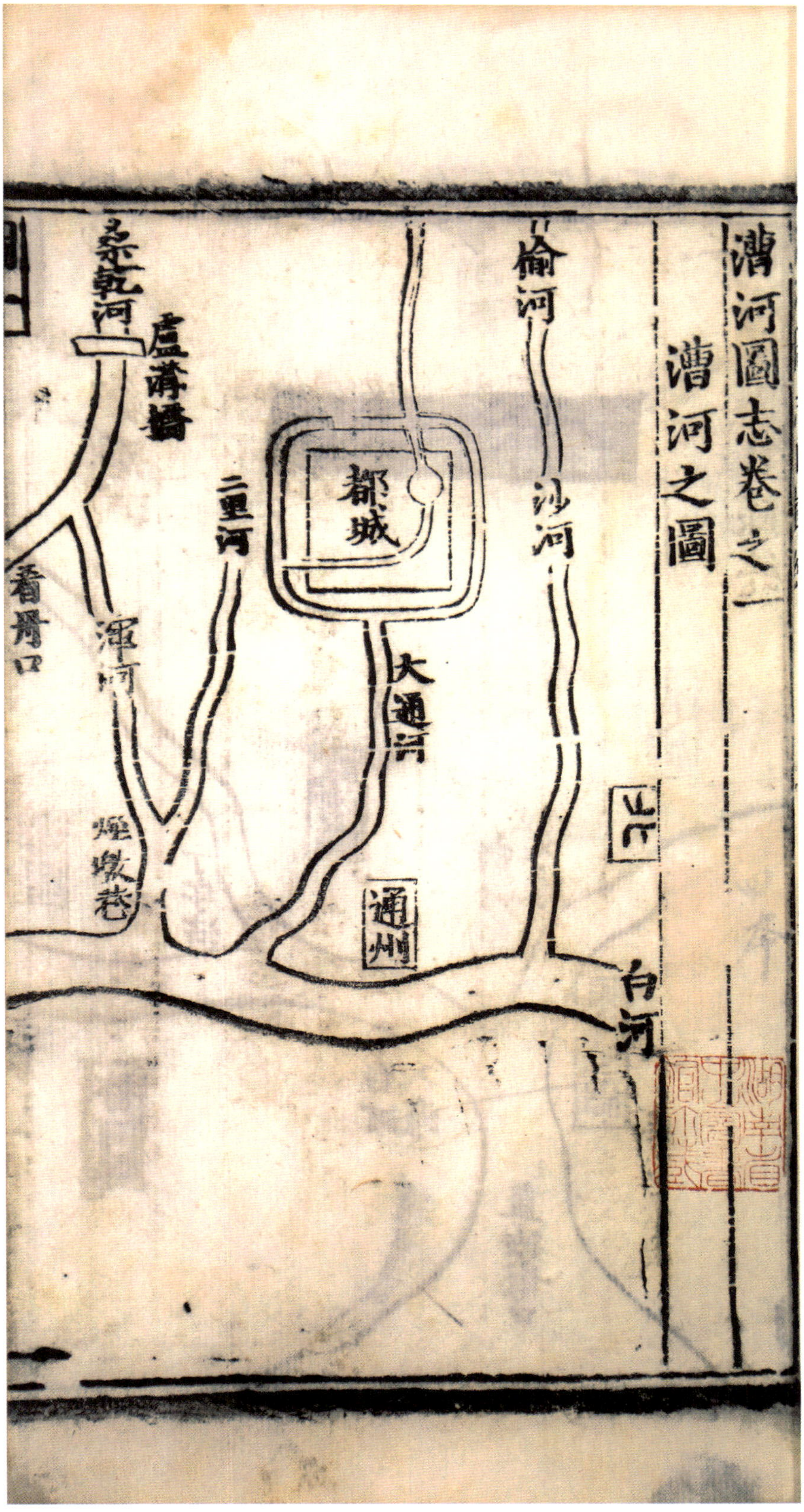

12595 漕河圖志八卷　（明）王瓊撰　明弘治九年（1496）刻本

匡高22.4厘米，廣14.5厘米。半葉十二行，行二十二字，黑口，四周雙邊。

湖南圖書館藏，存六卷。

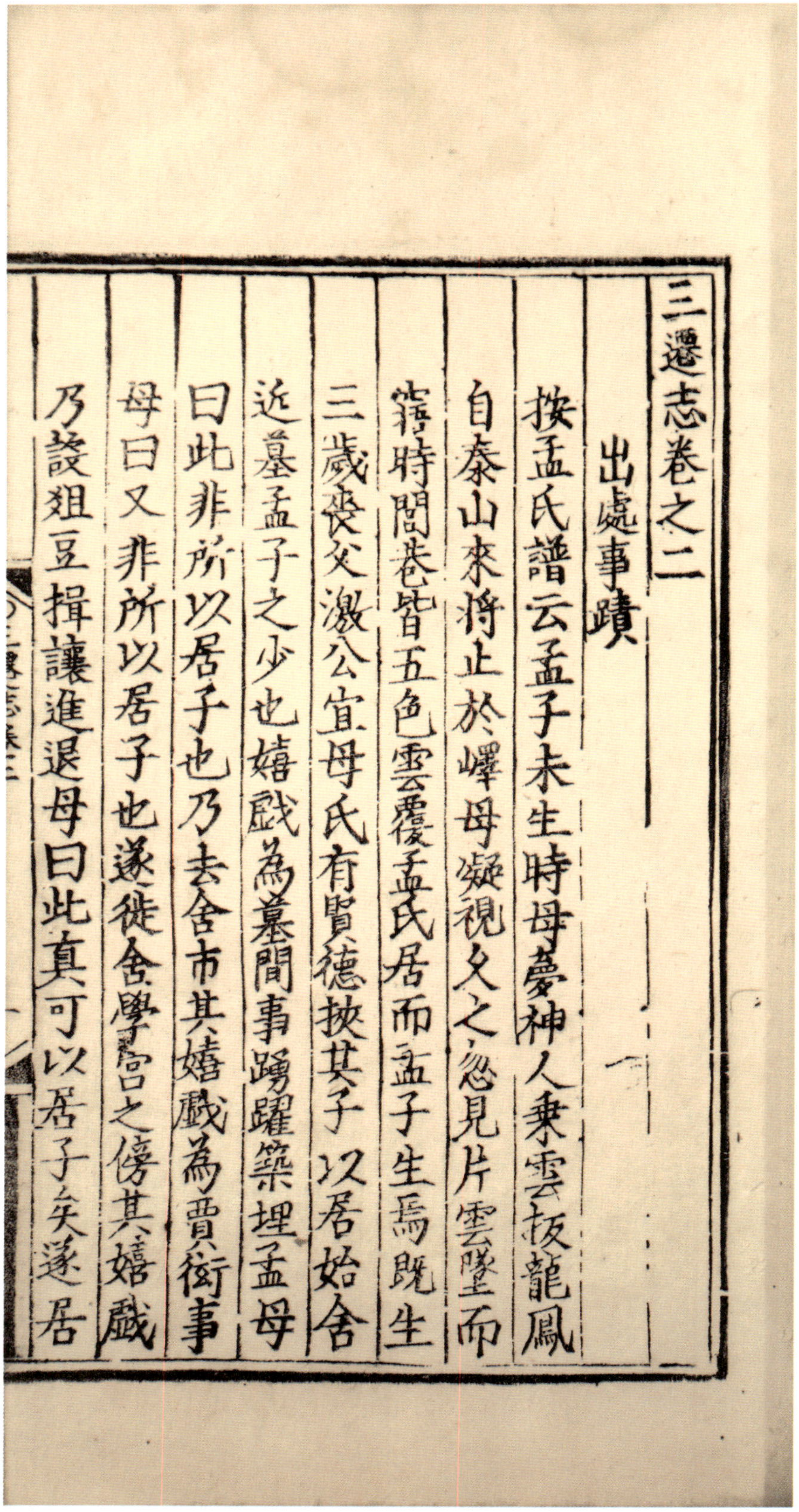

三遷志卷之二

出處事蹟

按孟氏譜云孟子未生時母夢神人乘雲抱龍鳳自泰山來將止於嶧母凝視久之忽見片雲墜而寤時閭巷皆五色雲覆孟氏居而孟子生焉既生三歲喪父激公宜母氏有賢德撫其子以居始舍近墓孟子之少也嬉戲為墓間事踴躍築埋孟母曰此非所以居子也乃去舍市其嬉戲為賈衒事母曰又非所以居子也遂徙舍學宮之傍其嬉戲乃設俎豆揖讓進退母曰此真可以居子矣遂居

12596 三遷志六卷　（明）史鶚撰　明嘉靖刻本

匡高21.3厘米，廣13.9厘米。半葉十行，行二十一字，黑口，四周雙邊。湖南圖書館藏。

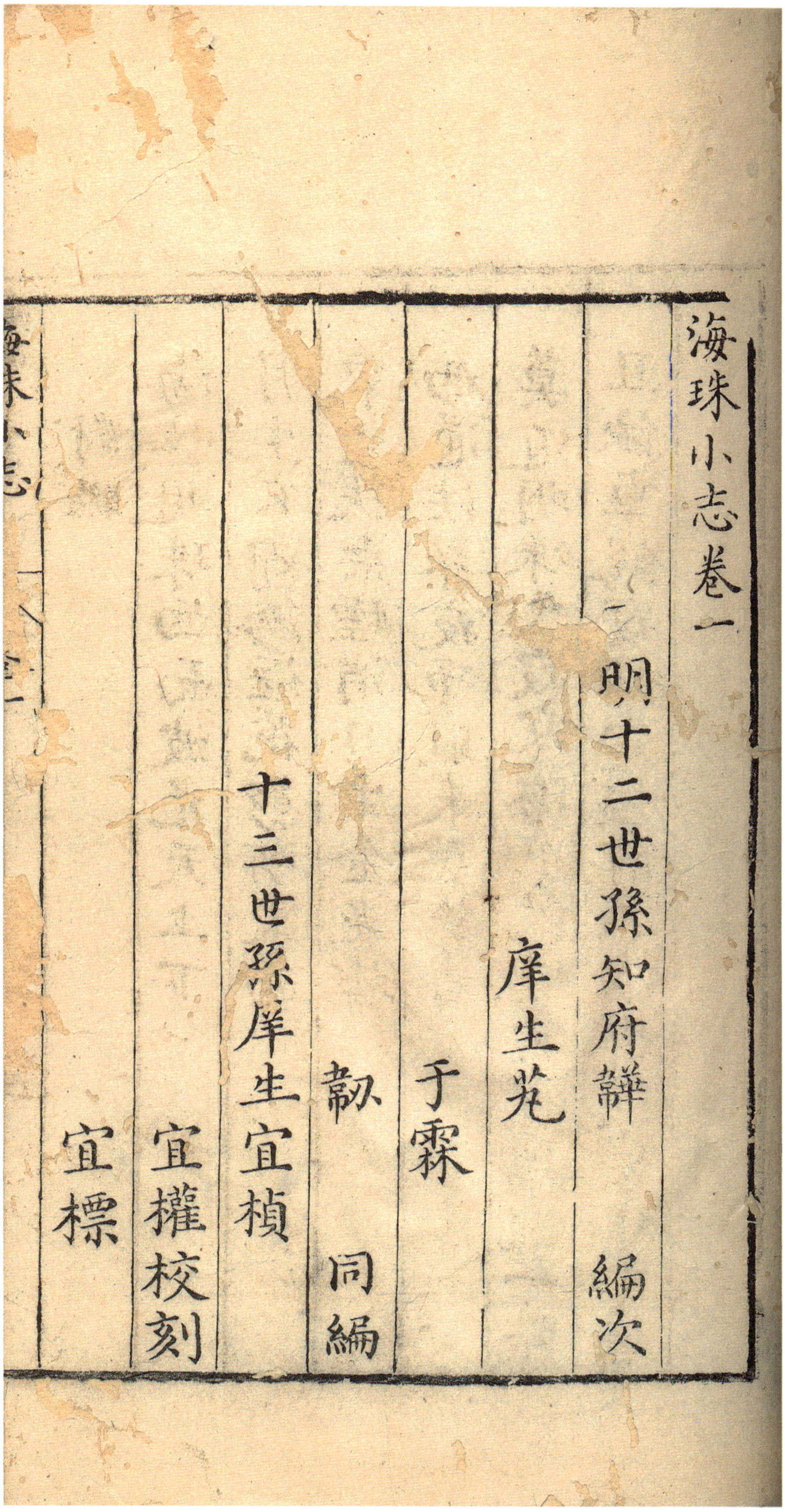

海珠小志卷一

明十二世孫知府韡　編次

庠生芃

于霖

歒　同編

十三世孫庠生宜楨

宜權校刻

宜標

海珠小志　卷一

12597 海珠小志五卷　（明）李韡輯　明萬曆二十三年（1595）刻清遞修本

匡高19.6厘米，廣13.1厘米。半葉八行，行十八字，白口，四周單邊。無錫市圖書館藏。

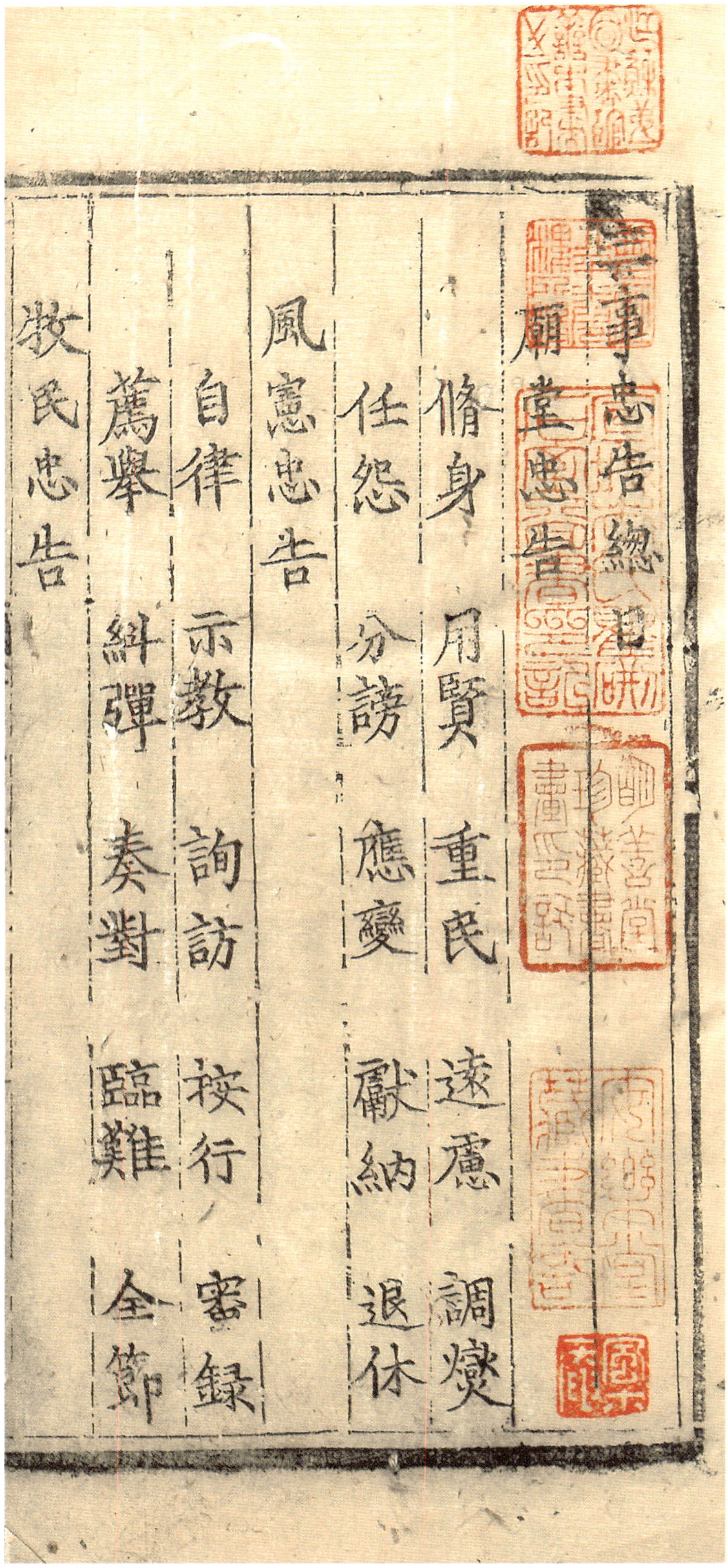

三事忠告總目

廟堂忠告

修身 用賢 重民 遠慮 調燮

任怨 分謗 應變 獻納 退休

風憲忠告

自律 示教 詢訪 按行 審録

薦舉 糾彈 奏對 臨難 全節

牧民忠告

12598 三事忠告四卷 （元）張養浩撰 （明）黄士弘編 明前期刻重修本

匡高22.3厘米，廣13厘米。半葉八行，行十六字，黑口，四周雙邊。有“安樂堂藏書記”“明善堂珍藏書畫印記”“宛陵李之郇臧書印”等印。丁丙跋。南京圖書館藏。

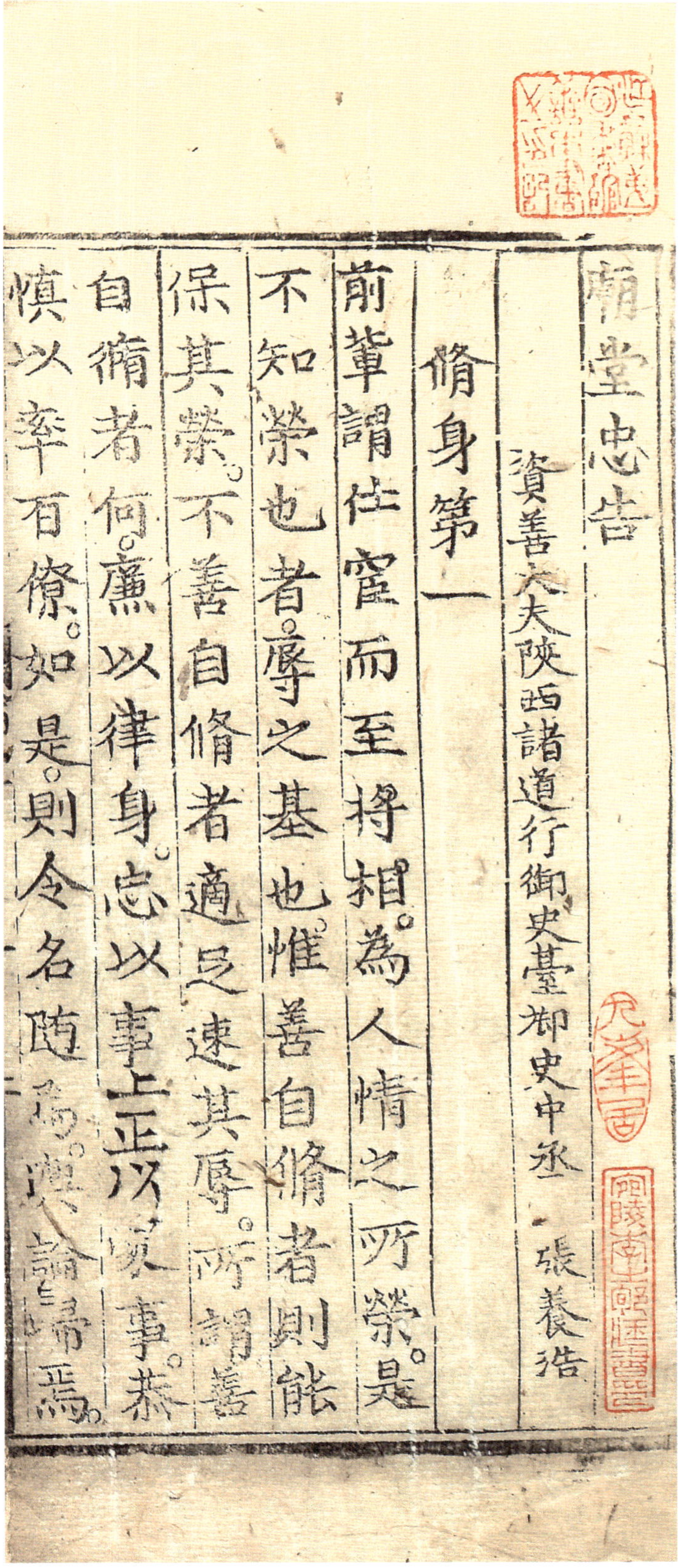

廟堂忠告

資善大夫陝西諸道行御史臺御史中丞　張養浩

脩身第一

前輩謂仕宦而至將相。為人情之所榮。是不知榮也者。辱之基也。惟善自脩者則能保其榮。不善自脩者適足速其辱。所謂善自脩者何。廉以律身。忠以事上。正以處事。恭慎以率百僚。如是。則令名隨焉。輿論歸焉。

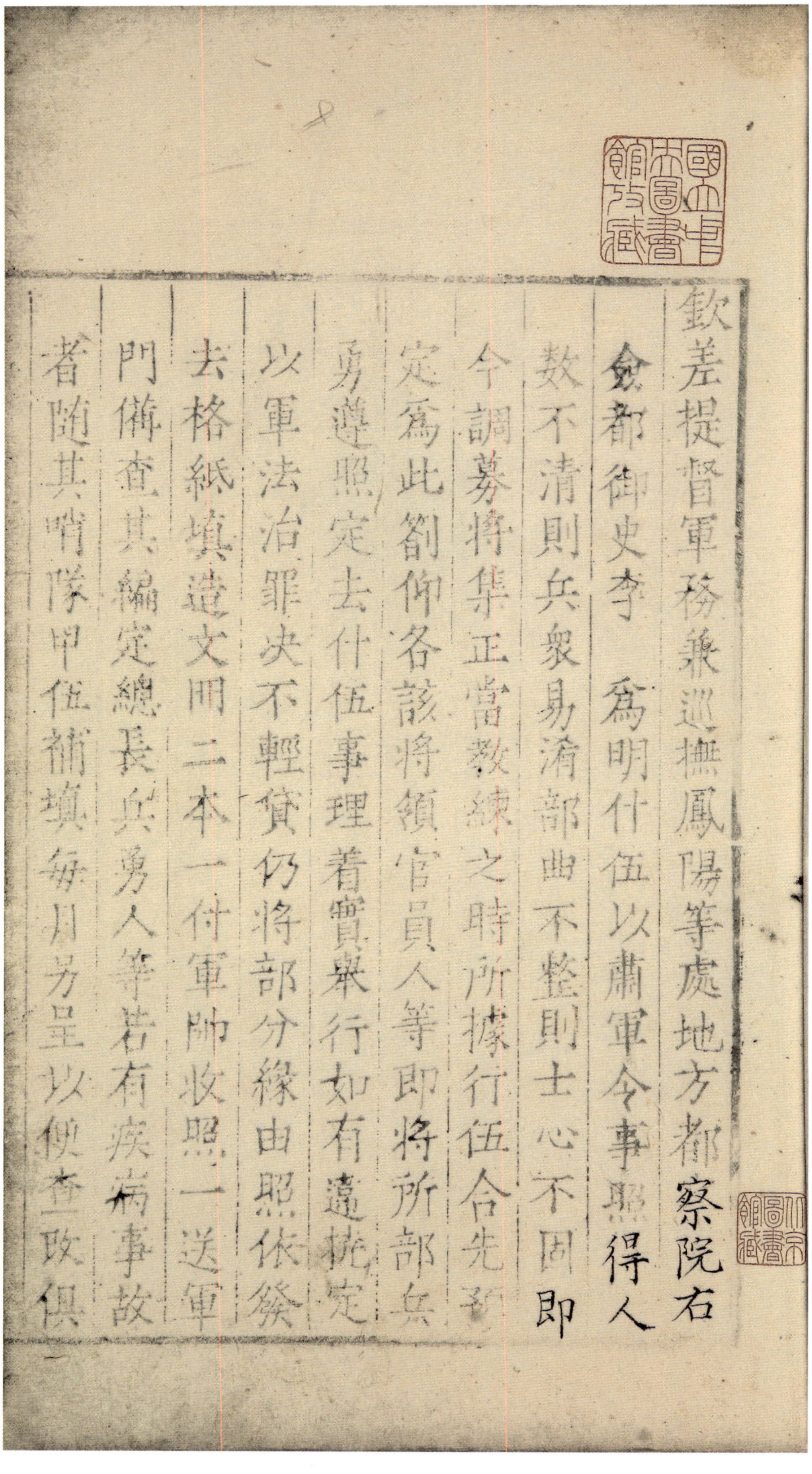
欽差提督軍務兼巡撫鳳陽等處地方都察院右
僉都御史李　爲明什伍以肅軍令事照得人
數不清則兵衆易淆部曲不整則士心不固即
今調募將集正當教練之時所據行伍合先預
定爲此劄仰各該將領官員人等即將所部兵
勇遵照定去什伍事理着實舉行如有違抗定
以軍法治罪決不輕貸仍將部分緣由照依發
去格紙填造文冊二本一付軍門收照一送軍
門備查其編定總長兵勇人等若有疾病事故
者隨其哨隊甲伍補填每月另呈以便查攷俱

12599 禦倭軍事條款一卷　明嘉靖刻藍印本

匡高20.1厘米，廣14厘米。半葉十行，行十九字，白口，四周單邊。有“上虞羅氏終不忍齋藏書”“羅振常”等印。羅振常跋。國家圖書館藏。

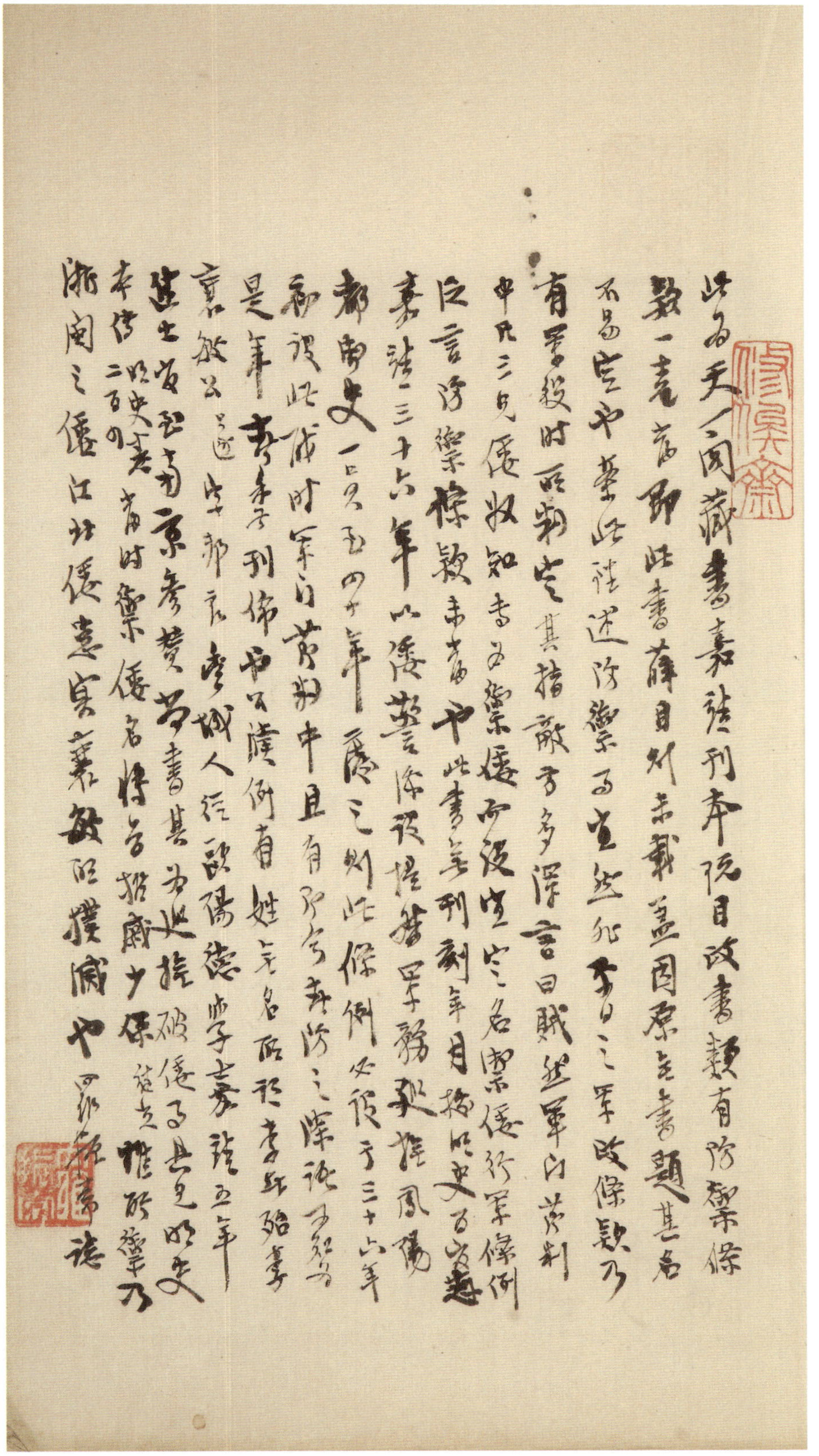

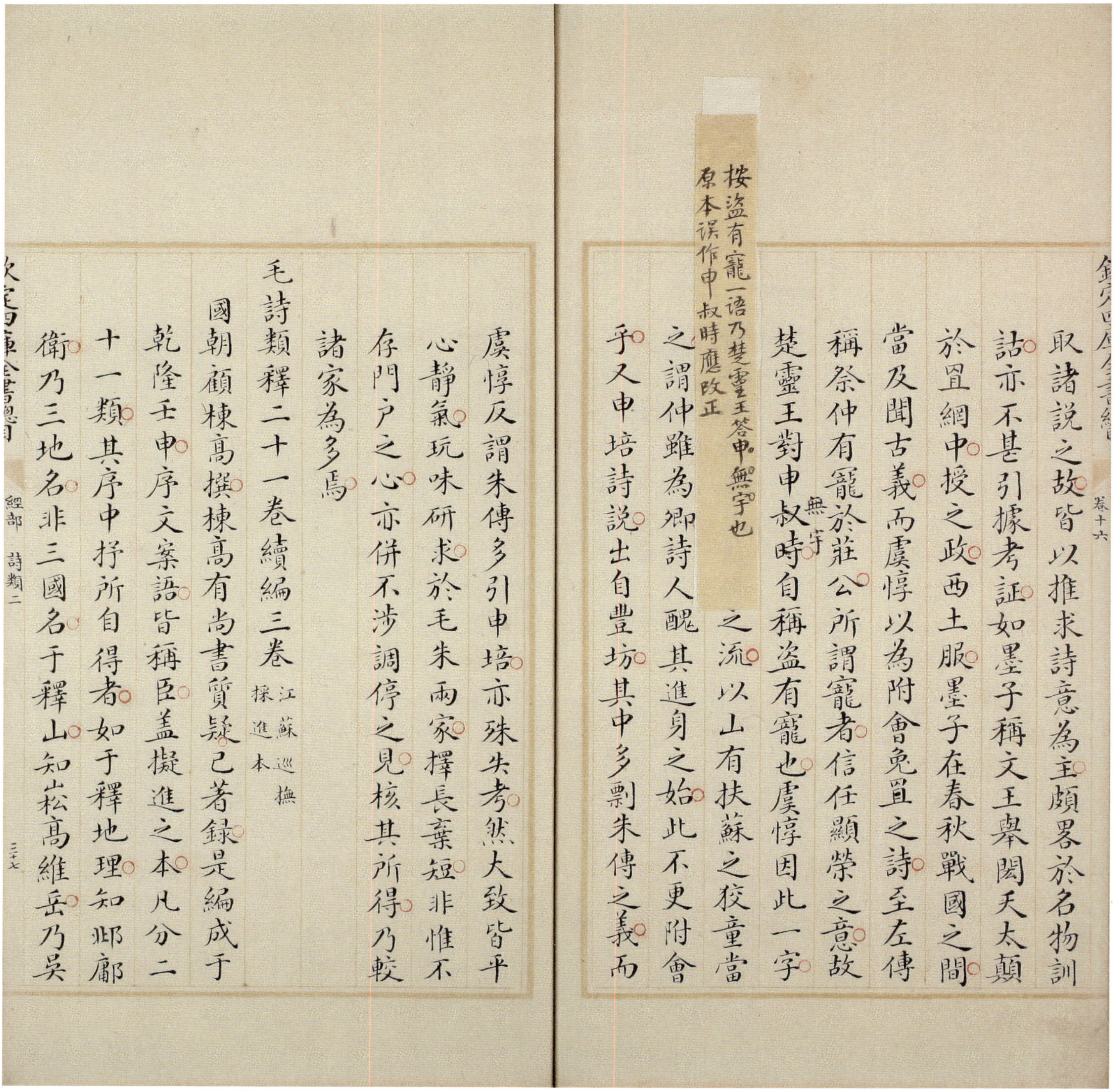
欽定四庫全書總目　卷十六

取諸說之故皆以推求詩意為主頗畧於名物訓
詁亦不甚引據考証如墨子稱文王舉閎夭太顛
於罝網中授之政西土服墨子在春秋戰國之間
當及聞古義而虞惇以為附會兔罝之詩至左傳
稱祭仲有寵於莊公所謂寵者信任顯榮之意故
楚靈王對申叔時（無宇）自稱盜有寵也虞惇因此一字
之謂仲雖為卿詩人醜其進身之始此不更附會
之流以山有扶蘇之狡童當
乎人申培詩說出自豐坊其中多剿朱傳之義而

按盜有寵一語乃楚靈王答申無宇也原本誤作申叔時應改正

虞惇反謂朱傳多引申培亦殊失考然大致皆平
心靜氣玩味研求於毛朱兩家擇長棄短非惟不
存門戶之心亦併不涉調停之見核其所得乃較
諸家為多焉
毛詩類釋二十一卷續編三卷　江蘇巡撫採進本
國朝顧棟高撰棟高有尚書質疑已著錄是編成于
乾隆壬申序文案語皆稱臣蓋擬進之本凡分二
十一類其序中抒所自得者如于釋地理知邶鄘
衛乃三地名非三國名于釋山知崧高維岳乃吳

欽定四庫全書總目　經部　詩類二　二十七

12600 欽定四庫全書總目二百卷首七卷目録一卷　（清）紀昀等撰

稿本

天津圖書館藏，存七十一卷。

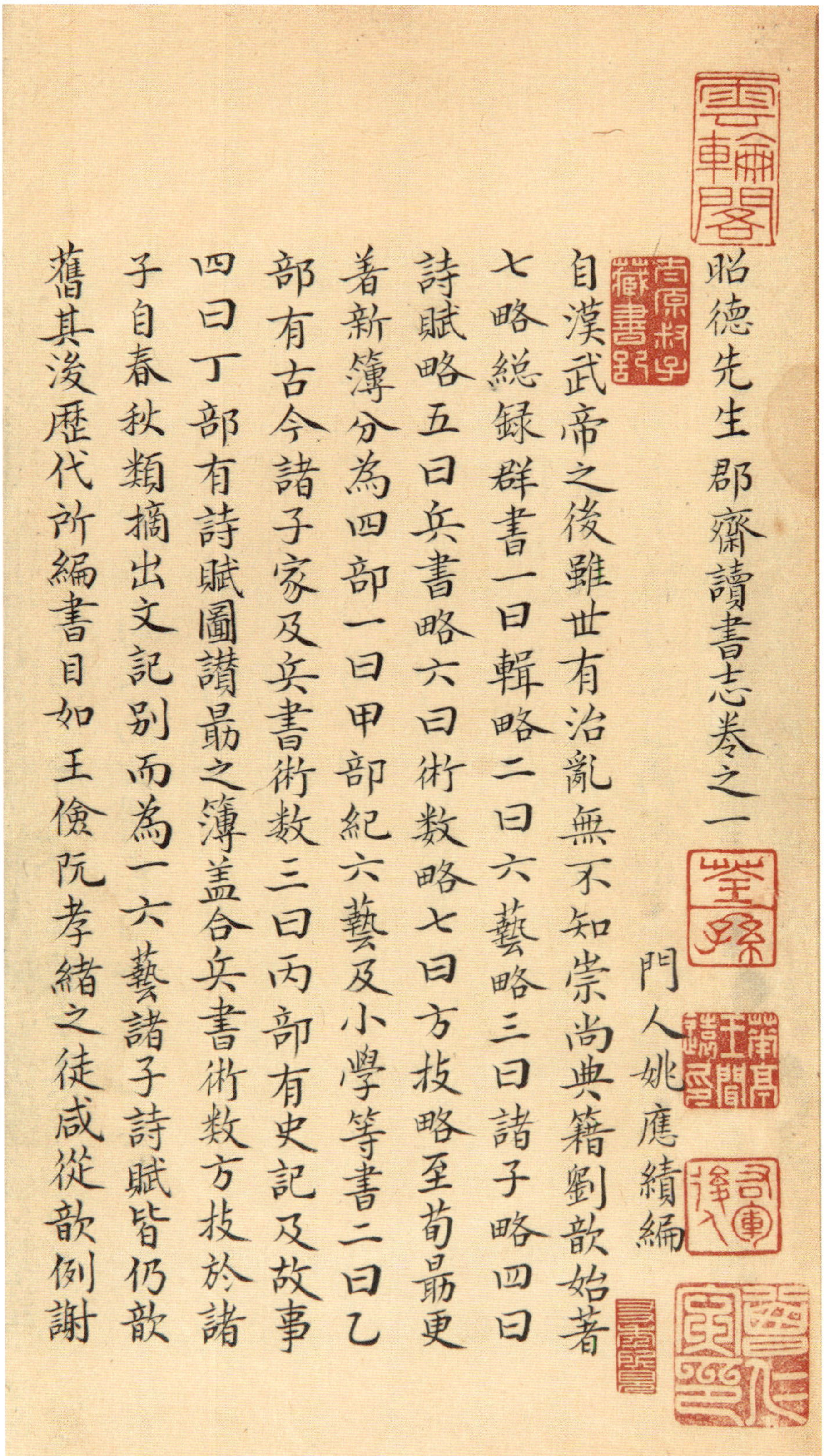

昭德先生郡齋讀書志卷之一

門人姚應績編

自漢武帝之後雖世有治亂無不知崇尚典籍劉歆始著七略総録群書一曰輯略二曰六藝略三曰諸子略四曰詩賦略五曰兵書略六曰術數略七曰方技略至荀勗更著新簿分為四部一曰甲部紀六藝及小學等書二曰乙部有古今諸子家及兵書術數三曰丙部有史記及故事四曰丁部有詩賦圖讚勗之簿蓋合兵書術數方技於諸子自春秋類摘出文記別而為一六藝諸子詩賦皆仍歆舊其後歷代所編書目如王儉阮孝緒之徒咸從歆例謝

12601 昭德先生郡齋讀書志二十卷 （宋）晁公武撰　清抄本

有"華亭王聞遠印""江陰繆荃孫鑑藏書籍金石印""荃孫""景鄭手藏"等印。王聞遠校並題識，繆荃孫校，潘承弼跋。上海圖書館藏。

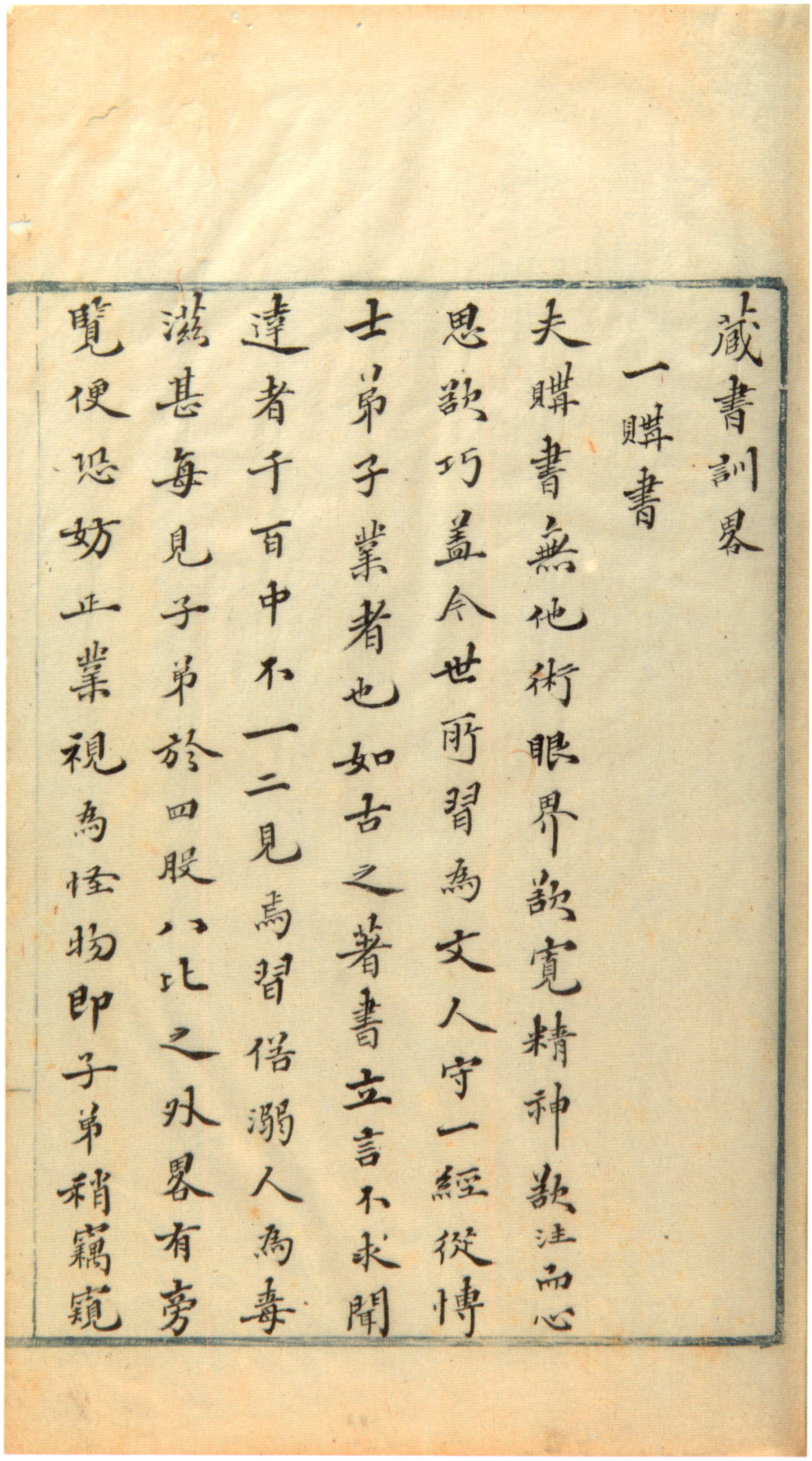

藏書訓畧

一購書

夫購書無他術眼界欲寬精神欲注而心思欲巧蓋今世所習為文人守一經從博士弟子業者也如古之著書立言不求聞達者千百中不一二見焉習俗溺人為毒滋甚每見子弟於四股八比之外畧有旁覽便恐妨正業視為怪物即子弟稍竊窺

12602 澹生堂藏書目不分卷藏書訓一卷藏書約一卷 （明）祁承㸁藏並輯　明抄本

有“石硯齋秦氏印”“恩復之印”“小淮海”“家在中山西郭西”“顧印廣圻”“王受朋藏”等印。顧廣圻跋。上海圖書館藏，存經、史、子，藏書訓全，藏書約全。

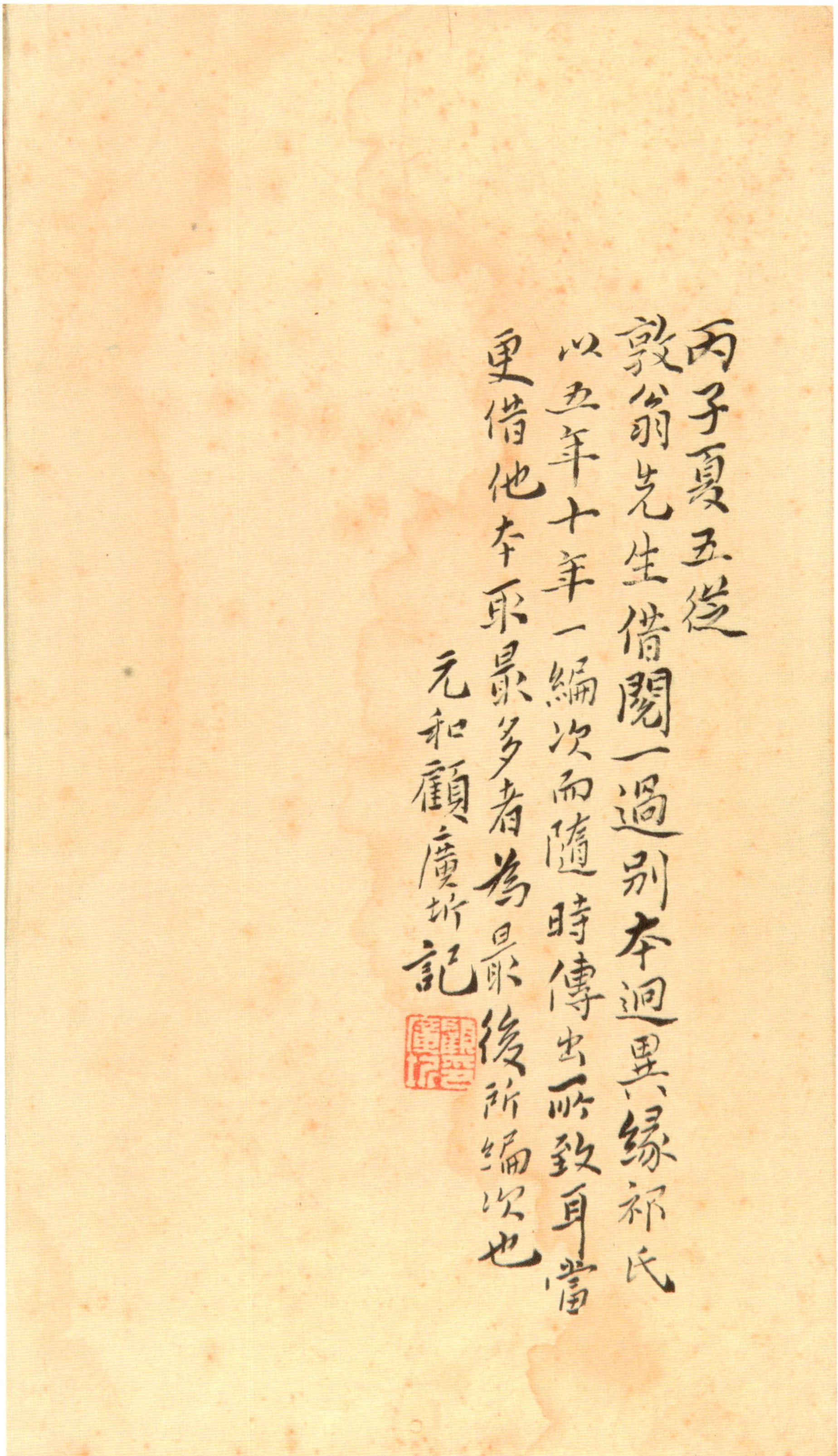

丙子夏五從
敦翁先生借閱一過別本迥異緣祁氏
以五年十年一編次而隨時傳出所致耳當
更借他本取最多者為最後所編次也
元和顧廣圻記

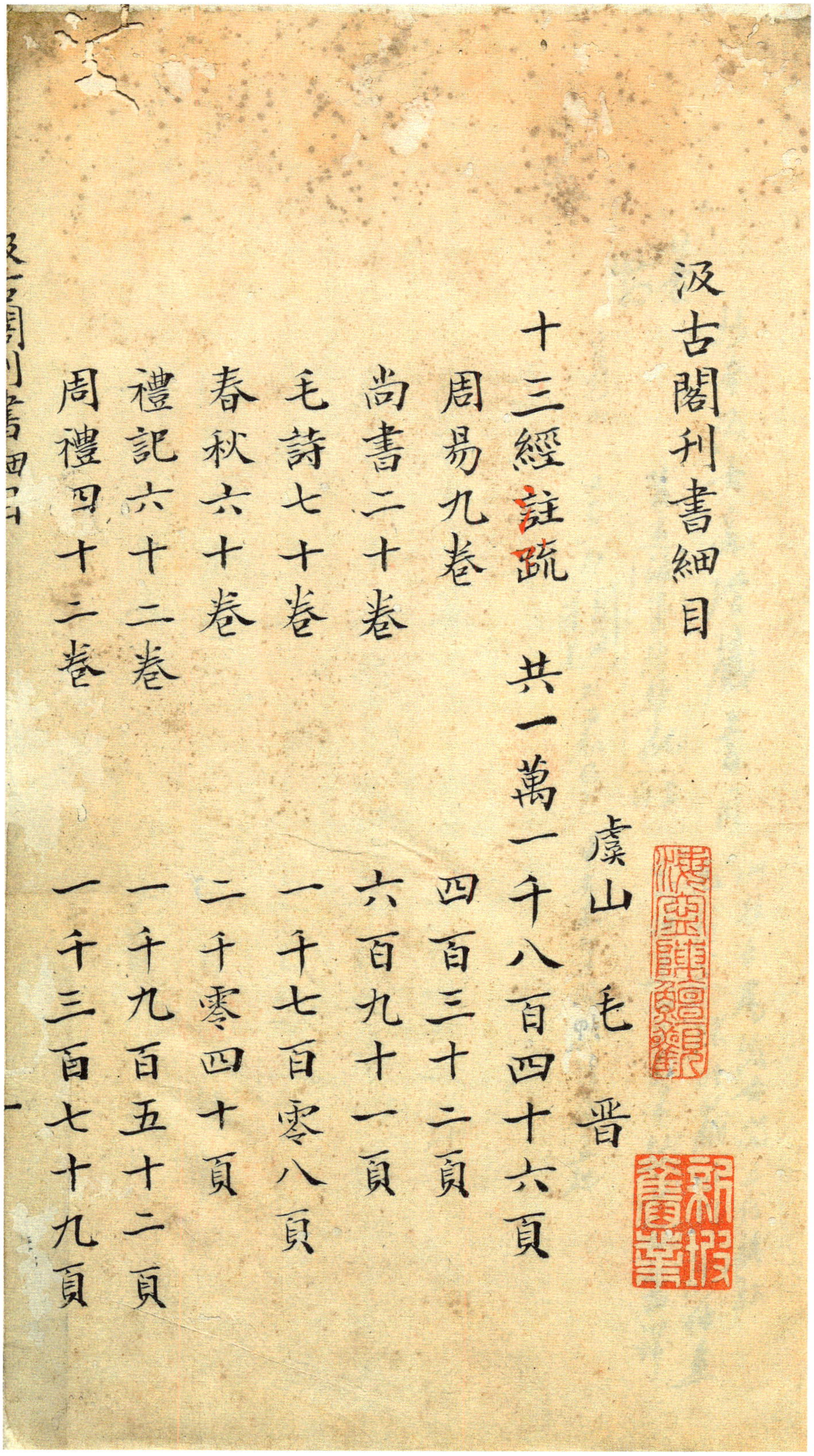
汲古閣刊書細目

虞山 毛晉

十三經註疏 共一萬一千八百四十六頁
周易九卷 四百三十二頁
尚書二十卷 六百九十一頁
毛詩七十卷 一千七百零八頁
春秋六十卷 二千零四十頁
禮記六十二卷 一千九百五十二頁
周禮四十二卷 一千三百七十九頁

12603 汲古閣刊書細目一卷 （清）毛晉撰 **汲古閣珍藏秘本書目一卷**
（清）毛扆撰 清陳氏向山閣抄本
有“海寧陳鱣觀”等印。陳鱣校並跋。四川省圖書館藏。

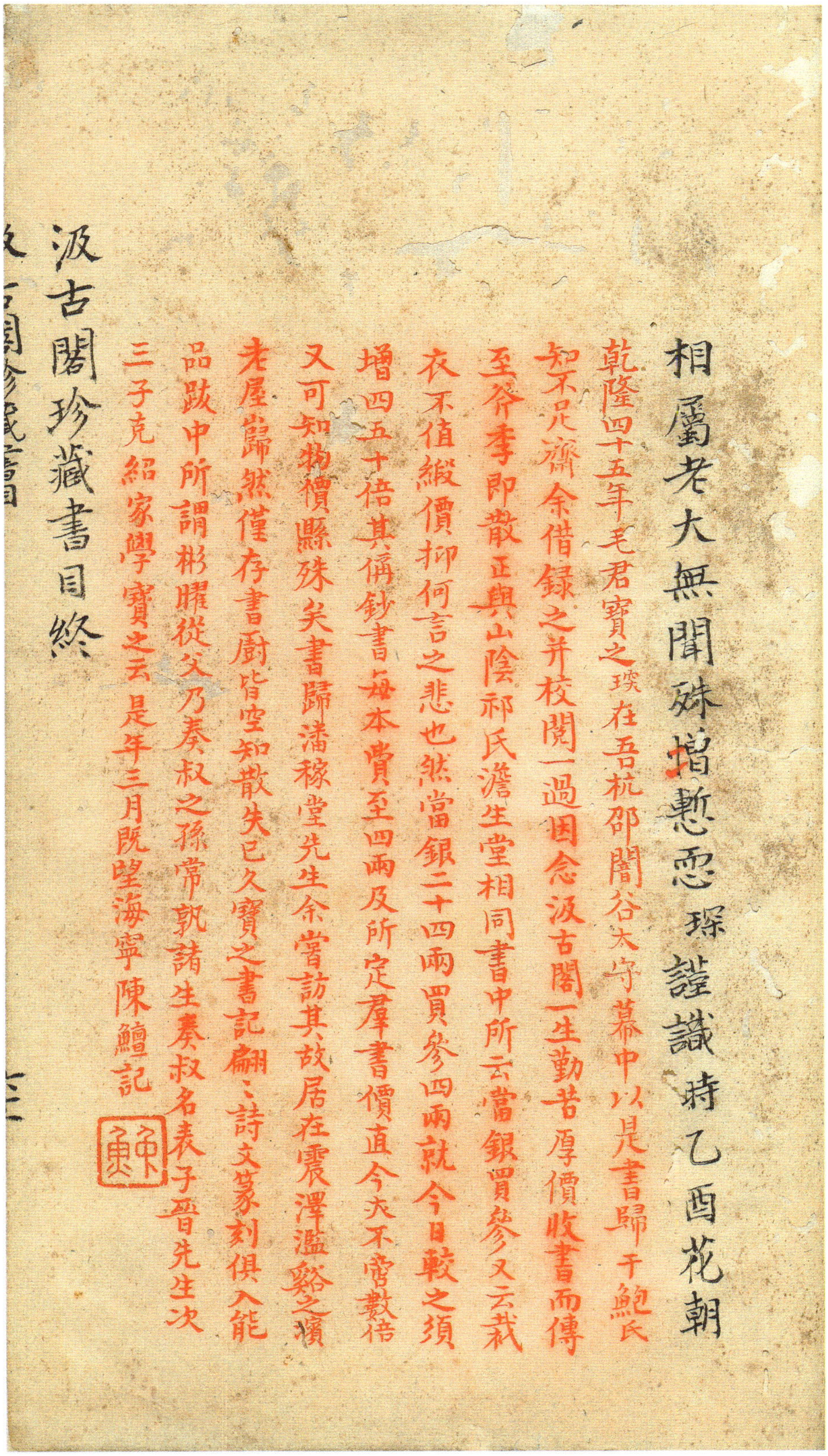

相屬老大無聞殊增慙恧 琛謹識 時乙酉花朝

乾隆四十五年毛君寶之瑛在吾杭郡閣谷太守幕中以是書歸于鮑氏
知不足齋余借録之并校閱一過因念汲古閣一生勤苦厚價收書而傳
至斧季即散正與山陰祁氏澹生堂相同書中所云當銀買參又云裁
衣不值緞價抑何言之悲也然當銀二十四兩買參四兩就今日較之須
增四五十倍其備鈔書每本費至四兩及所定摹書價直今亦不啻數倍
又可知物價懸殊矣書歸潘稼堂先生余嘗訪其故居在震澤濫谿之濱
老屋巋然僅存書廚皆空知散失已久寶之書記翩翩詩文篆刻俱入能
品跋中所謂彬耀從父乃奏叔之孫常熟諸生奏叔名表子晉先生次
三子克紹家學寶之云 是年三月既望海寧陳鱣記

汲古閣珍藏書目終

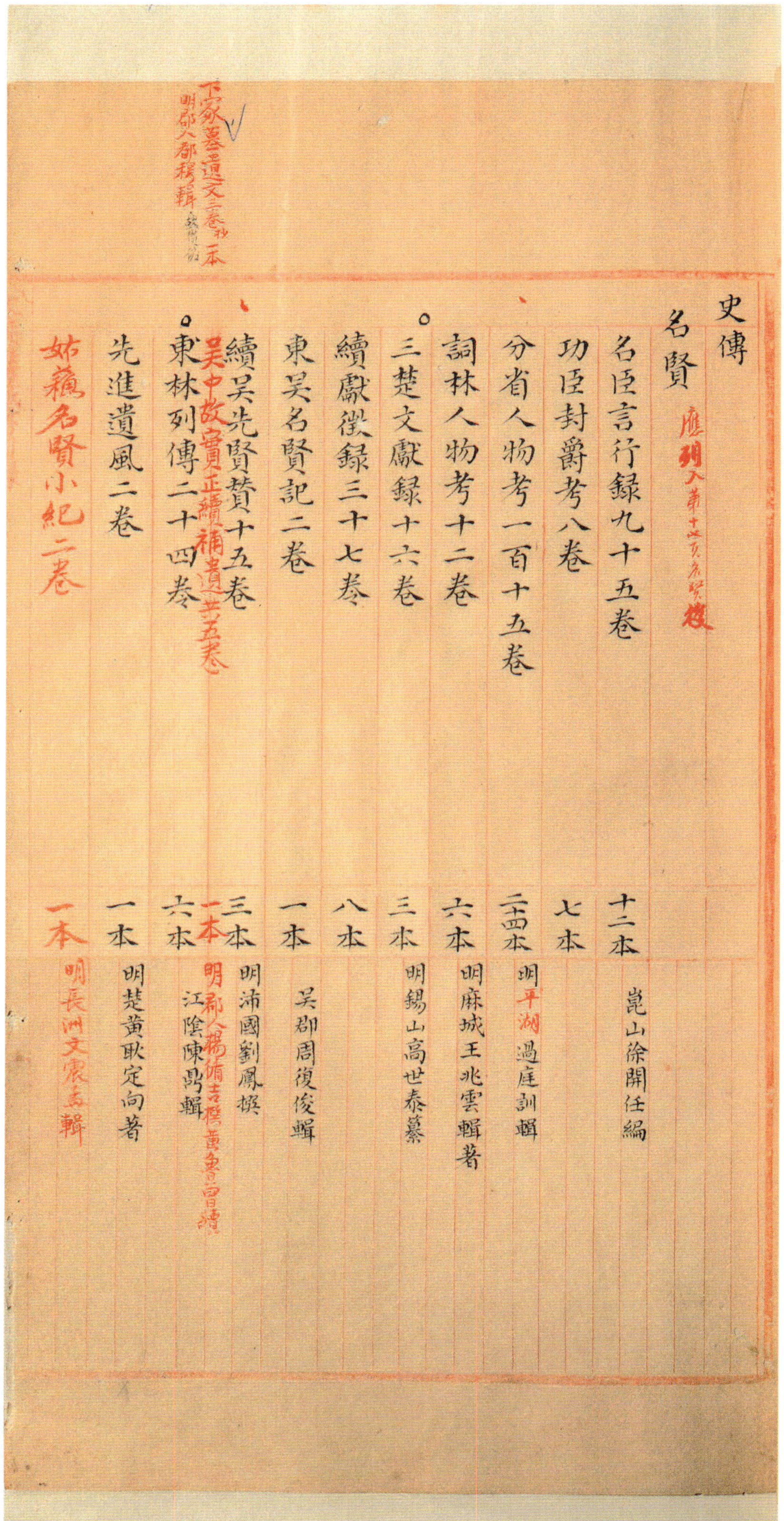
史傳
名賢 應列入第十四頁名賢後
名臣言行録九十五卷 十二本 崑山徐開任編
功臣封爵考八卷 七本
分省人物考一百十五卷 二十四本 明平湖過庭訓輯
詞林人物考十二卷 六本 明麻城王兆雲輯著
三楚文獻録十六卷 三本 明錫山高世泰纂
續獻徵録三十七卷 八本
東吳名賢記二卷 一本 吳郡周復俊輯
續吳先賢贊十五卷 三本 明沛國劉鳳撰
吳中故實正續補遺共五卷 一本 明郡人楊循吉撰 黄魯曾續
東林列傳二十四卷 六本 江陰陳鼎輯
先進遺風二卷 一本 明楚黄耿定向著
姑蘇名賢小紀二卷 一本 明長洲文震孟輯
下冢墓遺文三卷抄一本 明郡人都穆輯

12604 文瑞樓藏書目録不分卷 （清）金檀撰 稿本

四川師範大學圖書館藏。

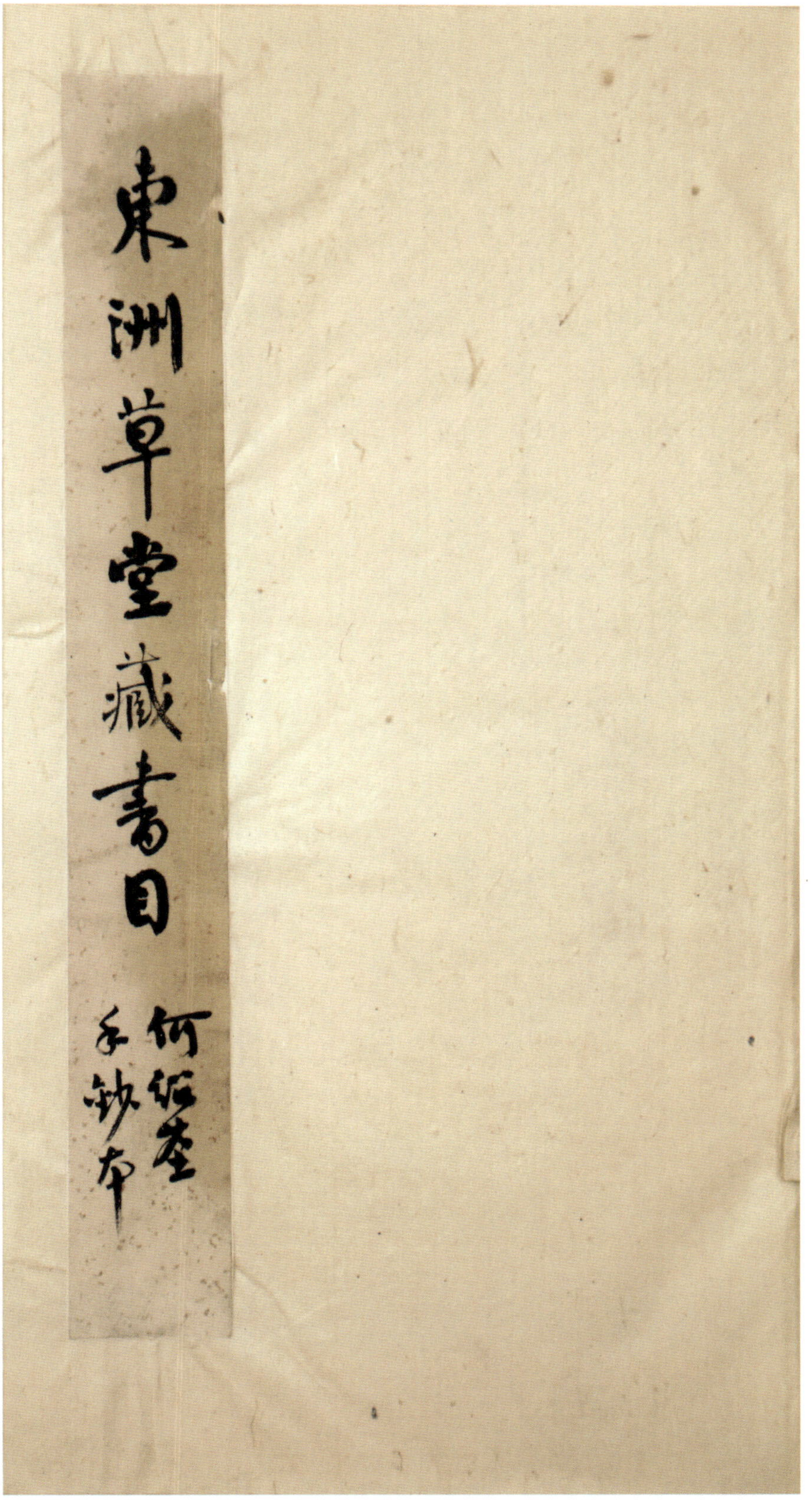

12605 東洲草堂藏書目不分卷 （清）何紹基撰　稿本

有“拾經主人”“更生”等印。葉啟勳題記。湖南圖書館藏。

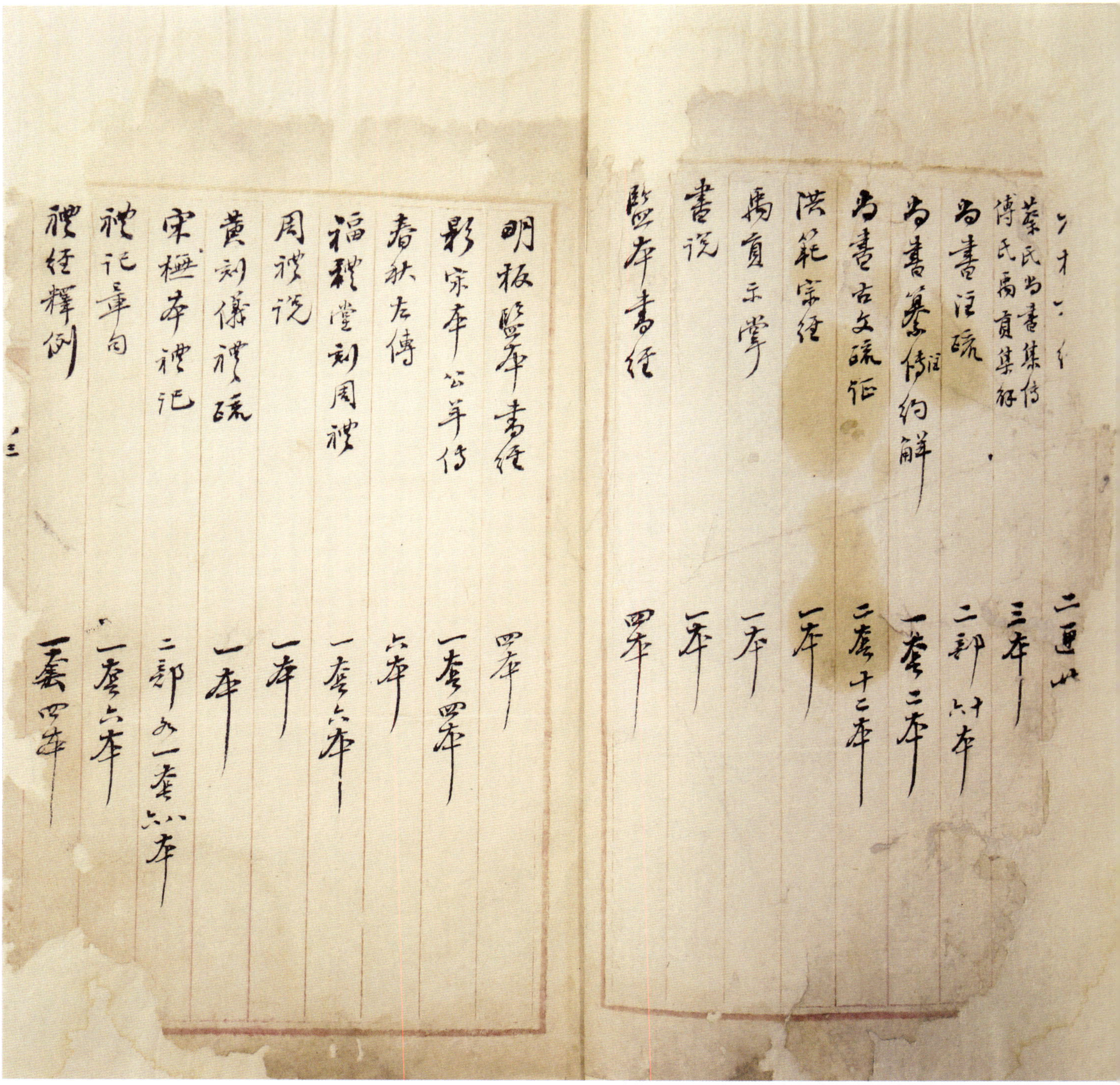
蔡氏尚書集傳 傅氏禹貢集解 三本
尚書注疏 二部 六十本
尚書纂傳 約解 一套二本
尚書古文疏證 二套十二本
洪範宗經 一本
禹貢示掌 一本
書說 一本
監本書經 四本
明板監本書經 四本
影宋本公羊傳 一套四本
春秋左傳 六本
福禮堂刻周禮 一套六本
周禮說 一本
黃刻儀禮疏 一本
宋槧本禮記 二部 又一套六八本
禮記章句 一套六本
禮經釋例 一套四本

12605 東洲草堂藏書目不分卷

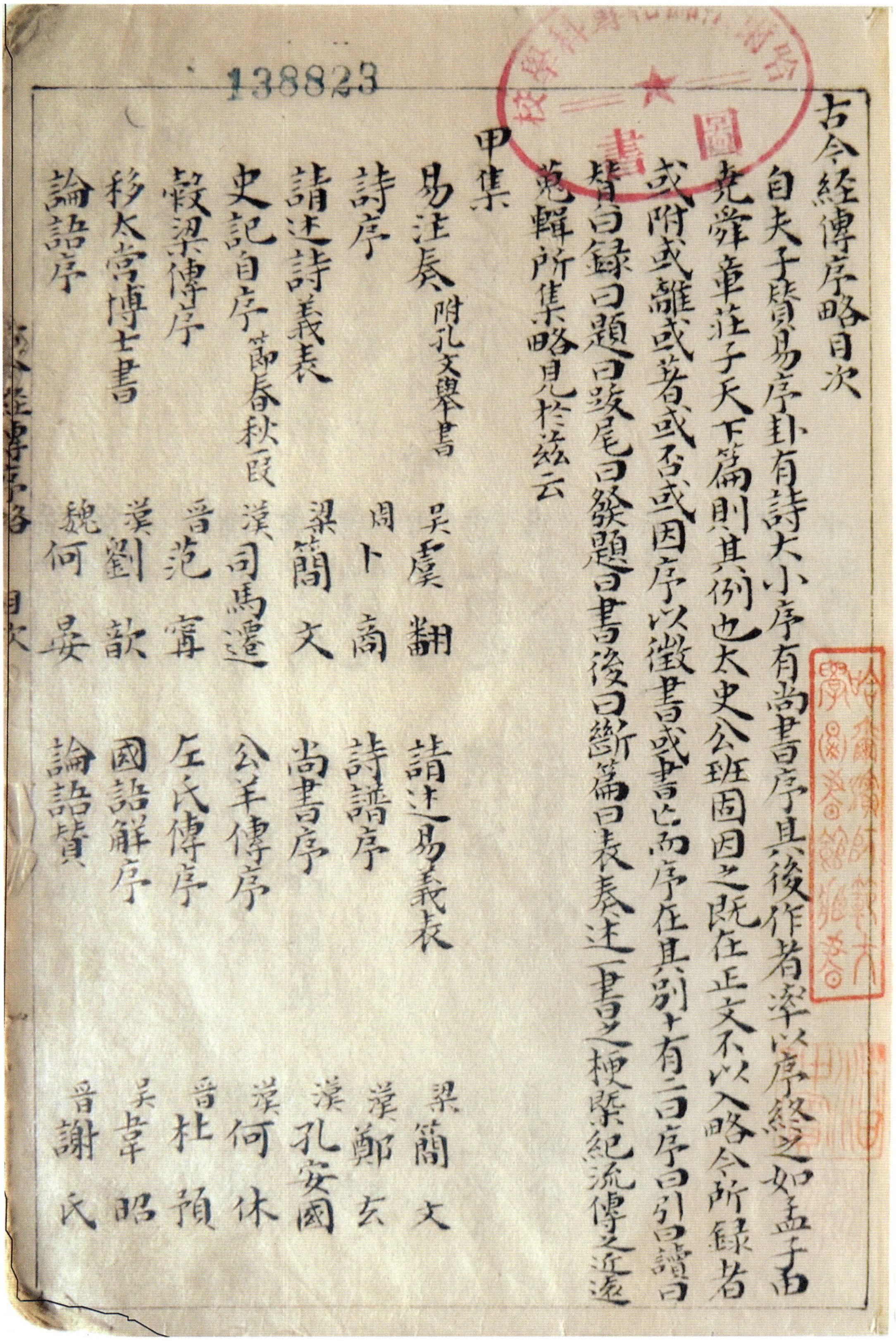
古今經傳序略目次

自夫子賛易序卦有詩大小序有尚書序其後作者率以序終之如孟子由堯舜章莊子天下篇則其例也太史公班固因之既在正文不以入略今所録若或附或離或著或否或因序以徵書或書亡而序在其別十有二曰序曰引曰譜曰旨曰録曰題曰跋尾曰發題曰書後曰斷篇曰表奏述書之梗槩紀流傳之近遠蒐輯所集略見於兹云

甲集

易注奏 附孔文舉書　吴虞翻　請述易義表　梁簡文
詩序　周卜商　詩譜序　漢鄭玄
請述詩義表　梁簡文　尚書序　漢孔安國
史記自序 節春秋一段　漢司馬遷　公羊傳序　漢何休
穀梁傳序　晋范寧　左氏傳序　晋杜預
移太常博士書　漢劉歆　國語解序　吴韋昭
論語序　魏何晏　論語贊　晋謝氏

12606 古今經傳序略不分卷　（明）張雋輯　明末抄本

有“竹詑讀本”等印。哈爾濱師範大學圖書館藏。

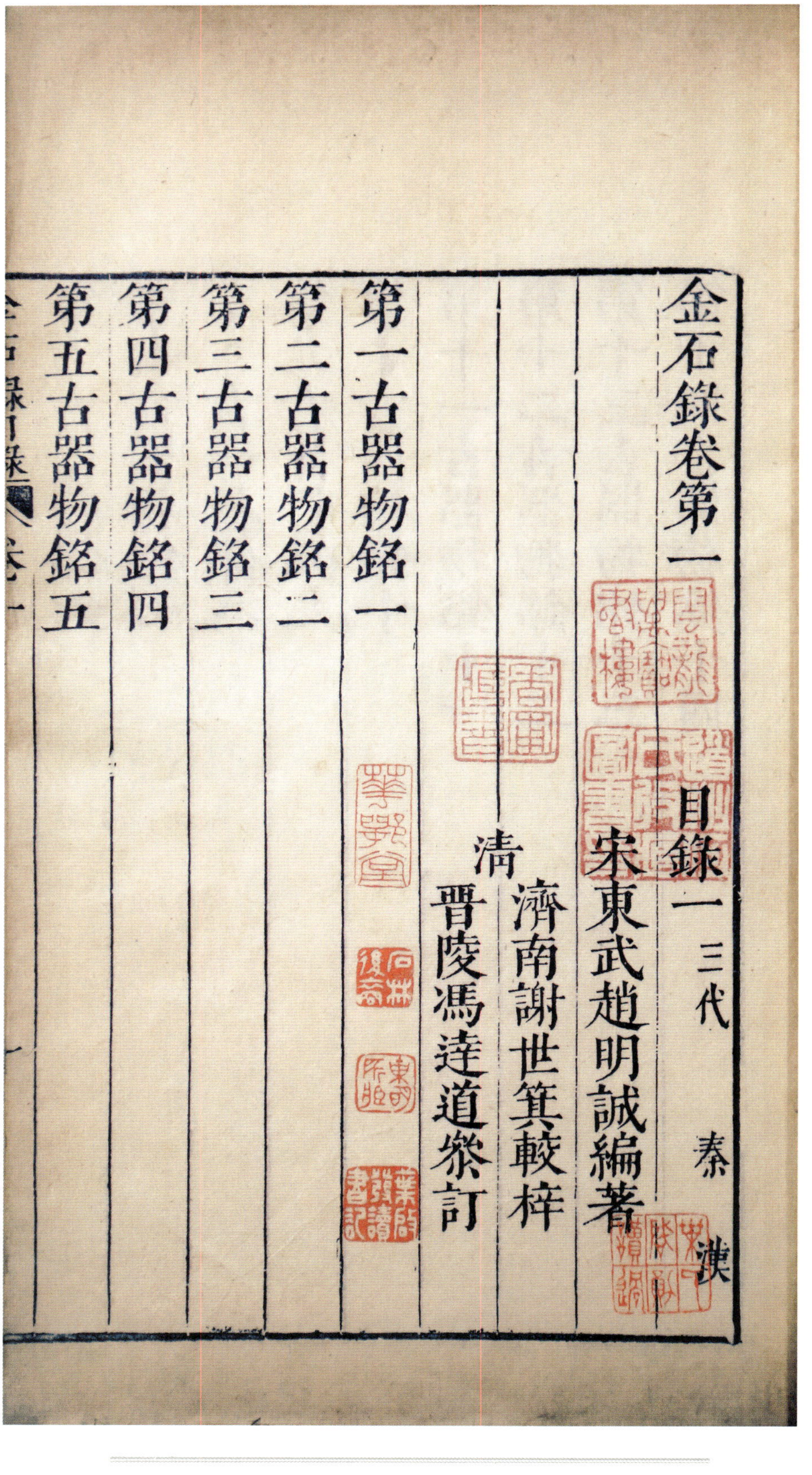

12607 金石録三十卷 （宋）趙明誠撰　清順治七年（1650）謝世箕刻本

匡高18.2厘米，廣13厘米。半葉九行，行二十一字，小字雙行同，白口，四周單邊。有“道州何氏收臧圖書印”“雲龍萬寶書樓”“葉啟發讀書記”等印。何紹基批校。湖南圖書館藏。

魯相晨有兩碑皆在孔子廟中其一

符守得在奎婁周孔舊寓又云臣以建寧元年到官其
一碑云魯相河南史君諱晨字伯時從越騎校尉拜以
建寧元年四月十一日戊子到官然則斯碑所載名晨
者蓋魯相史晨也

漢廣漢縣令王君神道

右漢廣漢縣令王君神道建寧元年十月造縣令字作
芩漢人淳質文字相近者多假借用之如縣令字人所
常用而尚假借何邪

漢金鄉守長侯君碑

金石録 卷十六

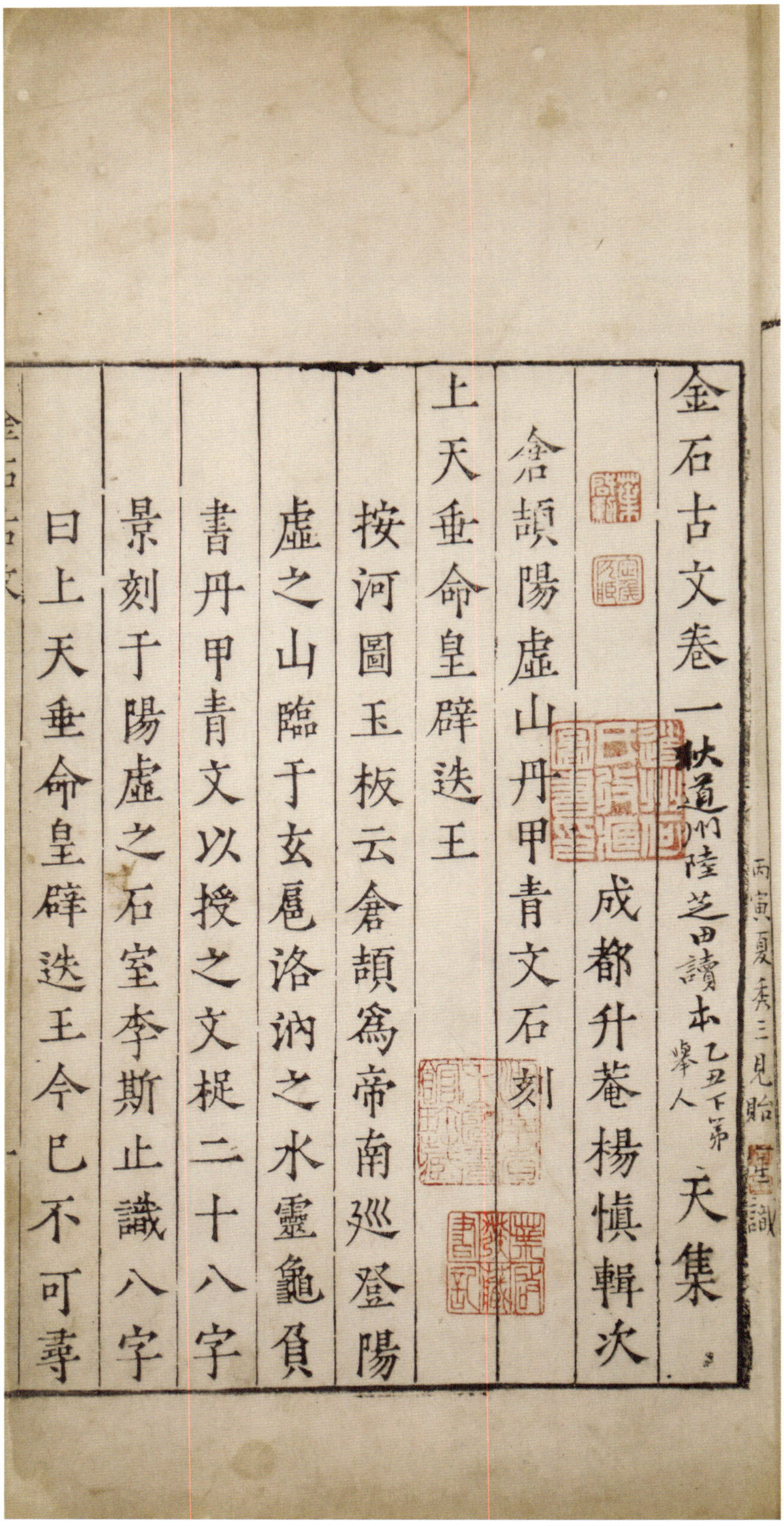

12608 金石古文十四卷 （明）楊慎輯 明嘉靖三十四年（1555）孫昭、李懿刻本

匡高20.3厘米，廣14.6厘米。半葉九行，行十六字，白口，四周單邊。有“道州何氏收臧圖書印”“葉啟發藏書記”“拾經樓”等印。陸芝田、張介人批校，葉啟勳題識。湖南圖書館藏。

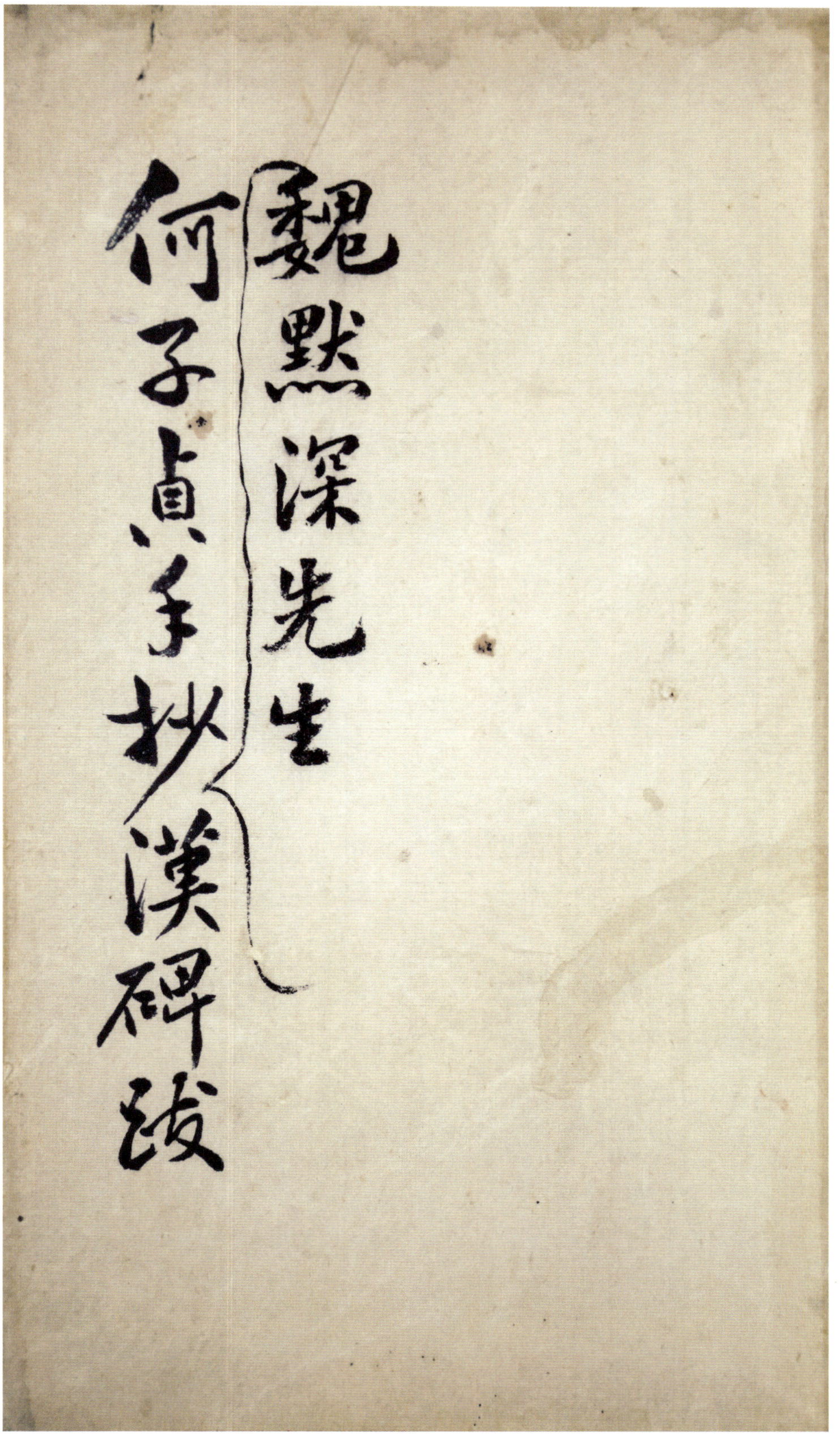

12609 漢碑跋不分卷 （清）魏源撰 清何氏小蓬萊仙館抄本

湖南圖書館藏。

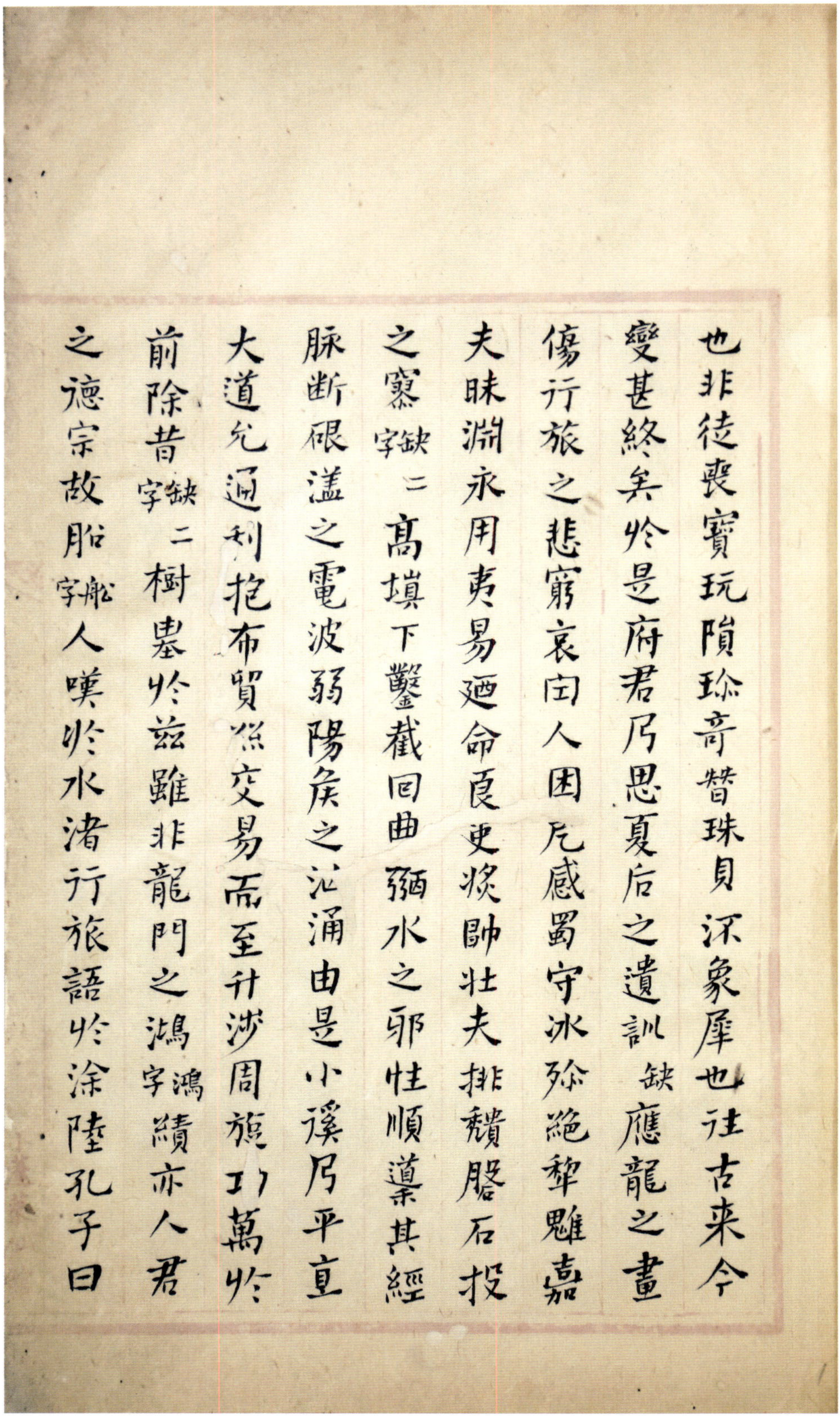

也非徒喪寶玩隕珍奇瞽珠貝深象犀也往古来今變甚終矣於是府君乃思夏后之遺訓缺應龍之畫傷行旅之悲窮哀㝔人困厄感蜀守冰殄絶犂雖嘉夫昧淵永用夷易迺命良吏將帥壯夫排贊膳石投之窯缺二字高墳下鑿截回曲弼水之邪性順導其經脉斷硍溢之電波弱陽侯之汜涌由是小溪乃平直大道允通利抱布貿絲交易而至升涉周旋功萬於前除昔缺二字樹崖於茲雖非龍門之鴻鴻字績亦人君之德宗故船船字人嘆於水渚行旅語於涂陸孔子曰

12609 漢碑跋不分卷

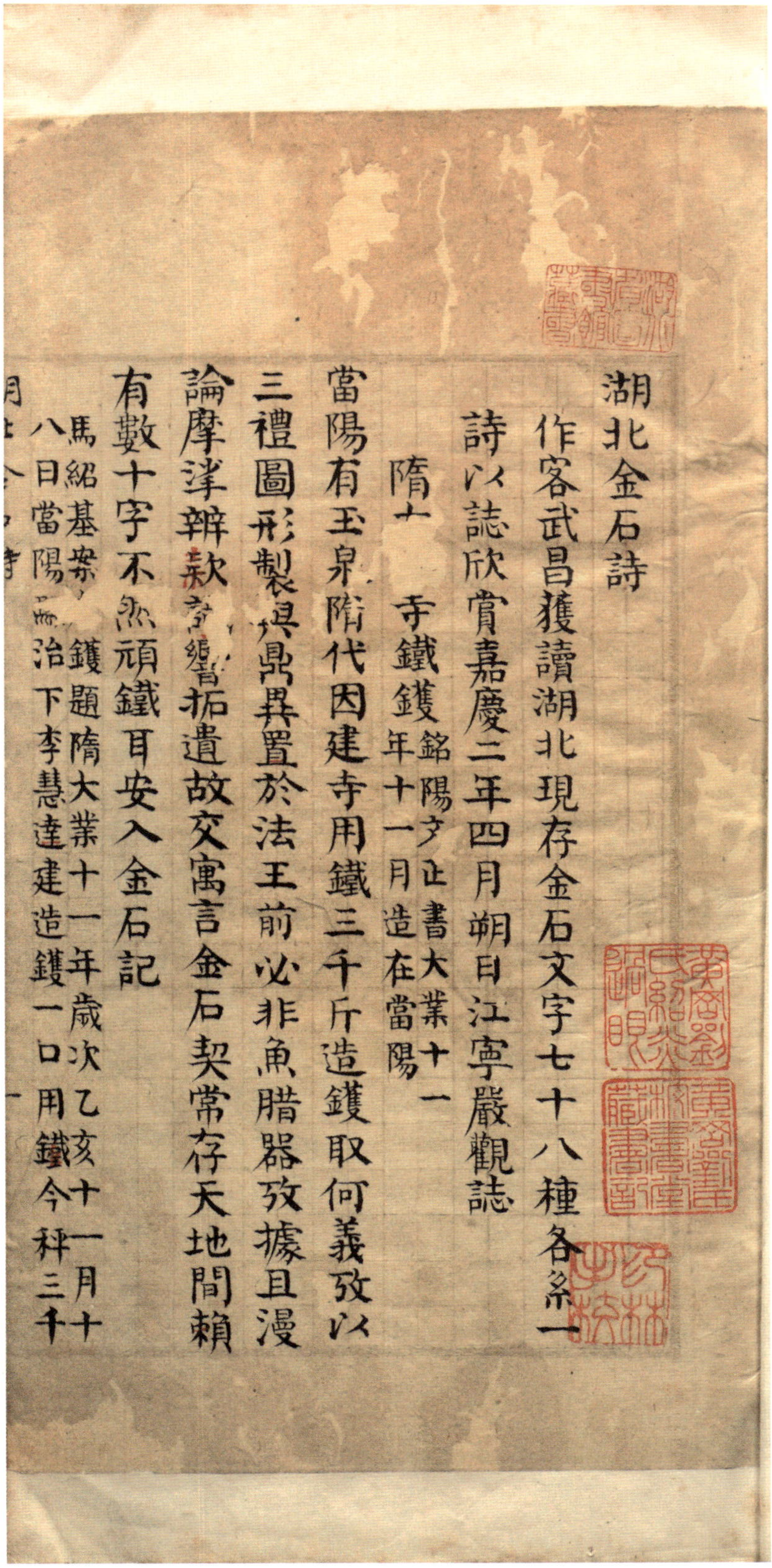
湖北金石詩
作客武昌獲讀湖北現存金石文字七十八種各系一
詩以誌欣賞嘉慶二年四月朔日江寧嚴觀誌
隋[illegible]寺鐵鑊銘陽文正書大業十一年十一月造在當陽
當陽有玉泉隋代因建寺用鐵三千斤造鑊取何義致以
三禮圖形製具鼎異置於法王前必非魚腊器攷據且漫
論摩挲辨款[illegible]響拓遺故交寓言金石契常存天地間賴
有數十字不然頑鐵耳安入金石記
馬紹基案[illegible]鑊題隋大業十一年歲次乙亥十一月十八日當陽縣治下李慧達建造鑊一口用鐵今秤三千

12610 湖北金石詩不分卷　（清）嚴觀撰　清抄本

有“黄岡劉氏校書堂藏書記”“黄岡劉氏紹炎過眼”等印。許瀚校並跋。湖北省圖書館藏。

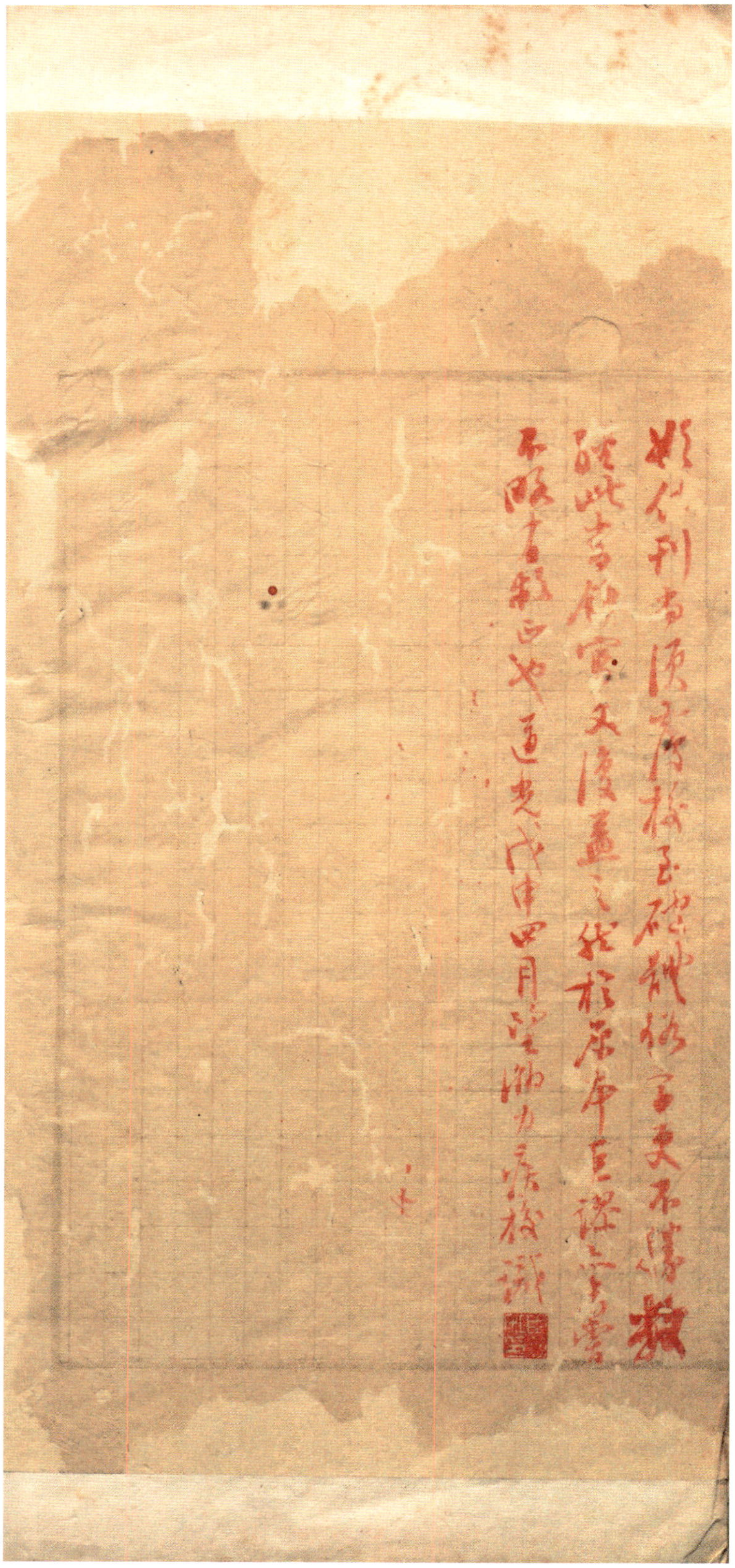

12610 湖北金石詩不分卷

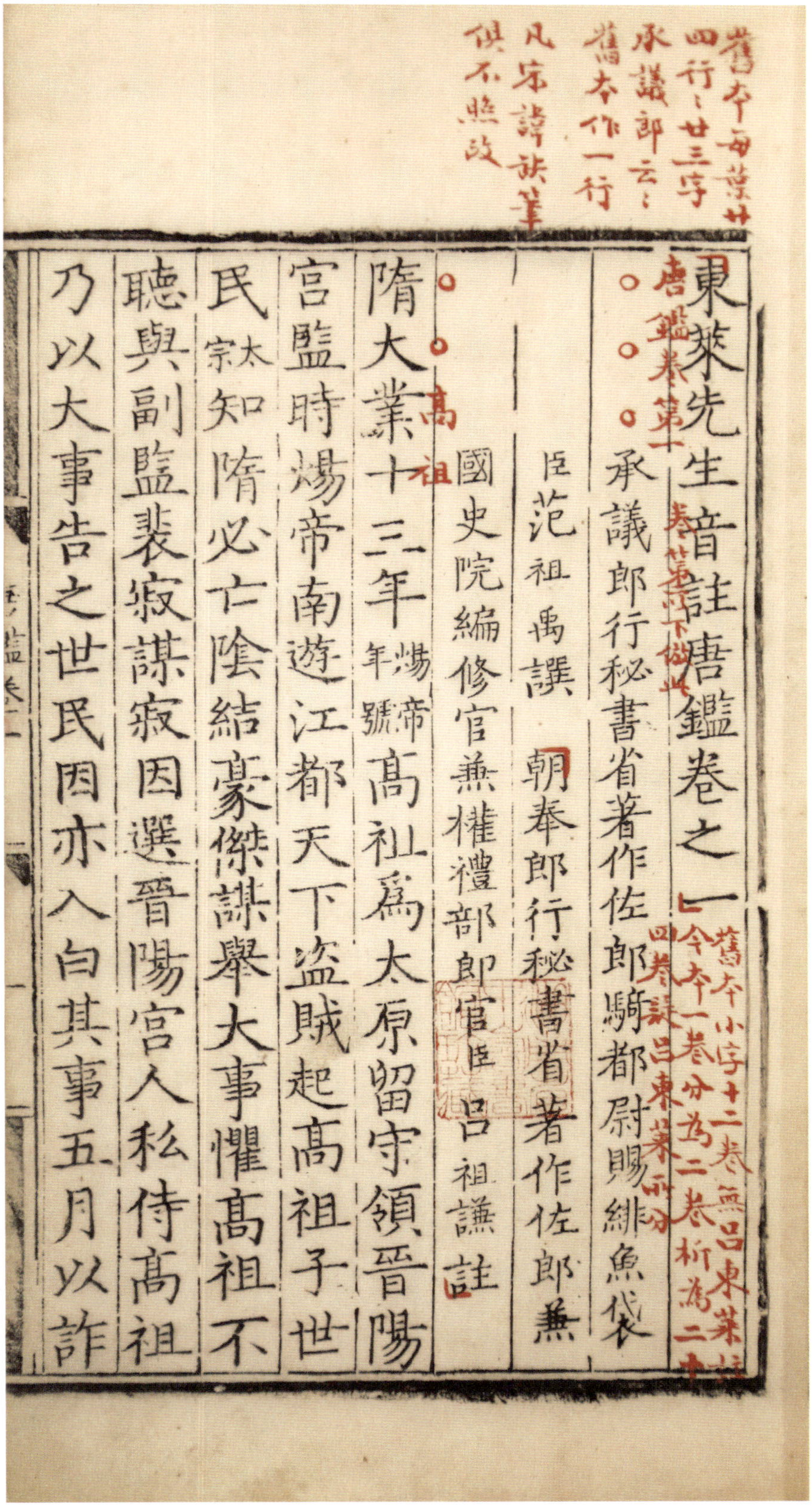

東萊先生音註唐鑑卷之一
承議郎行秘書省著作佐郎騎都尉賜緋魚袋
臣范祖禹譔　朝奉郎行秘書省著作佐郎兼
國史院編修官兼權禮部郎官臣呂祖謙註
隋大業十三年煬帝年號高祖爲太原留守領晉陽
宮監時煬帝南遊江都天下盜賊起高祖子世
民太宗知隋必亡陰結豪傑謀舉大事懼高祖不
聽與副監裴寂謀寂因選晉陽宮人私侍高祖
乃以大事告之世民因亦入白其事五月以詐

12611、12612東萊先生音註唐鑑二十四卷　（宋）范祖禹撰　（宋）呂祖謙注　明弘治十年（1497）呂鏜刻本

匡高20.1厘米，廣13.4厘米。半葉九行，行十八字，小字雙行同，黑口，四周雙邊。首都圖書館藏，有“慈溪馮氏醉經閣圖籍”“五橋珍藏”等印；湖南圖書館藏，周錫瓚批校。

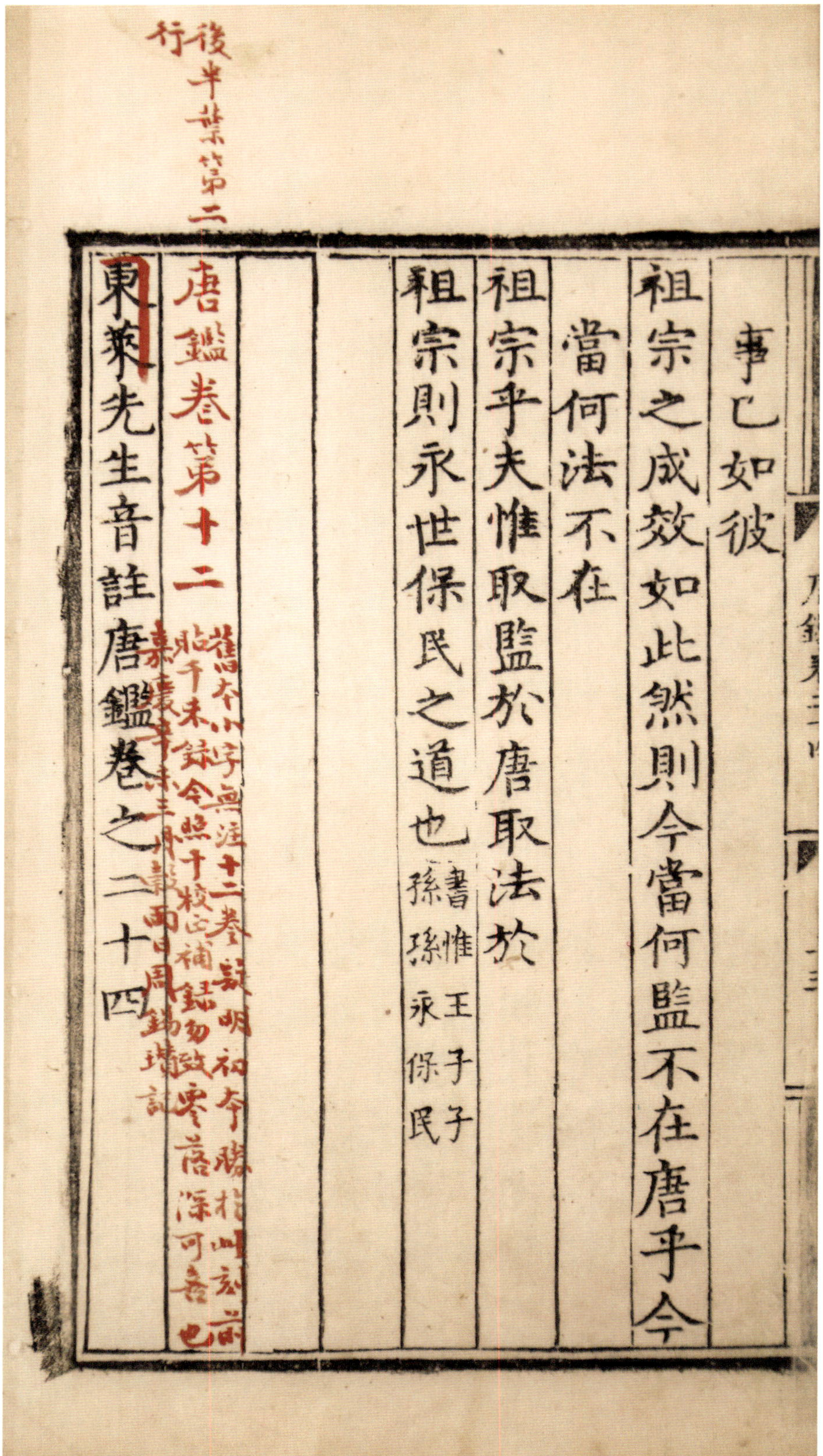

12611、12612東萊先生音註唐鑑二十四卷

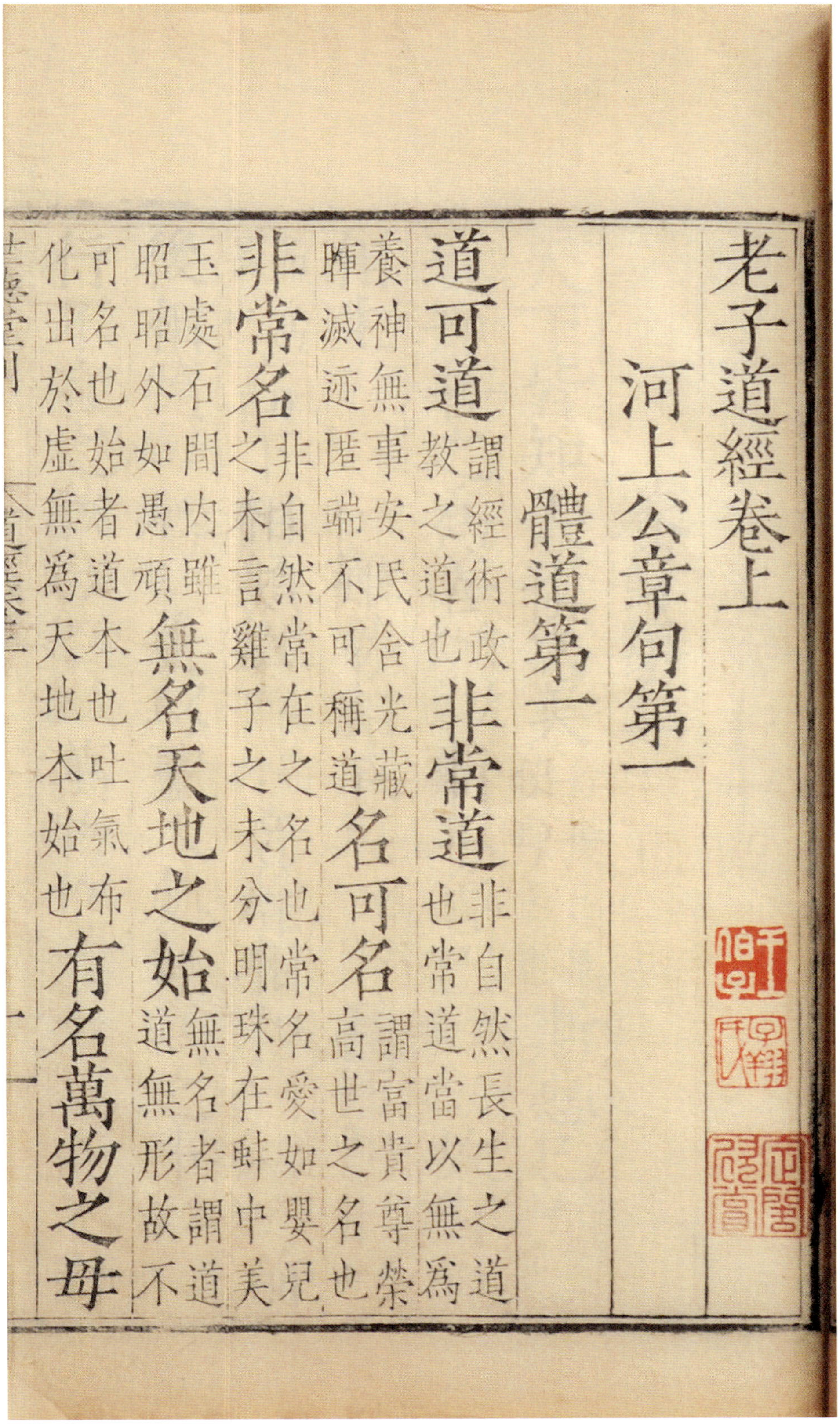
老子道經卷上

河上公章句第一

體道第一

道可道謂經術政教之道也非常道非自然長生之道也常道當以無爲養神無事安民含光藏暉滅迹匿端不可稱道名可名謂富貴尊榮高世之名也非常名非自然常在之名也常名愛如嬰兒之未言雞子之未分明珠在蚌中美玉處石間內雖昭昭外如愚頑無名天地之始無名者謂道道無形故不可名也始者道本也吐氣布化出於虛無爲天地本始也有名萬物之母

世德堂刊　老子道經卷上　一

12613 六子書六十卷　（明）顧春編　明嘉靖十二年（1533）顧春世德堂刻本

匡高20厘米，廣14.2厘米。半葉八行，行十七字，小字雙行同，白口，四周雙邊。有“定閣欣賞”“子翔氏”“王伯子”等印。西北民族大學圖書館藏。

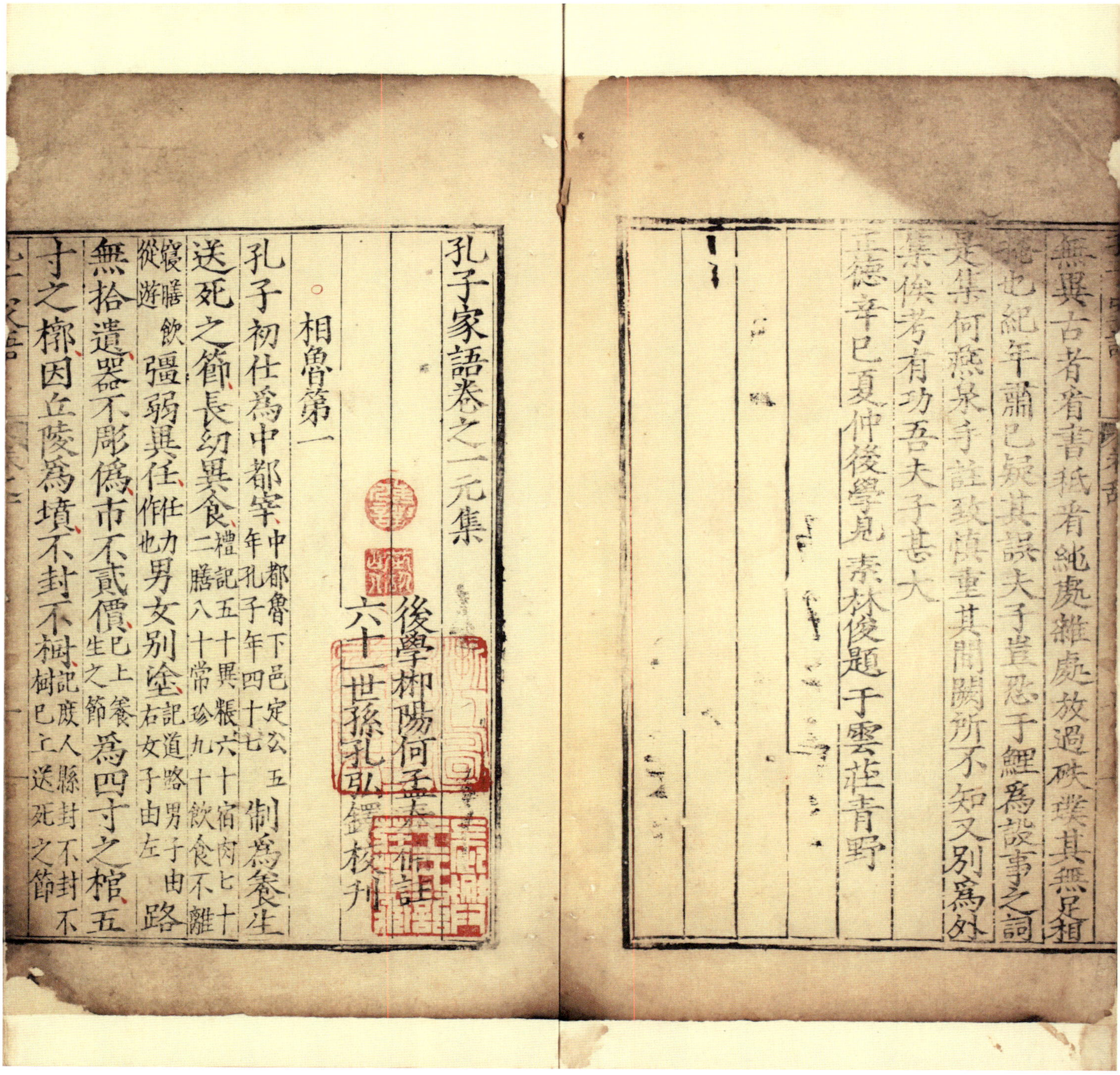

12614 孔子家語八卷 （明）何孟春注　明嘉靖三十七年（1558）孔弘鐸刻本

匡高19厘米，廣13.2厘米。半葉九行，行二十字，白口，四周雙邊。有“長興王氏詒莊樓藏” 等印。浙江圖書館藏。

者其事必有
時而遂也

嘉靖戊午仲夏端陽之吉命建陽書林吳世良梓
于廣信刑署

孔子家語卷之八終

新刊孔子家語注跋

吾夫子遺言自六經論語孝經外惟家語為近家語雜於漢儒之手故先儒以為未純夫先秦兩漢去古未遠其傳流要有所自殆亦未可棄也燕泉先生嘗註家語又採秦漢間稱述吾夫子之言為家語外集其取於聖人者博矣注援引百氏討論異同因致慎擇意也舊王肅注已失傳先生之注其殆不可少哉所謂外集者亦盍遂併出之是本先生自滇寄至因托建寧郡伯張侯公瑞梓行書坊而題其後

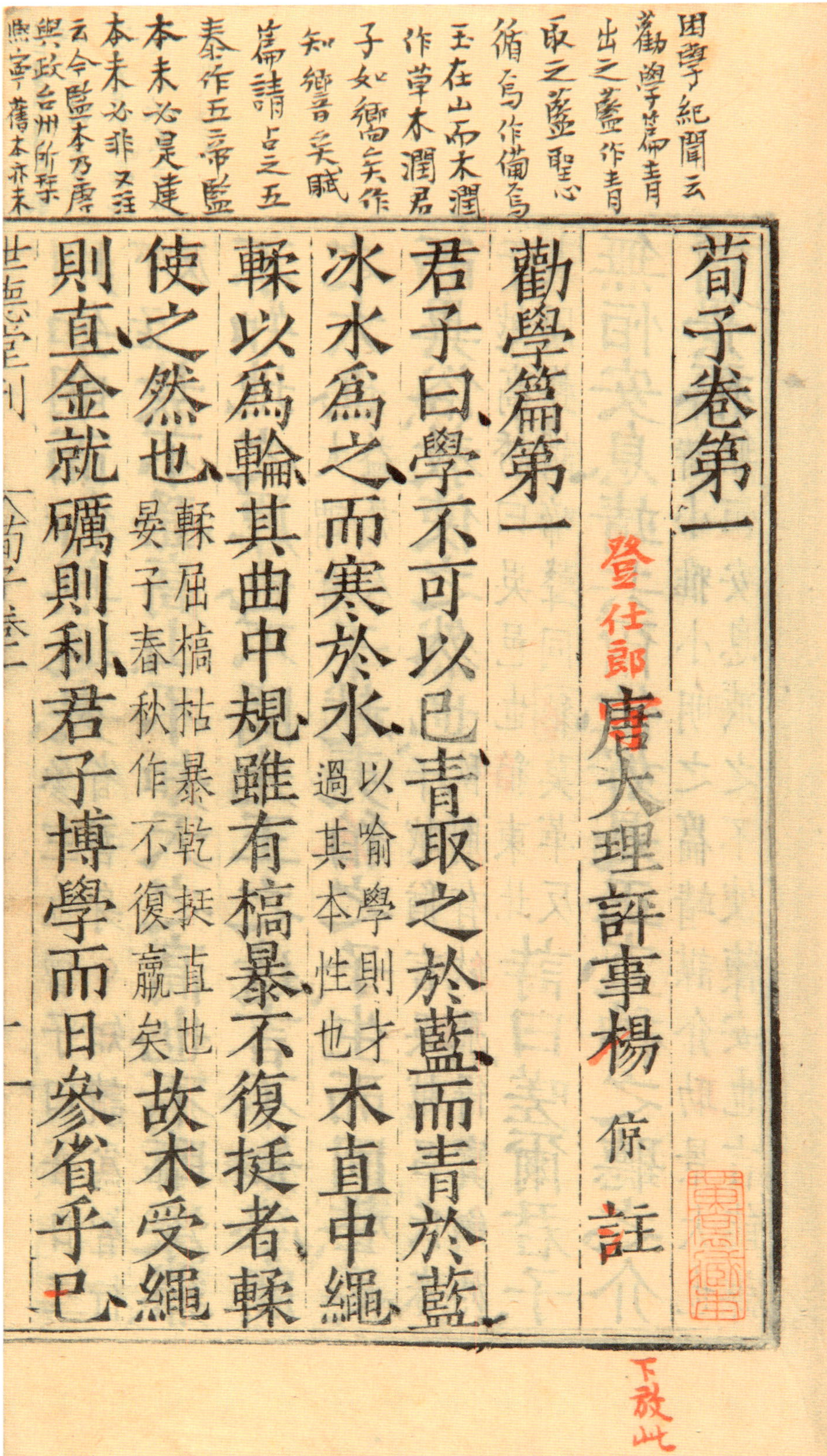
荀子卷第一
唐大理評事楊倞註
勸學篇第一
君子曰學不可以已青取之於藍而青於藍冰水爲之而寒於水以喻學則才過其本性也木直中繩輮以爲輪其曲中規雖有槁暴不復挺者輮使之然也輮屈槁枯暴乾挺直也晏子春秋作不復羸矣故木受繩則直金就礪則利君子博學而日參省乎已
世德堂刊　荀子卷一　一

12615 荀子二十卷　（唐）楊倞注　明刻本

匡高20厘米，廣13.5厘米。半葉八行，行十七字，小字雙行同，白口，四周雙邊。有“真州吴氏有福讀書堂藏書”“木雁齋”“黄裳臧本”等印。鈕樹玉、顧廣圻校。上海圖書館藏，存十六卷。

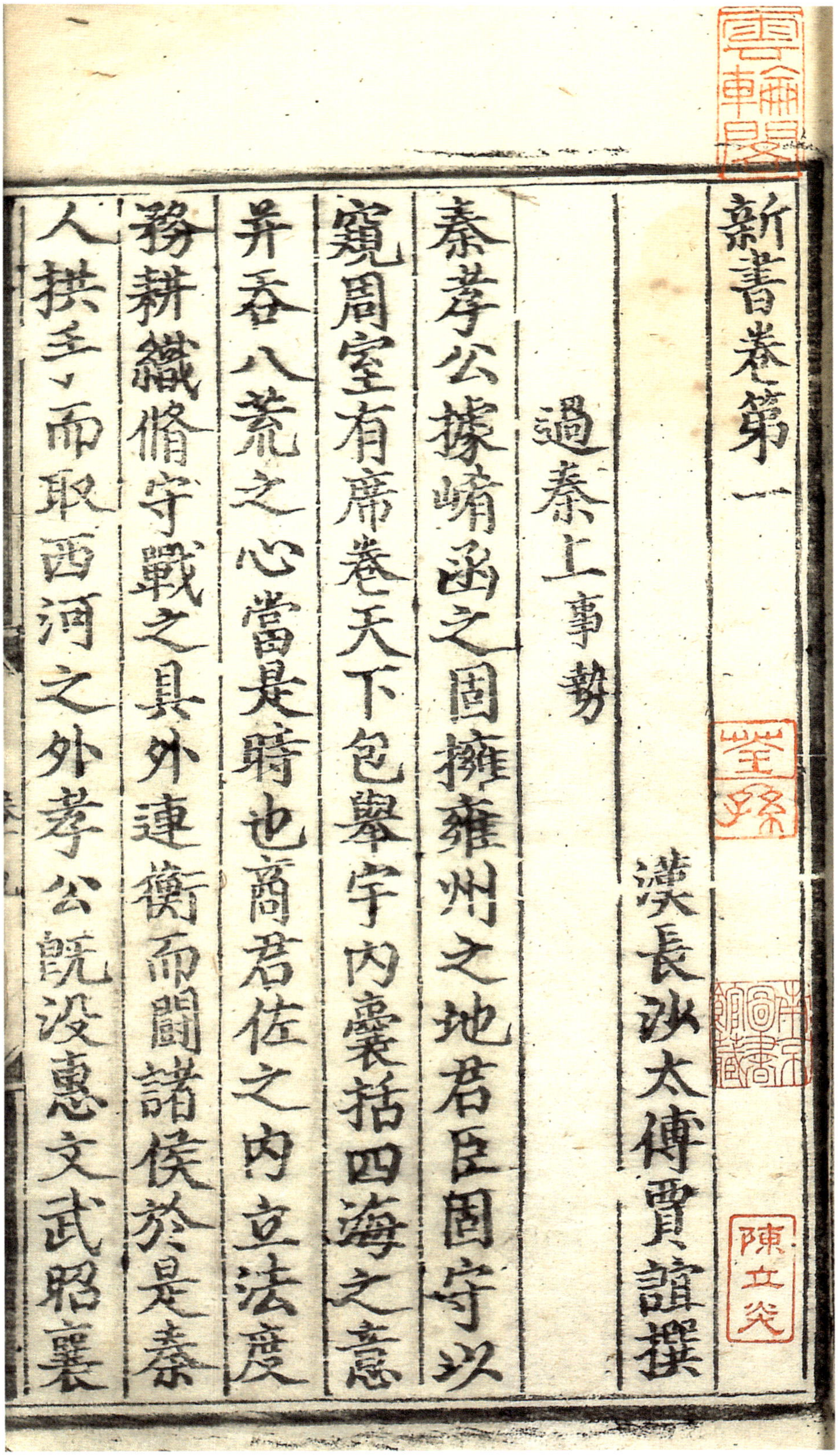

新書卷第一

漢長沙太傅賈誼撰

過秦上事勢

秦孝公據崤函之固擁雍州之地君臣固守以窺周室有席卷天下包舉宇内囊括四海之意并吞八荒之心當是時也商君佐之内立法度務耕織脩守戰之具外連衡而鬭諸侯於是秦人拱手而取西河之外孝公既没惠文武昭襄

12616 新書十卷 （漢）賈誼撰　明正德十年（1515）吉府刻本

匡高22.5厘米，廣15.1厘米。半葉八行，行十八字，黑口，四周雙邊。有“荃孫”“雲輪閣”等印。南京圖書館藏。

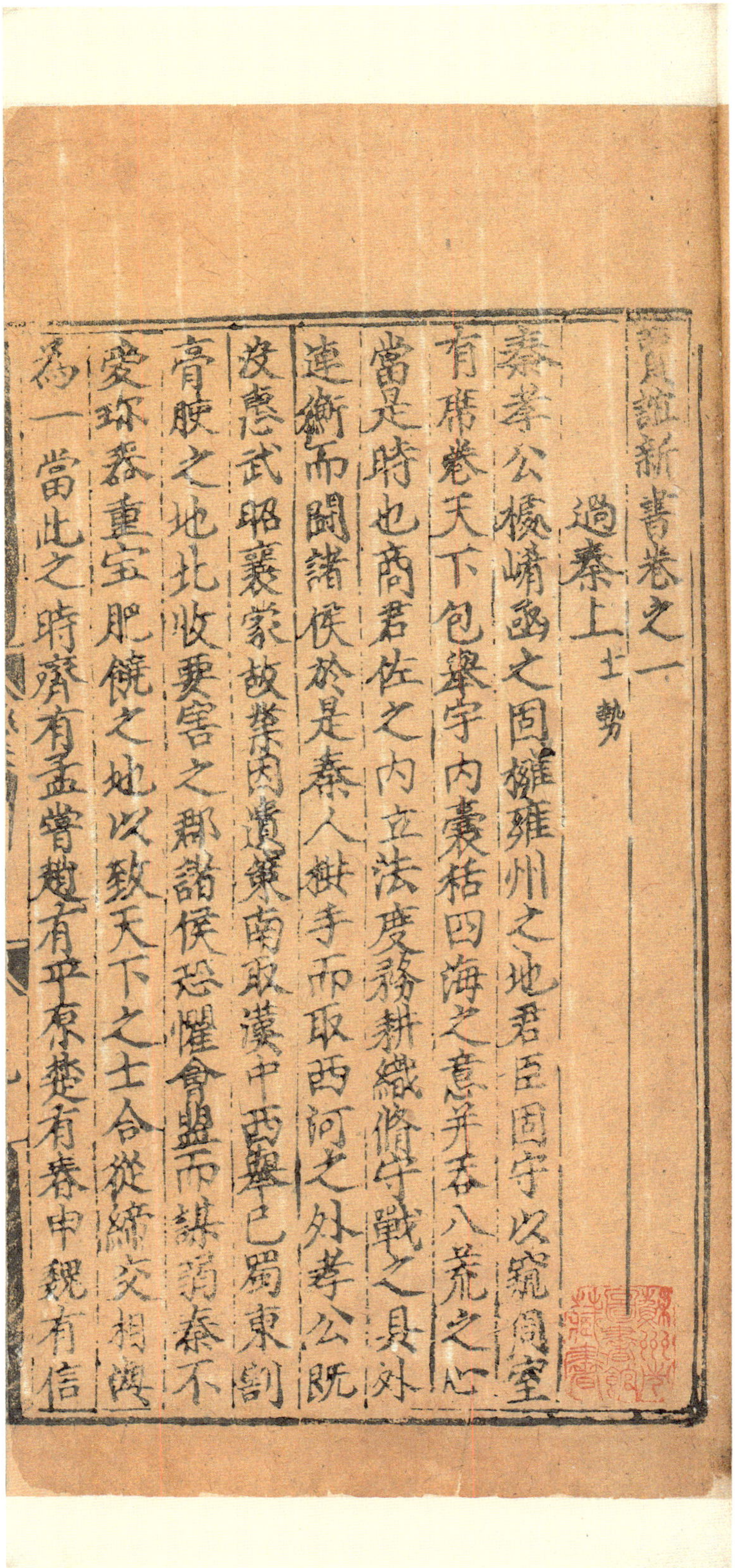

賈誼新書卷之一

過秦上 士勢

秦孝公據殽函之固擁雍州之地君臣固守以窺周室
有席卷天下包舉宇內囊括四海之意并吞八荒之心
當是時也商君佐之內立法度務耕織脩守戰之具外
連衡而鬭諸侯於是秦人拱手而取西河之外孝公既
沒惠文武昭襄蒙故業因遺策南取漢中西舉巴蜀東割
膏腴之地北收要害之郡諸侯恐懼會盟而謀弱秦不
愛珍器重寶肥饒之地以致天下之士合從締交相與
為一當此之時齊有孟嘗趙有平原楚有春申魏有信

12617 賈誼新書三卷　（漢）賈誼撰　明前期刻本

匡高20.3厘米，廣12.9厘米。半葉十行，行二十一字，黑口，四周雙邊。蘇州圖書館藏。

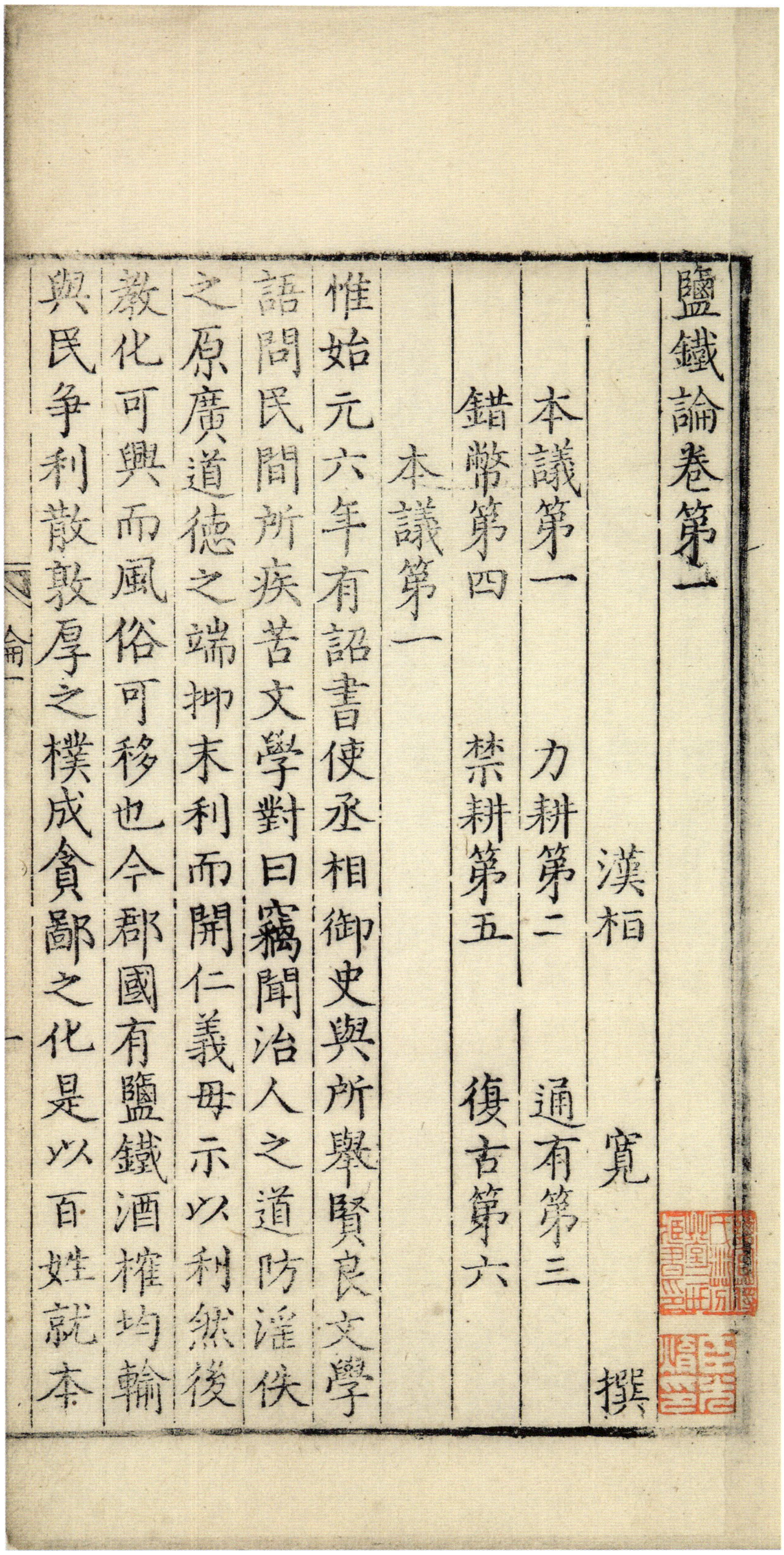
鹽鐵論卷第一
漢桓寛撰
本議第一　力耕第二　通有第三
錯幣第四　禁耕第五　復古第六
本議第一
惟始元六年有詔書使丞相御史與所舉賢良文學語問民間所疾苦文學對曰竊聞治人之道防淫佚之原廣道德之端抑末利而開仁義毋示以利然後教化可興而風俗可移也今郡國有鹽鐵酒榷均輸與民爭利散敦厚之樸成貪鄙之化是以百姓就本
論一　一

12618 鹽鐵論十卷　（漢）桓寛撰　明弘治十四年（1501）涂禎刻本

匡高20.5厘米，廣13.1厘米。半葉十行，行二十字，白口，左右雙邊。有“臣光焴印”“鹽官蔣氏衍芬草堂三世臧書印”等印。國家圖書館藏。

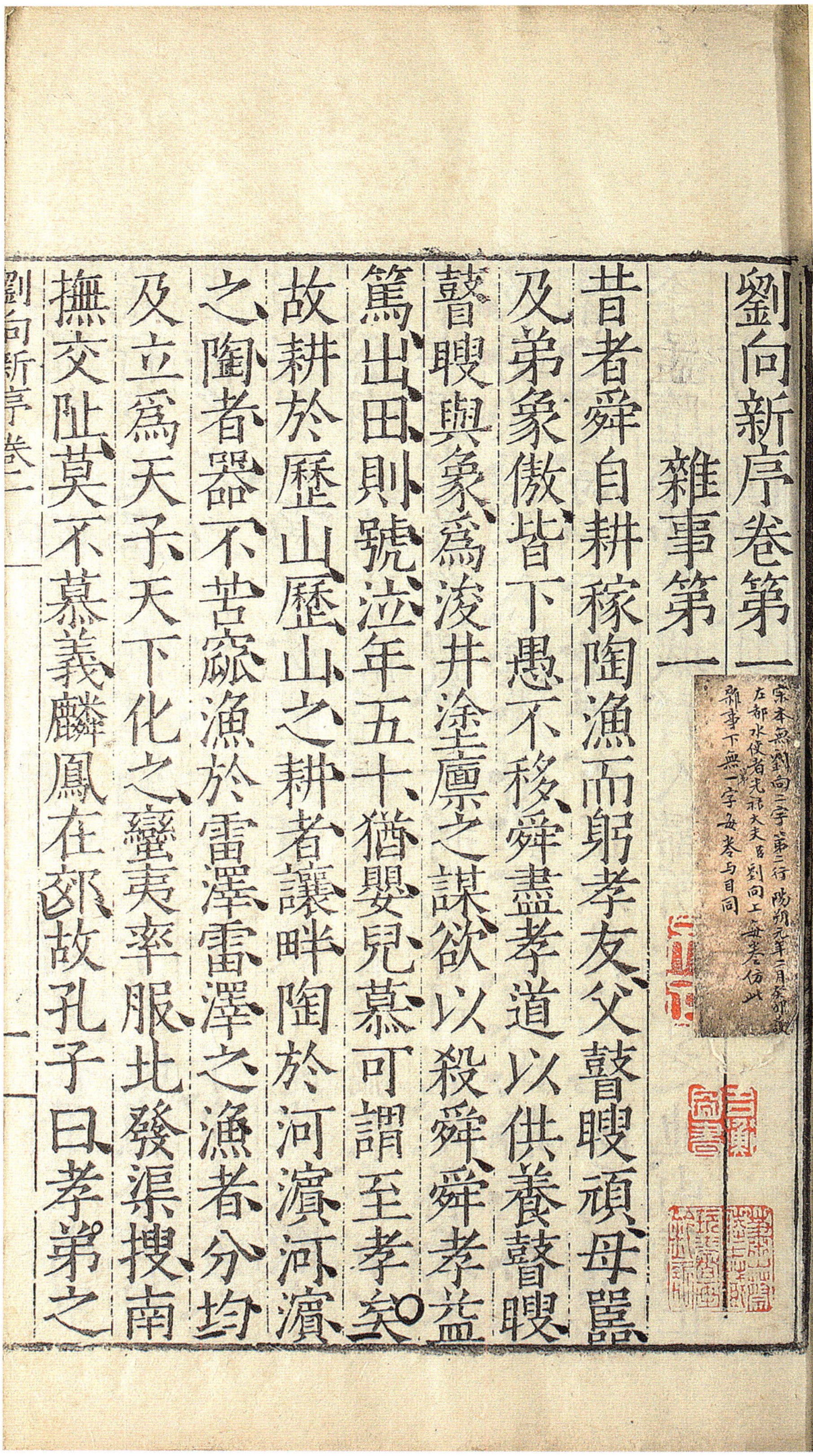
劉向新序卷第一
雜事第一
昔者舜自耕稼陶漁而躬孝友父瞽瞍頑母嚚
及弟象傲皆下愚不移舜盡孝道以供養瞽瞍
瞽瞍與象爲浚井塗廩之謀欲以殺舜舜孝益
篤出田則號泣年五十猶嬰兒慕可謂至孝矣
故耕於歷山歷山之耕者讓畔陶於河濵河濵
之陶者器不苦窳漁於雷澤雷澤之漁者分均
及立爲天子天下化之蠻夷率服北發渠搜南
撫交阯莫不慕義麟鳳在郊故孔子曰孝弟之
劉向新序卷一　一

宋本無劉向二字第二行 陽朔元年二月癸卯護左都水使者光祿大夫臣劉向上 每卷仿此
雜事下無一字 每卷与目同

12619 劉向新序十卷劉向說苑二十卷　（漢）劉向撰　明刻本

匡高19.7厘米，廣14.8厘米。半葉十行，行十八字，白口，左右雙邊。有“蕭山蔡陸士藏玩書画鈐記”“名衡圖書”“金釗”“王紹蘭印”等印。劉宗周批校，王紹蘭、蔡名衡批校並跋。紹興博物館藏。

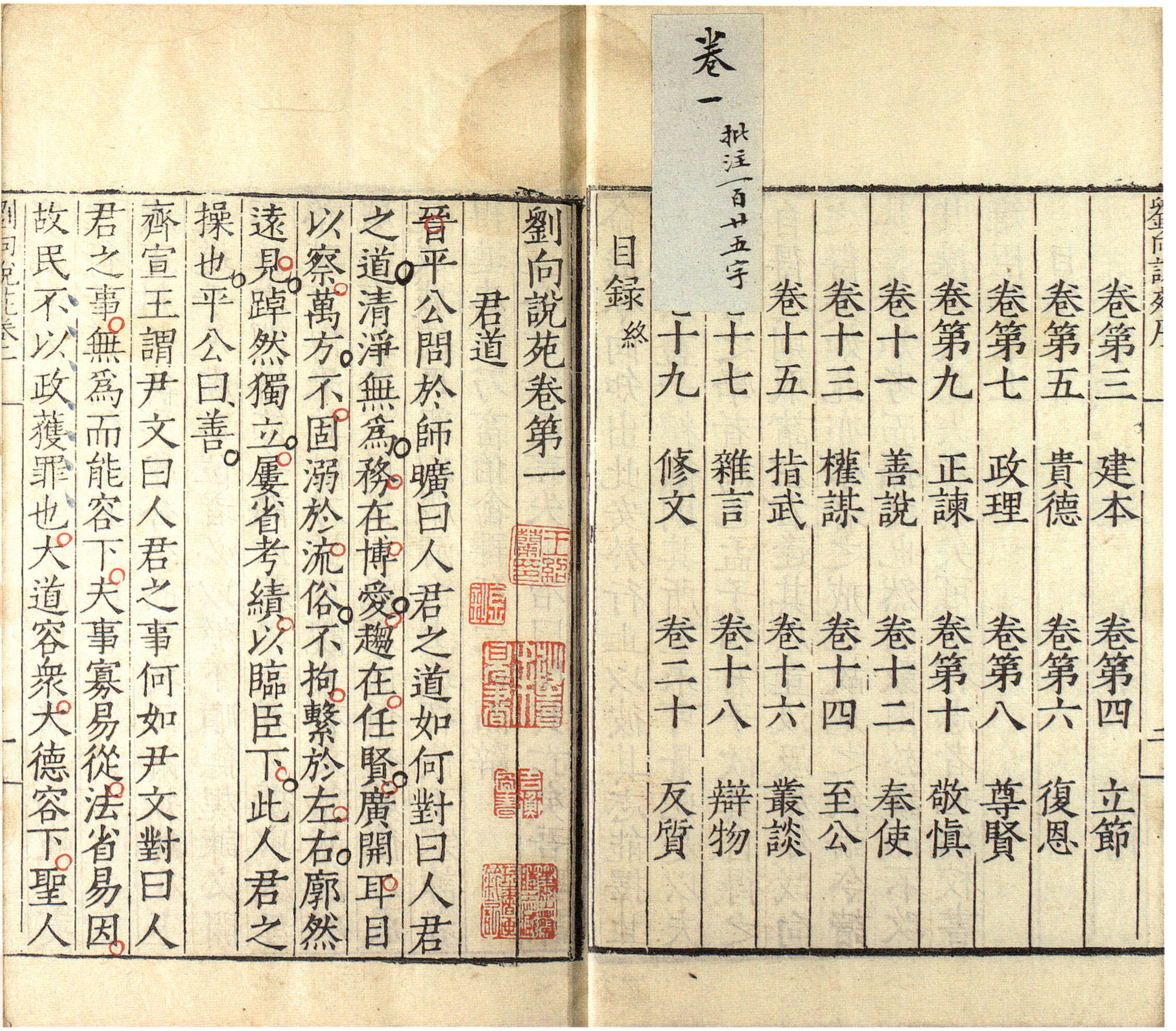

卷一
批注一百廿五字

劉向說苑序

目録終

劉向說苑卷第一

君道

晉平公問於師曠曰人君之道如何對曰人君之道清淨無爲務在博愛趨在任賢廣開耳目以察萬方不固溺於流俗不拘繫於左右廓然遠見踔然獨立屢省考績以臨臣下此人君之操也平公曰善

齊宣王謂尹文曰人君之事何如尹文對曰人君之事無爲而能容下夫事寡易從法省易因故民不以政獲罪也大道容衆大德容下聖人

劉向說苑卷一

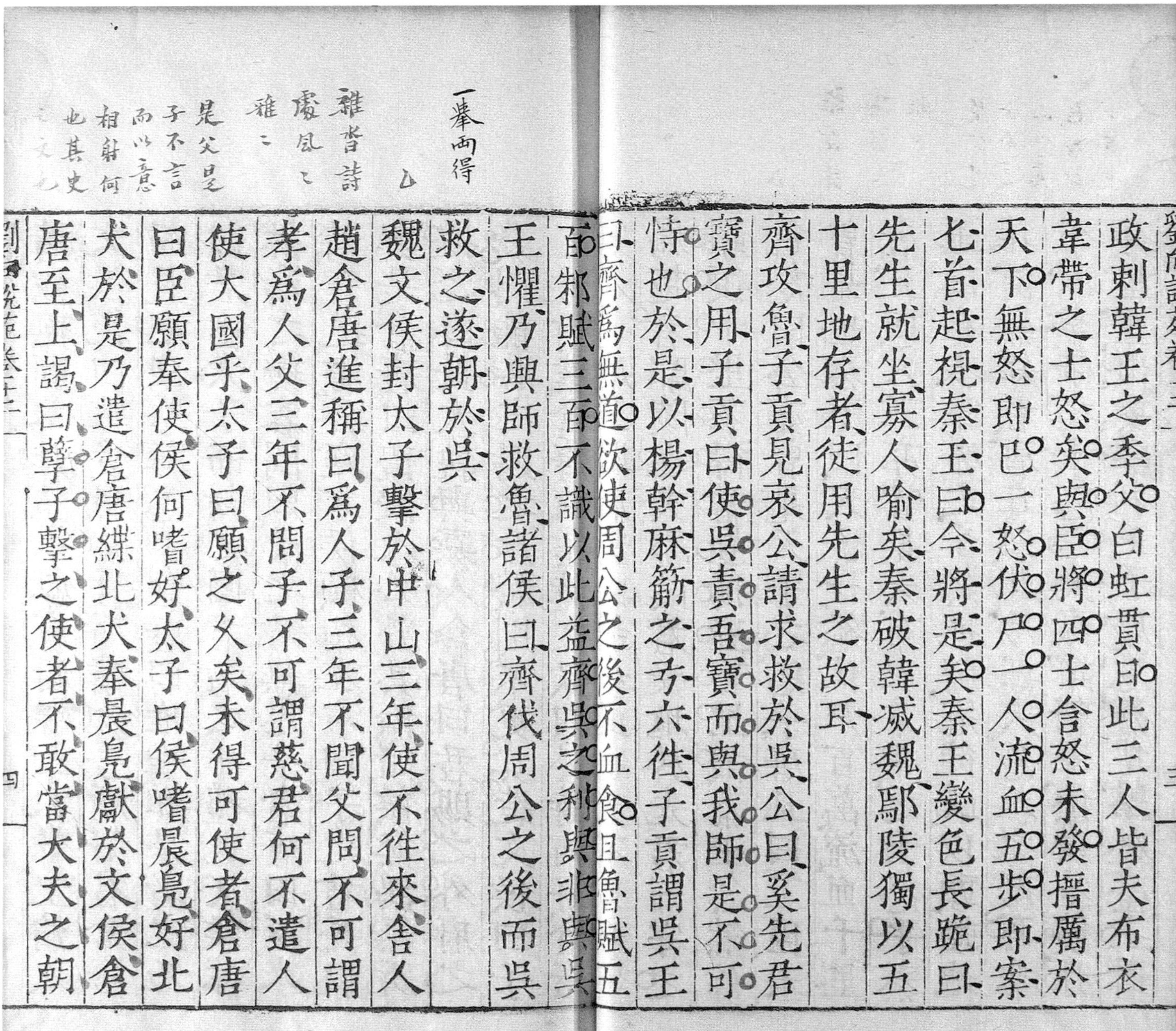
政刺韓王之季父白虹貫日此三人皆夫布衣韋帶之士怒矣與臣將四士含怒未發搢厲於天下無怒即巳一怒伏尸二人流血五步即案匕首起視秦王曰今將是矣秦王變色長跪曰先生就坐寡人喻矣秦破韓滅魏鄢陵獨以五十里地存者徒用先生之故耳

齊攻魯子貢見哀公請求救於吳公曰奚先君寶之用子貢曰使吳責吾寶而與我師是不可恃也於是以楊幹麻筋之弓六徃子貢謂吳王曰齊爲無道欲使周公之後不血食且魯賦五百邾賦三百不識以此益齊吳之利與非與吳王懼乃與師救魯諸侯曰齊伐周公之後而吳救之遂朝於吳

魏文侯封太子擊於中山三年使不徃來舍人趙倉唐進稱曰爲人子三年不聞父問不可謂孝爲人父三年不問子不可謂慈君何不遣人使大國乎太子曰願之久矣未得可使者倉唐曰臣願奉使侯何嗜好太子曰侯嗜晨鳧好北犬於是乃遣倉唐緤北犬奉晨鳧獻於文侯倉唐至上謁曰孽子擊之使者不敢當大夫之朝

劉向說苑卷十二 三

劉向說苑卷十二 四

12619 劉向新序十卷劉向說苑二十卷

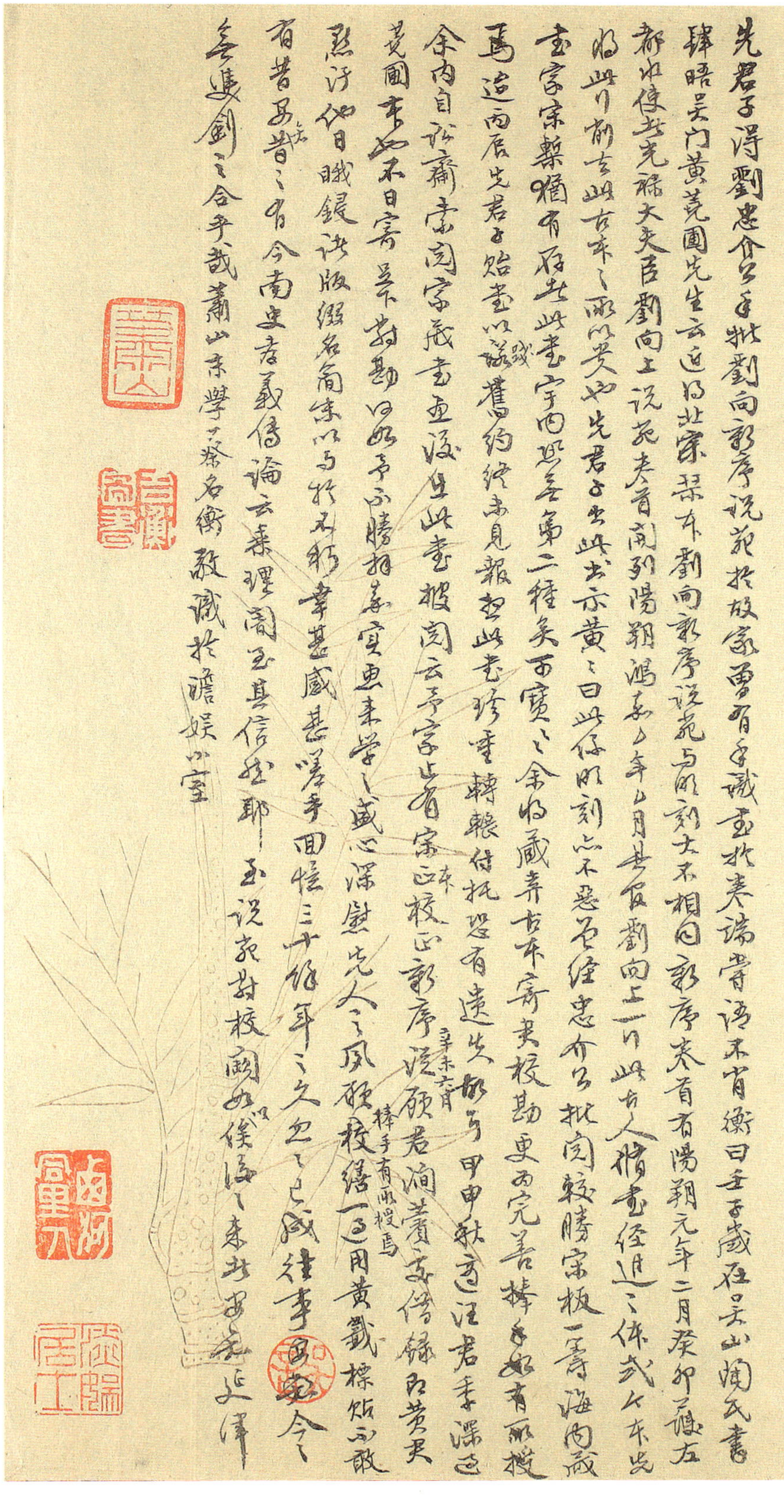
先君子得劉忠愍公手批劉向新序說苑於故家，曾有手識書於卷端，嘗語不肖衡曰：壬子歲在吳山閱氏書肆，晤吳門黃蕘圃先生，云近得北宋槧本劉向新序說苑，與前刻大不相同。新序卷首有陽朔元年二月癸卯護左都水使者光祿大夫臣劉向上，說苑卷首闕列陽朔鴻嘉四年[illegible]月[illegible]劉向上一行，此古人稽古徑進之體式，今本皆脫此行，前古此古本之所以異人也。先君子出此書示黃，黃曰：此係明刻，亦不惡，忽得忠愍公批閱，較勝宋板一籌。海內藏書家宋槧猶有存者，此書字內恐無第二種矣，可寶之。余得藏弆古本，屬黃校勘，更爲完善，棒手如有所授焉。迨丙辰先君子始畫以識[illegible]，舊約終未見報，而此書珍重轉輾付托，恐有遺失。[illegible]于甲申秋遇汪君季[illegible]，迈余內自訟齋書閣，家藏書並經此書被閱，云予家亦有宋[illegible]校正新序說苑，顧君澗蘋交借錄，與黃[illegible]蕘圃本與不日實異，其勘定之，與予所勝相處，實更來學之盛心，深慰先人之風雅，校語可用黃戳標炬而敢照行，他日職[illegible]訛版，綴名前集以示於不朽，幸甚感甚。嗟乎，回憶三十餘年之久，已已成往事，而今之首昔安昔之有今？南史言義傳論云桑理周至，其信然耶！[illegible]說苑得校閱如[illegible]來[illegible]更正，無邊劍之合乎哉。蕭山末學[illegible]名衡敬識於澹娛小室

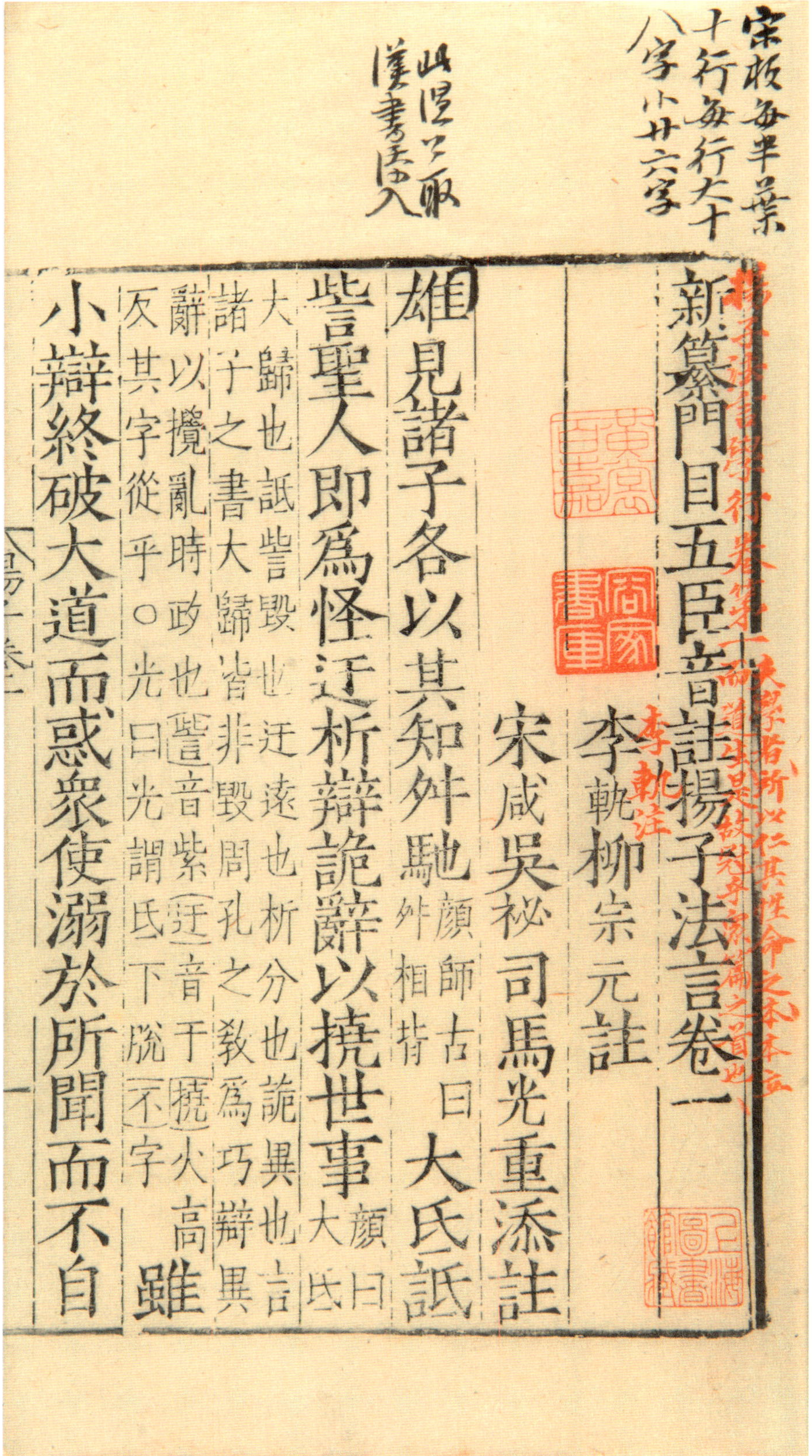

12620 新纂門目五臣音註揚子法言十卷 （漢）揚雄撰 （晉）李軌 （唐）柳宗元 （宋）宋咸 吴祕 司馬光注 明刻本

匡高20厘米，廣13.5厘米。半葉八行，行十七字，小字雙行同，白口，左右雙邊。有"容家書庫""黄裳百嘉"等印。顧廣圻校並跋。上海圖書館藏。

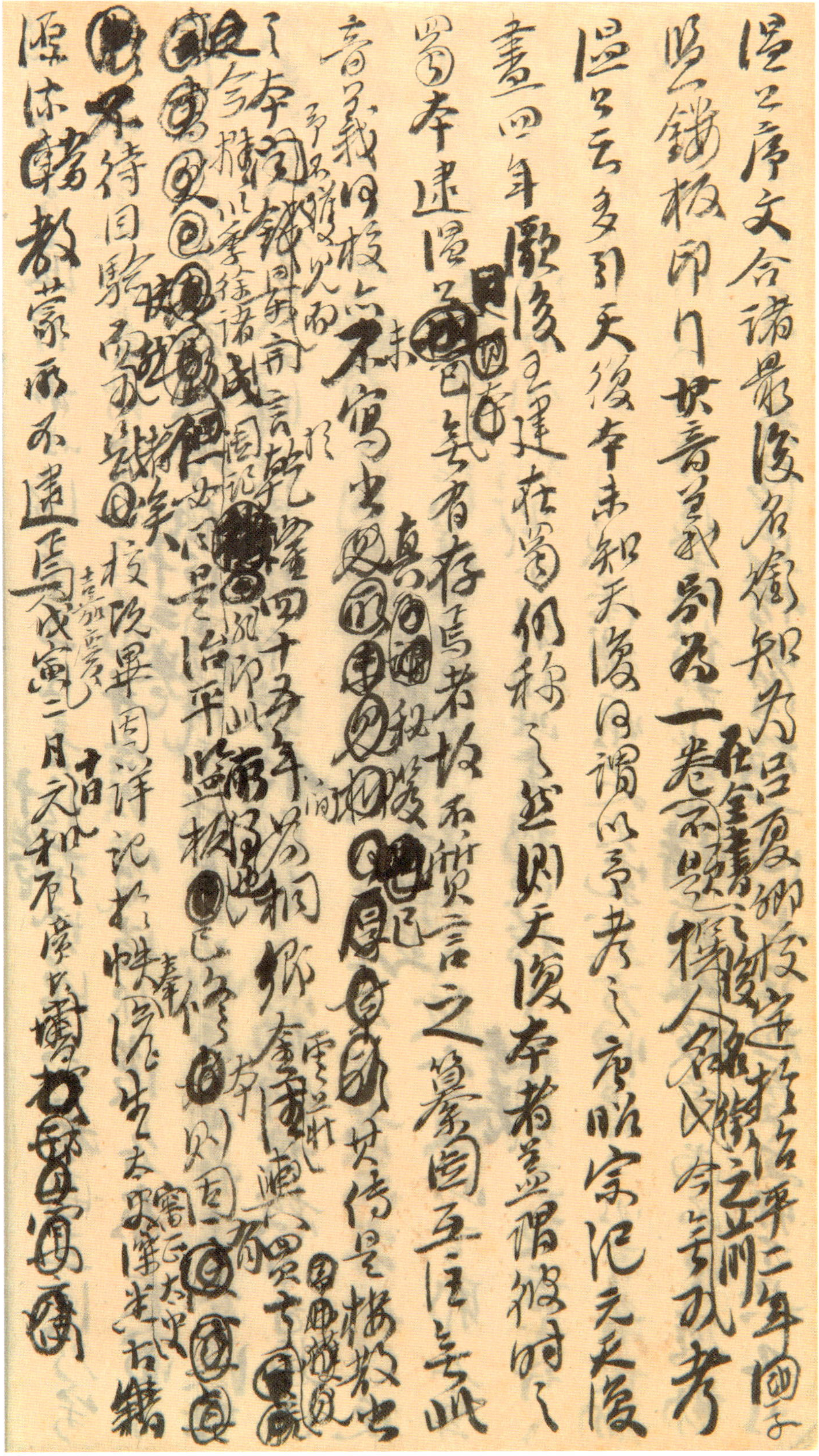

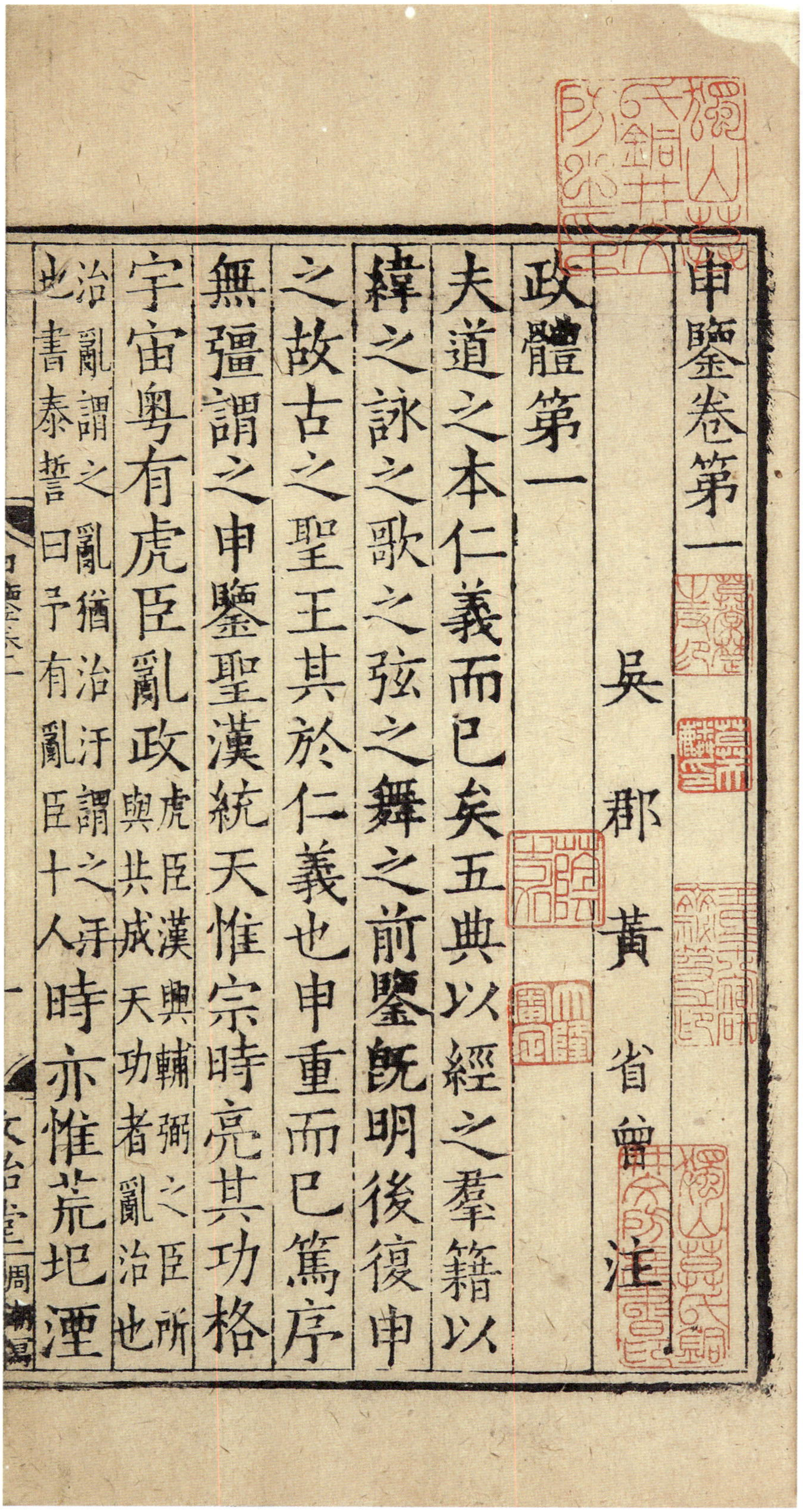

12621 申鑒五卷　（漢）荀悦撰　（明）黄省曾注　明正德十四年（1519）黄氏文始堂刻本

匡高20.7厘米，廣13.5厘米。半葉九行，行十七字，細黑口，四周雙邊。有“獨山莫氏銅井文房藏書印”“莫棠楚生父印”“莫天麟印”“蔭嘉”“大隆審定”等印。莫棠跋。國家圖書館藏。

此黄氏注本之最初刻也規摹東雅堂韓集行款字數皆同殆同為吳下良工所琱勒之所刊古書如兩漢紀水經稽中散集四百年來藝林寶之其所自著園宜有此佳刻是本為天一閣藏書甲寅歲為人盜出數百種上海書賈收之范氏子孫訟久不決予僅僅獲此九月既望初僧記

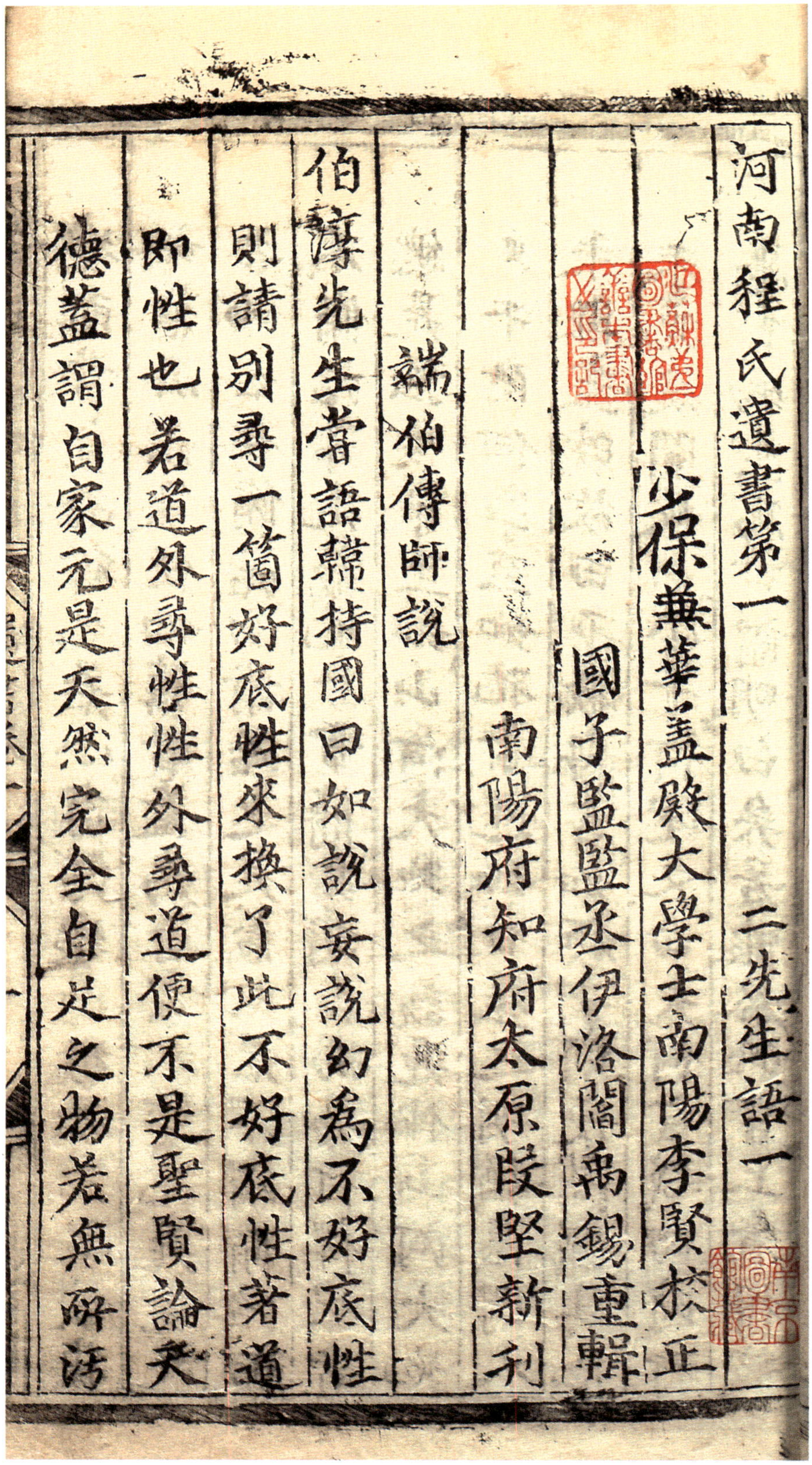

河南程氏遺書第一　二先生語一
少保兼華蓋殿大學士南陽李賢校正
國子監監丞伊洛閻禹錫重輯
南陽府知府太原段堅新刊

端伯傳師說
伯淳先生甞語韓持國曰如說妄說幻爲不好底性
則請別尋一箇好底性來換了此不好底性著道
即性也若道外尋性性外尋道便不是聖賢論天
德蓋謂自家元是天然完全自足之物若無所汙

12622 二程全書六十二卷　（宋）程顥　程頤撰　明成化十二年（1476）段堅刻本

匡高26.1厘米，廣16.6厘米。半葉九行，行二十字，小字雙行同，黑口，四周雙邊。丁丙跋。南京圖書館藏。

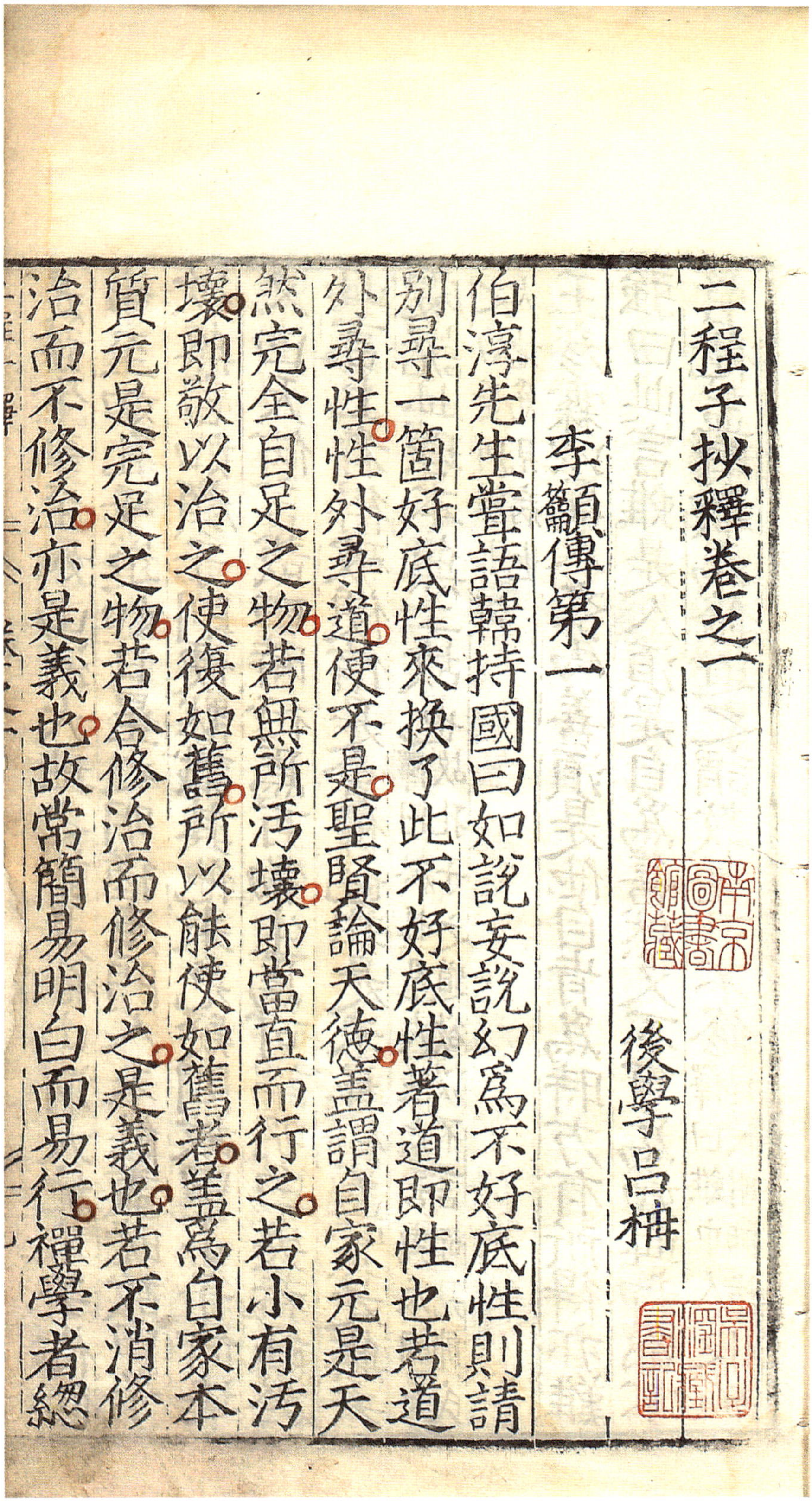
二程子抄釋卷之一

李籲傳第一

後學呂柟

伯淳先生嘗語韓持國曰如說妄說幻爲不好底性則請別尋一箇好底性來換了此不好底性著道即性也若道外尋性性外尋道便不是聖賢論天德蓋謂自家元是天然完全自足之物若無所汚壞即當直而行之若小有汚壞即敬以治之使復如舊所以能使如舊者蓋爲自家本質元是完足之物若合修治而修治之是義也若不消修治而不修治亦是義也故常簡易明白而易行禪學者總

12623 二程子抄釋十卷　（明）呂柟撰　明嘉靖五年（1526）解梁書院刻本

匡高20.3厘米，廣13.4厘米。半葉十行，行二十二字，小字雙行同，白口，左右雙邊。南京圖書館藏。

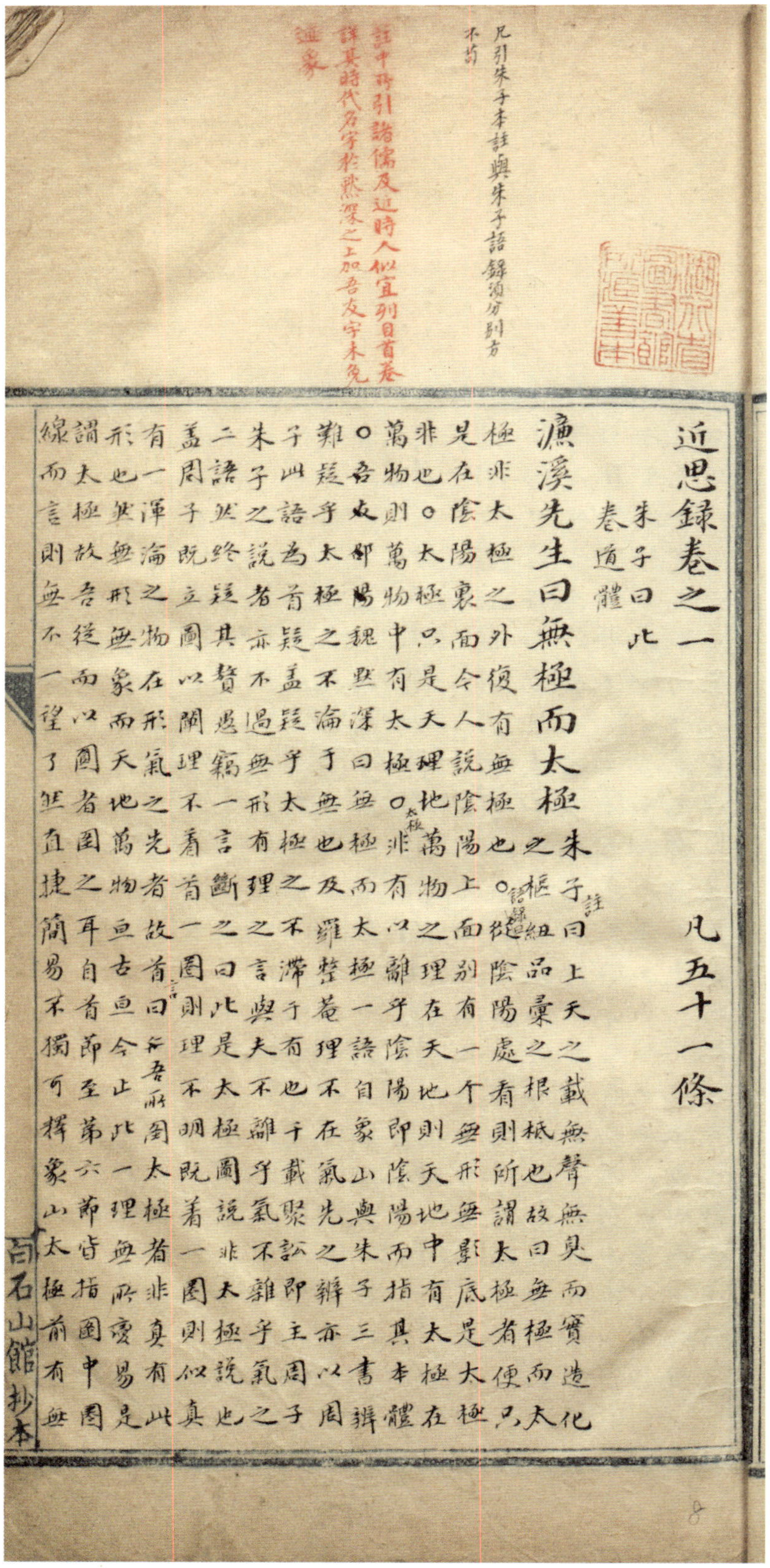
凡引朱子本註與朱子語録須分别方不紊
註中所引諸儒及近時人似宜列目首卷詳其時代名字於默深之上加吾友字未免[illegible]
近思録卷之一　凡五十一條
朱子曰此卷道體
濂溪先生曰無極而太極朱子註曰上天之載無聲無臭而實造化之樞紐品彙之根柢也故曰無極而太
極非太極之外復有無極也○語録從陰陽處看則所謂太極者便只
是在陰陽裏而令人說陰陽上面别有一个無形無影底是太極
非也○太極只是天理地萬物之理在天地則天地中有太極在
萬物則萬物中有太極○太極非有以離乎陰陽即陰陽而指其本體
○吾友邵陽魏默深曰無極而太極一語自象山與朱子三書辨
難疑乎太極之不淪于無也及羅整菴理不在氣先之辨亦以周
子此語為首疑盖疑乎太極之不滯于有也千載聚訟即主周子
朱子之說者亦不過無形有理之言與夫不離乎氣不離乎氣之
二語然終疑其贊過竊一言斷之曰此是太極圖說非太極說也
蓋周子既立圖以闡理不着首一圖則理不明既着一圖則似真
有一渾淪之物在形氣之先者故首曰吾所圖太極者非真有此
形也其無形無象而天地萬物亘古亘今止此一理無所變易是
謂太極故吾從而以圖者圖之耳自首節至第六節皆指圖中圖
線而言則無不一望了然直捷簡易不獨可擇象山太極前有無
白石山館抄本

12624 近思録補注十四卷　（清）陳沆撰　稿本

匡高20.8厘米，廣14.7厘米。半葉十行，行二十五字，小字雙行同，白口，四周雙邊。魏源批。湖北省圖書館藏。

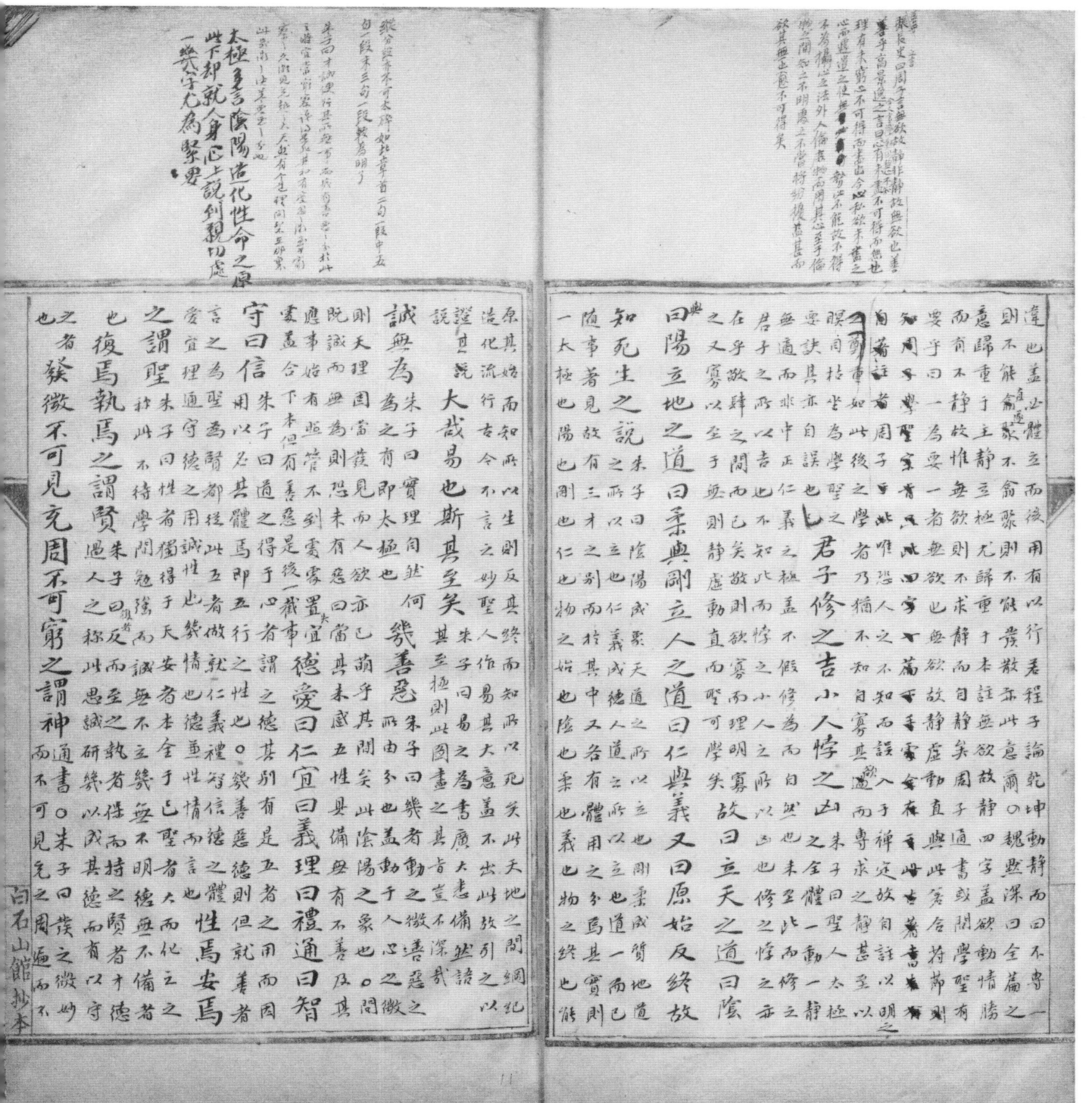

幾分注本不可太拘如此章首二句一段中五句一段末三句一段較為明了

太極至言陰陽造化性命之原此下却就人身上說到親切處一幾字尤為緊要

達也蓋必體立而後用有以行若程子論乾坤動靜而曰不專一則不能翕聚不翕聚則不能發散亦此意爾○魏與深曰全篇之意歸重于主靜立極尤歸重于本註無欲故靜四字蓋欲動情勝而有不靜故惟無欲則不求靜而自靜矣周子通書或問學聖有要乎曰一為要一者無欲也無欲故靜虛動直與此篇合符節則知周子學聖宗旨只此四字[illegible]自著註者周子[illegible]此唯恐人之不知而誤入于禪定故自註以明之[illegible]事如此後學之學者乃猶不知自寡其欲而專求之靜甚至以瞑目枯坐為學聖之要訣其亦自誤也

君子修之吉小人悖之凶 朱子曰聖人太極之全體一動一靜無適而非中正仁義之極蓋不假修為而自然也未至此而修之君子之所以吉也不知此而悖之小人之所以凶也修之悖之亦在乎敬肆之間而已矣敬則欲寡而理明寡之又寡以至于無則靜虛動直而聖可學矣

故曰立天之道曰陰與陽立地之道曰柔與剛立人之道曰仁與義又曰原始反終故知死生之說 朱子曰陰陽成象天道之所以立也剛柔成質地道之所以立也仁義成德人道之所以立也道一而已隨事著見故有三才之別而於其中又各有體用之分焉其實則一太極也陽也剛也仁也物之始也陰也柔也義也物之終也能

原其始而知所以生則反其終而知所以死矣此天地之間綱紀造化流行古今不言之妙聖人作易其大意蓋不出此故引之以證其說

大哉易也斯其至矣 朱子曰易之為書廣大悉備然語其至極則此圖盡之其旨豈不深哉

誠無為 朱子曰實理自然何為之有即太極也

幾善惡 朱子曰幾者動之微善惡之所由分也蓋動于人心之微則天理固當發見而人欲亦已萌乎其間矣此陰陽之象也○問既誠而無為則恐未有惡曰當其未感五性具備無有不善及其應事始有照管不到處處置失宜處蓋合下本但有善惡是後一截事

德愛曰仁宜曰義理曰禮通曰智守曰信 朱子曰道之得于心者謂之德其別有是五者之用而因用以名其體焉即五行之性也○幾善惡德則但就善者言之為聖為賢都從此五者做就仁義禮智信德之體愛宜理通守德之用誠性也發情也德兼性情而言也

性焉安焉之謂聖 朱子曰性者獨得于天安者本全于己聖者大而化之之稱此不待學問勉強而誠無不立幾無不明德無不備者也

復焉執焉之謂賢 朱子曰復者反而至之執者保而持之賢者才德過人之稱此思誠研幾以成其德而有以守之者也

發微不可見充周不可窮之謂神 通書○朱子曰發之微妙而不可見充之周遍而不

白石山館抄本

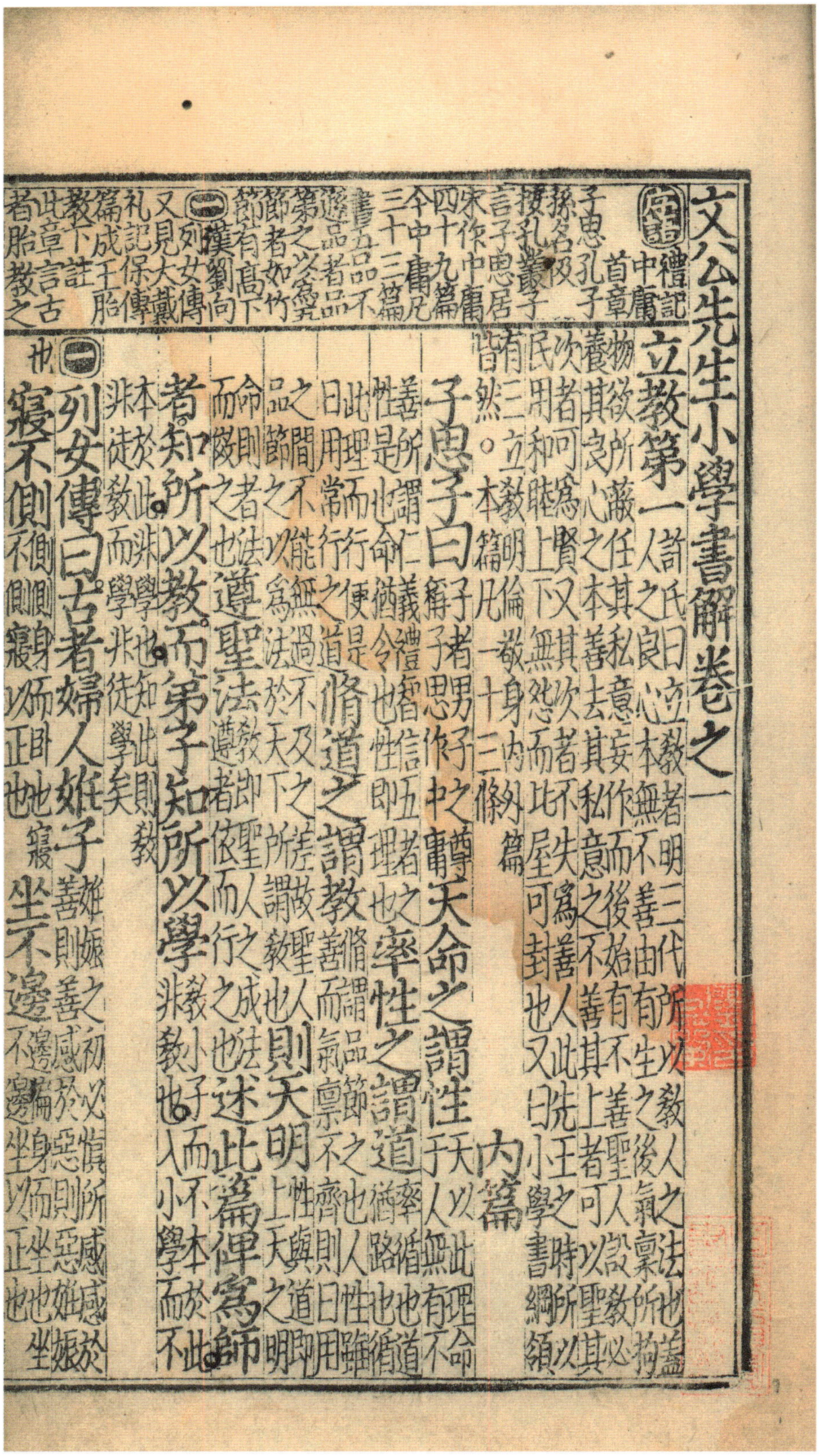

12625 文公先生小學書解四卷　（宋）朱熹撰　明前期刻本

匡高22.2厘米，廣13.8厘米。半葉十四行，行二十一字，小字雙行同，黑口，四周雙邊。河南省圖書館藏。

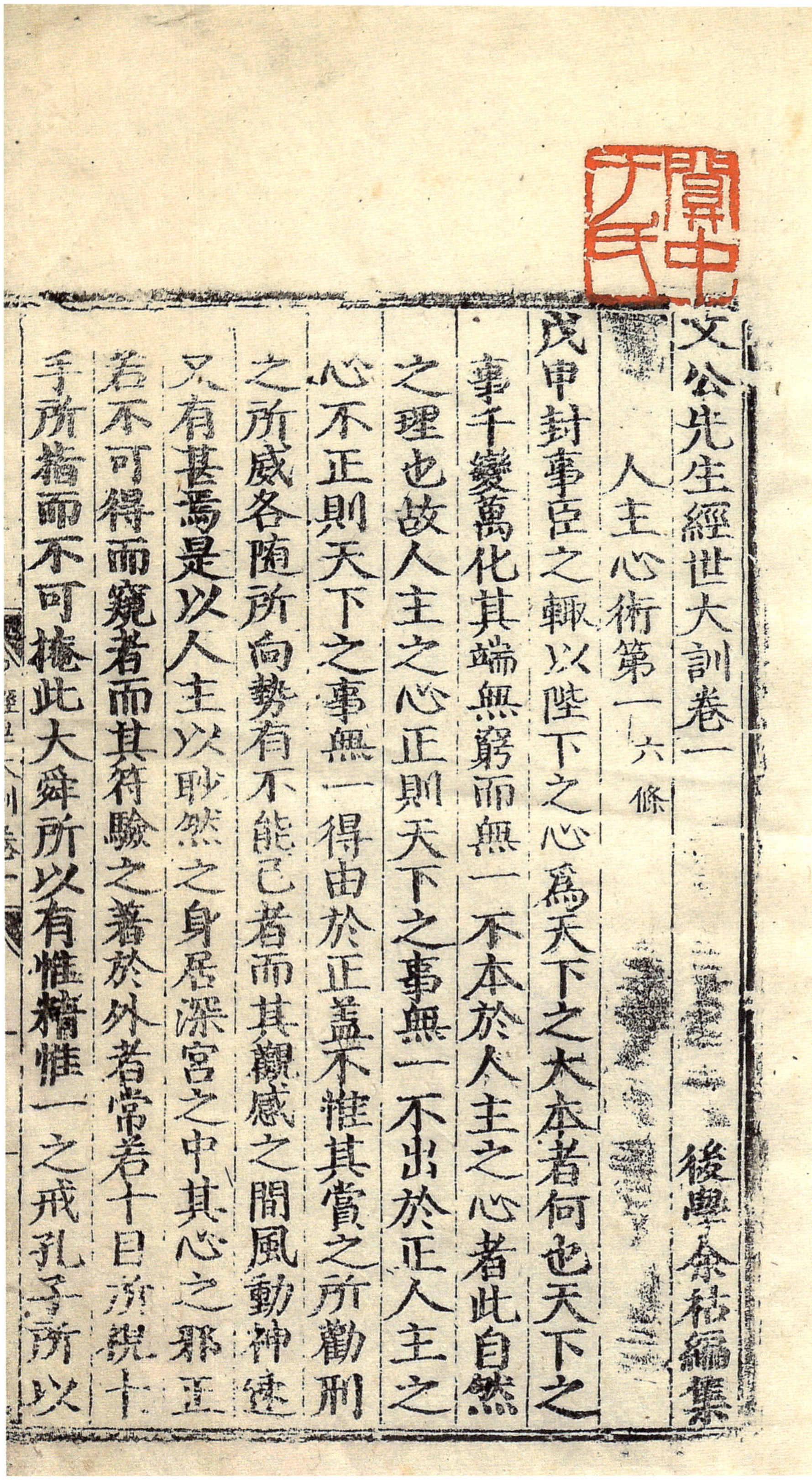
文公先生經世大訓卷一
人主心術第一　六條　　後學余祐編集
戊申封事臣之輙以陛下之心爲天下之大本者何也天下之事千變萬化其端無窮而無一不本於人主之心者此自然之理也故人主之心正則天下之事無一不出於正人主之心不正則天下之事無一得由於正蓋不惟其賞之所勸刑之所威各隨所向勢有不能已者而其觀感之間風動神速又有甚焉是以人主以眇然之身居深宮之中其心之邪正若不可得而窺者而其符驗之著於外者常若十目所視十手所指而不可揜此大舜所以有惟精惟一之戒孔子所以

12626 文公先生經世大訓十六卷　（明）余祐輯　明嘉靖元年（1522）河南按察司刻本

匡高22.9厘米，廣15.3厘米。半葉十行，行二十四字，小字雙行同，白口，四周雙邊。有“關中于氏” 等印。南京圖書館藏。

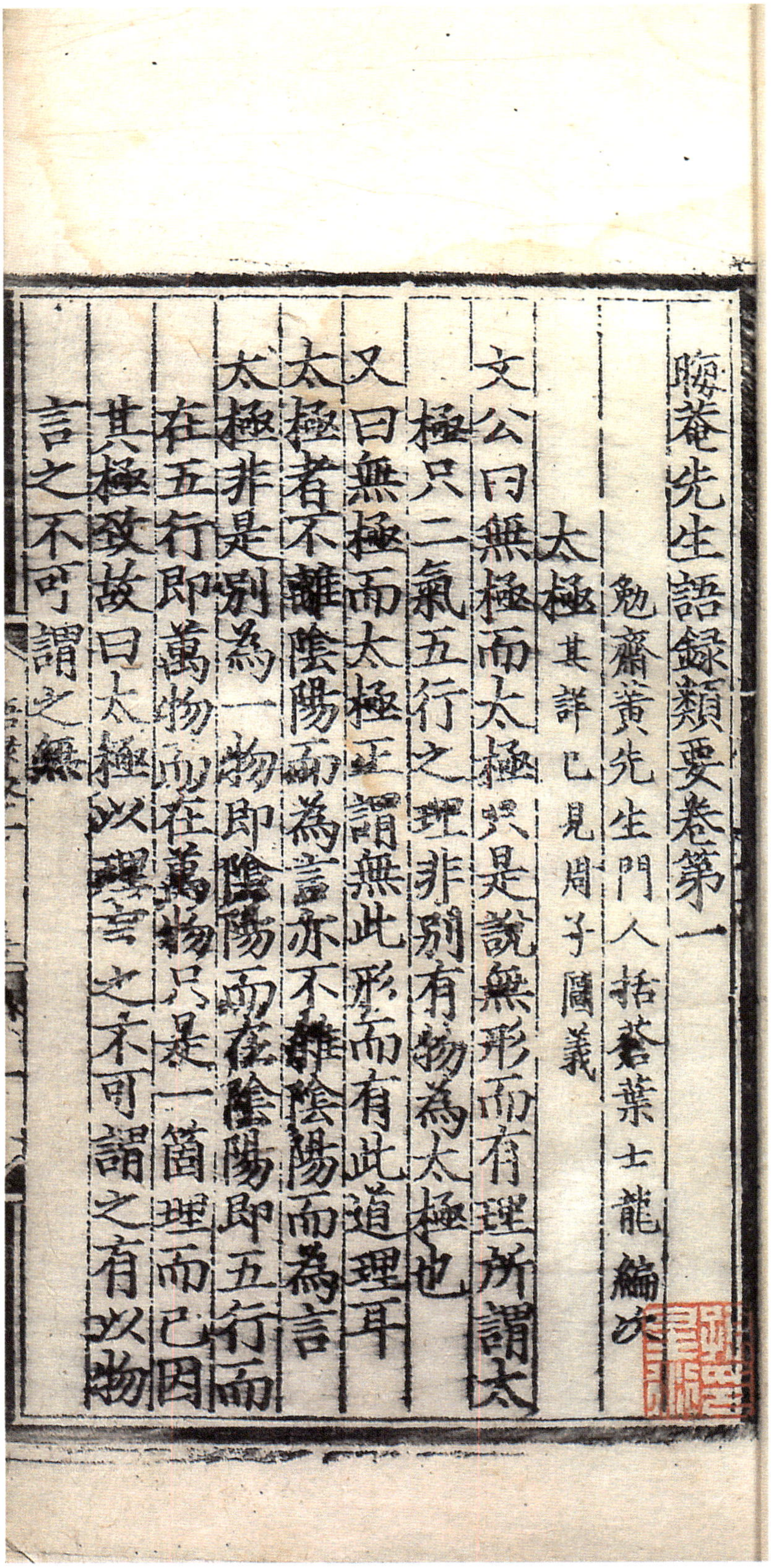

晦菴先生語録類要卷第一

勉齋黄先生門人括蒼葉士龍編次

太極 其詳已見周子圖義

文公曰無極而太極只是説無形而有理所謂太極只二氣五行之理非别有物為太極也

又曰無極而太極正謂無此形而有此道理耳

太極者不離陰陽而為言亦不雜陰陽而為言

太極非是别為一物即陰陽而在陰陽即五行而在五行即萬物而在萬物只是一箇理而已因其極致故曰太極以理言之不可謂之有以物言之不可謂之無

12627 晦庵先生語録類要十八卷 （宋）葉士龍輯 明成化六年（1470）韓儼刻本

匡高19.1厘米，廣12.5厘米。半葉十一行，行十九字，小字單行同，黑口，四周雙邊。有“孫印星衍”等印。南京圖書館藏。

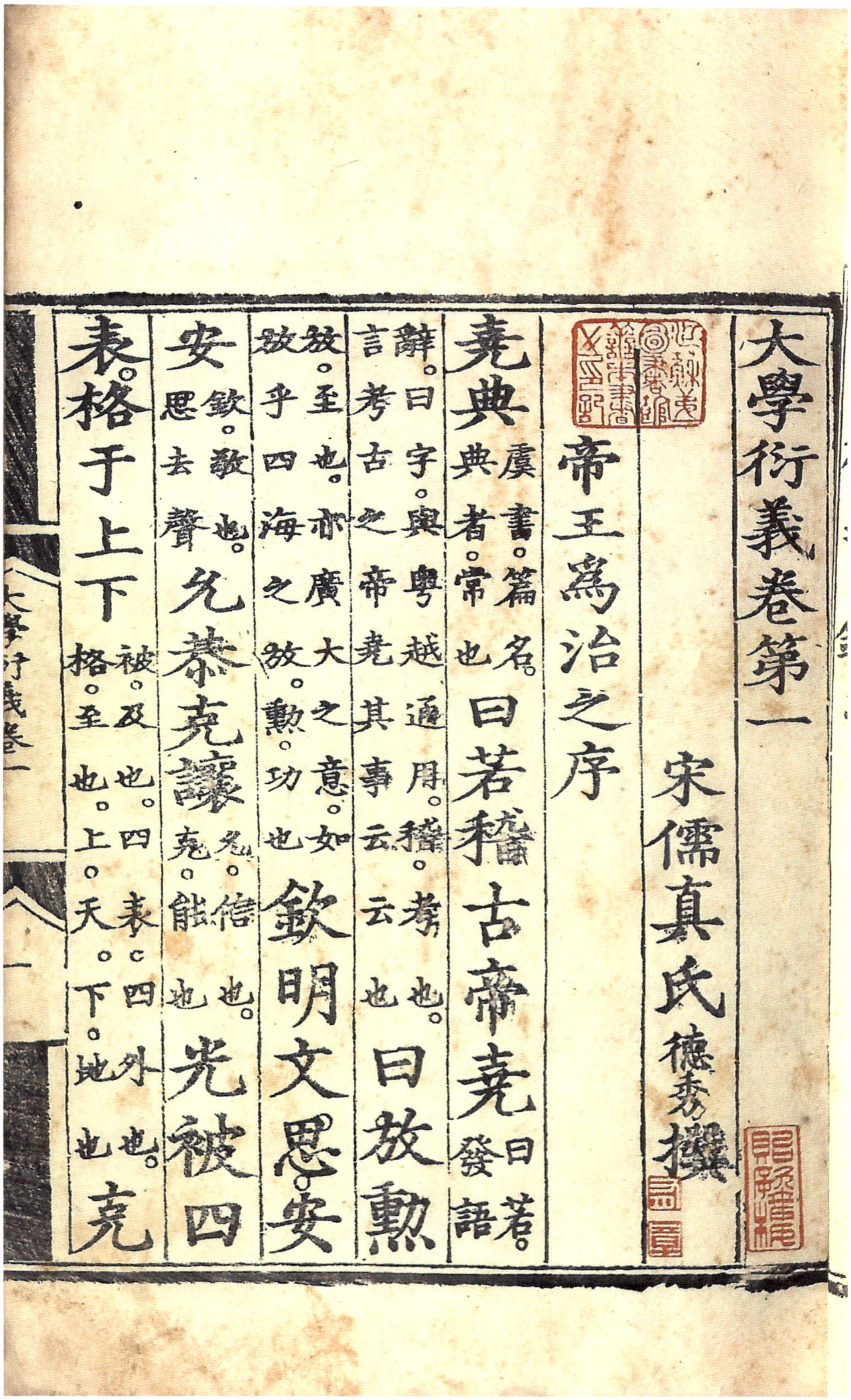

12628 大學衍義四十三卷 （宋）真德秀撰　明嘉靖六年（1527）司禮監刻本

匡高22.4厘米，廣16.7厘米。半葉八行，行十四字，小字雙行同，黑口，四周雙邊。有"貽厥樓""有章"等印。南京圖書館藏。

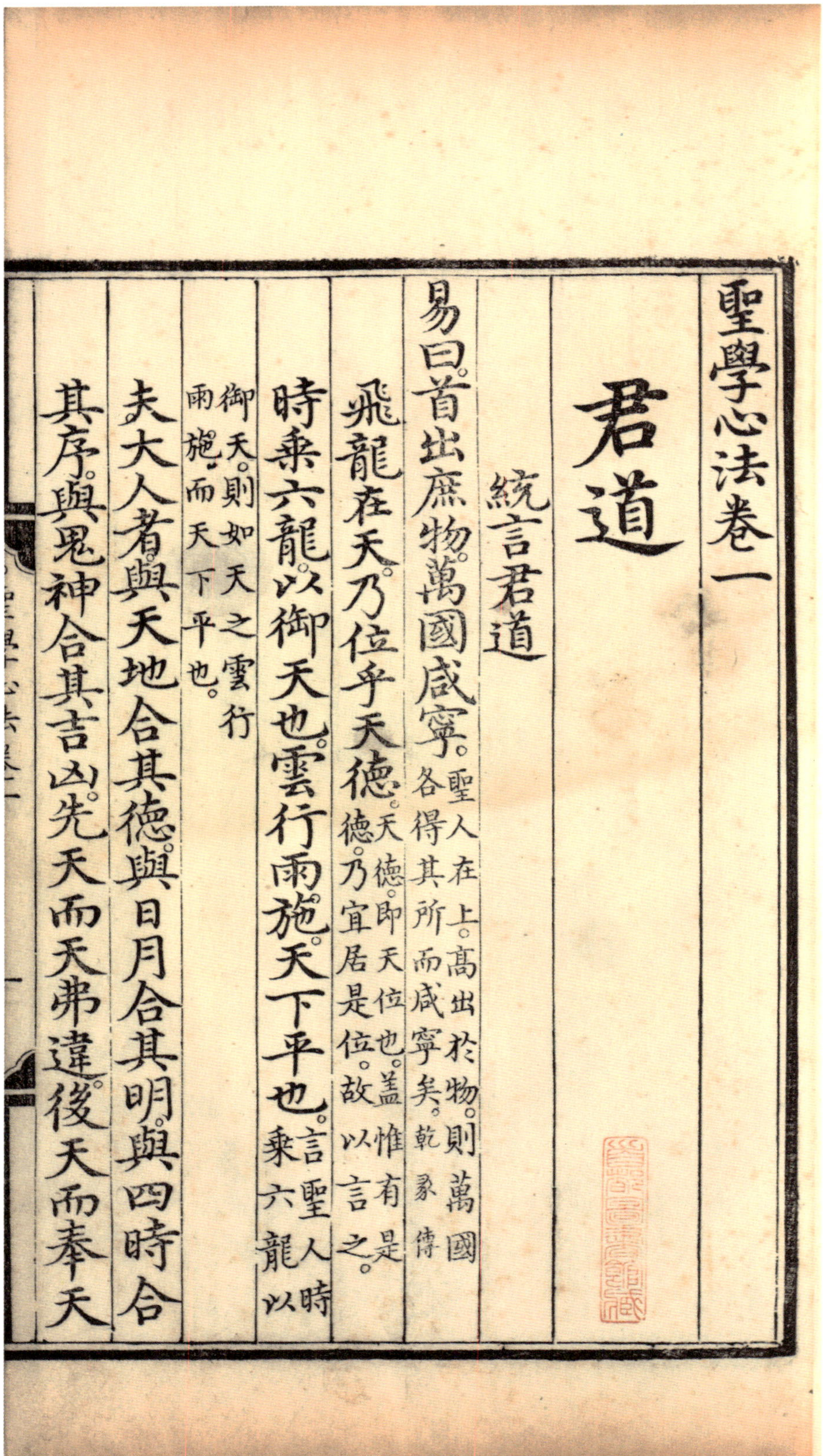

聖學心法卷一

君道

統言君道

易曰。首出庶物。萬國咸寧。聖人在上。高出於物。則萬國各得其所而咸寧矣。乾彖傳

飛龍在天。乃位乎天德。天德即天位也。盖惟有是德。乃宜居是位。故以言之。

時乘六龍以御天也。雲行雨施。天下平也。言聖人時乘六龍以御天。則如天之雲行雨施。而天下平也。

夫大人者。與天地合其德。與日月合其明。與四時合其序。與鬼神合其吉凶。先天而天弗違。後天而奉天

12629—12631 聖學心法四卷 （明）成祖朱棣撰　明永樂七年（1409）內府刻本

匡高26.3厘米，廣19.2厘米。半葉十行，行二十二字，小字雙行同，黑口，四周雙邊。國家圖書館、首都圖書館、吉林省圖書館藏。

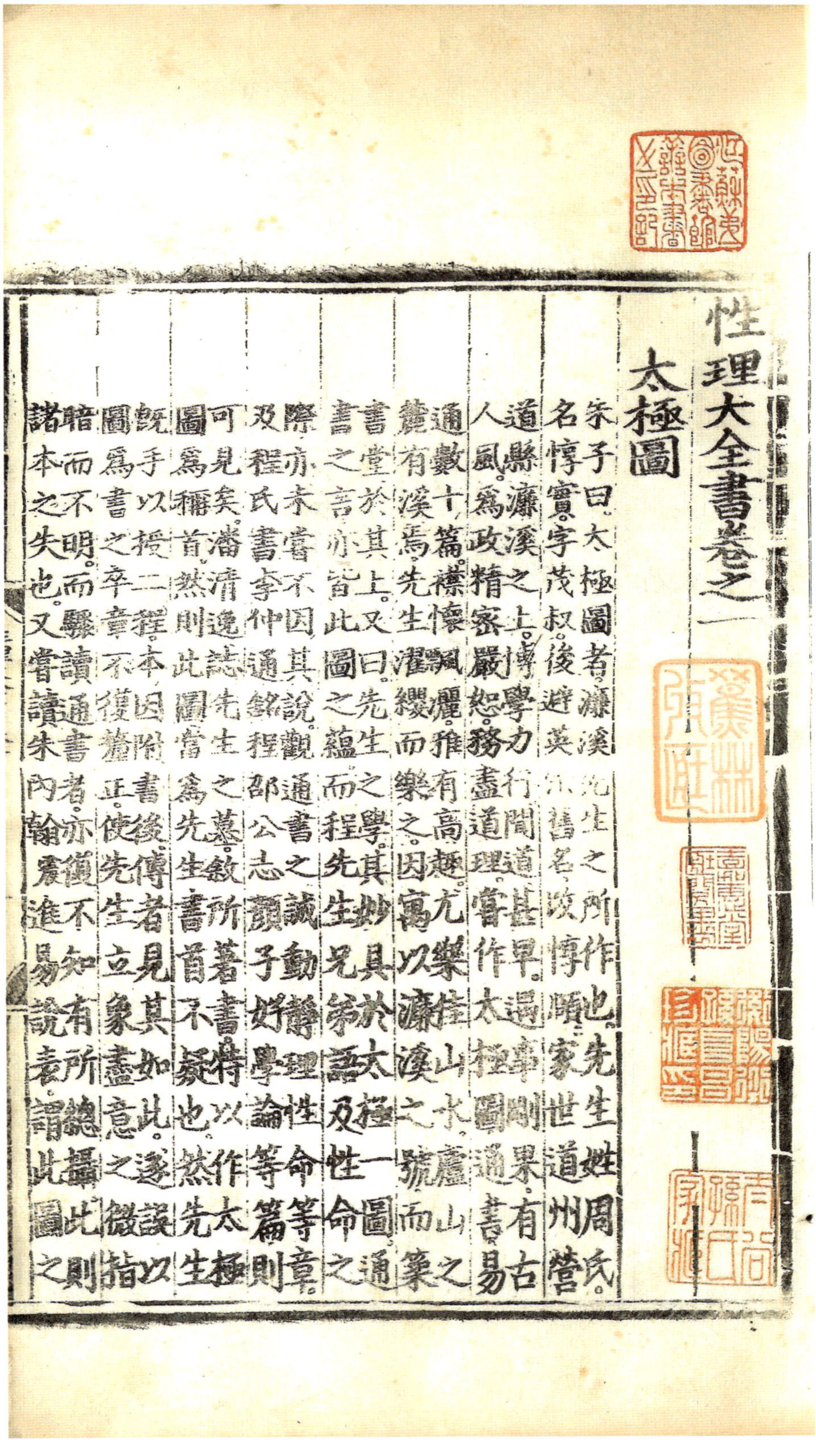
性理大全書卷之一
太極圖
朱子曰太極圖者濂溪先生之所作也先生姓周氏
名惇實字茂叔後避英宗舊名改惇頤家世道州營
道縣濂溪之上博學力行聞道甚早遇事剛果有古
人風為政精密嚴恕務盡道理嘗作太極圖通書易
通數十篇襟懷飄灑雅有高趣尤樂佳山水廬山之
麓有溪焉先生濯纓而樂之因寓以濂溪之號而築
書堂於其上又曰先生之學其妙具於太極一圖通
書之言亦皆此圖之蘊而程先生兄弟語及性命之
際亦未嘗不因其說觀通書之誠動靜理性命等章
及程氏書李仲通銘程邵公志顏子好學論等篇則
可見矣潘清逸誌先生之墓敘所著書特以作太極
圖為稱首然則此圖當為先生書首不疑也然先生
既手以授二程本因附書後傳者見其如此遂誤以
圖為書之卒章不復釐正使先生立象盡意之微指
暗而不明而驟讀通書者亦復不知有所總攝此則
諸本之失也又嘗讀朱內翰震進易說表謂此圖之

12632 性理大全書七十卷　（明）胡廣等撰　明永樂十三年（1415）內府刻本

匡高26.8厘米，廣17.5厘米。半葉十行，行二十二字，小字雙行同，黑口，四周雙邊。有“衡陽道孫阜昌珍臧印”“嘉惠堂臧閲書”“蕉林收臧”等印。丁丙跋。南京圖書館藏。

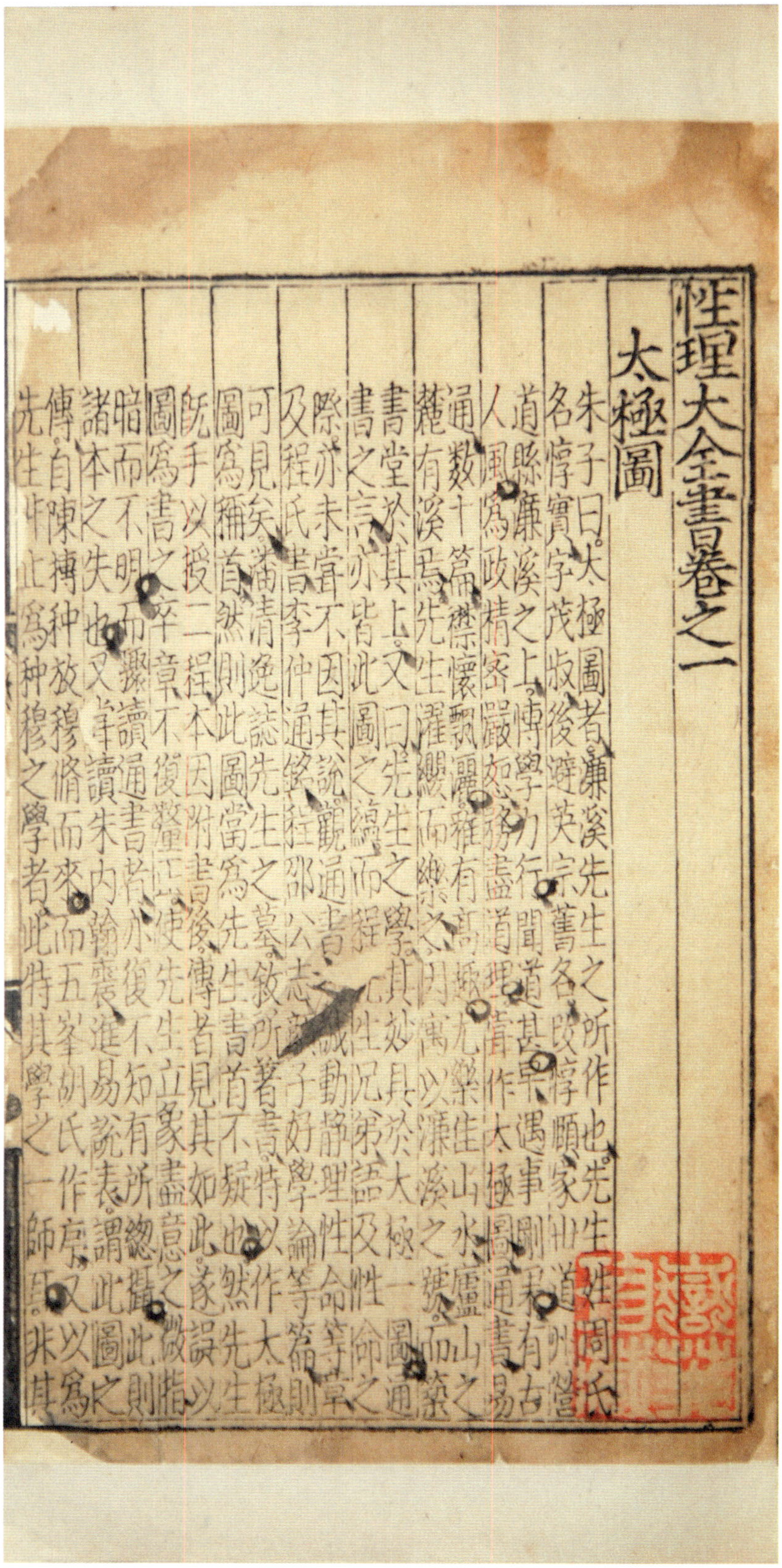
性理大全書卷之一
太極圖
朱子曰太極圖者濂溪先生之所作也先生姓周氏名惇實字茂叔後避英宗舊名改惇頤家世道州營道縣濂溪之上博學力行聞道甚早遇事剛果有古人風爲政精密嚴恕務盡道理嘗作太極圖通書易通數十篇襟懷飄灑雅有高趣尤樂佳山水廬山之麓有溪焉先生濯纓而樂之因寓以濂溪之號而築書堂於其上又曰先生之學其妙具於太極一圖通書之言亦皆此圖之縕而程先生兄弟語及性命之際亦未嘗不因其說觀通書之誠動靜理性命等章及程氏書李仲通銘程邵公誌顏子好學論等篇則可見矣潘清逸誌先生之墓敘所著書特以作太極圖爲稱首然則此圖當爲先生書首不疑也然先生既手以授二程本因附書後傳者見其如此遂誤以圖爲書之卒章不復釐正使先生立象盡意之微指暗而不明而驟讀通書者亦復不知有所總攝此則諸本之失也又嘗讀朱內翰震進易說表謂此圖之傳自陳摶种放穆脩而來而五峯胡氏作序又以爲先生非止爲种穆之學者此特其學之一師耳非其

12633 性理大全書七十卷 （明）胡廣等撰　明弘治八年（1495）書林魏氏仁實堂刻本（卷三十八、五十二至五十八抄配）

匡高19.7厘米，廣13厘米。半葉十一行，行二十二字，小字雙行同，黑口，四周雙邊。有“書林魏氏仁實堂刊”“仁實堂”牌記。有“嶽英珍藏”等印。柳州市圖書館藏。

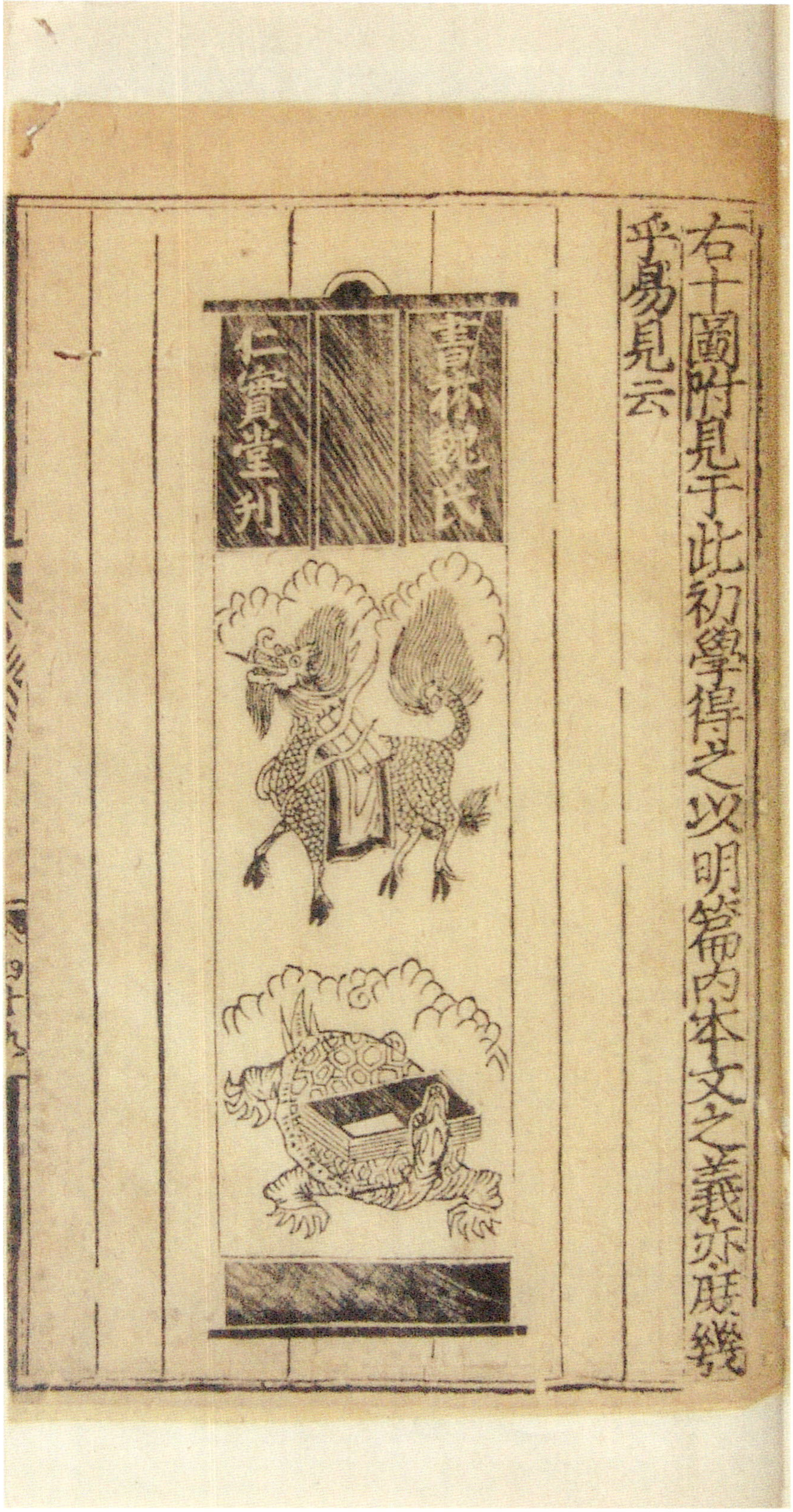

右十圖附見于此初學得之以明篇內本文之義亦庶幾乎易見云

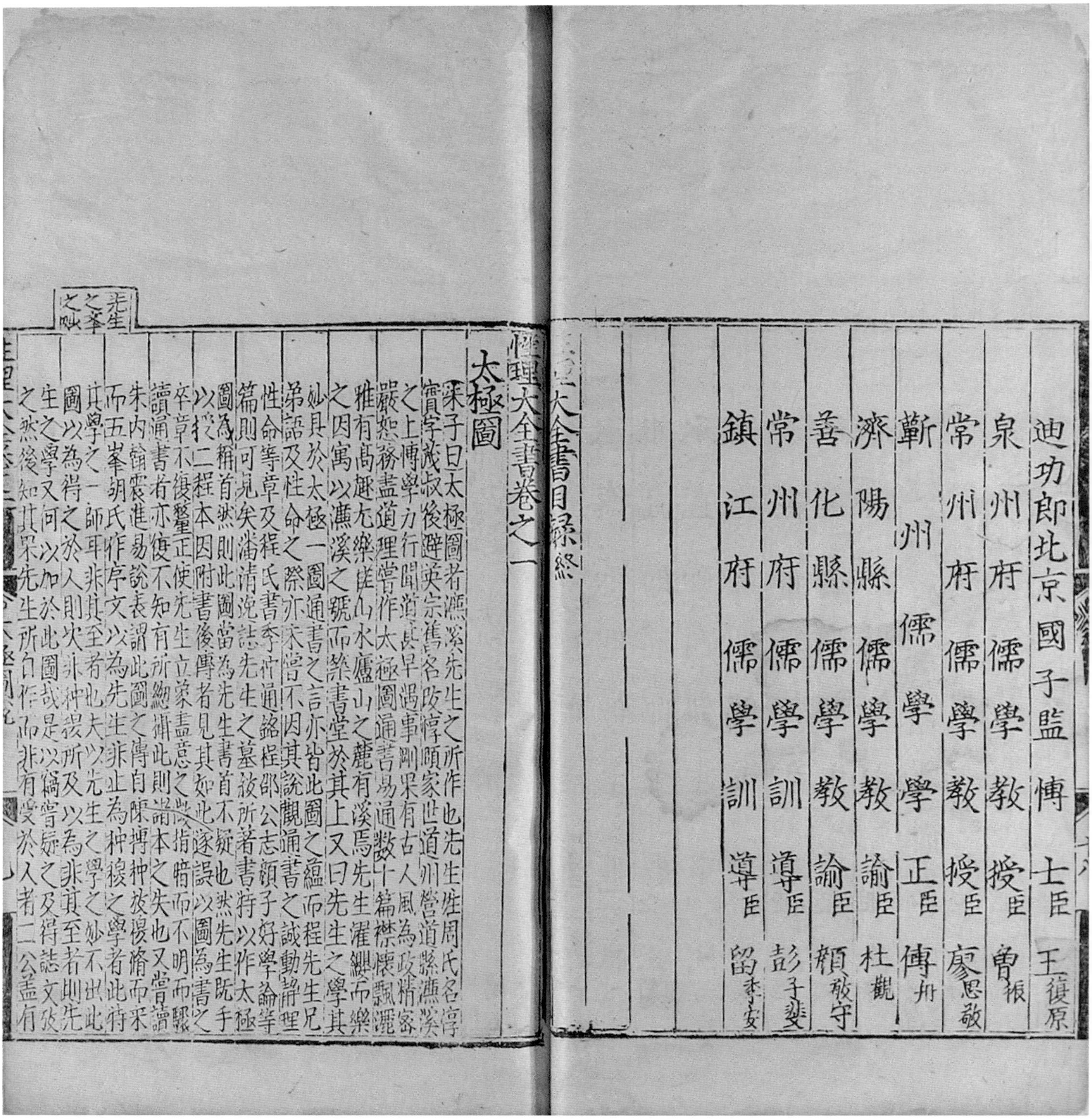

12634 性理大全書七十卷 （明）胡廣等撰　明嘉靖十四年（1535）廣德書堂刻本

匡高16.7厘米，廣13.3厘米。半葉十二行，行二十四字，小字雙行同，黑口，四周雙邊。有"皇明乙未孟春廣德書堂新刊"牌記。紹興圖書館藏。

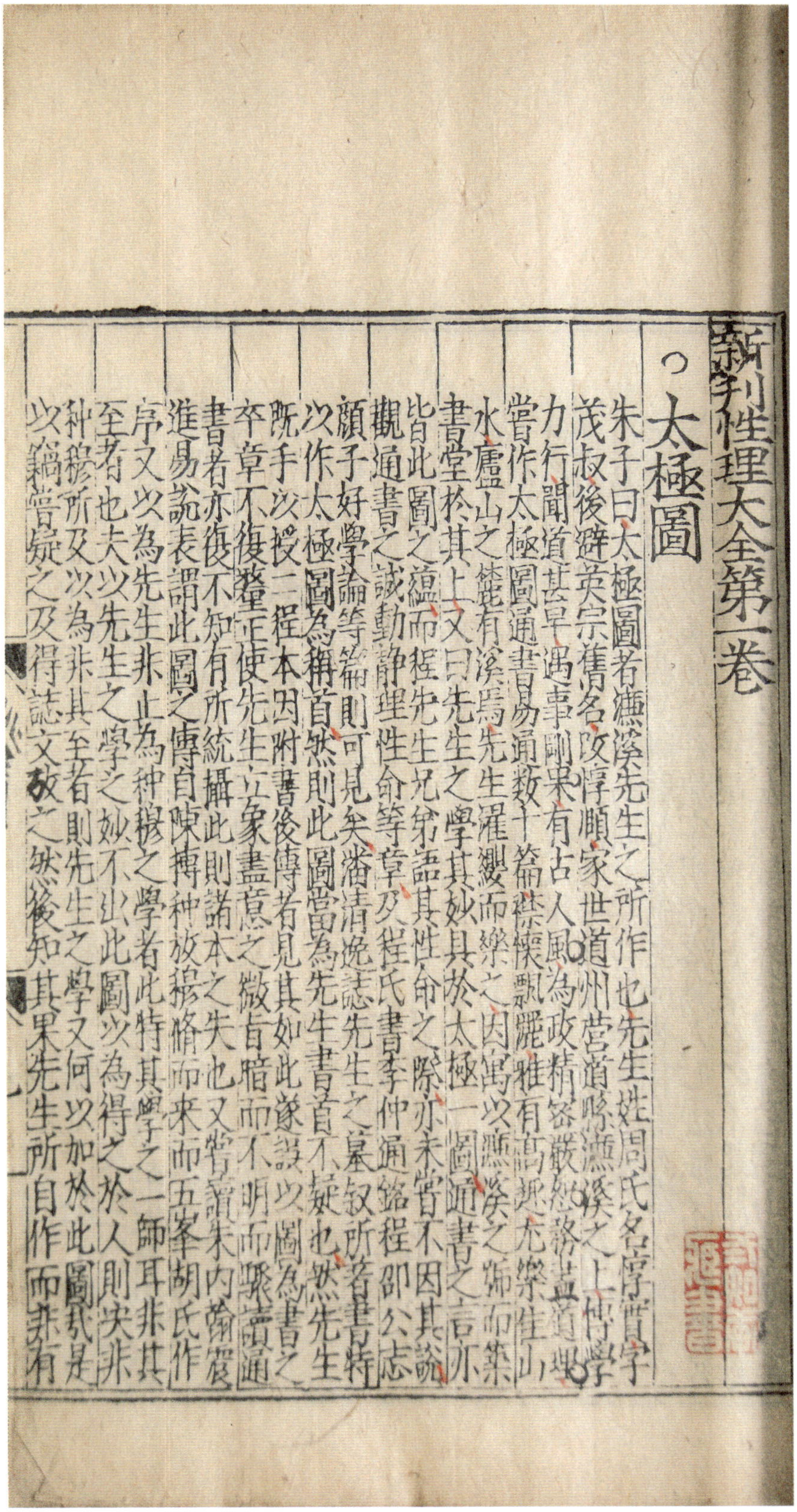

新刊性理大全第一卷

○太極圖

朱子曰太極圖者濂溪先生之所作也先生姓周氏名惇實字茂叔後避英宗舊名改惇頤家世道州營道縣濂溪之上博學力行聞道甚早遇事剛果有古人風為政精密嚴恕務盡道理嘗作太極圖通書易通數十篇襟懷飄灑雅有高趣尤樂佳山水廬山之麓有溪焉先生濯纓而樂之因寓以濂溪之號而築書堂於其上又曰先生之學其妙具於太極一圖通書之言亦皆此圖之蘊而程先生兄弟語其性命之際亦未嘗不因其說觀通書之誠動靜理性命等章及程氏書李仲通銘程邵公誌顏子好學論等篇則可見矣潘清逸誌先生之墓叙所著書特以作太極圖為稱首然則此圖當為先生書首不疑也然先生既手以授二程本因附書後傳者見其如此遂誤以圖為書之卒章不復釐正使先生立象盡意之微旨暗而不明而驟讀通書者亦復不知有所統攝此則諸本之失也又嘗讀朱內翰震進易說表謂此圖之傳自陳摶种放穆脩而來而五峯胡氏作序又以為先生非止為种穆之學者此特其學之一師耳非其至者也夫以先生之學之妙不出此圖以為得之於人則決非种穆所及以為非其至者則先生之學又何以加於此圖哉是以竊嘗疑之及得誌文考之然後知其果先生所自作而非有

12635 新刊性理大全七十卷 （明）胡廣等撰 明嘉靖三十二年（1553）熊氏一峰堂刻本

匡高17.9厘米，廣12.7厘米。半葉十一行，行二十六字，小字雙行同，白口，四周雙邊。有“皇明嘉靖癸丑仲夏熊氏一峰堂重校刊”牌記。有“式知軒臧书” 等印。鎮江市圖書館藏。

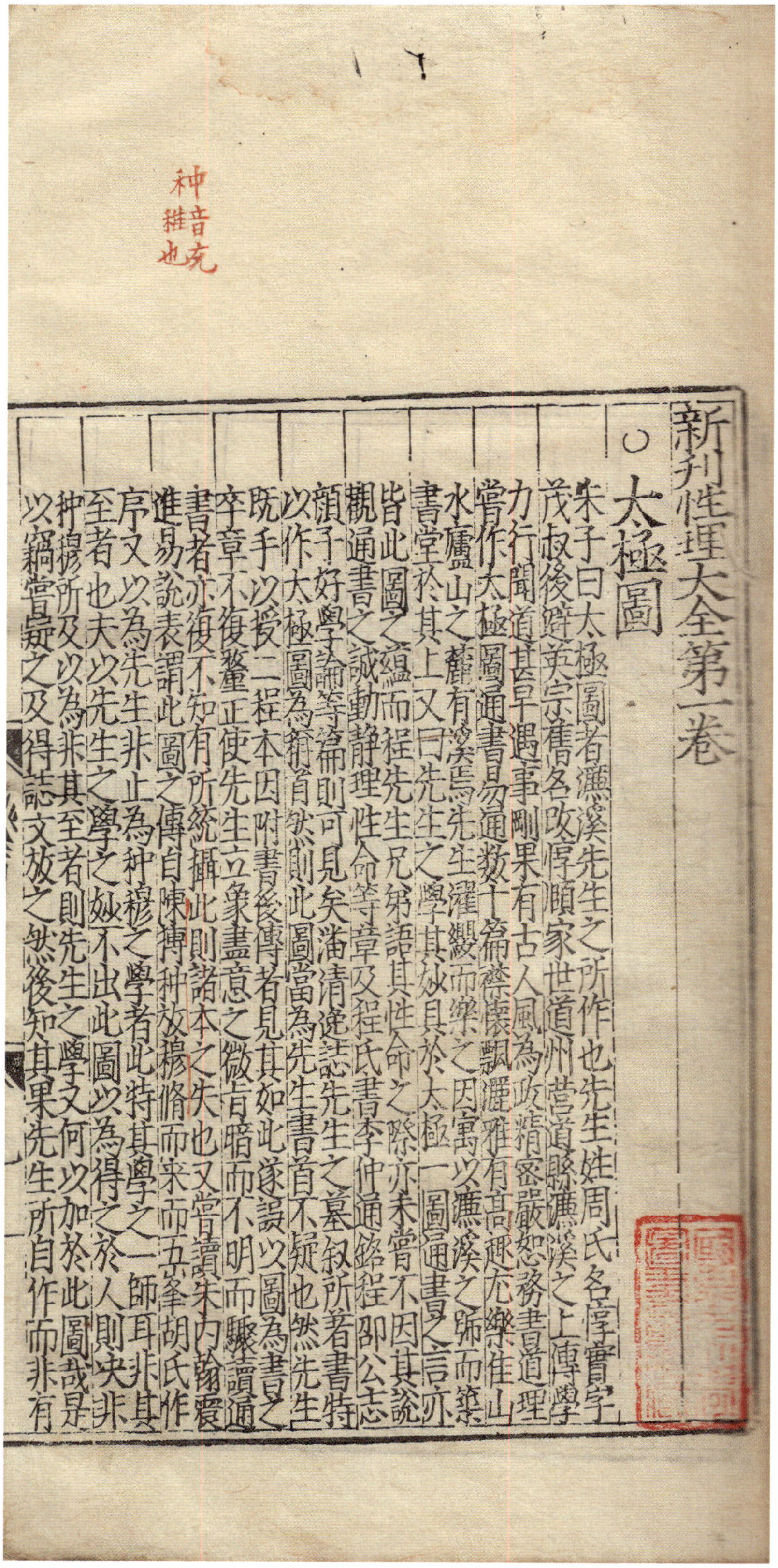

新刊性理大全第一卷

○太極圖

朱子曰太極圖者濂溪先生之所作也先生姓周氏名惇實字茂叔後避英宗舊名改惇頤家世道州營道縣濂溪之上博學力行聞道甚早遇事剛果有古人風為政精密嚴恕務盡道理嘗作太極圖通書易通數十篇襟懷飄灑雅有高趣尤樂佳山水廬山之麓有溪焉先生濯纓而樂之因寓以濂溪之號而築書堂於其上又曰先生之學其妙具於太極一圖通書之言亦皆此圖之藴而程先生兄弟語其性命之際亦未嘗不因其説觀通書之誠動靜理性命等章及程氏書李仲通銘程邵公志顔子好學論等篇則可見矣潘清逸誌先生之墓叙所著書特以作太極圖為稱首然則此圖當為先生書首不疑也然先生既手以授二程本因附書後傳者見其如此遂誤以圖為書之卒章不復釐正使先生立象盡意之微旨暗而不明而驟讀通書者亦復不知有所統攝此則諸本之失也又嘗讀朱内翰震進易説表謂此圖之傳自陳摶种放穆脩而來而五峯胡氏作序又以為先生非止為种穆之學者此特其學之一師耳非其至者也夫以先生之學之妙不出此圖以為得之於人則决非种穆所及以為非其至者則先生之學又何以加於此圖哉是以竊嘗疑之及得誌文攷之然後知其果先生所自作而非有

12636 新刊性理大全七十卷 （明）胡廣等撰 明嘉靖三十五年（1556）張氏新賢堂刻本

匡高18.8厘米，廣13厘米。半葉十一行，行二十字，小字雙行同，白口，四周雙邊。有“皇明嘉靖丙辰仲夏張氏新賢堂重校刊”牌記。江西師範大學圖書館藏。

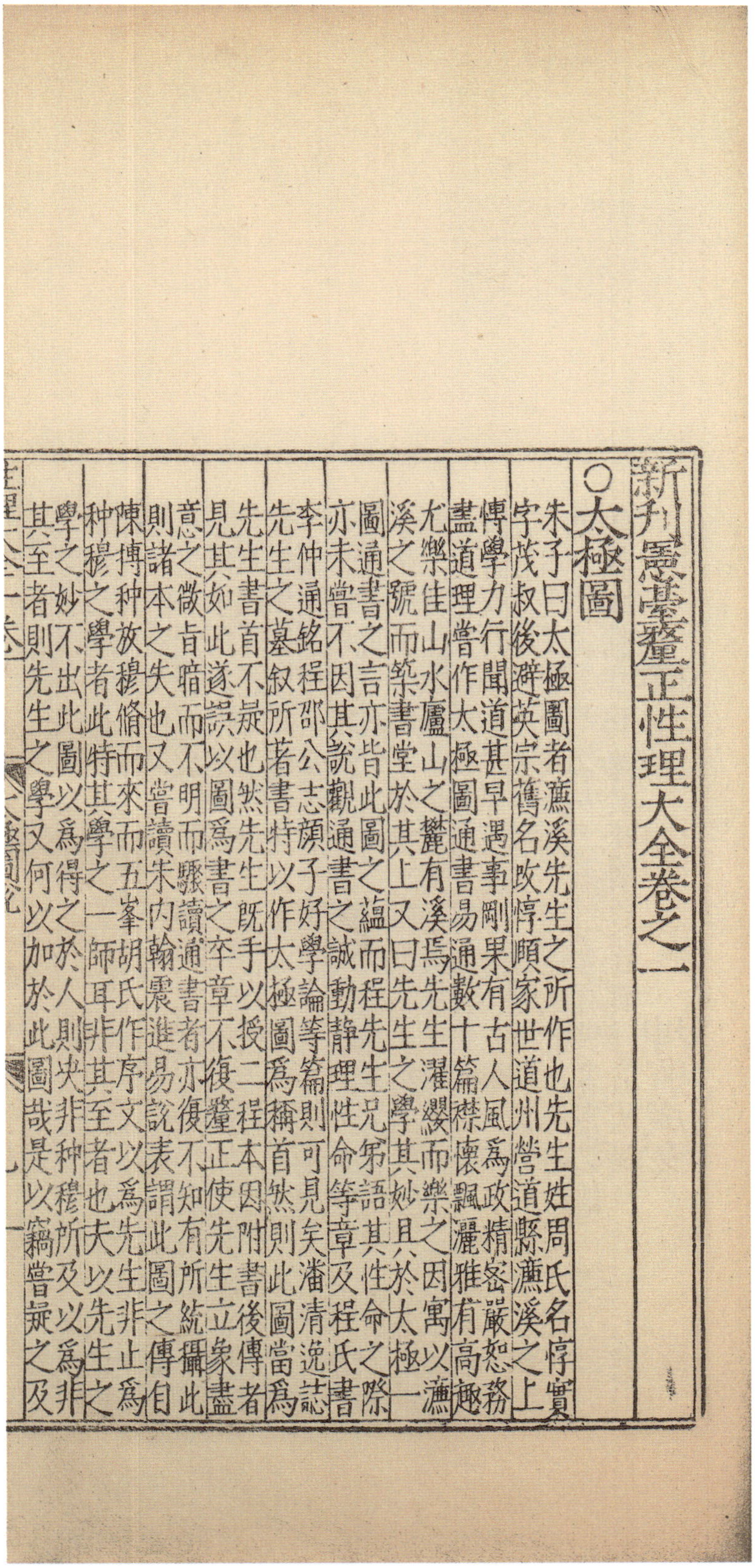

新刊憲臺釐正性理大全卷之一
○太極圖
朱子曰太極圖者濂溪先生之所作也先生姓周氏名惇實
字茂叔後避英宗舊名改惇頤家世道州營道縣濂溪之上
博學力行聞道甚早遇事剛果有古人風爲政精密嚴恕務
盡道理嘗作太極圖通書易通數十篇襟懷飄灑雅有高趣
尤樂佳山水廬山之麓有溪焉先生濯纓而樂之因寓以濂
溪之號而築書堂於其上又曰先生之學其妙具於太極一
圖通書之言亦皆此圖之藴而程先生兄弟語其性命之際
亦未嘗不因其説觀通書之誠動静理性命等章及程氏書
李仲通銘程邵公志顔子好學論等篇則可見矣潘清逸誌
先生之墓叙所著書特以作太極圖爲稱首然則此圖當爲
先生書首不疑也然先生既手以授二程本因附書後傳者
見其如此遂誤以圖爲書之卒章不復釐正使先生立象盡
意之微旨暗而不明而驟讀通書者亦復不知有所統攝此
則諸本之失也又嘗讀朱内翰震進易説表謂此圖之傳自
陳摶种放穆脩而來而五峯胡氏作序文以爲先生非止爲
种穆之學者此特其學之一師耳非其至者也夫以先生之
學之妙不出此圖以爲得之於人則决非种穆所及以爲非
其至者則先生之學又何以加於此圖哉是以竊嘗疑之及

12637 新刊憲臺釐正性理大全七十卷 （明）胡廣等撰　明嘉靖三十一年（1552）余氏自新齋刻本

匡高18厘米，廣14厘米。半葉十一行，行二十四字，小字雙行同，白口，四周雙邊。有"嘉靖壬子歲仲夏余氏自新齋梓行"牌記。中共北京市委圖書館藏。

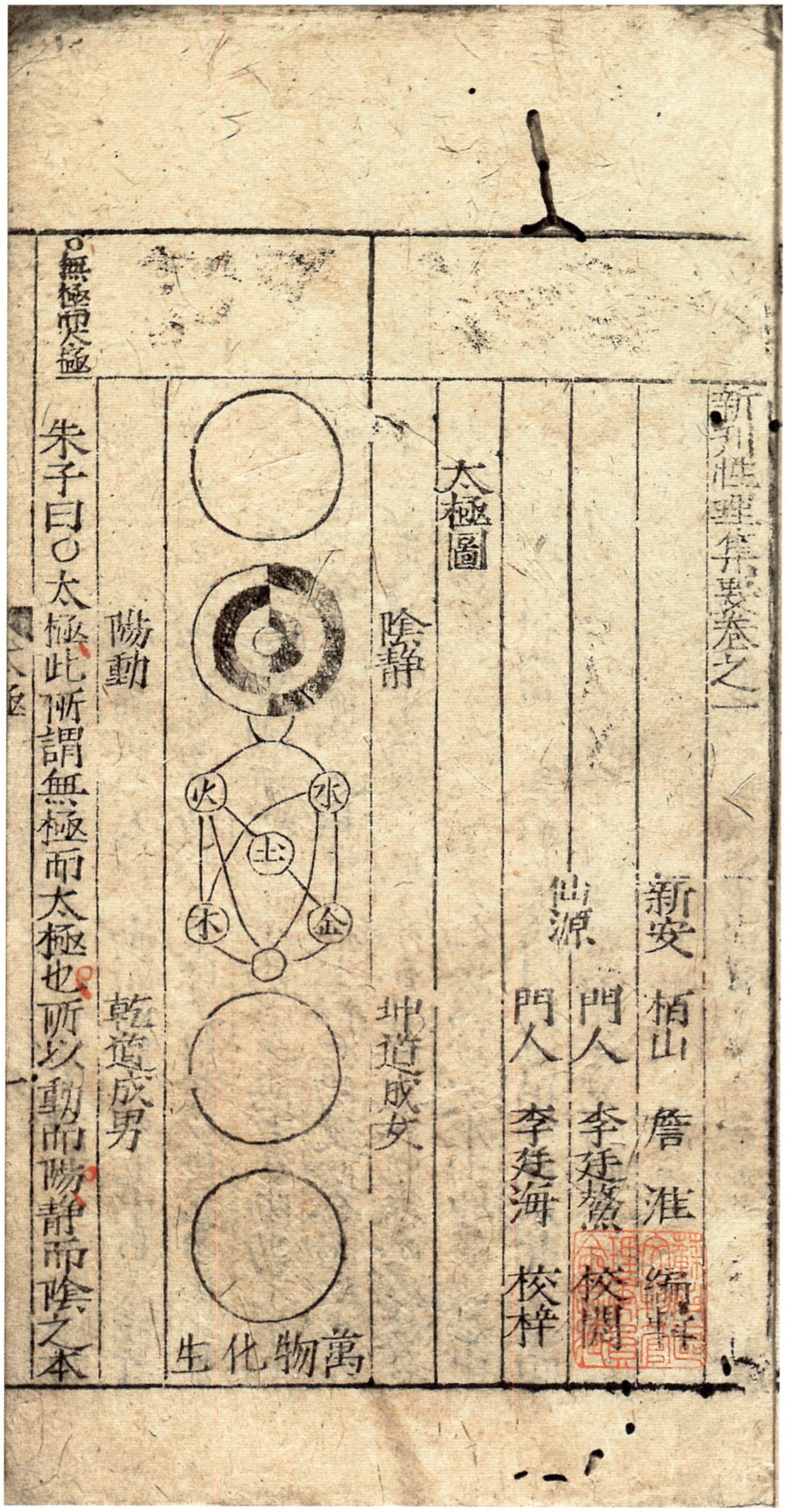

12638 新刊性理集要八卷　（明）詹淮輯　明嘉靖四十年（1561）歸仁齋刻本

匡高19.3厘米，廣12.9厘米。半葉十一行，行二十六字，小字雙行同，下黑口，四周單邊。有“嘉靖辛酉歲歸仁齋重梓”牌記。南京圖書館藏。

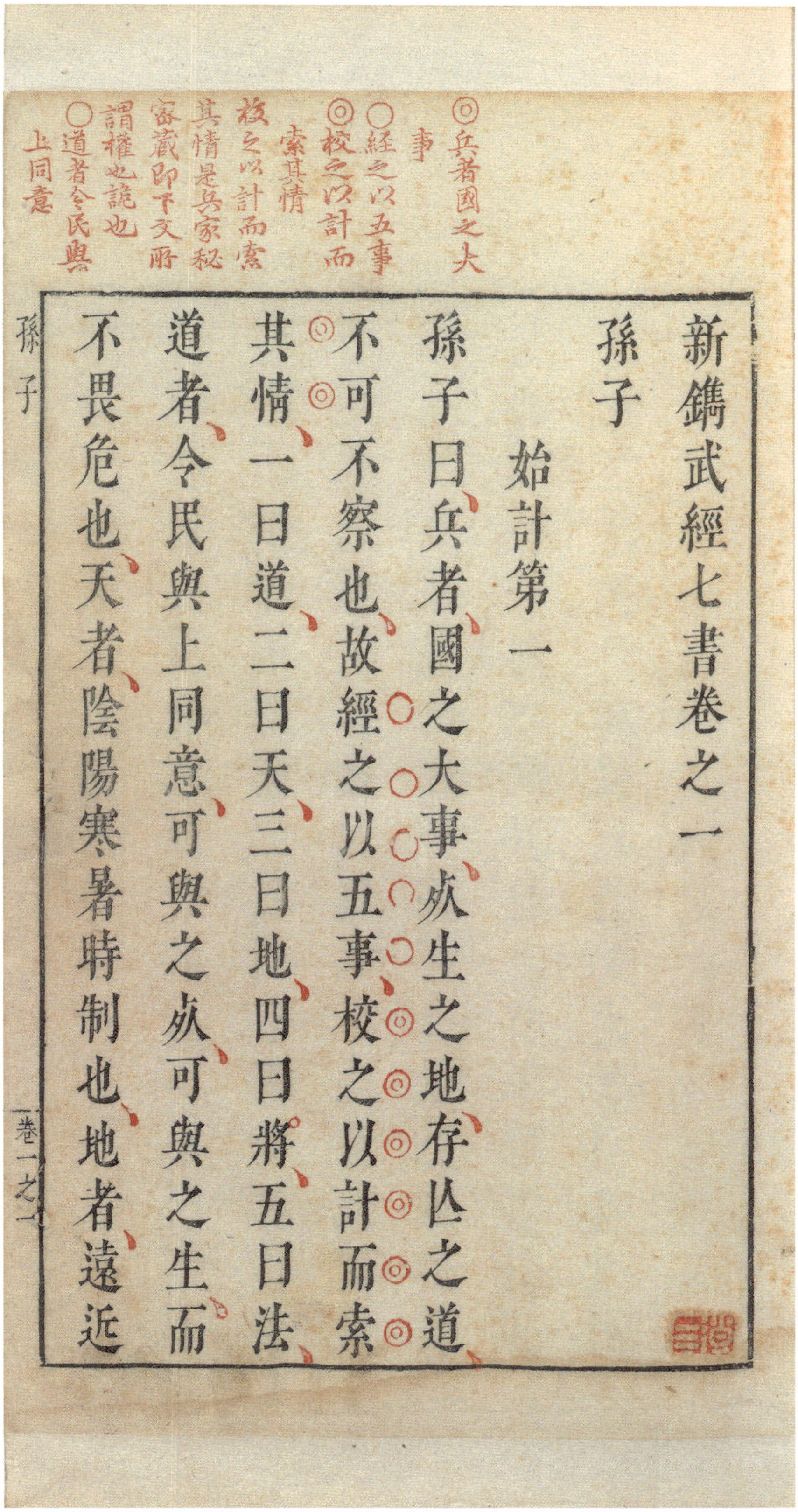

◎兵者國之大事
○經之以五事
◎校之以計而索其情
校之以計而索其情是兵家秘密藏即下文所謂權也詭也
○道者令民與上同意

新鐫武經七書卷之一

孫子

始計第一

孫子曰兵者國之大事死生之地存亡之道不可不察也故經之以五事校之以計而索其情一曰道二曰天三曰地四曰將五曰法道者令民與上同意可與之死可與之生而不畏危也天者陰陽寒暑時制也地者遠近

孫子　卷一之一

12639 新鐫武經七書七卷 （明）王守仁批評　（明）胡宗憲參評　明天啓元年（1621）茅震東刻套印本

匡高20.9厘米，廣14.1厘米。半葉八行，行十七字，白口，四周單邊。貴州省圖書館藏。

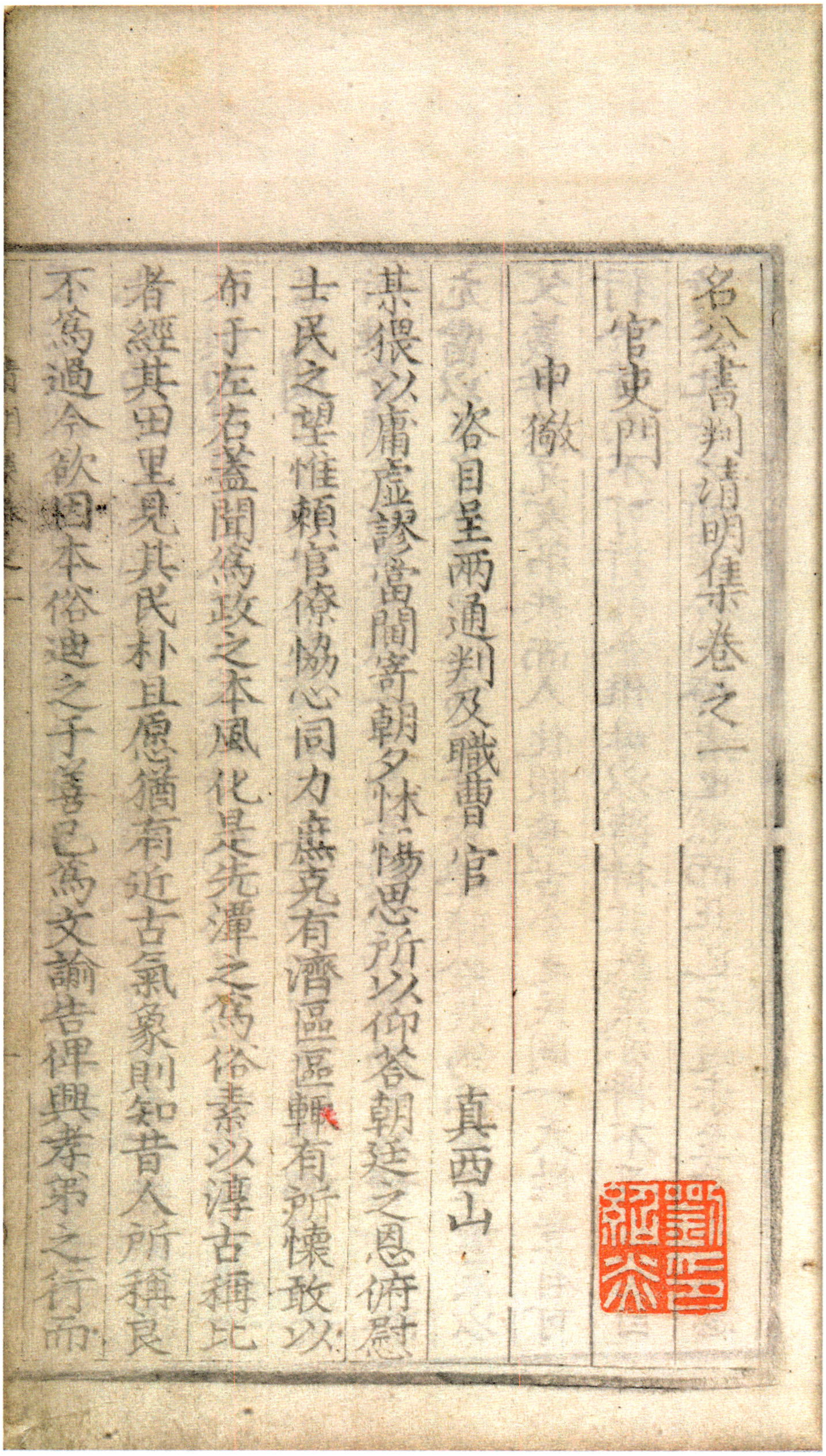

12640 名公書判清明集十四卷 （明）張四維輯 明隆慶三年（1569）盛時選刻藍印本

匡高21.2厘米，廣14.6厘米。半葉九行，行二十四字，白口，四周雙邊。有“劉印紹炎”等印。國家圖書館藏，存十卷。

第六批國家珍貴古籍名録圖録

第三册

中國國家圖書館
中國國家古籍保護中心 編

國家圖書館出版社

第三册目録

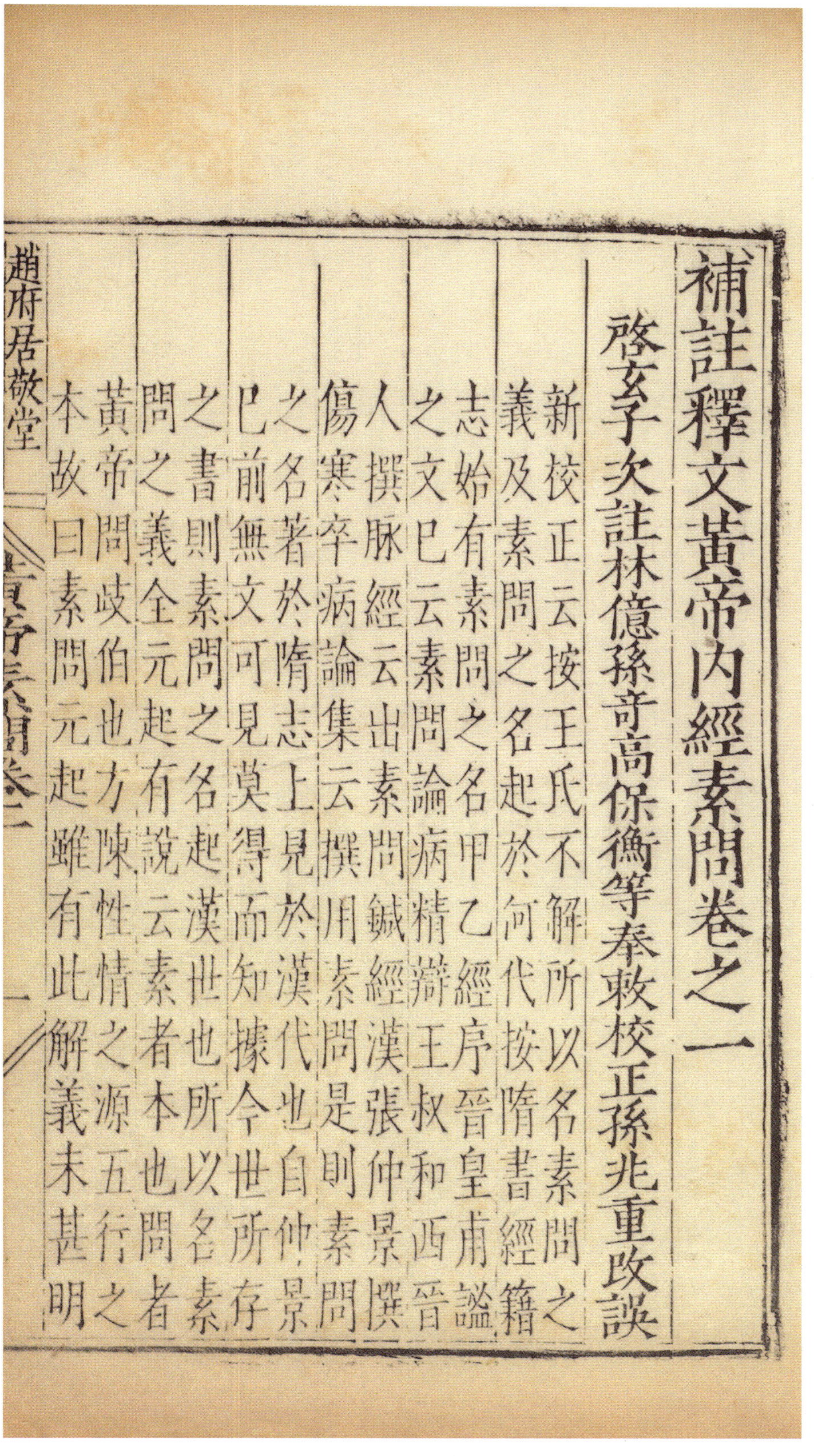

補註釋文黃帝内經素問卷之一
啓玄子次註林億孫奇高保衡等奉敕校正孫兆重改誤
新校正云按王氏不解所以名素問之義及素問之名起於何代按隋書經籍志始有素問之名甲乙經序晉皇甫謐之文已云素問論病精辯王叔和西晉人撰脉經云出素問鍼經漢張仲景撰傷寒卒病論集云撰用素問是則素問之名著於隋志上見於漢代也自仲景已前無文可見莫得而知據今世所存之書則素問之名起漢世也所以名素問之義全元起有說云素者本也問者黃帝問岐伯也方陳性情之源五行之本故曰素問元起雖有此解義未甚明

趙府居敬堂　黃帝素問卷之一　一

12641 補註釋文黃帝内經素問十二卷　（唐）王冰注　（宋）林億等校正　（宋）孫兆改誤　**遺篇一卷**　明趙府居敬堂刻本

匡高20厘米，廣14厘米。半葉八行，行十七字，小字雙行同，黑口，四周雙邊。中共北京市委圖書館藏。

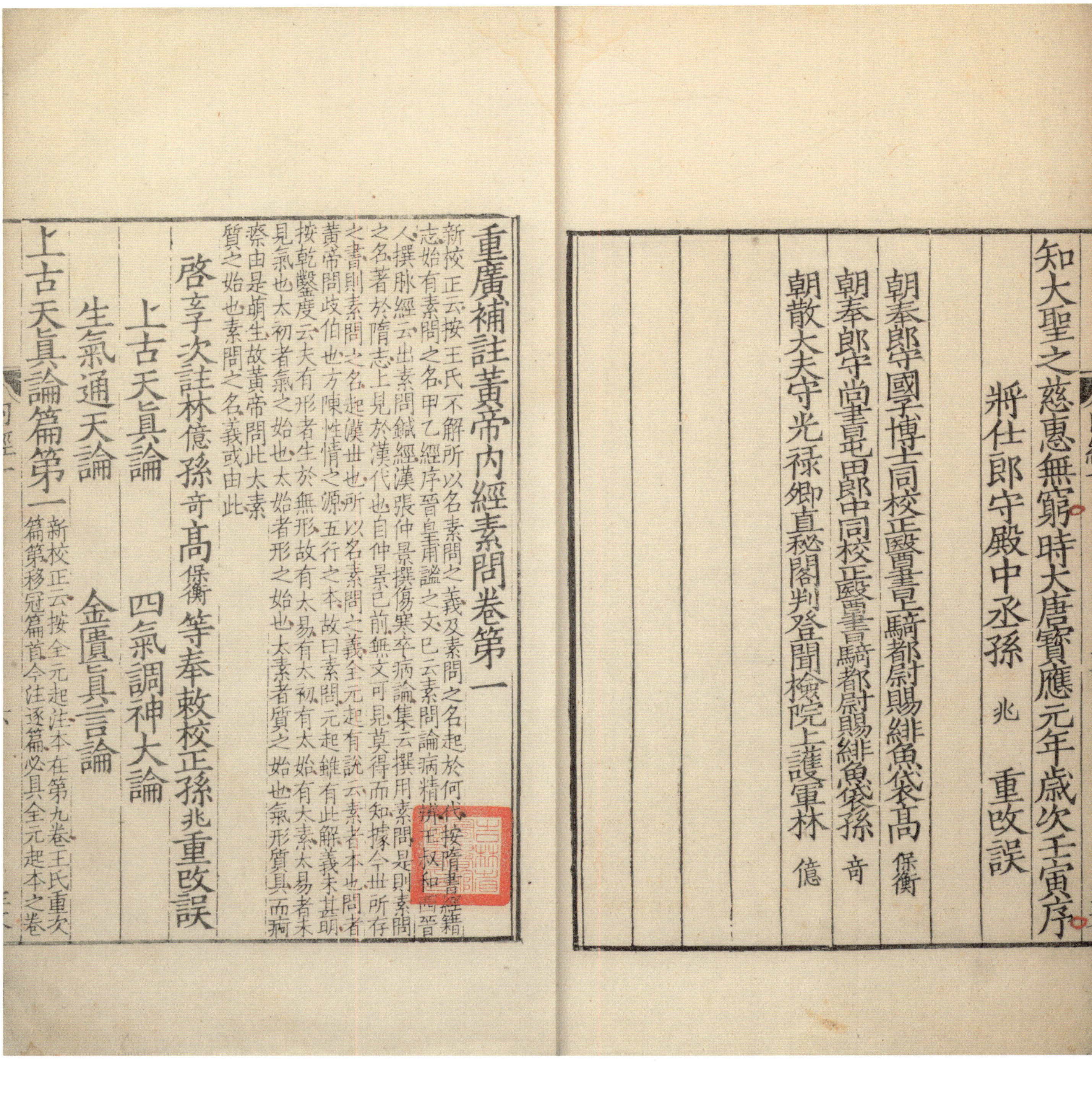

知大聖之慈惠無窮時大唐寶應元年歲次壬寅序

將仕郎守殿中丞孫　兆　重改誤

朝奉郎守國子博士同校正醫書上騎都尉賜緋魚袋高　保衡

朝奉郎守尚書屯田郎中同校正醫書騎都尉賜緋魚袋孫　奇

朝散大夫守光禄卿直秘閣判登聞檢院上護軍林　億

重廣補註黄帝内經素問卷第一

新校正云按王氏不解所以名素問之義及素問之名起於何代按隋書經籍志始有素問之名甲乙經序晉皇甫謐之文已云素問論病精辨王叔和西晉人撰脉經云出素問鍼經漢張仲景撰傷寒卒病論集云撰用素問是則素問之名著於隋志上見於漢代也自仲景已前無文可見莫得而知據今世所存之書則素問之名起漢世也所以名素問之義全元起有說云素者本也問者黄帝問岐伯也方陳性情之源五行之本故曰素問元起雖有此解義未甚明按乾鑿度云夫有形者生於無形故有太易有太初有太始有太素太易者未見氣也太初者氣之始也太始者形之始也太素者質之始也氣形質具而痾瘵由是萌生故黄帝問此太素質之始也素問之名義或由此

啓玄子次註林億孫奇高保衡等奉敕校正孫兆重改誤

上古天眞論　四氣調神大論

生氣通天論　金匱眞言論

上古天眞論篇第一　新校正云按全元起注本在第九卷王氏重次篇第移冠篇首今注逐篇必具全元起本之卷

12642 重廣補註黄帝内經素問二十四卷　（唐）王冰注　（宋）林億等校正　（宋）孫兆改誤　明嘉靖二十九年（1550）顧從德影宋刻本

匡高21.6厘米，廣15.5厘米。半葉十行，行二十字，小字雙行三十字，白口，左右雙邊。吉林省圖書館藏。

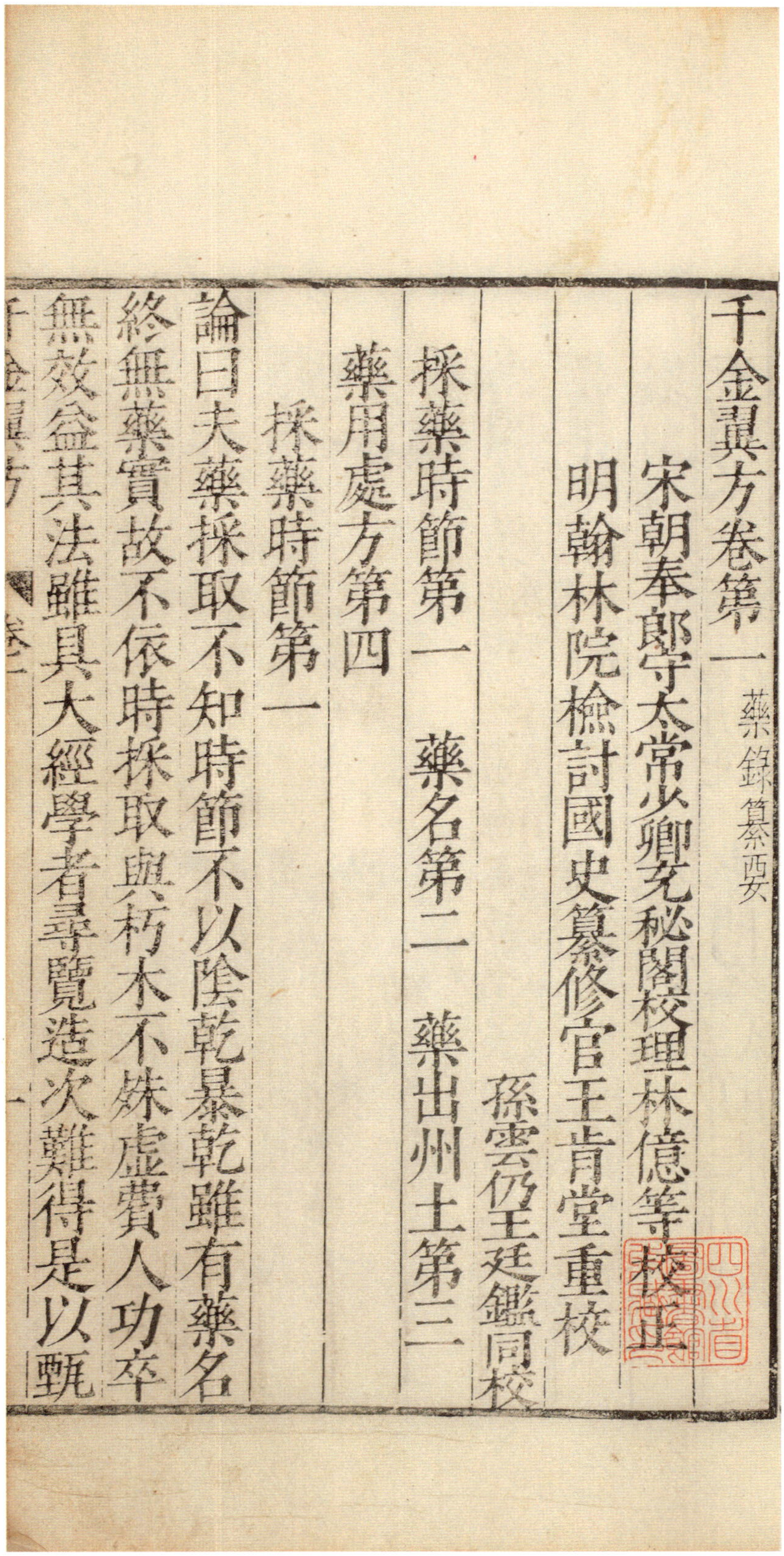

千金翼方卷第一 藥録纂要

宋朝奉郎守太常少卿充秘閣校理林億等校正

明翰林院檢討國史纂修官王肯堂重校

孫雲仍王廷鑑同校

採藥時節第一 藥名第二 藥出州土第三

藥用處方第四

採藥時節第一

論曰夫藥採取不知時節不以陰乾暴乾雖有藥名終無藥實故不依時採取與朽木不殊虛費人功卒無效益其法雖具大經學者尋覽造次難得是以甄

千金翼方 卷一 一

12643 千金翼方三十卷 （唐）孫思邈撰 明萬曆三十三年（1605）王肯堂刻本

匡高20.9厘米，廣14.6厘米。半葉十行，行二十字，小字雙行同，白口，四周單邊。孫星衍跋。四川省圖書館藏。

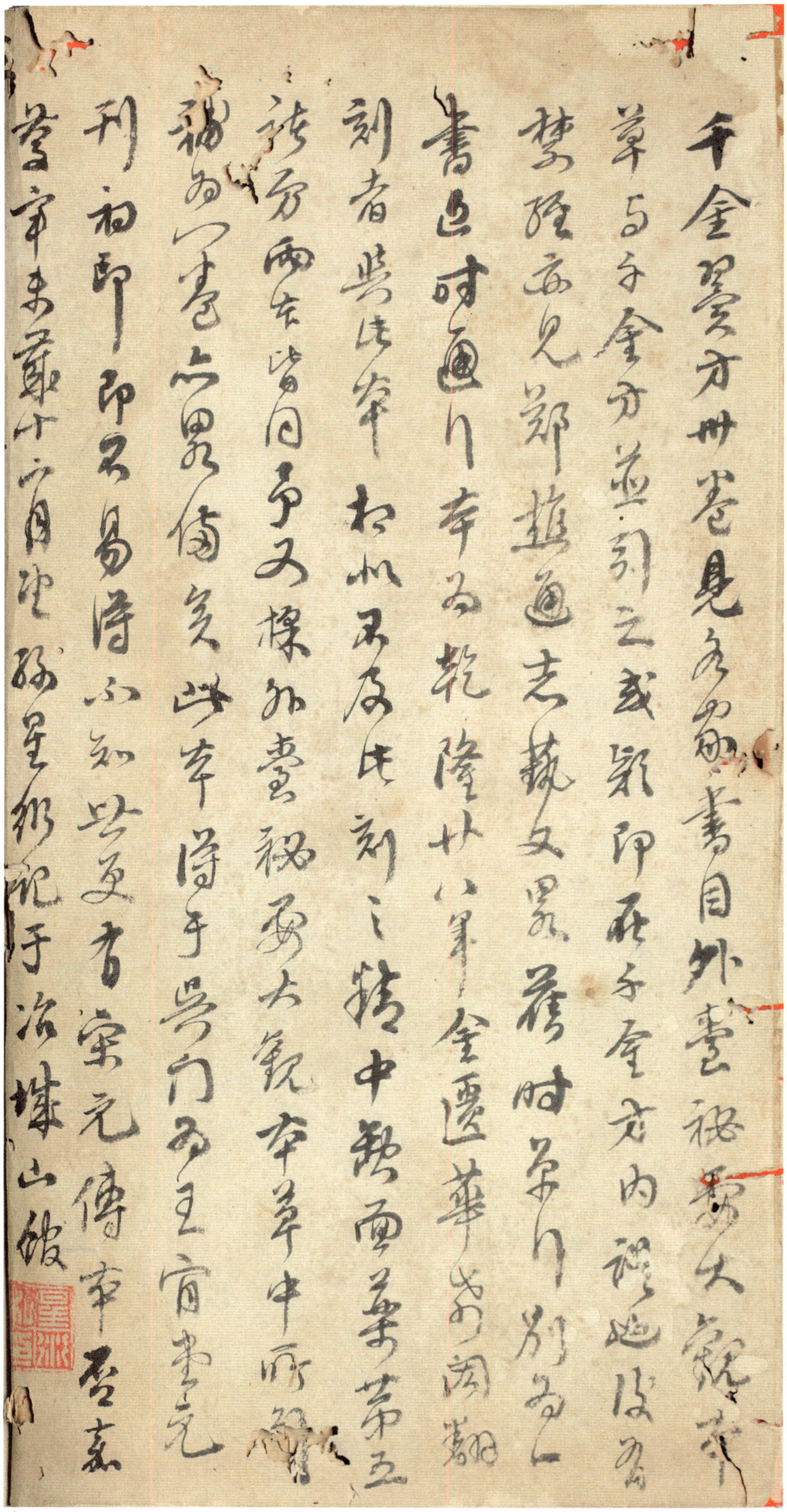

12643 千金翼方三十卷

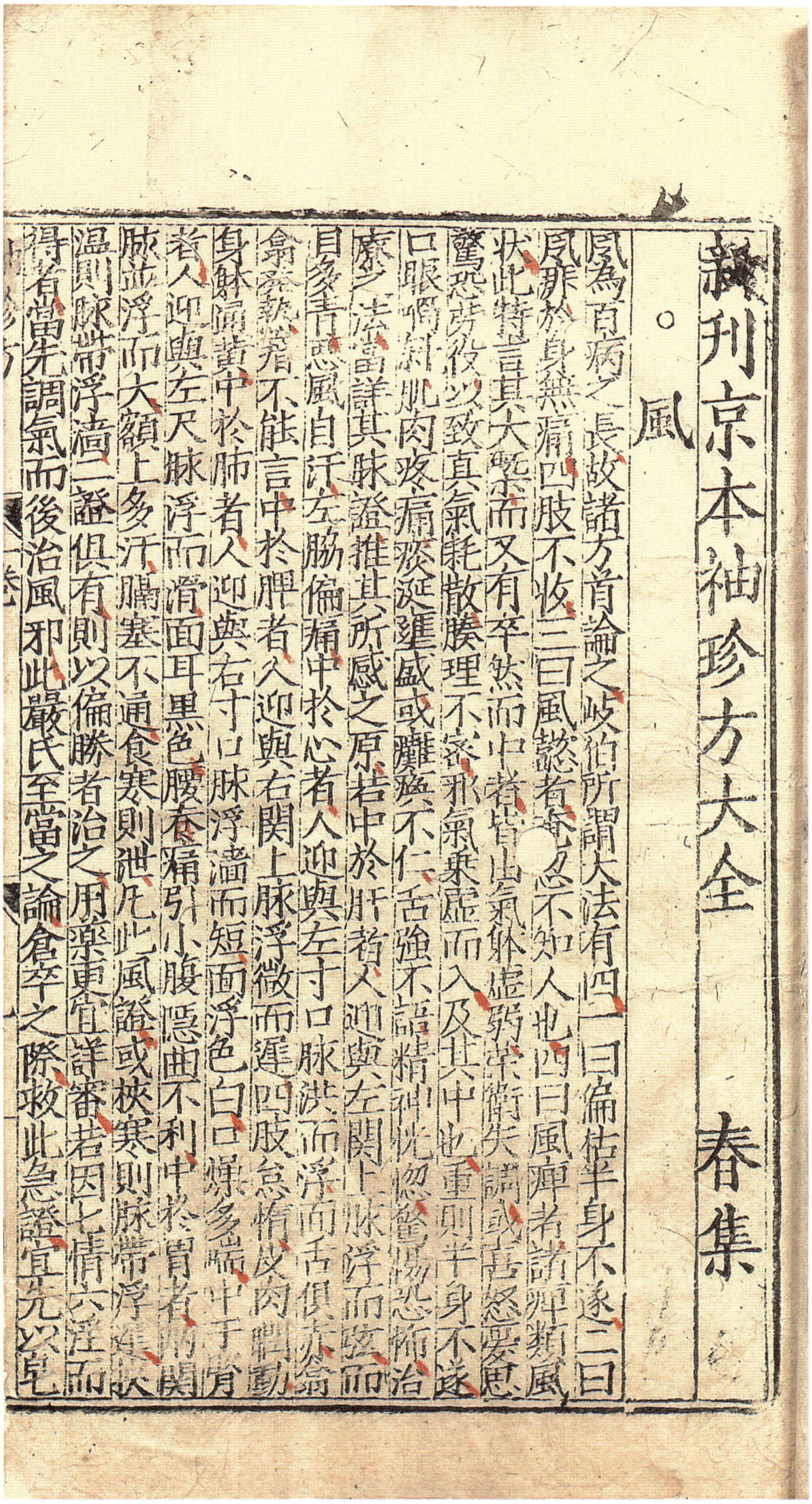

新刊京本袖珍方大全　春集

○風

風為百病之長故諸方首論之岐伯所謂大法有四一曰偏枯半身不遂二曰風痱於身無痛四肢不收三曰風懿者奄忽不知人也四曰風痺者諸痺類風狀此特言其大槩而又有卒然而中者皆由氣體虛弱榮衛失調或喜怒憂思驚恐勞役以致真氣耗散腠理不密邪氣乘虛而入及其中也重則半身不遂口眼喎斜肌肉疼痛痰涎壅盛或癱瘓不仁舌強不語精神恍惚驚惕恐怖治療之法當詳其脉證推其所感之原若中於肝者人迎與左關上脉浮而弦面目多青惡風自汗左脇偏痛中於心者人迎與左寸口脉洪而浮面舌俱赤翕翕發熱瘖不能言中於脾者人迎與右關上脉浮微而遲四肢怠惰皮肉瞤動身體通黃中於肺者人迎與右寸口脉浮濇而短面浮色白口燥多喘中于腎者人迎與左尺脉浮而滑面耳黑色腰脊痛引小腹隱曲不利中於胃者附關脉並浮而大額上多汗膈塞不通食寒則泄凡此風證或挾寒則脉帶浮遲挾溫則脉帶浮濇二證俱有則以偏勝者治之用藥更宜詳審若因七情六淫而得者當先調氣而後治風邪此嚴氏至當之論倉卒之際救此急證宜先以皂

12644 新刊京本袖珍方大全四卷　（明）李恒撰　明刻本

匡高19.8厘米，廣12.9厘米。半葉十五行，行三十字，小字雙行字數不等，白口，四周雙邊。重慶圖書館藏。

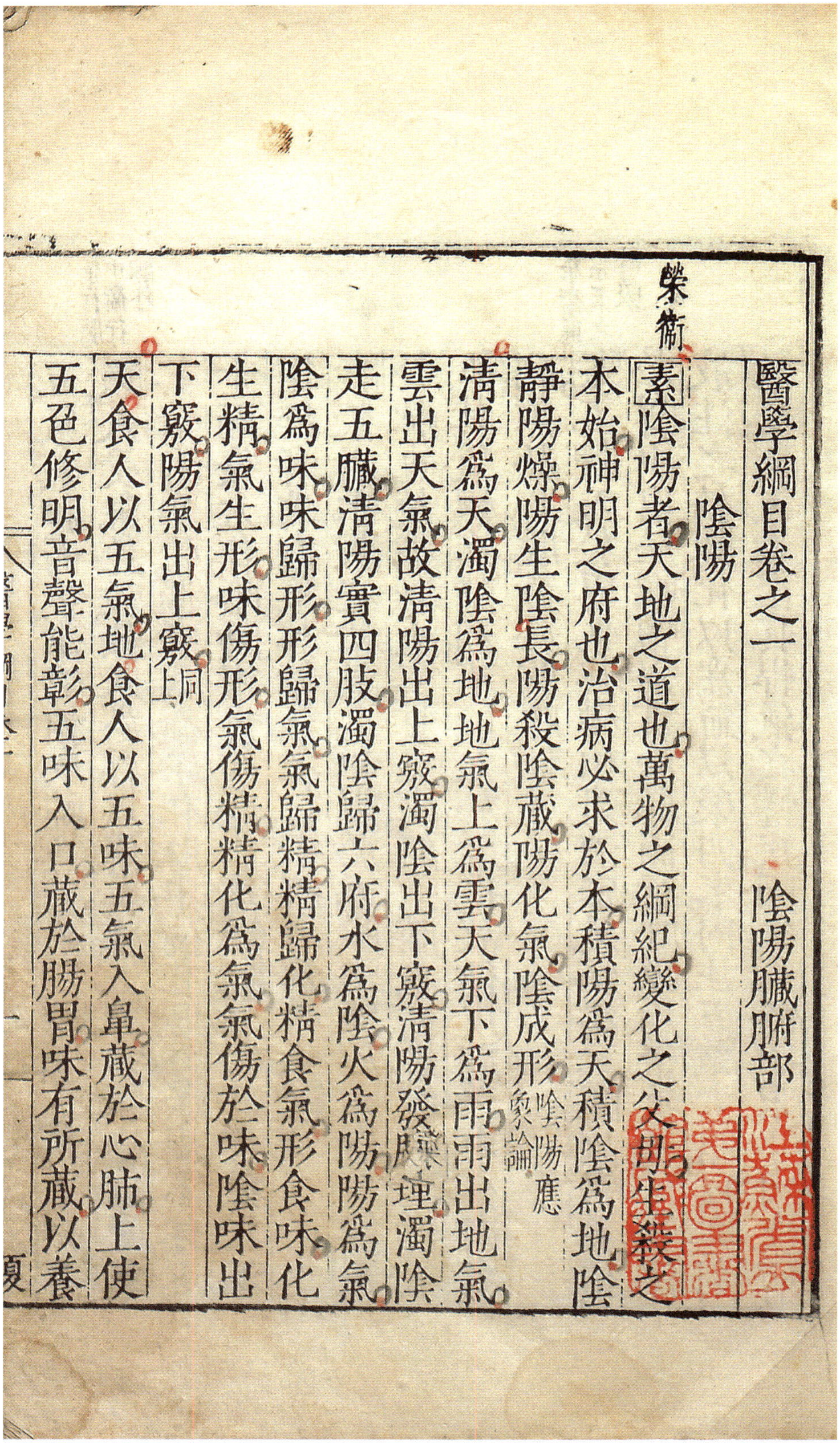

醫學綱目卷之一　　陰陽臟腑部

陰陽

素 陰陽者天地之道也萬物之綱紀變化之父母生殺之本始神明之府也治病必求於本積陽爲天積陰爲地陰靜陽燥陽生陰長陽殺陰藏陽化氣陰成形陰陽應象論

清陽爲天濁陰爲地地氣上爲雲天氣下爲雨雨出地氣雲出天氣故清陽出上竅濁陰出下竅清陽發腠理濁陰走五臟清陽實四肢濁陰歸六府水爲陰火爲陽陽爲氣陰爲味味歸形形歸氣氣歸精精歸化精食氣形食味化生精氣生形味傷形氣傷精精化爲氣氣傷於味陰味出下竅陽氣出上竅同上

天食人以五氣地食人以五味五氣入鼻藏於心肺上使五色修明音聲能彰五味入口藏於腸胃味有所藏以養

12645 醫學綱目四十卷 （明）樓英撰 **運氣占候補遺一卷** 明嘉靖四十四年（1565）曹灼刻本

匡高19.8厘米，廣15厘米。半葉十三行，行二十二字，白口，左右雙邊。南京圖書館藏。

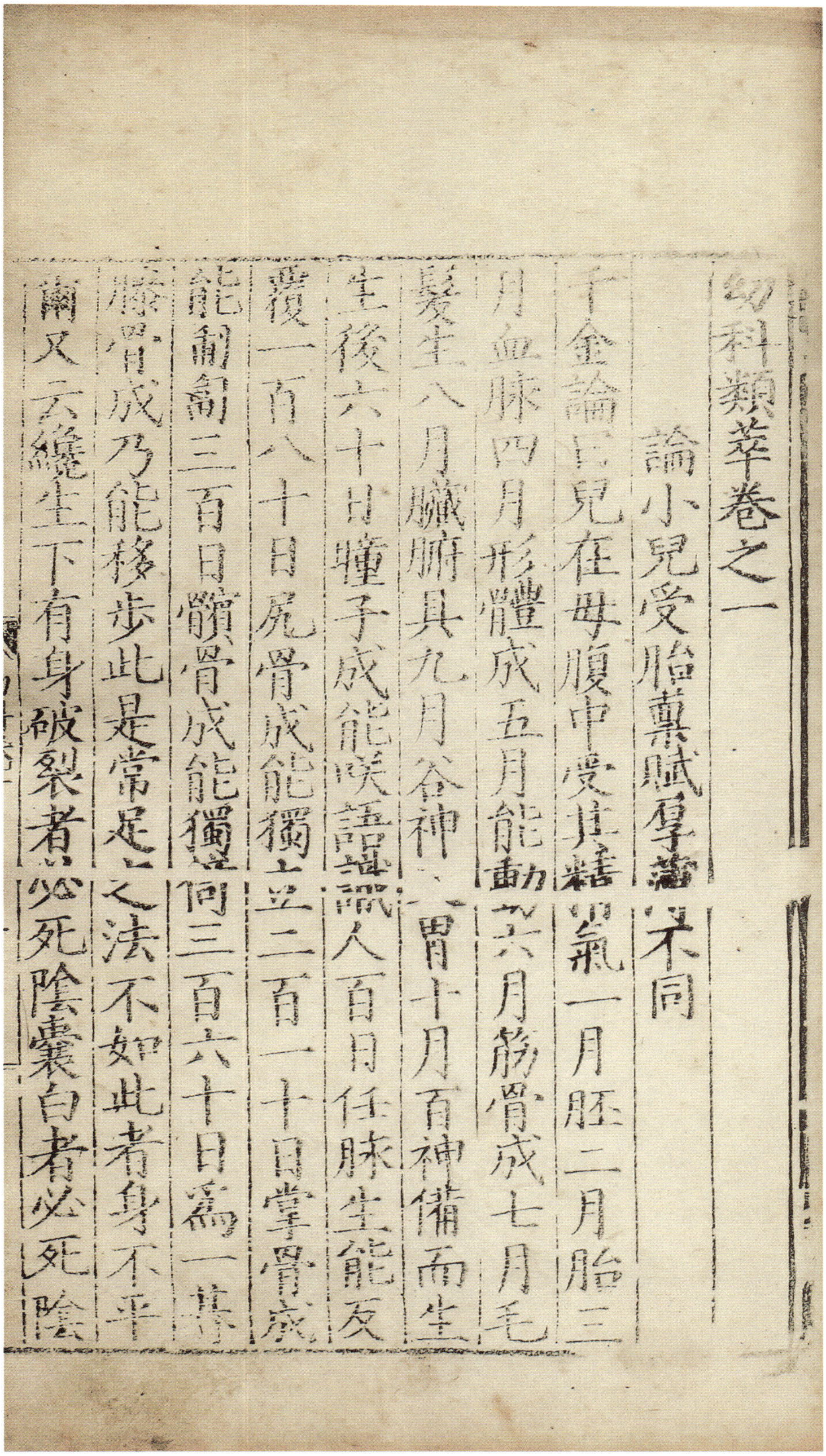

幼科類萃卷之一
論小兒受胎稟賦厚薄不同
千金論曰兒在母腹中受其精氣一月胚二月胎三月血脉四月形體成五月能動六月筋骨成七月毛髮生八月臟腑具九月穀神入胃十月百神備而生生後六十日瞳子成能咲語識人百日任脉生能反覆一百八十日尻骨成能獨坐二百一十日掌骨成能匍匐三百日髕骨成能獨立三百六十日爲一朞膝骨成乃能移步此是常足之法不如此者身不平爾又云纔生下有身破裂者必死陰囊白者必死陰

12646 幼科類萃二十八卷 明嘉靖十三年（1534）白玶刻本

匡高18.8厘米，廣14.2厘米。半葉十行，行二十字，白口，左右雙邊。天津醫學高等專科學校圖書館藏。

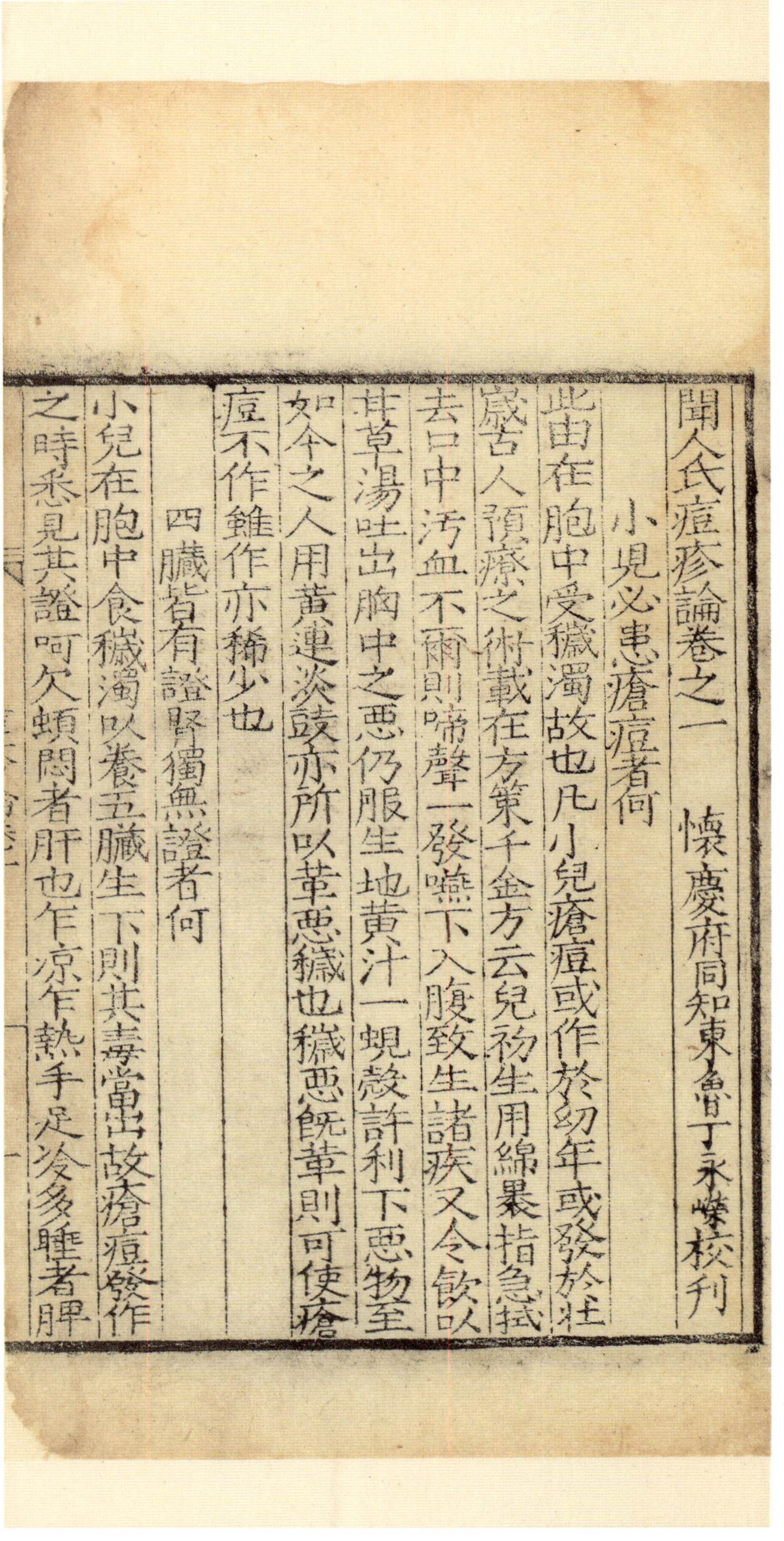

聞人氏痘疹論卷之一　　懷慶府同知東魯丁永嶸校刊

小兒必患瘡痘者何

此由在胞中受穢濁故也凡小兒瘡痘或作於幼年或發於壯歲古人預療之術載在方策千金方云兒初生用綿裹指急拭去口中污血不爾則啼聲一發嚥下入腹致生諸疾又令飲以甘草湯吐出胸中之惡仍服生地黄汁一蜆殼許利下惡物至如今之人用黄連淡豉亦所以革惡穢也穢惡既革則可使瘡痘不作雖作亦稀少也

四臟皆有證腎獨無證者何

小兒在胞中食穢濁以養五臟生下則其毒當出故瘡痘發作之時悉見其證呵欠頓悶者肝也乍凉乍熱手足冷多睡者脾

12647 聞人氏痘疹論三卷　（宋）聞人規撰　明嘉靖刻本

匡高18.3厘米，廣13.8厘米。半葉十一行，行二十四字，白口，左右雙邊。甘肅中醫藥大學圖書館藏。

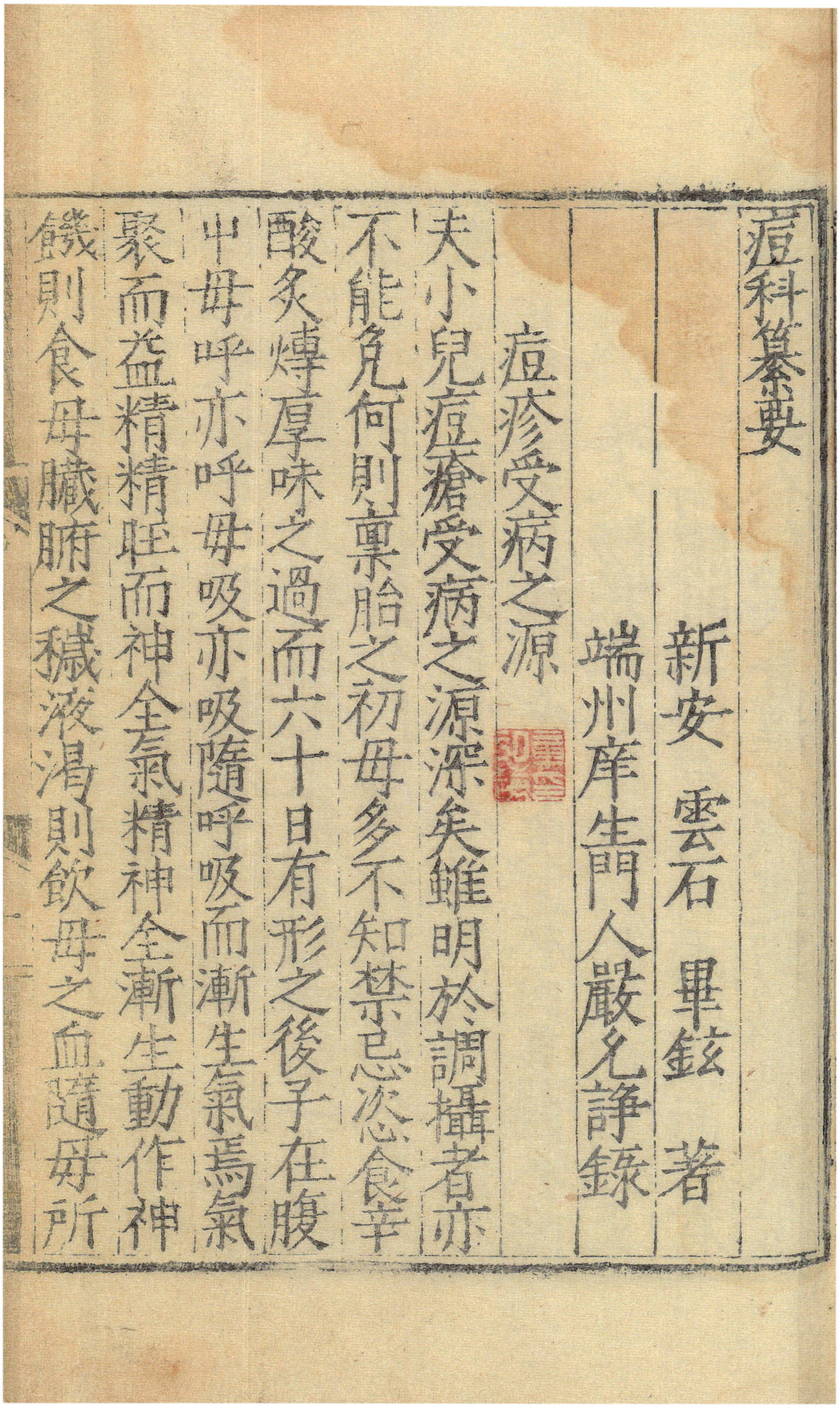

痘科纂要

新安　雲石　畢鋐　著

端州庠生門人嚴允諍錄

痘疹受病之源

夫小兒痘瘡受病之源深矣雖明於調攝者亦不能免何則稟胎之初母多不知禁忌恣食辛酸炙煿厚味之過而六十日有形之後子在腹中母呼亦呼母吸亦吸隨呼吸而漸生氣焉氣聚而益精精旺而神全氣精神全漸生動作神饑則食母臟腑之穢液渴則飲母之血隨母所

12648 痘科纂要一卷　（明）畢鋐撰　明嘉靖三十七年（1558）盧璘刻藍印本

匡高19.6厘米，廣15.3厘米。半葉十行，行十八字，藍口，四周雙邊。國家圖書館藏。

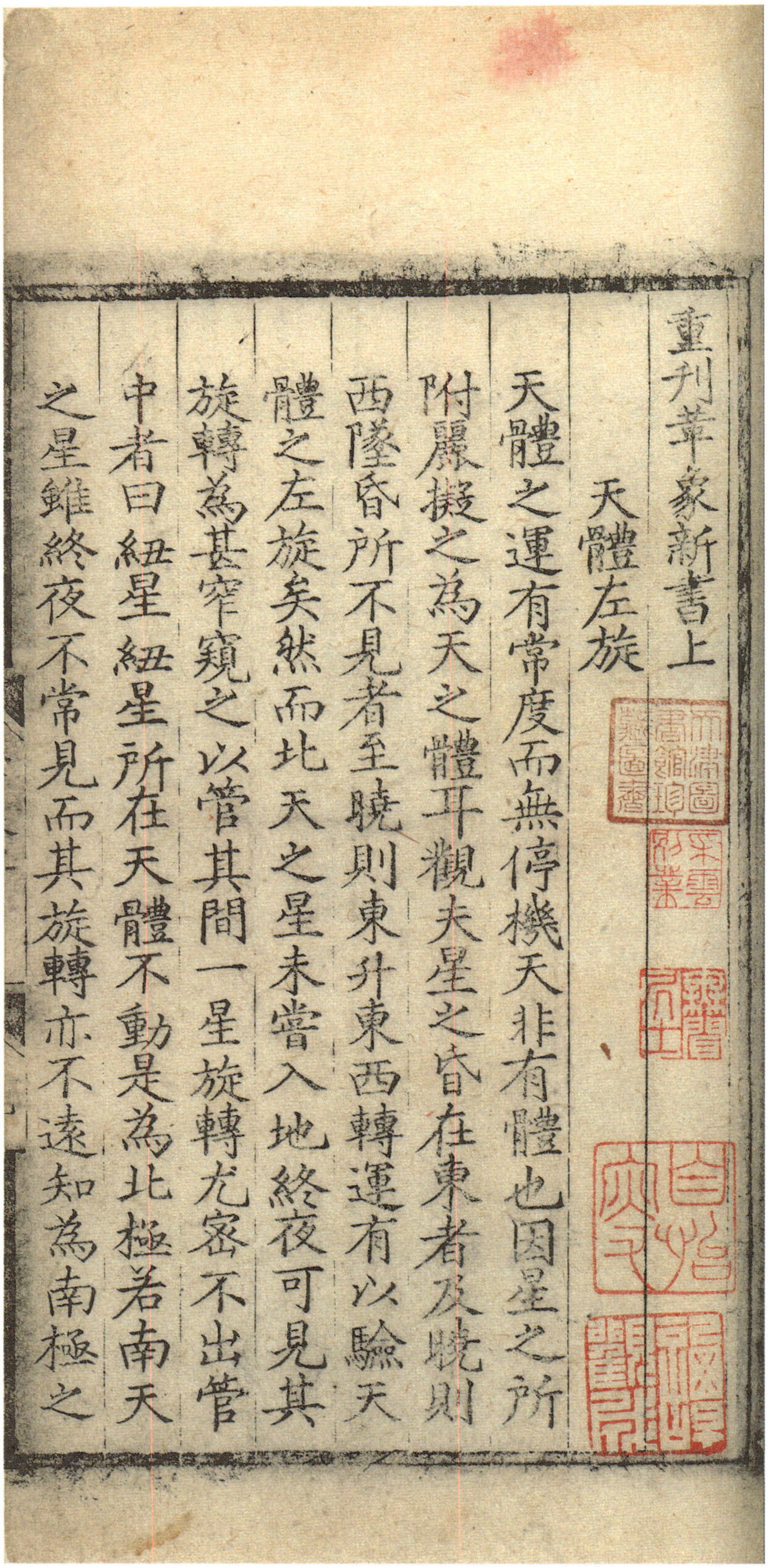

重刊革象新書上

天體左旋

天體之運有常度而無停機天非有體也因星之所附麗擬之為天之體耳觀夫星之昏在東者及曉則西墜昏所不見者至曉則東升東西轉運有以驗天體之左旋矣然而北天之星未嘗入地終夜可見其旋轉為甚窄窺之以管其間一星旋轉尤密不出管中者曰紐星紐星所在天體不動是為北極若南天之星雖終夜不常見而其旋轉亦不遠知為南極之

12649 重刊革象新書二卷 （元）趙友欽撰 （明）王禕删定 明正德十五年（1520）刻本

匡高20厘米，廣12.8厘米。半葉九行，行二十一字，黑口，左右雙邊。有“譚觀成”“無間居士”等印。天津圖書館藏。

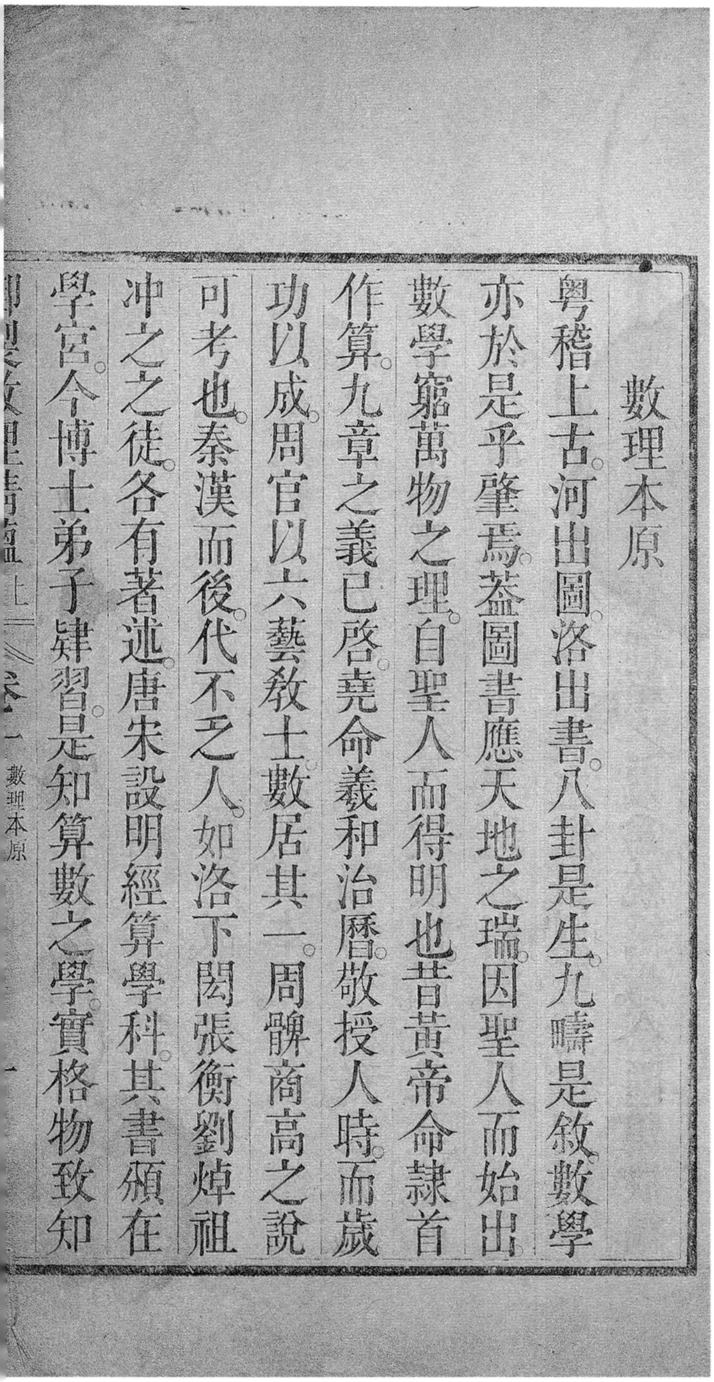

數理本原

粤稽上古河出圖洛出書八卦是生九疇是敘數學亦於是乎肇焉蓋圖書應天地之瑞因聖人而始出數學窮萬物之理自聖人而得明也昔黃帝命隸首作算九章之義已啓堯命羲和治曆敬授人時而歲功以成周官以六藝教士數居其一周髀商高之說可考也秦漢而後代不乏人如洛下閎張衡劉焯祖冲之之徒各有著述唐宋設明經算學科其書頒在學宮令博士弟子肄習是知算數之學實格物致知

御製數理精蘊上編卷一 數理本原 一

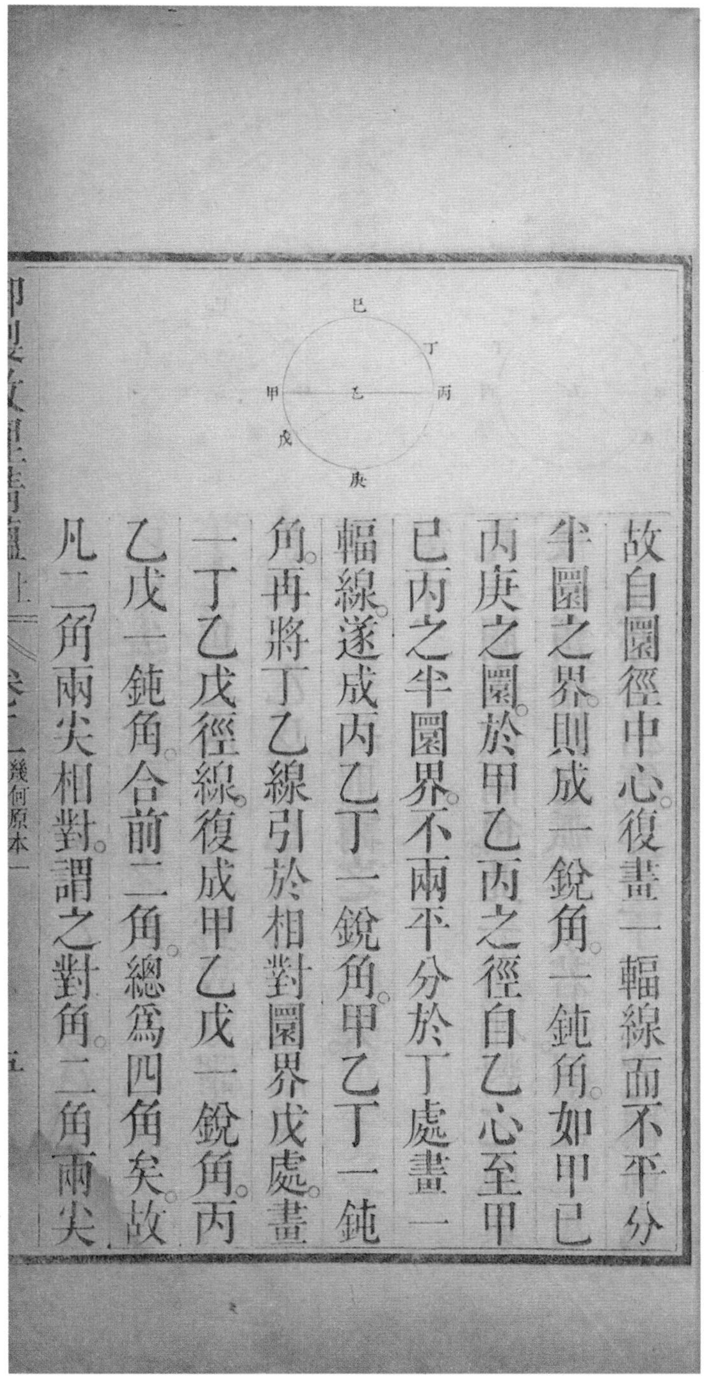

故自圜徑中心復畫一輻線而不平分半圜之界則成一銳角一鈍角如甲己丙庚之圜於甲乙丙之徑自乙心至甲己丙之半圜界不兩平分於丁處畫一輻線遂成丙乙丁一銳角甲乙丁一鈍角再將丁乙線引於相對圜界戊處畫一丁乙戊徑線復成甲乙戊一銳角丙乙戊一鈍角合前二角總爲四角矣故凡二角兩尖相對謂之對角二角兩尖

御製數理精蘊上編卷二 幾何原本一 五

12650 御製數理精蘊上編五卷下編四十卷表八卷 （清）允祉 允禄 梅瑴成等撰 清康熙武英殿銅活字印本

匡高21.4厘米，廣14.8厘米。半葉九行，行十五字，白口，四周雙邊。湖北省圖書館藏。

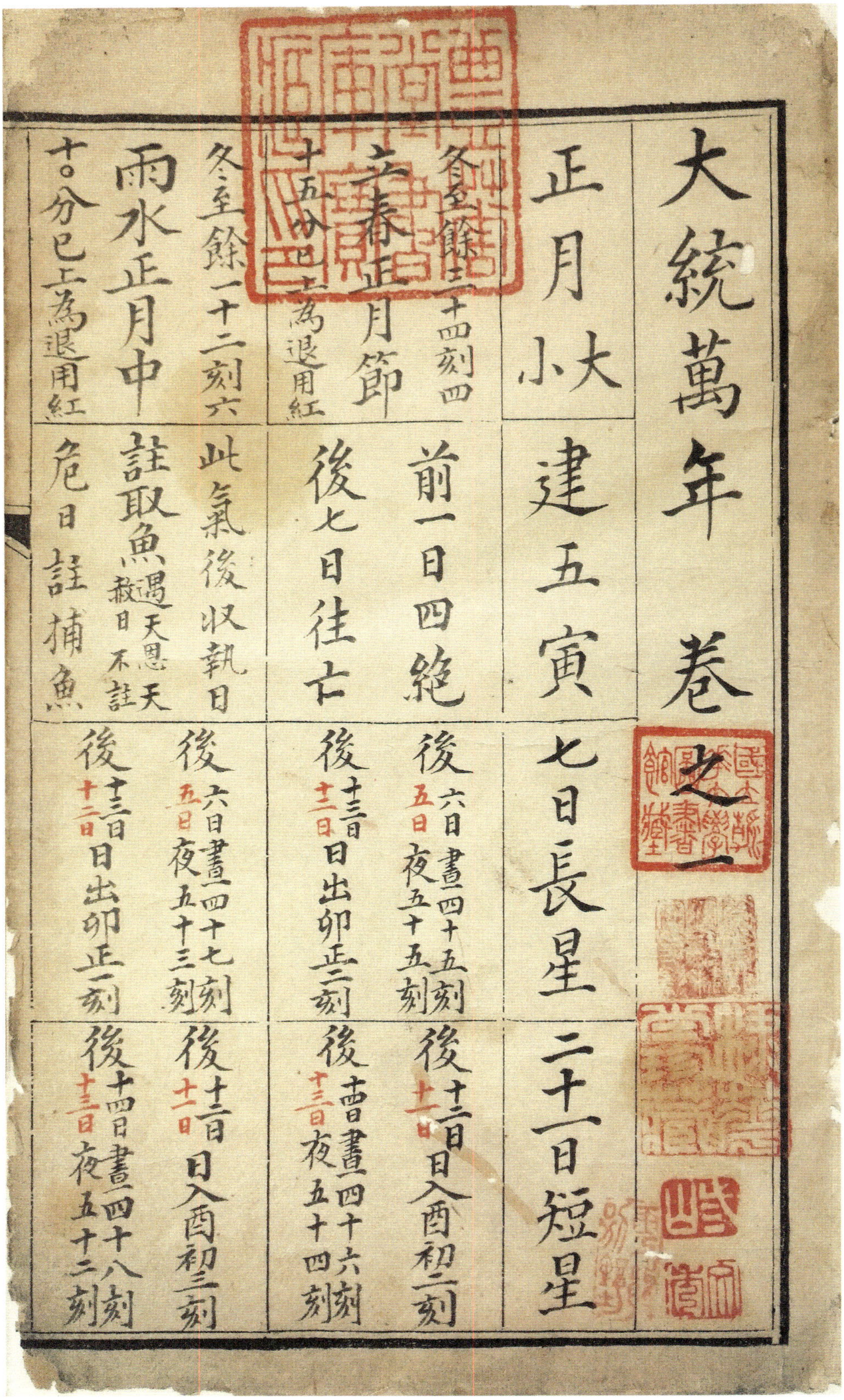

12651 大統萬年曆十二卷 明朱墨抄本

有“豐華堂書庫寶藏印”“棣華堂珍藏”“雲龍別墅”等印。李奎跋。清華大學圖書館藏。

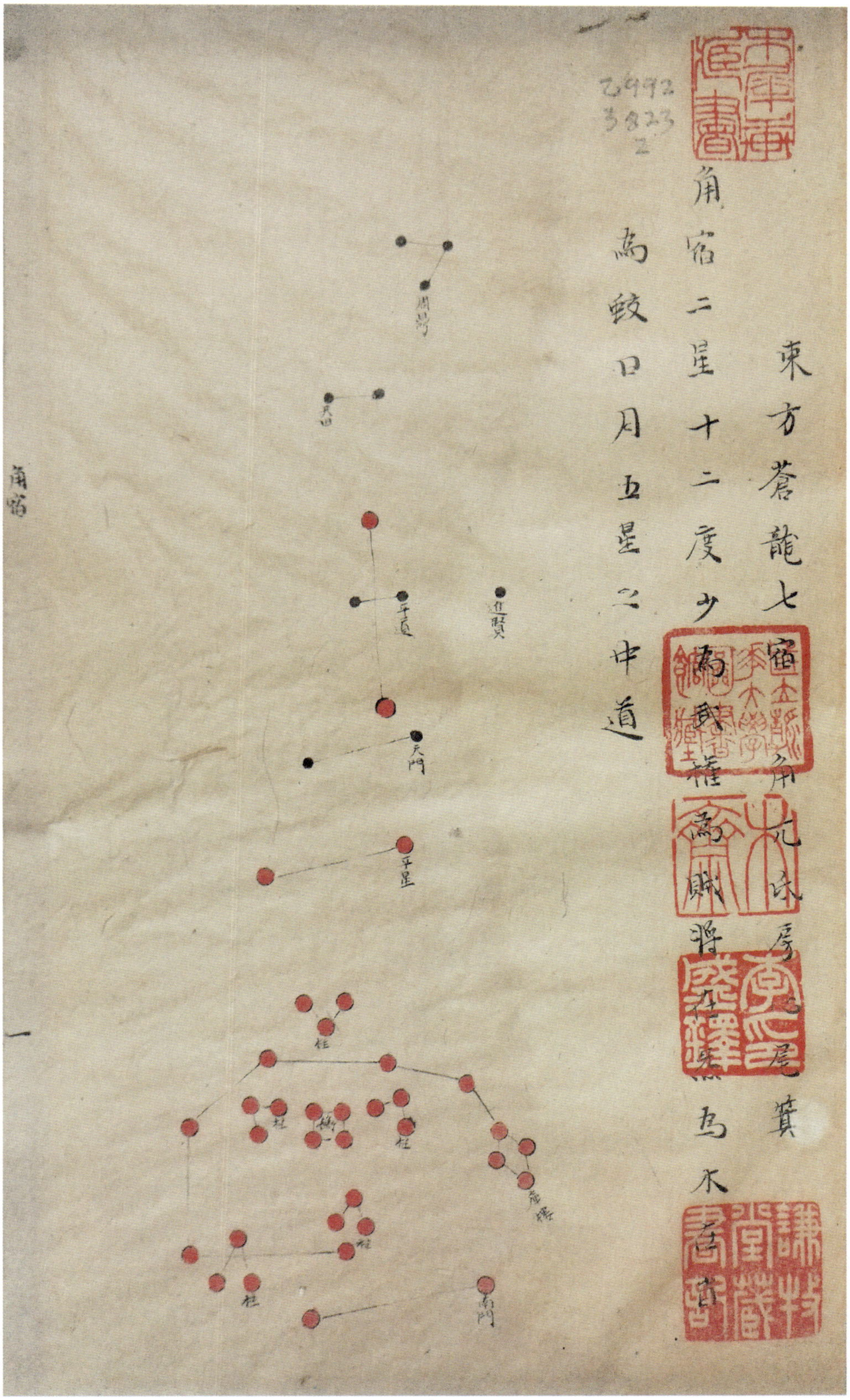

12652 天文鬼料竅十二卷 明抄本

有“謙牧堂藏書記”“李印盛鐸”“木齋”“木犀軒臧書”等印。清華大學圖書館藏。

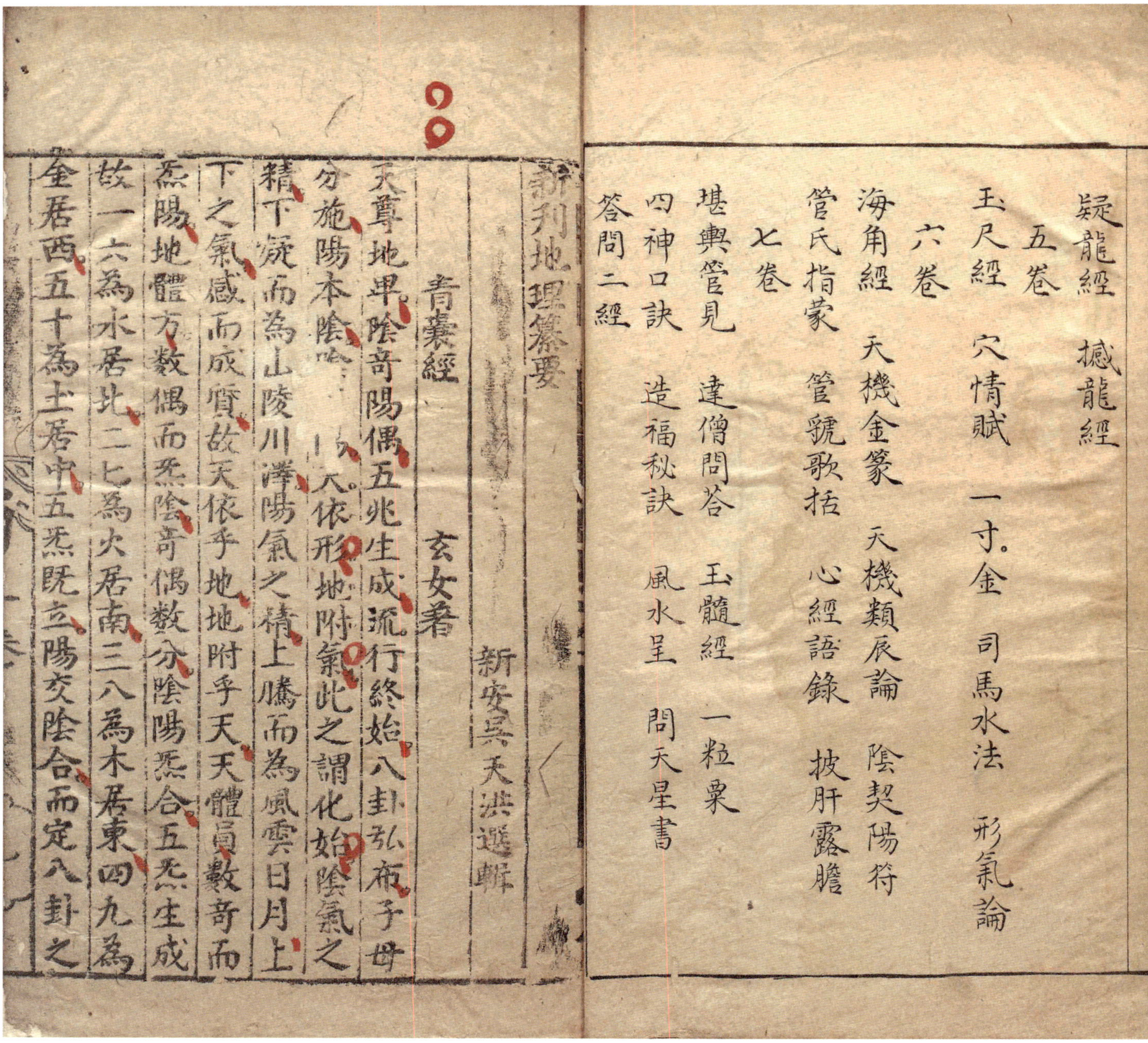

疑龍經　撼龍經
五卷
玉尺經　穴情賦　一寸金　司馬水法　形氣論
六卷
海角經　天機金篆　天機類辰論　陰契陽符
管氏指蒙　管貌歌括　心經語錄　披肝露膽
七卷
堪輿管見　達僧問答　玉髓經　一粒粟
四神口訣　造福秘訣　風水呈　問天星書
答問二經

新刊地理纂要
青囊經　玄女着
新安吴天洪選輯
天尊地卑陰奇陽偶五兆生成流行終始八卦弘布子母
分施陽本陰[illegible]依形地附氣此之謂化始陰氣之
精下凝而為山陵川瀆陽氣之精上騰而為風雲日月上
下之氣感而成質故天依乎地地附乎天天體員數奇而
爲陽地體方數偶而爲陰奇偶數分陰陽爲合五爲生成
故一六爲水居北二七爲火居南三八爲木居東四九爲
金居西五十爲土居中五爲既立陽交陰合而定八卦之

12653 新刊地理纂要七卷　（明）吴天洪輯　明吴國俊刻本

匡高21.4厘米，廣15.2厘米。半葉十行，行二十二字，白口，四周單邊。大連圖書館藏。

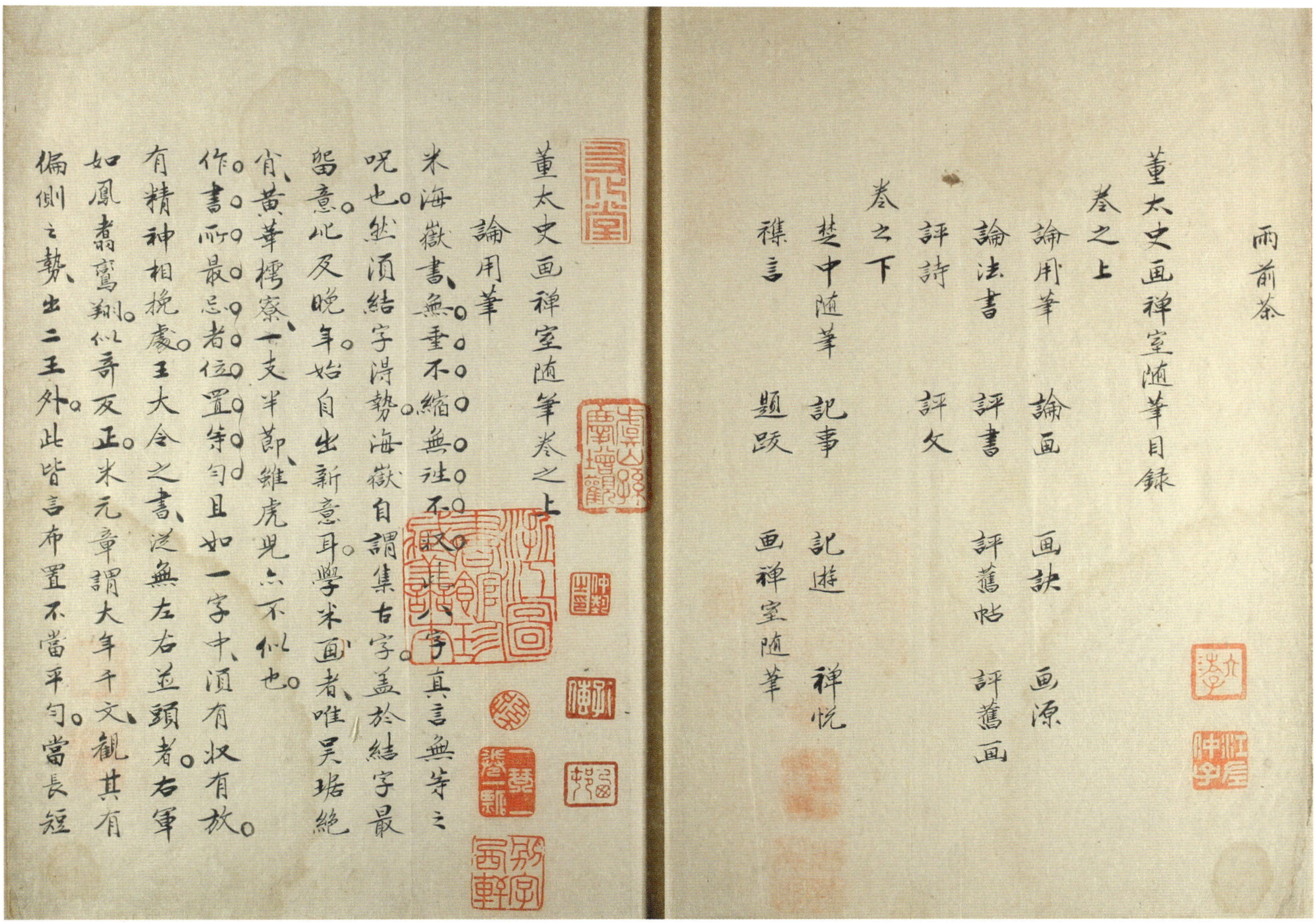

12654 董太史画禅室随筆二卷 （明）董其昌撰 清初抄本

有“西村”“别字西軒”“孫”“仲藝之印”“虞山孫慶增觀”“友化堂”等印。孫從添、仲藝跋，儀克中題款，佚名批校。浙江圖書館藏。

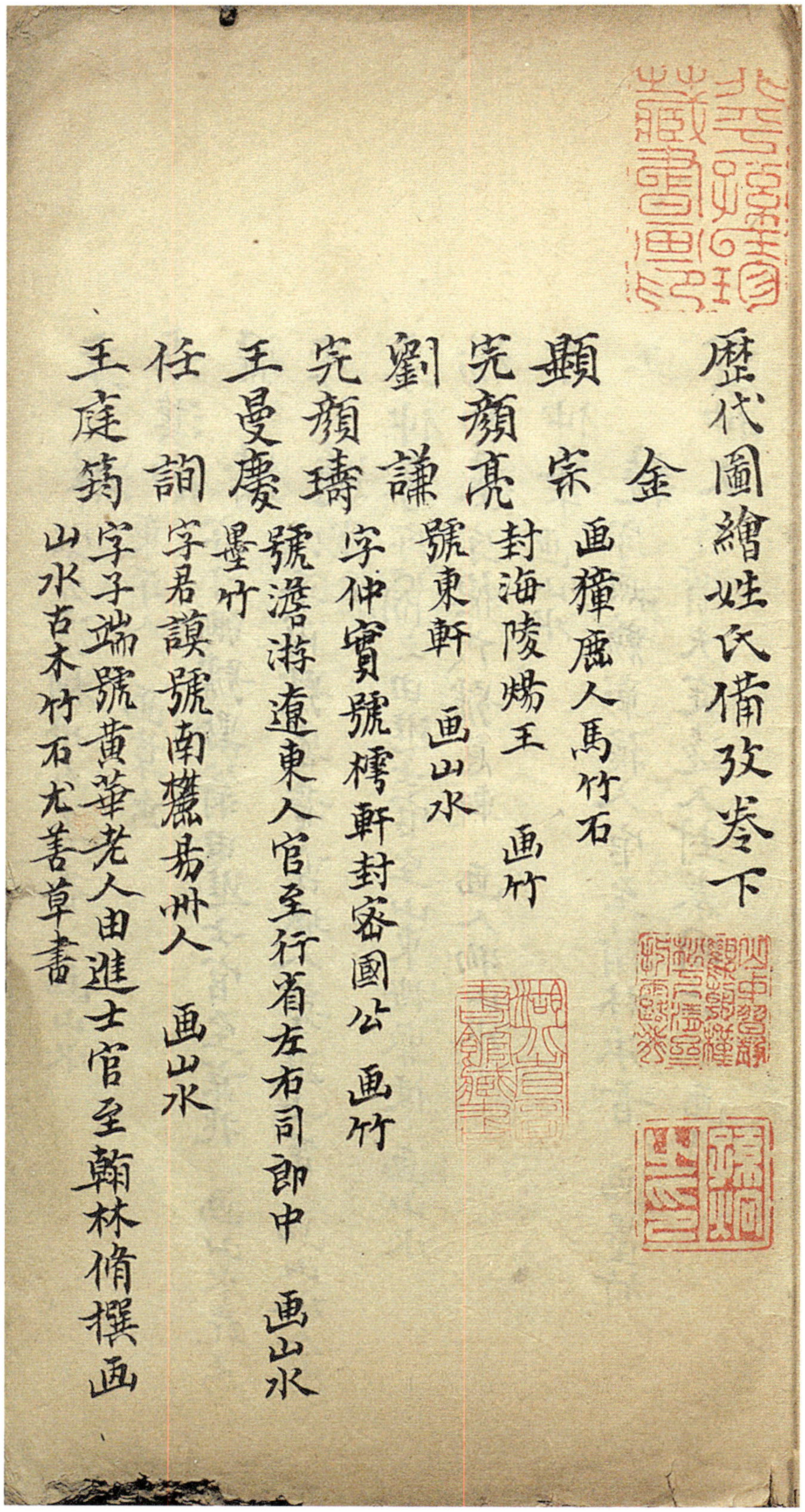
歷代圖繪姓氏備攷卷下

金

顯宗　画獾鹿人馬竹石

完顏亮　封海陵煬王　画竹

劉謙　號東軒　画山水

完顏璹　字仲實號樗軒封密國公　画竹

王曼慶　號澹游遼東人官至行省左右司郎中　画山水

墨竹

任詢　字君謨號南麓易州人　画山水

王庭筠　字子端號黃華老人由進士官至翰林脩撰画山水古木竹石尤善草書

12655 研山齋珍賞集覽十卷　（清）孫承澤撰　稿本

有“孫炯之印”“北平孫氏珍藏書画印”等印。湖北省圖書館藏。缺一卷（歷代圖繪姓氏備考上）。

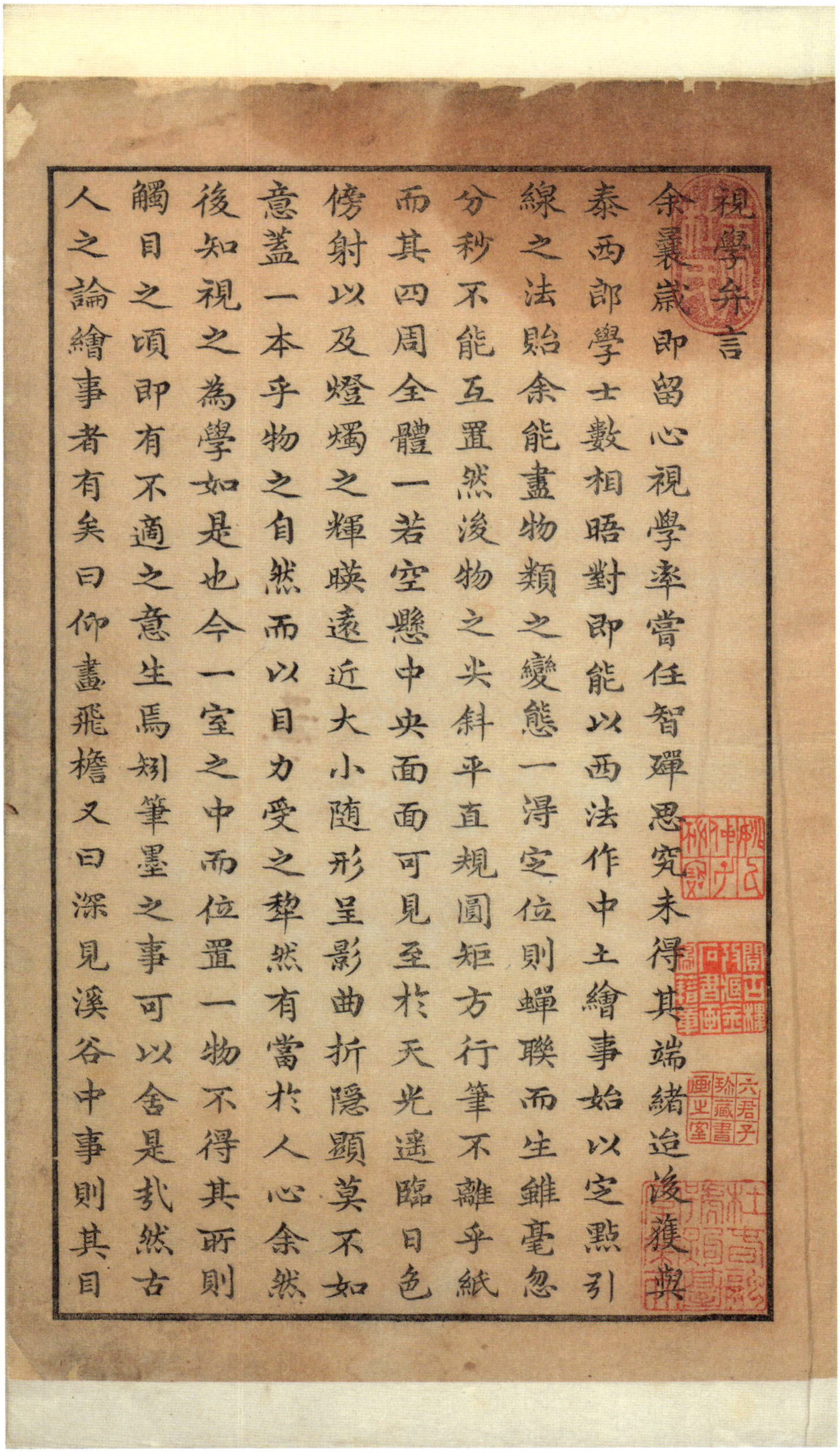

視學弁言

余曩歲即留心視學率嘗任智殫思究未得其端緒迨後獲與泰西郎學士數相晤對即能以西法作中土繪事始以定點引線之法貽余能盡物類之變態一得定位則蟬聯而生雖毫忽分秒不能互置然後物之尖斜平直規圓矩方行筆不離乎紙而其四周全體一若空懸中央面面可見至於天光遥臨日色傍射以及燈燭之輝暎遠近大小隨形呈影曲折隱顯莫不如意蓋一本乎物之自然而以目力受之犂然有當於人心余然後知視之為學如是也今一室之中而位置一物不得其所則觸目之頃即有不適之意生焉矧筆墨之事可以舍是哉然古人之論繪事者有矣曰仰畫飛檐又曰深見溪谷中事則其目

12656 視學不分卷　（清）年希堯撰　清雍正十三年（1735）刻本

有“杜春融號煦臺字榮夫”“六君子珍藏書画之室”“閲古樓收臧金石書画圖籍章”“姚氏仲子秘寶”等印。中國科學院自然科學史研究所藏。

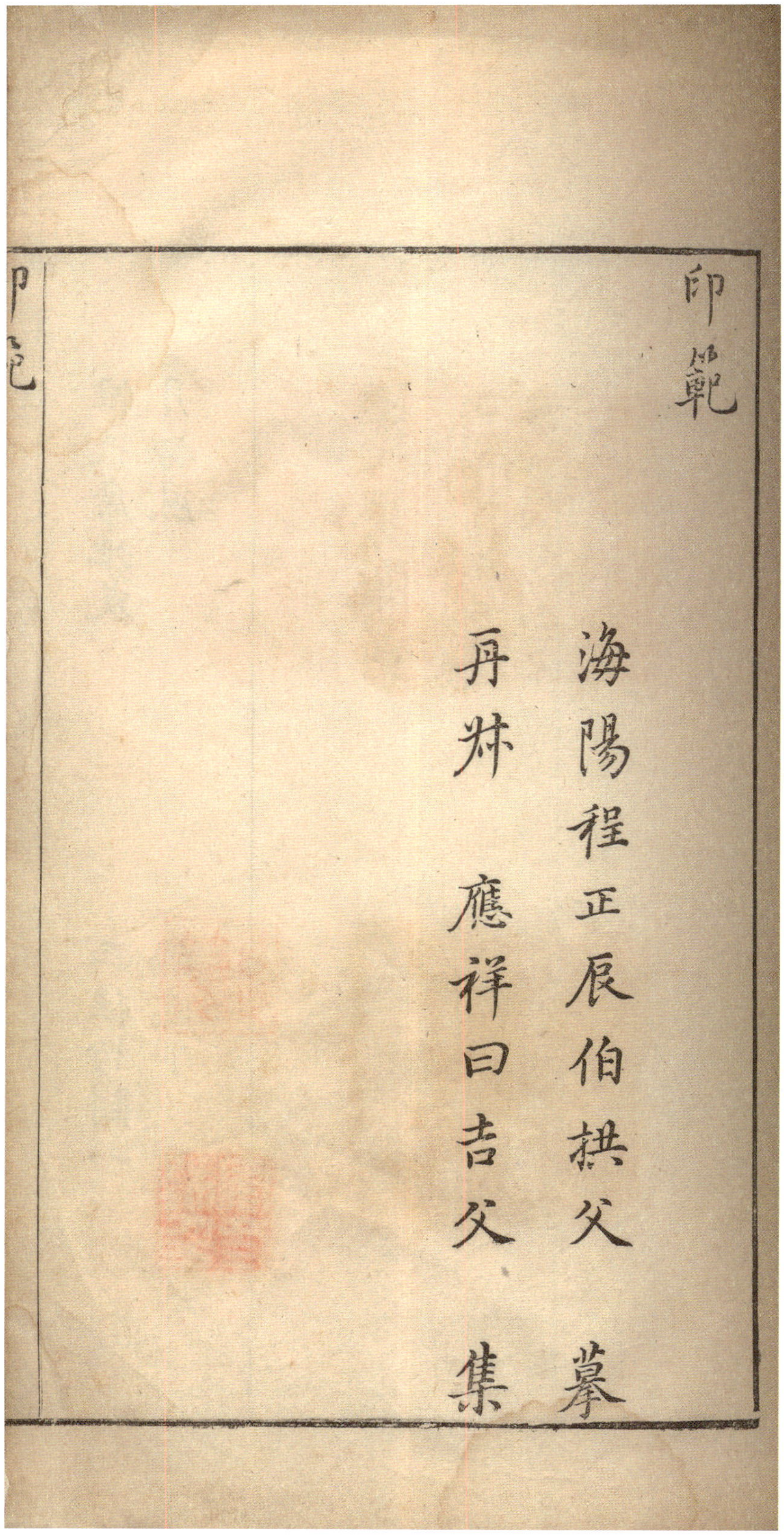

印範

海陽程正辰伯拱父摹

冉牀應祥曰吉父集

印範

12657 印範一卷 （明）程正辰摹 （明）程應祥集 明崇禎七年（1634）程應祥刻鈐印本

匡高22.4厘米，廣15厘米。行字不等，白口，四周單邊。蘇州圖書館藏。

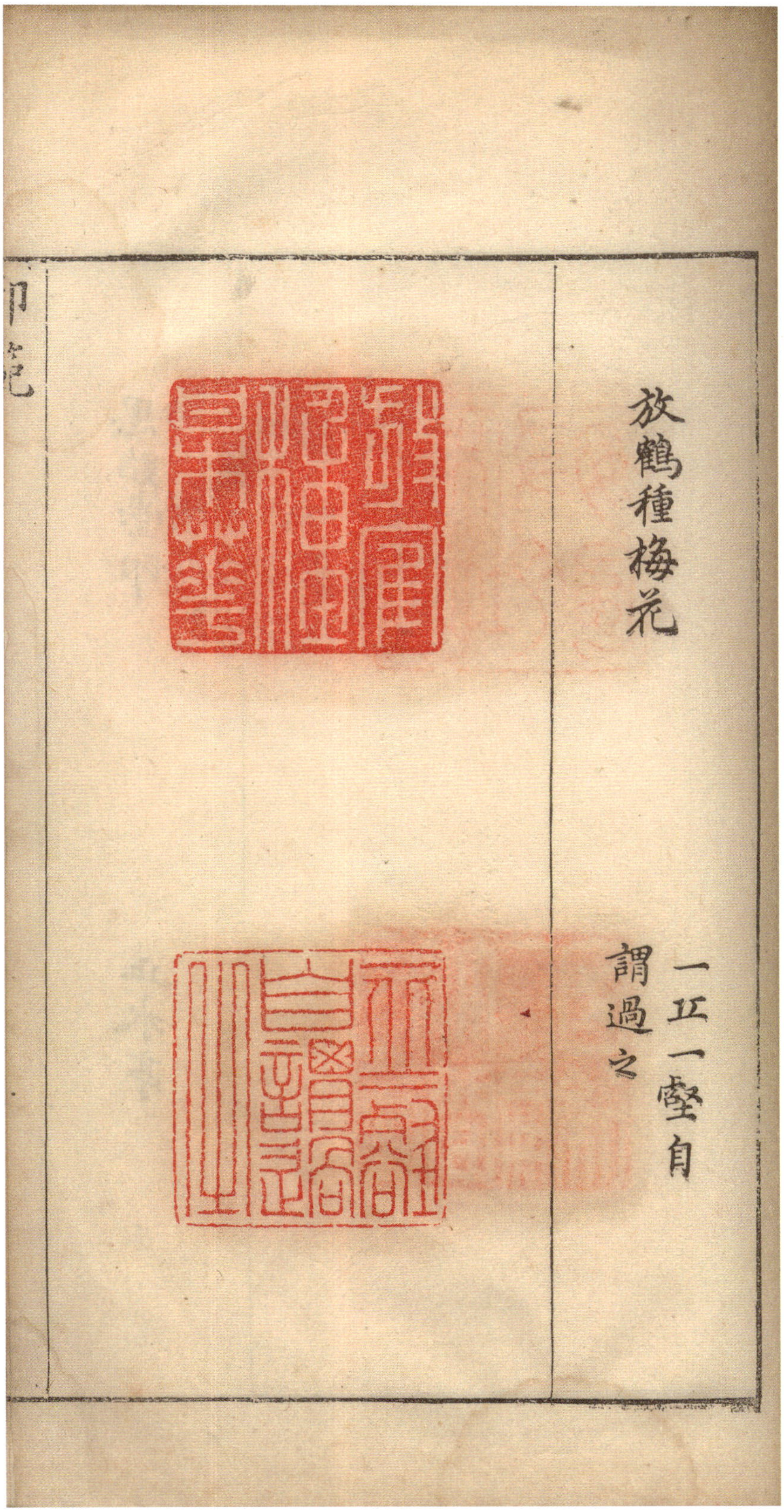
放鶴種梅花

一丘一壑自謂過之

12658 能爾齋印譜六卷 （清）錢楨輯　清康熙刻鈐印本

有“彭城自得堂印”“田耕堂郁氏臧書之印”“陸慶譽家珍臧”“江都薄氏鑑藏書画記”“十萬卷樓”“邶氏珍藏”“祁岡奇賞齋臧書印”“心卿玩賞”“吴興陸銓”等印。香港中文大學圖書館藏。

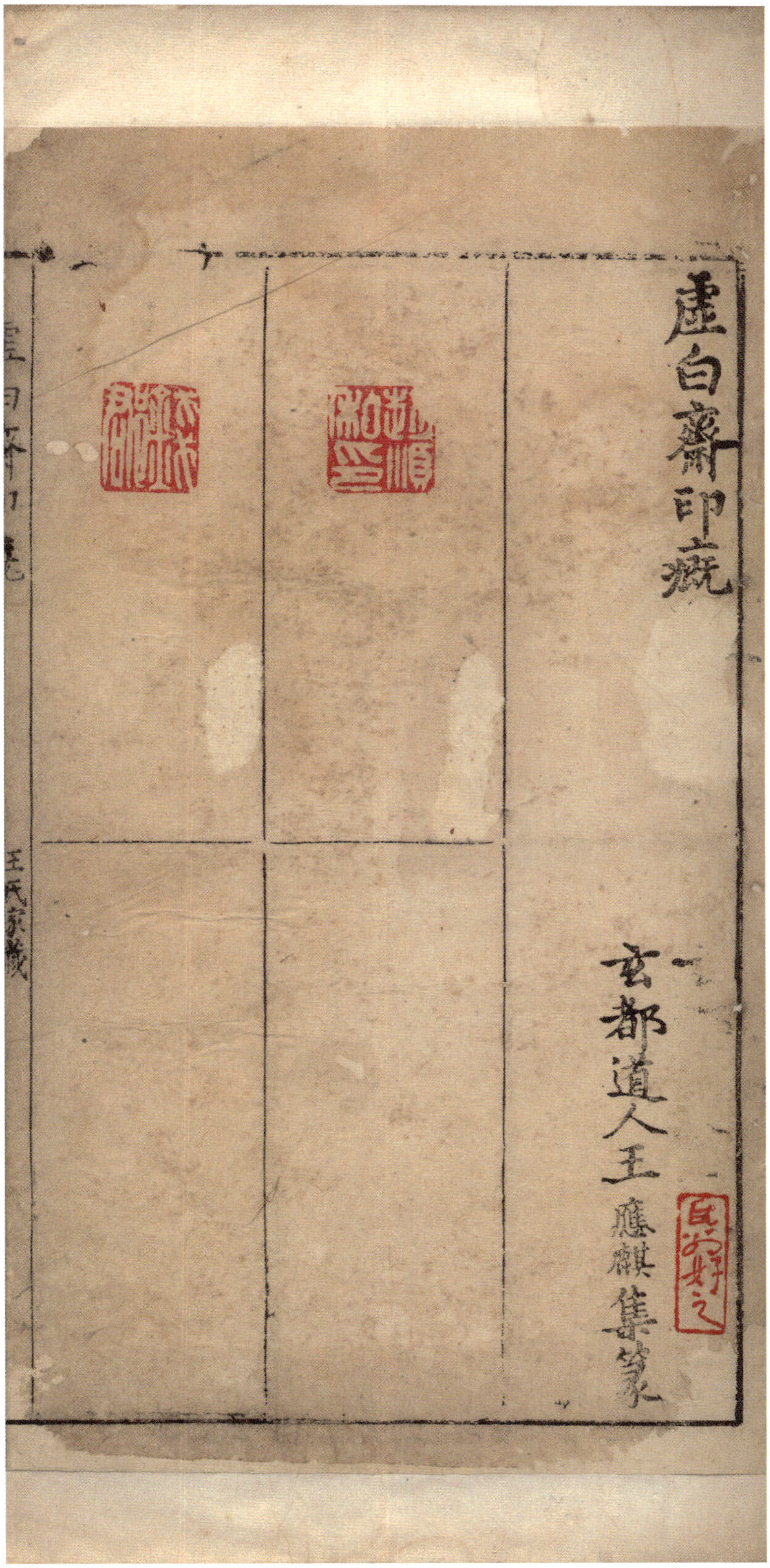

12659 虚白齋印𤻲□卷　(明)王應騏集篆　明萬曆刻鈐印本

匡高21.4厘米，廣13.9厘米。行字不等，白口，四周單邊。蘇州圖書館藏。

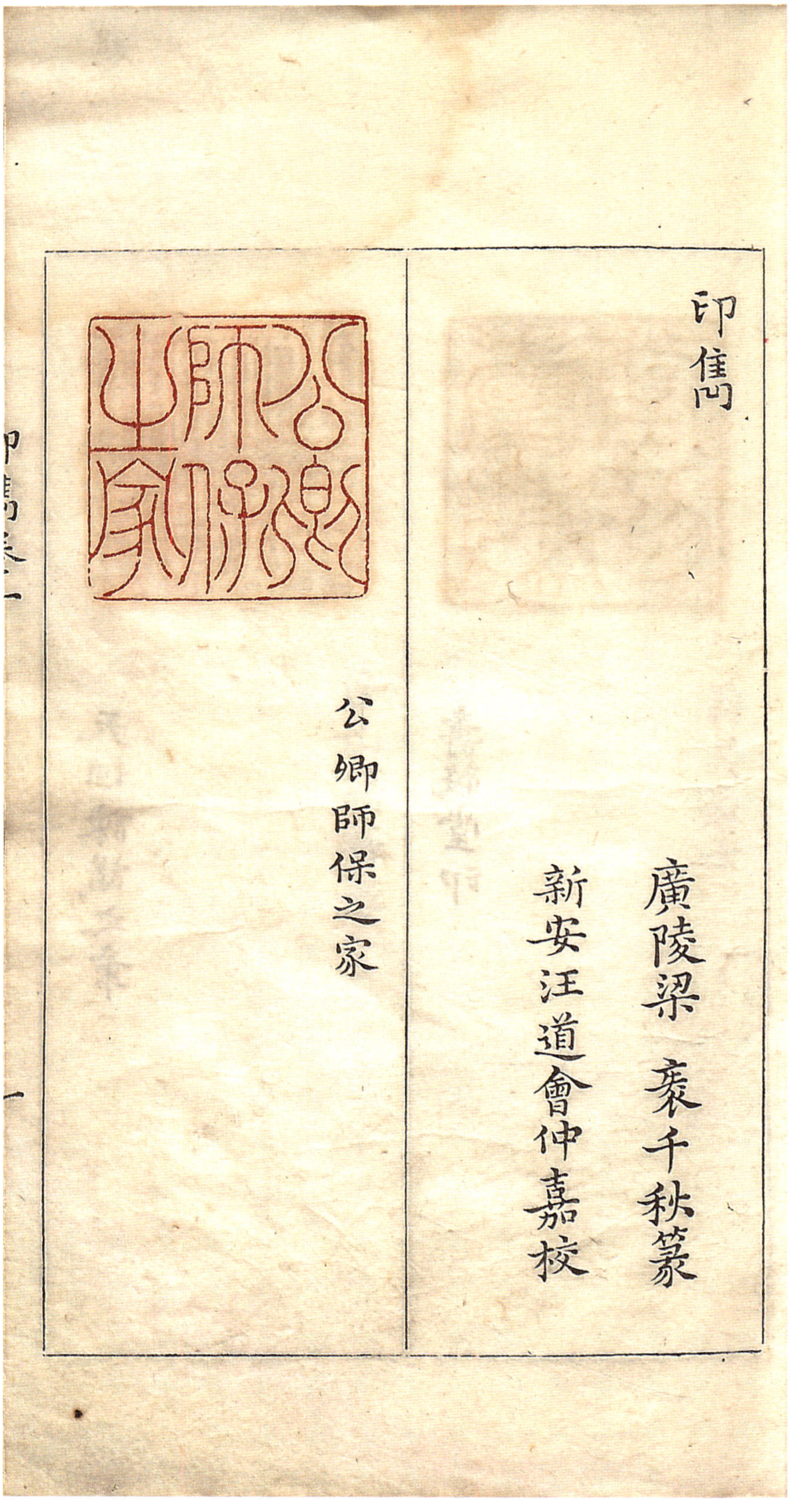

12660 印雋四卷　（明）梁袠篆刻並輯　明萬曆三十八年（1610）刻鈐印本

匡高20.5厘米，廣14.3厘米。行字不等，白口，四周單邊。南京圖書館藏。

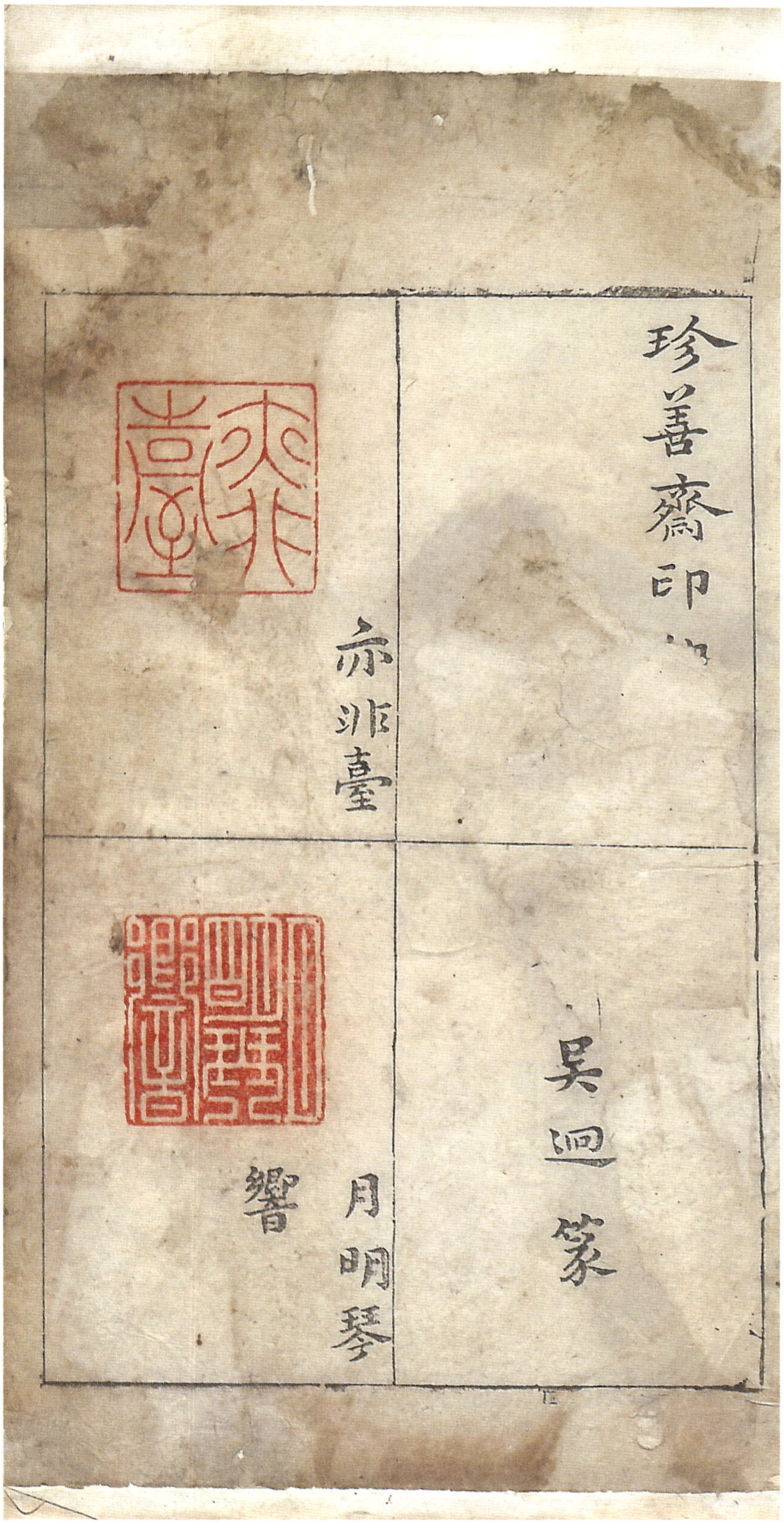

12661 珍善齋印印四卷　（明）吴迴篆刻並輯　明萬曆刻鈐印本

匡高20.4厘米，廣13.1厘米。行字不等，白口，四周單邊。南京圖書館藏，存二卷。

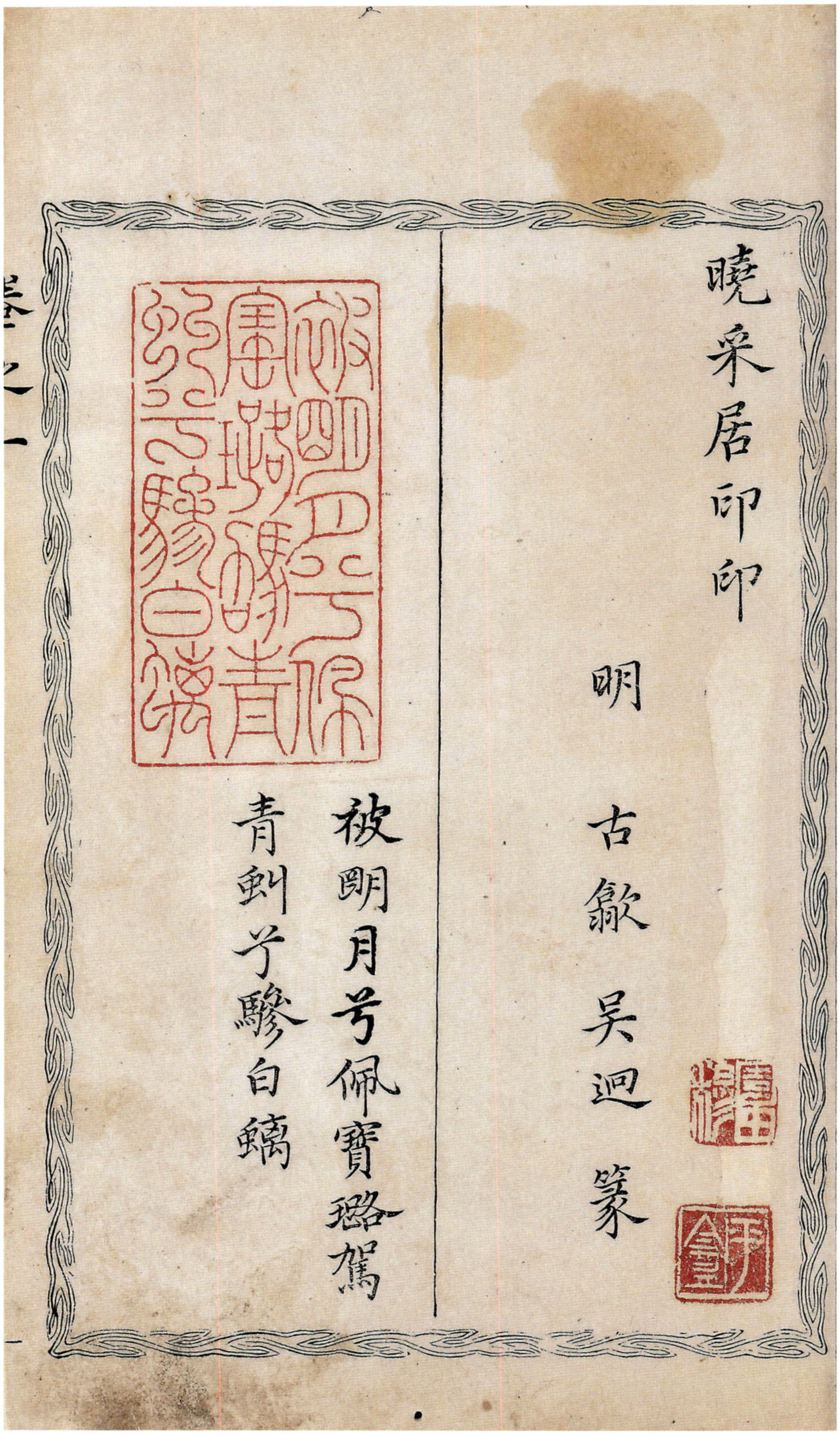
曉采居印印

明 古歙 吴迥 篆

被明月兮佩寶璐駕
青虯兮驂白螭

12662 曉采居印印四卷 （明）吴迥篆刻並輯 明萬曆刻鈐印本

匡高20厘米，廣14.5厘米。行字不等，白口，四周花邊。有“平盦”“園田穆”等印。香港中文大學圖書館藏。

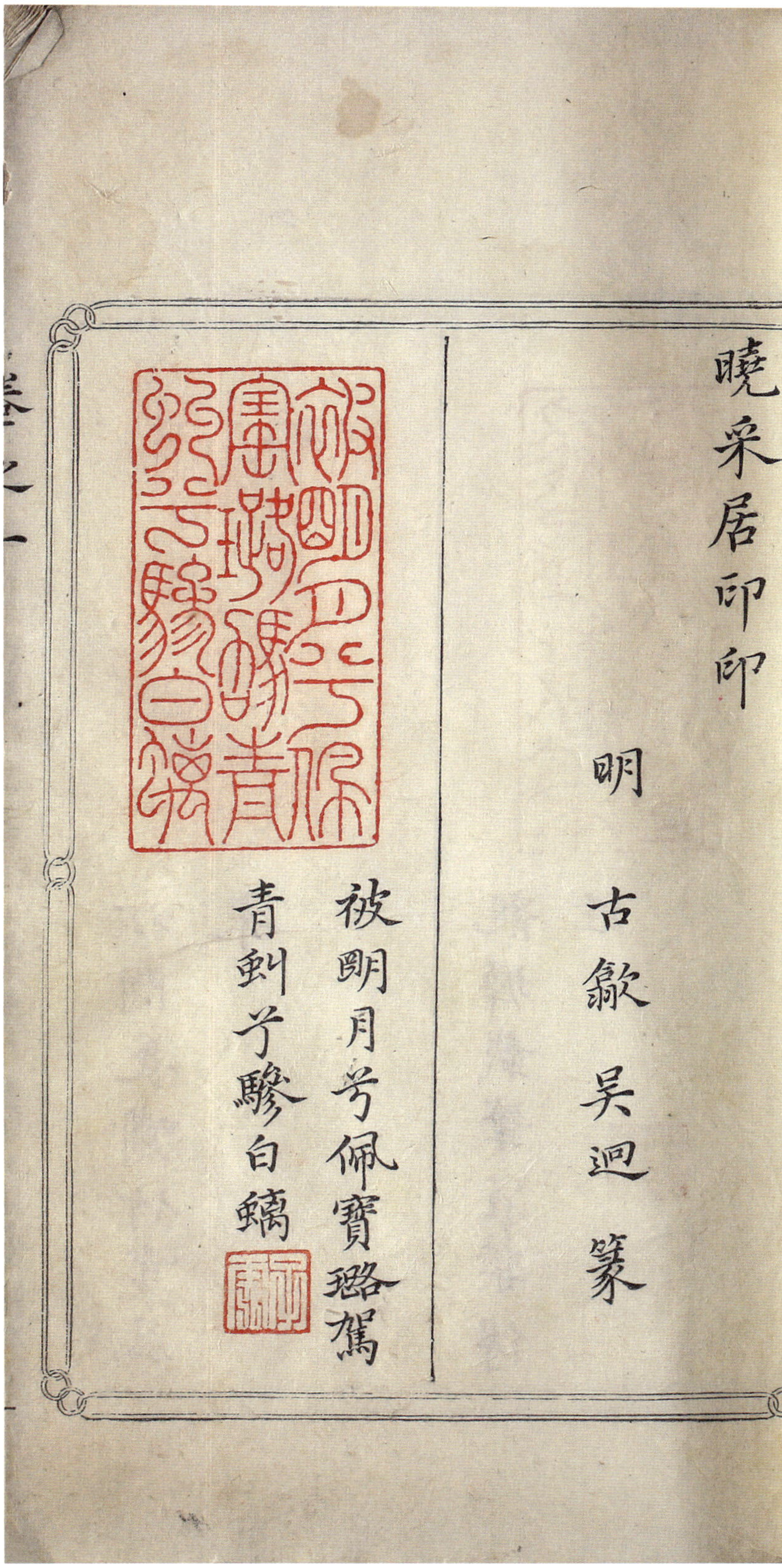

12663 曉采居印印二卷 （明）吴迥篆刻並輯　明萬曆刻鈐印本

匡高19.7厘米，廣13.6厘米。行字不等，白口，四周花邊。中國美術學院圖書館藏。

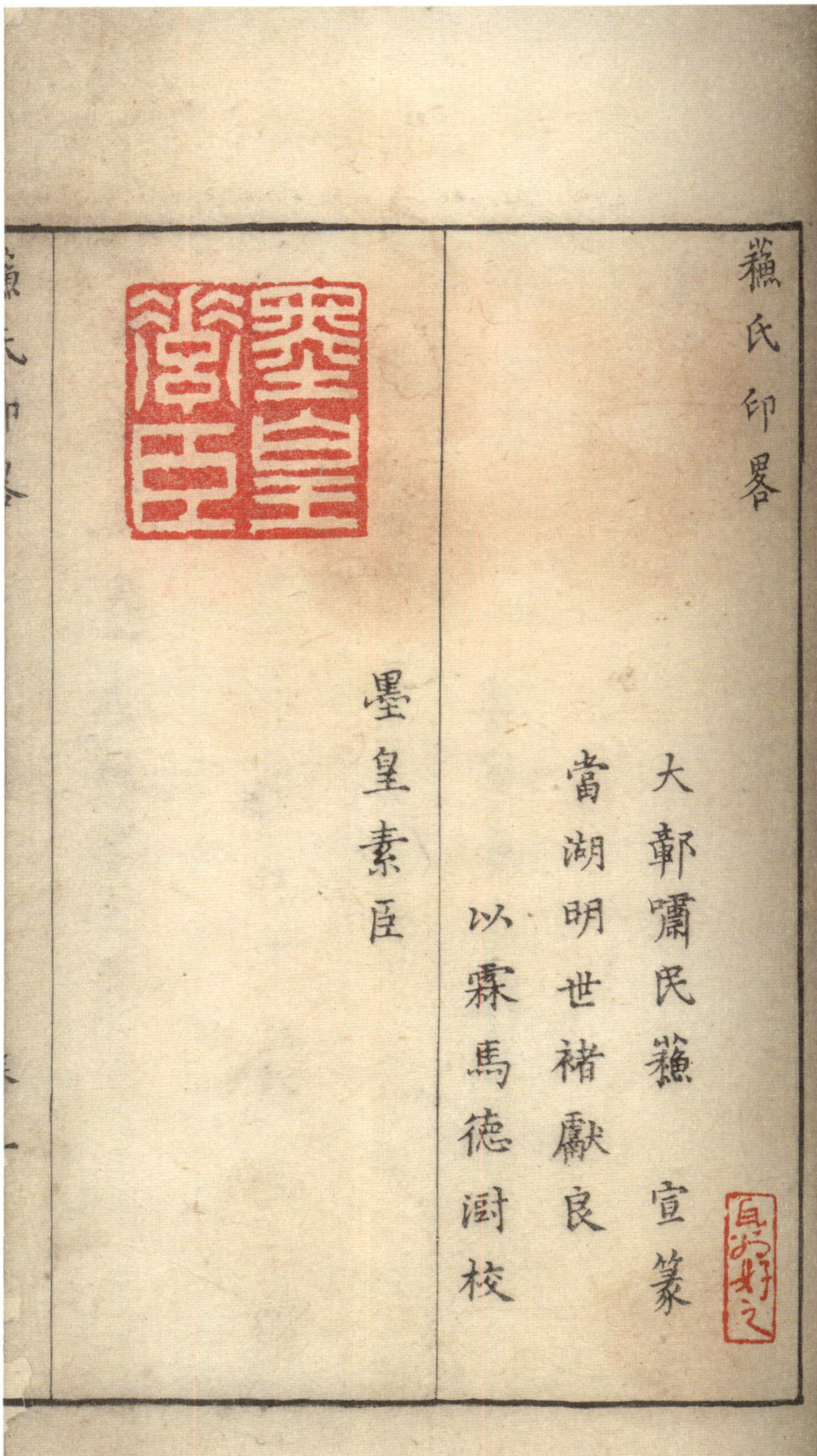

蘓氏印畧

大鄣嘯民蘓宣篆
當湖明世褚獻良
以霖馬德澍校

墨皇素臣

12664 蘇氏印畧三卷 （明）蘇宣篆刻並輯　明萬曆四十五年（1617）刻鈐印本

匡高20厘米，廣14.5厘米。行字不等，白口，四周單邊。蘇州圖書館藏。

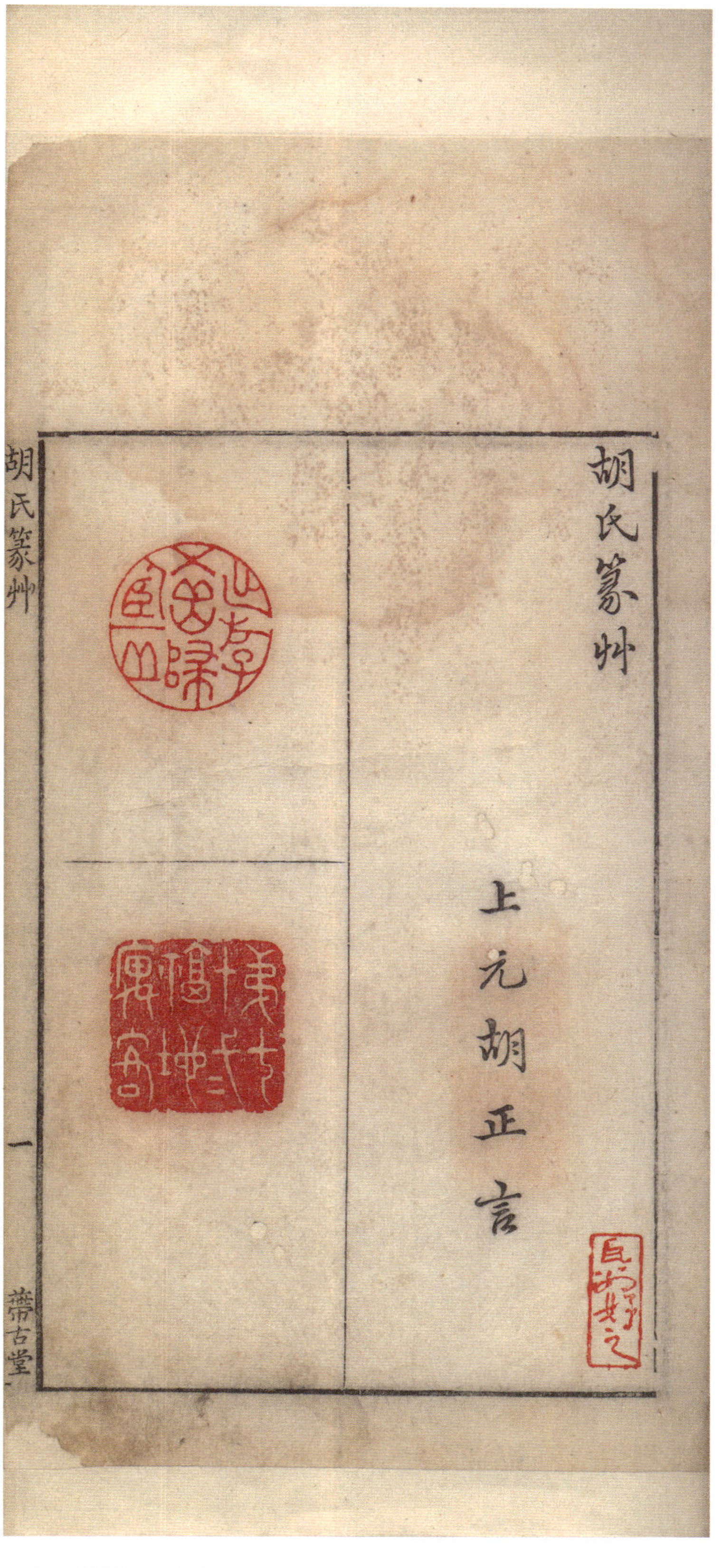

12665 胡氏篆草一卷 （清）胡正言篆刻　清初蒂古堂刻鈐印本

匡高18.2厘米，廣12厘米。行字不等，白口，四周單邊。蘇州圖書館藏。

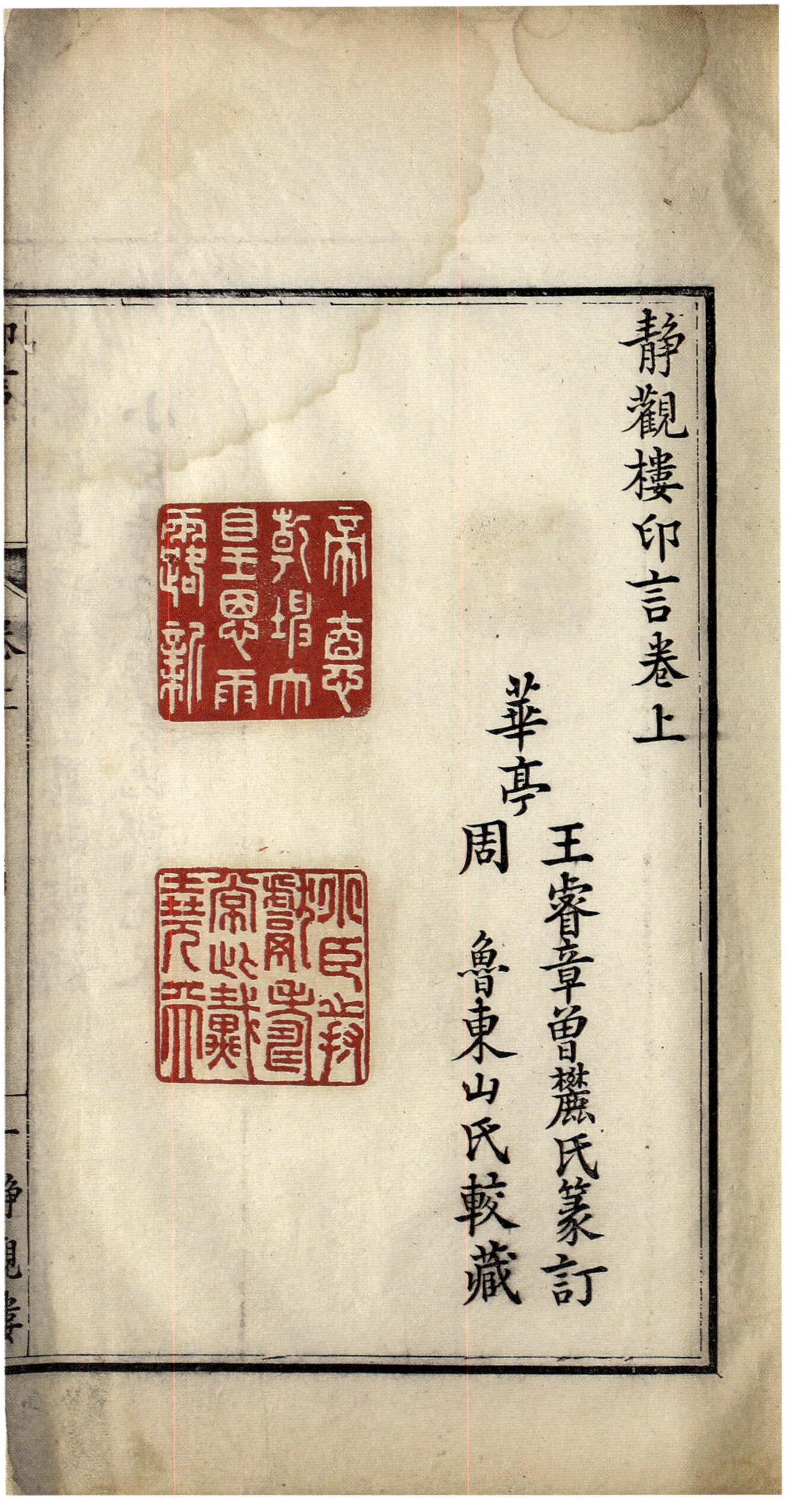

12666 静觀樓印言二卷 （清）王睿章篆刻 清乾隆周魯家塾刻鈐印本

匡高21.3厘米，廣14.1厘米。行字不等，白口，四周雙邊。中國美術學院圖書館藏。

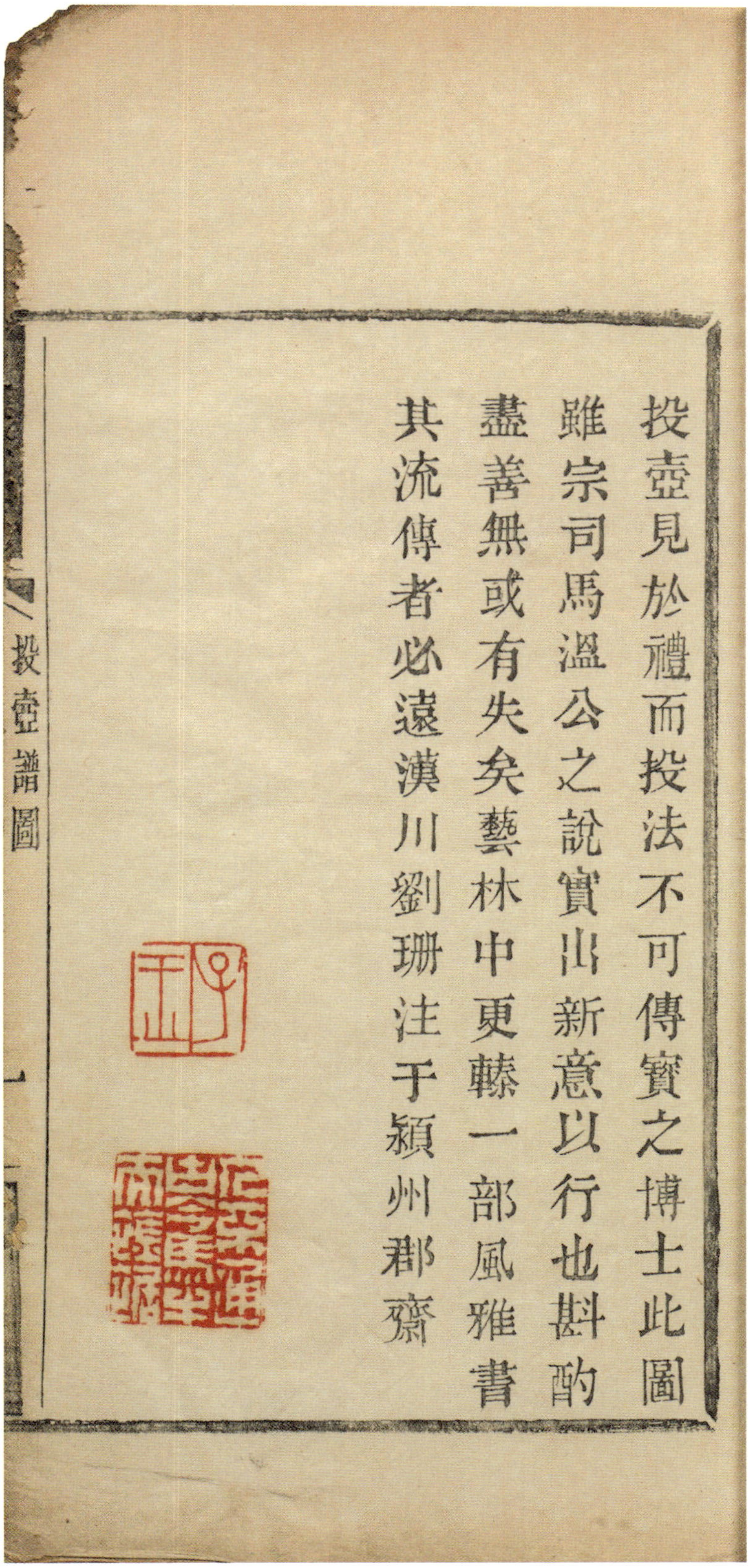
投壺見於禮而投法不可傳寶之博士此圖
雖宗司馬溫公之說實出新意以行也斟酌
盡善無或有失矣藝林中更轃一部風雅書
其流傳者必遠漢川劉珊注于穎州郡齋

投壺譜圖

12667 投壺譜一卷　（清）李瑶撰　清道光九年（1829）活字三色套印本

有“子玉”等印。湖北省圖書館藏。

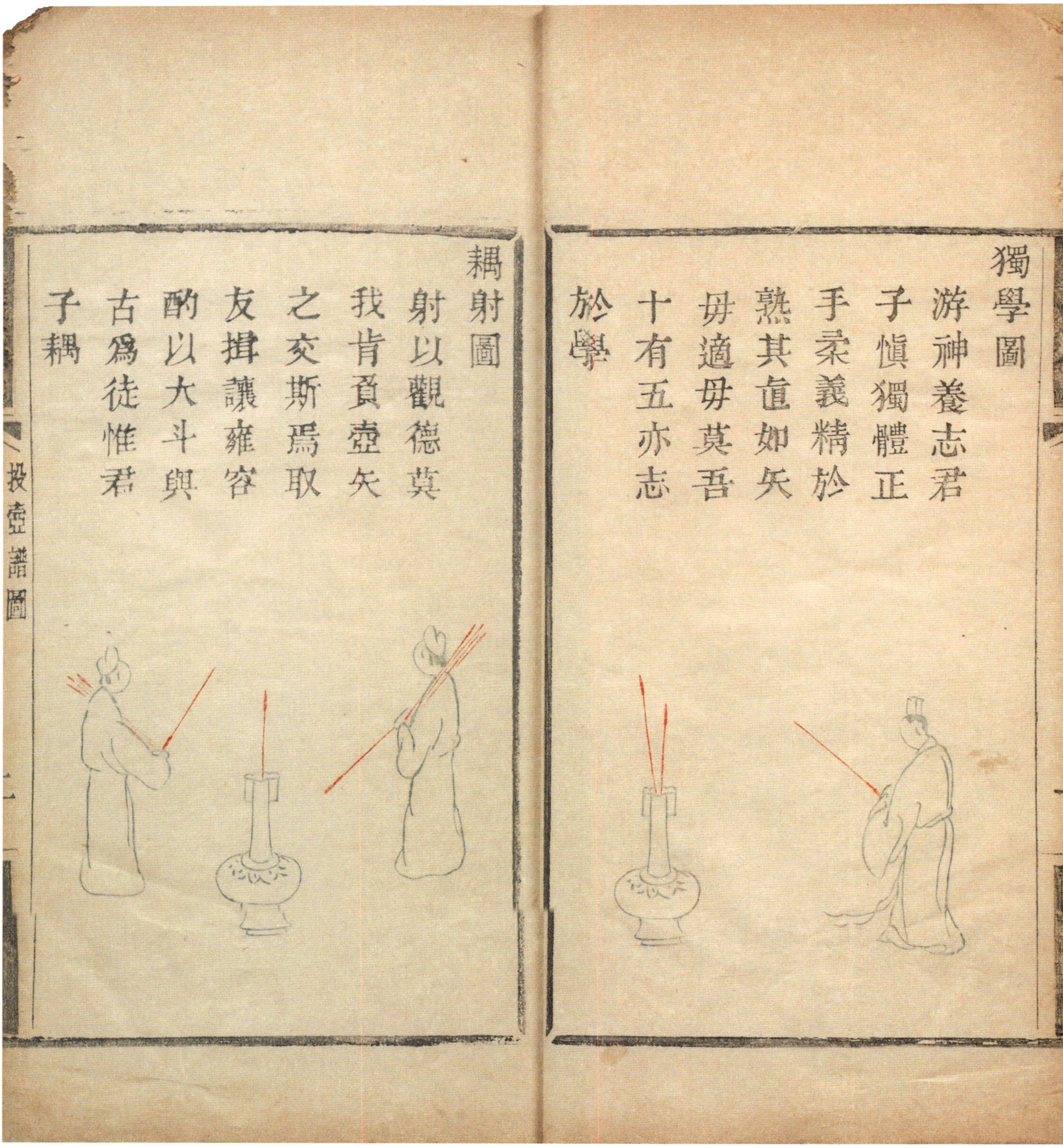

獨學圖

游神養志君子慎獨體正手柔義精於熟其直如矢毋適毋莫吾十有五亦志於學

耦射圖

射以觀德莫我肯負壺矢之交斯爲取友揖讓雍容酌以大斗與古爲徒惟君子耦

投壺譜圖

12667 投壺譜一卷

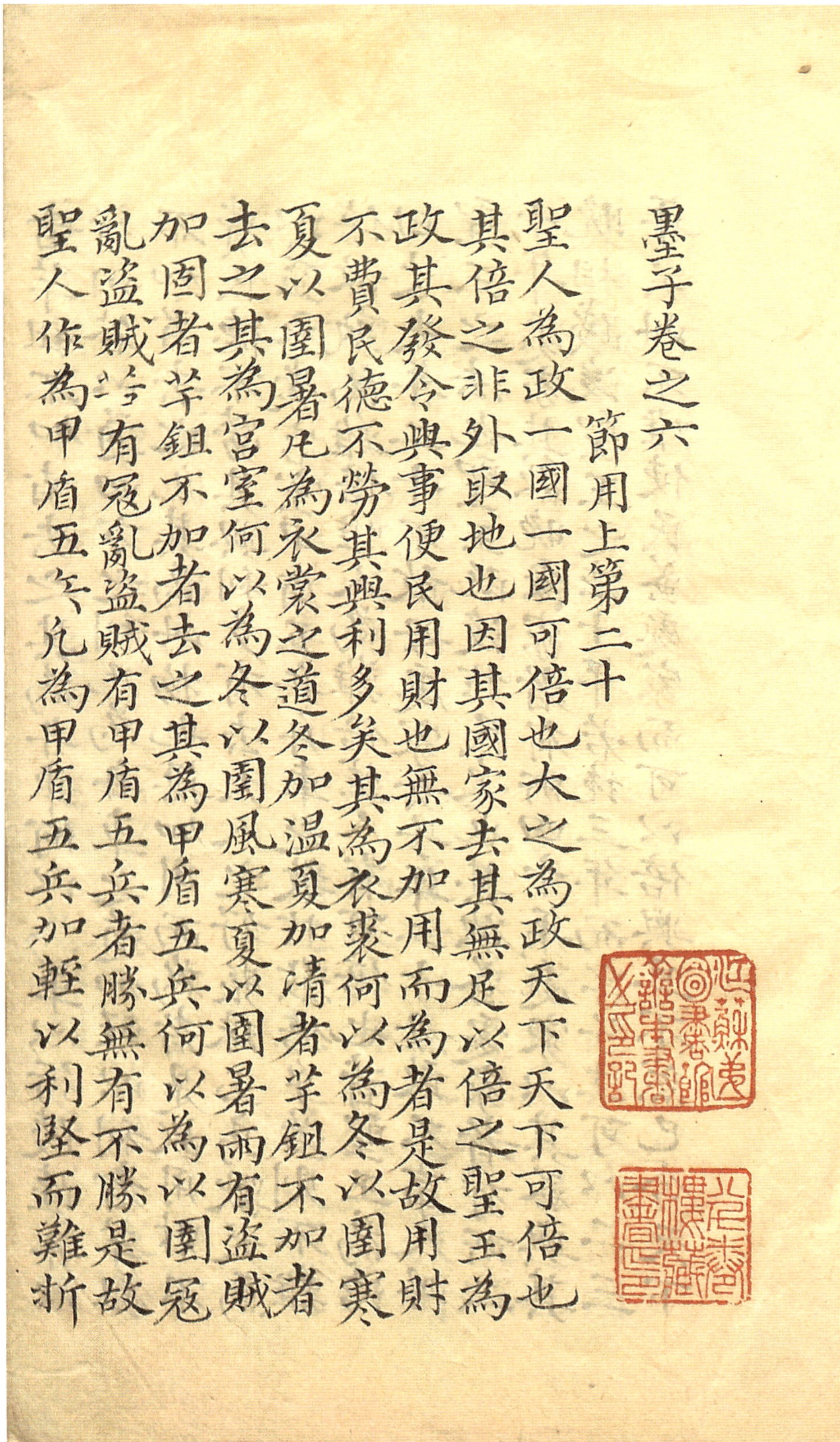
墨子卷之六
節用上第二十
聖人為政一國一國可倍也大之為政天下天下可倍也
其倍之非外取地也因其國家去其無足以倍之聖王為
政其發令興事使民用財也無不加用而為者是故用財
不費民德不勞其興利多矣其為衣裘何以為冬以圉寒
夏以圉暑凡為衣裳之道冬加溫夏加清者芊鉏不加者
去之其為宮室何以為冬以圉風寒夏以圉暑雨有盜賊
加固者芊鉏不加者去之其為甲盾五兵何以為以圉寇
亂盜賊若有寇亂盜賊有甲盾五兵者勝無有不勝是故
聖人作為甲盾五兵凡為甲盾五兵加輕以利堅而難折

12668 墨子十五卷 清黄氏士禮居抄本

黄丕烈跋並録張丑跋，丁丙跋。孫詒讓題記。南京圖書館藏，存十卷。

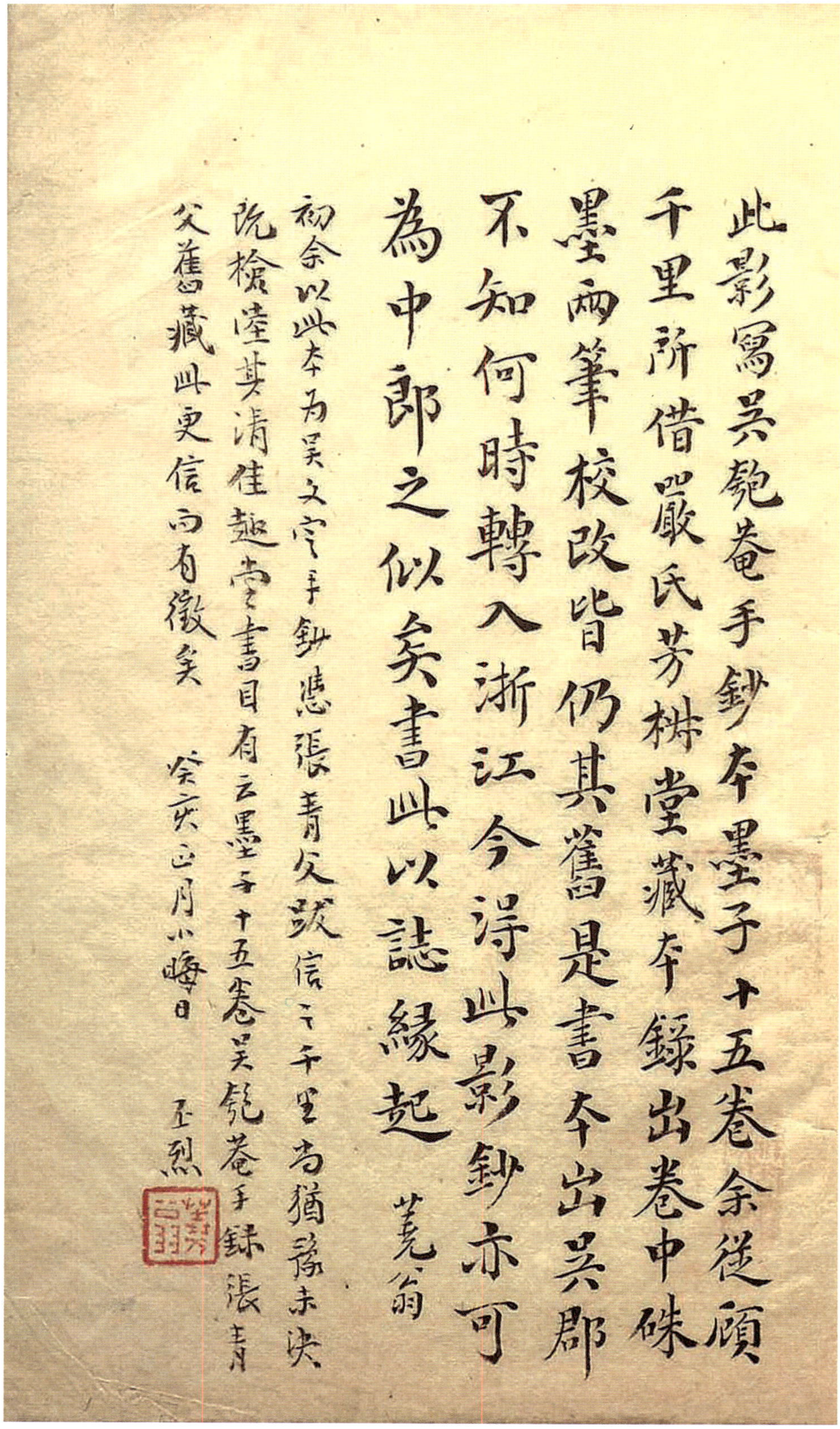

此影寫吳匏菴手鈔本墨子十五卷余從顧千里所借嚴氏芳椒堂藏本錄出卷中硃墨兩筆校改皆仍其舊是書本出吳郡不知何時轉入浙江今得此影鈔亦可為中郎之似矣書此以誌緣起 蕘翁

初余以此本為吳文定手鈔憑張青父跋信之千里尚猶豫未決既檢陸其清佳趣堂書目有云墨子十五卷吳匏菴手錄張青父舊藏此更信而有徵矣 癸亥正月小晦日 丕烈

126680 墨子十五卷

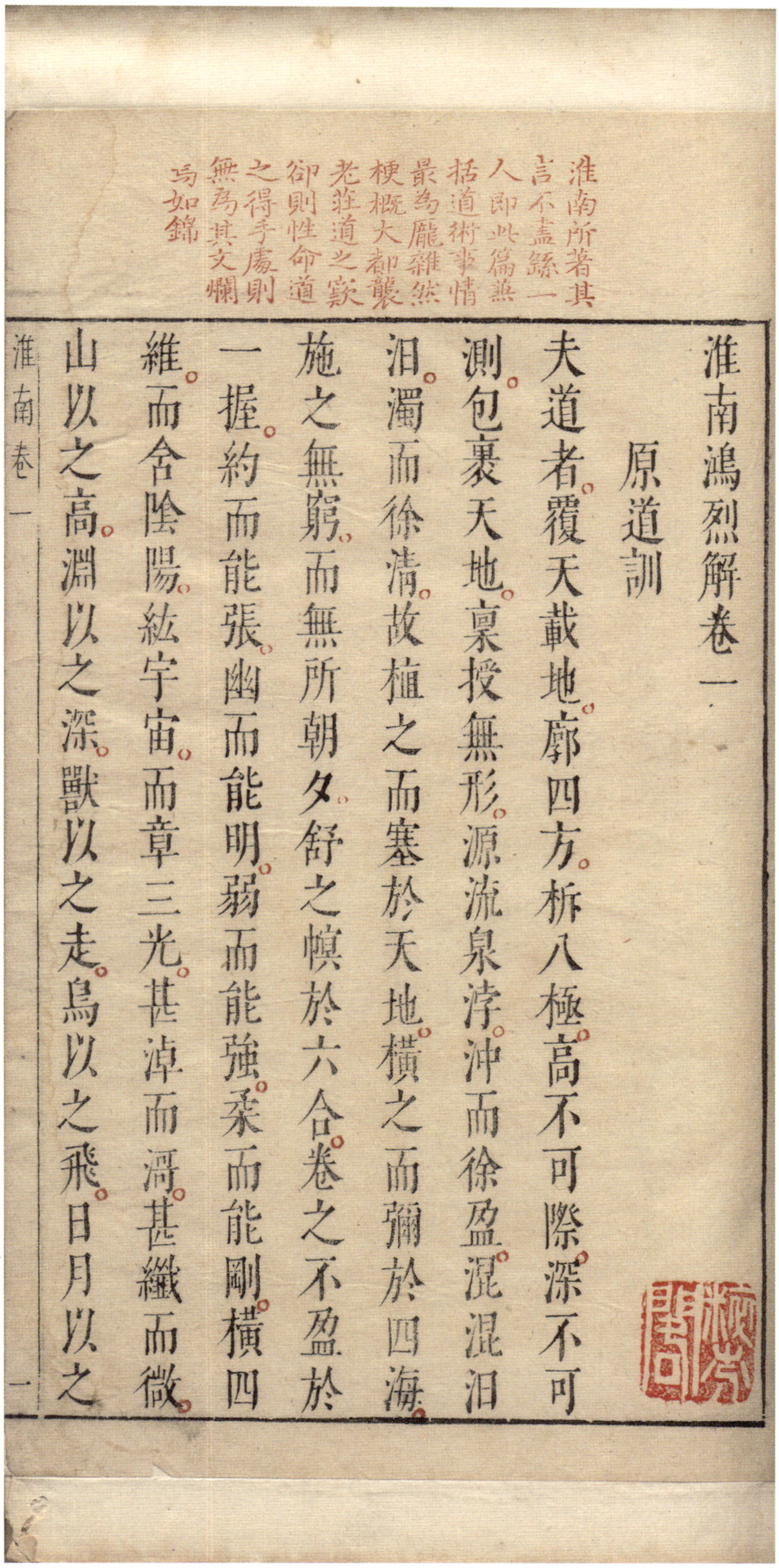

淮南所著其言不盡繇一人即此篇無括道術事情最爲龐雜然梗概大都襲老莊道之窽卻則性命道之得手處則無爲其文爛焉如錦

淮南鴻烈解卷一

原道訓

夫道者覆天載地廓四方柝八極高不可際深不可測包裹天地稟授無形源流泉浡沖而徐盈混混汩汩濁而徐清故植之而塞於天地橫之而彌於四海施之無窮而無所朝夕舒之幎於六合卷之不盈於一握約而能張幽而能明弱而能強柔而能剛橫四維而含陰陽紘宇宙而章三光甚淖而滒甚纖而微山以之高淵以之深獸以之走鳥以之飛日月以之

淮南卷一　一

12669、12670 淮南鴻烈解二十一卷　（漢）劉安撰　（明）茅坤等評

明刻朱墨套印本

匡高20.8厘米，廣14.6厘米。半葉九行，行二十字，白口，四周單邊。廣西民族大學圖書館藏，有“粹芬閣”印；香港中文大學圖書館藏，有“黄有澤藏書”印。

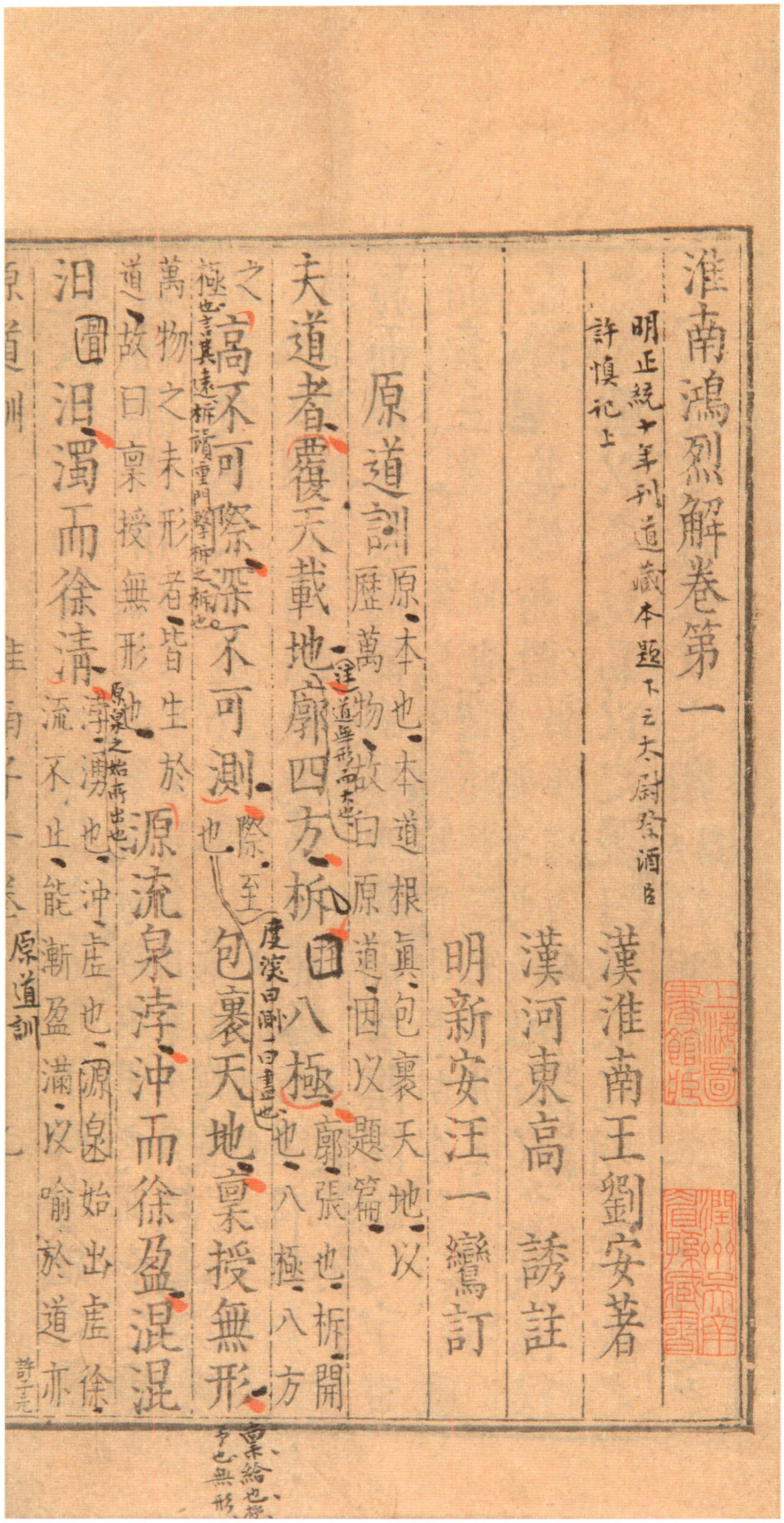

12671 淮南鴻烈解二十一卷 （漢）劉安撰 （漢）高誘注 明萬曆二十二年（1594）張維城刻本

匡高21.5厘米，廣13厘米。半葉九行，行十九字，小字雙行同，白口，四周雙邊。有"吴郡張維城宗甫是正甲午秋九月鏤板家塾"牌記。有"潤州吴庠眉孫藏書" 等印。錢大昕校。上海圖書館藏。

大昕云盧當作臚盧卽膚字

人馬筋骨形體所受於天不可變以此論之則不類矣言人自爲人馬自爲馬不相類也夫馬之爲草駒之時跳躍揚蹏翹尾而走人不能制馬五尺以下爲駒放在草中故曰草駒翹舉也制禁也齕䶩咋足以噆肌碎骨蹶蹏足以破盧陷匈咋齧也噆穿也及至圉人擾之良御教之圉養馬官擾順也掩以衡扼連以轡銜則雖歷險超壍弗敢辭故其形之爲馬馬不可化其可駕御教之所爲也馬聾蟲也蟲喻無知也而可以通氣志猶待教而成又况人乎且夫身正性善發憤而成仁帽憑而爲義帽憑盈滿

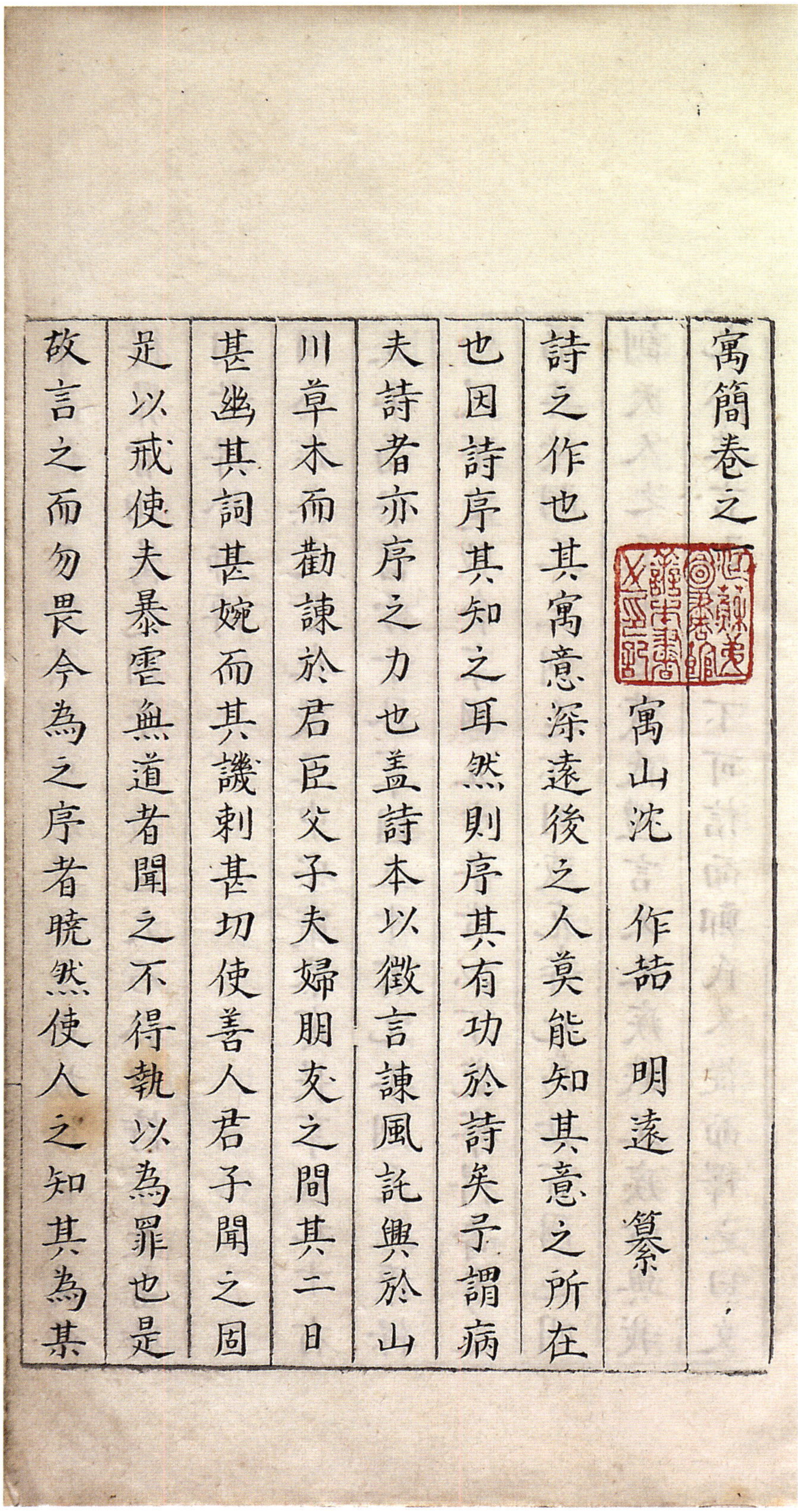

寓簡卷之一

寓山沈作喆明遠纂

詩之作也其寓意深遠後之人莫能知其意之所在也因詩序其知之耳然則序其有功於詩矣予謂病夫詩者亦序之力也蓋詩本以微言諫風託興於山川草木而勸諫於君臣父子夫婦朋友之間其二日甚幽其詞甚婉而其譏刺甚切使善人君子聞之固足以戒使夫暴戾無道者聞之不得執以為罪也是故言之而勿畏今為之序者曉然使人之知其為其

12672 寓簡十卷　（宋）沈作喆撰　明抄本

匡高20厘米，廣14.9厘米。半葉九行，行二十字，白口，四周單邊。丁申、丁丙跋。南京圖書館藏。

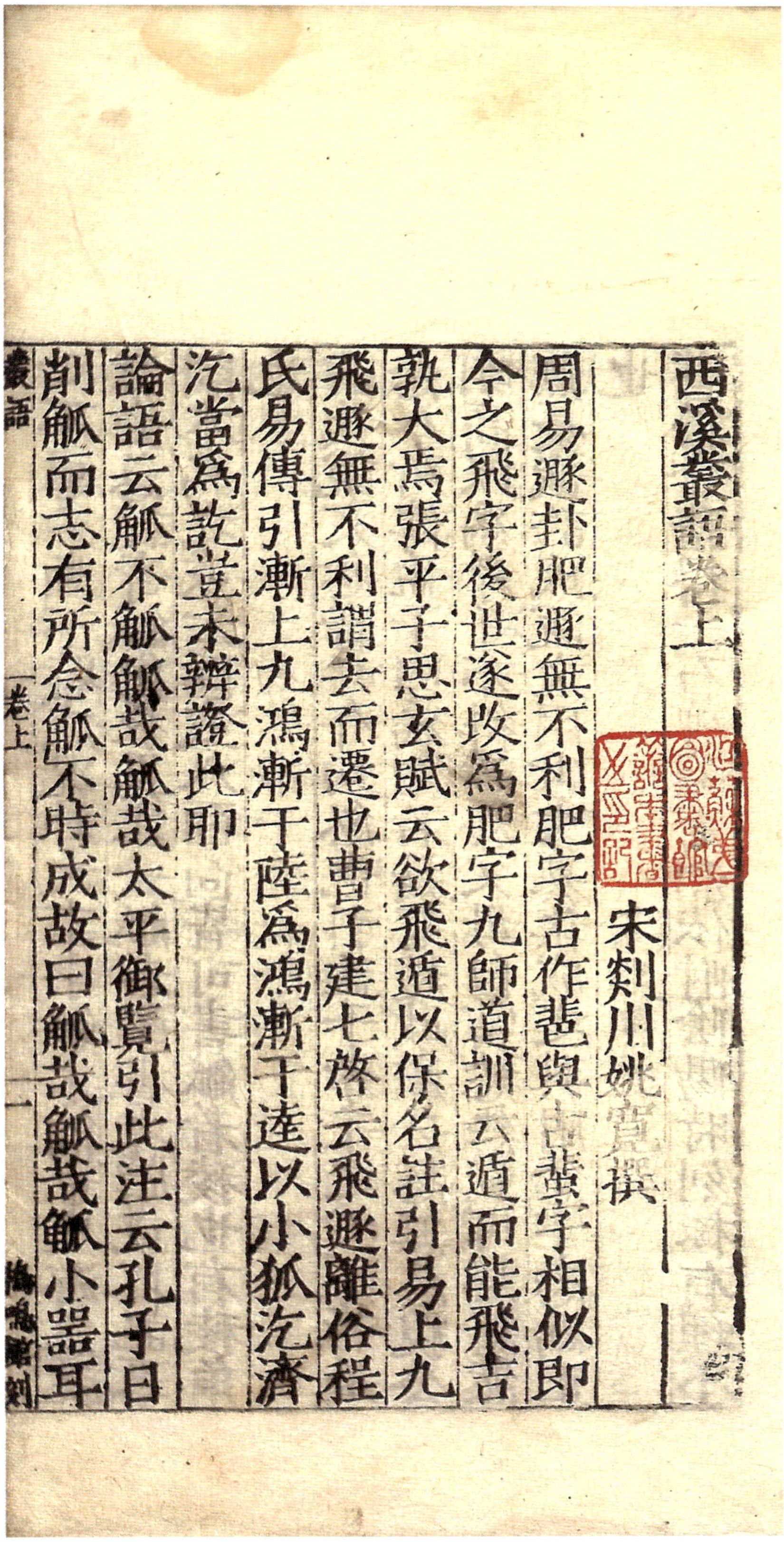

西溪叢語卷上

宋剡川姚寬撰

周易遯卦肥遯無不利肥字古作𩇯與古蜚字相似即今之飛字後世遂改爲肥字九師道訓云遁而能飛吉孰大焉張平子思玄賦云欲飛遁以保名註引易上九飛遯無不利謂去而遷也曹子建七啓云飛遯離俗程氏易傳引漸上九鴻漸于陸爲鴻漸于逵以小狐汔濟汔當爲訖豈未辨證此耶

論語云觚不觚觚哉觚哉太平御覽引此注云孔子曰削觚而志有所念觚不時成故曰觚哉觚哉觚小器耳

叢語 卷上 一 鵠鳴館刻

12673 西溪叢語二卷 （宋）姚寬撰 明嘉靖二十七年（1548）俞憲鵠鳴館刻本（卷下配清抄本）

匡高18.4厘米，廣12.9厘米。半葉十行，行二十一字，小字雙行同，白口，四周單邊。吴焯、丁丙跋。南京圖書館藏。

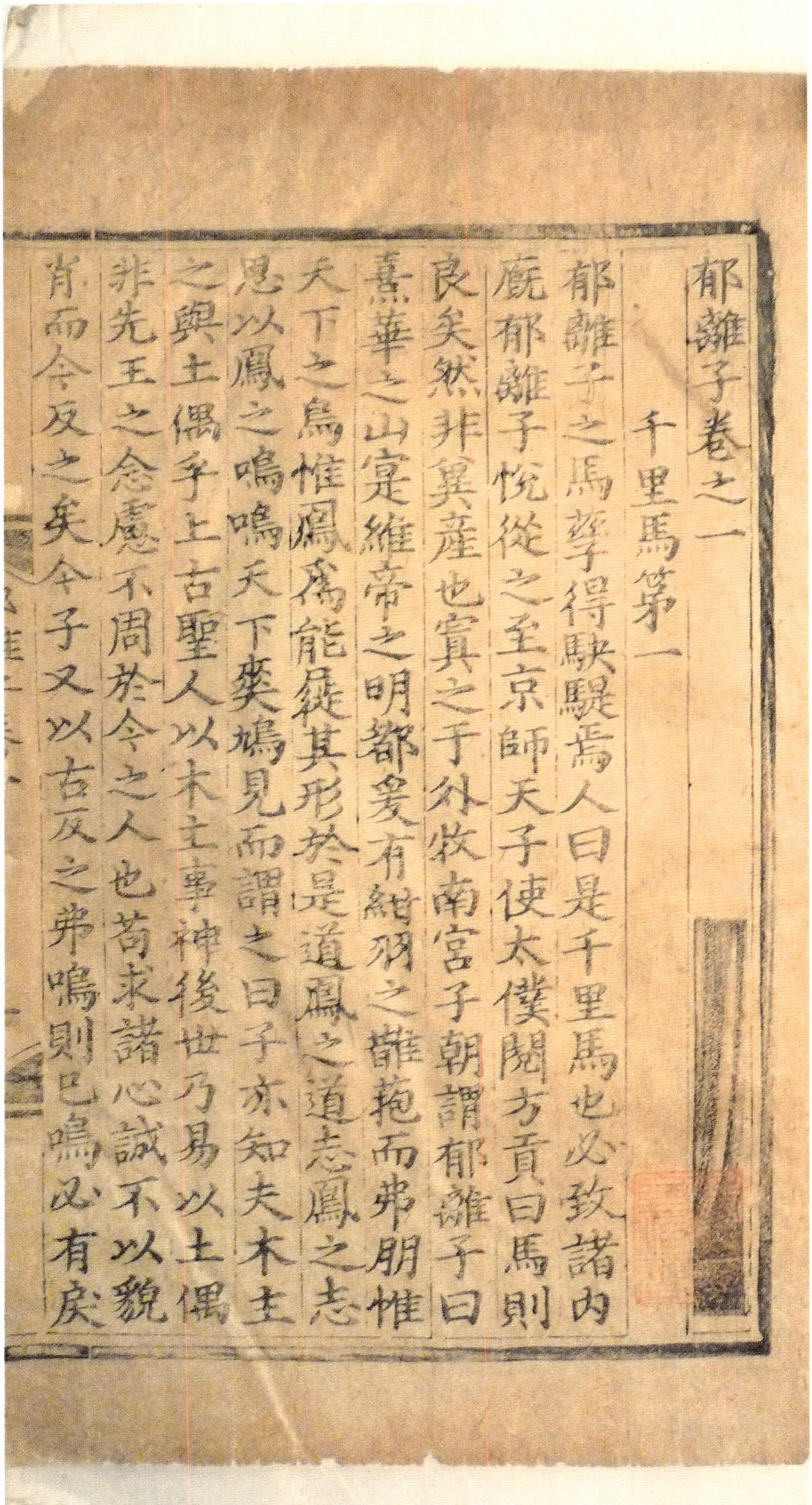
郁離子卷之一
千里馬第一
郁離子之馬孳得駃騠焉人曰是千里馬也必致諸内
廐郁離子悅從之至京師天子使太僕閲方貢曰馬則
良矣然非冀產也寘之于外牧南宮子朝謂郁離子曰
熏華之山寔維帝之明都爰有綷羽之雛䎘而弗朋惟
天下之鳥惟鳳爲能屣其形於是道鳳之道志鳳之志
思以鳳之鳴鳴天下奚鳩見而謂之曰子亦知夫木主
之與土偶乎上古聖人以木主事神後世乃易以土偶
非先王之念慮不周於今之人也苟求諸心誠不以貌
肖而今反之矣今子又以古反之弗鳴則已鳴必有戾

12674 郁離子十卷 （明）劉基撰 明刻本

匡高20.3厘米，廣14.4厘米。半葉十一行，行二十一字，黑口，四周雙邊。江西省博物館藏。

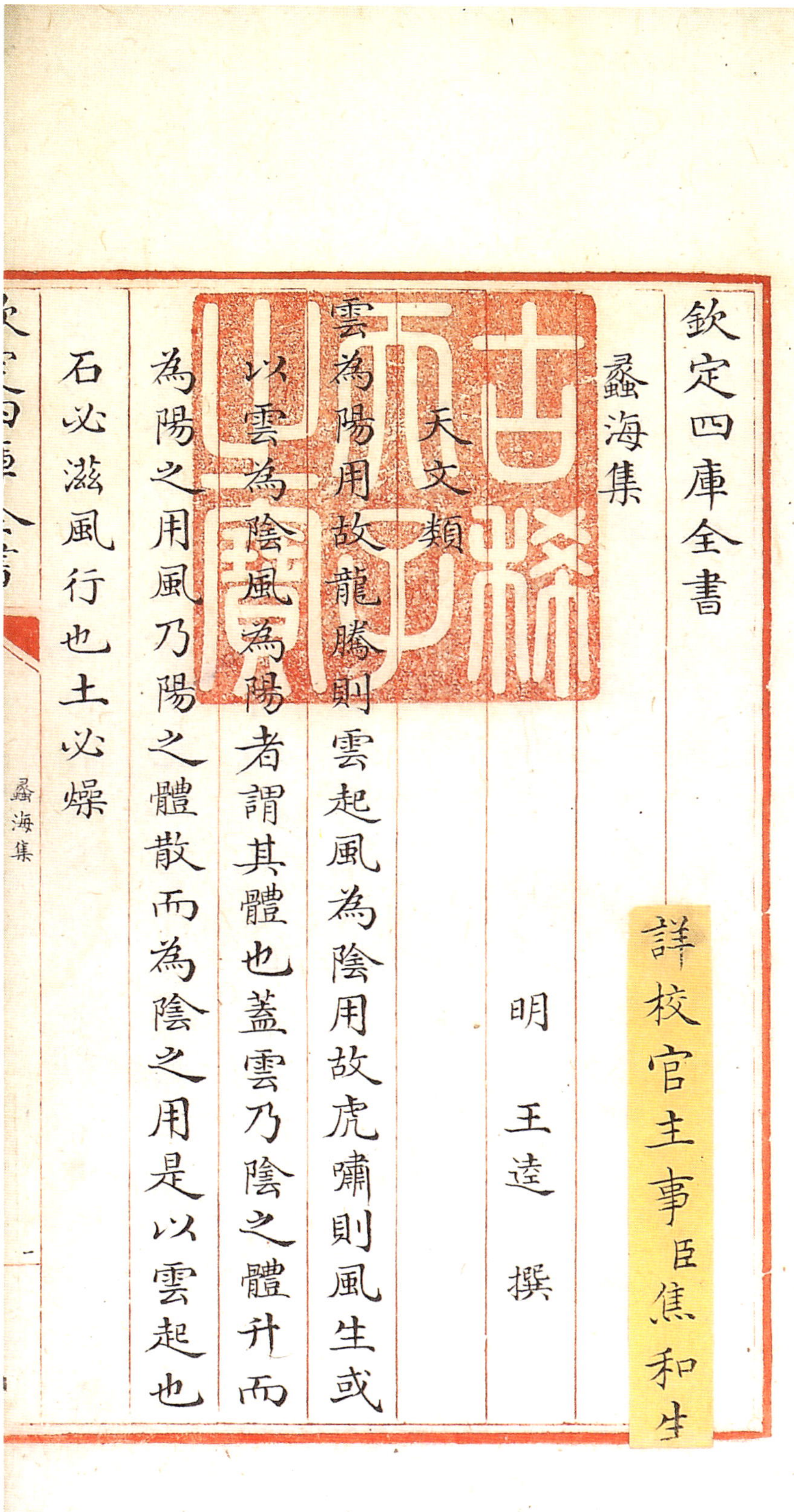

欽定四庫全書

蠡海集

明 王逵 撰

詳校官主事臣焦和生

天文類

雲為陽用故龍騰則雲起風為陰用故虎嘯則風生或以雲為陰風為陽者謂其體也蓋雲乃陰之體升而為陽之用風乃陽之體散而為陰之用是以雲起也石必滋風行也土必燥

欽定四庫全書　蠡海集　一

12675 蠡海集一卷　（明）王逵撰　清乾隆内府寫南三閣四庫全書本

匡高20.9厘米，廣13.9厘米。半葉八行，行二十一字，白口，四周雙邊。南京圖書館藏。

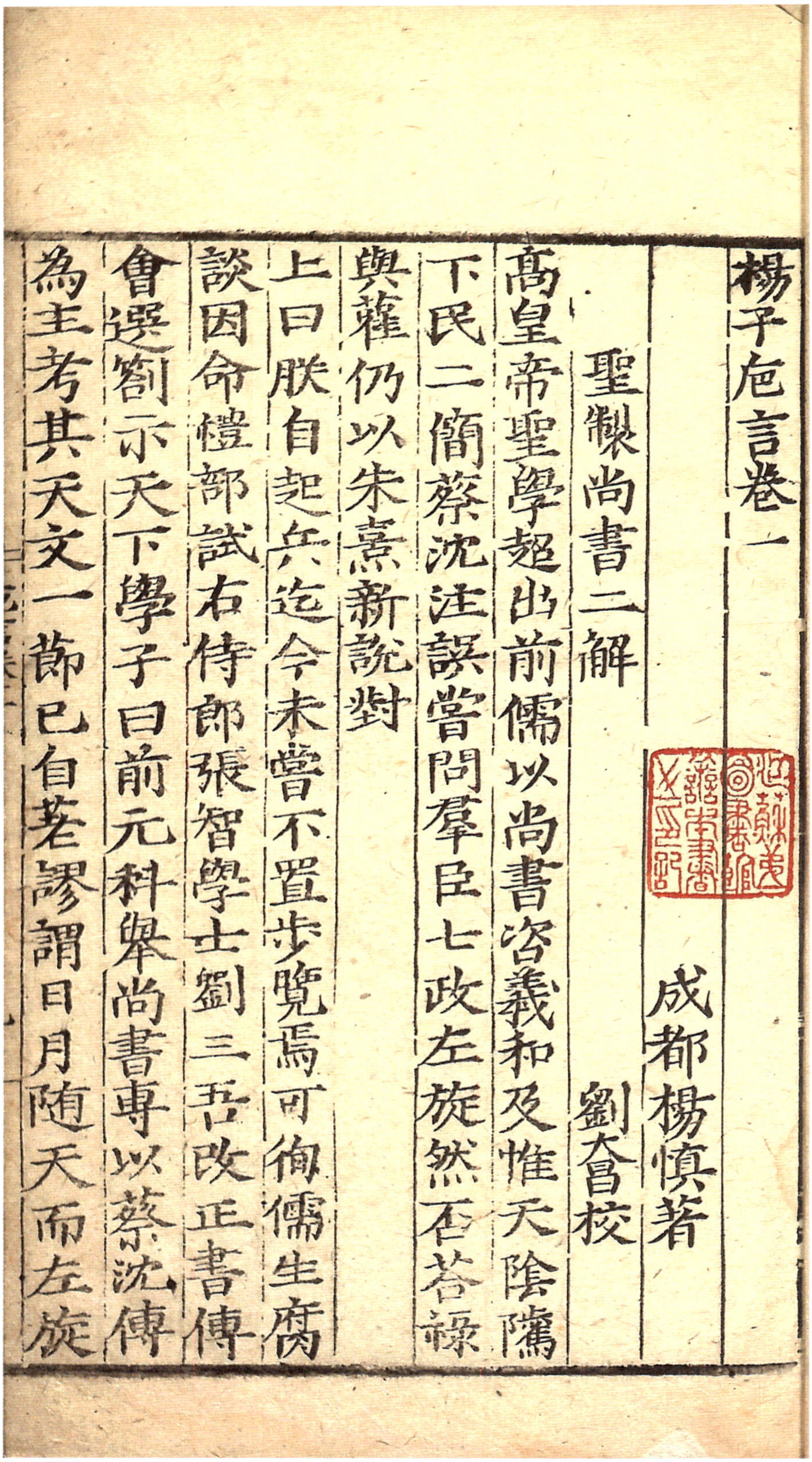

楊子卮言卷一
成都楊慎著
聖製尚書二解　劉大昌校
高皇帝聖學超出前儒以尚書咨羲和及惟天陰騭
下民二篇蔡沈注誤嘗問羣臣七政左旋然否荅祿
與權仍以朱熹新説對
上曰朕自起兵迄今未嘗不置步覽焉可徇儒生腐
談因命禮部試右侍郎張智學士劉三吾改正書傳
會選詔示天下學子曰前元科舉尚書專以蔡沈傳
為主考其天文一節已自差謬謂日月隨天而左旋

12676 楊子卮言六卷　（明）楊慎撰　明嘉靖四十三年（1564）劉大昌刻本

匡高21厘米，廣13.9厘米。半葉十行，行二十字，白口，四周單邊。丁丙跋。南京圖書館藏。

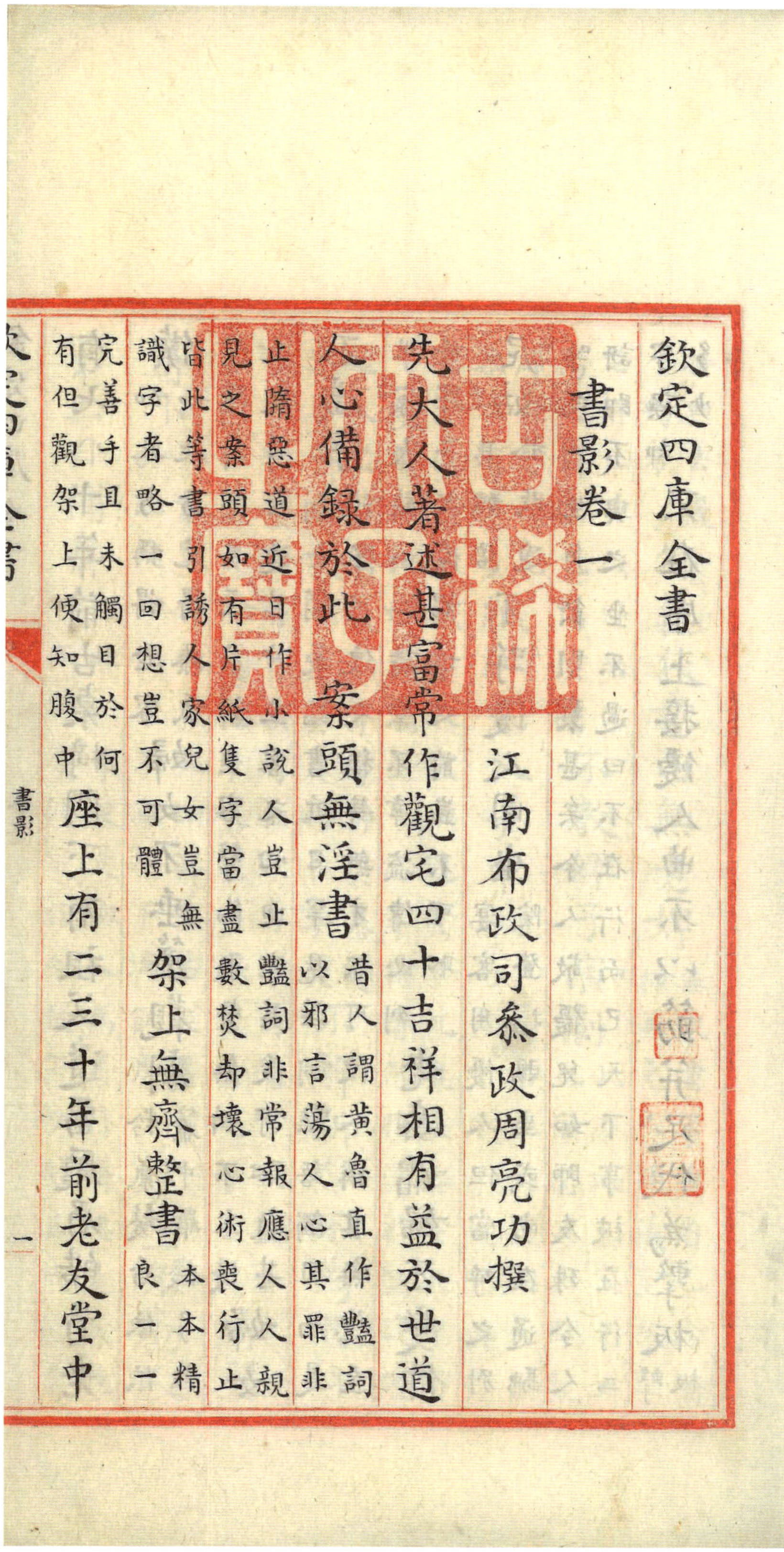
欽定四庫全書
書影卷一
江南布政司叅政周亮功撰
先大人著述甚富常作觀宅四十吉祥相有益於世道人心備録於此
案頭無淫書昔人謂黄魯直作豔詞以邪言蕩人心其罪非止墮惡道近日作小說人豈止豔詞非常報應人人親見之案頭如有片紙隻字當盡數焚却壞心術喪行止皆此等書引誘人家兒女豈無識字者略一回想豈不可體
架上無齊整書本本精良一一究善手且未觸目於何有但觀架上便知腹中
座上有二三十年前老友堂中
欽定四庫全書
書影　一

12677 書影十卷　（清）周亮工撰　清乾隆内府寫南三閣四庫全書本

匡高21厘米，廣13.9厘米。半葉八行，行二十一字，白口，四周雙邊。有“古稀天子之寶”“乾隆御覽之寶”等印。香港中文大學圖書館藏。

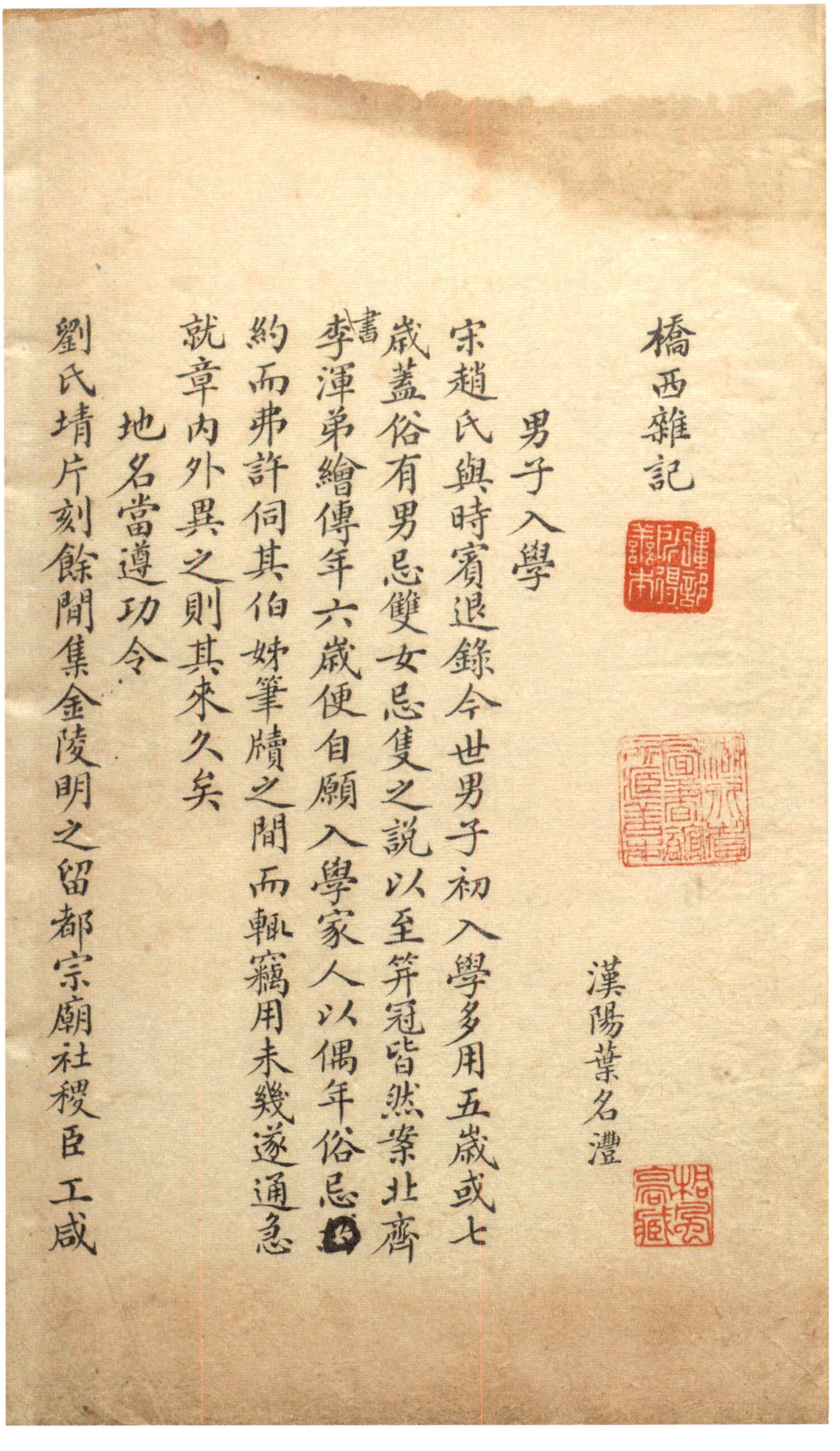

12678 橋西雜記不分卷 （清）葉名澧撰　稿本

有“桐風廎藏”“彊誃所得善本”等印。趙之謙批，歐陽蟾園校。湖北省圖書館藏。

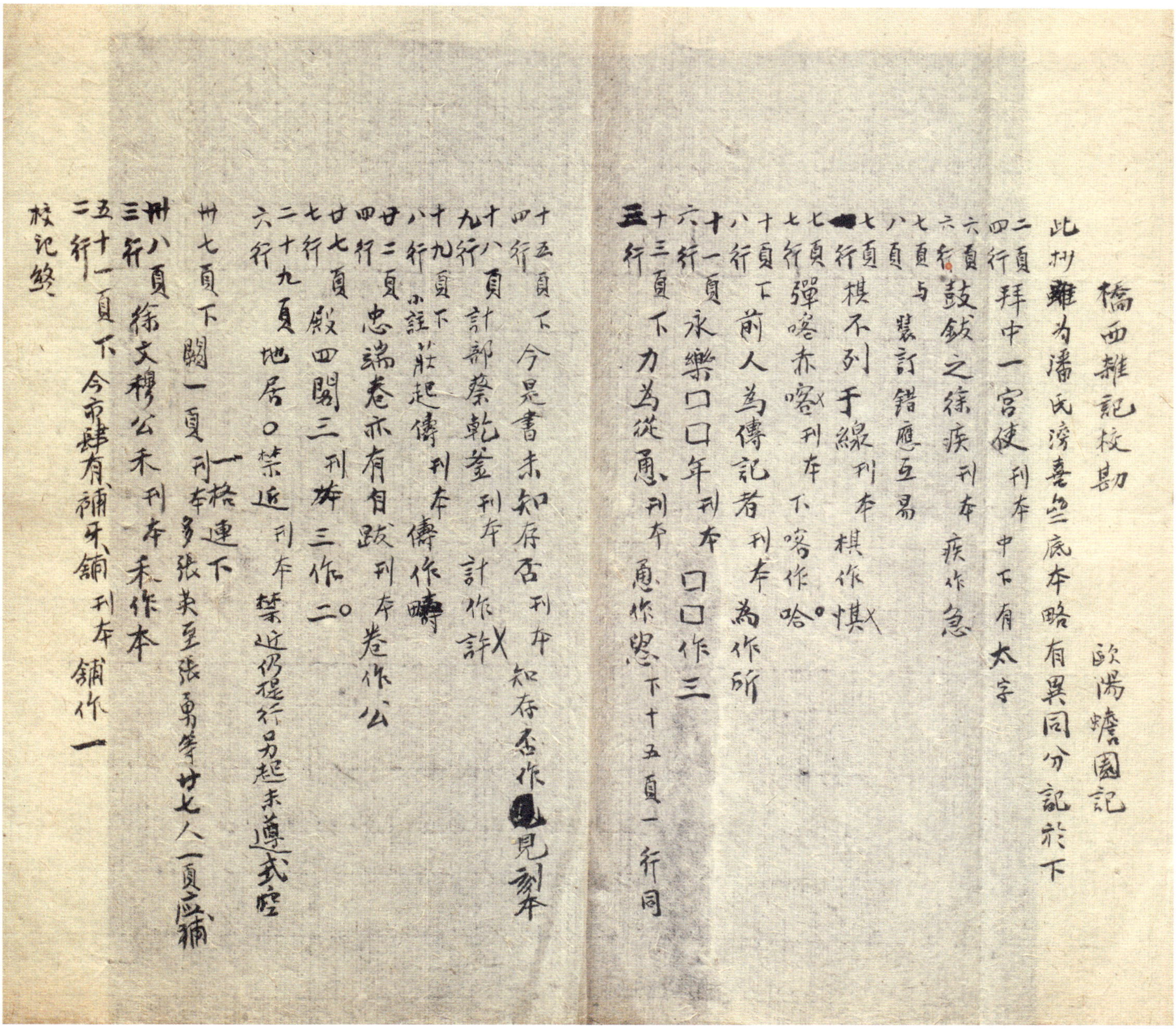
橋西雜記校勘　歐陽蟾園記

此抄雜為潘氏滂喜齋底本略有異同分記於下

二頁四行　拜中一宮使　刊本中下有太字

六頁六行　鼓鈸之徐疾　刊本疾作急

七頁与八頁　裝訂錯應互易

七頁[illegible]行　棋不列于線　刊本棋作棋

七頁七行　彈喀赤喀　刊本下喀作哈。

十頁下八行　前人為傳記者　刊本為作所

十一頁六行　永樂□□年　刊本□□作三

十三頁五行　下力為從恿　刊本恿作恩　下十五頁一行同

十五頁下四行　今是書未知存否　刊本知存否作[illegible]見刻本

十八頁九行　計部蔡乾釜　刊本計作許

十九頁下八行小註　莊起傳　刊本傳作疇

廿二頁四行　忠端卷亦有自跋　刊本卷作公

廿七頁七行　殿四閣三　刊本三作二。

二十九頁六行　地居○禁近　刊本禁近仍提行另起未遵式空

卅七頁下　闕一頁　刊本多張夬至張勇等廿七人一頁應補　一格連下

卅八頁三行　徐文穆公禾　刊本禾作本

五十一頁下二行　今市肆有補牙鋪　刊本鋪作一

校記終

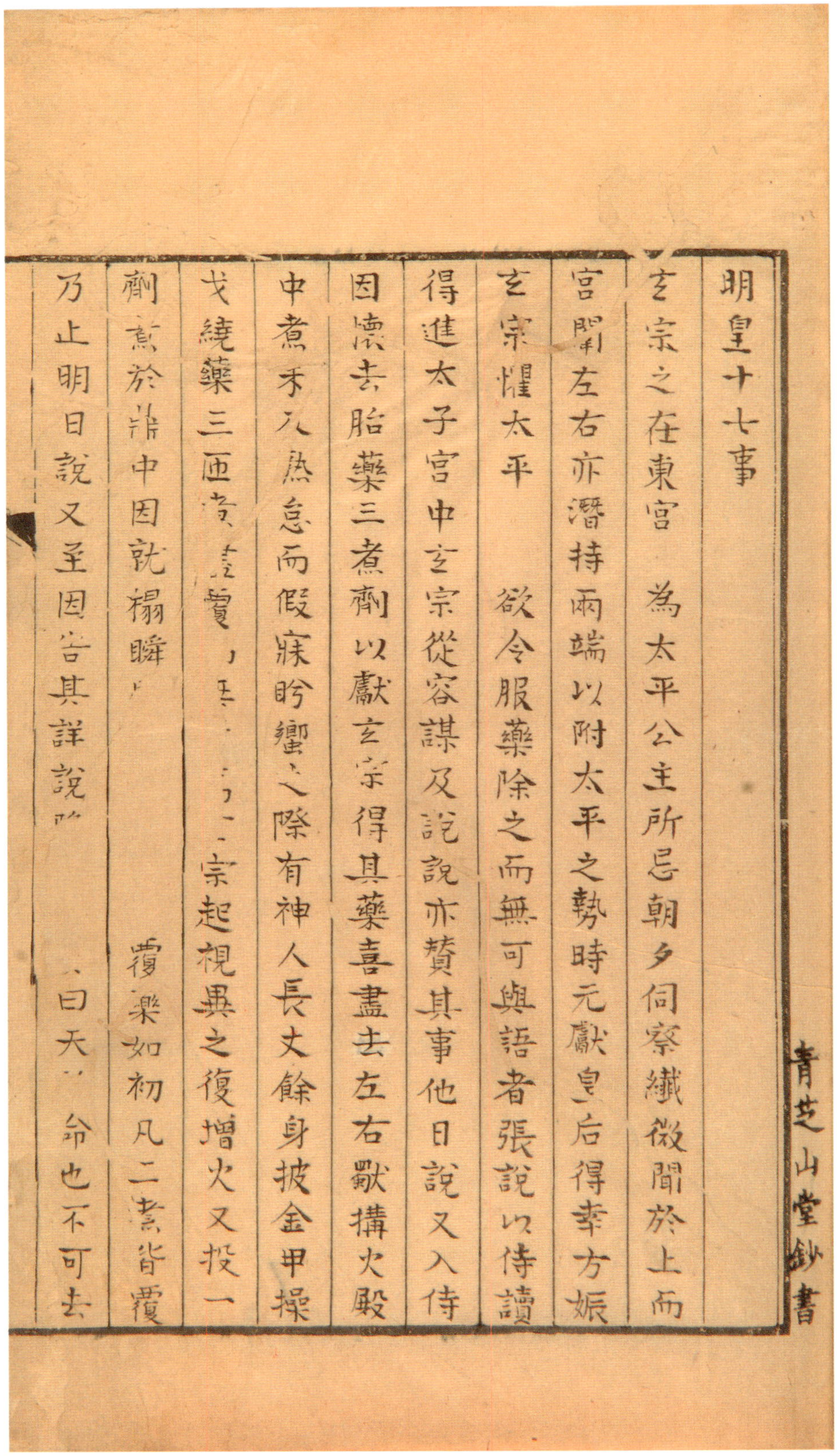

明皇十七事
玄宗之在東宮　為太平公主所忌朝夕伺察纖微聞於上而
宮闈左右亦潛持兩端以附太平之勢時元獻皇后得幸方娠
玄宗懼太平　欲令服藥除之而無可與語者張說以侍讀
得進太子宮中玄宗從容謀及說說亦贊其事他日說又入侍
因懷去胎藥三煮劑以獻玄宗得其藥喜盡去左右獨搆火殿
中煮未及熟怠而假寐盻蠁之際有神人長丈餘身披金甲操
戈繞藥三匝[illegible]覆[illegible]宗起視異之復增火又投一
劑煮於鼎中因就榻瞬[illegible]　覆藥如初凡二煮皆覆
乃止明日說又至因告其詳說[illegible]曰天命也不可去
青芝山堂鈔書

12679 明皇十七事一卷　（唐）李德裕撰　**開天傳信記一卷**　（唐）鄭棨撰　**金石要例一卷**　（清）黃宗羲撰　清張德榮青芝山堂抄本

匡高19.3厘米，廣13.7厘米。半葉十行，行二十四字，白口，左右雙邊。有“惕甫經眼”“老铁晚年書”“謏聞齋”“周越然”“小綠天經藏”等印。黄丕烈校並跋，王芑孫跋。上海圖書館藏。

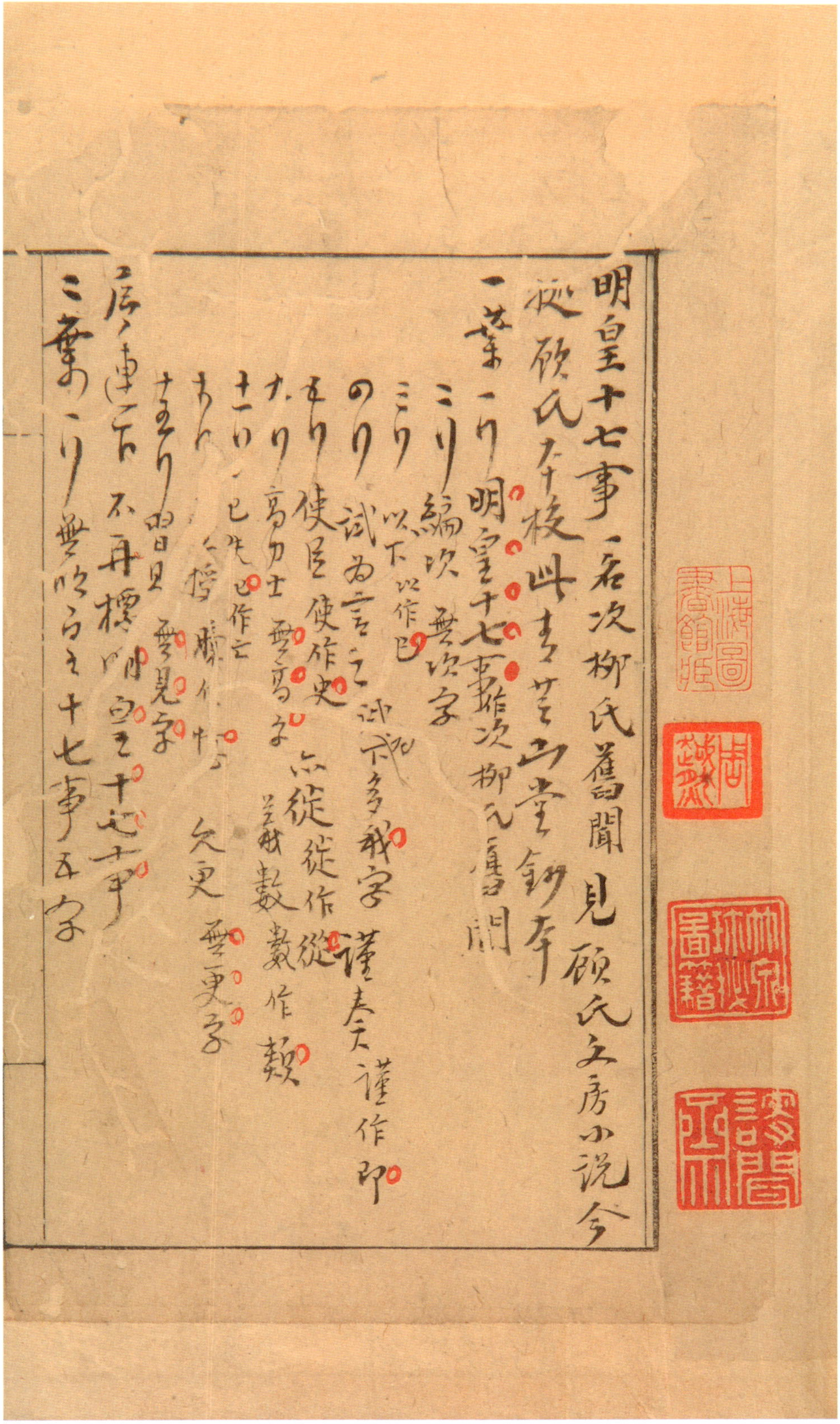
明皇十七事一名次柳氏舊聞 見顧氏文房小說 今
從顧氏本校 此書無堂鈔本
一葉一行 明皇十七事作次柳氏舊聞
二行 編次 無次字
三行 以下 以作已
四行 試為言之
五行 使臣 使作史

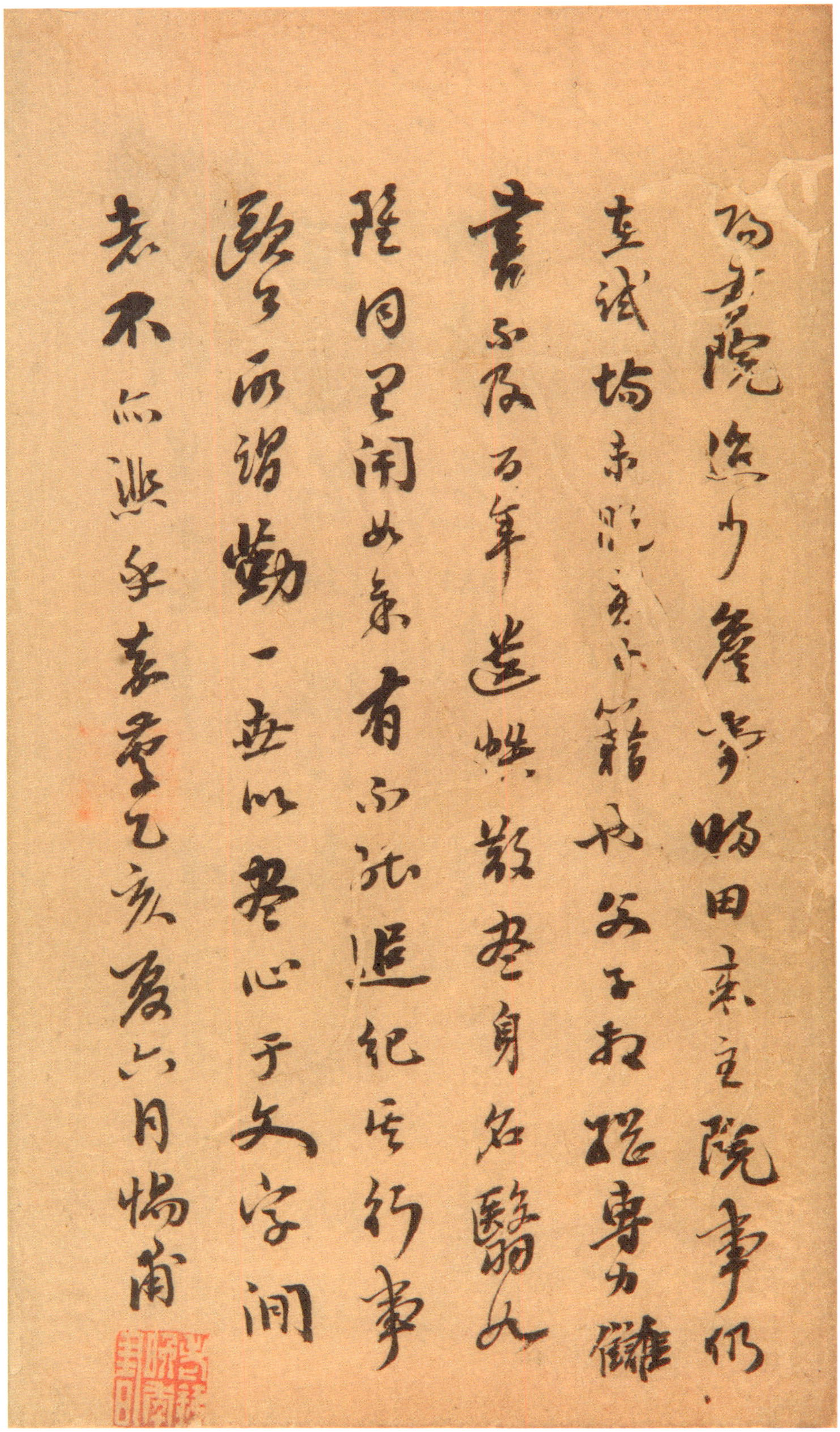

12679 明皇十七事一卷開天傳信記一卷金石要例一卷

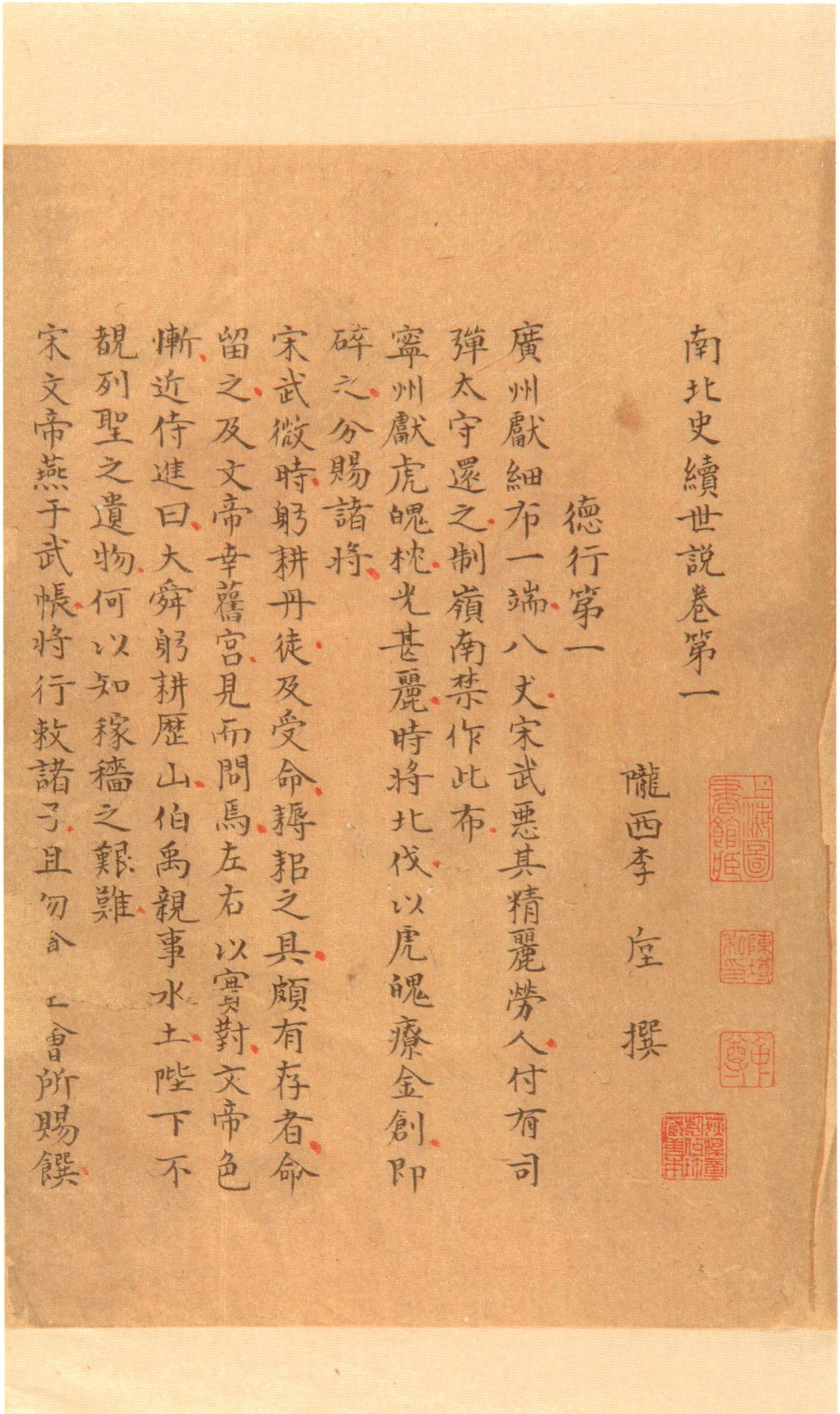

南北史續世說卷第一

隴西李垕　撰

德行第一

廣州獻細布一端八丈宋武惡其精麗勞人付有司彈太守還之制嶺南禁作此布

寧州獻虎魄枕光甚麗時將北伐以虎魄療金創即碎之分賜諸將

宋武微時躬耕丹徒及受命耨耜之具頗有存者命留之及文帝幸舊宮見而問焉左右以實對文帝色慚近侍進曰大舜躬耕歷山伯禹親事水土陛下不覩列聖之遺物何以知稼穡之艱難

宋文帝燕于武帳將行敕諸子且勿食至會所賜饌

12680 南北史續世說十卷　（唐）李垕撰　明姚氏茶夢齋抄本

有"荻溪章紫伯珍藏善本""陳墫私印""姚伯子手校書"等印。姚咨校。

上海圖書館藏。

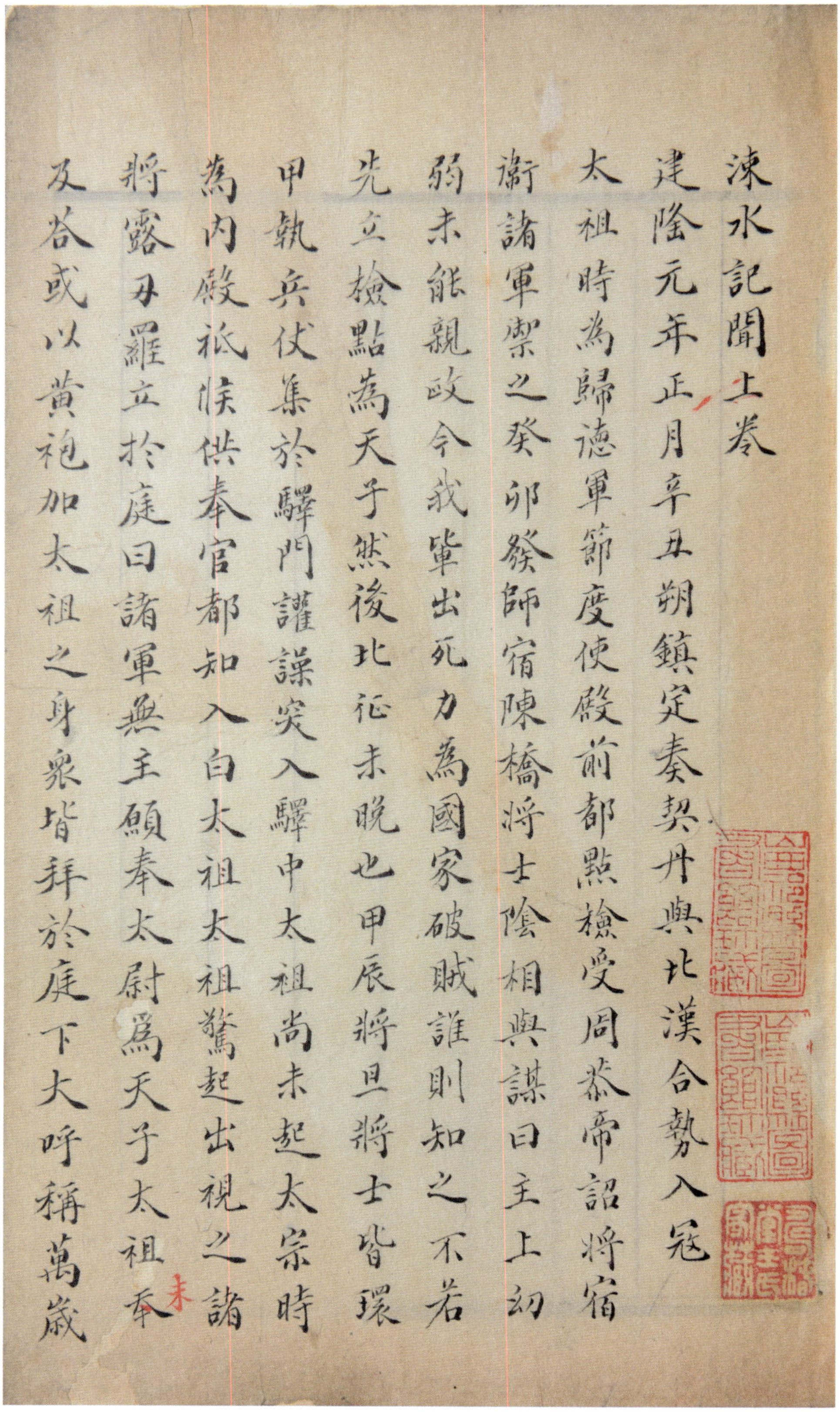

涑水記聞上卷

建隆元年正月辛丑朔鎮定奏契丹與北漢合勢入寇太祖時為歸德軍節度使殿前都點檢受周恭帝詔將宿衛諸軍禦之癸卯發師宿陳橋將士陰相與謀曰主上幼弱未能親政今我輩出死力為國家破賊誰則知之不若先立檢點為天子然後北征未晚也甲辰將旦將士皆環甲執兵仗集於驛門讙譟突入驛中太祖尚未起太宗時為內殿祗候供奉官都知入白太祖太祖驚起出視之諸將露刃羅立於庭曰諸軍無主願奉太尉為天子太祖未及荅或以黃袍加太祖之身眾皆拜於庭下大呼稱萬歲

12681 涑水記聞二卷　（宋）司馬光撰　清抄本

有“壽椿堂王氏家藏”等印。鮑廷博批校。山西省祁縣圖書館藏。

法轉運使楊偕張存欵發其事使叅按之得其斂戍軍家口錢十萬爲之遺伏（放）者権知定州取富民金釵四十二枚爲之移卒於外縣守恩坐除名連州編管弟殿前指揮使守贇亦—黜兵権由（是）知名

已上別本第八卷

乾隆甲申重九後二日知不足齋借勘一過并為訂正譌舛數處

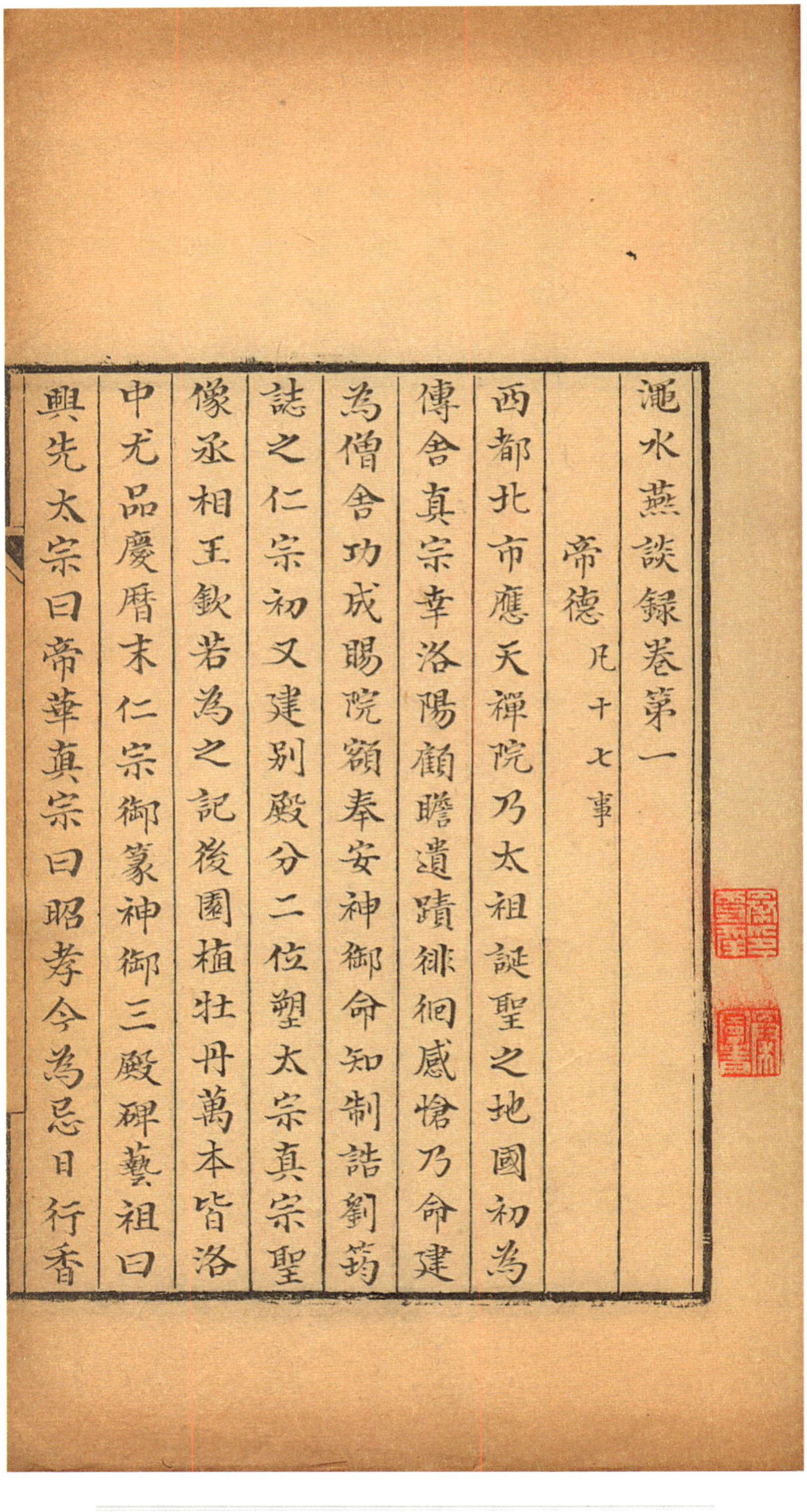
澠水燕談録卷第一

帝德 凡十七事

西都北市應天禪院乃太祖誕聖之地國初為傳舍真宗幸洛陽顧瞻遺蹟徘徊感愴乃命建為僧舍功成賜院額奉安神御命知制誥劉筠誌之仁宗初又建別殿分二位塑太宗真宗聖像丞相王欽若為之記後園植牡丹萬本皆洛中尤品慶曆末仁宗御篆神御三殿碑額祖曰興先太宗曰帝華真宗曰昭孝今為忌日行香

12682 澠水燕談録十卷　（宋）王辟之撰　清初抄本

匡高17.5厘米，廣13.5厘米。半葉九行，行十八字，黑口，左右雙邊。有“秦印更年”“傅”“沅叔”“白堤錢聽默經眼”等印。秦更年、傅增湘題識。南開大學圖書館藏。

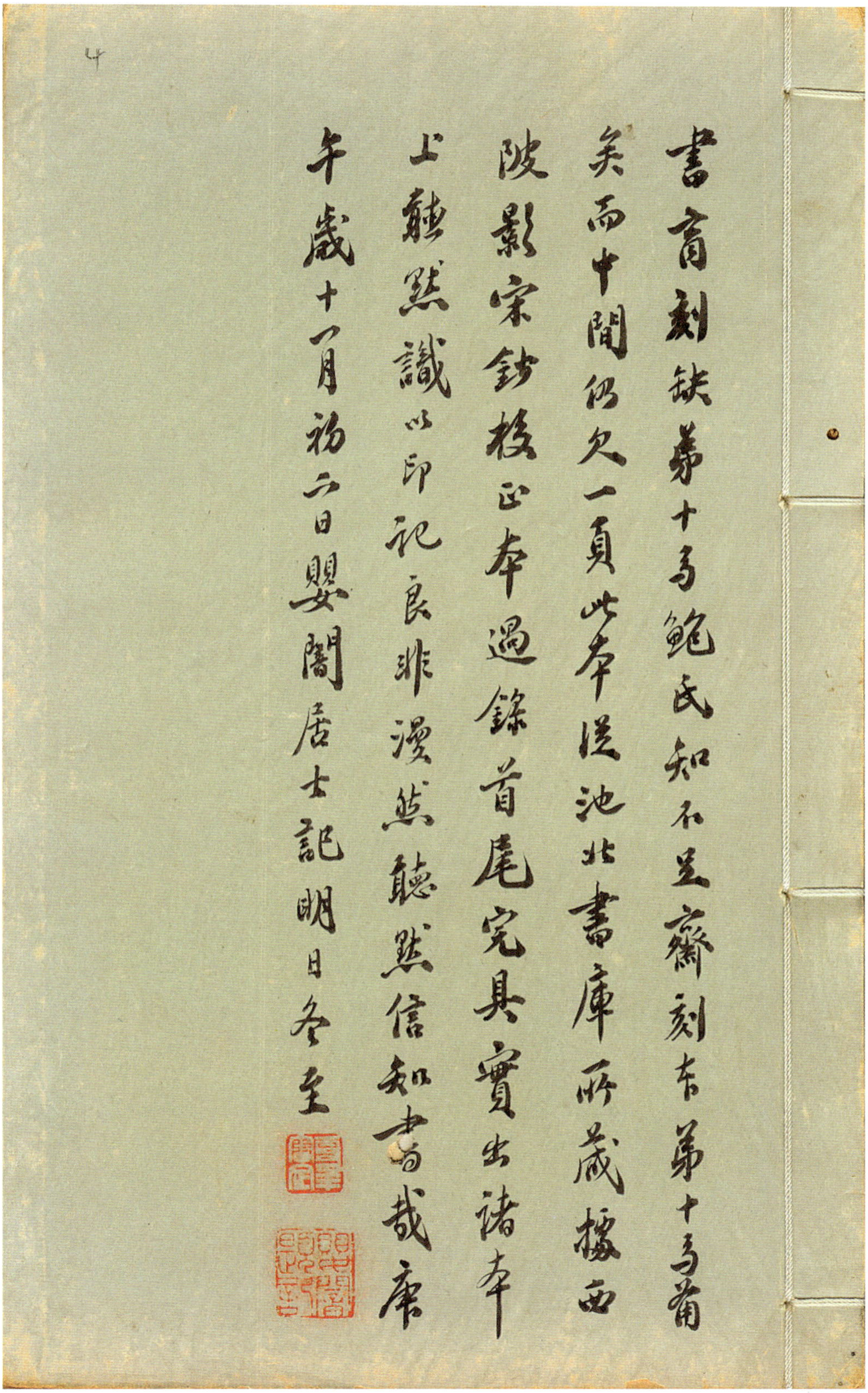
4

書賈刻缺第十三鮑氏知不足齋刻本第十三葉矣而中間仍欠一頁此本從池北書庫所藏據西陂影宋鈔校正本過錄首尾完具實出諸本上雖點識以印記良非漫然聽然信知書哉庚午歲十一月初二日嬰闇居士記明日冬至

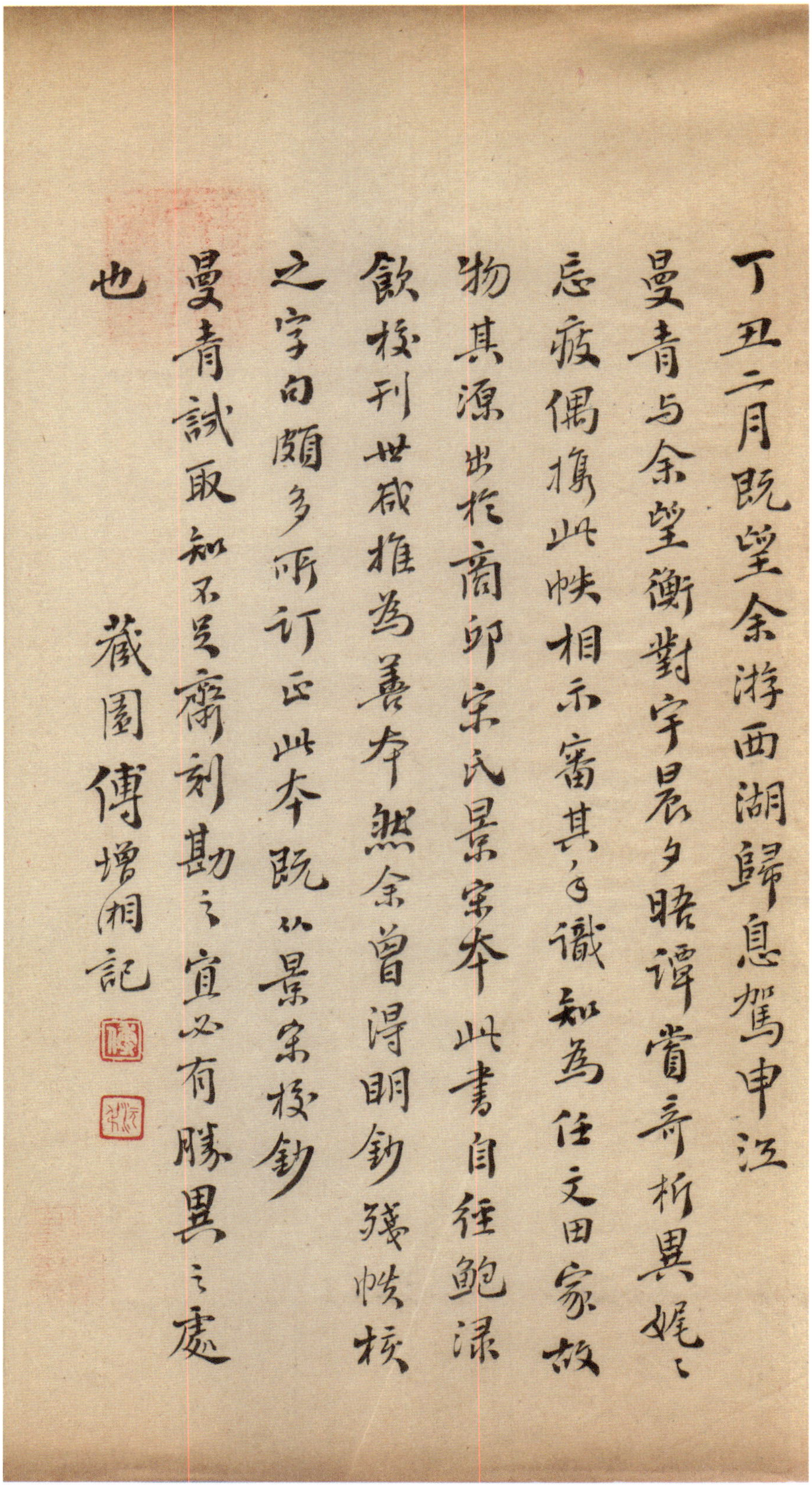

丁丑二月既望余游西湖歸息駕申江曼青与余望衡對宇晨夕晤譚賞奇析異娓娓忘疲偶携此帙相示審其手識知為任文田家故物其源出於商邱宋氏景宋本此書自経鮑淥飲校刊世咸推為善本然余曾得明鈔殘帙校之字句頗多所訂正此本既以景宋校鈔曼青試取知不足齋刻勘之宜必有勝異之處也

藏園傅增湘記

12682 澠水燕談録十卷

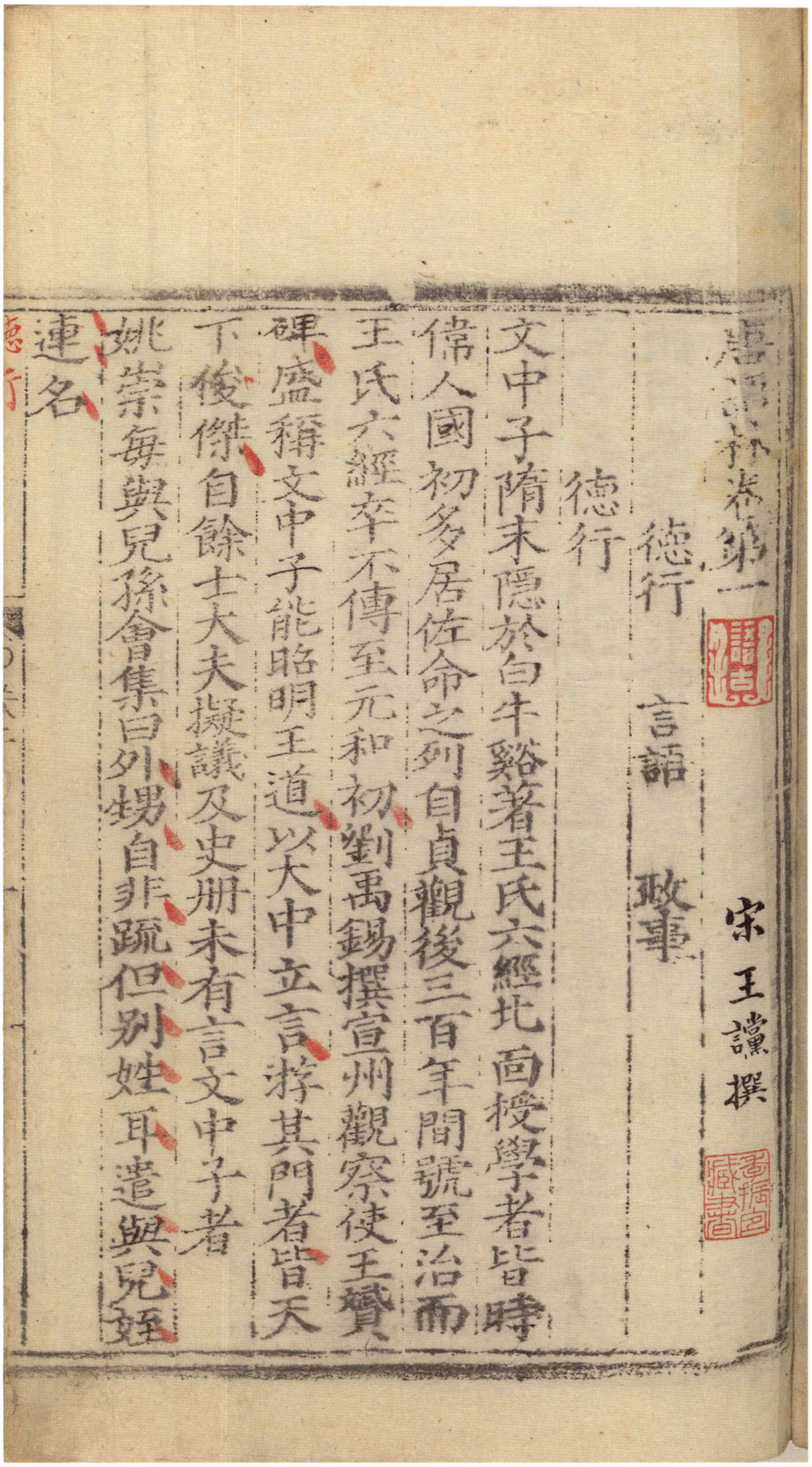

唐語林卷第一
宋 王讜 撰
德行 言語 政事
德行
文中子隋末隱於白牛谿著王氏六經北面授學者皆時
偉人國初多居佐命之列自貞觀後三百年間號至治而
王氏六經卒不傳至元和初劉禹錫撰宣州觀察使王贊
碑盛稱文中子能昭明王道以大中立言薦其門者皆天
下俊傑自餘士大夫擬議及史册未有言文中子者
姚崇每與兒孫會集曰外甥自非疏但別姓耳遣與兒姪
連名

12683 唐語林三卷 （宋）王讜輯 明嘉靖二年（1523）齊之鸞刻本

匡高18.3厘米，廣13.7厘米。半葉十行，行二十二字，白口，四周雙邊。有“季振宜臧書”等印。錢謙益點校，何焯批校並跋。國家圖書館藏。

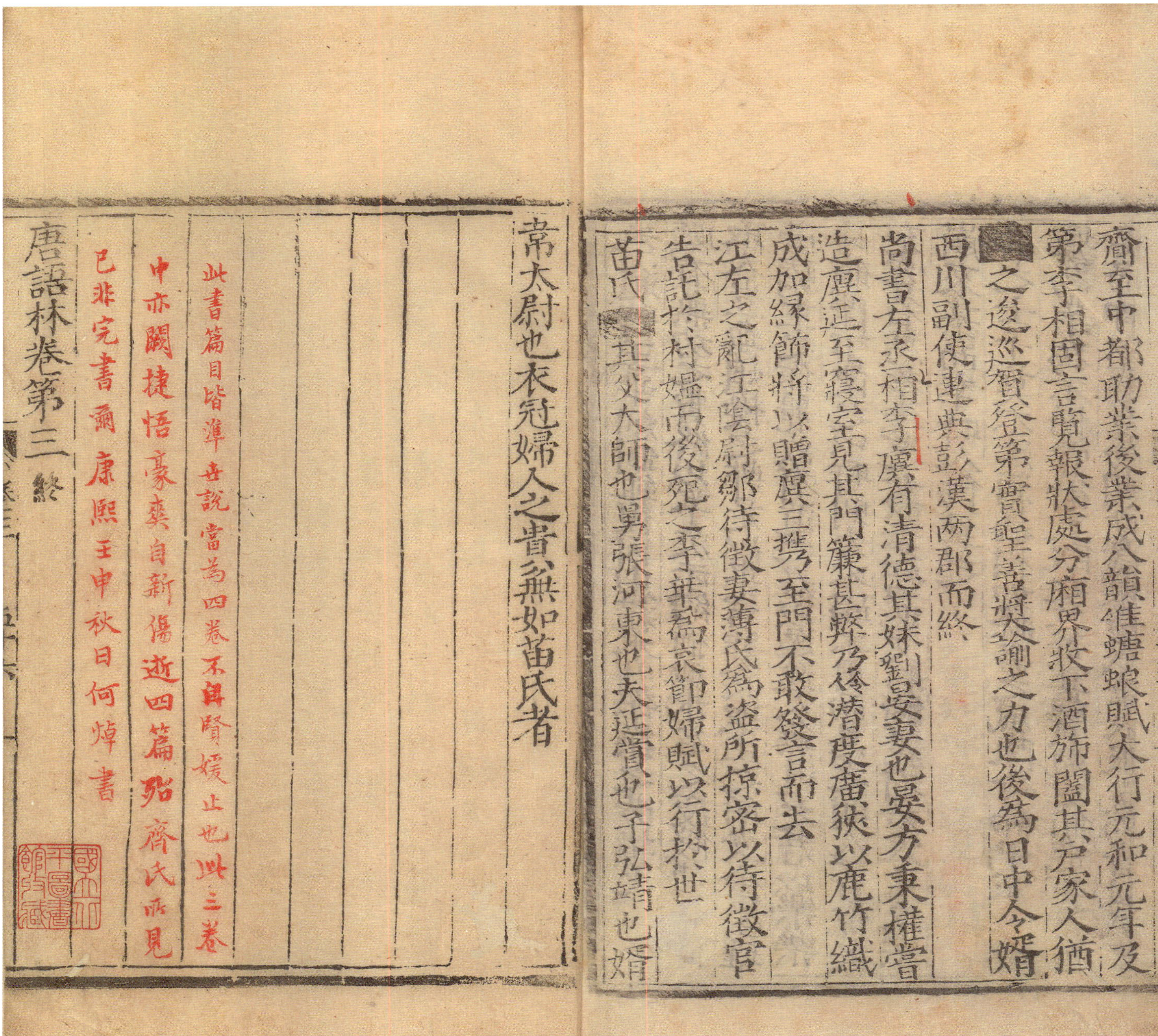
齋至中都助業後業成入韻作螗蜋賦大行元和元年及
第李相固言覽報狀處分廂界牀下酒旆闔其户家人循
之迨巡賀登第實聖善獎諭之力也後為日中令婿
西川副使連典彭漢兩郡而終
尚書左丞相李廙有清德其妹劉晏妻也晏方秉權嘗
造廙延至寢室見其門簾甚弊乃令潛度廣狹以麁竹織
成加緣飾將以贈廙三携至門不敢發言而去
江左之亂江陰尉鄒待徵妻薄氏為盜所掠密以待徵官
告託於村媼而後死之李華為哀節婦賦以行於世
苗氏其父太師也舅張河東也夫延賞也子弘靖也婿
常太尉也衣冠婦人之貴無如苗氏者
此書篇目皆準世說當為四卷不得賢媛止也此三卷
中亦闕捷悟豪爽自新傷逝四篇殆齊氏所見
已非完書爾 康熙壬申秋日何焯書
唐語林卷第三 終

12683 唐語林三卷

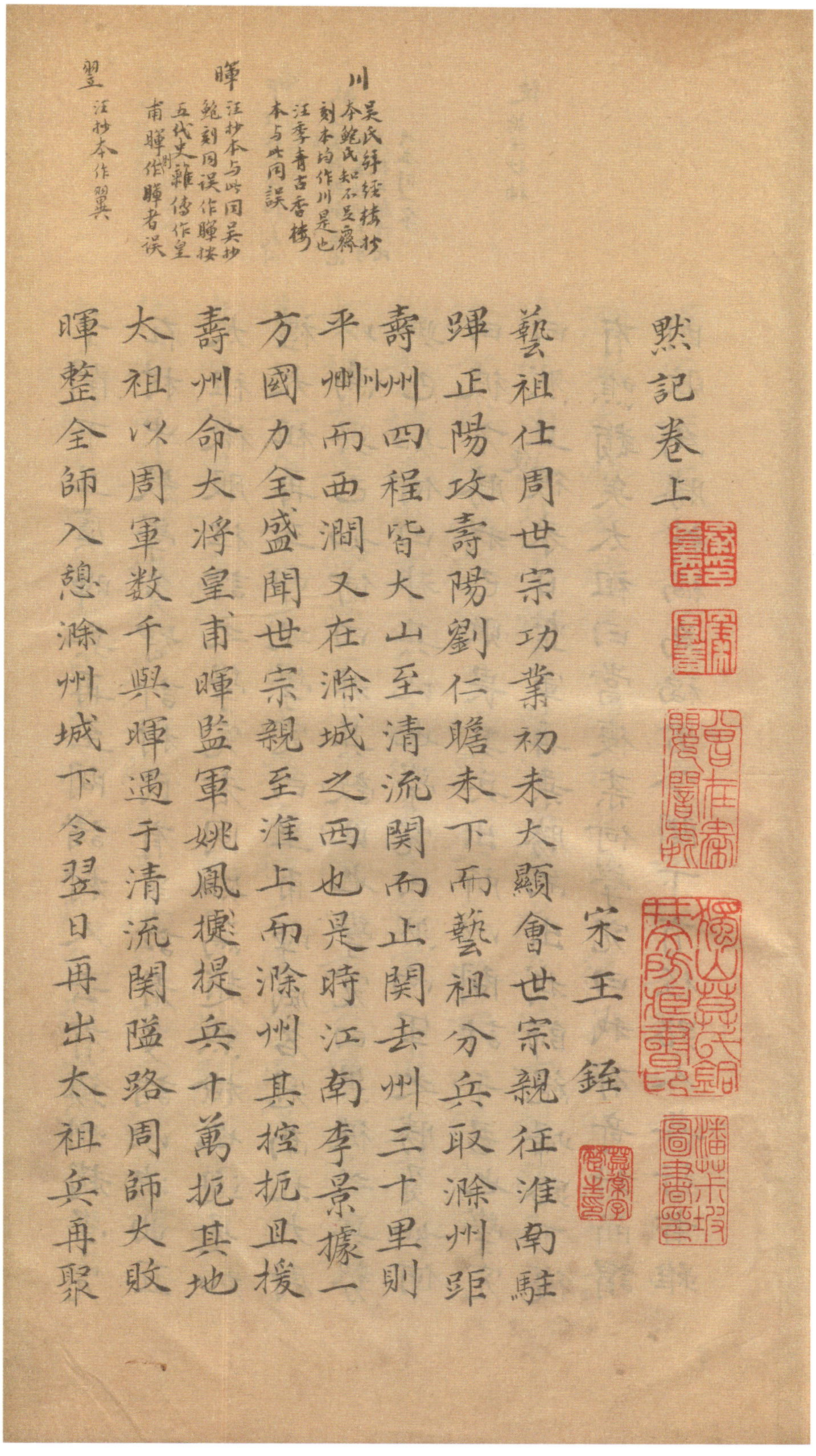

默記卷上

宋王銍

藝祖仕周世宗功業初未大顯會世宗親征淮南駐蹕正陽攻壽陽劉仁贍未下而藝祖分兵取滁州距壽州四程皆大山至清流關而止關去州三十里則平川而西澗又在滁城之西也是時江南李景據一方國力全盛聞世宗親至淮上而滁州其控扼且援壽州命大將皇甫暉監軍姚鳳擁提兵十萬扼其地太祖以周軍數千與暉遇于清流關隘路周師大敗暉整全師入憩滁州城下令翌日再出太祖兵再聚

12684 默記三卷 （宋）王銍撰　清抄本

有“秦印更年”“潘菽坡圖書印”“獨山莫氏銅井文房臧書印”“莫棠字楚生印”等印。莫棠、周壽昌、秦更年題識。南開大學圖書館藏。

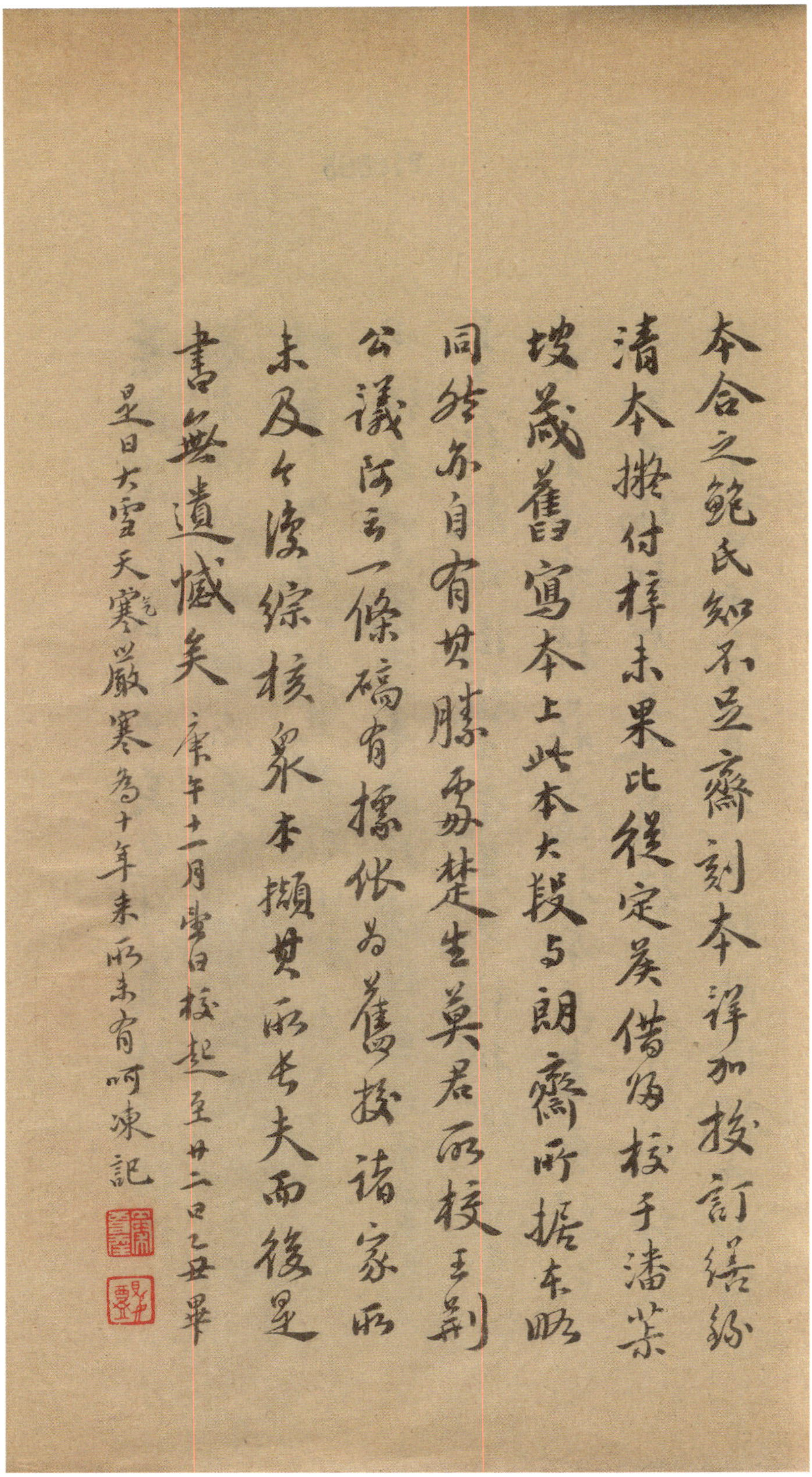
本合之鮑氏知不足齋刻本詳加校訂繕録
清本擬付梓未果比從定侯借得校于潘棻
坡藏舊寫本上此本大段与朗齋所据本略
同然亦自有其勝處楚生莫君所校王荊
公議論云一條稿有標低為舊校諸家所
未及今復綜核衆本擷其所長夫而後是
書無遺憾矣　庚午十一月望日校起至廿二日乙丑畢
是日大雪天氣嚴寒為十年來所未有　呵凍記

12684 默記三卷

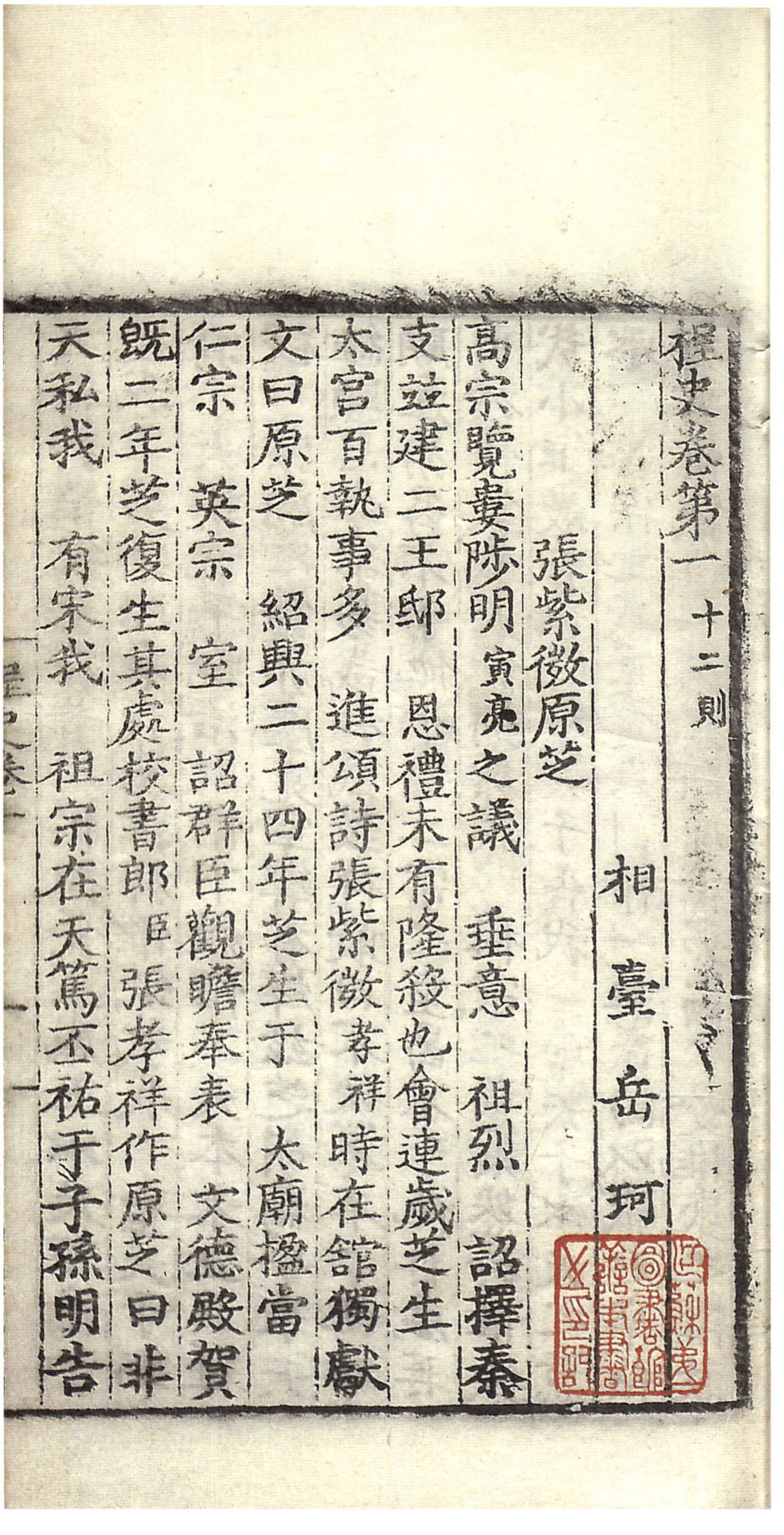

12685 桯史十五卷 （宋）岳珂撰 **附録一卷** 明嘉靖四年（1525）錢如京刻本

匡高18.9厘米，廣13厘米。半葉十行，行二十字，細黑口，四周單邊。丁丙跋。南京圖書館藏。

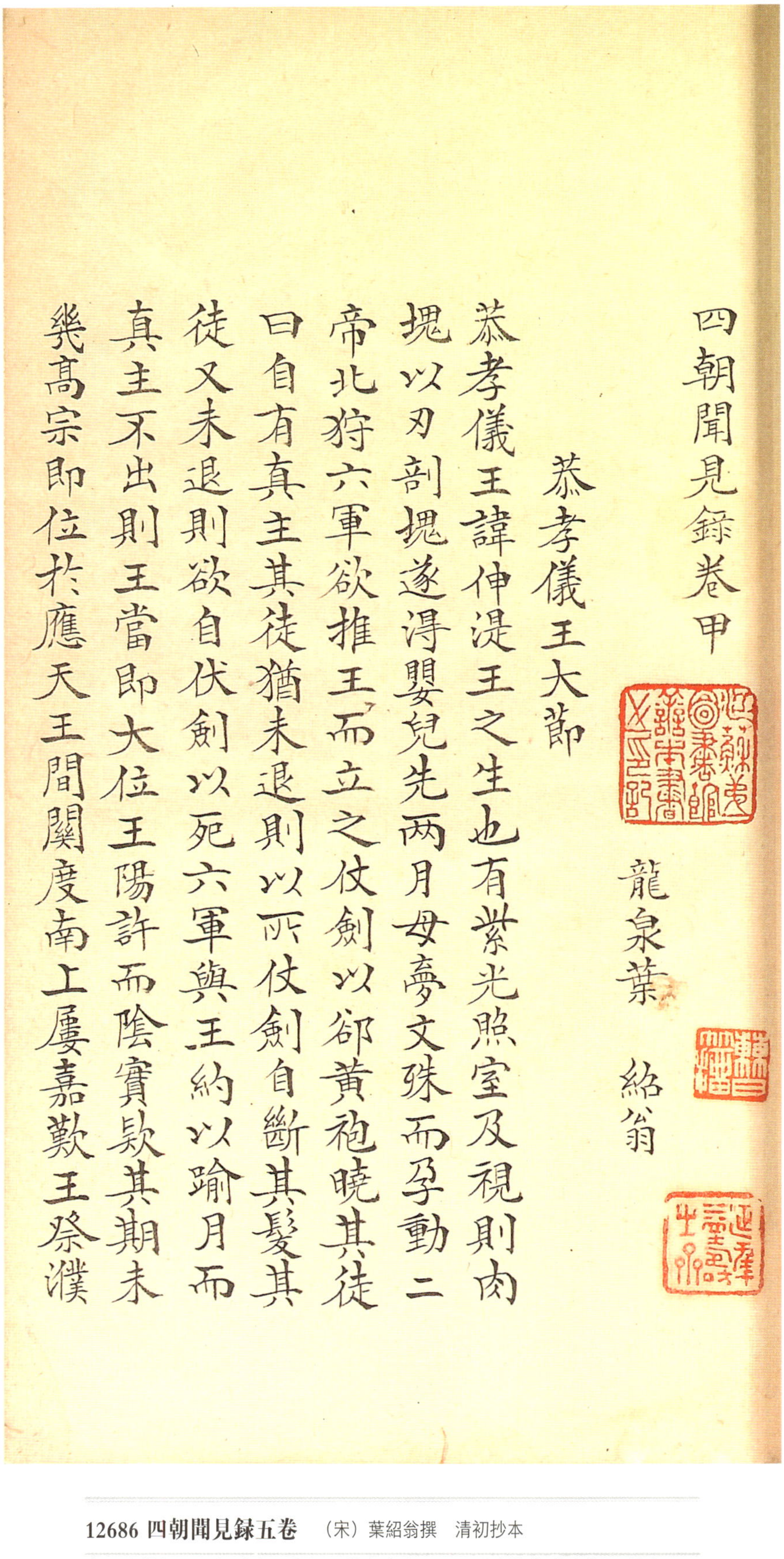
四朝聞見錄卷甲
龍泉葉　紹翁
恭孝儀王大節
恭孝儀王諱仲湜王之生也有紫光照室及視則肉
塊以刃剖塊遂得嬰兒先兩月母夢文殊而孕動二
帝北狩六軍欲推王而立之仗劍以卻黃袍曉其徒
曰自有真主其徒猶未退則以所仗劍自斷其髮其
徒又未退則欲自伏劍以死六軍與王約以踰月而
真主不出則王當即大位王陽許而陰實款其期未
幾高宗即位於應天王間關度南上屢嘉歎王忝濮

12686 四朝聞見録五卷　（宋）葉紹翁撰　清初抄本

有“曹籀”“延年益壽之齋”“善本書室”“八千卷樓收藏書籍”等印。吴焯、丁丙跋。南京圖書館藏。

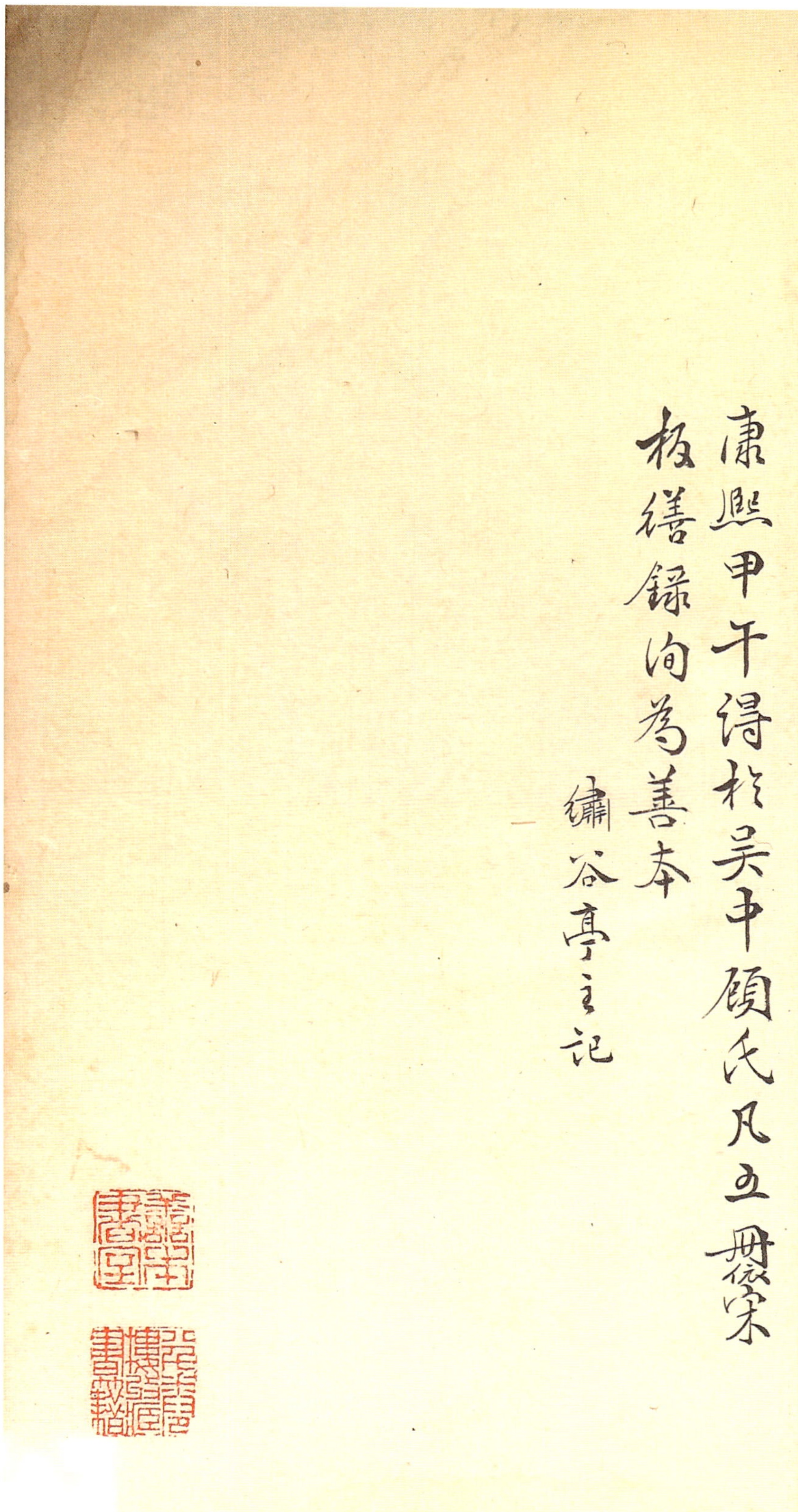

康熙甲午得於吳中顧氏凡五冊係宋
板繕錄向爲善本
繡谷亭主記

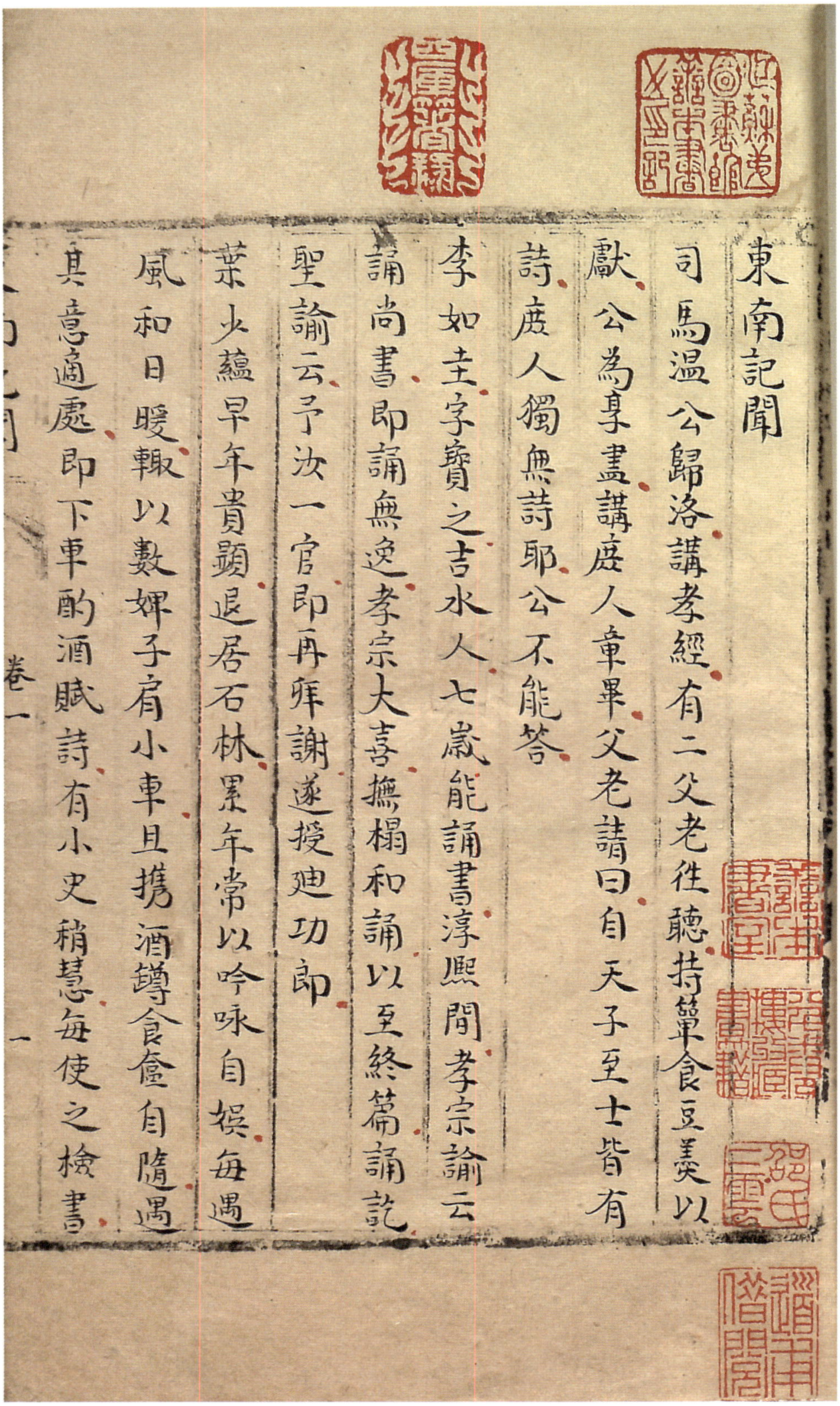
東南記聞
司馬温公歸洛講孝經有二父老往聽持簞食豆羹以
獻公為享盡講庶人章畢父老請曰自天子至士皆有
詩庶人獨無詩耶公不能答
李如圭字賓之吉水人七歲能誦書淳熙間孝宗諭云
誦尚書即誦無逸孝宗大喜撫榻和誦以至終篇誦訖
聖諭云予汝一官即再拜謝遂授廸功郎
葉少蘊早年貴顯退居石林累年常以吟咏自娛每遇
風和日暖輒以數婢子肩小車且携酒罇食奩自隨遇
其意適處即下車酌酒賦詩有小史稍慧每使之檢書
東南記聞　卷一　一

12687 東南記聞三卷　清初抄本

匡高18.7厘米，廣15.2厘米。半葉十行，行二十一字，白口，四周雙邊。有“邵氏二雲”“善本書室”“八千卷樓收藏書籍”“四庫著録”等印。邵晉涵跋。南京圖書館藏。

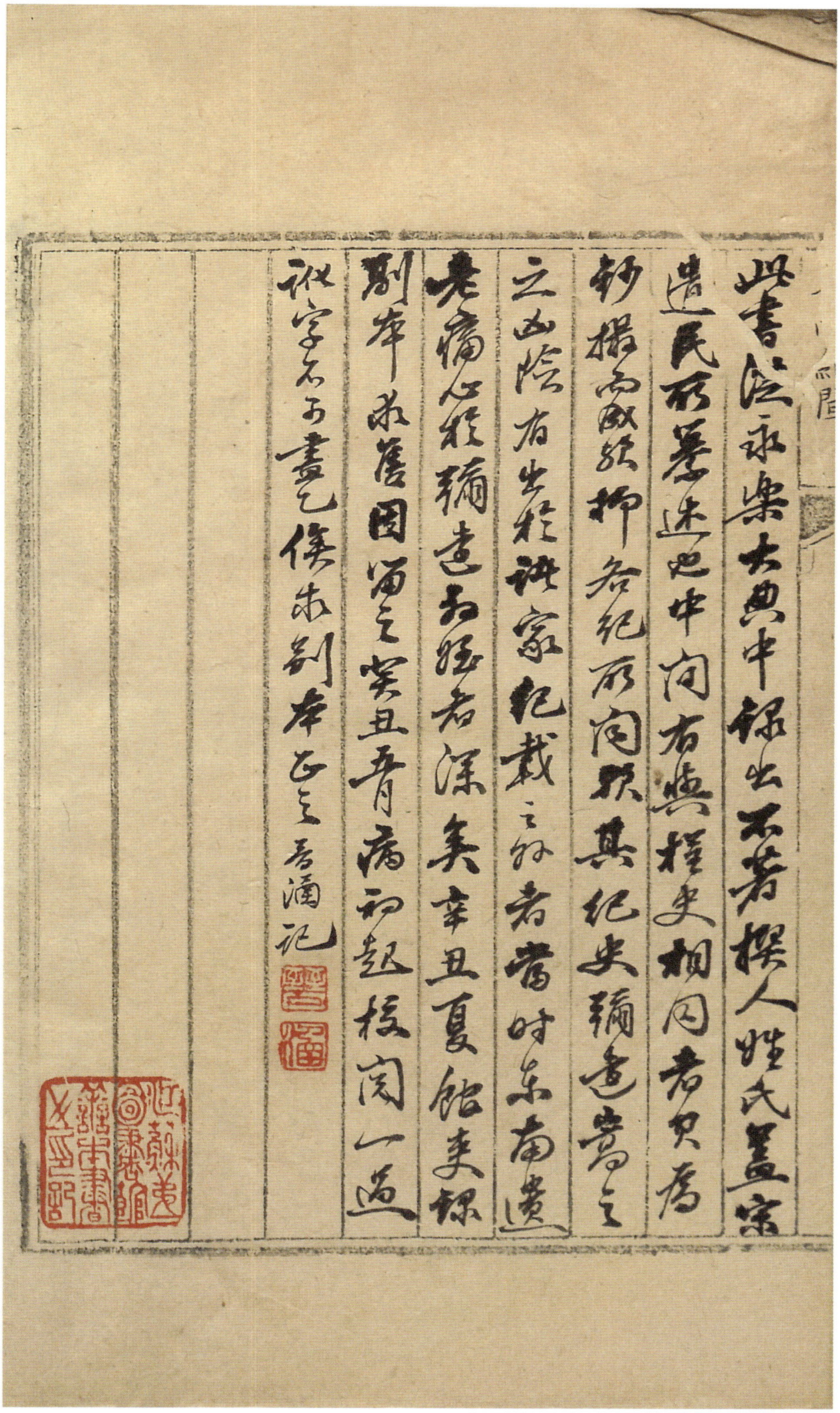
此書從永樂大典中錄出不著撰人姓氏蓋宋
遺民所纂述也中間有與桯史相同者只屬
鈔撮而成然抑各紀所同與其紀史編遺實足
之西陰有出於諸家紀載之外者當時東南遺
老痛心於編述者深矣辛丑夏館吏錄
副本來舊圖簡之寓丑青齋初趣校閱一過
訛字不可盡正俟他刻本正之 晉涵記

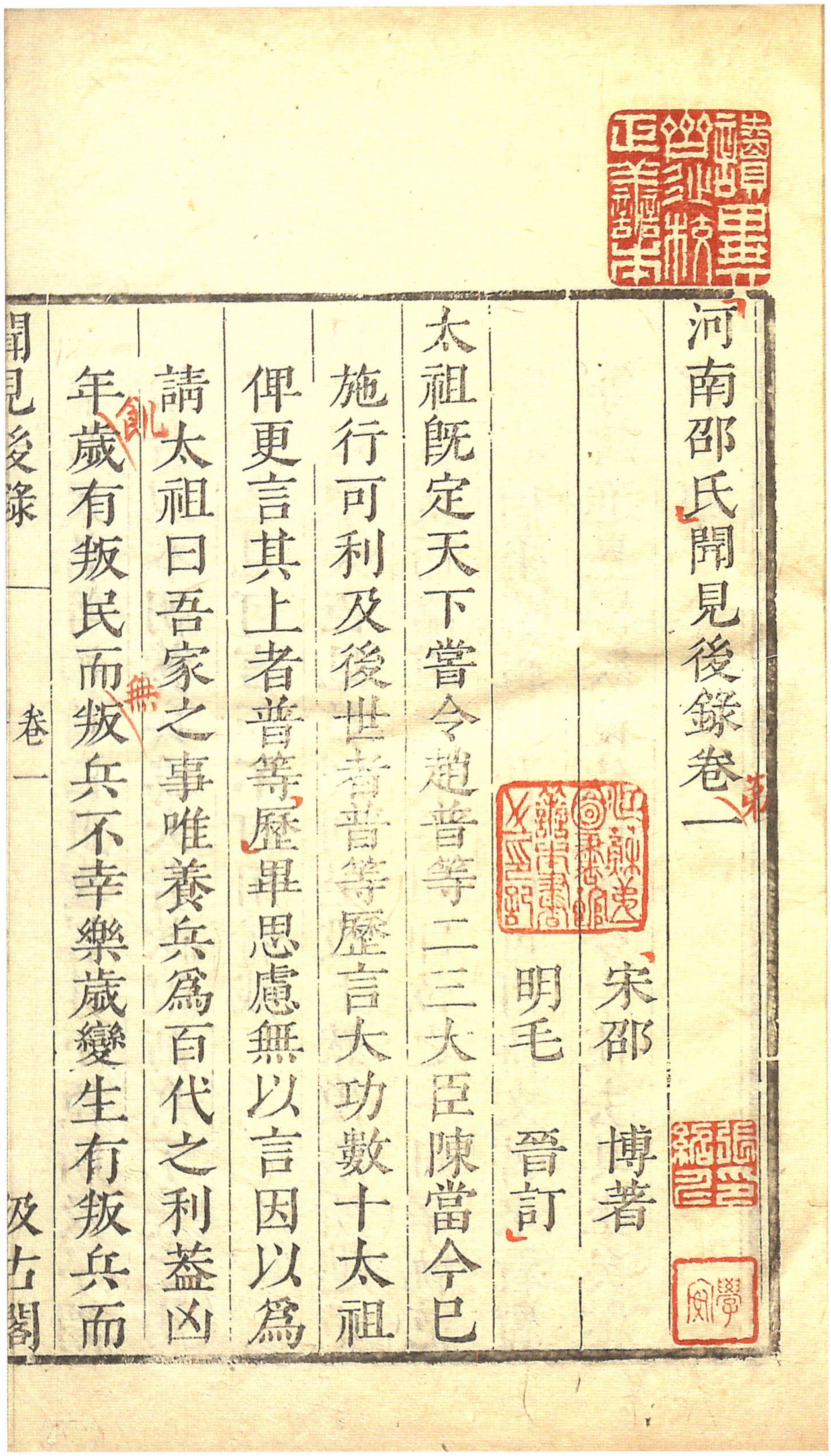

河南邵氏聞見後録卷一

宋邵　博著

明毛　晉訂

太祖旣定天下嘗令趙普等二三大臣陳當今巳施行可利及後世者普等歷言大功數十太祖俾更言其上者普等歷思慮無以言因以爲請太祖曰吾家之事唯養兵爲百代之利蓋凶年歲有叛民而叛兵不幸樂歲變生有叛兵而

聞見後録　卷一　汲古閣

12688 河南邵氏聞見後録三十卷　（宋）邵博撰　明崇禎毛氏汲古閣刻津逮秘書本

匡高18.8厘米，廣13.8厘米。半葉八行，行十九字，白口，左右雙邊。有“張印紹仁”“讀異齋校正善本” 等印。黄丕烈校並跋，丁丙跋。南京圖書館藏。

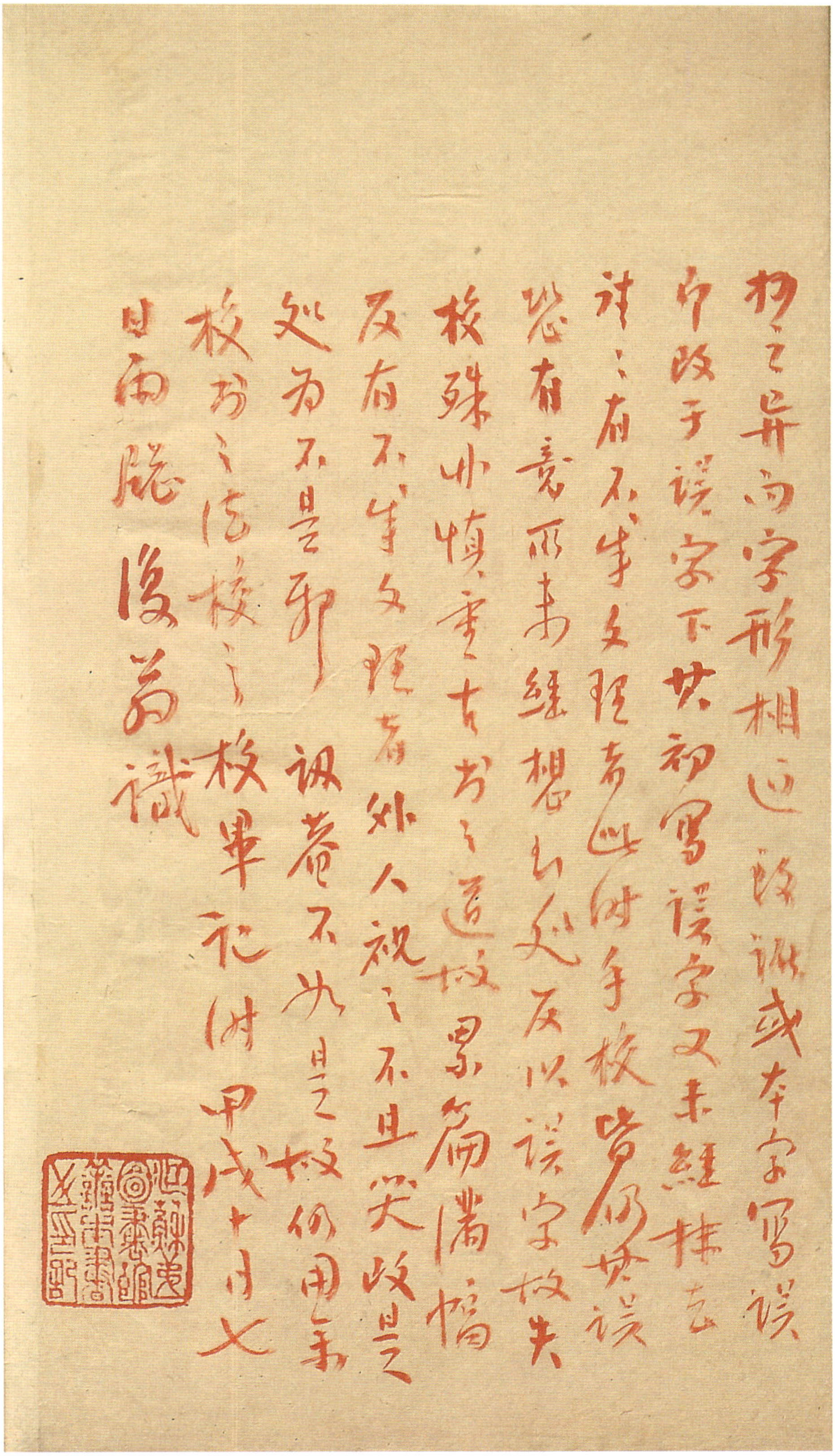
抄之異而字形相近致誤或本字寫誤
而改于誤字下並初寫誤字又未經抹去
讀之有不成文理者此仍手校皆仍其誤
然有意删去經據私見反以誤字校失
校殊少慎重古書之道校畢篇端惱
反有不成文理者外人視之不且笑改是
處為不是耶誤卷不如是校何用矣
校書之法校之校畢記附甲戌十月七
日雨窗後蕃識

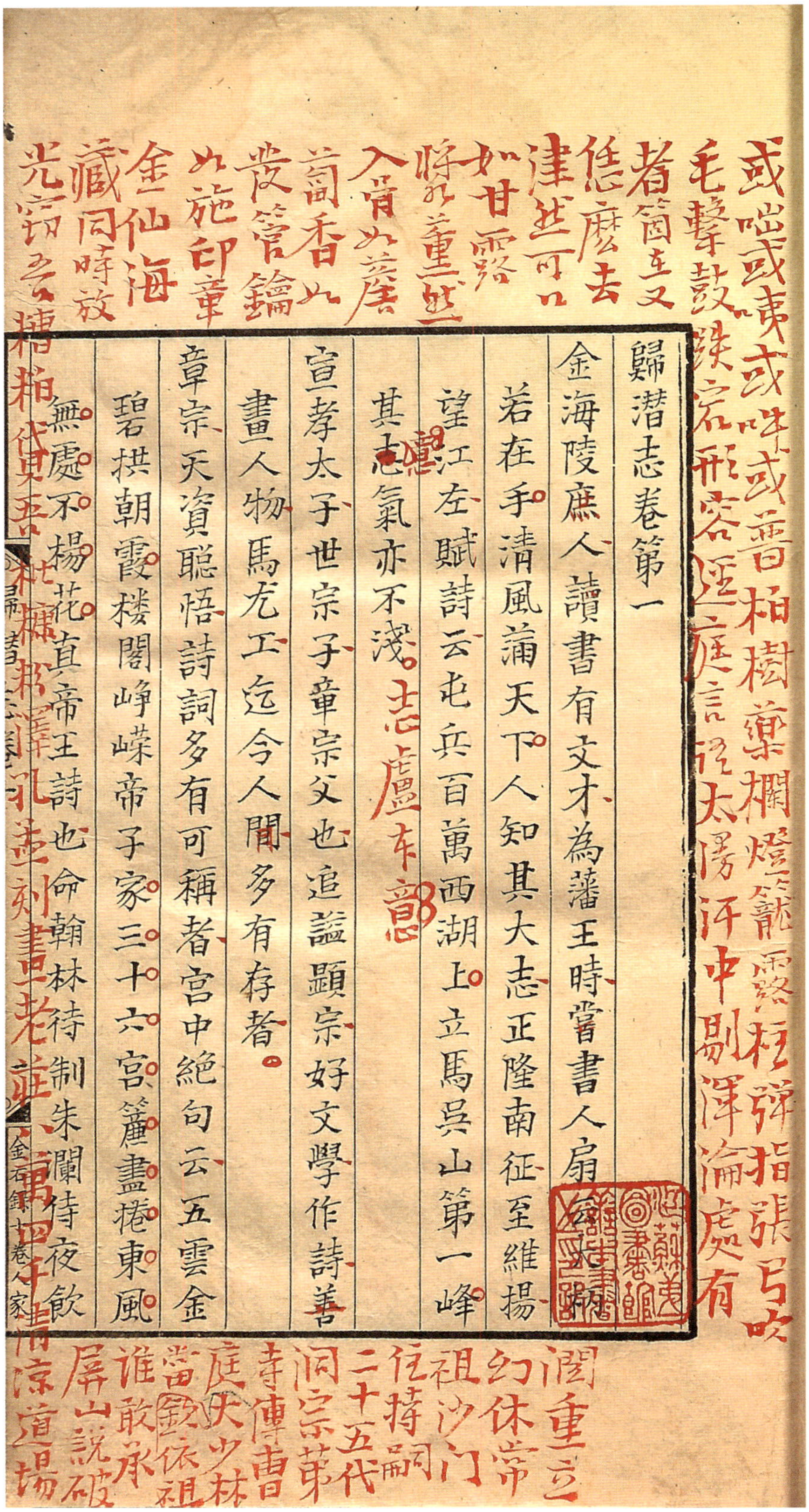

12689 歸潛志十四卷 （元）劉祁撰 **附録一卷** 清乾隆三十一年（1766）鮑廷博抄本

匡高19.1厘米，廣13.2厘米。半葉十行，行二十一字，黑口，左右雙邊。有“以文手鈔”“錢唐丁氏藏書”等印。鮑廷博校並跋，丁丙跋，丁秉衡題記。南京圖書館藏。

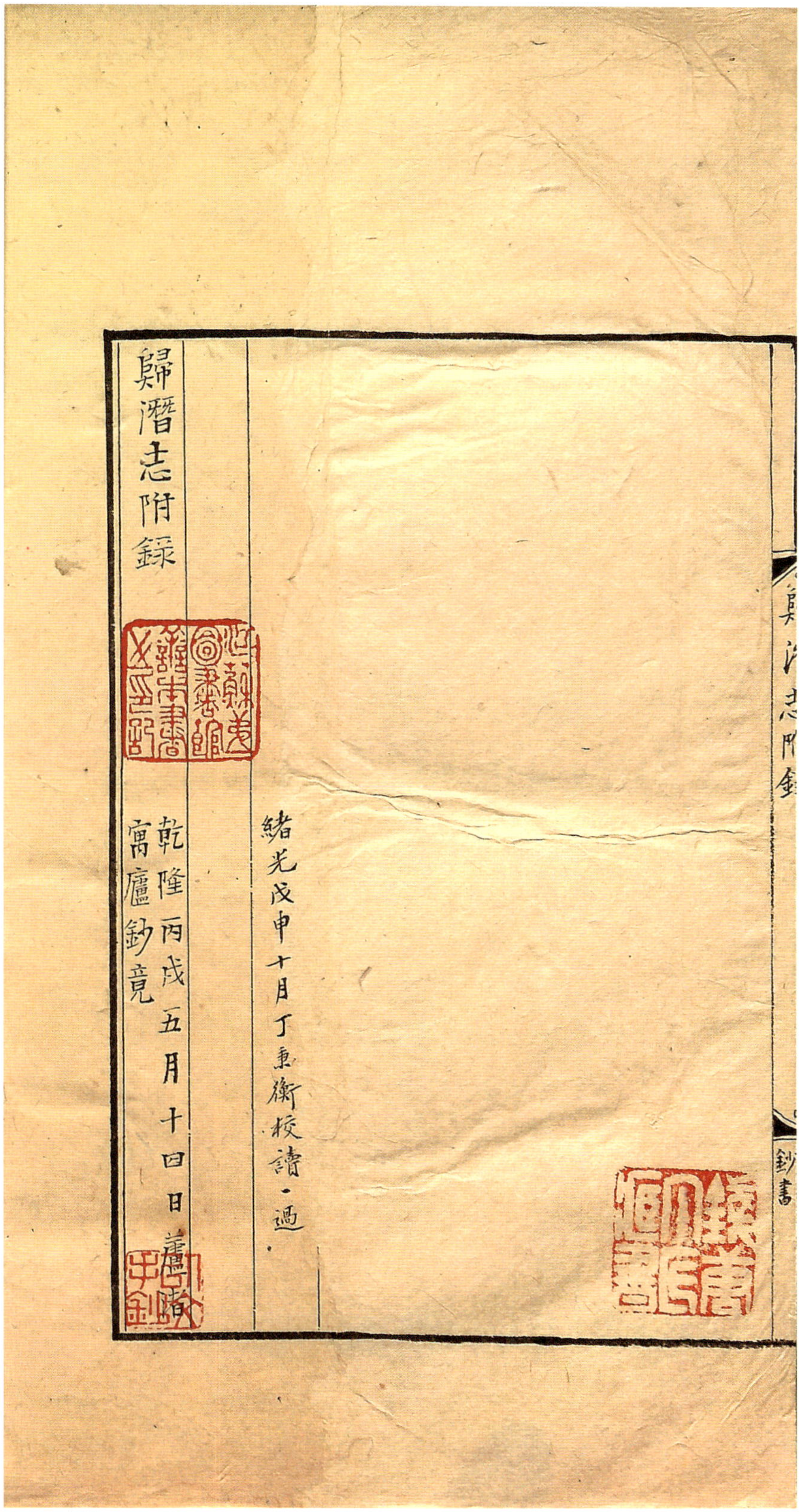
緒光戊申十月丁秉衡校讀一過

歸潛志附録

乾隆丙戌五月十四日蘆

甯廬鈔竟

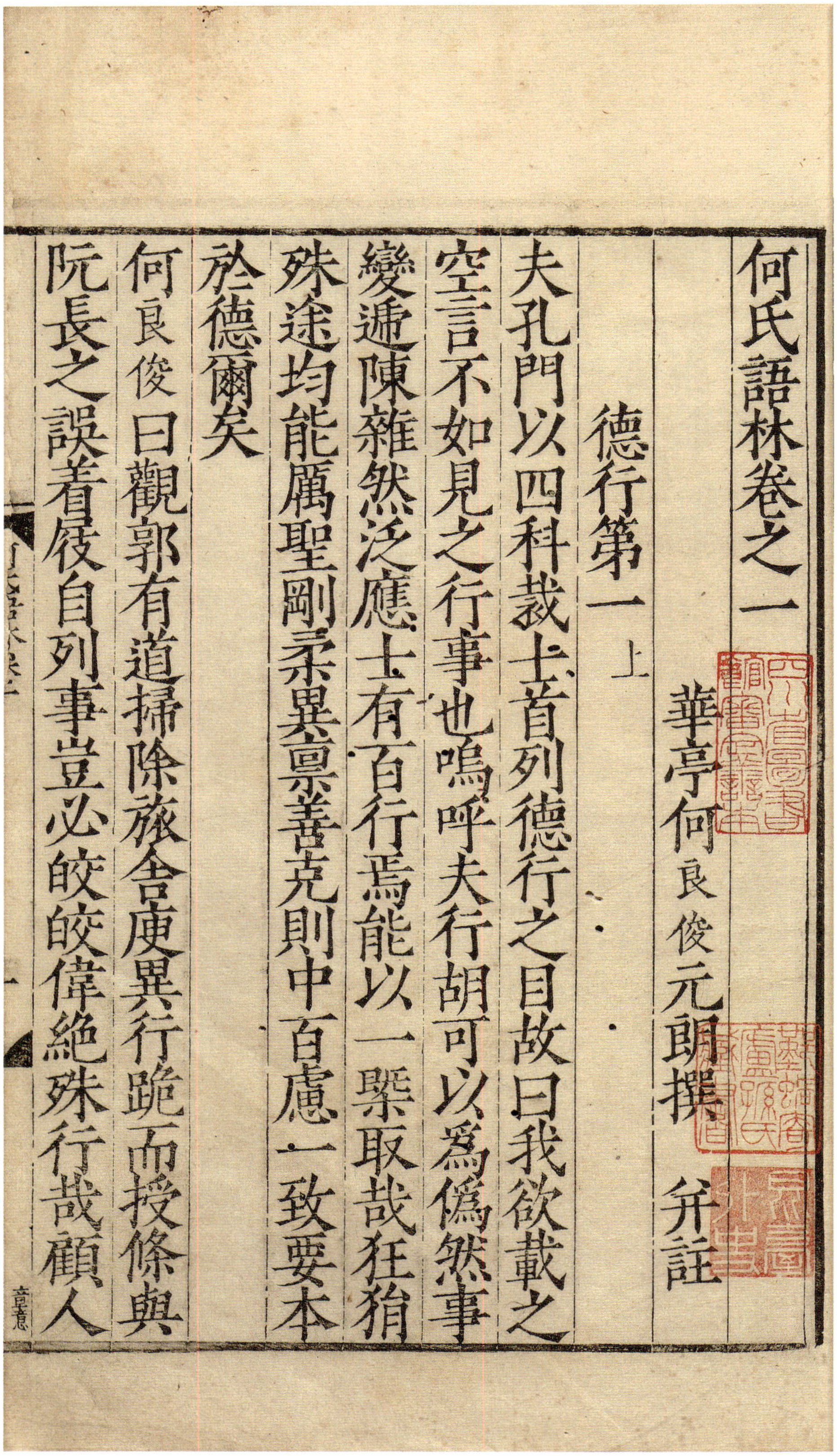
何氏語林卷之一
華亭何良俊元朗撰　并註
德行第一上
夫孔門以四科裁士首列德行之目故曰我欲載之空言不如見之行事也嗚呼夫行胡可以爲僞然事變遞陳雜然泛應士有百行焉能以一槩取哉狂狷殊途均能厲聖剛柔異禀善克則中百慮一致要本於德爾矣
何良俊曰觀郭有道掃除旅舍庚異行跪而授條與阮長之誤着屐自列事豈必皎皎偉絶殊行哉顧人

12690 何氏語林三十卷　（明）何良俊撰　明嘉靖二十九年（1550）何氏清森閣刻本

匡高20.6厘米，廣15.3厘米。半葉十行，行二十字，小字雙行同，白口，左右雙邊。有“清森閣雕梓”“嘉靖庚戌華亭柘湖何氏繙經堂雕梓”牌記。有“鄞蝸寄廬孫氏藏書”“昆臺外史”等印。四川省圖書館藏。

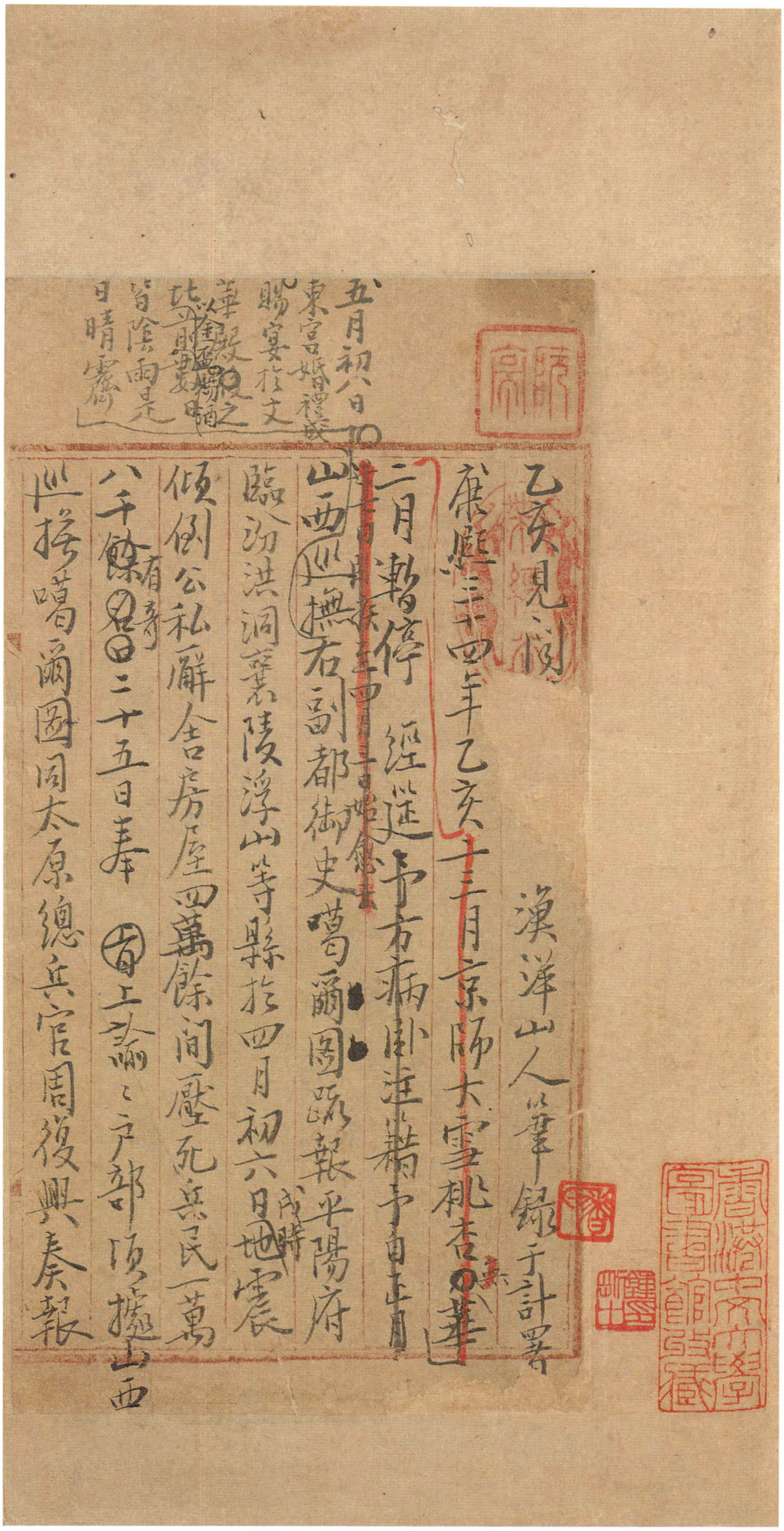

12691 乙亥見聞不分卷 （清）王士禛撰　清康熙三十四年（1695）稿本

有“阮亭”“帶經堂”“香氏”“鍾印剛中” 等印。陳融題記。香港中文大學圖書館藏。

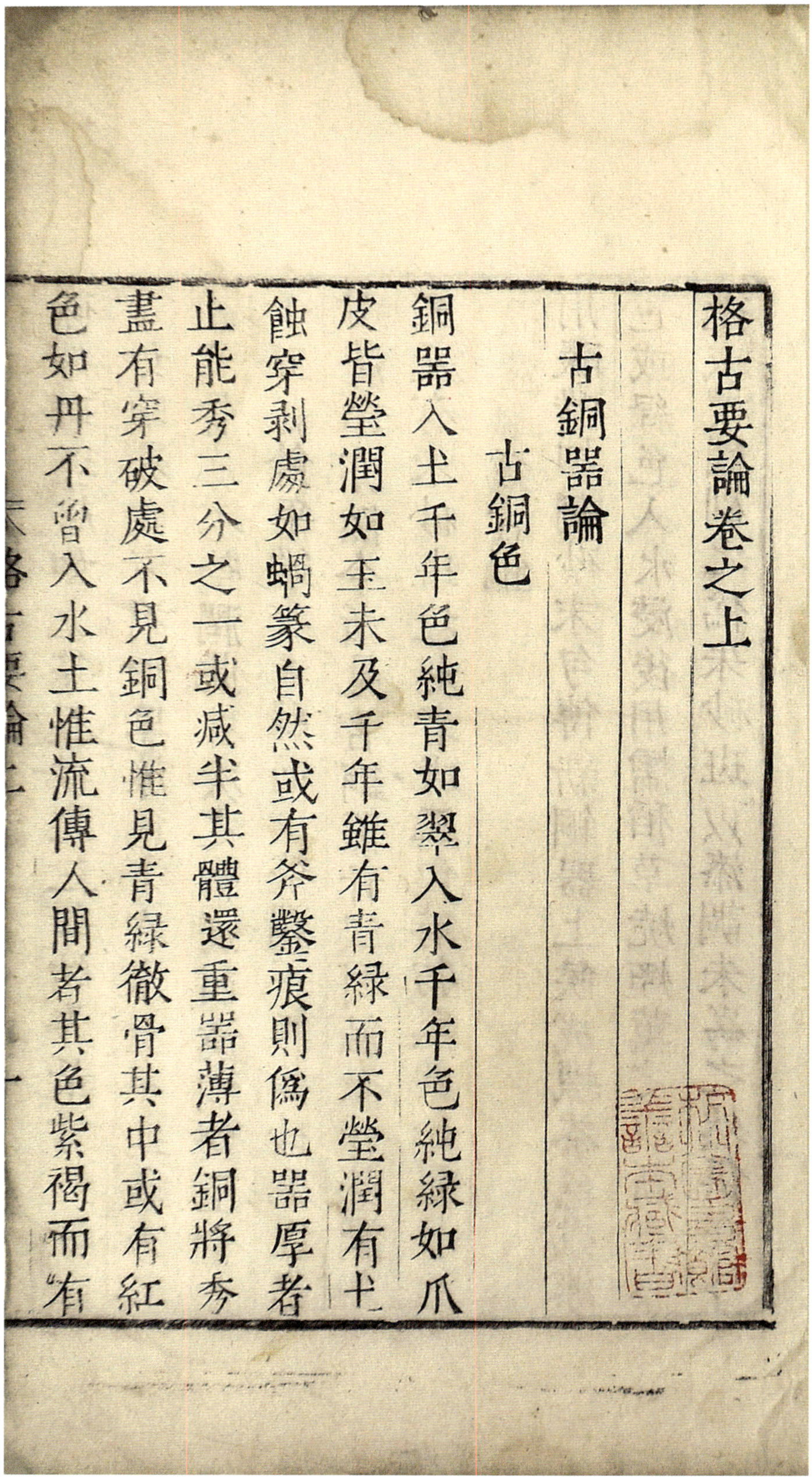

格古要論卷之上

古銅器論

古銅色

銅器入土千年色純青如翠入水千年色純緑如瓜皮皆瑩潤如玉未及千年雖有青緑而不瑩潤有土蝕穿剥處如蝸篆自然或有斧鑿痕則僞也器厚者止能秀三分之一或减半其體還重器薄者銅將秀盡有穿破處不見銅色惟見青緑徹骨其中或有紅色如丹不曾入水土惟流傳人間者其色紫褐而有

12692 格古要論三卷　（明）曹昭撰　明活字本

匡高20厘米，廣14.8厘米。半葉十行，行二十字，白口，四周單邊。杭州圖書館藏。

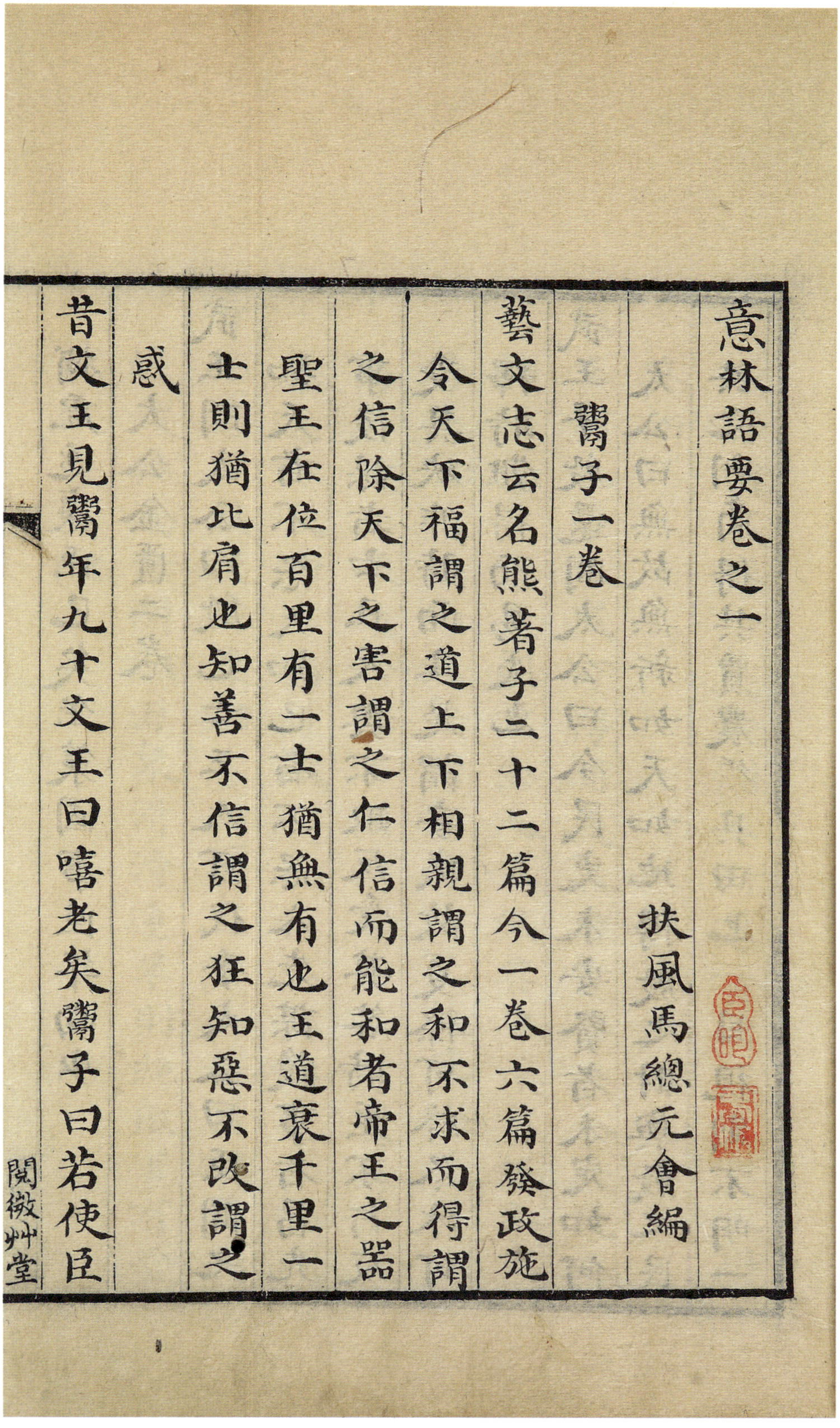
意林語要卷之一
扶風馬總元會編
鬻子一卷
藝文志云名熊著子二十二篇今一卷六篇發政施
令天下福謂之道上下相親謂之和不求而得謂
之信除天下之害謂之仁信而能和者帝王之器
聖王在位百里有一士猶無有也王道衰千里一
士則猶比肩也知善不信謂之狂知惡不改謂之
惑
昔文王見鬻年九十文王曰嘻老矣鬻子曰若使臣
閲微艸堂

12693 意林語要五卷 （唐）馬總輯 清紀氏閲微草堂抄本

匡高17.9厘米，廣14.1厘米。半葉十行，行二十字，白口，左右雙邊。有"臣昀"等印。國家圖書館藏。

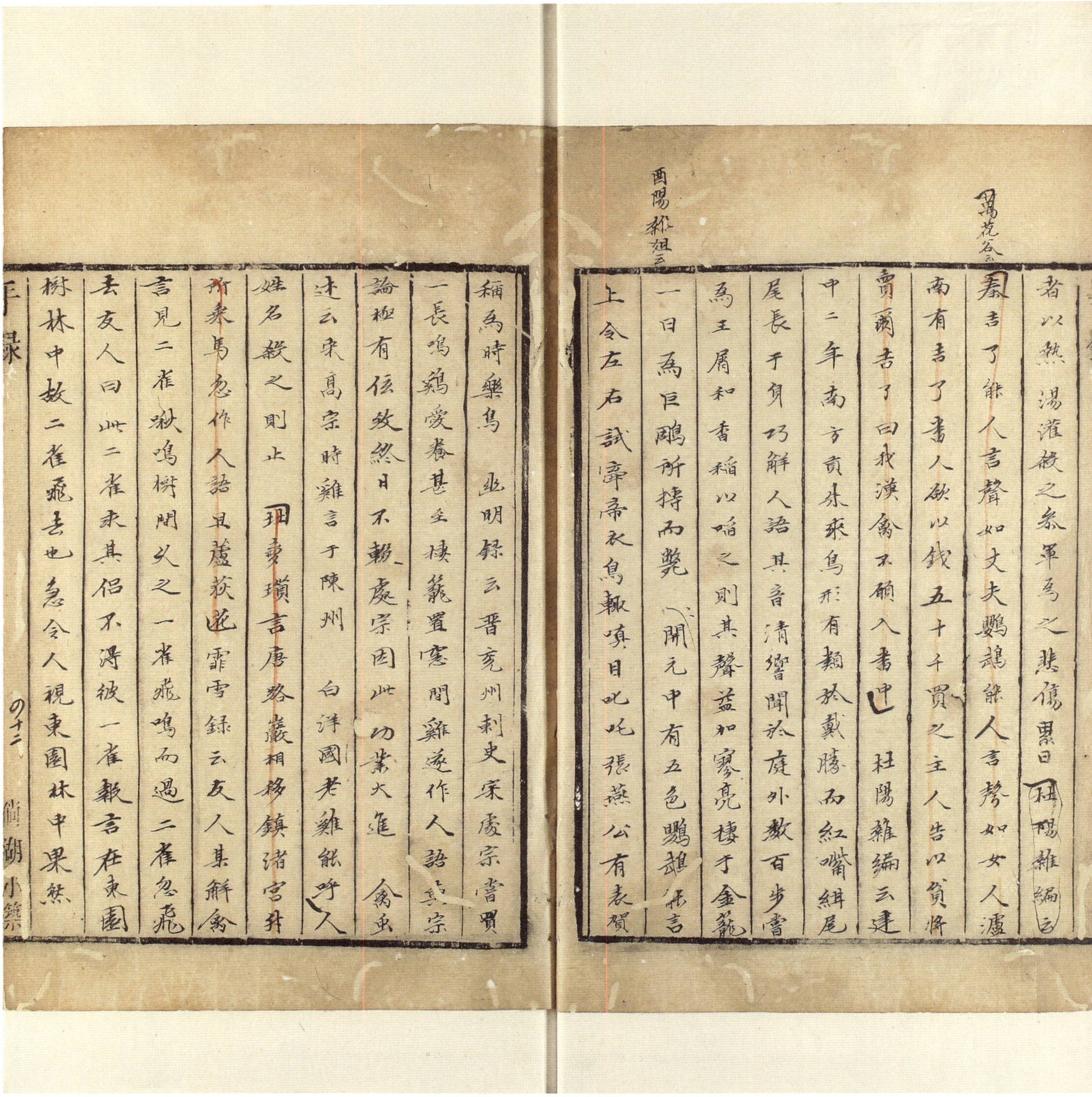

12694 倘湖樵書不分卷　（清）來集之撰　稿本

浙江圖書館藏。

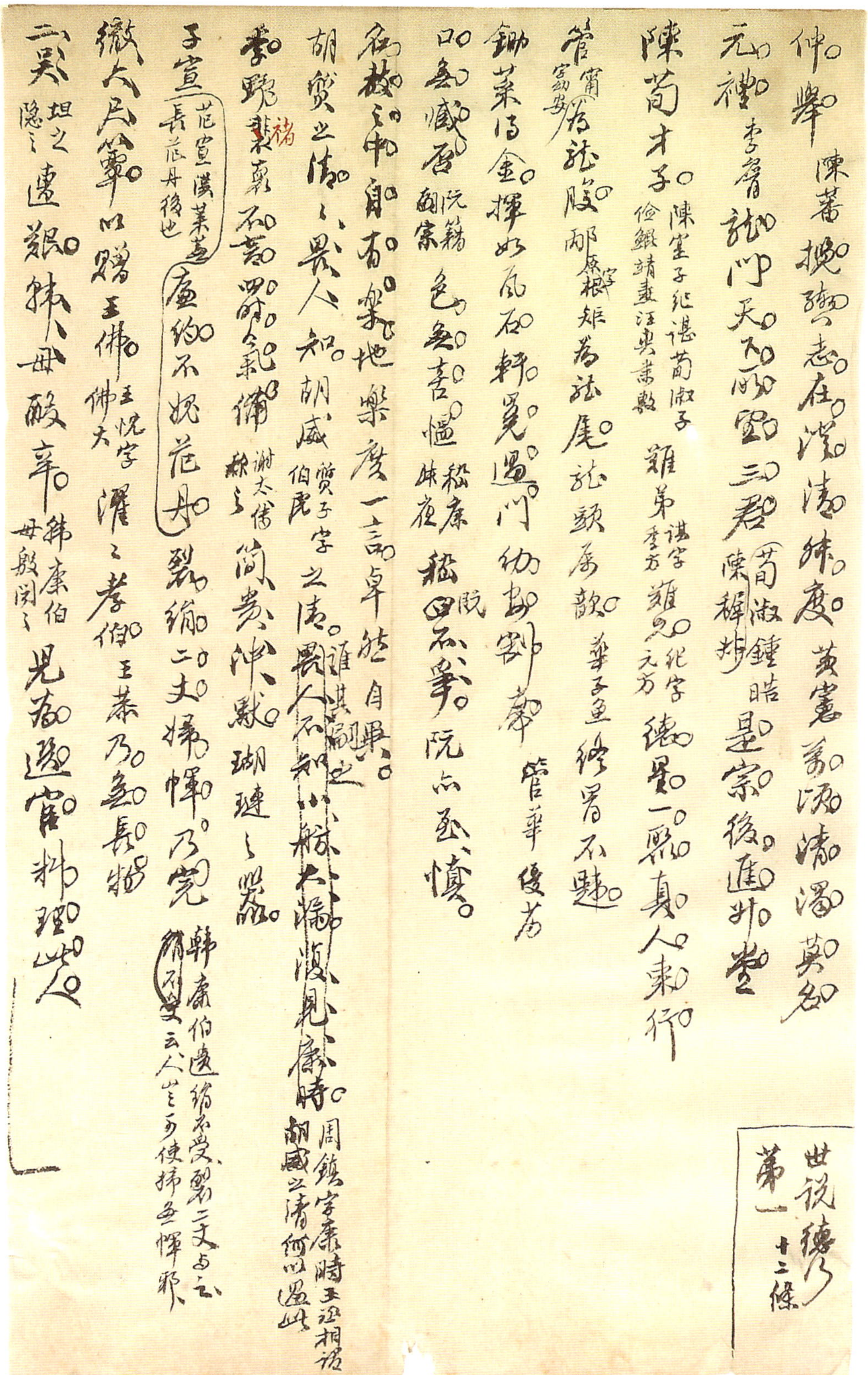

12695 世說碎金不分卷　（清）祁寯藻撰　稿本

經摺裝。南京圖書館藏。

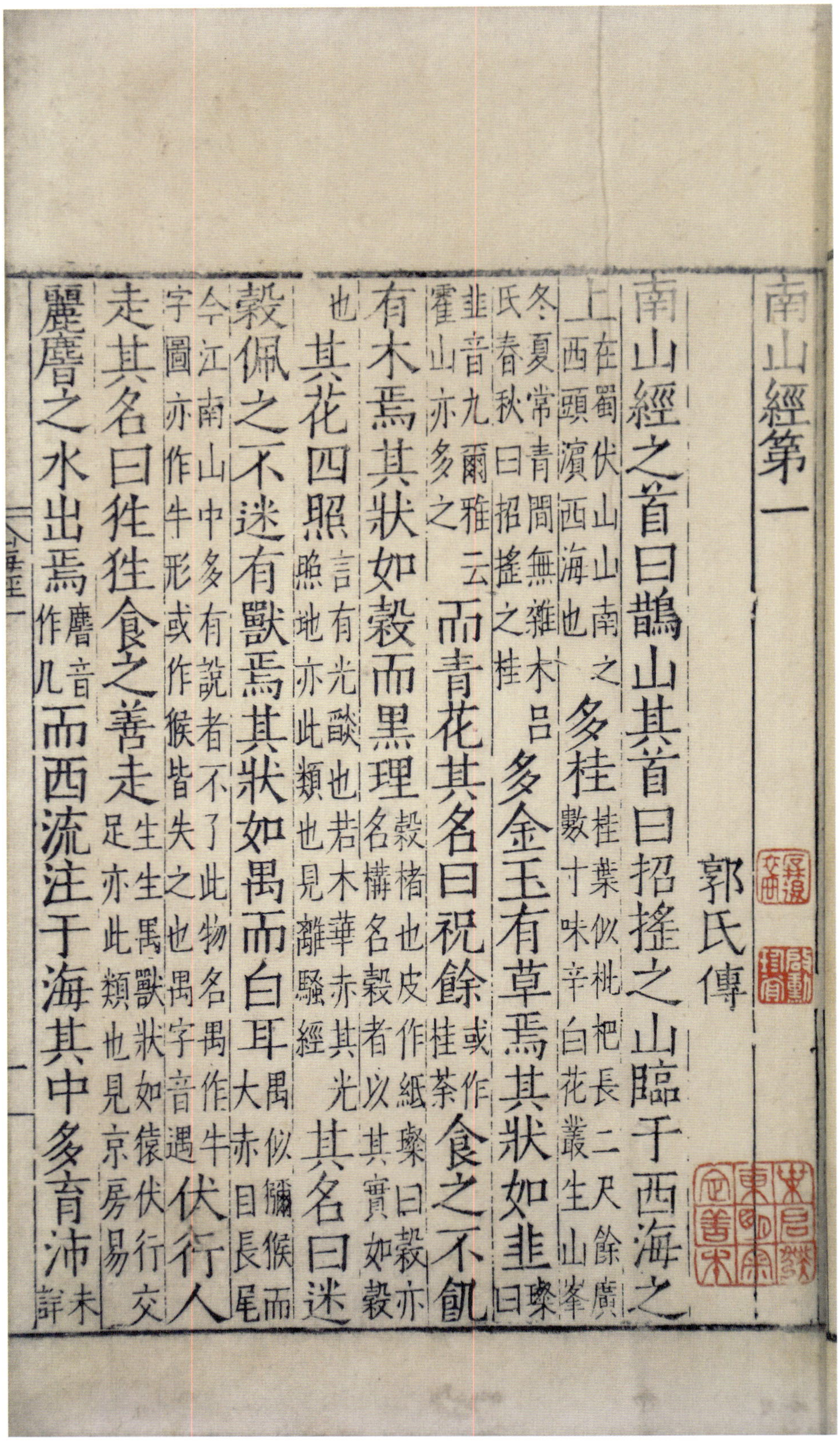

南山經第一

郭氏傳

南山經之首曰䧿山其首曰招搖之山臨于西海之上在蜀伏山山南之西頭濵西海也多桂桂葉似枇杷長二尺餘廣數寸味辛白花叢生山峯冬夏常青間無雜木呂氏春秋曰招搖之桂多金玉有草焉其狀如韭韭音九爾雅云霍山亦多之而青花其名曰祝餘或作桂荼食之不飢有木焉其狀如穀而黑理穀楮也皮作紙㮮曰穀亦名構名穀者以其實如穀也其花四照言有光燄也若木華赤其光照地亦此類也見離騷經其名曰迷穀佩之不迷有獸焉其狀如禺而白耳禺似獼猴而大赤目長尾今江南山中多有說者不了此物名禺作牛字圖亦作牛形或作猴皆失之也禺字音遇伏行人走其名曰狌狌食之善走生生禺獸狀如猿伏行交足亦此類也見京房易麗麐之水出焉麐音作几而西流注于海其中多育沛未詳

12696 山海經十八卷　（晉）郭璞注　明嘉靖十三年（1534）黄省曾山海經水經合刻本

匡高20.3厘米，廣16厘米。半葉十二行，行二十字，小字雙行同，白口，左右雙邊。有“葉启發東明審定善本”“啟勳珍賞” 等印。葉啟發、葉啟勳跋。湖南圖書館藏。

中有水經注一冊存卷九至卷十一明黃省曾刊本云十二行二十字白口單闌因檢莫子偲友芝郘亭知見傳本書目載山海經十八卷眉批云明前山書屋刊本黃省曾與水注合刊者時嘉靖甲午云云据此而以二書之行欵字數推之則此本即嘉靖十三年甲午黃省曾合刊山水二經正為孫目所載孫記著録之本可斷定矣特孫藏及余藏均無水注傳藏水注僅止殘本而又無山經使非合諸家所記詳攷之固終無由得此書之刻書人姓名及年月耳然黃刻山水二經之不易得其全帙又可概見矣此本序首有何石友家藏圖書七字朱文篆書方印卷末有古香閣圖書記六字朱文篆書方印未知其人附記于此以諗當代博聞君子癸酉仲冬東明記於望瀛居

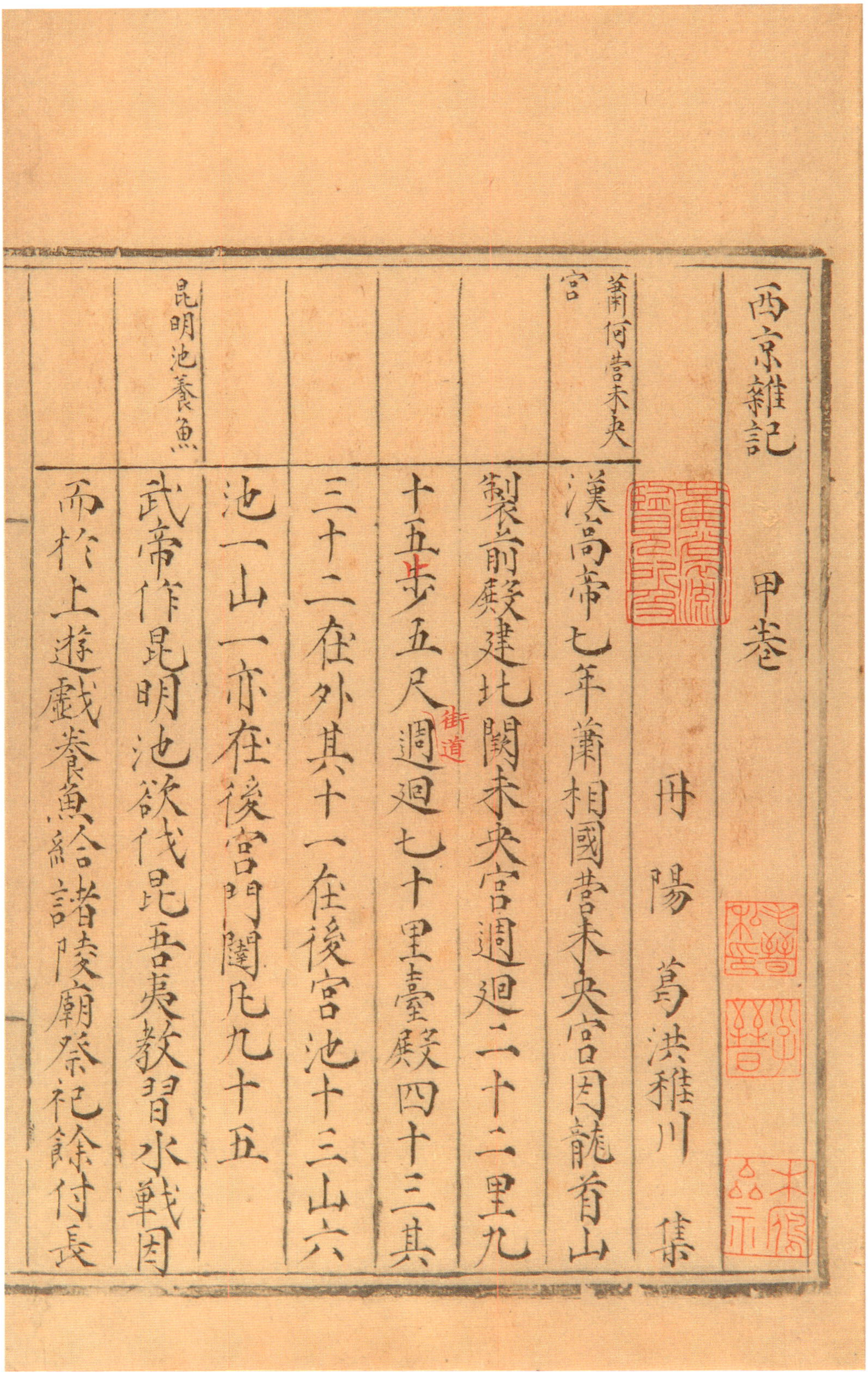

西京雜記　甲卷

丹陽　葛洪稚川　集

蕭何營未央宮

漢高帝七年蕭相國營未央宮因龍首山製前殿建北闕未央宮週廻二十二里九十五步五尺週廻七十里臺殿四十三其三十二在外其十一在後宮池十三山六池一山一亦在後宮門闥凡九十五

昆明池養魚

武帝作昆明池欲伐昆吾夷教習水戰因而於上遊戲養魚給諸陵廟祭祀餘付長

12697 西京雜記二卷　題（晉）葛洪撰　明抄本

匡高17.4厘米，廣13.7厘米。半葉九行，行十六字，白口，四周雙邊。有“子晉”“毛晉私印”“木雁齋”“武林盧文弨手校”等印。盧文弨校。上海圖書館藏。

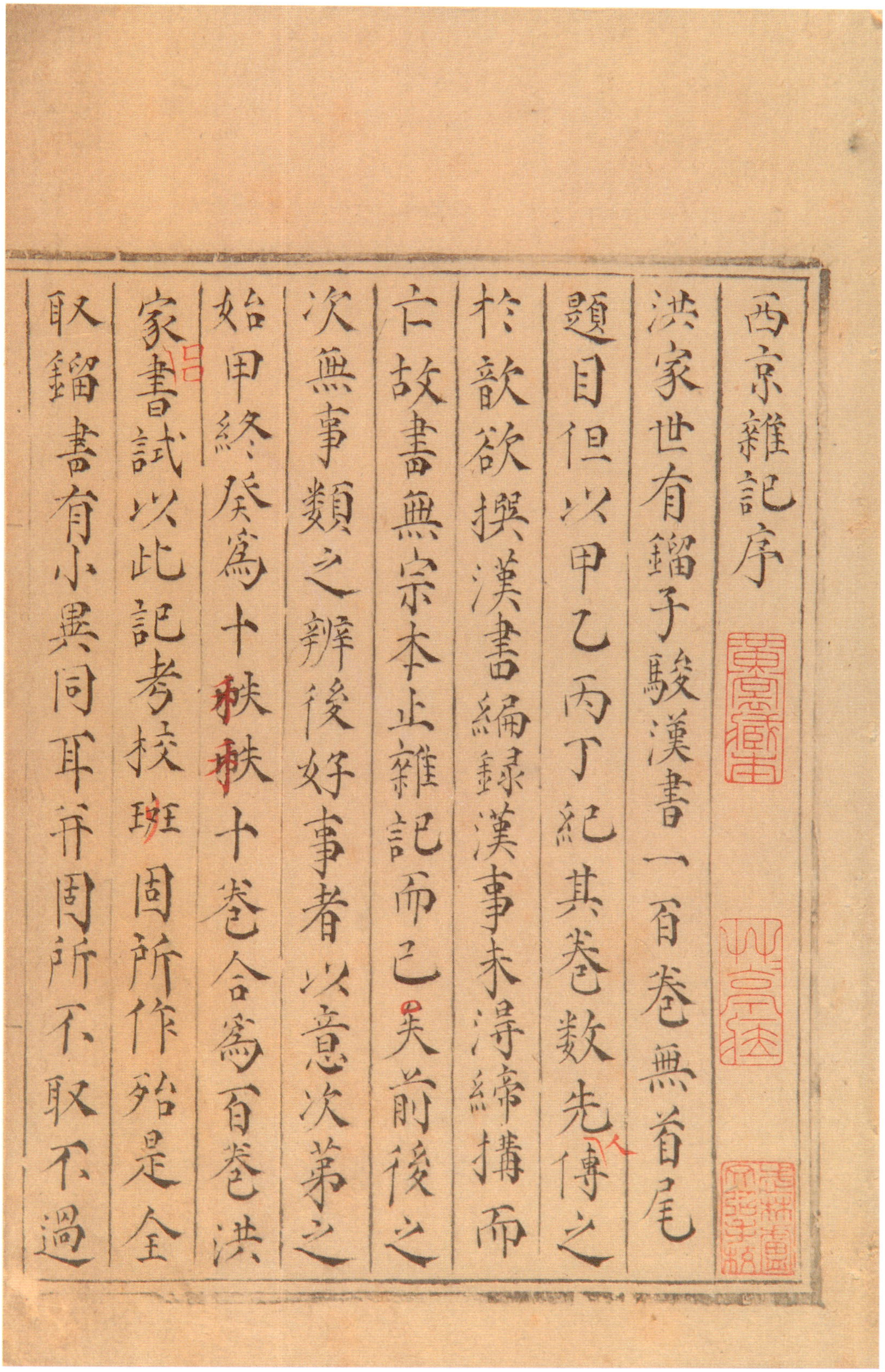

西京雜記序

洪家世有鎦子駿漢書一百卷無首尾題目但以甲乙丙丁紀其卷數先傳之於歆欲撰漢書編録漢事未得締構而亡故書無宗本止雜記而已失前後之次無事類之辨後好事者以意次第之始甲終癸為十袟袟十卷合為百卷洪家書試以此記考校班固所作殆是全取鎦書有小異同耳幷固所不取不過

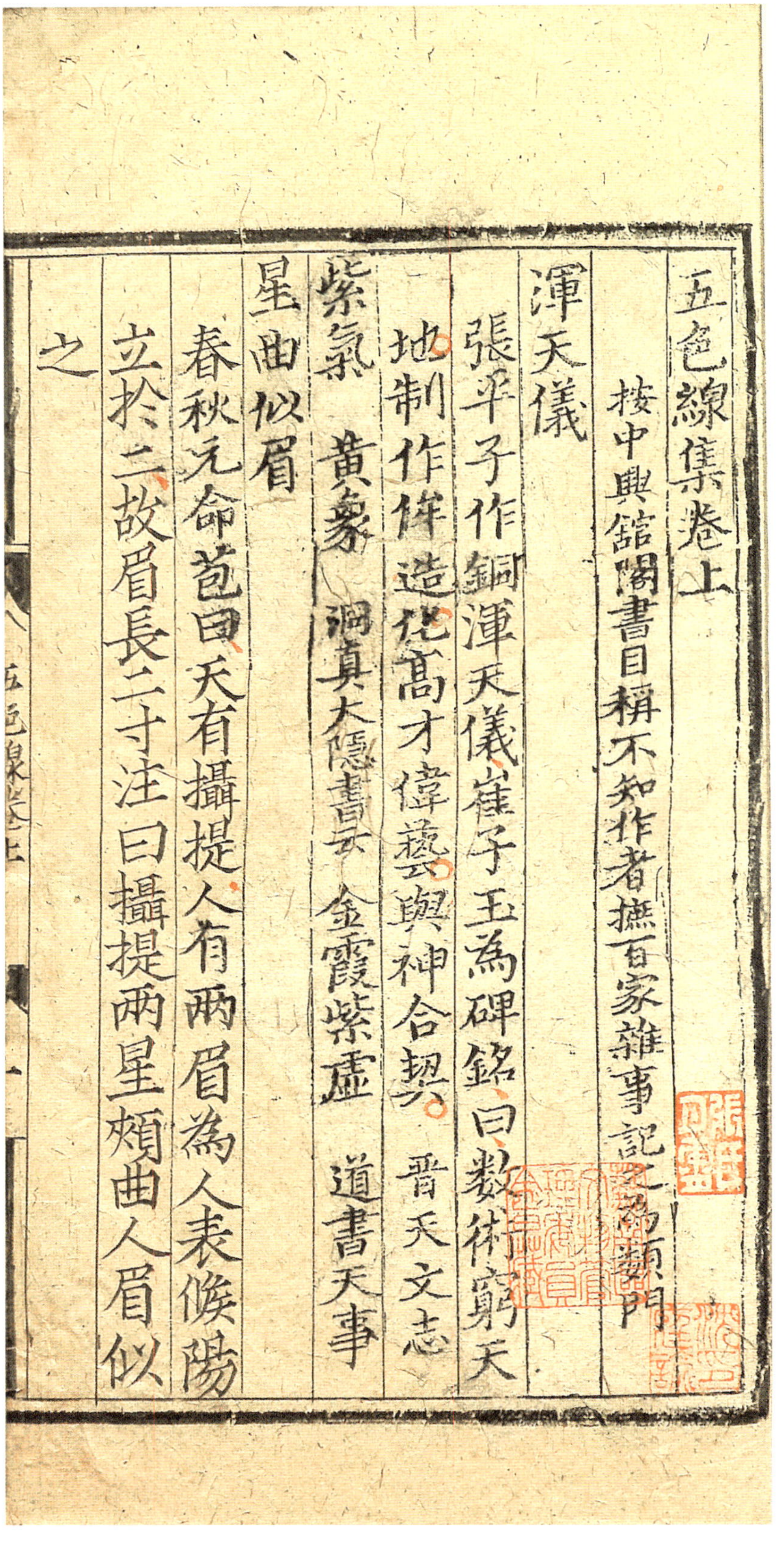

12698 五色線集三卷 明弘治二年（1489）冀綺刻本

匡高18.9厘米，廣12.2厘米。半葉十行，行二十字，黑口，四周雙邊。有“張氏月宵”等印。南京圖書館藏。

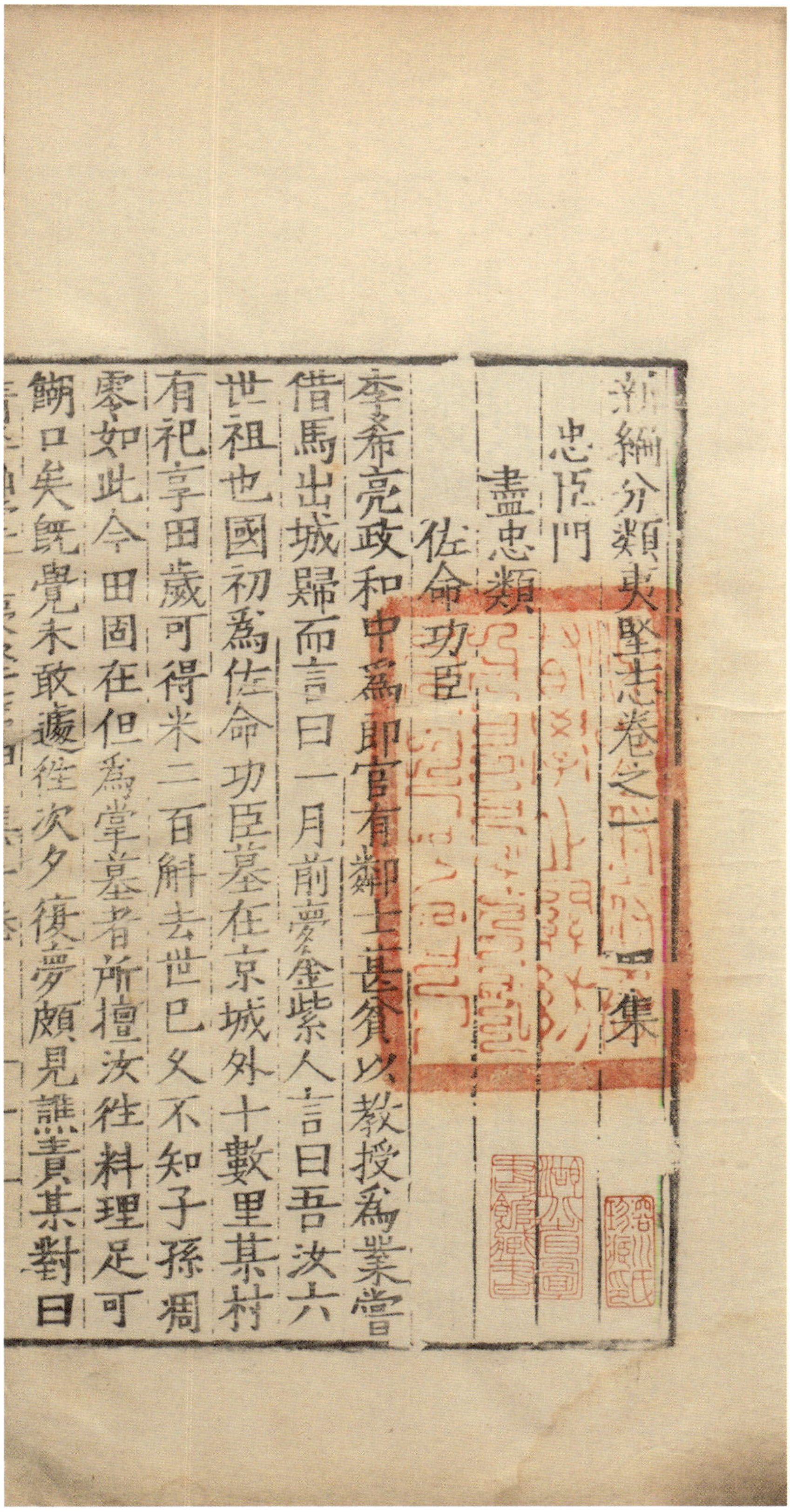

12699 新編分類夷堅志甲集五卷乙集五卷丙集五卷丁集五卷戊集五卷己集六卷庚集五卷辛集五卷壬集五卷癸集五卷　（宋）洪邁撰（宋）葉祖榮輯　明嘉靖二十五年（1546）洪楩清平山堂刻本

匡高19厘米，廣13.3厘米。半葉十行，行二十字，白口，左右雙邊。有“溶川氏珍藏印”“王家璧印”“孝鳳”等印。湖北省圖書館藏。

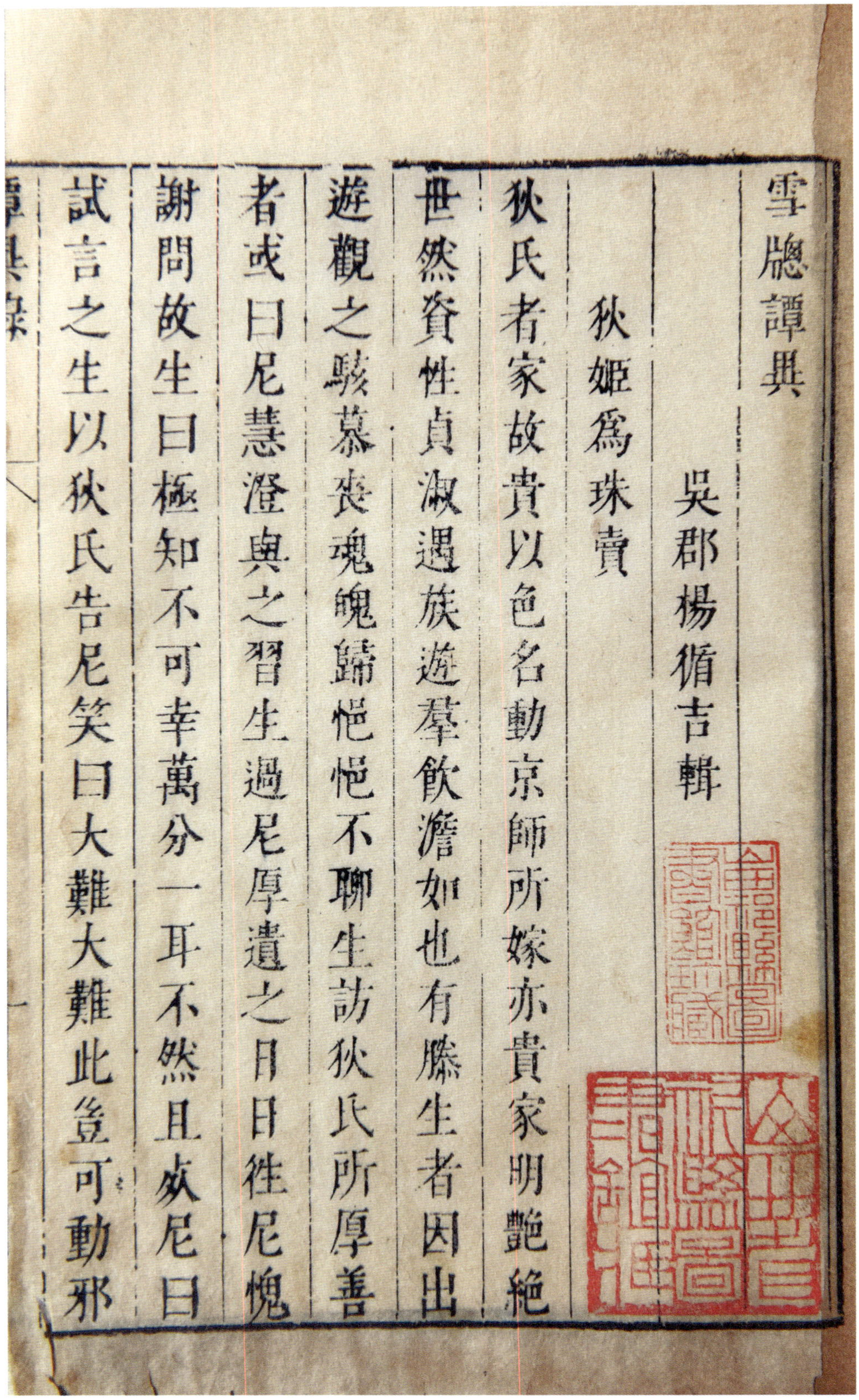
雪牕譚異
吳郡楊循吉輯
狄姬爲珠賣
狄氏者家故貴以色名動京師所嫁亦貴家明艷絶
世然資性貞淑遇族遊羣飲澹如也有滕生者因出
遊觀之駭慕喪魂魄歸悒悒不聊生訪狄氏所厚善
者或曰尼慧澄與之習生過尼厚遺之月日往尼愧
謝問故生曰極知不可幸萬分一耳不然且死尼曰
試言之生以狄氏告尼笑曰大難大難此豈可動邪

12700 雪牕譚異八卷圖一卷　（明）楊循吉輯　明刻本

匡高19.9厘米，廣14.3厘米。半葉九行，行二十字，白口，左右雙邊。山西省祁縣圖書館藏。

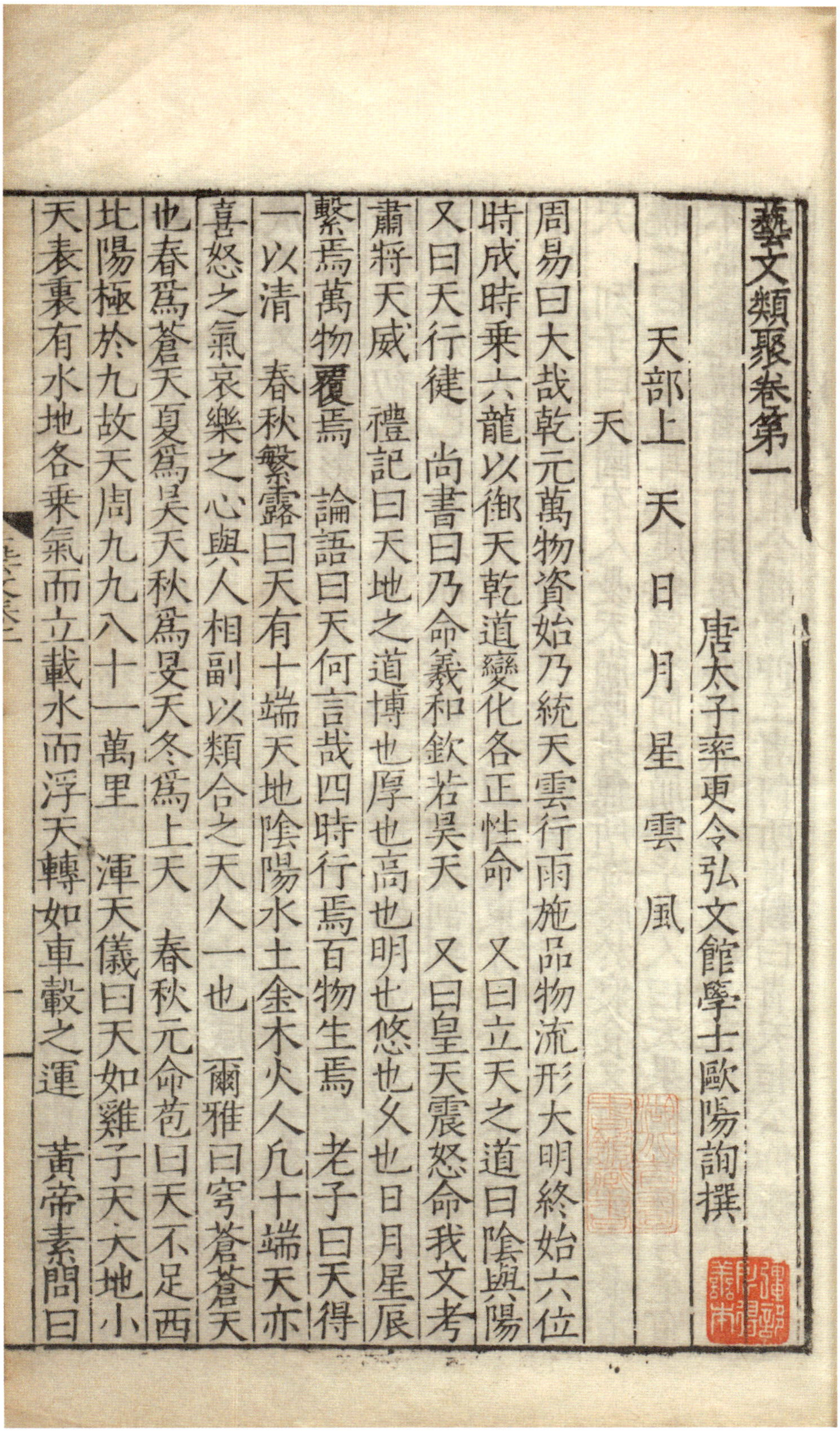

藝文類聚卷第一

唐太子率更令弘文館學士歐陽詢撰

天部上　天　日　月　星　雲　風

天

周易曰大哉乾元萬物資始乃統天雲行雨施品物流形大明終始六位時成時乘六龍以御天乾道變化各正性命　又曰立天之道曰陰與陽又曰天行健　尚書曰乃命羲和欽若昊天　又曰皇天震怒命我文考肅將天威　禮記曰天地之道博也厚也高也明也悠也久也日月星辰繫焉萬物覆焉　論語曰天何言哉四時行焉百物生焉　老子曰天得一以清　春秋繁露曰天有十端天地陰陽水土金木火人凡十端天亦喜怒之氣哀樂之心與人相副以類合之天人一也　爾雅曰穹蒼蒼天也春爲蒼天夏爲昊天秋爲旻天冬爲上天　春秋元命苞曰天不足西北陽極於九故天周九九八十一萬里　渾天儀曰天如雞子天大地小天表裏有水地各乘氣而立載水而浮天轉如車轂之運　黄帝素問曰

12701 藝文類聚一百卷　（唐）歐陽詢輯　明嘉靖六至七年（1527—1528）胡纘宗、陸采刻本

匡高22.6厘米，廣16.1厘米。半葉十四行，行二十八字，白口，左右雙邊。有“疆誃所得善本”等印。徐恕録馮舒校及錢孫保、陳徵芝、周星詒跋。湖北省圖書館藏。

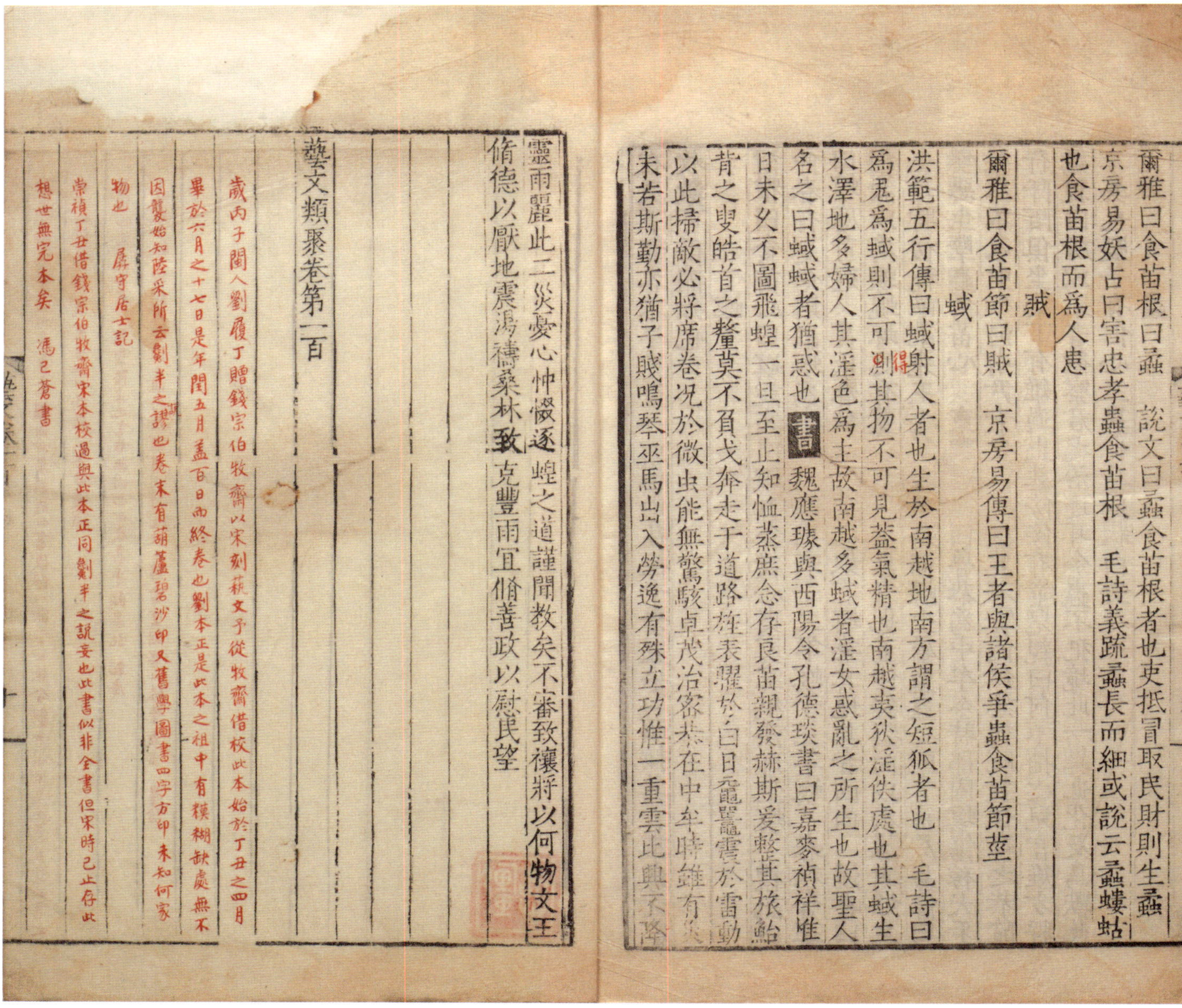
爾雅曰食苗根曰蟊　説文曰蟊食苗根者也吏抵冒取民財則生蟊
京房易妖占曰害忠孝蟲食苗根　毛詩義疏蟊長而細或説云蟊螻蛄
也食苗根而爲人患
賊
爾雅曰食苗節曰賊　京房易傳曰王者與諸侯爭蟲食苗節莖
蜮
洪範五行傳曰蜮射人者也生於南越地南方謂之短狐者也　毛詩曰
爲鬼爲蜮則不可得其物不可見蓋氣精也南越夷狄淫佚處也其蜮生
水澤地多婦人其淫色爲主故南越多蜮者淫女惑亂之所生也故聖人
名之曰蜮蜮者猶惑也　書　魏應璩與西陽令孔德琰書曰嘉麥禎祥惟
日未久不圖飛蝗一旦至止知恤蒸庶念存良苗親發赫斯爰整其旅鮐
背之叟皓首之耋莫不負戈奔走于道路旌旗翳於白日鼉鼓震於雷動
以此掃敵必將席卷况於微虫能無驚駭卓茂治密蝗在中牟時雖有災
未若斯勤亦猶子賤鳴琴巫馬出入勞逸有殊立功惟一重雲比興不降
靈雨麗此二災憂心忡惙逐蝗之道謹聞教矣不審致禳將以何物文王
脩德以厭地震湯禱桑林致克豐雨宜脩善政以慰民望

藝文類聚卷第一百

歲丙子閩人劉履丁贈錢宗伯牧齋以宋刻蓺文予從牧齋借校此本始於丁丑之四月
畢於六月之十七日是年閏五月盖百日而終卷也劉本正是此本之祖中有模糊缺處無不
因襲始知陸采所云劉本之謬也卷末有葫蘆碧沙印又舊學圖書四字方印未知何家
物也　屏守居士記
崇禎丁丑借錢宗伯牧齋宋本校過與此本正同劉本之説妄也此書似非全書但宋時已止存此
想世無完本矣　馮己蒼書

12701 藝文類聚一百卷

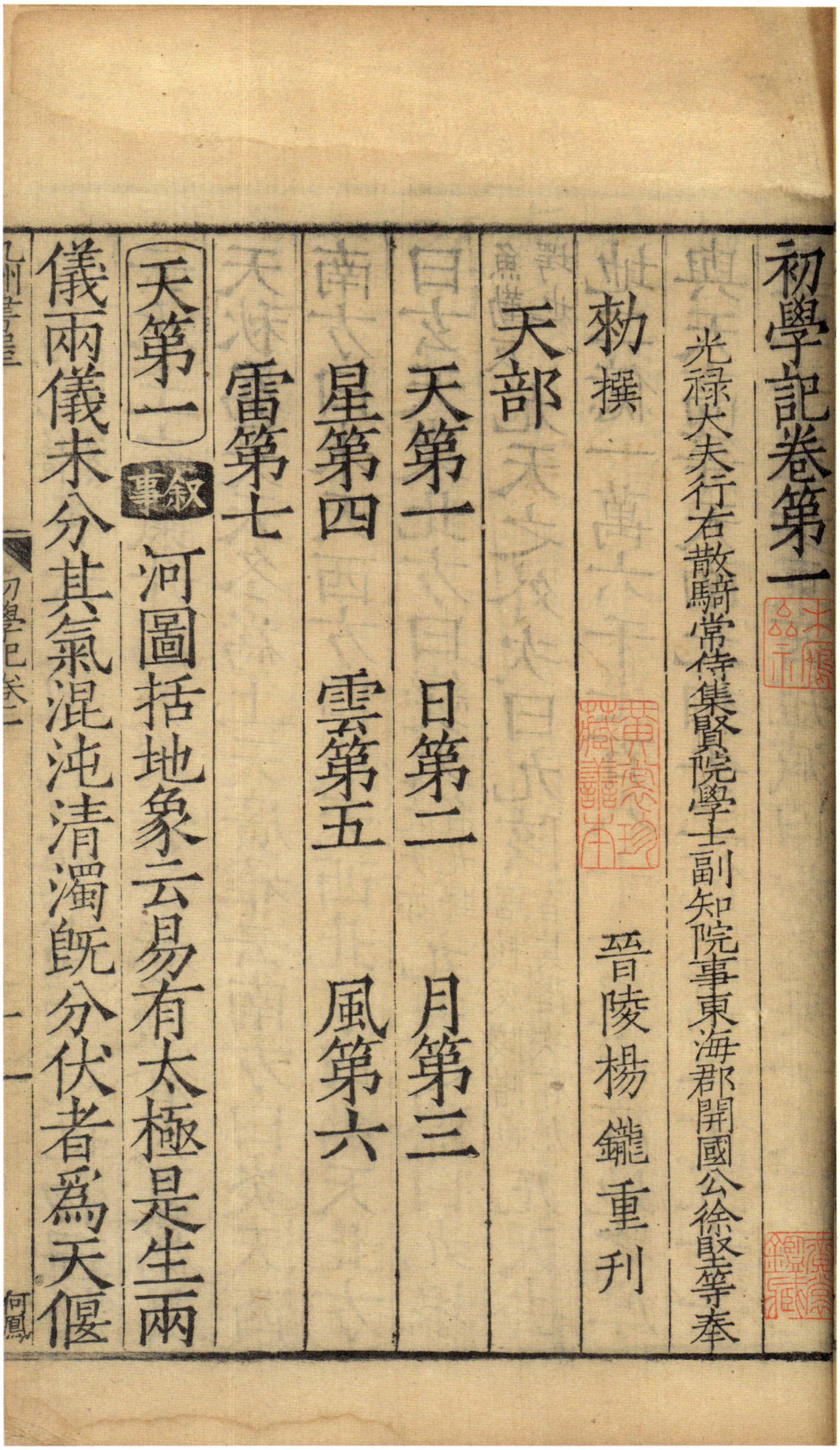

初學記卷第一

光祿大夫行右散騎常侍集賢院學士副知院事東海郡開國公徐堅等奉

勑撰　　晉陵楊鑨重刊

天部

天第一　　日第二　　月第三

星第四　　雲第五　　風第六

雷第七

天第一　敘事　河圖括地象云易有太極是生兩

儀兩儀未分其氣混沌清濁既分伏者爲天偃

九洲書屋　初學記卷一　一

12702 初學記三十卷　（唐）徐堅撰　明楊鑨九洲書屋刻本

匡高21厘米，廣16.3厘米。半葉九行，行十八字，小字雙行二十四字，白口，左右雙邊。有“黄裳珍藏善本”等印。雲南師範大學圖書館藏。

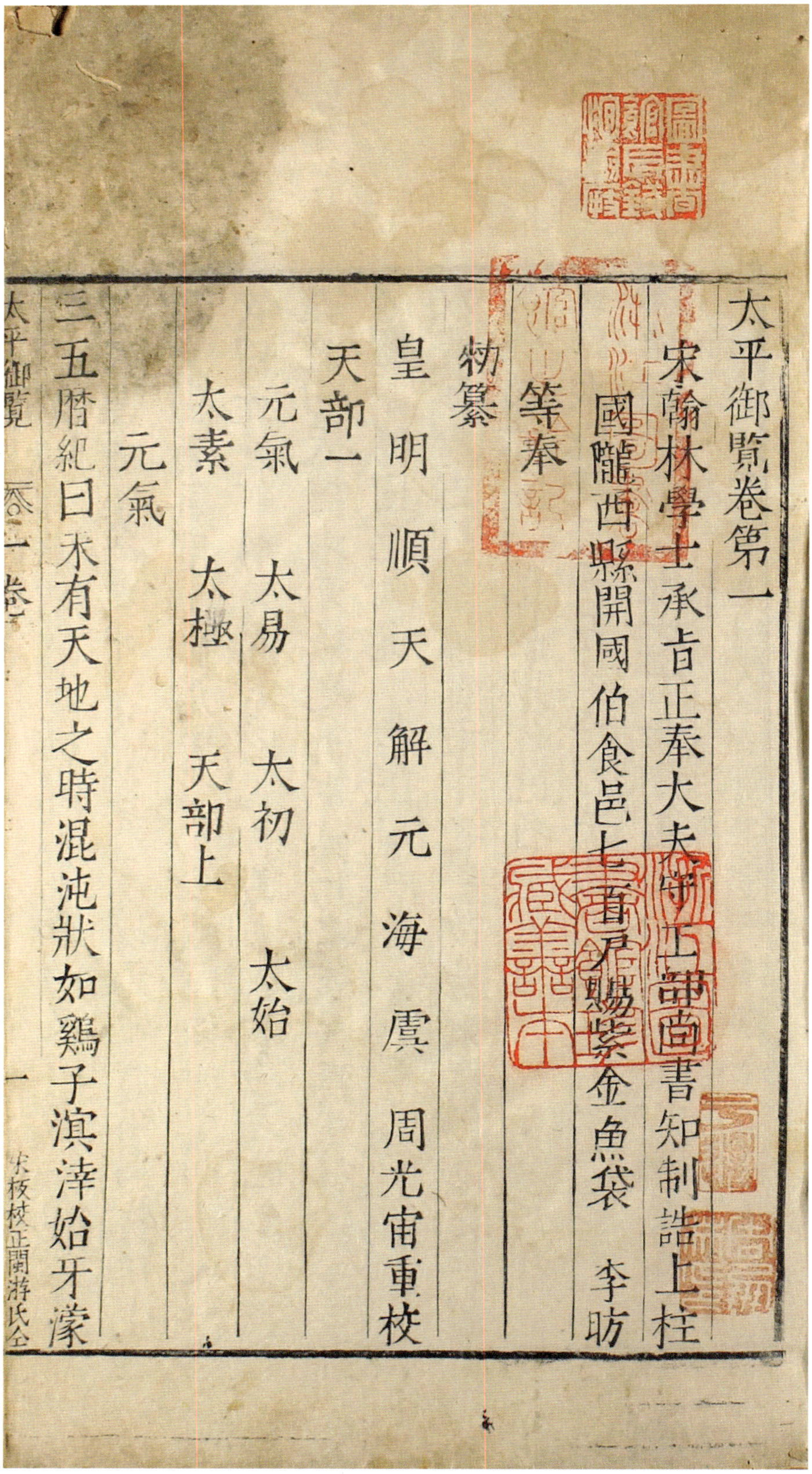

12703 太平御覽一千卷目録十五卷 （宋）李昉等纂 明萬曆二年（1574）周堂等銅活字印本（目録卷一、卷二百四十、二百八十一至二百八十五、三百六十六、五百八十六、五百九十六至五百九十七配清抄本，卷二百七十二至二百七十五、七百四十一至七百五十、九百一至九百二十、九百三十三至九百五十、九百八十四至九百九十配明刻本）

匡高21厘米，廣15.5厘米。半葉十一行，行二十二字，小字雙行同，白口，四周單邊。有“周鳳林印”“于邁”“拜經樓吴氏藏書印”等印。周廣業跋，吴騫批，佚名批校。浙江圖書館藏。

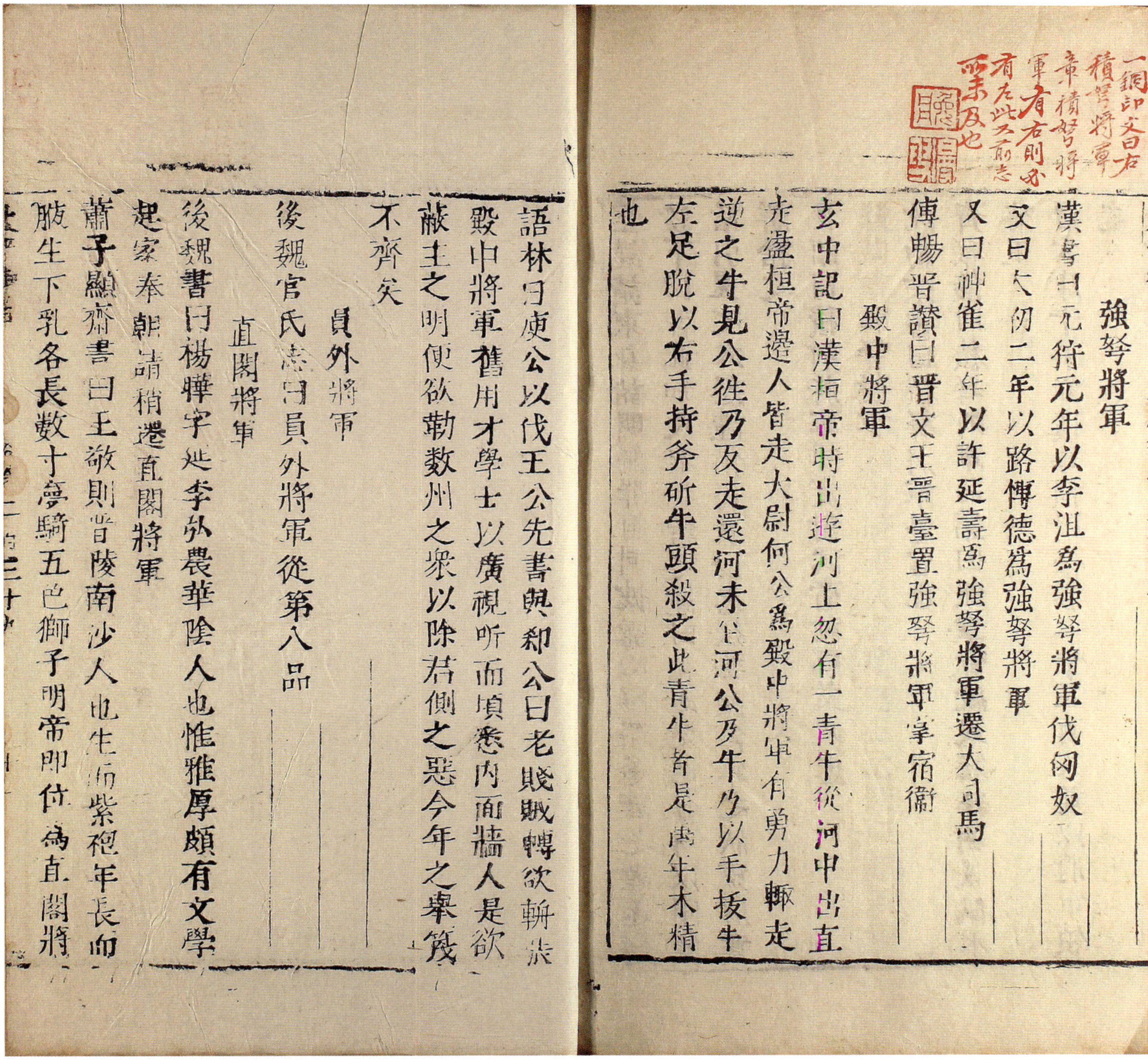

一銅印文曰右積弩將軍章積弩將軍有右則亦有左此又前志所未及也

強弩將軍
漢書曰元狩元年以李沮爲強弩將軍伐匈奴
又曰太初二年以路博德爲強弩將軍
又曰神雀二年以許延壽爲強弩將軍遷大司馬
傅暢晉讃曰晉文王晉臺置強弩將軍掌宿衛

殿中將軍
玄中記曰漢桓帝時出遊河上忽有一青牛從河中出直走盪桓帝邊人皆走大尉何公爲殿中將軍有勇力輙走逆之牛見公往乃反走還河未至河公及牛乃以手拔牛左足脫以右手持斧斫牛頭殺之此青牛者是萬年木精也
語林曰庾公以伐王公先書與郗公曰老賊賊轉欲輙表殿中將軍舊用才學士以廣視听而填悉內面牆人是欲蔽主之明便欲勒數州之衆以除君側之惡今年之舉箋不齊矣

員外將軍
後魏官氏志曰員外將軍從第八品

直閤將軍
後魏書曰楊𣞕字延季弘農華陰人也惟雅厚頗有文學起家奉朝請稍遷直閤將軍
蕭子顯齊書曰王敬則晉陵南沙人也生而紫袍年長而腋生下乳各長數寸夢騎五色獅子明帝即位爲直閤將

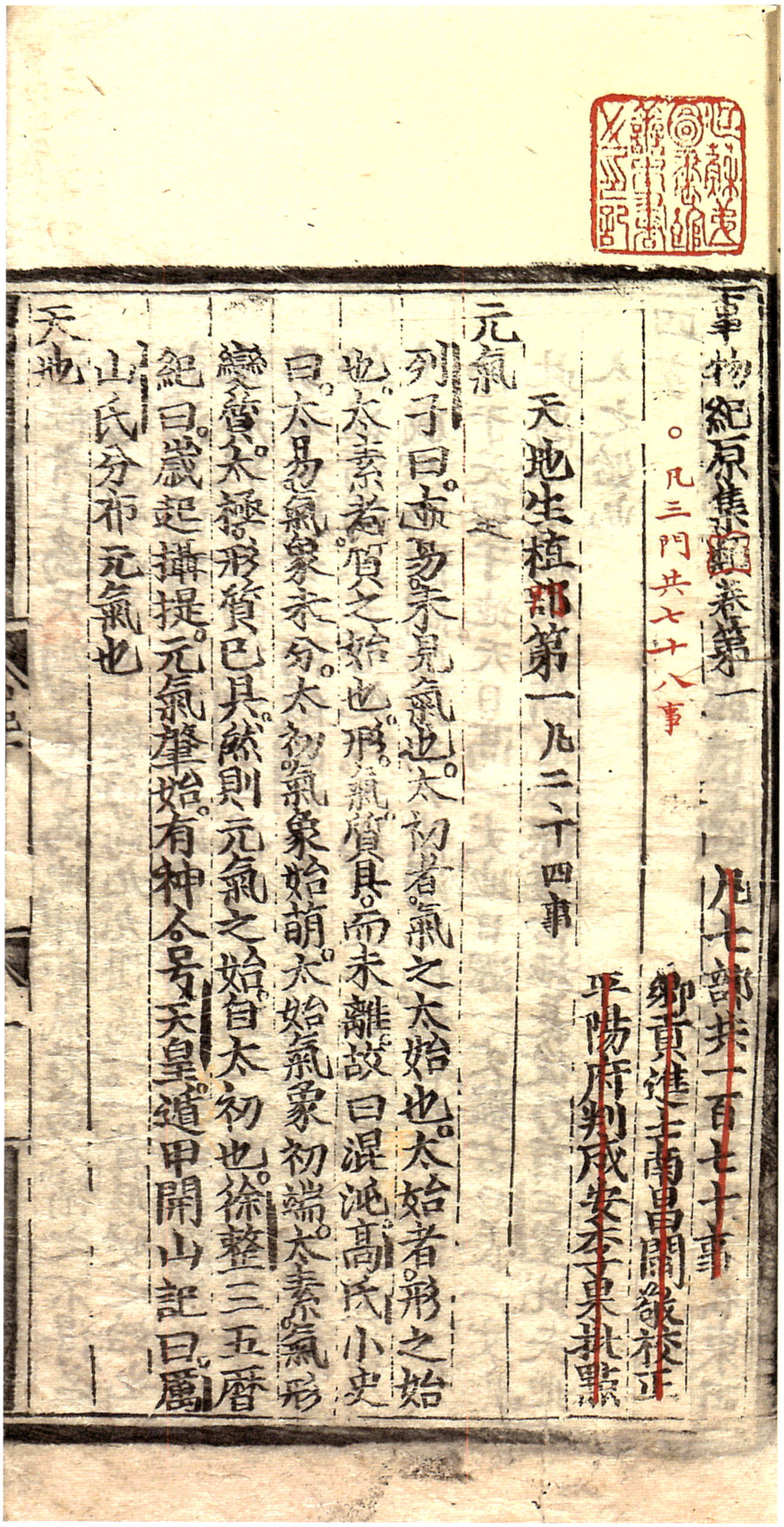

12704 事物紀原集類十卷 （宋）高承輯 明成化八年（1472）李果刻本

匡高19.6厘米，廣13.4厘米。半葉十二行，行二十四字，黑口，四周雙邊。沈巗校並跋，黄丕烈、丁丙跋。南京圖書館藏。

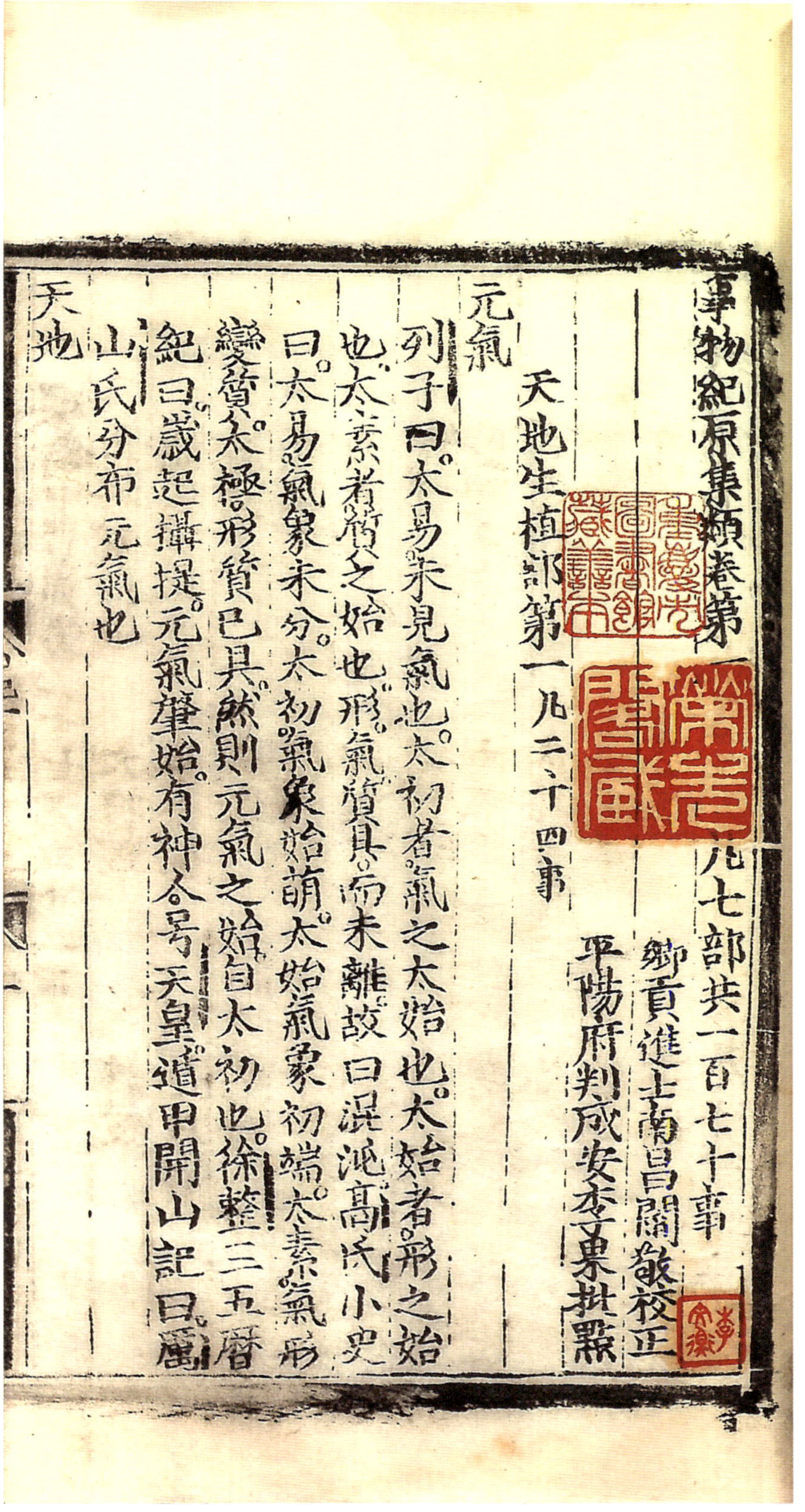

12705 事物紀原集類十卷 （宋）高承輯 明成化八年（1472）李果刻本

匡高20厘米，廣13.4厘米。半葉十二行，行二十四字，黑口，四周雙邊。有“吴興劉氏嘉業堂藏書記”“李印承祥”“李文衡”“榮先閣臧”等印。李承祥抄補並題識。重慶圖書館藏。

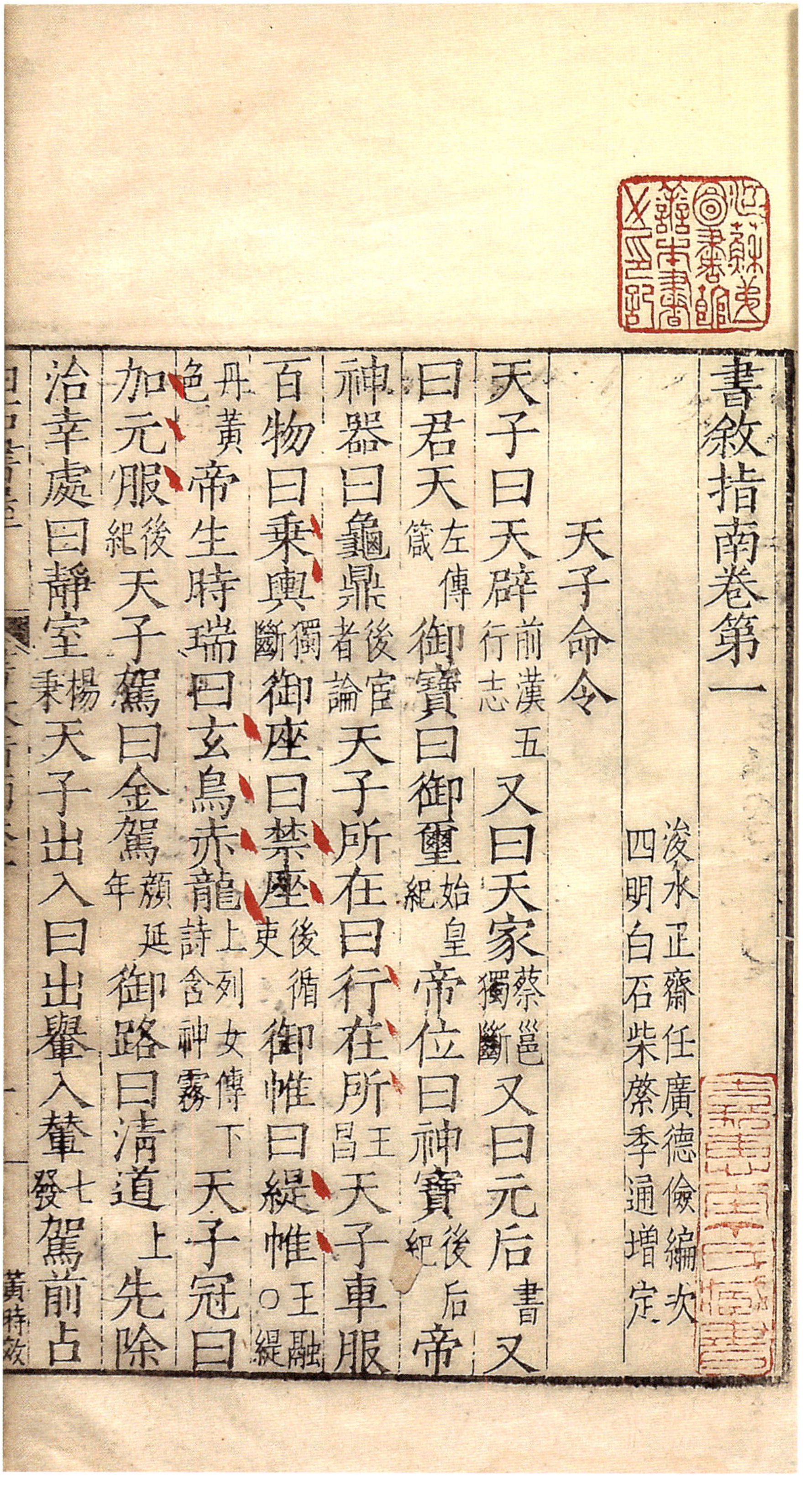
書敘指南卷第一

浚水正齋任廣德儉編次
四明白石柴縩季通增定

天子命令

天子曰天辟前漢五行志 又曰天家蔡邕獨斷 又曰元后書 又曰君天左傳箴 御寶曰御璽始皇紀 帝位曰神寶後后紀 帝神器曰龜鼎後宦者論 天子所在曰行在所王昌 天子車服百物曰乘輿獨斷 御座曰禁座後循吏 御帷曰緹帷王融○緹丹色 黃帝生時瑞曰玄鳥赤龍上列女傳下詩含神霧 天子冠曰加元服後紀 天子駕曰金駕顏延年 御路曰淸道上先除治幸處曰靜室楊秉 天子出入曰出蹕入輦七發 駕前占

12706 書敘指南十二卷　（宋）任廣輯　明嘉靖三十七年（1558）柴縩白石書屋刻本

匡高17.8厘米，廣13.8厘米。半葉十行，行二十字，小字雙行同，白口，左右雙邊。有“嘉惠堂丁氏臧書”等印。丁丙跋。南京圖書館藏。

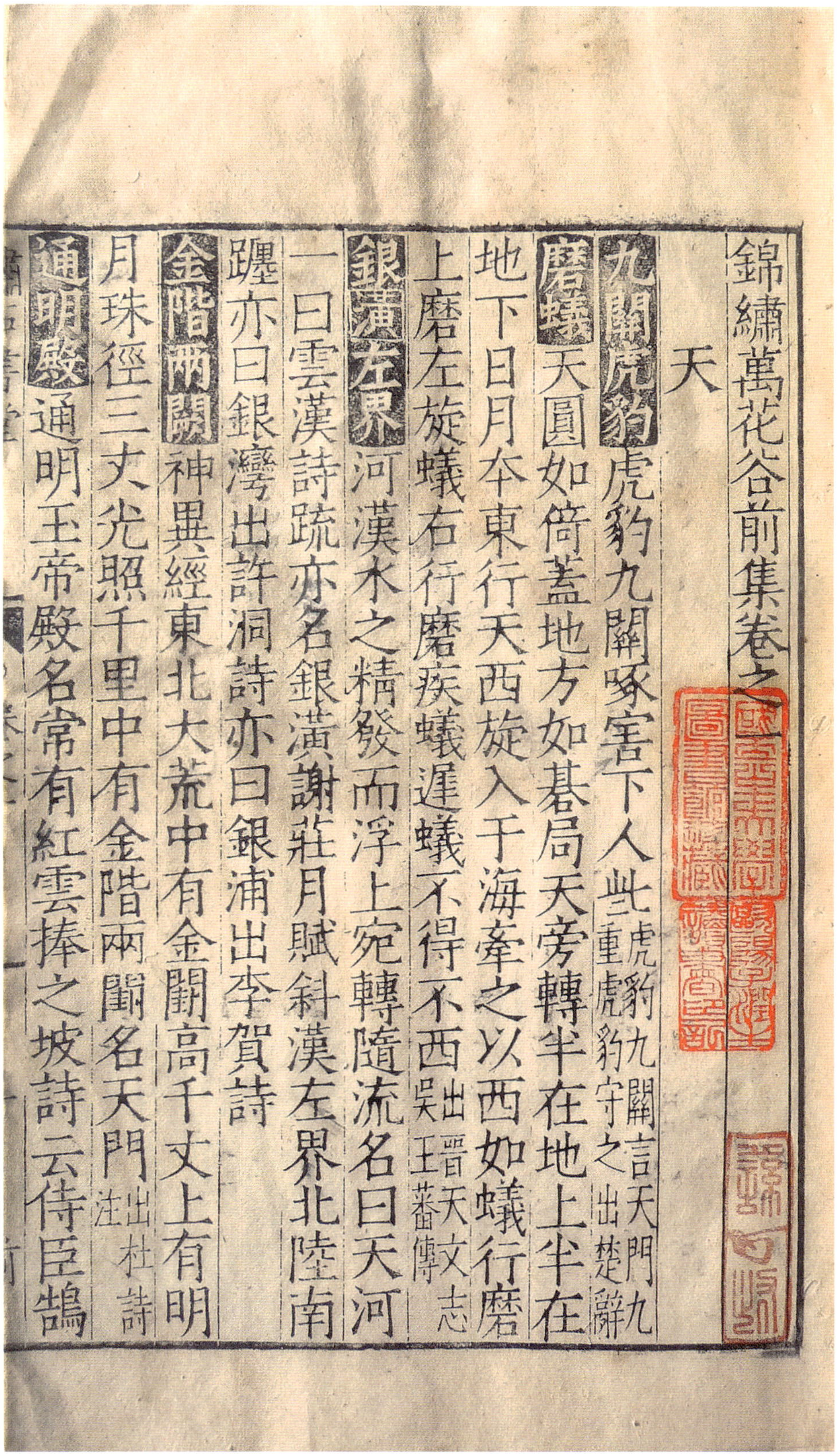

12707 錦繡萬花谷前集四十卷後集四十卷續集四十卷 明嘉靖十五年(1536)秦汴繡石書堂刻本

匡高18.9厘米，廣13.4厘米。半葉十二行，行二十一字，小字雙行同，白口，左右雙邊。有"歐陽子潤生讀書印記"等印。江西師範大學圖書館藏。

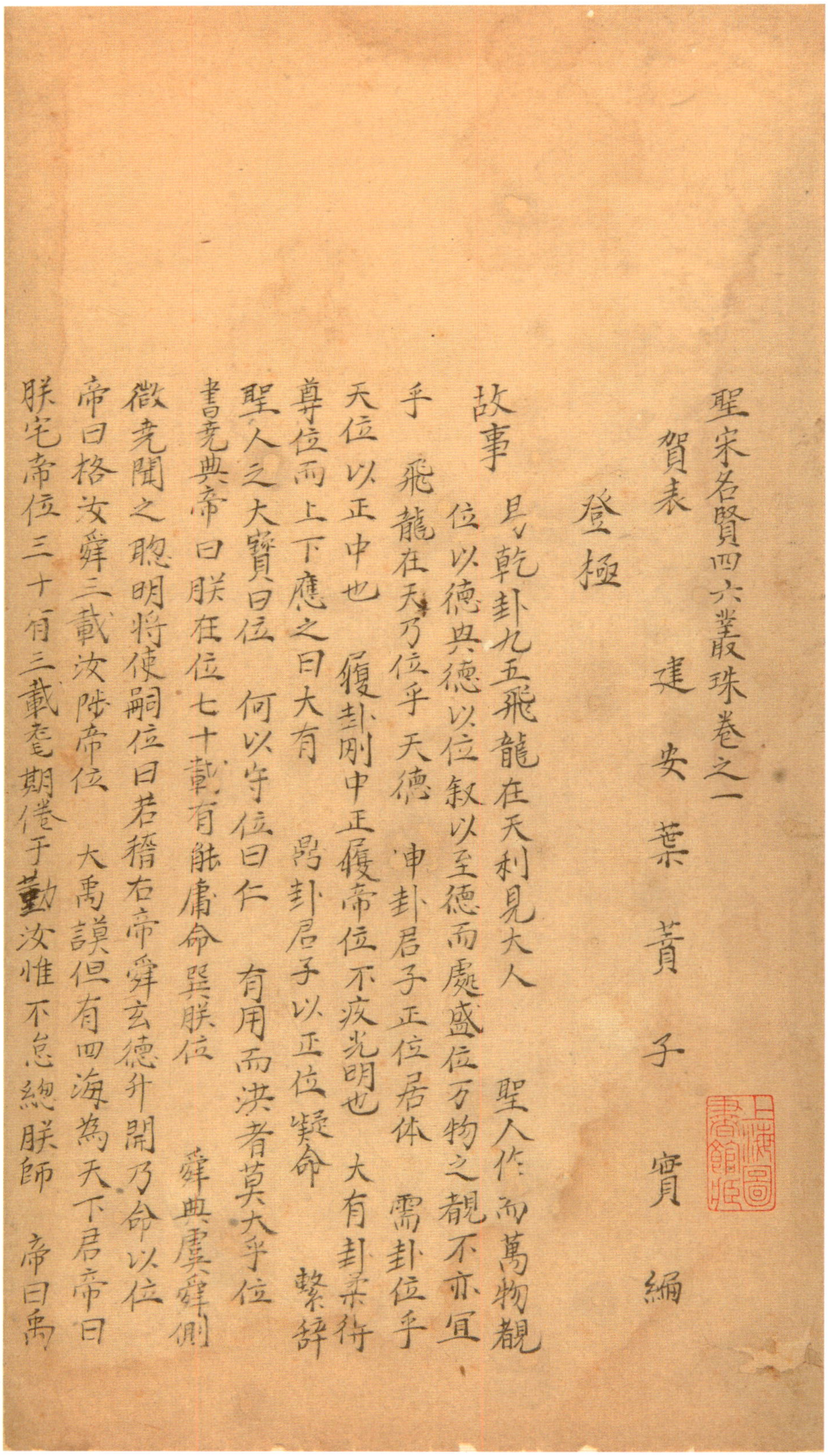
聖宋名賢四六叢珠卷之一
賀表　建安葉蕡子實編
登極
故事　易乾卦九五飛龍在天利見大人　聖人作而萬物覩
位以德興德以位叙以至德而處盛位万物之覩不亦宜
乎　飛龍在天乃位乎天德　坤卦君子正位居体　需卦位乎
天位以正中也　履卦剛中正履帝位不疚光明也　大有卦柔得
尊位而上下應之曰大有　鼎卦君子以正位凝命　繫辭
聖人之大寶曰位　何以守位曰仁　有用而決者莫大乎位
書堯典帝曰朕在位七十載有能庸命巽朕位　舜典虞舜側
微堯聞之聦明將使嗣位曰若稽古帝舜玄德升聞乃命以位
帝曰格汝舜三載汝陟帝位　大禹謨但有四海為天下君帝曰
朕宅帝位三十有三載耄期倦于勤汝惟不怠總朕師　帝曰禹

12708 聖宋名賢四六叢珠一百卷　（宋）葉蕡輯　明嘉靖十一年（1532）王寵家抄本

有“王寵之印”“雅宜山人”“讀易樓”“傅增湘”“癸卯館元”“蟫廬”“王季烈字君九”等印。王寵、傅增湘、王季烈跋。上海圖書館藏。

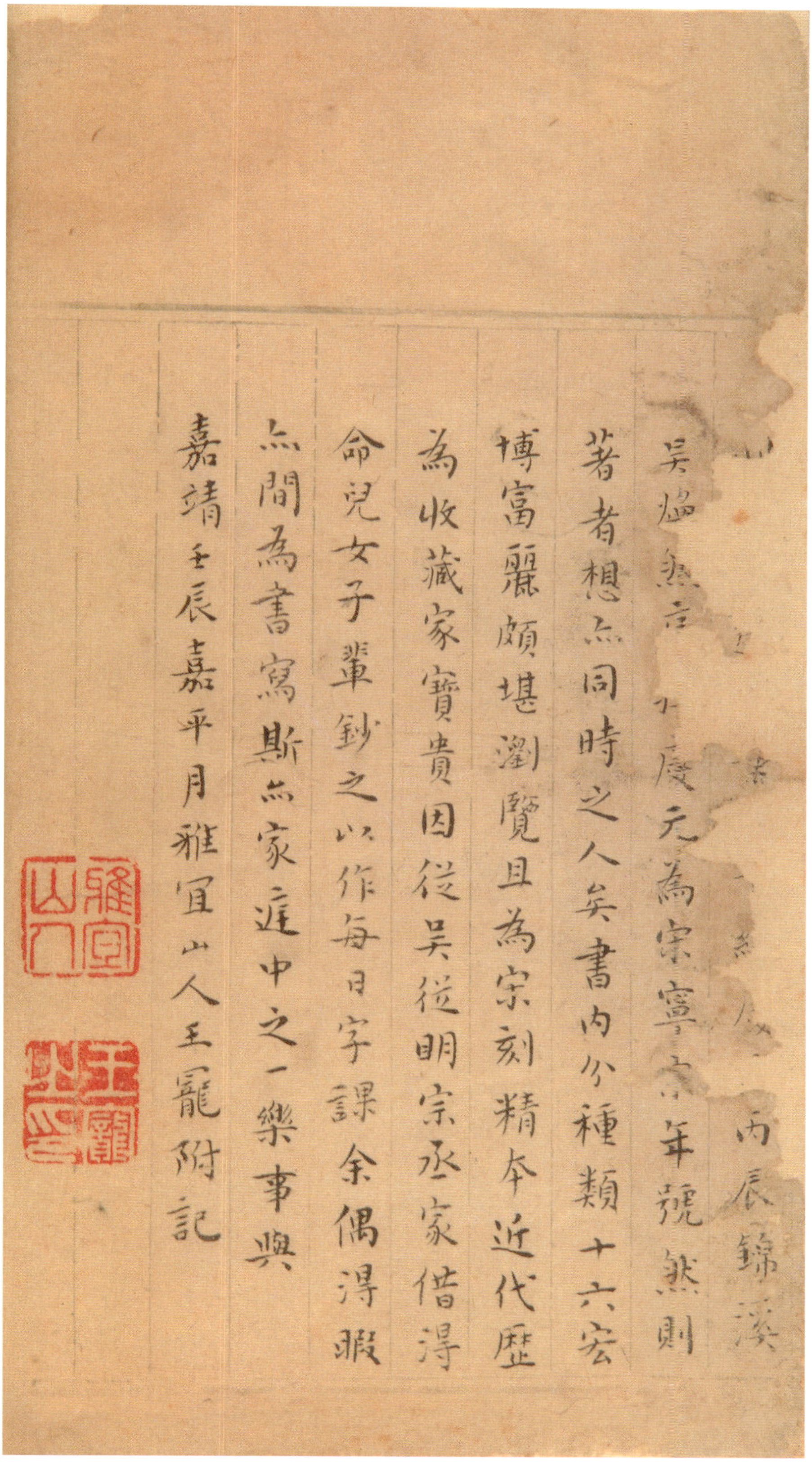
[illegible]丙辰錦溪
吴熖然言[illegible]慶元為宋寧宗年號然則
著者想亦同時之人矣書内分種類十六宏
博富麗頗堪瀏覽且為宋刻精本近代歷
為收藏家寶貴因從吴從明宗丞家借得
命兒女子輩鈔之以作每日字課余偶得暇
亦間為書寫斯亦家庭中之一樂事與
嘉靖壬辰嘉平月雅宜山人王寵附記

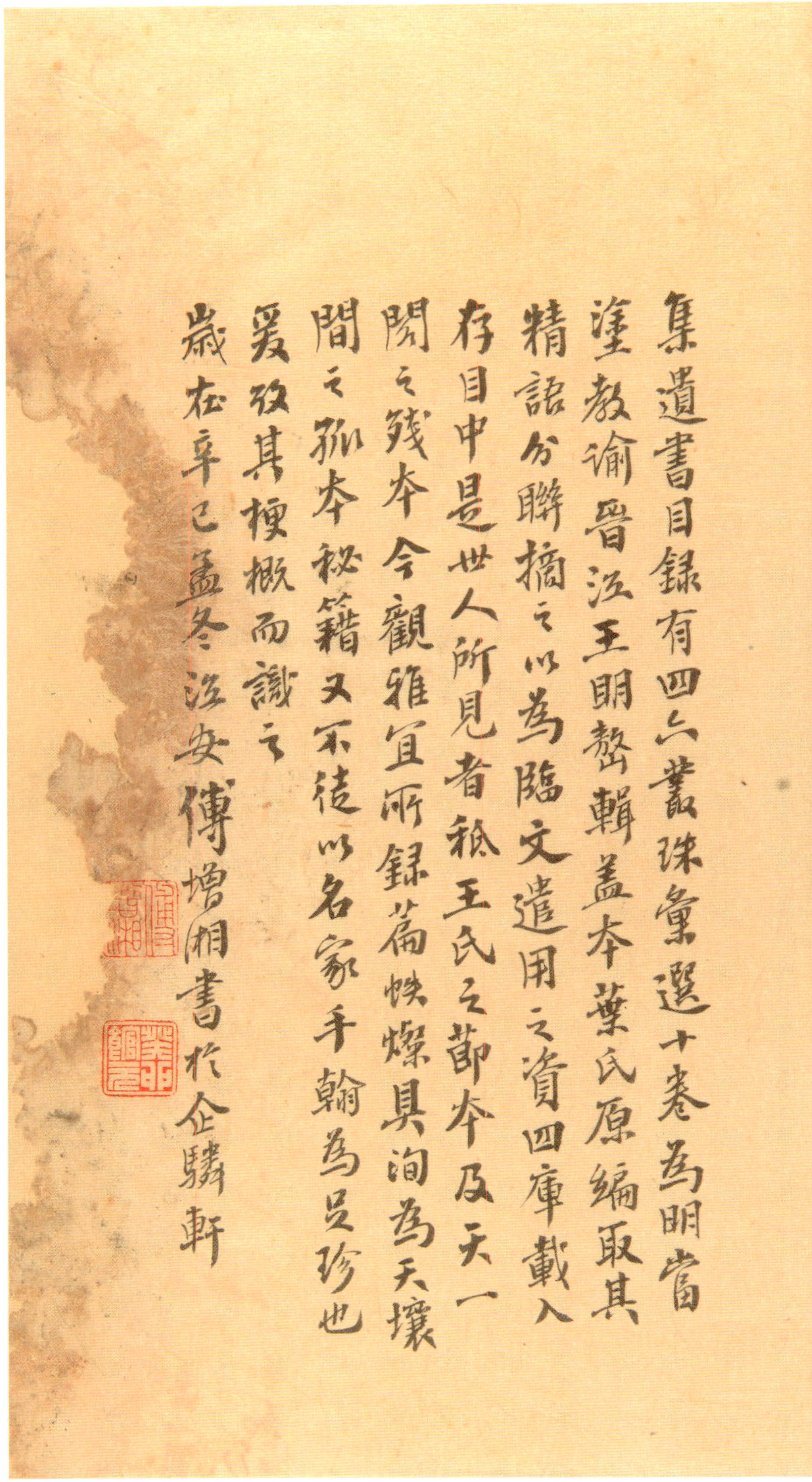

集遺書目録有四六叢珠彙選十卷爲明當塗教諭晉江王明嶅輯蓋本葉氏原編取其精語分聯摘之以爲臨文遣用之資四庫載入存目中是世人所見者祇王氏之節本及天一閣之殘本今觀雅宜所録篇帙燦具洵爲天壤間之孤本秘籍又不徒以名家手翰爲足珍也爰敘其梗概而識之

歲在辛巳孟冬晉安傅增湘書於企驎軒

12708 聖宋名賢四六叢珠一百卷

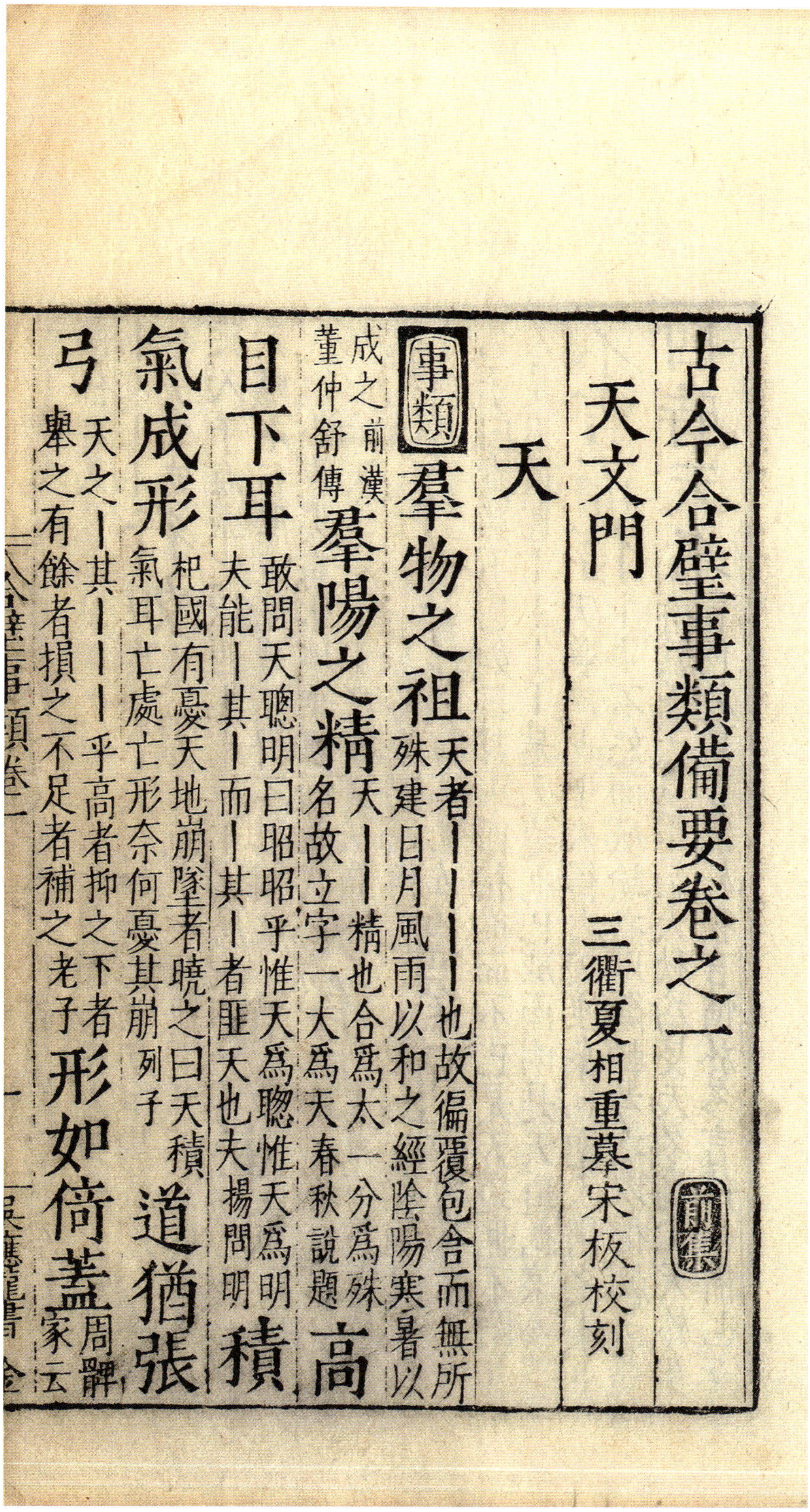

古今合璧事類備要卷之一 前集

天文門 三衢夏相重摹宋板校刻

天

事類 羣物之祖 天者丨丨丨也故偏覆包含而無所殊建日月風雨以和之經陰陽寒暑以成之前漢董仲舒傳 羣陽之精 天丨丨精也合爲太一分爲殊名故立字一大爲天春秋說題 高目下耳 敢問天聰明曰昭昭乎惟天爲聰惟天爲明夫能丨其丨而丨其丨者匪天也夫揚問明 積氣成形 杞國有憂天地崩墜者曉之曰天積氣耳亡處亡形奈何憂其崩列子 道猶張弓 天之丨其丨丨丨平高者抑之下者舉之有餘者損之不足者補之老子 形如倚蓋 周髀家云

12709 古今合璧事類備要前集六十九卷後集八十一卷續集五十六卷 （宋）謝維新輯 **别集九十四卷外集六十六卷** （宋）虞載輯 明嘉靖三十一至三十五年（1552—1556）夏相刻本

匡高20厘米，廣14厘米。半葉八行，每行字數不等，小字雙行二十四字，白口，左右雙邊。有"嘉靖壬子春正月三衢近峰夏相宋板摹刻至丙辰冬十月事竣"刊記。華南農業大學中國農業歷史遺産研究所藏。

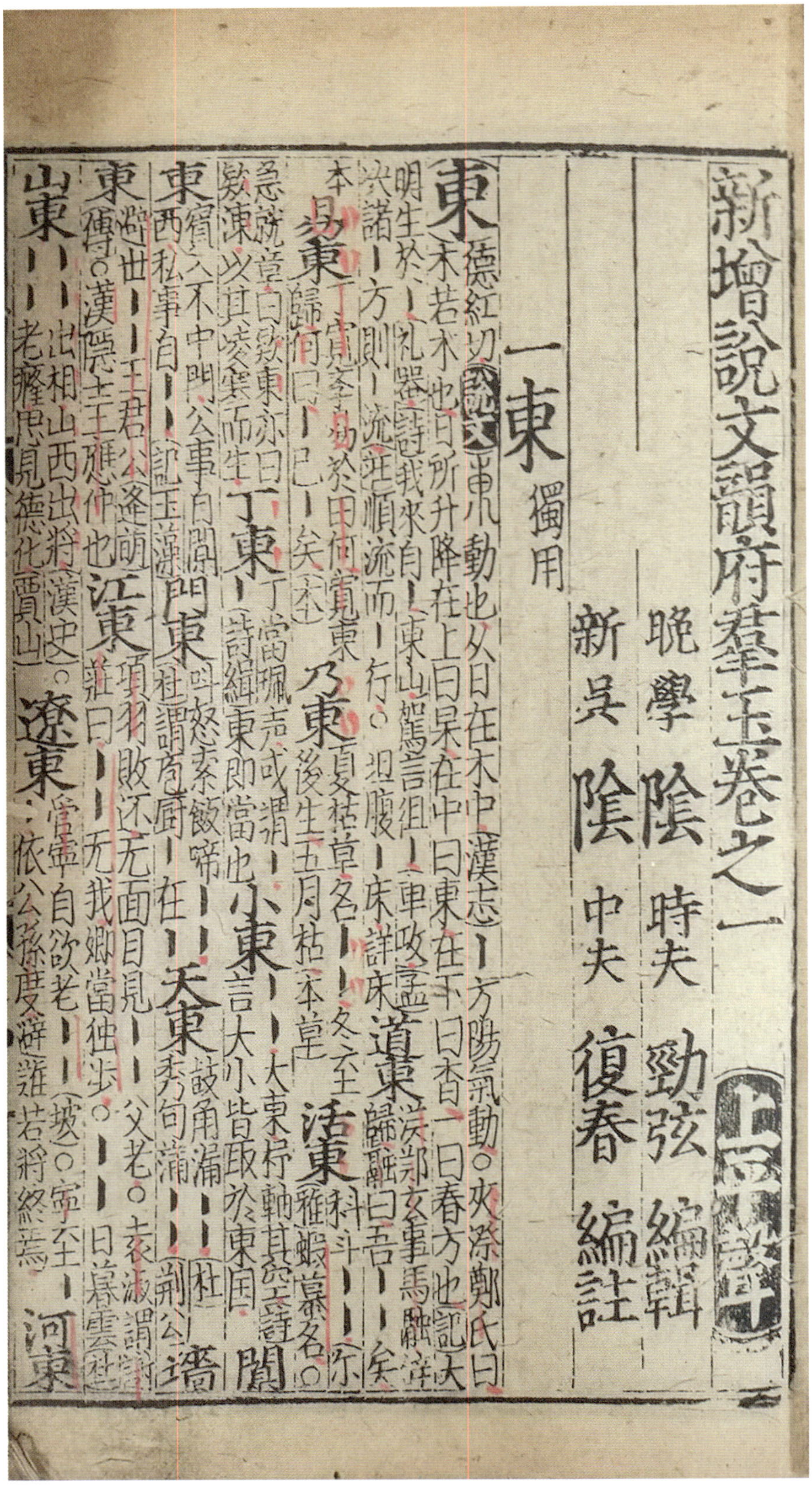

12710 新增說文韻府羣玉二十卷 （元）陰時夫輯 （元）陰中夫注 明天順六年（1462）葉氏南山堂刻本

匡高21.5厘米，廣13.5厘米。半葉十一行，每行字數不等，小字雙行二十九字，黑口，四周雙邊。有"天順壬午孟冬南山書堂新刊"牌記。安徽師範大學圖書館藏。

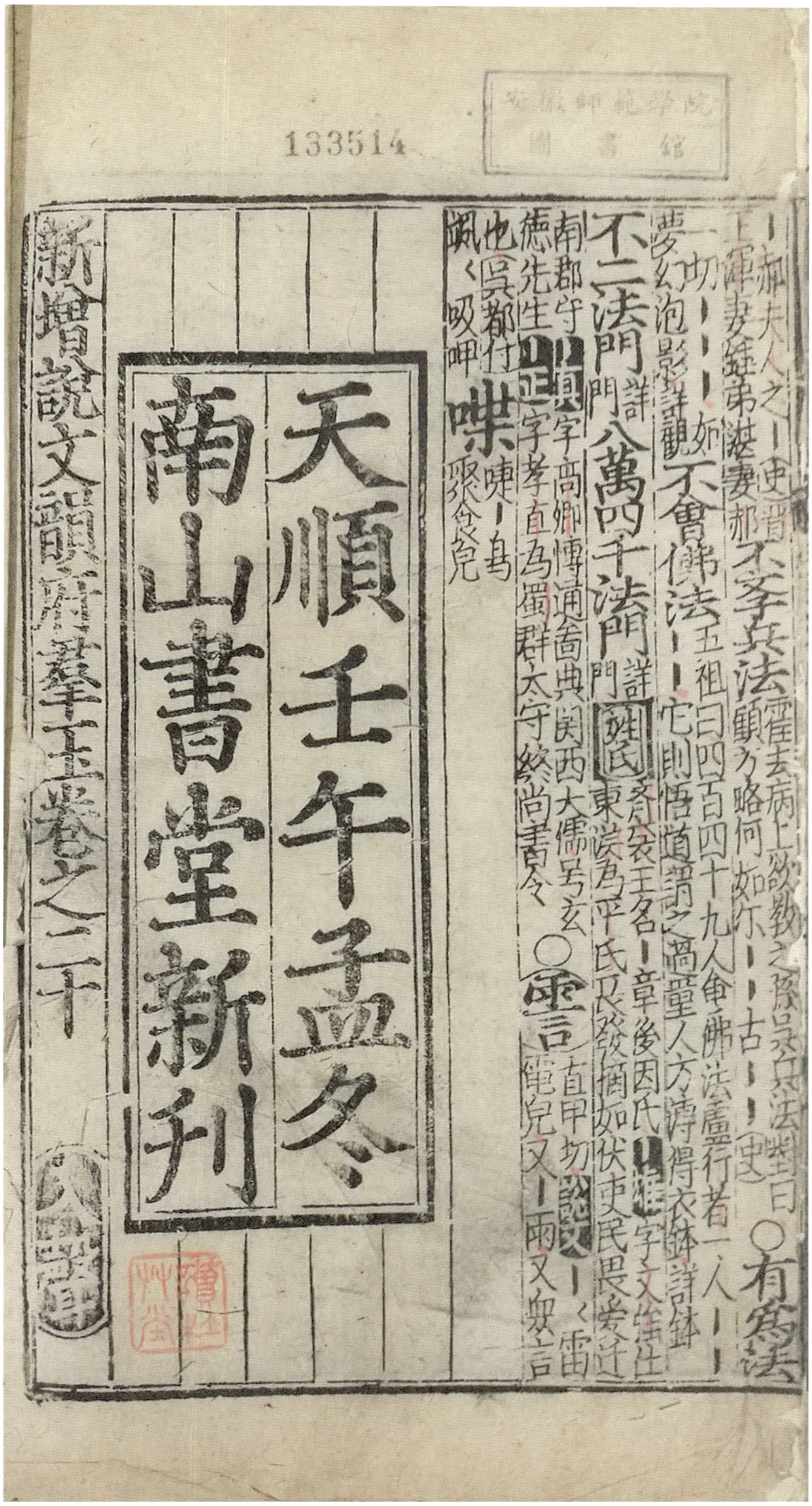

天順壬午孟冬
南山書堂新刊

新增說文韻府羣玉卷之二十

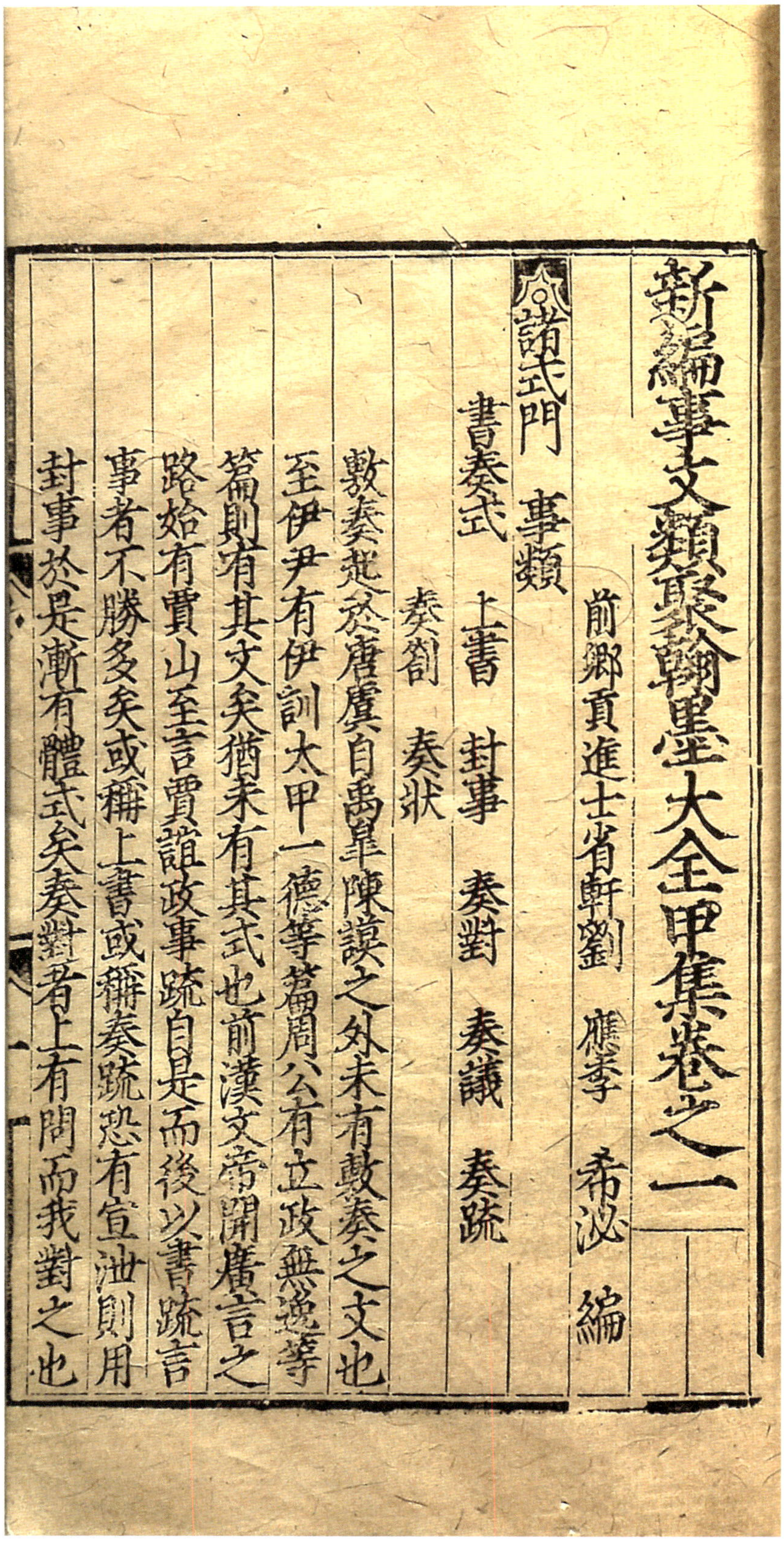
新編事文類聚翰墨大全甲集卷之一
前鄉貢進士省軒劉　應李　希泌　編
諸式門　事類
書奏式　上書　封事　奏對　奏議　奏疏
奏劄　奏狀
敷奏起於唐虞自禹皐陳謨之外未有敷奏之文也
至伊尹有伊訓太甲一德等篇周公有立政無逸等
篇則有其文矣猶未有其式也前漢文帝開廣言之
路始有賈山至言賈誼政事疏自是而後以書疏言
事者不勝多矣或稱上書或稱奏疏恐有宜泄則用
封事於是漸有體式矣奏對者上有問而我對之也

12711 新編事文類聚翰墨大全甲集十二卷乙集十八卷丙集十四卷丁集十一卷戊集十三卷己集十二卷庚集十五卷辛集十六卷壬集十七卷癸集十七卷後甲集十五卷後乙集十三卷後丙集十二卷後丁集十四卷後戊集九卷　（元）劉應李輯　明刻本

匡高15.8厘米，廣10.6厘米。半葉十二行，行二十四字，小字雙行同，黑口，四周雙邊。南京圖書館藏。

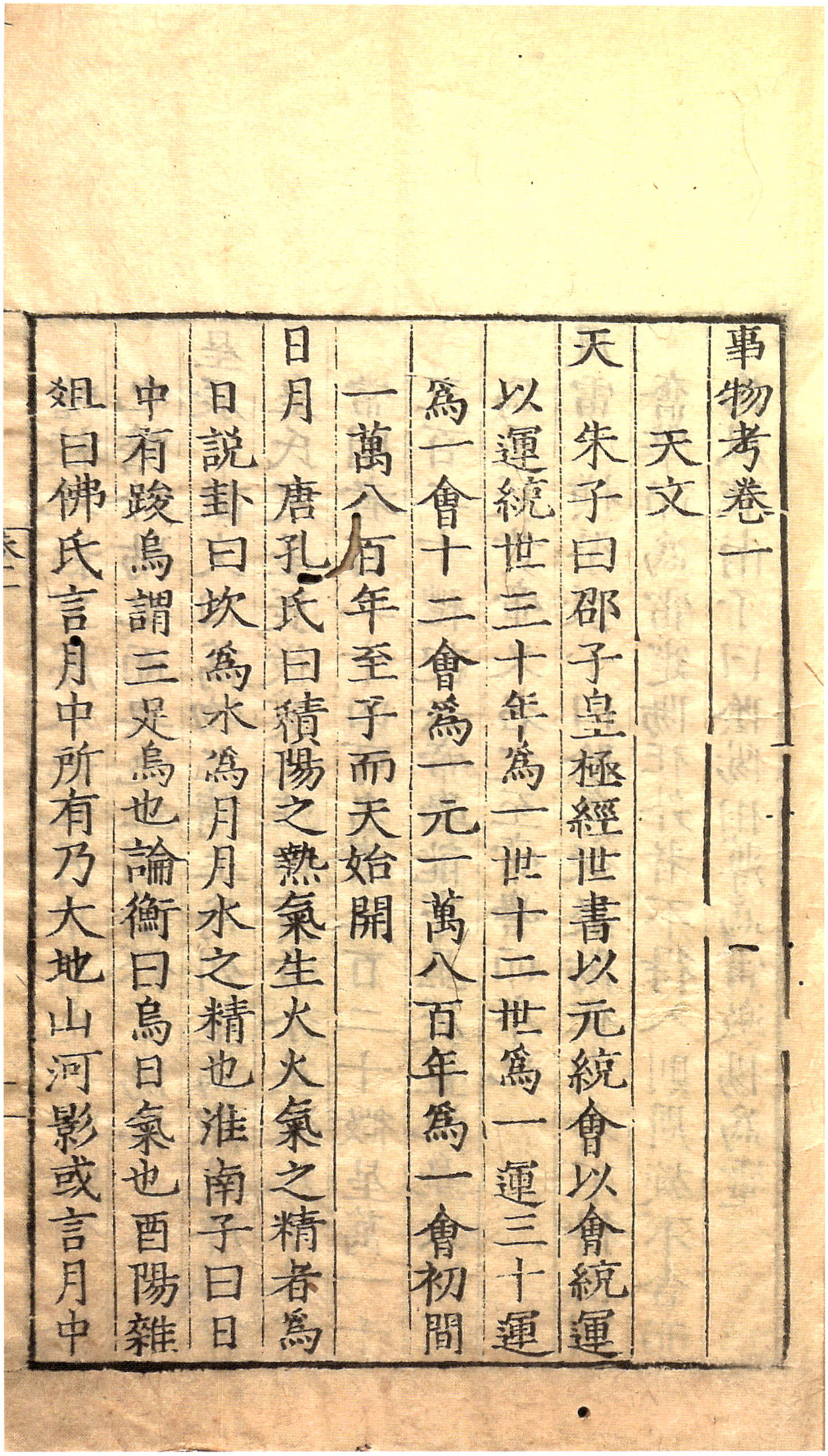

事物考卷一

天文

天朱子曰邵子皇極經世書以元統會以會統運以運統世三十年爲一世十二世爲一運三十運爲一會十二會爲一元一萬八百年爲一會初間一萬八百年至子而天始開

日月唐孔氏曰積陽之熱氣生火火氣之精者爲日說卦曰坎爲水爲月月水之精也淮南子曰日中有踆烏謂三足烏也論衡曰烏日氣也酉陽雜俎曰佛氏言月中所有乃大地山河影或言月中

12712 事物考八卷　（明）王三聘輯　明嘉靖四十二年（1563）何起鳴刻本

匡高18.8厘米，廣13.7厘米。半葉十行，行二十字，白口，四周單邊。南京圖書館藏。

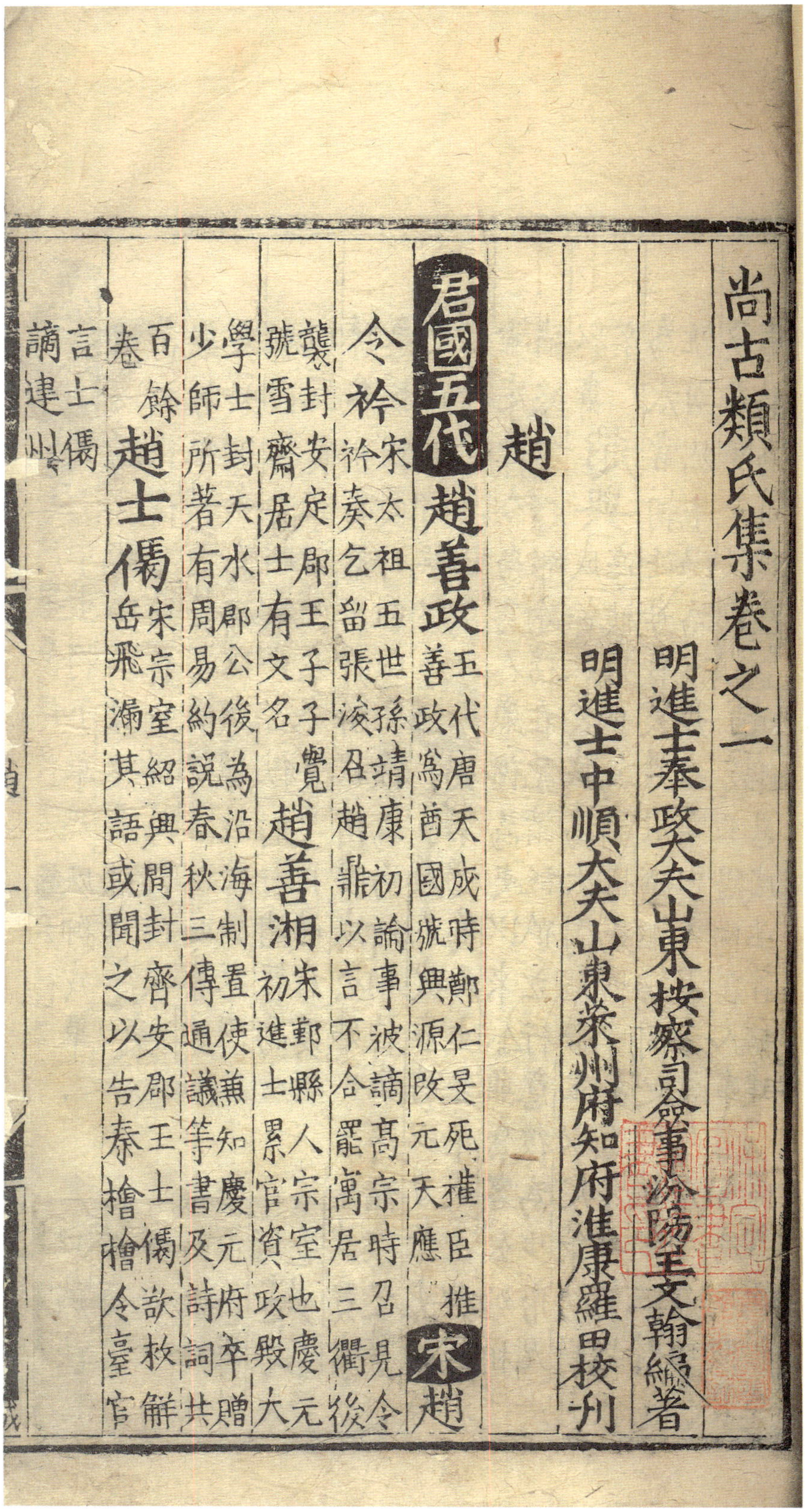

尚古類氏集卷之一
明進士奉政大夫山東按察司僉事汾陽王文翰編著
明進士中順大夫山東萊州府知府淮康羅田校刊
趙
君國五代 趙善政 五代唐天成時鄭仁旻死，權臣推善政爲酋，國號興源，改元天應。宋 趙
令衿 宋太祖五世孫，靖康初論事被謫，高宗時召見，令衿奏乞留張浚，召趙鼎，以言不合罷，寓居三衢。後
襲封安定郡王，子子覺。趙善湘 宋鄞縣人，宗室也，慶元初進士，累官資政殿大
學士，封天水郡公，後爲沿海制置使兼知慶元府，卒贈少師。所著有周易約説、春秋三傳通議等書及詩詞共
號雪齋居士，有文名。
百餘卷。趙士㒟 宋宗室，紹興間封齊安郡王，士㒟款救岳飛，濒其語，或聞之，以告秦檜，檜令臺官
言士㒟
謫建州

12713 **尚古類氏集十二卷** （明）王文翰輯 明隆慶羅田刻本

匡高27厘米，廣17.7厘米。半葉十行，行二十二字，小字雙行同，黑口，四周雙邊。保定市圖書館藏。

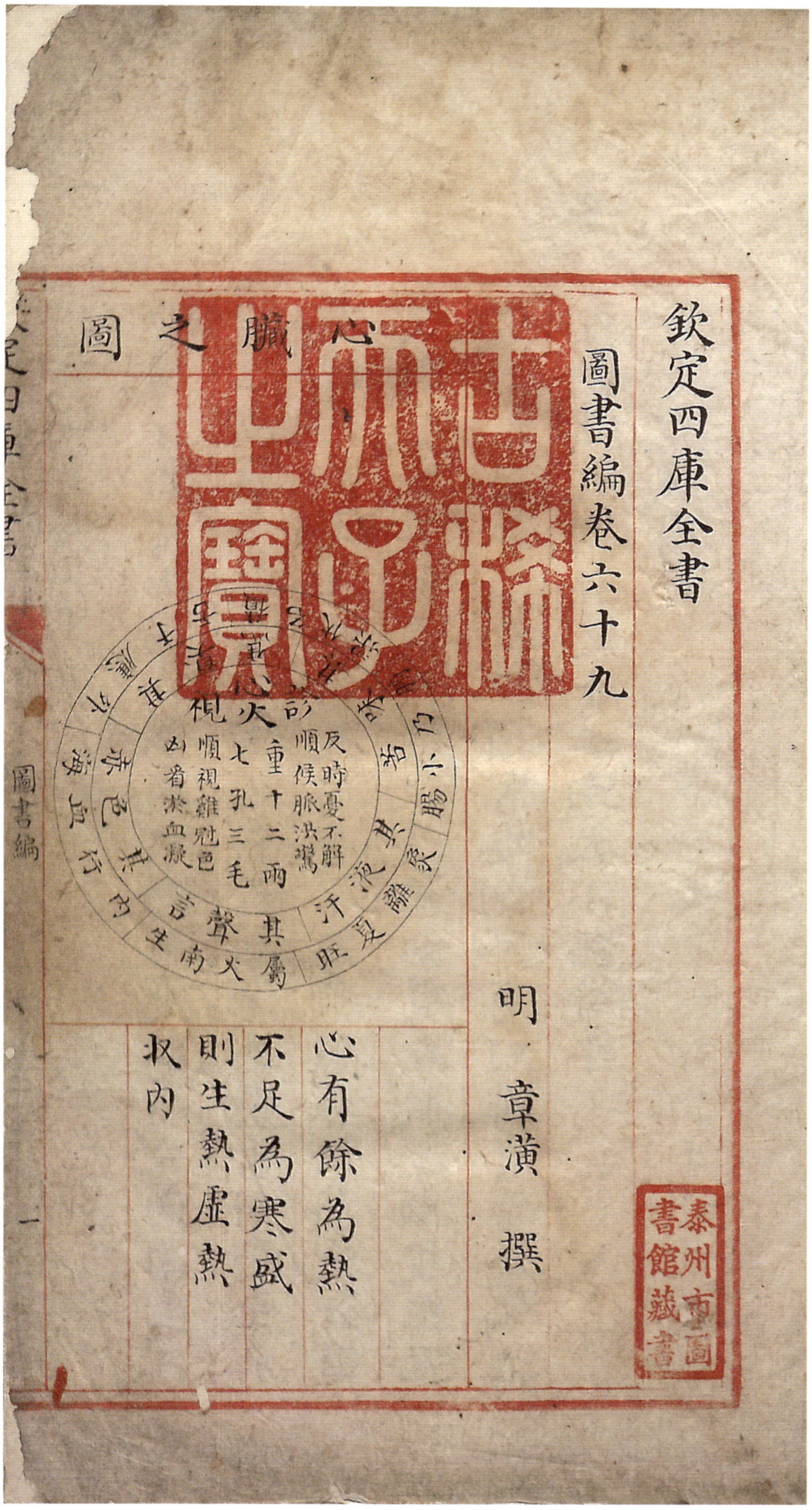

12714 圖書編一百二十七卷 （明）章潢撰　清乾隆内府寫南三閣四庫全書本

匡高20.7厘米，廣13.7厘米。半葉八行，行二十一字，小字雙行同，白口，四周雙邊。有“古稀天子之寶”等印。泰州市圖書館藏，存二卷。

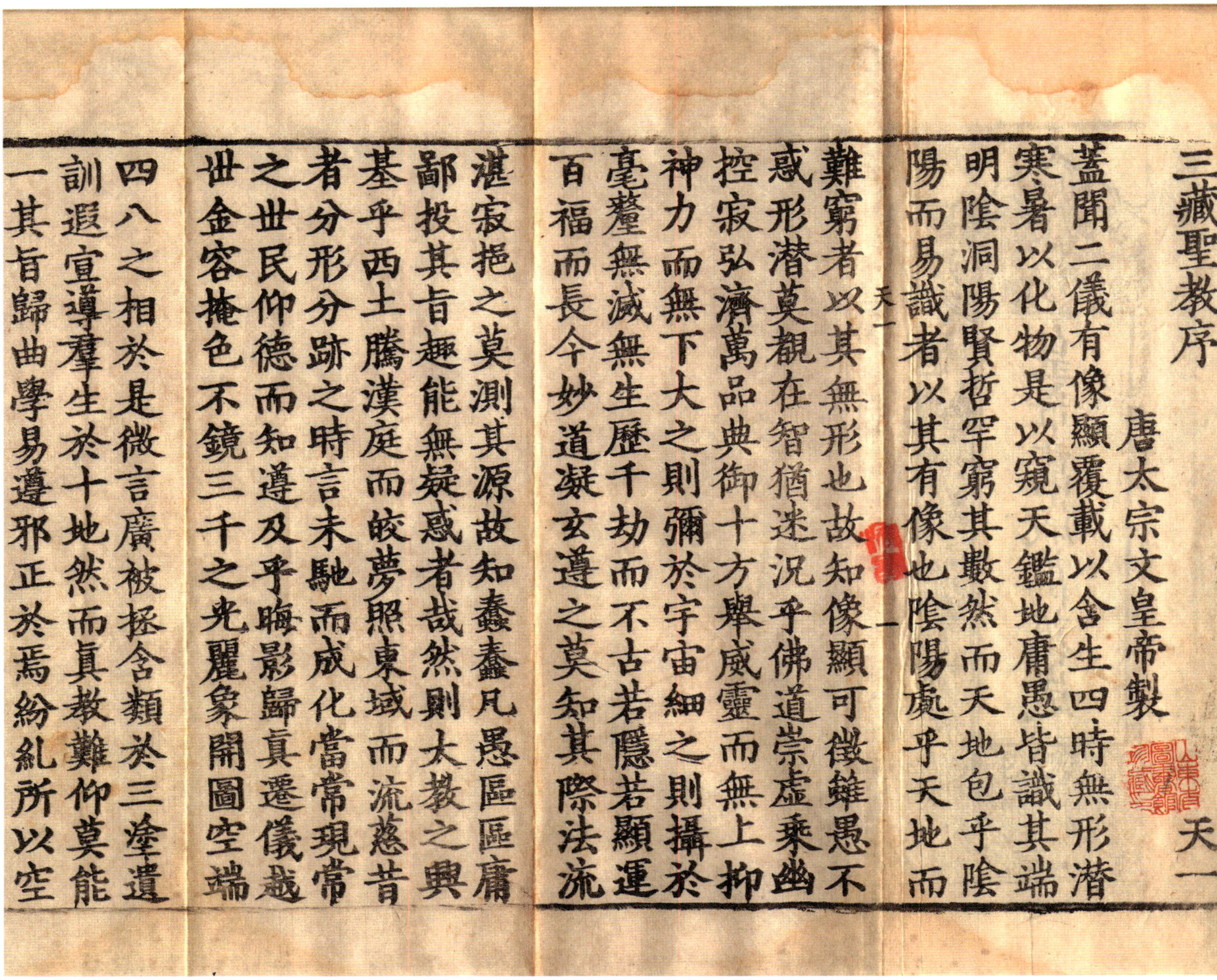
三藏聖教序　天一
唐太宗文皇帝製
蓋聞二儀有像顯覆載以含生四時無形潛
寒暑以化物是以窺天鑑地庸愚皆識其端
明陰洞陽賢哲罕窮其數然而天地包乎陰
陽而易識者以其有像也陰陽處乎天地而
天一　一
難窮者以其無形也故知像顯可徵雖愚不
惑形潛莫覩在智猶迷況乎佛道崇虛乘幽
控寂弘濟萬品典御十方舉威靈而無上抑
神力而無下大之則彌於宇宙細之則攝於
毫釐無滅無生歷千劫而不古若隱若顯運
百福而長今妙道凝玄遵之莫知其際法流
湛寂挹之莫測其源故知蠢蠢凡愚區區庸
鄙投其旨趣能無疑惑者哉然則大教之興
基乎西土騰漢庭而皎夢照東域而流慈昔
者分形分跡之時言未馳而成化當常現常
之世民仰德而知遵及乎晦影歸真遷儀越
世金容掩色不鏡三千之光麗象開圖空端
四八之相於是微言廣被拯含類於三途遺
訓遐宣導羣生於十地然而真教難仰莫能
一其旨歸曲學易遵邪正於焉紛糺所以空

12715 永樂南藏六千三百三十一卷 明永樂十至十五年（1412—1417）

刻嘉靖補刻本

經摺裝。開本高35.5厘米，廣11.4厘米。匡高24.2厘米。半葉六行，行十七字。山東省圖書館藏，存五千三百五十册。

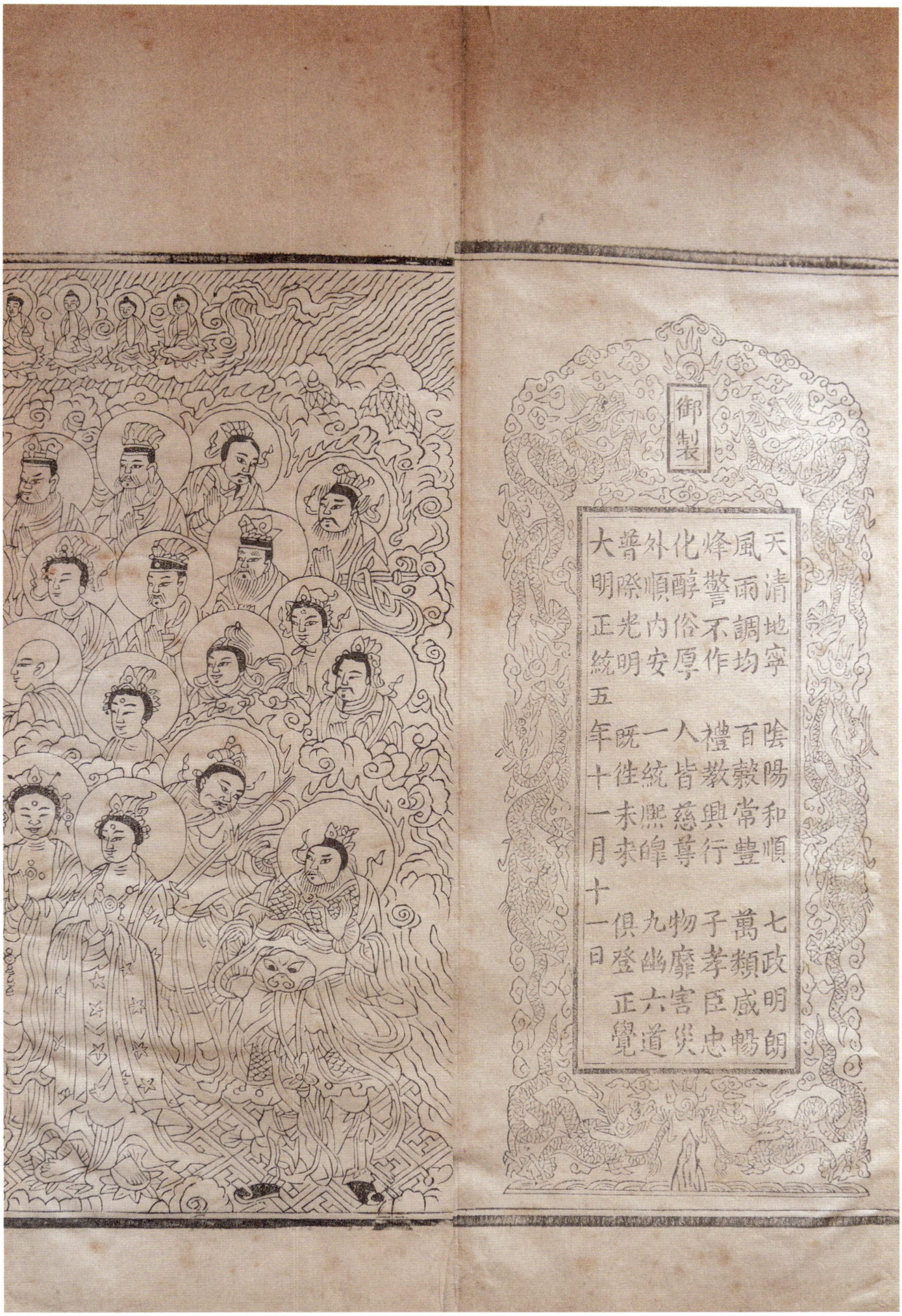

12716 永樂北藏六千三百六十一卷續藏四百十卷 明永樂十九年至正統五年（1421—1440）刻萬曆十二年（1584）續刻本

經摺裝。開本高37.5厘米，廣13厘米。匡高27.7厘米。半葉五行，行十七字。瀋陽市慈恩寺藏，存六千七百十六册。

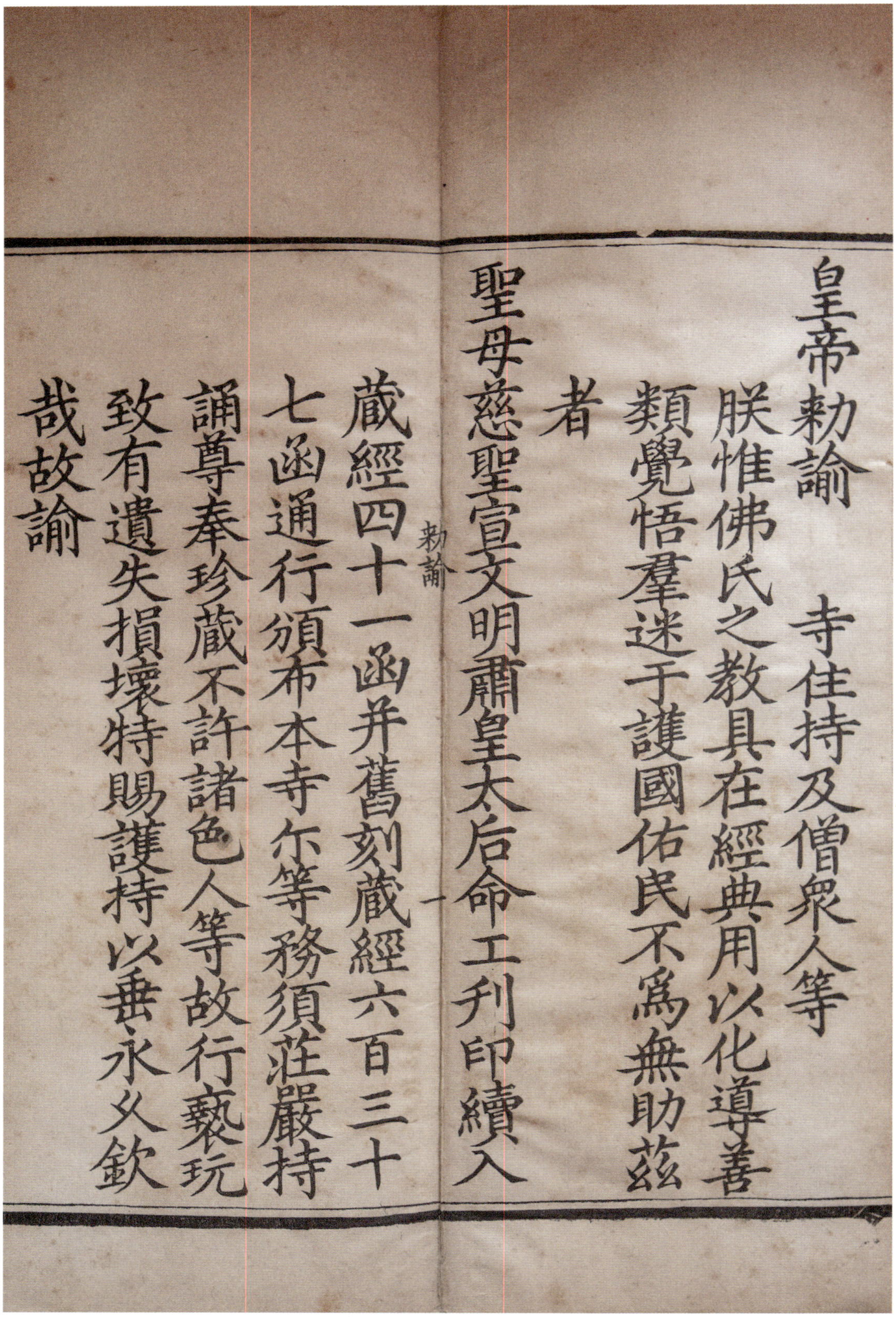

皇帝勑諭　寺住持及僧衆人等
朕惟佛氏之教具在經典用以化導善
類覺悟羣迷于護國佑民不爲無助茲
者
聖母慈聖宣文明肅皇太后命工刋印續入
藏經四十一函并舊刻藏經六百三十
七函通行頒布本寺尓等務須莊嚴持
誦尊奉珍藏不許諸色人等故行褻玩
致有遺失損壞特賜護持以垂永久欽
哉故諭

勑諭　一

12716 永樂北藏六千三百六十一卷續藏四百十卷

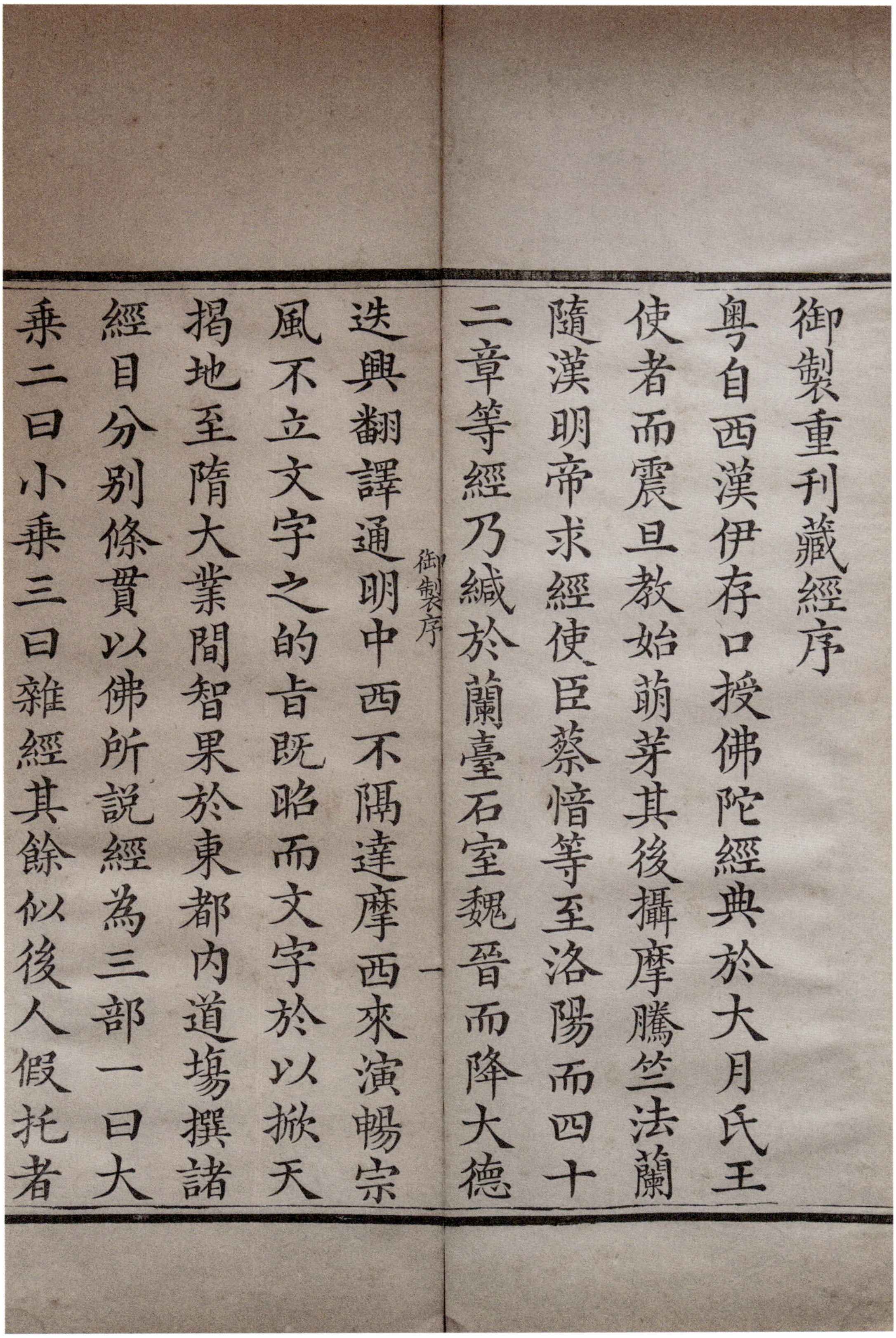

御製重刊藏經序

粤自西漢伊存口授佛陀經典於大月氏王使者而震旦教始萌芽其後攝摩騰竺法蘭隨漢明帝求經使臣蔡愔等至洛陽而四十二章等經乃緘於蘭臺石室魏晉而降大德迭興翻譯通明中西不隔達摩西來演暢宗風不立文字之的旨既昭而文字於以掀天揭地至隋大業間智果於東都内道場撰諸經目分別條貫以佛所説經為三部一曰大乘二曰小乘三曰雜經其餘似後人假托者

御製序　一

12717、12718 乾隆版大藏經七千一百六十七卷 清雍正十一年至乾隆三年（1733—1738）刻本

經摺裝。匡高27.5厘米。半葉五行，行十七字。瀋陽市慈恩寺藏，開本高37.5厘米，廣12.4厘米，存七千六十六册；首都圖書館藏，開本高33.9厘米，廣12.8厘米，存六千八百七十五册。

12717、12718 乾隆版大藏經七千一百六十七卷

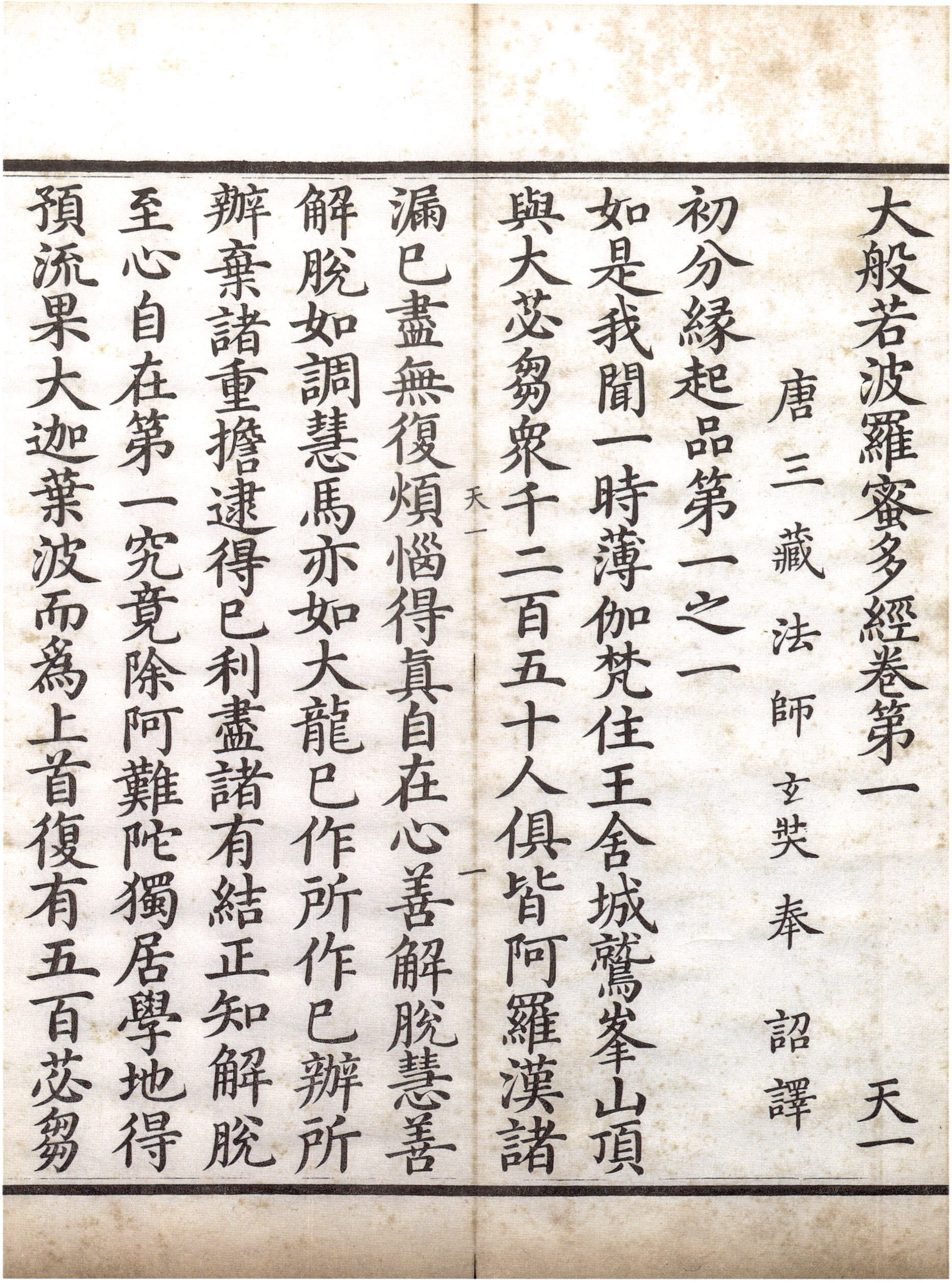

大般若波羅蜜多經卷第一　天一
唐三藏法師玄奘奉　詔譯
初分緣起品第一之一
如是我聞一時薄伽梵住王舍城鷲峯山頂
與大苾芻衆千二百五十人俱皆阿羅漢諸
天一　一
漏已盡無復煩惱得眞自在心善解脫慧善
解脫如調慧馬亦如大龍已作所作已辦所
辦棄諸重擔逮得已利盡諸有結正知解脫
至心自在第一究竟除阿難陀獨居學地得
預流果大迦葉波而爲上首復有五百苾芻

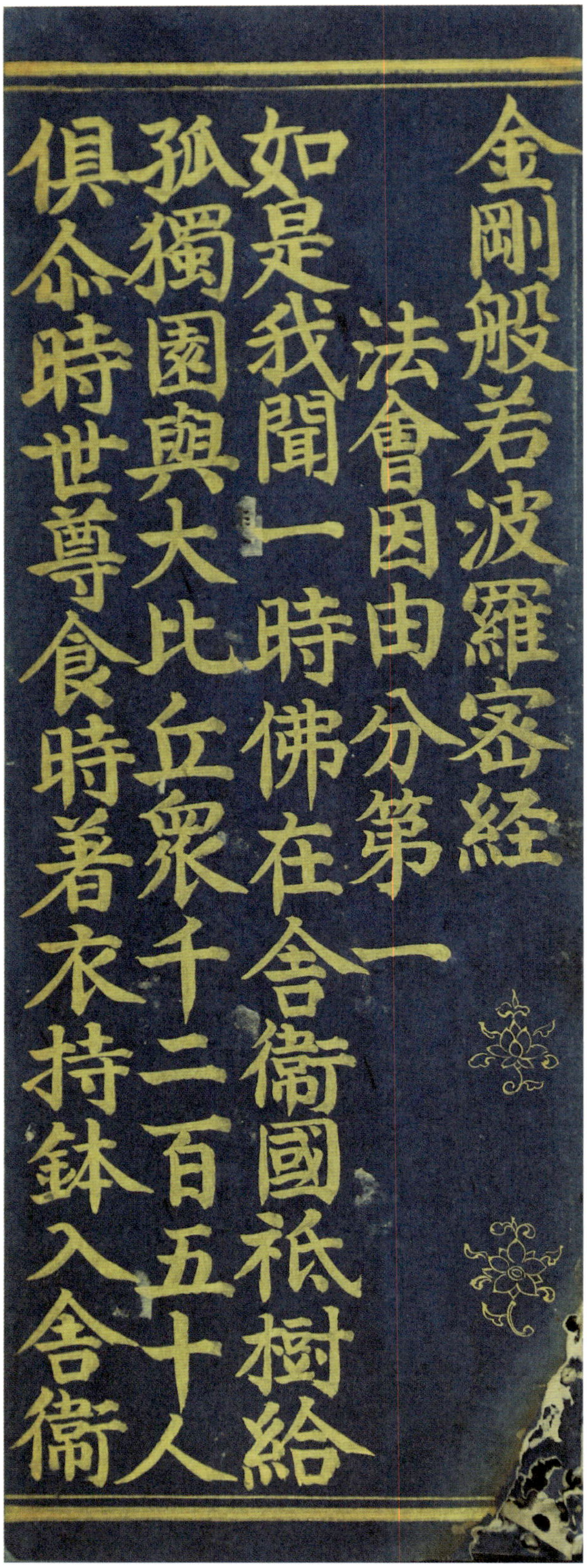
金剛般若波羅密經
法會因由分第一
如是我聞一時佛在舍衛國祇樹給
孤獨園與大比丘衆千二百五十人
俱尒時世尊食時著衣持鉢入舍衛

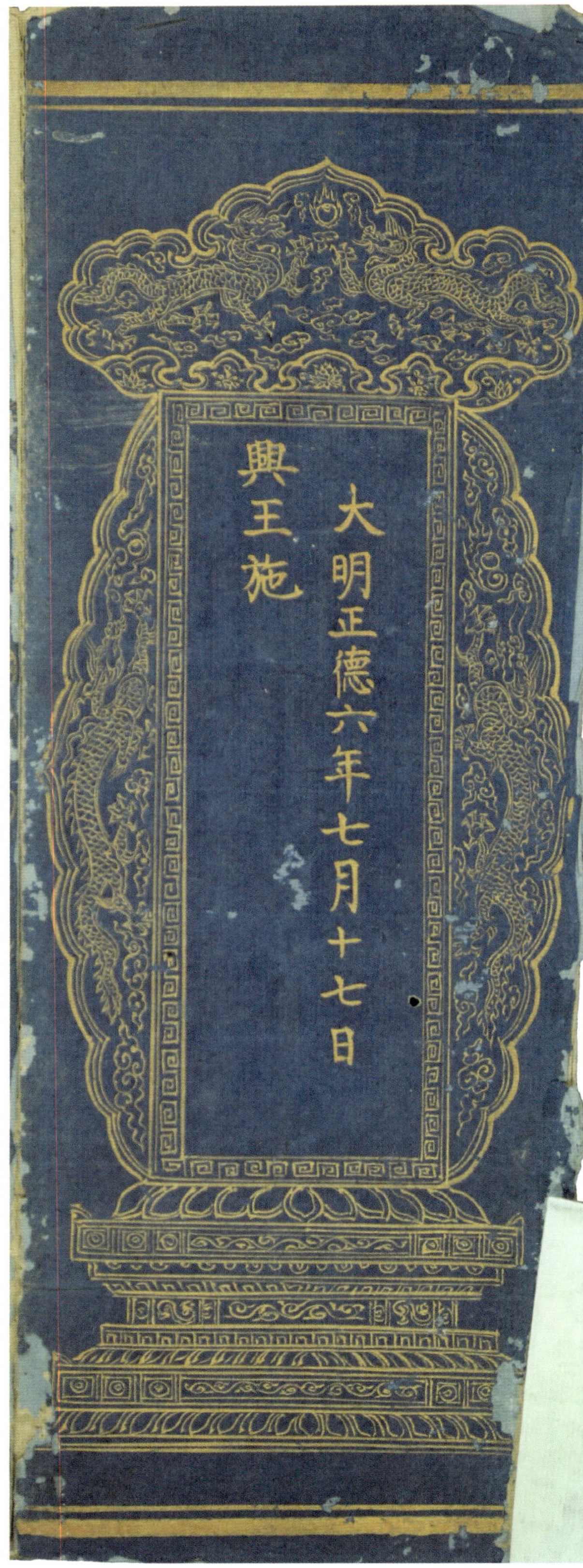
大明正德六年七月十七日
興王施

12719 金剛般若波羅蜜經　（後秦）釋鳩摩羅什譯　明正德六年（1511）

泥金寫本

經摺裝。開本高32.2厘米，廣12.4厘米。匡高30厘米。半葉五行，行十四字。湖北省穀城縣圖書館藏。

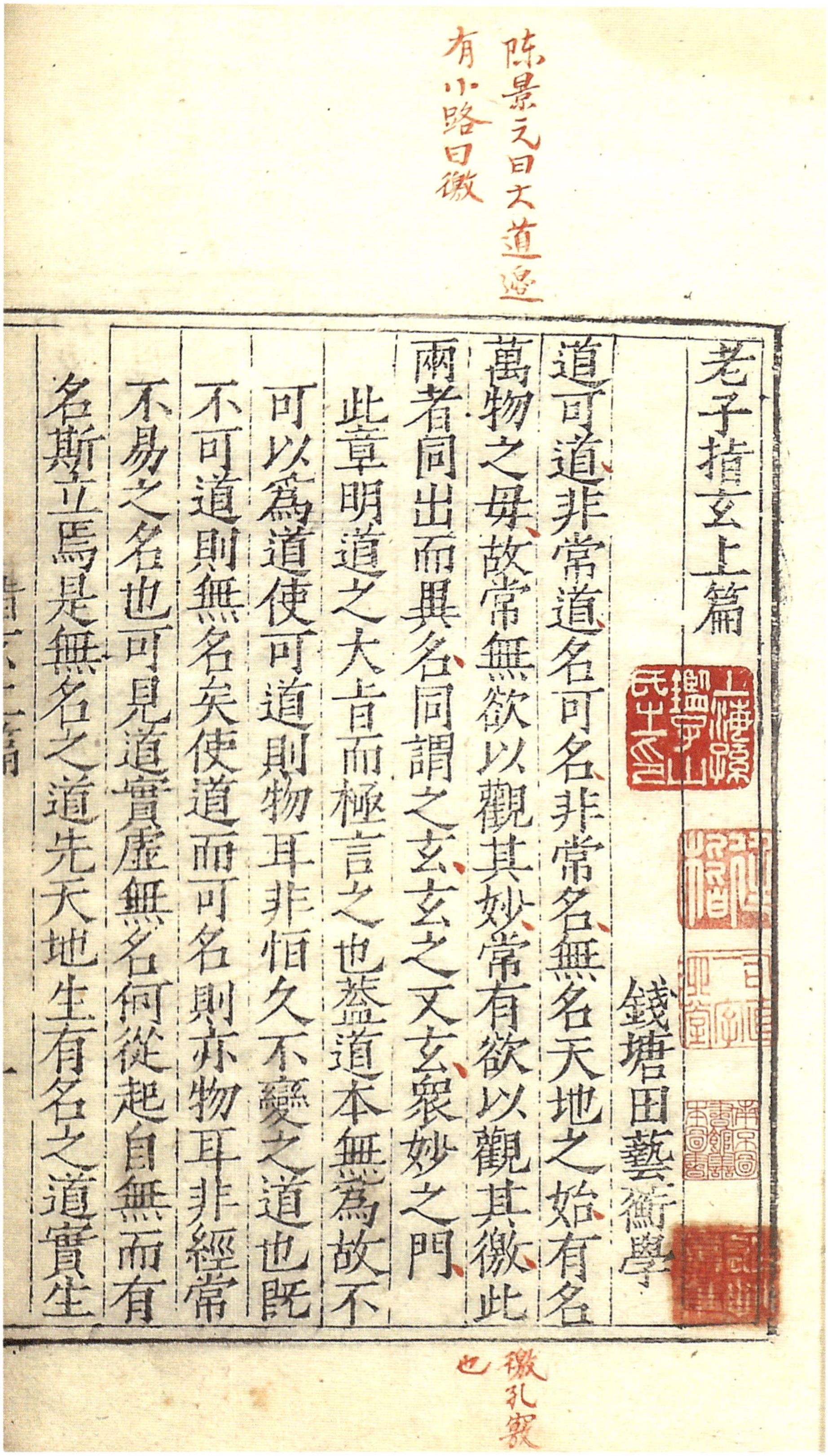

老子指玄上篇

錢塘田藝蘅學

道可道非常道名可名非常名無名天地之始有名萬物之母故常無欲以觀其妙常有欲以觀其徼此兩者同出而異名同謂之玄玄之又玄衆妙之門

此章明道之大旨而極言之也蓋道本無爲故不可以爲道使可道則物耳非恒久不變之道也既不可道則無名矣使道而可名則亦物耳非經常不易之名也可見道實虛無名何從起自無而有名斯立焉是無名之道先天地生有名之道實生

12720 老子指玄二卷　（明）田藝蘅撰　明嘉靖刻本

匡高17厘米，廣13厘米。半葉十行，行二十字，白口，四周雙邊。有“司直一字泗堂”“廷楷”“上海孫鑑子山氏之印”等印。南京圖書館藏。

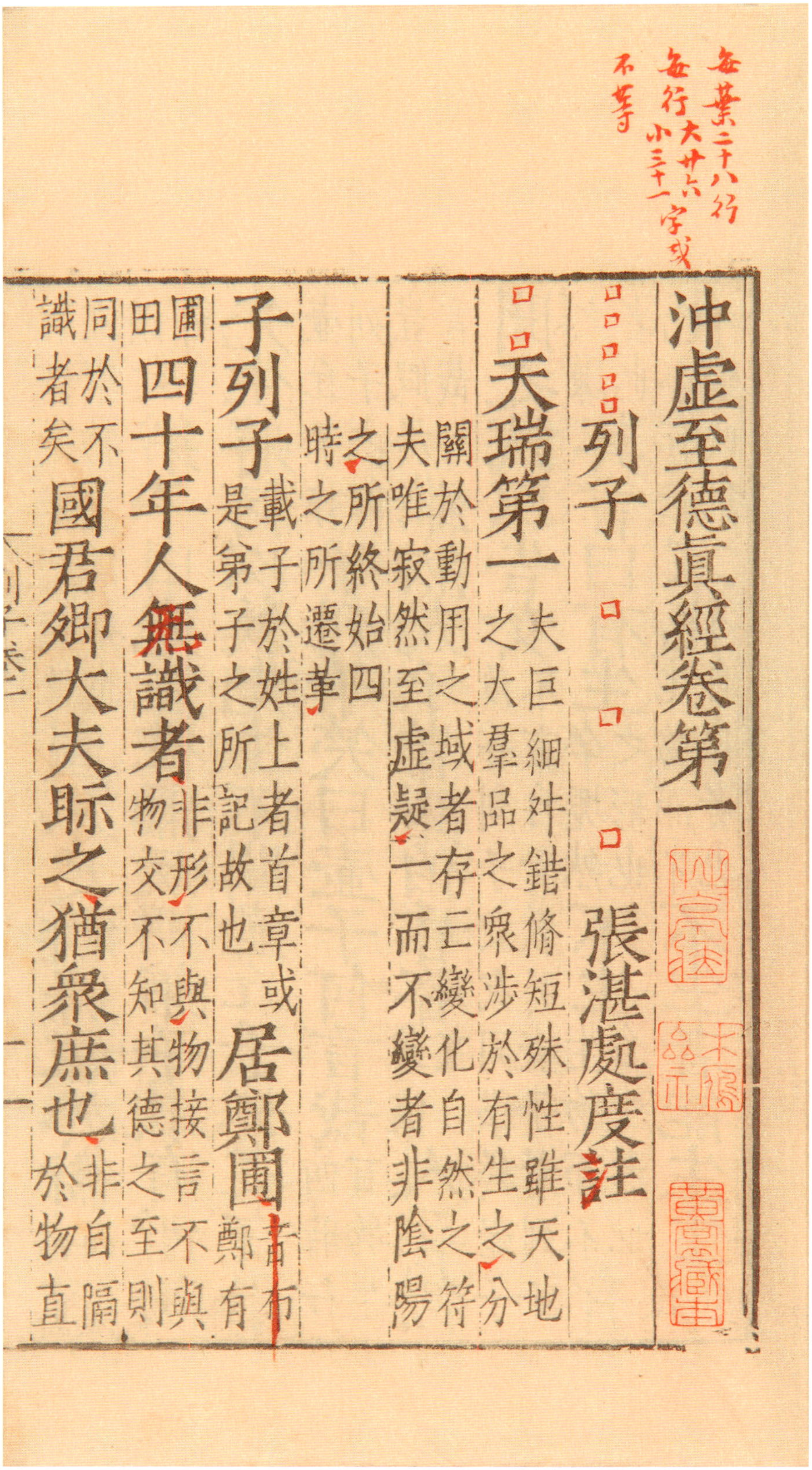

12721 沖虚至德真經八卷　（晉）張湛注　（唐）殷敬順釋文　明刻本

匡高19.9厘米，廣13.5厘米。半葉八行，行十七字，小字雙行同，白口，左右雙邊。有“顧澗蘋手校”“真州吴氏有福讀書堂臧書”“木雁齋”等印。顧廣圻校。上海圖書館藏。

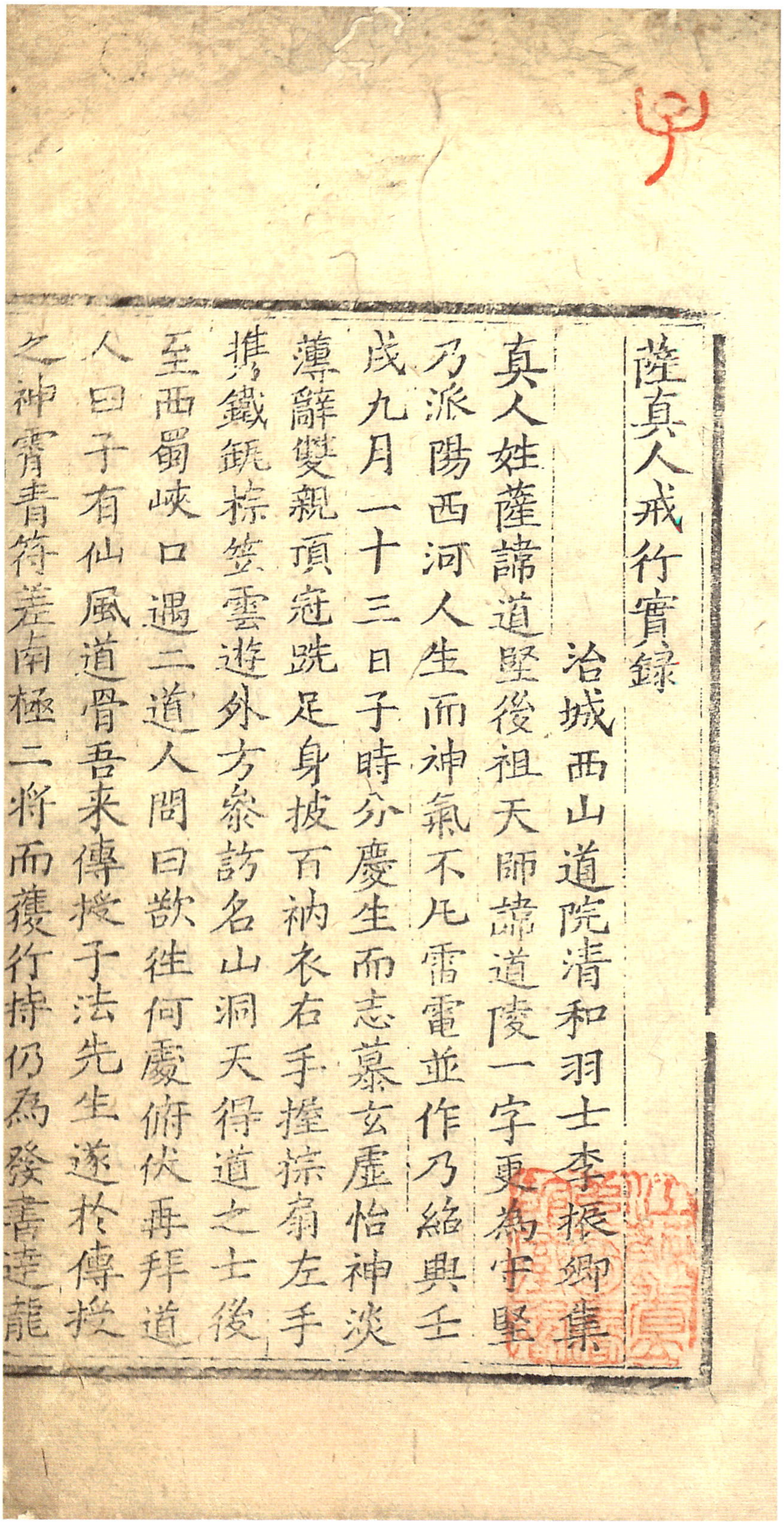
薩真人戒行實録
治城西山道院清和羽士李振卿集
真人姓薩諱道堅後祖天師諱道陵一字更為守堅
乃派陽西河人生而神氣不凡雷電並作乃紹興壬
戌九月一十三日子時分慶生而志慕玄虚怡神淡
薄辭雙親頂冠跣足身披百衲衣右手搖棕扇左手
携鐵瓢棕笠雲遊外方叅訪名山洞天得道之士後
至西蜀峽口遇二道人問曰欲往何處俯伏再拜道
人曰子有仙風道骨吾来傳授子法先生遂於傳授
之神霄青符差南極二將而獲行持仍為發書遣龍

12722 薩真人戒行實録一卷 （明）李振卿輯 明嘉靖二年（1523）韋興刻本

匡高19厘米，廣13.1厘米。半葉十行，行二十字，白口，四周雙邊。南京圖書館藏。

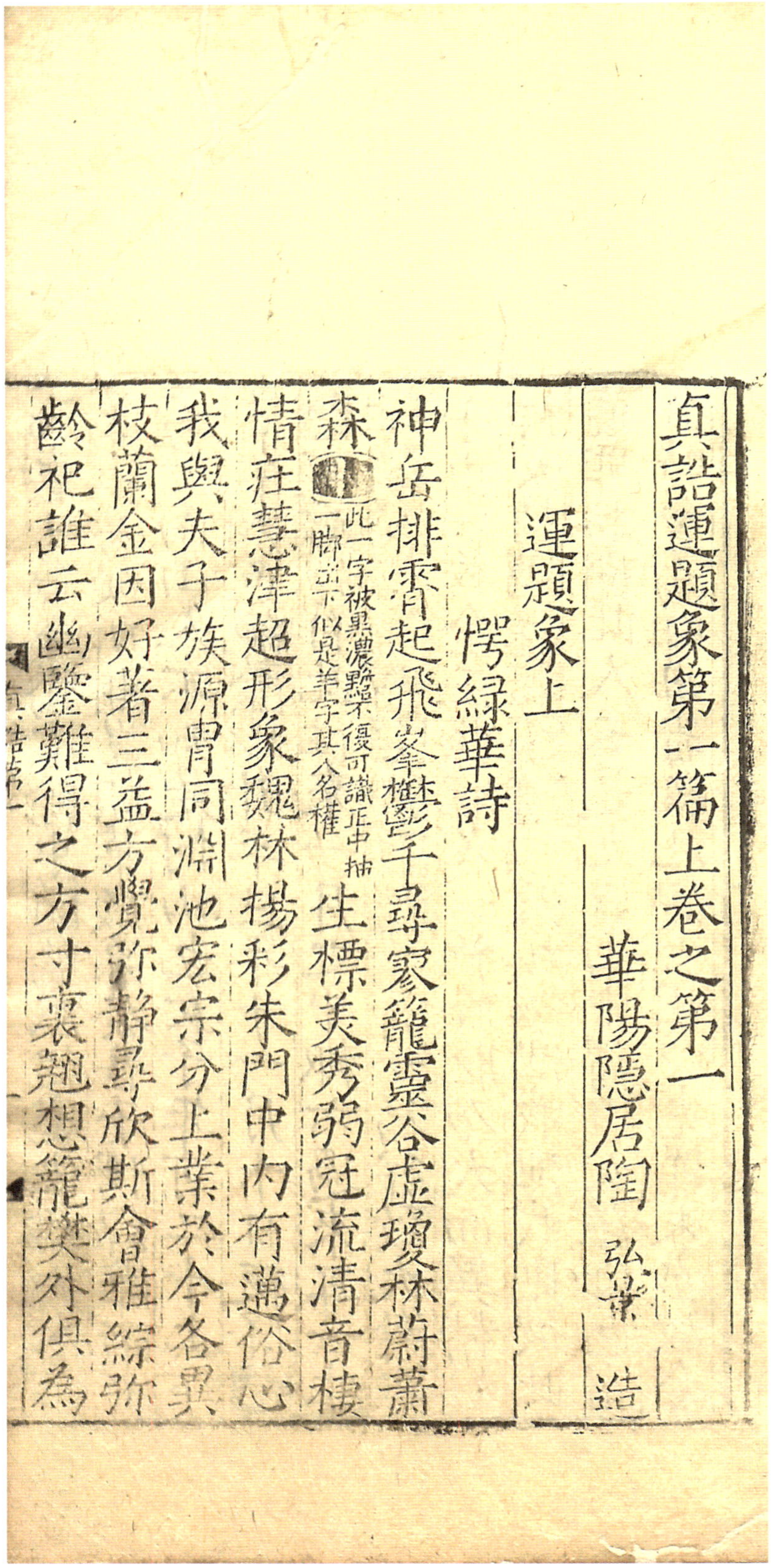
真誥運題象第一篇上卷之第一
華陽隱居陶　弘景　造
運題象上
愕綠華詩
神岳排霄起飛峯鬱千尋寥籠靈谷虛瓊林蔚蕭
森[■]（此一字被墨濃黳不復可識正中抽一脚出下似是華字其人名權）生標美秀弱冠流清音棲
情莊慧津超形象魏林揚彩朱門中內有邁俗心
我與夫子族源胄同淵池宏宗分上業於今各異
枝蘭金因好著三益方覺㳺靜尋欣斯會雅綜彌
齡祀誰云幽鑒難得之方寸裹翹想籠樊外俱為

12723 真誥十卷　（南朝梁）陶弘景撰　明嘉靖元年（1522）韋興刻本

匡高18厘米，廣13.1厘米。半葉十行，行十九字，小字雙行字數不等，白口，左右雙邊。南京圖書館藏，存八卷。

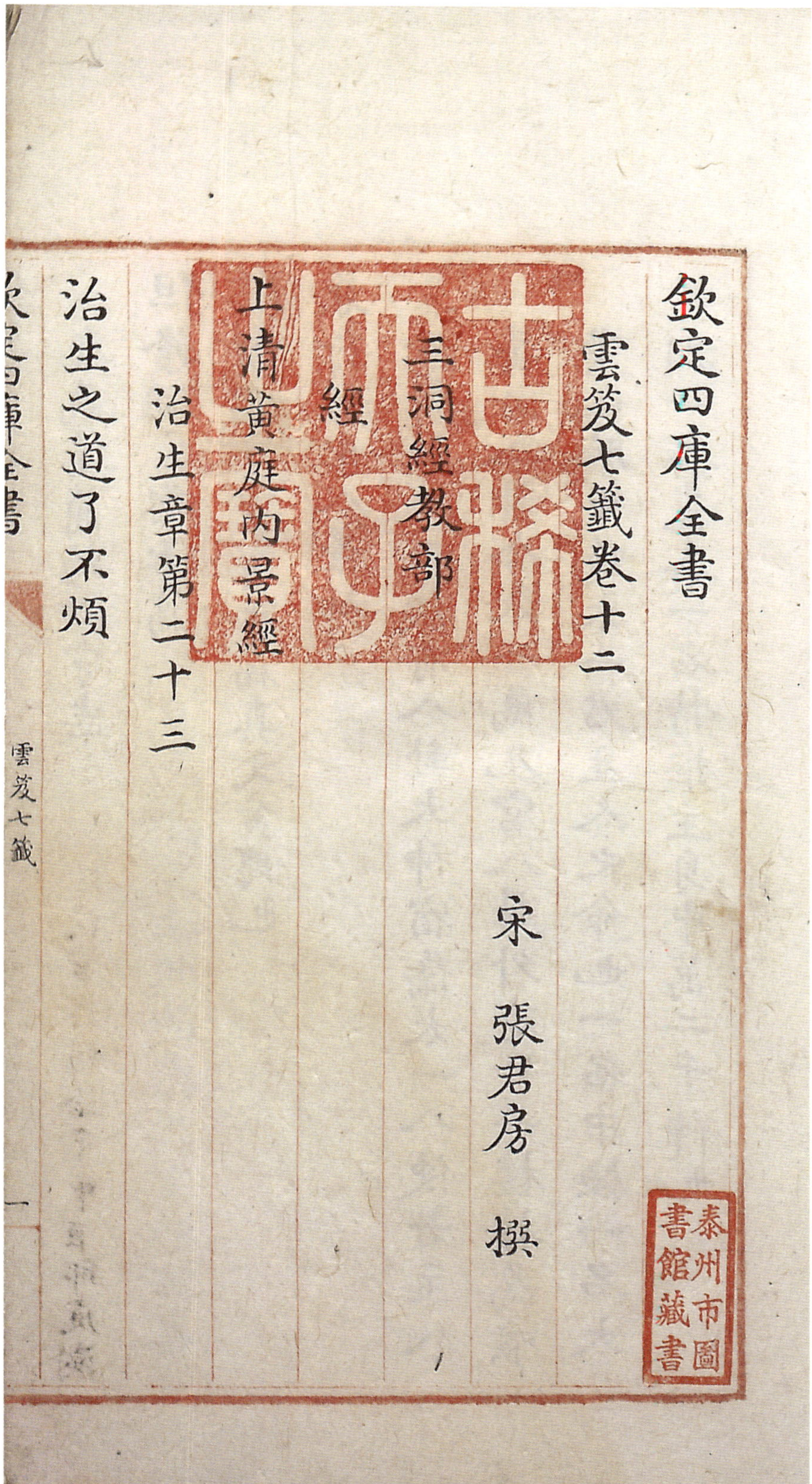
欽定四庫全書
雲笈七籤卷十二
宋 張君房 撰
三洞經教部
經
上清黄庭内景經
治生章第二十三
治生之道了不煩

12724 雲笈七籤一百二十二卷 （宋）張君房撰 清乾隆内府寫南三閣四庫全書本

匡高21厘米，廣13.8厘米。半葉八行，行二十一字，小字雙行同，白口，四周雙邊。有“古稀天子之寶”“乾隆御覽之寶” 等印。泰州市圖書館藏，存一卷。

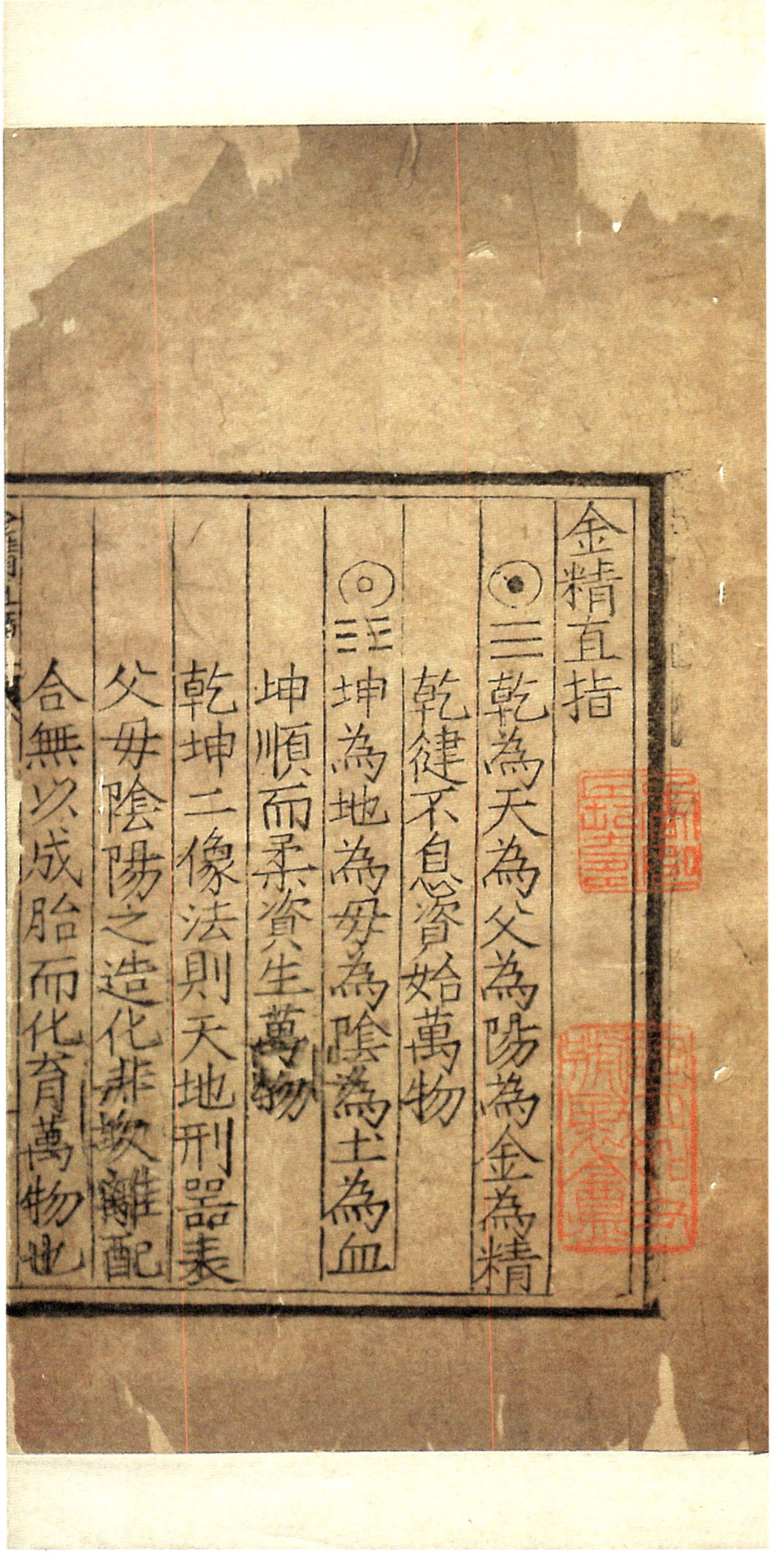

12725 金精直指一卷 明嘉靖三十八年（1559）朱觀熰刻本

匡高11厘米，廣8.5厘米。半葉八行，行十四字，白口，四周雙邊。南京圖書館藏。

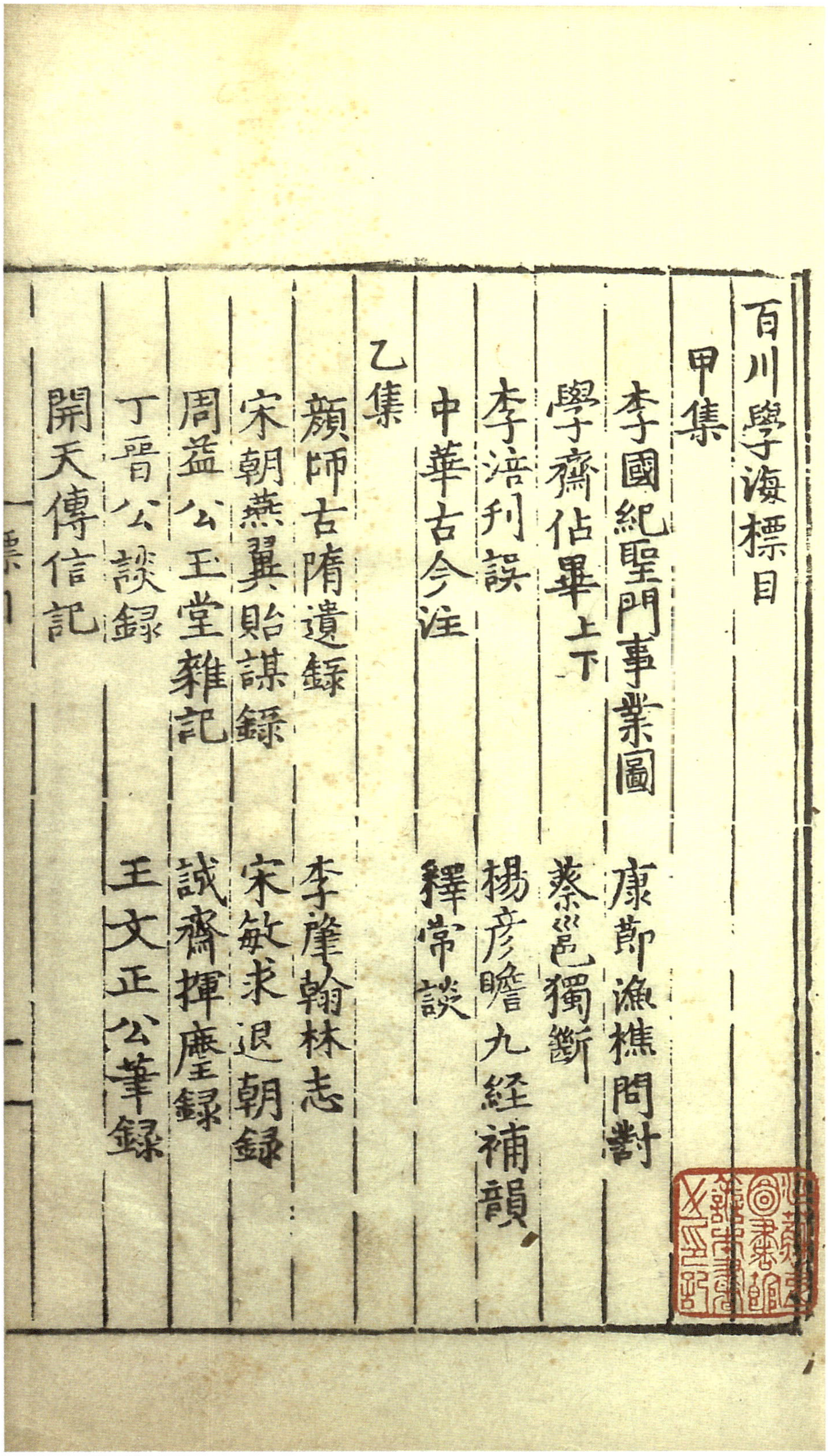

百川學海標目

甲集

李國紀聖門事業圖　康節漁樵問對

學齋佔畢上下　蔡邕獨斷

李涪刊誤　楊彥瞻九經補韻

中華古今注　釋常談

乙集

顔師古隋遺録　李肇翰林志

宋朝燕翼貽謀録　宋敏求退朝録

周益公玉堂雜記　誠齋揮麈録

丁晉公談録　王文正公筆録

開天傳信記

12726 百川學海一百種一百七十九卷　（宋）左圭輯　明弘治十四年（1501）華珵刻本

匡高20厘米，廣14.6厘米。半葉十二行，行二十字，小字雙行同，白口，左右雙邊。丁丙跋。南京圖書館藏。

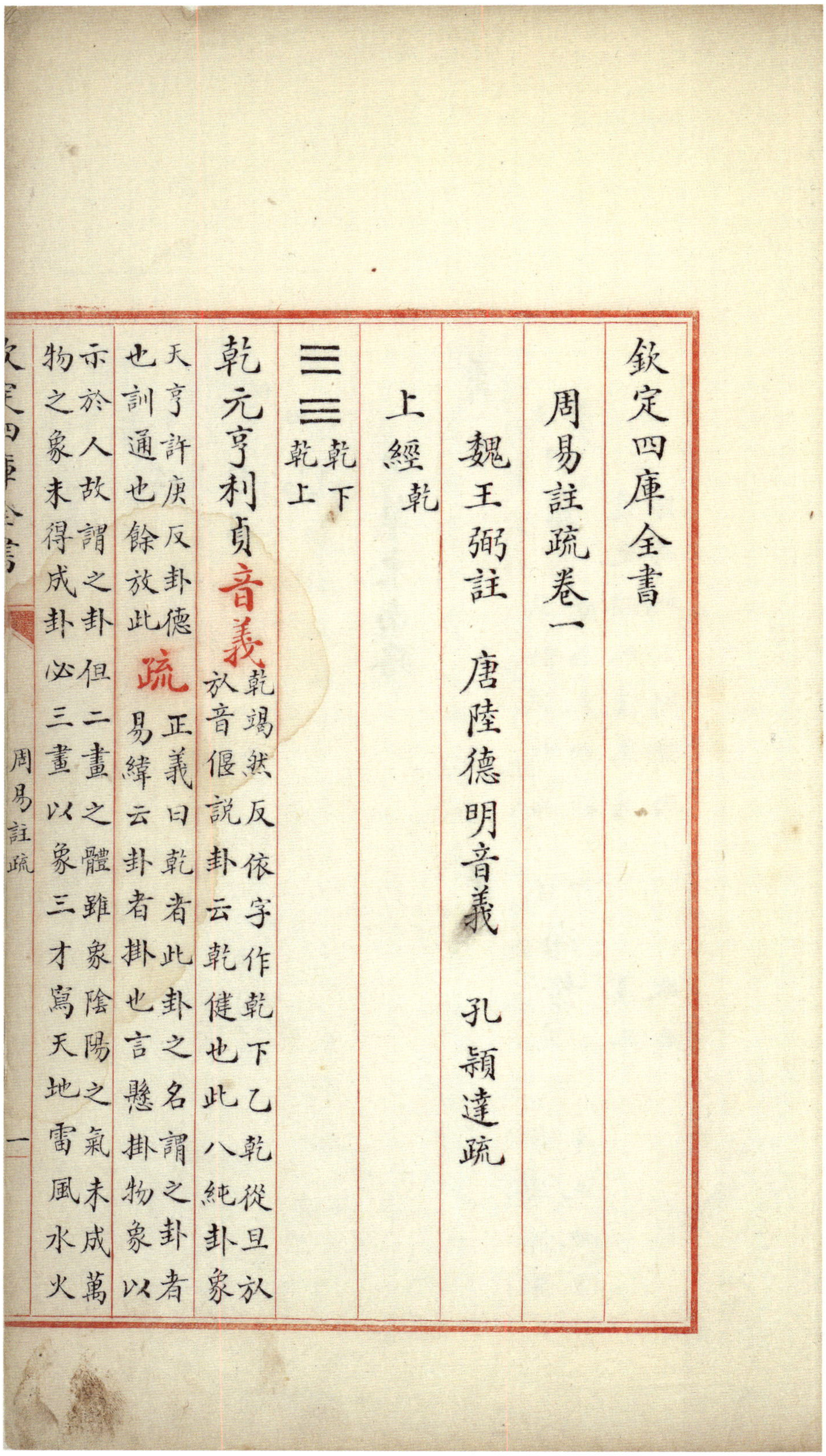

欽定四庫全書

周易註疏卷一

魏王弼註　唐陸德明音義　孔穎達疏

上經乾

☰☰ 乾下 乾上

乾元亨利貞 音義 乾竭然反依字作乾下乙乾從旦𣃦 𣃦音偃說卦云乾健也此八純卦象天亨許庚反卦德也訓通也餘放此 疏 正義曰乾者此卦之名謂之卦者易緯云卦者掛也言懸掛物象以示於人故謂之卦但二畫之體雖象陰陽之氣未成萬物之象未得成卦必三畫以象三才寫天地雷風水火

欽定四庫全書　周易註疏　一

12727 文津閣四庫全書樣本不分卷　清抄本

包背裝。匡高22.2厘米，廣15.2厘米。半葉八行，行二十一字，小字雙行同，白口，四周雙邊。國家圖書館藏。

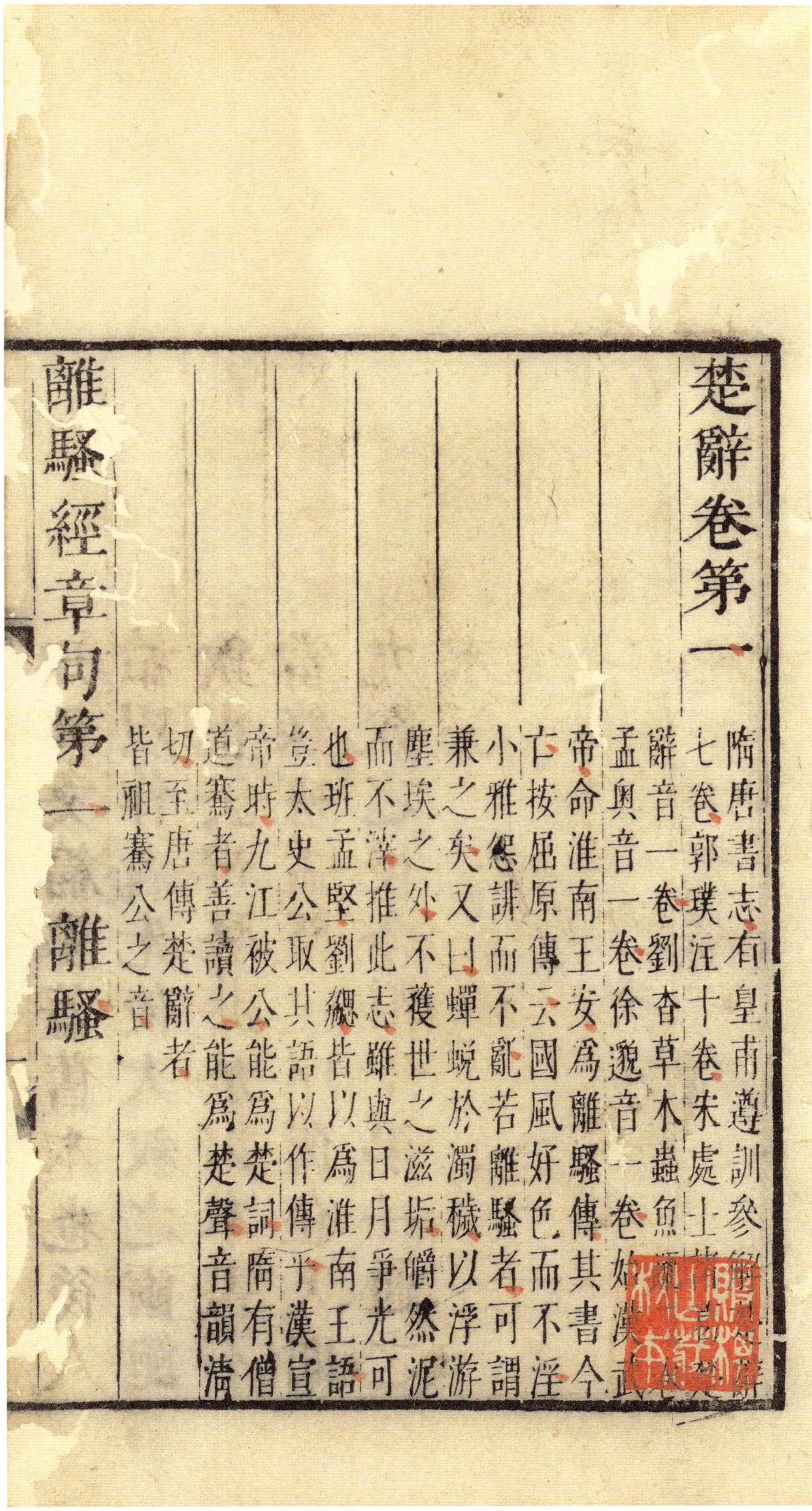
楚辭卷第一

隋唐書志有皇甫遵訓參

七卷郭璞注十卷宋處士

辭音一卷劉杳草木蟲魚

孟奥音一卷徐邈音一卷始漢武

帝命淮南王安爲離騷傳其書今

亡按屈原傳云國風好色而不淫

小雅怨誹而不亂若離騷者可謂

兼之矣又曰蟬蛻於濁穢以浮游

塵埃之外不獲世之滋垢皭然泥

而不滓推此志雖與日月爭光可

也班孟堅劉勰皆以爲淮南王語

豈太史公取其語以作傳乎漢宣

帝時九江被公能爲楚詞隋有僧

道騫者善讀之能爲楚聲音韻清

切至唐傳楚辭者

皆祖騫公之音

離騷經章句第一 離騷

12728 楚辭十七卷 （漢）王逸章句 （宋）洪興祖補注 清初毛氏汲古閣刻寶翰樓印本

匡高18.2厘米，廣13.3厘米。半葉九行，行十五字，小字雙行二十字，白口，左右雙邊。謝章鋌校並跋。福建省圖書館藏。

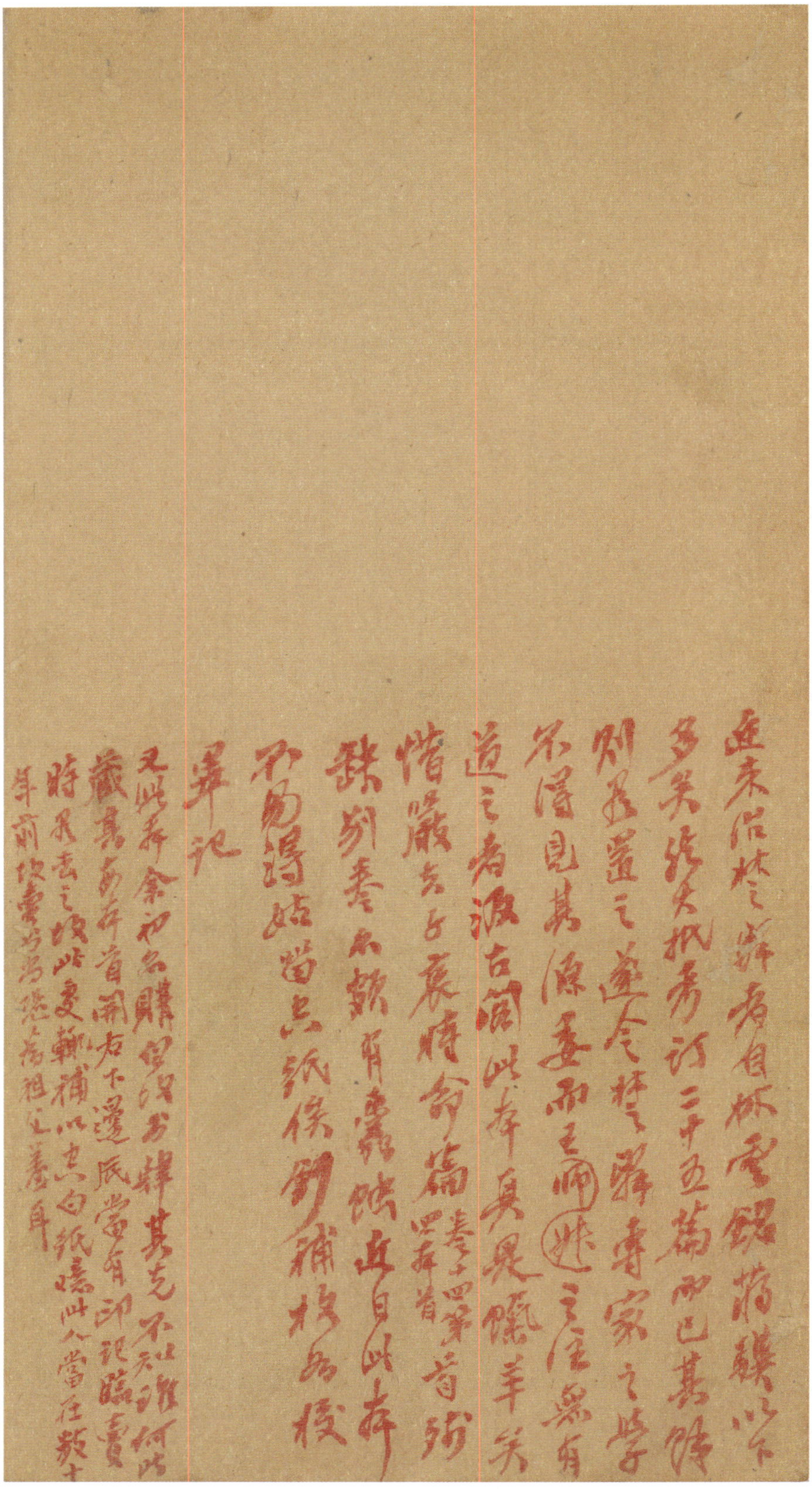

12728 楚辭十七卷

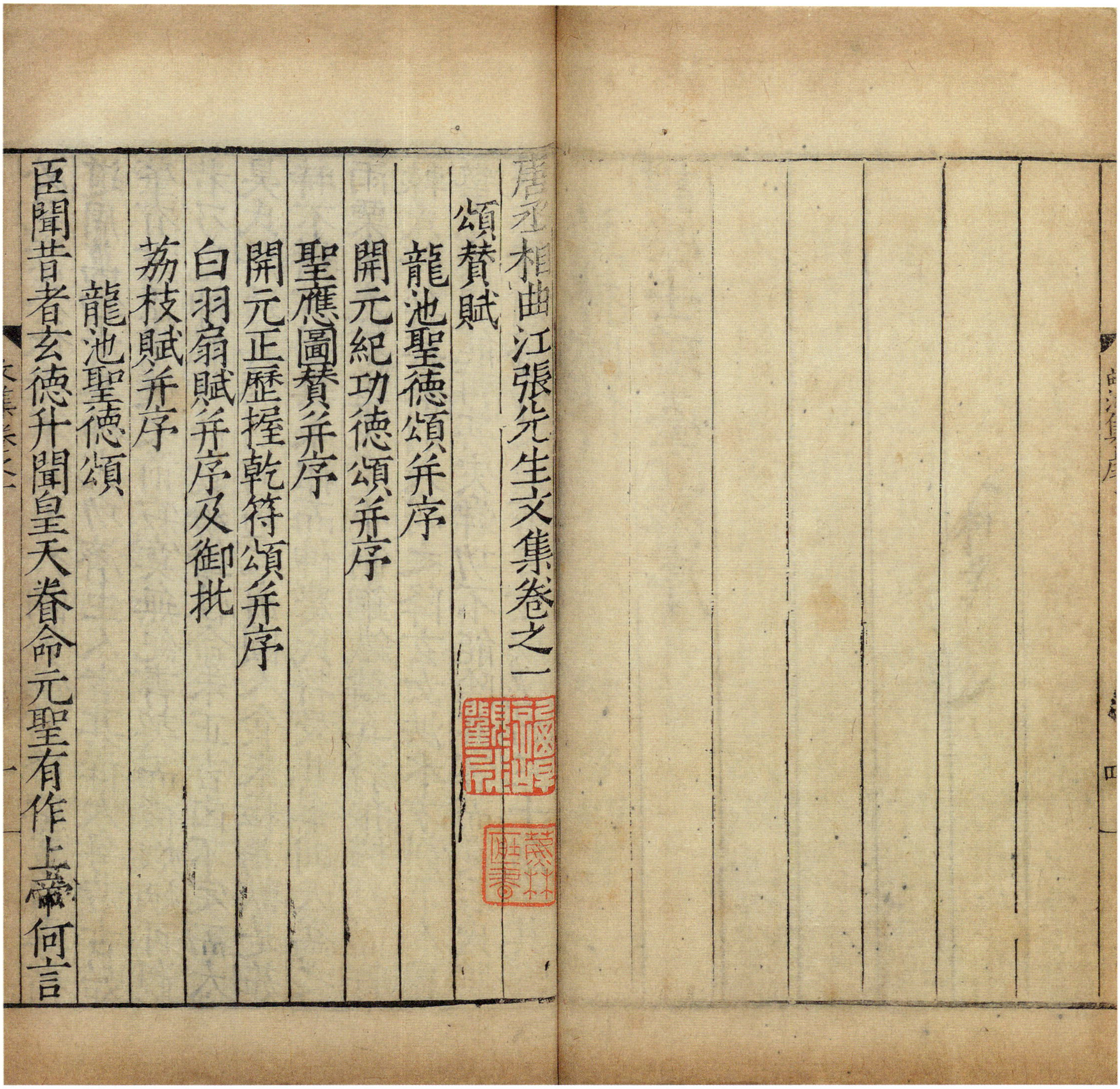
唐丞相曲江張先生文集卷之一

頌賛賦

龍池聖德頌并序

開元紀功德頌并序

聖應圖賛并序

開元正歷握乾符頌并序

白羽扇賦并序及御批

荔枝賦并序

龍池聖德頌

臣聞昔者玄德升聞皇天眷命元聖有作上帝何言

12729 唐丞相曲江張先生文集二十卷 （唐）張九齡撰　明嘉靖十五年（1536）湛若水刻本

匡高20.7厘米，廣13.8厘米。半葉十行，行二十字，小字雙行同，白口，左右雙邊。有“蕉林藏書”等印。廣東省博物館藏。

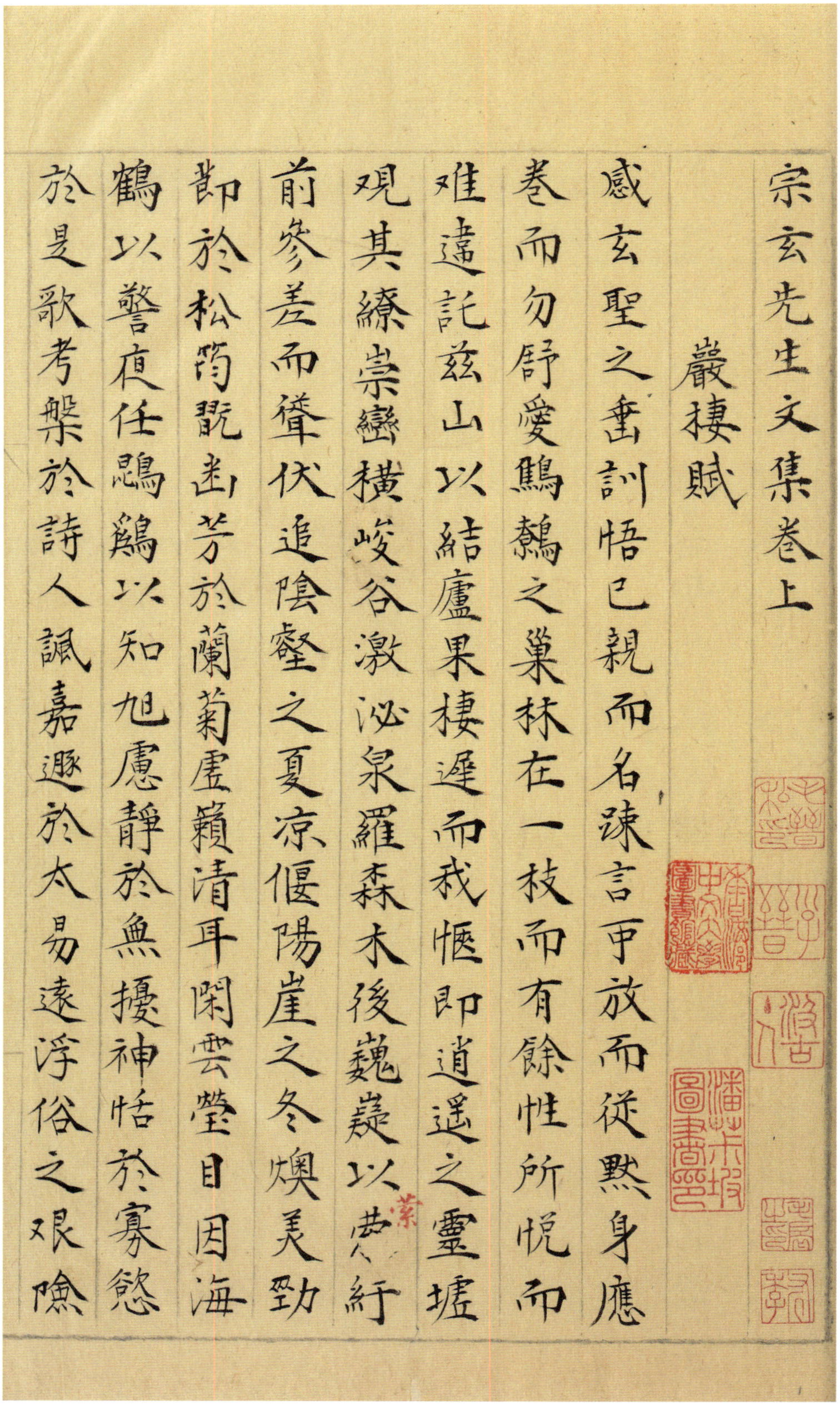
宗玄先生文集卷上
巖棲賦
感玄聖之垂訓悟已親而名疎言甲放而從默身應
卷而勿舒愛鵾鸛之巢林在一枝而有餘性所悅而
難遠託茲山以結廬果棲遲而我愜即逍遙之靈墟
觀其繚崇巒横峻谷激泌泉羅森木後巍巖以崇紆
前參差而聳伏追陰壑之夏涼偃陽崖之冬燠美勁
節於松筠翫奇芳於蘭菊虛籟清耳閑雲瑩目因海
鶴以警夜任鷗鷺以知旭慮靜於無擾神恬於寡慾
於是歌考槃於詩人詠嘉遯於太易遠浮俗之艱險

12730 宗玄先生文集三卷 （唐）吴筠撰　明抄本

匡高21.3厘米，廣14.9厘米。半葉十行，行二十字，白口，四周單邊。有“毛晉私印”“子晉”“潘氏桐西書屋之印”“羣碧樓”等印。鄧邦述跋。香港中文大學圖書館藏。

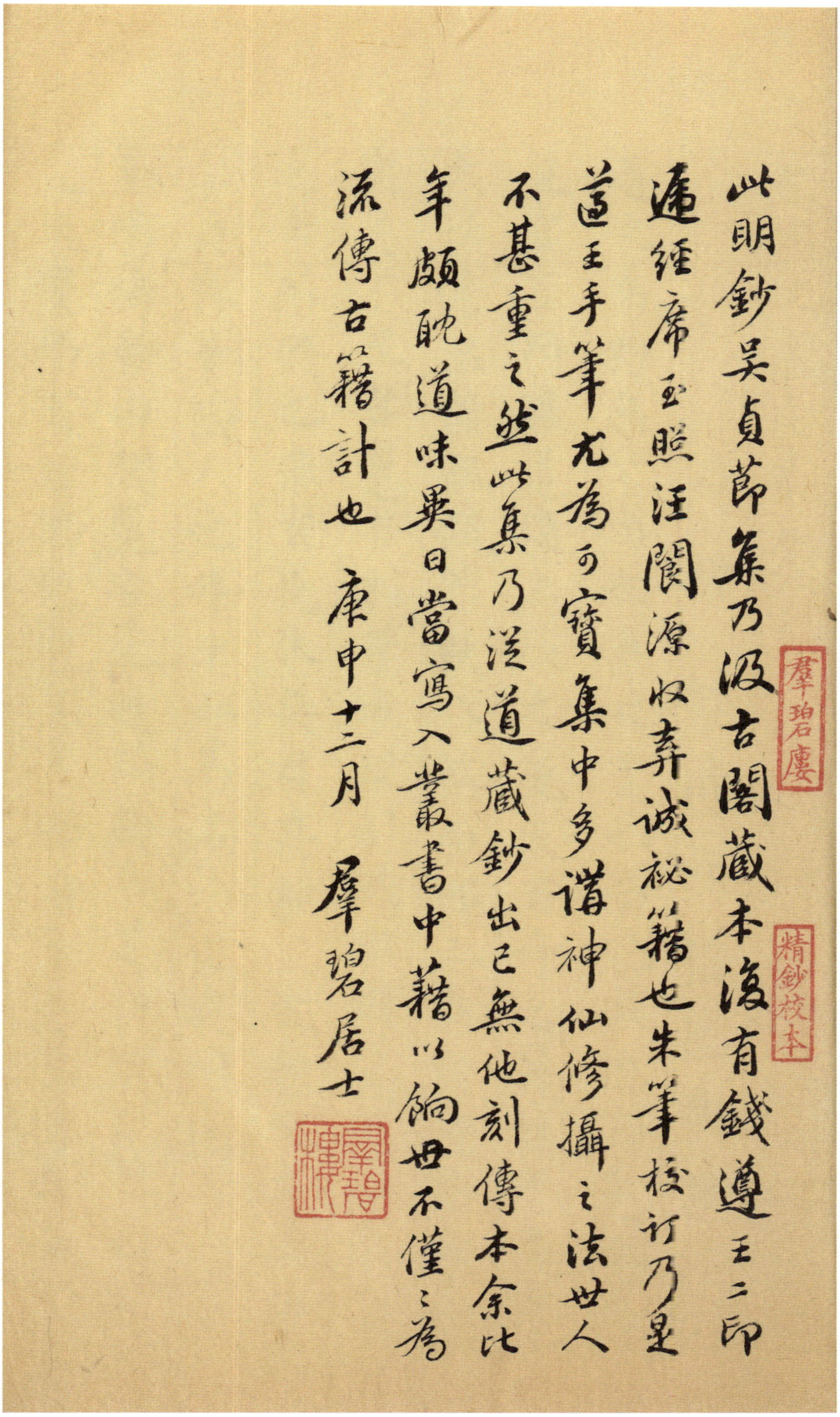

此明鈔吳貞節集乃汲古閣藏本後有錢遵王二印遞經席玉照汪閬源收弆誠祕籍也朱筆校訂乃是遵王手筆尤為可寶集中多譜神仙修攝之法世人不甚重之然此集乃從道藏鈔出已無他刻傳本余比年頗耽道味異日當寫入叢書中藉以餉世不僅僅為流傳古籍計也 庚申十二月 羣碧居士

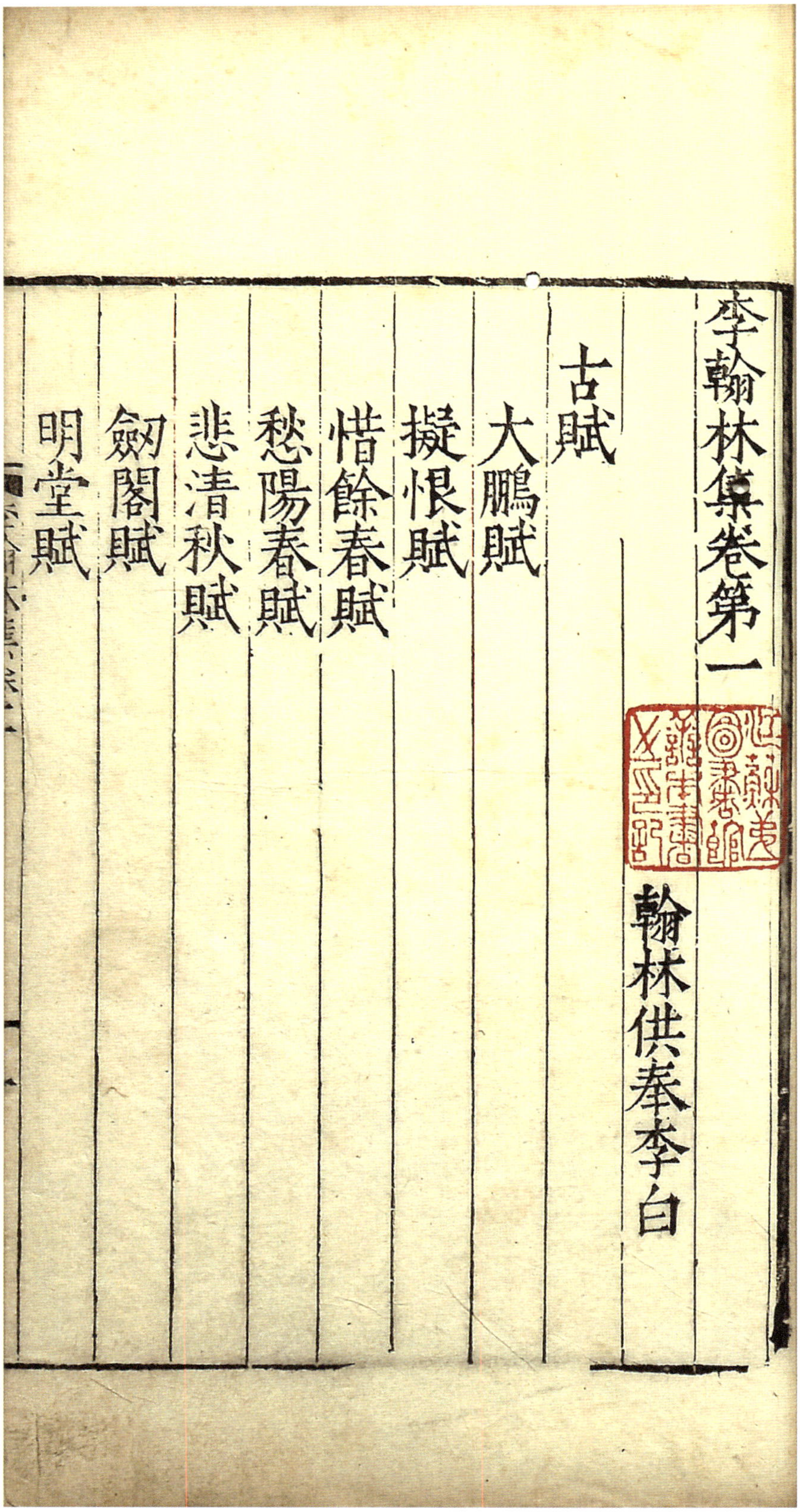

李翰林集卷第一
翰林供奉李白
古賦
大鵬賦
擬恨賦
惜餘春賦
愁陽春賦
悲清秋賦
劍閣賦
明堂賦

12731 李翰林集十卷 （唐）李白撰　明正德十四年（1519）陸元大刻本

匡高17.6厘米，廣12.8厘米。半葉十行，行十八字，小字雙行同，白口，左右雙邊。丁丙跋。南京圖書館藏。

大獵賦

大鵬賦并序

余昔於江陵見天台司馬子微謂余有仙風道骨可與神遊八極之表因著大鵬遇希有鳥賦以自廣此賦已傳于世往往人間見之悔其少作未窮宏達之旨中年棄之及讀晉書覩阮宣子大鵬讚鄙心陋之遂更記憶多將舊本不同今腹存手集豈敢傳諸作者庶可示之子弟而已其辭曰

南華老仙發天機於漆園吐崢嶸之高論開浩

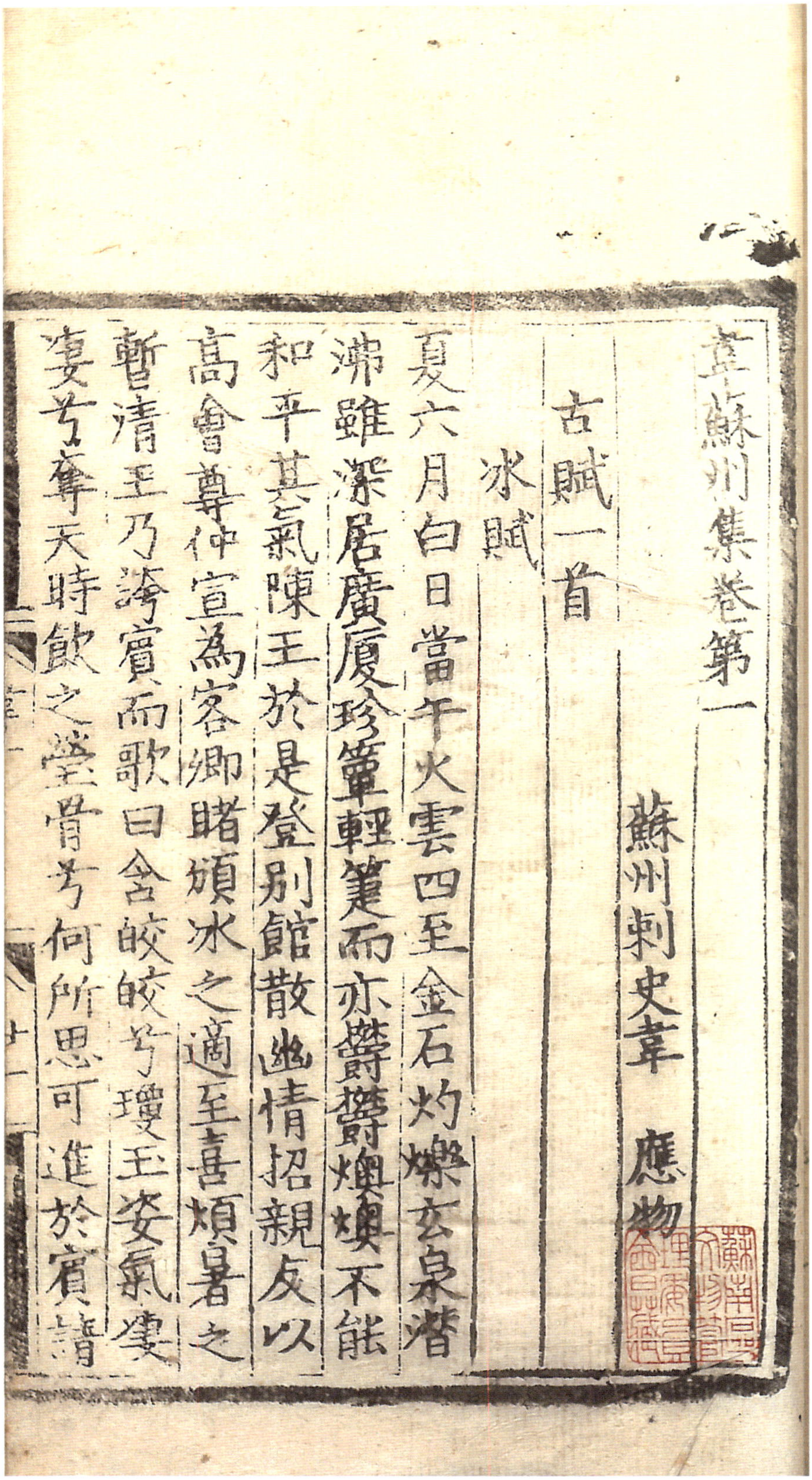

韋蘇州集卷第一
蘇州刺史韋　應物
古賦一首
冰賦
夏六月白日當午火雲四至金石灼爍玄泉潛
沸雖深居廣廈珍簟輕箑而亦鬱鬱燠燠不能
和平其氣陳王於是登別館散幽情招親友以
高會尊仲宣為客卿睹頌冰之適至喜煩暑之
暫清王乃誇賓而歌曰含皎皎兮瓊玉姿氣淒
淒兮奪天時歛之瑩骨兮何所思可進於賓請

12732 韋蘇州集十卷拾遺一卷　（唐）韋應物撰　明弘治九年（1496）李瀚、劉玘刻本

匡高18.7厘米，廣13.5厘米。半葉十行，行十八字，小字雙行同，黑口，四周雙邊。南京圖書館藏。

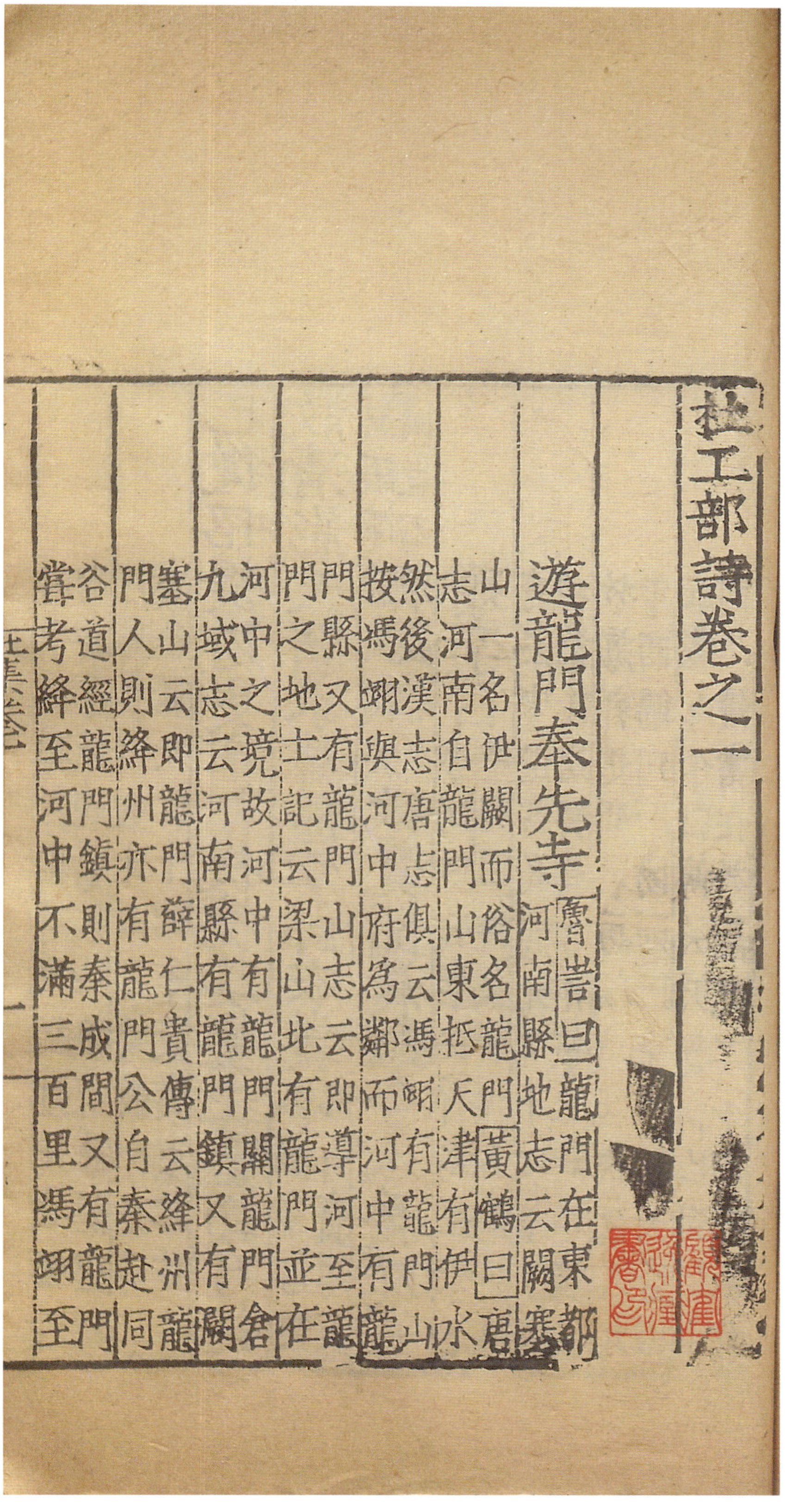

12733 杜工部詩二十卷文集二卷 （唐）杜甫撰 （宋）黄鶴補注 **附録一卷** 明嘉靖二十四年（1545）戴鯨刻本

匡高18.2厘米，廣14.1厘米。半葉九行，行十七字，小字雙行同，白口，四周單邊。南京圖書館藏。

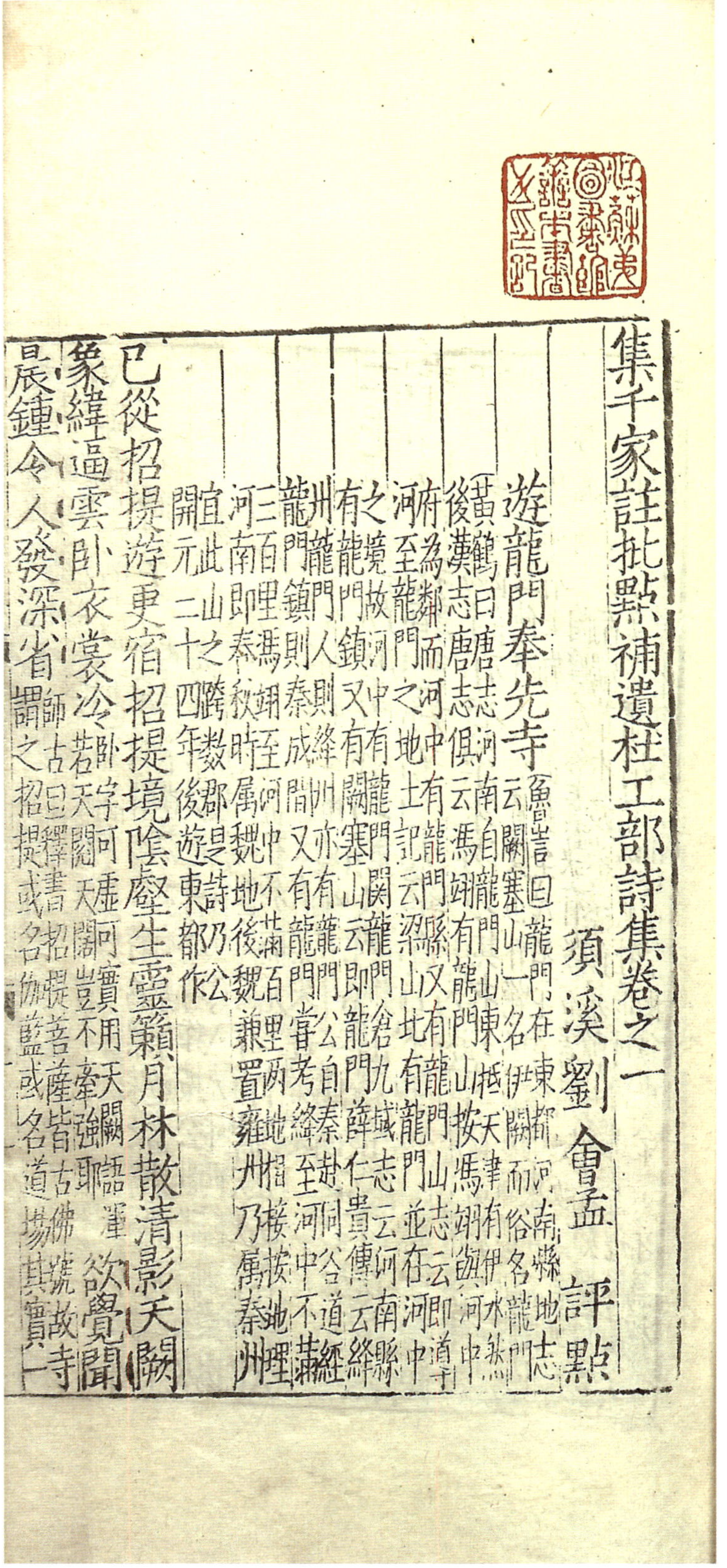

12734 集千家註批點補遺杜工部詩集二十卷 （唐）杜甫撰 （宋）黄鶴補注 （宋）劉辰翁評點 **年譜一卷附録一卷** 明嘉靖九年（1530）王九之刻本

匡高20厘米，廣13厘米。半葉十二行，行二十二字，小字雙行二十六字，白口，四周單邊。丁丙跋。南京圖書館藏。

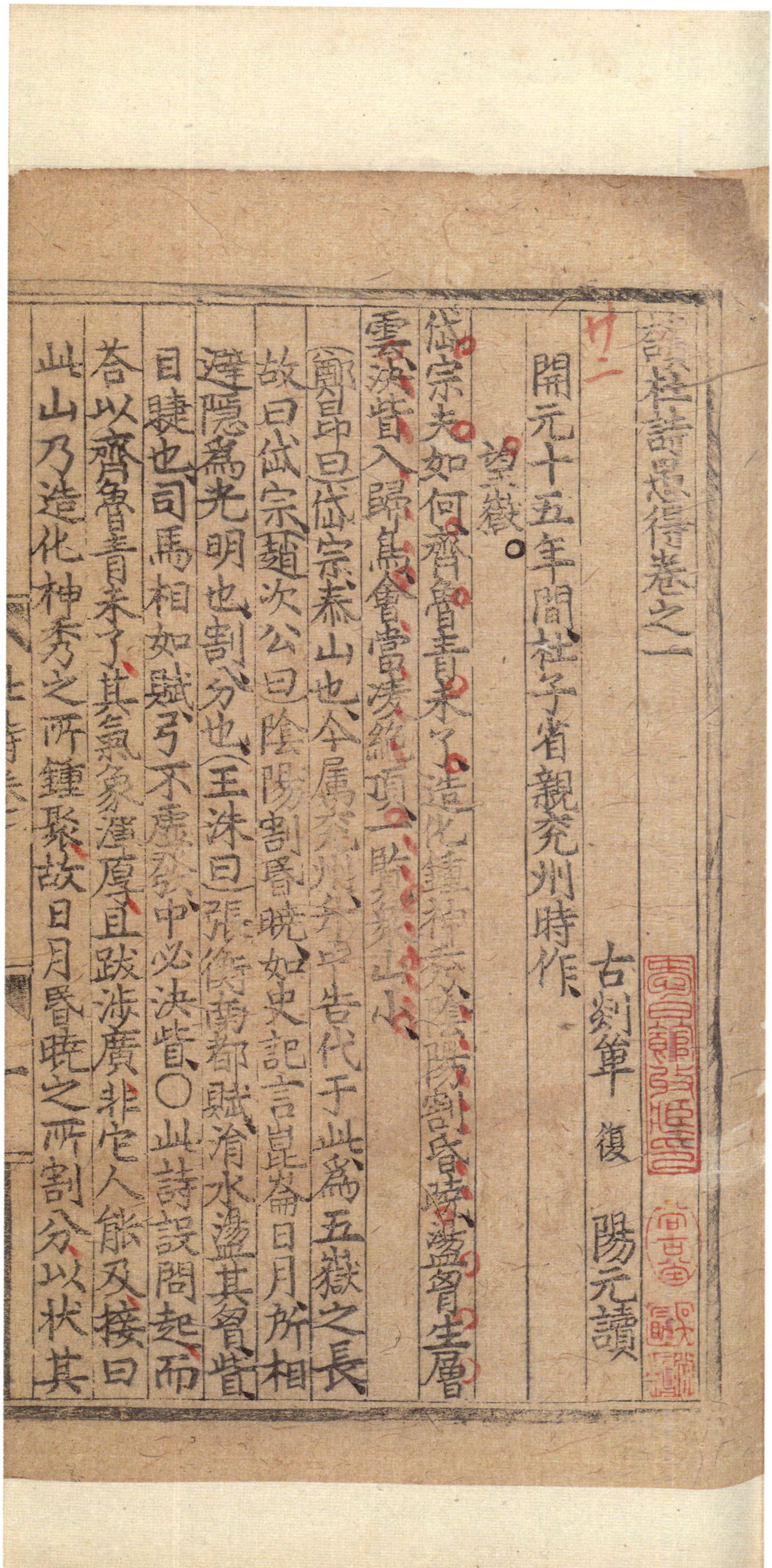

12735 讀杜詩愚得十八卷 （明）單復撰 明天順元年（1457）朱熊梅月軒刻本

匡高21.8厘米，廣13.9厘米。半葉十二行，行二十四字，黑口，四周雙邊。

國家圖書館藏。

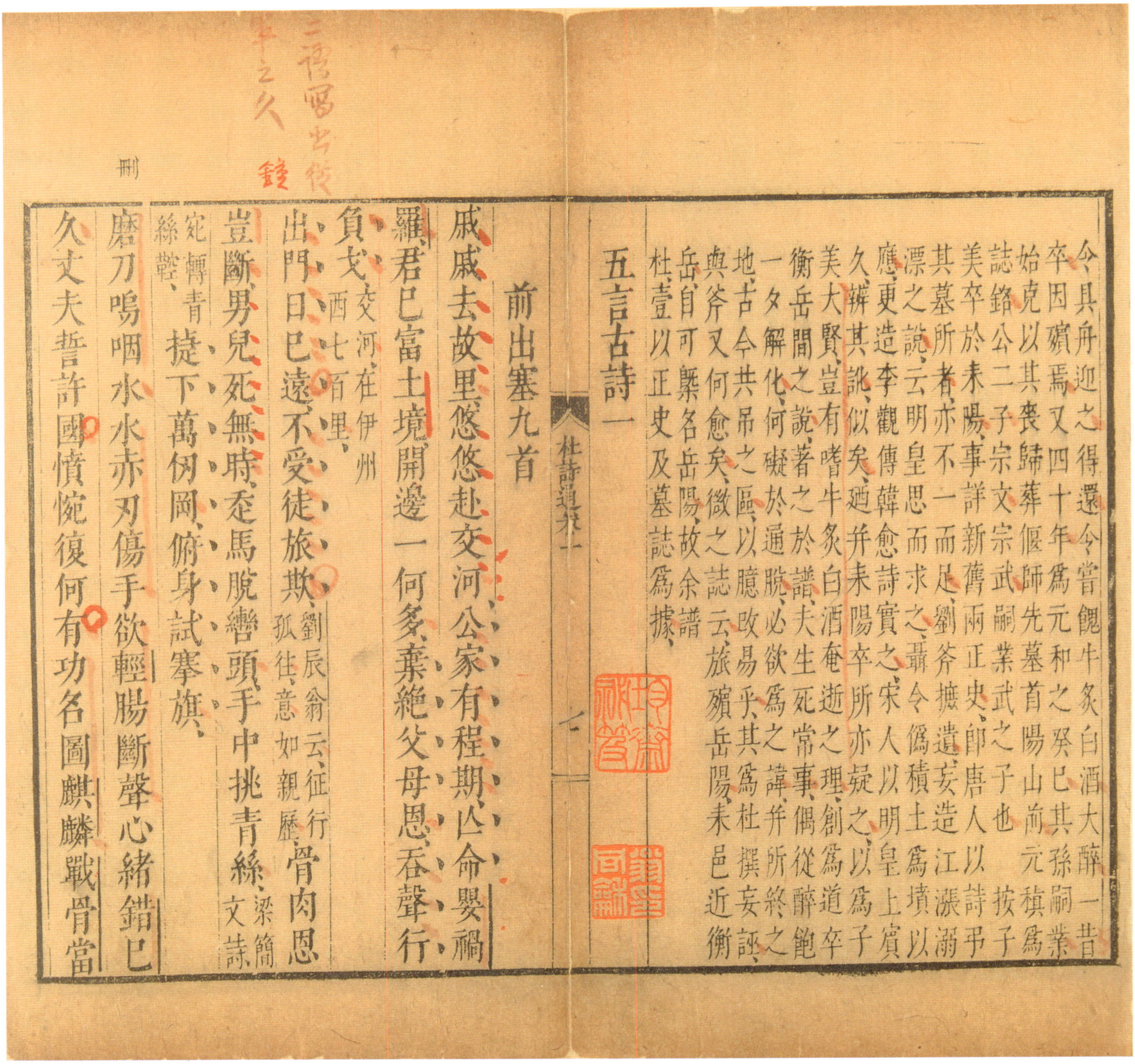

12736 杜詩通四十卷 （明）胡震亨撰 清順治七年（1650）朱茂時刻李杜詩通本

經摺裝。匡高19.8厘米，廣12.9厘米。半葉九行，行十九字，白口，左右雙邊。有“均齋秘笈”“翁印同龢”等印。傅山批點，翁同龢跋。上海圖書館藏。

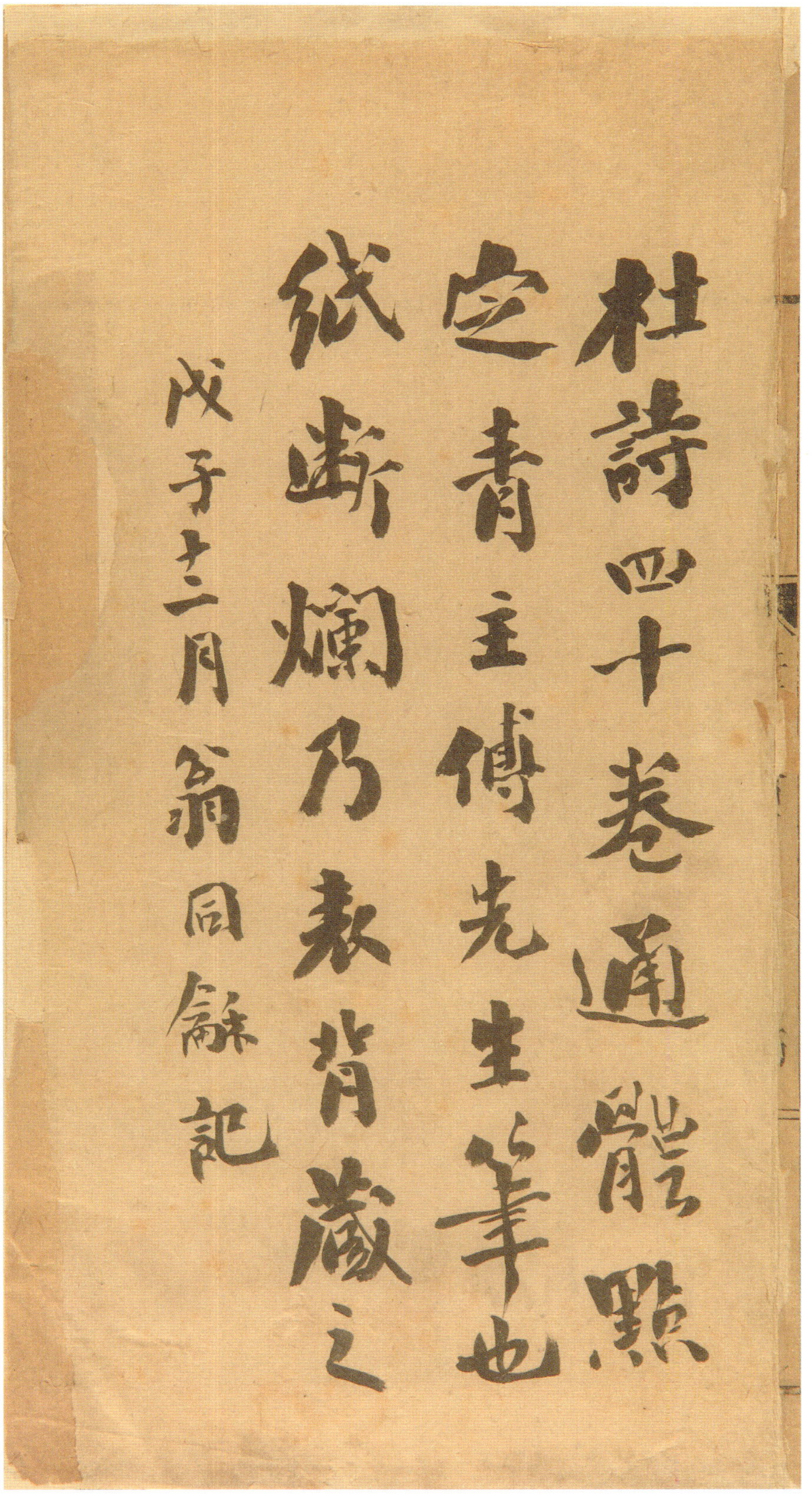

杜詩四十卷通體點定青主傅先生筆也紙斷爛乃表背藏之

戊子十二月翁同龢記

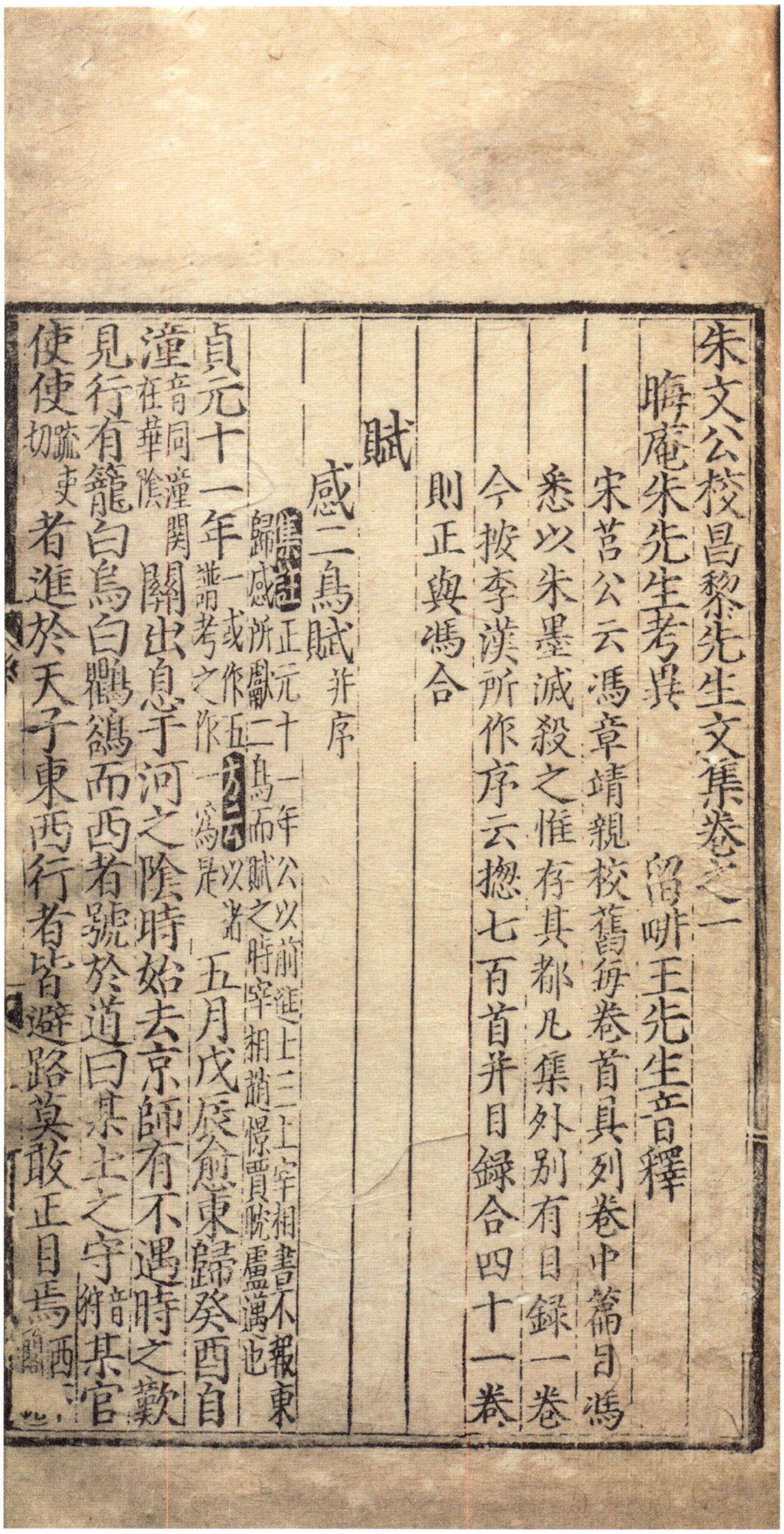

朱文公校昌黎先生文集卷之一

晦庵朱先生考異　留畊王先生音釋

宋莒公云馮章靖親校舊每卷首具列卷中篇目馮悉以朱墨滅殺之惟存其都凡集外別有目錄一卷今按李漢所作序云揔七百首并目錄合四十一卷則正與馮合

賦

感二鳥賦并序

集注 正元十一年公以前進士三上宰相書不報東歸感所獻二鳥而賦之時宰相趙憬賈耽盧邁也

貞元十一年一或作五方作五以諸考之作一爲是五月戊辰愈東歸癸酉自潼音同潼關在華陰出息于河之陰時始去京師有不遇時之歎見行有籠白烏白鸜鵒而西者號於道曰某土之守音狩某官使使疏吏切者進於天子東西行者皆避路莫敢正目焉西

12737 朱文公校昌黎先生文集四十卷外集十卷遺文一卷遺詩一卷

（唐）韓愈撰　（宋）朱熹考異　（宋）王伯大音釋　**傳一卷**　明刻本

匡高18.9厘米，廣12.7厘米。半葉十三行，行二十三字，小字雙行同，黑口，四周雙邊。有“范熙壬印”等印。湖北省圖書館藏。

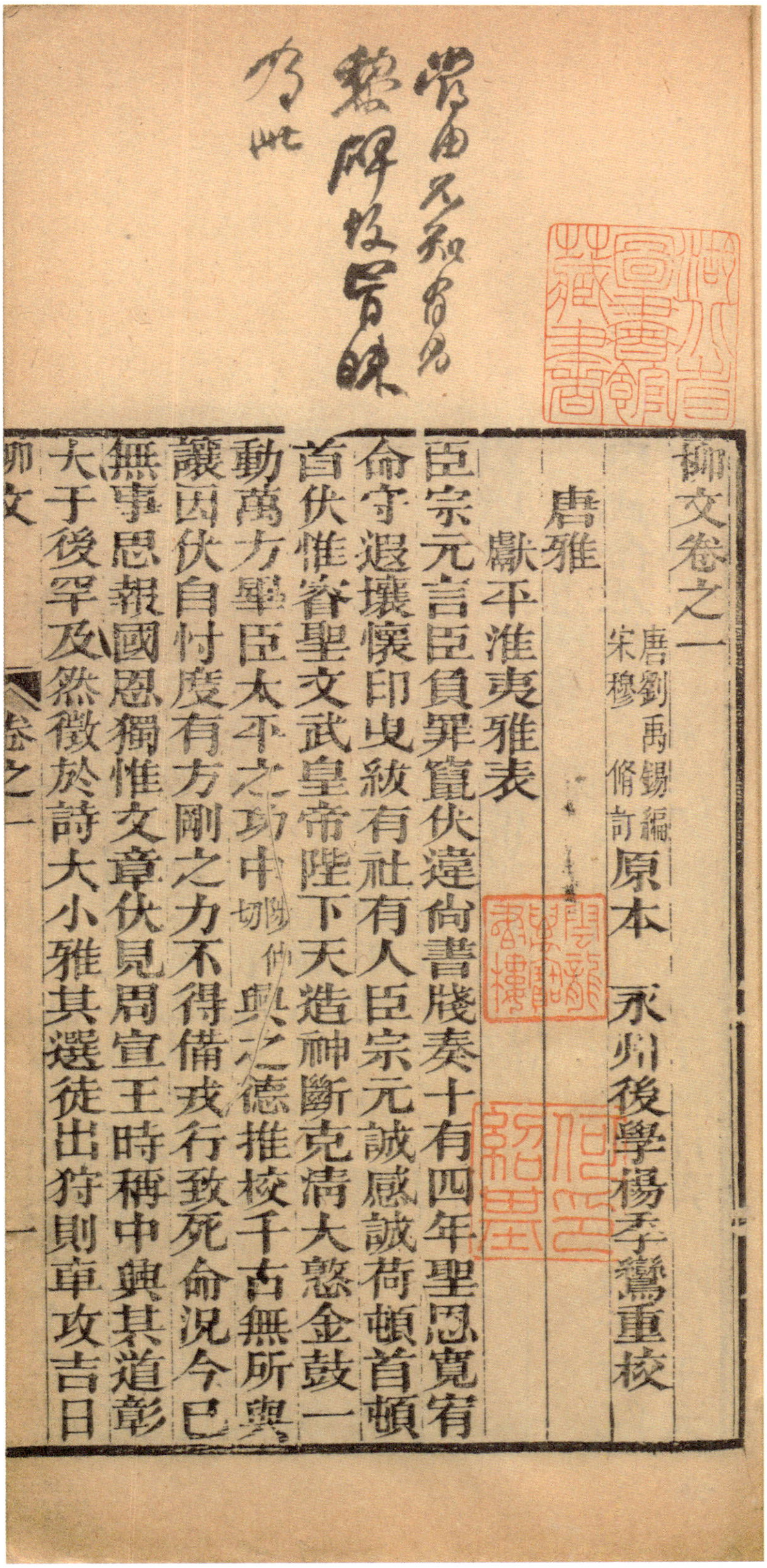
柳文卷之一
唐劉禹錫編 宋穆修許原本 承判後學楊季鸞重校
唐雅
獻平淮夷雅表
臣宗元言臣負罪竄伏違尙書牋奏十有四年聖恩寬宥
命守遐壤懷印曳紱有社有人臣宗元誠感誠荷頓首頓
首伏惟睿聖文武皇帝陛下天造神斷克淸大憝金鼓一
動萬方畢臣太平之功中陟仲切興之德推校千古無所與
讓因伏自忖度有方剛之力不得備戎行致死命況今已
無事思報國恩獨惟文章伏見周宣王時稱中興其道彰
大于後罕及然徵於詩大小雅其選徒出狩則車攻吉日
柳文卷之一 一

12738 柳文四十三卷別集二卷外集二卷 （唐）柳宗元撰 **附録一卷**

清楊季鸞春星閣刻本

匡高18厘米，廣13.2厘米。半葉十一行，行二十二字，小字雙行同，白口，左右雙邊。有“何印紹基”“武昌柯氏珍藏書”“曾在張春霆處”等印。何紹基批校並跋。湖北省圖書館藏。

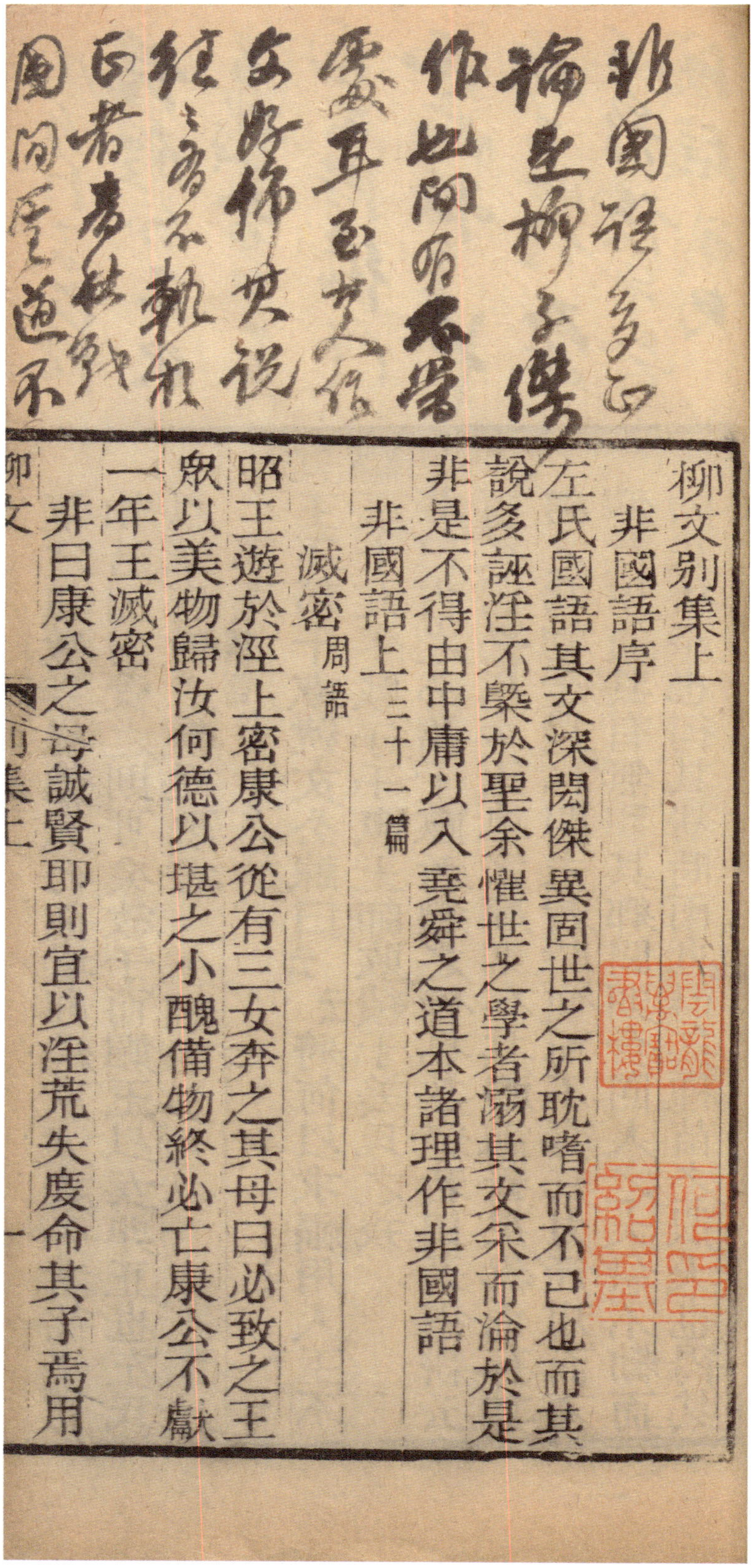

柳文別集上

非國語序

左氏國語其文深閎傑異固世之所耽嗜而不已也而其說多誣淫不槩於聖余懼世之學者溺其文采而淪於是非是不得由中庸以入堯舜之道本諸理作非國語

非國語上 三十一篇

滅密 周語

昭王遊於涇上密康公從有三女奔之其母曰必致之王衆以美物歸汝何德以堪之小醜備物終必亡康公不獻一年王滅密

非曰康公之母誠賢耶則宜以淫荒失度命其子焉用

柳文 別集上 一

12738 柳文四十三卷别集二卷外集二卷附録一卷

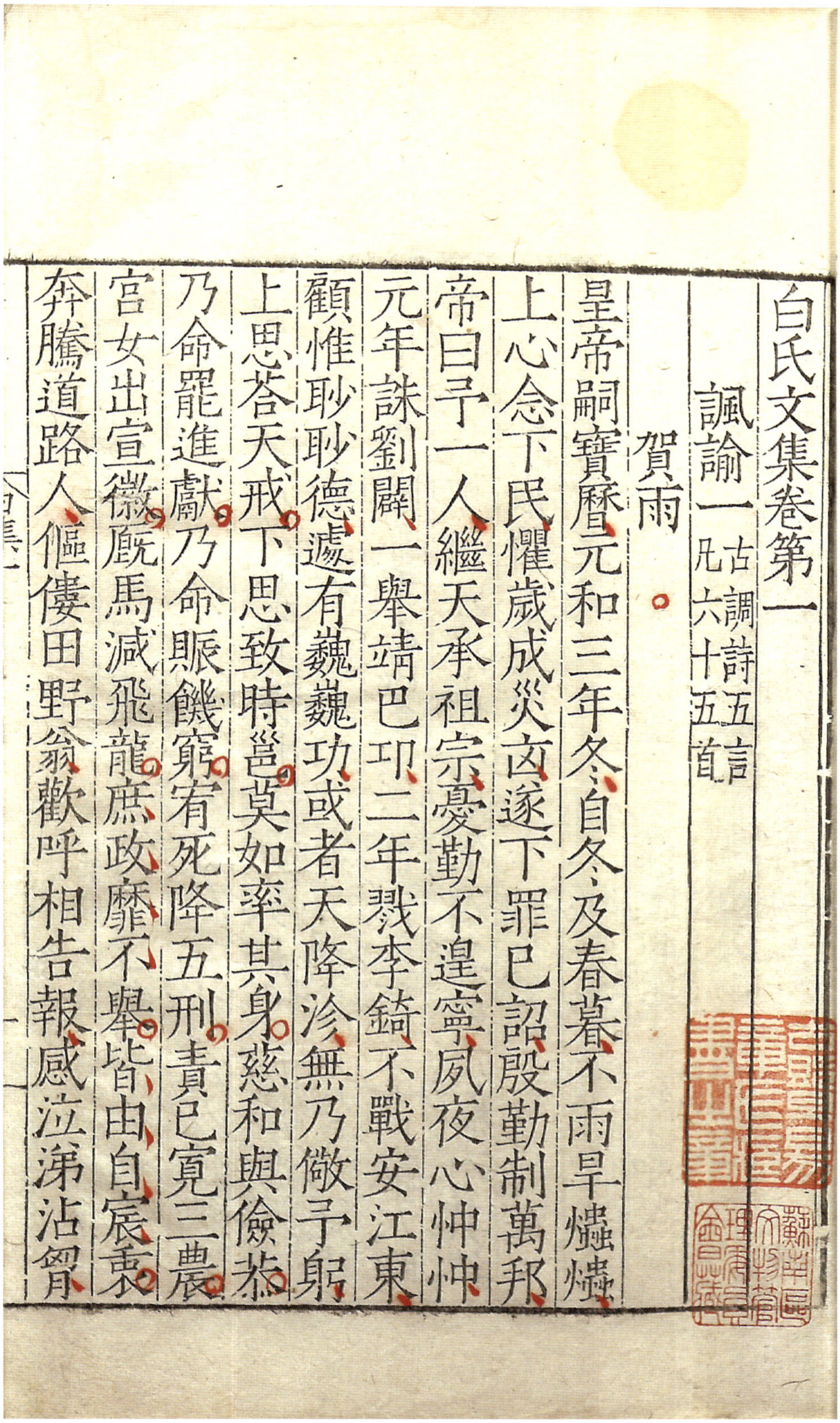

白氏文集卷第一

諷諭一 古調詩五言 凡六十五首

賀雨

皇帝嗣寳曆元和三年冬自冬及春暮不雨旱爞爞
上心念下民懼歲成災凶遂下罪己詔殷勤制萬邦
帝曰予一人繼天承祖宗憂勤不遑寧夙夜心忡忡
元年誅劉闢一舉靖巴邛二年戮李錡不戰安江東
顧惟眇眇德遽有巍巍功或者天降沴無乃儆予躬
上思荅天戒下思致時邕莫如率其身慈和與儉恭
乃命罷進獻乃命賑饑窮宥死降五刑責己寬三農
宮女出宣徽廐馬減飛龍庶政靡不舉皆由自宸衷
奔騰道路人傴僂田野翁歡呼相告報感泣涕沾胷

12739 白氏文集七十一卷 （唐）白居易撰 明嘉靖十七年（1538）伍忠光龍池草堂刻本

匡高19.1厘米，廣15.4厘米。半葉十二行，行二十字，小字雙行同，白口，左右雙邊。南京圖書館藏。

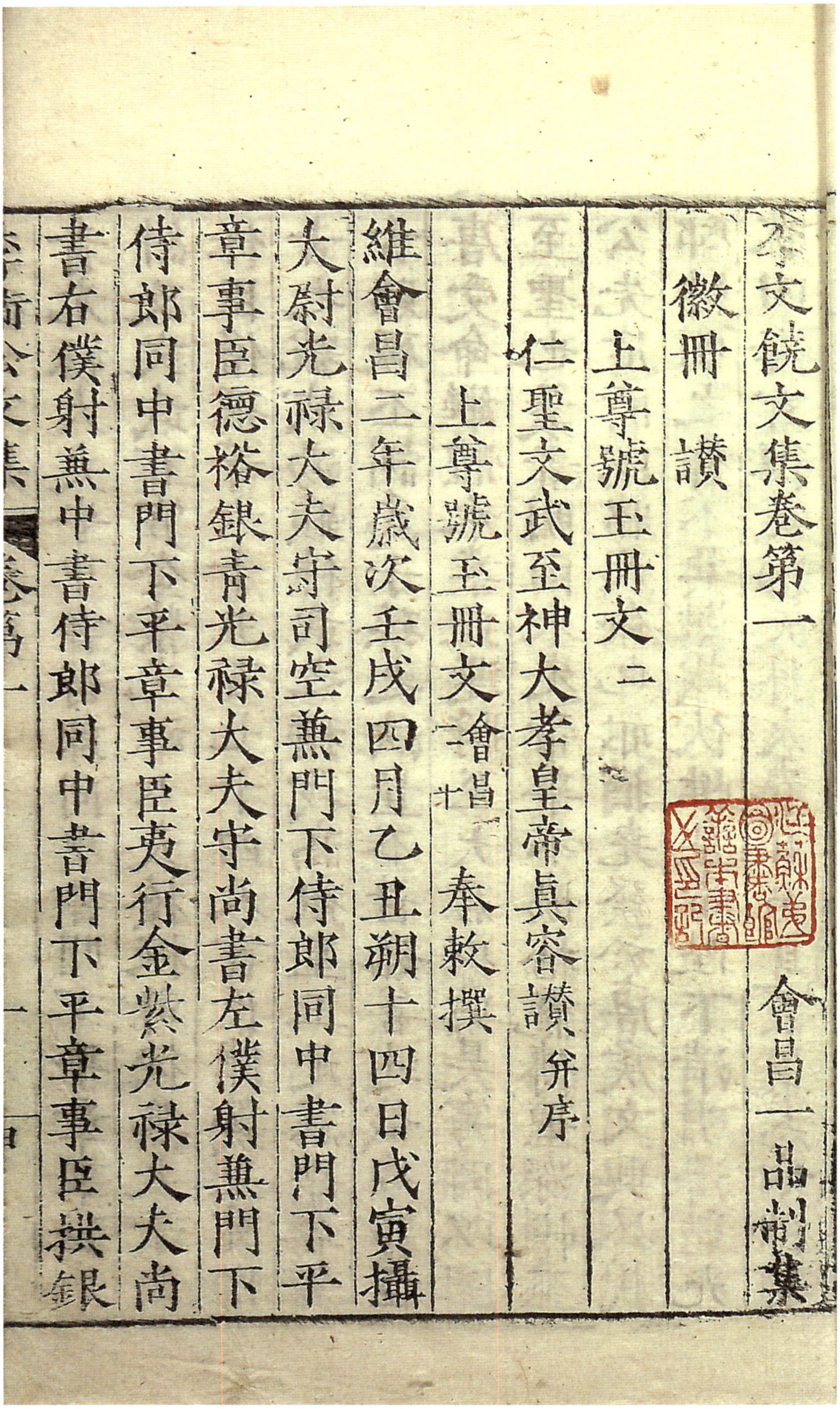

12740 李文饒文集二十卷別集十卷外集四卷 （唐）李德裕撰　明刻本

（文集卷十一至十七、別集卷七至十、外集配明天啓刻本，別集卷六配清抄本）

匡高19.7厘米，廣15.1厘米。半葉十行，行二十字，小字雙行同，白口，左右雙邊。有“吴郡張紹仁校”等印。黄丕烈校並跋，張紹仁校，丁丙跋。南京圖書館藏。

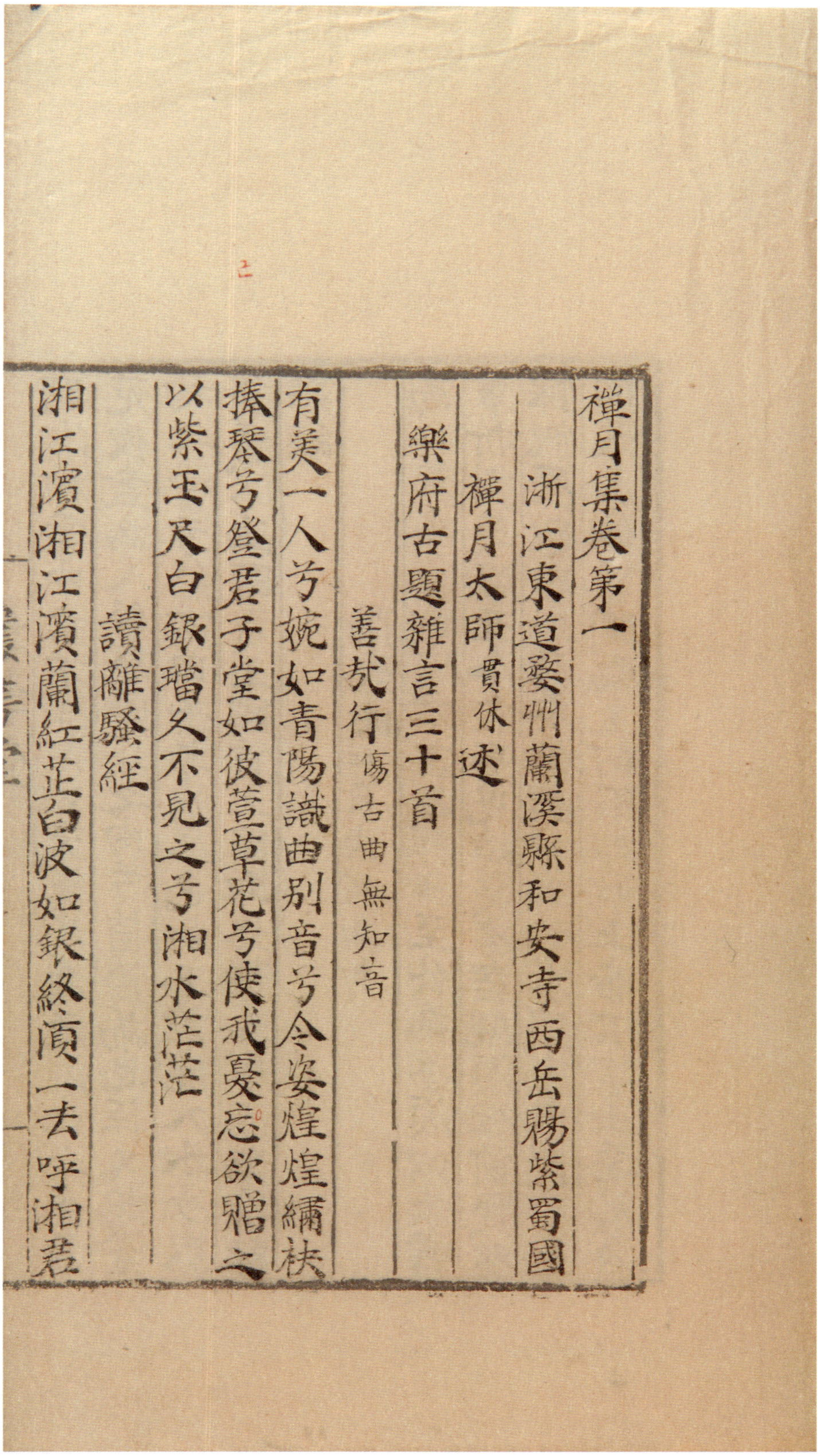

禪月集卷第一

浙江東道婺州蘭溪縣和安寺西岳賜紫蜀國

禪月大師貫休述

樂府古題雜言三十首

善哉行 傷古曲無知音

有美一人兮婉如青陽識曲別音兮令姿煌煌繡袂捧琴兮登君子堂如彼萱草花兮使我憂忘欲贈之以紫玉尺白銀璫久不見之兮湘水茫茫

讀離騷經

湘江濱湘江濱蘭紅芷白波如銀終須一去呼湘君

12741 禪月集二十五卷 （唐）釋貫休撰　明柳僉抄本

匡高17.6厘米，廣12厘米。半葉十二行，行二十字，白口，左右雙邊。有“籛後人謙益讀書記”“右任”等印。上海圖書館藏。

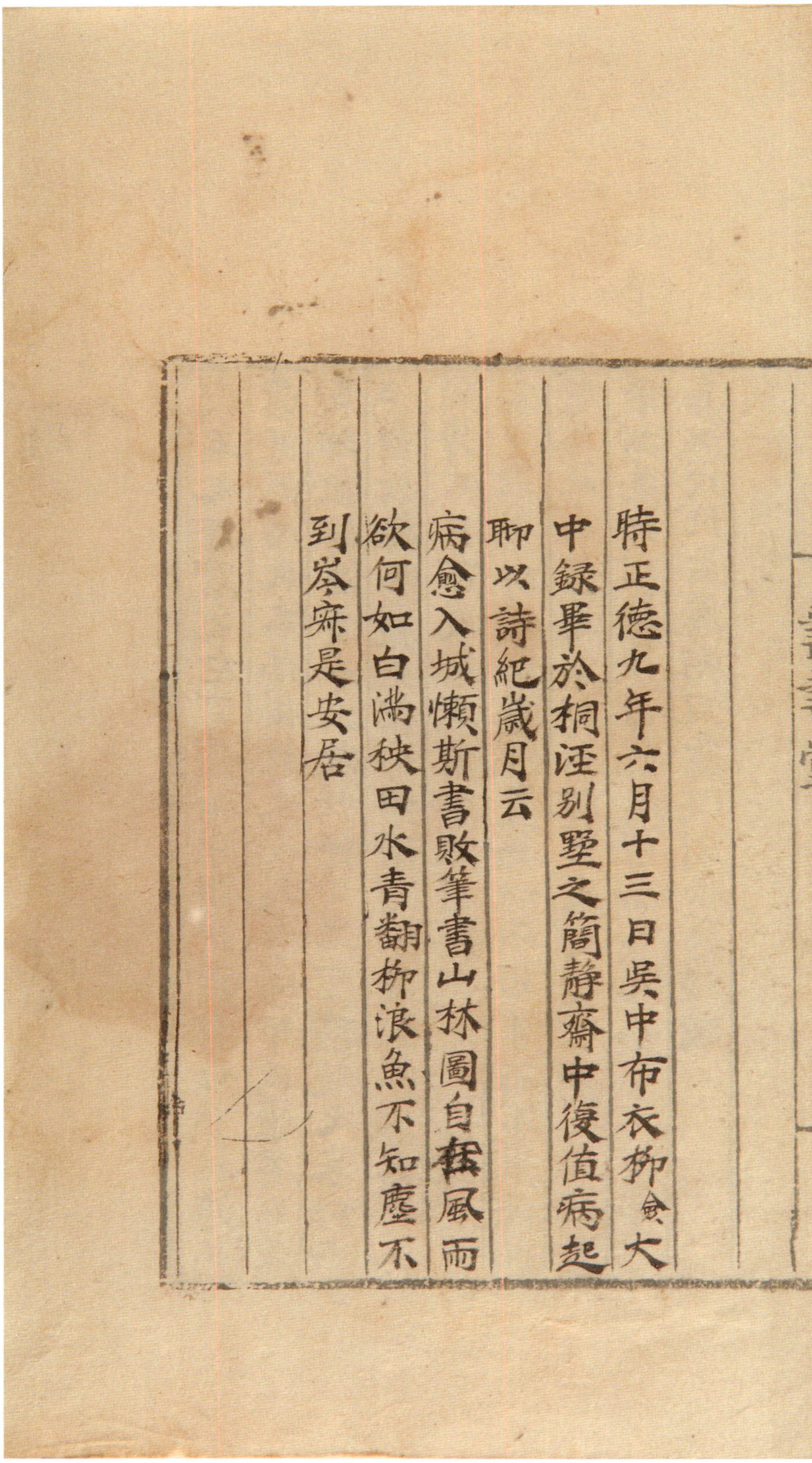

時正德九年六月十三日吳中布衣柳僉大
中録畢於桐涇別墅之簡靜齋中復值病起
聊以詩紀歲月云
病愈入城懶斯書敗筆書山林圖自在風雨
欲何如白滿秧田水青翻柳浪魚不知塵不
到岑寂是安居

12741 禪月集二十五卷

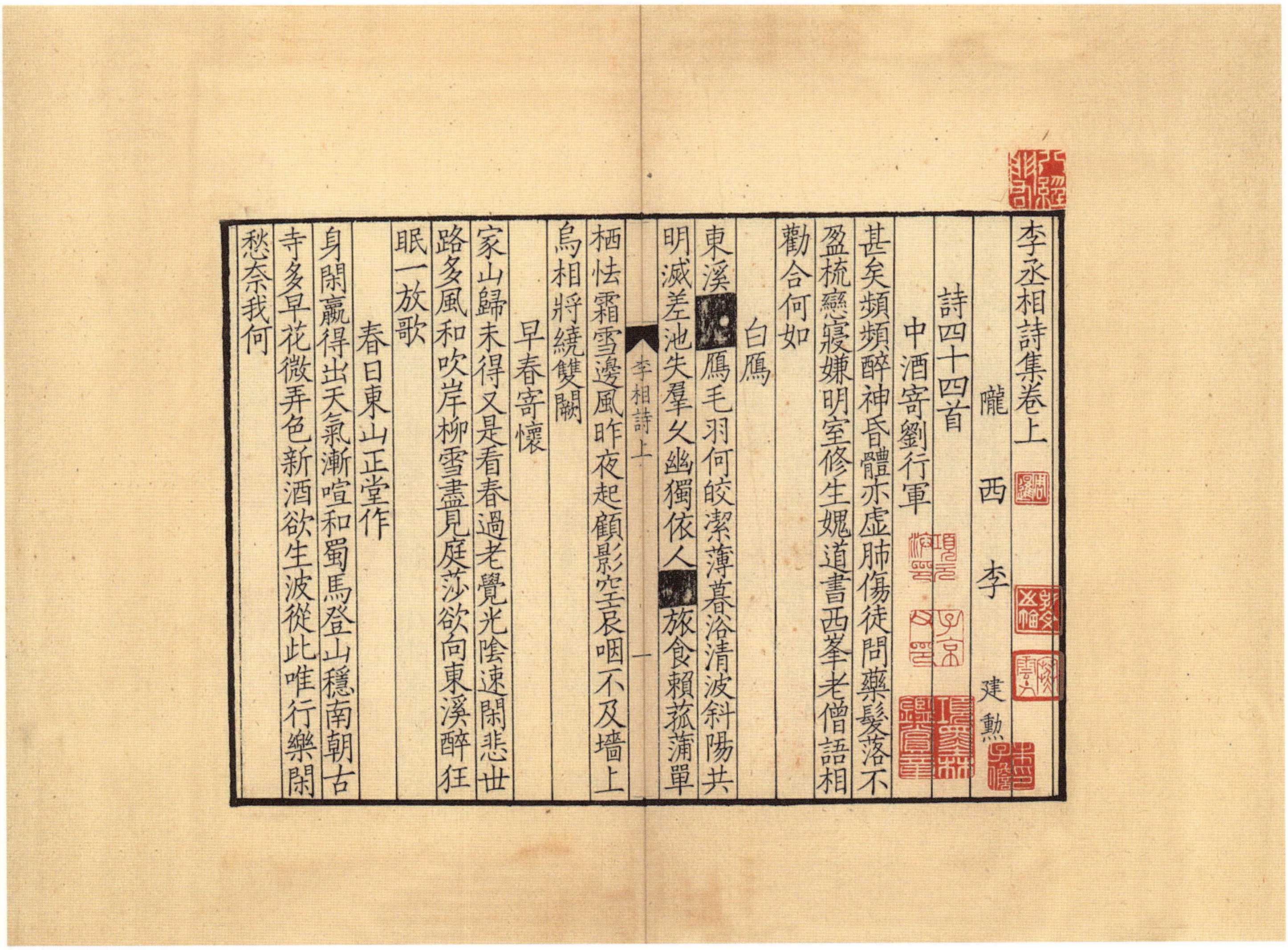
李丞相詩集卷上
隴西李建勳
詩四十四首
中酒寄劉行軍
甚矣頻頻醉神昏體亦虛肺傷徒問藥髮落不
盈梳戀寢嫌明室修生婤道書西峯老僧語相
勸合何如
白鴈
東溪■鴈毛羽何皎潔薄暮浴清波斜陽共
明滅差池失羣夂幽獨依人■旅食賴菰蒲單
李相詩上 一
棲怯霜雪邊風昨夜起顧影空哀咽不及墻上
烏相將繞雙闕
早春寄懷
家山歸未得又是看春過老覺光陰速閑悲世
路多風和吹岸柳雪盡見庭莎欲向東溪醉狂
眠一放歌
春日東山正堂作
身閑羸得出天氣漸喧和蜀馬登山穩南朝古
寺多早花微弄色新酒欲生波從此唯行樂閑
愁奈我何

12742 李丞相詩集二卷 （南唐）李建勳撰 清影宋抄本

包背裝。匡高18厘米，廣12.5厘米。半葉十行，行十八字，白口，左右雙邊。天津圖書館藏。

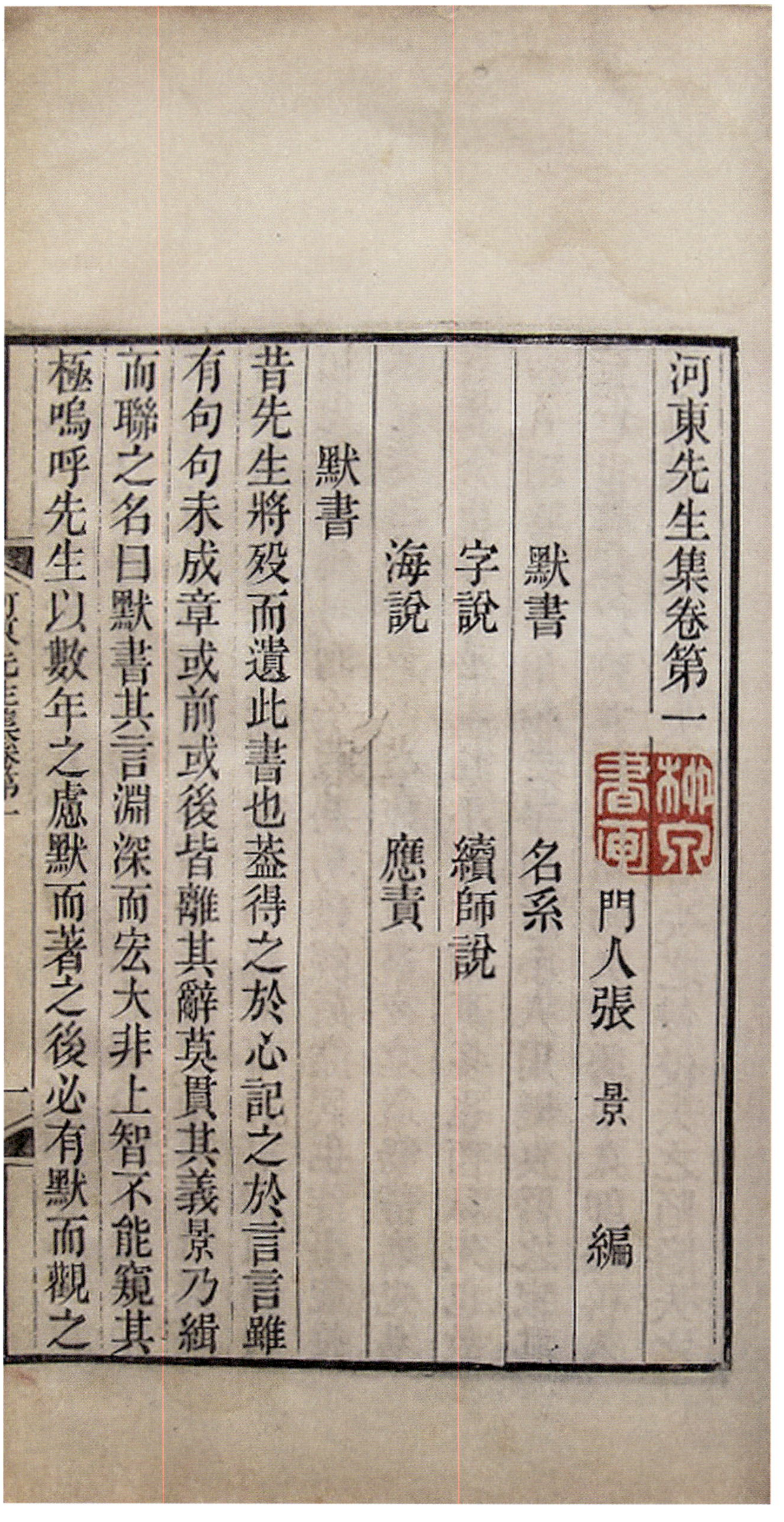

河東先生集卷第一

門人張　景　編

默書　名系

字說　續師說

海說　應責

默書

昔先生將歿而遺此書也蓋得之於心記之於言言雖有句句未成章或前或後皆離其辭莫貫其義景乃緝而聯之名曰默書其言淵深而宏大非上智不能窺其極嗚呼先生以數年之慮默而著之後必有默而覩之

12743 河東先生集十五卷　（宋）柳開撰　**附録一卷**　清乾隆六十年（1795）蘭溪文印堂刻本

匡高18.1厘米，廣13.1厘米。半葉十行，行二十一字，小字雙行同，黑口，左右雙邊。有“柳泉書画”“柳泉”等印。徐時棟批並跋。寧夏大學圖書館藏。

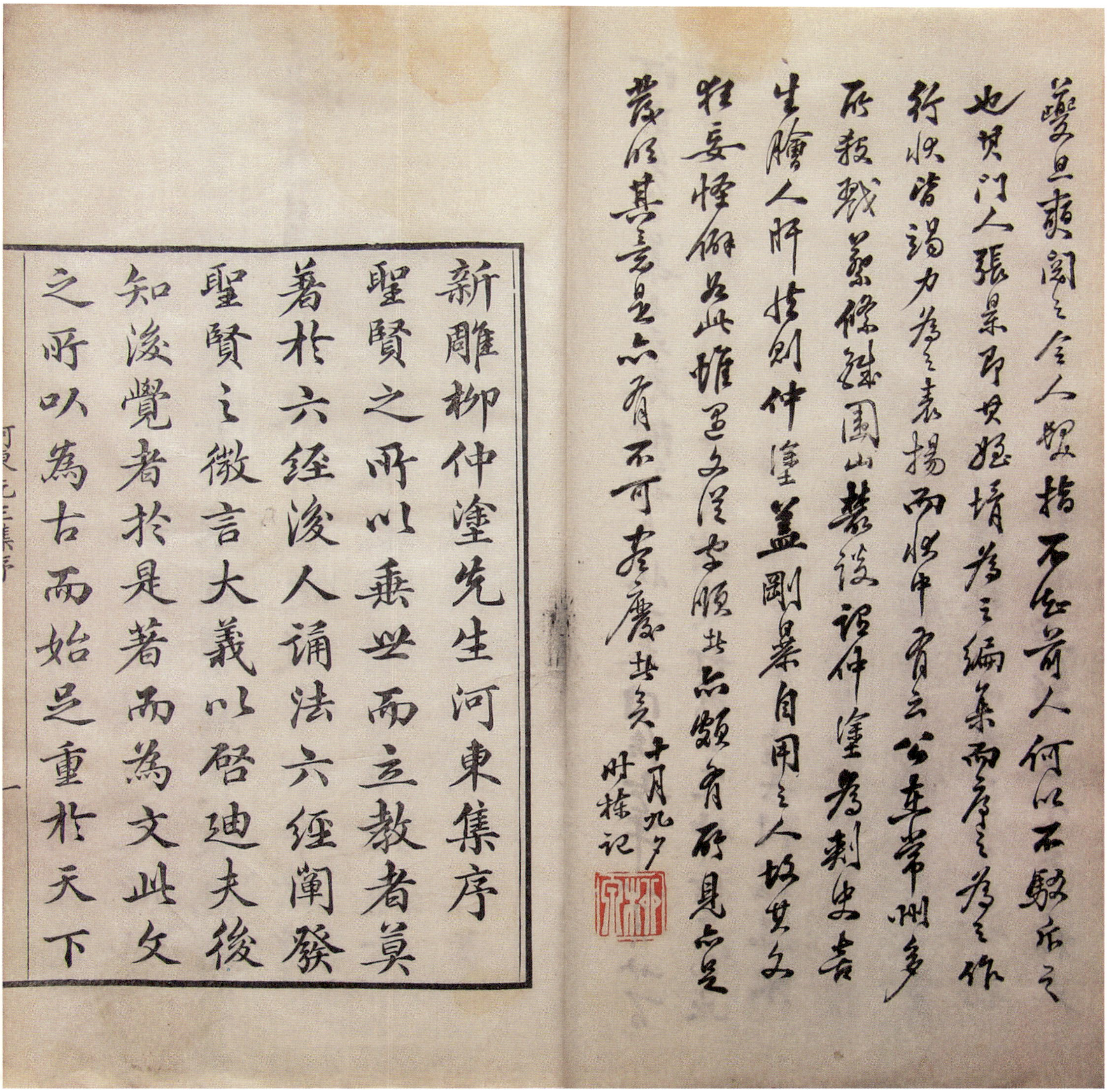

蘗且爽閱之令人媿指不如前人何以不駭此之也其門人張景孚其姪埴為之編集而序之為之作行狀諸竭力為之表揚而狀中有云公年常㴱多所敎戩纂條録圖山叢談謂仲塗為刺史者生膾人肝者則仲塗蓋剛暴自用之人故其文粗妄怪僻亦與此雖且多但字順者亦頗有所見亦是其設甚言是亦有不可者慶者矣 十月九日 明樣記

新雕柳仲塗先生河東集序

聖賢之所以垂世而立教者莫著於六經後人誦法六經闡發聖賢之微言大義以啓迪夫後知後覺者於是著而為文此文之所以為古而始足重於天下

河東先生集序 一

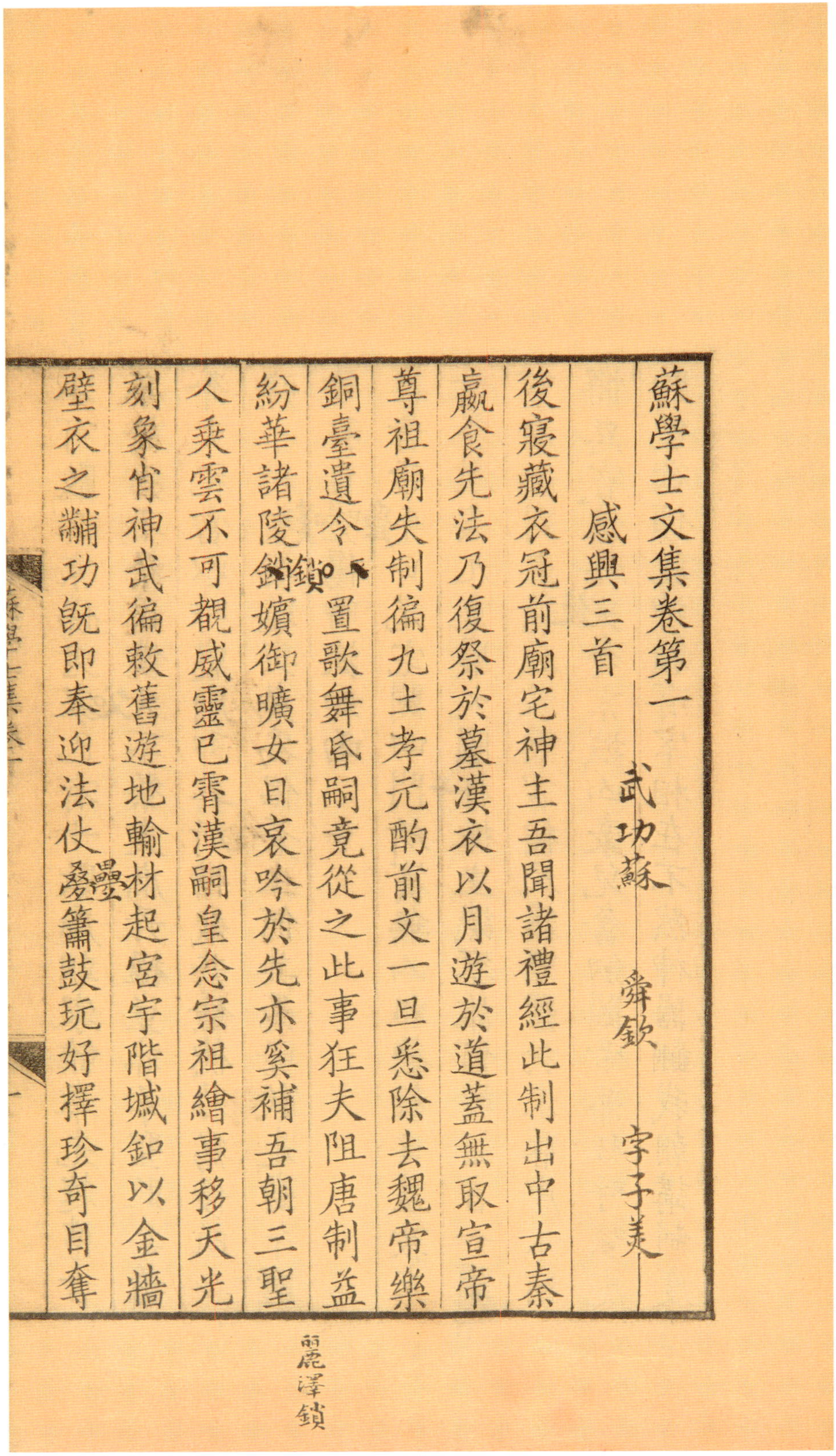
蘇學士文集卷第一
感興三首　武功蘇　舜欽　字子美
後寢藏衣冠前廟宅神主吾聞諸禮經此制出中古秦
嬴食先法乃復祭於墓漢衣以月遊於道蓋無取宣帝
尊祖廟失制徧九土孝元酌前文一旦悉除去魏帝樂
銅臺遺令置歌舞昏嗣竟從之此事狂夫阻唐制益
紛華諸陵鎖嬪御曠女日哀吟於先亦奚補吾朝三聖
人乘雲不可覩威靈已霄漢嗣皇念宗祖繪事移天光
刻象肖神武徧敕舊遊地輸材起宮宇階墄釦以金牆
壁衣之黼功既即奉迎法仗疊簫鼓玩好擇珍奇目奪

麗澤鎖

12744 蘇學士文集十六卷　（宋）蘇舜欽撰　清康熙三十七年（1698）徐惇孝、徐惇復白華書屋刻本

匡高17.8厘米，廣12.6厘米。半葉十行，行二十一字，白口，四周單邊。有“曾藏汪閬源家”“娛園藏書”“西圃藏書”等印。黄丕烈跋並録顧廣圻臨何焯校。上海圖書館藏。

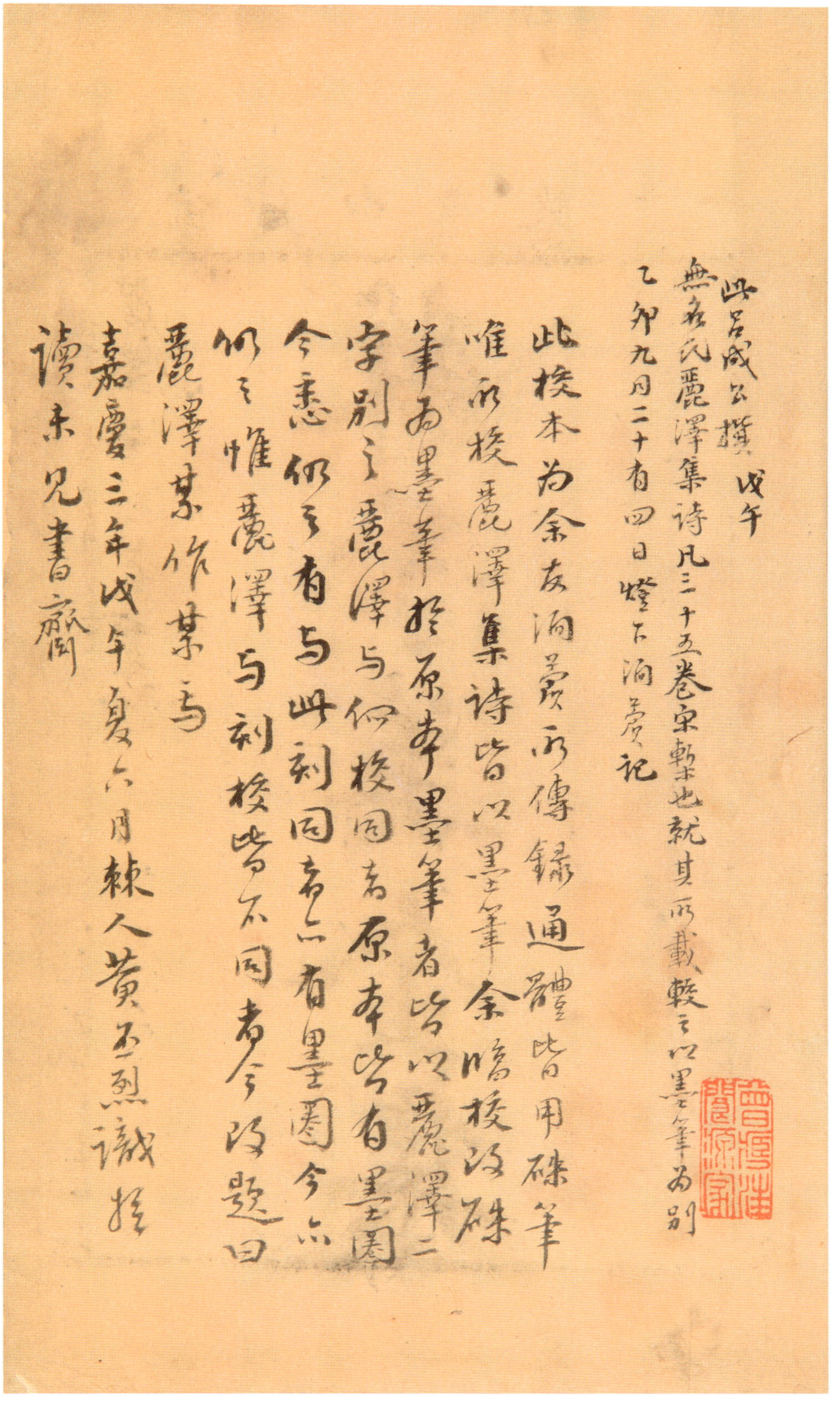
此呂成公撰 戊午
無名氏麗澤集詩凡三十五卷宋槧也就其所載較之以墨筆為别
乙卯九月二十有四日燈下澗蘋記

此校本為余友澗蘋所傳録通體皆用硃筆
唯所校麗澤集詩皆以墨筆余借校以硃
筆為墨筆於原本墨筆者皆以麗澤二
字别之麗澤與所校同者原本皆有墨圈
今悉仍之有与此刻同者亦有墨圈今點
例之惟麗澤与刻校皆不同者今設題曰
麗澤某作某焉
嘉慶三年戊午夏六月棘人黄丕烈識於
讀未見書齋

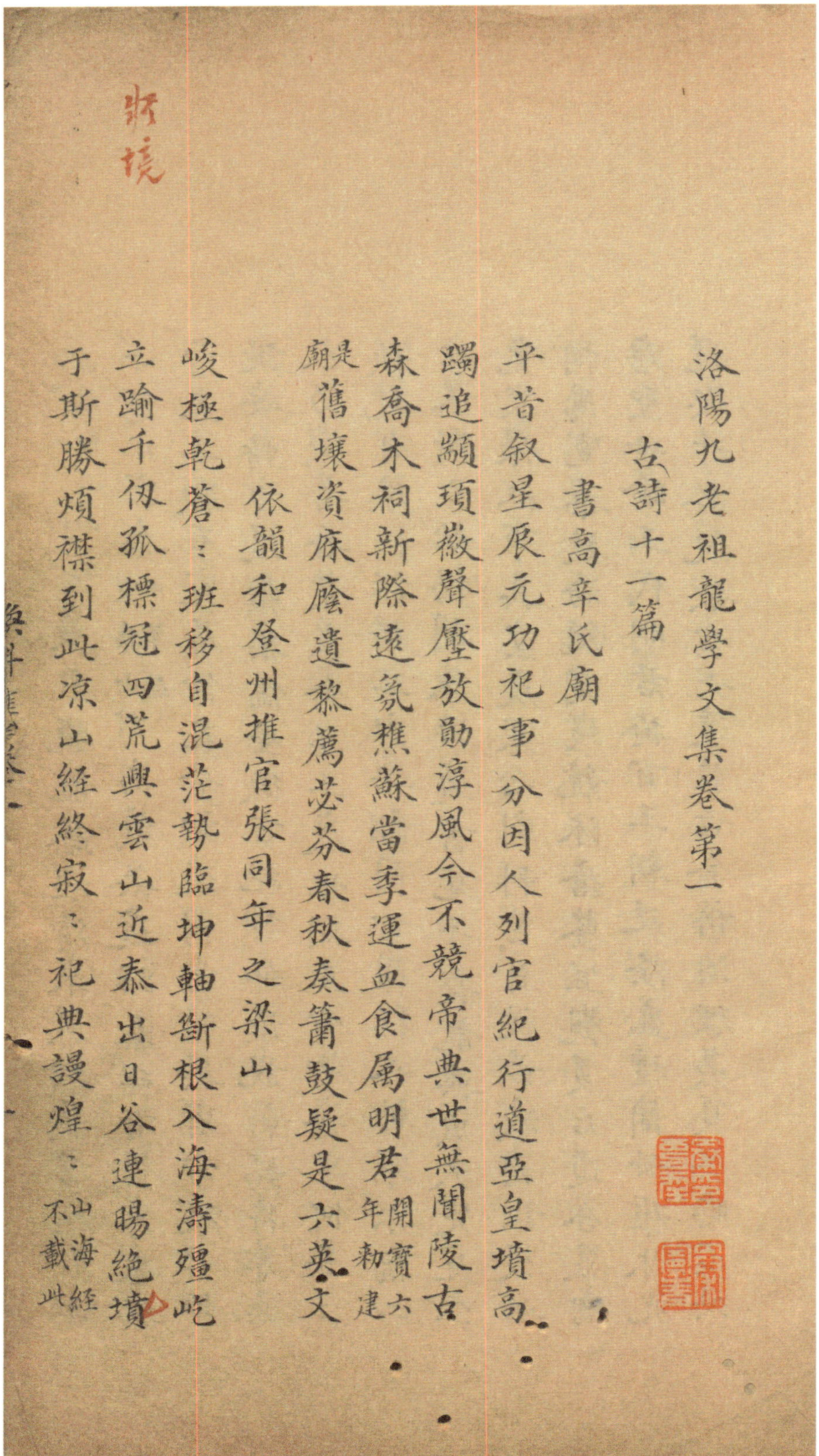
洛陽九老祖龍學文集卷第一

古詩十一篇

書高辛氏廟

平昔叙星辰元功祀事分因人列官紀行道亞皇墳高躅追顓頊徽聲壓放勛淳風今不競帝典世無聞陵古森喬木祠新際遠氛樵蘇當季運血食屬明君開寶六年勅建是廟舊壤資麻𪊝遺黎薦苾芬春秋奏簫鼓疑是六英文

依韻和登州推官張同年之梁山

峻極乾蒼々班移自混茫勢臨坤軸斷根入海濤殭屹立踰千仞孤標冠四荒輿雲山近泰出日谷連暘絶墳于斯勝煩襟到此涼山經終寂々祀典謾煌々山海經不載此

12745 洛陽九老祖龍學文集十六卷 （宋）祖無擇撰　清乾隆三十四年（1769）李文藻抄本

有"秦印更年""李生"等印。李文藻批並跋。首都師範大學圖書館藏。

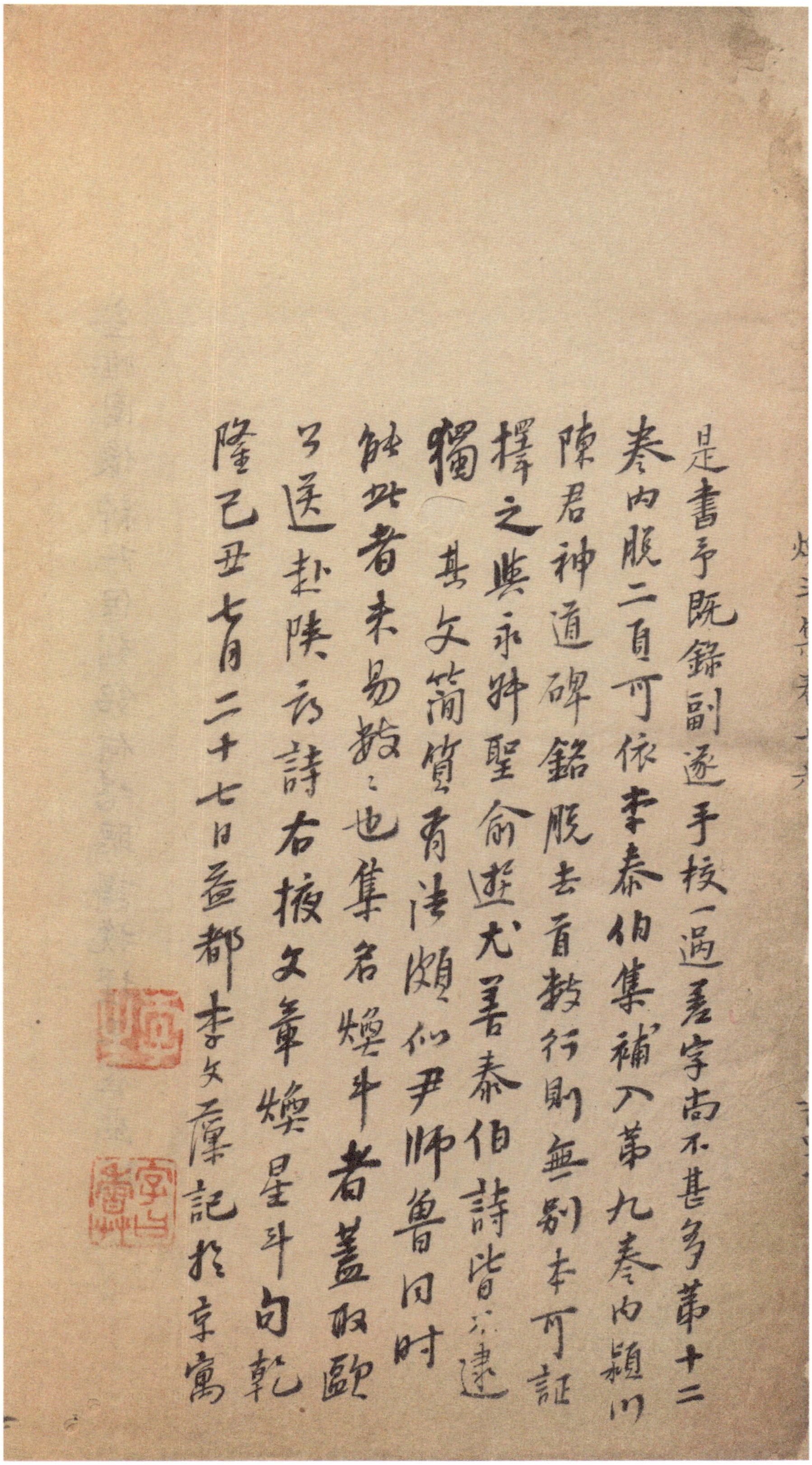

是書予既録副遂手校一過差字尚不甚多第十二
卷内脱二頁可依李泰伯集補入第九卷内潁川
陳君神道碑銘脱去首數行則無别本可証
擇之與永叔聖俞游尤善泰伯詩皆不逮
獨其文簡質有法頗似尹師魯同时
能此者未易數數也集名煥斗者蓋取歐
公送赴陝西詩右掖文章煥星斗句乾
隆己丑七月二十七日益都李文藻記於京寓

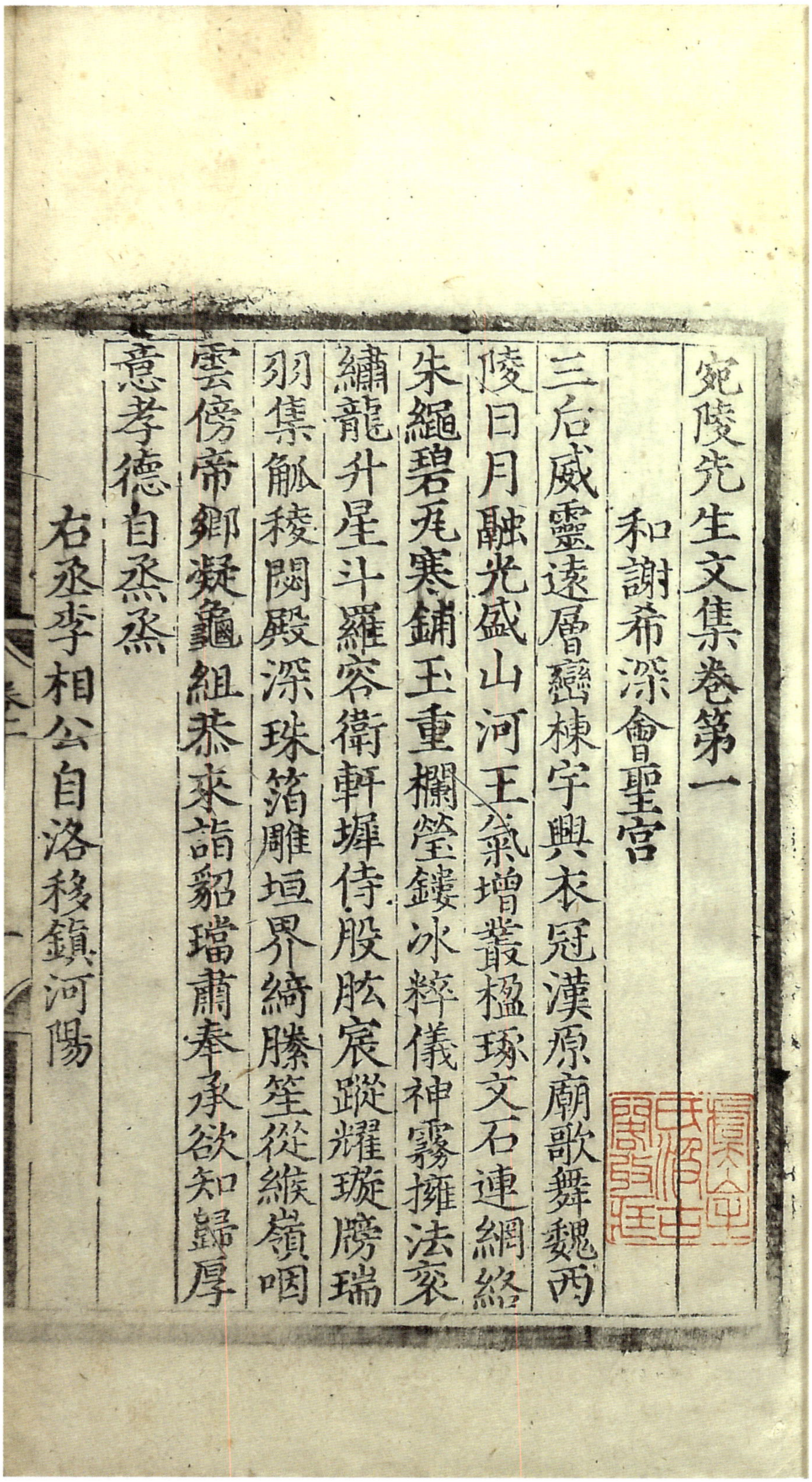

宛陵先生文集卷第一

和謝希深會聖宮

三后威靈遠層巒棟宇興衣冠漢原廟歌舞魏西陵日月融光盛山河王氣增叢楹瑑文石連綱絡朱繩碧瓦寒鋪玉重欄瑩鏤冰粹儀神霧擁法衮繡龍升星斗羅容衛軒墀侍股肱宸蹤耀璇牓瑞羽集觚稜閟殿深珠箔雕垣界綺縢笙從緱嶺咽雲傍帝鄉凝龜組恭來詣貂璫肅奉承欲知歸厚意孝德自烝烝

右丞李相公自洛移鎮河陽

12746 宛陵先生文集六十卷拾遺一卷 （宋）梅堯臣撰 **附録一卷**

明正統四年（1439）袁旭刻本

匡高19.3厘米，廣14.7厘米。半葉十行，行十九字，小字雙行字不等，黑口，四周雙邊。南京圖書館藏。

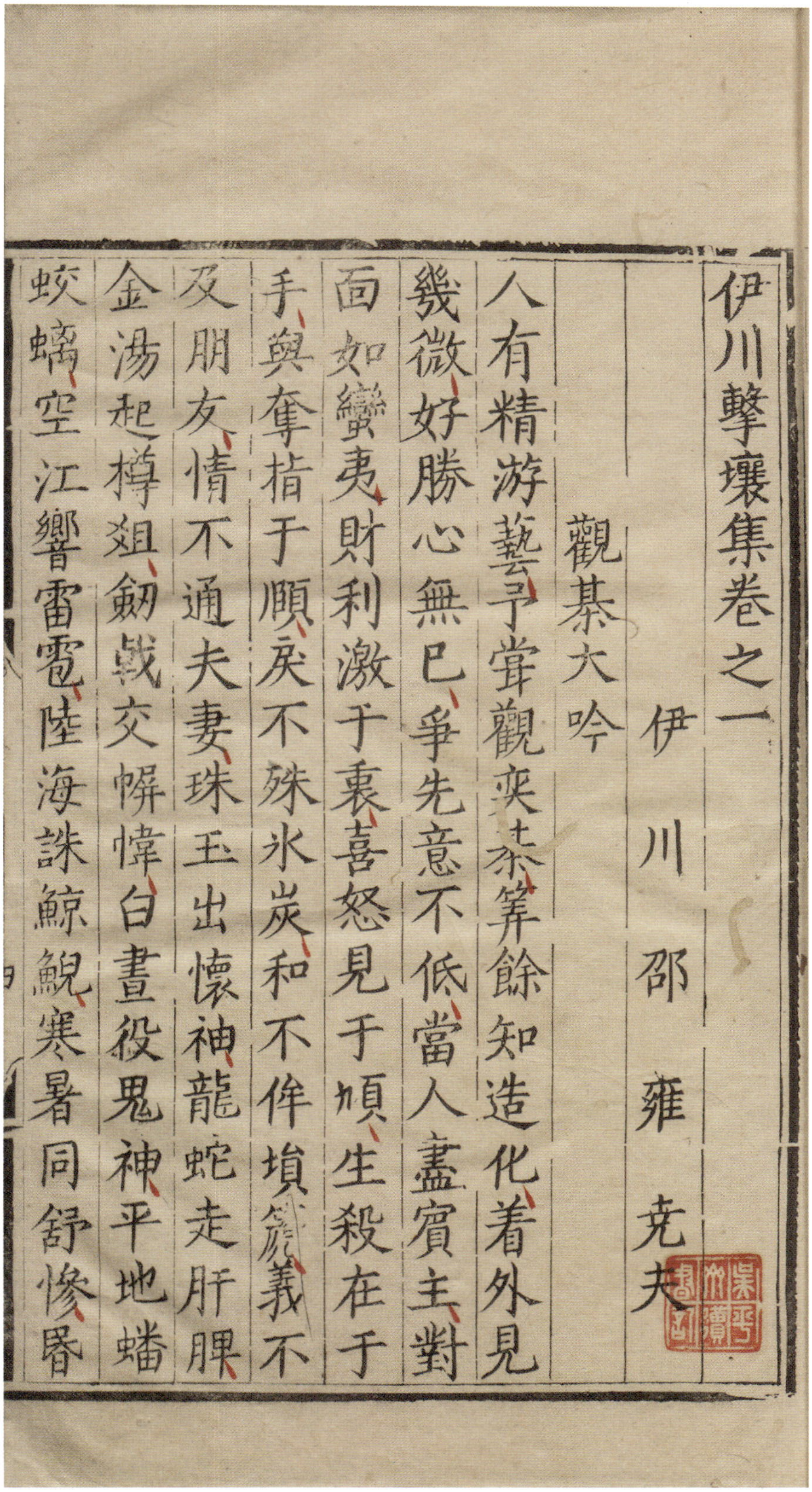

伊川擊壤集卷之一

伊川邵雍堯夫

觀棊大吟

人有精游藝予甞觀弈棊筭餘知造化着外見幾微好勝心無已爭先意不低當人盡賔主對面如蠻夷財利激于裏喜怒見于頄生殺在于手與奪指于頤戾不殊氷炭和不侔塤篪義不及朋友情不通夫妻珠玉出懷神龍蛇走肝脾金湯起樽俎劒戟交帷幄白晝役鬼神平地蟠蛟螭空江響雷雹陸海誅鯨鯢寒暑同舒慘昏

12747 伊川擊壤集二十卷集外詩一卷 （宋）邵雍撰 明成化畢亨刻十六年（1480）劉尚文重修本

匡高24.6厘米，廣17.1厘米。半葉十行，行十八字，小字雙行同，黑口，四周雙邊。有“吴平齋讀書記”等印。吴雲跋。南京圖書館藏。

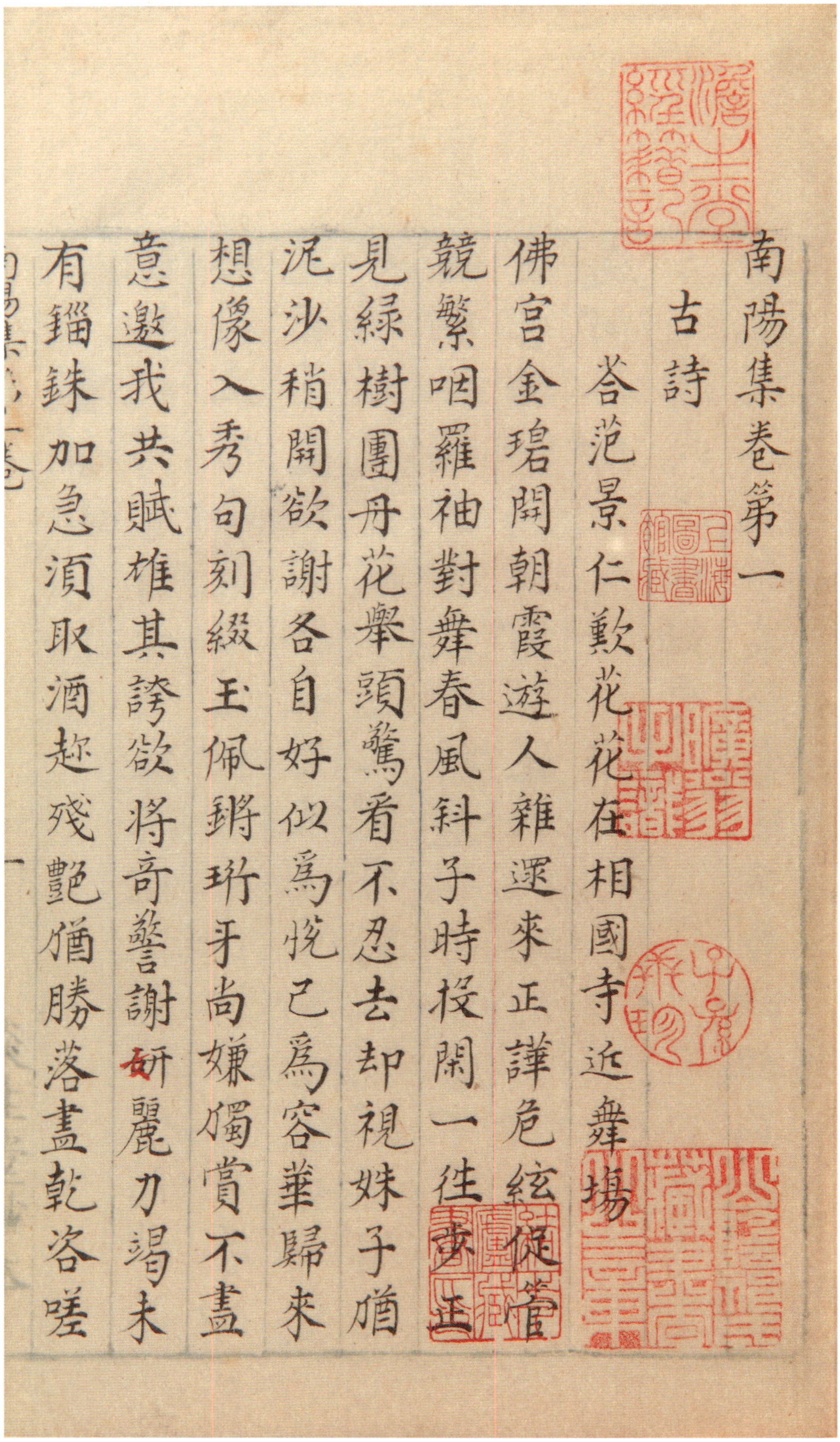

南陽集卷第一

古詩

荅范景仁歎花花在相國寺近舞場

佛宮金碧閟朝霞遊人雜遝来正譁危絃促管競繁咽羅袖對舞春風斜子時投閑一往步正見緑樹團丹花舉頭驚看不忍去却視姝子猶泥沙稍開欲謝各自好似爲悅己爲容華歸来想像入秀句刻綴玉佩鏘珩牙尚嫌獨賞不盡意邀我共賦雄其誇欲将奇謷謝妍麗刀竭未有錙銖加急須取酒趁殘艶猶勝落盡乾咨嗟

南陽集卷一　一

12748 南陽集三十卷　（宋）韓維撰　**附録一卷**　明祁氏澹生堂抄本

匡高21.9厘米，廣15.3厘米。半葉十行，行十八字，白口，四周單邊。有“山陰祁氏藏書之章”“曠翁手識”“澹生堂經籍記”“澹生堂中儲經籍主人手校無朝夕讀之欣然忘飲食典衣市書恆不給後人但念阿翁癖子孫益之守弗失曠翁銘”“安樂堂藏書記”“明善堂覽書畫印記”“結一廬藏書印”“仁龢朱復廬校藏書籍”“徐乃昌讀”等印。上海圖書館藏。

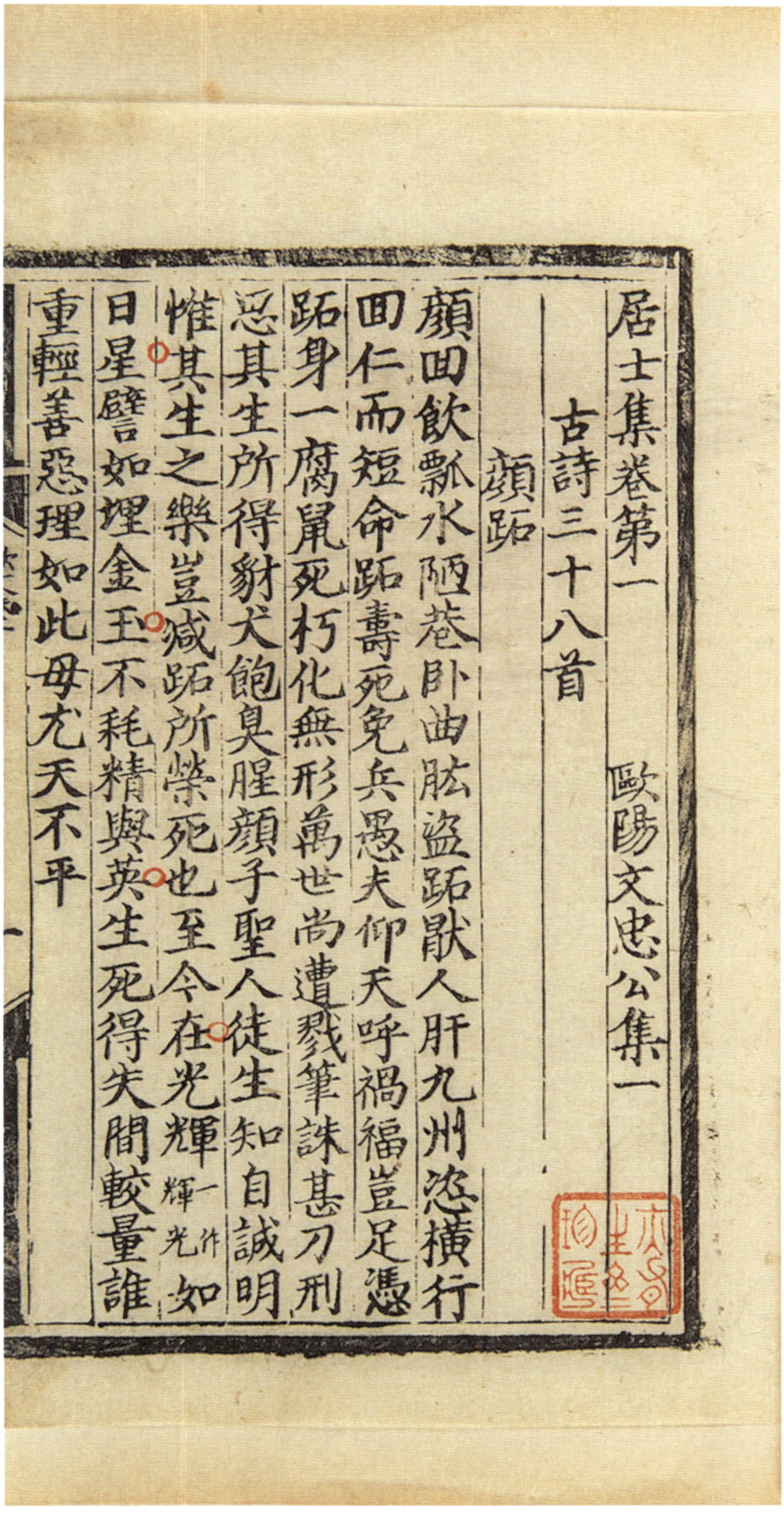
居士集卷第一　　歐陽文忠公集一
古詩三十八首
顔跖
顔回飲瓢水陋巷卧曲肱盜跖猒人肝九州恣橫行
回仁而短命跖壽死免兵愚夫仰天呼禍福豈足憑
跖身一腐鼠死朽化無形萬世尚遺戮筆誅甚刀刑
思其生所得豺犬飽臭腥顔子聖人徒生知自誠明
惟其生之樂豈減跖所榮死也至今在光輝一作輝光如
日星譬如埋金玉不耗精與英生死得失間較量誰
重輕善惡理如此毋尤天不平

12749 歐陽文忠公集一百五十三卷　（宋）歐陽修撰　**年譜一卷**　（宋）胡柯撰　**附録五卷**　明天順六年（1462）程宗刻弘治五年（1492）重修本

匡高20.5厘米，廣12.5厘米。半葉十行，行二十字，小字雙行同，黑口，四周雙邊。有“亦有生齋珍藏”等印。國家博物館藏。

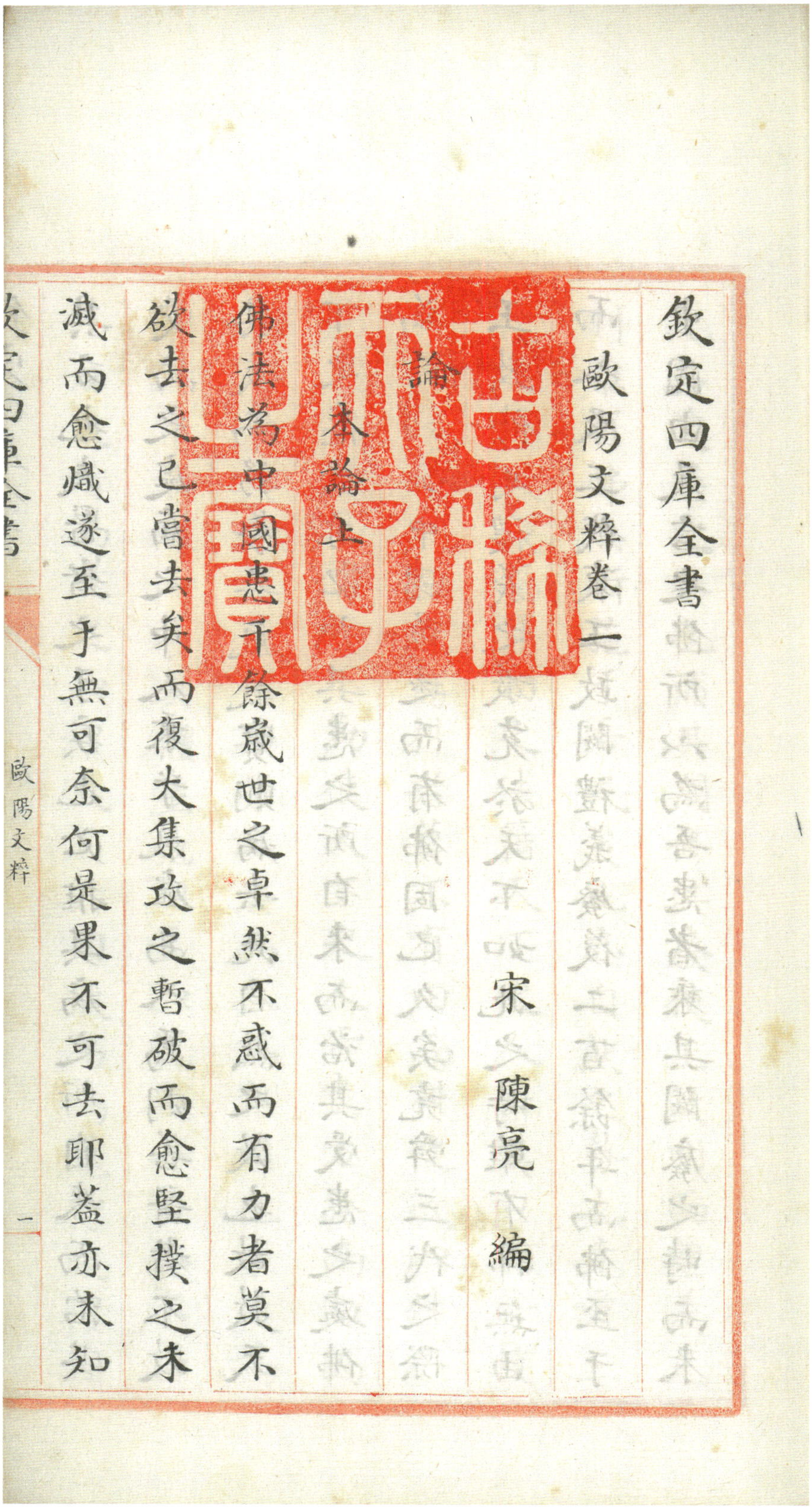
欽定四庫全書
歐陽文粹卷一
宋 陳亮 編
論
本論上
佛法為中國患千餘歲世之卓然不惑而有力者莫不
欲去之已嘗去矣而復大集攻之暫破而愈堅撲之未
滅而愈熾遂至于無可奈何是果不可去耶蓋亦未知
欽定四庫全書
歐陽文粹 一

12750 歐陽文粹二十卷 （宋）歐陽修撰 （宋）陳亮輯 清乾隆内府寫南三閣四庫全書本

包背裝。匡高20.8厘米，廣13.9厘米。半葉八行，行二十一字，小字雙行同，紅格，白口，四周雙邊。有“古稀天子之寶”“乾隆御覽之寶”等印。上海博物館藏。

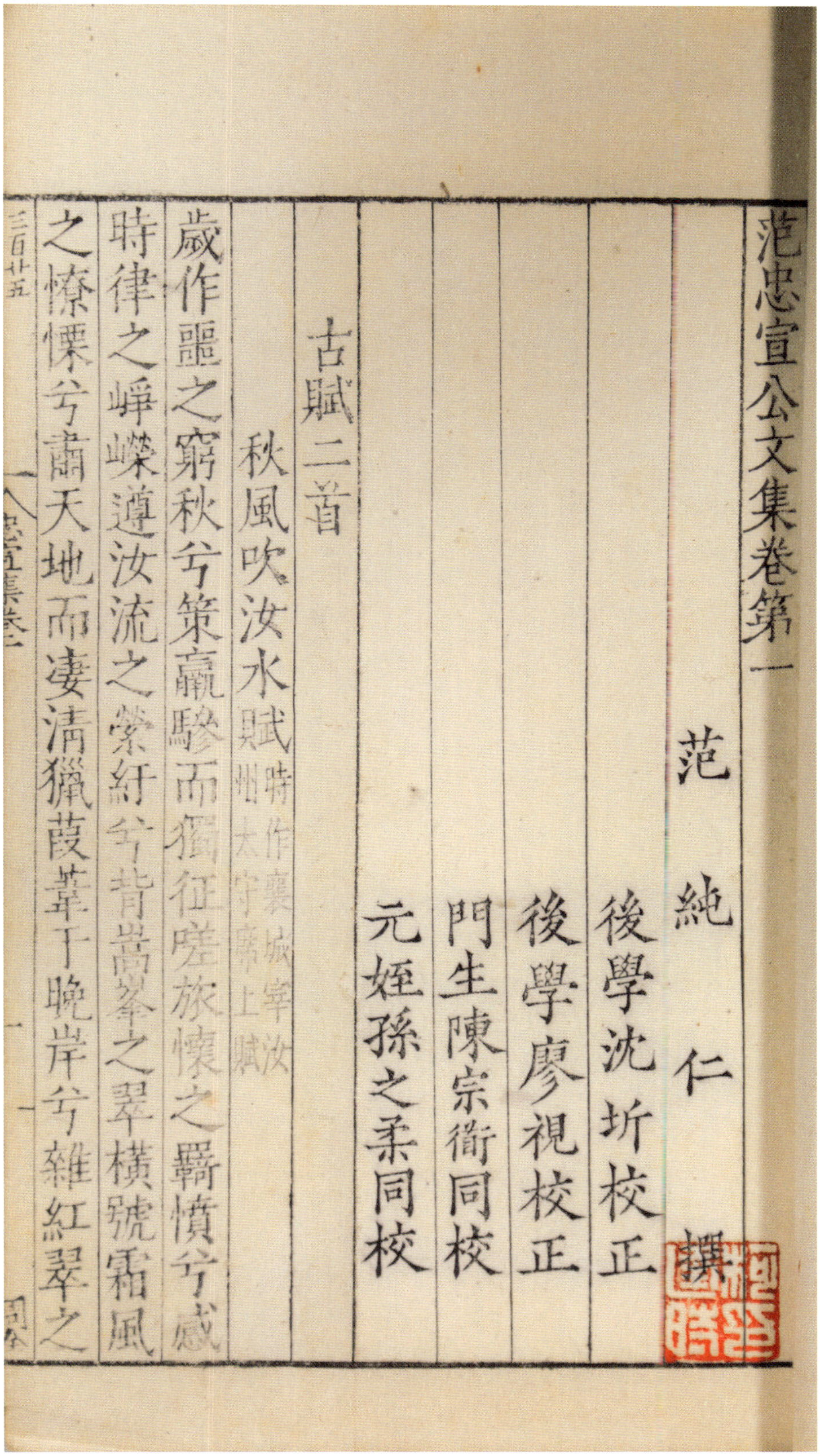
范忠宣公文集卷第一
范純仁撰
後學沈圻校正
後學廖視校正
門生陳宗衛同校
元姪孫之柔同校
古賦二首
秋風吹汝水賦 時作襄城宰汝州太守席上賦
歲作噩之窮秋兮策羸驂而獨征嗟旅懷之羇憤兮感
時律之崢嶸遵汝流之縈紆兮背嵩峯之翠横號霜風
之憭慄兮肅天地而凄清獵葭葦于晚岸兮雜紅翠之

12751 范忠宣公文集二十卷 （宋）范純仁撰 明嘉靖范惟元等刻本

匡高21.5厘米，廣15.2厘米。半葉十二行，行二十一字，小字雙行同，白口，左右雙邊。有“柯印逢時”“穀臣曾讀”等印。柯逢時跋。湖北省博物館藏。

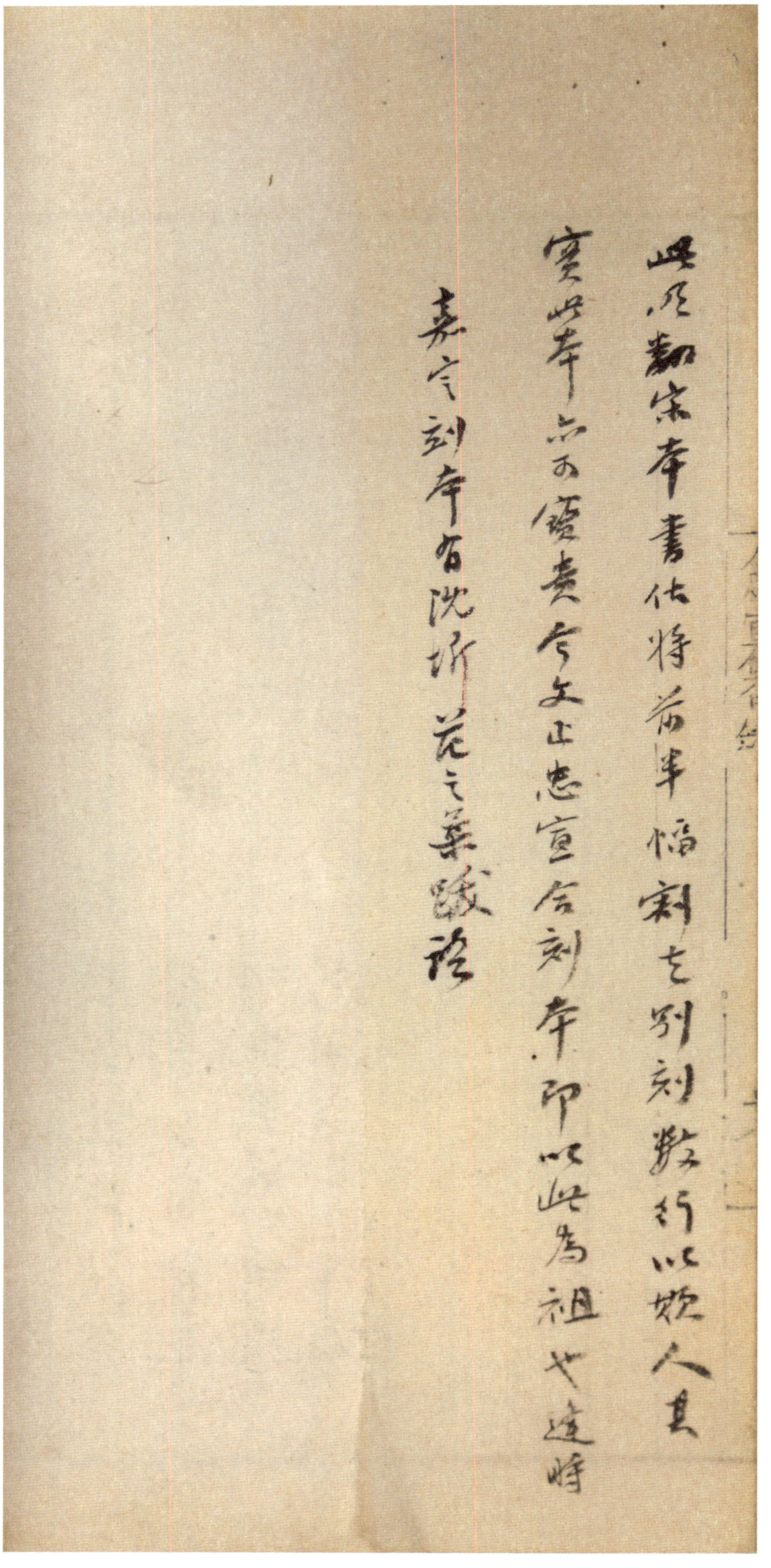

此及勘宋本書估將前半幅剜去別刻數行以炫人其
實此本亦不過袁本文正忠宣合刻本印以此為祖也 達時
嘉定刻本有沈圻范之柔跋語

12751 范忠宣公文集二十卷

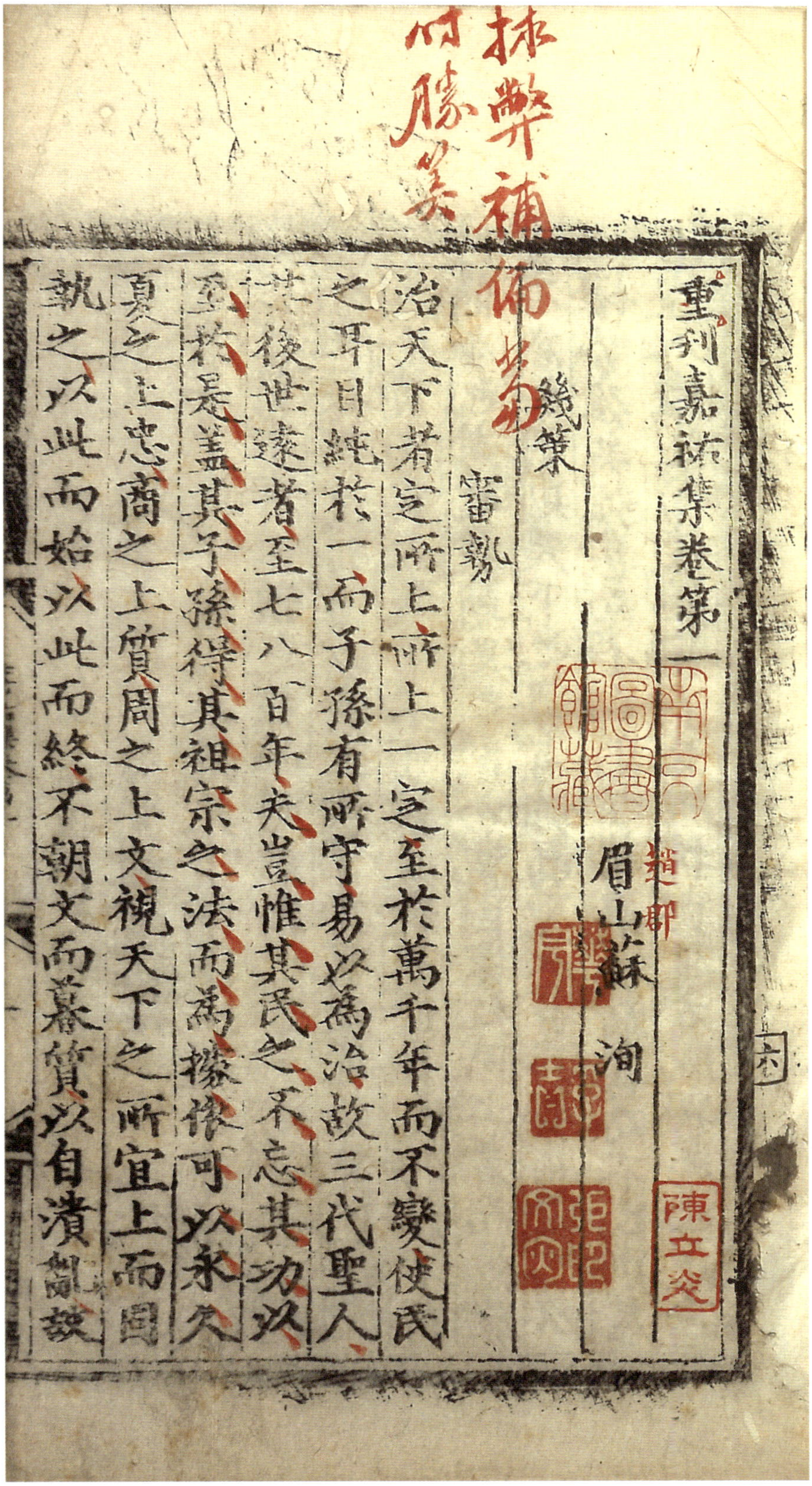
重刊嘉祐集卷第一
眉山蘇洵
幾策
審勢
治天下者定所上所上一定至於萬千年而不變使民
之耳目純於一而子孫有所守易以為治故三代聖人
其後世遠者至七八百年夫豈惟其民之不忘其功以
至於是蓋其子孫得其祖宗之法而為據依可以永久
夏之上忠商之上質周之上文視天下之所宜上而固
執之以此而始以此而終不朝文而暮質以自潰亂故

12752 重刊嘉祐集十五卷　（宋）蘇洵撰　明弘治四年（1491）陸里刻本

匡高20.4厘米，廣13.4厘米。半葉十行，行二十一字，黑口，四周雙邊。繆荃孫校。南京圖書館藏。

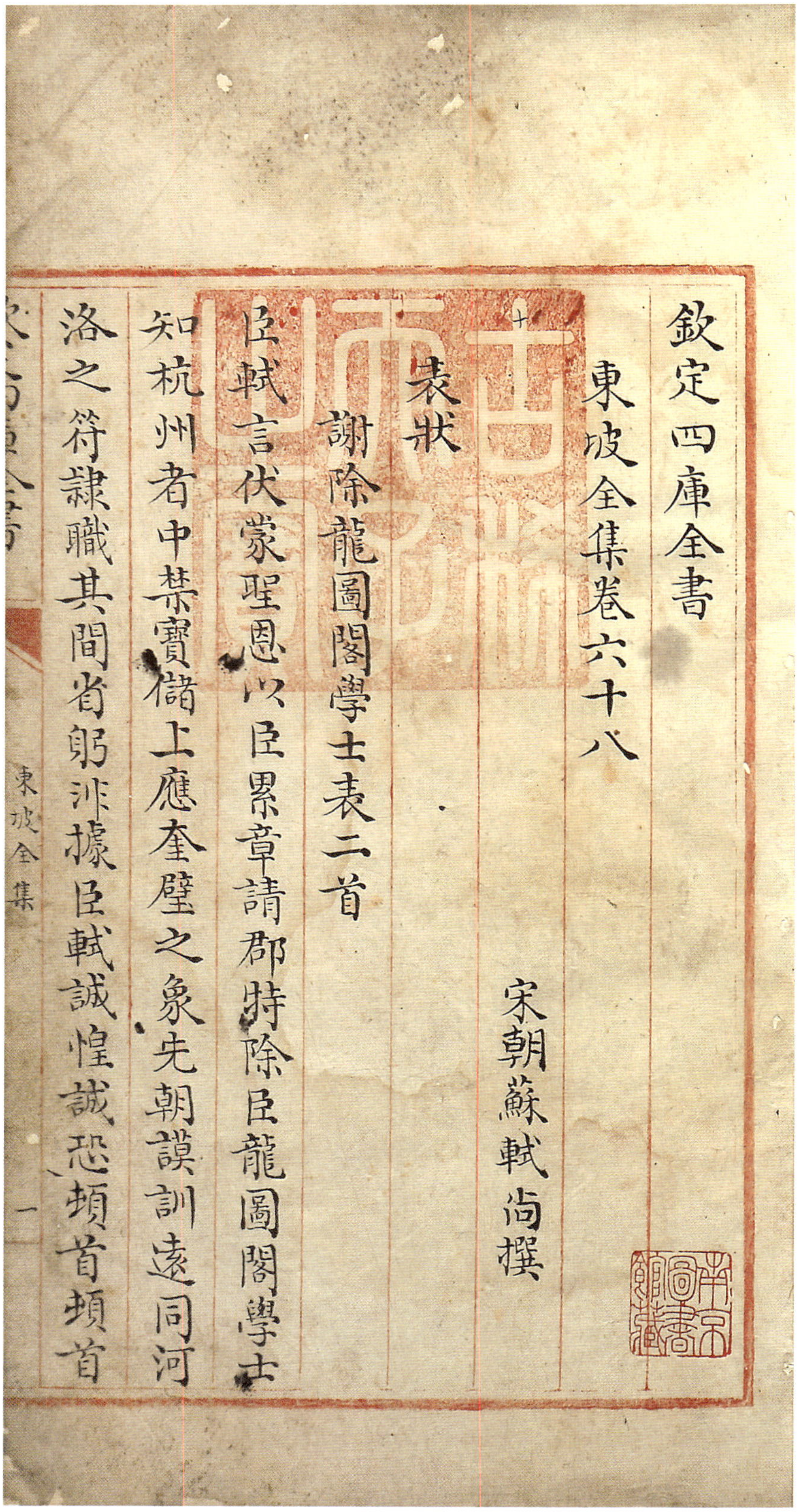

欽定四庫全書
東坡全集卷六十八
宋朝蘇軾尚撰
表狀
謝除龍圖閣學士表二首
臣軾言伏蒙聖恩以臣累章請郡特除臣龍圖閣學士
知杭州者中禁寶儲上應奎壁之象先朝謨訓遠同河
洛之符隸職其間省躬非據臣軾誠惶誠恐頓首頓首

東坡全集　一

12753 東坡全集一百十五卷　（宋）蘇軾撰　清乾隆内府寫南三閣四庫全書本

匡高20.6厘米，廣13.8厘米。半葉八行，行二十一字，紅格，白口，四周雙邊。有“古稀天子之寶”等印。南京圖書館藏，存二卷。

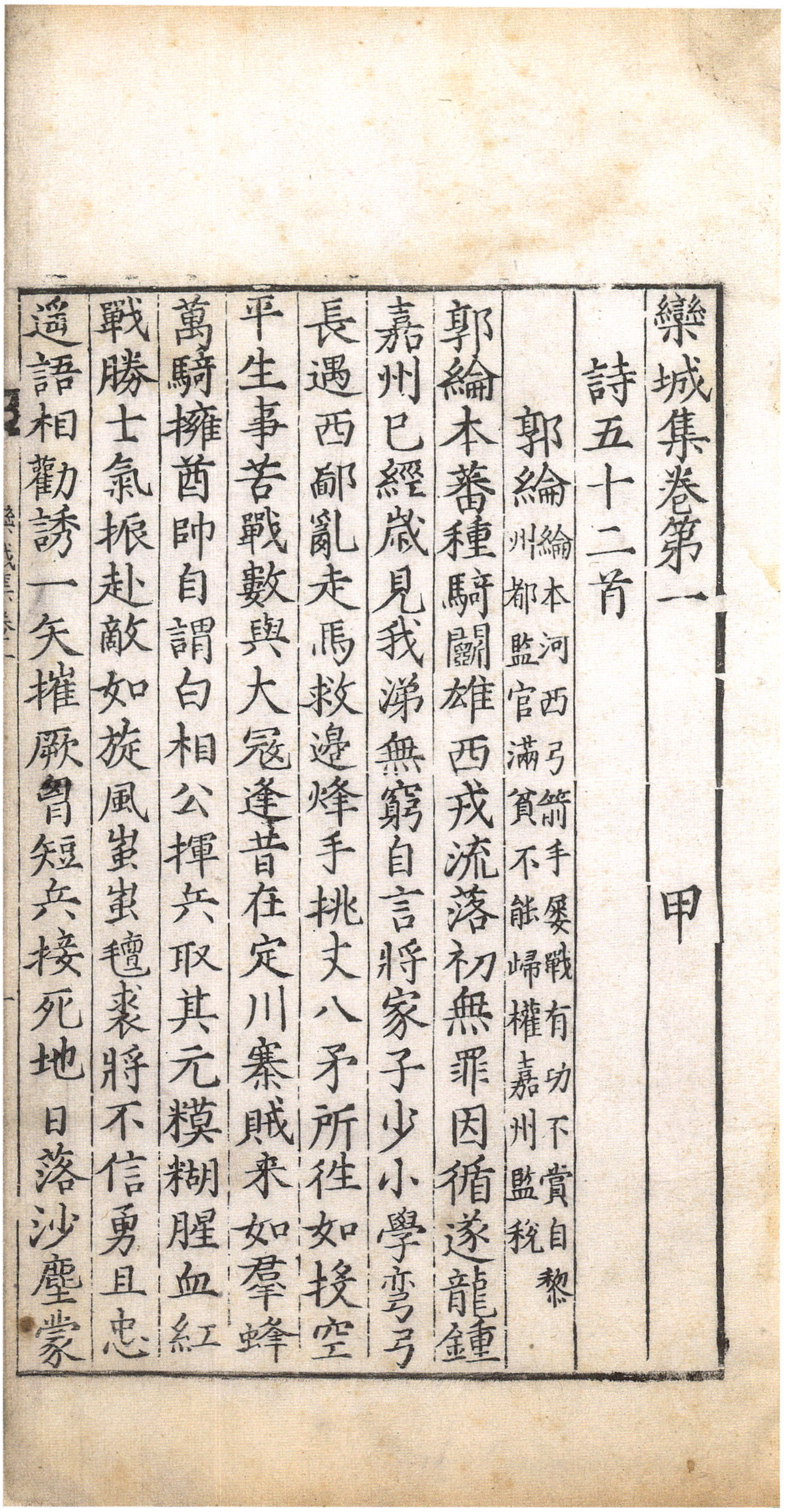
欒城集卷第一　甲

詩五十二首

郭綸　綸本河西弓箭手屢戰有功不賞自黎州都監官滿貧不能歸權嘉州監税

郭綸本蕃種騎鬭雄西戎流落初無罪因循遂龍鍾嘉州巳經歲見我涕無窮自言將家子少小學彎弓長遇西鄙亂走馬救邊烽手挑丈八矛所往如投空平生事苦戰數與大寇逢昔在定川寨賊來如羣蜂萬騎擁酋帥自謂白相公揮兵取其元模糊腥血紅戰勝士氣振赴敵如旋風蚩蚩氊裘將不信勇且忠遥語相勸誘一矢摧厥胷短兵接死地日落沙塵蒙

12754 欒城集五十卷後集二十四卷三集十卷　（宋）蘇轍撰　明嘉靖二十年（1541）蜀藩朱讓栩刻本

匡高21.8厘米，廣14厘米。半葉十行，行二十字，白口，四周單邊。中共北京市委圖書館藏。

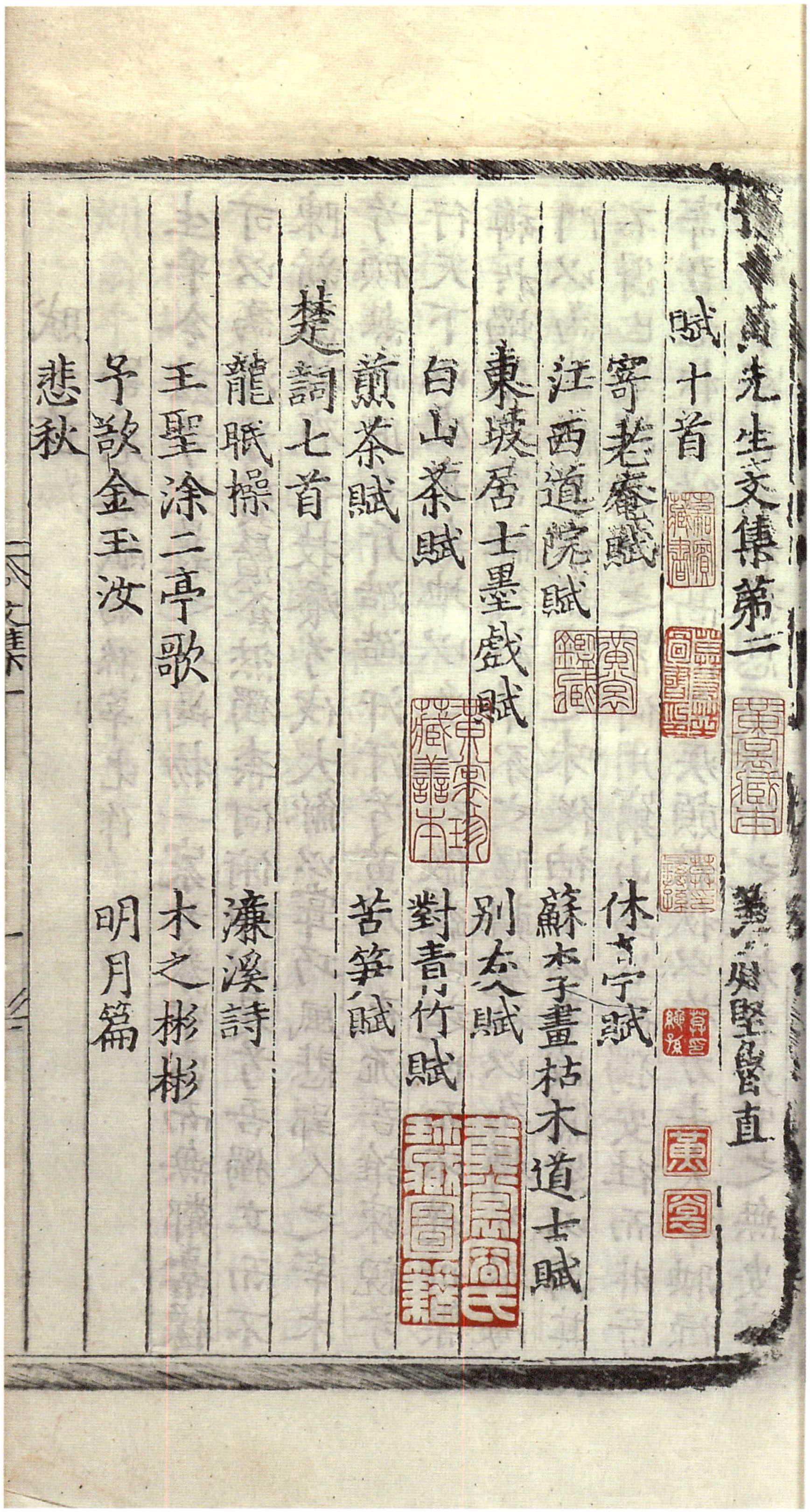
先生文集第二　堅魯直

賦十首

寄老庵賦　休亭賦

江西道院賦　蘇李畫枯木道士賦

東坡居士墨戲賦　別友賦

白山茶賦　對青竹賦

煎茶賦　苦筍賦

楚詞七首

龍眠操　濂溪詩

王聖涂二亭歌　木之彬彬

予欲金玉汝　明月篇

悲秋

12755 豫章黄先生文集三十卷外集十四卷别集二十卷簡尺二卷詞一卷　（宋）黄庭堅撰　**山谷先生年譜三十卷**　（宋）黄㽦撰　**山谷黄先生别傳一卷**　（明）周季鳳撰　**青社黄先生伐檀集二卷**　（宋）黄庶撰　明弘治葉天爵刻嘉靖六年（1527）喬遷、余載仕重修本

匡高23.6厘米，廣15.5厘米。半葉十二行，行二十一至二十二字，小字雙行二十二字，白口，四周雙邊。有“吴興劉氏嘉業堂藏書印”等印。莫友芝校並題識，黄裳跋。南京圖書館藏。

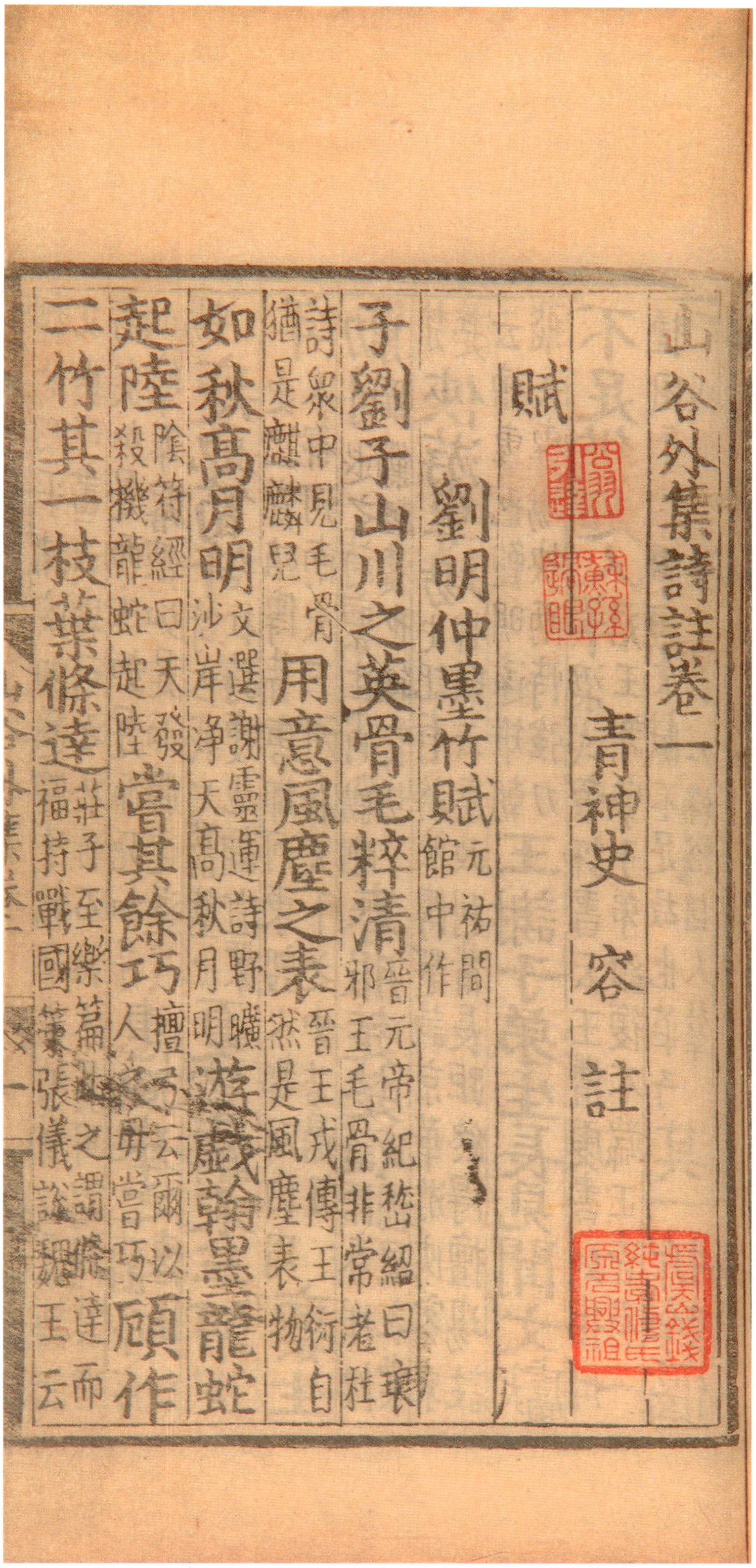
山谷外集詩註卷一
青神史　容　註
賦
劉明仲墨竹賦 元祐間館中作
子劉子山川之英骨毛粹清 晉元帝紀嵇紹曰瑯邪王毛骨非常老杜詩衆中見毛骨猶是麒麟兒 用意風塵之表 晉王戎傳王衍自然是風塵表物 如秋高月明 文選謝靈運詩野曠沙岸淨天高秋月明 游戲翰墨龍蛇起陸 陰符經曰天發殺機龍蛇起陸 嘗其餘巧 檀弓云爾以人之母嘗巧 顧作二竹其一枝葉條達 莊子至樂篇之謂條達而福持 戰國策張儀說魏王云

12756 山谷外集詩注十七卷　（宋）黄庭堅撰　（宋）史容注　明弘治九年（1496）陳沛刻本

匡高19.6厘米，廣12.2厘米。半葉九行，行十九字，小字雙行同，黑口，四周雙邊。有"虞山錢純孝修氏原名興祖""錢孝修圖書印""翁方綱印""蘇孫過眼""二支室"等印。翁方綱批校並跋又録史季温跋，翁同龢跋。上海圖書館藏。

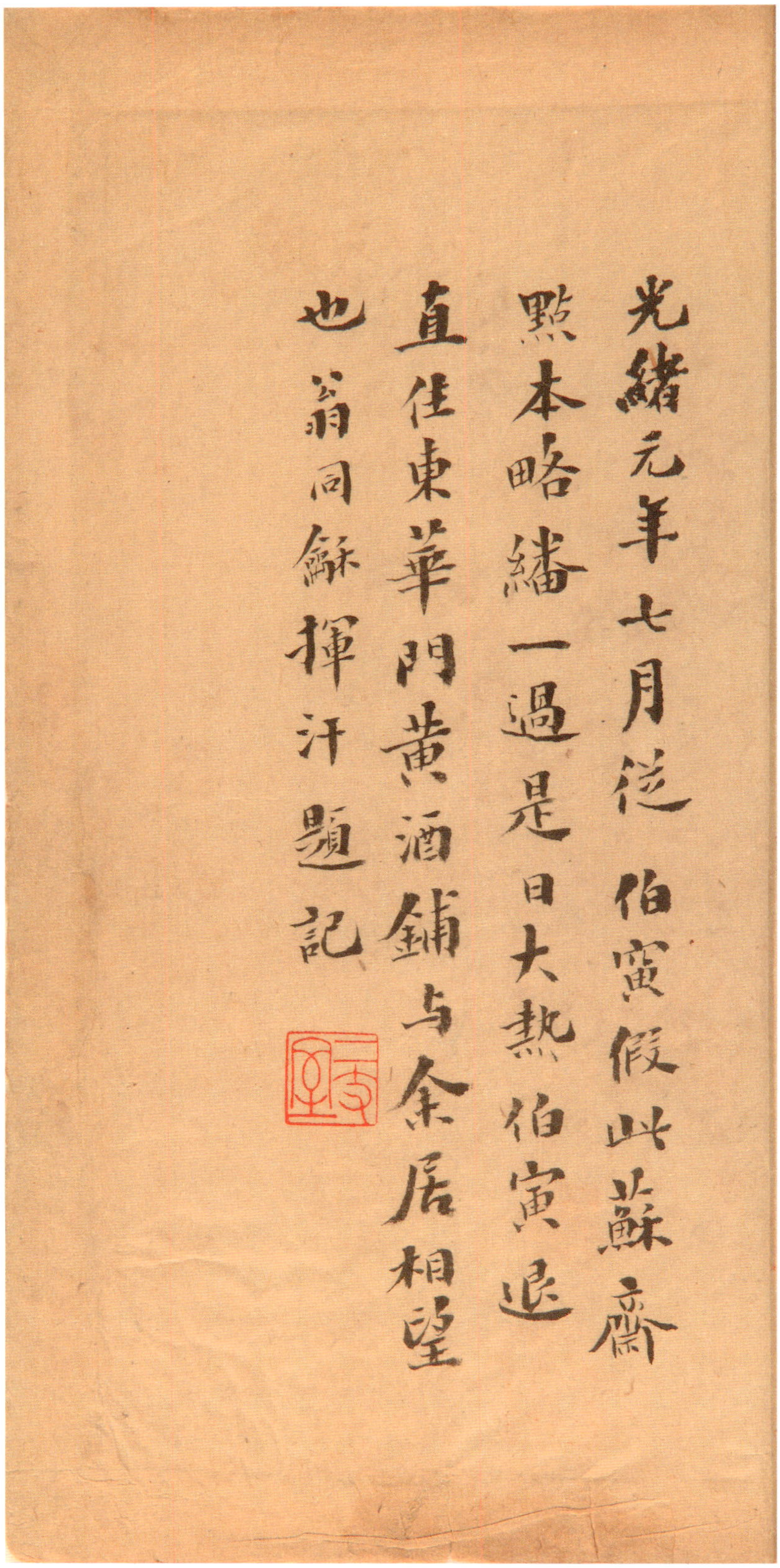

光緒元年七月從伯寅假此蘇齋
點本略繙一過是日大熱伯寅退
直往東華門黃酒鋪与余居相望
也翁同龢揮汗題記

12756 山谷外集詩注十七卷

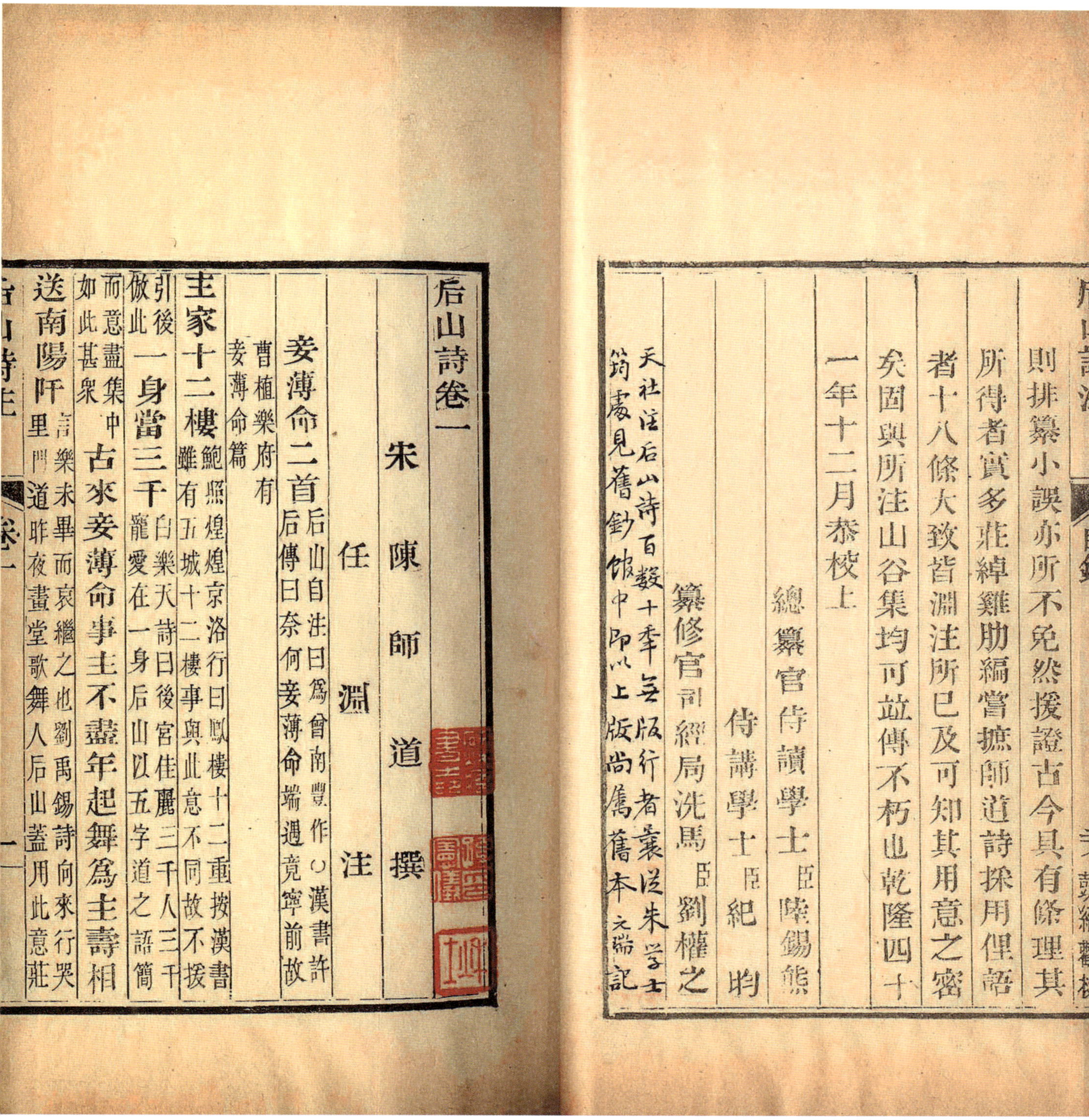

12757 后山詩注十二卷 （宋）陳師道撰 （宋）任淵注 清乾隆武英殿活字印聚珍版書本

匡高19厘米，廣12.5厘米。半葉九行，行二十一字，小字雙行同，白口，四周雙邊。有“南昌彭氏”“知聖道齋藏書”“遇讀者善”等印。彭元瑞批校。山西省圖書館藏。

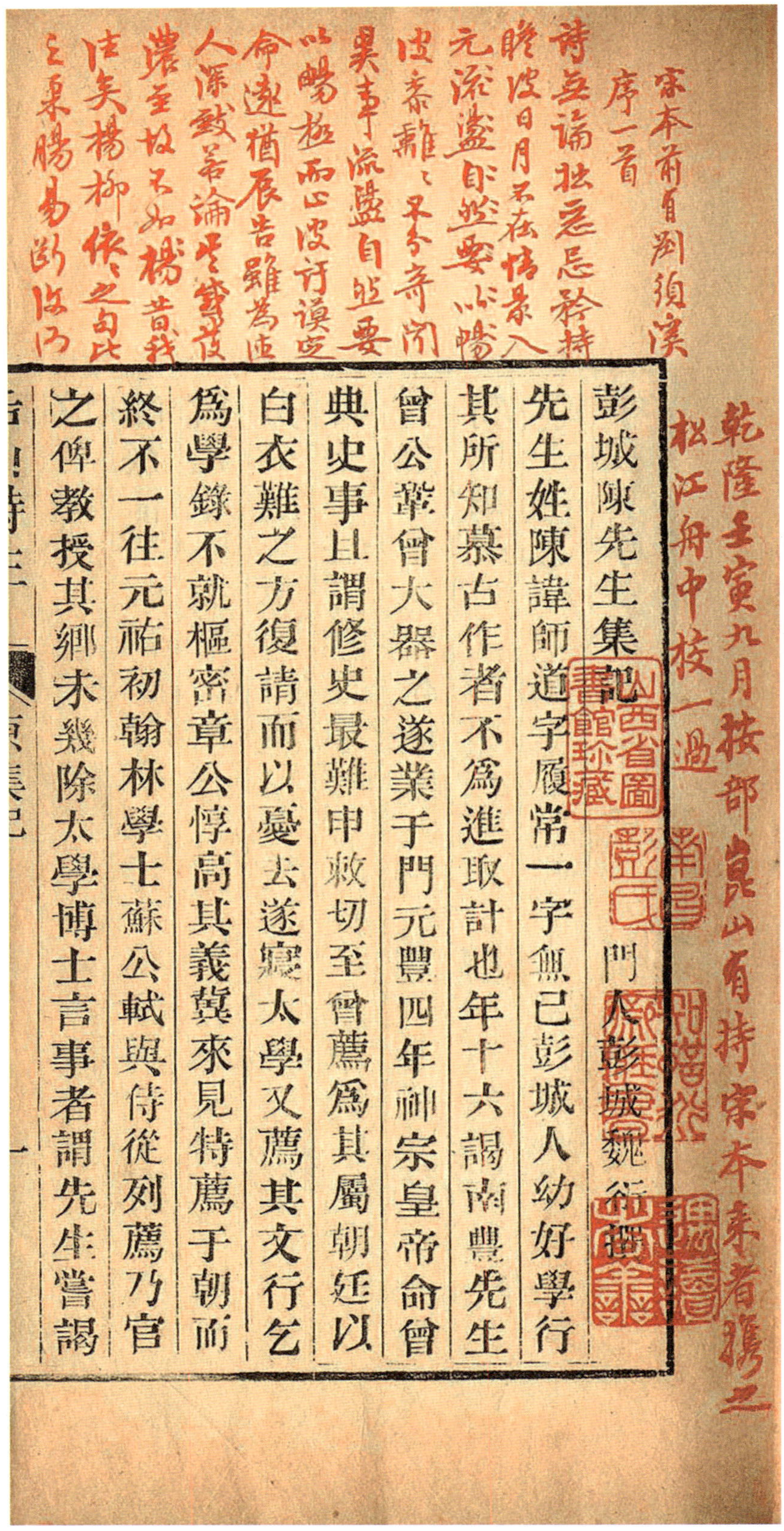

12757 后山詩注十二卷

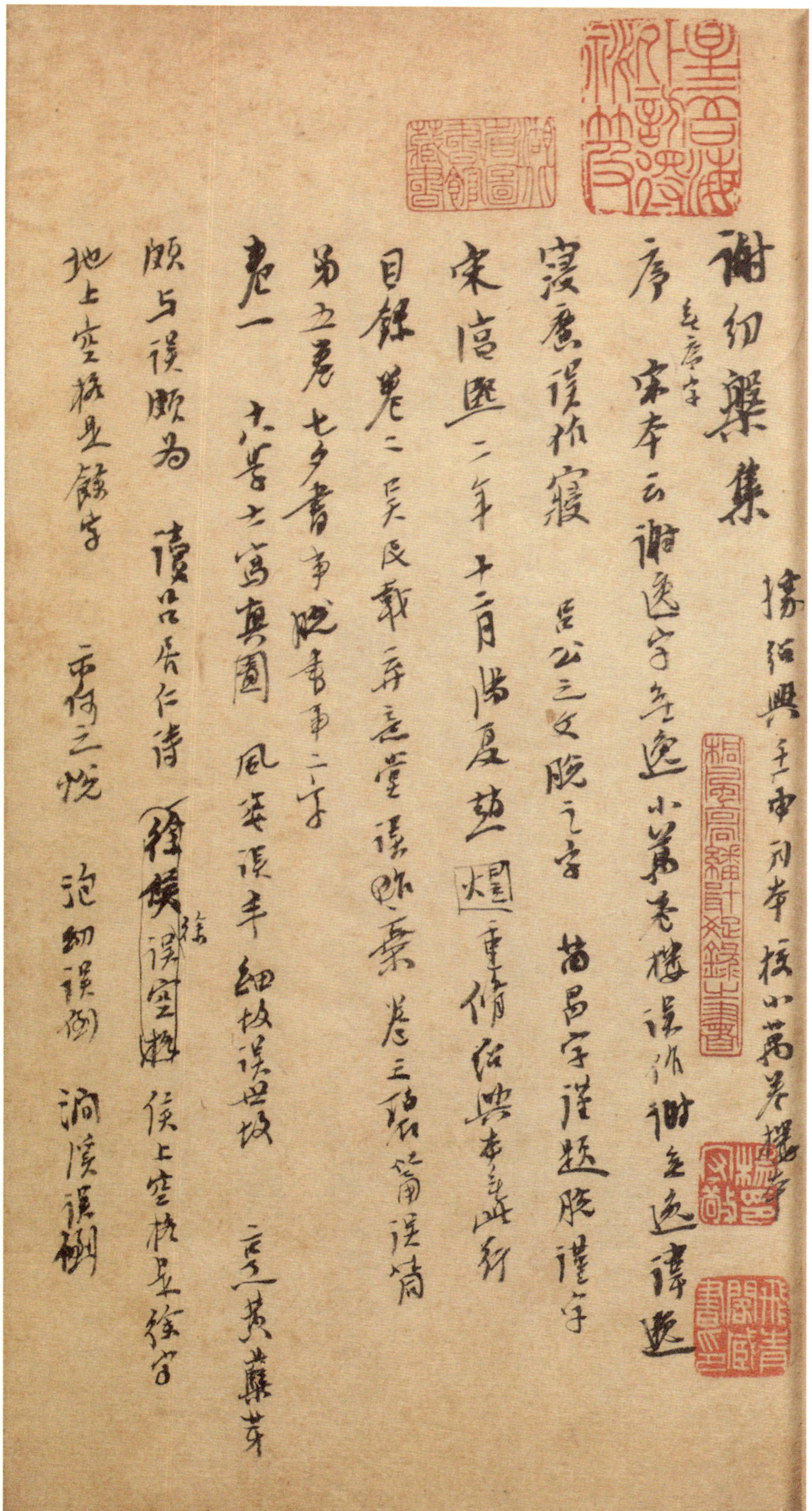

12758 謝幼槃集斠記稿一卷 楊守敬撰　稿本

有“楊守敬印”“飛青閣臧書印”“星吾海外訪得秘笈”“徐恕私印”“黄侃季剛”等印。黄侃跋。湖北省圖書館藏。

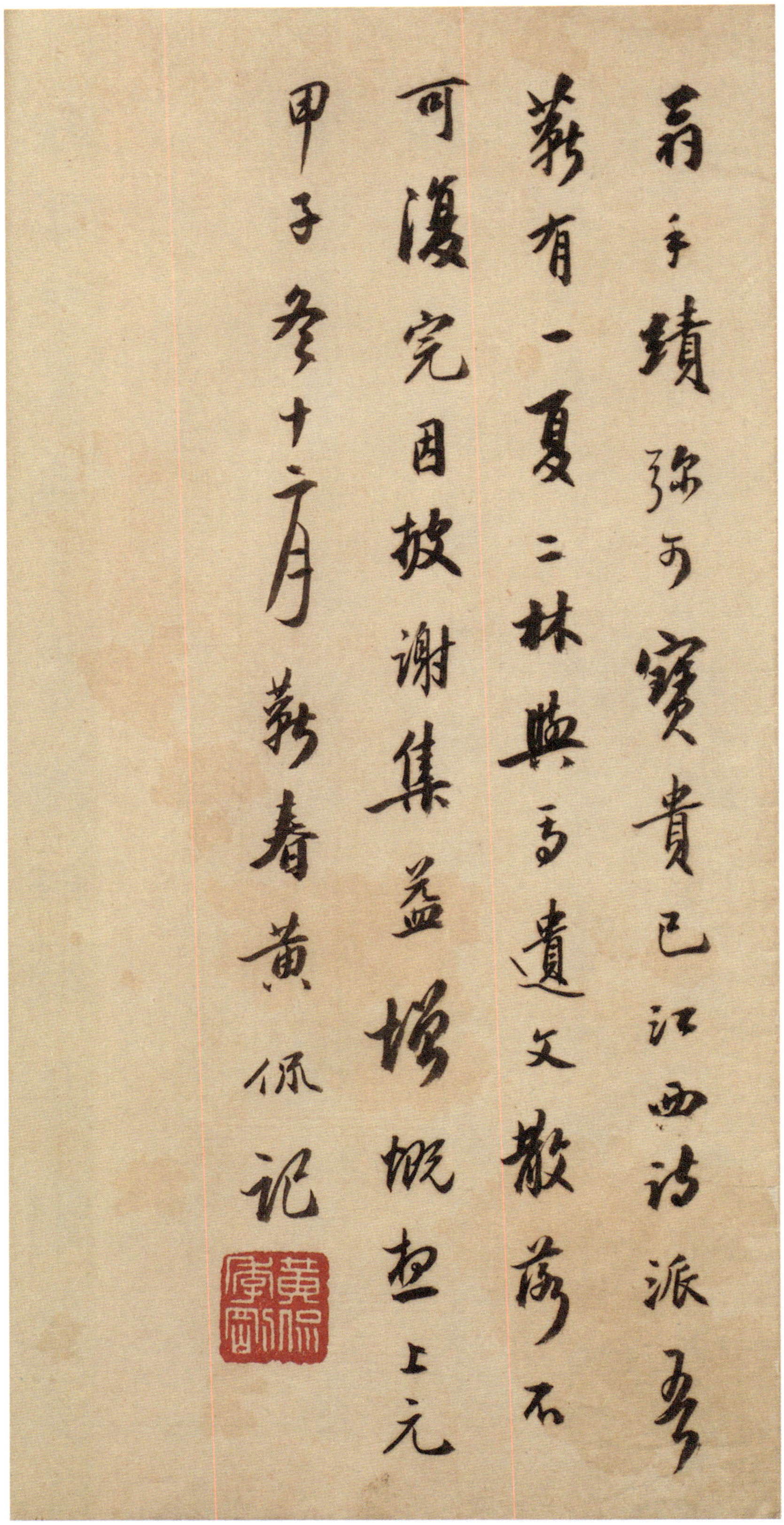
爲手蹟彌可寶貴且江西詩派吾
蘄有一夏二林與焉遺文散落不
可復完因披謝集益增慨想上元
甲子冬十二月蘄春黃侃記
黃侃季剛

12758 謝幼槃集斠記稿一卷

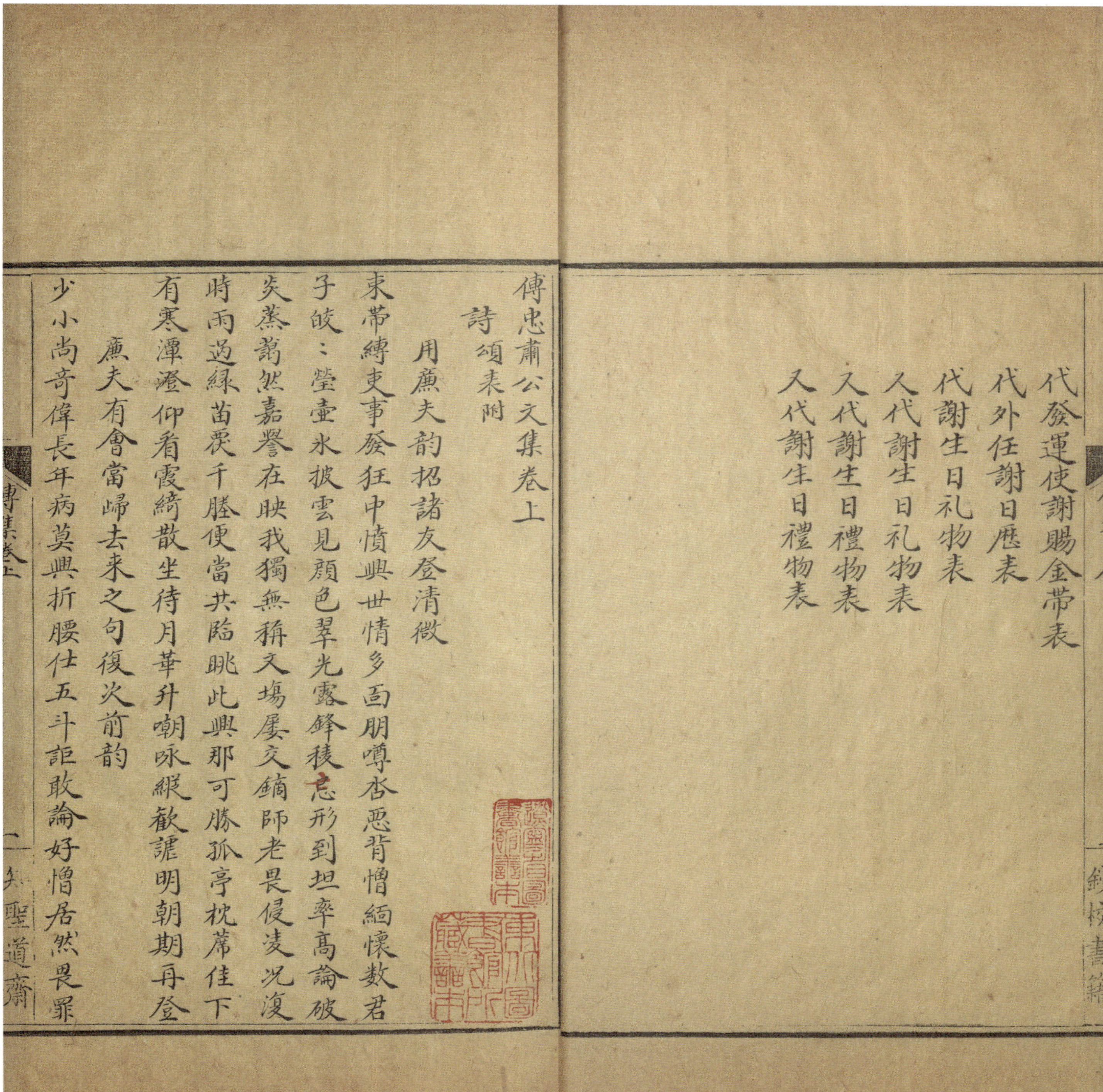

代發運使謝賜金帶表
代外任謝日歷表
代謝生日礼物表
又代謝生日礼物表
又代謝生日禮物表
又代謝生日禮物表

傅忠肅公文集卷上
詩　頌表附
用廣夫韵招諸友登清微
束帶縛吏事發狂中憤興世情多面朋噂沓悪背憎緬懷數君
子皎〻瑩壺氷披雲見顔色翠光露鋒稜忘形到坦率高論破
炎蒸藹然嘉譽在映我獨無稱文場屢交鏑師老畏侵凌况復
時雨過綠苗秀千塍便當共臨眺此興那可勝孤亭枕蔕佳下
有寒潭澄仰看霞綺散坐待月華升嘲咏縱歡謔明朝期再登
廣夫有會當歸去来之句復次前韵
少小尚奇偉長年病莫興折腰仕五斗詎敢論好憎居然畏罪

12759 傅忠肅公文集三卷　（宋）傅察撰　清彭元瑞知聖道齋抄本

匡高19.4厘米，廣13.5厘米。半葉十行，行二十四字，小字雙行同，白口，四周雙邊。遼寧省圖書館藏。

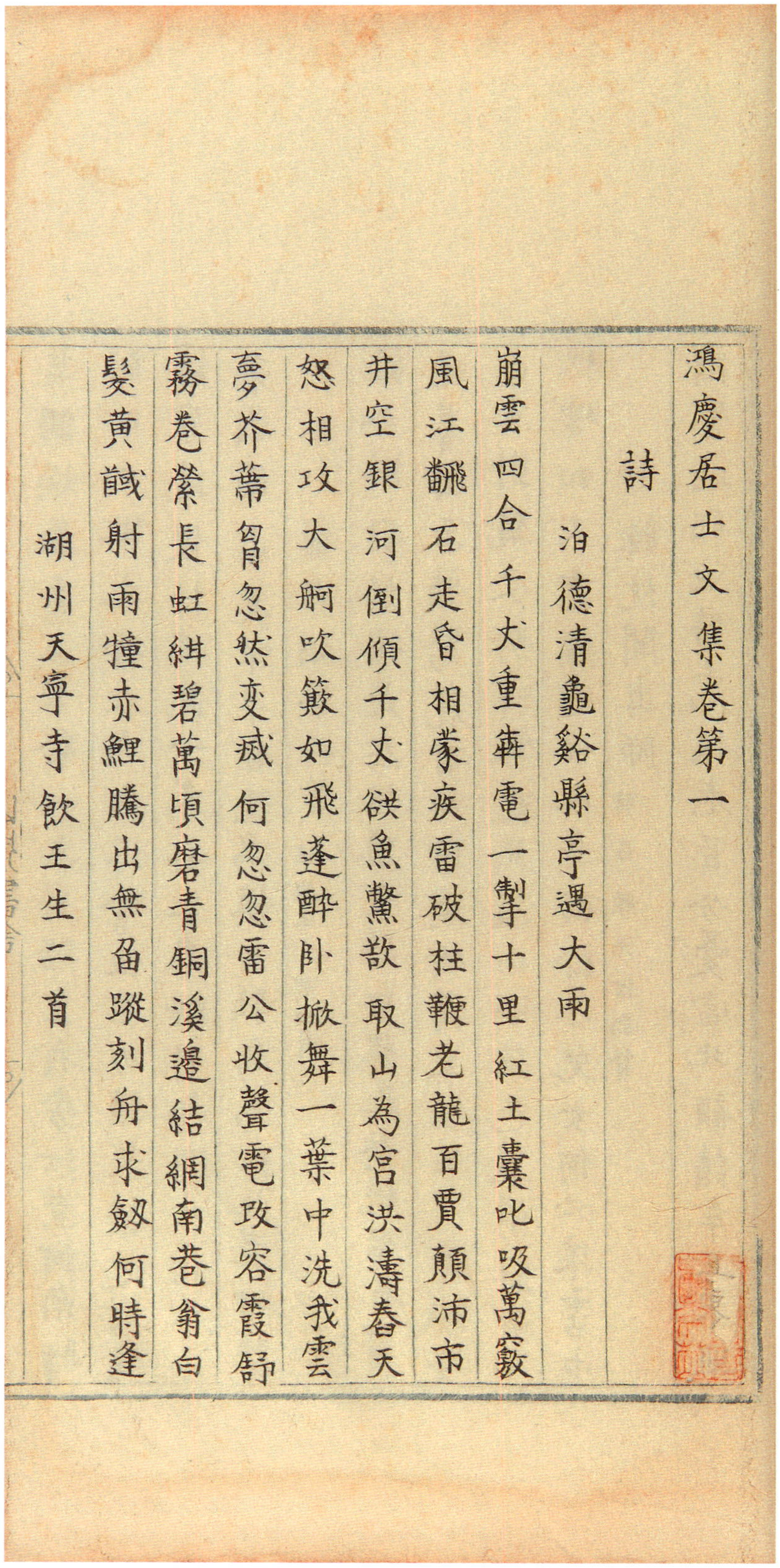

鴻慶居士文集卷第一

詩

泊德清龜谿縣亭遇大雨

崩雲四合千丈重奔雹一掣十里紅土囊吐吸萬竅風江飜石走昏相蒙疾雷破柱鞭老龍百賈顛沛市井空銀河倒傾千丈淵魚鱉散取山為宫洪濤舂天怒相攻大舸吹簸如飛蓬醉卧掀舞一葉中洗我雲夢芥蔕胷忽然変滅何怱怱雷公收聲電斂容霞舒霧卷縈長虹緋碧萬頃磨青銅溪邊結網南巷翁白髮黄馘射雨撞赤鯉騰出無留蹤刻舟求劍何時逢

湖州天寧寺飲王生二首

12760 鴻慶居士文集四十二卷　（宋）孫覿撰　明山泉書舍抄本

匡高22.8厘米，廣16厘米。半葉十一行，行二十字，小字雙行二十至二十一字，白口，四周雙邊。有“蒼巖山人書屋記”“傅增湘”等印。傅增湘跋。上海圖書館藏。

遺書刻本余曾得汪魚亭勞平父二家校
鈔本殘冊以校盛刻多所訂正并補完闕
佚之文今取此山泉書舍本證之其卷三十
四王關墓誌銘缺文一葉仍付闕如不及余
校之善然卷二十首有賀張參政啓又為
刻本所無其他勝異之處亦多要不失為
善本也後之得者其寶之
辛巳嘉平月江安傅增湘識

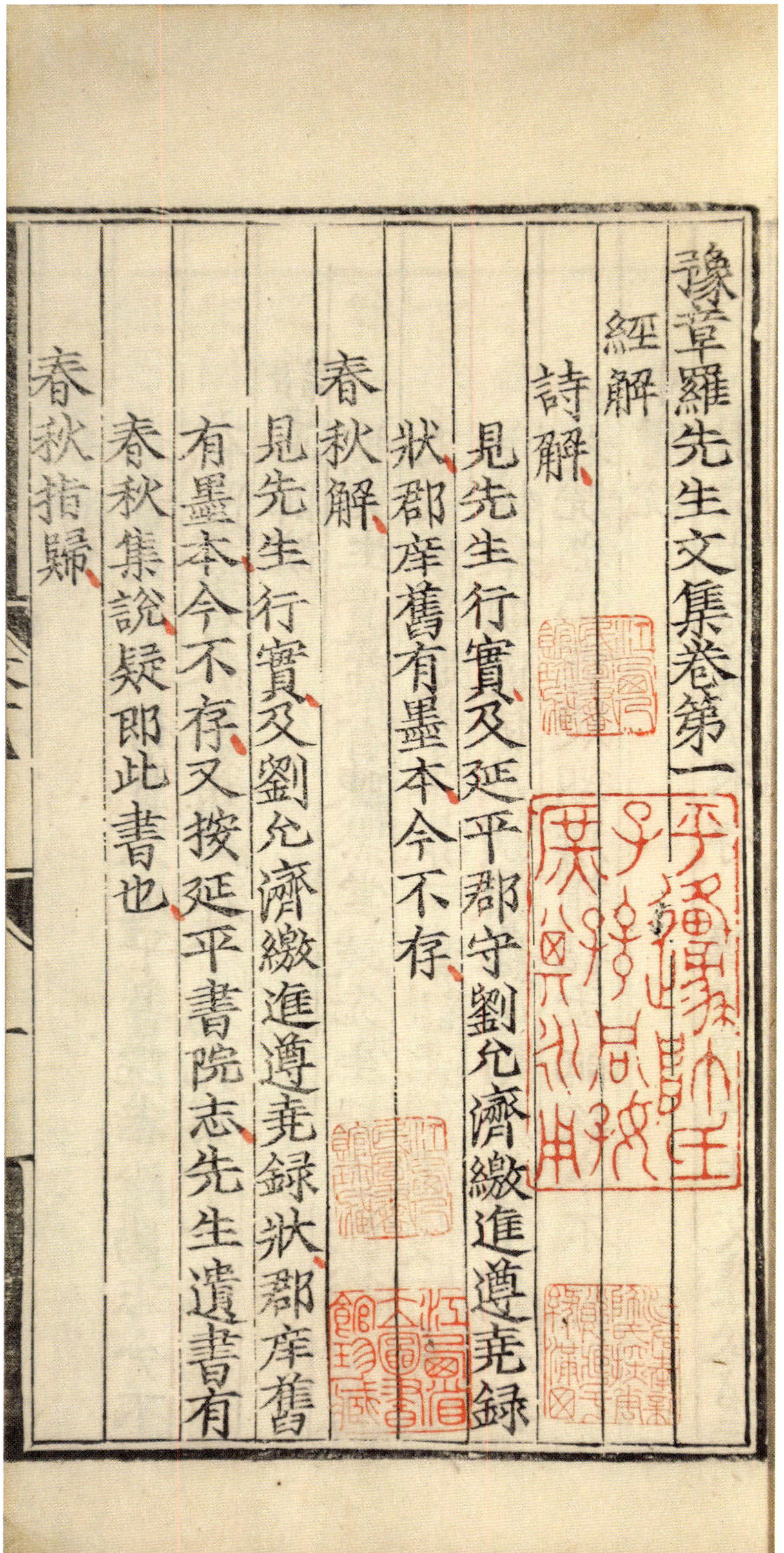

豫章羅先生文集卷第一

經解

詩解

見先生行實及延平郡守劉允濟繳進遵尭録

狀郡庠舊有墨本今不存

春秋解

見先生行實及劉允濟繳進遵尭録狀郡庠舊

有墨本今不存又按延平書院志先生遺書有

春秋集説疑即此書也

春秋指歸

12761 豫章羅先生文集十七卷 （宋）羅從彦撰 **年譜一卷** （元）曹道振撰 明正德十二年（1517）姜文魁刻隆慶五年（1571）羅文明重修本

匡高21.5厘米，廣12.8厘米。半葉十行，行二十一字，黑口，四周雙邊。有"帥氏緑滿窗校臧圖籍印"等印。帥之憲跋。江西省圖書館藏。

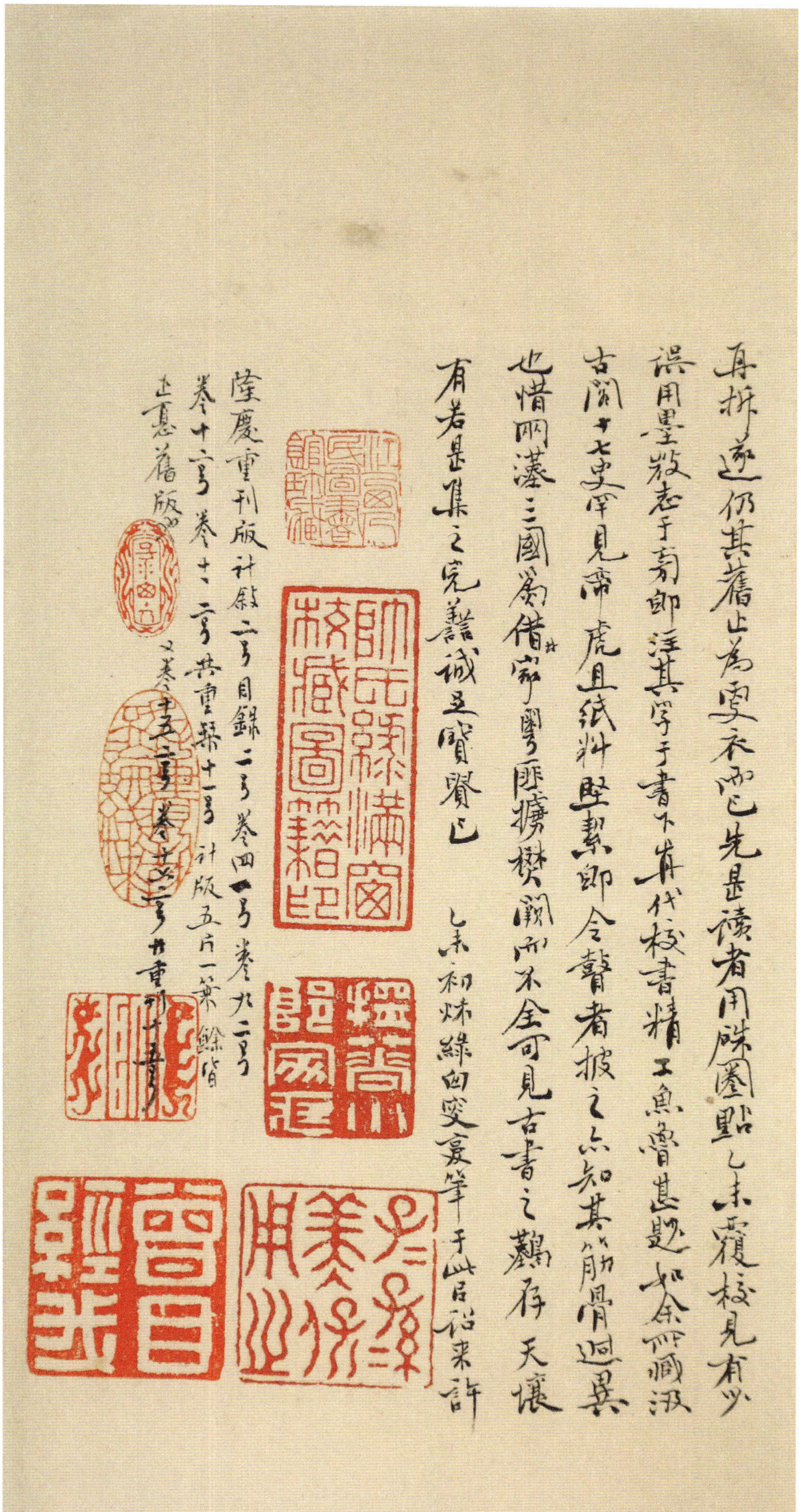

再拆逆仍其舊止為更衣而已先是讀者用硃圈點乙未覆校見有少
誤用墨校改于旁即注其字于書下其代校書精工魚魯甚尟如余所藏汲
古閣十七史字見帝虎且紙料堅絜即令贅者披之亦知其筋骨迥異
也惜兩漢三國蜀借宋槧歷擄樊闕而不全可見古書之難存天壤
有若是集之完善識之以寶賢已
乙未初秋綠白叟宴筆于山呂裕來許

隆慶重刊版計叙二頁目錄二頁卷四一頁卷九二頁
卷十二頁卷十一二頁共重梨十一頁 計版五片一葉 餘皆
正德舊版
又卷十五二頁卷十六一頁共重刊十一頁

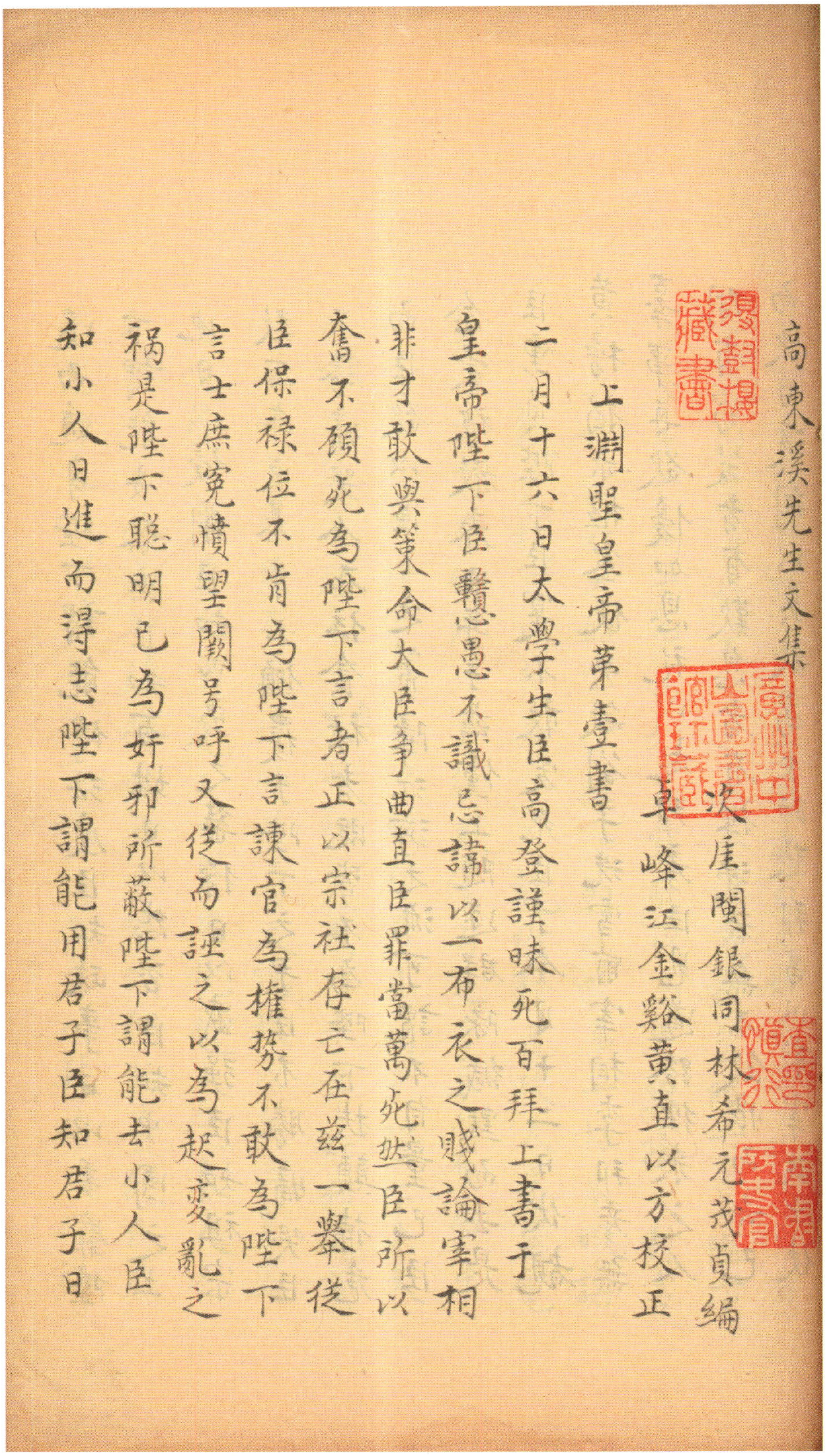

高東溪先生文集
次崖閩銀同林希元茂貞編
卓峰江金谿黄直以方校正
上淵聖皇帝第壹書
二月十六日太學生臣高登謹昧死百拜上書于
皇帝陛下臣戇愚不識忌諱以一布衣之賤論宰相
非才敢與策命大臣爭曲直臣罪當萬死然臣所以
奮不顧死爲陛下言者正以宗社存亡在茲一舉從
臣保禄位不肯爲陛下言諫官爲權勢不敢爲陛下
言士庶寃憤望闕號呼又從而誣之以爲起變亂之
禍是陛下聰明已爲奸邪所蔽陛下謂能去小人臣
知小人日進而得志陛下謂能用君子臣知君子日

12762 高東溪先生文集二卷　（宋）高登撰　**附録一卷**　清抄本

有“得樹樓藏書”“查印慎行”“萊陽張氏桐生藏書之印”“東莞莫伯驥號天一藏書之印”等印。查慎行跋。廣東省立中山圖書館藏。

東溪集南宋時舊有刊本余從崑山徐氏傳是樓倩人傳
抄時方分纂一統志抄既成未遑校對也康熙甲午家居無
事檢諸書篋始加磨勘中間缺文殊多譌字亦不少惜無原
本可對矣

後學查慎行手識時年六十有五

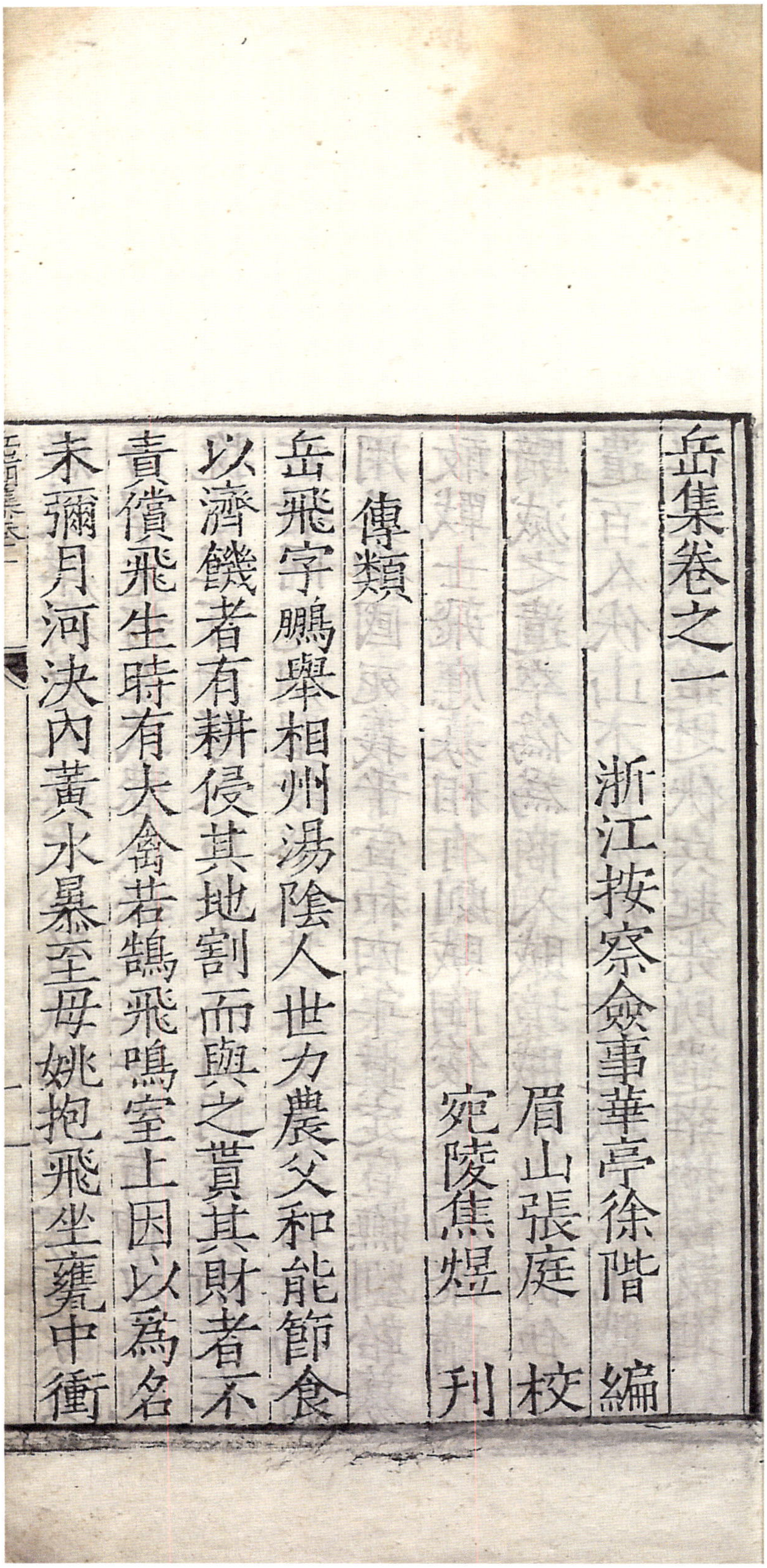

岳集卷之一

浙江按察僉事華亭徐階 編

眉山張庭 校

宛陵焦煜 刊

傳類

岳飛字鵬舉相州湯陰人世力農父和能節食以濟饑者有耕侵其地割而與之貰其財者不責償飛生時有大禽若鵠飛鳴室上因以爲名未彌月河決內黃水暴至母姚抱飛坐甕中衝

12763 岳集五卷 （宋）岳飛撰 （明）徐階輯 明嘉靖十五年（1536）焦煜刻本

匡高18.1厘米，廣13.7厘米。半葉九行，行十八字，小字雙行同，白口，左右雙邊。南京圖書館藏。

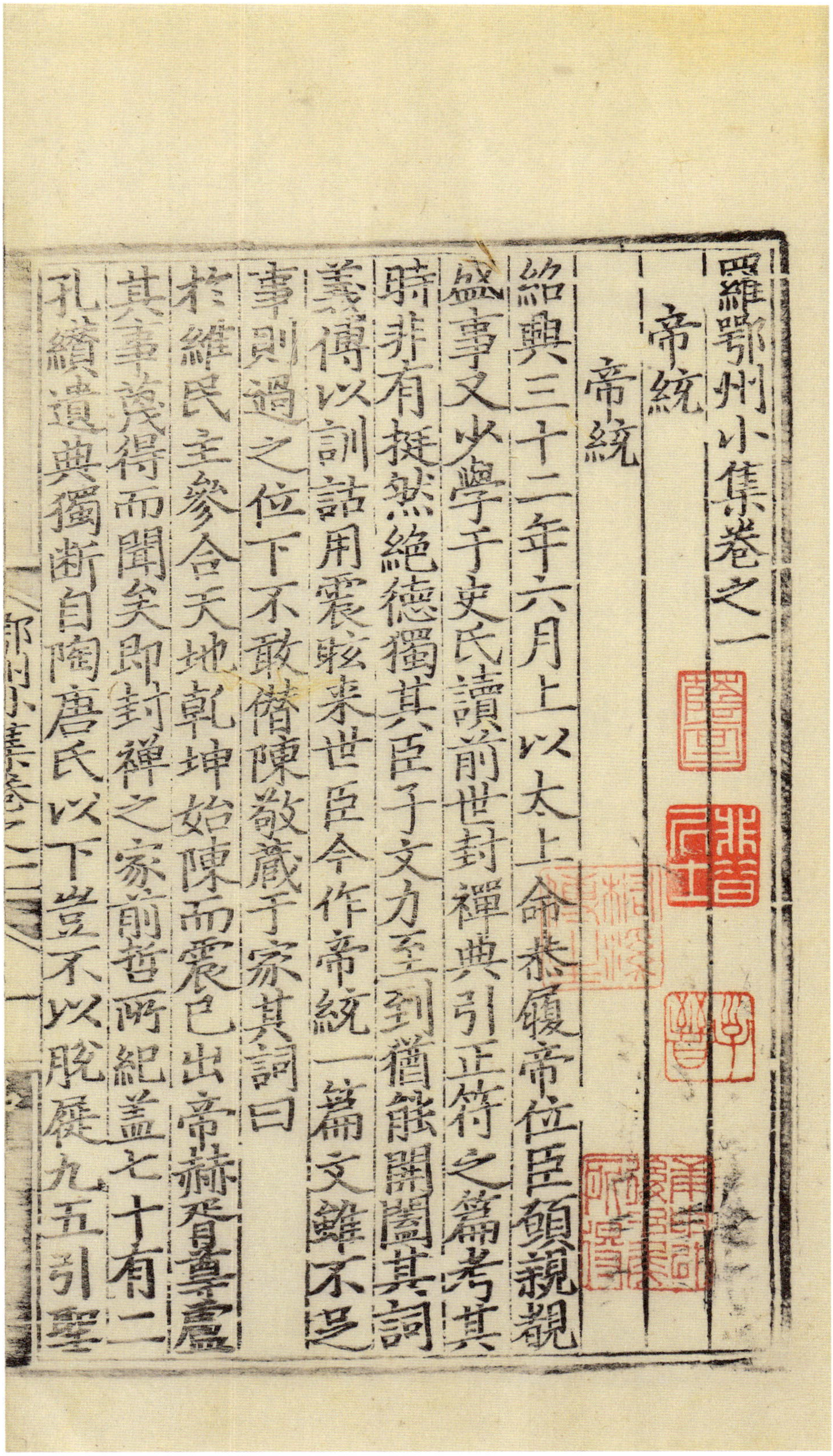

羅鄂州小集卷之一
帝統
帝統
紹興三十二年六月上以太上命恭履帝位臣頴親覩
盛事又少學于史氏讀前世封禪典引正符之篇考其
時非有挺然絶德獨其臣子文力至到猶能開闔其詞
義傅以訓詁用震耀来世臣今作帝統一篇文雖不足
事則過之位下不敢僣陳敬藏于家其詞曰
於維氏主參合天地乾坤始陳而震已出帝赫登尊盧
其事蔑得而聞矣即封禪之家前哲所紀蓋七十有二
孔續遺典獨斷自陶唐氏以下豈不以脫屣九五引聖

12764 羅鄂州小集五卷 （宋）羅願撰 **羅郢州遺文一卷** （宋）羅頌撰 **附録一卷** 明洪武二年（1369）羅宣明刻本

匡高19.2厘米，廣14厘米。半葉十一行，行二十一字，黑口，四周雙邊。有“常熟趙氏舊山樓經籍記”“趙印宗建”等印。徐康跋，趙宗建題記。香港中文大學圖書館藏。

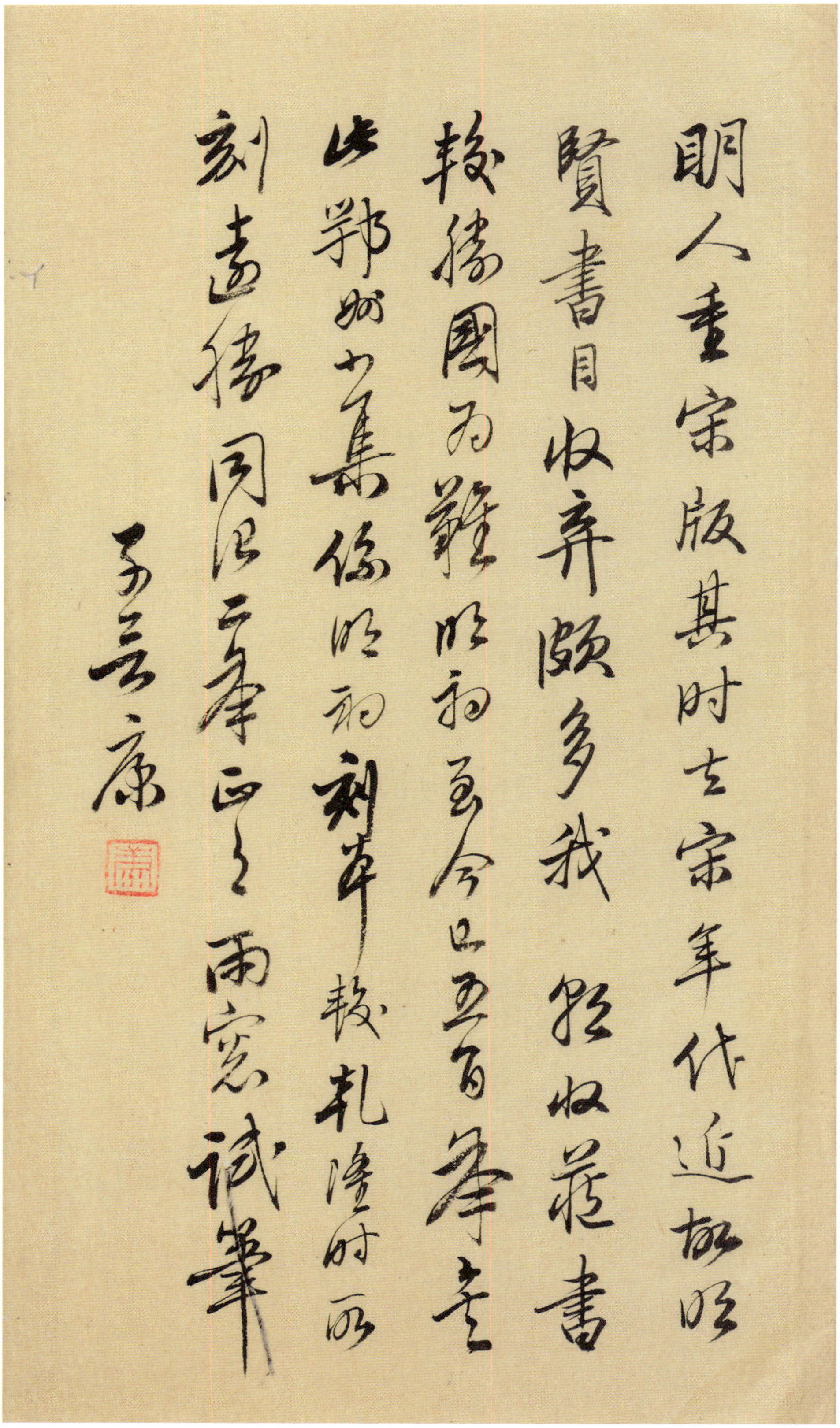

12764 羅鄂州小集五卷羅郢州遺文一卷附録一卷

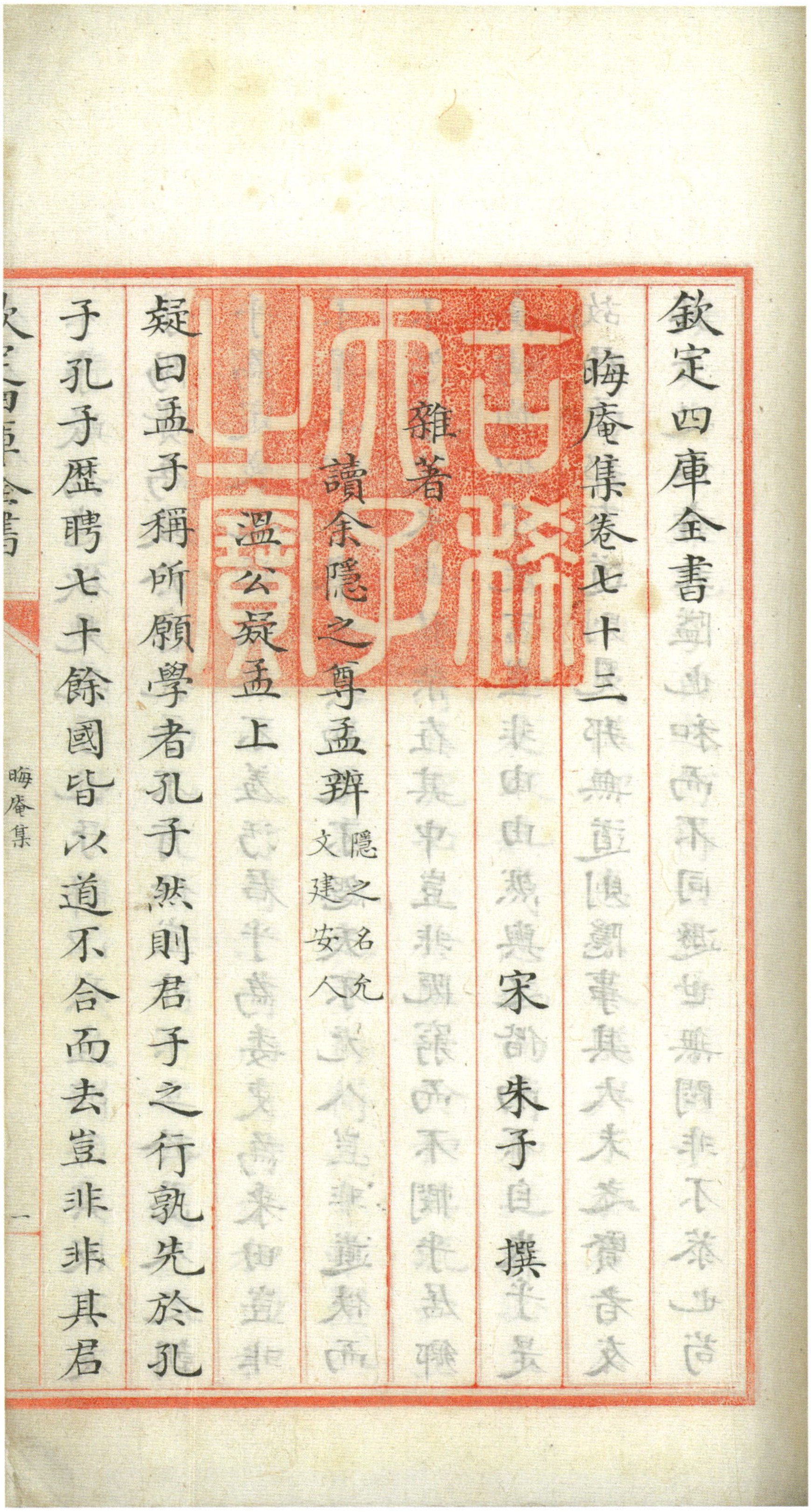
欽定四庫全書
晦庵集卷七十三
宋 朱子 撰
雜著
讀余隱之尊孟辨 隱之名允文建安人
溫公疑孟上
疑曰孟子稱所願學者孔子然則君子之行孰先於孔
子孔子歷聘七十餘國皆以道不合而去豈非非其君

欽定四庫全書 晦庵集 一

12765 晦庵集一百卷續集五卷别集七卷　（宋）朱熹撰　清乾隆内府寫南三閣四庫全書本

包背裝。匡高20.8厘米，廣13.9厘米。半葉八行，行二十一字，小字雙行同，紅格，白口，四周雙邊。有“古稀天子之寶”“乾隆御覽之寶”等印。上海博物館藏，存一卷。

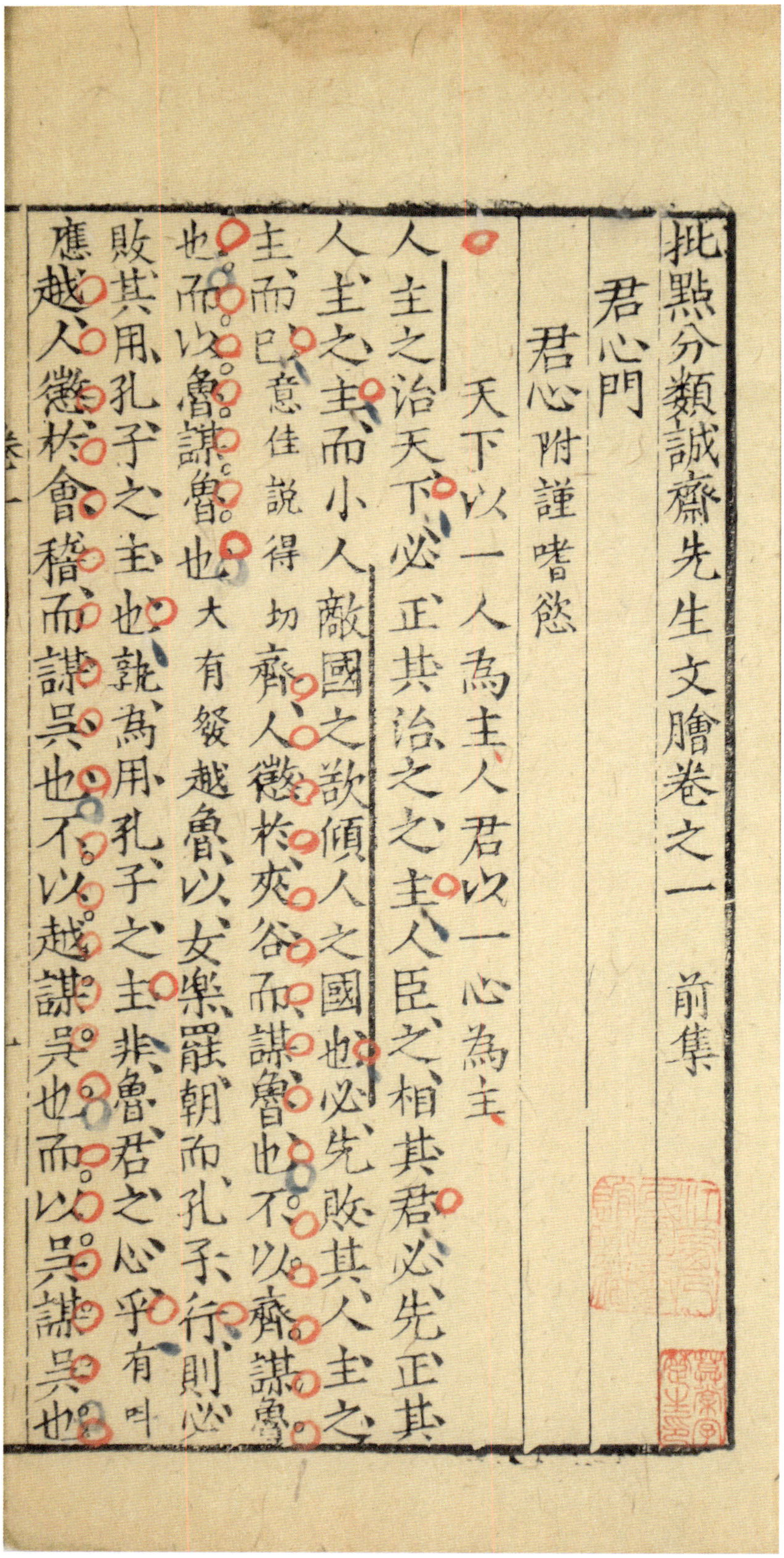
批點分類誠齋先生文膾卷之一　前集

君心門

君心附謹嗜慾

天下以一人為主人君以一心為主

人主之治天下必正其治之之主人臣之相其君必先正其

人主之主而小人敵國之欲傾人之國也必先敗其人主之

主而已意佳說得切齊人徼於夾谷而謀魯也不以齊謀魯

也而以魯謀魯也大有發越魯以女樂罷朝而孔子行則必

敗其用孔子之主也孰為用孔子之主非魯君之心乎有味

應越人徼於會稽而謀吳也不以越謀吳也而以吳謀吳也

12766 批點分類誠齋先生文膾前集十二卷後集十二卷　（宋）楊萬里撰　（宋）李誠父輯　明隆慶六年（1572）翁文溪刻本

匡高18.9厘米，廣11.4厘米。半葉十行，行二十三字，白口，四周單邊。有“獨山莫氏銅井文房藏書印”“莫棠字楚生印”等印。江西省圖書館藏。

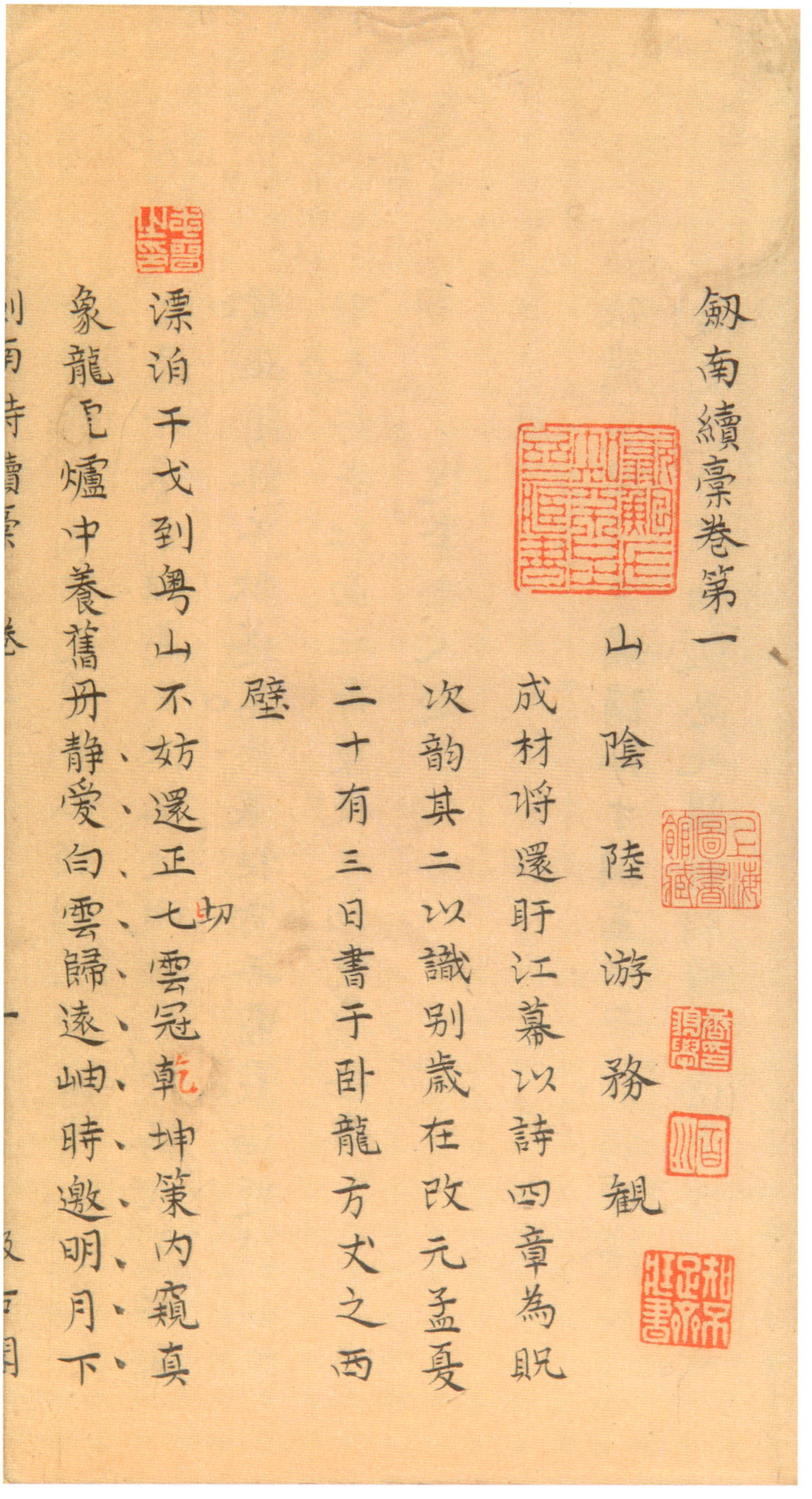

12767 劍南詩續稿八卷　（宋）陸游撰　明末毛氏汲古閣抄本

有“毛晉之印”“歙鮑氏知不足齋藏書”“鴻學審印”“怡蘭堂”等印。毛晉校，唐鴻學題記。上海圖書館藏。

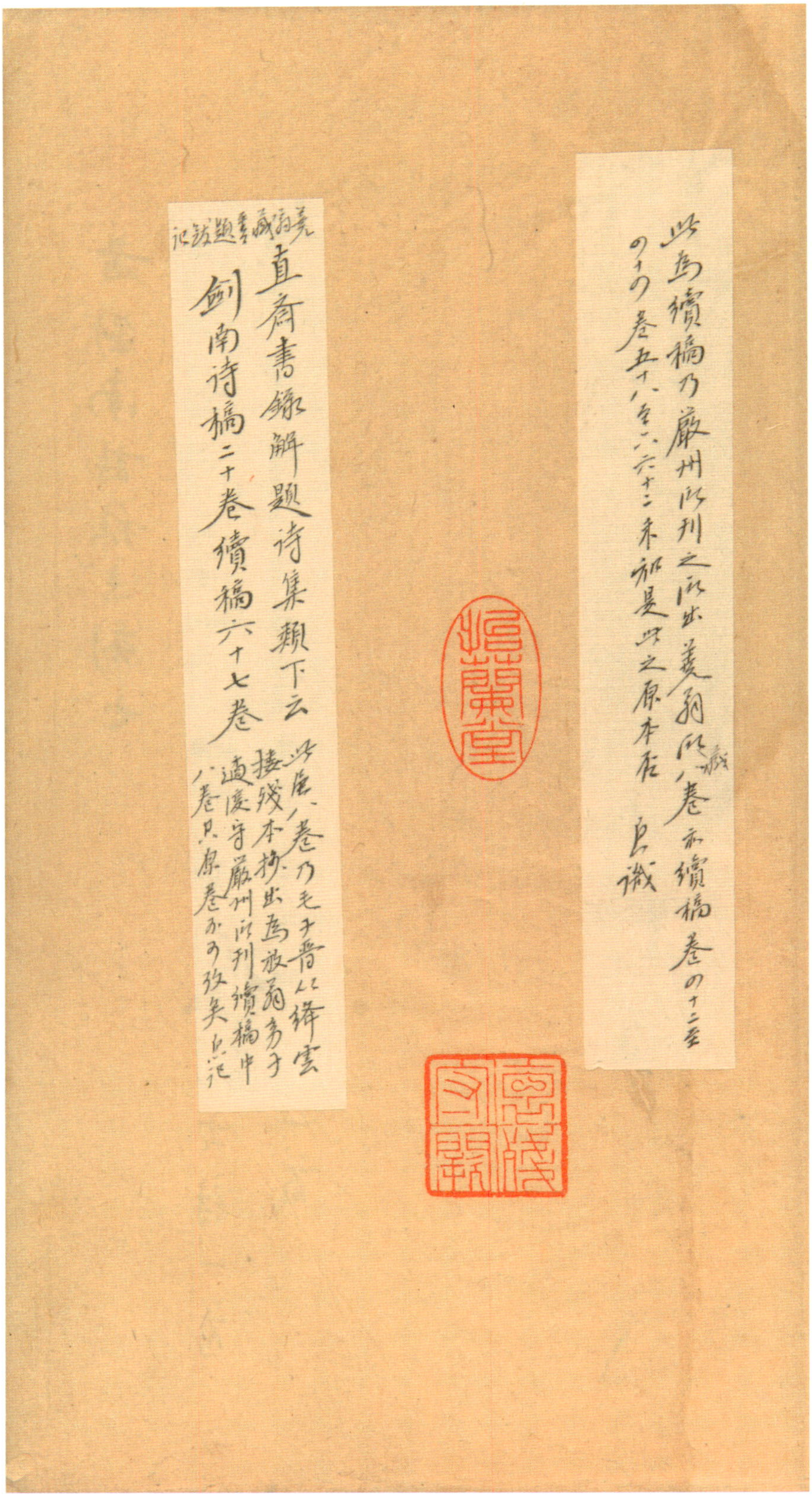

12767 劍南詩續稿八卷

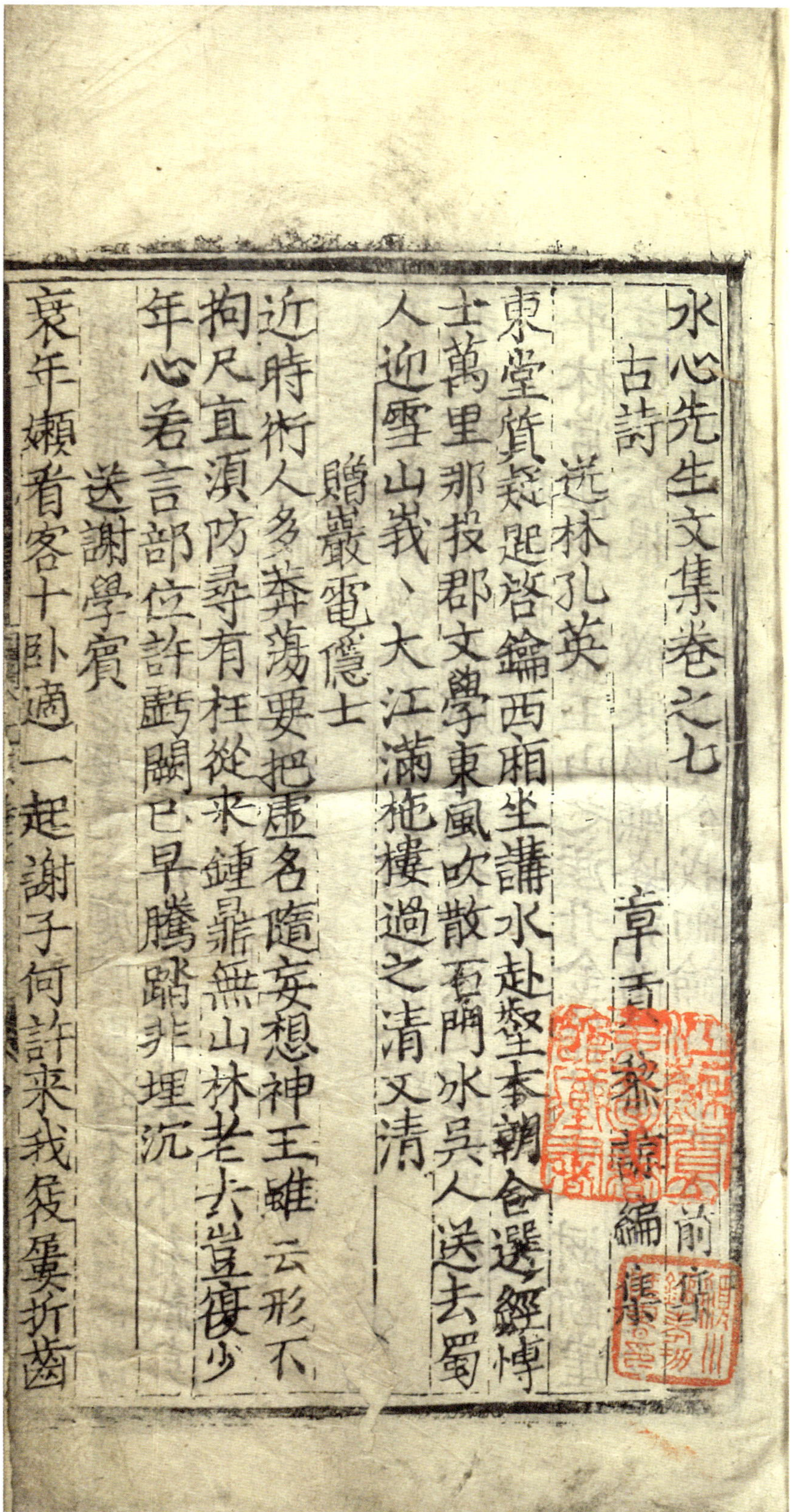
水心先生文集卷之七
古詩　　章貢黎諒編集
送林孔英
東堂質疑起啓鑰西廂坐講水赴壑本朝合選經博
士萬里那投郡文學東風吹散石門水吴人送去蜀
人迎雪山戴大江滿拖樓過之清又清
贈巖電隱士
近時術人多奔蕩要把虚名隨妄想神王雄云形不
拘尺直須防尋有枉從來鍾鼎無山林老大豈復少
年心君言部位許麒麟已早騰踏非埋沉
送謝學賓
衰年懶看客十卧適一起謝子何許来我役屢折齒

12768 水心先生文集二十九卷　（宋）葉適撰　明正統十三年至景泰二年（1448—1451）黎諒刻本（卷一至六、十五至二十二、二十九配清丁氏竹書堂抄本）

匡高20.7厘米，廣13.4厘米。半葉十二行，行二十字，黑口，四周雙邊。劉體仁批，羅椝校，丁立誠跋。南京圖書館藏。

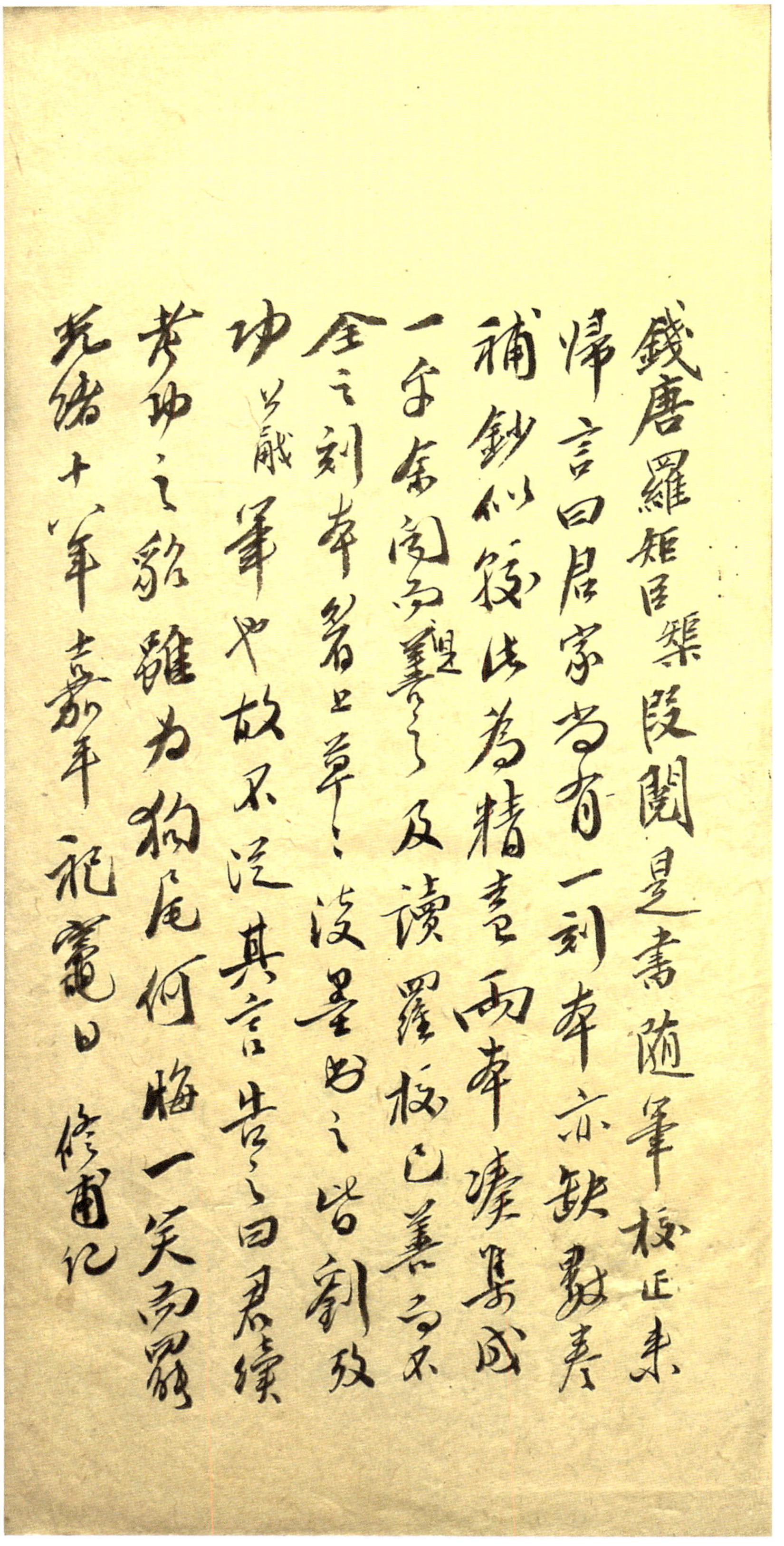
錢唐羅矩臣榘叚閲是書隨筆校正來
歸言曰君家當有一刻本亦缺數卷
補鈔似較此為精書兩本湊集成
一本余閲之善之艱及讀羅校已善之不
全之刻本皆上草之後墨出之皆剜改
功以藏筆也故不從其言告之曰君續
若功之貂雖為狗尾何惜一笑而罷
光緒十八年壬辰年祀竈日 修甫記

12768 水心先生文集二十九卷

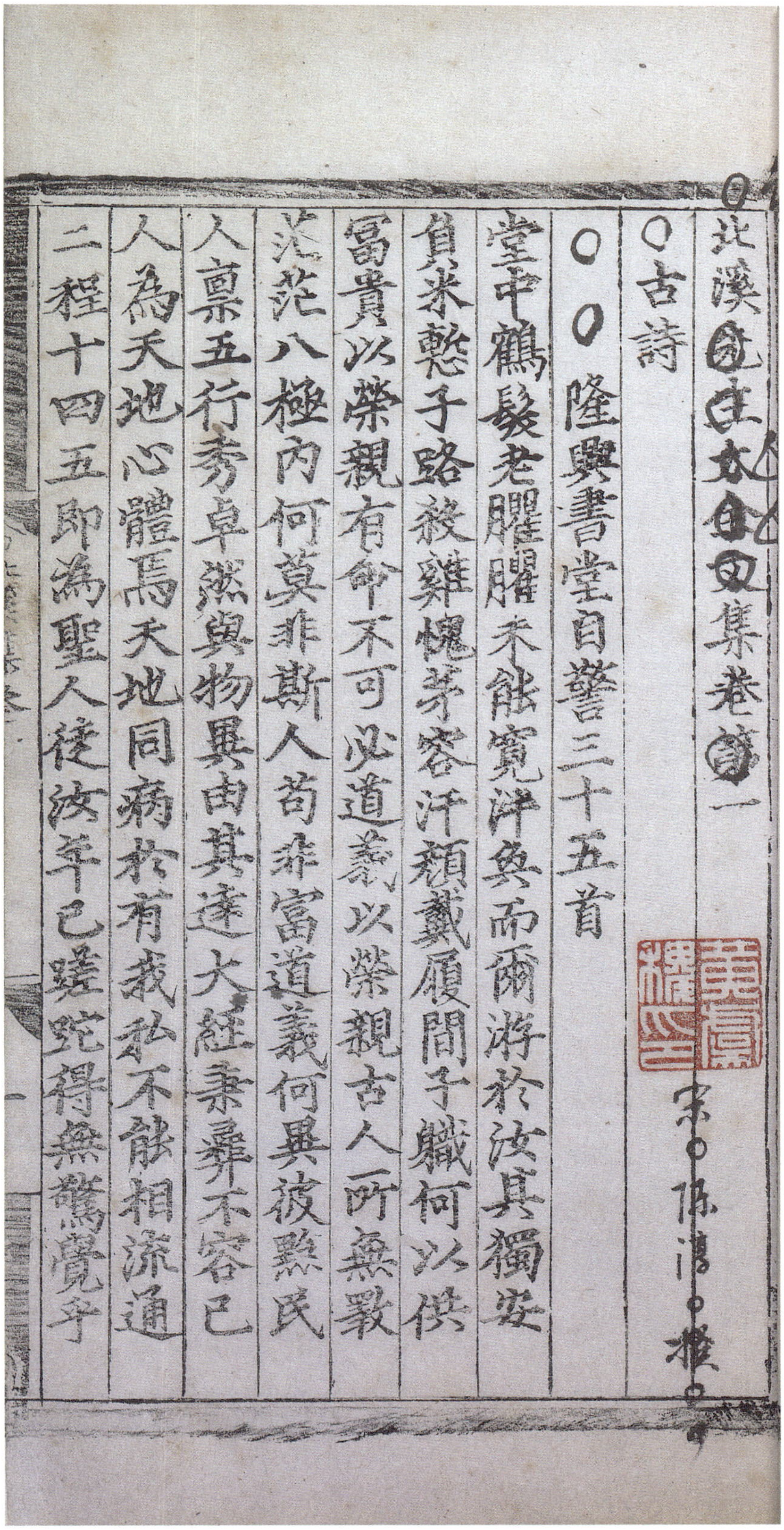
北溪先生大全文集卷第一
宋 陳淳 撰
○古詩
○隆興書堂自警三十五首
堂中鶴髮老臞臞未能寬汝與而爾游於汝其獨安
負米慙子路菽雞愧茅容汗顏戴履間子職何以供
富貴以榮親有命不可必道義以榮親古人所兼戮
茫茫八極內何莫非斯人苟非富道義何異彼黔民
人禀五行秀卓然與物異由其達大經秉彝不容已
人為天地心體焉天地同病於有我私不能相流通
二程十四五即為聖人徒汝年已蹉跎得無驚覺乎

12769 北溪先生大全文集五十卷　（宋）陳淳撰　**外集一卷**　（宋）陳榘輯　明弘治三年（1490）周梁石刻本[四庫底本]

匡高22.6厘米，廣14.7厘米。半葉十行，行二十字，黑口，四周雙邊。有“翰林院典籍廳關防”“温陵黄俞邰氏藏書印”“千頃堂圖書”“黄虞稷印”“燕越胡茨邨氏藏書印”等印。中共北京市委圖書館藏。

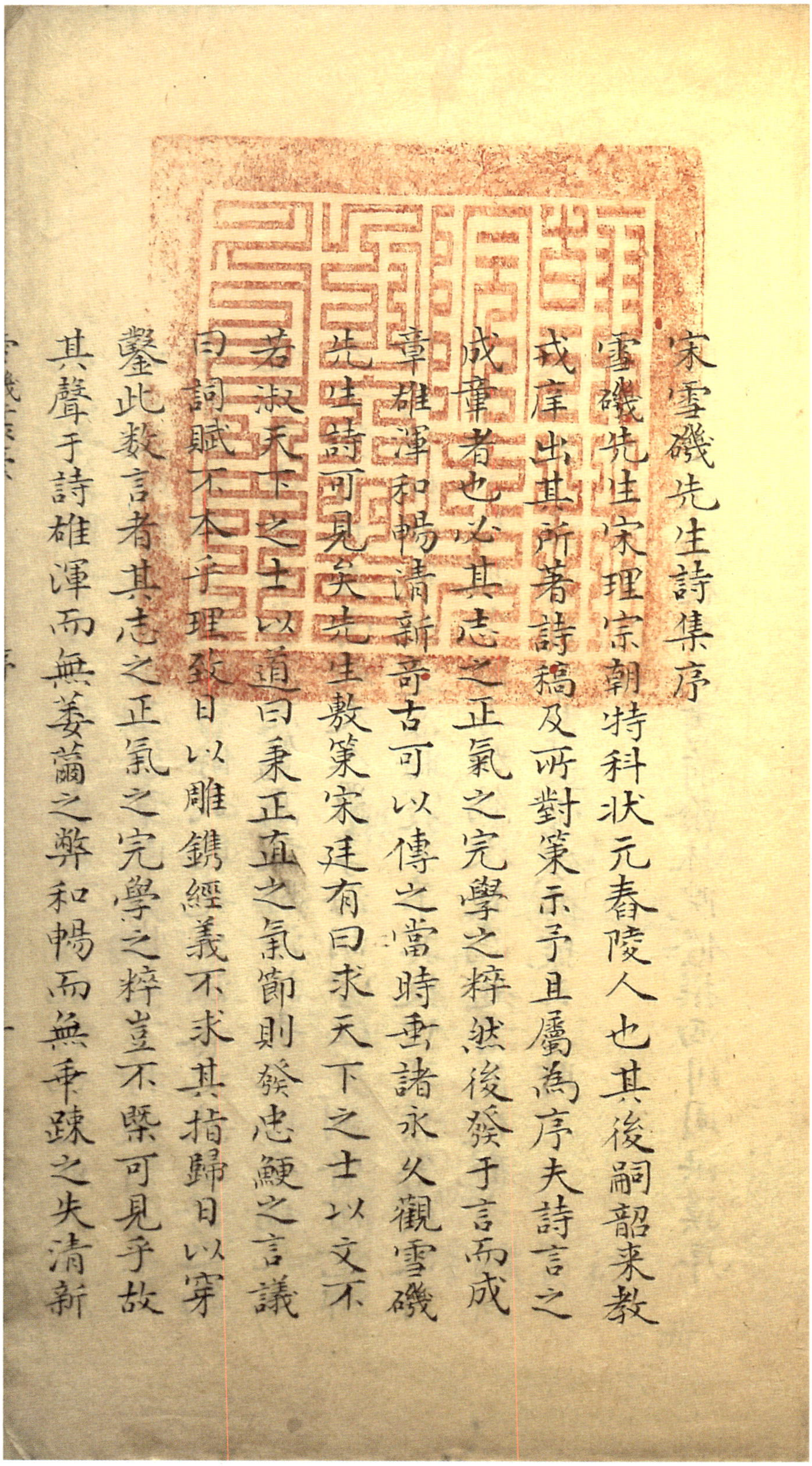
宋雪磯先生詩集序
雪磯先生宋理宗朝特科狀元春陵人也其後嗣韶來教
戎庠出其所著詩稿及所對策示予且屬為序夫詩言之
成章者也必其志之正氣之完學之粹然後發于言而成
章雄渾和暢清新奇古可以傳之當時垂諸永久觀雪磯
先生詩可見矣先生教策宋廷有曰求天下之士以文不
若求天下之士以道曰秉正直之氣節則發忠鯁之言議
曰詞賦不本于理致日以雕鐫經義不求其指歸日以穿
鑿此數言者其志之正氣之完學之粹豈不槩可見乎故
其聲于詩雄渾而無萎薾之弊和暢而無乖疎之失清新

12770 雪磯叢稿五卷 （宋）樂雷發撰　清抄本[四庫底本]

有“翰林院印”等印。南京圖書館藏。

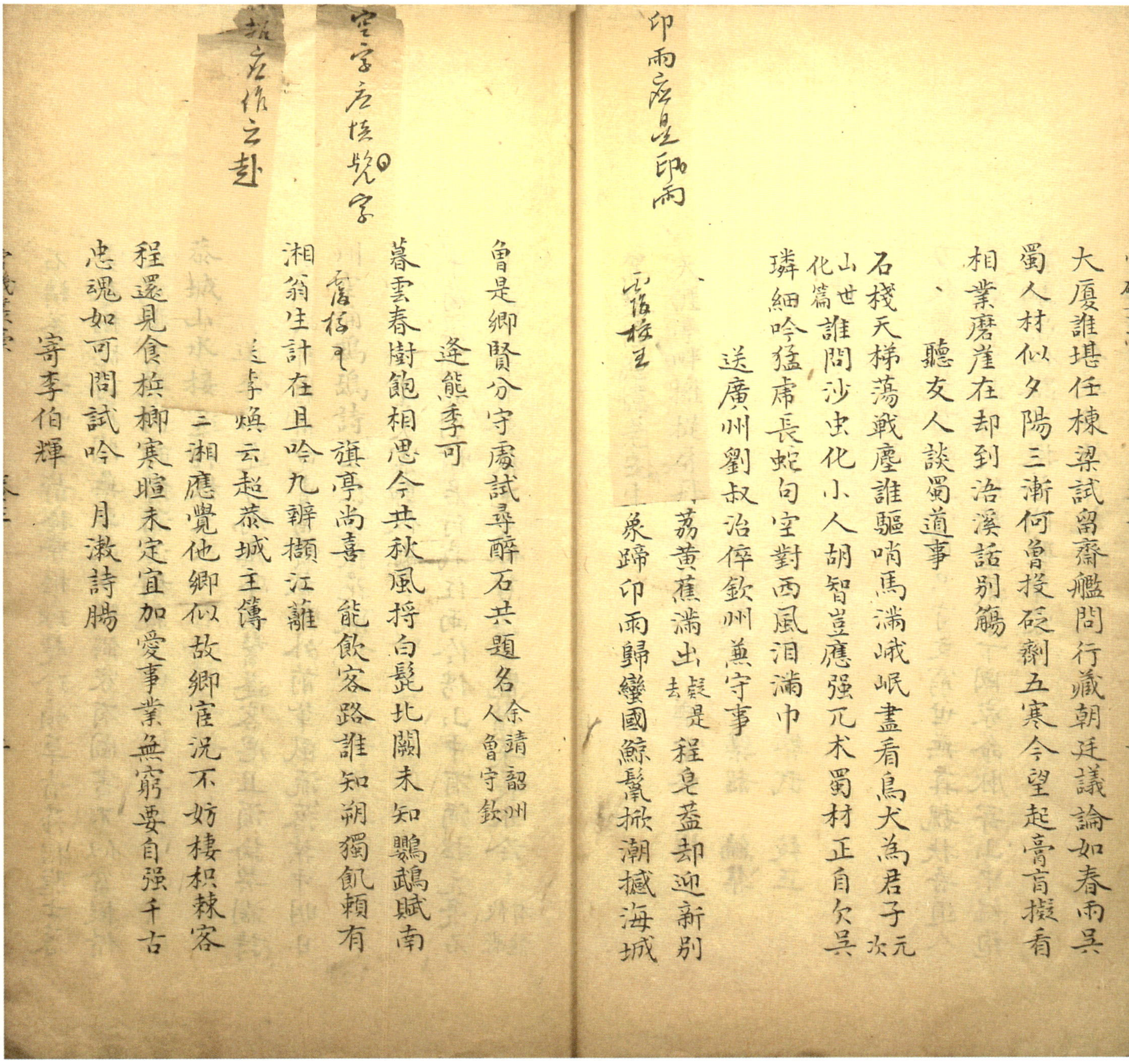

大廈誰堪任棟梁試留齋艦問行藏朝廷議論如春雨吳
蜀人材似夕陽三漸何曾投砭劑五寒今望起膏肓擬看
相業磨崖在却到浯溪話别觴

聽友人談蜀道事

石棧天梯蕩戰塵誰驅哨馬満峨岷盡看鳥犬為君子元次
山世化篇誰問沙虫化小人胡智豈應强兀术蜀材正自欠吳
璘細吟猛虎長蛇句空對西風泪満巾

送廣州劉叔治倅欽州兼守事

荔黄蕉満出疑是去 程皂葢却迎新别
象蹄印雨歸蠻國鯨鬛掀潮撼海城

曾是鄉賢分守處試尋醉石共題名余請韶州人曾守欽

逢熊季可

暮雲春樹飽相思今共秋風捋白髭北闕未知鸚鵡賦南
旗亭尚喜 能飲客路誰知朔獨飢賴有
湘翁生計在且吟九辨擷江蘺

送李煥云赴恭城主簿

三湘應覺他鄉似故鄉宦况不妨棲枳棘容
程還見食檳榔寒暄未定宜加愛事業無窮要自强千古
忠魂如可問試吟 月漱詩腸

寄李伯輝

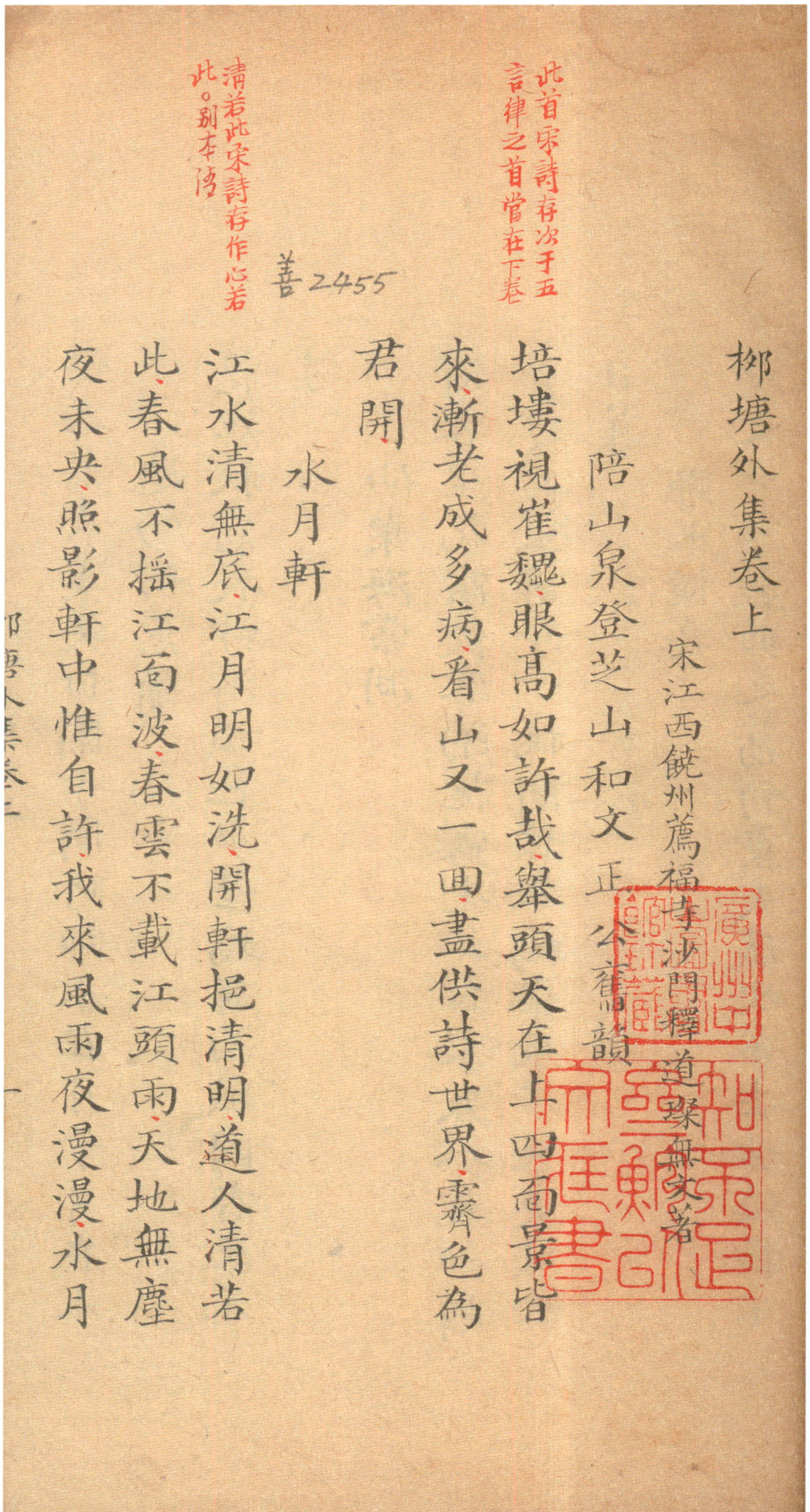
此首宋詩存次于五言律之首當在下卷
清若此宋詩存作心若此。別本清

柳塘外集卷上
宋江西饒州薦福寺沙門釋道璨無文著
陪山泉登芝山和文正公舊韻
培塿視崔巍眼高如許哉舉頭天在上四面景皆來漸老成多病看山又一回畫供詩世界霽色為君開
水月軒
江水清無底江月明如洗開軒挹清明道人清若此春風不搖江面波春雲不載江頭雨天地無塵夜未央照影軒中惟自許我來風雨夜漫漫水月
柳塘外集卷上　一

12771 柳塘外集二卷　（宋）釋道璨撰　清初抄本

有“知不足齋鮑以文藏書”等印。鮑廷博批校。廣東省立中山圖書館藏。

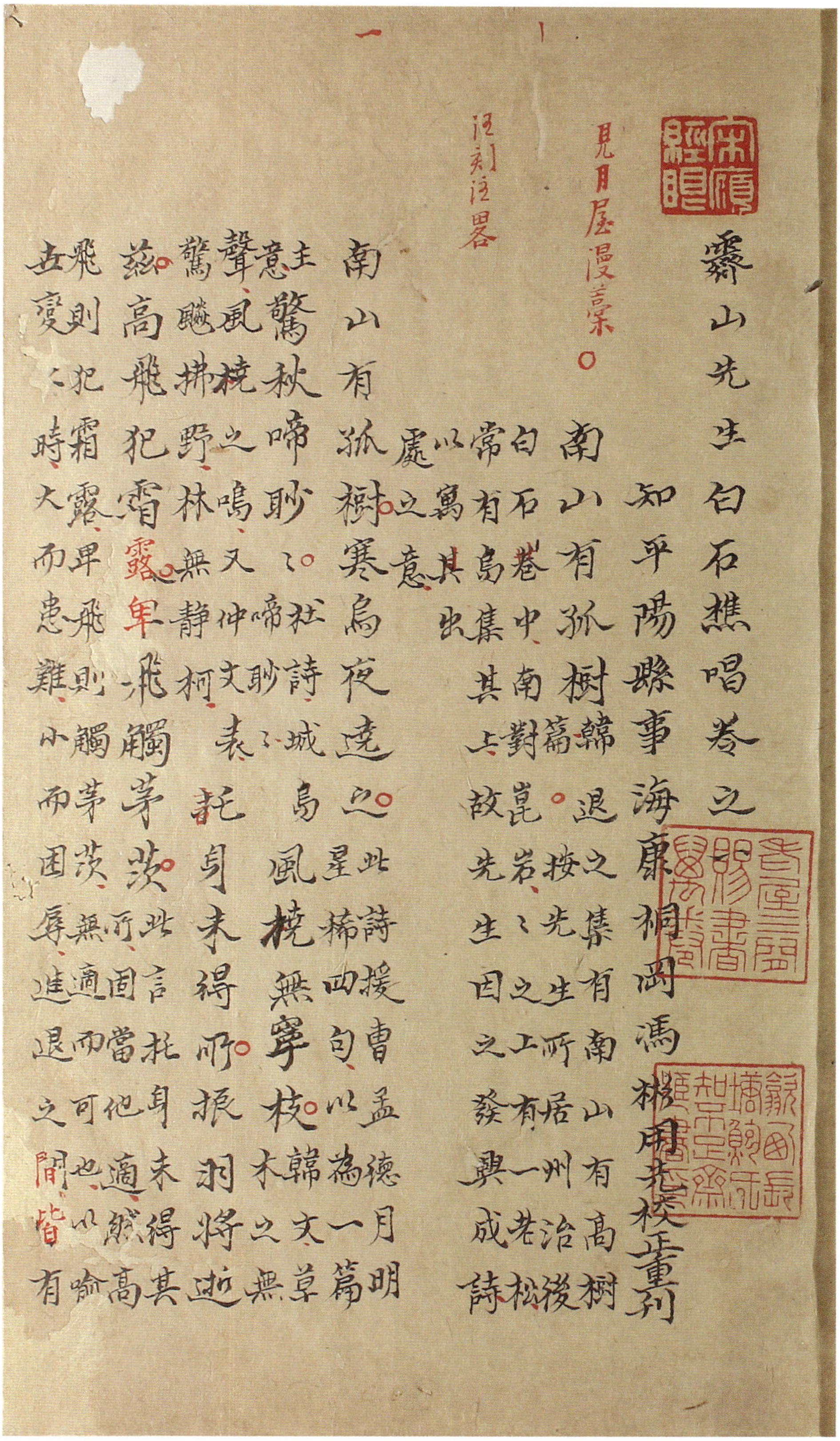

12772 霽山先生白石樵唱六卷 （宋）林景熙撰 （元）章祖程注 **文集四卷** （宋）林景熙撰 清乾隆抄本

有“歙西長塘鮑氏知不足齋臧書印”等印。鮑廷博校並跋又題簽。浙江省瑞安市博物館藏。

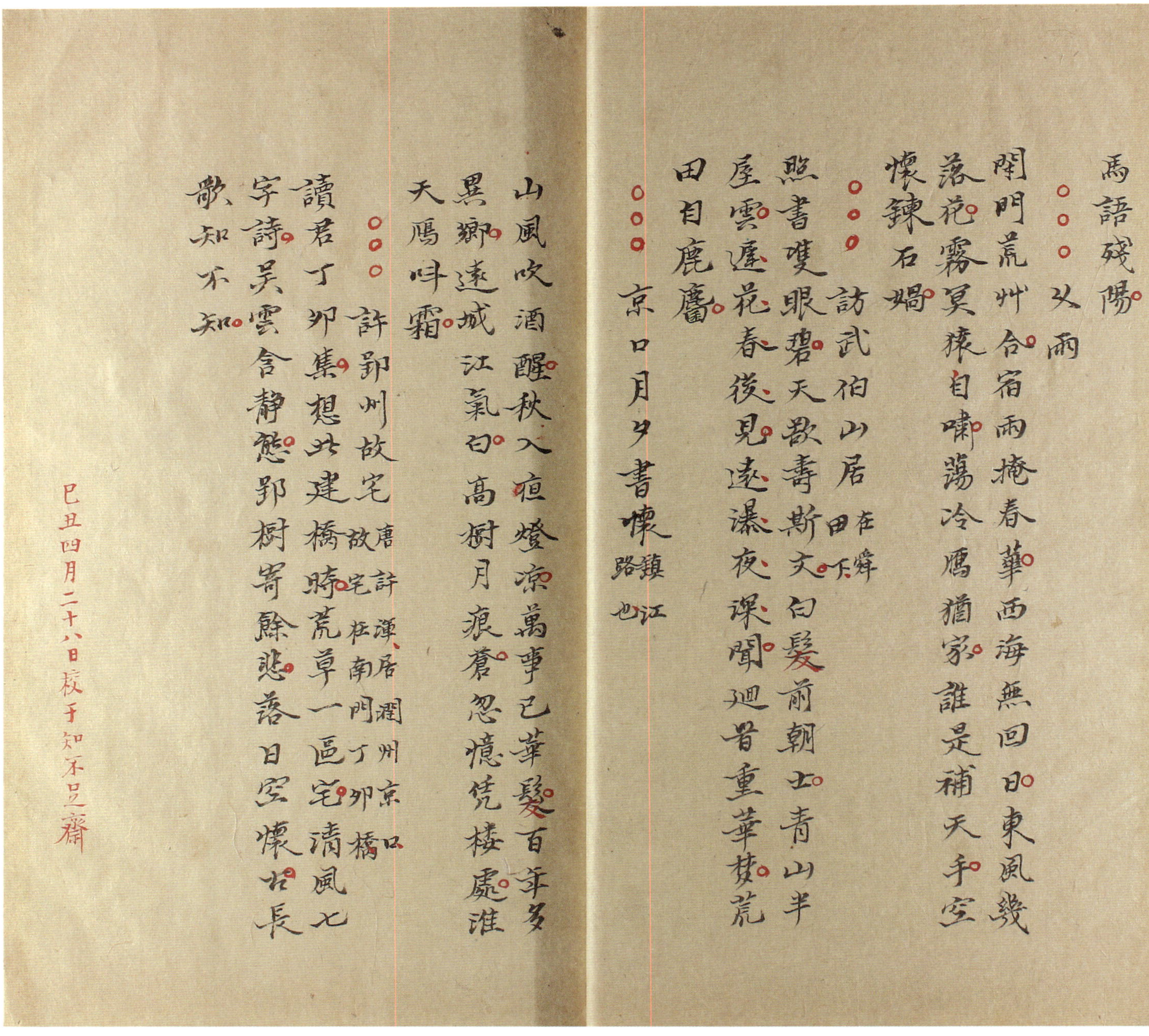
馬語殘陽
又雨
閑門荒艸合宿雨掩春華西海無回日東風幾
落花霧冥猿自嘯鴉冷雁猶家誰是補天手空
懷鍊石媧
訪武伯山居 在舜田下
照書雙眼碧天歡壽斯文白髮前朝士青山半
屋雲遲花春後見遠漾夜深聞迴曽重華焚荒
田自鹿麕
京口月夕書懷 鎮江路也
山風吹酒醒秋入疸燈涼萬事已華髮百年多
異鄉遠城江氣白高樹月痕蒼忽憶凭樓處淮
天鴈叫霜
許郢州故宅 唐許渾居潤州京口故宅在南門丁卯橋
讀君丁卯集想北建橋時荒草一區宅清風七
字詩吳雲含靜態郢樹寄餘悲落日空懷古長
歌知不知
己丑四月二十八日校于知不足齋

12772 霽山先生白石樵唱六卷文集四卷

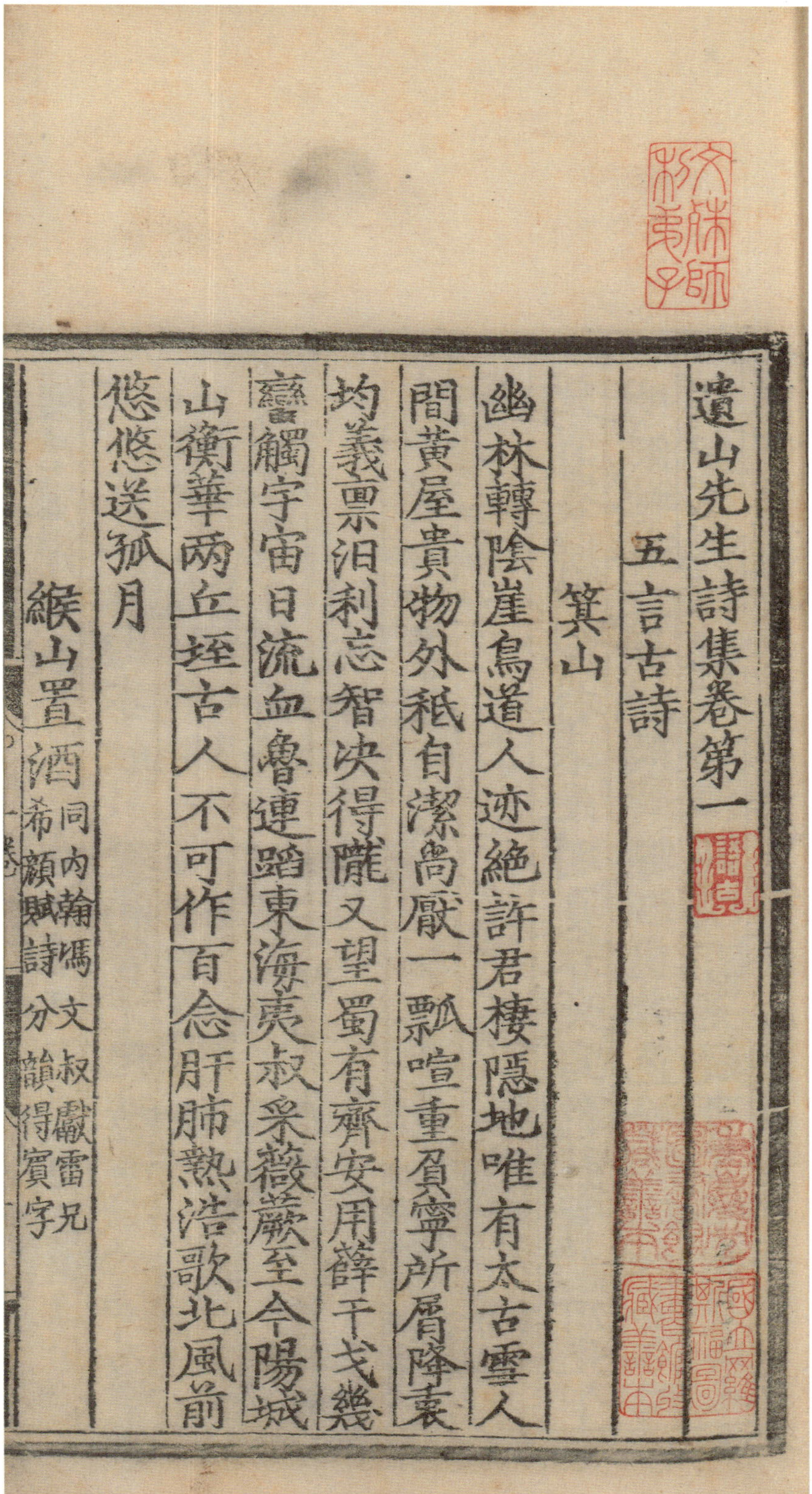

遺山先生詩集卷第一
五言古詩
箕山
幽林轉陰崖鳥道人迹絶許君棲隱地唯有太古雪人
間黄屋貴物外秪自潔尚厭一瓢喧重負寧所屑降衷
均義禀汩利忘智决得隴又望蜀有齊安用薛干戈幾
蠻觸宇宙日流血魯連蹈東海夷叔采薇蕨至今陽城
山衡華兩丘垤古人不可作百念肝肺熱浩歌北風前
悠悠送孤月
緱山置酒 同內翰馮文叔獻雷兄希顏賦詩分韻得賓字

12773、12774 遺山先生詩集二十卷 （金）元好問撰　明弘治十一年（1498）李瀚刻本

匡高19.7厘米，廣14.1厘米。半葉十行，行二十一字，小字雙行同，黑口，四周雙邊。重慶圖書館藏，何焯跋；香港中文大學圖書館藏，有“士”“禎”“李景康印”等印，王士禎批點並題款，存十二卷。

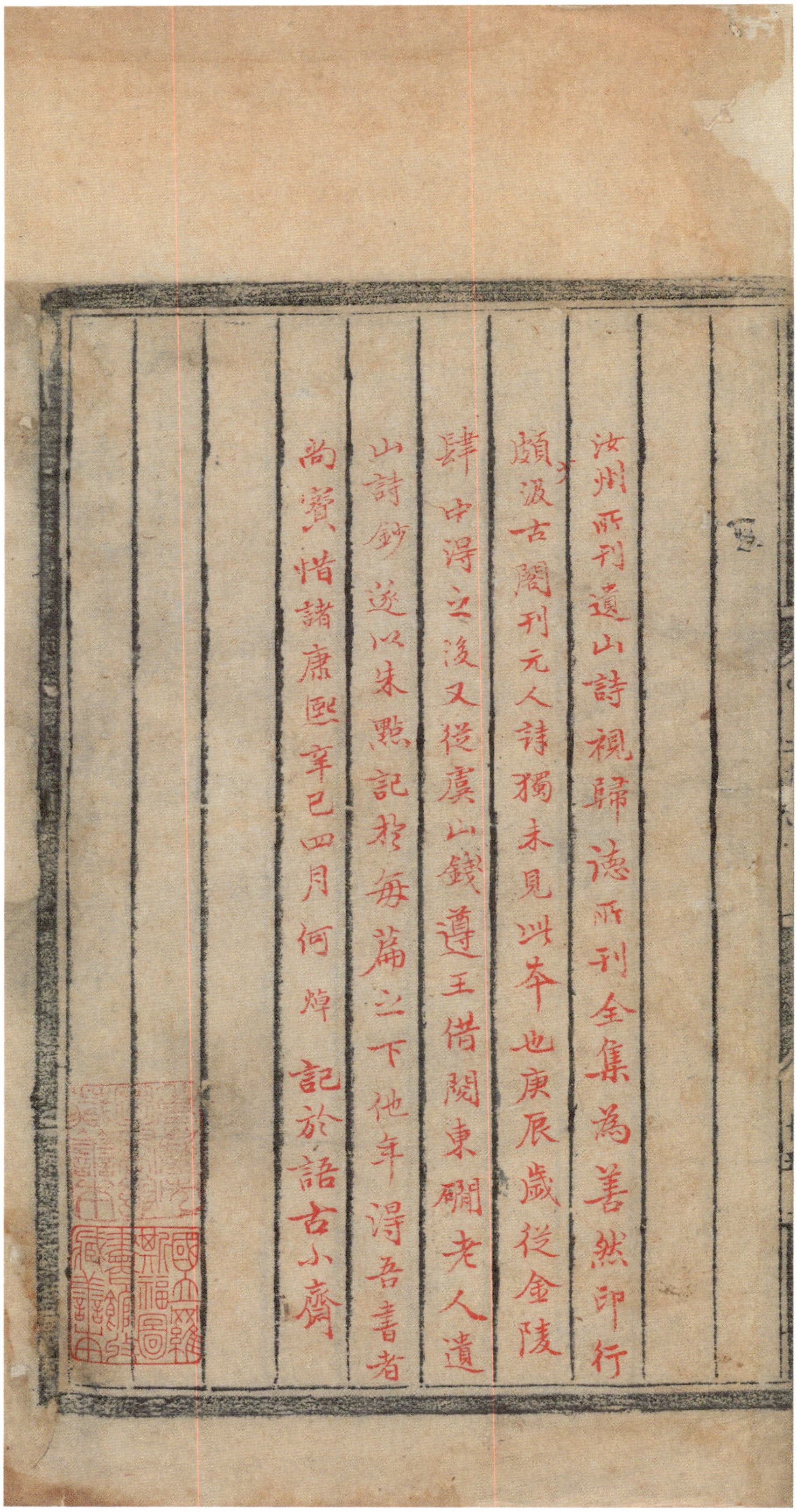

12773、12774 遺山先生詩集二十卷

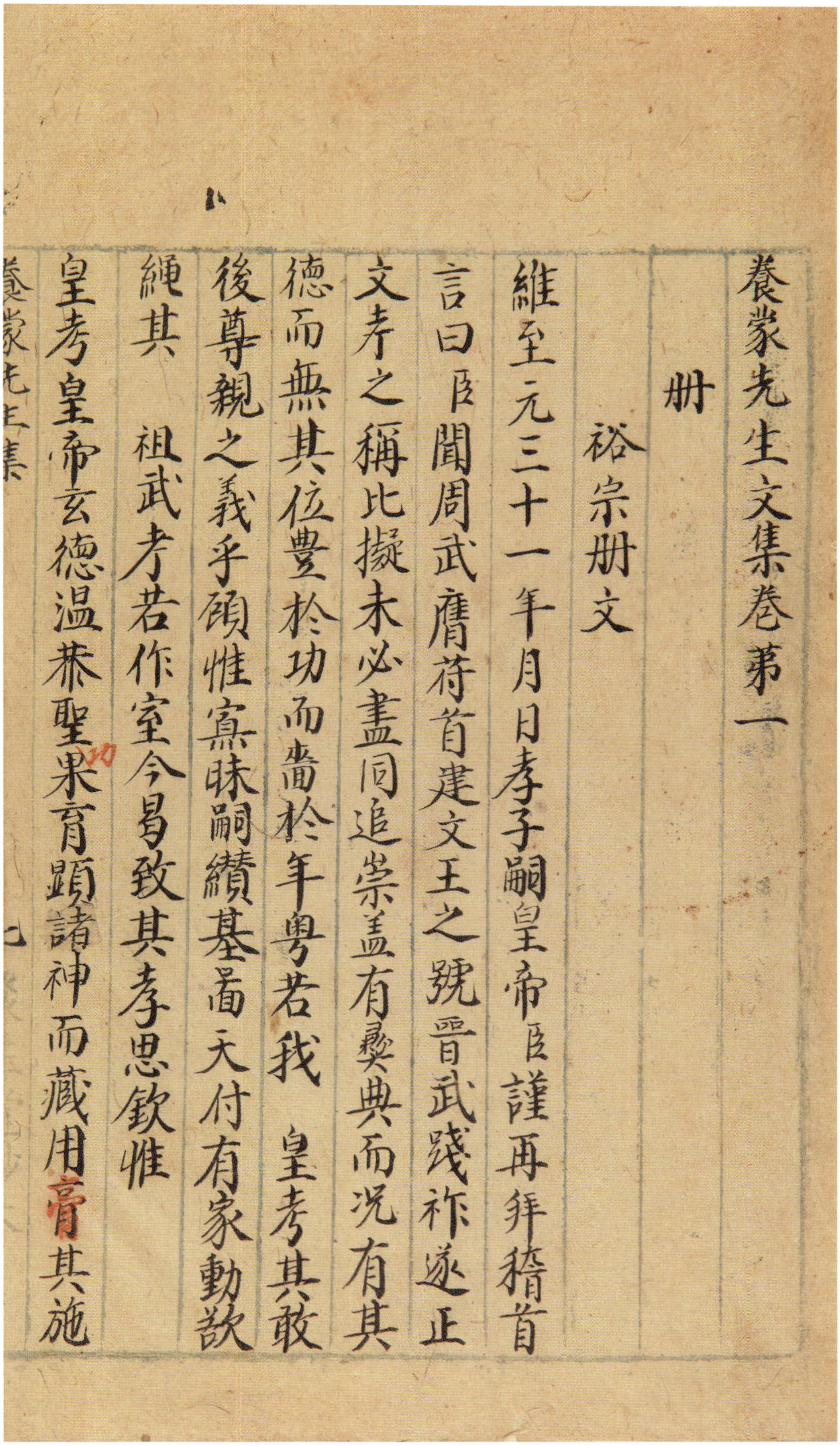
養蒙先生文集卷第一
冊
裕宗冊文
維至元三十一年月日孝子嗣皇帝臣謹再拜稽首
言曰臣聞周武膺符首建文王之號晉武踐祚遂正
文考之稱比擬未必盡同追崇蓋有彝典而況有其
德而無其位豈於功而嗇於年粤若我 皇考其敢
後尊親之義乎顧惟寡昧嗣續基扃天付有家動款
纘其 祖武考若作室今曷致其孝思欽惟
皇考皇帝玄德溫恭聖果育顯諸神而藏用膏其施

12775 養蒙先生文集十卷 （元）張伯淳撰 明祁氏澹生堂抄本

匡高21.8厘米，廣15.4厘米。半葉十行，行二十字，白口，四周單邊。有“山陰祁氏藏書之章”“曠翁手識”“澹生堂經籍記”“澹生堂中儲經籍主人手校無朝夕讀之欣然忘飲食典衣市書恆不給後人但念阿翁癖子孫益之守弗失曠翁銘”“唐栖朱氏結一廬圖書記”“徐乃昌讀”等印。上海圖書館藏。

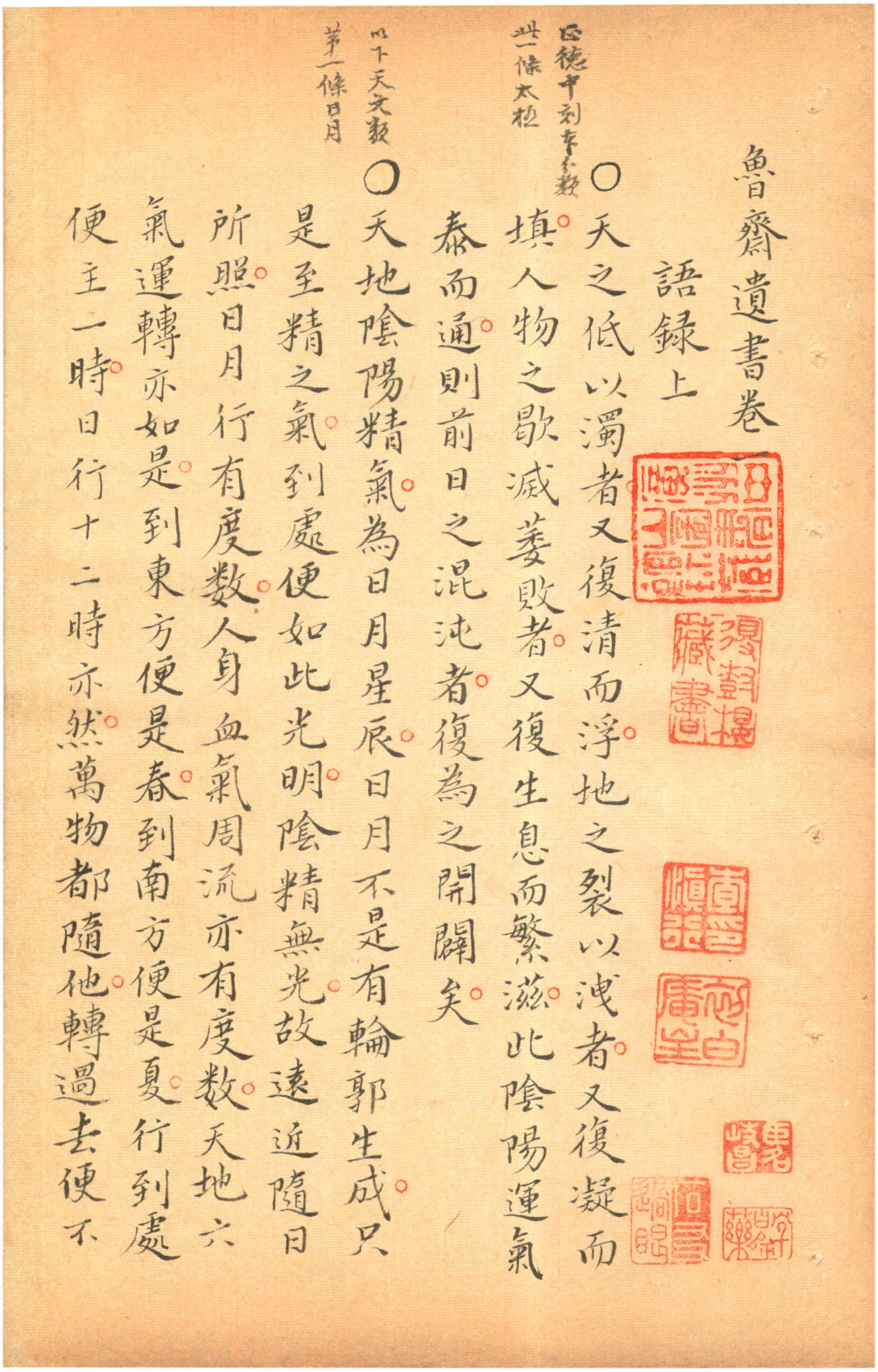
魯齋遺書卷一

語録上

○天之低以濁者又復清而浮地之裂以洩者又復凝而塡人物之歇滅萎敗者又復生息而繁滋此陰陽運氣泰而通則前日之混沌者復為之開闢矣

正德中刻本分類 此一條太極

以下天文類 第一條日月

○天地陰陽精氣為日月星辰日月不是有輪郭生成只是至精之氣到處便如此光明陰精無光故遠近隨日所照日月行有度数人身血氣周流亦有度数天地六氣運轉亦如是到東方便是春到南方便是夏行到處便主一時日行十二時亦然萬物都隨他轉過去便不

12776 魯齋遺書十四卷　（元）許衡撰　清初抄本

有“查印慎行”“得樹樓藏書”“萊陽張氏桐生藏書之印”“東莞莫氏五十萬卷樓”等印。查慎行跋。廣東省立中山圖書館藏。

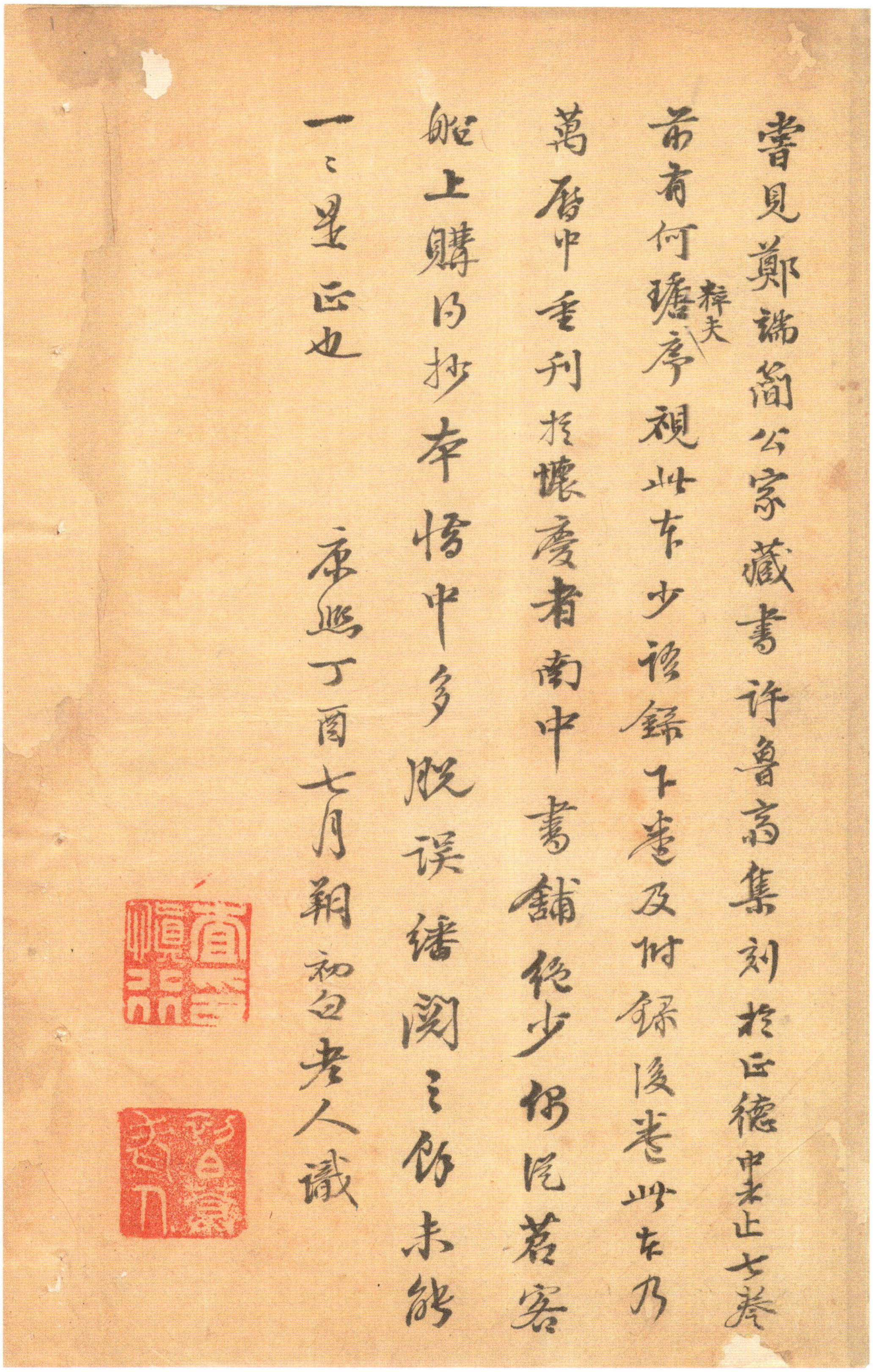

嘗見鄭端簡公家藏書許魯齋集刻於正德中本止七卷前有何瑭粹夫序視此本少語錄下卷及附錄後卷此本乃萬曆中重刊於懷慶者南中書鋪絕少偶從估客船上購得抄本惜中多脫誤繙閱之餘未能一一是正也　康熙丁酉七月朔初白老人識

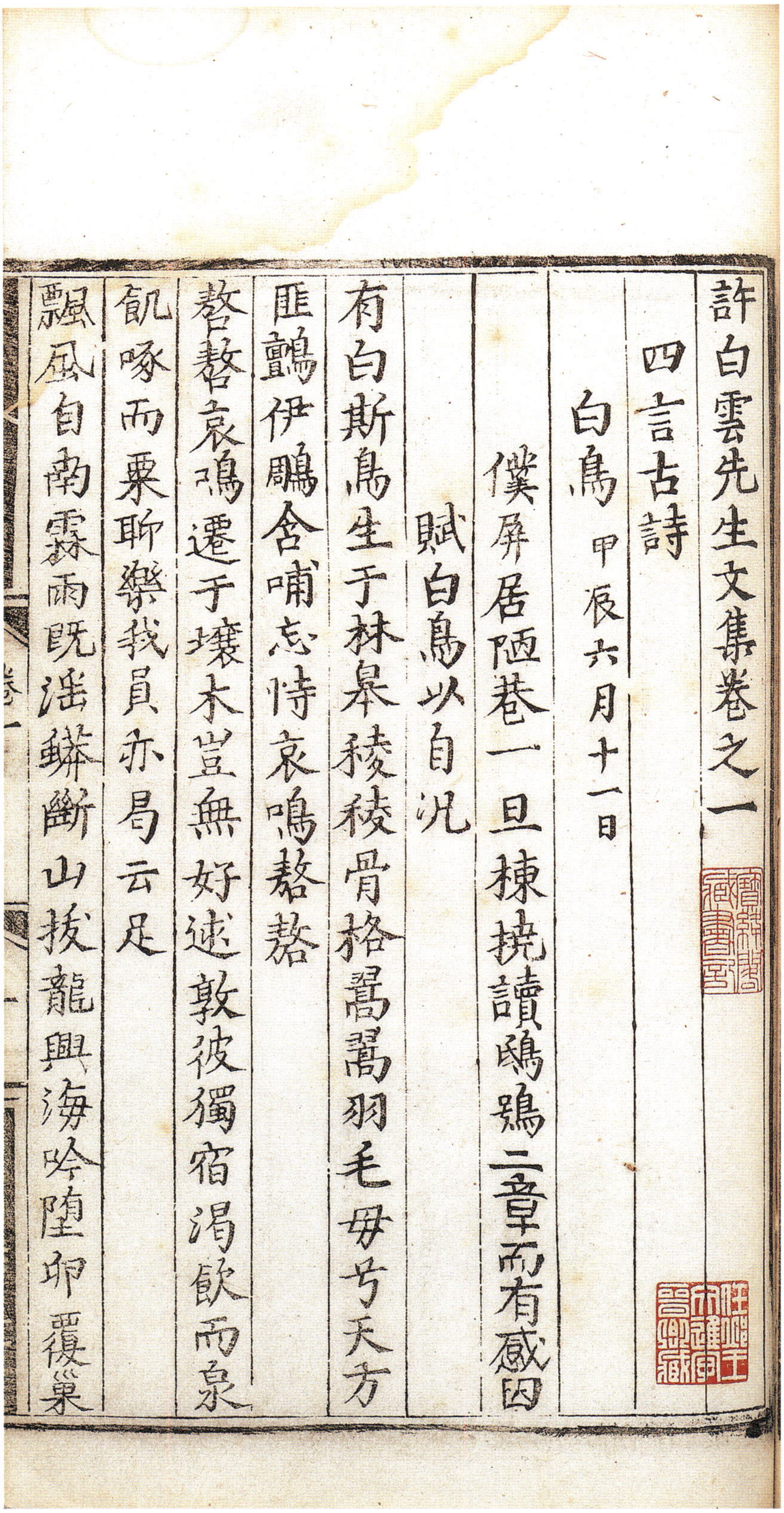

許白雲先生文集卷之一

四言古詩

白鳥 甲辰六月十一日

僕屏居陋巷一旦棟撓讀鴟鴞二章而有感因

賦白鳥以自況

有白斯鳥生于林皋稜稜骨格翯翯羽毛毋兮天方

匪鶚伊鵰含哺忘恃哀鳴嗸嗸

嗸嗸哀鳴遷于壞木豈無好逑敦彼獨宿渴飲而泉

飢啄而粟聊樂我員亦曷云足

飄風自南霖雨既淫鱗斷山拔龍興海吟墮卵覆巢

12777 許白雲先生文集四卷 （元）許謙撰 **附録一卷** 明成化二年（1466）陳相刻本

匡高20.2厘米，廣14.3厘米。半葉十行，行二十字，黑口，四周雙邊。有"任邱王文進字晉卿藏""寶綈閣藏書記"等印。中共北京市委圖書館藏。

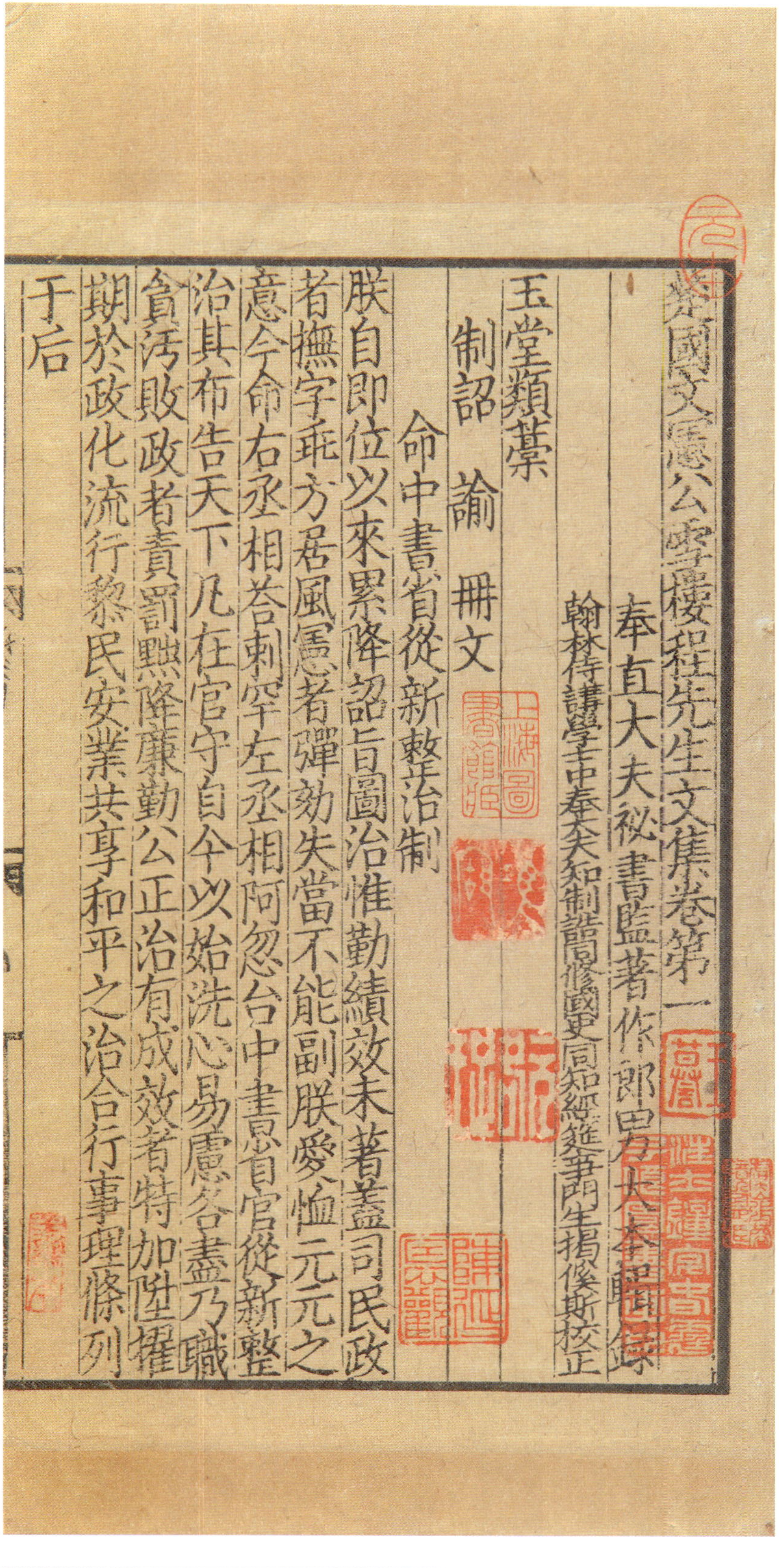

12778 楚國文憲公雪樓程先生文集三十卷 （元）程鉅夫撰 **年譜一卷** （元）程世京撰 **附録一卷** 明洪武二十八年（1395）與耕書堂刻本

匡高20厘米，廣12.5厘米。半葉十三行，行二十二字，黑口，左右雙邊。陳繼昌篆首並題識，孫雲鴻、馬礪金跋。有“王”“澍”連珠、“翁印方綱”“蕘圃”、“汪士鐘字春霆號朗園画印”、“芙川張蓉鏡心賞”、“陳延恩觀”、“雲”“鴻”連珠、“潘祖蔭藏書記”等印。上海圖書館藏。

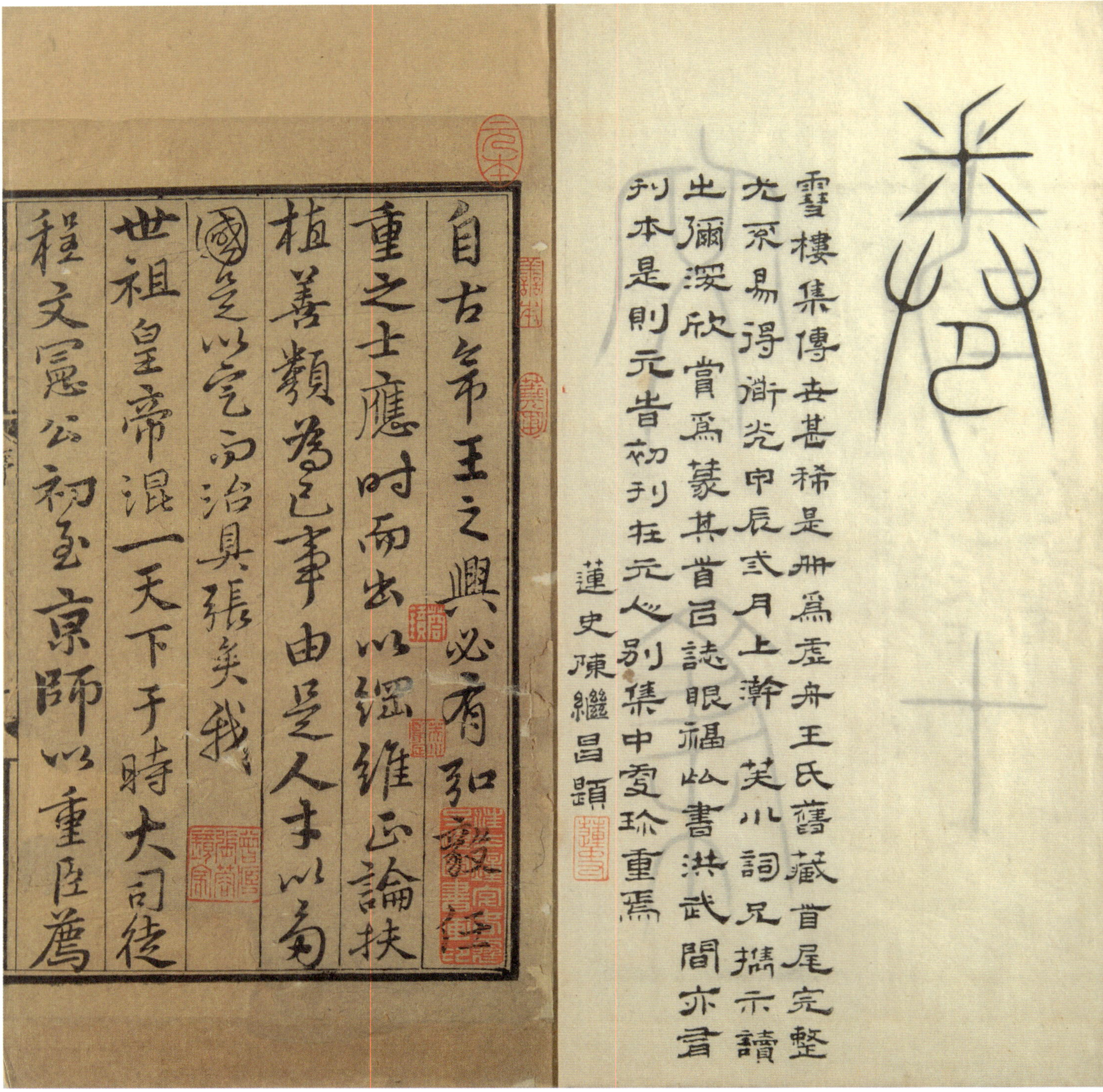

雪樓集傳世甚稀是冊爲虛舟王氏舊藏首尾完整尤不易得道光甲辰弍月上澣芙川詞兄携示讀之彌深欣賞爲篆其首以誌眼福此書洪武間亦有刊本是則元時初刊在元人別集中尤珍重焉

蓮史陳繼昌題

自古帝王之興必有弘毅任重之士應時而出以經綸正論扶植善類爲己事由是人才以育國是以定而治具張矣我世祖皇帝混一天下于時大司徒程文憲公初至京師以重臣薦

12778 楚國文憲公雪樓程先生文集三十卷年譜一卷附録一卷

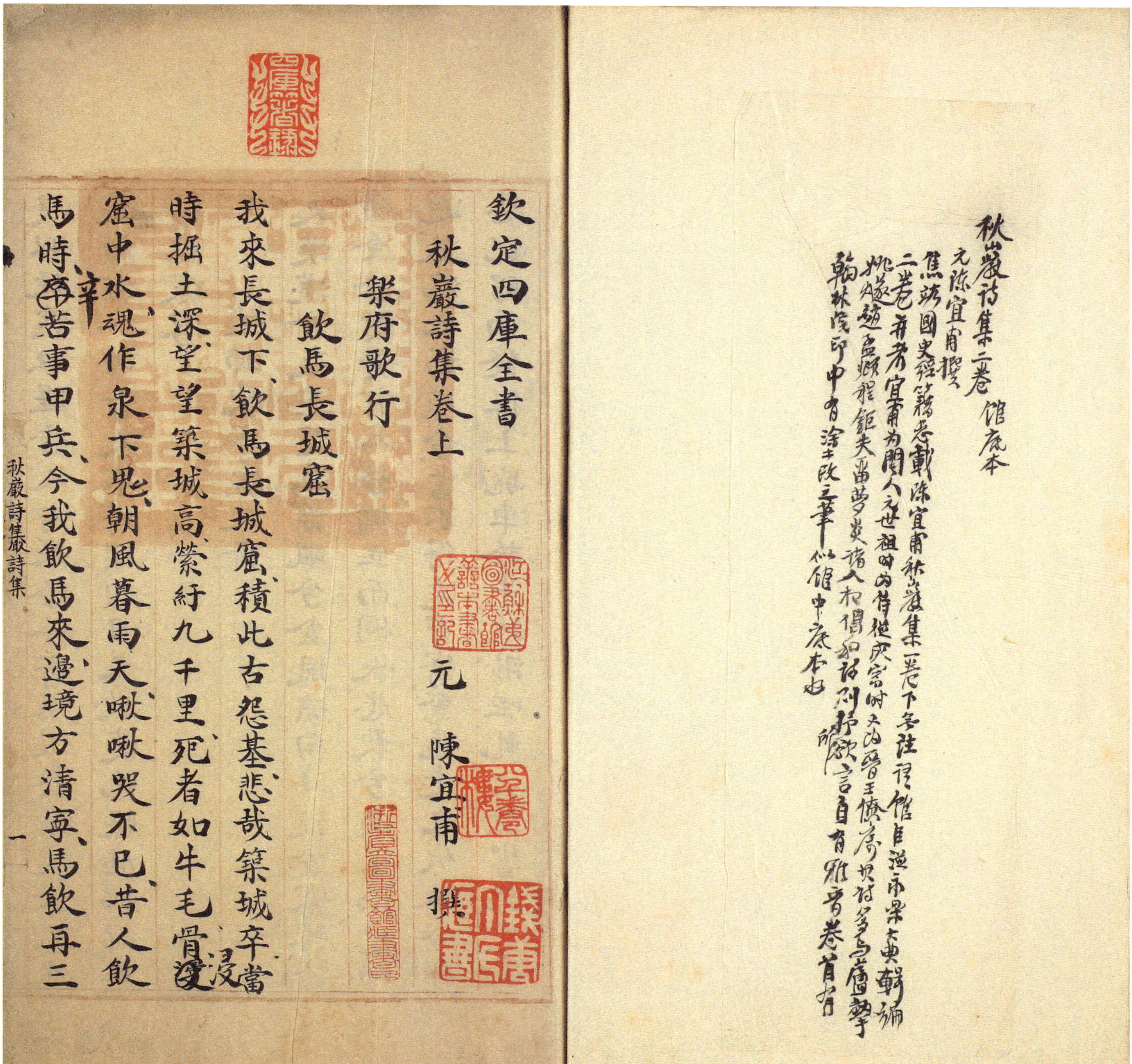
欽定四庫全書
秋巖詩集卷上
元 陳宜甫 撰
樂府歌行
飲馬長城窟
我來長城下，飲馬長城窟，積此古怨基。悲哉築城卒，當時掘土深，望望築城高，縈紆九千里，死者如牛毛，骨浸窟中水，魂作泉下鬼，朝風暮雨天啾啾，哭不已。昔人飲馬時，辛苦事甲兵，今我飲馬來，邊境方清寧，馬飲再三
秋巖詩集 一

秋巖詩集二卷 館底本
元陳宜甫撰

12779 秋巖詩集二卷 （元）陳宜甫撰 清翰林院抄本[四庫底本]

匡高22.7厘米，廣15.3厘米。半葉八行，行二十一字，紅格，白口，四周雙邊。有“翰林院印”“四庫著録”“八千卷樓”等印。丁丙跋。浙江圖書館藏。

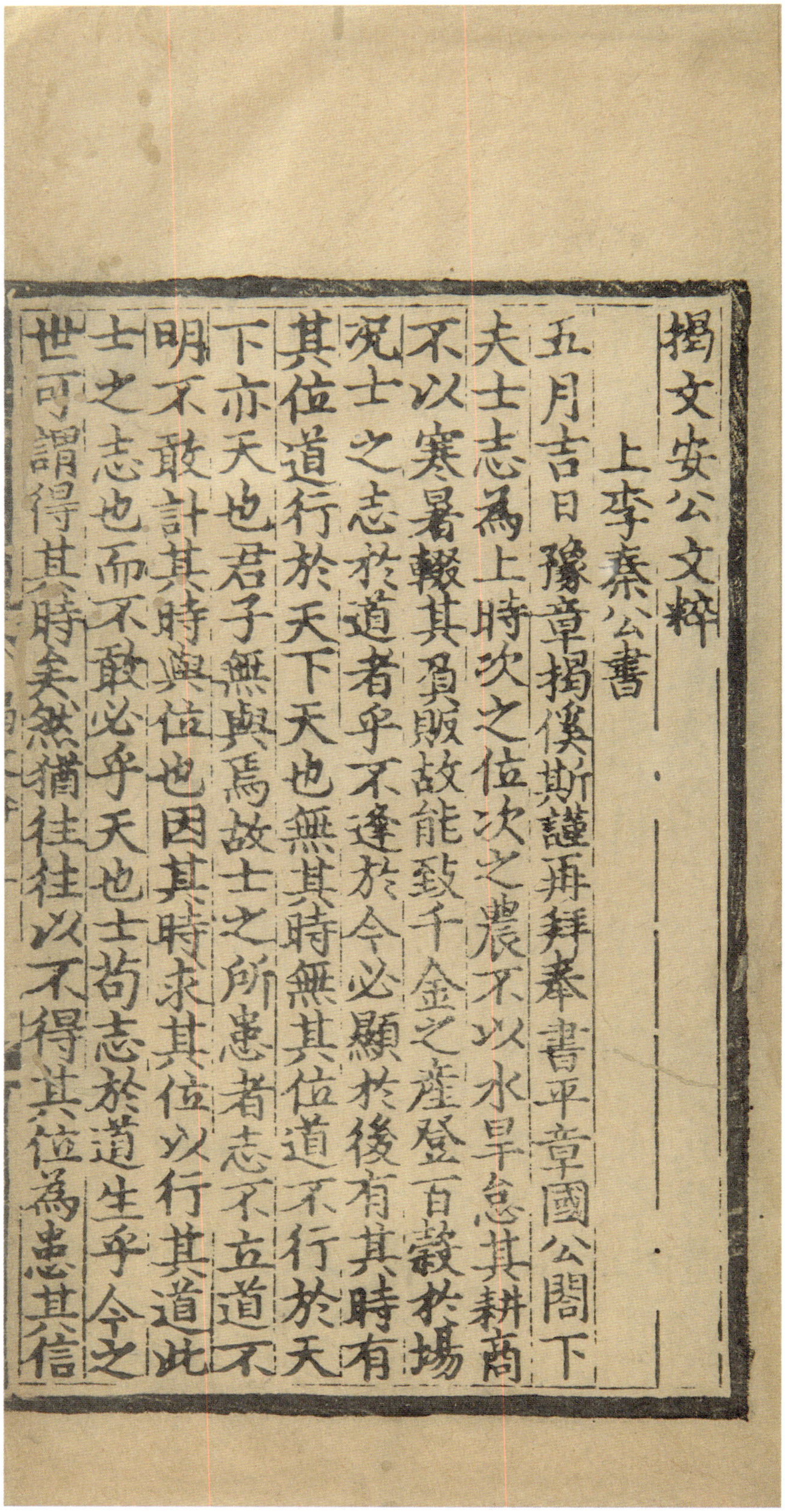
揭文安公文粹
上李秦公書
五月吉日豫章揭傒斯謹再拜奉書平章國公閣下
夫士志爲上時次之位次之農不以水旱怠其耕商
不以寒暑輟其負販故能致千金之產登百穀於場
况士之志於道者乎不逢於今必顯於後有其時有
其位道行於天下天也無其時無其位道不行於天
下亦天也君子無與焉故士之所患者志不立道不
明不敢計其時與位也因其時求其位以行其道此
士之志也而不敢必乎天也士苟志於道生乎今之
世可謂得其時矣然猶往往以不得其位爲患其信

12780、12781 揭文安公文粹一卷　（元）揭傒斯撰　明天順五年（1461）沈琮廣州府學刻本

匡高18.6厘米，廣12.2厘米。半葉十一行，行二十字，黑口，四周雙邊。上海圖書館藏，有“曾在李鹿山處”“徐乃昌讀”等印；南京圖書館藏，丁丙跋。

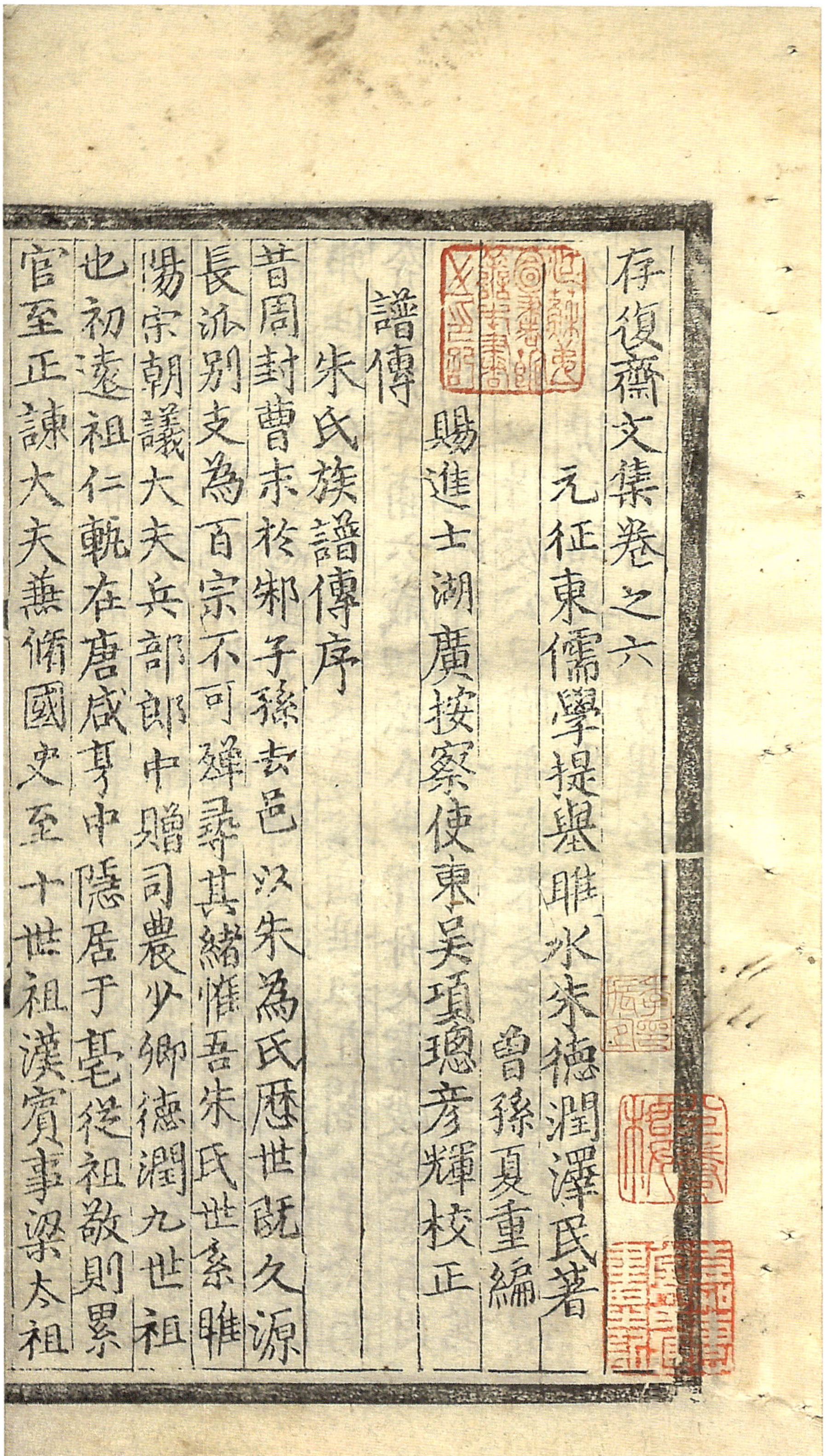
存復齋文集卷之六
元征東儒學提舉睢水朱德潤澤民著
曾孫夏重編
賜進士湖廣按察使東吳項璁彥輝校正
譜傳
朱氏族譜傳序
昔周封曹挾於邾子孫去邑以朱為氏歷世既久源
長派別支為百宗不可殫尋其緒惟吾朱氏世系睢
陽宋朝議大夫兵部郎中贈司農少卿德潤九世祖
也初遠祖仁軌在唐咸亨中隱居于亳從祖敬則累
官至正諫大夫兼脩國史至十世祖漢賓事梁太祖

12782 存復齋文集十卷　（元）朱德潤撰　**附録一卷**　明成化十一年（1475）項璁刻本（卷一至五配清抄本）

匡高21.7厘米，廣12.8厘米。半葉十一行，行二十字，黑口，四周雙邊。有“八千卷樓”等印。丁丙跋。南京圖書館藏。

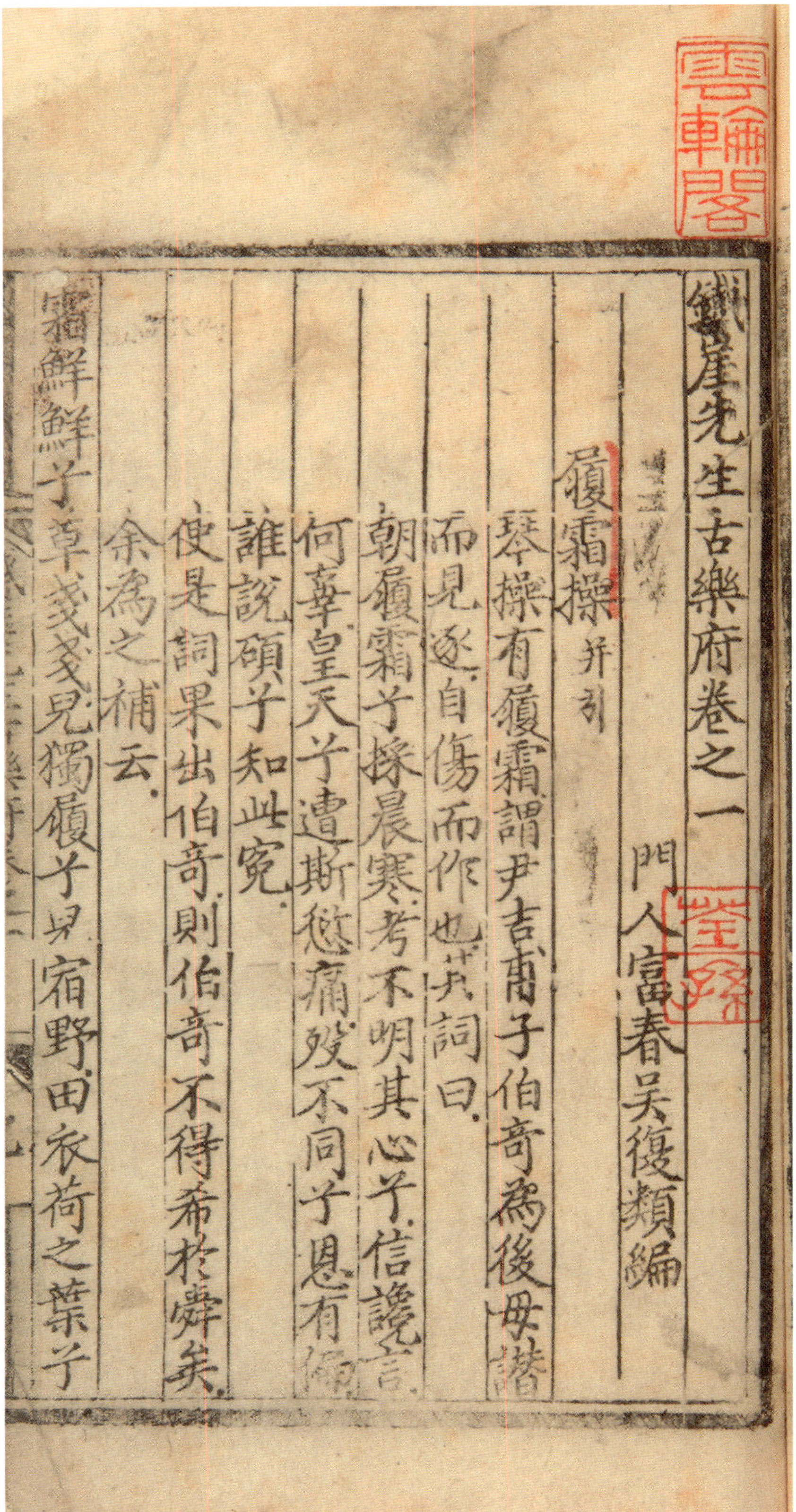

12783 鐵崖先生古樂府十六卷 （元）楊維楨撰 明成化五年（1469）劉傚刻本（有抄配葉）

匡高17.4厘米，廣11.2厘米。半葉十一行，行二十字，黑口，四周雙邊。有“荃孫”“雲輪閣”等印。上海圖書館藏。

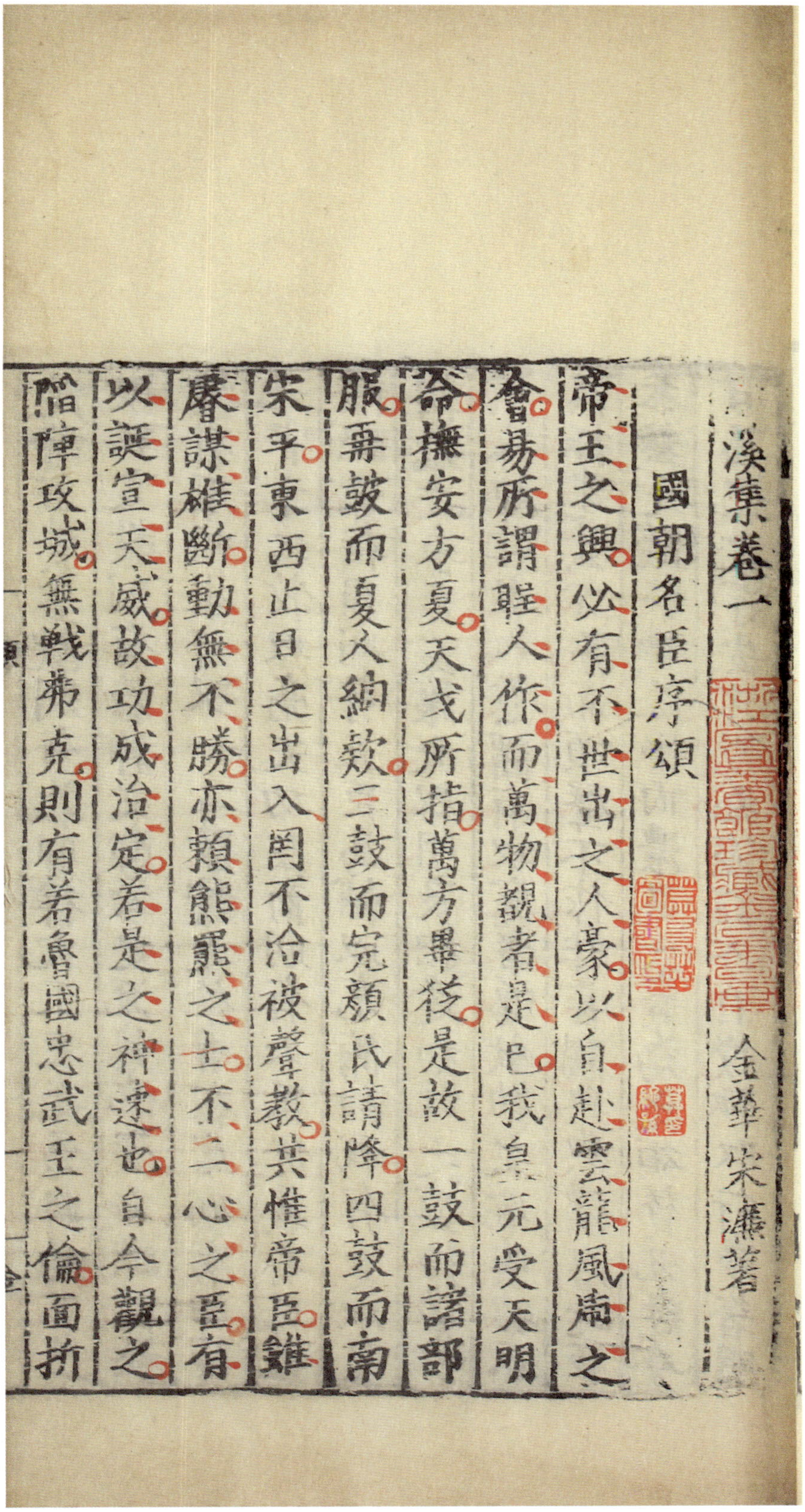
溪集卷一 金華宋濂著
國朝名臣序頌
帝王之興必有不世出之人豪以自赴雲龍風虎之
會易所謂聖人作而萬物覩者是已我皇元受天明
命撫安方夏天戈所指萬方畢從是故一鼓而諸部
服再鼓而夏人納款三鼓而完顏氏請降四鼓而南
宋平東西止日之出入罔不洽被聲教共惟帝臣雖
睿謀雄斷動無不勝亦頼熊羆之士不二心之臣有
以誕宣天威故功成治定若是之神速也自今觀之
陷陣攻城無戰弗克則有若魯國忠武王之倫面折

12784 潛溪集八卷 （明）宋濂撰 **附録一卷** 明嘉靖十五年（1536）

徐嵩、温秀刻本

匡高18.8厘米，廣14.2厘米。半葉十行，行二十字，小字雙行同，白口，四周單邊。有“莫友芝圖書印”等印。莫友芝跋。浙江圖書館藏。

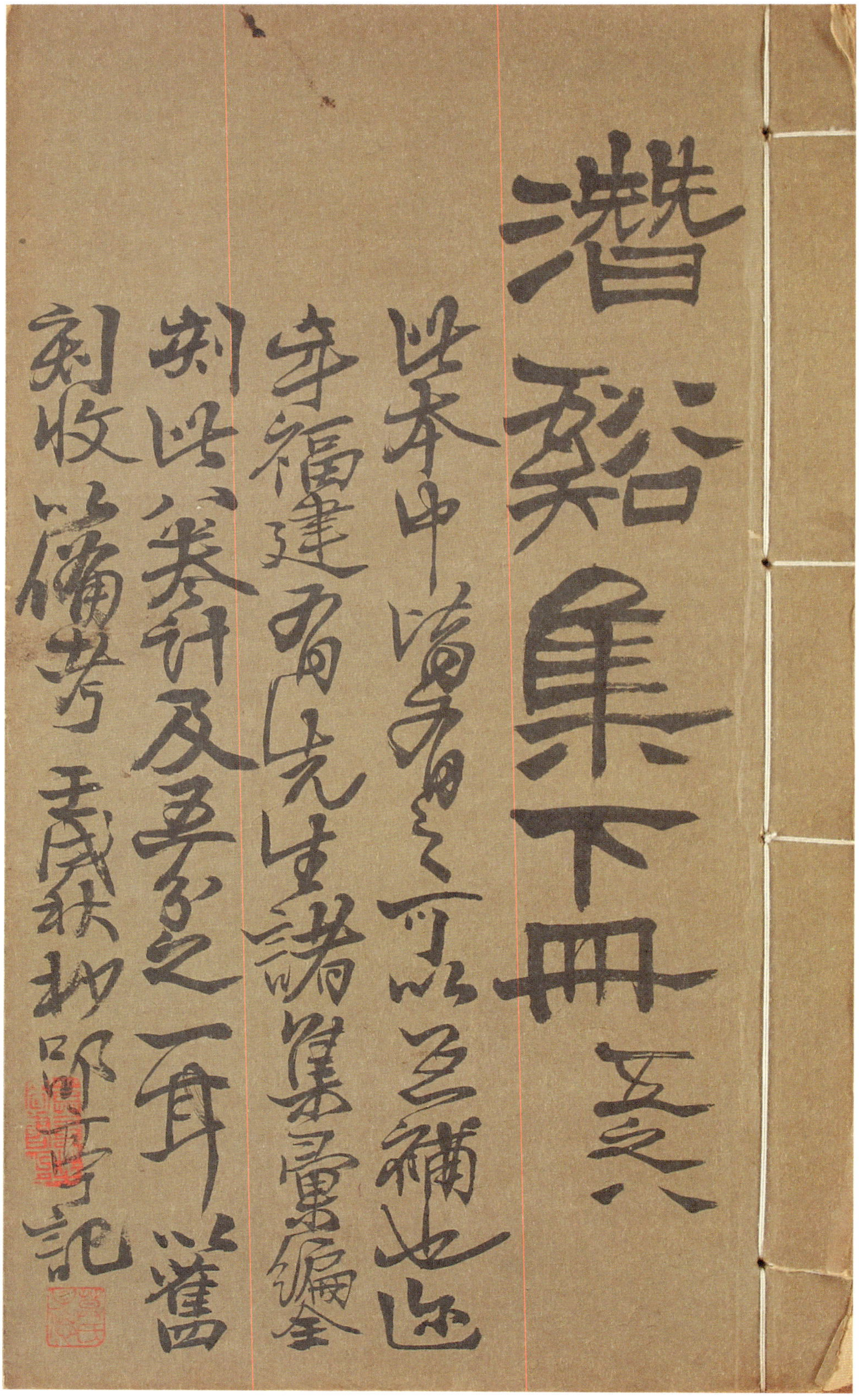

12784 潛溪集八卷附録一卷

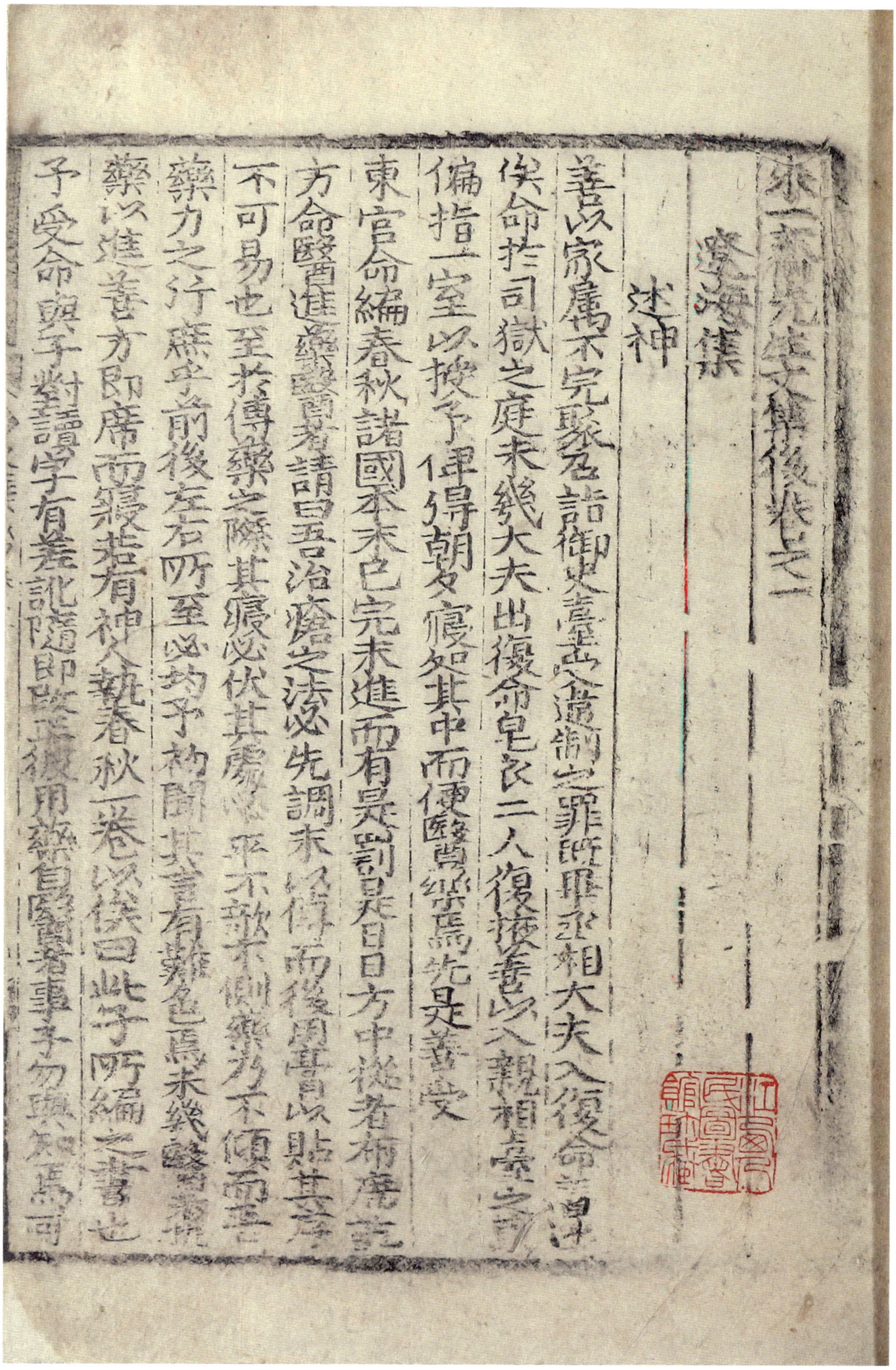
朱一齋先生文集後卷之一
瓊海集
述神

12785 朱一齋先生文集後五卷廣游文集一卷 （明）朱善撰 明成化二十二年（1486）朱維鑒刻本

匡高19.5厘米，廣14.9厘米。半葉十二行，行二十八字，黑口，左右雙邊或四周單邊。有"熊印羅宿""譯元"等印。江西省圖書館藏。

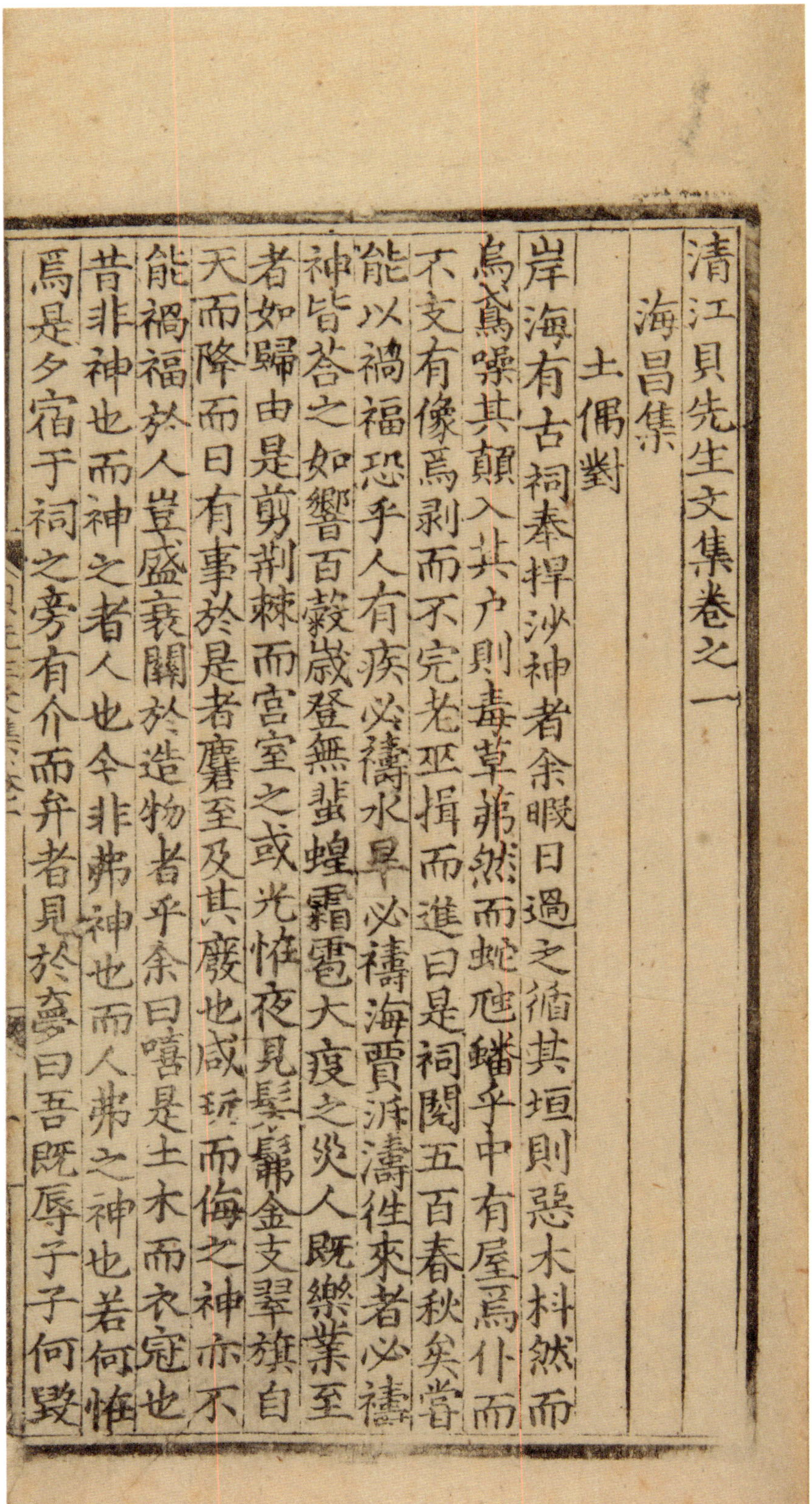

清江貝先生文集卷之一
海昌集
土偶對
岸海有古祠奉捍沙神者余暇日過之循其垣則惡木科然而烏鳶噪其顛入其户則毒草茀然而蛇虺蟠乎中有屋爲仆而不支有像爲剥而不完老巫揖而進曰是祠閲五百春秋矣嘗能以禍福恐乎人有疾必禱水旱必禱海賈浙濤往來者必禱神皆荅之如響百穀歲登無螽蝗霜雹大疫之災人既樂業至者如歸由是剪荆棘而宫室之或光惟夜見髮鬛金支翠旗自天而降而日有事於是者麕至及其廢也咸玩而侮之神亦不能禍福於人豈盛衰關於造物者乎余曰嘻是土木而衣冠也昔非神也而神之者人也今非弗神也而人弗之神也若何惟焉是夕宿于祠之旁有介而弁者見於夢曰吾既辱子子何毀

12786 清江貝先生文集三十卷詩集十卷詩餘一卷 （明）貝瓊撰

明洪武刻本

匡高21厘米，廣12.5厘米。半葉十三行，行二十四字，黑口，四周雙邊。有“烏程蔣維基記”“徐乃昌讀”等印。上海圖書館藏。

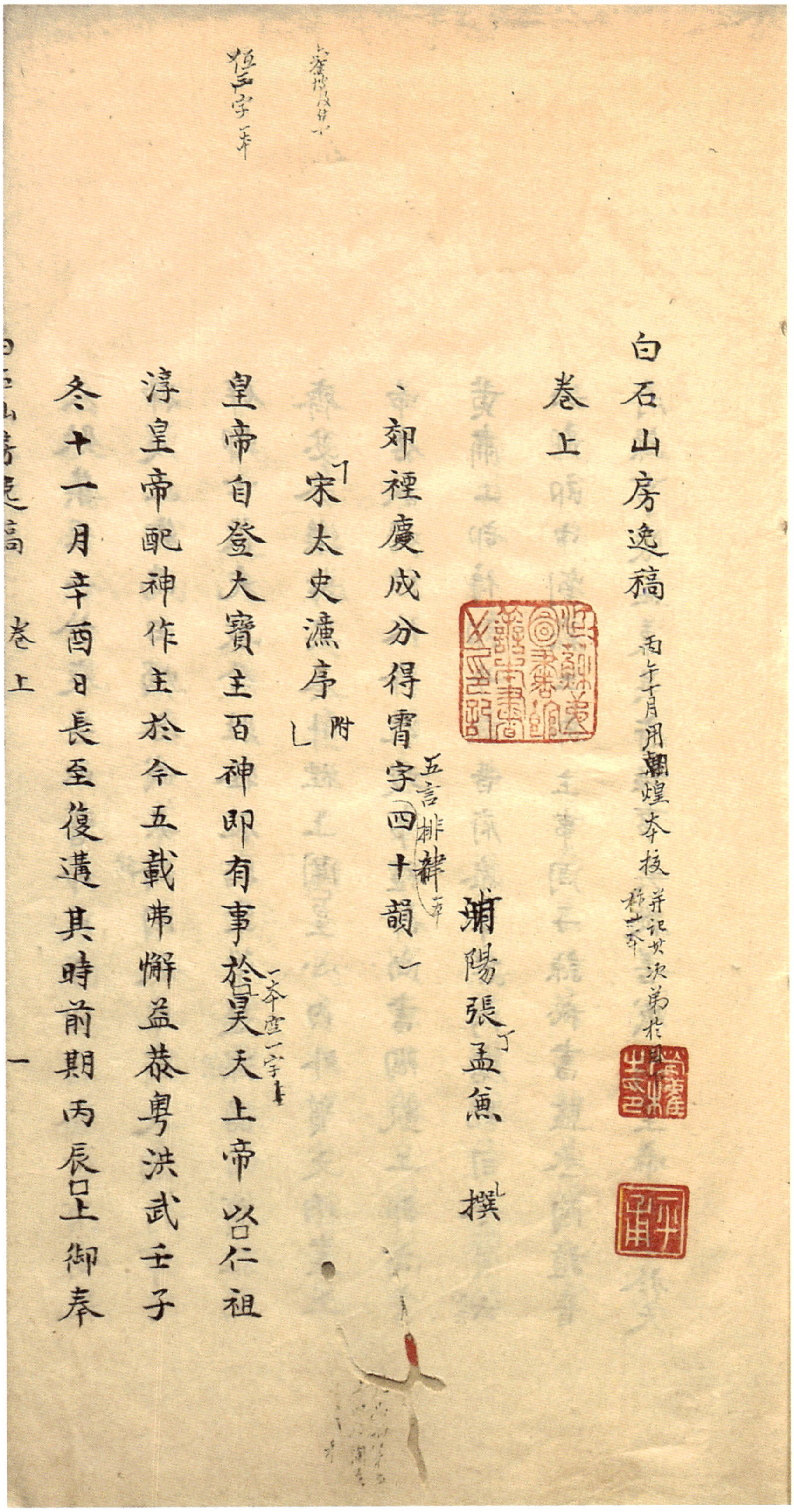
白石山房逸稿
卷上
郊禋慶成分得霄字四十韻
浦陽張孟兼撰
宋太史濂序
皇帝自登大寶主百神即有事於昊天上帝以仁祖
淳皇帝配神作主於今五載弗懈益恭粤洪武壬子
冬十一月辛酉日長至復遣其時前期丙辰上御奉
白石山房逸稿　卷上　一

12787 白石山房逸稿二卷　（明）張丁撰　**附録一卷**　清抄本

有“勞權之印”等印。勞權校補並跋，丁丙跋。南京圖書館藏。

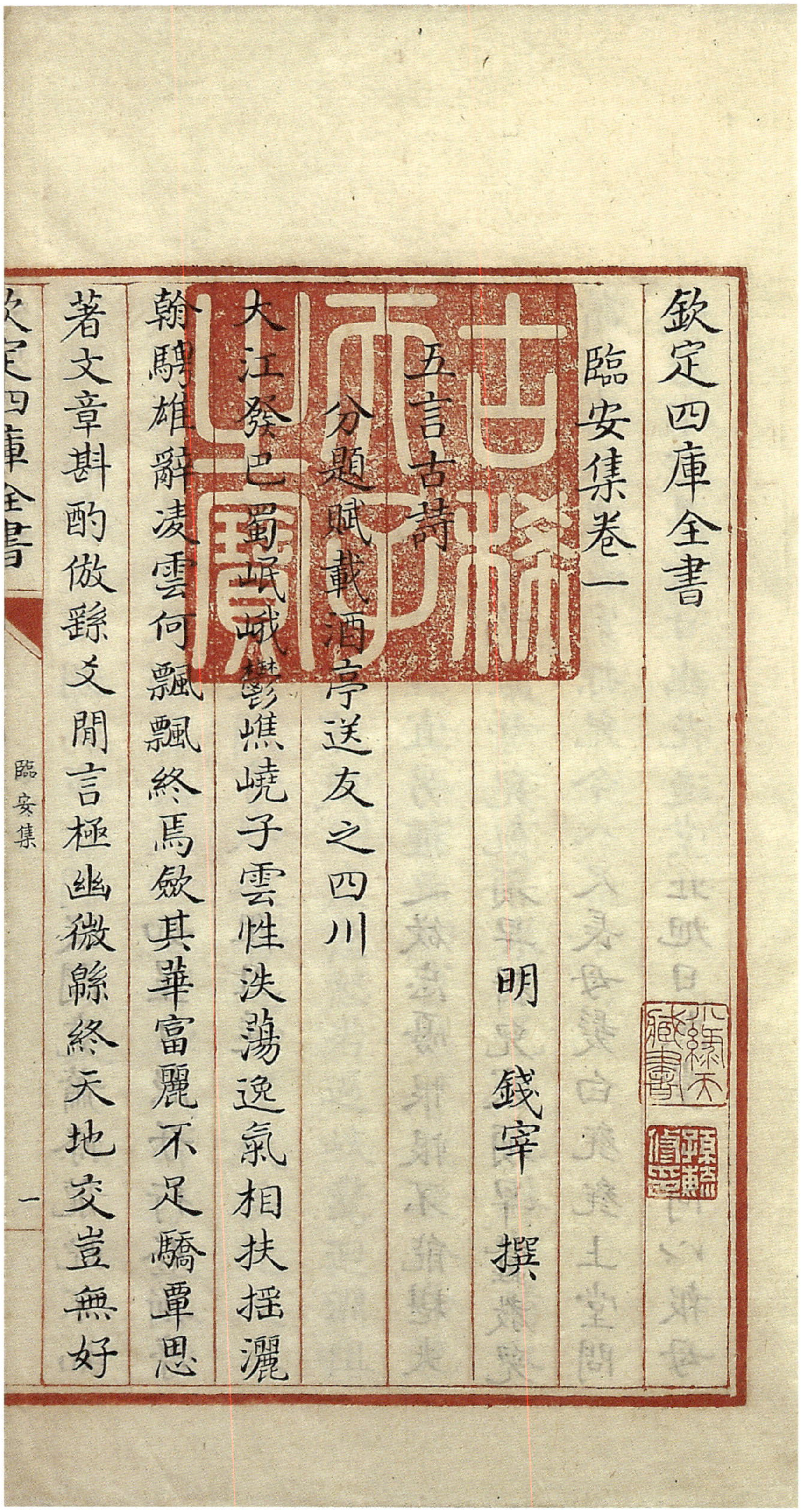
欽定四庫全書
臨安集卷一
明 錢宰 撰
五言古詩
分題賦載酒亭送友之四川
大江發巴蜀岷峨鬱嶕嶢子雲性泆蕩逸氣相扶摇灑
翰騁雄辭凌雲何飄飄終焉斂其華富麗不足驕覃思
著文章斟酌倣縣爻閒言極幽微緜終天地交豈無好
欽定四庫全書
臨安集 一

12788 臨安集六卷 （明）錢宰撰 清乾隆内府寫南三閣四庫全書本

包背裝。匡高20.9厘米，廣13.8厘米。半葉八行，行二十一字，紅格，白口，四周雙邊。有“古稀天子之寶”“孫毓修印”等印。南京圖書館藏，存三卷。

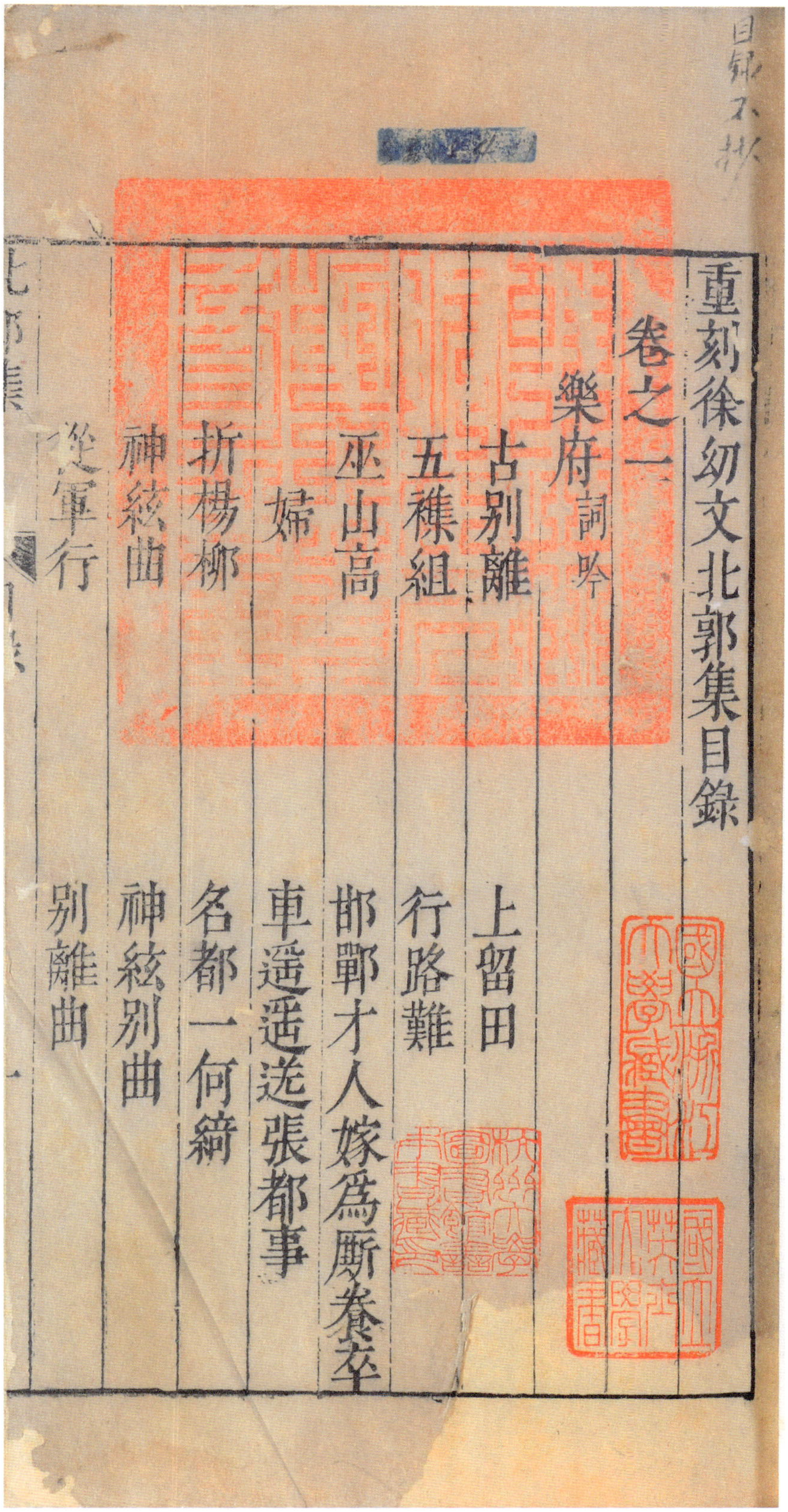

重刻徐幼文北郭集目錄

卷之一

樂府詞吟

古别離　上留田

五禯組　行路難

巫山高　邯鄲才人嫁爲厮養卒

婦　車遥遥送張都事

折楊柳　名都一何綺

神絃曲　神絃别曲

從軍行　别離曲

12789 重刻徐幼文北郭集六卷　（明）徐賁撰　明萬曆三十七年（1609）汪汝淳刻本[四庫底本]

匡高21.4厘米，廣13.8厘米。半葉十行，行二十字，小字雙行同，白口，四周單邊。有“翰林院印”等印。浙江大學圖書館藏。

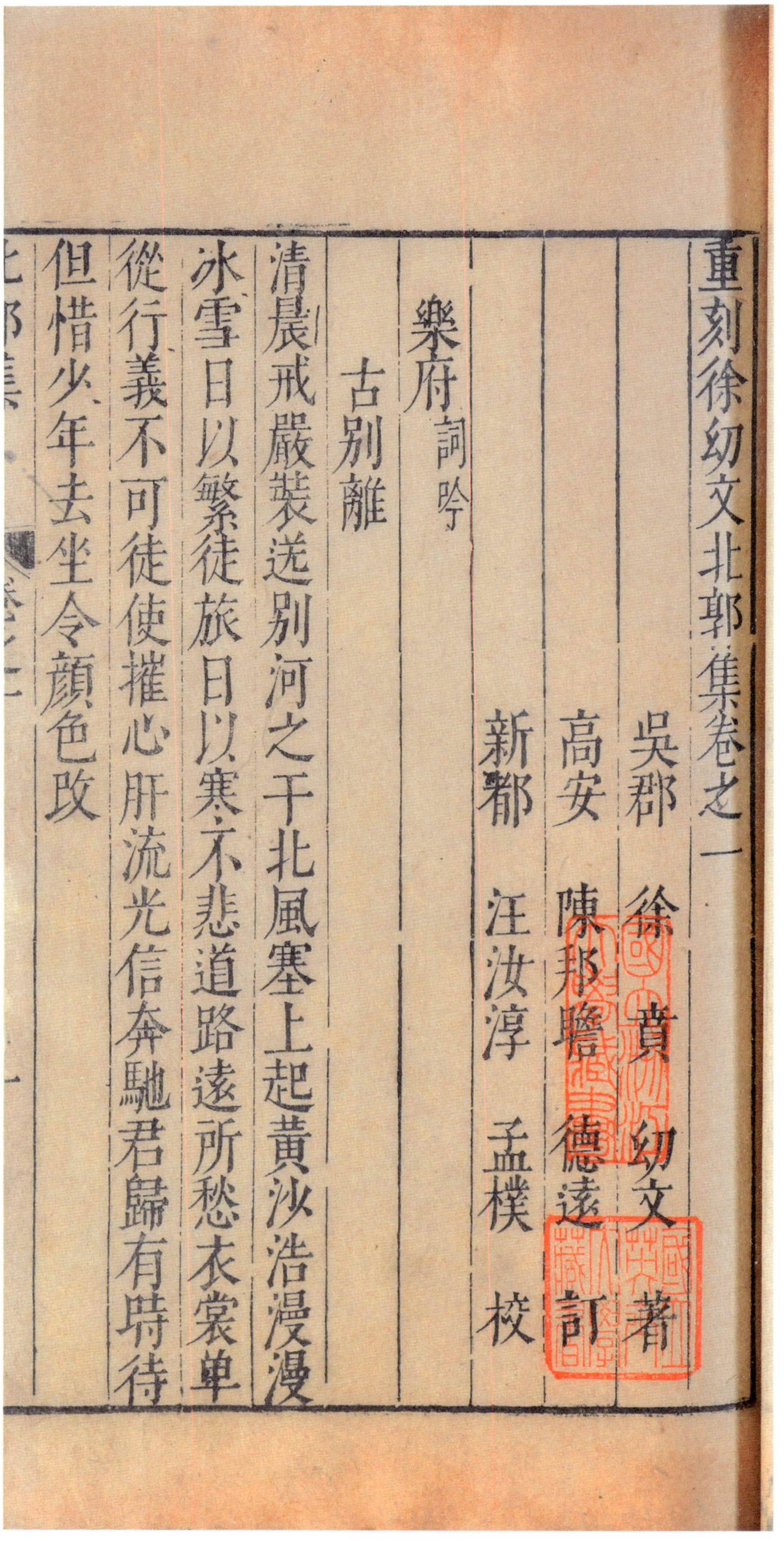

重刻徐幼文北郭集卷之一

吳郡　徐賁　幼文　著

高安　陳邦瞻　德遠　訂

新都　汪汝淳　孟樸　校

樂府詞吟

古别離

清晨戒嚴裝送别河之干北風塞上起黄沙浩漫漫氷雪日以繁徒旅日以寒不悲道路遠所愁衣裳单從行義不可徒使摧心肝流光信奔馳君歸有時待但惜少年去坐令顔色改

北郭集　卷之一　一

12789 重刻徐幼文北郭集六卷

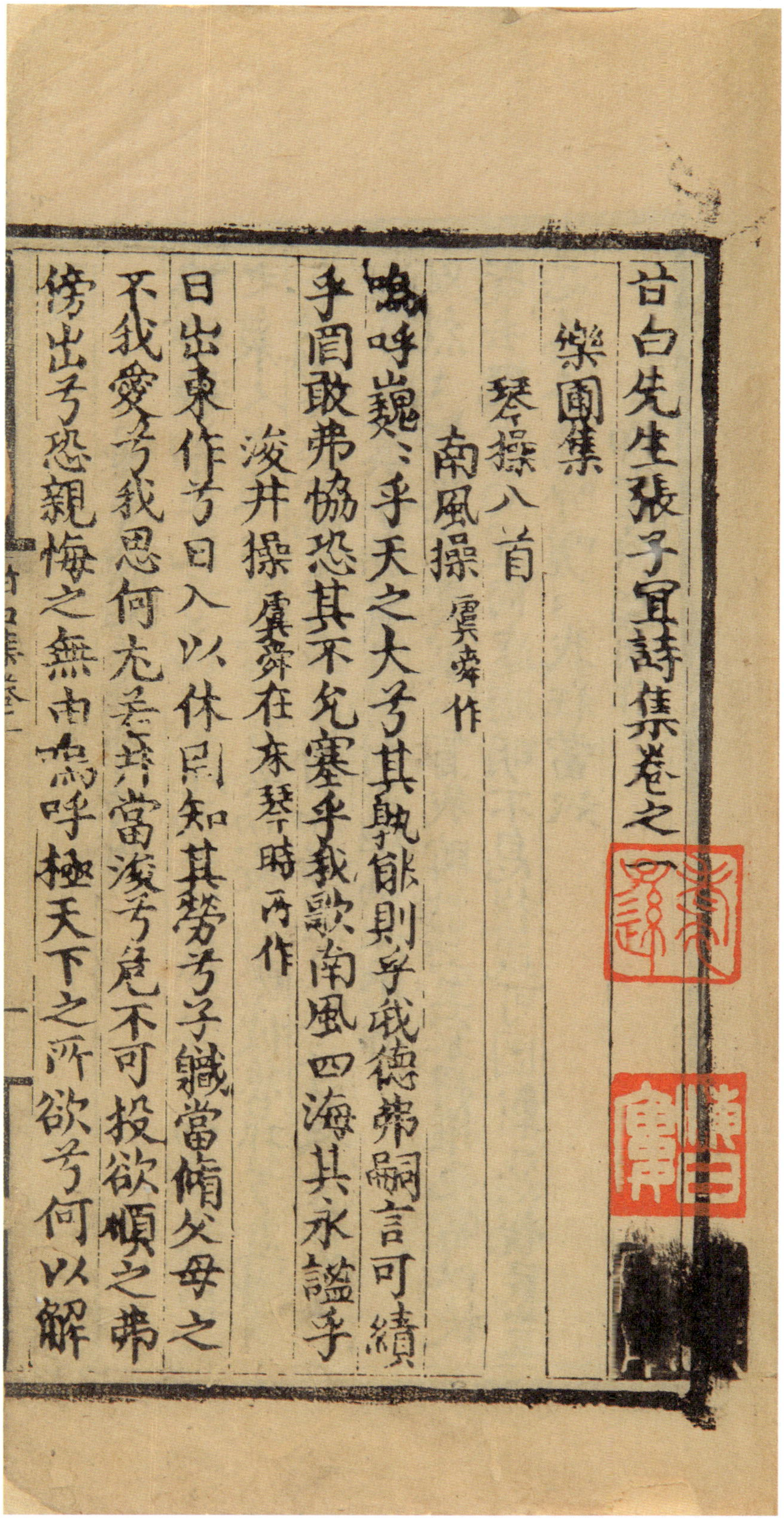
甘白先生張子宜詩集卷之一
樂圃集
琴操八首
南風操 虞舜作
嗚呼巍巍乎天之大兮其孰能則乎戚德弗嗣言可續
乎罔敢弗協恐其不允塞乎我歌南風四海其永謐乎
浚井操 虞舜在床琴時所作
日出東作兮日入以休曰知其勞兮子職當脩父母之
不我愛兮我思何尤兮井當浚兮危不可投欲傾之弗
傍出兮恐親悔之無由嗚呼極天下之所欲兮何以解

12790 甘白先生張子宜詩集六卷 （明）張適撰 明前期刻本

匡高19.6厘米，廣11.5厘米。半葉十行，行二十一字，黑口，四周雙邊。有"耄遜""海日廔"等印。上海圖書館藏。

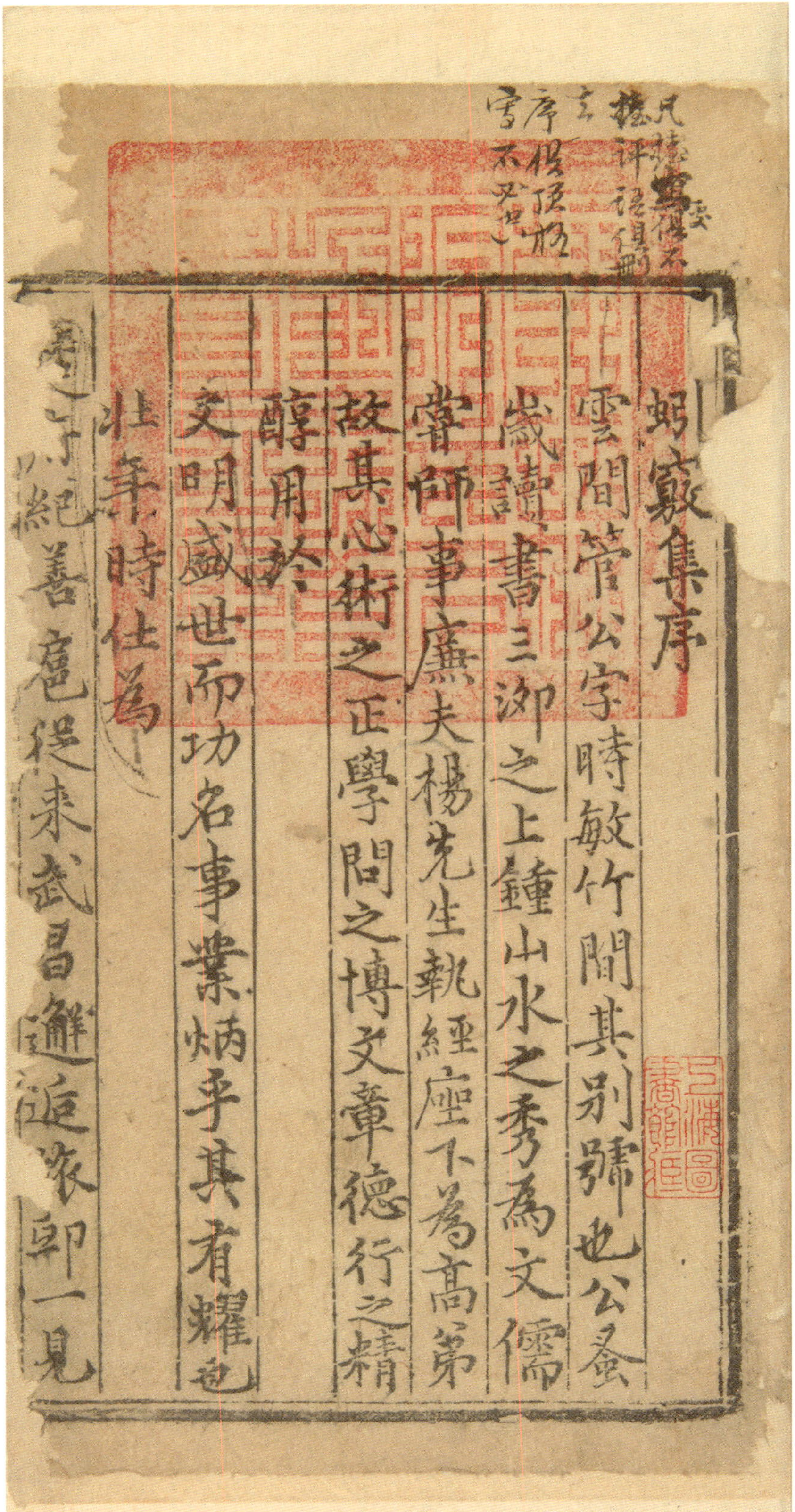

蚓竅集序
雲間管公字時敏竹間其別號也公蚤
歲讀書三泖之上鍾山水之秀爲文儒
嘗師事廉夫楊先生執經座下爲高弟
故其心術之正學問之博文章德行之精
醇用於
文明盛世而功名事業炳乎其有耀也
壯年時仕爲
[illegible]紀善邑從來武昌邂逅裘卿一見

12791 蚓竅集十卷 （明）管時敏撰 （明）丁鶴年評 **全庵記一卷**

（明）周子冶撰 明永樂元年（1403）楚藩刻本[四庫底本]

匡高19.8厘米，廣12.6厘米。半葉十行，行二十字，黑口，四周雙邊。有“翰林院印”“徐乃昌讀”等印。上海圖書館藏。

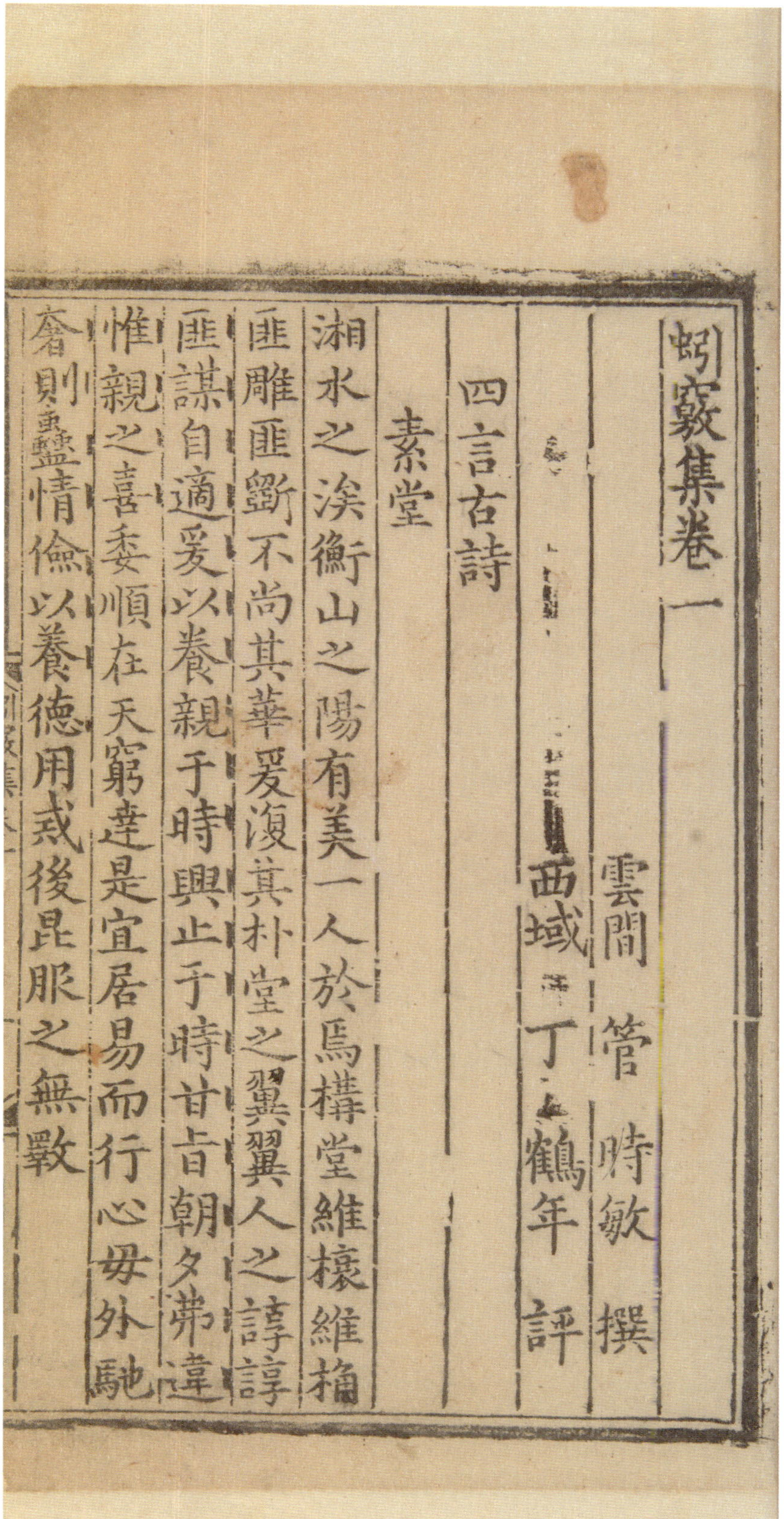

蚓竅集卷一

雲間 管時敏 撰

西域 丁鶴年 評

四言古詩

素堂

湘水之涘衡山之陽有美一人於焉構堂維樸維楠
匪雕匪斲不尚其華爰復其朴堂之翼翼人之諄諄
匪謀自適爰以養親于時興止于時甘旨朝夕弗違
惟親之喜委順在天窮達是宜居易而行心毋外馳
奢則蠹情儉以養德用式後昆服之無斁

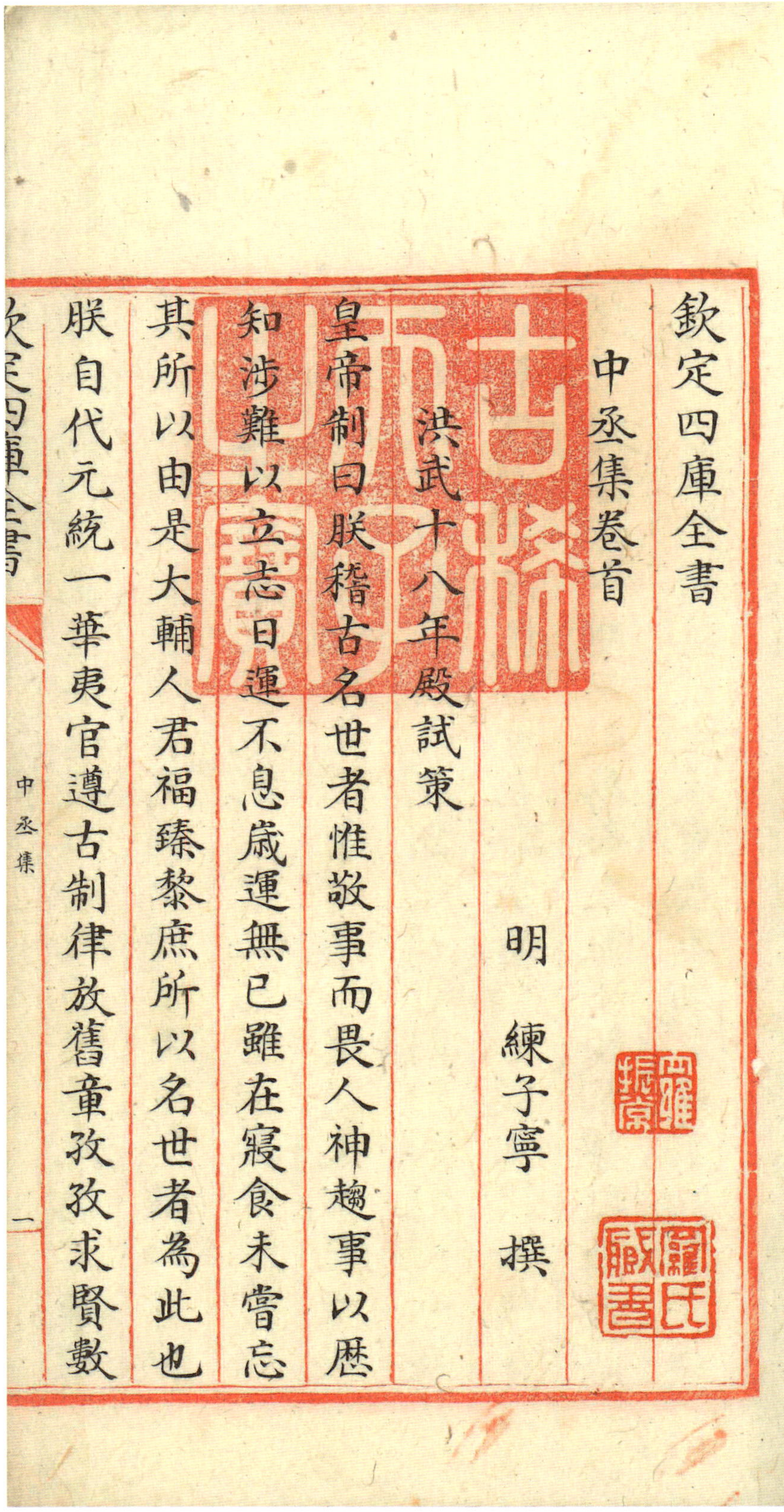

欽定四庫全書

中丞集卷首

明 練子寧 撰

洪武十八年殿試策

皇帝制曰朕稽古名世者惟敬事而畏人神趨事以歴
知涉難以立志日運不息歳運無已雖在寢食未嘗忘
其所以由是大輔人君福臻黎庶所以名世者為此也
朕自代元統一華夷官遵古制律放舊章孜孜求賢數

欽定四庫全書 中丞集 一

12792 中丞集二卷 （明）練子寧撰 清乾隆内府寫南三閣四庫全書本

匡高20.6厘米，廣13.9厘米。半葉八行，行二十一字，紅格，白口，四周雙邊。有“古稀天子之寶”“乾隆御覽之寶”“羅振常”等印。香港中文大學圖書館藏。

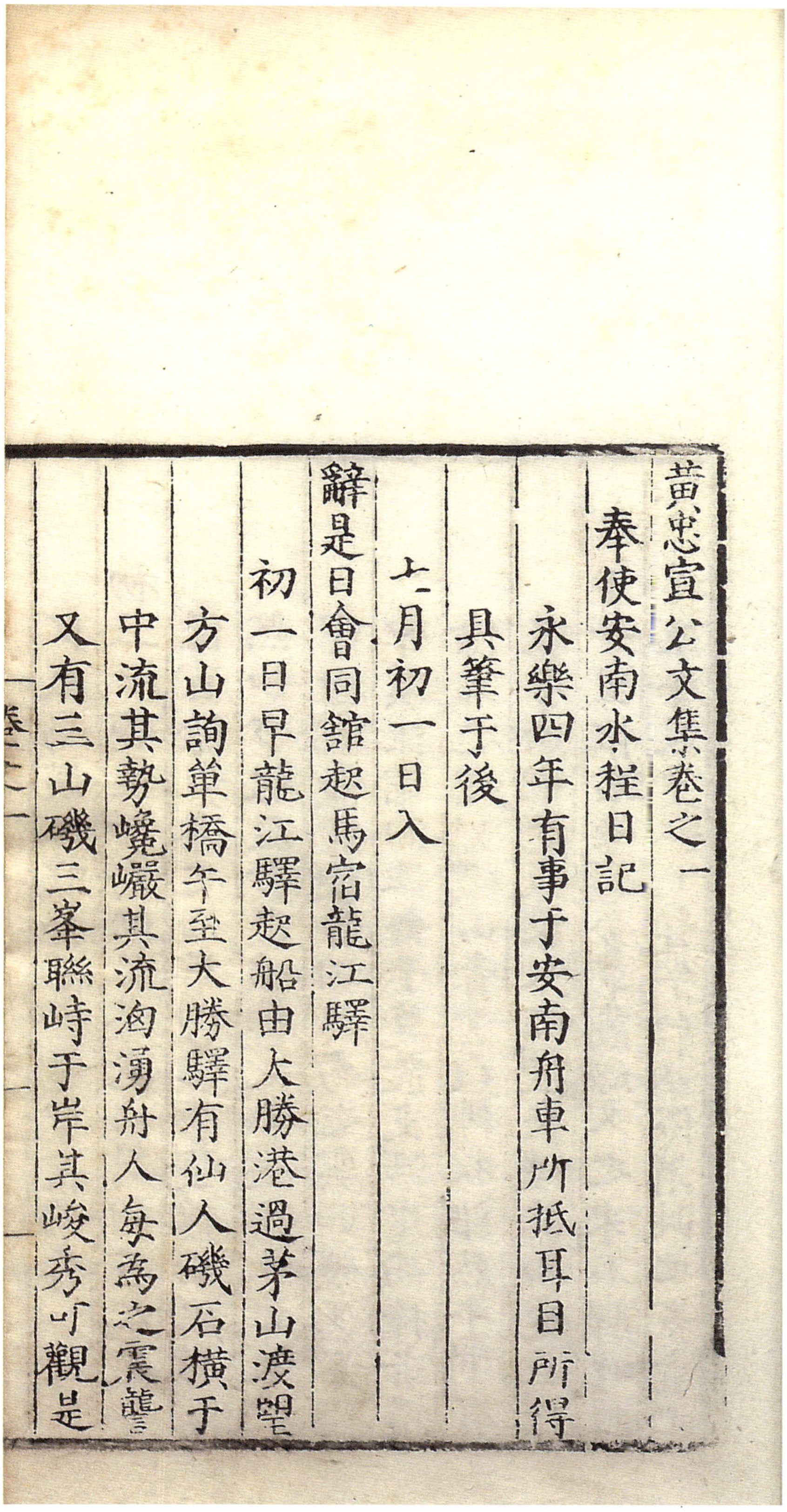
黄忠宣公文集卷之一
奉使安南水程日記
永樂四年有事于安南舟車所抵耳目所得
具筆于後
七月初一日入
辭是日會同舘起馬宿龍江驛
初一日早龍江驛起船由大勝港過茅山渡望
方山詢单橋午至大勝驛有仙人磯石横于
中流其勢巉巗其流洶湧舟人每為之震讋
又有三山磯三峯聯峙于岸其峻秀可觀是
卷之一

12793 黄忠宣公文集十三卷 （明）黄福撰 **別集六卷** 明嘉靖馮時雍刻本

匡高19.2厘米，廣14厘米。半葉十行，行二十字，白口，四周單邊。南京圖書館藏。

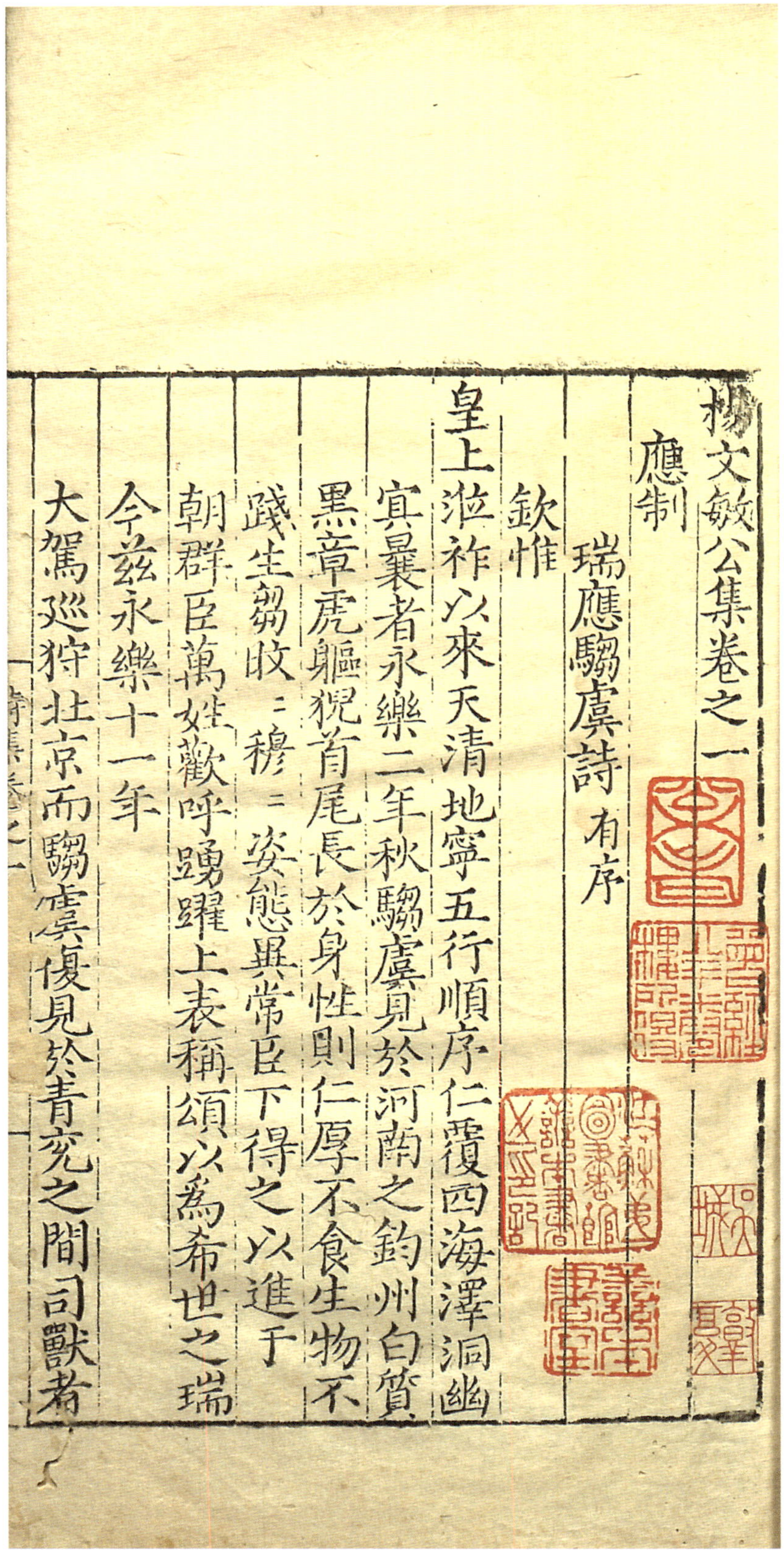
楊文敏公集卷之一
應制
瑞應騶虞詩 有序
欽惟
皇上涖祚以來天清地寧五行順序仁覆四海澤洞幽
冥曩者永樂二年秋騶虞見於河南之鈞州白質
黑章虎軀猊首尾長於身性則仁厚不食生物不
踐生芻畋〻穆〻姿態異常臣下得之以進于
朝群臣萬姓歡呼踴躍上表稱頌以爲希世之瑞
今茲永樂十一年
大駕巡狩北京而騶虞復見於青兖之閒司獸者

12794 楊文敏公集二十五卷 （明）楊榮撰 **附録一卷** 明正德十年（1515）刻本

匡高17.3厘米，廣12.6厘米。半葉十一行，行二十一字，白口，四周單邊。有“吴城”“曾經八千卷樓所得”等印。丁丙跋。南京圖書館藏。

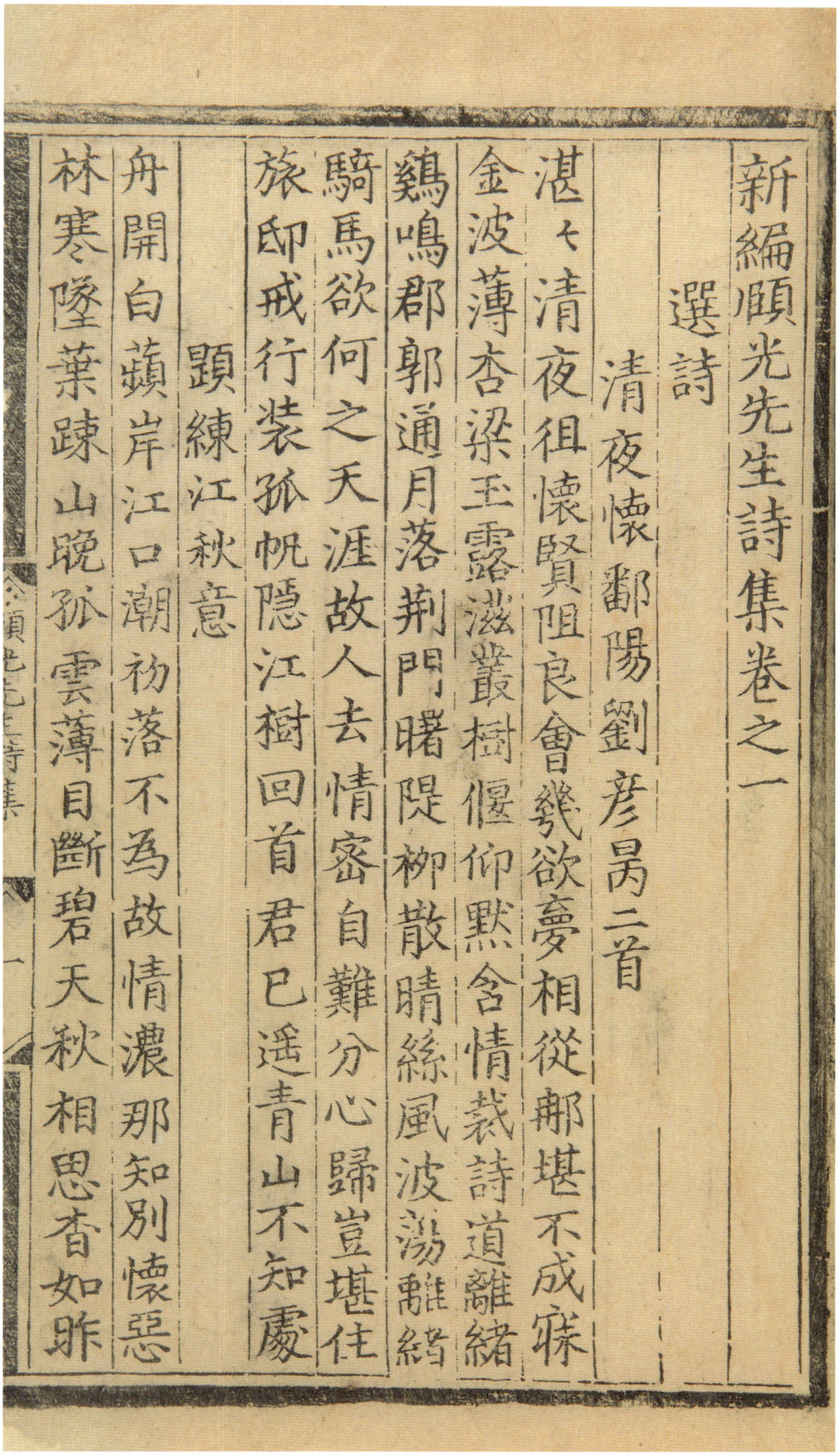
新編頤光先生詩集卷之一
選詩
清夜懷鄱陽劉彥昺二首
湛々清夜徂懷賢阻良會幾欲夢相從那堪不成寐
金波薄杏梁玉露滋叢樹偃仰默含情裁詩道離緒
鷄鳴郡郭通月落荊門曙隄柳散晴絲風波蕩離緒
騎馬欲何之天涯故人去情密自難分心歸豈堪住
旅邸戒行裝孤帆隱江樹回首君已遥青山不知處
題練江秋意
舟開白蘋岸江口潮初落不為故情濃那知別懷惡
林寒墜葉疎山曉孤雲薄目斷碧天秋相思杳如昨

12795 新編頤光先生詩集六卷拾遺一卷文集一卷 （明）陸顒撰 **外集二卷** 明景泰元年（1450）陸瑄刻本

匡高21厘米，廣13.2厘米。半葉十一行，行二十字，黑口，四周雙邊。上海圖書館藏。

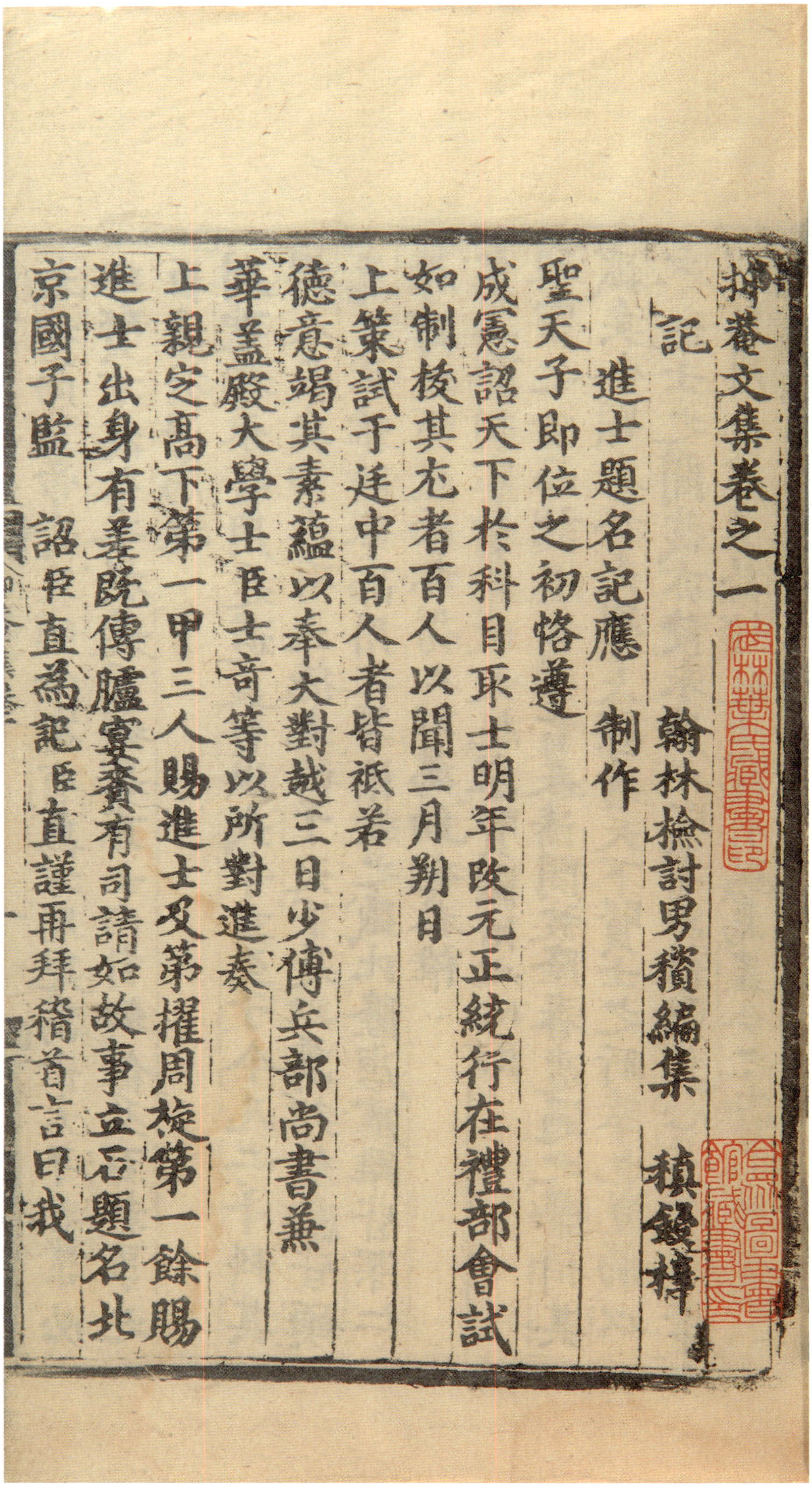

抑菴文集卷之一
記　　翰林檢討男稹編集　　稹鋟梓
進士題名記應　制作
聖天子即位之初恪遵
成憲詔天下於科目取士明年改元正統行在禮部會試
如制校其尤者百人以聞三月朔日
上策試于廷中百人者皆祗若
德意竭其素蘊以奉大對越三日少傅兵部尚書兼
華蓋殿大學士臣士奇等以所對進奏
上親定高下第一甲三人賜進士及第擢周旋第一餘賜
進士出身有差既傳臚宴賚有司請如故事立石題名北
京國子監　詔臣直爲記臣直謹再拜稽首言曰我

12796 抑菴文集十三卷　（明）王直撰　明成化王稹刻本

匡高18.3厘米，廣12.6厘米。半葉十二行，行二十二字，黑口，四周雙邊。有“景葵秘笈印”“武林葉氏藏書印”等印。上海圖書館藏。

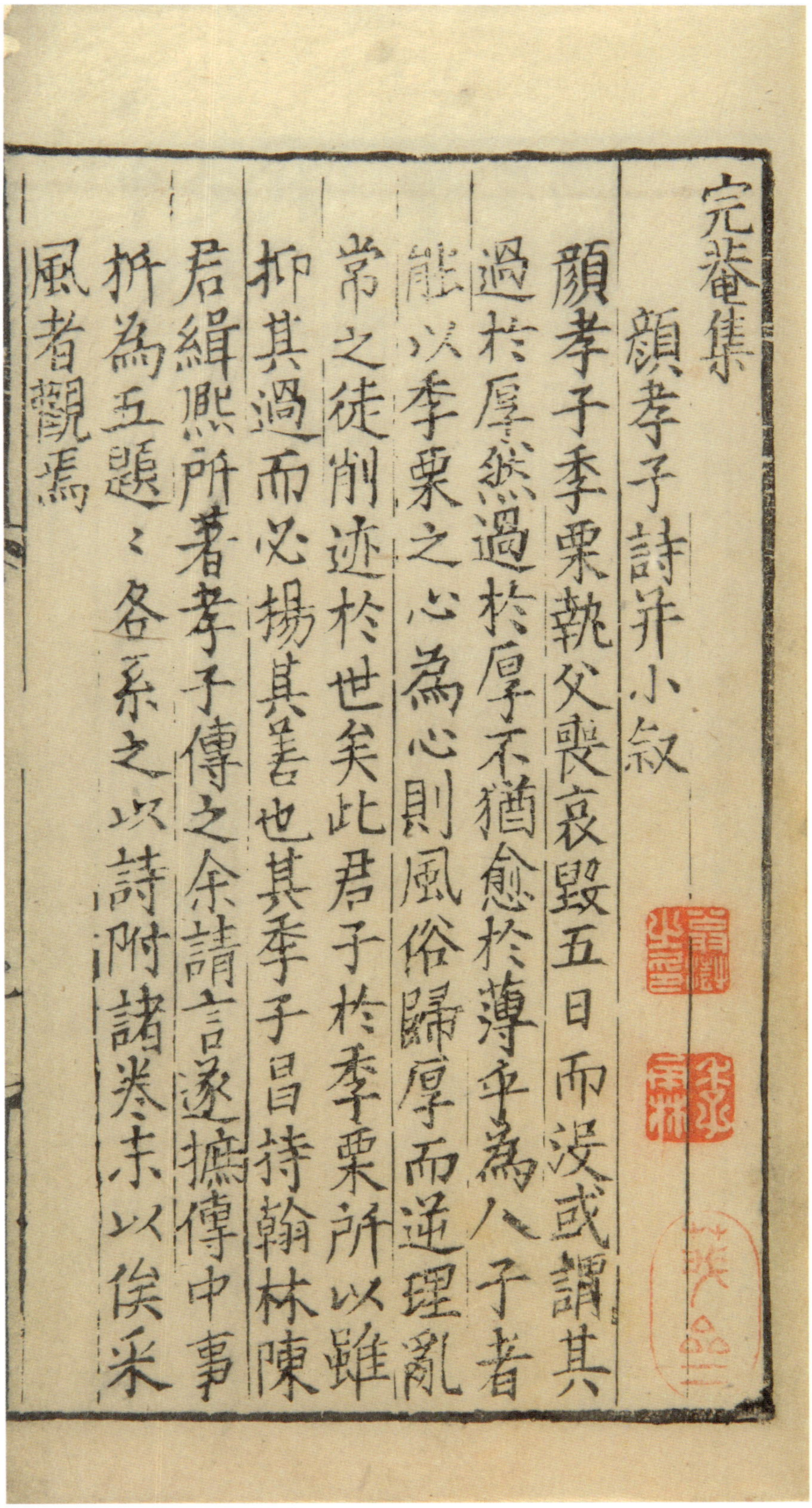

完菴集

顔孝子詩并小叙

顔孝子季粟執父喪哀毀五日而没或謂其過於厚然過於厚不猶愈於薄乎為人子者能以季粟之心為心則風俗歸厚而逆理亂常之徒削迹於世矣此君子於季粟所以雖抑其過而必揚其善也其季子昌待翰林陳君緝熙所著孝子傳之余請言遂摭傳中事折為五題題各系之以詩附諸卷末以俟采風者觀焉

12797 完菴集不分卷　（明）劉鈺撰　明正德刻本

匡高22.1厘米，廣13.2厘米。半葉十行，行十八字，黑口，四周單邊。有“翁澍之印”“季霖”等印。上海圖書館藏。

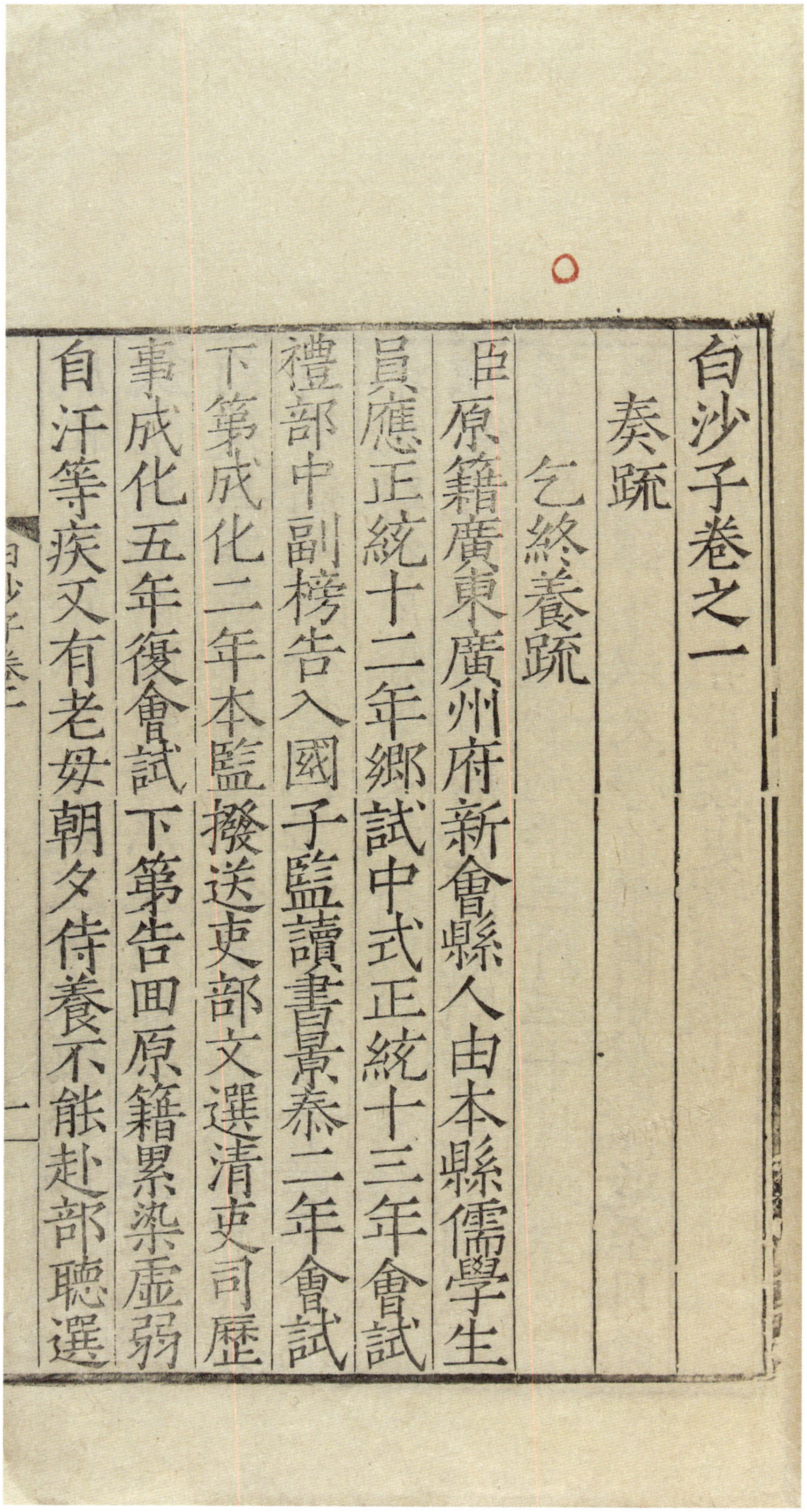

白沙子卷之一

奏疏

乞終養疏

臣原籍廣東廣州府新會縣人由本縣儒學生員應正統十二年鄉試中式正統十三年會試禮部中副榜告入國子監讀書景泰二年會試下第成化二年本監撥送吏部文選清吏司歷事成化五年復會試下第告回原籍累染虛弱自汗等疾又有老母朝夕侍養不能赴部聽選

白沙子卷之一　二

12798 白沙子八卷　（明）陳獻章撰　明嘉靖十二年（1533）卞崍刻本

匡高19.1厘米，廣14.2厘米。半葉九行，行十八字，小字雙行同，白口，左右雙邊。黄裳跋。廣東省博物館藏。

𢦏是故其梓也其弗梓也無加損於白沙子也而以詞焉視茲書者其自病也甚矣棐敢不祗若子之訓若將終身焉於是退而跋諸此以告吾揚同志之士是歲孟冬望日江都卞棐謹跋

此嘉靖江都刻本陳白沙集傳本至稀世間著錄係〻皆萬曆板也余百嘉書藏尚缺三十許種近來舊籍甚稀欲得一書大費周折而書價亦騰貴此六冊書係以天一閣藏嘉靖廣東通志易得者以後者爲殘本也

丁酉二月廿三日黄裳記

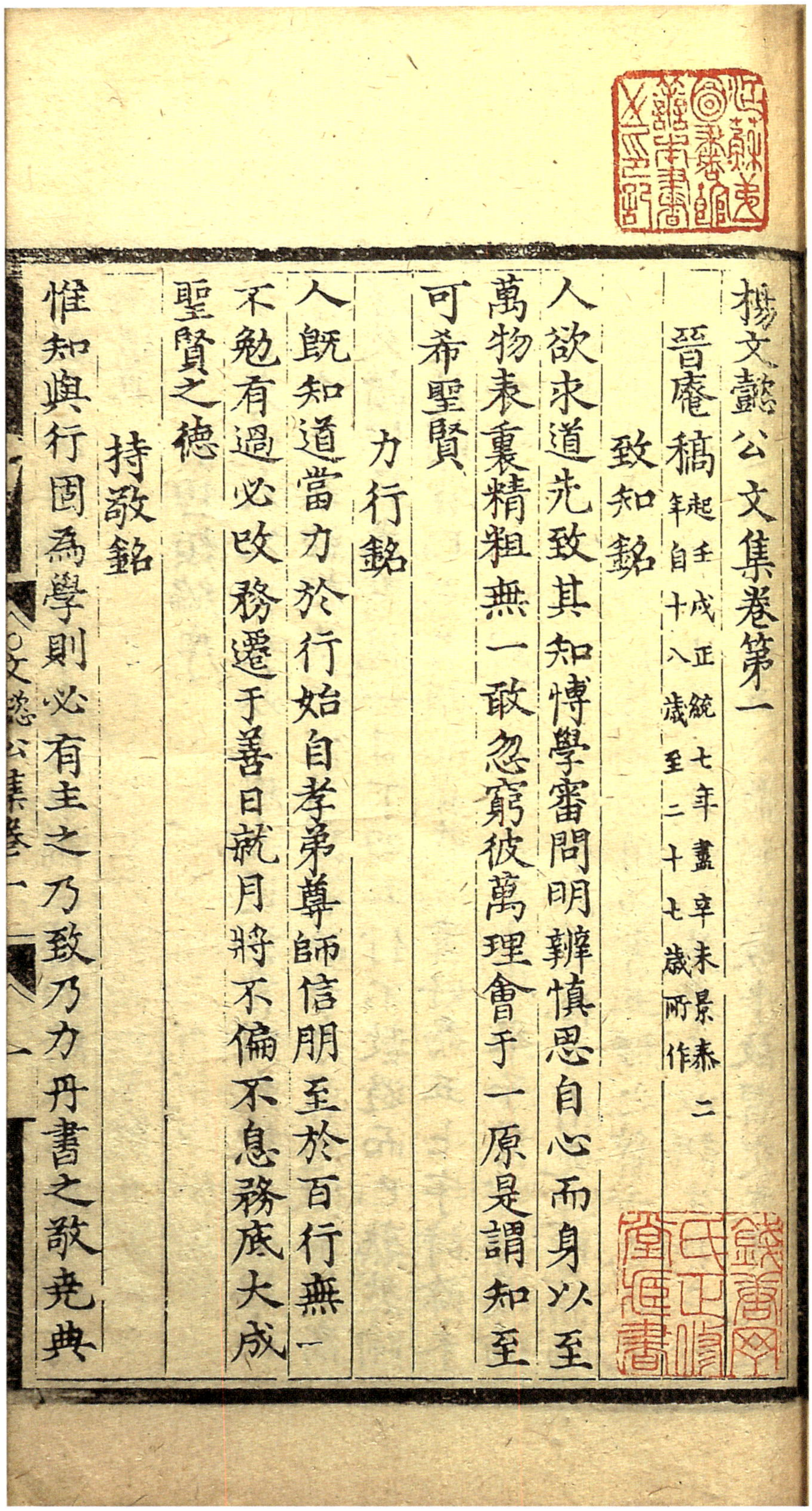

楊文懿公文集卷第一
晋庵稿 起壬戌正統七年盡辛未景泰二年自十八歲至二十七歲所作
致知銘
人欲求道先致其知博學審問明辨慎思自心而身以至萬物表裏精粗無一敢忽窮彼萬理會于一原是謂知至可希聖賢
力行銘
人既知道當力於行始自孝弟尊師信朋至於百行無一不勉有過必改務遷于善日就月將不偏不息務底大成聖賢之德
持敬銘
惟知與行固為學則必有主之乃致乃力丹書之敬堯典

12799 楊文懿公文集三十卷 （明）楊守陳撰 明弘治十二年（1499）楊茂仁刻本

匡高19.5厘米，廣13.6厘米。半葉十二行，行二十二字，小字雙行同，黑口，四周雙邊。有“錢唐丁氏正修堂藏書”等印。丁丙跋。南京圖書館藏。

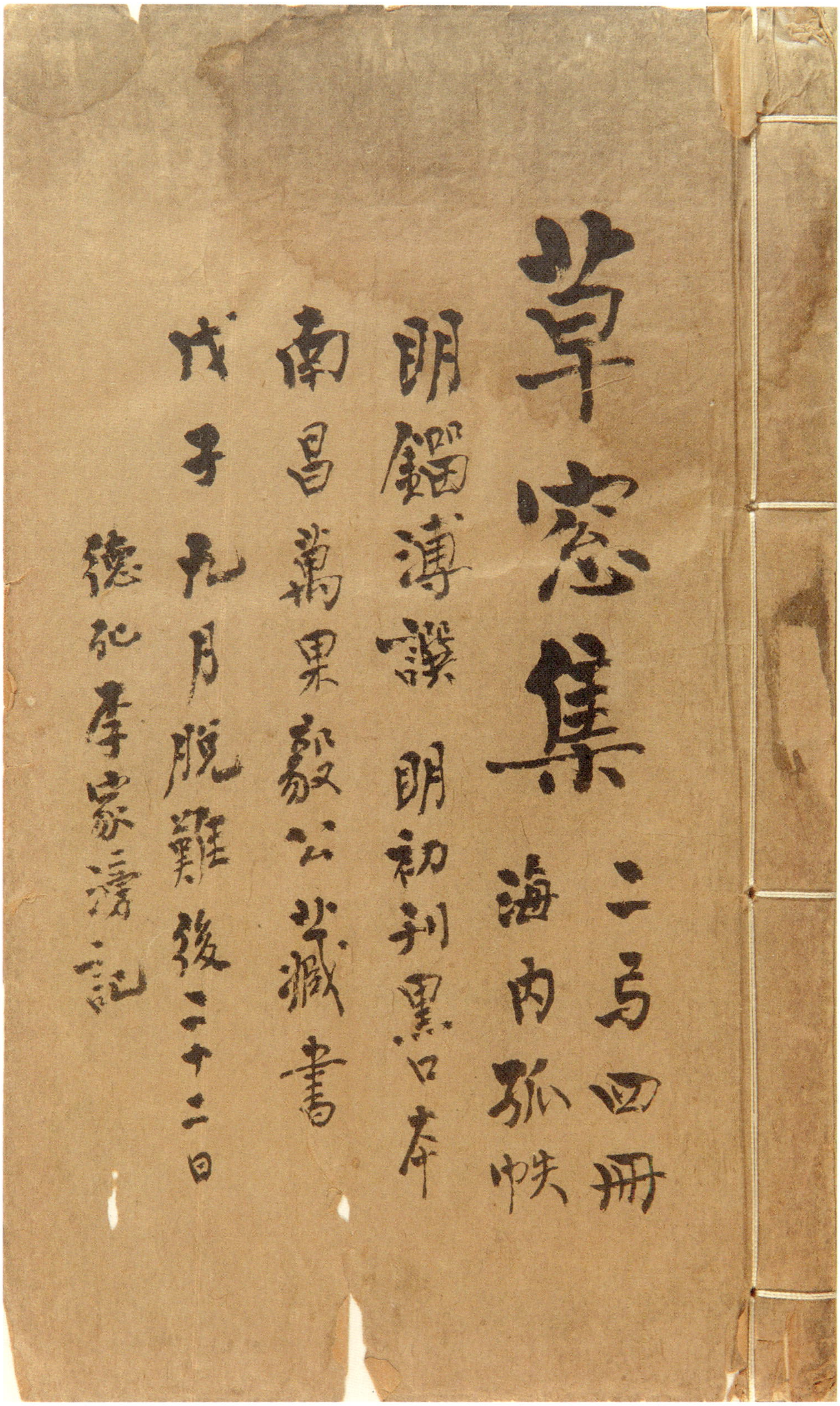

12800 草窓集二卷 （明）劉溥撰　明成化十六年（1480）刻本

匡高21.8厘米，廣13.6厘米。半葉十一行，行二十三字，黑口，四周雙邊。有“李印家滂”“雷波”等印。李滂跋。上海圖書館藏。

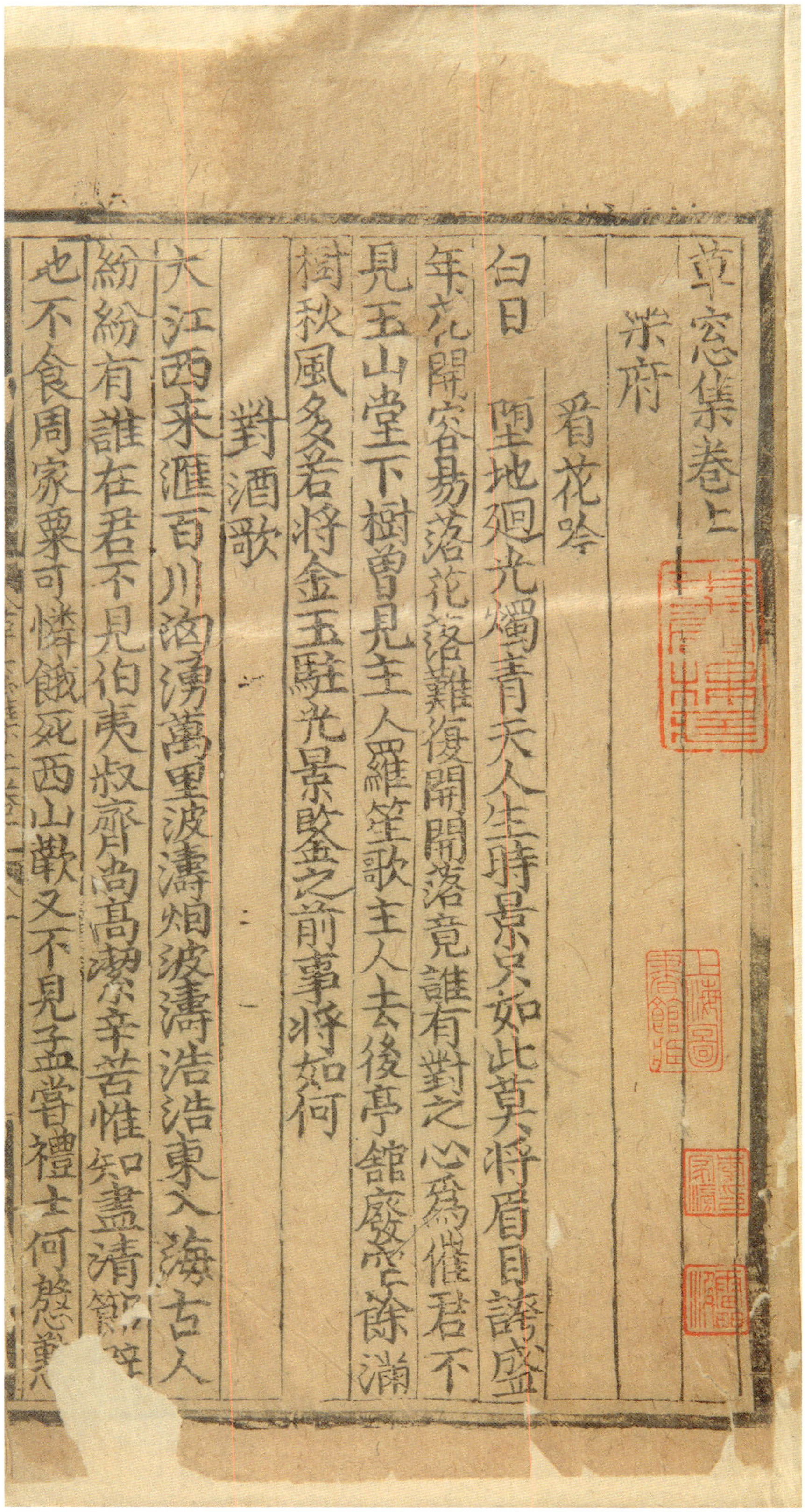

草窓集卷上
樂府
看花吟
白日墮地廻光燭青天人生時景只如此莫將眉目誇盛
年花開容易落花落難復開開落竟誰有對之心爲催君不
見玉山堂下樹曾見主人羅笙歌主人去後亭館廢空餘瀰
樹秋風多着將金玉駐光景監金之前事將如何
對酒歌
大江西來滙百川洶湧萬里波濤怕波濤浩浩東入海古人
紛紛有誰在君不見伯夷叔齊尚高潔辛苦惟知盡清節寧
也不食周家粟可憐餓死西山歎又不見孟嘗禮士何慇懃

12800 草窓集二卷

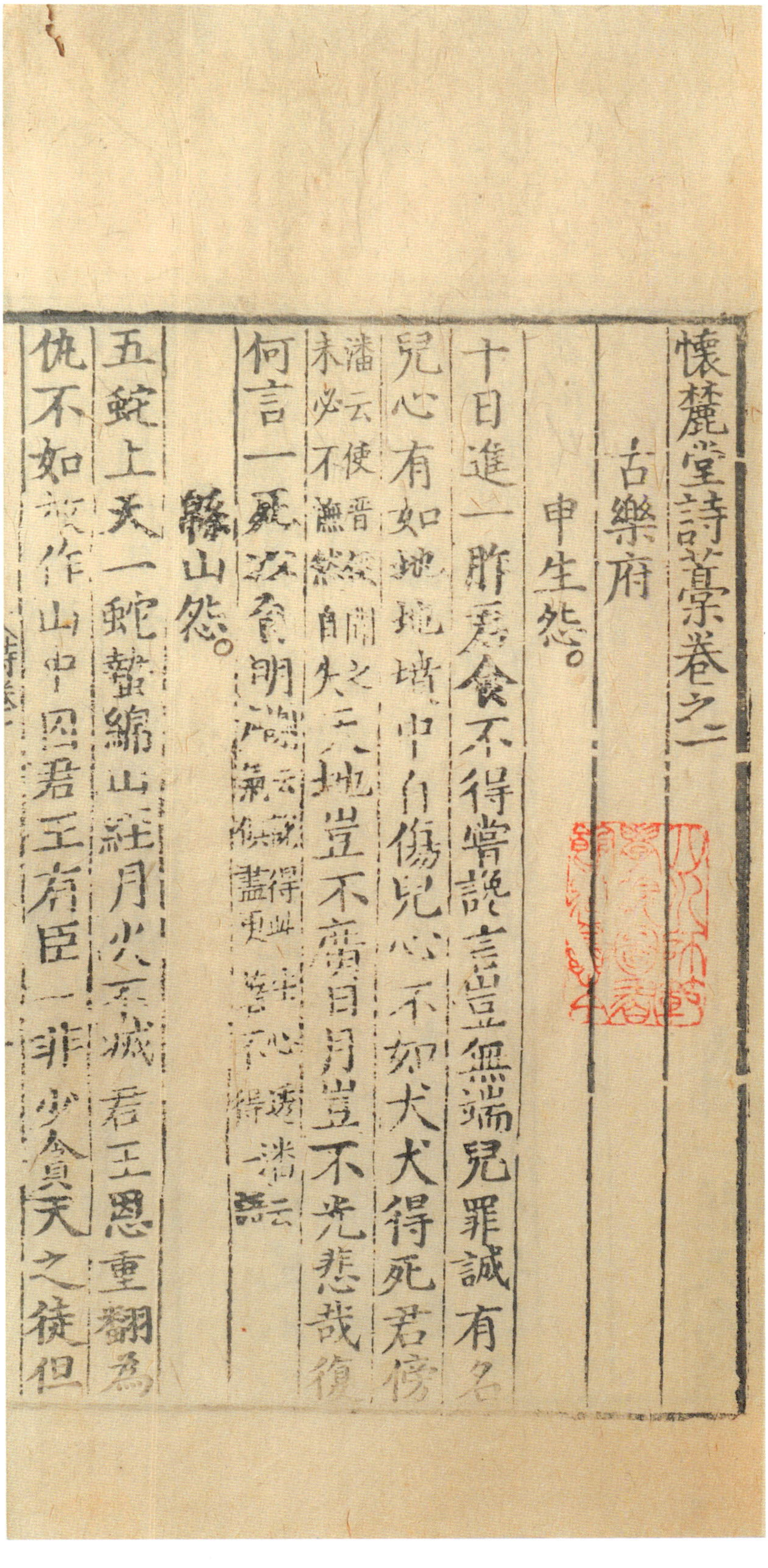

12801 懷麓堂詩藁二十卷文藁三十卷詩後藁十卷南行藁一卷北上録一卷　（明）李東陽撰　明正德十一年（1516）熊桂刻本

匡高18.8厘米，廣13厘米。半葉十行，行二十字，白口，四周單邊。四川師範大學圖書館藏。

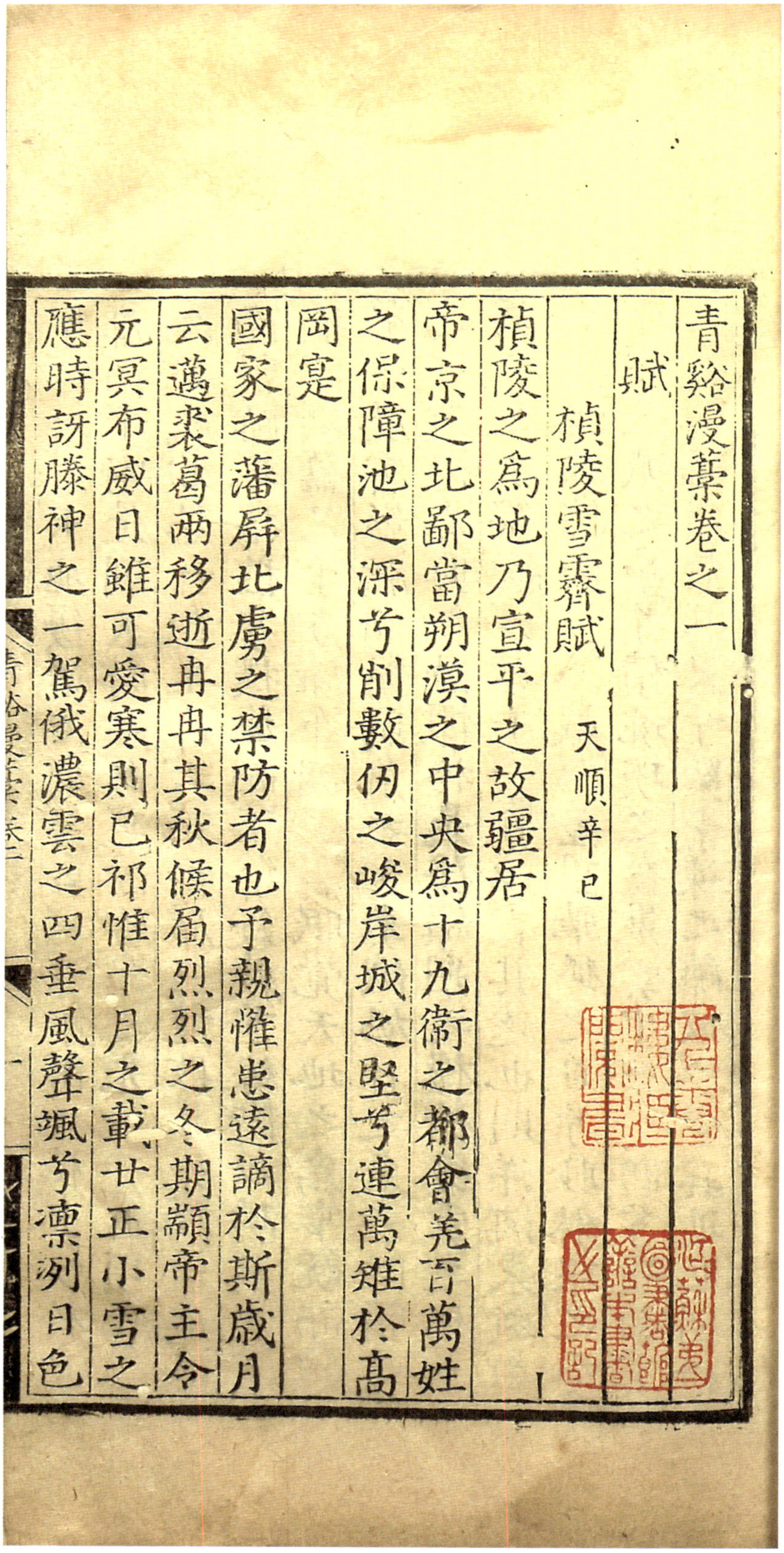

青谿漫藳卷之一

賦

楨陵雪霽賦　天順辛巳

楨陵之爲地乃宣平之故疆居
帝京之北鄙當朔漠之中央爲十九衛之都會羌百萬姓
之保障池之深兮削數仞之峻岸城之堅兮連萬雉於高
岡寔
國家之藩屏北虜之禁防者也予親惟忠遠謫於斯歲月
云邁裘葛兩移逝冉冉其秋候届烈烈之冬期巔帝主令
元冥布威日雖可愛寒則已祁惟十月之載廿正小雪之
應時訝滕神之一駕俄濃雲之四垂風聲颯兮凜冽日色

12802 青谿漫藳二十四卷　（明）倪岳撰　明正德九年（1514）熊桂刻本

匡高19.2厘米，廣12.9厘米。半葉十一行，行二十二字，小字雙行同，黑口，四周雙邊。丁丙跋。南京圖書館藏。

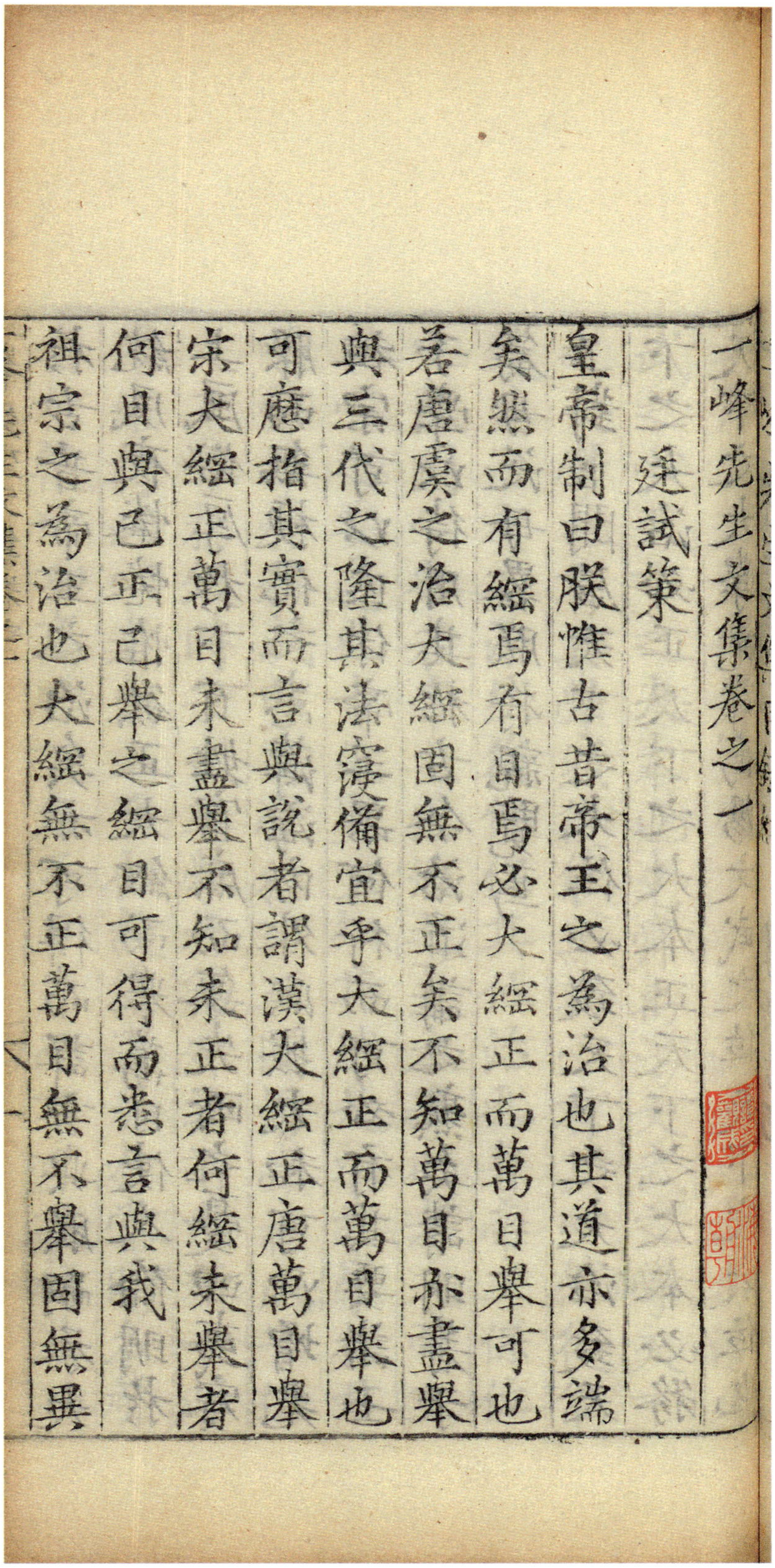

一峰先生文集卷之一
廷試策
皇帝制曰朕惟古昔帝王之爲治也其道亦多端
矣然而有經焉有目焉必大經正而萬目舉可也
若唐虞之治大經固無不正矣不知萬目亦盡舉
與三代之隆其法寖備宜乎大經正而萬目舉也
可歷指其實而言與說者謂漢大經正唐萬目舉
宋大經正萬目未盡舉不知未正者何經未舉者
何目與已正已舉之經目可得而悉言與我
祖宗之爲治也大經無不正萬目無不舉固無異

12803 一峰先生文集十四卷 （明）羅倫撰　明嘉靖二十八年（1549）張言刻本

包背裝。匡高19.3厘米，廣13.7厘米。半葉十行，行十九字，白口，四周單邊。有“譚印觀成”等印。廣東省博物館藏。

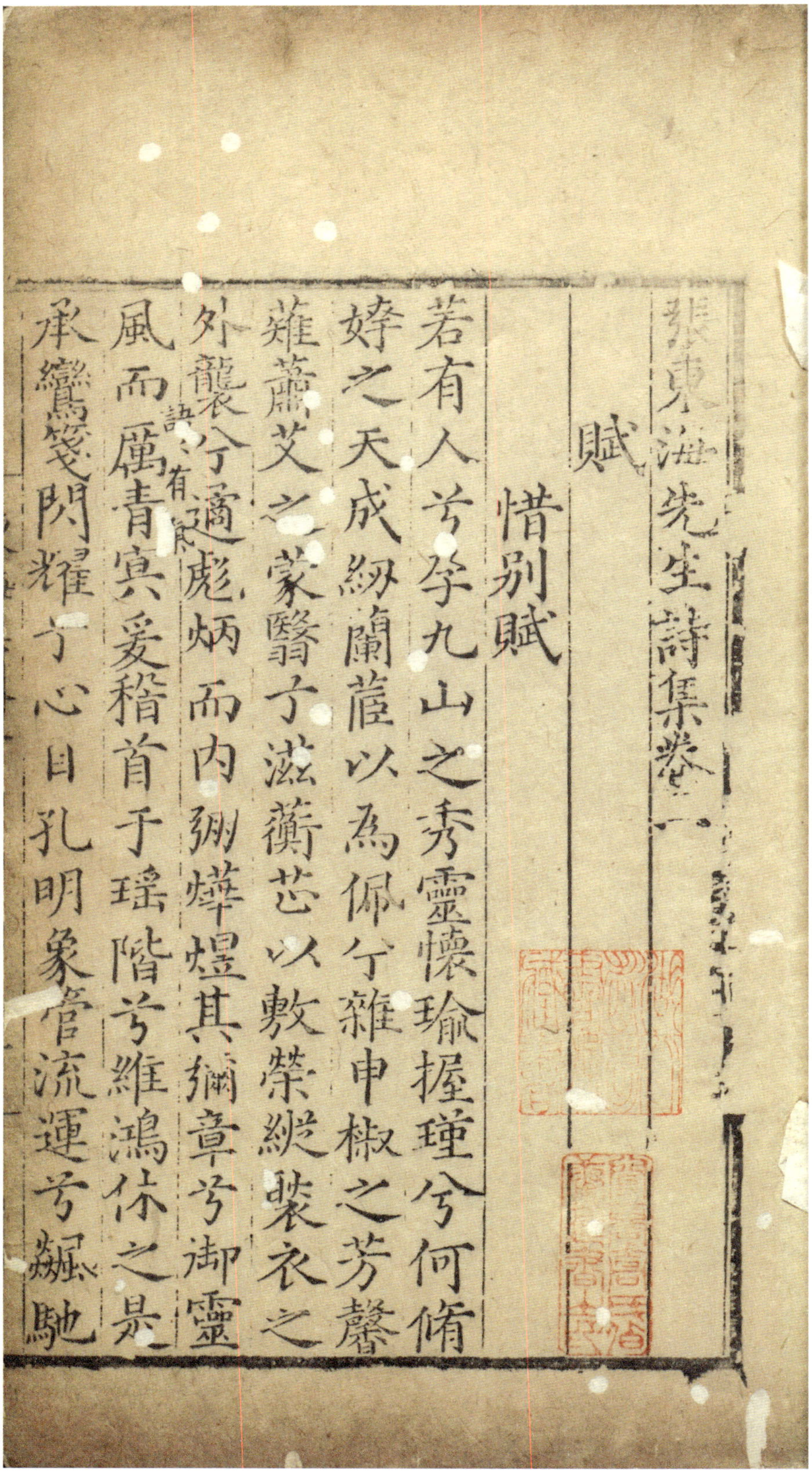
張東海先生詩集卷一
賦
惜別賦
若有人兮孚九山之秀靈懷瑜握瑾兮何脩
娉之天成紉蘭蕙以為佩兮雜申椒之芳馨
雜蕭艾之蒙翳兮滋蘅芷以敷榮縱裝衣之
外襲兮詩云有衣適彪炳而內彌燁煌其黼章兮御靈
風而厲青冥爰稽首于瑤階兮維鴻休之是
承鸞箋閃耀兮心目孔明象管流運兮[illegible]馳

12804 張東海先生詩集四卷文集五卷 （明）張弼撰 明正德十三年（1518）張弘至刻本

匡高18.7厘米，廣13厘米。半葉九行，行十七字，白口，左右雙邊。湖北省圖書館藏。

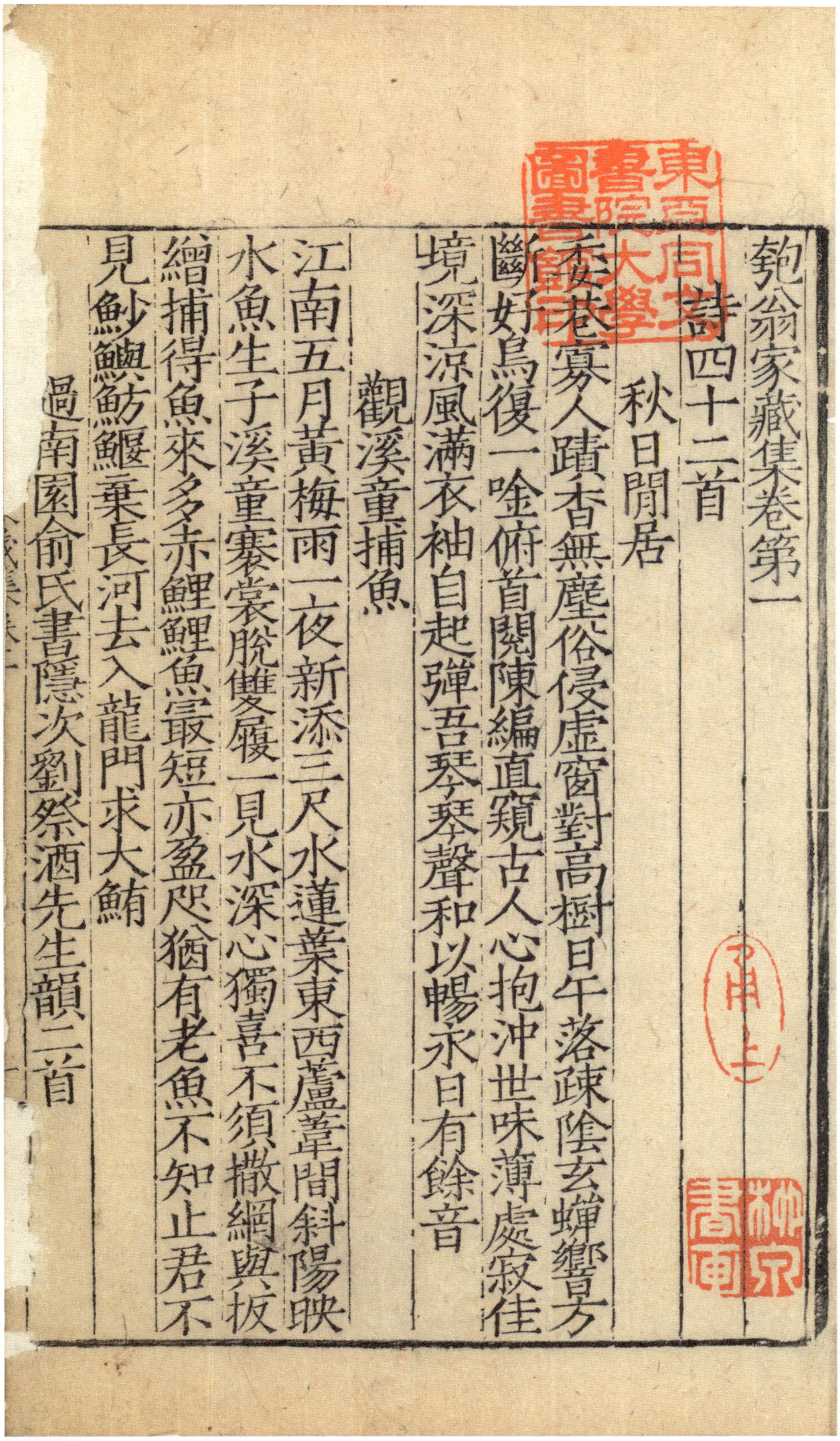

匏翁家藏集卷第一

詩四十二首

秋日閒居

委巷寡人蹟杳無塵俗侵虛窗對高樹日午落疎陰玄蟬響方斷好鳥復一唫俯首閱陳編直窺古人心抱沖世味薄處寂佳境深涼風滿衣袖自起彈吾琴琴聲和以暢永日有餘音

觀溪童捕魚

江南五月黃梅雨一夜新添三尺水蓮葉東西蘆葦間斜陽映水魚生子溪童褰裳脫雙履一見水深心獨喜不須撒網與扳罾捕得魚來多赤鯉鯉魚最短亦盈咫猶有老魚不知止君不見鯊鱮魴鰋棄長河去入龍門求大鮪

過南園俞氏書隱次劉祭酒先生韻二首

12805 匏翁家藏集七十七卷補遺一卷　（明）吴寬撰　明正德三年（1508）吴奭刻本

匡高19.2厘米，廣14.7厘米。半葉十二行，行二十四字，白口，左右雙邊。有“柳泉書画”等印。徐時棟跋。南京圖書館藏。

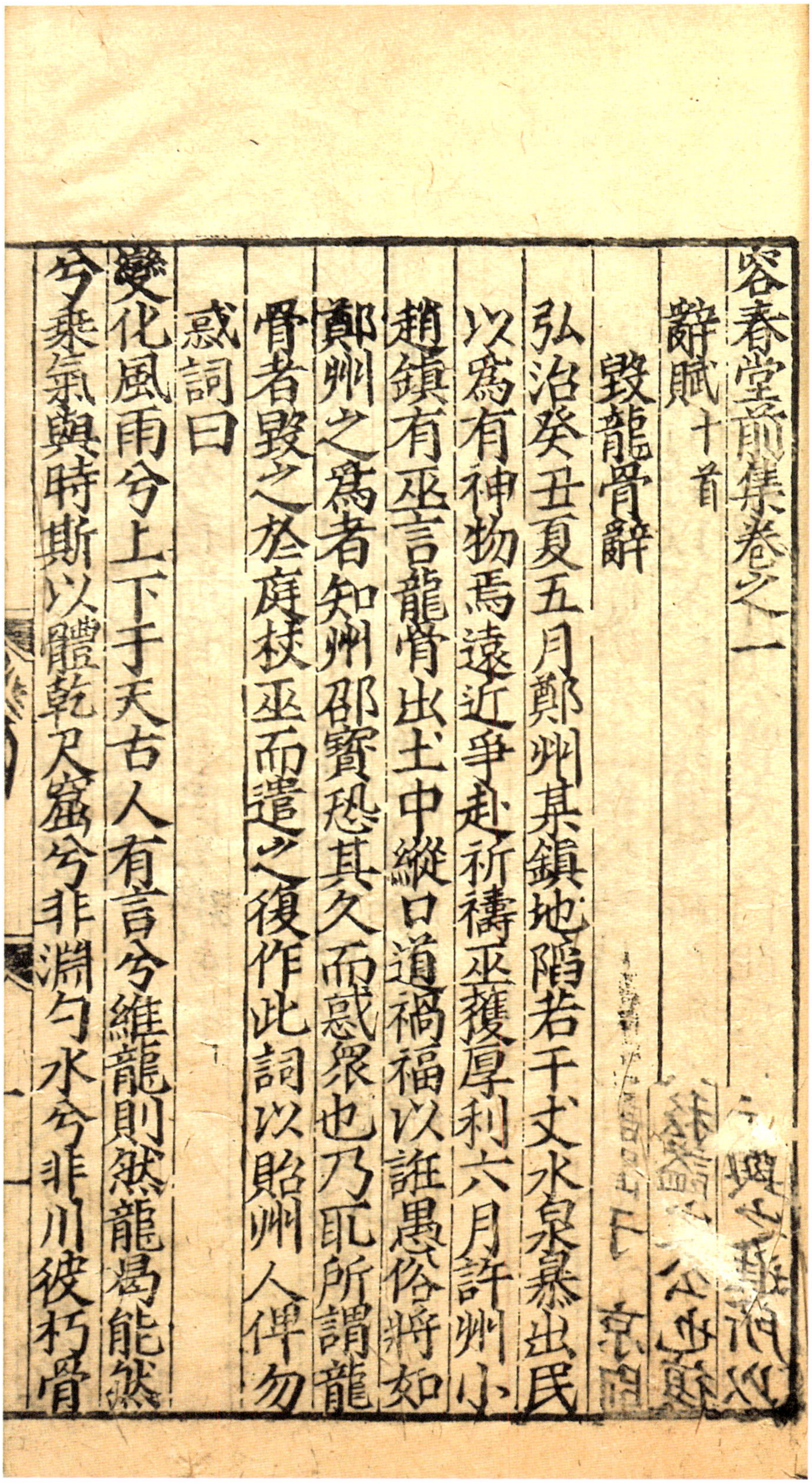

容春堂前集卷之一

辭賦十首

毀龍骨辭

弘治癸丑夏五月鄭州其鎮地陷若干丈水泉暴出民以為有神物焉遠近爭赴祈禱巫獲厚利六月許州小趙鎮有巫言龍骨出土中縱口道禍福以誑愚俗將如鄭州之為者知州邵寶恐其久而惑衆也乃取所謂龍骨者毀之於庭杖巫而遣之復作此詞以貽州人俾勿惑詞曰

變化風雨兮上下于天古人有言兮維龍則然龍曷能然兮乘氣與時斯以體乾又蟄兮非淵勺水兮非川彼朽骨

12806 容春堂集六十六卷　（明）邵寶撰　明嘉靖十三年（1534）慎獨齋刻本

匡高18.1厘米，廣12.3厘米。半葉十一行，行二十二字，小字雙行同，細黑口，四周單邊。有"嘉靖甲午歲慎獨齋刊行"牌記。丁丙跋。南京圖書館藏。

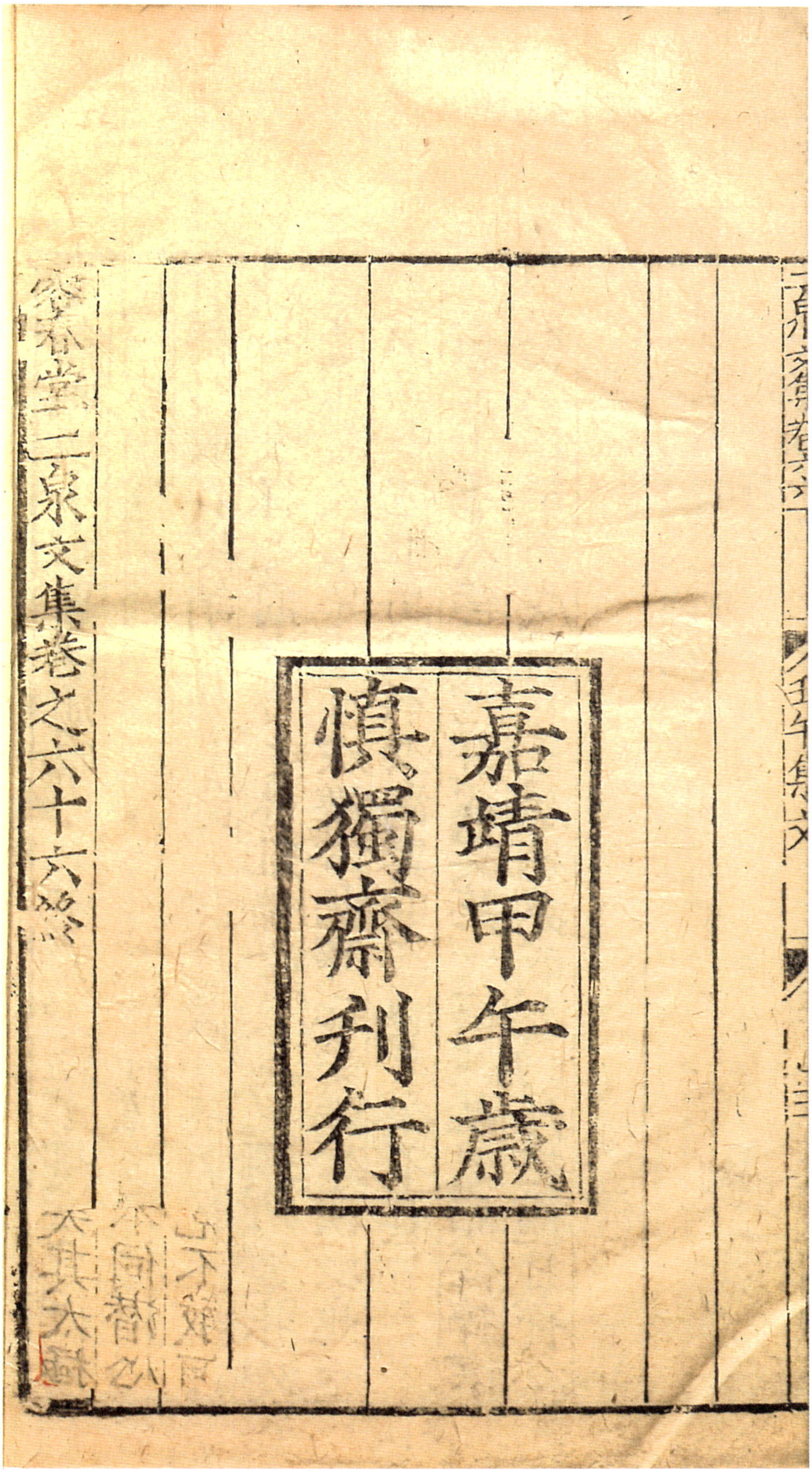
容春堂二泉文集卷之六十六終

嘉靖甲午歲
慎獨齋刊行

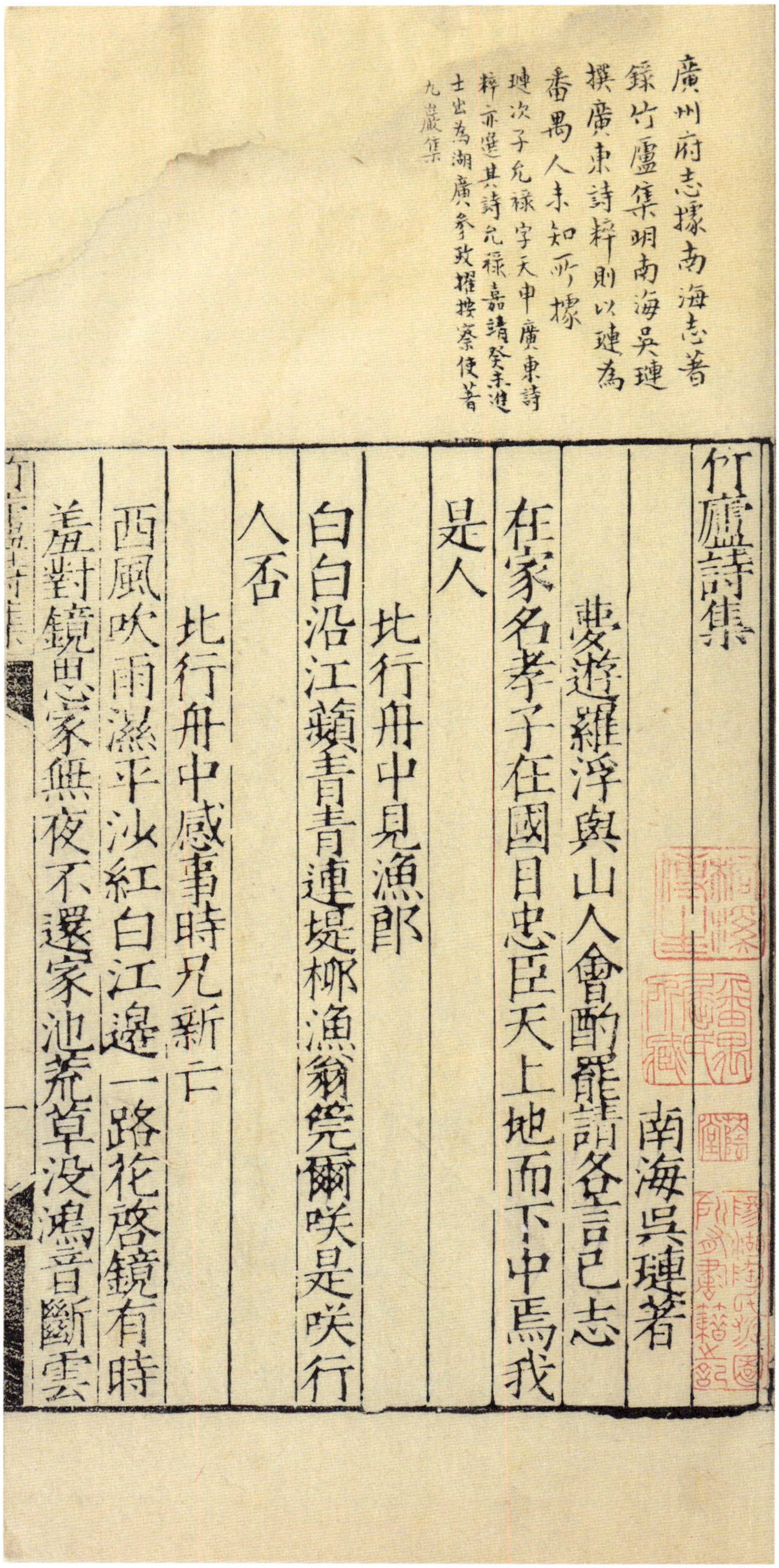

12807 竹廬詩集一卷　（明）吴璉撰　明嘉靖刻本

匡高18.2厘米，廣14.6厘米。半葉十一行，行十九字，下黑口，左右雙邊。有“陽湖陶氏涉園所有書籍之記”“番禺屈氏所藏”“蔭堂”等印。屈向邦跋。香港中文大學圖書館藏。

此是嘉靖本之精雋者況爲嶔高人著作保存完好尤可寶愛

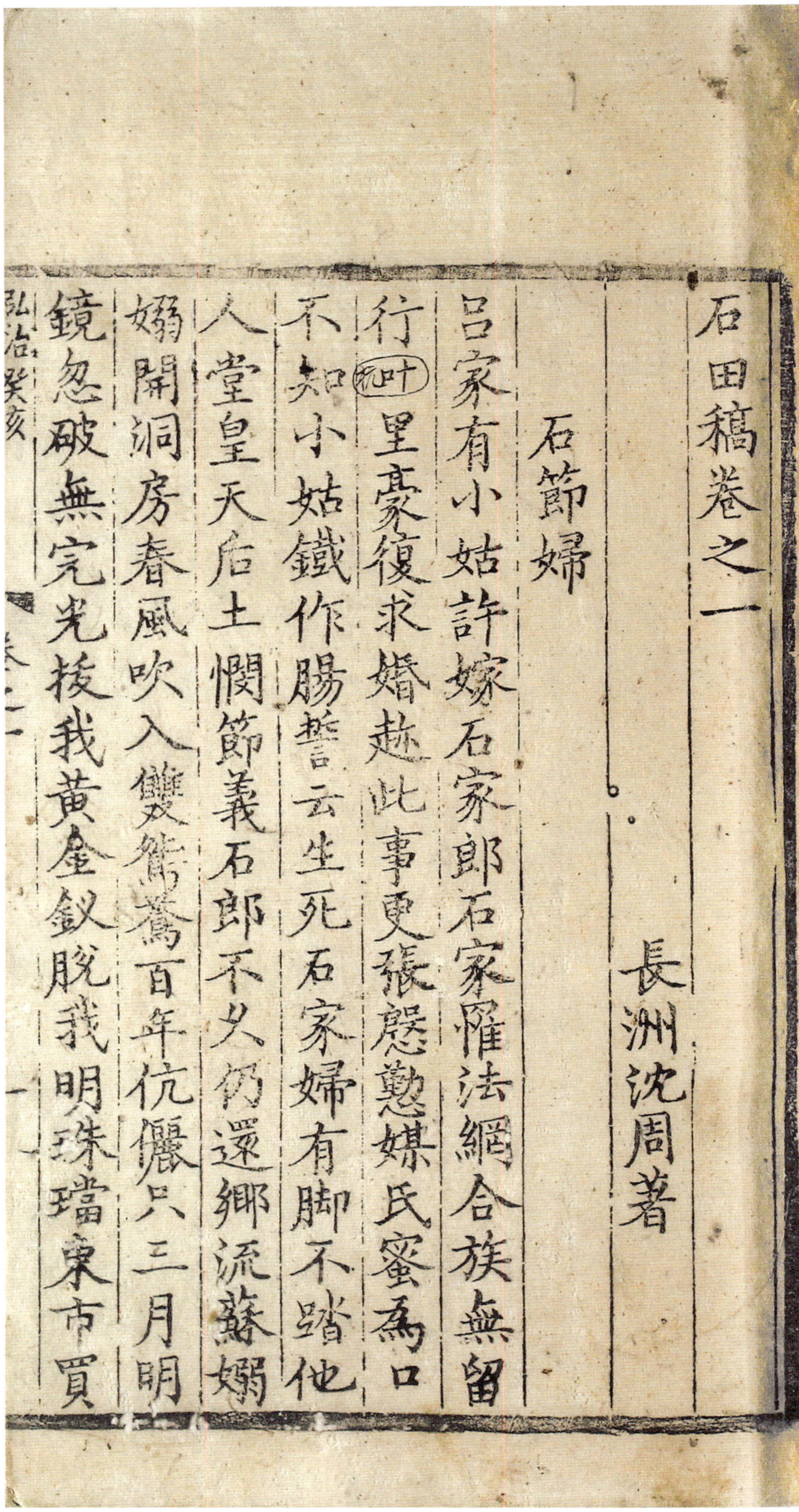

石田稿卷之一

長洲沈周著

石節婦

呂家有小姑許嫁石家郎石家罹法網合族無留行里豪復求婚趣此事更張慇懃媒氏蜜為口不知小姑鐵作腸誓云生死石家婦有脚不蹹他人堂皇天后土憫節義石郎不久仍還鄉流蘇嫋嫋開洞房春風吹入雙鴛鴦百年伉儷只三月明鏡忽破無完光接我黃金釵脫我明珠璫東市買

弘治癸亥

12808 石田稿三卷 （明）沈周撰　明弘治十六年（1503）黄淮集義堂刻本

匡高20.9厘米，廣14.3厘米。半葉九行，行十九字，白口，左右雙邊。有“弘治癸亥歲夏六月嘉定庠生黄淮刊行”牌記。浙江省嵊州市圖書館藏。

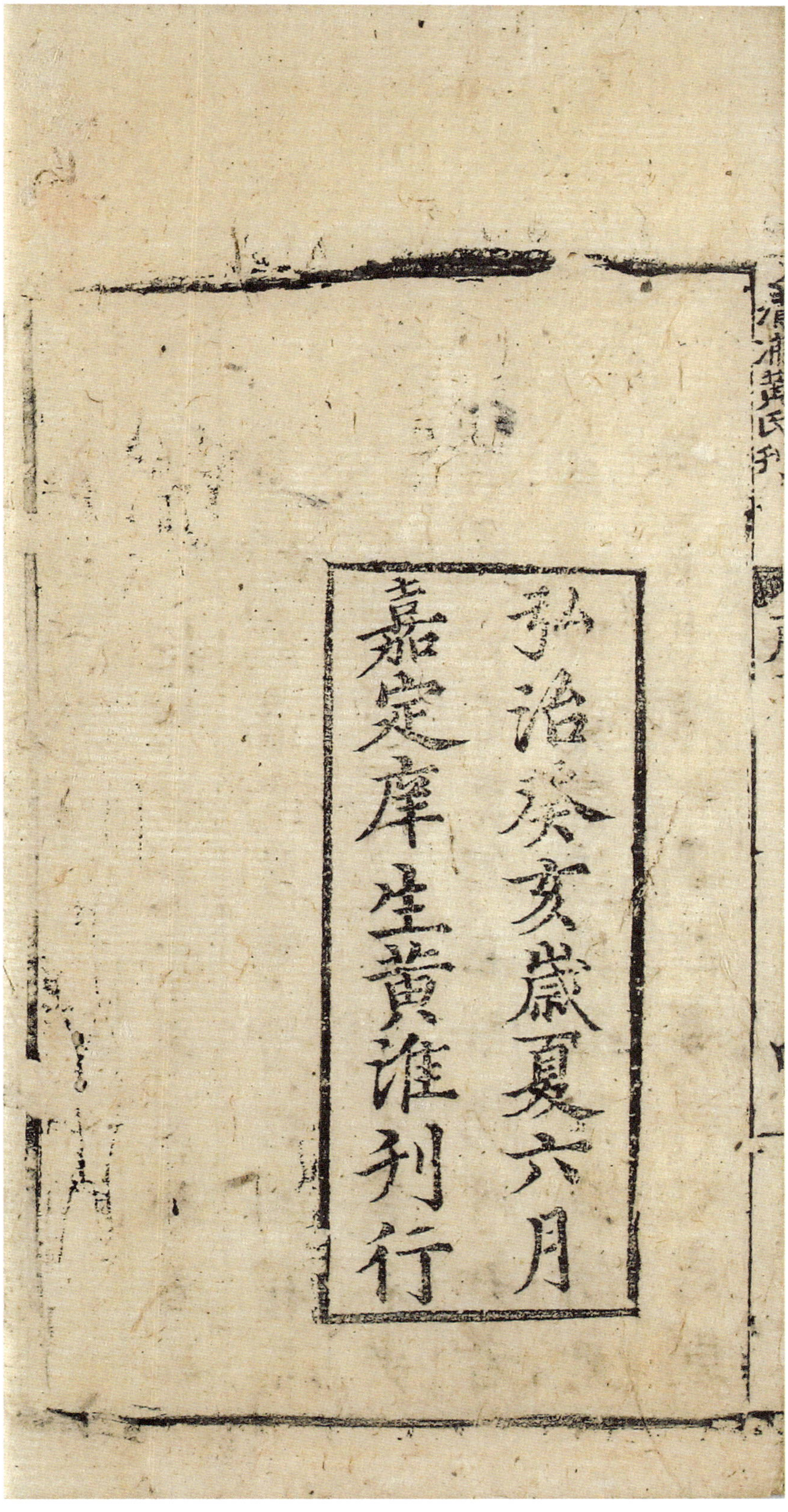
弘治癸亥歲夏六月
嘉定庠生黃淮刊行

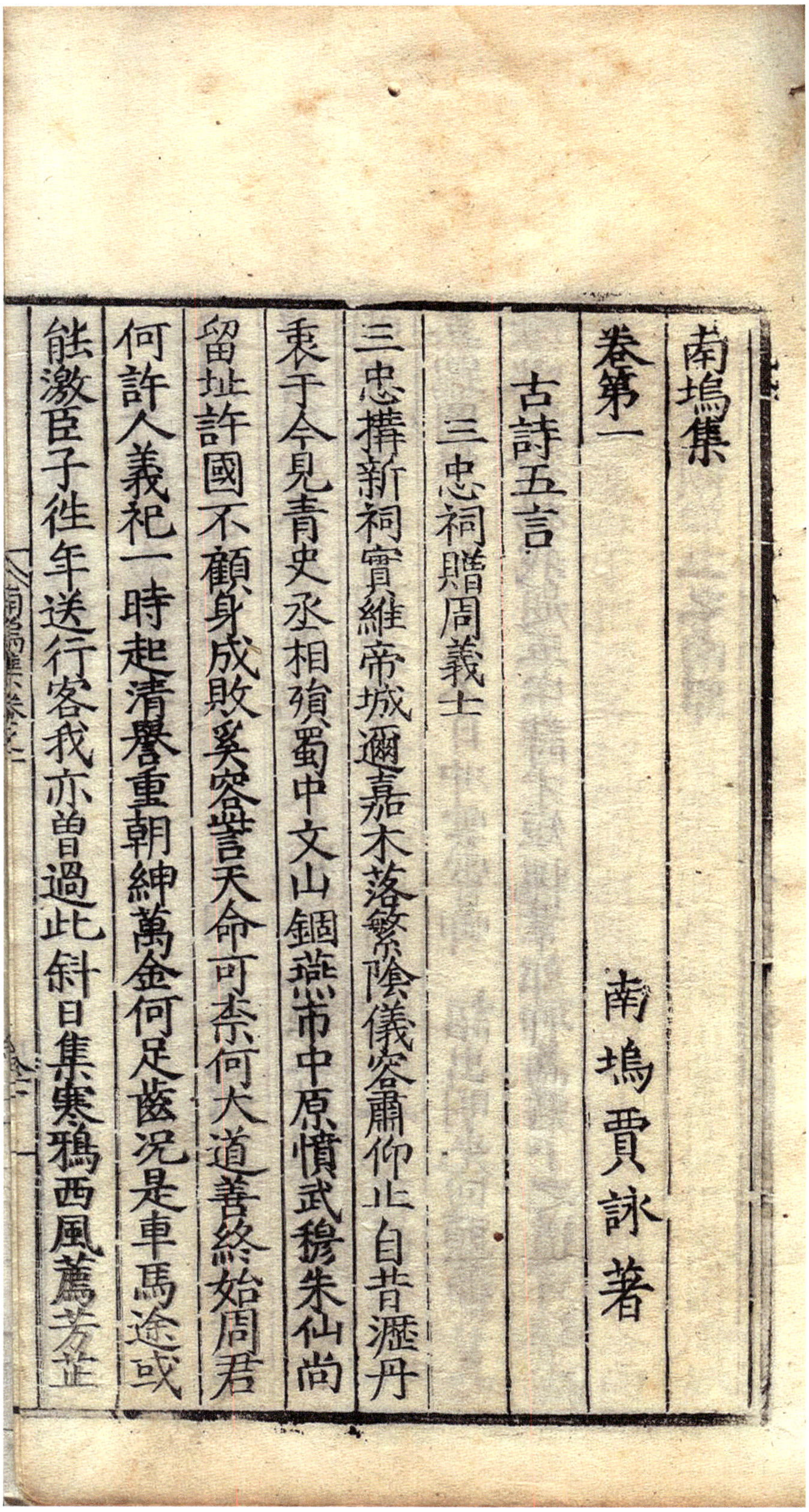

12809 南塢集詩八卷文十卷　（明）賈詠撰　明嘉靖二十一年（1542）刻本

匡高20.4厘米，廣13.5厘米。半葉九行，行二十四字，白口，左右雙邊。許昌市圖書館藏。

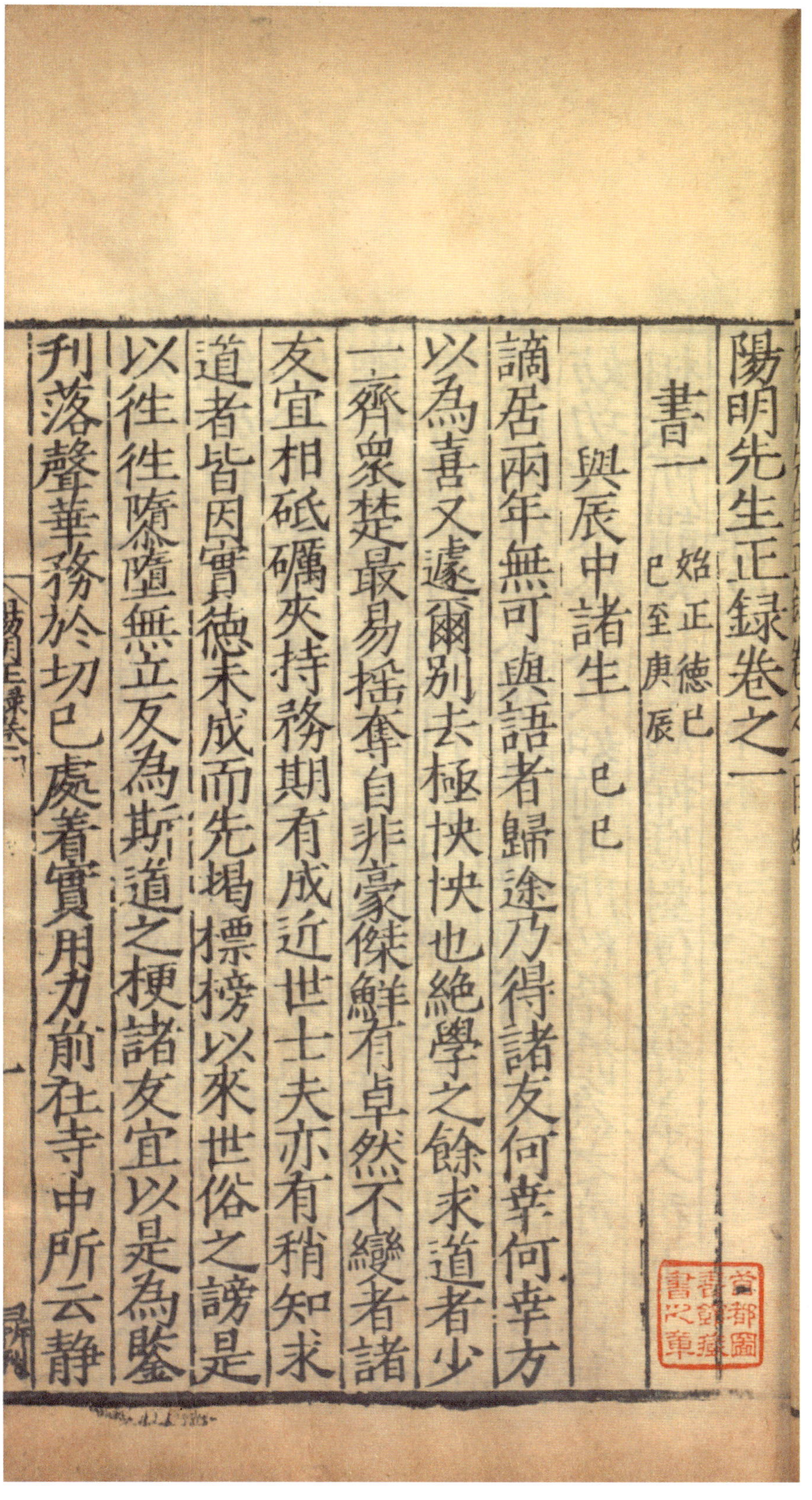

陽明先生正録卷之一

書一　始正德己巳至庚辰

與辰中諸生　己巳

謫居兩年無可與語者歸途乃得諸友何幸何幸方以為喜又遽爾別去極怏怏也絕學之餘求道者少一齊衆楚最易摇奪自非豪傑鮮有卓然不變者諸友宜相砥礪夾持務期有成近世士夫亦有稍知求道者皆因實德未成而先揭標榜以來世俗之謗是以往往隳墮無立反為斯道之梗諸友宜以是為鑒刊落聲華務於切己處着實用力前在寺中所云静

陽明正録卷一　一

12810 陽明先生正録五卷外録九卷別録十四卷　（明）王守仁撰　明嘉靖三十五年（1556）董聰刻本

匡高20.1厘米，廣14.6厘米。半葉十行，行二十字，白口，四周單邊。首都圖書館藏。

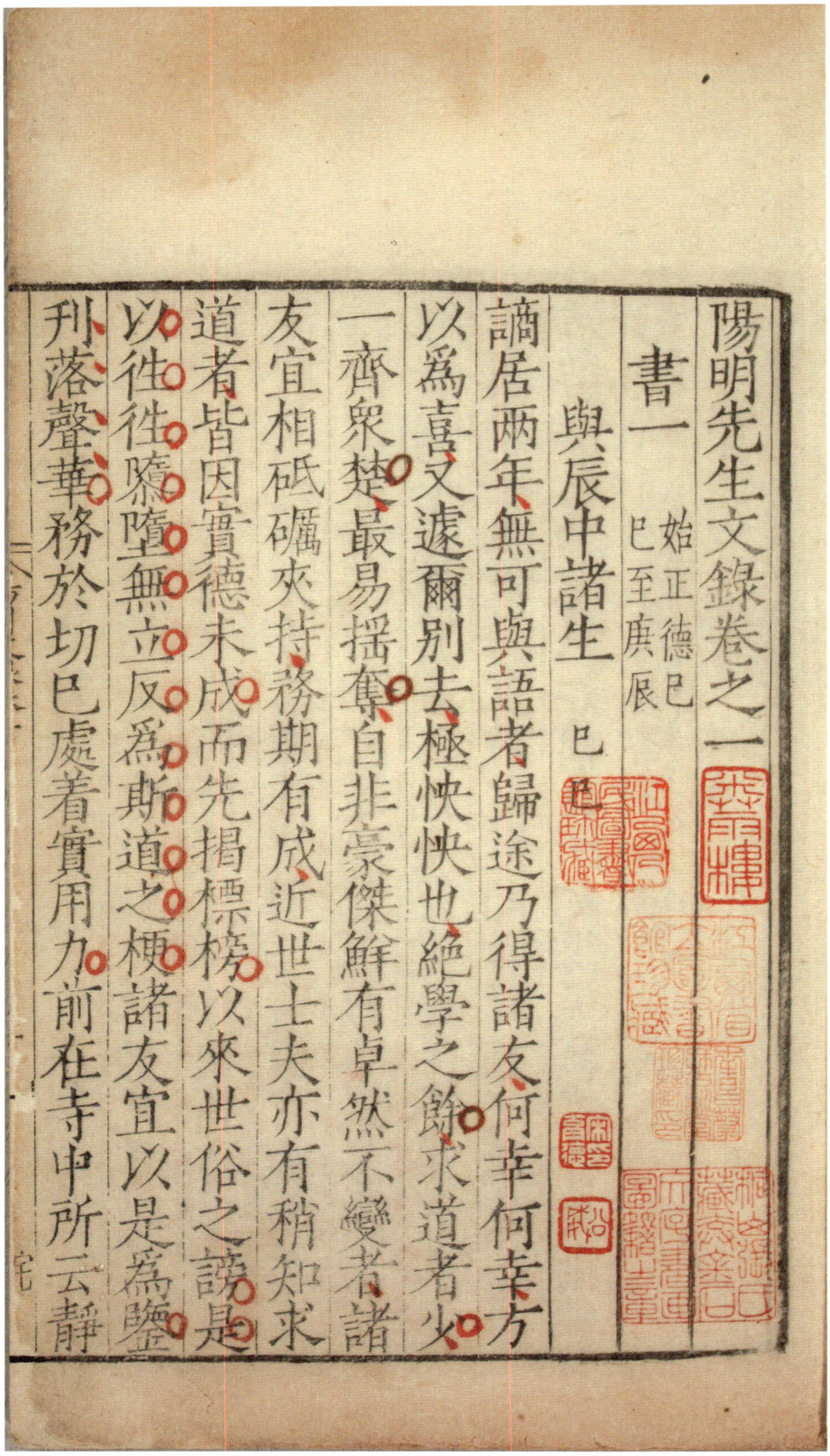

陽明先生文録卷之一
書一 始正德己巳至庚辰
與辰中諸生 己巳
謫居兩年無可與語者歸途乃得諸友何幸何幸方以爲喜又遽爾别去極怏怏也絶學之餘求道者少一齊衆楚最易摇奪自非豪傑鮮有卓然不變者諸友宜相砥礪夾持務期有成近世士夫亦有稍知求道者皆因實德未成而先揭標榜以來世俗之謗是以往往隳墮無立反爲斯道之梗諸友宜以是爲鑒刊落聲華務於切己處着實用力前在寺中所云静

12811 陽明先生文録五卷外集九卷别録十四卷 （明）王守仁撰　明嘉靖十二年（1533）刻本

匡高20.2厘米，廣14.8厘米。半葉十行，行二十字，小字雙行同，白口，左右雙邊。有“桐山張氏藏弆金石文字書画圖籍之章”“南昌蔡氏古訓堂珍藏印”“宋印育德”“卷雨樓”等印。江西省圖書館藏。

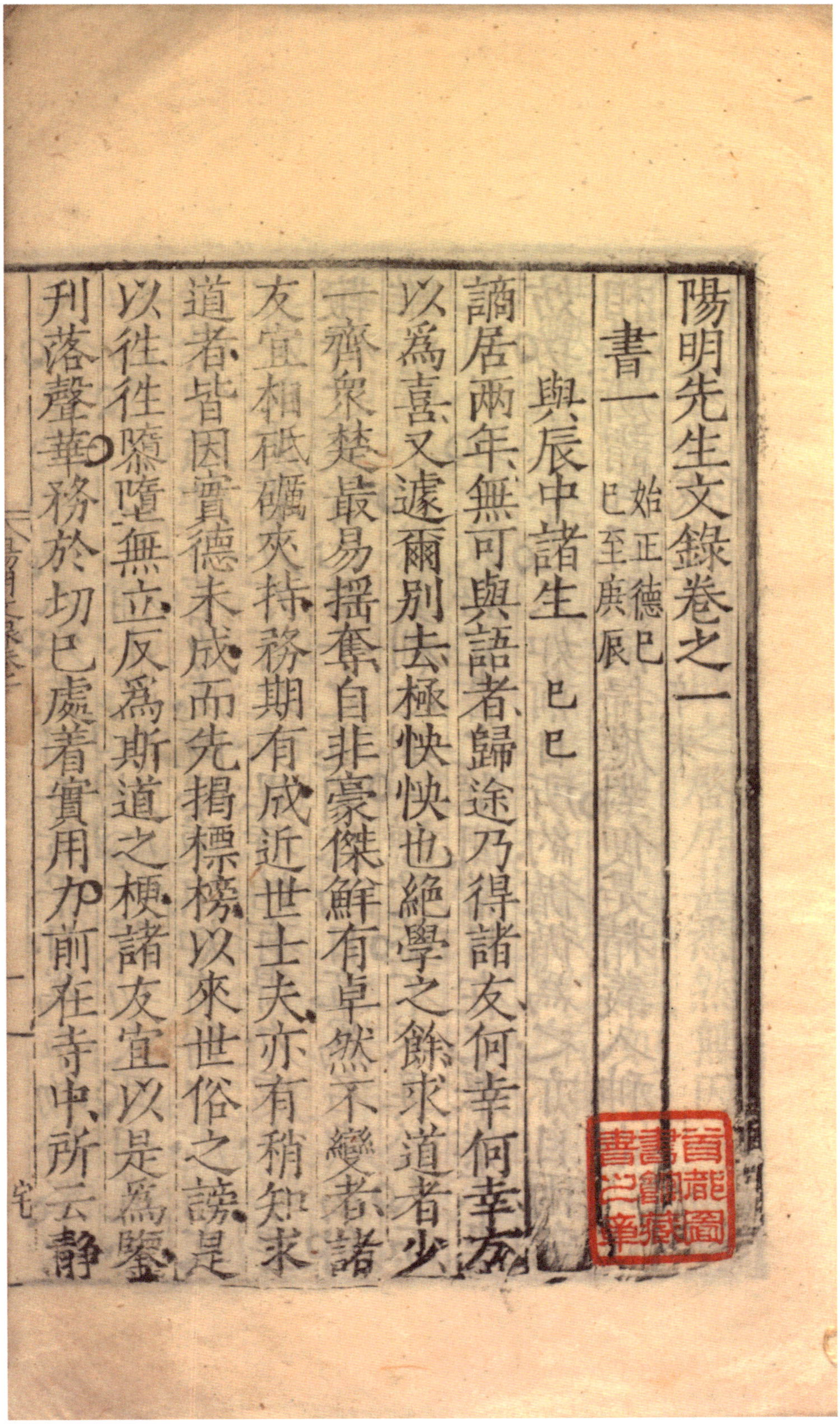
陽明先生文錄卷之一
書一 始正德己巳至庚辰
與辰中諸生 己巳
謫居兩年無可與語者歸途乃得諸友何幸何幸方
以爲喜又遽爾别去極怏怏也絕學之餘求道者少
一齊衆楚最易摇奪自非豪傑鮮有卓然不變者諸
友宜相砥礪夾持務期有成近世士夫亦有稍知求
道者皆因實德未成而先揭標榜以來世俗之謗是
以往往隳墮無立反爲斯道之梗諸友宜以是爲鑒
刊落聲華務於切己處着實用力前在寺中所云靜

12812 陽明先生文錄十七卷 （明）王守仁撰 **語錄三卷** （明）徐愛輯

明嘉靖二十六年（1547）范慶刻本

匡高20厘米，廣15厘米。半葉十行，行二十字，白口，左右雙邊。首都圖書館藏。

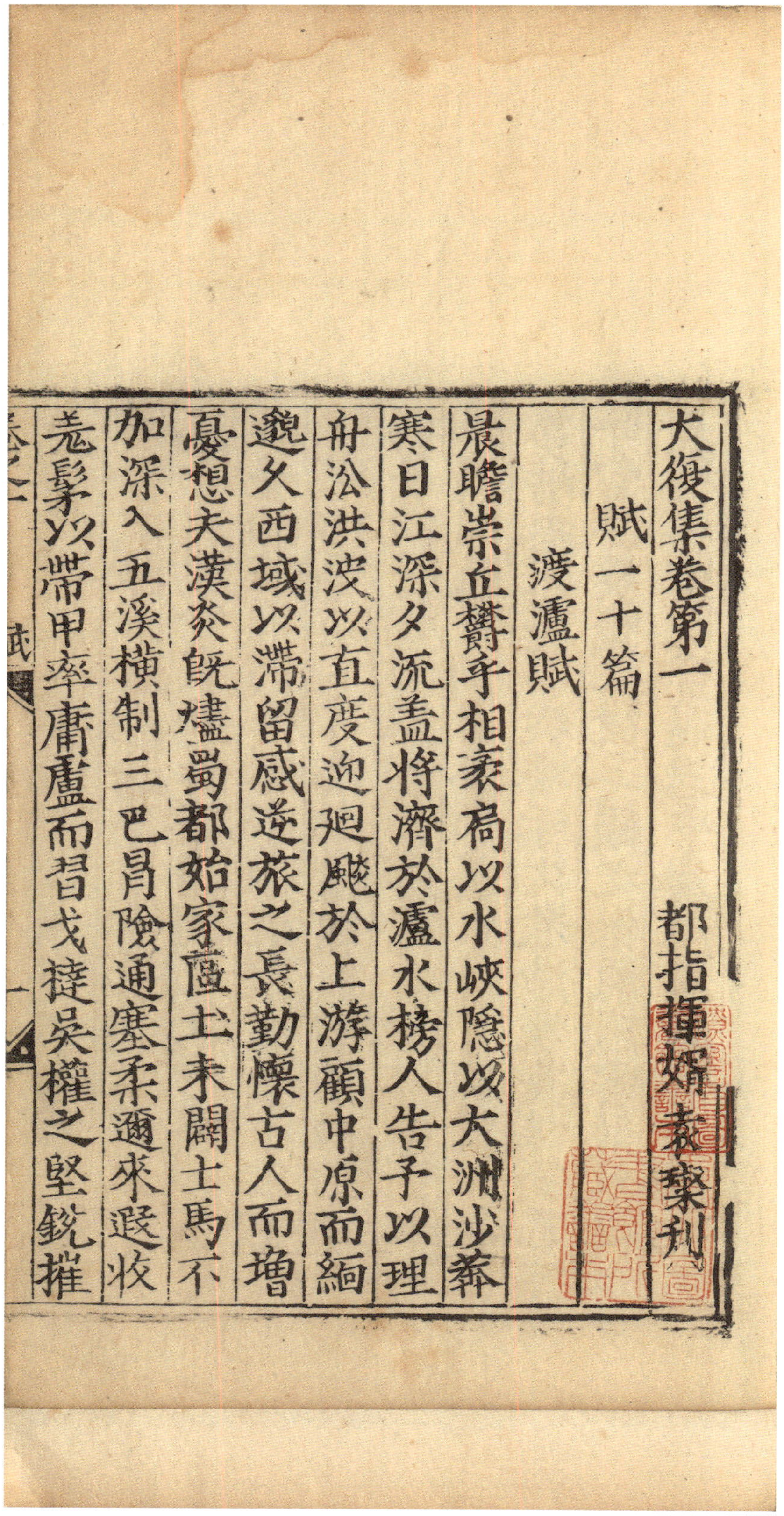
大復集卷第一　　都指揮壻袁𥻆刊
賦一十篇
渡瀘賦
晨瞻崇丘欝乎相袤髙以水峽隱以大洲沙夆
寒日江深夕流盍將濟於瀘水榜人告予以理
舟沿洪波以直度迎廻飈於上游顧中原而緬
邈久西域以滯留感逆旅之長勤懷古人而增
憂想夫漢炎既燼蜀都始家區土未闢士馬不
加深入五溪横制三巴昌險通塞柔邇來遐收
羗髳以帶甲率賨盧而習戈挺吳權之堅銳摧

12813、12814 大復集三十七卷　（明）何景明撰　明嘉靖三十四年（1555）袁𥻆刻本

匡高16.6厘米，廣13.4厘米。半葉十行，行十八字，白口，四周雙邊。中共北京市委圖書館藏，有“東井”“臣定文印”“曾在潛樓”等印；遼寧省圖書館藏。

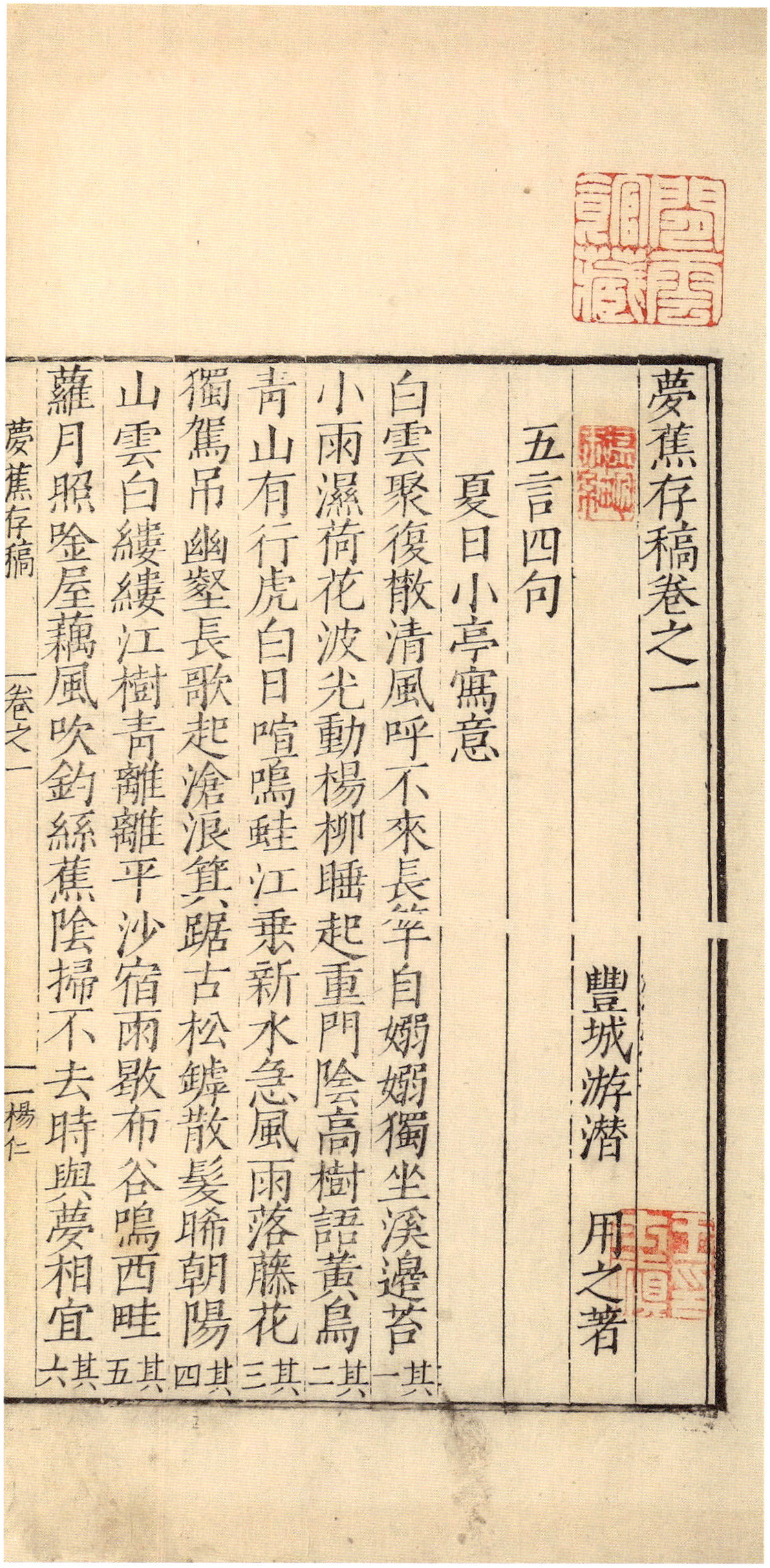
夢蕉存稿卷之一

豐城游潛　用之著

五言四句

夏日小亭寓意

白雲聚復散清風呼不來長竿自嫋嫋獨坐溪邊苔其一

小雨濕荷花波光動楊柳曬起重門陰高樹語黃鳥其二

青山有行虎白日喧鳴蛙江乘新水急風雨落藤花其三

獨駕吊幽壑長歌起滄浪箕踞古松罅散髮睎朝陽其四

山雲白縷縷江樹青離離平沙宿雨歇布谷鳴西畦其五

蘿月照墬屋藕風吹釣絲蕉陰掃不去時與夢相宜其六

夢蕉存稿　卷之一　一　楊仁

12815 夢蕉存稿四卷　（明）游潛撰　明嘉靖二十七年（1548）豐城游氏刻本

匡高18.6厘米，廣12.9厘米。半葉十行，行二十一字，小字雙行同，白口或細黑口，左右雙邊。有“王印士禛”“全氏珍藏”“閒雲館藏”等印。江西省圖書館藏。

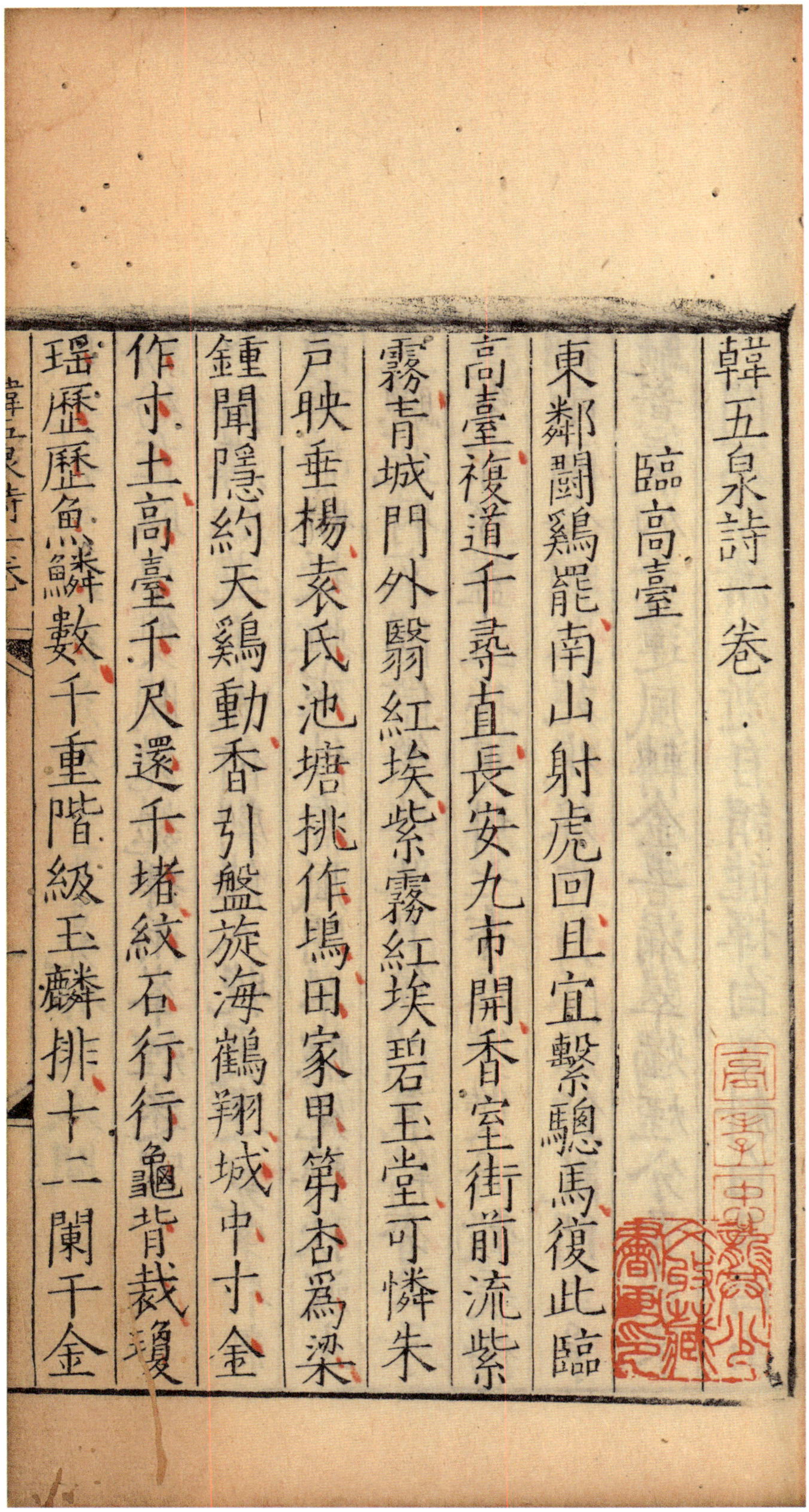
韓五泉詩一卷
臨高臺
東鄰鬬鷄罷南山射虎回且宜繫驄馬復此臨
高臺複道千尋直長安九市開香室街前流紫
霧青城門外翳紅埃紫霧紅埃碧玉堂可憐朱
戶映垂楊袁氏池塘挑作塢田家甲第杏爲梁
鍾聞隱約天鷄動香引盤旋海鶴翔城中寸金
作寸土高臺千尺還千堵紋石行行龜背裁瓊
瑶歷歷魚鱗數千重階級玉麟排十二闌干金

12816 韓五泉詩四卷 （明）韓邦靖撰 **附録二卷** 明嘉靖十九年（1540）樊得仁刻本

匡高19厘米，廣14.2厘米。半葉九行，行十八字，白口，四周單邊。有“高”“孝”“忠”連珠、“徐𤇍之印”“龔少文收藏書画印”等印。徐𤇍題記，高孝忠、林正青題識。福建省圖書館藏。

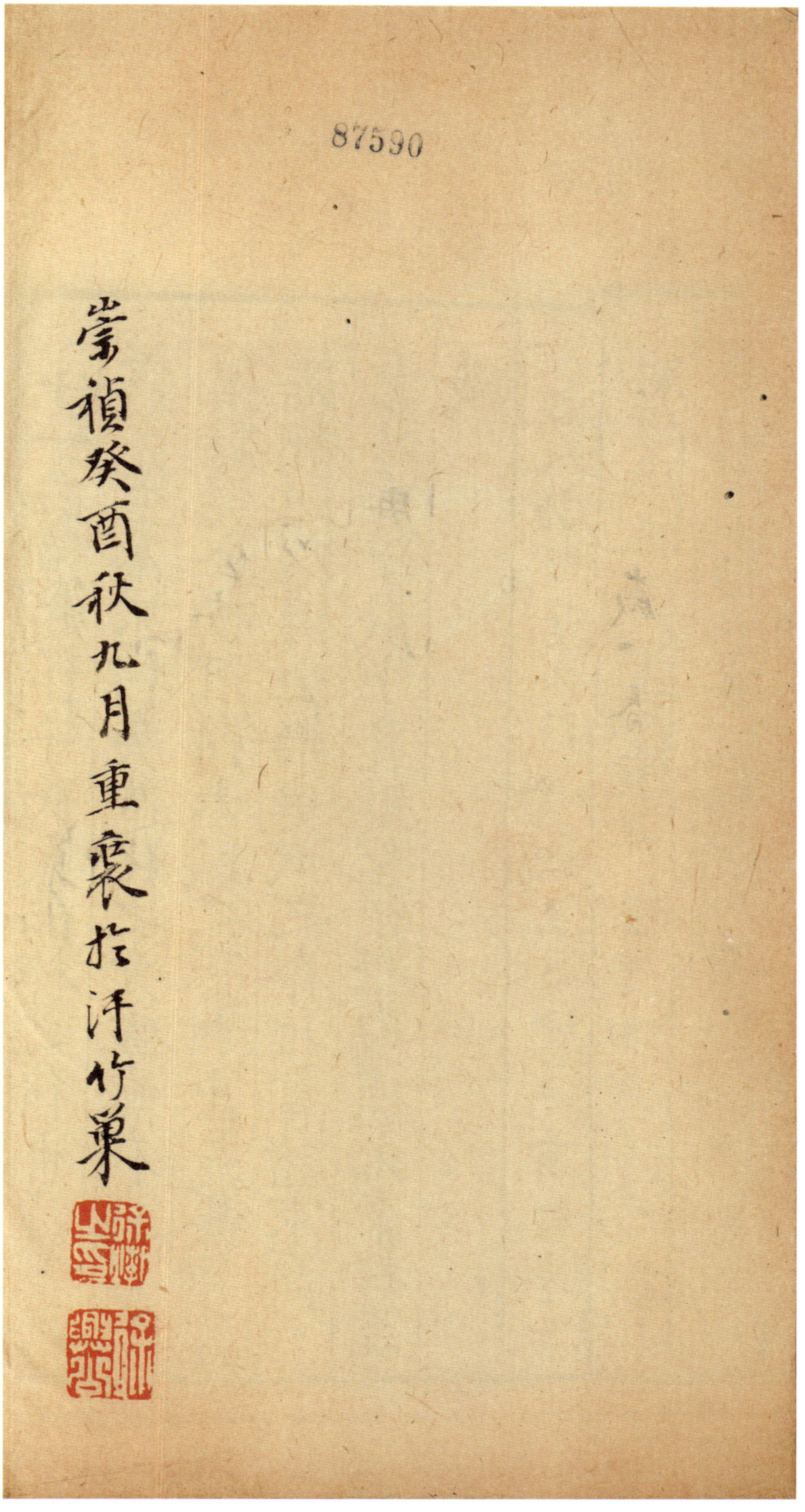

87590

崇禎癸酉秋九月重裝於汗竹巢

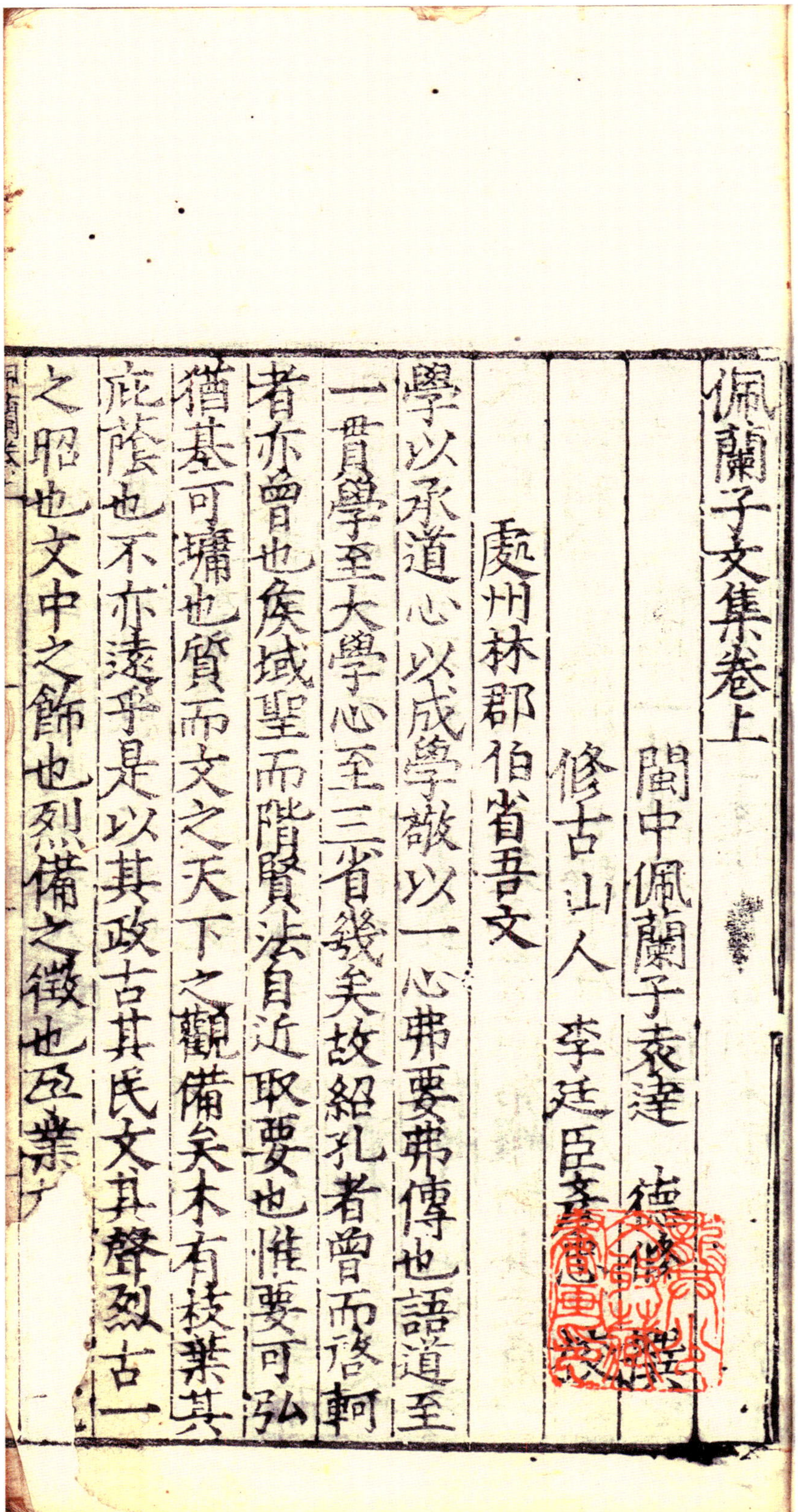

佩蘭子文集卷上
閬中佩蘭子袁達 德修撰
修古山人 李廷臣
處州林郡伯省吾文
學以承道心以成學敬以一心弗要弗傳也語道至
一貫學至大學心至三省幾矣故紹孔者曾而啓軻
者亦曾也疾域聖而階賢法自近取要也惟要可弘
猶基可墉也質而文之天下之觀備矣木有枝葉其
庇蔭也不亦遠乎是以其政古其民文其聲烈古一
之昭也文中之飾也烈備之徵也丕業

12817 佩蘭子文集三卷 （明）袁達撰 明嘉靖同文書院刻本

匡高17.6厘米，廣12.9厘米。半葉十行，行二十字，白口，左右雙邊或四周單邊。有“徐興公”“鹿原林氏藏書”“大通樓藏書印”等印。鄭杰題記。福建省圖書館藏。

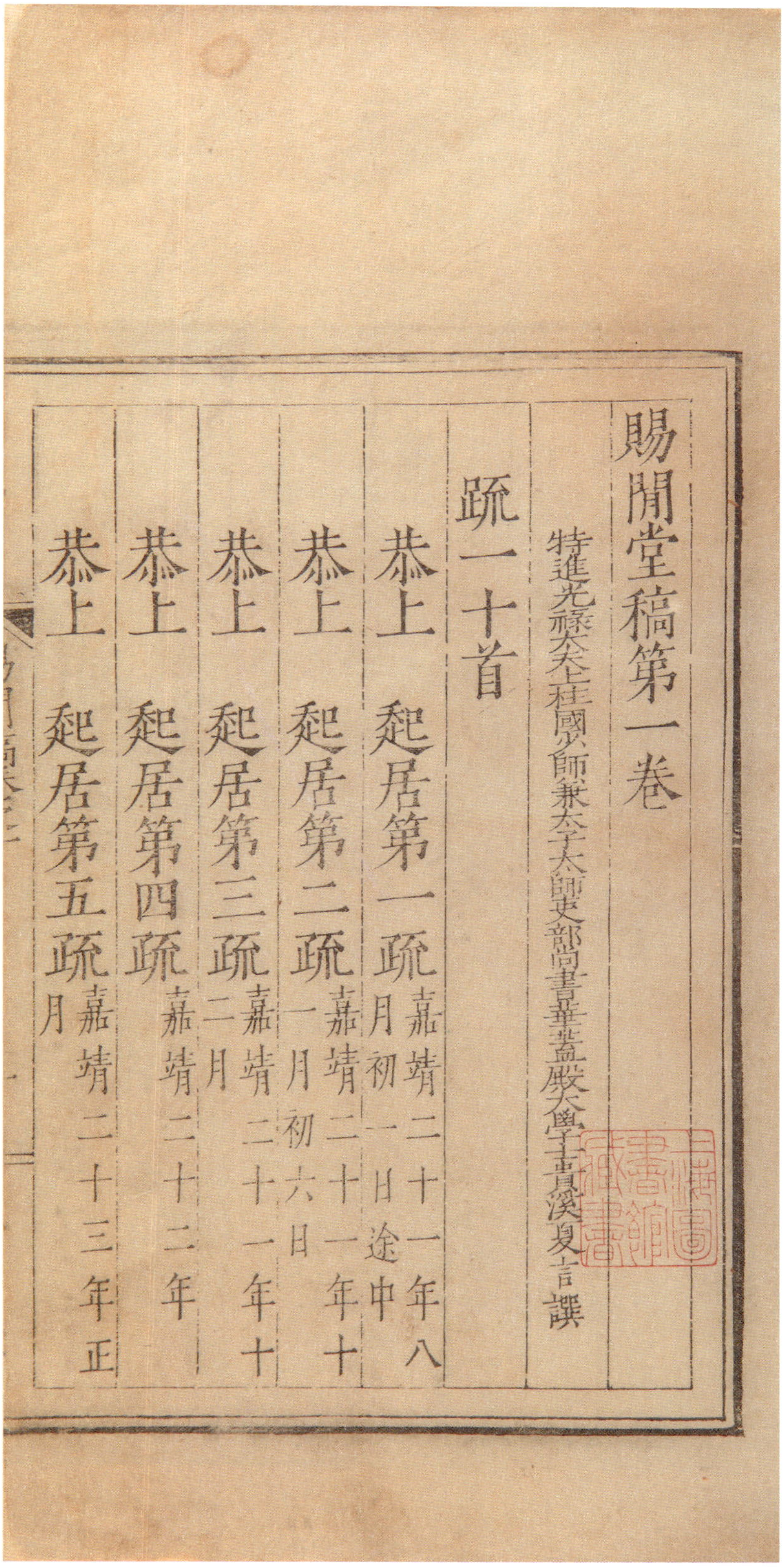

賜閒堂稿第一卷
特進光祿大夫上柱國少師兼太子太師吏部尚書華蓋殿大學士貴溪夏言譔
疏一十首
恭上起居第一疏嘉靖二十一年八月初一日途中
恭上起居第二疏嘉靖二十一年十一月初六日
恭上起居第三疏嘉靖二十一年十二月
恭上起居第四疏嘉靖二十二年
恭上起居第五疏嘉靖二十三年正月

12818 賜閒堂稿十卷 （明）夏言撰 **附録一卷** 明嘉靖二十五年（1546）曹忭、楊九澤刻本

匡高18.2厘米，廣12.3厘米。半葉八行，行十七字，細黑口，四周三邊。上海圖書館藏。

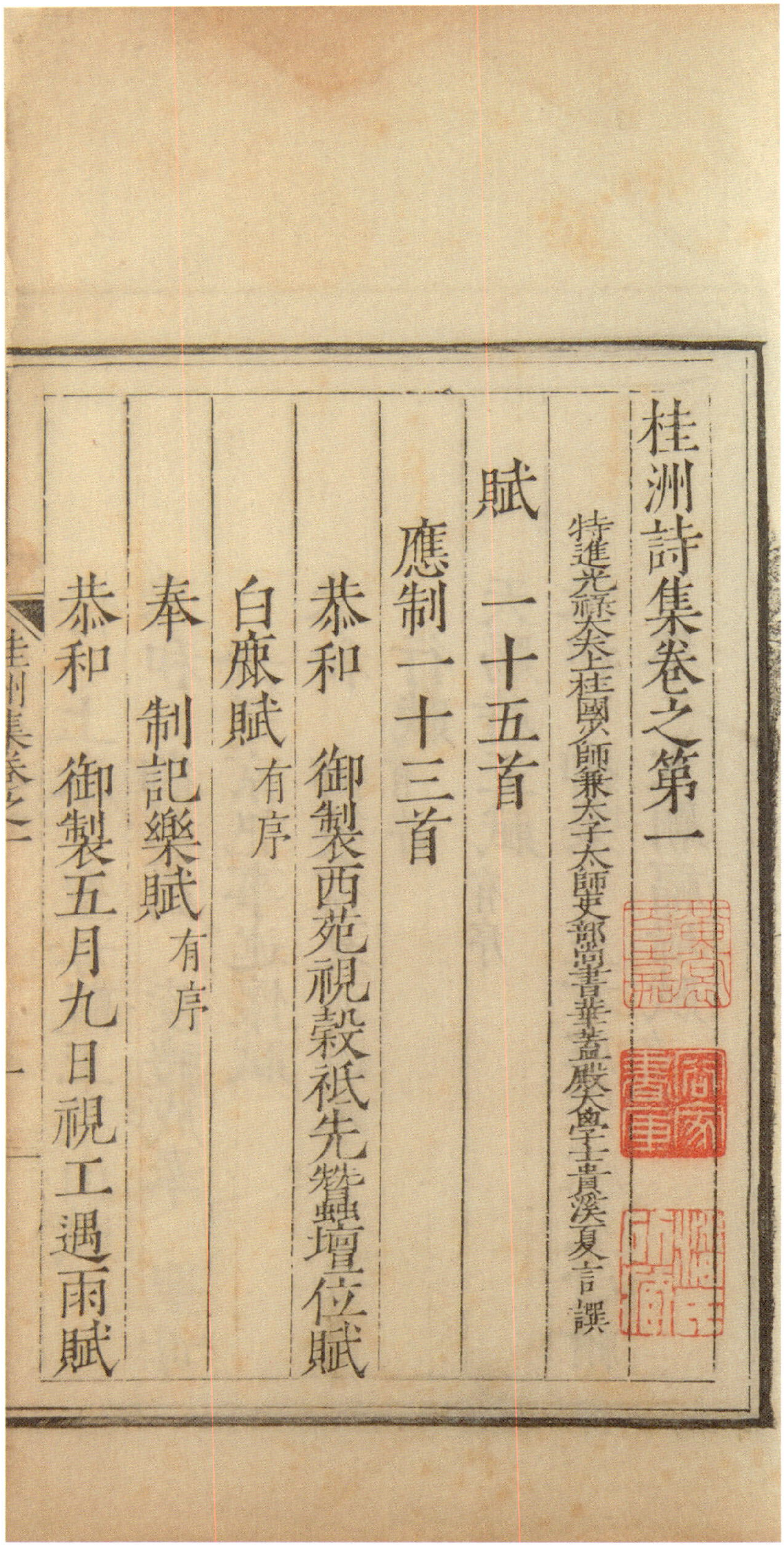
桂洲詩集卷之第一
特進光祿大夫上柱國少師兼太子太師吏部尚書華蓋殿大學士貴溪夏言譔
賦一十五首
應制一十三首
恭和御製西苑視穀祗先蠶壇位賦
白鷹賦 有序
奉制記樂賦 有序
恭和御製五月九日視工遇雨賦
桂洲集卷之一 一

12819 桂洲詩集二十四卷 （明）夏言撰 明嘉靖二十五年（1546）曹忭、楊九澤刻本

匡高17.9厘米，廣12.2厘米。半葉八行，行十七字，細黑口，四周三邊。有“潘氏所藏”“來燕榭珍藏圖籍”“黃裳百嘉”等印。黃裳題識。上海圖書館藏。

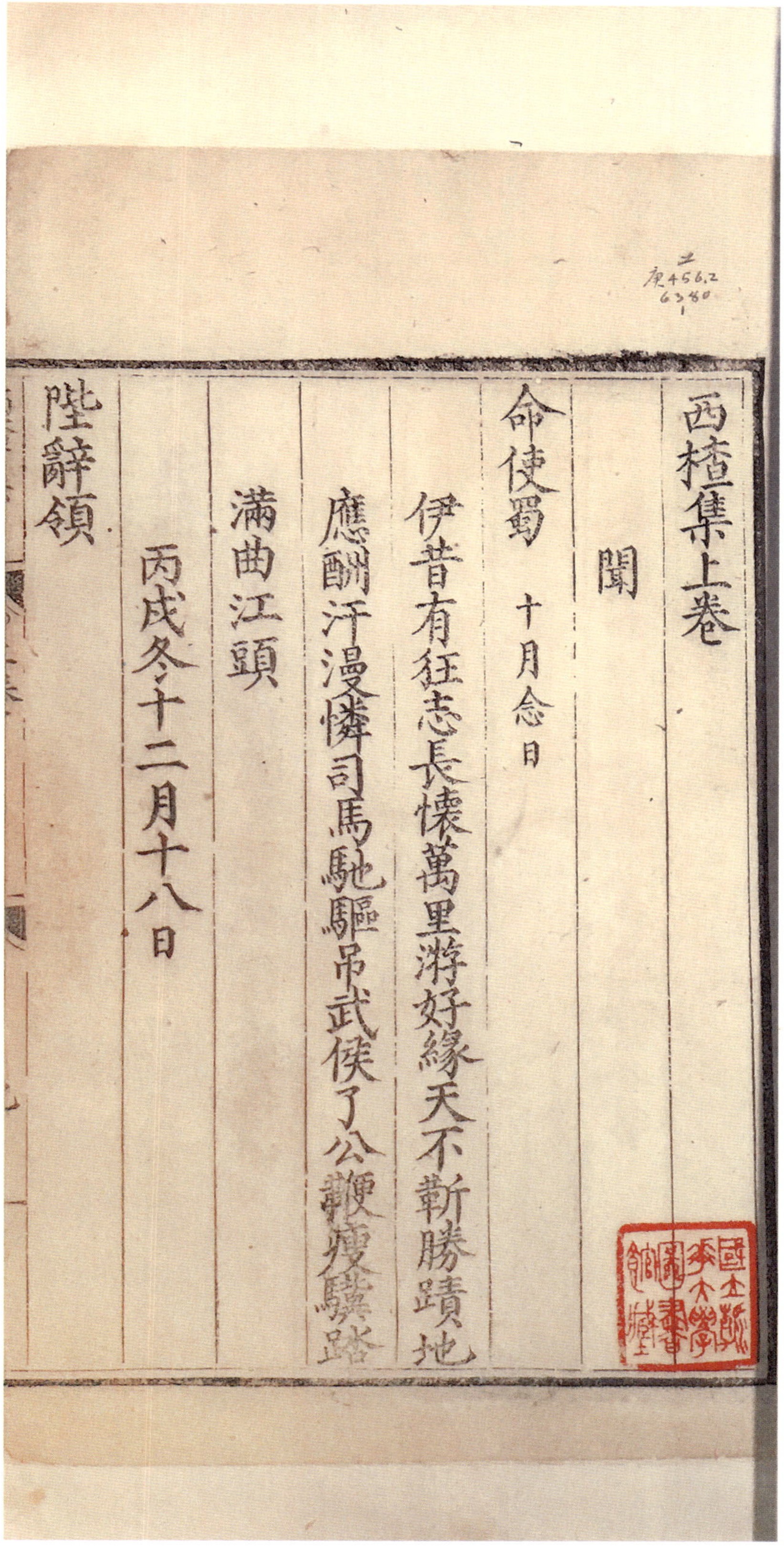

12820 西楂集三卷 （明）楊撫撰　明嘉靖八年（1529）刻本

匡高19.5厘米，廣15.6厘米。半葉八行，行二十字，白口，四周雙邊。清華大學圖書館藏。

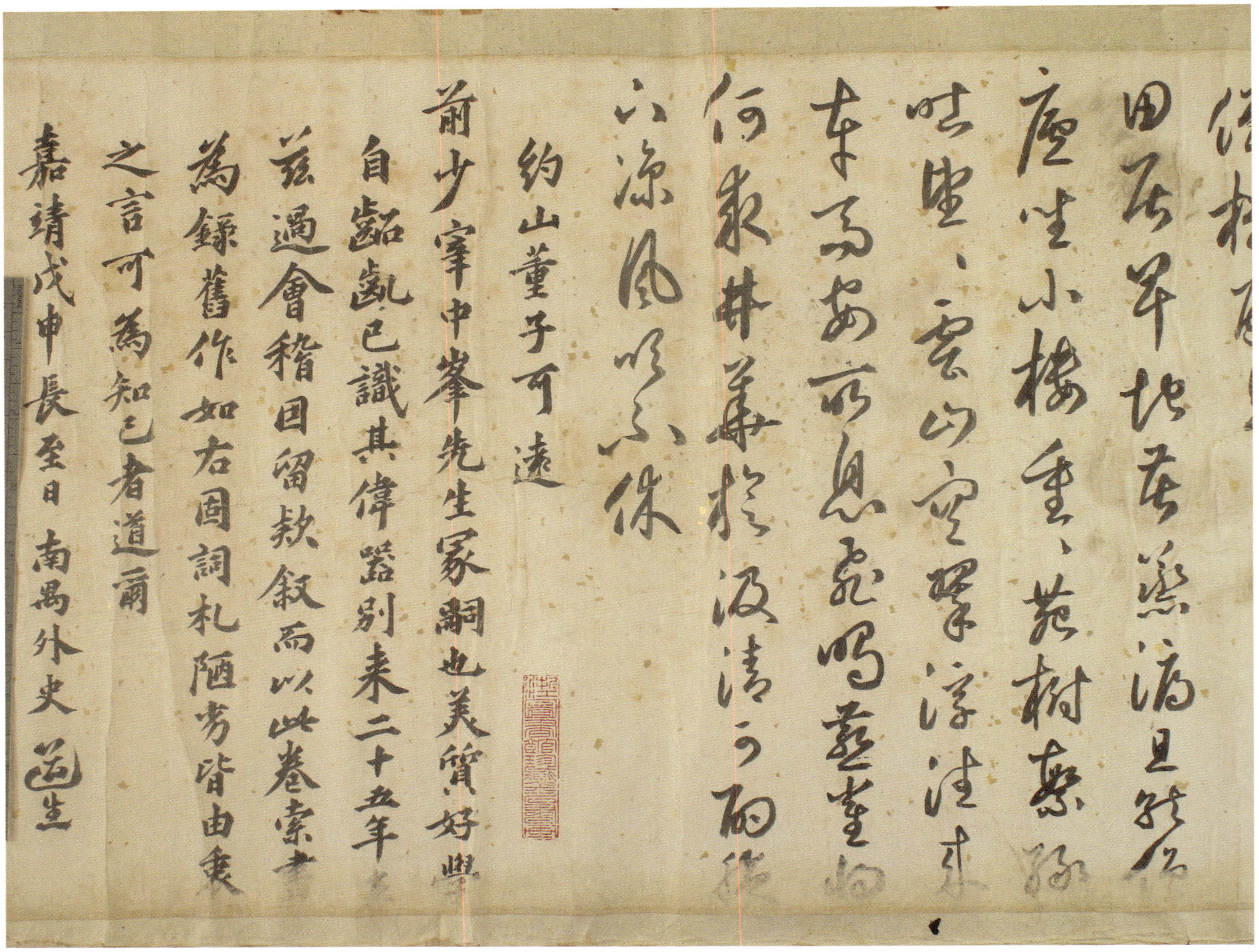

12821 南禺外史詩一卷 （明）豐坊撰　稿本

卷軸裝。有“豐氏人翁”“南禺外史”“董思近氏”等印。浙江圖書館藏。

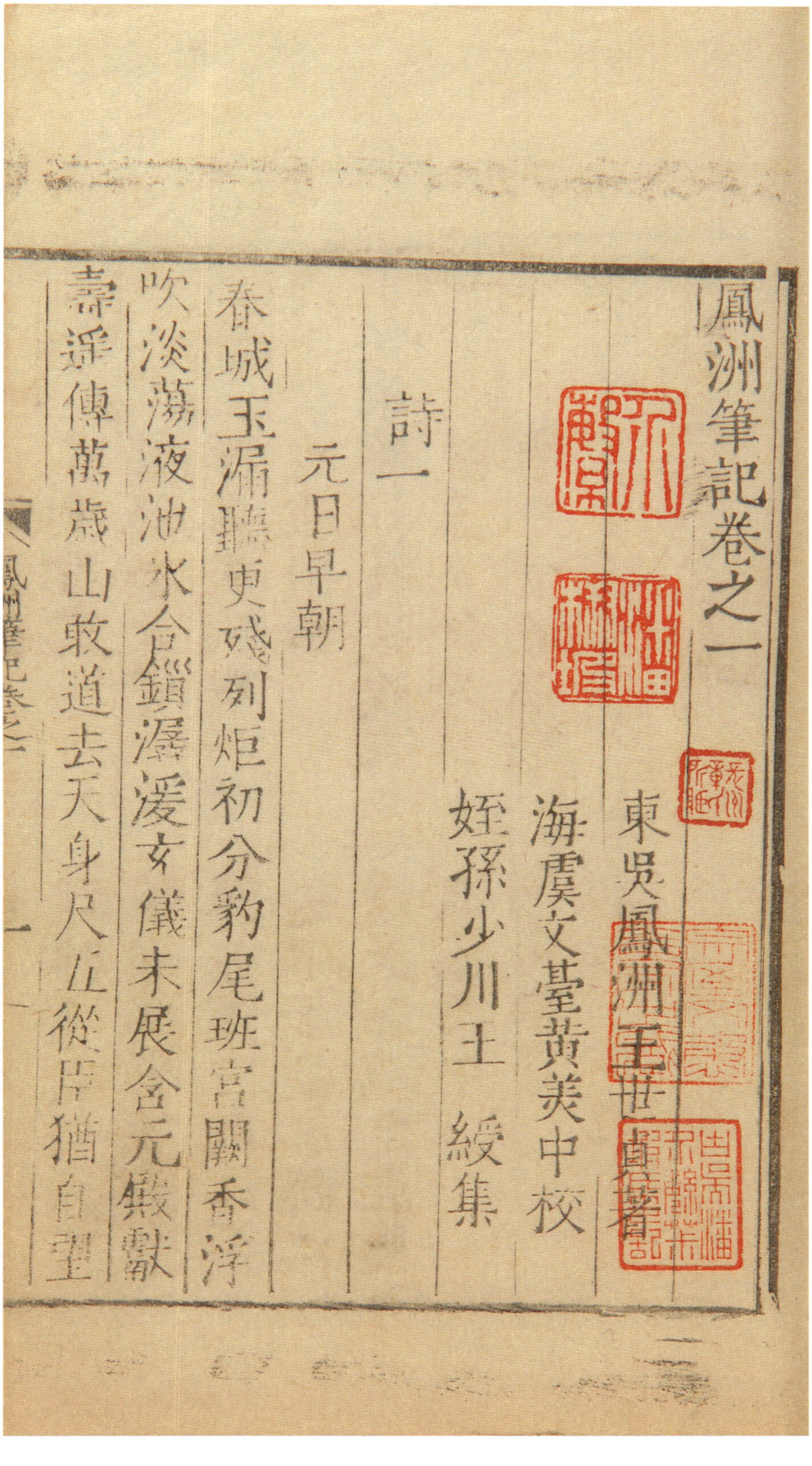
鳳洲筆記卷之一
東吳鳳洲王世貞著
海虞文臺黄美中校
姪孫少川王　綬集
詩一
元日早朝
春城玉漏聽更殘列炬初分豹尾班宮闕香浮
吹淡蕩液池氷合鎻潺湲女儀未展含元蛾獻
壽遥傳萬歲山敕道去天身尺五從臣猶自望
鳳洲筆記卷之一　一

12822 鳳洲筆記二十四卷　（明）王世貞撰　明隆慶三年（1569）黄美中活字印本

匡高17.7厘米，廣12.4厘米。半葉九行，行十八字，白口，左右雙邊。有“世美堂李氏印”“潘氏桐西書屋之印”“介繁”“潘椒坡”“古吴潘介繁芣坡氏印記”“聖清宗室盛昱伯羲之印”“宗室文慤公家世藏”“長州章氏所臧”“楊元吉”“吉玉廬”等印。上海圖書館藏。

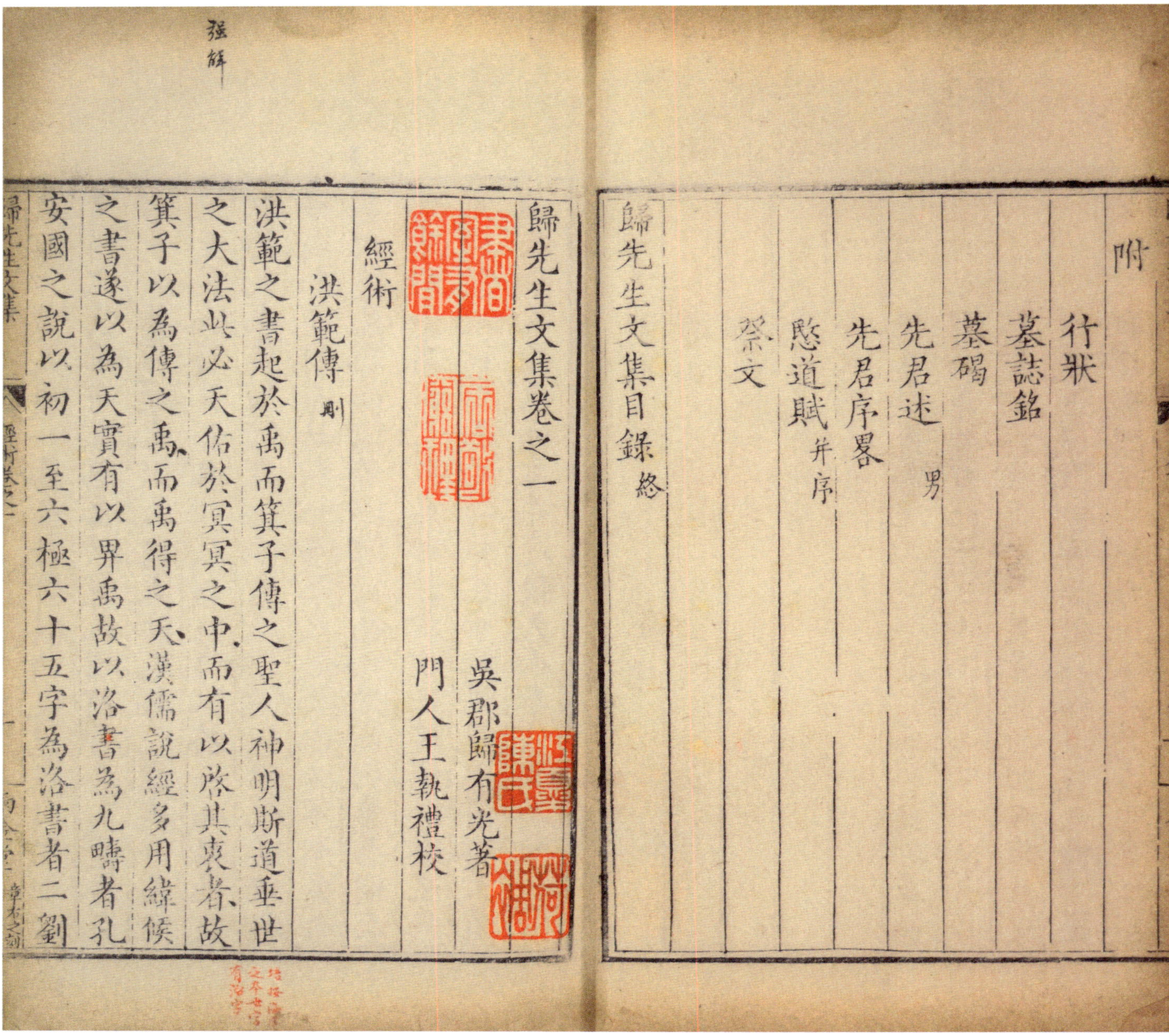

强解

歸先生文集卷之一
吳郡歸有光著
門人王執禮校
經術
洪範傳 删
洪範之書起於禹而箕子傳之聖人神明斯道垂世之大法也必天佑於冥冥之中而有以啟其衷者故箕子以為傳之禹而禹得之天漢儒說經多用緯候之書遂以為天實有以畀禹故以洛書為九疇者孔安國之說以初一至六極六十五字為洛書者二劉

附
行狀
墓誌銘
墓碣
先君述 男
先君序畧
愍道賦 并序
祭文
歸先生文集目録 終

12823 歸先生文集三十二卷 （明）歸有光撰 **附録一卷** 明萬曆四年（1576）翁良瑜雨金堂刻本

匡高18.5厘米，廣14厘米。半葉十行，行二十字，白口，四周雙邊。有“方”“苞”“江夏陳氏”等印。方苞批並跋。武漢圖書館藏。

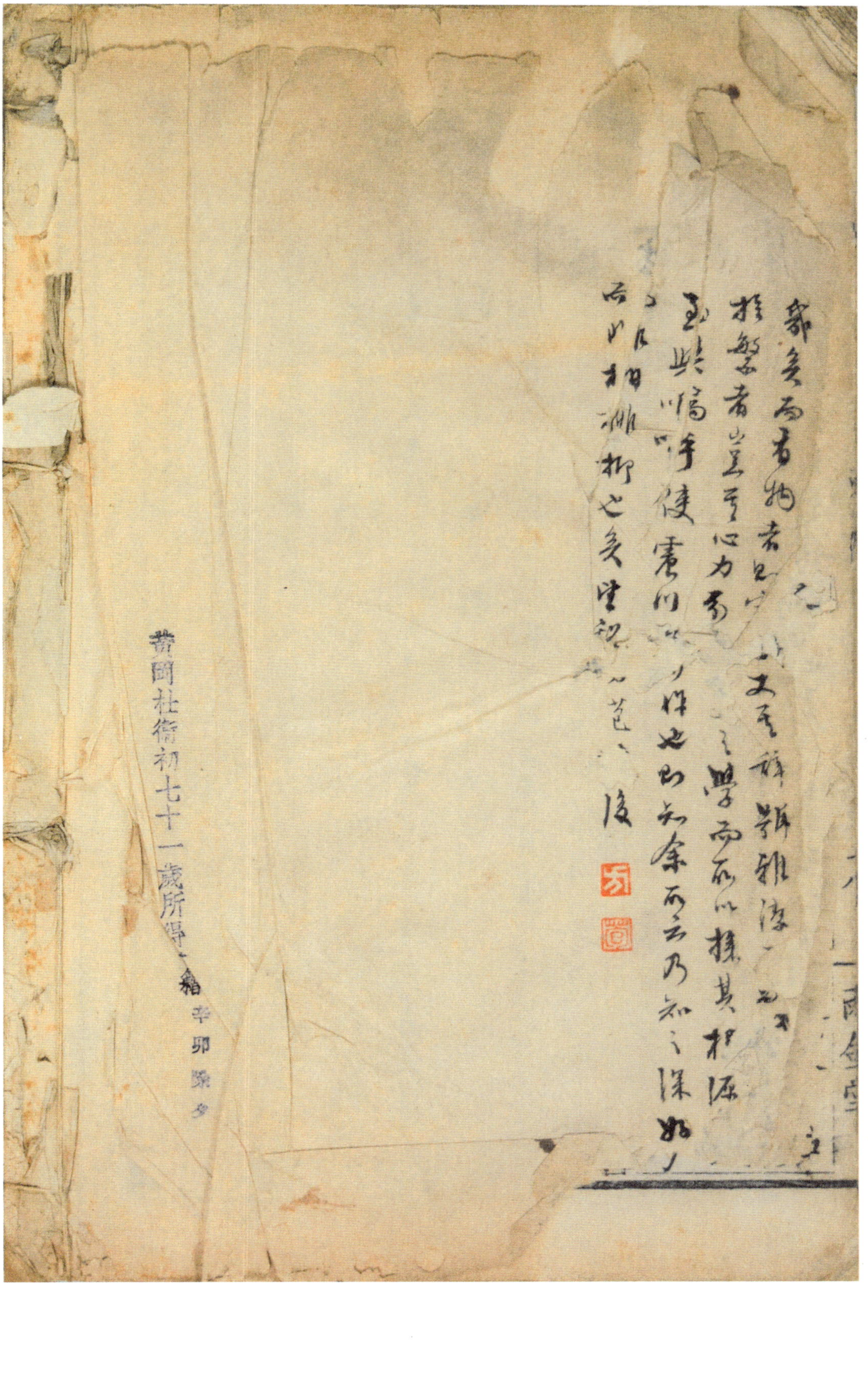
黄岡杜衔初七十一歲所得之籍
辛卯除夕

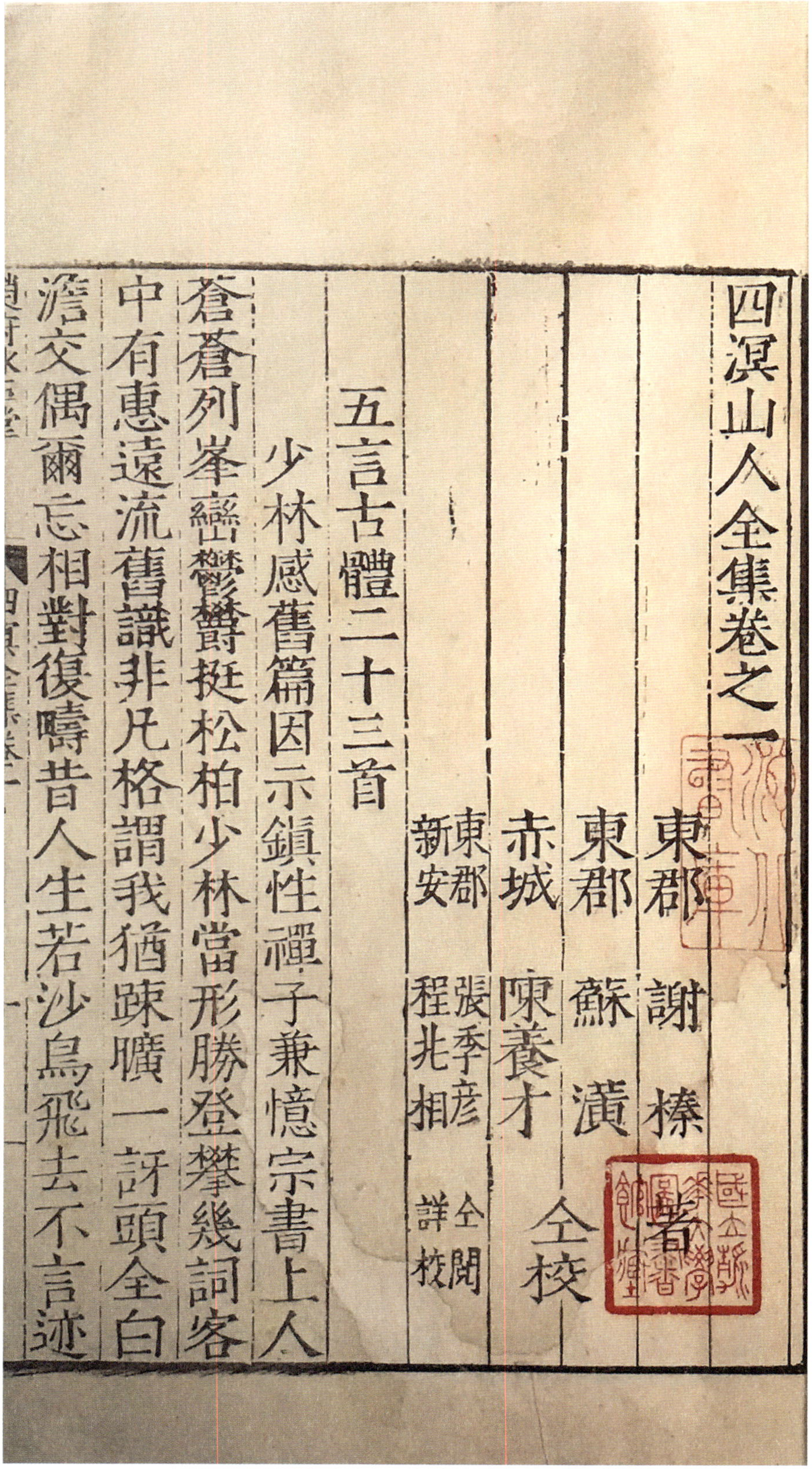

12824 四溟山人全集二十四卷 （明）謝榛撰 明萬曆二十四年（1596）趙府冰玉堂刻本（序、目録、卷二十三至二十四配藕香簃抄本）

匡高19.9厘米，廣15.6厘米。半葉十行，行二十字，白口，左右雙邊。有"池北書庫"等印。繆荃孫跋。清華大學圖書館藏。

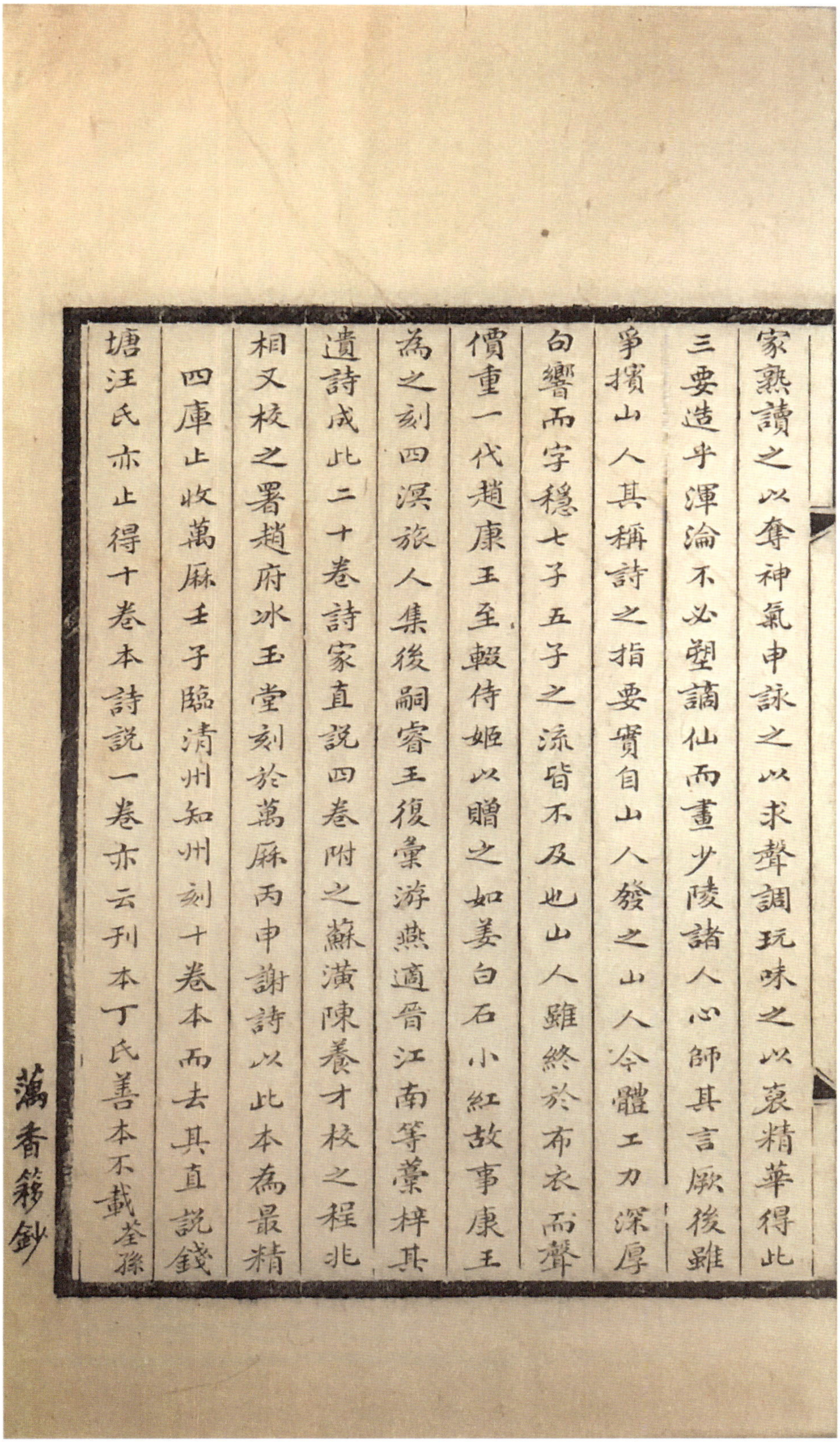

家熟讀之以奪神氣申詠之以求聲調玩味之以裒精華得此
三要造乎渾淪不必塑謫仙而畫少陵諸人心師其言厥後雖
爭擯山人其稱詩之指要實自山人發之山人今體工力深厚
句響而字穩七子五子之流皆不及也山人雖終於布衣而聲
價重一代趙康王至輟侍姬以贈之如姜白石小紅故事康王
爲之刻四溟旅人集後嗣睿王復彙游燕適晉江南等槀梓其
遺詩成此二十卷詩家直說四卷附之蘇潢陳養才校之程兆
相又校之署趙府冰玉堂刻於萬厤丙申謝詩以此本爲最精
四庫止收萬厤壬子臨清州知州刻十卷本而去其直說錢
塘汪氏亦止得十卷本詩說一卷亦云刊本丁氏善本不載荃孫

藕香簃鈔

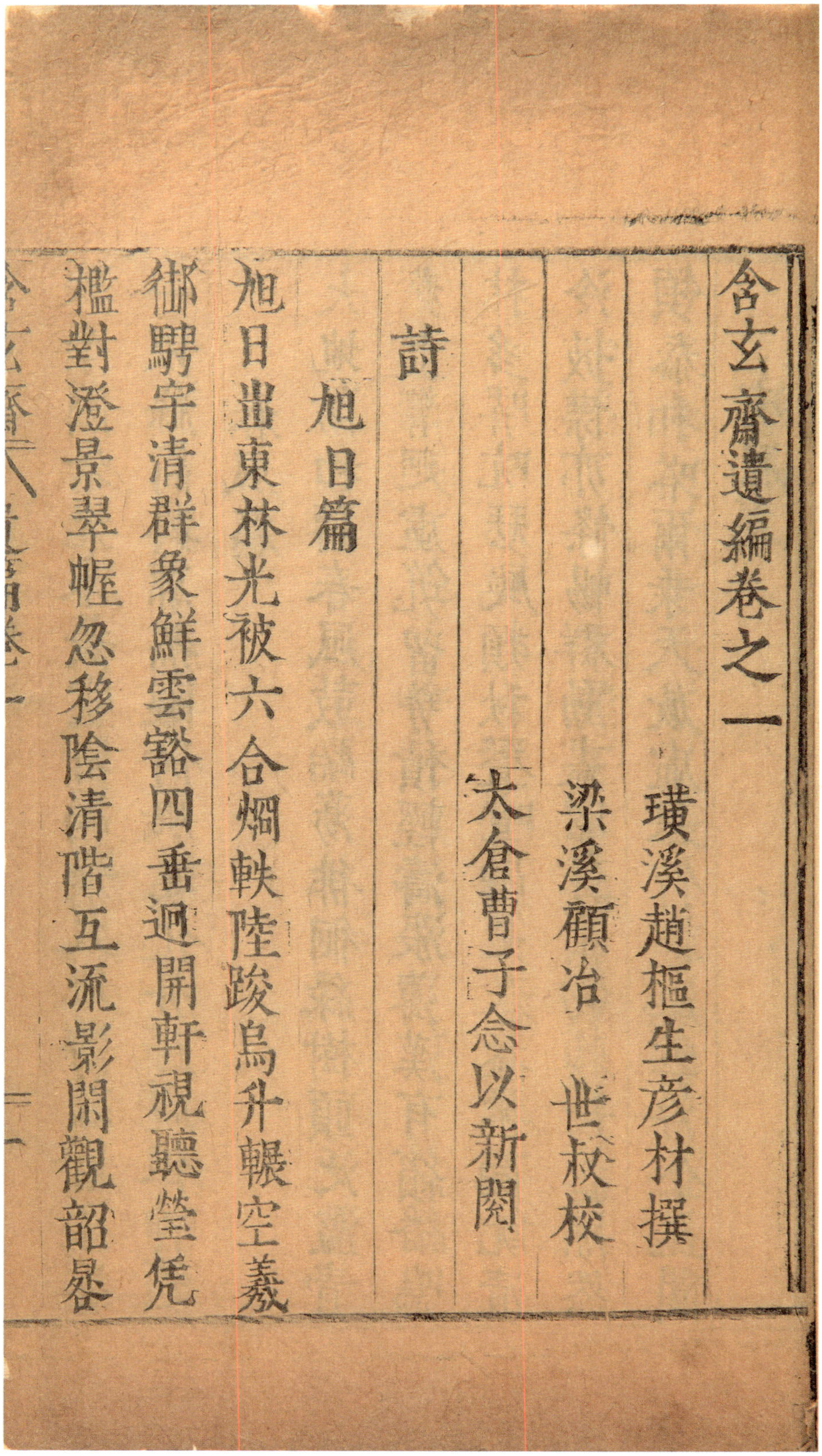

含玄齋遺編卷之一

璜溪趙樞生彥材撰

梁溪顧冶　世叔校

太倉曹子念以新閱

詩

旭日篇

旭日出東林光被六合烟軼陸踆烏升輾空羲

御騁宇清群象鮮雲豁四垂迥開軒視聽瑩凭

檻對澄景翠幄忽移陰清階互流影閑觀韶晷

含玄齋遺編卷之一　二

12825 含玄齋遺編四卷別編十卷 （明）趙樞生撰 **附録一卷** 明萬曆二十二年（1594）趙頤光活字印本

匡高19.3厘米，廣13.6厘米。半葉九行，行十八字，白口，左右雙邊。有“碩果堂”“吴郡葉氏訪求鄉先哲遺書記”等印。上海圖書館藏。

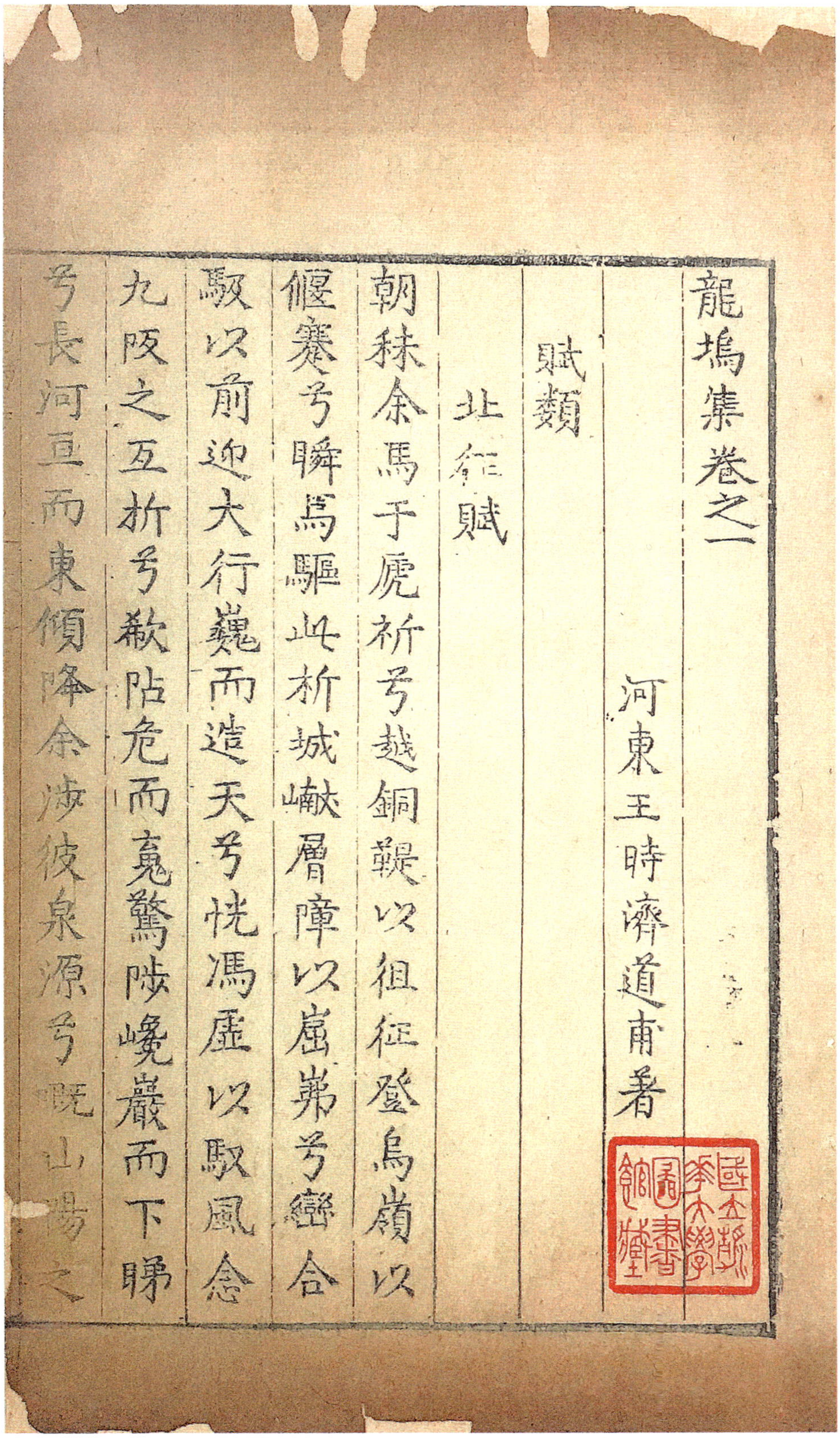
龍塢集卷之一

賦類

河東王時濟道甫著

北征賦

朝秣余馬于虒祁兮越銅鞮以徂征登烏嶺以偃蹇兮瞬焉驅此析城巘層障以嵐岪兮巒合馭以前迎大行巍而造天兮恍馮虛以馭風念九阪之互折兮欹阽危而蒐驚陟嶢巖而下睇兮長河亘而東傾降余涉彼泉源兮旣山陽之

12826 龍塢集五十五卷　（明）王時濟撰　明刻藍印本

匡高20厘米，廣14.1厘米。半葉九行，行十八字，白口，四周單邊。清華大學圖書館藏。

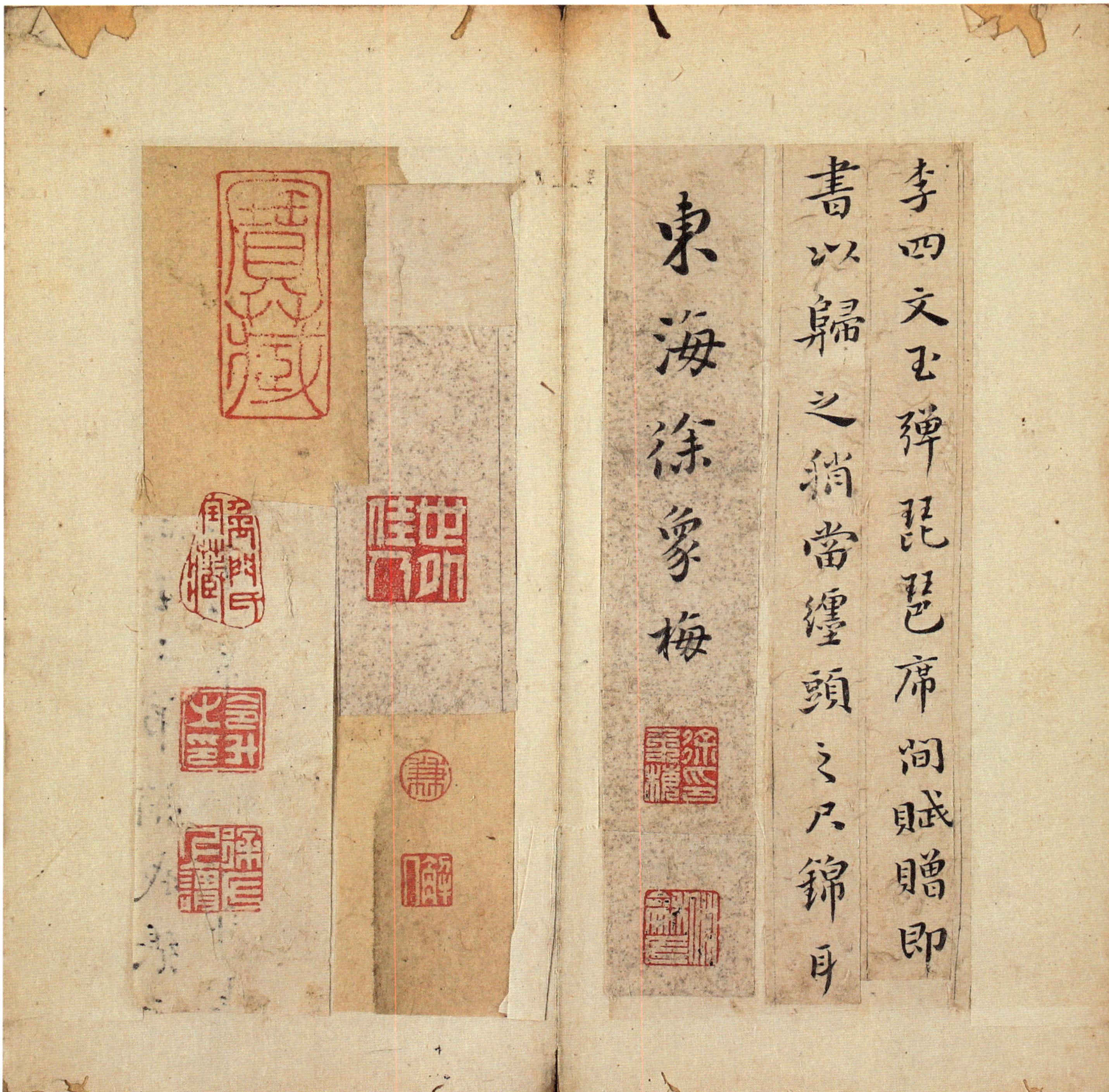

12827 初陽臺燕集聽琵琶贈歌者詩一卷 （明）徐象梅撰 手稿本

有“徐印象梅”“仲穌氏”等印。浙江圖書館藏。

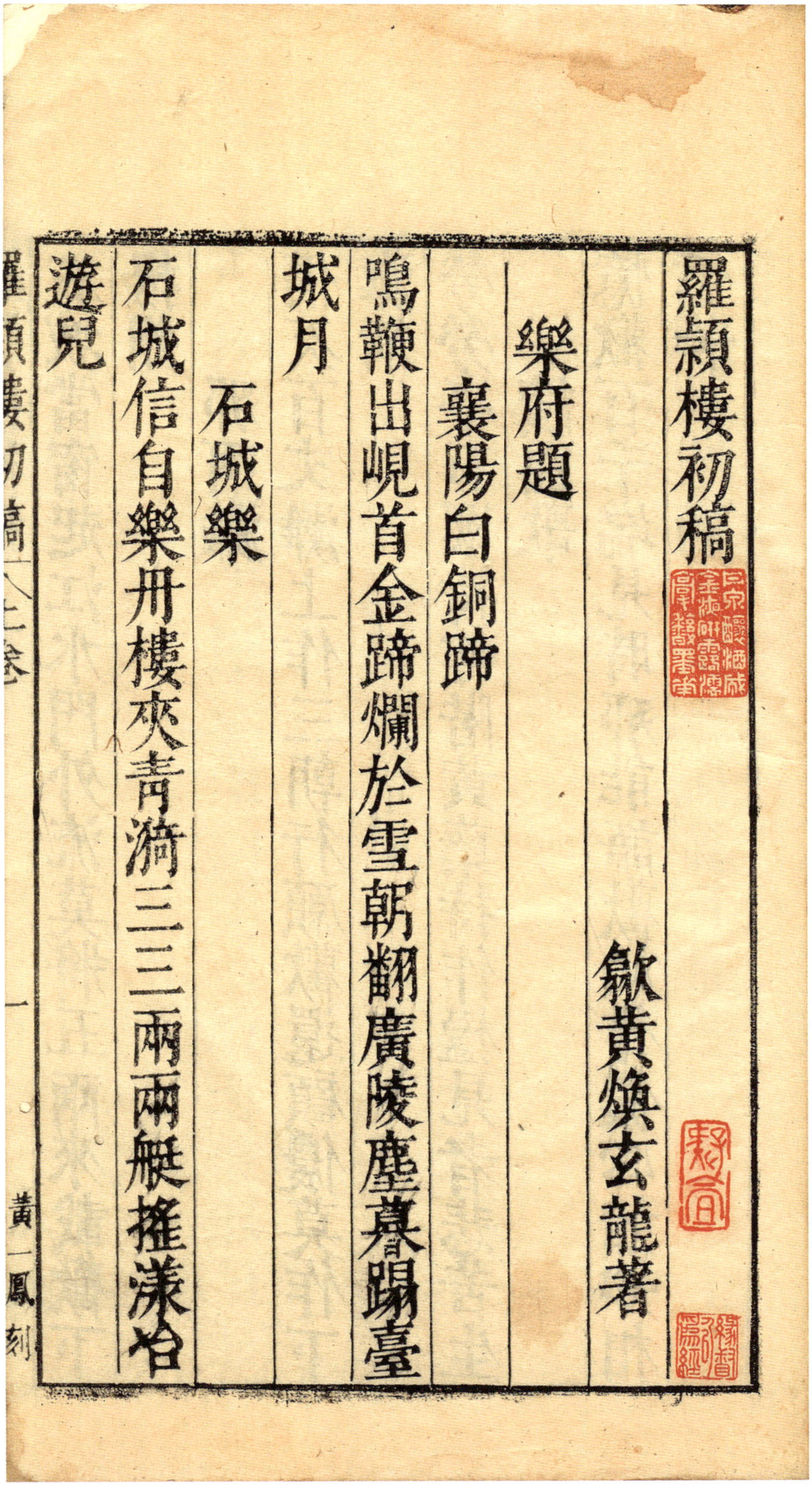

羅穎樓初稿

歙黃煥玄龍著

樂府題

襄陽白銅蹄

鳴鞭出峴首金蹄爛於雪軐翻廣陵塵驀躡臺城月

石城樂

石城信自樂冊樓夾青漪三三兩兩艇搖漾佮遊兒

羅穎樓初稿卷之上 一 黃一鳳刻

12828 羅穎樓初稿二卷嶺上續稿不分卷 （明）黃煥撰　明萬曆刻本

匡高21.1厘米，廣14.4厘米。半葉九行，行十八字，白口，四周單邊。有“疑盦”等印。許承堯題記。安徽博物院藏。

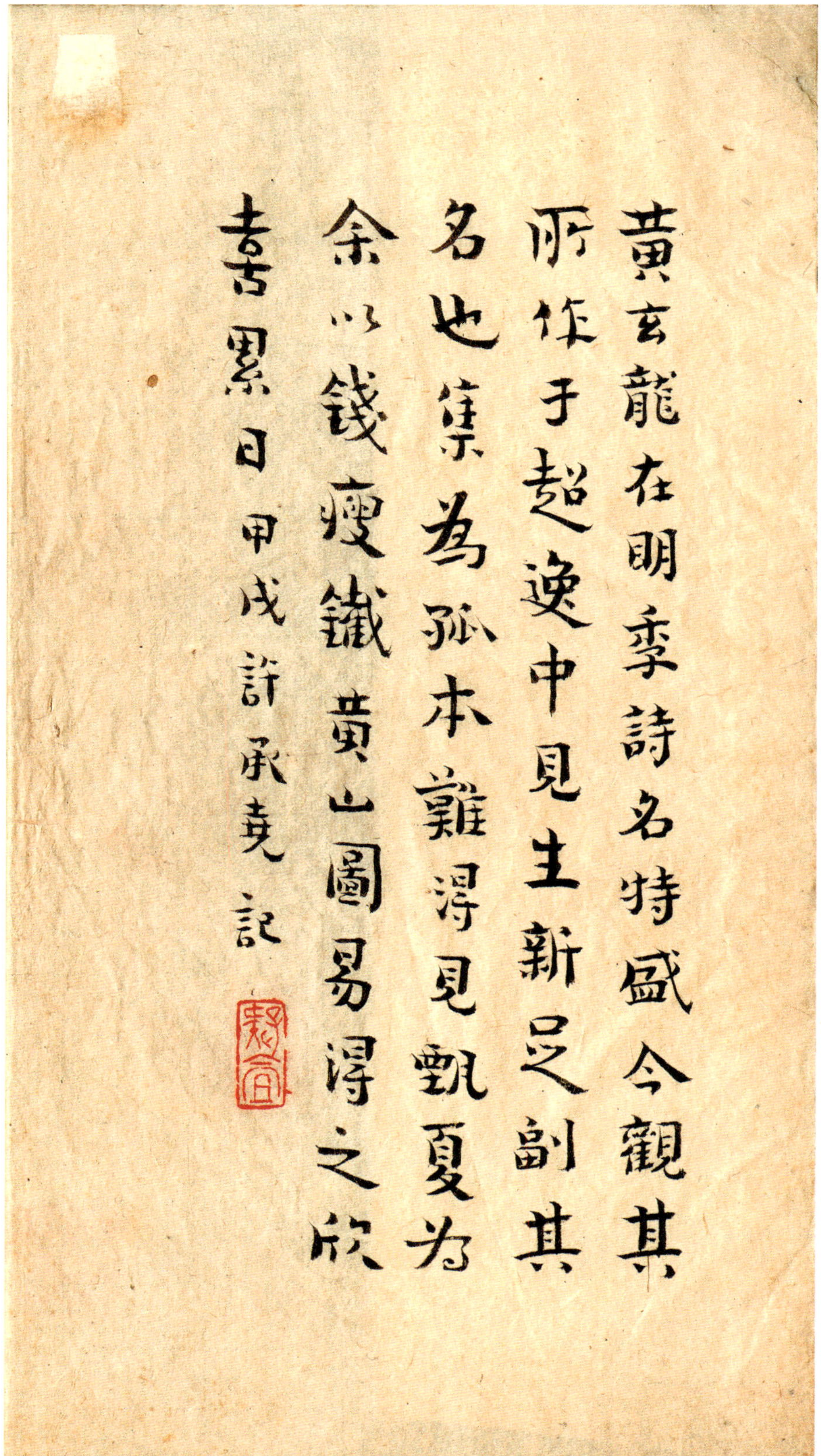

黃玄龍在明季詩名特盛今觀其所作于超逸中見生新足副其名也集為孤本難得見甄夏為余以錢瘦鐵黃山圖易得之欣喜累日 甲戌許承堯記

12828 羅穎樓初稿二卷嶺上續稿不分卷

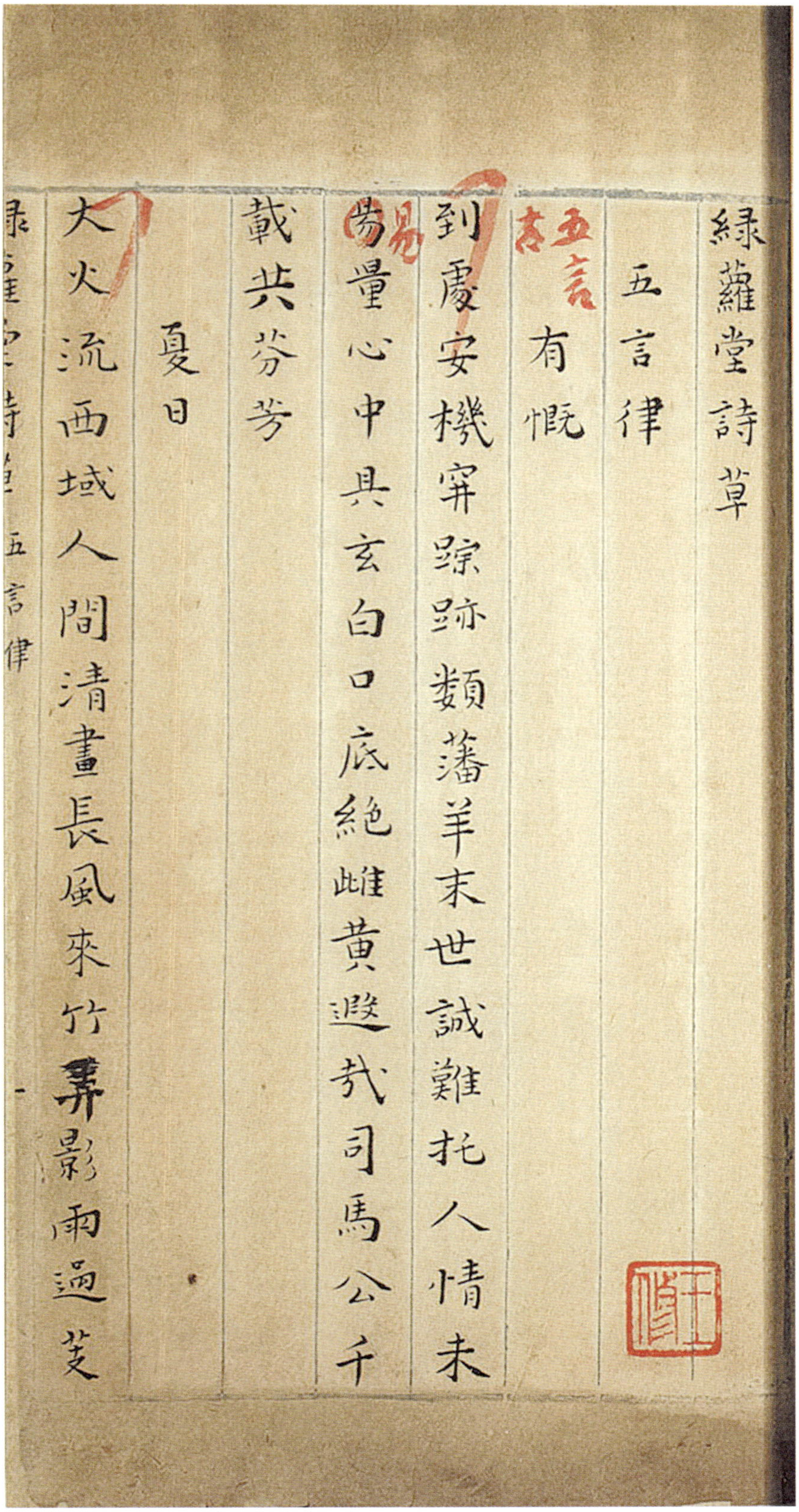

緑蘿堂詩草
五言律
有慨
到處安機穽蹤跡類藩羊末世誠難托人情未易量心中具玄白口底絶雌黄避哉司馬公千載共芬芳
夏日
大火流西域人間清晝長風來竹弄影雨過芝

12829 緑蘿堂詩草不分卷　（明）岳凌霄撰　稿本

有“凌霄私印”“王修”等印。浙江圖書館藏。

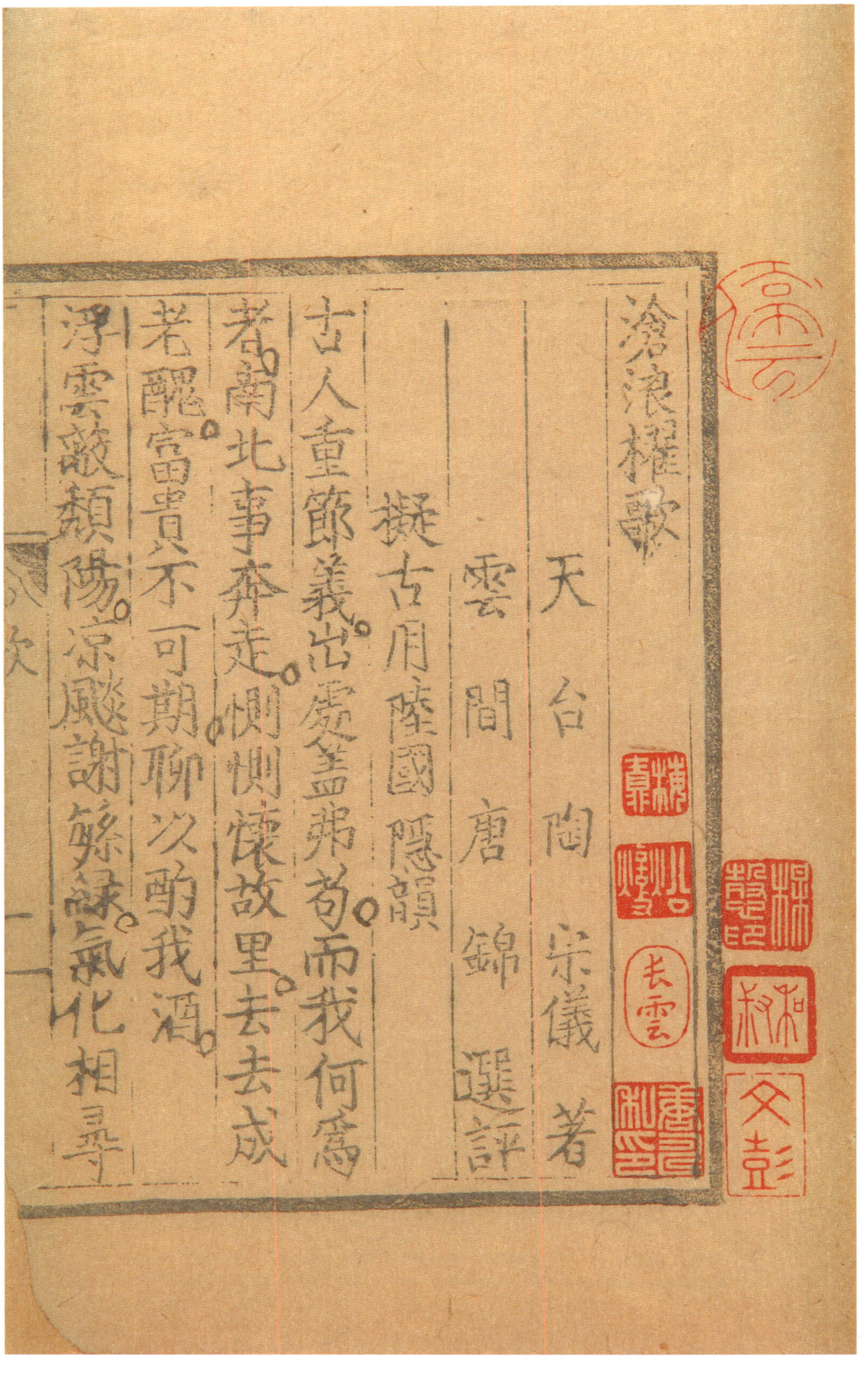
滄浪櫂歌
天台陶宗儀著
雲間唐錦選評
擬古用陸國隱韻
古人重節義。出處蓋弗苟。而我何爲
者。南北事奔走。惻惻懷故里。去去成
老醜。富貴不可期。聊以酌我酒。
浮雲蔽頹陽。凉飈謝繁綠。氣化相尋

12830 滄浪櫂歌一卷 （明）陶宗儀撰 （明）唐錦選評 明正德十二年（1517）唐錦刻本

匡高14.5厘米，廣10.6厘米。半葉八行，行十六字，白口，四周雙邊。有“停云”“文彭”“文起”“唐壽私印”“梅鼒”“公燮”“梅㲉印”“和叔”“梅某谷圖書記”等印。上海圖書館藏。

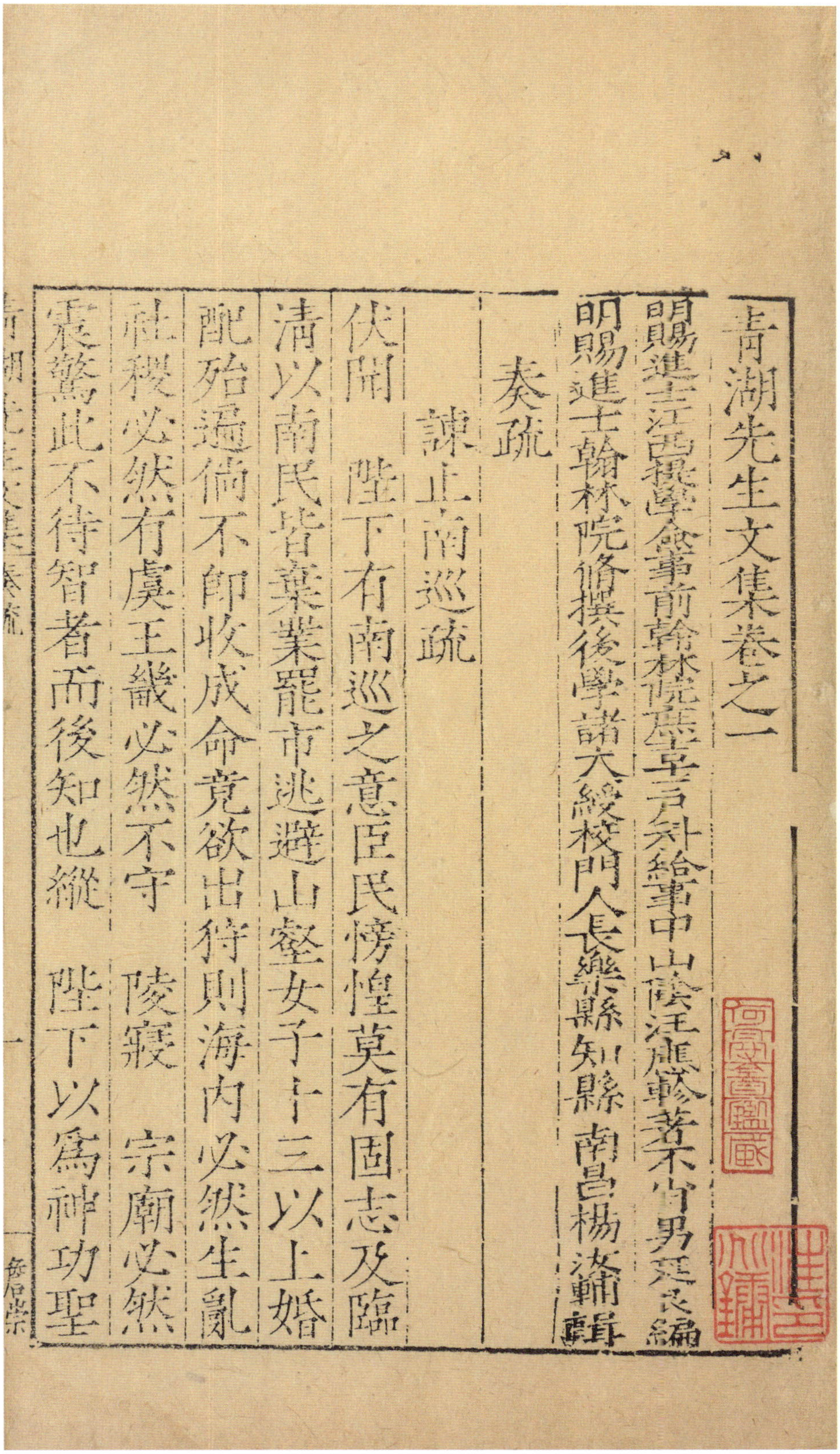

青湖先生文集卷之一
明賜進士江西提學僉事前翰林院庶吉士戶科給事中山陰汪應軫著　不肖男廷艮編
明賜進士翰林院修撰後學諸大綬校　門人長樂縣知縣南昌楊汝輔輯
奏疏
諫止南巡疏
伏聞　陛下有南巡之意臣民傍惶莫有固志及臨
清以南民皆棄業罷市逃避山谷女子十三以上婚
配殆遍倘不即收成命竟欲出狩則海內必然生亂
社稷必然有虞王畿必然不守　陵寢　宗廟必然
震驚此不待智者而後知也縱　陛下以爲神功聖
青湖先生文集　奏疏　一

12831 青湖先生文集十四卷　（明）汪應軫撰　**附録一卷**　明嘉靖三十八年（1559）汪延艮刻本

匡高18.2厘米，廣13.8厘米。半葉十行，行二十字，白口，四周亘邊。有“汪印兆鏞”“何曼盦鑑藏”等印。香港中文大學圖書館藏。

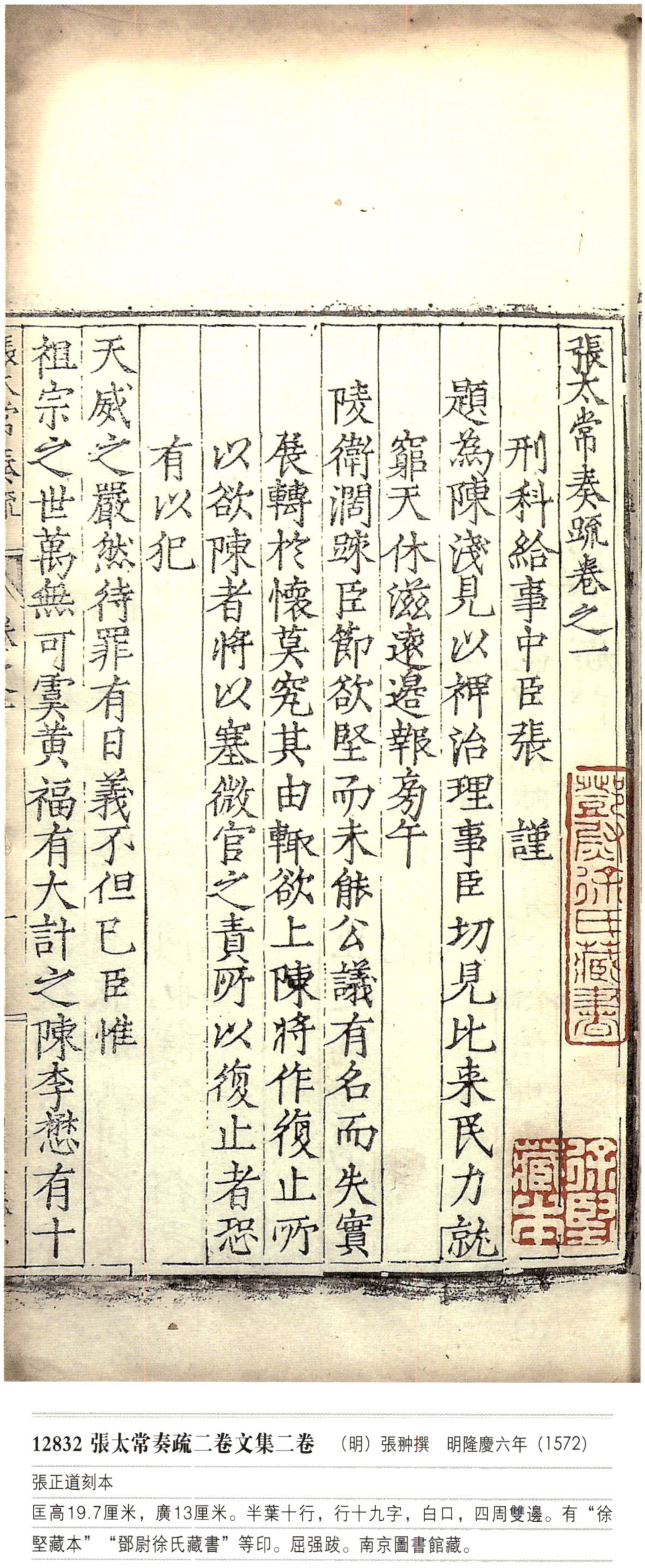

張太常奏疏卷之一
刑科給事中臣張　謹
題為陳淺見以裨治理事臣切見比來民力就
竊天休滋遠邊報旁午
陵衛凋踈臣節欲堅而未能公議有名而失實
展轉於懷莫究其由輙欲上陳將作復止所
以欲陳者將以塞微官之責所以復止者恐
有以犯
天威之嚴然待罪有日義不但已臣惟
祖宗之世萬無可寘黃福有大計之陳李懋有十

12832 張太常奏疏二卷文集二卷　（明）張翀撰　明隆慶六年（1572）張正道刻本

匡高19.7厘米，廣13厘米。半葉十行，行十九字，白口，四周雙邊。有“徐堅藏本”“鄧尉徐氏藏書”等印。屈强跋。南京圖書館藏。

張太常名翀字習之蜀潼川人明正德六年進士事蹟見明史卷一百九十二
列傳八十其所著奏議原名來哀小草此係其玄孫某合併文詩為一書
易名曰太常集則取隆慶初年追贈官名以名之此書清四庫未收亦
未見於存目豈以傳本稀少不及採進耶今觀明史傳文大率采取奏
議而前後顛倒改動過多殊非原文面目翀官户科後復遷刑部左
給事中及後追贈太常兩事史皆漏列可藉本書以補之 公碩姨弟得
此書於市爰為記之亦攷明史者所不廢也 癸巳夏屈彊題記
明史别有一張翀撰渾然子一卷見四庫存目雜家二非此人也

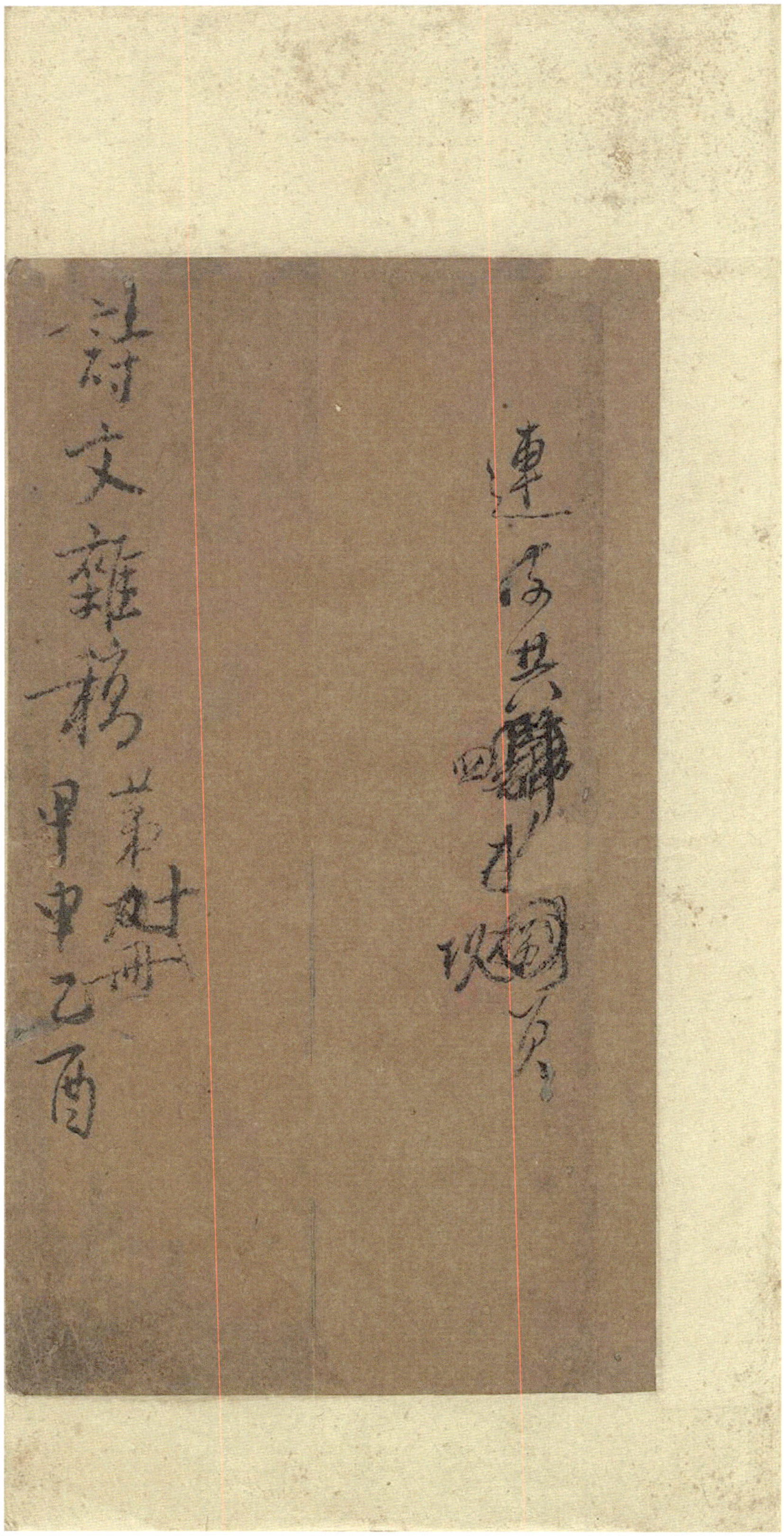

12833 詩文雜稿不分卷 （清）王士禛撰 清康熙四十三至四十四年（1704—1705）手稿本

有“鍾印剛中”等印。香港中文大學圖書館藏。

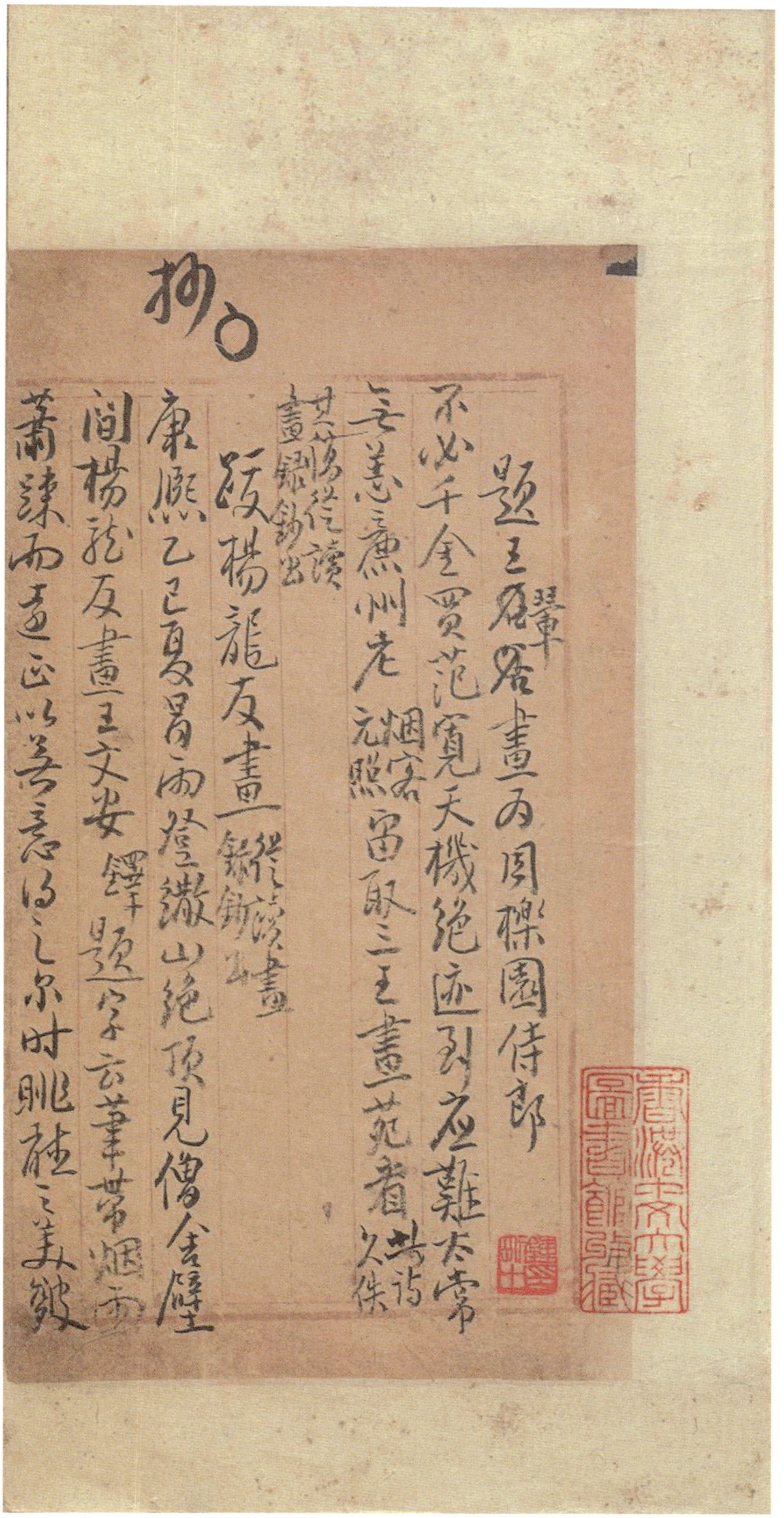

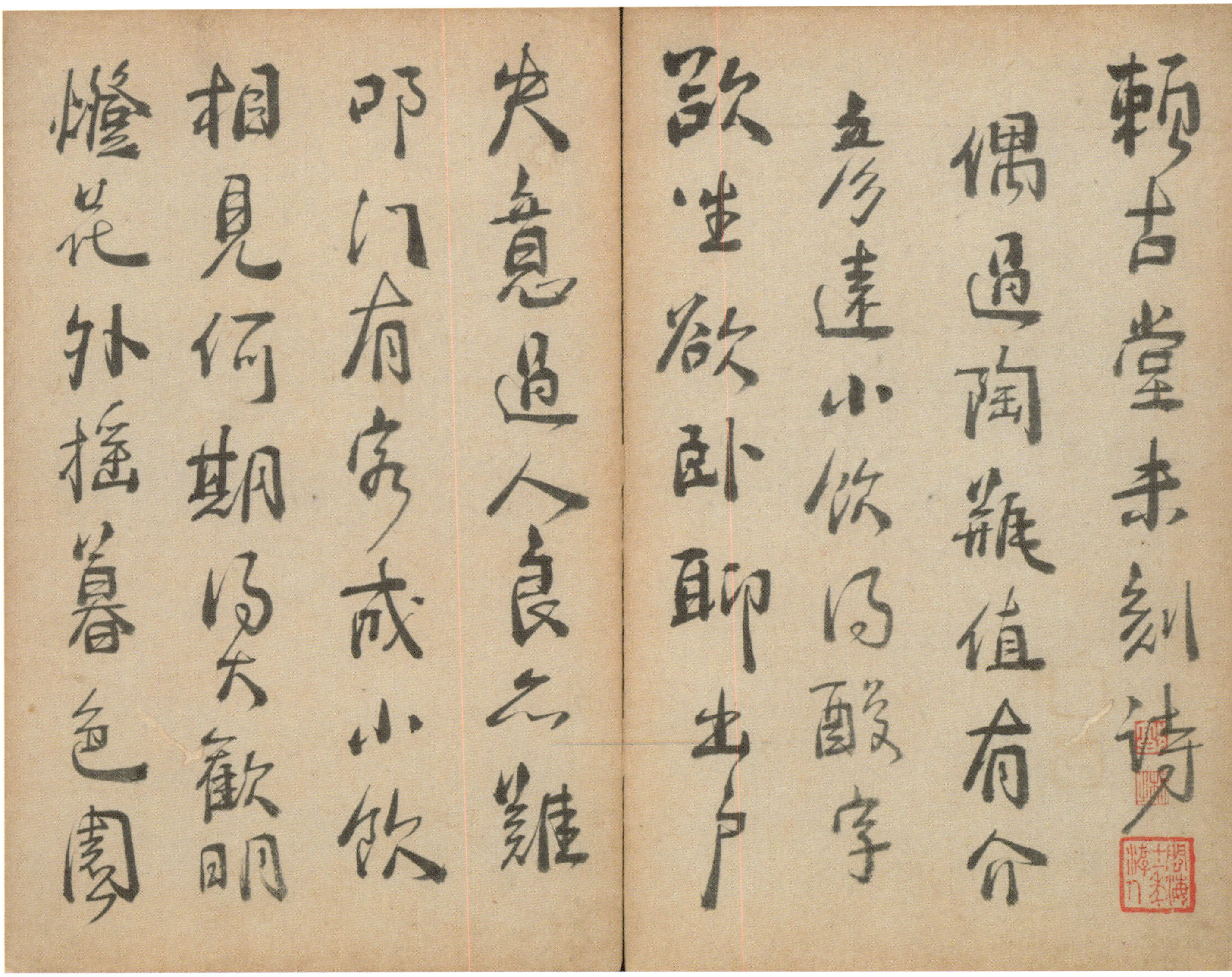

12834 賴古堂未刻詩不分卷 （清）周亮工撰 稿本

經摺裝。天津圖書館藏。

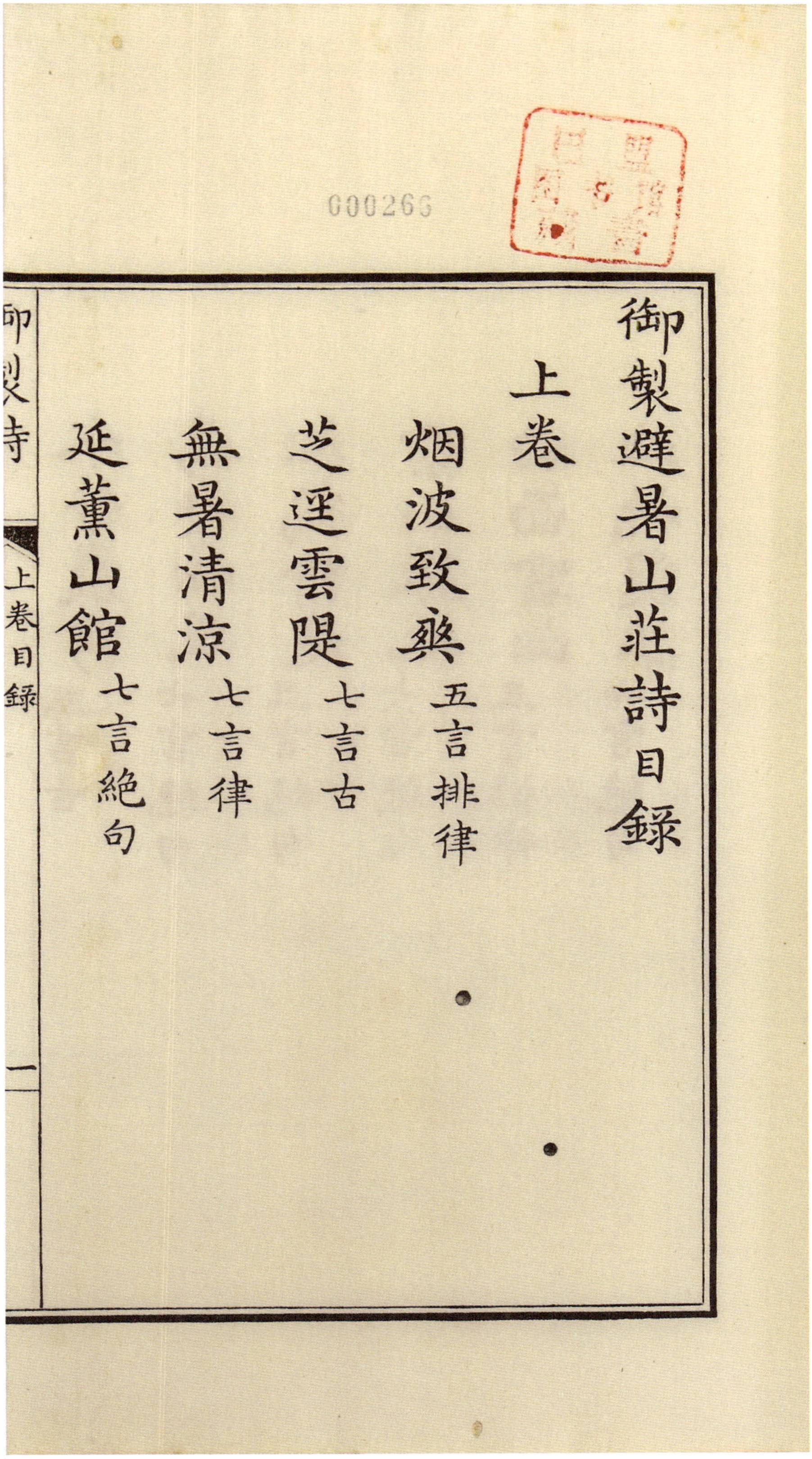

御製避暑山莊詩目錄

上卷

烟波致爽 五言排律

芝逕雲隄 七言古

無暑清涼 七言律

延薰山館 七言絶句

御製詩 上卷目錄 一

12835 御製避暑山莊詩二卷 （清）聖祖玄燁撰 （清）揆叙等注 清康熙五十一年（1712）刻詩五十二年（1713）銅版製圖朱墨套印本

匡高19.9厘米，廣12.9厘米。半葉十二行，行二十字，白口，四周雙邊。有“體元主人”等印。巴彦淖爾市圖書館藏。

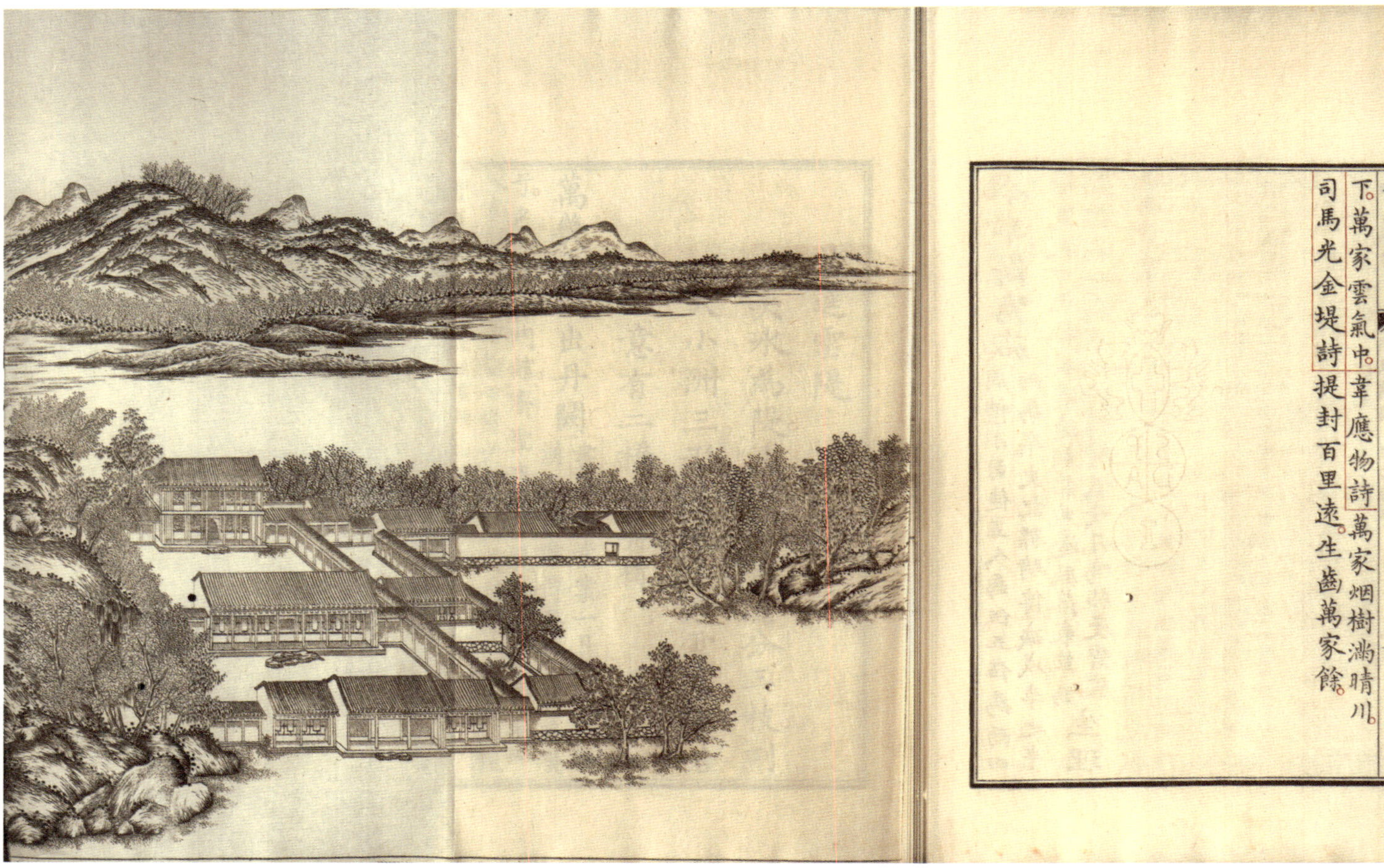

12835 御製避暑山莊詩二卷

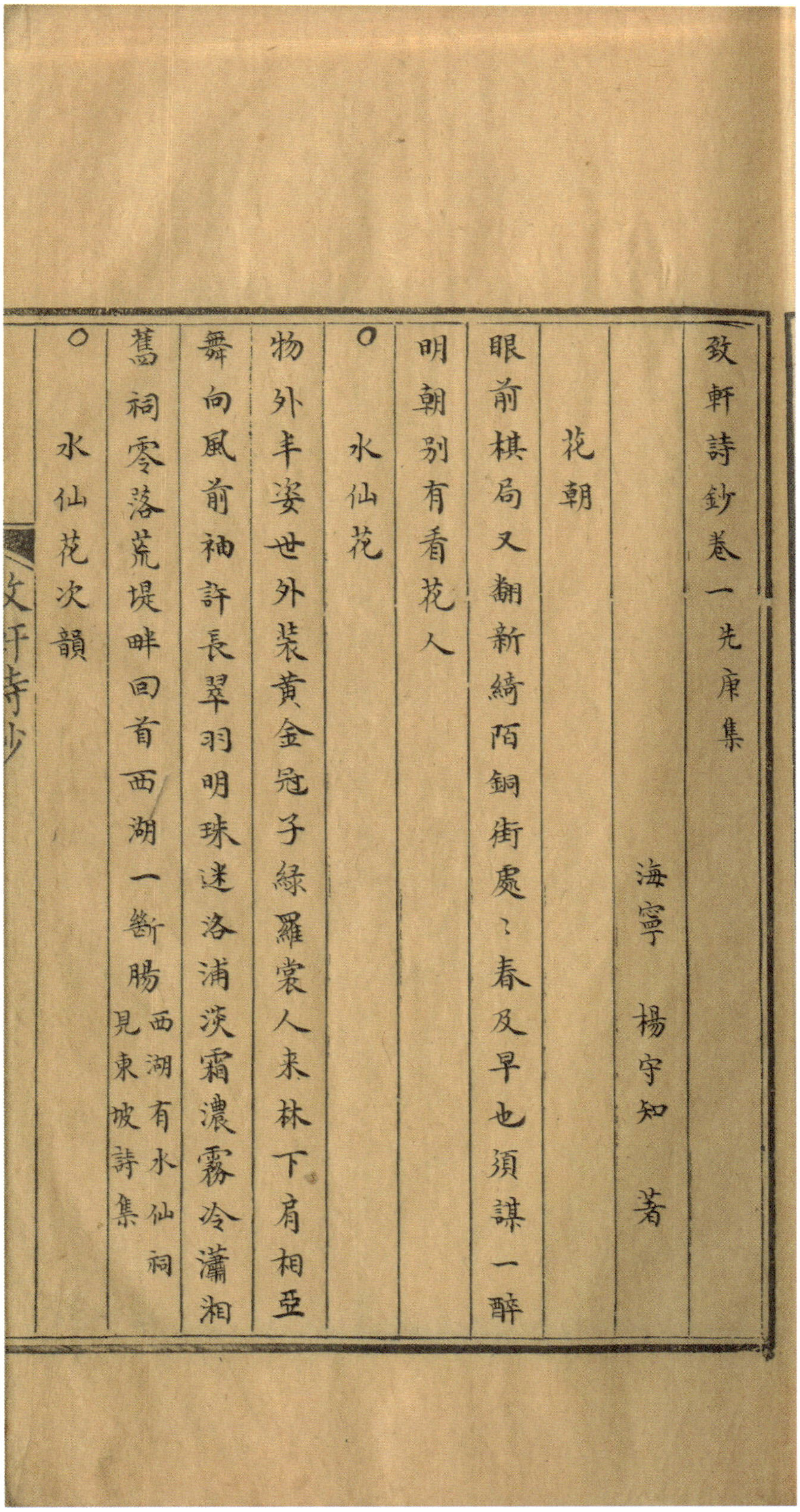

致軒詩鈔卷一 先庚集

海寧 楊守知 著

花朝

眼前棋局又翻新綺陌銅街處〻春及早也須謀一醉明朝別有看花人

○水仙花

物外丰姿世外裝黃金冠子緑羅裳人來林下肩相亞舞向風前袖許長翠羽明珠迷洛浦淡霜濃霧冷瀟湘舊祠零落荒堤畔回首西湖一斷腸西湖有水仙祠見東坡詩集

○水仙花次韻

12836 致軒詩鈔二十四卷 （清）楊守知撰 （清）查祥編 清抄本

有“豐華堂鬻賸書”等印。楊復批校並跋。安徽省圖書館藏。

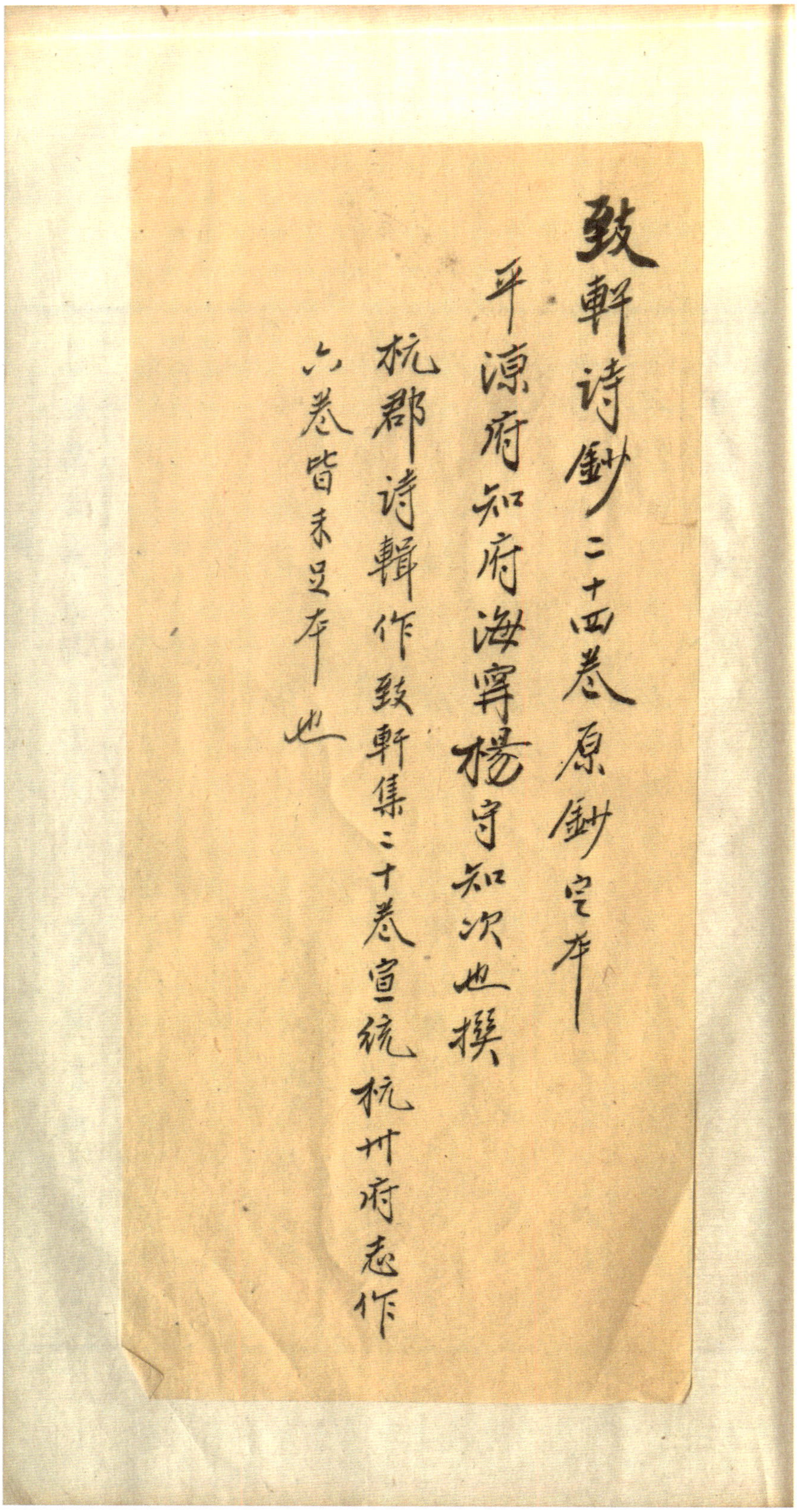

致軒詩鈔二十四卷原鈔足本
平涼府知府海寧楊守知次也撰
杭郡詩輯作致軒集二十卷宣統杭州府志作
六卷皆未足本也

12836 致軒詩鈔二十四卷

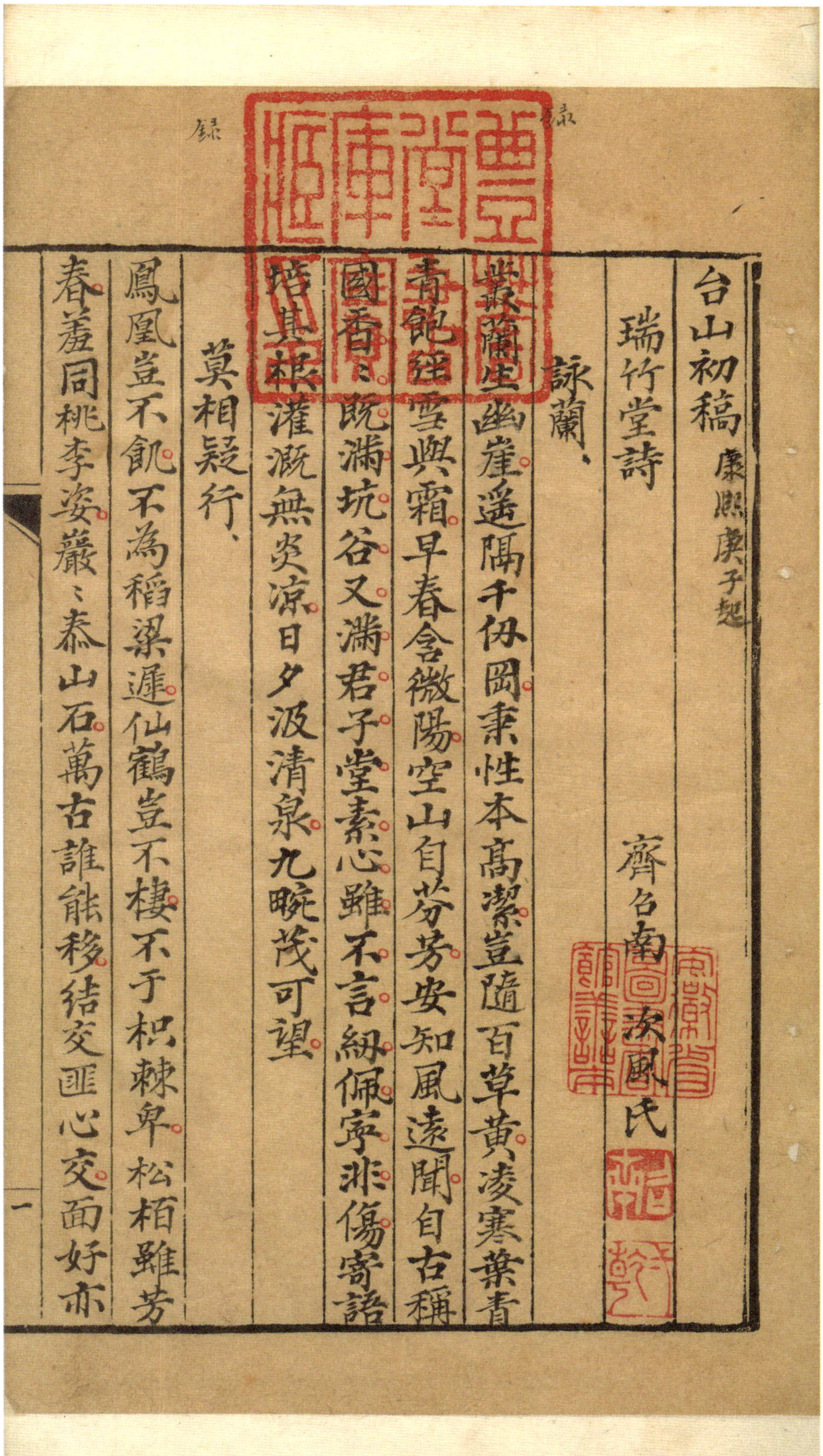

12837 台山初稿瑞竹堂詩不分卷　（清）齊召南撰　稿本

匡高19.9厘米，廣14厘米。半葉十行，行二十四字，小字雙行三十六字，白口，左右雙邊。有“齊印召南”“豐華堂書庫寶臧印”等印。安徽省圖書館藏。

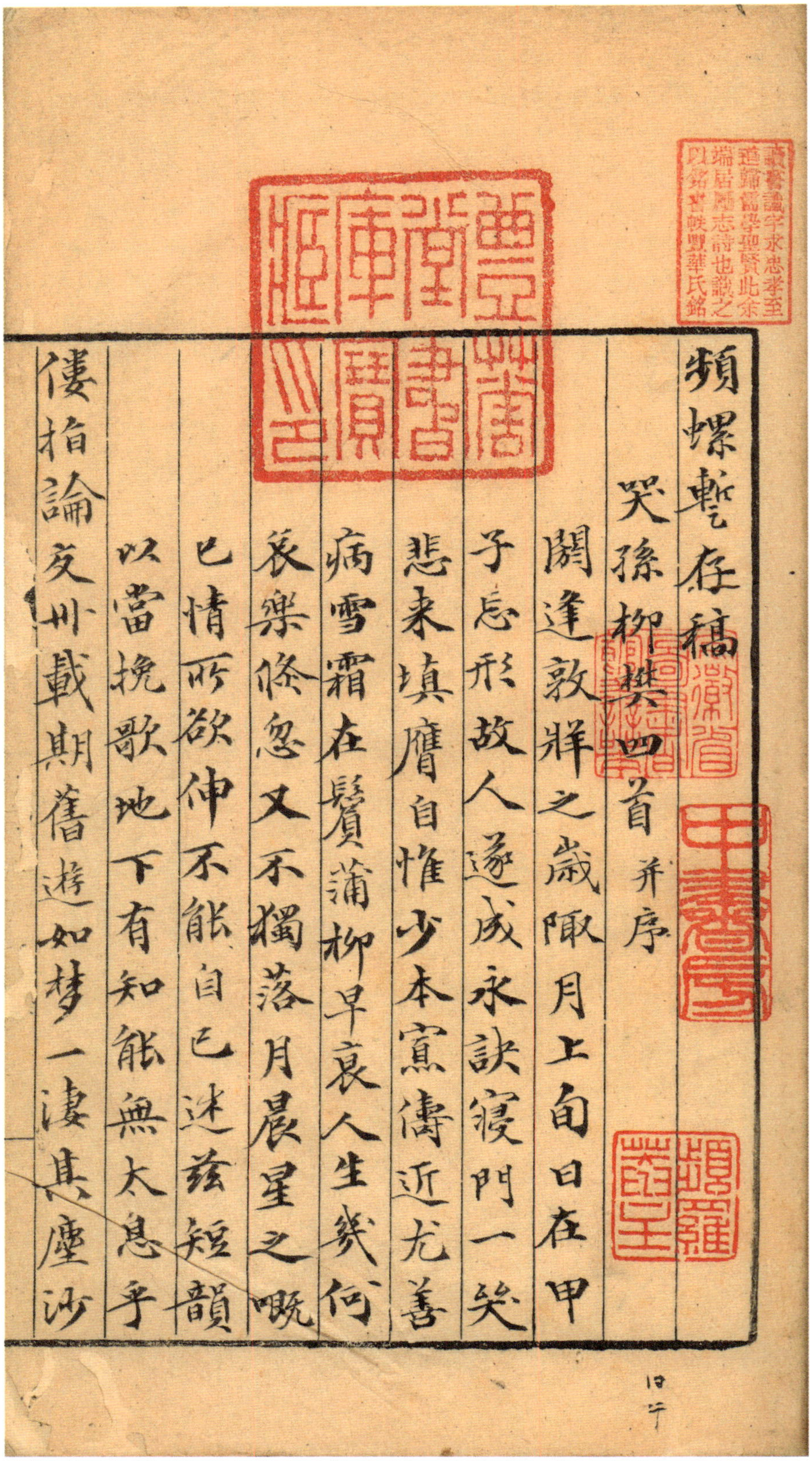

頻螺暫存稿

哭孫柳樊四首 并序

闕逢敦牂之歲陬月上旬日在甲子忘形故人遂成永訣寢門一哭悲來填膺自惟少本寡儔近尤善病雪霜在鬢蒲柳早衰人生幾何哀樂倏忽又不獨落月晨星之慨已情所欲伸不能自已述茲短韻以當挽歌地下有知能無太息乎

僂指論交卅載期舊遊如夢一淒其塵沙

12838 頻螺暫存稿不分卷 （清）梁同書撰 稿本

有“頻羅菴主”“豐華堂書庫寶臧印”等印。楊復批校並跋。安徽省圖書館藏。

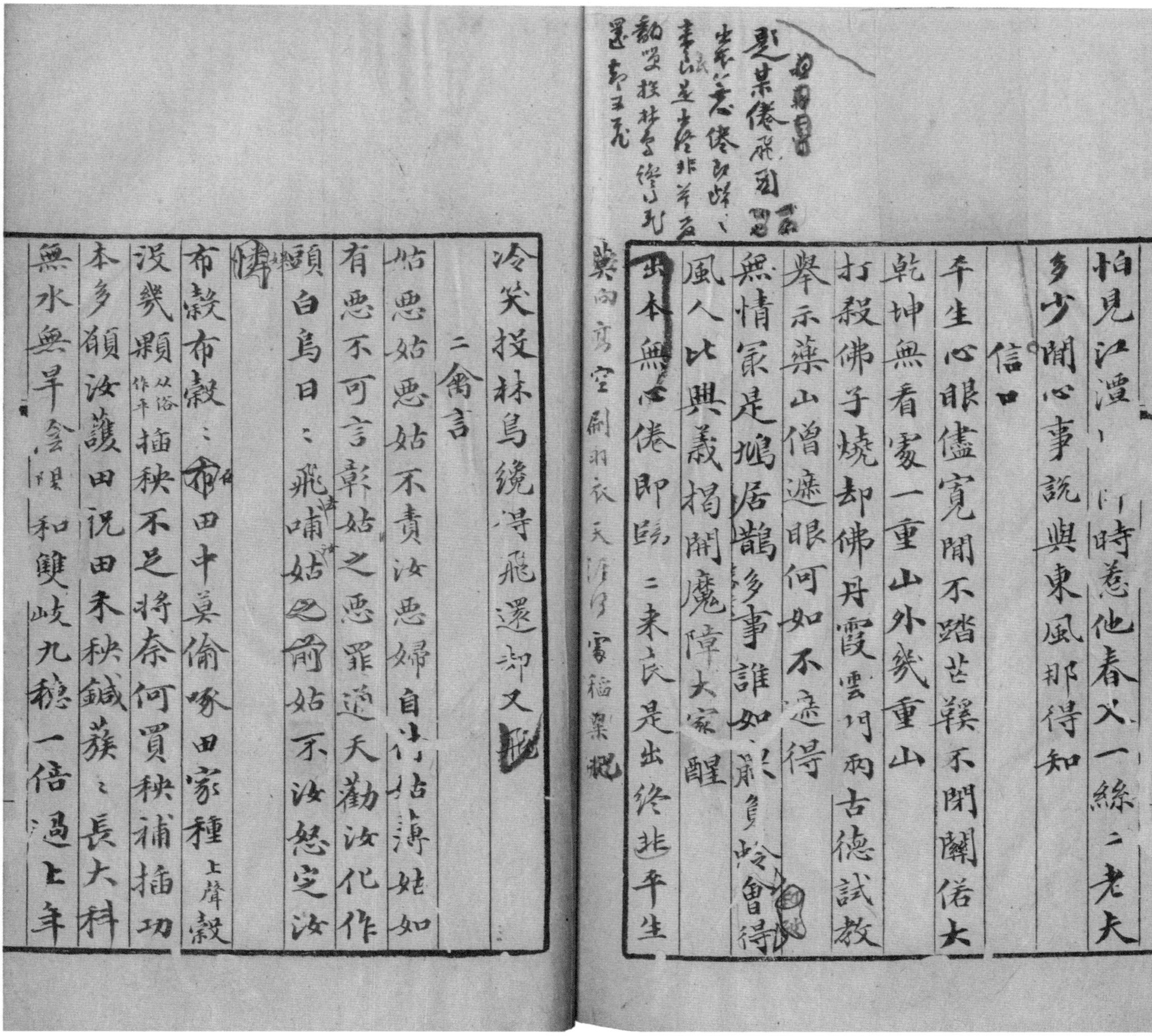

怕見江潭〻時惹他春又一絲〻老大
多少閑心事說與東風那得知
信口
平生心眼儘寬閒不踏芒鞵不閉關偌大
乾坤無着處一重山外幾重山
打殺佛子燒却佛丹霞雲門兩古德試教
擧示藥山僧遮眼何如不遮得
無情家是鳩居鵲多事誰如影負蛉曾得
風人比興義揭開魔障大家醒
出本無心倦即歸〻來長是出終非平生

冷笑投林鳥纔得飛還卻又飛
二禽言
姑惡姑惡姑不責汝惡婦自恃姑薄姑如
有惡不可言彰姑之惡罪逆天勸汝化作
頭白烏日〻飛哺姑之前姑不汝怒定汝
布穀布穀〻布田中莫偷啄田家種（上聲）穀
沒幾顆（从俗作平）插秧不足將奈何買秧補插功
本多煩汝護田說田未秋鐵鐮〻長大科
無水無旱陰陽和雙岐九穗一倍過上年

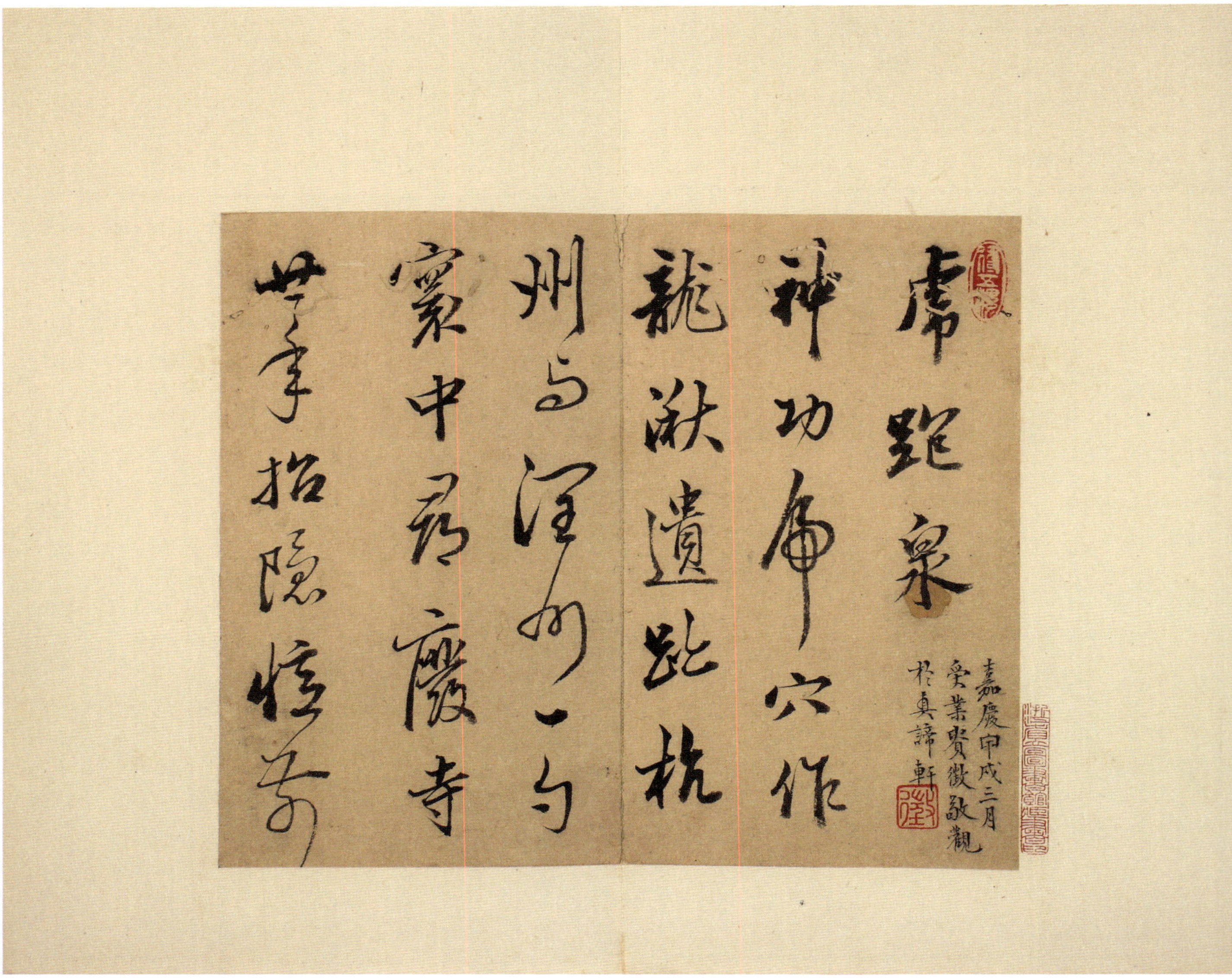

12839 姚姬傳詩一卷 （清）姚鼐撰 手稿本

有“臣鼐私印”等印。貴徵跋並觀款，吴鼒題詩並觀款，薛時雨跋並題詩，吴椿、清恒、汪端光、熊方受、阮亨、悟成、余鑒、陳寶善、趙龍元跋。浙江圖書館藏。

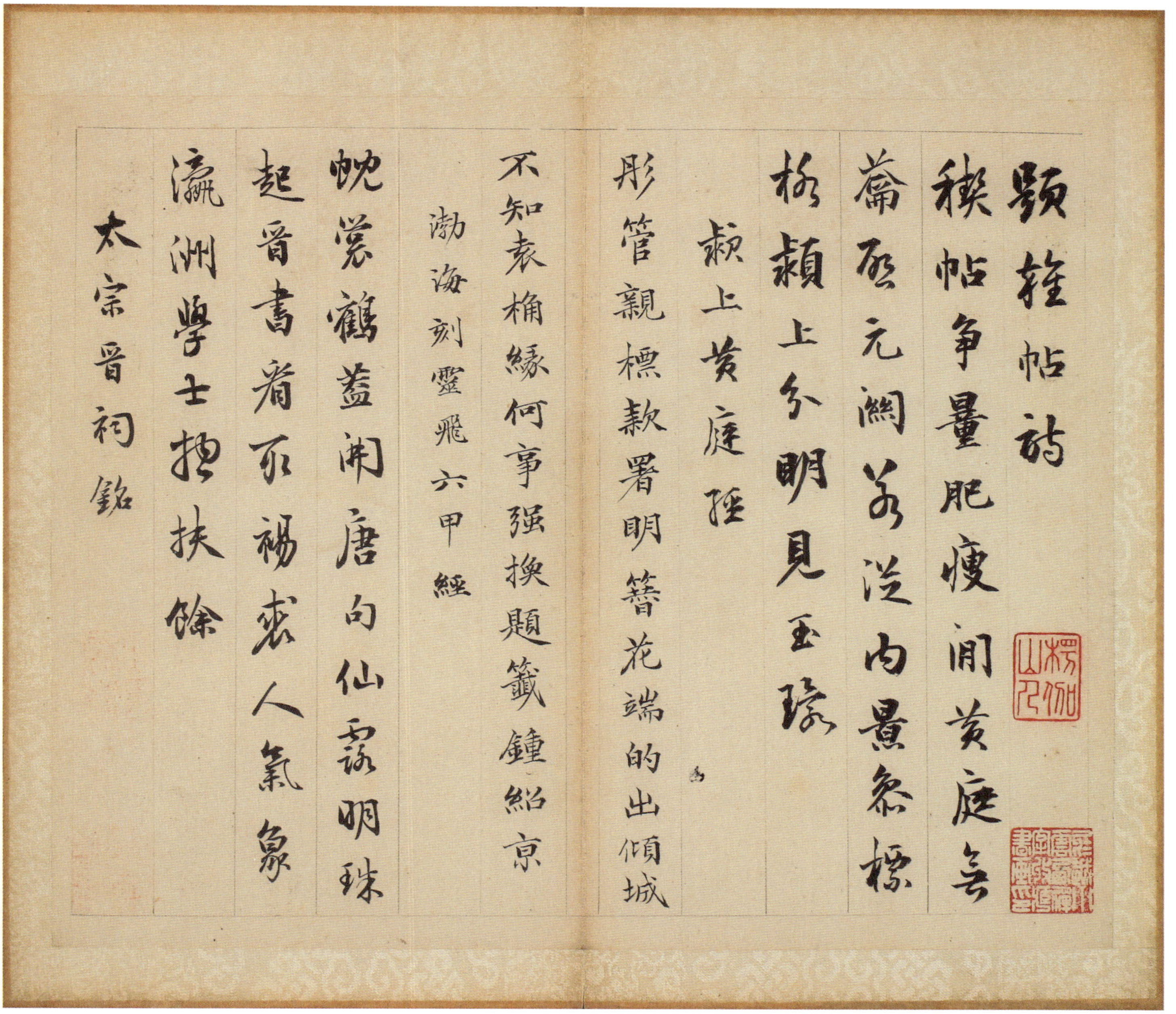

12840 題雜帖詩一卷附感舊題畫雜詩一卷　（清）王芑孫撰　清乾隆五十七年（1792）手稿本

有“楞伽山人”“王印芑孫”等印。浙江圖書館藏。

出入奎章侍從班宮袍花繡照清顏王孫
何處無芳草冷落秋崗鶴東閑 松雪鶴袖帖
蓮筆吳興家攫妍風姿韵似
月當花衡山晚出專遒峭勁
翠蘭姿又一家 衡山帖
書玉急公張予来香人風力
銷匠宣香光學趙時訊
趙偏嫩居身爽重閒
香光帖
乾隆壬子夏日銷暑作題雜帖
詩二十餘首不能悉録也
楞伽山人

12840 題雜帖詩一卷附感舊題畫雜詩一卷

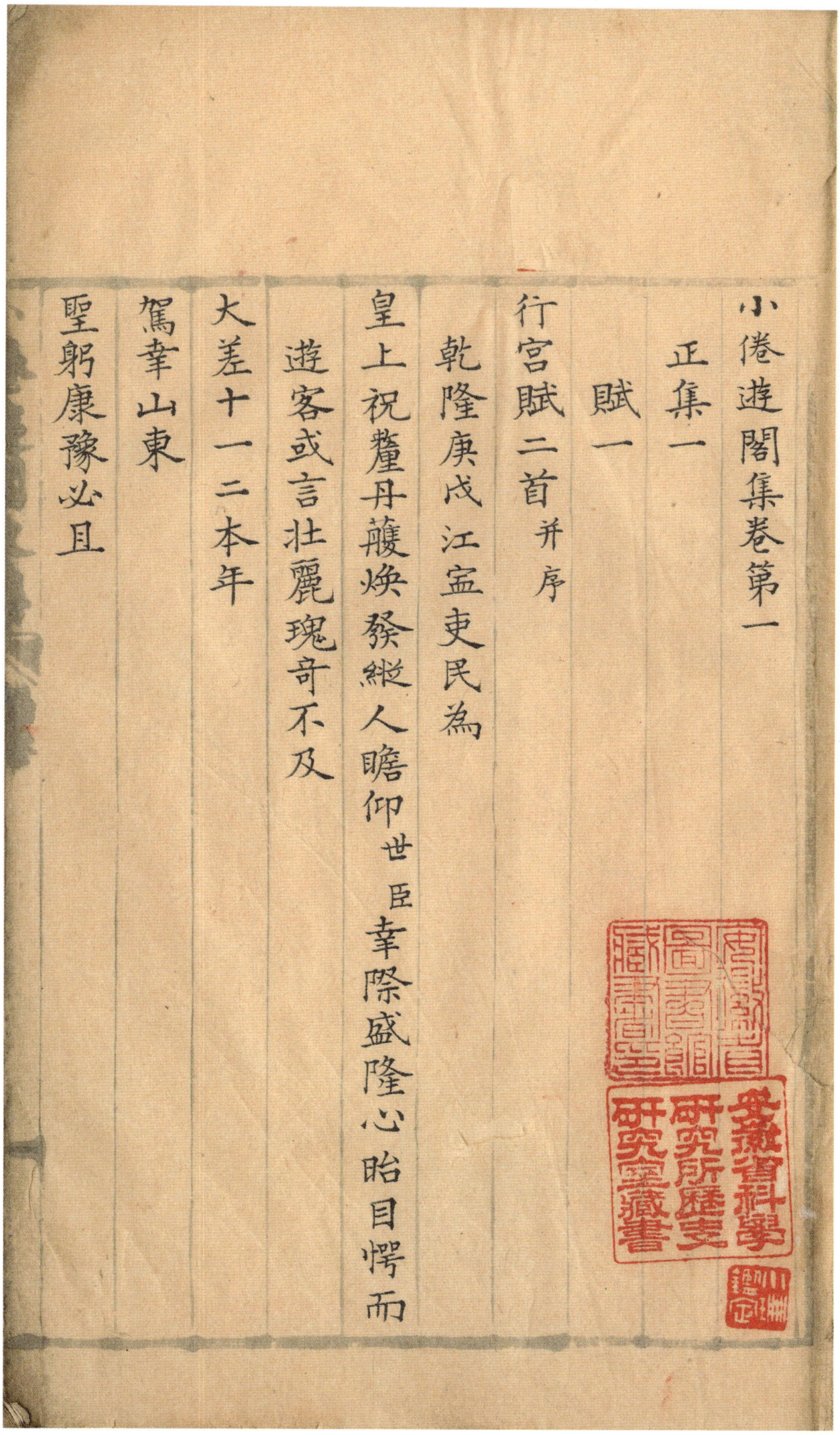

小倦遊閣集卷第一
正集一
賦一
行宫賦二首 并序
乾隆庚戌江寍吏民為
皇上祝釐丹艧煥發縱人瞻仰世臣幸際盛隆心眙目愕而
遊客或言壯麗瓌奇不及
大差十一二本年
駕幸山東
聖躬康豫必且

12841 小倦遊閣集十四卷 （清）包世臣撰　清包氏小倦遊閣抄本

匡高18.1厘米，廣13.9厘米。半葉十行，行二十三字，白口，左右雙邊。有“熙載手斠”“熙載讀過”等印。吴熙載批校。安徽省圖書館藏。

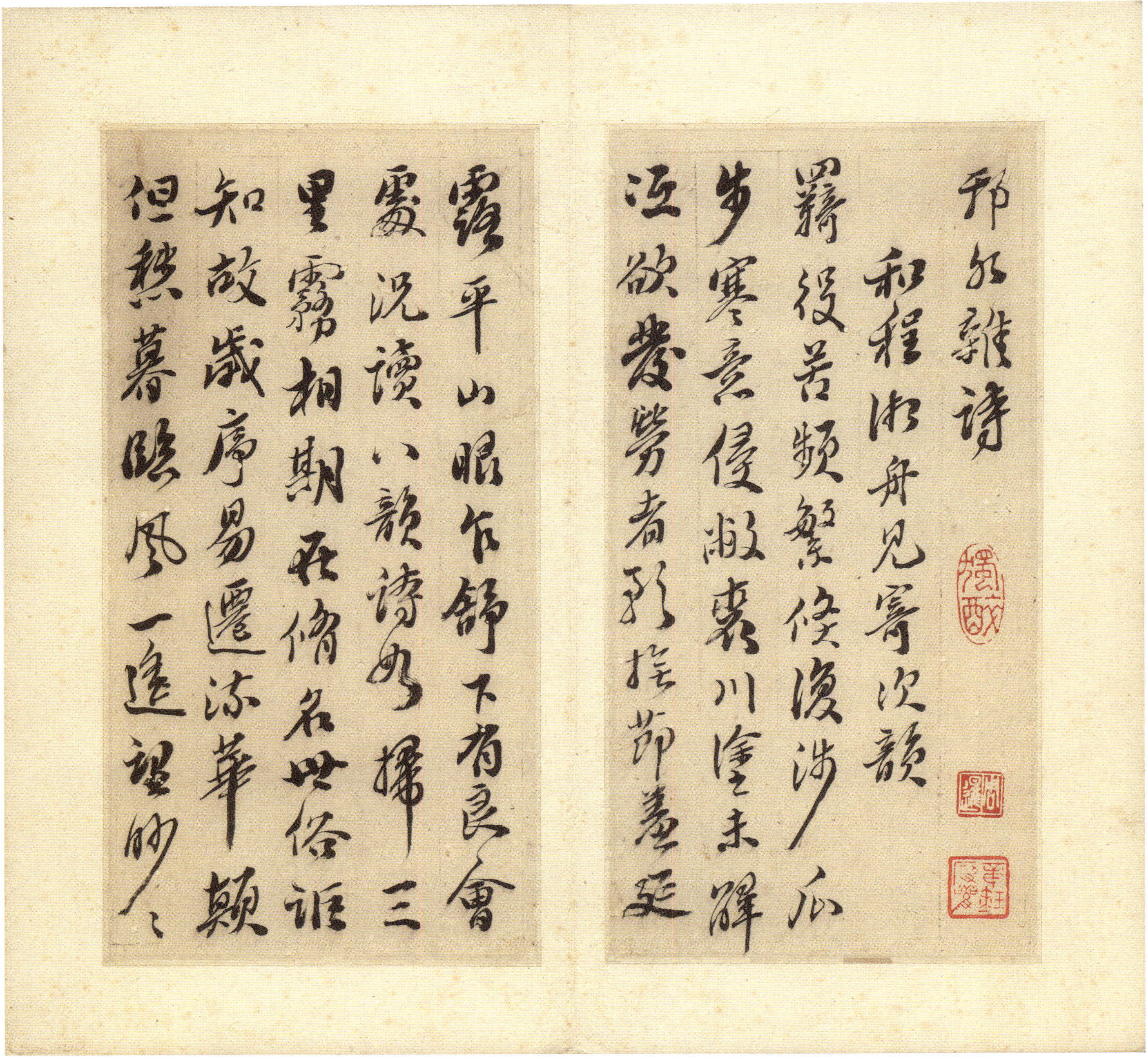

12842 邗州雜詩一卷　（清）顧廣圻撰　稿本

有“周暹”等印。天津圖書館藏。

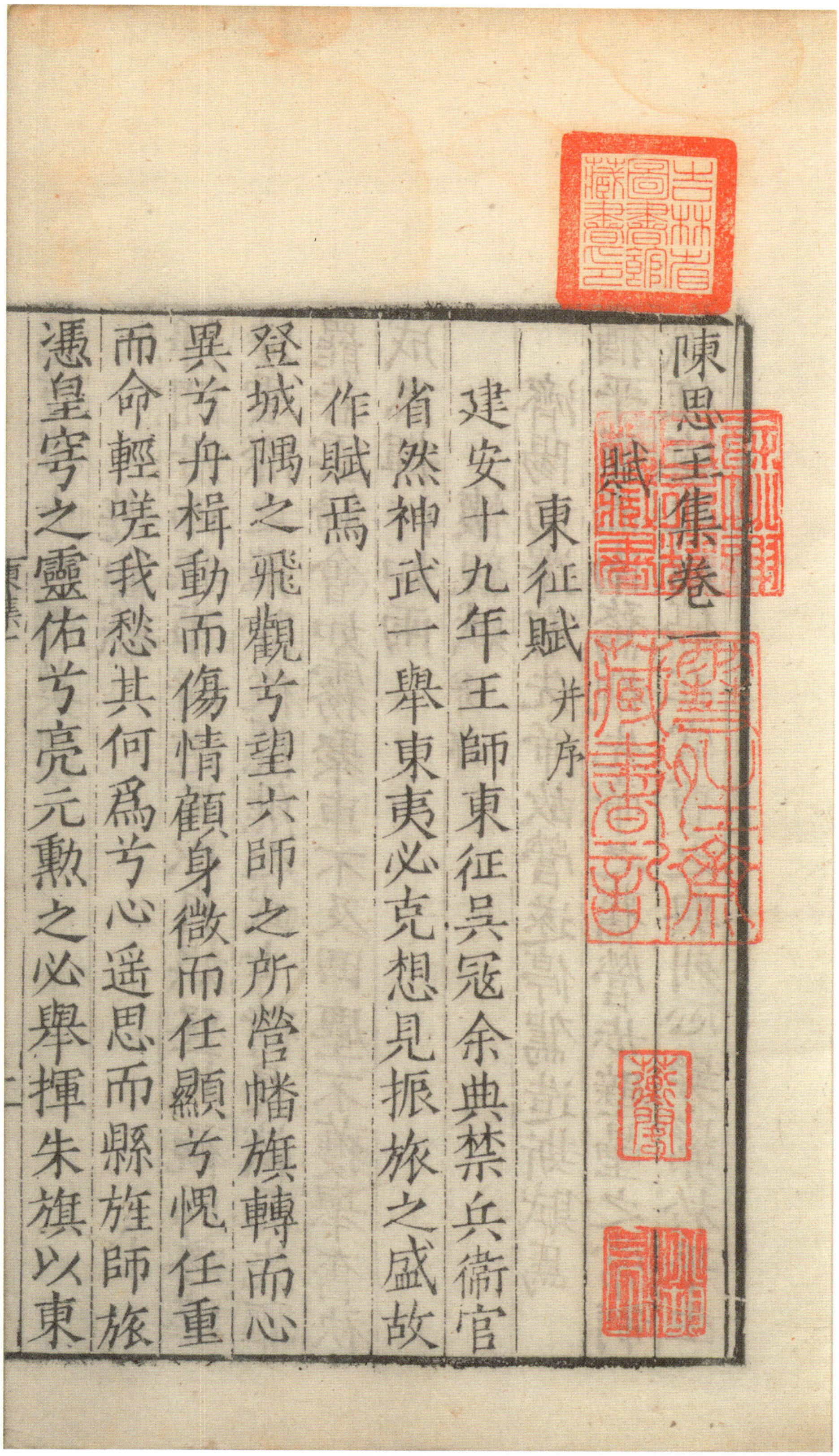
陳思王集卷一
賦
東征賦 并序
建安十九年王師東征吳寇余典禁兵衛宮
省然神武一舉東夷必克想見振旅之盛故
作賦焉
登城隅之飛觀兮望六師之所營幡旗轉而心
異兮舟楫動而傷情顧身微而任顯兮愧任重
而命輕嗟我愁其何爲兮心遥思而縣旌師旅
憑皇穹之靈佑兮亮元勳之必舉揮朱旗以東

12843 六朝詩集二十四種五十五卷 明嘉靖刻本

匡高17.8厘米，廣12.7厘米。半葉十行，行十八字，白口，左右雙邊。吉林省圖書館藏。

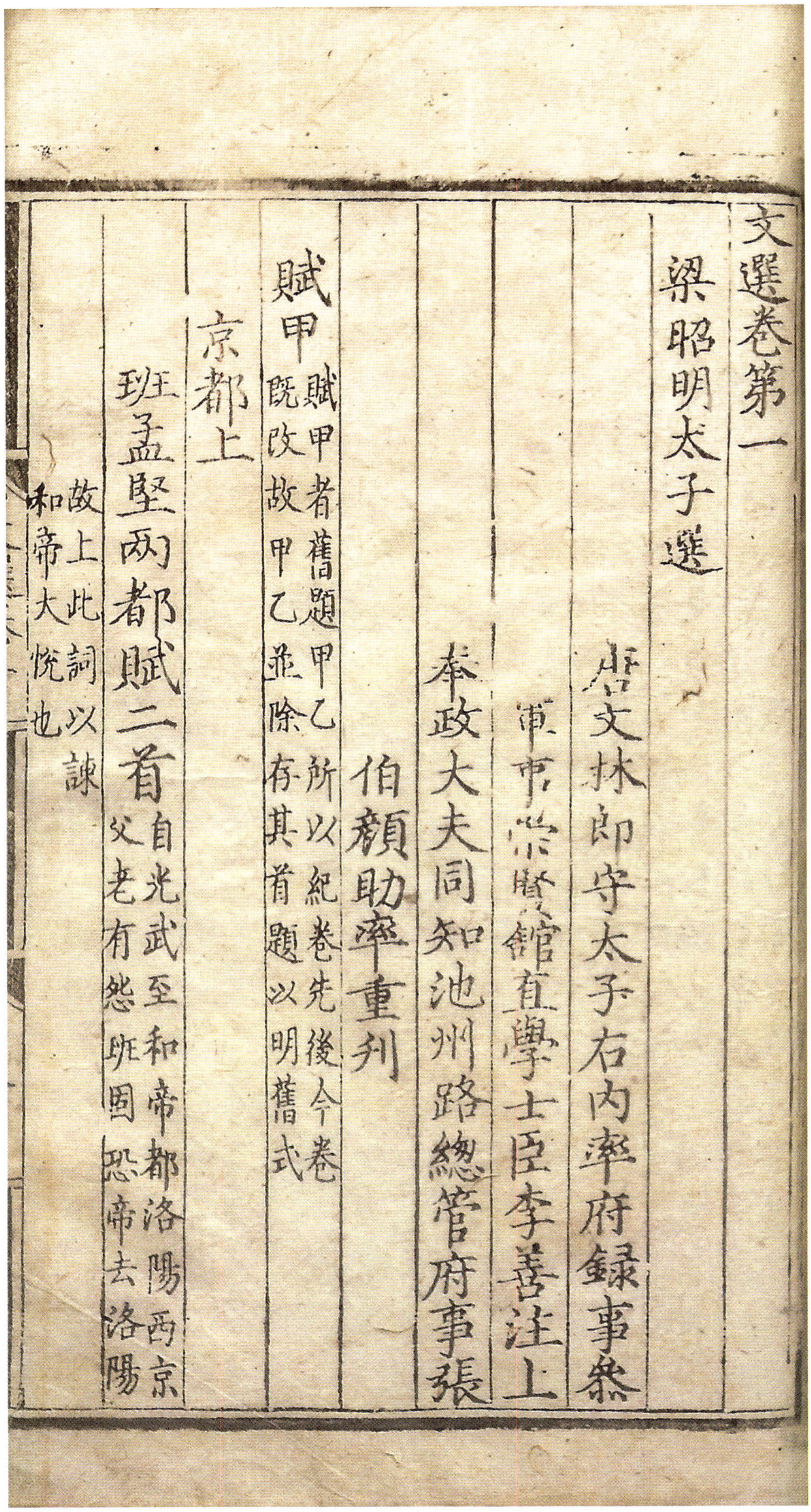

文選卷第一

梁昭明太子選

唐文林郎守太子右内率府録事參軍事崇賢館直學士臣李善注上

奉政大夫同知池州路總管府事張伯顔助率重刊

賦甲 賦甲者舊題甲乙所以紀卷先後今卷既改故甲乙並除存其首題以明舊式

京都上

班孟堅兩都賦二首 自光武至和帝都洛陽西京父老有怨班固恐帝去洛陽故上此詞以諫和帝大悦也

12844 文選六十卷 （梁）蕭統輯 （唐）李善注 明成化二十三年（1487）唐藩朱芝址刻本

匡高22.5厘米，廣15厘米。半葉十行，行二十二字，小字雙行同，黑口，四周雙邊。南京圖書館藏。

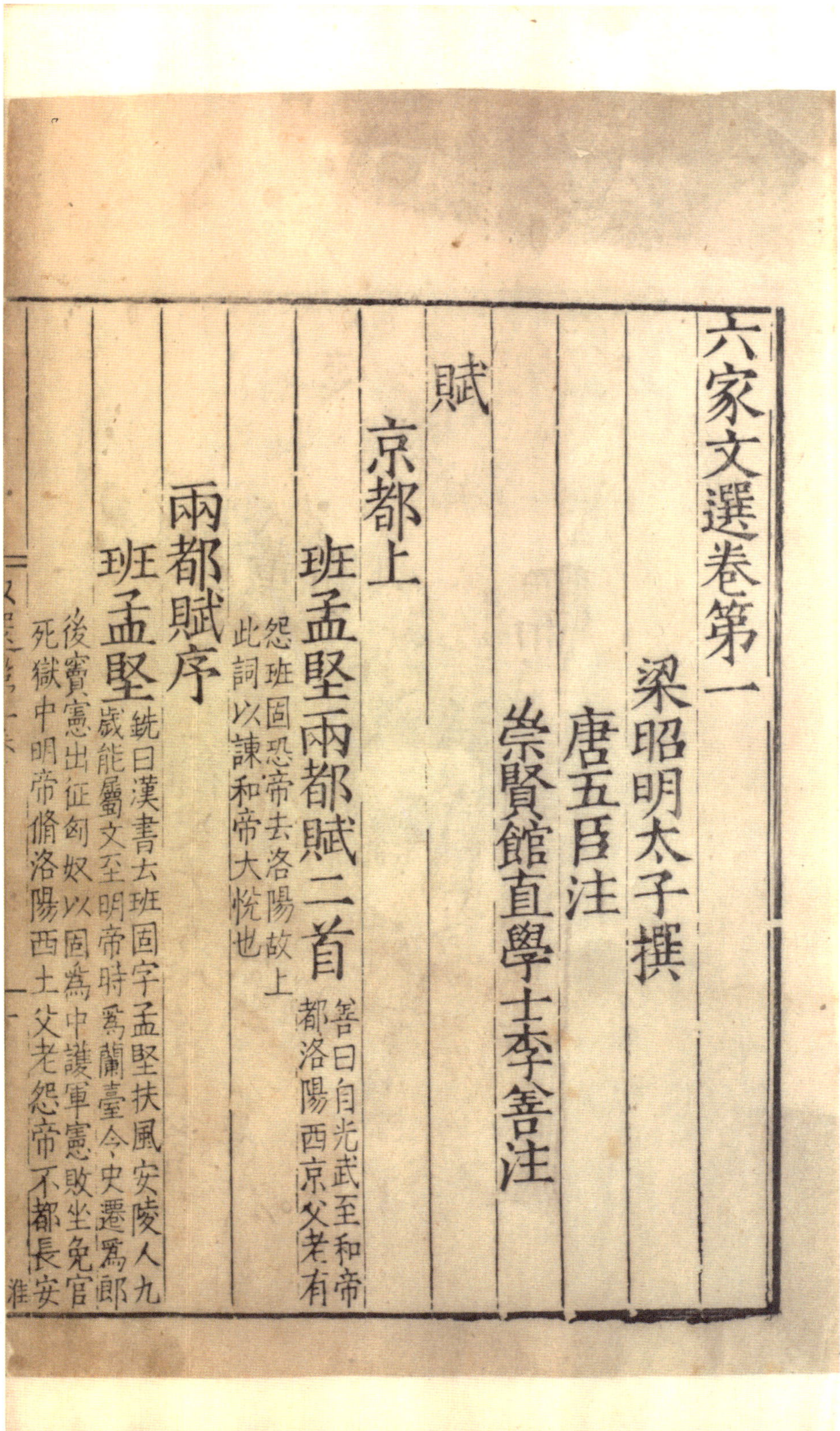

六家文選卷第一

梁昭明太子撰

唐五臣注

崇賢館直學士李善注

賦

京都上

班孟堅兩都賦二首 善曰自光武至和帝都洛陽西京父老有怨班固恐帝去洛陽故上此詞以諫和帝大悅也

兩都賦序

班孟堅 銑曰漢書云班固字孟堅扶風安陵人九歲能屬文至明帝時爲蘭臺令史遷爲郎後竇憲出征匈奴以固爲中護軍憲敗坐免官死獄中明帝俻洛陽西土父老怨帝不都長安

12845 六家文選六十卷 （南朝梁）蕭統輯 （唐）李善 吕延濟 劉良 張銑 吕向 李周翰注 明嘉靖十三至二十八年（1534—1549）袁褧嘉趣堂刻本

匡高24厘米，廣18.7厘米。半葉十一行，行十八字，小字雙行二十六字，白口，左右雙邊。首都圖書館藏。

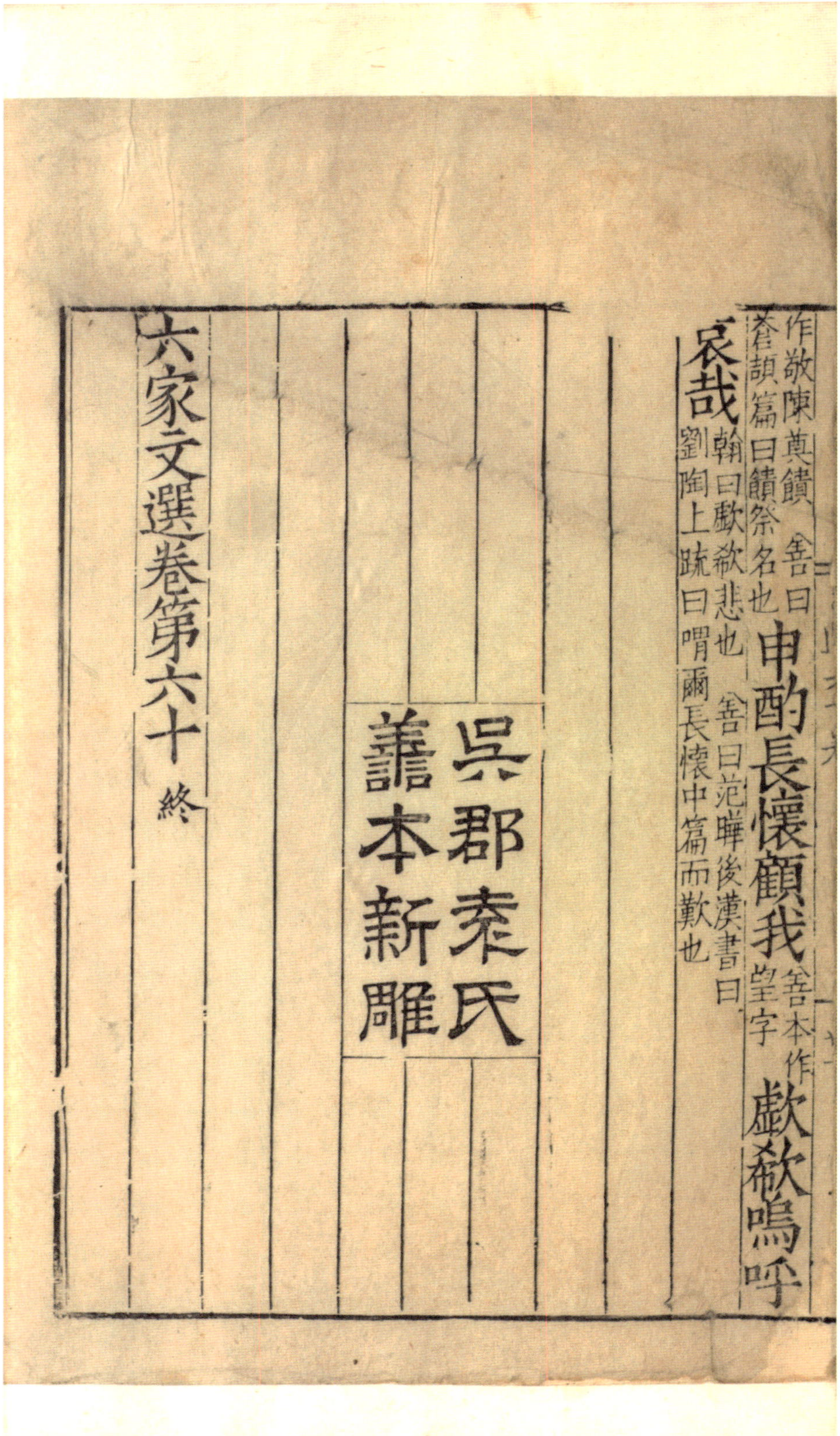

作敬陳奠饋　善曰蒼頡篇曰饋祭名也　申酎長懷顧我善本作望字　歔欷嗚呼

哀哉　翰曰歔欷悲也　善曰范曄後漢書曰劉陶上䟽曰喟爾長懷中篇而歎也

六家文選卷第六十　終

吴郡袁氏善本新雕

12845 六家文選六十卷

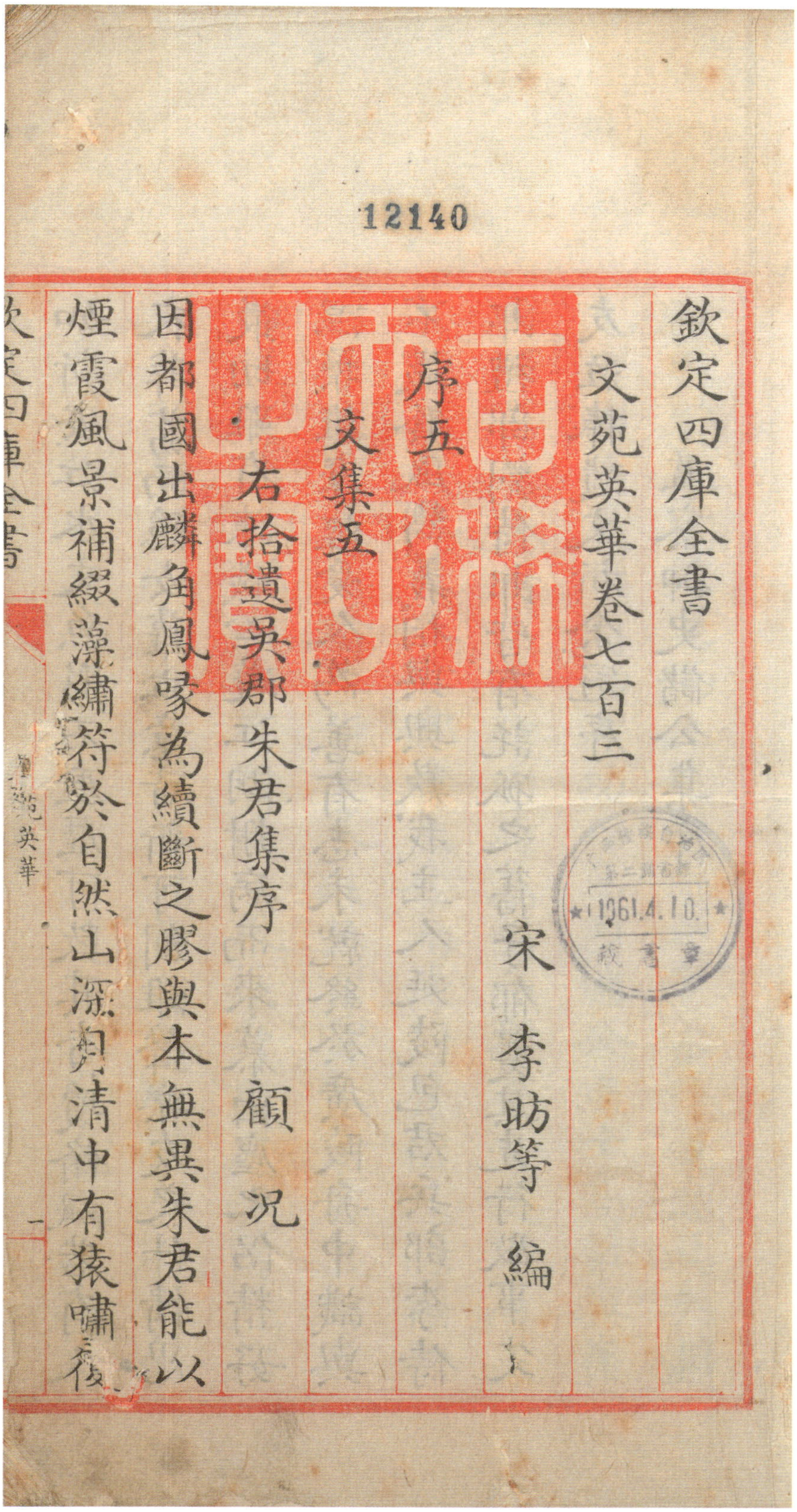

12846 文苑英華一千卷 （宋）李昉等輯　清乾隆内府寫南三閣四庫全書本

包背裝。匡高20.8厘米，廣14厘米。半葉八行，行二十一字，紅格，白口，四周雙邊。有“古稀天子之寶”“乾隆御覽之寶”等印。廣西壯族自治區圖書館藏，存三卷。

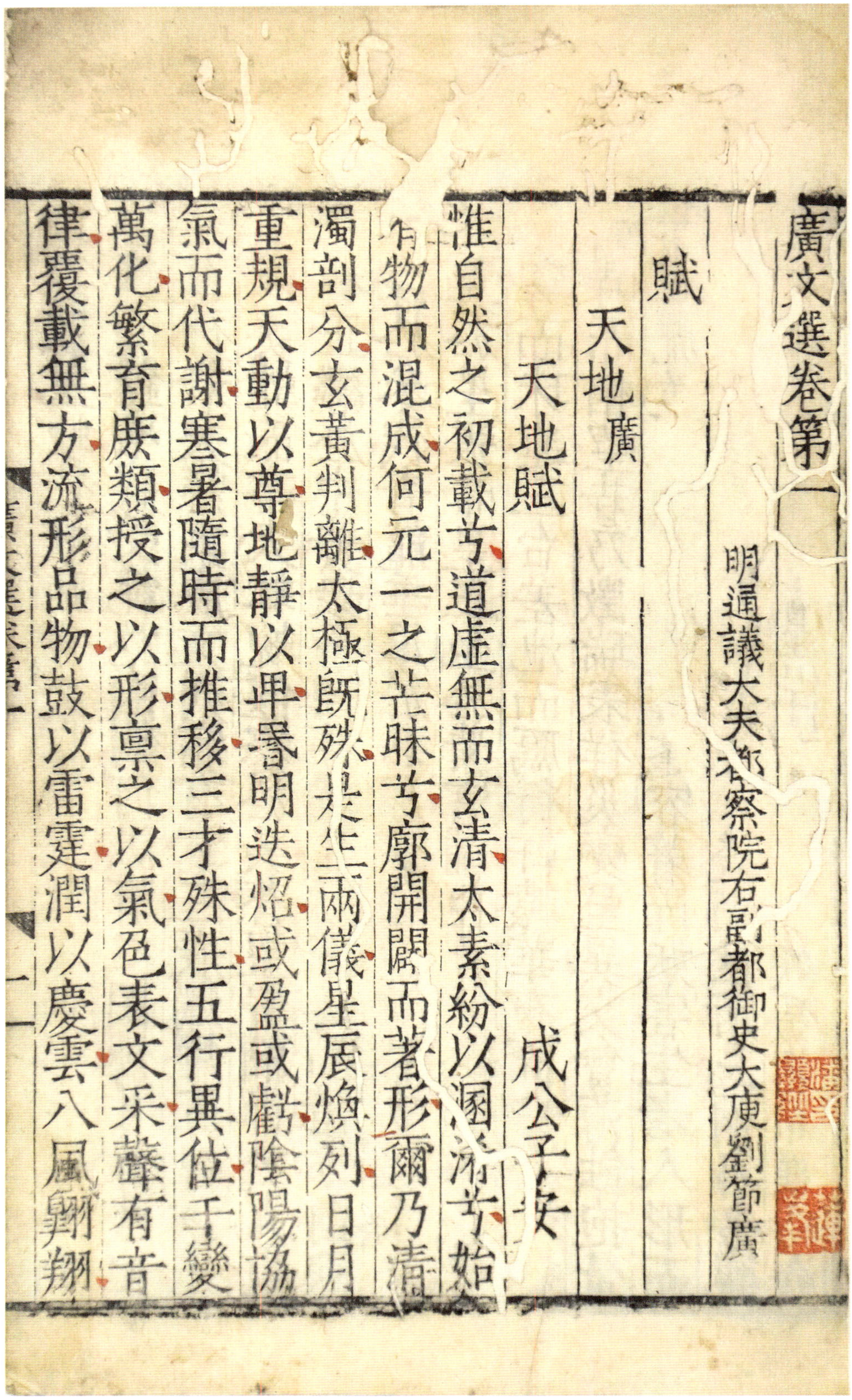
廣文選卷第一
明通議大夫都察院右副都御史大庾劉節廣
賦
天地 廣
天地賦 成公子安
惟自然之初載兮道虛無而玄清太素紛以溷淆兮始
有物而混成何元一之芒昧兮廓開闢而著形爾乃清
濁剖分玄黃判離太極既殊是生兩儀星辰煥列日月
重規天動以尊地靜以卑昬明迭炤或盈或虧陰陽協
氣而代謝寒暑隨時而推移三才殊性五行異位千變
萬化繁育庶類授之以形稟之以氣色表文采聲有音
律覆載無方流形品物鼓以雷霆潤以慶雲八風翱翔

12847 廣文選八十二卷目録二卷 （明）劉節輯 明嘉靖十二年（1533）侯秩刻本

匡高20.9厘米，廣16.2厘米。半葉十二行，行二十一字，小字雙行同，白口，左右雙邊。江西省圖書館藏。

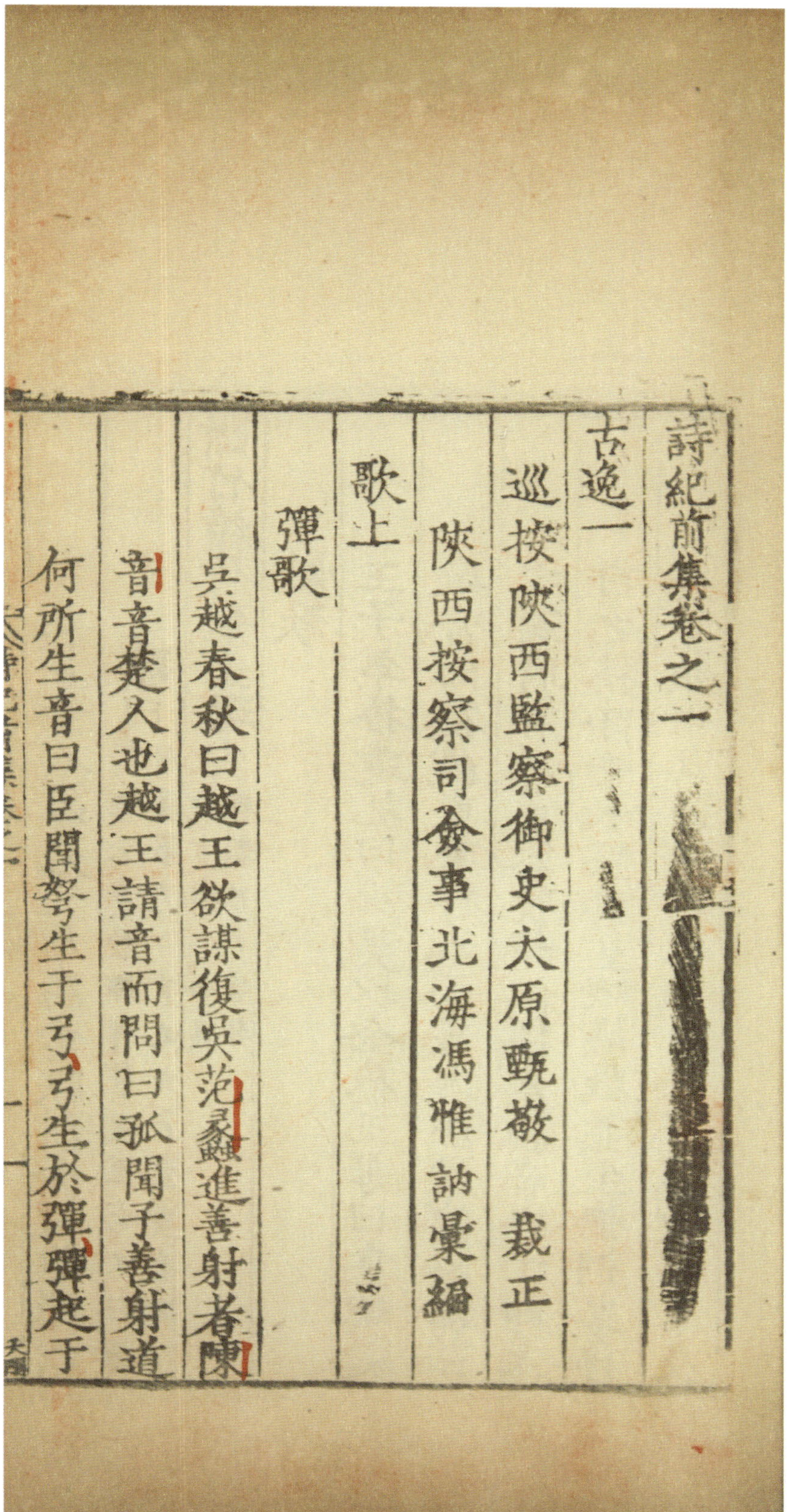

詩紀前集卷之一

古逸一

巡按陝西監察御史太原甄敬　裁正

陝西按察司僉事北海馮惟訥　彙編

歌上

彈歌

吳越春秋曰越王欲謀復吳范蠡進善射者陳音音楚人也越王請音而問曰孤聞子善射道何所生音曰臣聞弩生于弓弓生於彈彈起于

12848 詩紀一百三十卷前集十卷外集四卷別集十二卷　（明）馮惟訥輯　明嘉靖三十九年（1560）甄敬刻本

匡高18.9厘米，廣13.9厘米。半葉九行，行二十一字，小字雙行同，白口，左右單邊。西南大學圖書館藏。

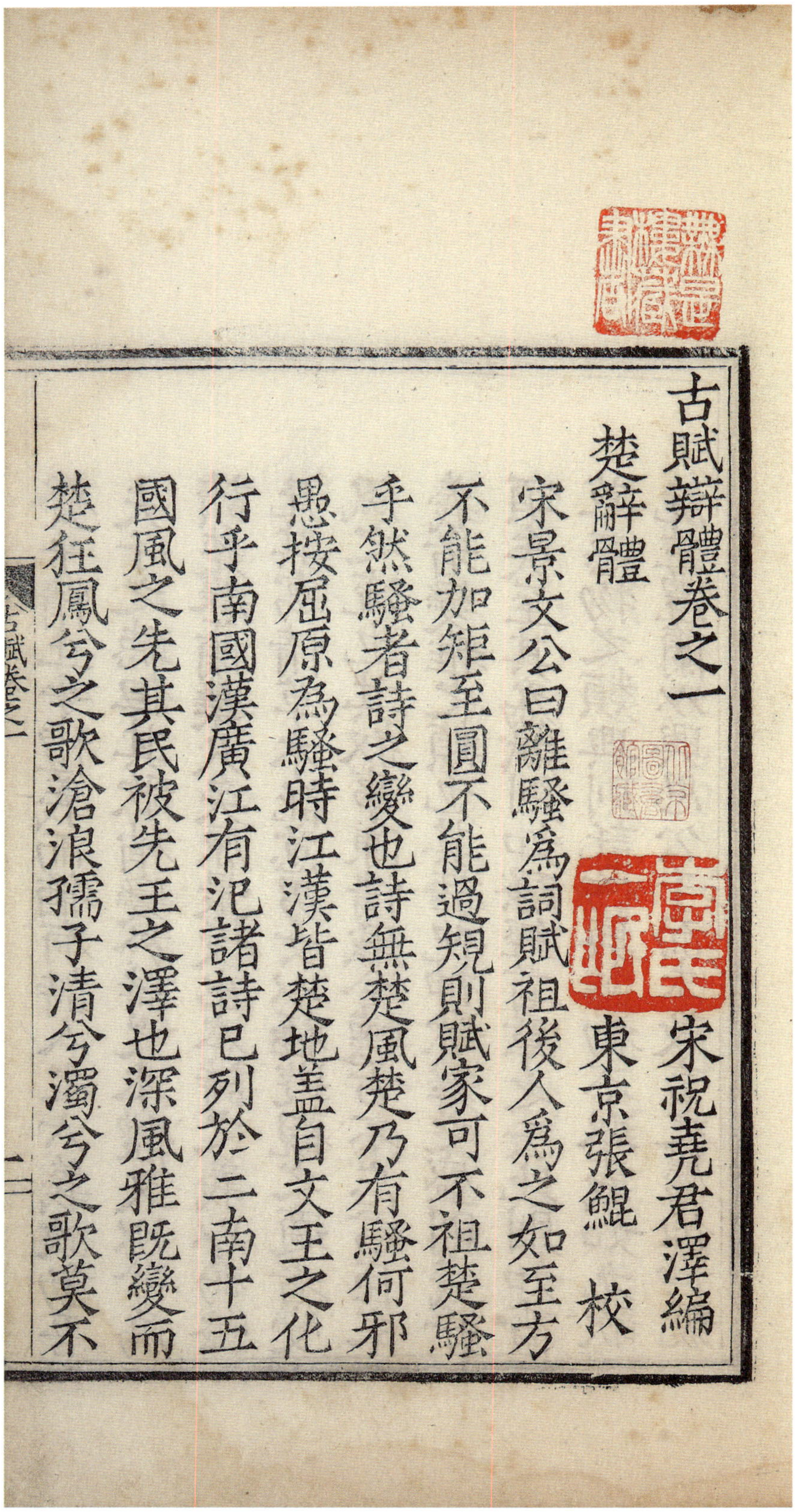
古賦辯體卷之一
宋祝堯君澤編
東京張鯤　校
楚辭體
宋景文公曰離騷爲詞賦祖後人爲之如至方
不能加矩至圓不能過規則賦家可不祖楚騷
乎然騷者詩之變也詩無楚風楚乃有騷何邪
愚按屈原爲騷時江漢皆楚地盖自文王之化
行乎南國漢廣江有汜諸詩已列於二南十五
國風之先其民被先王之澤也深風雅既變而
楚狂鳳兮之歌滄浪孺子清兮濁兮之歌莫不

古賦卷之一　一

12849 古賦辯體十卷　（元）祝堯輯　明嘉靖十一年（1532）熊爵刻本

匡高20.4厘米，廣14.9厘米。半葉九行，行二十字，小字雙行字不等，白口，四周雙邊。有“李氏一氓”等印。李一氓跋。國家圖書館藏。

祝堯字君澤江西上饒人延祐進士仕至無錫同
知元人錢序張序皆已為宋人大謨輯大易演
義及古賦辯體是編元鏤不可見成化二年上饒
守金宗潤以元刻覆刊嘉靖十一年張鯤又依
成化本再覆校鏤於四川即此本也余得之哈爾
濱市上多處墨圈塗抹留多之日重韜裝之因
為識 成都李一氓

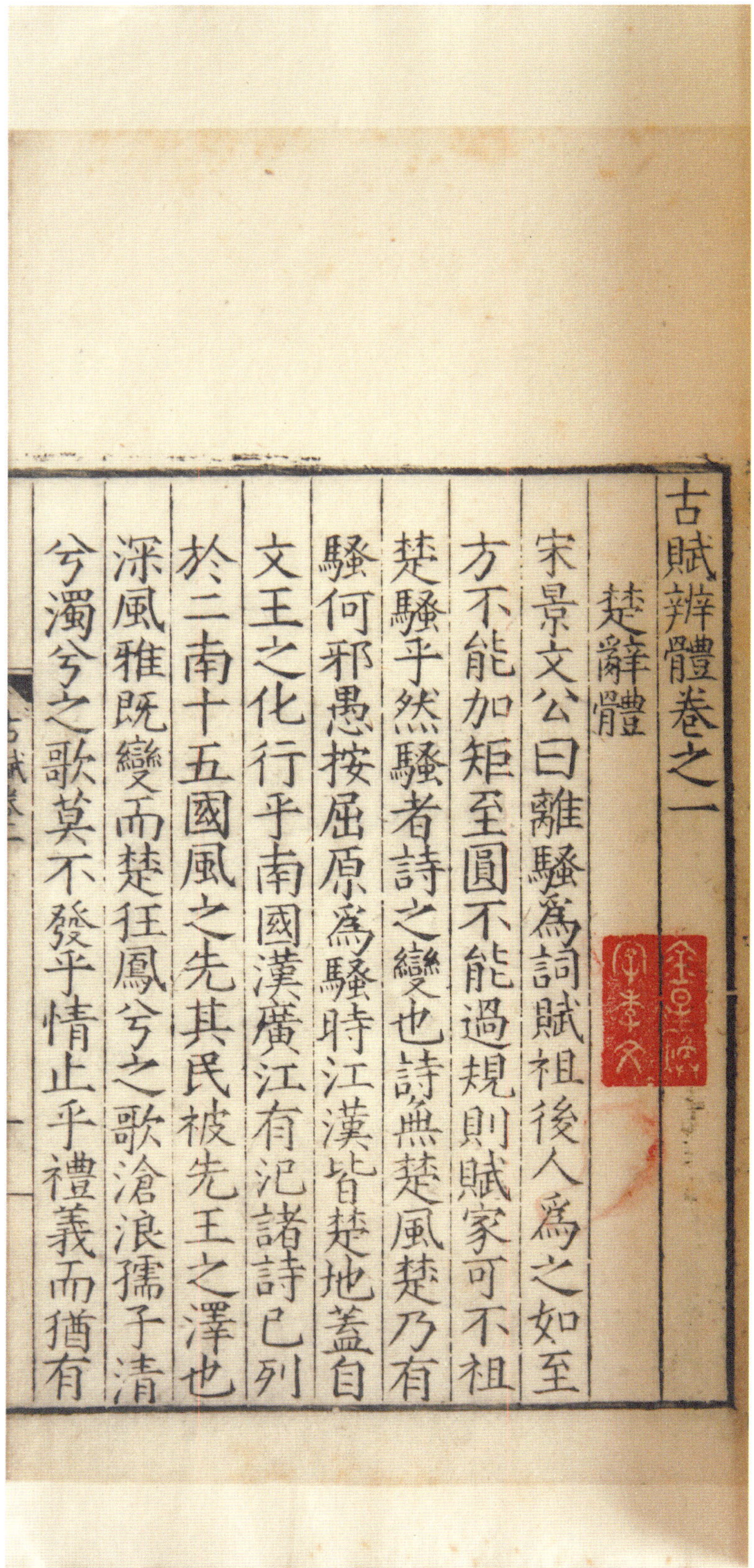

12850 古賦辨體十卷 （元）祝堯輯 明嘉靖十六年（1537）顧可久等刻本

匡高17.2厘米，廣13.6厘米。半葉十行，行十八字，小字雙行字同，白口，四周單邊。有“藝風堂藏書”“荃孫”等印。西南大學圖書館藏。

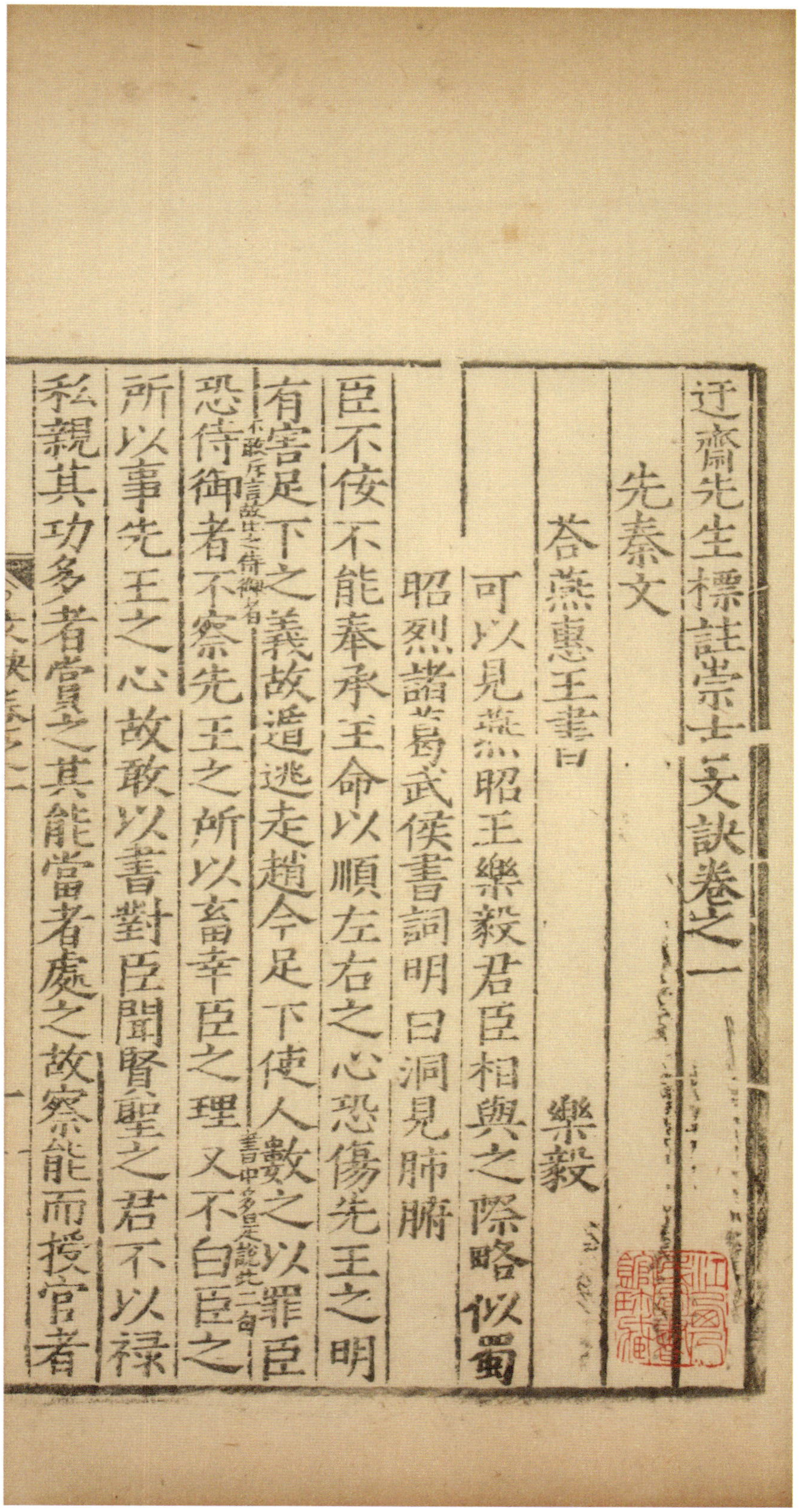

迂齋先生標註崇古文訣卷之一

先秦文

荅燕惠王書　　樂毅

可以見燕昭王樂毅君臣相與之際略似蜀昭烈諸葛武侯書詞明白洞見肺腑

臣不佞不能奉承王命以順左右之心恐傷先王之明有害足下之義（不敢斥言故曰之侍御者）故遁逃走趙今足下使人數之以罪臣（書中多曰足下說先二句）恐侍御者不察先王之所以畜幸臣之理又不白臣之所以事先王之心故敢以書對臣聞賢聖之君不以祿私親其功多者賞之其能當者處之故察能而授官者

12851 迂齋先生標註崇古文訣三十五卷　（宋）樓昉輯　明嘉靖十二年（1533）王鴻漸刻本

匡高18.8厘米，廣13.9厘米。半葉十行，行二十一字，白口，左右雙邊。江西省圖書館藏。

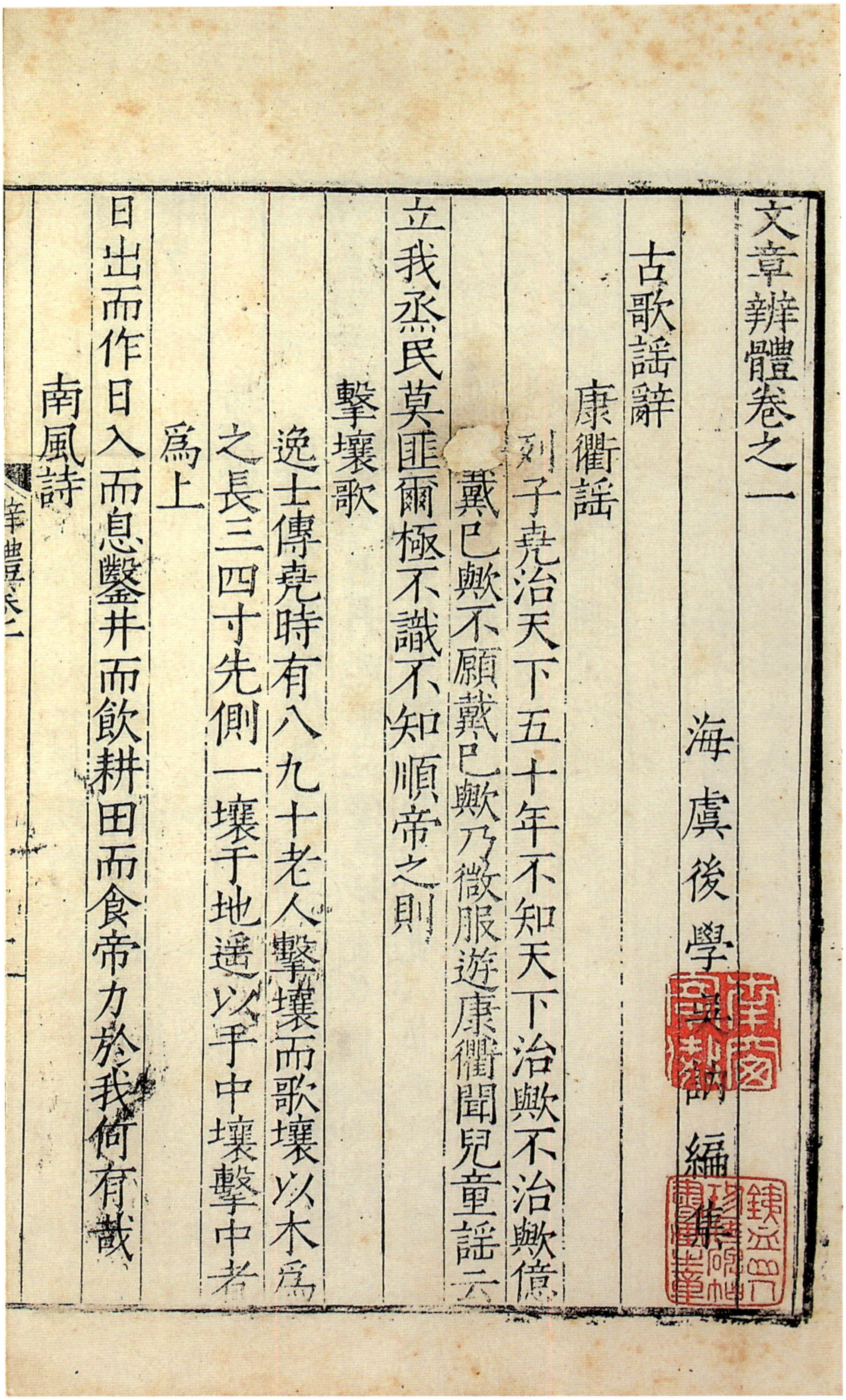

12852 文章辨體五十卷外集五卷總論一卷 （明）吴訥輯　明嘉靖刻本

匡高22厘米，廣16.2厘米。半葉十三行，行二十四字，白口，左右雙邊。有“鐵血山人珍藏碑帖書画之章”等印。河南省圖書館藏。

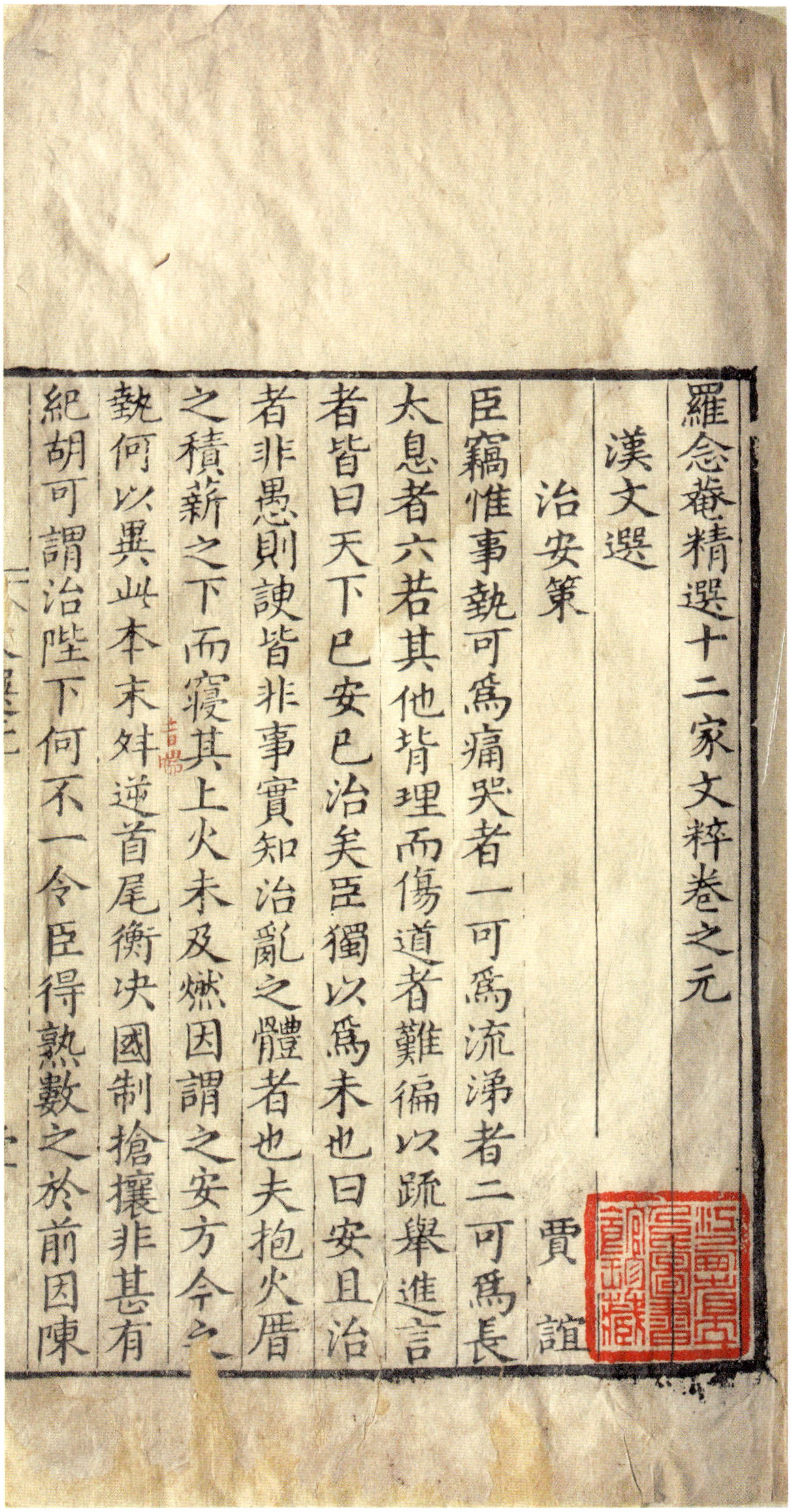

羅念菴精選十二家文粹卷之元

漢文選

治安策　　賈誼

臣竊惟事勢可爲痛哭者一可爲流涕者二可爲長太息者六若其他背理而傷道者難徧以疏舉進言者皆曰天下已安已治矣臣獨以爲未也曰安且治者非愚則諛皆非事實知治亂之體者也夫抱火厝之積薪之下而寢其上火未及燃因謂之安方今之勢何以異此本末舛逆首尾衡決國制搶攘非甚有紀胡可謂治陛下何不一令臣得熟數之於前因陳

12853 羅念菴精選十二家文粹四卷　（明）羅洪先輯　明隆慶五年（1571）刻本

匡高18厘米，廣13.7厘米。半葉十行，行二十字，白口，左右雙邊。江西省圖書館藏。

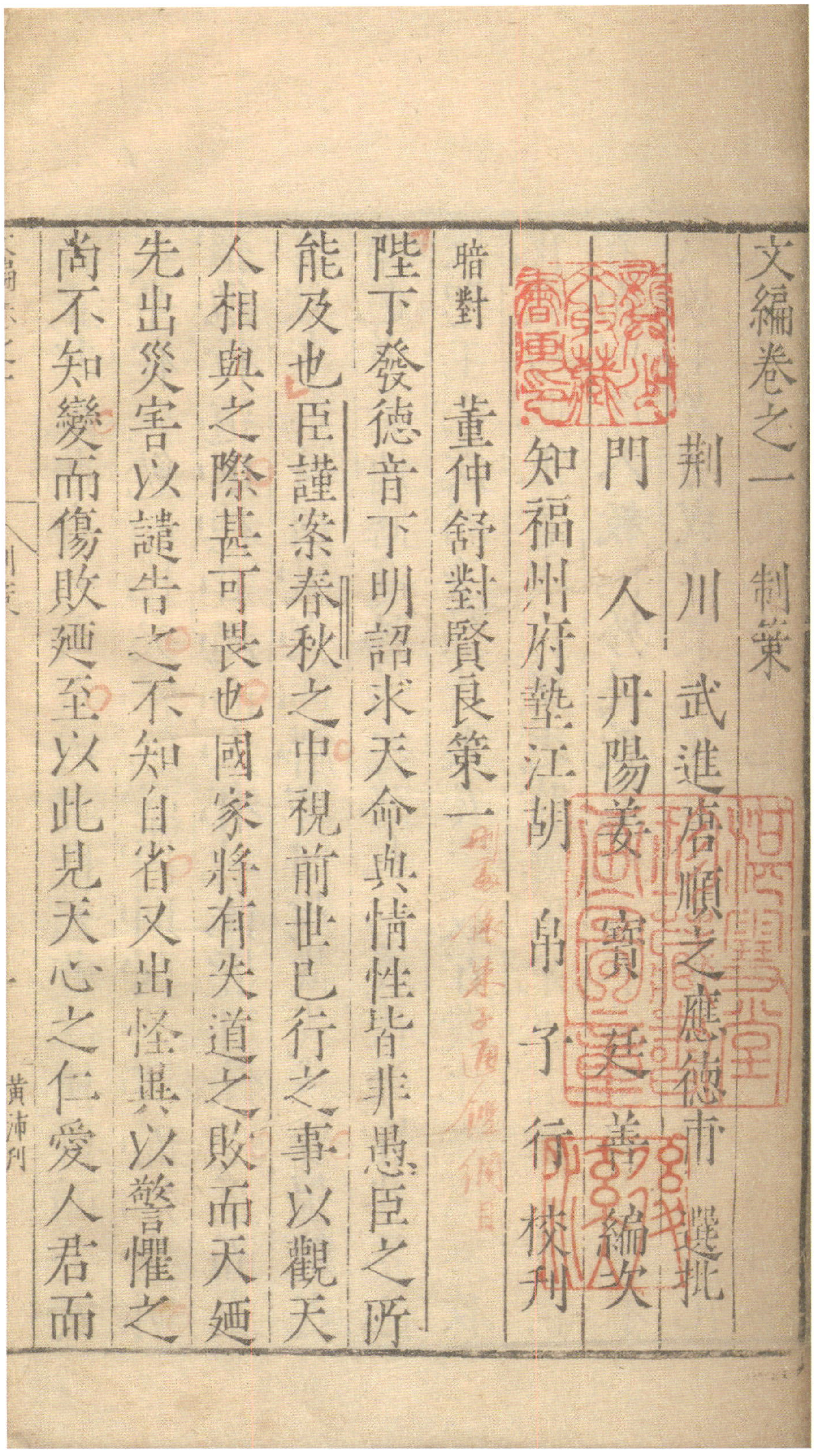

文編卷之一　制策

荆川　武進唐順之應德甫　選批

門　人　丹陽姜　寶　廷　善　編次

知福州府墊江胡　帛　子　行　校刊

暗對

董仲舒對賢良策一

陛下發德音下明詔求天命與情性皆非愚臣之所能及也臣謹案春秋之中視前世已行之事以觀天人相與之際甚可畏也國家將有失道之敗而天廼先出災害以譴告之不知自省又出怪異以警懼之尚不知變而傷敗廼至以此見天心之仁愛人君而

黃沛刊

12854 文編六十四卷　（明）唐顺之輯　明嘉靖胡帛刻本

匡高19.9厘米，廣14.5厘米。半葉十行，行二十字，白口，四周單邊。有“大通樓藏書印”“龔少文收藏書画印”等印。福建省圖書館藏。

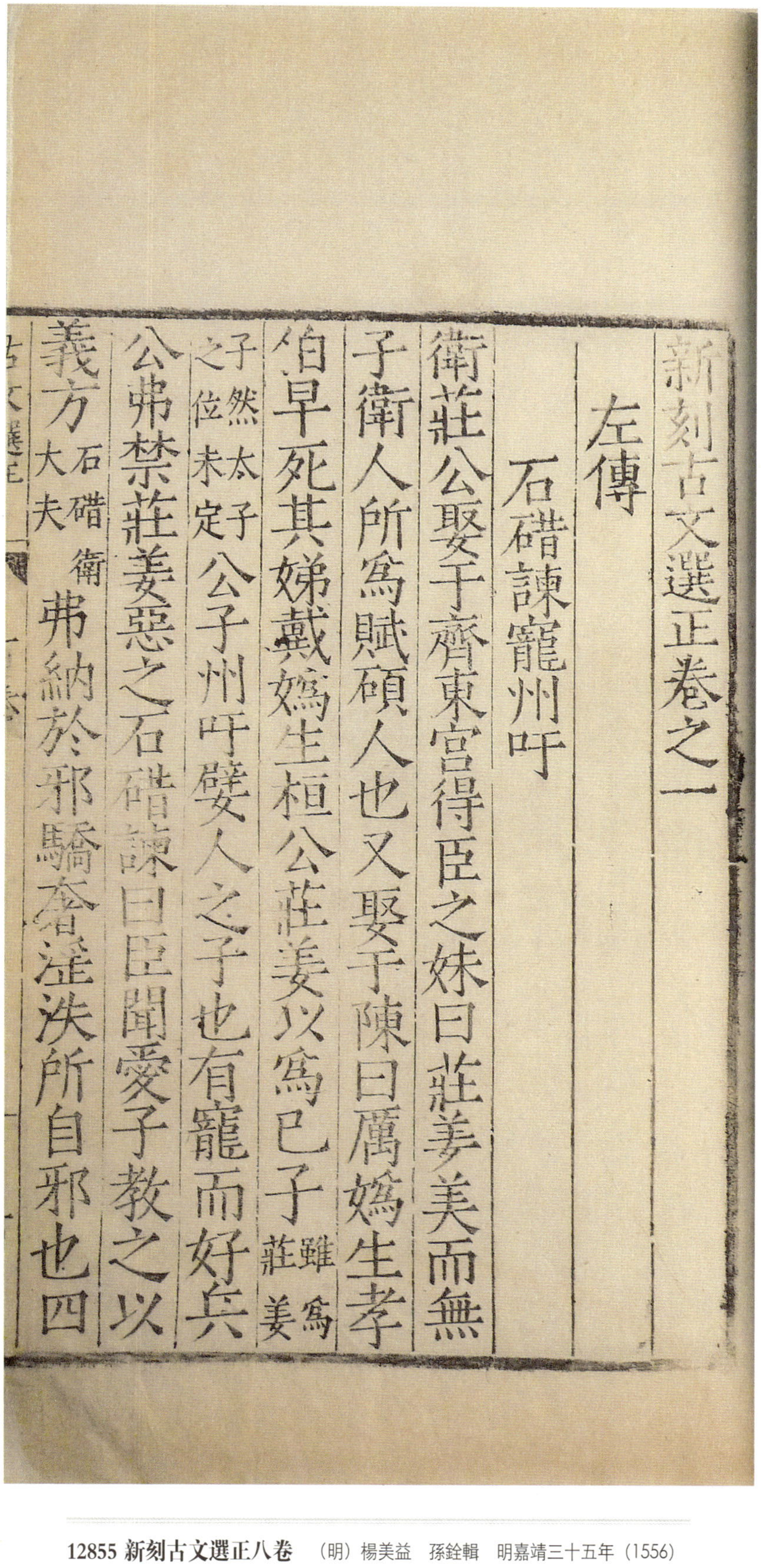
新刻古文選正卷之一

左傳

石碏諫寵州吁

衛莊公娶于齊東宮得臣之妹曰莊姜美而無子衛人所爲賦碩人也又娶于陳曰厲嬀生孝伯早死其娣戴嬀生桓公莊姜以爲己子雖爲莊姜子然太子之位未定公子州吁嬖人之子也有寵而好兵公弗禁莊姜惡之石碏諫曰臣聞愛子教之以義方石碏衛大夫弗納於邪驕奢淫泆所自邪也四

12855 新刻古文選正八卷 （明）楊美益　孫銓輯　明嘉靖三十五年（1556）李懿刻本

匡高22.3厘米，廣15.2厘米。半葉九行，行十八字，小字雙行同，白口，四周單邊。江西省博物館藏。

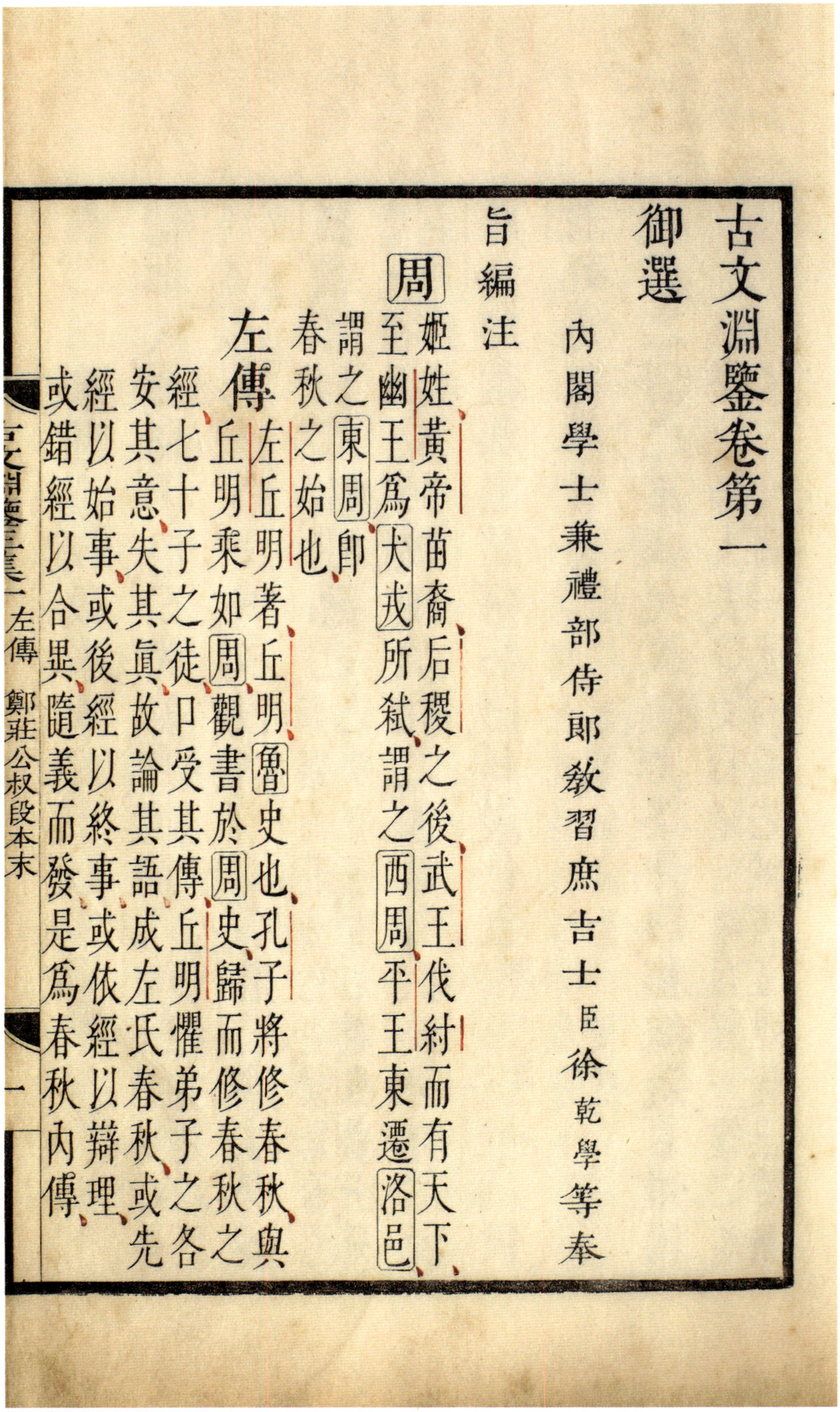
古文淵鑒卷第一
御選
內閣學士兼禮部侍郎教習庶吉士臣徐乾學等奉
旨編注
周 姬姓黃帝苗裔后稷之後武王伐紂而有天下
至幽王爲犬戎所弒謂之西周平王東遷洛邑
謂之東周即
春秋之始也
左傳 左丘明著丘明魯史也孔子將修春秋與
丘明乘如周觀書於周史歸而修春秋之
經七十子之徒口受其傳丘明懼弟子之各
安其意失其眞故論其語成左氏春秋或先
經以始事或後經以終事或依經以辯理
或錯經以合異隨義而發是爲春秋內傳
古文淵鑒卷一 左傳 鄭莊公叔段本末 一

12856 古文淵鑒六十四卷 （清）徐乾學等輯並注 清康熙内府刻五色套印本

匡高19.6厘米，廣14.1厘米。半葉九行，行二十字，小字雙行同，黑口，四周單邊。有“體元主人”“稽古右文之章”等印。湖南省社會科學院圖書館藏。

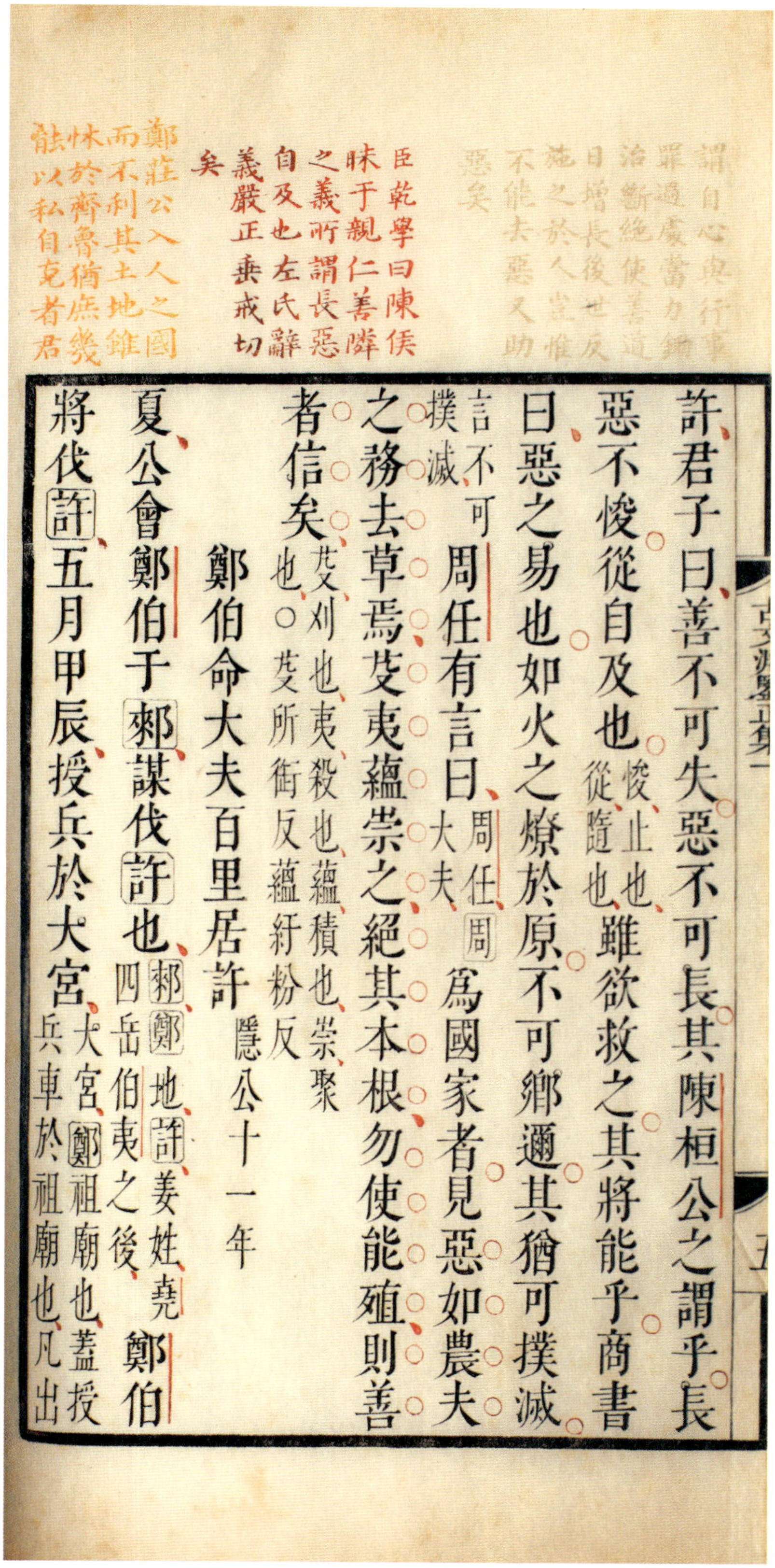

謂自心與行事罪過處當力鋤治斷絕使善道日增長後世反施之於人豈惟不能去惡又助惡矣

臣乾學曰陳侯昧于親仁善鄰之義所謂長惡自及也左氏辭義嚴正垂戒切矣

鄭莊公入人之國而不利其土地雖怵於齊魯猶庶幾能以私自克者君

許君子曰善不可失惡不可長其陳桓公之謂乎長惡不悛從自及也悛止也從隨也雖欲救之其將能乎商書曰惡之易也如火之燎於原不可鄉邇其猶可撲滅言不可撲滅周任有言曰周任周大夫爲國家者見惡如農夫之務去草焉芟夷蘊崇之絕其本根勿使能殖則善者信矣芟刈也夷殺也蘊積也崇聚也○芟所銜反蘊紆粉反

鄭伯命大夫百里居許隱公十一年

夏公會鄭伯于郲謀伐許也郲鄭地許姜姓堯四岳伯夷之後鄭伯將伐許五月甲辰授兵於大宮大宮鄭祖廟也蓋授兵車於祖廟也凡出

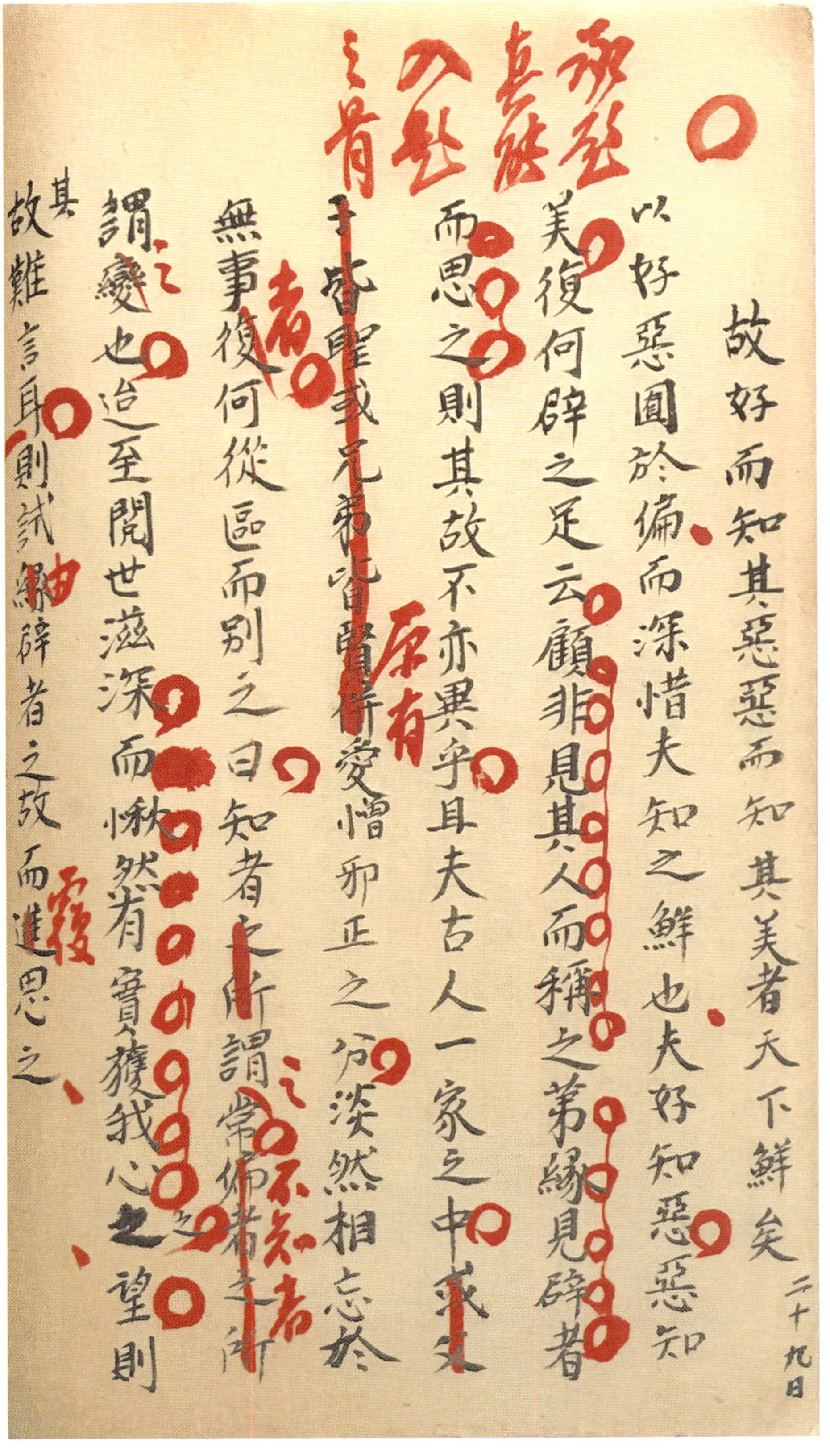

12857 [翁方綱手批課窗文稿]不分卷 清抄本

有“木犀軒藏書”“木齋審定”“李盛鐸印”等印。翁方綱批。清華大學圖書館藏。